调查中国农村

DIAOCHA ZHONGGUO NONGCUN

韩 俊/主编

（上）

中国发展出版社

图书在版编目（CIP）数据

调查中国农村（上下册）/韩俊主编．—北京：中国发展出版社，2009.4

ISBN 978－7－80234－341－2

Ⅰ．调…　Ⅱ．韩…　Ⅲ．农村—调查报告—中国　Ⅳ．F32

中国版本图书馆 CIP 数据核字（2009）第 027984 号

书　　名：调查中国农村（上下册）
主　　编：韩　俊
出版发行：中国发展出版社
（北京市西城区百万庄大街 16 号 8 层　100037）
标准书号：ISBN 978－7－80234－341－2
经 销 者：各地新华书店
印 刷 者：北京源海印刷有限责任公司
开　　本：700×1000mm　1/16
印　　张：83.5
字　　数：1580 千字
版　　次：2009 年 4 月第 1 版
印　　次：2009 年 4 月第 1 次印刷
印　　数：1—4000 册
定　　价：186.00 元

咨询电话：（010）68990692　68990622
购书热线：（010）68990682　68990686
电子邮件：fazhan@drc.gov.cn
网　　址：http://www.develpress.com.cn

序言 | Foreword

張玉台

国以民为本，民以食为天。作为一个十几亿人口、农民仍占多数的发展中大国，解决好吃饭问题是治国安邦的头等大事，繁荣农村、富裕农民，是全面建设小康社会、加快推进社会主义现代化建设最繁重、最艰巨的任务。党和政府高度重视三农问题，始终把三农问题放在党的工作和国家经济社会发展的首要位置上。党的十六大以来，中央提出了把解决好三农问题作为全党工作重中之重的基本要求，明确了统筹城乡经济社会发展的基本方略，制定了“工业反哺农业、城市支持农村”和“多予、少取、放活”的基本方针，形成了惠农强农的政策体系和促进城乡经济社会一体化发展的制度框架。党的十七届三中全会提出，把建设社会主义新农村作为战略任务，把走中国特色农业现代化道路作为基本方向，把加快形成城乡经济社会发展一体化新格局作为根本要求，规划了新形势下推进农村改革发展的宏伟蓝图。

经过30年的改革开放，我国经济社会发展已站在了一个新的起点上，在我国经济社会结构加快转型、利益格局深刻变化的大背景下，农业农村发展正面临着许多新情况新问题。当前，国际金融危机快速扩散和蔓延，

序言作者为国务院发展研究中心主任。

世界经济增速明显放缓，对我国经济的冲击不断显现，推进农村改革发展也面临新的矛盾和难题。

农业是安天下、稳民心的战略产业。应对国际金融危机、稳定国民经济大局、实现农村发展的战略目标，必须把立足国内实现粮食基本自给、增加农民收入作为两位一体的首要目标。人多、地少、水缺是我国的基本国情，必须始终将农业资源的保护和节约集约使用摆在突出位置。用现代物质条件装备农业、用现代科学技术改造农业、用现代农民经营农业，是农业现代化的重要标志。必须大力推进农业科技自主创新，加快农业科技成果转化，壮大农业科技人才队伍，加强农业技术推广普及，加快引进和培养造就大批农村实用人才，下大功夫培养有文化、懂技术、会经营的新型农民。农村制度建设带有根本性和全局性，必须把稳定和完善农村基本经营制度作为党的农村政策的基石，健全农业社会化服务体系，努力提高农民的组织化程度，建立健全严格规范的农村土地管理制度，完善农业支持和保护制度，建立现代农村金融制度，健全促进城乡经济社会一体化发展的制度。加快农村人口向非农产业和城镇转移，逐步减少农民，是富裕农民、发展农村的治本之策，必须拓宽农村剩余劳动力转移渠道，引导农民工有序外出就业，鼓励农民就近转移就业，扶持农民工回乡创业。促进农村经济社会全面发展，必须大力发展农村教育、医疗卫生和文化事业，健全农村社会保障体系，加强农村基础设施和环境建设，搞好新阶段扶贫开发。总之，解决好三农问题，必须立足国情，充分尊重农民主体地位，尊重农民意愿和首创精神，更多地支持农业，关注农村，关心农民，确保在农业不衰退、农村不凋敝、农民不破产的情况下推进工业化、城镇化，在加快城镇化进程的同时，并行不悖地扎实推进社会主义新农村建设，走农业现代化与工业化和城镇化同步发展的道路。

《调查中国农村》是国务院发展研究中心研究人员在多年深入农村调查研究基础上完成的著作。这本著作系统介绍了他们完成的多项关于三农问题大型调查研究项目的主要成果，研究内容涉及新农村建设、粮食安全、农民负担与农村税费改革、农民工就业与创业、土地制度与农民土地权利保护、农民合作组织、农村财政金融、农村教育和医疗卫生、食品安全、农业资源管理、农村治理等重大问题。本书提供了大量的反映不同时期中国农村经济社会发展状况的第一手资料，对我国三农问题的现状作了深入的剖析，总结了基层政府和群众的实践创新和新鲜经验。他们在这些规模较大、有一定深度的农村社会经济调查基础上，提出了对我国农村改革发展特点的一些新的重要发现和判断，及时为中央制定三农政策提供了前瞻性的对策建议，受到中央决策部门的重视。

《调查中国农村》一书的出版是一件值得庆贺的事。该书作者在农村政策研究工作中注重开展深入调查的研究特色，是值得充分肯定的。政策咨询研究是政府科学决策、民主决策和依法决策的重要环节。随着改革开放的不断深入，国内外各种社会矛盾相互交织，新事物、新情况、新问题层出不穷，我们既面临着加快发展和推进现代化进程的历史机遇，也面临着一系列前所未有的难题和挑战。这些都对政府决策咨询研究工作提出了更高的要求，同时也赋予政策咨询研究机构更为重要的使命。在新的形势下，政策咨询研究工作要更好地服务科学发展，真正发挥“智囊团”和参谋助手作用，必须坚持对党对人民高度负责的精神，坚持贴近现实、贴近群众，贴近决策，善于问计于基层、求教于实践，密切跟踪改革开放和经济社会发展中出现的新问题，认真总结、提炼、挖掘基层创造的新经验，及时拿出论证充分、分析透彻的研究成果和中肯的政策建议。要不断提高我们的理论水平和政策水平，增强观察问题、分析问题的客观性、准确性和敏锐性。要克服功利主义倾向和浮躁情绪，抵制各种诱惑，沉下心来，踏踏实实开展调查研究工作。

实现农业现代化，建设社会主义新农村，促进城乡共同发展繁荣，是一个系统工程，是一项前无古人的伟大事业。希望这本书的出版能够为读者全面了解我国农业、农村、农民问题，为国家制定推进农村改革发展政策提供参考。

2009 年 4 月 2 日于北京

目录 | Contents

第二篇 粮食安全

第三篇 县乡财政、农民负担与税费改革

第四篇　土地制度与失地农民权利保护

第五篇　农民合作经济组织

第六篇　农民工及农民工回乡创业

第七篇　农 村 金 融

第八篇 农村教育

第九篇 农村医疗卫生

第十篇 农村药品

第十一篇 奶业

第十二篇　食品安全

第十三篇　草原生态

第十四篇　农村治理

第十五篇　地区经济发展

附录 调查问卷

导　言：中国农村改革发展回顾与展望

我国改革发端于农村。30年来，农村改革取得了极大成功，农村发生了历史性巨变。农村的率先改革开启了我国改革开放的大门，为建立社会主义市场经济体制摸索了经验，为国民经济持续快速发展奠定了基础，对建设有中国特色社会主义事业起到了开拓性作用。经过30年的改革开放，我国经济和社会发展已经站在了一个新的起点上。从新的历史起点出发，农村改革仍然是我国改革的关键环节，农村发展仍然是我国发展的战略基础。党的十七届三中全会对30年来农村改革发展成就和经验作了全面总结，对新形势下继续推进农村改革发展作了全面部署。必须按照党的十七届三中全会的要求，进一步解决制约农业和农村发展的深层次体制性矛盾，着力破除城乡二元结构，给农村发展注入新的动力，为整个经济社会发展增添新的活力。

一、我国农村改革发展的主要成就

（一）建立了适合我国国情和农村生产力发展要求的农村经济体制

改革开放前，农业、农村、农民不仅受到人民公社体制的束缚，而且受到计划经济体制的制约。在旧的集体经济体制下，农民缺乏生产经营自主权和财产支配权，积极性长期受到挫伤；在统购统销的计划经济体制下，农民没有自由交易权，农产品价格失真，农业资源配置效率低下。30年来，农村改革取得了一系列重大的突破：一是废除了人民公社制度，实行以家庭承包经营为基础、统分结合的双层经营体制，赋予农民生产经营自主权，这是迄今为止农村最具实质意义的重大变革。这一改革确立了我国农村的基本经营制度，为农村生产力的发展奠定了新的制度基础。二是取消了农产品统派购制度，全面放开搞活农产品购销，赋予农民自由交易权。农产品流通体制改革为市场机制发育创造了条件，流通渠道多元化，以批发市场为中心的农产品市场体系迅速发育，促进了农村土地、劳动力、资金等要素市场的兴起。这些改革从根本上改变了农村经济的运行方式，使市场在资源配置中的基础性作用得以有效发挥，从而大大提高了农村经济的活力和效率。三是改革了单一的集体经济所有制结构，鼓励农村个体私营经济发展，赋予农民财产支配权，开创了多种所有制经济和混合型经济共同发展的新局面。

（二）农产品供给告别长期短缺，农村经济结构不断优化

改革开放前，粮食生产跨越1500亿公斤至3000亿公斤这4个台阶用了29年，而改革开放以来，粮食生产跨越3500亿公斤至5000亿公斤4个台阶，只用了18年。农业结构发生了显著变化，由以粮食为主向多种经营和农、林、牧、渔业全面发展转变。1978~2007年，种植业增加值占农业增加值的比重由80%下降到56.1%；林业比重由3.4%上升到4.4%；畜牧业比重由15%上升到29.8%；渔业比重由1.6%上升到9.7%。农产品供给告别了长期全面短缺，城乡居民的“菜篮子”日益丰富。我国用世界近9%的耕地、6.5%的水资源，稳定解决了十几亿人口的吃饭问题，人均农产品生产量和消费量达到世界中等以上水平。加入世界贸易组织以来，我国优势农产品出口快速增长，农产品进口也大幅度增加，农业发展战略布局从立足于国内资源和市场，逐步转向面向国内外两种资源和两个市场。1978~2007年，我国农产品贸易总额从61亿美元增加到776亿美元，29年间增长了近13倍。土地密集型农产品出口呈下降趋势，劳动密集型农产品出口走势较为稳定。目前，我国已经成为世界第4大农产品进口国和第5大农产品出口国。

农村经济全面繁荣，农村三次产业构成由1978年的84:14.2:1.8，调整为2006年的30.2:54.3:15.5。在过去的30年中，我国经济发展的一个显著特点是乡镇企业的异军突起。据统计，1978年我国乡镇企业产值还不到农村社会总产值的1/4，而到了1987年就首次超过农业总产值，达52.4%，成为农村经济的“半壁江山”。与此同时，乡镇企业中的工业产值在全国工业总产值中的比重也迅速攀升，从1978年的9.1%，1984年的16.3%，到1992年这一比重就已达到36.8%，名副其实“三分天下”。2007年，我国乡村工业增加值47800亿元，占工业增加值的44.5%。乡镇企业的发展增强了农村经济的整体实力，推动了国家工业化、城镇化水平快速提高。

（三）现代农业生产要素投入大幅增加，农业现代化水平显著提高

农机装备总量快速增长，2007年与1978年相比，农机总动力增长了5.5倍，拖拉机保有量从193万台增加到1834万台。农机作业水平持续提高，1978年全国机耕、机播、机收综合机械化水平为19.7%，2007年提高到41%。化肥施用量（折纯）从884万吨增加到4766万吨，增加3882万吨，增长439.1%。粮食生产用工数量显著减少，由1978年每亩33.3个工日，减少到2006年每亩8.7个工日。2007年农田有效灌溉面积是1978年的1.2倍。科技对农业增长的贡献率由

1978 年的 27% 提高到 2007 年的 49%。

(四) 农村劳动力大规模转移就业，亿万农民工成为产业工人重要组成部分

改革开放前，我国农业劳动力向制造业及相关部门的转移，从结构意义上讲，是相当微弱的。1952～1978 年，我国社会总产值中，农业所占份额由 45.4% 下降到 20.4%，而同期农业劳动力占社会总劳动力的份额只由 83.5% 下降到 73.8%，就业结构变动异常滞后于产出结构的变动。从 20 世纪 80 年代中期开始，乡镇企业异军突起，大量农村劳动力“离土不离乡”，形成了就地转移的浪潮。1996 年乡镇企业的从业人员达到 1.35 亿人，比 1978 年的社队企业从业人员数量增加了 1 亿以上。尽管 20 世纪 90 年代中期以后乡镇企业吸收农村富余劳动力的增长速度开始减缓，但仍是转移农村富余劳动力的重要途径。2007 年末，全国乡镇企业从业人员达 1.5 亿人，占全国农村劳动力的比重达到 28%。目前，农村劳动力结构中，农业就业比重已下降到 59.5%，比 1978 年的 92.9% 下降 33.4 个百分点；非农就业比重已上升到 40.5%，其中第二产业比重达到 23.2%，第三产业比重达到 17.3%。

进入 20 世纪 90 年代以后，国家逐步放宽对农民转移就业的限制，赋予农民自主择业权，形成了农村劳动力在城乡和地区间全方位流动的新格局。到 2007 年，离开本乡镇、到外地就业的农村劳动力数量已超过 1.3 亿人，加上在本地乡镇企业就业的劳动力，全国转移出来的农村劳动力总量已超过 2.2 亿人，已占到农村劳动力总数的 46%，亿万农民工成为产业工人的重要组成部分。

(五) 农民收入持续增长，扶贫开发成效显著

改革开放前，我国农村普遍处于贫困状态。1978 年全国农村人均消费粮食 199 公斤，比 1957 年还少 3%。尤为突出的是，农民人均纯收入只有 134 元，农村有 2.5 亿人没有解决温饱，占农业人口总数的 30% 以上。实行家庭承包经营后的短短几年，农民人均纯收入大幅增加，到 1986 年，农民人均纯收入达到 424 元，是 1978 年的 3.16 倍，我国农村大部分地区迅速脱贫，基本解决温饱问题。从 1978～2007 年，农民人均纯收入从 134 元增加到 4140 元，年均实际增长 7.1%；农村居民家庭恩格尔系数从 67.7% 下降到 43.1%。农村贫困发生率从 1978 年的 30.7% 下降到 2007 年的 1.6%，贫困人口从 2.5 亿人减少到 1479 万人。国际社会对我国大规模减贫成就给予了高度评价，联合国开发计划署在一份报告中指出：“中国在全球千年发展目标中所做的贡献，给予再高的评价也不过分。如果没有中国的进步，整个世界在减贫方面从总体上说是倒退了。”

（六）国家对农业支持保护体系不断完善，统筹城乡经济社会发展迈出重大步伐

30年来，国家不断增加农业的资金和物质投入，改善农业生产条件，提高农业综合生产能力和抵御自然灾害的能力，千方百计巩固农业的基础地位。实施了具有划时代意义的农村税费改革，农民人均减负约140元，这项改革直接带动了农村义务教育管理体制、县乡财政体制和乡镇机构等领域改革的深化，引发了农村综合性的制度创新和城乡分配关系的重大调整，成为改革城乡二元结构的重要突破口。自此开始，国家对农民实现了由“取”向“予”的重大转折，开始了向“工业反哺农业、城市支持农村”的历史性转变，公共财政覆盖农村的范围不断扩大，基本形成了强农惠农的政策体系，初步建立了促进城乡经济社会一体化发展的制度框架。2003～2007年，中央财政用于三农的资金投入累计达到1.56万亿元，年均增长17.8%。2008年，中央财政用于三农投入达到5955.5亿元，比上年实际增长37.9%，占中央财政预算支出的17.1%。对农民实行直接补贴，实行重点粮食品种最低收购价政策等，有力促进了农民增收和粮食增产。政府分级负责的农村义务教育经费保障机制初步建立，1.5亿农村中小学生的学杂费全部免除，免费义务教育得以实现。新型农村合作医疗制度建设取得突破性进展，农民医疗保障服务水平显著提高。截至2007年年底，新型农村合作医疗制度覆盖面已达到86%，7.3亿农民从中受益，农民看病难的问题得到有效缓解，农民的医疗负担进一步减轻。农村社会保障体系建设取得重要进展，全国普遍建立农村最低生活保障制度。截至2008年3月底，全国31个省、自治区、直辖市都已建立农村最低生活保障制度，3551万农村人口纳入低保范围。

（七）农村社会流动性显著增强，农村社会结构发生深刻变化

改革开放前20多年人民公社体制的历史实践，呈现在世人面前的农村社会是一个“超稳定结构”，即经济上的均贫、政治上的同质、文化上的单一和社会上的封闭。除了参军、升学、招工等形式外，城乡之间的自由流动基本被隔绝，农村社会的“流动性”严重不足。改革以来，随着农村社会分工的发展，人口流动增大，生活空间扩展，农村社会内部的封闭性开始动摇，农民不再只是从事农业生产经营，不再只是在农村生活和工作，农民开始了前所未有的社会大分化。农村改革启动不久，随着乡镇企业的崛起，出现了大量的乡镇企业工人和一批私营企业主和个体户。20世纪90年代以后，随着农村劳动力进城务工经商，出现了一个庞大的农民工阶层。近年来，农村社会中出现了农民工、农民个体工商者、农民私营企业主、农民知识分子、农民企业家、农村管理者等不同的利益群体和阶层。改革开放前，导致农村社会分化的主要因素主要是家庭、出生、亲属等，以及农民参军、考学等。现在，除了以上因素仍在起作用外，农民可以通过打工、经商、创业等多种途径改变自己的身份。农村正在由“先赋型”社会演变为“后致型”（社会身份经过后天努力可以改变的）社会。无论是从职业角度，还是拥有经济资源角度，农民不再是一致的均质性社会群体，农村也不再是单一的同构性社会，农村社会结构发生了深刻的变化。

（八）农村基层民主建设有序展开，农村治理方式发生深刻变化

人民公社时期，实行高度集权的政社合一体制，国家行政权力取代了传统的社会控制手段，对农村实行直接控制。改革开放以后，国家主导农村社会的格局虽然没有发生根本性的变化，但国家对农村的控制程度和传统意义上“集体”的职能已大大弱化，引入了一些新的治理要素。现在的乡镇政权已不再是政社合一的政权组织，而是执政党在农村基层依法设立的政权代表。农民拥有了参与社区管理的民主权利，以村民自治为核心的治理已基本成型。依照《村民委员会组织法》设立的村民委员会，已成为经村民直接选举产生的群众自治组织。村民自治实行民主选举、民主决策、民主管理、民主监督，自治制度不断完善，村务、政务公开逐步推进，农民对基层民主建设表现出空前的参与热情。

二、推进农村改革发展面临的深层矛盾和突出问题

在我国经济快速增长、社会结构加快转型、利益格局深刻变化的大背景下，我国农村改革发展在不少深层次矛盾尚待解决的背景下，又面临着一系列必须引起高度重视的新情况新问题，特别是城乡二元结构矛盾突出。

（一）农业发展方式依然粗放，保障国家粮食安全和主要农产品供求平衡压力增大

一是农业资源与环境约束增强。近10年我国耕地面积减少1.25亿亩，人均耕地面积仅有1.38亩，仅为世界平均水平的40%，人均淡水资源仅为世界平均水平的1/4，耕地减少、水资源匮乏的趋势难以逆转。二是农业基础设施薄弱，农业物质技术装备相对落后。我国中低产田占2/3，有效灌溉面积仅占耕地总面积的46%，还没有从根本上解决靠天吃饭的被动局面。农业科技进步贡献率仅为49%，大大低于发达国家70%～80%的水平。灌溉水有效利用系数只有0.46，只有国际先进水平的60%。三是农业物质投入成本和劳动力成本不断提高，农民种粮比较收益明显下降，远低于种植经济作物和外出打工的收益。四是农业生态环境脆弱，农产品质量安全问题突出。我国已成为世界上最大的化肥施用国，但氮

肥当季利用率仅为30%左右，其余漂移、流失、污染土壤和水等自然环境。不合理使用化学农药问题严重。农田地膜残留率为20%～30%。由于生产的清洁化水平不高，畜牧业和水产养殖业发展造成的新污染日益增加。工业“三废”中许多有害化学物质直接威胁产地环境。水生生物资源过度开发利用，导致水域生态环境日益恶化。全国90%的可利用草原存在不同程度的退化，载畜能力很低。气象灾害对农业生产的危害总体上呈加重趋势。目前，食品行业在原料供给、收购储运、加工包装及批发零售等环节的安全管理都存在严重的问题，农产品和食品质量安全监管体制很不完善，农产品和食品安全重大事件频发，严重危害人民身体健康和生命安全。五是随着我国农业与国际市场联系的日趋加深，农业面对的国际竞争压力全面加大。从长期看，我国粮食等土地密集型农产品在国际市场上没有竞争优势，而我国有价格优势的一些农产品，由于不具有质量优势，面临的技术性贸易壁垒不断加强，短期内出口难有较大增长。另外，不容忽视的是，外商凭借其庞大的资本和先进的管理技术，较容易在我国农业相关产业形成垄断地位。此外，国际价格传导机制的作用明显增强，国内市场价格受到冲击的压力日益加大。当前，国际市场农产品供求关系趋紧，复杂多变的国际环境使得我国利用国际市场维持国内农产品供需平衡的难度明显增加。

（二）农村经济体制尚不完善，协调工农、城乡利益关系任重道远

一是农民进入市场组织化程度低。迄今为止，真正代表农民利益的新型合作经济组织发挥的作用还不够，普遍存在规模不大、管理制度不健全、改组解体过于频繁等问题。据不完全统计，我国各类农民专业合作组织有15万多个，加入农民专业合作组织的农户成员占全国农户总数的13.8%。

二是农民土地权益缺乏有效保障。土地制度是农村的基础制度，它不仅直接影响资源配置效率，而且关系到社会和谐稳定。农村改革以来，尽管我国一直在探索加强和扩大农民权利的途径，但农村土地制度仍不完善，农民的土地权利仍缺乏有效保障，侵犯农民土地权益的现象还大量存在。对全国2749个村庄的调查表明，村民上访反映最集中的问题是土地问题，因承包地流转问题引发的上访占26%，因土地征收、征用问题引发的上访占40%，合计为66%。从农村土地承包关系看，过短的土地承包期限和土地的频繁调整，使得农民对土地使用权缺乏安全感；随意解除土地承包合同、侵犯农民合法权益的现象经常发生，农民缺乏充分行使自己土地权利的能力；土地承包经营权权能仍不够充分，农民缺乏长期稳定的预期。土地问题的背后是利益分配问题。当前，土地问题之所以成为矛盾的一个焦点，主要是源于工业化、城镇化进程中巨额土地增值收益分配问题。在现行征地制度下，土地收益分配明显是向城市、向非农部门倾斜，农民得到的太少。

对分布在四个省市1000多个被征地农户的调查显示，征地补偿费一般只够维持被征地农民6～7年的基本生活。如果在落后地区或者公益性项目征地，补偿标准更低，一般只够维持3～5年的基本生活。

三是农业支持和保护水平低，与财力增长状况不相匹配。财政支农资金占中央财政收入的比重，“六五”时期为8.69%，“七五”时期为9.38%，“八五”为9.75%，“九五”为9.29%，“十五”期间约为7.4%，2006年为7.85%，总体上处于波动和下降状态。从最近几年财政支农资金的支出结构来看，对农田水利的投入总体呈下滑趋势，农田水利设施建设严重滞后；对农业科研和科技推广服务的投入很低，农业科技支撑不足，农业科技成果到户困难；动植物防疫体系不健全，基层防疫力量相当薄弱，无法及时发现、及时处置动物疫情；政策性农业保险制度还处于探索阶段，缺乏现代农业发展需要的保险手段；对市场流通基础设施、食品安全等方面的投入偏低；农业生产成本大幅上升，农产品价格保护政策不健全，价格总体水平偏低，有些农产品价格大起大落，农业生产比较收益总体上处于弱势。农业支持和保护政策运作方式不规范，影响了整体效能的发挥。财政支农资金被层层分割，形成“天女散花”的局面，导致资金使用分散现象比较严重，直接影响了投入效率。

四是农村金融改革明显滞后。当前农村金融体系存在的突出问题，首先是农村金融体系不完善。农业银行作为农村金融体系中的骨干和支柱，在为农服务方面发挥的作用还不够；农业发展银行功能单一，农村政策金融功能不健全，农业中长期政策性信贷投入严重不足；农村信用社发展不平衡，法人治理有效性不足、内部控制和风险防控能力薄弱等问题仍然突出，一些信用社脱农倾向明显，体制改革成效未能充分显现；邮政储蓄功能单一，吸收的存款极少用于支持农村；保险公司缺乏开展农业保险的积极性，农业保险覆盖面低，贷款风险集中于金融机构；新型农村金融机构数量少，农村金融市场竞争性不足；农村信用担保体系刚起步，农村信用环境不理想；等等。其次，农村金融产品和服务方式不适合农村特点。微型金融服务业是我国金融服务业中的“短板”，金融机构一般不愿涉足微型金融服务业。现有的各类小额信贷机构资金来源有限，可持续性差。各类银行业金融机构都把担保抵押资产是否充足，作为决定贷款的主要条件，这使得大量缺乏抵押品又难以找到担保方的小型、微型企业和农户的资金需求问题还没有得到解决。

五是公共财政覆盖农村范围有限。近年来，中央着力调整国民收入分配格局，覆盖城乡的公共财政制度建设开始迈出较大步伐。但由于历史欠账多，农村基础设施落后和农村公共服务供给不足的状况仍然没有大的改观。突出表现在，农村行路难、饮水不安全、供水难、环境污染难治理等问题仍然突出。城乡教育资源差距大，基本医疗服务城乡差距过大。我国农村社会养老保险、医疗保险、最低生活保障以及失地农民社保、农民工社保等社会保障体系还很不健全。

六是城乡劳动者平等的就业制度尚未形成。城乡劳动者同工不同酬，农民工工资长期偏低。2004～2007年外出农民工实际工资年均增长7%左右，增幅比同期城镇职工实际工资年增长率低3～4个百分点，两者的工资差距继续加大。农民工超时间劳动比较普遍，农民工的劳动小时工资水平更低。农民工无法平等地享受城市公共服务。进城农民工子女纳入流入地公立学校义务教育体系的比例偏低，进城农民工不能平等享受城镇公共卫生服务和医疗救助，不能享受城市廉价租房和经济适用房政策。户籍制度抬高了农民工进城的门槛，成为农民工谋求机会公平、待遇平等、权益保障和融入城市社会的最大障碍。

（三）农民持续增收困难，缩小城乡居民收入差距前景堪忧

进入21世纪以来，我国城镇居民可支配收入年均增长率达到10.1%，农民人均纯收入保持了年均6.2%的速度。城乡居民收入比从1978年的2.6∶1，曾缩小到1985年的1.86∶1，2000年扩大到2.79∶1，2007年进一步扩大到3.33∶1。城乡居民收入差距持续扩大，不仅成为三农问题的主要症结，而且成为国民经济增长的重要制约，成为影响社会和谐稳定的突出矛盾。到2020年农民人均纯收入要实现比2008年翻一番的目标，今后12年年均增长速度必须保持在5.95%以上。从过去30年农民收入增长的经验看，这是一个需要付出较大努力才能实现的目标。农民收入增长最快的时期是1978～1984年年均增长达到16.5%；1985～1988年农民收入增长速度明显放缓，年均增长4.9%；1989～1991年，年均增长只有1.9%；1992～1996年年均增长5.6%；1997～2000年，收入增幅连续四年下降，年均增长3.7%；进入21世纪以来，农民收入增长保持了年均6%以上的速度。这是在粮食等农产品价格大幅度上涨、各项支农补贴持续增加的基础上实现的。如果今后国民经济出现较大波动，农民增收出现徘徊甚至滑坡，农民人均纯收入翻一番的目标就有可能落空。

（四）农村社会不平等程度加深，兼顾各方利益和搞好社会管理难度加大

改革开放前，农村平均主义盛行，农民普遍贫困，贫富差距很小。改革开放30年来，总的趋势是，农村居民不同群体之间的收入差距不断扩大，农村贫富分化趋势加速。1980～2000年，全国农村不同群体之间人均纯收入差距显著扩大，基尼系数由0.2455上升到0.3558，上升44.9%；2000～2004年，不同群体之间人均纯收入差距有所缩小，基尼系数在四年之中下降到0.3553。有资料显示，农民人均纯收入最低平均值和最高平均值之比为1∶6到1∶8之间，而且这一差距还有进一步扩大的趋势。

随着改革开放的深入，农村社会的不断觉醒和进步，农民身份平等意识和权利意识普遍提高。目前农村解决社会矛盾的方式很不规范，解决冲突还缺乏制度化的手段。农村多元利益主体的格局已经形成，城乡利益关系、农村不同社会阶层间的利益关系复杂化，由此产生的社会矛盾也在加剧，解决社会矛盾单靠政府行政动员已经力不从心。

一是农民利益诉求表达渠道不畅。由于历史和制度上的原因，农民的利益表达机制没有得到应有的重视，农民缺乏自己的利益代表人，利益表达渠道不畅。农民与其他阶层相比，在利益代表和表达机会方面处于不平等的地位。公民的选举权与户口相联系，农民工在居住、就业的城市没有选举权、被选举权，不能参与民主选举、民主管理、民主监督，导致在社会政策制定、利益关系协调中对他们的忽视或伤害。

二是农村社会组织发育和作用发挥不足。在市场经济迅速推进过程中，政府权力正在退出越来越多领域，社会本身的自主运行程度不断提高。从政府和社会的互动过程看，主要问题是政府力量过于强大，农村社会组织力量过于弱小，社会参与力弱，发挥作用的制度空间狭小。

三、进一步深化农村改革的方向和重点

（一）强化农民土地承包经营权，健全土地承包经营权流转市场

1. 完善土地承包经营权权能。家庭承包制的推行，实现了集体土地所有权与使用权的分离。1984 年中央 1 号文件明确集体所有土地可以以 15 年的期限承包给农户。1993 年中共中央、国务院在《关于当前农业和农村经济发展的若干政策措施》中规定：在原定的耕地承包期到期之后，再延长 30 年不变。《物权法》明确了农民的土地承包经营权是用益物权。《物权法》规定，当目前 30 年的“承包期届满，由土地承包经营权人按照国家有关规定继续承包”。十七届三中全会明确提出，现有土地承包关系保持稳定并长久不变，夯实了党的农村土地承包政策的基础。农民对稳定土地产权关系的愿望非常强烈，必须依法保障农户享有的对承包土地的占有、使用、收益等权利，完善土地承包权权能，赋予农民更加充分而有保障的土地承包经营权。这样，有利于减少现行农村土地产权关系中内含的不确定性，使农民形成长期的预期。

2. 规范土地承包经营权流转。农村改革以来，国家一直实行允许农村土地承包经营权合理流转的政策，各种形式的土地流转有了一定发展。根据国务院发展研究中心课题组对全国 2749 个村庄的调查，平均每个村出租土地农户的比例为

20.2%，东部省份达到27.4%，中、西部地区分别为11.8%和14.1%。在总结实践中正反两方面经验教训的基础上，国家逐步完善了农村土地承包经营权流转的政策和法律。一是明确了土地承包经营权流转必须坚持“依法、自愿、有偿”的基本原则。二是在不同的时期，对承包地使用权流转提出了一些具体的政策要求。例如，1993年中央就提出，土地使用权流转要“坚持土地集体所有和不改变土地用途”；1998年党的十五届三中全会提出：“不得以任何理由强制农户转让土地”；2001年，中央18号文件《关于做好农户承包地使用权流转工作的通知》指出：中央不提倡工商企业长时间、大面积租赁和经营农户承包地；等等。党的十七届三中全会关于土地承包经营权流转的政策与过去一脉相承，明确提出，允许农民采取转包、出租、互换、转让、股份合作等方式流转土地承包经营权。在有条件的地方发展以专业大户、家庭农场、农民专业合作社等为主体的多种形式的适度规模经营。十七届三中全会提出了土地承包经营权流转的“三个不得”：即不得改变土地集体所有性质、不得改变土地用途、不得损害农民土地承包权益。按照这一要求，必须禁止擅自通过承包地流转、“村改居”等方式将农民集体所有土地转为国有，确需转为国有的，必须履行法定程序；必须坚持农地农用的原则，农户和农村集体经济组织不得非法出让、出租集体农用地用于非农业建设；必须保证农户的承包权益，土地承包经营权流转收益归承包方所有，任何组织和个人不得侵占、截留；必须防止采用行政命令去推进土地流转，积极培育土地流转中介服务组织，加强土地承包经营权流转管理和服务。

（二）推进农业经营体制创新，提高农民组织化程度

我国两亿多农户的分散经营方式，导致农民难以保护自身利益，农产品生产与市场需求难以有效衔接，农业服务成本难以降低，农业劳动生产率水平难以提高。在稳定农村基本经营制度的基础上，把家庭分散经营的优势与统一经营和服务的优势结合起来，形成有活力的农村经营体制，这是走中国特色农业现代化道路必须要解决好的一个根本性问题。十七届三中全会明确提出，统一经营要向发展农户联合与合作，形成多元化、多层次、多形式经营服务体系的方向转变。这是一个具有重要理论创新意义的论断。1986年中央1号文件第一次正式提出了“统一经营与分散经营相结合的双层经营体制”这一说法。在中央的有关政策性文件中，曾把它界定为“家庭分散经营与集体统一经营的有机结合”。自从使用“双层经营”这种提法后，对这个概念是否科学和准确的争议就没有停止过。一种较有代表性的意见认为，强化统一经营，就是要建立和健全社区集体经济组织。有的甚至认为，强化集体这一层次，就是要将农民承包田收回，由集体统一经营。另一种意见则认为，社区集体经济组织是行政干预的产物，强化社区集体经济必

然导致旧体制的复归，完善健全统一经营层次，不是离开家庭承包制另搞一套，而是通过健全农业社会化服务体系、发展新型合作组织、实行农业产业化经营等，更好地为家庭经营提供服务。从实践来看，在一些发达地区，农村集体经济组织有一定的实力，能够为农户提供统一的服务，但多数村级组织集体收入微薄，一般只具备对村庄内部事务进行管理的职能，真正能为农户提供服务的极其有限。在农业向专业化、商品化、社会化转变的大背景下，农业的各种经营服务活动早已突破了原来社区集体的界限，相比集体组织而言，各种农业社会化服务组织、龙头企业加农户的农业产业化经营组织、农民新型合作组织等在提供服务、引领农民进入市场方面发挥着更大的作用。十七届三中全会明确把这些新的服务主体都作为统一经营的主体看待，赋予了双层经营体制更加丰富、更符合实际的内涵。创新农村经营体制，一方面，要进一步探索新形势下农村集体经济的有效实现形式，加大扶持力度，完善针对村庄一级的财政转移支付政策，增强村庄公共事务管理能力和公共服务供给能力；另一方面，要在自愿的基础上，引导农民发展多种形式的联合与合作。近年来，我国各类农民专业合作组织已发展到15万多个，加入农民专业合作组织的农户成员占全国农户总数的13.8%。与许多发达国家农民的组织化水平相比，我国差距还很大。应把依法规范、加快发展农民专业合作社作为深化农村经营体制改革的战略举措，切实按照“服务农民、进退自由、权利平等、管理民主”的要求，充分发挥合作社在组织农民、落实政策、对接市场等方面的作用。要落实好《农民专业合作社法》，从财政投入、税收优惠、金融支持等方面，加大对农民专业合作社的扶持力度，提高合作社为农服务的能力和水平，使之成为引领农民参与国内外市场竞争的现代农业组织。

（三）改革征地制度，建立城乡统一的建设用地市场

征地制度存在的突出问题是，土地征占规模过大，失地农民群体越来越多；对失地农民的补偿偏低，失地农民就业和社会保障是很大的难题。在加快城镇化和工业化进程中，土地征用应当有利于富裕农民，而不是造成大批农民失地失业；应当有利于缩小城乡差距，而不是扩大社会不公。

1. 严格界定公益性和经营性建设用地。我国宪法明确规定，国家为了公共利益的需要，可依照法律规定对土地实行征收或者征用并给予补偿。但《土地管理法》等相关法律并未对公共利益作出明确的界定，征地中公益性和经营性建设用地不分，征地范围模糊不清，大量商业性用地也都打着公共利益的名义进行征地。今后征地制度改革的重要方向是，明确地界定“公共利益”，缩小强制性征地的范围。在土地利用规划确定的城镇建设用地范围外，经批准占用农村集体土地建设非公益项目，允许农民依法通过多种方式参与开发经营并保证农民合法权益。

2. 合理确定征地补偿标准。我国《土地管理法》规定的征收土地补偿费、劳动力安置补助费都是按照被征收土地前3年的平均年产值计算的，而与被征地的区位、经济社会发展水平、土地供求状况等地价因素以及土地征用后的用途和市场价值无关，这使得对农民的补偿偏低。调查显示，作为永久丧失土地的补偿，一般只给予被征地农民每亩2万~3万元补偿费，经济发达地区为3万~5万元，国家重点工程等征地补偿更低，一般每亩只有几千元。征用补偿费一般只够维持6~7年的基本生活，如果在落后地区或者公益性占地，补偿费一般只够维持3~5年的基本生活。2004年国务院通过《关于深化改革严格土地管理的决定》，在征地补偿方面提出了确保被征地农民生活水平不降低的要求，在补偿分配上提出了土地补偿费主要用于被征地农户的原则。十七届三中全会《中共中央关于推进农村改革发展若干重大问题的决定》（以下简称《决定》）对完善征地补偿机制提出了新的要求，即"依法征收农村集体土地，按照同地同价原则及时足额给农村集体组织和农民合理补偿"。在规划划定的相同区片内，征地应采取统一标准补偿农民，征地补偿标准不应随项目性质不同而不同。在征地过程中要维护被征地农民的知情权、参与权、监督权和申诉权，逐步建立和完善征地补偿争议的协调裁决机制，为被征地农民提供法律援助。

3. 解决好被征地农民就业、住房和社会保障问题。土地被征用后，农民不再享有土地的保障，一般也不享有与城镇居民同样的社会保障。在土地被征用后，多数离城镇较近的农户，主要得益于有较多外出务工机会，他们的收入程度不同地有所增长。有些农户能较好地运用得到的补偿资金自主创业，生活稳定并有所提高。一些失地农民就业不稳定甚至失业，靠征地款来维持生计，但过几年征地款"吃"完了，其最终结果往往是生活没有保障。要解决好被征地农民就业、住房和社会保障问题，确保被征地农民基本生活长期有保障。必须加强对失地农民的就业培训，多渠道促进失地农民就业，在贷款、税收、场地等方面对自谋职业和自主创业的失地农民提供优惠政策。被征地农民的社会保障费用，按有关规定应纳入征地补偿安置费用，不足部分由当地政府从国有土地有偿使用收入中解决，社会保障费用不落实的不得批准征地。对土地征用面积超过一定数量的村，可以在征地以后给农民留下一定面积的居住地、经营地，由村集体按照统一规划，开发经营项目，使农民有长期稳定的收入。

4. 改革农村集体建设用地使用制度。我国土地要素市场还不完善，土地要素市场在城乡之间发展不平衡、不统一，特别是集体建设用地基本被排斥在土地市场之外。目前，集体建设用地自发地进入市场流转的现象普遍发生。但政府各部门对农村集体建设用地流转没有统一、规范的管理措施与办法，集体建设用地流转处于自发和无序状态，带来了很多问题。由于缺乏规划指导和法律规范，使大量农村集体建设用地自发、盲目进入土地市场，造成违规项目不断出现，规划指标屡遭突破，建设用地供应总量很难有效控制，正常的土地市场秩序受到干扰。规范集体建设用地交易行为，已成为今后加强农村土地管理工作的重要任务。随着工业化、城镇化的发展，农村集体建设用地的资产价值已经充分地显现出来。逐步建立城乡统一的建设用地市场是规范土地市场的需要，是农村集体建设用地使用制度改革的方向。推动农村集体建设用地在符合规划的前提下进入市场，与国有建设用地享有平等权益，以公开规范的方式转让农村集体建设用地土地使用权，可以防止以权力扭曲集体土地的流转价格，有利于充分挖掘集体建设用地的巨大潜力，有利于形成反映市场供求关系的土地价格，建立与城镇地价体系相衔接的集体建设用地地价体系，促进土地在竞争性使用中实现更合理的配置。

（四）放松对农村金融的管制，加快建立普惠型农村金融体系

农村金融是现代农村经济的核心。党的十七届三中全会《决定》提出，加快建立商业性金融、合作性金融、政策性金融相结合，资本充足、功能健全、服务完善、运行安全的农村金融体系，引导更多的信贷资金和社会资金投向农村。《决定》为深化农村金融改革指明了方向。

1. 健全农村金融服务体系。一是明确各类正规涉农金融机构职能，强化银行业金融机构的支农责任。各类金融机构都要积极支持农村改革发展。农业银行作为农村金融体系的骨干和支柱，应坚持为农服务方向，稳定和发展农村服务网络，切实按照中央提出的“面向三农、整体改制、商业运作、择机上市”的总体原则，全面深化内部各项改革，进一步强化为三农服务的市场定位和责任，充分利用在县域的资金、网络和专业等方面的优势，更好地为三农和县域经济服务。要完善农村政策性金融，拓展农业发展银行支农领域，完善其功能定位和运行机制，加大各类政策性金融对农业开发和农村基础设施建设中长期信贷支持。继续深化农村信用社改革，加快推进股份制改造，改善法人治理结构，把农村信用社改造成为产权明晰的社区性农村金融机构，进一步引导农村信用社朝着更加贴近三农的方向发展，确保其服务方向不改变、信贷资金不外流、支农力度不减弱，发挥好为农民服务的主力军作用。要按照政企分开的原则，处理好农村信用社省联社与基层法人社的关系，防止通过行政手段推动农村信用社的兼并、重组和联合，人为将农村信用社做大或法人层级做高，维护和保持县（市）社法人地位的稳定，强化基层社服务三农的能力。为了使邮政储蓄在农村地区吸收的资金更多地留在农村，必须扩大邮政储蓄银行涉农业务范围。

二是放宽农村金融机构准入政策，规范发展多种形式的新型农村金融机构。随着各大商业银行纷纷从农村地区撤出，在切实加强监管的基础上，应允许新设

机构进入农村金融市场，规范发展多种形式的新型农村金融机构和以服务农村地区为主的地区性中小银行，特别是重点引导各类资本到金融机构网点覆盖率低、金融服务不足、金融竞争不充分的地区投资设立机构。允许有条件的农民专业合作社开展信用合作。民间借贷是正规金融的有益补充，要规范和引导民间借贷健康发展。对依法运作、操作规范的民间借贷，要依法保护借贷双方的权益。对涉嫌非法集资的，要依法处置，坚决打击。

三是鼓励发展适合农村特点和需要的小额信贷和微型金融服务。目前，我国小额信贷和微型金融服务业的主体是农村信用合作社，其次还有近两年刚刚发展起来的村镇银行、贷款公司、农村资金互助社、小额贷款公司等新型农村金融机构。在我国，微型企业和农户数量巨大，小额信贷和微型金融现实和潜在的客户量众多，小额信贷和微型金融服务业前景看好。为了能建立普惠性的农村金融体系，要进一步放宽对小额信贷和微型金融服务业的市场准入，开放民营资本进入小额信贷和微型金融服务业的途径，允许农村小型金融组织从金融机构融入资金。

2. 健全政策性农业保险制度。一是积极探索适合我国国情的政策性农业保险经营机制和发展模式。建立政策性农业保险制度，必须运用政府和市场相结合的方式，政府决定农业保险供给的方向和数量，制订统一的制度框架，各种被批准的组织机构在这个框架中经营农业保险和再保险，同时政府对规定的农业保险产品根据可能给予相应的财政支持和其他支持。要加大财政对农业保险的支持力度，增加财政对农业保险保费的补助资金，稳步提高农业保险覆盖面，提高保障程度。

二是加快建立农业再保险和巨灾风险分散机制。农业保险因大面积干旱、台风等巨灾造成的系统性风险远大于普通保险。国外通常建立农业再保险机制和巨灾风险转移机制，在更大范围分散风险和积累资金。我国目前没有上述机制，巨灾风险只能由保险公司承担。一方面，缺乏巨灾风险分散机制，保险公司承保能力受到较大限制。另一方面，随着试点覆盖面不断扩大，无法分出的巨灾风险随之积累，严重威胁金融市场稳定。随着农业保险业务的迅速扩大，承担的风险不断累积，迫切需要加快建立健全农业再保险体系。要尽快建立巨灾风险基金，对因重大自然灾害形成的大额赔付，由风险基金给予一定比例的补偿，逐步形成农业巨灾风险转移分担机制。

（五）完善农业支持保护制度

从发达国家的成功经验看，大都形成了一套较为完善的农业支持和保护政策体系。不同类别的政策措施从不同角度发挥作用，共同实现既能稳定农业生产，又保障农户收入的政策目标。我国不仅在农业支持和保护水平上与国外存在很大差距，需要提高，而且农业支持和保护政策体系也存在缺陷和不足，需要完善。

1. 完善对农业生产和农民增收的财政支持与补贴政策。就农业支持和保护水平而言，根据经济与合作发展组织（OECD）的估算，2002～2003年，我国用百分数表示的“生产者补贴等值”（它表示政府对农业生产者的公开的和隐形的支持总额占农业总收入的比例）为6%，高于农业补贴水平最低的新西兰、澳大利亚、巴西，比OECD国家的平均值（31%）低得多，更远低于日本和韩国（分别为58%和64%）。根据我国入世所作的承诺，目前我国加大对农业支持力度尚有很大空间。对农业实施大规模、广覆盖的支持和保护政策在我国还是刚刚开始。要大幅度增加各级财政对农业的投入总量，提高财政预算内支出用于农业的比重。

就农业支持和保护政策体系而言，需要突出农业支持和保护的重点。针对近年来农产品市场出现剧烈波动，需要大幅度增加对良种培育、动物防疫体系、规模化饲养、农业技术推广体系、农业机械化、小型农田水利、农产品市场流通基础设施、政策性农业保险制度等的支持力度。针对种粮比较效益低、农民积极性不高的问题，需要大幅度增加对农民的直接补贴，逐步形成目标清晰、受益直接、类型多样、操作简便的农业补贴制度，确保各项政策落到实处，发挥预期的政策效应。要根据财政支农目标和重点，有效整合财政支农资金，突出财政支农资金的公共性，健全政府农业投资监督机制，发挥资金使用的综合效果。

2. 完善农产品价格形成机制。从改革开放近30年的情况看，我国城乡居民收入差距能够缩小的时期，都是农产品价格上涨幅度较大的时期。如1978～1985年和1994～1996年这两个时期，我国城乡居民收入差距只有在这两个时期出现过相对缩小的局面，与这两个时期国家大幅度提高粮食收购价格有直接关系。而农民增收最严峻、城乡收入差距持续扩大的时期，都是农产品价格持续低迷的时期。如1990～1993年和1998～2002年这两个时期，宏观紧缩政策导致粮食价格全面下降，农业增产不增收，甚至减收。过去的经验表明，使农产品价格保持在合理的水平上，对实现今后农民增收的政策目标至关重要。农业是高度依赖自然资源的产业，在人多地少的国家，大幅度提高农业劳动生产率不易，从事小规模经营的农民消化生产成本上涨的能力很弱。在这种情况下，农产品价格合理上涨就成为保障农产品供给，平衡工业农业利益关系的手段，这也是工业反哺农业的重要内容。要按照市场化取向和调控保护相结合的原则，合理构建适合我国国情的农产品价格形成机制，充分发挥市场手段在农产品价格形成中的基础作用，充分发挥价格农民增收的促进作用。要综合考虑农产品市场供求、直接生产成本、人力成本以及农民从事其他产业的收益情况等因素，完善农产品最低保护价政策和国家专储收购政策，使农产品生产保持一个合理的收益率，为农民抵御市场风险提供必要的支持和保护。

（六）加快建立城乡统一公共服务制度

为包括城乡居民在内的全体国民提供均等化的基本公共服务，是政府和公共财政的基本职责。应强化政府职责，按照逐步实现城乡基本公共服务均等化的要求，与经济发展水平和公共财政能力相适应，全面提高财政对农村基本公共服务的保障水平。加快发展农村教育事业，提高农村义务教育的水平，使农村人人享有接受良好教育的机会。创造条件，实行免费的农村职业教育，加快在农村普及高中教育；加快发展农村卫生事业，增强公共卫生和基本医疗服务能力，逐步提高新型农村合作医疗的保障水平，做到人人享有基本医疗卫生服务；完善农村最低生活保障制度，探索建立新型农民社会养老保险制度，加快解决失地农民和农民工社会保障问题，完善农村社会救助制度，做到人人享有基本生活保障。要逐步改变城乡分治的制度安排状况，形成城乡统一的制度框架，促进公共财政资源在城乡均衡配置，为城乡居民共享经济社会发展成果提供制度保障。

（七）保护农民工合法权益，推进农民工市民化进程

保障农民工合法权益是社会公正的体现，更是政府的基本职责所在。目前我国正处在第一代农民工向第二代农民工快速转换的后期，20 世纪 80 年代以后出生的新生代农民工已经超过 1 亿人，成为农民工的主体力量。他们对土地的情结弱化，务农意愿低，向往城市文明生活，渴望成为城市“新市民”。大量农民工长期处在城市的边缘，不被城市认同接纳乃至受到忽视、歧视或伤害，融不进城市社会，享受不到应有的权利，定会累积很多矛盾。从长期发展趋势看，大量的流动人口终将会融入城镇社会。必须顺应经济社会发展规律和亿万农民工的意愿，把以人为本、公平对待、一视同仁作为解决好农民工问题的根本要求，加强农民工权益保护，努力实现农民工就业有技能、劳动有合同、工资有保障、伤病养老有保险、维权有手段、居住有其屋，保障农民工平等享受城市基本公共服务，逐步建立公民身份统一、机会均等、权利平等的城乡统一的社会管理制度，推进农民市民化进程。一是消除影响农村劳动力自由流动的制度障碍，完善城乡统一、平等竞争的劳动力市场。继续鼓励农民进城就业，扩大农村劳动力就近转移，支持农民工回乡创业。二是抓住工资和劳动保护等突出问题，促进企业改善生产条件，确保农民工生产安全，享受工伤及职业病的待遇。把当前最需要的工伤保险覆盖到大多数农民工。建立劳资双方平等协商的利益协调机制，建立正常的工资增长机制。三是保障进城务工人员子女在城市享有平等的受教育权利；改善对农

民工的公共卫生、疾病防治和计划生育的服务管理；将解决农民工居住问题纳入政府居民住房规划，积极改善农民工居住条件；尽快提高养老保险、医疗保险等对农民工的覆盖程度。四是推进城乡二元户籍制度改革。户籍制度涉及公民基本权利，既要鼓励地方勇于创新，又需要从国家层面统筹考虑。既要充分考虑农民工的落户意愿，又要充分考虑流入地人口承载能力。应因地制宜制定政策，先试点后推开，循序渐进，区别情况，逐步放宽户口迁移政策和农民工的落户条件，允许有固定住所、稳定职业的农民工获得合法的市民身份和权利。

（韩　俊）

第一篇

新农村建设

第一篇课题组成员名单

课题主持人：

李剑阁　国务院发展研究中心副主任 研究员

课题负责人：

韩　俊　国务院发展研究中心农村经济研究部部长 研究员

谢　扬　国务院发展研究中心农村经济研究部副部长 研究员

徐小青　国务院发展研究中心农村经济研究部副部长 研究员

课题组主要成员：

崔晓黎　国务院发展研究中心农村经济研究部研究员

于保平　国务院发展研究中心农村经济研究部研究员

崔传义　国务院发展研究中心农村经济研究部研究员

潘耀国　国务院发展研究中心农村经济研究部研究员

张忠法　国务院发展研究中心农村经济研究部研究员

郭建军　国务院发展研究中心农村经济研究部室主任 副研究员

秦中春　国务院发展研究中心农村经济研究部高级经济师

张云华　国务院发展研究中心农村经济研究部助理研究员

（该课题为国务院发展研究中心2006年度重点研究项目）

主报告

新农村建设的现状、问题与对策

——对全国2749个村庄的调查

国务院发展研究中心《推进社会主义新农村建设研究》课题组于2006年就新农村建设现状在全国范围内进行了调查。本次调查涉及17省（市、区）、20个地级市、57个县（市）、166个乡镇、2749个村庄。样本选择的方法是：每个调查省及地（级）市选3个县（区），每个县（区）选3个乡镇的全部行政村进行问卷调查。

一、村级组织经济实力相差悬殊

这次调查村庄就自然地形而言，属于平原地区的占50%，属于山区的占27%，属于丘陵区的占22%；就城郊类型而言，一般村庄占80%，乡镇政府驻地村庄占13%，中小城市郊区村庄占6%，大城市郊区村庄占1%；就在当地县内的贫富类型而言，一般村庄占9%，比较穷的村庄占32%，比较富裕的村庄占9%；就农民实际收入水平状况而言，低于或等于全国农民平均收入水平的村庄占53%，高于全国平均水平的村庄占47%。

（一）多数村庄集体经济收入微薄

总体上看，村集体经济实力相差悬殊，多数村庄的集体经济收入微薄。集体收入低于5万元的村占到近一半，低于10万元的占到近60%，高于50万元的村占22.6%，高于100万元的村占到16%。村级集体经济收入的平均值为190.8万元，剔除少量超过1亿元收入的特殊样本后，调整后的集体经济总收入平均水平为79.2万元。东、中、西部集体经济实力差距明显。西部、中部各有91.4%、75.9%村庄收入在10万元以下，而东部有近60%村庄集体收入在10万元以上。西部和中部集体收入高于100万元的村庄分别占比为3.9%和1.2%，而东部这一比值为33%。

总体上看，村集体本身收入是村总收入的主要组成部分，占到集体总收入的

69.15%。其中，村农业承包收入占到总收入的38.08%，占比较大，村办企业收入占17%，财政性补助占16.44%，厂房、土地及其他财产租赁费收入占10.19%，村级农林牧渔直接经营收入占比较少，只有3.88%。分地区看，东部地区村集体本身收入比例最高，为76.20%，东部地区村办企业收入、土地厂房等资产租赁费收入的比例也高于中西部地区。虽然总体上看村集体自身收入在村级总收入中占比较大，但在有集体收入的2574个村庄中，700个村庄没有集体本身收入，占比为27.2%。

（二）村级组织运转费用差距悬殊

所有被调查村庄中，集体支出在1万~5万元之间的频率最高，为31.1%，支出超过20万元、50万元、100万元和200万元的村庄分别为32.2%、21.9%、14%和5.8%。西部地区支出在5万元和10万元以下的村庄分别占到78.1%和87.9%，中部这两个支出区间的比例分别为51.1%和74.2%，而东部却只占到17.8%和25.4%。东部有61%村庄支出在20万元以上，而中部和西部村庄分别只有11.7%和5.6%。东部有三成村庄支出超过50万元，而中、西部只有不到1%和3%，差异明显。

村集体支出中以公共建设支出和管理费用为主。村公共建设支出占到村总支出的42.5%。中西部地区这一支出的比例都超过了50%。管理费用占到了村集体支出的20%~30%。

2005年调查村庄共发生管理费用3.44亿元，平均每个村管理费用16.05万元。从结构上看，村组干部工资占61.7%，业务管理费占18.7%，日常办公开支占15.2%，集体用水电费占4.47%。东部地区村人均管理费支出为120.35元，分别是西部的17.83倍和中部的5.86倍。

表1　　东、中、西部村管理费支出情况　　单位：万元，%

	西部地区		中部地区		东部地区	
村管理费总额	931.95	100	2374.04	100	39893.02	100
村组干部工资	632.65	67.9	1309.05	55.1	17815.06	44.7
集体用水电费	71.02	7.6	120.49	5.1	12407.45	31.1
日常办公开支	131.74	14.1	633.65	26.7	4099.54	10.3
业务管理费支出	96.54	10.4	310.85	13.1	5570.97	14.0
人均村管理费支出	6.75	—	20.55	—	120.35	—

不同地区村干部报酬相差悬殊。平均每个行政村有村干部5.41人，干群比例为1:331。调查村村干部年平均工资为8714元。从分布情况看，年报酬低于平均水平的共2038个村，占77.7%，高于该水平的共584个村，占22.3%。从区域

分布看，东部地区村干部年均工资是西部的7.21倍，是中部的6.27倍。西部地区村干部年均工资为2282.99元，其中村干部年均工资在3000元及以下的村占81.1%。中部地区村干部年均工资为2626.79元，其中村干部年均工资在3000元及以下的村占69.5%。东部地区村干部年均工资为16460.64元，其中村干部年均工资在3000元及以下的村占15.5%。村干部年均报酬最低的陕西省仅为1051.85元，最高的上海市为34431.41元，后者是前者的32.73倍。

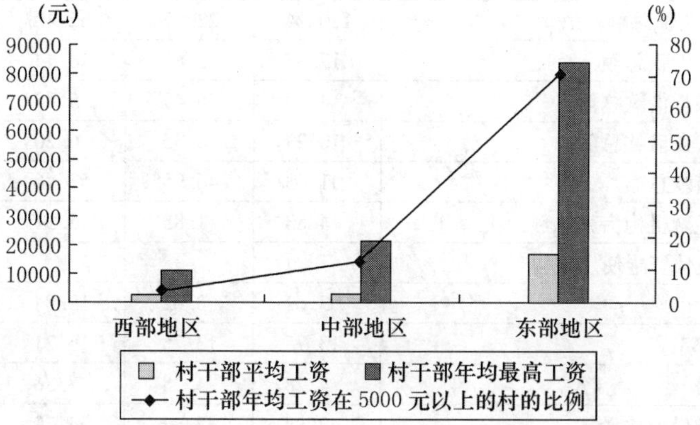

图1　东、中、西部村干部工资情况

（三）村级债务负担重

2005年末，调查村庄累计集体资产总额均值为371.81万元，东部地区平均每个村庄集体资产总额为727.86万元，规模较大，而中部地区平均每个村庄资产只有44.14万元，西部地区更少，为21.45万元。调查村庄集体平均负债水平为176.23万元，东部村庄平均负债305.61万元，中部平均负债52.48万元，西部平均负债22.77万元。村集体负债主要来自个人借款，平均比重占到了41.43%，中部地区个人借款比重最高，达到了53.46%。信用社也是村庄借款的主要渠道，平均比重占到了17.85%。

从负债资金的使用结构看，1710个村庄回答了村庄负债使用的问题，村庄负债资金最主要的用途是公共基础设施建设。东部地区负债资金用于办企业的比重明显高于西部地区。中西部地区负债资金用于教育支出的比重很高。中部地区村庄负债用于支付干部工资和上缴税费的比重最高，分别达到了16.21%和7.86%。

调查村庄中有32.9%的村庄资不抵债，也即净资产小于零。净资产处于-10~0万元之间村庄比例为21.9%，处于0~10万元、10万~50万元、50万~100万元、>100万元的村庄比例分别为18%、16.8%、7.2%和25.1%。

表 2　　2005 年村级集体资产负债情况　　单位：万元，%

	综 合	西 部	中 部	东 部
一、年末累计资产总额均值	371.81	21.45	44.14	727.86
1. 流动资产	39.18	18.47	29.91	41.09
2. 长期投资	5.11	2.99	8.88	4.95
3. 固定资产	51.61	77.87	58.95	51.31
4. 其他资产	4.10	0.67	4.87	2.65
二、年末累计负债总额均值	176.24	22.77	52.48	305.61
1. 向信用社借款总额	17.85	25.86	18.44	14.54
2. 向其他银行借款总额	4.40	5.49	5.77	3.34
3. 向企业法人借款总额	10.23	8.85	6.20	12.66
4. 向个人借款总额	41.43	46.95	53.46	33.66
5. 向民间金融机构借款总额	4.83	1.85	6.54	5.16
三、2005 年负债资金使用结构				
1. 办企业	3.62	3.62	10.84	13.95
2. 支付干部工资	13.75	13.75	16.21	11.77
3. 上缴税费	4.28	4.28	7.86	2.73
4. 公共基础设施建设	42.84	42.84	34.29	47.30
5. 教育支出	17.11	17.11	13.59	3.42
6. 偿还旧债	13.21	13.21	9.05	11.59

（四）多数村庄集体经济实力变化不大

所调查村庄中村集体经济实力不断增长、变化不大和有所下降的村庄比例分别为 25.5%、56.1% 和 18.4%。西部地区村集体经济实力以变化不大为主，占 71.3%。中部地区村集体经济实力有所下降的比例将近 3 成，中部村集体经济实力不断增长的比例只占 12.2%。东部地区村集体经济实力不断增长的比例为 40.5%，中部和西部地区只有 10 多个百分点的村集体经济实力在不断增长。

东部地区村干部更多的认为要靠招商引资、出租集体资产或集体土地来壮大集体经济实力，比例分别占到 74.5% 和 81.1%，分别比中部和西部地区村庄高出 16.5%、37.5% 和 12.7%、30%，这也反映了东部地区村干部对招商引资并出租集体资产或土地更大的认可度和现实可行性。中部和西部地区村干部更倾向于争取上级下拨或补贴，比例为 88.4% 和 75.4%，比东部分别高出 20.4% 和 7.4%，表明在一定程度上中西部村庄对政府的依赖性。

二、农民收入差距悬殊，农民增收难度大

（一）地区之间农民收入差距悬殊

调查村庄农民人均纯收入水平达到了3823元，高于2005年全国的平均水平。从收入分组情况来看，收入水平在2000～2999元的村庄比重最高，达22.01%，近一半的村庄农民人均纯收入低于3000元。

中西部地区和低收入农户收入增收难问题突出。分地区来看，中部和西部地区农民的人均纯收入都远低于东部地区，分别是东部地区人均收入的47.14%和33.09%。贵州安顺市农民人均纯收入只有997元，不到全国人均水平的1/3。苏州市农民人均收入为8797元，超过全国人均水平的2倍，是安顺的8倍。

从表3可以看出，东部地区的人均纯收入在7000～7999元间的村庄比重最大，并且将近半数样本村的人均纯收入在6000元以上。中部地区村庄人均纯收入集中分布在2000～2999元间，同时超过6成的村庄人均纯收入在3000元以下。西部地区村庄的人均纯收入也是集中在2000～2999元间，但超过半数的村庄人均纯收入低于2000元。

表3　分地区分收入组结构　单位：%

人均纯收入	东部	中部	西部
<1000	3.17	5.39	22.52
1000～1999	6.02	20.71	31.33
2000～2999	6.18	37.21	34.76
3000～3999	13.43	29.46	9.18
4000～4999	12.86	6.90	1.47
5000～5999	11.07	0.00	0.49
6000～6999	9.60	0.00	0.00
7000～7999	14.89	0.00	0.00
8000～8999	10.82	0.00	0.00
9000～9999	8.79	0.00	0.00
>10000	3.17	0.34	0.24
合计	100	100	100

（二）农资价格过高、缺乏资金与技术是农民增收的主要制约因素

农资价格偏高是农民增收难的最突出原因。表4反映了2491份村庄有效问卷中农民对增收困难的原因选择情况，排在首位是农资价格过高，选择此项的村庄比例接近70%，也是所有原因中唯一超过半数的选项。选择缺乏资金与缺乏技术

两项的比例接近50%，分别排第二和第三。交通不便和外出打工不容易，在众多原因中分别排在倒数第三和第二位。这反映出，近几年国家大力改善农村交通问题取得了较好成效，同时农民外出打工的途径比较多。

表4　　农民增收困难的原因选择　　单位:%

原　因	选择该项的村庄所占比例
农产品价格偏低，农业生产资料价格高	69.45
调整农业结构不容易，缺乏技术	47.37
缺乏资金	47.29
每亩地收入不高	35.25
本地发展二三产业不容易	33.80
农民观念落后	33.52
农产品销路不好	29.51
每家土地规模太小	27.94
自然条件差，自然灾害频繁	23.93
位置偏远，交通不便	22.60
出去打工不容易，劳动力仍有富裕	21.56
其他	1.24

此次调查的村庄中，有47.3%的村庄认为，当地农民收入难以提高的重要原因是“缺乏资金”，说明很多农户都有很强的资金融入需要。近年来，随着农村信用社各项改革的推进，各地信用社广泛评定信用户，农户贷款难的问题有了明显的缓解。从此次调查的情况看，48.3%村庄都反映信用社在当地开展了小额联保贷款业务，各村内信用户的数量占村总户数比重的平均值达到了35.79%。但60%以上的村庄都认为，目前农户向信用社等金融机构贷款仍然很困难，各村庄获得过信用社贷款农户比重平均值仅为18.86%，仍有大部分的农户不能获得信用社贷款，农户贷款难的问题依然还很严峻。

从表5可以看出，西部地区农户信用社等金融机构贷款获得情况好于中部和东部地区，中部地区农户贷款难的问题最为严重。西部地区信用社小额贷款和扶贫贷款的推动力度很大，评定的信用户比重均值达到38.37%，因而农户从信用社获得贷款最为容易，而且农户的资金需求也更主要是通过信用社解决。东部地区有更大比重的村庄农户的资金问题是通过私人借款解决的，这与东部地区私人收入比较高、非正规信贷市场发达是相关的。

农户贷款难的问题还体现在“所期望的贷款规模不能获得满足”。特别是在东部地区，虽然小额贷款比较容易从信用社获得，但小额贷款不能满足农户的资金需求，而且与其资金规模所能贷款的贡献相比，信用社小额贷款的交易成本太高，这是东部地区更多依靠私人借款的主要原因。而中部地区虽然信用社评定信用户的比重最高，但农户实际的贷款获得率却很低。

表 5　　分地区村庄农户信用社贷款情况　　单位:%

	综　合	东　部	中　部	西　部
认为向信用社贷款难村庄比重	62.6	65.1	69.8	53.5
农户主要从信用社解决资金困难的村庄比重	60.3	51.2	55.5	77.2
农户主要从私人借款解决资金困难的村庄比重	39.7	48.8	44.5	22.8
获得贷款农户占总户数比重均值	18.86	12.02	20.62	26.42
信用户比重均值	35.79	28.62	45.96	38.37
小额贷款的平均规模（元）	7275.88	12404	2935.23	4149.90

从平均的贷款规模来看，因为东部地区资金需求规模大，而且金融机构相对实力也比较强，小额贷款的平均规模比较大（12404 元），大部分村庄信用社小额贷款的平均规模都超过了万元。中部地区和西部地区信用社小额贷款的平均规模比较小，特别是中部地区小额贷款的平均规模仅为 2935.23 元。这说明中部地区所受的正规信贷约束最为强烈，不仅受到信贷门槛的约束，而且信贷规模的约束也非常严重。

三、土地问题是农村矛盾的焦点，农村对保障土地权益的愿望十分强烈

（一）农户承包经营是土地经营的主导方式

调查显示，目前土地农户承包经营的比例达到 94.2%。其中，东部为 91.6%，中部为 97.4%，西部为 95.2%。土地集体统一经营比例较低，平均为 4.3%。其中，东部为 5.8%，中部为 2.3%，西部为 3.6%。仅有上海市土地集体统一经营的比例达到了 11.3%，其他省份基本上都在 5.0% 以下。

调查显示，第二轮承包以来平均已有 12.5% 行政村进行过土地调整，东部调整的比例最高，达到了 15.6%，中部为 11.3%，西部为 9.2%，其中，浙江、内蒙古等地土地调整比例较高，分别达到 45.5%、36.1%。在调整土地的行政村中，85.1% 村为 1～2 次，其中 1 次的比例为 54.5%，2 次的比例为 30.6%；调整时间 3 年和 5 年为主，分别占 24.5% 和 55.1%。

（二）土地承包经营权流转以本村内为主

多数被调查村庄有出租土地的现象，比例达到 79.9%，平均每个村出租土地农户的比例为 20.2%。东部省份土地流转率相对较高，出租土地的村庄达到 86.5%，每个村出租户的比例达到 27.4%，其中上海市所有被调查村都有土地出

租的农户，土地出租户占全村农户的比重达到42.0%，而中、西部地区出租土地农户占全村农户的比重仅为11.8%和14.1%。可以看出，土地流转与地区经济发达程度、城镇化水平具有很强的相关性，经济比较发达的沿海地区农户土地出租率较高，经济相对落后的中、西部地区出租率较低。

土地流转以村内流转为主，流转到外村的较少。调查显示，在发生土地流转的农户中，63.8%的农户将自己承包经营的土地全部流转给了本村村民，中、西部的比例明显高于东部。其中东部为55.1%，中部为75.5%，西部为65.8%。江苏、四川两省被调查村流转到村外的比例稍高，其中江苏有38.6%的行政村将出租的土地全部流转到了村外，四川的比例为29.0%，其他省份绝大多数的行政村全部流转到村外的比例都低于10.0%。可以看出，土地流转以本村为主，跨村流转现象不突出。

调查显示，土地流转租金全国平均只有293元/亩。其中，东部省份平均为417元/亩，中部省份为185元/亩，西部省份为171元/亩（见表6）。经济发达的东部江苏苏州市、上海金山区租金较高，每亩达到595元和468元。

表6　　分地区土地流转情况　　单位：%

	有出租地的行政村比例	平均每个行政村出租户比例	流转给本村的比例			租金（元/亩）
			0～50.0	50.0～100	其中，100	
全　国	79.3	20.2	18.7	81.3	63.8	293
东　部	86.5	27.4	29.5	70.5	55.1	417
中　部	69.7	11.8	6.8	93.2	75.5	185
西　部	79.7	14.1	14.8	85.2	65.8	171

（三）村干部对农村土地集体产权认识不清

农村土地归农村集体所有，这是我国农村的一项基本制度和政策，并以法律的形式确立了下来。但调查显示，全国平均有1/5的村干部认为土地归国家所有，4.1%的村干部对这一问题说不清楚，8.1%的村干部认为归农民个人所有，认为归村民集体所有仅占66.1%。

61.9%的被调查村认为，农村土地应该归农民永久使用，其中，东部的比例为51.9%，中部为69.5%，西部为70.3%。可以看出，农村对稳定土地产权关系的愿望十分强烈，但地区差异也比较明显，中、西部省份高于东部近20个百分点。

整体上看，认为农村土地归集体所有最有利的比例最高，达到了60.0%，有29.4%的村认为归个人所有最有利，认为归国家所有最有利的村占10.6%。同时，对这一问题的看法的地区差异很大。经济发达的东部地区认为土地归集体所有最有利的比例最高，达到71.3%，高出中、西部近20个百分点；而相对落后的西部地区认为归个人所有的比例较高，分别达到38.7%和34.9%，尤其是地处牧区的青海和内蒙古对土地个人所有的愿望程度尤为强烈，比例分别占74.4%和61.5%，此外，中部的河北省也达到了62.4%。可以看出，东、中、西部对土地归谁所有最有利表现出明显差异，经济发达地区对土地集体所有认可度较高，而相对落后的中、西部地区对土地个人所有表现出更为强烈的愿望。造成这种现象的原因是东部经济发达，非农就业机会多，经济实力较强的村级组织提供了大量的公共福利和服务，农民对土地的依赖性减弱，同时土地归集体所有便于统一开发经营，从而获得更高的土地增值收益；而中、西部地区经济相对落后，非农就业机会少，土地非农开发机会和收益较少，农民对土地的依赖性较强，农民更渴望通过明晰土地产权来获得长期稳定的生活来源和保障。

（四）农村宅基地供求矛盾突出

在调查的2749个村庄中，户均宅基地面积平均水平为0.59亩，人均面积平均水平为0.16亩（108平方米）。村庄宅基地面积平均相当于同村耕地面积的21%。建设部颁布的村镇规划用地指标为人均用地80~100平方米，发展用地偏紧的地区，宜在人均用地60~80平方米。从本次调查情况看，调查地区农村的宅基地占地规模和水平总体上略高于村镇规划用地指标。在调查的2749个村庄中，有超过1/3（39%）的村庄反映农村宅基地供求矛盾突出。

随着大批农民进城从事二三产业，一些农民还在城市购买了商品房，由于流转受到限制等原因，进城农民绝大多数都没有处理旧房屋或宅基地，农村宅基地及房产长年闲置的程度越来越严重，形成了越来越多的“空心村”。调查的所有村庄中，有45%的村反映村里还有废弃的旧房及宅基地。这些村多数集中在中西部地区和北方地区。在存在废弃的旧房及宅基地的村庄，闲置宅基地估计占地平均每个村为44.15亩左右，占村庄现居住总面积的比例为10.4%。这表明农村宅基地整理的潜力很大。

在调查的2749个村庄中，搞过宅基地整理的村占1/4（26%）左右，节省出来的面积平均为55亩，占原宅基地总面积的比重为16%。节省出来的地主要是用于农业开发，比重达到58%，其次是村办企业，占13%，物业出租，占6%。开展宅基地整理工作最多的前五个地区依次是上海金山、江苏南通、河北张家口、山东枣庄和甘肃庆阳。其中上海金山最高，已经有近一半的村（49%）开展过宅基地整理工作，平均每个村整理出宅基地139.3亩，占原宅基地总面积的比重达到15.7%。

在调查的村庄中，认为有必要引导农民集中居住的村的比例略多，为55%，认为没有必要集中居住及合并村庄的占45%。关于引导农民集中居住的难点，调查中反映，最大的难点是贫困户承担不了成本，占调查村的比例为60%；农业生产不方便、生活成本增加和村里的住房刚建好等则分别占45%、35%和31%。其中反映村里的住房刚建好的比例约1/3，是一个不低的比例，显示对村庄进行改造要慎重。分地区看，也有集中反映最大的难点是农业生产不方便的地区，包括重庆市、江苏南通和江苏苏州市等3个地区；有集中反映最大的难点是生活成本增加的，包括河北张家口和上海金山等2个地区。有近一半的（48%）村担心进行了村庄改造，农民家家户户都欠债。有34%的村担心违背农民意愿，搞片面的村庄撤并。

（五）村民上访反映最集中的问题是土地问题

土地是农村经济发展的基本要素，土地问题也是农村中矛盾频发的一个焦点，其中尤以土地征用问题比较突出。对2749个村庄的统计结果显示，有村民上访村庄的比例为28.9%。分地区看，东部发生上访的比例最高，为32.5%，西部次之，为27.6%，中部最低，为24.8%。

村民上访反映最集中的问题是土地问题，主要有土地征用、承包地流转和宅基地等问题。调查显示，约40%的村民上访反映的是土地征用问题，承包地流转占26%，合计65.4%；东部地区的土地问题矛盾比较突出，因土地征用上访的占48.1%，因承包地流转上访的占25.6%，合计73.7%；西部地区次之，因土地征用上访的占34.5%，因承包地流转上访的占24.3%，合计58.8%；中部地区因土地征用和承包地流转上访的分别占26%和28.8%。

表7 **分地区村民上访反映最集中的问题** 单位:%

	合计	西部	中部	东部
土地征用	39.4	34.5	26.0	48.1
承包地流转	26.0	24.3	28.8	25.6
污染	24.3	18.4	17.5	30.4
社会治安	10.2	14.1	11.3	7.7
其他	7.3	8.7	16.4	6.3

四、农村劳动力就业结构发生深刻变化

（一）近一半农村劳动力转入非农产业

此次调查涉及2005年212.73万农村劳动力的就业情况，从就业结构看，每个村平均拥有劳动力1081人，务农的占52.1%，在本地从事非农业的占

21.06%，外出打工的占26.51%。村庄一级的就业结构地区间呈现明显的差异，东、中、西部地区务农劳动力比重分别为44.64%、54.52%和61.94%；在本地从事非农业的劳动力比重分别为34.66%、10.37%和8.64%；外出打工的劳动力比重分别为21.97%、31.02%和29.44%。中西部地区劳动力流出的比例都比较高。东部地区的农村是劳动力的重要流入地，平均每个村吸收外来劳动力491人，外来劳动力与本村劳动力的比例接近1:3。见表8。

表8　　2749个村庄农村劳动力的就业构成　　单位：人,%

	本村劳动力		外出打工		本地务农		本地从事非农业		外来打工	
	人数	占全村总人口比例	人数	比例	人数	比例	人数	比例	人数	占本村劳动力比例
全国	1081	55.25	260	26.51	548	52.10	278	21.06	273	18.03
东部	1226	56.7	246	21.97	481	44.64	507	34.66	491	30.88
中部	768	51.11	223	31.02	472	54.52	75	10.37	30	4.39
西部	1150	57.02	322	29.44	737	61.94	93	8.64	60	4.84

（二）常年外出就业的农村劳动力稳定增加，举家外出的农村劳动力占到一定比例

长期以来，农民外出打工主要表现为两种形态：一是“候鸟式”流动，即农民外出务工以年为周期在城乡和地区之间往来；二是“兼业式”流动，即农村劳动力利用农闲时间季节性地外出打工。此次调查表明，农民外出打工出现了两个新的迹象：一是完全脱离农业生产、常年在外打工的农民工已经占到较大比例。调查表明，以常年外出计算的农村劳动力的转移率平均为18.1%，其中东部23.55%，中部13.69%，西部13.6%。这表明转入非农产业的全部农村劳动力中，已经有接近40%的属于常年在外从事非农业；二是举家外出、完全脱离农业生产和农村生活环境的农村劳动力已经占到一定比例。从调查结果看，举家外出的劳动力占全部劳动力的比重平均为5.29%，东部4.71%，中部4.99%，西部6.61%。与劳动力转移率的地区性差异截然相反的是，经济发展水平较高的东部地区举家外出率最低，而西部举家外出率最高，常年外出的劳动力中已经1/3实现了举家外出。这次调查表明，越来越多的农村劳动力正在由“亦工亦农”向“全职非农”转变，就业兼业性减弱；由“候鸟式”流动向迁徙式流动转变，转移稳定性增强；由城乡间双向流动向融入城市转变，在城镇定居的农民工逐渐增多。见图2。

（三）3/4的村庄已无青壮年劳动力可向外转移

各村拥有的30岁以下青壮年劳动力为299人，东部323人，中部260人，西

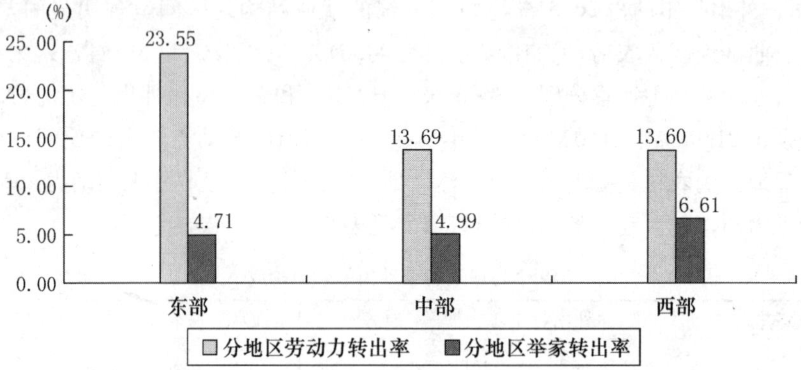

图2 分地区农村劳动力常年外出和举家外出的比例

部298人。从农村青壮年劳动力的就业构成看，常年外出打工或在本地从事非农业的劳动力全部村庄平均为154人，东部182人，中部120人，西部144人，农村青壮年外出打工或就地从事二三产业的比例平均为54.12%，比所有劳动力的转移率47.9%略高。

在该项调查中，74.3%的村认为本村能够外出打工的青壮年劳动力都已经出去了，只有1/4的村认为本村还有青壮年劳动力可转移。这次村级调查的对象是村干部，可以看出，大部分村庄的干部认为能够转出的农村青壮年劳动力大都已经转出，他们大都对于青壮年劳动力供给的情况表示担忧。我们对青壮年农村劳动力转移率的进一步考察发现，近1/3的村青壮年劳动力转移率都在80%以上。而青壮年劳动力转移率在80%以上的地区，大部分（57.1%）是东部沿海经济发达地区。

（四）中西部农村尚有赋闲可转移的青壮年劳动力

从调查结果看，赋闲在家的青壮年劳动力全国平均每村48人，比例为17.82%。东部赋闲率最低，为11.3%，中部其次，为20.42%，西部赋闲率最高，为26.06%。这一情况表明，各地区农村劳动力在劳动时间仍存在过剩现象，总体上中西部赋闲可转移的劳动力较多。见图3。

五、村庄基础设施与公共服务的现状及需求

（一）村庄道路状况参差不齐，饮水困难问题尤为突出

调查地区村庄内道路的平均长度9.97公里，其中硬化道路4.69公里；77%的村饮水安全；41%的村饮水存在困难；55%的村有集中供水管道，这些村中自来水用户比例为68%。东部和中西部有明显差异。例如，江苏和上海每个村硬化

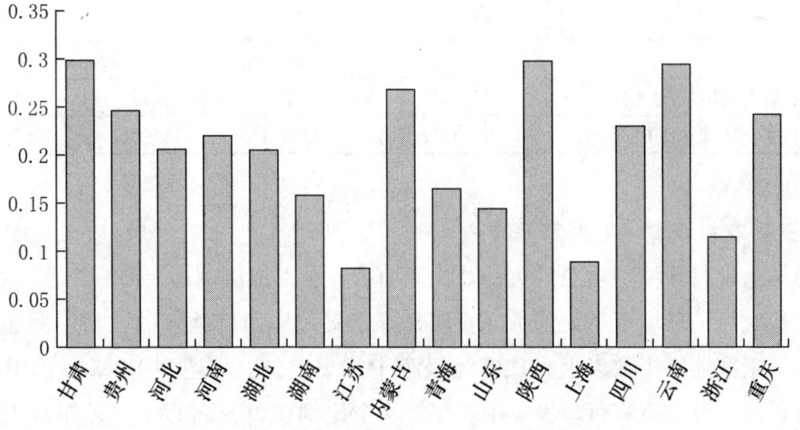

图3　各地区赋闲农村青壮年劳动力比例

道路的长度有8公里多，而广西不足1公里。饮水情况尤为明显，上海、江苏和浙江农村饮水基本全都安全，与之相比，青海、四川和甘肃等地存在饮水困难。

（二）农村公共文化薄弱，文化设施普遍较差

调查地区53%的村庄在近几年中有过公共文化娱乐活动，在2005年，每村平均放映了5.36场电影，剧团演出1.68次。调查发现，上海和浙江农村举办公共文化娱乐活动的比例最高，超过90%，贵州、内蒙古和广西比例最低，不到27%。陕西和河南的农村电影放映次数最多，贵州和河北最少；河南的剧团演出最多，而湖南最少。

调查村庄的文化设施普遍较差，有图书室村的比例为25%，有养老福利院的比例为4.1%，有文化活动中心的比例为29.4%，配备电脑村的比例为39.9%。中西部地区的文化和福利设施尤其比较薄弱，图书室拥有比例分别为17.2%和18.2%，文化活动中心拥有比例为22.1%和20.1%。东部地区超过80%村都配备了办公电脑，而中西部村庄配备电脑村的比例都在10%左右。见表9。

表9　　分地区村文化设施状况

	合计	东部	中部	西部
村两委办公场所面积（平方米）	374.7	560.5	252.1	199.0
配备电脑的村办公室比例（%）	39.9	82.1	10.3	9.4
有图书室的村比例（%）	25.0	34.9	17.2	18.2
有养老福利院的村比例（%）	4.1	3.0	3.5	5.6
有文化活动中心的村比例（%）	29.4	40.9	22.1	20.1
有公共文化娱乐活动的村比例（%）	52.6	73.5	38.5	37.8
2005年放电影场次（次）	5.6	6.8	4.2	3.8

续表

	合 计	东 部	中 部	西 部
2005 年剧团演出场次（次）	1.7	2.0	1.1	1.6
2005 年村公共文化支出（元）	6237.8	9240.1	3559.6	2366.4

（三）农村环境污染形势严峻

总体上农村环境卫生条件欠佳。比较而言，东部地区例如上海、江苏、浙江、山东等地农村的环境卫生设施情况要明显好于其他中西部地区的农村。例如，调查发现，东部地区半数以上村庄有垃圾集中收集点，上海达到100%，而中西部地区农村大多数没有实行垃圾集中收集，这个比例在26%或以下，差距很大，比例最小的是广西，只有2%。调查地区每村平均建公厕个数，东部也明显地高于中西部。这说明环境卫生设施的提供与经济发展程度有较大的关联性。

农村环境污染问题已经达到一个不容忽视的水平。调查地区平均41%的村庄有环境污染问题，50%的村有污水和垃圾污染问题。存在环境污染问题的村庄的比例没有明显的地区特征和经济发展状况特征，东、中、西部各地区的农村都有比较严重的情况。例如浙江、贵州、湖南有环境污染问题的村庄的比例分别为61%、61%和56%。青海和内蒙古的这个比例要低些，为17%～18%。

从污染源看，主要是污水和垃圾，其次是河道失去治理。一半的村所遭受的环境污染主要来源就是污水和垃圾。这个情况在东、中、西部各地区基本一致（表10）。

表10　　调查地区农村污染情况　　单位：%

省区市	有环境污染问题比例	污水	垃圾	噪音	河道失去治理	排序
浙　江	0.61	0.59	0.53	0.13	0.48	1
贵　州	0.61	0.62	0.70	0.11	0.51	2
云　南	0.60	0.41	0.62	0.17	0.14	3
湖　南	0.56	0.61	0.54	0.20	0.41	4
江　苏	0.51	0.66	0.55	0.19	0.46	5
广　西	0.49	0.45	0.37	0.02	0.35	6
上海市	0.47	0.52	0.38	0.14	0.40	7
四　川	0.42	0.37	0.37	0.30	0.33	8
河　南	0.39	0.38	0.63	0.09	0.20	9
山　东	0.38	0.44	0.31	0.10	0.25	10
重庆市	0.37	0.48	0.58	0.13	0.29	11
湖　北	0.33	0.58	0.49	0.15	0.40	12
甘　肃	0.33	0.28	0.31	0.11	0.06	13

续表

省区市	有环境污染问题比例	污水	垃圾	噪音	河道失去治理	排序
陕　西	0.23	0.16	0.64	0.16	0.24	14
河　北	0.19	0.39	0.75	0.04	0.32	15
内蒙古	0.18	0.29	0.93	0.14	0.07	16
青　海	0.17	0.15	0.69	0.54	0.46	17

（四）农村对各项公共服务需求的优先序

农村公共服务涉及内容较多，此次调查专门了解了对公共服务的需求，从调查情况看，迫切需要解决的问题选择比例由高到低依次是文化建设（82.7%）、修路（79.5%）、医疗网点（67.7%）、垃圾收集（66.5%）、厕所改造（64.2%）、饮水（62.3%）、污水处理（58.2%）、建沼气（55.6%）和用电（38.6%）。各地区认可程度的排序情况有类似性。例如，除河北以外，其他16个地区均把文化建设认可为最迫切需要解决的问题，或仅次于最迫切需要解决的问题。对某些公共服务需求的认可程度则与地区有关。例如，浙江和上海的农村饮水都得到了很好的解决，饮水不再是迫切需要解决的问题，而四川、甘肃和内蒙古等地则认为饮水是第一位或是第二位需要解决的问题。修路依然是新农村建设中应该关注的重点，东、中、西部都有85%以上的村庄认为修路是新农村建设应迫切解决的问题。有相当部分村干部和村民将垃圾收集、厕所改造、污水处理和建沼气选为新农村建设迫切需要解决的问题。医疗网点建设也是新农村建设中一个需要关注的问题，选择此项需求的村民比例为70%左右。将用电选为需要迫切解决问题的比例较低，均在40%左右（表11）。

表11　　分地区村干部认为新农村建设迫切需要解决的问题　　单位：%

	综　合	西　部	中　部	东　部
饮　　水	62.3	76.0	71.3	76.0
修　　路	79.5	87.6	85.8	87.6
用　　电	38.6	41.5	43.8	41.5
建 沼 气	55.6	67.8	68.9	67.8
厕所改造	64.2	70.3	69.5	70.3
污水处理	58.2	54.8	54.2	54.8
垃圾收集	66.5	61.4	65.9	61.4
医疗网点	67.7	74.5	73.5	74.5
文化建设	82.7	87.1	80.9	87.1

六、农村社会安全网建设滞后，农村教育和医疗卫生服务质量亟待提高

（一）“五保户”集中供养比例偏低

在全部样本中，共有“五保户”14404 人，平均每个村有 6.10 个“五保户”，平均每 82 户农民负担 1 个“五保户”；共有 892 个村对“五保户”实行集中供养，占36.42%，其中5674 人被集中供养，占比为39.39%。共有104 个村建养老院（福利院），占全部调查村庄的3.78%。西部地区“五保户”总人数最多，负担明显沉重，“五保户”集中供养率中部最低，中西部与东部差距大（表12）。

表 12　　分地区农村“五保户”集中供养情况

	东部	中部	西部
五保户（人）	4761	4564	5007
平均每村五保户（人）	5.03	6.03	7.60
集中供养人数（人）	2633	1422	1619
集中供养率（%）	55.30	31.16	32.33

（二）贫困救济率和救济标准较低

调查样本共有103962 户贫困户，“贫困发生率”（贫困户/总户数，下同）为7.55%。在调查的村中，中西部地区“因上学致贫”最多，东部相对较少，表明中西部教育负担最重，东部教育负担能力相对较强；东部“因病致贫”最多，表明医疗负担均较重；“因残疾致贫”东部最高，中部次之，西部最低；中西部“因经营致贫”比东部分别高出 3.3 个和 2.23 个百分点，表明中西部农民应对市场风险能力欠佳（表13）。

表 13　　各地农村农民贫困原因情况（2006 年）　　单位:%

	西部地区	中部地区	东部地区
因病致贫	29.88	33.62	41.73
因上学致贫	43.40	34.50	24.51
因残疾致贫	16.39	19.80	25.61
因经营致贫	10.06	11.13	7.83
其他原因致贫	0.26	0.96	0.32

调查村庄中接受救济的贫困户数为52993 户，“贫困救济率”为50.92%，贫困救济标准从每月最低的2 元钱（河南、湖南、甘肃共5 个村）到最高的531 元（上海市朱泾镇温河村），平均为57.68 元，其中救济标准在50 元及以下的共

1487 个村，占 70.84%，52～100 元的共 229 个村，占 10.91%，105～531 元的共 383 个村，占 18.25%。

中部地区贫困救济率最低，村级扶贫工作最需要加强。在调查的村中，近一半的贫困发生在西部地区，贫困发生率西部比中部高 4.77 个百分点，比东部高 11.63 个百分点；贫困救济率中部最低，比西部低 12.4 百分点，比东部低 28.35 个百分点；救济标准东部最高，西部次之，中部最低，东部是西部的 3.89 倍，是中部的 6.41 倍，表明中部地区扶贫工作最差，但即使在东部，仍有高达 32.79% 的贫困人口未获救济（表 14）。

表 14　　各地农村贫困户及救济情况（2006 年）

	西部地区	中部地区	东部地区
贫困户数（户）	50457	31367	22138
贫困发生率（%）	14.71	9.94	3.08
贫困救济率（%）	51.26	38.86	67.21
平均救济标准（元/月）	27.41	16.65	106.67

（三）农村医疗服务水平低，农民看病难、看病贵问题突出

在调查的村中，东部地区行政村卫生室覆盖率（建有卫生室的村数/被调查村数，下同）最高，比中部高 3.58 个百分点，比西部高 10.15 个百分点，每村卫生室数三个地区差别不大，但卫生室平均面积差别很大，东部是中部的 1.59 倍，是西部的 2.83 倍，每村有资格的医生数东部最多，中部次之，西部最少，医生与人口之比中部最好，东部次之，西部最差，但均不理想，农村医疗资源严重匮乏。

表 15　　各地农村村级卫生室情况（2006 年）

	西部地区	东部地区	中部地区
建有卫生室的行政村（个）	560	675	966
行政村卫生室覆盖率（%）	73.78	80.45	83.93
卫生室数量（个）	910	1064	1336
平均每村卫生室数（个）	1.20	1.27	1.16
卫生室总面积（平方米）	40568	84662	168518
平均每个卫生室面积（平方米）	44.58	79.57	126.14
具有资格的医生数（个）	1009	1605	2338
平均每村有资格的医生数（个）	1.11	1.51	1.75
有资格医生数与农村人口比例	1:1368	1:704	1:1019

农民对实行新型合作医疗积极性高的村占 82.1%，积极性不高的占 17.9%；有 69.9% 的村认为实行新型合作医疗能解决农民看不起病或因病致贫问题，仍有

30.1%的村认为新型合作医疗不能解决该问题。

调查村庄中有74.9%的村庄开展了新型合作医疗。东部地区92.6%的村庄开展了新型合作医疗，明显高于中部65.8%和西部58.3%的水平。从筹资情况看，人均为36.49元，其中个人平均缴费17.62元，占比为48.29%。在江苏、上海、浙江等经济发达地区，不但农民个人收入水平较高，而且政府经济实力较强，筹资额度大，保障水平高，对于缓解大病户医疗负担的作用更为明显。

（四）义务教育阶段的负担大大减轻，保证教学质量成为农民最关心的问题

"两免一补"政策的逐步实施，大大减轻了义务教育阶段农村家庭的教育负担。在全部被调查村中，已经有45.4%的村实行了全部免杂费。有27.7%的村部分学生享受了免费教科书，16.1%的村所有学生享受了免课本费。有25.9%的村只有部分寄宿生享受生活补助，12.7%的村寄宿生都享受了生活补助。调查表明，义务教育阶段农民家庭教育支出中，学杂费这样的刚性支出占教育总支出的比重平均近50%，其他如课本、学习用品、住宿费、交通费等方面的支出也较多。近年来，学校布局调整较大，相当一部分村庄反映学生上学不方便，无形中增加了住宿和交通等方面的支出。

教学质量已经成为农村居民教育方面担心的首要问题，有76.9%的村认为，新农村建设在教育方面最应该尽快解决的问题是保证教学质量，有23.7%的村认为应该通过加强教师培训来解决这一问题。优势教师资源过度向大城市和发达地区集中，教师队伍质量存在巨大的地区差距和城乡差距。农村教师长期处于缺编状态，有的地区出现过一所学校一个教师的现象，虽然布局调整在一定范围内对教育资源的分散和结构性失调有所缓解，但农村仍然依赖着大量代课教师来满足教育教学需求。

七、若干政策建议

（一）大幅度增加国家直接用于改善农业生产与农民生活条件的农村中小型公共基础设施建设投入

根据这项调查，中西部欠发达地区农村总体发展水平比沿海发达地区要落后得多，其城乡差距比发达地区更为突出。目前，广大中西部农村仍然存在大量贫困和低收入人口，对于这些地区，如何摆脱贫困，是新农村建设中的首要问题。中西部地区工业基础薄弱，城市化水平低，对这些地区而言，基本上不具有工业反哺农业、城市带动农村的能力和条件，多数县乡财政困难，财政自给率低，对上级转移支付依赖程度高，而且只能保证工资发放，培育特色产业、发展社会事

业等支出地方财政难以承受。从这个角度讲，新农村建设的难点和重点是在中西部欠发达地区。要提倡发挥发达地区对欠发达地区的带动和扶持作用。要加大中央财政对欠发达地区的支持力度，新农村建设资金的分配、建设项目安排都要向中西部欠发达地区倾斜。建议加大西部地区的基础设施建设投入力度，加大对农村道路、水利、农电和能源等方面的投入，从根本上改变农村的生产生活条件。

（二）在保障农民土地权益方面迈出更大步伐

调查表明，由于推进农村税费改革，由农民负担问题引发的社会矛盾得到缓解或者基本消除了。现在农村最尖锐的矛盾主要与土地问题有关，土地问题已成为当前农村经济中不容回避的一个最突出的问题。用不同方式剥夺农民的土地，已成为新形势下侵犯农民利益的最重要的形式。

1. 稳定农村土地承包关系，维护农民土地承包权益。要严格执行《中华人民共和国农村土地承包法》等有关法律政策规定，坚持农村土地承包期30年不变政策，切实保障农民的土地承包经营权，不得违法调整农民的承包地，不得违反农民意愿强行进行土地流转，不得非法侵占农民承包地。

2. 建立健全土地承包经营权市场化流转机制。此次调查表明，随着农村劳动力大量转入非农产业，土地流转有了一定发展，尤其是在东部发达地区，土地流转的比例相对较大。目前我国广大中西部地区土地仍然是农民重要的收入来源，即使在经济发达地区，由于农村社会保障制度很不完善，农民对土地的依赖性还比较强，实现土地规模经营将是一个长期的过程。同时，也应该看到，伴随着常年外出就业农村劳动力的增多，农民也有了土地承包经营权流转的要求。要在稳定土地承包关系和尊重农民意愿的前提下，坚持“依法、自愿、有偿”原则，从各地实际出发，积极探索土地流转的多种形式，促进土地向大户集中。

3. 加快改革征地制度，保障失地农民的合法权益。改革征地制度，就是要确保被征地农民得到公平合理的补偿，生活水平不下降，就业有出路，长期生计有保障。这方面需要解决的问题主要有：（1）对“公共利益”进行明确的法律界定，保证土地征用仅限于满足公共利益的需要；（2）改善征地程序，保证农民的知情权和参与权；（3）确保失地农民的长远生计；（4）实现农村集体建设用地与国有土地“同地、同价、同权”；（5）减少地方政府对土地转让收益及土地融资过度依赖，加快物业税改革试点，使其成为地方政府财政长期的、可持续的收入来源。

4. 在农村居民点布局调整中尊重和维护农民宅基地权益。目前，我国农村居民点布局总体上基本合理，但是存在局部性不合理，需要通过适度调整实现进一步合理化。要坚持“大稳定、小调整”原则，不宜大拆大建。农民集中居住是一个自然的渐进过程，不能违背经济社会发展规律，急于求成。要保障农民的知情权和参与权。农村宅基地是农民从农村集体经济组织分配取得的一项重要财产，尤其是在经济发达地区和城市郊区具有很高的经济价值。维护农民权益，保障农民利益，是推动宅基地置换的关键。宅基地置换必须在保障农民利益的前提下推进，要让农民得到实实在在的好处，通过宅基地置换改善居民生产、生活条件，并保证农民生活质量不降低。引导农民集中居住要从实际情况出发，因地制宜，不搞一刀切，在尊重农民意愿的基础上，充分考虑农村工业化、城镇化的现状、发展趋势和村镇合理布局，建设特色明显、设施配套、农民欢迎的农村新社区。

（三）加大对农村劳动力培训的支持力度，切实保护农民工的合法权益

根据这次实地调查的数据，目前我国农村劳动力劳动时间过剩，在西部地区，仍存在较多赋闲的青壮年劳动力，同时，又存在农村劳动力在部分地区转移殆尽的危险。这预示着我国农村劳动力的供求关系正在从长期的“供过于求”逐步转向“既过剩，又不足”，“过剩”是指总量上劳动力按劳动力时间衡量，折算成劳动力仍然是供大于求的；“不足”是指结构上有技能的、年轻的农村劳动力的供求正在逐步向供不应求转变。目前，各级决策部门普遍认为农村尚有1亿、甚至1.6亿农村剩余劳动力。对此，需要进一步进行测算和论证。不能抽象地从总量角度看待农村劳动力的供求关系，更应该重视从结构角度看待农村劳动力的供求关系。随着农村劳动力供需结构性矛盾的日益突出，农村劳动力输入地和输出地的政府都应该认真考虑如何完善农村劳动力的转移政策。

1. 重视提高务农劳动力的素质和劳动技能。随着农村青壮年劳动力大量转入非农产业和城镇，特别是随着常年外出农村劳动力的增多，农村劳动力的老龄化问题日趋显现。在我们调查的上海、浙江和江苏等发达地区的农村，确实存在“精兵强将去创业，年轻力壮去打工，老弱病残搞农业”的问题。要加强专门针对务农劳动力的技能培训，通过发展农业职业教育，培养合格的农业经营者，重点扶持农业专业大户。加大对农业机械化的支持力度，提高农业劳动生产率。

2. 把保护农民工合法权益的政策落到实处。近年来，国家大幅度调整了对农民进城就业管理服务的有关政策，对农民工的社会管理正在向维护权益和服务转变。特别是2006年国务院关于农民工40条指导意见的出台，标志着这方面的政策更加明确。从现实情况看，当前关于农民工的政策和管理制度还没有真正摆脱城乡分隔体制的影响，距离平等就业、形成城乡统一的劳动力市场还有相当的距离；农民工合法权益受到侵害的问题比较突出。要进一步消除对农民进城就业的不合理限制和歧视性规定。尽快制定诸如有关民工工资支付的具体法律法规，建立和完善农民工劳动合同管理制度。同时，强化各级工会的功能，提高农民工的组织化程度，发挥其在保护农民工权益方面的积极作用。

3. 完善农村劳动力转移培训政策。要把支持的重点放在新进入劳动力市场的初、高中毕业生。整合农村各类教育资源，形成中小学文化教育和成人职业教育并行的农村教育体系，逐步扩大农村职业高中的数量和规模，大力推动职业教育和培训与农村基础教育相结合。把农村劳动力培训经费纳入财政经常性预算科目，并根据财力的增长情况，不断增加对农村劳动力转移培训的投入。充分调动政府部门、用人单位、培训机构和农民的积极性，逐步形成多元化的转移培训投入机制。打破部门界限，发挥好现有培训资源的作用，避免基础设施重复建设，减少财政负担，取得最大效益。

4. 完善农民进城定居的政策措施。目前，举家外出的农村劳动力已经占到一定比重。这些农民，虽已进城务工，但农民的身份没有变，未被城市认同接纳为城市居民。必须看到，大量进城农民长期处在城市的边缘，不被城市认同接纳乃至受到歧视或伤害，融不进城市社会，享受不到应有的权利，定会累积很多矛盾。要以开放和包容的胸襟，对农民工由排斥到容纳，由管制为主转向服务为主，改变农民工“边缘化”的社会地位。要把进城农民工作为城市居民的一部分，纳入统一的管理和服务，逐步做到权利平等。在住房、交通等城市基础设施的建设上考虑进城农民工的需要，使义务教育、公共卫生等基本公共服务逐步覆盖到农民工。允许长期进城务工农民工尽快融入城市，完成身份的转换，使他们能够在城市安居乐业。

（四）真正按照农村特点和农民需求办好农村金融

本项调查结果显示，现行农村金融体系并不能真正从农户和农村企业的金融需求出发提供金融服务。农村金融不同于城市金融，农村金融机构面对的是分散的小规模农户和大量的农村中小企业。农民和农村中小企业对金融需求一般具有期限短、频率高、数额小等特点，金融机构对其服务的交易成本比较高。农村信贷市场信息不对称现象相对于城市工商贷款而言更为突出。城市工商业贷款中使用的传统意义上的抵押品，在农村严重缺乏等。农业经营受自然和市场影响具有高风险性，使得农村金融机构的运作存在高风险性。因此，农村金融服务的特殊性决定了农村金融机构必须进行金融产品和服务方式的创新，在有效满足农村金融服务的同时，实现自身的风险最小化和可持续经营。仅靠农村信用社系统的信贷实力，不可能解决有效服务三农的问题。必须从农村金融体系的整体着眼，以建立一个更完善、更有活力的真正为三农服务的农村金融体系为目标，推行全面的农村金融改革。随着各大商业银行纷纷从农村地区撤出，监管部门应放松市场准入管制，允许新设机构进入农村金融市场，特别是在兴办直接为三农服务的多种所有制的金融组织方面要迈出更大的步伐。

（五）加快农村教育、医疗卫生、社会保障的发展步伐

1. 减轻农村非义务教育阶段的沉重负担，提高教学质量。问卷分析表明，目前中西部农民贫困的首要原因是子女上学，东部地区这一原因致贫的比例也相当高。随着义务教育阶段“两免一补”政策的稳步推行，义务教育阶段的负担已逐渐退居次要地位，非义务教育阶段的费用已构成当前农民家庭的最大负担。因此，解决农村贫困问题，除了实行贫困救济，发展农村经济外，还要“减负”，尤其是农民的教育负担。首先是切实推行免费的义务教育，使农村所有孩子都能享受到义务教育的阳光雨露，接受最基本的国民素质教育。其次是完善非义务教育阶段的教育扶助、救助制度，尽可能保证有志青年不因交不起学费而辍学。比如，大中专院校可否在学费减免制度、奖学金制度、助学贷款、勤工俭学等现有政策的基础上，考虑实施“差别学费”制度，对来自中西部欠发达地区的学子“网开一面”，采取低收费，而其差额则由中央或地方财政予以适当补助，以此保证“零失学”。调查表明，农村学校师资力量短缺，教学设施落后，教学质量不高，使当前农村义务教育发展迫切需要解决的问题。建议加大对农村教育的投资力度，鼓励有志青年投身农村教育事业，提高农村学校教师待遇。

2. 加快推进农村新型合作医疗制度建设，完善医疗救助制度。从问卷的情况看，农村因病致贫的比例相当高，而且通常都是大病。由于目前合作医疗的筹资标准较低，不足以抵抗大病，“因病致贫”在所难免。当然，农民“看病贵”、“看病难”问题也同整个国家的医疗卫生管理体制密切相关，“药价高企”、“医药不分”、“药品生产、流通环节过多”、“药企不正当竞争”、“城乡医疗资源严重错位”等等诸多因素共同促成主要问题。因此，建立农村新型合作医疗制度，解决农民“因病致贫”问题，不仅需要充分调动农民参与合作医疗的积极性，大幅度提高筹资标准，而且还要从国家的医药卫生管理体制入手，解决城乡医疗资源的严重偏斜问题。目前，医疗救助制度处于探索阶段，需要尽快完善运行机制。一是要增加投入，提高救助效果。二是完善瞄准机制。医疗救助应当瞄准那些真正因大病致贫、返贫的家庭。调查发现，由于县乡财政困难，投入的卫生事业费用仅够维持日常运转，乡村卫生医疗机构建设资金投入严重不足，办公条件差、医疗设备落后，严重影响了农村卫生事业的运行和发展。且由于政策因素影响，卫生人才外流严重，人员学历偏低。建议国家、省加大资金投入，加快乡村卫生机构建设，更新配备必需的医疗设备，建立城市支援农村卫生工作的长效机制，全力推动农村医疗卫生事业发展。

3. 进一步完善“五保户”集中供养制度。“五保户”作为农村社会的一个特殊群体，在农村全面的社会化养老体系尚未建立之前，对他们进行特殊的眷顾、使他们老有所养是文明社会的一个根本道德义务。当前，这一制度存在的根本问题是：集中供养率偏低，农村福利院（养老院）建设严重滞后。因此，在维持家庭养老的根本前提下，首先对“五保户”实施“能保尽保”的原则，将其全部纳入农村基本养老体系，实现集中供养。在集体经济较发达的地区，实施国家和集体共同出资，兴办养老院（福利院）；在集体经济欠发达的中西部地区，应主要由中央和地方财政出资建设福利院，还可充分动员社会力量（如福利彩票、个人捐助、企业赞助等形式）解决福利院建设的资金筹措问题。

4. 尽快建立农村最低生活保障制度。从各地的情况看，除了经济发达地区如上海、苏州、无锡等地在农村建立了相对完备的“低保”制度外，多数地方的贫困救助工作仍很不到位。要尽快在全国范围建立农村最低生活保障制度，合理确定低保标准和对象，保证应保尽保，资金应由中央和地方财政共同负担。

5. 积极探索发展农村社会养老保障。各地可根据经济社会发展水平试行低水平、广覆盖的农村养老保险制度，解决农民的后顾之忧。

（六）培养农村实用人才，提高村干部素质

农民的知识化是新农村建设的前提和条件，基层村镇干部队伍建设是新农村建设的保障。建设新农村的重要环节就是提高农民素质，培养新型农民，加强对村镇级干部的培训和指导。要以培养新型农民为目标，大力开展各类培训力度，达到农村一户有一个劳动者掌握一门农业适用技术；开展农村非农技能培训，改善农民谋生手段和生活来源。当前，村级班子优秀人才的选派和成长机制还没有形成。要大胆启用年富力强、文化素质高的能人充实村级班子，提高村级干部的经济待遇，解决村干部后顾之忧。在有条件的地区，推行村干部养老保险制度。提倡大中专毕业生在进行系统培训充实到村干部队伍中。

（七）加强农村基层民主政治建设，重视农村文化建设

农民是新农村建设的主力军，充分发挥广大农民的积极性、主动性和创造性是建设社会主义新农村的关键。为此，必须充分发扬民主，体现农民主体地位，让农民全过程参与到新农村建设中来。村民委员会是基层群众性自治组织，在协调和办理本村的公共事务和公益事业具有独特的优势，新农村建设要充分发挥村民自治委员会和村民代表的作用。新农村的规划及重要事项要充分听取农民的意见和建议。新农村建设关系到农民的切身利益，一定要广泛听取人民群众的意见和建议，积极发挥广大农民的聪明才智，从农民群众需要最迫切、受益最直接的工作着手，维护和尊重广大农民的权益。

从此次调查来看，文化建设问题是村民迫切需要解决的重要问题。主要措施：一是进一步完善村规民约，全面提高村民依法自治水平。二是加强农村思想文化阵地建设，提高公众的参与意识和文明程度，丰富群众精神生活，推进社会风气、公共秩序和生活环境全面改善。在有条件的地方要全面建立社区文体活动中心。三是充分发挥市民学校和新闻媒体的作用，通过群众喜闻乐见的形式，加大宣传教育力度，引导农村居民遵纪守法，健康娱乐，不断提高广大村民的政策水平、法律意识、科学文化知识等，保障农村稳定，促进农村发展、农村繁荣，构建和谐社会。四是要以共创文明礼仪、文明生活、文明家庭、文明风尚和文明社区为重点，广泛开展文明家庭评比活动，形成团结互助、家和兴业氛围。

（八）建立新农村建设综合领导协调机制

统筹城乡发展、推进社会主义新农村建设需要创新工作机制，强化统筹协调。调查中发现，由于机制不够完善，各部门投身研究三农、服务三农的积极性和主动性不够高，协调性较弱。这次调查涉及的17个省区，普遍希望在各级各部门建立新农村建设领导机构和工作机构，形成上下互动，部门协调配合的工作机制，避免工作中的空缺与重叠，有效促进政策的集成、资金的整合。

（韩 俊 谢 扬 徐小青 秦中春 张云华）

分报告 1

大都市郊区新农村建设的探索

——上海市金山区新农村建设调查

金山区位于上海市西南，地处沪浙交界，是上海市郊的重要农业大区。现辖9个镇、1个工业区，1个街道。有耕地面积2.73万公顷，总人口约52.5万人，其中农村人口36.28万人。近年来，金山区农业正从传统向都市型转变，农村经济社会建设不断取得新的进步。农业户口数占农村人口数67.08%。从事二三产业17.79万人，占全区农村劳动力的73.2%；从事以第一产业为主6.5万人（包括在校大、中专生户口未迁移19000人）。2005年实现GDP201.3亿元，农业总产值（现行价）23.3亿元。全年财政总收入57.32亿元，其中地方财政收入29.29亿元。农村人均纯收入7108元。

本次调查了解了金山区新农村建设的总体情况，对亭林镇等九个涉农镇新农村建设的进展进行了考察，重点选择九个涉农镇所属的124个行政村进行了问卷调查。

一、农村经济发展现状及农民对新农村建设的需求

本次调查的124个村庄，经济发展水平在金山区比较富裕的19个，占15.3%，比较穷的18个，占14.5%，其余87个属于经济条件一般的村，占70.2%。本次调查的行政村村干部主要集中在4～6人，其中具有高中以上学历的占63%。村干部年平均工资34107元，最低为11400元，最高为82000元，相差7倍之多。行政村总面积平均4727亩，耕地面积平均2981亩。调查村的总户数平均规模808户，平均人口规模2762人。农民人均纯收入平均为6680元，与上海市公布的8342元相差1662元，与金山区公布的7109元相差429元。

（一）农村集体经济实力不断增长，但差距拉大

在所调查村庄中，82.3%的村集体经济实力近年来不断增长，5%的村变化不大，2.7%的村有所下降；2005年年底，集体经济实力最强的村收入达5500万

元，最弱的村收入仅18.73万元，“十五”期间，集体经济实力平均增长2.45倍。

2005年村集体总收入平均为172万元。其中，村集体年度总收入平均为82.5万元，占44.7%，上级下拨或补贴占29.6%，集体留用的土地征用补偿费占3.26%，其他收入占22.5%。在村集体年度总收入中，最大一部分是厂房、土地及其他财产租赁费收入，平均为73万元，其中资产租赁收入平均为17.7万元，其中土地承包费占61.2%，果园、林业承包收入占5.7%，水面及其他占34%；土地租赁收入几乎各占一半，占64.7%，其次是村农业承包收入，和村办企业收入，占比分别为9.8%和9.2%。2005年平均每个行政村支出149万元。其中，村管理费用占41.9%，村公共建设支出占26.9%，村福利费用占9.6%，新企业投资占0.37%，还贷款占1.03%。在村管理费用中，村组干部工资占53.4%，其次是业务管理费占21%，居第三位的是日常办公开支，占19.7%，最后是集体用水电费，占5.96%。在村公共建设支出中，平均为40万元，其构成分别为：修路架桥32.4%、农田建设14.3%、医疗卫生11.6%、办公设施5.2%、上下水4.6%、教育4.2%、文化娱乐4.0%、电力建设3.2%、其他20.5%。2005年度有14%的村出现赤字，平均赤字31.6万元；占86%的村平均节余41万元。2005年8个村出现负债，占11.6%，平均负债61万元；其余61个村出现节余，占88.4%，平均累计节余137万元。2005年末累计集体经济资产9.25亿元，每个村平均资产总额818万元，其中50.8%属于流动资产，39.9%属于固定资产，6.76%属于长期投资，其他资产占2.6%。

（二）农民生活不断改善，农民对生活居住环境满意度较好

住二层以上楼房的农民家庭比例平均为93.1%。开通电话户数平均为87.8%；“有线电视户数比例”平均为74%。家庭耐用消费品拥有率较高。6.39%的家庭拥有汽车；82.3%的家庭拥有摩托车；65.6%的家庭拥有电冰箱；62.5%的农户拥有洗衣机；17.2%的家庭拥有电脑；95.2%的家庭拥有电视。

有96%的村认为交通出行方便，4%的村认为出行不方便；86%的村认为购物消费方便，14%的村认为不方便；90%的村认为看病方便，10%的村认为不方便；89%的村对环境绿化感到满意，11%的村感到不满意；88%的村对治安状况感到满意，12%的村感到不满意。农村社会治安状况较好。在所调查的124个行政村中，共有39个行政村对这一问题进行了回答，39个村共发生113起治安刑事案件，平均每个村每年发生2.9起。其中有11个村未发生治安刑事案件，占28%，发生1~3起的共19个村，占48.7%，其余9个村分别发生4~15起，占23%。

（三）农村公共服务较为完善

农村医疗条件较好，新型合作医疗发展较快。平均每个行政村村卫生室 1.22 个，平均每个卫生室 150.4 平方米，有医生 334 名，每个卫生室 2.93 名医生，其中有医生资格的占医生总数的 87%。有 101 个村对“是否开展新型合作医疗”作出了回答，其中 87 个村开展了新型合作医疗，占 86%。

被调查的 124 个行政村有 119 个村进行垃圾集中收集，占 96%，共有 770 个垃圾收集点，平均每个村有 6.47 个收集点；114 个村建有公共厕所，占 91.9%，平均每个村有 3.62 个公共厕所；有 19 个村建有污水处理系统，占 15.3%；有 114 个村对“村内饮用水安全”进行了回答，仅有 1 个村表示不安全；有 113 个村对“是否存在饮水困难”作出回答，仅 5 个村表示存在饮水困难；自来水供给率达 99.7%。农村文化活动设施较好。共有 78 个村建有图书室，占 62.9%，平均 32 平方米，平均藏书 867 册；有 78 个村建有文化活动中心，占 62.9%，平均活动面积 322.8 平方米。农民养老正向集中供养发展。有 96 个行政村对五保户集中供养，集中供养率 74%。

（四）二三产业发达，农村劳动力转移率较高

调查村庄中劳动力常年在外打工或就地转入二三产业的占本村劳动力的比例最小的村仅 0.5%，比例最高的村占 95%，平均比例为 52.5%；举家外出务工经商的农户占全村农户的比例平均为 4.91%。目前 44% 的 30 岁以下的青壮年劳动力常年在外打工或在本地务工经商，赋闲在家的占 9.2%，认为“能够外出打工的青壮年劳动力越来越少”的占 81.5%，认为“还有不少可以转移的”仅占 18.5%。外来打工劳动力占当地劳动力总数的 20.6%。

（五）农村土地流转率较高

11.3% 的村“集体统一经营”，83% 的村“农户承包经营”，26.4% 的村“部分集体经营”，11.3% 的村“部分分给农户经营”，其中采取上述两种以上经营方式的村占被调查村（106 个村填报）的 28.3%。86.4% 的村第二轮土地承包在 1998 ~ 1999 年，13.3% 的村第二轮承包以来进行过大范围的土地调整。在 73 个村的有效数据中，有 45% 的农户全部出租承包地，其中 54% 的农户出租给本村村民，46% 出租给外村村民，每亩租金平均 460.9 元。

（六）农民对新农村建设的需求

1. 文化教育、医疗卫生、路桥建设是农民最需要优先解决的问题。对于农村义务教育优先解决好的问题，49.2% 的村认为是“完全免费”，72% 的村认为是

“保证教学质量”，4.2%的村认为是“校舍改造”，16.1%的村认为是“教师培训”。关于新农村建设最需要解决的问题：34%的村认为是饮水，79%的村认为是修路，30%的村认为是用电，8.5%的村认为是建沼气，36%的村认为是厕所改造，60%的村认为是污水处理，70%的村认为是垃圾收集，63%的村认为是医疗网点建设，90%的村认为是文化建设。

农民对农村文化建设地期待较高。调查表明，农村公共文化娱乐活动少而单一。98.3%的村近几年举行过公共文化娱乐活动。2005年有119（占96%）个村放过电影，最少的1场，最多的24场，平均每村6.92场；有82个村（占66%）请过剧团演出，最少的1次，最多的8次，平均每村2.27次。2005年村里组织的公共文化支出（104个村填报该项）最少的800元，最多的4万元，平均每个村1.59万元。

2. 多数村认为新农村建设的关键在于农民素质提高、美化环境和转移剩余劳动力。48%的村认为是“培育新型产业”，72%的村认为是“农民素质的提高”，61%的村认为是“优化居住环境”，54%的村认为是“转移农村剩余劳动力”，有9.7%的村认为是“其他”（包括打工、就业、失地农民、农民集中居住、农民社会保障、农民收入等）。有27%的村认为前四项都重要。

3. 对搞好村庄规划和开展村庄整治积极性较高。46.2%的村“已经纳入城乡统一发展规划，并已制定完具体规划”，35%的村“需要立即进行村庄发展规划工作”，13.7%的村认为“当地村庄空心化、浪费土地等问题严重，有关规划工作已列入计划”，20.5%的村认为“当地村庄空心化、浪费土地等问题严重，但由于村里能力有限，目前无法开展有关规划工作”，只有5.1%的村认为“不需要制定村庄规划”。88.6%的村认为有必要进行“村民集中居住和村庄合并”，11.4%的村认为没有必要。制定村庄规划的成本较高，66%的村需要50万元以上，21.7%的村需要10万~50万元，8.5%的村需要5万~10万元，3.8%的村需要5万元以下。

4. 村干部最担心的是新农村建设的资金筹集、“面子工程”和随意的村庄撤并。44.3%的村担忧“上级领导不切实际下任务，搞‘面子工程’”，32.1%的村担心“群众对干部缺乏信任，参与积极性不高”，56.9%的村担心“推进了生产发展，市场卖难”，84.8%的村担心“开展了村庄规划，建设资金无法筹集”，34.9%的村担心“进行了村庄改造，农民家家户户都欠债”，81.3%的村担心“村里建设工作难度大，稍有不当农民集中上访”，77.6%的村担心“现有干部队伍能力上有差距，素质还需要提高”，25.5%的村担心“违背农民意愿，搞片面的村庄撤并”，3.77%的村担心“以新农村建设名义对农民搞摊派”，7.6%的村担心“以新农村建设名义搞借债”，6.8%的村担心“以新农村建设名义收农民承包地”。

二、金山区推进新农村建设的主要做法与经验

金山区确定的新农村建设的目标是：坚持“规划清晰、经济发展、生活安康、镇风文明、村容整洁、管理民主、组织坚强、镇村和谐”的总体要求，围绕“农民生活质量显著提高、现代农业特点充分显现、农村自然文化风貌得到良好保护、农民自身素质全面提升、城乡二元结构和差距明显改善与缩小、基层组织建设得到进一步加强”的目标，加快推进新郊区新农村建设进程，力争建成上海市新郊区新农村建设示范区。

（一）以加强规划管理为龙头，推进“1778”城乡规划体系建设

金山区坚持统筹农村建设与生产力布局，按照一、二、三产业相融合，农民、农业和农村相协调，生产、生态和生活相统一，把新郊区新农村建设切实纳入金山总体发展规划之中。按照适度超前、各具特色的要求，对新农村建设进行科学规划，选择相对成熟村镇进行试点，有效推进“1778”城乡规划体系建设。提出了建设1个中等城市规模的多功能组团式的金山新城，统筹7个新市镇建设，有效推进78个中心村配套联动改造与建设的目标。积极探索先进制造、科技服务、休闲观光等各具产业特色的新郊区新农村建设。稳步推进村域规划试点。强化对城乡规划实施的监督和管理。规划部门要制定保留具有农村自然文化风貌民居规划和落实城乡规划体系的实施细则。

（二）以农业科技创新为动力，构建都市现代农业体系

一是加强对现代农业园区的投入。建立金山区市级现代农业园区专项发展基金。从2006年起，区财政将现代农业园区内的企业缴纳的税收形成的区级收入超过2005年部分，以及区财政实得部分金额纳入专项发展基金。2007年，在支农资金中预算安排现代农业园区专项资金5000万元。今后每年新增支农资金的70%用于现代农业园区建设。二是突出农业对生态环境的维护功能，在发展农业过程中不断丰富文化内涵。

（三）以促进农业规模化经营为重点，推进农业组织化水平

金山区从70%农田种植水稻的实际出发，主推粮食生产规模经营，大力发展家庭规模农场和多元经济方式参与的合作农场（社），大力推进经济作物、养殖业的规模化生产。在此基础上，大力发展农村专业合作经济组织，培育农业产业化龙头企业。2006年全区土地规模经营总面积已达272942.4亩，占耕地总面积

的67.4%，全区共组建以村级为主农业综合服务队122个，从业人员1700多人，其中服务队兼营土地规模经营121个，经营面积111222亩，占当年水稻规模经营总面积的62%。区、镇两级给流出土地的农民承诺以种粮为主的每亩土地流转费以不低于250公斤原粮为基价，农民不再劳动作业，流转后的租赁费与自己经营的收入基本相等。在流转的方式上，农民先把土地委托给村民委员会流转，村民委员会与每户农民签订流转合同书，然后再由村民委员会选择土地规模经营者。土地经营规模户为单位的掌握在30~50亩；农民合作农场为150~300亩；配置插秧机械和谷物烘干设备的合作农场可扩大到500~1000亩。我们调查的朱泾镇，为更好地服务于粮食规模经营，11个村相继成立了村级综合服务队，成立了3个镇级农场。廊下镇采用农户流转到村委会、村委会流转到上海金土地绿色农业有限公司，公司再租赁给投资经营者的办法。目前全镇通过金土地公司流转的土地面积达14800亩，占土地规模经营总面积的59%。

(四) 以改善农村环境为基础，提高农村基础设施建设水平

金山区把农村环境整治作为推进新农村建设的基础工作，重点解决与农民切身利益直接相关的道路、危桥、污水处理、集约供水、生活垃圾收集、河道水质等影响生产、生活的实际问题。一是全面实施“清洁家园”工程。以生活垃圾无害化处置为核心，形成并完善全区生活垃圾综合处置系统，实现固体废弃物处置资源化、减量化、完善化。二是全面推进镇村级河道综合整治工作，到2007年完成河道整治三年行动计划。全区镇村级河道达到“连、通、畅、活”，实现水清、底深、面洁、岸绿。三是确保农村足量优质用水。实现“统一取水、一网供水、统一管理”集约化供水模式，切实保证农业生产和农民生活用水。四是在“1778”城乡规划体系的指导和完成自然村落保留规划的前提下，到2008年，完成镇—村—户乡村道路网络建设和乡村危桥改建任务。根据中心村的建设规划，逐步有序开辟镇村公交线路。

(五) 以增加农民收入为重点，提高农民生活质量

一是拓宽农民就业渠道，全区每年实现新增就业岗位2万个，其中新增农村劳动力非农就业岗位不少于1万个。推进职业教育资源整合，加大对农民的培训力度。加强失地无业人员和农村富余劳动力的职业技能培训。优化创业环境，积极鼓励扶持自主创业。对创业者提供10万元开业贴息贷款担保。挖掘公益服务类岗位，每年安置就业困难人员1000人，重点解决45周岁以上人员的就业。

二是发展壮大村级经济。实施企业扶持、对口支援帮村脱贫计划，继续加强与市属企业（集团）的对口合作。探索建设标准厂房，资金由区、镇政府投入，产权归镇政府，收益部分反哺到村的办法。

三是探索农村新型社会保障制度。建立农保人员养老金正常增长机制。适当提高农保投保人员养老补差金计发标准，完善农保养老金计发办法。逐步提高合作医疗筹资水平，稳步提高合作医疗保障水平。到2010年个人投保资金不低于200元/人，并实现全区统一的个人投保资金标准。区镇两级政府按不低于1:1比例配套个人投保资金，各承担50%。做好被征地农民的社会保障工作。

四是让农民更多地分享土地和集体资产收益。继续推行征用留用地制度，让村集体经济组织和农民拥有发展权和收益权。完善集体土地征用补偿制度，提高土地补偿标准，积极推行集体土地以物权形式直接进入市场的形式，让农民享有未来生活的基本保障。深化集体资产管理改革，探索以股份制为主要形式的新型村级集体经济组织，保障农民对集体资产的收益分配权。

五是加快标准化中心村卫生室建设，完善农村公共卫生体系。加强对现有社区卫生服务中心公共卫生人员和乡村医生的岗位培训，积极创造条件吸收大专及以上学历专业人员充实到公共卫生岗位，建立二三级医疗卫生机构向社区卫生服务中心提供医疗服务的工作机制。

（六）以加大资金投入为关键，加快建立以工促农、以城带乡的长效机制

进一步扩大公共财政覆盖农村的范围，加大对三农的支持力度。“十一五”期间，逐年提高区镇两级财政支农资金增量，逐步形成新郊区新农村建设支农资金稳定增长机制。积极探索盘活农村集体建设用地的办法，农村建设用地置换开发的增值收入主要用于三农。土地出让金收入中按规定划出用于农业的专项资金，应用于土地整理、复垦和改善农村生产生活条件。

三、金山区新农村建设的问题和难点

（一）农民缺少土地财产权利和财富积累机制

与城市市民能卖掉升值旧房、买进新房不一样，郊区农民建房选择是：“拆了草屋翻瓦房，拆了平房翻楼房”，农民的住房由于缺乏完整的产权保护，难以享受到城市化过程中住房升值的益处（旧房），也就形不成财富积累。宅基地问题较突出。调查表明，50%的村宅基地需求矛盾突出，23.7%的村“有废弃的旧房和宅基地”，占村庄现居住总面积的7.23%。49.1%的村进行过宅基地整理，平均每个村节省出土地139亩，占原宅基地总面积的15.7%。27.5%的村存在住房买卖现象，房屋买卖对象的66.7%是本村居民，22.2%是外村居民，11.1%是村办乡办企业，房屋买卖对象中没有城镇居民，房屋价格均价1770元/平方米。

66.4%的村近几年有村民上访，49.5%的村反映“土地征用”，21.4%的村反映“承包地流转”。

（二）郊区农村并没有纳入统一的规划体系

新农村建设提出后，尽管各级政府开始重视农村的规划工作，但难免有仓促上马之嫌，而多数郊区县乡的规划是以“城市化”为中心的，难以体现新农村的特色，也不能同原有的城市规划很好地衔接起来。城乡缺乏协调功能，城乡之间发展的人为“裂痕”十分鲜明。

（三）村级经济发展薄弱，难以形成新农村建设的有力支撑

金山卫镇反映，该镇村级经济发展缓慢：比如近几年来，镇级财力年均增长幅度保持在25%左右，而村级可支配收入年均增长只有5%，远远低于镇级水平。“村级经济缺乏特色产业，没有品牌支撑，集体资产未能盘活、增值，难以壮大集体经济实力，为新农村建设创造坚实的经济基础”。亭林镇也反映，“村级经济还比较薄弱，一些村经济底子薄，可支配收入来源少，个别村年度收支只能维持平衡，想为群众办事无来源。镇级财力也困难，经费不足，改变村容村貌速度不快、难度高”。

（四）农业生产资金困难的瓶颈仍然存在

融资难的问题已成为制约农业规模经营大户和农业产业化发展的瓶颈。按商业银行操作规程，规模经营大户和农业企业所形成资产不具备有效抵押的资格，一般也找不到信用担保。目前粮食生产规模经营户的自有资金大多已支付租金，相当部分农户支付人工、购置农资、机械作业费等，每亩在400元左右。

（五）农村环境污染问题比较突出

46.6%的村存在环境污染问题，78.4%的村环境污染发生在20世纪90年代以后。污染原因认定中，30.6%的村认为是“污水”，22.2%的村认为是“垃圾”，8.3%的村认为是“噪音”，23.1%的村认为是“河道失去治理”，15.7%的村认为是“其他”（包括空气污染、废料收购、企业废气、养猪场、塑料、垃圾堆放、粉煤灰、碳黑厂、石化厂等）。

（六）农村基层组织体系难以适应新农村建设的要求

一是农村基层干部队伍老化，活力不强。亭林镇反映：农村党支部书记年龄偏大；农村干部队伍小学生还占有一定的比例；许多村干部创新精神不足，破解

工作难题水平不高。二是基层组织效能不强。金山卫镇反映：存在“三不、三低”现象，即村干部“双带”能力不强，群众信任度低；支部生活活力不够，党组织凝聚力低；党员和村民小组长作用发挥不力，基层政权战斗力低。村干部队伍青黄不接，后继乏人，“不犯错误不搬位子，不到年龄不出班子”。

四、对策建议

（一）加大市、区两级财政对新农村建设转移支付的力度

从经济实力分析，上海市郊区建设新农村具备强大的经济基础，理应走在新农村建设的前列。而其关键是财政资源的合理配置，深入实施以城带乡、以工补农的战略，使公共财政更多的逐步由市区向郊区拓展，尤其是市、区两级财政应加大对农村经济社会发展的转移支付力度，缩小农村基础设施与公共事业建设与城市的差距。要通过财政的支持，加快农村教育和社会事业的发展。进一步完善社会保障、医疗保障体系，基本实现社会保险和医疗保险全覆盖和城区郊区一体化。

（二）采取更灵活的土地流转政策

新农村建设的顺利推进，主要还是依靠村级经济的发展和壮大，这是调研中农村基层干部的共识。许多村干部希望政府放宽农村集体土地流动政策，通过转让、出租闲置场地、房屋等集体资产，增加村级可支配收入，为新农村建设打下基础。

（三）建立城乡统一的规划体系

上海地区作为都市经济圈，新农村建设的规划更应充分考虑城市化发展对郊区的深刻影响，在留足足够的城市化空间后，城市化区域的界限应该是鲜明而有严格的规定性，不能盲目的贪大求洋，任意侵蚀非城市化区域，造成“城不像城，乡不像乡”的尴尬局面。在农民自愿的前提下，引导农民集中居住，逐步对分布零散的自然村进行迁并整合、扩大规模，以达到基础设施配套的规模，推动城市化与新农村建设互相促进。

（韩　俊　秦中春）

分报告2

沿海开放城市新农村建设的探索

——南通市新农村建设调查

南通市是我国首批对外开放的14个沿海城市之一。现辖4市、2县、2区和南通经济技术开发区，共有130个乡镇，1898个行政村。全市总面积8001平方公里，户籍人口773.79万。2005年南通市实现GDP1472.08亿元。其中第一产业162.19亿元，第二产业823.99亿元，第三产业485.90亿元。市区居民人均可支配收入12384元，人均生活消费支出8573元。农村居民人均纯收入5501元。本次调查选择了海门市、通州市和海安县等三个调查区县，对三个调查区县八个乡镇所属的91个行政村进行了入村问卷调查。从调查的村庄来看，当地村庄地势均为平原，以一般村庄为主体。位于大城市城郊和中小城市城郊的占2.2%，位于乡镇驻地的占12.1%，其余属于一般村庄占83.5%；经济发展水平在本地比较富裕的占3.29%，比较穷的占20.9%，一般的占75.8%。调查村庄农民人均纯收入平均为6046元，高出南通市统计的农民人均纯收入545元。

一、南通市农村经济发展的现状与特点

（一）农村经济结构调整成效显著

南通市加快推进项目农业建设，加快推进农业产业化、特色化和农产品基地建设，全面提升农业经济的整体竞争力。近年来，粮食生产保持稳定，经济作物比重进一步提高；畜牧业生产稳步提高。随着农业结构调整向纵深推进，具有比较优势的瓜果蔬菜、花卉苗木等主导产业的地位进一步显现，传统大宗农作物品种也随着新技术的应用，生产水平也不断提高。土地产出率大幅提升，2005年亩均耕地产出1815元，比2000年增长47.4%，年均递增8.1%。

南通市大力发展民营经济，先后出台了一系列优惠扶持政策，努力营造浓厚的创业投资氛围，积极吸引民间资本发展二三产业，提升农村经济的整体竞争力。农村工业经济每年保持两位数以上的增幅。2005年实现农村工业总产值3516.1亿元，是“九五”期末的4倍，年均递增32.2%。农村社会总产值4167.5亿元，

二三产业的比重由“九五”期末的81.3%提高到93%。

（二）农村劳动力大量转入非农产业，城市化水平显著提高

目前南通市农村能够外出打工的青壮年劳动力基本转出。2005年转入非农产业的农村劳动力累计达到202万人，占全部农村劳动力的62.5%，其中劳务输出100.94万人，占转移劳动力近一半。建筑业是南通市的优势产业，各地大力发展建筑产业，通过对外承揽工程、劳务合作、劳务承包等途径，不断扩大建筑行业农村劳动力转移的规模和数量。同时，南通市积极发展境外劳务输出，境外劳务扩展到世界90多个国家和地区，劳务人员超过3万人。城市化水平也由2000年33.5%提高到2005年的47%。对91个行政村的调查表明，农村劳动力常年在外打工或就地转入二三产业的占本村劳动力平均比例为68.8%；举家外出务工经商的农户占全村农户的比例平均为7.6%；目前79.7%的30岁以下的青壮年劳动力常年在外打工或在本地务工经商，赋闲在家的占7.1%，认为“能够外出打工的青壮年劳动力越来越少”的村占90.4%，认为“还有不少可以转移的”仅占9.6%。

（三）农民收入增长取得新突破，农民生活质量不断提高

一是农民非农收入的增加成为增收的主要渠道。2005年农民的工资性收入及来自家庭经营的二三产业收入达4027元，比“九五”期末增加1567元，增长63.7%，平均年递增10.4%，对农民增收的贡献率达87.5%。资产性收入得到有效提升。2005年南通市农村居民人均财产性纯收入为72元，是2000年的2.4倍；转移性纯收入290元，是2000年的2倍。二是农民住房条件较好，生活质量不断提高。农村居民人均居住面积达49.62平方米，远远超过全面小康指标值。住二层以上楼房的家庭比例平均为75.4%。农民的生活消费支出结构发生明显变化，吃、穿、住等生存性消费支出所占比重明显下降，用于自身发展和享受生活的消费支出比重增加。2000年农民吃、穿、住这三项支出占生活消费支出的比重达70%，满足生存需求的特性明显。2005年这三项支出所占比重为58.7%，五年减少了11.3个百分点。与农村和农民自身发展高度相关的交通、通讯、文化教育的消费热度递增，消费增长幅度较大，并显示出强劲的势头。2005年农民人均医疗保健、交通和通信、文教娱乐用品及服务三项1245元，与2000年相比增长94%，平均年递增14.2%，比全部生活消费支出增长高出8.5个百分点。三是现代通信手段和信息传播较发达。开通电话户数比例平均为81.8%；有线电视户数比例平均为90%。四是家庭耐用消费品拥有率较高。拥有汽车的家庭比例平均水平为5.4%；拥有摩托车的家庭比例平均为57.4%；电冰箱的拥有率平均为34.5%；

洗衣机的拥有率平均为52%；拥有电脑户数比例平均为8.5%；拥有电视户数的比例平均为90%。

(四) 村集体经济组织具备一定经济实力

在调查的村中，2005年集体总收入平均为21.58万元。其中“村集体本身的收入”占24.2%；“村自筹自用集资”占43.7%；“上级下拨或补贴”占17.4%，“集体留用的土地征用补偿费”占5.3%，“其他收入”平均为8.89万元，占10.6%。在村集体本身的收入中，最大一部分是村农业承包收入，占比为47.2%；其次是“厂房、土地及其他财产租赁费收入”，占比为35.4%，“村农林牧渔直接经营收入”和“村办企业收入”占比分别为4.4%和2.9%。在村自筹自用集资中，“修路架桥”占55.5%，“农田基建”占40.3%，“水费电费”占2.9%，“办公设施”占0.76%，“教育”占0.11%，“卫生”占0.45%。

2005年平均每个行政村支出23.35万元。其中“村公共建设支出”占72%，“村管理费用”占14.7%，“村福利费用”占6.1%，“新企业投资”占0.2%，“还贷款”占1.4%，其他支出占5.6%。在村公共建设支出中，“修路架桥”占56.6%，“农田建设”26.7%，“医疗卫生”0.66%，“办公设施”1.13%，“上下水”2.58%，“教育”0.12%，“文化娱乐”0.30%，“电力建设”0.55%，其他11.3%。在村管理费用中，“村组干部工资”占74%，村干部年平均工资8761元，其次是“日常办公开支”占11.5%，居第三位，“业务管理费”占7.45%，最后是“集体用水电费”占7.0%。

二、南通市推进新农村建设的目标和思路

(一) 南通市新农村建设的基本要求

南通市提出的新农村建设的具体要求是“百姓富、村庄美、风气好”，主要内容包括富民强村、村镇规划、人居环境、文明程度和组织建设等。

1. 百姓富。把发展农村经济、促进农民增收作为新农村建设的核心内容。重点推进“两化”。一是高效农业规模化。充分挖掘农业内部增收潜能，以项目农业建设为推进农业结构调整的总抓手，努力实现由数量外延式调整向质量内涵式调整的转变，提升现代高效农业规模水平。二是就业创业全民化。全力推进村干部自主创业、带领农民创业，形成一批具有鲜明区域特色的集群经济板块，拓展农民就业创业的空间。

2. 村庄美。在整治村庄面貌方面重点推进“五个一工程”。(1) 一张图。因地制宜制定村庄建设规划，力求规划理念先进、功能布局合理、个性特色明显。

积极、稳妥、有序地推进农民向社区集中、产业向园区集中、土地向规模经营集中。(2) 一行树。逐步提高农村绿化比例，积极推进农田林网建设，健全并有效落实绿化养护制度。(3) 一汪水。实现河道无淤积，水面清洁，引排通畅。(4) 一条路。进村及村内路网布局合理，进村主干道路达到四级以上标准。(5) 一个垃圾箱。对新建规模养殖场，实行项目建设、防疫体系建设、粪便无害化处理同步审批。在农村秸秆处理方面，目前已建成1.2万千瓦的秸秆发电厂，年消化秸秆40万亩。

3. 风气好。一是村规民约普及化。使村规民约成为引导农民崇尚科学、抵制迷信、移风易俗、破除陋习、树立良好道德风尚、提倡科学健康生活方式的行为准则。二是村务管理民主化。重点是民主决策、民主选举、民主监督、民主理财等。

（二）南通市推进新农村建设的主要政策措施

1. 实施农民收入倍增工程。到2010年，力争实现农民人均纯收入超过8500元。一是增加农民家庭生产性收入。充分挖掘农业内部增收潜力，不断提高产业化水平、农产品附加值和农业效益。二是增加农民劳务收入。做好农村劳务输出工作，加快发展农村二三产业，积极推进农村富余劳动力向非农产业和城镇有序转移。三是增加农民工资性收入。加快农村工业化和城镇化步伐，扩大农民就业空间。四是增加农民的资产性收入和经营性收入。大力鼓励农民投资创业，把发展特色产业、加工业和服务业作为自主创业的主阵地。

2. 实施"五件实事工程"。一是教育培训。对农村义务教育阶段学生免收学杂费，对贫困家庭学生提供免费课本和寄宿生活费补助。开展劳动力转移培训、农村实用技术培训和创业培训，每年培训农村剩余劳动力9万人，增强劳动就业技能。二是道路建设。建设农村公路3567公里，逐步把农村公路延伸到规划的集中居住点。三是健康工程。完善新型农村合作医疗制度，加大各级政府对新型农村合作医疗的补助力度。加强农村公共卫生服务供给，推进乡镇卫生院和村卫生室向农村社区卫生服务中心（站）转型，开展医务人员培训，保障农民享有最基本的卫生服务。四是文化建设。加强乡镇综合文化站建设，推进农村有线电视村村通，改善基层文化设施条件。五是环境整治。疏浚农村河道，推广秸秆气化和沼气。

3. 推进"百村示范、千村整治"工程。按照"布局优化、村庄绿化、河道净化、道路硬化、建筑美化、卫生洁化、管理长效化"的要求，推进"百村示范、千村整治"工程，以点带面加快新型农村社区建设。坚持规划先行的原则，在镇村布局规划的基础上，认真搞好农民集中居住区建设规划，形成县城、重点中心镇、一般镇和农村集中居住区的一体化规划体系，真正实现规划的全覆盖。积极稳妥地推进农民集中居住。

三、新农村建设存在的主要问题和难点

（一）农村基础设施和公共服务有待进一步改善

根据对海安县的调查，农村四级以下的河道按照政策规定应由农民自己负责清淤，许多河道几十年没有疏浚，河床淤积严重，河水丧失了自净功能，农村水环境没有从根本上得到改善。目前全县急需清淤的河道近600条，长1500多公里，河道需要清淤的土方大约在4000多万立方米，需资金亿元以上。全县750公里圩堤有150公里需要加固，有308座圩口闸、226座排涝泵急需更新。此外，全县4663座排涝车口，有60%以上老化已达报废极限，其中60年代建设的有34座，70年代建设的有141座。全县需要修建的农村四级公路超过800公里，需要资金1亿元以上。全县2400多座农村桥梁，其中位于四级公路上的桥梁500多座，急需改造的桥梁220多座，需经费2000多万元。此外，农村三级以上公路的建设补助标准偏低，目前所制定的补助政策三级路补助15万元/公里，二级路补助45万元/公里，而实际和新建三级路至少100万元/公里，二级路至少150万元/公里，县级财政负担沉重。

农村公共卫生体系建设滞后。目前公共卫生体系建设仅覆盖到县级，乡村是预防保健网络的“网底”，随着卫生管理体制的改革和农村经济体制的改革，农村基层公共卫生体系建设不适应广大农民预防保健需求，主要是缺人、缺设备、缺资金。对重大疾病防控、突发公共卫生事业处置缺乏现场工作的设备装备。

被调查的82个行政村（填报数据）有29个村进行垃圾集中收集，占35.4%，共有330个垃圾收集点，平均每个村有11.38个收集点；78个村中仅有2个村建有污水处理系统，占2.56%。

农村现有的文化站、电影院、剧院等文化活动场所，因为资金不足而另谋出路，基本上失去了它们原有的文化传播作用，几乎所有的村庄都没有可供农民用的精神文化活动场所。在调查的村中，59.3%的村近几年没有举行过公共文化娱乐活动。

（二）农村环境亟待治理

在调查的村中，60%的村存在环境污染问题，产生污染时间最长的20年（1986年开始），90%的村环境污染发生在20世纪90年代中期以后。污染原因认定中，42.9%的村认为是“垃圾”，40.6%的村认为是“污水”，39.6%的村认为

是“河道失去治理”。根据对海安县的调查，当前农村环境主要存在四个方面的问题：一是禽粪便污染问题。该县年饲养家禽近5000万羽、猪45万头、羊40万只，年畜禽粪便产生量200万吨以上。部分畜禽养殖户的粪便直排水体，在非施肥季节大量的粪便露天堆放，也有部分随雨水排入水体。畜禽粪便排入水体后造成水体富营养化和河道淤积。二是生活垃圾污染的问题。农村的暴露垃圾非常普遍，大部分集中在路边、河边等公共地带，主要原因是农村目前还没有生活垃圾处理的基础设施及建立相应的垃圾收集体系。三是秸秆露天焚烧污染。该年产生农作物秸秆约60万吨，过去农村烧饭的主要燃料是秸秆，现在农村经济发展了，使用煤气烧饭的逐年增多，对秸秆的需求量减少，秸秆严重过剩，大部分农民为了省事，往往付诸一炬，因而造成严重的大气污染，尤其在夏收季节污染情况更为严重。四是药化肥的污染。部分农药、化肥流失也是造成水体污染的原因之一。

（三）促进农村发展的多元化投入机制不完善

一是财政投入不尽合理。市级财政从2006年开始设立新农村建设专项资金，但资金的分配和使用决策权分散在各个部门，县（市）很难根据本地的实际情况自主安排新农村建设资金的使用。从海安、如东、如皋三县来看，尽管有所倾斜，但倾斜力度尚不够，三县的经济发展、农民收入、基础设施水平较低，产业发展受到区域功能划分的较多限制。此外，新农村建设的财政投入在农村内部分配不均衡，财政资金过度向试点村和重点村倾斜，有可能人为造成农村内部居民在享受基本公共产品和服务上的差距扩大。二是多元投入机制尚未形成。新农村建设尚处于初期阶段，缺乏激励农民以主体的身份参与新农村建设的动力机制，基层干部和农民存在着等、靠、要的想法；村级公益事业建设在实际操作中存在困难，难以实施；也缺乏鼓励社会广泛参与新农村建设的政策和制度。三是金融服务差异极大，私人借贷是主流。在调查的村中，55.8%的村认为，农民向当地金融机构借款存在困难；64.4%的村认为，农民解决资金困难主要依赖“私人借贷”。

（四）土地问题成为农民关注和上访热点

在调查的村中，40.9%的村近几年有村民上访，28.6%的村反映“土地征用”，28.6%的村反映“承包地流转”，21.4%的村反映“污染”，19%的村反映“其他”（国家税费和征收、企业改制下岗、计划生育、农民负担、土地分配调整等）。

（五）村集体经济发展增长乏力，发展不均衡

近年来南通市村与村之间的集体经济收入和资产差距悬殊，村级负债面大。

海安县全县平均每个村债务超过40万元，村级无钱办事，无力办事，已经影响到农村基层组织的正常运转。在调查的村中，61%的村集体经济实力近年来变化不大，32.5%的村有所下降，6.5%的村不断增长。2005年度30.6%的村收支出现赤字，平均赤字3.94万元；69.4%的村出现节余，平均节余6.43万元。2005年末累计集体经济资产每个村平均资产总额86.3万元，其中46.3%属于固定资产，43.6%属于流动资产，6.8%属于长期投资，其他资产占3.3%。2005年平均每个村负债24.2万元，其中"向个人借款"占57.3%、"向企业法人借款"占28.6%、"向民间金融机构借款"占8.8%、"向信用社借款"占4.9%、"向其他银行借款"占0.36%。在负债资金的使用结构中，公共基础设施建设占70.3%、偿还旧债占12.3%、其他负债占5.8%、上缴税费占4.8%、办企业占4.1%、支付干部工资占2.5%、教育支出占0.17%。从2005年年末累计净资产或净负债情况看，平均每个村资产总额56.61万元，平均每个村负债总额7.75万元；平均每个村净资产48.87万元。

（六）规划和土地瓶颈制约严重

南通市农村村庄布局，有三个特征明显影响了新农村建设。一是规模偏小。南通市共有村庄33861个，平均居住农户53户，全市百户集聚的村庄相对不多，有的村庄只有10多户。二是总体分散。"马路村落"遍地开花；个别地方更是"天女散花、星罗棋市"，既不成线，也不成点，"房在田中、田在房中"。三是散中有规律，规律中见散。南通市规划局形容："民房开始沿河建，后来沿路建。"这样的村庄布局特点使得新农村建设规划难以落实，大大抬高了农民集中居住区建设的成本。

土地正在成为发展的制约。一是大面积调整土地与现行法律法规存在矛盾。解决农民集居区用地，以大范围调整土地的办法腾出农民新村建设用地，与国家《农村土地承包法》和2005年实施的《江苏省农村土地承包经营权保护条例》的有关规定相悖，必然引起许多难以避免的纠纷，增加了农民集居区用地的难度。二是户与户建房用地置换难。由于目前一个集居区范围要涉及到10个以上村民组的农户，集居区所在地农户承包地一般都是就近成块的，而进入集居区居住的农民宅基地普遍是小块和分散的，而且经复垦成熟需要一定时间，试图通过农户宅基地相互置换来解决集居区建设用地也很难实现。三是户籍与居住地分离存在矛盾。按现行政策规定，农户只能在本村民组建房，跨组农户到集居区入住，需要办理户口迁移手续，这样就可能造成集居区所在村民组的人口大量增加、土地急剧减少，若干年后可能出现有地无人的"空心组"和有人无地的"无地组"，这必然人为地造成新的矛盾，也与农村实际相悖，给农村有关政策的拟定带来不利。

四、对策建议

（一）加大公共财政向农村的倾斜力度，满足农民的基本公共服务需求

一是加大基础设施的投入。在调查的村庄中，有93%的村认为新农村建设最需要解决的问题是修路。一些村反映："当前农村的基础设施已严重恶化，如道路、桥梁、河道已严重破损，不堪重负，而农村已取消了农业税收及其他涉农费用，村级经济基础薄弱，又无其他收入，无力完成对基础设施的改造。"二是加大对农村教育的扶持力度。当前农村教育投入不足，农村学校的教育素质参差不齐，农村孩子无法受到良好的教育，特别是农村的贫困孩子。三是加大对农民的补贴力度。当前粮价低迷，而农资持续涨价（国家目前的涉农补贴只够抵消农资的涨价部分），农民的种粮积极性严重受挫。四是农村养老保障要制度化。目前农村人口日趋老龄化，江苏省虽然对部门计划生育户有奖励，但标准过低，同时还有大部分的农户没有奖励，又没有缴纳养老保险，希望国家立法，用制度保障养老问题。

（二）村镇规划、居民点建设、集中居住应因地制宜

调查中，农民对新农村建设的污水处理、道路改造、河道疏浚、垃圾集中、文化站点等持拥护态度，但对住房拆迁、集中居住、村庄合并、居民搬迁等则颇多怨言。调查的村庄中，56.5%的村认为没有必要进行"村民集中居住和村庄合并"，43.5%的村认为有必要。在不同意集中居住的原因中，81%的村认为是"农业生产不方便"，65%的村认为是"村里的住房刚建好"，54%的村认为是"贫困户承担不了成本"，37%的村认为是"生活成本增加"。在调查的村中，53.6%的村计划近期进行村庄整治，69.8%的村已经有规划，而94.3%的村担心"开展了村庄规划，建设资金无法筹集"，82.5%的村担心"违背农民意愿，搞片面的村庄撤并"，48.7%的村担心"进行了村庄改造，农民家家户户都欠债"。新农村建设中的村镇规划、居民点建设、集中居住等，应符合农民的生产、生活习惯，不能搞"一刀切"，只能稳步推进。要把改善水面质量、垃圾收集、厕所改造和污水处理等作为重要内容。

（三）以村级经济为载体，着力提高农民收入

南通市村级经济实力强的村落并不多，而且相当多的行政村负债较严重，如何壮大村级经济实力，化解村级债务，是搞好新农村建设的一个挑战。主要途径，一是要为村级经济发展创造良好的条件，对部分村要加强经济扶持，切实减轻村

级债务。二是要以调控好农产品价格为重点，促进农民增加收入。调查中有84%的村认为农民增收的难点是“农产品价格偏低，农业生产资料价格高”，49%的村认为是“每亩地收入不高”，44%的村认为是“调整农业结构不容易，缺乏技术”值得引起高度重视。三是加快现代农业的发展，发展农村非农产业，多渠道增加农民收入。

（四）调动农村基层干部的积极性，发挥他们在新农村建设中的“执行者”作用

在调查的村中，80%的村担心“村里建设工作难度大，稍有不当农民集中上访”，65.8%的村担心“群众对干部缺乏信任，参与积极性不高”，64.7%的村担忧“上级领导不切实际下任务，搞‘面子工程’”，47.6%的村担心“现有干部队伍能力上有差距，素质还需要提高”。要建立激励机制，解决农村干部的担心和后顾之忧，提高工资待遇。提高村干部的综合素质，在增强为农服务意识的同时，提高其各方面的技能，促进其工作积极性和创造性的发挥。

（韩　俊　秦中春）

分报告3

探索统筹城乡发展的新机制

——浙江省湖州市新农村建设调查

湖州位于浙江北部，太湖南岸，杭嘉湖平原的西北部，是江苏、浙江和安徽三省的交汇之地，水陆交通便利，区位优势明显。下辖两区三县，总人口257万人。历史上的湖州，曾是“丝绸之府、鱼米之乡、文化之都、富庶之地”。古有“苏湖熟，天下足”之称。近年来，湖州在加快推进工业化、城市化的同时，坚持把工业与农业、城市与农村、市民与农民作为一个有机整体，大力实施统筹城乡发展战略，初步形成了以工促农、以城带乡、城乡互动的良好发展格局。湖州市农业和农村经济比较发达，城乡发展比较均衡，其推进新农村建设的经验在发达地区具有典型意义。本次调查共有3个区县（德清县、长兴县和吴兴区）、9个乡镇的145个行政村（见表1）。从调查的情况看，77.9%的行政村地势为平原村，11%为丘陵，8.3%为山区，其他类型的占2.8%。78%的村庄为一般村庄，11.7%为乡镇驻地村，10.3%为中小城市城郊型村庄。平均每个行政村有自然村11.3个、农户544户、农民1909人。农民人均纯收入平均为6996.8元。

表1　湖州市及调查县区2005年基本统计指标

	面积（平方公里）	人口（万人）	GDP（亿元）	财政总收入（亿元）	三产比重	农民人均纯收入（元）
湖州市	5818	257	644.27	74.24	9.8:55:35.2	7288
德清县	936	43	118.2	14.3	9.4:60.4:30.2	7461
长兴县	1430	62	135.58	17.51	11.4:54.4:34.2	7307
吴兴区	871.9	58.4	148.5	9.34	7.5:53.8:38.7	7327

注：2005年全国农民人均纯收入为3255元；浙江省农民纯收入为6660元。

一、湖州市新农村建设的进展与特点

湖州市高度重视并切实抓好三农工作，加快“农业大市”向“农业强市”转变，农村经济社会快速发展，农民生活水平显著提高，农村面貌发生巨大变化，在新农村建设中走在了全国的前列。

（一）发展高效生态农业，拓展农业发展空间

2001年浙江省率先实施粮食购销体制市场化改革，湖州抓住这一契机，在提高粮食综合生产能力的基础上，以发展高效生态农业为主攻方向，实现了以粮油、蚕桑和渔业为主的传统农业向集约化、精细化生产经营的现代农业的转变。粮经作物种植比已由2000年的60.3∶39.7调整到2005年的53.7∶46.3，农业种养业产值比由65∶35调整为41∶59，特色规模生产基地面积达到250多万亩。以农产品加工为主的农业龙头企业达到645家，加工农产品销售收入150亿元，专业合作经济组织达到272个，带动农户21.9万户，基本形成了每个主导产业都有龙头企业或中介组织带动的格局。实施“品牌优农”战略，推行农业标准化、绿色化生产和品牌化、差异化竞争，制定、颁布农业标准144个，注册农产品商标620个，通过国家认证有机食品81个、绿色食品27个，通过认定的省无公害农产品基地和森林食品基地201个、面积137万亩。提高农业开放水平，全市2/3以上的农产品销往外地，2005年农产品出口额达到2.6亿美元。为破解多年存在的科技与农业“两张皮”的问题，湖州大力推动科技人员进村入户，深入田间地头，在浙江首创农技人员“赤脚下田、洗脚上岸”改革模式，将“政府花钱养农技人员”转变为“政府花钱为农民买农技服务”，促使农技人员走向市场，直接参与农村建设。全市有800多名农技人员以各种形式参与农业产业化经营，其中380多人直接领办和创办生产基地、经营实体，并已培育和建立农业科技示范户760多户。依托独特的农村生态禀赋和乡村文化，找准农业与旅游业的结合点，大力发展农业休闲观光旅游，成为农村经济新的增长点和农民增收的新亮点。全市有观光休闲农业景区22个，被命名为全国农业旅游示范点2个，“农家乐”、“渔家乐”3000多家，共吸纳农村劳动力1万多人。

（二）发展特色块状经济，拓宽农民就业门路

湖州市大力发展县域二三产业，引导农村富余劳动力向县域内二三产业转移，以此增加农民收入。一大批农民集聚到城镇或产业园区，进入二三产业领域，成为织里童装、南浔木业、安吉竹制品和转椅等特色块状经济的创业和就业主体。一批农村小本经营者加盟连锁超市网络，成为现代商贸流通业的经营者。目前全市有2/3的农村劳动力从事二三产业，2005年农民务农收入仅占总收入的26%。从调查的145个村来看，目前农村纯农户比例为47%。多数青壮年劳动力已经转入非农产业，但举家外出较少。被调查村非农就业比例为43%，其中外出打工人数占12.8%；在本地非农就业占30.2%。常年在外打工或者就地转入二三产业的

农民占到本村劳动力的比重平均为50.3%。举家外出农户的比重为5.5%。本村30岁以下的青壮年劳动力占本村劳动力的比重平均为22.0%，其中常年在外打工或常年在本地务工经商的占66.3%，赋闲在家的比重平均为7.3%。74.2%的行政村认为，现在村里能够外出打工的青壮年劳动力大多数都出去了。

（三）改善农村基础设施，建设新型农村社区

全面完成了全市小城镇和村庄建设规划的编制和修编工作，加快小城镇建设，深入推进村庄整治和示范村建设，促进生产向园区集中、居住向社区集中、人口向城镇集中，让农村居民享受现代文明成果。实施“百村示范、千村整治”工程，以“改水、改厕、改路、改线”为重点，按照“道路硬化、村庄绿化、路灯亮化、卫生洁化、河道净化、环境美化”的要求，全面整治农村村庄，有计划、有步骤地建设一批规划科学、设施齐全、服务配套的农村新社区，受益人口达到80%以上。目前，该工程已累计投入28亿元，完成454个行政村、6105个自然村的整治工作，56个行政村成为浙江省级全面小康示范村。完善农村路网建设，基本实现农村公路网络化。实施城乡供水联网系统建设，确保全市农村饮用安全自来水普及率达到90%。以湖州中心城市和三县首位镇为核心，以中心镇、中心村为基本联接点，完善覆盖城乡的公交、电力、邮政、广播电视等基础设施网络。从调查的145个村庄来看，88.3%的村村内道路都进行了硬化改造。自来水用户比例平均为89.5%，只有7.6%的村反映饮用水不安全，13.5%的村存在饮水困难，但是76.7%的村没有污水处理设施。

（四）构建农村公共服务体系，扩大农村社会保障覆盖面

湖州坚持把提高农民生活水平和质量放在三农工作的突出位置，在加快发展农村经济的同时，切实推动农村社会事业进步，使农村经济社会协调发展，使农民群众共享发展成果、共享现代文明。全市所有乡镇实现了高标准普及九年义务教育的目标。实施农村劳动力技能培训工程，近两年已培训被征地农民、乡镇企业职工等22万人，转移农村劳动力15万人。实施“农村社区医疗卫生”工程，建立集预防、医疗、保健、康复、健康教育、计划生育技术指导“六位一体”的服务体系，以服务半径1.5公里、步行15～20分钟，农村每0.3万～0.5万、城市1.5万～2万服务人口为标准设置社区卫生服务机构，全市农村规划建设61个社区卫生服务中心、666个社区卫生服务站，目前已建立55个服务中心和512个服务站。完善新型农村合作医疗制度，大力推行大病统筹、小额补助和困难群众大病救助“三条医疗保障线”，175万农民参加农村合作医疗，参保率达到92.9%。逐步完善以被征地农民基本生活保障制度、最低生活保障制度、“五保”

对象集中供养等为主要内容的农村社会保障体系，已有8.81万被征地农民参加养老保险，2.9万户低保对象落实生活保障，农村“五保户”对象集中供养率达到95%。

（五）推进农村各项改革，建立有利于三农发展的新机制

湖州不断深化各项涉农改革，努力形成让农村资源要素优化配置、农村经济增长方式加快转变、农村财富源泉充分涌流的发展体制和机制。在坚持农业基本经营制度的基础上，鼓励土地使用权依法、自愿、有偿流转，促进农业规模经营，全市有3.2万户专业大户经营了72万亩耕地和水面。德清县在全国首创“股票田”制，农民承包的土地按面积作股集中后，由村经济组织统一规划，划片招标给种养大户，在促进农业规模化生产的同时，农民按股分红取得的收益甚至超过原单家独户取得的农事耕作效益。吴兴区八里店镇集中9个村的村级留用地，建造50万平方米标准厂房，量化给当地农民经营或出租，在提高土地集约利用率，增加农民经营性、财产性收入的同时，保留农民开发建设城市、享受城市发展成果的权利，使他们在城市发展中由“农民”变“股民”再逐渐转变为“市民”。积极推进征地制度改革，在实行区片综合价、逐步提高补偿标准的同时，探索建立被征地农民基本生活保障制度。探索新形势下促进村级集体资产保值增值的新路子，开展了农村社区股份合作制改革试点。在全省率先实施农村财务管理体制改革。

（六）市校联手，共同打造新农村建设实验示范区

湖州为在新农村建设方面走在全省前列，2006年5月，与浙江大学正式签订了合作共建新农村实验示范区的一揽子项目合作协议，主要内容是实施“1381”行动计划，即建设一个区：省级新农村建设实验示范区；构筑“三个平台”：科技创新服务平台，人才支撑平台，体制机制创新平台；实施“八大工程”：产业发展工程，村镇规划建设工程，基础设施工程，生态环境工程，公共服务工程，素质提升工程，社会保障工程，城乡综合改革工程；实施“百项重大项目”。在“1381”的框架内，制定一批规划，建立一批基地，实施一批项目，总结一批经验，树立一批典型，为浙江省新农村建设走在全国前列探索规律作出贡献。实验示范区建设的目标是使全市提前实现省委提出的“三改一化”目标，即把传统农业改造成具有市场竞争能力、能致富农民和可持续发展的高效生态农业，把传统村落改造成让农民也能过上现代文明生活的农村新社区，把传统农民改造培育成能适应分工分业发展要求的有文化、懂技术、会经营、素质全面的新型农民，形成城市和农村互补互促、共同繁荣的城乡一体化发展格局。目前实验示范区建设

正按双方协议稳步推进。

二、湖州市探索“以工促农、以城带乡”的主要经验

湖州抓住工业化、城市化进程加速的有利时机，提出要“以工业化理念发展农业，以城市化理念建设农村，以市民化理念培育农民”，着眼于突破城乡二元结构瓶颈制约，加大公共财政向农村倾斜，加快城市基础设施向农村延伸，加速公共服务向农村覆盖，在实践中积极探索“以工促农、以城带乡”的长效机制，2004 年制定并出台了《统筹城乡发展推进城乡一体化实施纲要》，从空间布局、基础设施、产业发展、劳动就业与社会保障、社会事业发展、生态环境建设与保护六大方面推进城乡一体化，现已取得明显效果。

（一）推动县域经济又快又好发展，为统筹城乡发展、建设社会主义新农村奠定坚实基础

湖州市坚持把增强县域经济实力，作为实现转移农民、富裕农民目标的主抓手，全市县经济社会发展保持了强劲势头，成为全国县域经济发展速度最快的市之一。德清县、长兴县分别位列全国百强县第 36 位和第 51 位。一是出台扶持民营经济发展的各项政策，落实扶优扶强扶高的各项措施。民营经济占比已达到 76.5%，国有、城镇集体企业的产权制度改革全面完成。二是充分发挥区位优势，明确提出和大力实施“开放带动、接轨沪杭”战略，大力引进国内外资金和技术。德清县到 2005 年底，累计实际利用外资 6.8 亿美元，引进县外内资 83 亿元，已有 40 多个国家和地区的客商投资设立企业 500 多家，外来投资企业对全县经济发展的贡献率已超过 30%。全县工业企业总数已达 2000 多家，其中规模以上工业企业已达 430 家，形成了生物医药、特色机电、新型建材、新型纺织四大特色主导产业，拥有升华拜克、华盛达股份、德华兔宝宝 3 家上市公司。2005 年，全县工业总产值突破 400 亿元，其中规模工业产值达到 215 亿元，均实现三年翻一番目标。工业的快速发展，加快了农村劳动力的转移，近两年全县新增城乡就业岗位达 3.72 万个，共有 2.6 万多名农村劳动力实现转移就业。

（二）消除影响和束缚城镇化发展的制度障碍，依托城镇化来辐射和带动农村发展

湖州市加强以县城为中心的小城镇特别是中心镇建设，推动各类企业向园区集中，人口向县城和小城镇集中。目前全市 19 个乡镇工业功能区的产值已占到规模以上工业总产值的近 1/3。长兴中心城区年均增长 2.5 平方公里，2005 年中心

城区建成区面积达24平方公里；县开发区框架已拉至20平方公里，2005年实现工业总产值97.5亿元，跻身于2005年度“浙江省十强开发区”第六名。德清规划了以德清经济开发区为核心，新市工业园区和重点镇工业集中区为组团的100平方公里临杭产业带，德清经济开发区一、二期10平方公里基本建成，新市工业园区和重点镇工业集中区加快推进，初步形成了“一核心四区块”的临杭产业带布局。县城建成区面积由1994年县城搬迁时的0.6平方公里拓展到目前的17平方公里，中心城市的功能得到完善，基本构建了现代化生态型中等城市框架。副中心城市新市镇和重点镇建设步伐加快，11个乡镇中共有2个镇成为浙江省“百强乡镇”，6个镇成为全国“千强乡镇”。

为消除影响和束缚城镇化发展的制度障碍，湖州从2001年开始全面放开户籍政策，规定只要在市区拥有“合法固定的住所、稳定的职业或生活来源”，均可在湖州登记为城市户口。该市为此出台和实施了一系列配套措施：对进城落户农民，允许其保留土地承包权，并鼓励依法转让土地使用权；建立城乡统一的劳动力市场，实行城乡劳动者平等择业、竞争择业政策；将进城农民逐步纳入城市社会保障体系中；为解决进城农民子女入学问题，在中心城市新建、扩建了一批中小学校，保证他们全部入学，消除了“城里人”和“乡下人”的差异。这一改革，曾荣膺“第二届中国地方政府创新奖”。

（三）发挥政府的主导作用，初步建立了统筹城乡发展的多元投入机制

新农村建设需要巨额的资金投入。该政府承担的投入，各级政府不能推卸责任。但政府不能大包大揽，不能包办代替。湖州充分发挥财政资金杠杆作用，调动社会各方面力量投入到新农村建设中。政府除了设立每年总额达3000万元的新农村建设专项资金外，还出台了一系列诸如税费减免、“以奖代补”等相关激励政策，形成了政府财政、村集体、农户和社会资金共同投资的机制。长兴县采取政府补一点、向上争一点、集体出一点、联村单位帮一点、农民自筹一点等办法，着力解决农村建设投入问题。2002年以来，全县三农投入达19.35亿元，其中县财政3.36亿元、上级财政资金5.51亿元、乡镇财政投入4.61亿元。同时，动员群众以投资、投工、投料等方式积极参与建设。据统计，群众自愿捐资、投工、投物折合人民币约2.9亿元。该市把市场引导与政府推动结合起来，积极鼓励和扶持工商企业从事农业产业化经营，不少企业在二三产业领域发展壮大后，投资农业、反哺农村、帮扶农民。德清县共有县内外工商企业118家投资农业，内资累计投资21631万元、外资投入2000万美元，从而催生了一大批农业企业。湖州又开展了“村企结对共建社会主义新农村”活动，全市1061个行政村已有80%与企业“自愿自主、就近就地”结成对子，双方实事共办、发展共谋、经济共

推，初步形成了公益捐助型、直接参与型、经济顾问型、合作开发型、基地带动型等多种形式。

（四）坚持量力而行，突出重点，形成整体推进城乡一体化的强大合力

社会主义新农村建设涉及经济社会发展的方方面面，在实际工作中，既要统筹兼顾，整体推进，又要抓住关键，重点突破。湖州市按照城乡一体化的总体目标，从现有基础条件出发，坚持量力而行、尽力而为，有针对性地选择重点领域和重点工作进行突破。德清县2004年实施了以推进农村“五化”，即以“农业企业化、就业非农化、居住社区化、社会保障化、管理民主化”为依托，整体推进城乡一体化的进程。长兴县近几年集中力量实施了城乡一体化“八大工程”。吴兴区着力“突出培植新产业、建设新村镇、打造新环境、培育新农民、倡导新风尚、建立新机制”六个重点，构建道路网、水网、公共卫生网、社会保障救助网、生态环境网、信息网六张网络设施。

推进城乡统筹发展和新农村建设涉及到规划部署、资金组织、技能培训、组织保障等诸多内容，单靠任何一个部门的力量都难以实施。只有统一领导、整合各种资源、形成强大工作合力，才能有效推进。湖州市政府成立了社会主义新农村建设领导小组，专门建立了有关工作的推进协调小组，其下属的各区县也建立了相应组织机构，逐步形成“规划总领、党政主导、农民主体、各方主动参与”的社会主义新农村建设的工作推进机制和强大合力。

三、湖州市推进新农村建设存在的问题和难点

（一）金融需求难以得到满足

新农村建设存在巨大的金融需求。据测算，全市农业结构调整、农村基础设施建设和环境整治、中小企业发展的信贷资金需求量在200亿元左右，占全市金融机构贷款余额的43%左右。农户的生产经营、农村基础设施建设等属于收益低、风险大的薄弱领域，而农村金融机构普遍存在向大城市、大客户、大项目倾斜的倾向，当地的信贷资金被挤出投入到收益更高的项目，未能充分投入三农领域。农户贷款、小企业贷款，普遍存在“急、少、频”的特点，商业银行现行的信贷制度和流程设计很难适应现实要求。特别是由于农户和农村中小企业的经营场所、产品和经营周期的特殊性，在涉农融资中往往不能提供有效的抵押担保，严重制约了信贷的获取。自1996年以来，湖州市已陆续组建担保机构23家（其中农业担保机构3家）。但由于总体规模较小（户均注册资本仅800万元左右），防范风险能力较弱，风险补偿机制不完善，制约了其业务特别是涉农担保业务的

拓展。对145个行政村的调查表明，40.7%的村反映农民向当地金融机构贷款存在困难，53.6%的村反映信用社在本村发放了小额联保贷款。当农民遇到资金困难时，一般向信用社贷款，比例约为60.6%，其余基本上是向私人借款，比例为39.4%。

（二）村集体经济实力弱

湖州市半数以上村集体经济实力近年来变化不大，一成的村庄有所下降。总体上看，村集体经济实力弱，约2/3的村庄集体经济收入在50万元以下，公共财政补助项目较少。从调查的情况来看，61.2%的村反映近年来村集体经济实力变化不大，28.7%的村认为集体经济实力在不断增长，有10.1%的村反映经济实力在下降。在如何发展壮大村集体经济增强集体服务实力方面，85.6%的村认为应该招商引资、出租集体土地，其他依次是招商引资、出租集体资产的占82.4%，争取上级补贴或拨款的占78.7%，搞好现有企业的占54.9%，集资兴办新的企业的占54.8%。在调查的村中，2005年剔除异常样本后村集体收入平均为122.45万元，50万元以上的村占到35%。调查显示，有37个行政村2005年村集体本身没有经营收入，占有效样本量的34.3%。被调查村2005年村集体总支出平均为62.79万元，其中50万元以上的占24%。在村级平均总支出中，村公共建设支出占21.6%，村福利费用占8.9%，村管理费用占33.9%。此次调查的村平均有村干部6人，村干部年平均工资为12902.7元。

（三）土地供求矛盾突出

平均每个行政村拥有宅基地241.0亩，户均宅基地0.4亩。9.9%的村反映有买卖住房现象，仅占现有住房面积的2.7%。买卖对象以本村村民为主，占93.6%，没有向城镇居民和村办企业出售住房的现象。53%的村反映宅基地供求矛盾突出；30.4%的村反映村里有闲置或废弃的宅基地和旧房，估计占现有村庄居住总面积的15.3%，只有16.9%的行政村进行过宅基地整理。在有闲置或废弃的宅基地村中，平均每个村为183.5亩。

（四）农村环境卫生亟待改善

在有效样本量中，40.5%的村没有垃圾集中收集，41.4%的村没有公共厕所，61.2%的村反映有环境污染问题，其中，59.5%的村反映有污水污染问题，53.2%的村反映有垃圾污染问题，反映河道失去治理的占48.1%，还有相当一部分村反映生活垃圾、工业污染问题比较严重。27.3%的村反映有上访现象，反映环境问题的占48.9%，反映土地征用问题的占44.4%，反映承包地流转问题的占

8.9%，反映社会治安的占8.9%。调查村庄反映，在周围植被方面，与以前相比无变化的占23.2%，比过去改善的70.5%，比过去恶化的6.3%；在周边水面上，无变化的占31.3%，比过去变好的占16.1%，比过去恶化的52.6%；饮用水情况与以前无变化的占8.8%，改善的81.6%，恶化的占9.6%。这说明水面污染是一个普遍问题。

（五）村庄发展规划比较滞后

调查村庄普遍反映村庄规划非常重要，只有2.9%的村反映村庄规划没有现实意义，不需要制定；有36.0%的村认为需要立即进行村庄发展规划工作，有37.5%的村已经纳入城乡发展统一规划。41.2%的村反映当地村庄空心化、浪费土地等问题很严重，但由于村里能力有限，目前无法开展有关规划工作，仅有8.1%的村列入了计划。制定一个比较完善的村庄发展规划的费用，有56.5%的村认为需要50万元以上，12.1%的村认为需要5万~10万元，21.0%的村认为需要10万~50万元。

对于开展和推进新农村建设工作，普遍担忧的是开展了村庄规划，建设资金没法筹集，比重为90.8%，其他依次是现有干部队伍能力上有差距，素质还需要提高的占57.9%；村里建设工作难度大、稍有不当农民集中上访的占56.6%；推进了生产发展、市场卖难的占45.5%；上级领导不切实际下任务、搞“面子工程”的占32.5%；群众对干部缺乏信任，参与积极性不高的占32.5%；进行了村庄改造、农民家家户户都欠债28.7%；违背农民意愿、搞片面的村庄撤并的占25.4%；以新农村建设名义搞借债的占3.5%；以新农村建设名义对农民搞摊派的占2.6%；以新农村建设名义收农民承包地的占0.9%。

大多数行政村认为，在新农村建设中没有必要让村民向中心村集中居住及合并村庄。68.7%的村认为，在新农村建设中没有必要让农民向中心村集中居住及合并村庄。调查点反映，村贫困户负担不了成本的占55.5%，农业生产不方便的占43.8%，村里的住房刚建好占28.5%，生活成本增加的占28.5%。也有行政村反映资金不足、土地紧张等问题。

四、几点思考和建议

湖州市地理条件较好，农村经济比较发达，新农村建设起点较高，也具有较好的发展条件。湖州新农村建设要解决的问题，主要集中在解决经济发展与社会发展和生态环境等的不平衡问题，集中在提高生产水平、提高生活质量问题。相对于工业化、城市化的发展，湖州的新农村建设仍然是滞后的。根据对湖州的调查，现就发达地区高起点推进城乡统筹发展提出几点思考。

（一）强化城乡规划全覆盖理念，完善农村各项建设规划

推进新农村建设，必须科学规划，防止走弯路，造成资源浪费。要坚持规划全覆盖，强化县域一体化规划的理念，把农村的发展纳入整个国民经济和社会发展的规划之中，做到全县区域的全覆盖、经济社会发展各个领域的全覆盖；完善规划体系，围绕建设社会主义新农村的总目标，抓住城市总体规划和土地利用规划修编的契机，进一步完善农村产业发展、小城镇和村庄布局、基础设施建设、社会事业发展等各项专项规划，使规划形成统一的有机整体。

（二）强化城乡基本公共服务均等化理念，提高农村公共服务水平

即使在发达地区，农村公共服务明显落后于城市。在思想认识上，重城市轻农村、重工业轻农业、重市民轻农民的现象还不同程度的存在。对照新农村建设的内在要求和农民群众的愿望，在资金投入上均有较大的差距。从调查看，农民对农村义务教育优先解决好问题的关注是：保证教学质量（75.2%）、完全免费（48.8%）、教师培训（20.0%）和校舍改造（8.8%）。62.1%的村没有村文化活动中心，52.4%的村没有村图书室。有10.0%的村反映村里近年来没有公共文化娱乐活动。这说明农村教育及文化服务仍需提高。调查表明，农民对新型合作医疗积极性很高，但半数以上认为不能解决农民看不起病的问题。每个村平均有经济困难户14户，占全村总户数的2.5%。其中，因病致贫的平均每个村有4户，占贫困发生原因的31.1%，居于首位；因残致贫的4户，占27.5%，居第二位；因上学而陷入困难的平均每个村有3户，占22.3%。这说明，疾病和残疾是致贫的主要原因，农村医疗保障水平和救助水平需要进一步提高。要加强农村文化建设，尤其要解决好农村环境问题。

（三）强化上下互动的治理理念，发育农村各种自治组织

推进新农村建设需要有新的治理理念。目前，各地在推进新农村建设过程中都重视治理问题，这是一个积极的变化，但目前多数地区农民自主管理村庄公共事务的权力还不足，农民保障自身及乡村公共权益的能力弱，农民群众参与新农村建设的主体意识还不够强，主体作用还不能充分发挥，基本上还是政府规划一切、管理一切。治理不是自上而下的强制性行为，而是一个上下互动的管理过程。治理不是政府唱独角，而是政府组织、非政府组织等多种主体，主要通过合作、协商、建立伙伴关系来管理公共事务。需要用新的治理范式来理顺农村内外诸多方面的关系。充分运用村民自治机制，巩固、完善和发展村级集体资产股份化改

革；重视乡镇、村各级基层组织的自身建设，要改变政府对于乡村社会的行政性管理和控制，发育农村各种自治组织，让乡村内部的自主性力量在公共服务供给、社会秩序维系、矛盾冲突化解等多种领域充分发挥应有的作用。

（四）强化城乡一体化理念，健全统筹城乡发展的制度体系

从湖州情况看，虽然在改革户籍制度方面作了大胆探索，但城乡分割的社会保障、劳动就业等制度还没有得到根本纠正。实行城乡一体化，必须进一步推进相关配套改革，消除因劳动力户籍因素造成的就业不平等现象，建立覆盖城乡的公共财政制度，全面建立城乡一体化的居民最低生活保障制度，加快农村社会保障体系建设，并与城市社会保障体系预留接口，为将来建立城乡一体化的、覆盖全体国民的社会保障体系奠定基础。要依法保护农民的土地承包权，健全对被征地农民的公平合理补偿机制。建立符合农村特点的农村金融体系。

（韩　俊　秦中春）

分报告4

加快建立“以工促农、以城带乡”长效机制

——淄博市临淄区、桓台县、沂源县312个村庄新农村建设调查

淄博市位于山东中部，是山东省政府规划建设的半岛城市群中心城市之一。辖张店、淄川、博山、周村、临淄5个区和桓台、高青、沂源3个县，总面积5938平方公里，人口416.77万，其中市区人口275.65万。城镇居民人均可支配收入12032元，农民人均纯收入5107元。对淄博市新农村建设的调查分市、县、乡、村四个层次，以市、村两级为重点。本次调查从临淄区、桓台县、沂源县选取312个村进行问卷调查。市级调查主要了解地方政府推进新农村建设的总体思路和工作重点，村级调查主要了解当地村庄社会经济状况和农民对新农村建设的需求。

一、淄博市新农村建设的基础条件

淄博市作为一个老工业城市、组群式城市，具有较强的工业反哺农业、城市带动农村的能力，具备加快推进社会主义新农村建设的良好基础。

（一）从产业结构特点看，具有以工促农的产业发展优势

淄博近代工业发展已有百年历史，是山东乃至全国重要的工业城市。主导产业以石油化工、医药、纺织、建材、日用、陶瓷、机械冶金、电子以及新材料最具代表性，石油化工、氟硅材料、生物医药、机电装备、陶瓷、纺织服装六大特色产业集群初步形成。全市共有工业企业1.16万家，其中规模以上企业2360家。2005年全市规模以上工业总产值达到2796亿元。淄博市是工业化水平比较高的城市。2005年，二产占GDP的66.8%，三产占29.1%，一产只占4.1%。工业基础雄厚，工业门类多，大型企业多，产业链条长，带动发展起了一大批农村中小企业，安置了大批农民务工就业。

（二）从城市结构特点看，具有以城带乡的地理空间优势

淄博市是特色鲜明的组群式城市，城乡结合面广，工农关联度高，要素交流频繁。2005 年城市化率达到了 55%。一批小城镇特别是 20 个省市级中心镇膨胀发展，加快了城乡融合，成为带动农村的重要平台。诸多大中型企业、矿山与驻地村基础设施实现了共享共用。这种城镇格局和城市化水平，决定了其在城市带动农村发展方面，具有辐射源多、覆盖面广、带动力强的优势条件。

（三）从城市经济实力特点看，已经具备了统筹城乡发展的条件

“十五”期间，淄博市经济实现较快增长，综合实力迅速增强，进入全国综合实力百强城市，列第 47 位。2005 年实现境内财政总收入 160.56 亿元，地方财政收入 64.13 亿元，各项存款余额 1105 亿元，主要发展指标人均值居山东省前列。县域、镇域经济发展迅速，区县经济实力普遍增强，全市区县平均 GDP 和平均财政收入高于全国、全省平均水平。

（四）从农村发展特点来看，具备了加快推进农业现代化的坚实的基础

淄博市农业产业结构、区域布局不断优化，畜牧、蔬菜、林果三大主导产业带逐步形成，目前，淄博市已建成优质粮食、蔬菜、水果、桑蚕、畜牧、淡水养殖等十大特色经济区。临淄区是全国标准化农业示范区，沂源县是全国无公害果品生产示范基地县。全市现有 1 家国家级产业化龙头企业和 16 家省级龙头企业。农业生产条件持续改善，全市农业机械总动力达到 302.90 万千瓦，排灌机械动力 85.72 万千瓦，年家用化肥使用量 38.13 万吨，农村用电量 44 亿千瓦时，地膜覆盖面积 3.07 万公顷。

二、淄博市新农村建设的总体思路和部署

淄博市在推进新农村建设过程中，注重发挥工业化、城市化水平高、综合经济实力较强的优势，确定的“十一五”时期新农村建设的总体目标为：形成五大新格局，重点村率先突破，总体走在全省前列。

（一）五大新格局

一是加快形成充满活力的产业发展新格局，农业产业化水平不断提升，农村二三产业加快发展，经济结构调整取得明显成效，非农收入占农民纯收入的比重达到 85% 以上。

二是加快形成全面小康的农民生活新格局。农民人均纯收入达到 7500 元以

上，农村劳动转移就业率达到70%以上，社会保障体系比较健全，全市20个经济强乡镇率先实现农村全面小康目标。

三是加快形成整洁优美的镇村建设新格局。城镇化水平达到60%，基本完成示范镇村建设改造和重点村庄环境整治任务；优化镇村布局，完善公共设施，改善人居环境。

四是加快形成积极向上的现代文明新格局。全市50%以上的镇村达到市级文明镇村标准，70%以上的乡镇建立文化活动中心，形成科学、文明、健康、向上的社会风尚。

五是加快形成和谐的社会管理新格局。群众对“四民主一公开”制度落实满意率达到95%以上。“五个好”村党组织达到90%以上，社会总体保持稳定和谐。以城郊村、工矿区和乡镇驻地村、经济强村、主干道路沿线村、风景名胜区村为重点，率先建成新农村。

（二）新农村建设的六个重点

根据制定的建设思路和目标，淄博市提出新农村建设要突出做好六个方面的工作。

1. 加快发展农村生产力。突出抓好“三个转变”。一是加快农业产业化，推动农业向“高效”与“生态”相结合的现代农业转变。坚定不移地重视粮食生产，实施农田增产工程，2006年安排400万元专款，用于优质专用粮基地和测土配方施肥补助。继续深入实施农业结构调整战略，培育壮大畜牧、林果、蔬菜三大产业，形成北部平原优质粮棉、南部山区优质果品、东北部优质瓜菜等支柱产业带和特色产业群。深入实施科技兴农战略。大力扶持龙头企业和农村合作经济组织。每年安排500万元对龙头企业进行贴息贷款扶持。到2010年，力争全市规模以上龙头企业达到300家，农产品加工率达到60%以上，70%以上的农户进入农业产业化经营体系。二是加快推进农村工业化，推动农村工业向专业化分工与社会化协作相结合的现代工业转变。鼓励发展民营经济、家庭个私企业和中小企业，突出发展“一乡一业、一村一品”的特色经济，促进更多的劳动力向非农产业转移。三是加快发展农村第三产业，推动农村服务业向生产服务型与生活服务型相结合的现代服务业转变。大力发展现代物流、信息咨询、社区服务、观光旅游等新兴产业。

2. 加快推进城乡建设一体化进程。重点从三个方面推动城乡建设一体化。一是加快农村城镇化进程。按照产业向园区集中、人口向城镇集中、居住向社区集中的思路，在城市近郊、重要经济带沿线选择部分有产业依托、区位和特色优势明显的中心镇，整建制推进城镇化建设，使之成为连接城乡的节点和繁荣农村、服务农业、集聚农民的重要载体。以城镇驻地、经济强村等为依托，适当整合集中自然村，吸引农民到城镇或新社区居住。二是加快基础设施建设。加强以水利、林业为重点的农业基础设施建设，搞好城乡水、电、路、气、通讯等基础设施的配套衔接，促进城镇基础设施和公共服务向农村延伸。三是加大环境卫生整治力度。突出抓好以垃圾处理为重点的农村环境整治，建立健全“户集、村收、镇运、区（县）处理的”的运行机制，实行垃圾区域集中处理。广泛实行“三清”（清理粪堆、清理垃圾堆、清理柴草堆）、“三改”（改厕、改灶、改圈）、“四通”（通路、通电、通自来水、通宽带网）、“五化”（硬化、净化、亮化、绿化、美化）活动，努力为农民创造安居乐业的生产生活环境。

3. 积极推动农村劳动力转移就业和农业社会保障体系建设。按照培育“有文化、懂技术、会经营”新型农民的目标，重点抓好“阳光工程”等农村职业教育和农民技能培训。全市已初步建立起城乡一体的劳动力就业市场8个，全市109个城镇（办事处）都建立起了劳动力转移就业服务场所，为99.5万农民工建立档案。推广了张店区、沂源县加快农村劳动力培训转移的成功经验。按照“低水平、广覆盖、适度保障”的原则，逐步衔接城乡社会保障体系，建立健全农村养老、医疗、失地农民、最低生活和“五保户”供养等保障体系，并逐步提高保障水平。

4. 继续深化农村配套改革。一是积极探索农业经营方式创新。二是完善基层工作运行机制。巩固农村税费改革成果，加快推动以乡镇改革、义务教育体制改革和县乡财政体制、征地制度等为主要内容的农村综合改革，转变政府职能，降低行政成本。三是着重对户籍制度、就业制度、社会保障制度等进行一体化改革，努力消除政策性、体制性障碍，基本实现城乡间人才、劳动力、资金、信息等要素的自由流动，促进基础设施向农村延伸，公共服务向农村拓展，社会保障向农村覆盖，城市文明向农村辐射。四是积极稳妥地进行农村社区化改革。在城中村、集体资产雄厚的行政村，探索进行股份合作制改革的试点。在条件成熟的情况下，在积极推进村改居工作，促进农民向居民、村庄向社区转变。

5. 加强社会事业和精神文明建设。突出解决农村上学难、看病贵、文化匮乏问题，让广大农民更好地分享现代文明成果。加快发展农村教育事业，着力推动城乡教育均衡发展，实现城乡一体化就学。加快发展农村卫生，健全农村三级医疗卫生服务和医疗救助体系。加快发展农村文化建设。

6. 强化基层民主法制建设。进一步完善村党组织领导下的村民自治运行机制，健全民主选举、民主决策、民主管理、民主监督和村务公开的“四民主一公开”制度。继续实行农民负担一票否决制度，建立完善减轻农民负担的长效机制。规范村民“一事一议”制度，健全农民自主筹资筹劳的机制和办法，引导农民自主开展公益性设施建设。

（三）以“六个一”推进新农村建设

一是制定一个总体发展规划。淄博市坚持城乡一体规划，突破行政区域界线，有效整合城乡资源，把广大农村纳入城市总体规划体系，做到城乡规划“一张图”。按照统筹城乡发展的要求，结合《国民经济和社会发展“十一五”规划及2020年远景目标纲要》，制定有淄博城市特点的建设新农村总体发展规划以及经济、建设、供排水、电网、教育、卫生、文化等专项规划。各级部门从优化生产力和人口布局以及节约资源、经济高效的原则出发，搞好中心镇、中心村、新社区、基础设施和公共服务体系建设等方面的通盘规划，实现城乡规划资源的共享。

二是形成一个长效投入机制。建设社会主义新农村，扩大公共财政对三农的服务是关键。进一步完善县乡财政管理体制，加大对偏远乡镇、经济落后乡镇的财政扶持。淄博市委市政府确定，严格执行财政支农资金“三个高于、一个确保”的规定。建立公共财政支农的长效机制。从2006年起，在执行“三个高于”的规定的基础上，市级财政收入新增部分中安排10%的资金，专项用于推进新农村建设。加大支农资金整合力度，优化支农支出结构，集中解决新农村建设中的大事、难事。认真落实各项“惠农”政策。为促进农村的融资投资，要求县域内各金融机构要提高投放当地的贷款比例。注意培育小额信贷组织，发展农户资金互助组织，鼓励扶持发展农村信贷担保机构，加快发展多种形式、多种渠道的农业保险。

三是强化一个村级领导核心。加强农村基层组织建设，为新农村建设提供强有力的组织保障。

四是实施一个“亮点”工程。淄博市委、市政府决定，以实施“十百千万工程”作为新农村建设的总抓手，促进全市建设新农村工作的全面启动。具体就是着力推动10个乡镇整建制城镇化，建成新农村示范镇；选择100个城郊村、工矿区和乡镇驻地村、经济强村、主干道路沿线村，以村庄建设改造为重点，率先建成新农村示范村；确定1000个重点村，集中进行环境整治，促进村容村貌明显改观；重点对10000个贫困户进行扶贫、扶技、扶志，实现脱贫致富奔小康。

五是开展一项全民共建活动。为形成建设新农村的强大合力，从2006年起，淄博市在全市开展“联手共建新农村行动”，选择200个左右的贫困村，由机关、部队、学校、医院、企业、经济强村和社会团体进行结对帮扶，从市和区县选调千名干部驻村，实行“挂包”责任，重点帮助农村发展集体经济、促进农民增收。搞好基础设施和环境整治，对贫困户和弱势群体的帮扶、救助。

六是建立一个工作推进机制。为加强对新农村建设工作的领导，要尽快在全市建立起上下贯通、协调的三级领导组织体系，形成党委领导、政府负责、部门齐抓共管、社会积极参与的新农村建设推进机制。淄博市委、市政府确定，调整充实市委农村工作领导小组综合、协调、指导、督察职能，作为市委负责农村工作的职能部门，承担全市新农村建设的组织和协调任务。要求各区县、乡镇也成立相应的新农村建设领导小组和新农村建设办公室，配齐配强人员，切实担负起本地新农村建设的各项工作。

三、村庄问卷调查的主要发现

本次调查从临淄区、桓台县、沂源县各选取3个乡，对乡内所有村进行问卷调查，共312个村样本。58.84%的被调查村属于平原村，31.19%是山区，9.32%是丘陵，其他占0.64%。认为在本县属于较富的村占6.82%，较穷的村占32.47%，一般的村占60.71%。村农民人均纯收入为4151.85元，74.2%的被调查村农民人均收入低于全市平均水平。所选择的样本对中等偏下的村庄有所偏重。

（一）村集体经济状况

1. 村集体收入低，收不抵支现象普遍存在。被调查村中，2005年收入低于1万元的村占11.41%，低于10万元的村占61.22%；与此对应，支出低于1万元的村占4.18%，低于10万元的村占59.69%。44.87%的村2005年年度收支存在结余，55.13%的村收不抵支。

2. 村集体本身收入仍是收入主要来源。收入来源分析显示，村集体本身收入占收入的比重达56.59%。主要来自村农业承包收入（30.94%）和厂房、土地及其他财产的租赁费（15.16%），而村集体直接经营收入所占比重并不高，村办企业收入占8.67%，直接经营农业收入仅占1.82%。居于来源第二位的是上级下拨或补助，占20.37%。第三位的是土地补偿费，占8.48%。村自筹自用集资仅占5.71%，主要用于修路架桥，农田基建、水费电费次之，而用于教育、卫生和办公设施的比例最低。

3. 村集体支出主要用于公共建设和村集体管理费用，投资性支出和福利费用支出较少，公共建设支出是支出的主要方向，占总支出的44.09%。其中修路架桥所占份额较大，其他支出项目则较为分散。村管理费用支出占总支出的41.99%，其中村干部工资占23.96%，而日常办公费、业务管理费、集体用水用电支出约各占6%左右。

除公共建设支出外，依次用于五保户、困难户、计生、老人等福利事业

(5.47%)、还贷款(1.87%)、新企业投资(0.66%)。

4. 村集体资产普遍较为薄弱。通过对2005年底累计资产负债情况调查，存在净负债的村占25.22%。净资产低于40万、40万~100万、100万以上的村各占25%左右。资产构成中，按比例排序依次是固定资产(73.63%)、流动资产(20.54%)、长期投资(3.11%)、其他资产(2.72%)。负债资金来源，依次为向个人借款(51.01%)、向信用社借款(31.78%)、其他银行借款(5.11%)、企业法人借款(4.88%)、民间金融机构借款(1.28%)及其他(5.94%)。负债资金使用方向依次为公共基础设施建设(54.28%)、村办企业(14.02%)、支付村干部工资(12.08%)、偿还旧债(10.03%)、教育支出(4.47%)、上缴税费(1.31%)及其他(3.81%)。

5. 多数村庄集体经济实力变化不大。28.08%的村认为，近年来本村经济实力不断增长，53.77%认为变化不大，18.15%认为有所下降。对于如何发展壮大集体经济，74.36%的村认为通过招商引资，出租集体土地是有效途径，62.50%的村表示，争取上级下拨资金或补贴也同样重要。此外，其他途径包括通过出租集体资产(53.21%)、集资兴办新的村办企业(42.31%)、大力搞好现有村办企业(39.74%)。

(二)村庄公共服务现状与需求

1. 公共服务现状。

(1)教育：村级教学点覆盖率不高，教学质量和上学费用仍是解决农村义务教育最紧迫的问题。目前，仅有24.68%的村内设有学校(教学点)，75.32%的村已无村级教学点。对于农村义务教育应优先解决的问题，教学质量(61.54%)和学生交费问题(58.65%)最为紧迫，其次为教师培训(15.71%)和校舍改造(8.33%)。

(2)卫生：近二成村尚无基层医疗卫生机构，八成村庄已普及合作医疗，农民对合作医疗仍抱有疑虑。65.06%的村拥有1家卫生室，16.26%的村拥有2家卫生室及以上，18.91%的村没有卫生室。卫生室面积平均为135.29平方米，拥有2名医生。在村级卫生室医生中，拥有医师资格的占73.25%。

目前，81.62%的村开展了合作医疗，在这些村中，参加合作医疗的户数占总户数比例平均为89.77%。50.67%的村反映，过去也曾实行过合作医疗，但1984年左右解体。对于这次开展合作医疗，78.29%的村认为村民积极性较高，69.06%的村认为合作医疗可以解决农民看病贵或因病致贫的问题。也就是说，还有三成村庄领导认为合作医疗无法根本解决农民的看病难、看病贵问题。

(3)道路、饮水基础设施建设：道路硬化率仅达48.96%，饮水基本满足安全要求，自来水普及率达70.16%，但污水尚未实现有效处理。312个村平均而言，村内道路达4.8公里，其中硬化长度为2.35公里，占道路总长度48.96%。90.06%的村表示村内饮用水是安全的，74.04%的村有集中供水管道，70.16%的农户饮用上了自来水。但22.44%的村反应饮水存在一定困难，仅有8.65%的村建有污水处理设施。饮用水源和污水问题有待解决。

（4）文化、信息服务：图书室、活动中心等基本文化场所建设不足，集体文化娱乐活动开展不足。76.92%的村办公室配备了一台或以上电脑。20.51%的村拥有图书室，村图书室面积平均为11.25平方米，藏书量平均285册。31.09%的村有文化活动中心，文化中心面积平均159.65平方米。60.58%的村表示近几年村里开展过文化娱乐活动，2005年平均每村放过3场电影，组织过1次剧团演出，文化支出费用平均每村2785元，最多的村达50000元，差异性较大，而缺乏基本文化设施、文化娱乐活动的村占相当大的比例。

村民获取信息的途径日趋多元化，但仍以电视为主，93.91%的村认为电视是本村村民的主要信息渠道，其他依次为广播（23.72%）、报刊会议（23.40%）、手机（19.23%）、互联网（7.05%）。

（5）人居与生态环境：总体而言，近年来生活和生态环境有一定改善，污水、垃圾是目前主要的污染问题。目前，60.26%的村内设有垃圾集中收集点，28.53%的村内设有1~2个公共厕所。污染物处理的主要方式以随意排放为主，占62.91%，倒入厕所占28.48%，集中堆肥占8.61%。38.95%的村反映村内存在环境污染问题，其中半数以上是在2000年之后才出现的，污染原因依次为：污水（17.31%）、垃圾（12.82%）、河道失去治理（9.94%）、噪音（4.49%）、空气污染（4.81%）。

（6）农户生活条件：拥有二层以上楼房的农户占6.49%，拥有汽车的农户占5.46%，拥有摩托车农户占50.93%，拥有电话户数占70.15%。在家用电器中，普及率排序为电视（83.76%）、洗衣机（31.41%）、冰箱（23.51%）、电脑（5.19%）。其中有线电视普及率为54.58%。太阳能户数占12.07%，使用沼气户数为1.17%。

（7）基本福利：五保户集中供养率为26.92%；半数贫困户得到救济，但救济水平偏低。3.21%的村建有养老院，养老院平均102.8平方米。26.92%的村实现了五保户集中供养。312个村的贫困户占总户数的比例为6.91%，其中55.42%的贫困户得到救济。72个村实现了对全部贫困户的救济，占有贫困户村的25.26%。救济标准介于2~750元/年，78.95%的村救济标准低于50元/年，整体来看，救济水平较低。

2. 农民对生活居住环境的满意度和需求。

（1）对生活环境和条件的满意度总体较高，环境问题较为突出。83.65%的被访者认为交通出行方便；76.92%认为购物消费方便；86.86%认为看病方便；67.63%对环境绿化满意；89.42%对治安状况满意。总体而言，农民对生活居住的便利性、安全感和满意度均较高。环境绿化是满意度最低的方面，不满意者达32.37%。

（2）文化建设成为新农村建设最为迫切需要解决的问题。新农村建设迫切需要解决的问题是：文化建设（71.47%）、修路（60.90%）、医疗网点（56.09%）、污水处理（49.04%）、厕所改造（46.15%）、建沼气（43.91%）、饮水（43.91%）、用电（23.4%）、垃圾收集（2.09%）。

（3）对村庄规划和村庄整治有较强需求，但不少村庄对集中居住及合并村庄有担忧。对于是否需要解决村庄发展规划问题，已经制定的占27.88%，已经列入计划开展村庄发展规划的占10.26%，认为需要立即进行规划的占30.77%，需要进行规划但因能力有限无法开展的占36.22%，认为没有现实意义的占8.33%。

对让村民向中心村集中居住及合并村庄的必要性，有64.67%的村认可，35.33%认为没有必要。村庄搬迁改造的难点在于，建设成本和搬迁后生活成本太高，农民难以承担和不便于农业生产。在推进社会主义新农村建设中，57.88%的村计划于近期进行村庄整治，44.55%的村已制定出规划。

（三）农村劳动力转移状况

劳动力占村民总数的比重为54.24%，其中常年外出打工劳动力占劳动力比重为27.38%，其中举家外出户占总户数的4.23%。在本地非农就业劳动力占16.95%。同时129个村有外来劳动力，比例为本村劳动力的7.2%。30岁以下青壮年劳动力占劳动力的34.08%，40.16%的村反映，本村仍有在家赋闲的青壮年劳动力，59.84%的村中无赋闲的青壮年劳动力。75.74%的村认为能够外出打工的劳动力已经出去了，基本无可转出劳动力了。

四、初步结论

（一）教育、卫生、社会保障等制度的建立和完善任重而道远

农民对教育普遍存在担忧，教学质量提高存有难度。卫生网点覆盖率低，疾病成为导致贫困的根源，农民看病贵问题是否通过合作医疗开展迎刃而解，农民对此持有疑虑。目前，五保户的集中供养率偏低，贫困户的救助面和救助水平低。淄博市推进新农村建设的一个目标是：按照“低水平、广覆盖、适度保障”的原则，逐步衔接城乡社会保障体系，建立健全农村养老、医疗、失地农民、最低生

活和“五保户”供养等保障体系，可谓任重而道远。

（二）农村文化建设与环境问题比较突出

尽管农民对于目前农村的基本生活设施和生活条件持有较高满意度，但与新农村要求存在较大差距，文化建设和环境改善问题最为突出。村级调查显示，农民对出行、购物、饮水、治安等均较为满意，但自来水普及率低、道路硬化比例低等问题依然存在，与政府制定的目标存在较大差距。其中文化建设和生态生活环境改善最为突出，文化娱乐活动少、植被破坏、污水垃圾难以得到有效处理成为农村经济日趋繁荣下产生的突出矛盾。

（三）实现产业发展是新农村建设的首要任务

被调查村干部对本村新农村建设的关键问题分析显示，农民素质提高（63.78%）和培育新型产业（50.64%）最为重要，其次为居住环境优化（43.59%）。各级政府如何转变职能，强化服务意识，增强服务能力，引导和支持培育农村产业、提高劳动者素质、繁荣农村经济，成为新农村建设成败的关键。

（谢　扬　张云华）

分报告 5

中部传统农区新农村建设的难点与对策

——湖南省娄底市新农村建设百村调查

娄底市经济发展在湖南省处于中下水平，总面积 8117 平方公里，总人口为 407.58 万人，其中乡村人口 284.07 万人。2005 年全市 GDP 为 312.82 亿元，经济总量位列全省 14 个市州中的第十位。三次产业结构为18.5∶48.3∶33.2。农村居民人均纯收入 2349 元。本次调查选择了涟源市、双峰县和娄星区九个乡镇的 100 个行政村。涟源市 1987 年正式撤县建市，是湖南重要的粮食、生猪、茶叶主产县，农民人均纯收入 2422 元。娄星区 1999 年撤市建区，是娄底市唯一的中心城市，2005 年农村居民人均纯收入 3549 元。双峰县是一个典型的农业大县，农民人均纯收入 3034 元。从调查的村庄来看，96% 的行政村地势为丘陵村，4% 为山区，没有平原村。73% 的村庄为一般村庄，20% 为中小城市城郊型村庄，6% 为乡镇驻地村，1% 为大城市城郊型村庄。51% 的村庄认为经济水平在本乡属于一般水平，42% 的认为比较穷，7% 的认为比较富裕。在调查的村中，平均每个行政村有 290 户、1021 人，人均耕地面积为 0.7 亩，农民人均纯收入平均为 2197 元。

一、农村经济发展的新特点

（一）农业结构处于优化升级阶段

近年来，娄底市农业结构调整加快，农业产业化龙头企业的带动和辐射作用增强。“牛、米、药、菜、果”五大重点产业在农业结构调整中取得了实质性进展。全市有 3000 亩以上的药材基地 5 个，1 万亩蔬菜基地一个；集良种牛繁殖、肉牛养殖和加工于一体的天华牧业公司和“公司 + 基地 + 农户”产业化运作的香港景龙公司带动了养牛业的迅速发展，全市养牛重点乡镇 15 个，重点村 76 个，养殖小区 12 个，建立专业养殖场 15 个。随着农业结构调整不断深入，培育了一批种植大户，涌现了一批特色农业基地，发展了一批农产品加工企业，形成了一批“基地 + 农户”的农业产业化模式。

（二）农村劳动力的转出比率较高

在调查的100个村庄中，本村常年外出或从事非农生产的劳动力占总劳动力的比重平均值为42.30%。而在转出劳动力中，举家外出的占到了26.84%。30岁以下劳动力占村全部劳动力的比重平均值为33.64%，30岁以下劳动力的转出比重高达70.23%。89.6%的村认为，本村可以转出的劳动力都转出去了，没有可以再转移的劳动力。

（三）农民生活水平稳步提高

农村居民恩格尔系数为47.8%。平均每百户家庭拥有彩色电视机67.2台，电话机49.3台，移动电话机33.9台。人均住房面积35.7平方米，增长13.2%。从调查的村来看，95%的村庄都开通了电视和电话，各村拥有电视和电话的农户比重的平均值分别为75.51%和52.39%。

（四）农村基础设施建设取得明显成效

一是道路硬化取得明显成效。全市2006年计划完成乡村道路硬化1250公里，投入资金25000万元。二是农村生活设施有明显改善。全市完成改栏、改厕、改厨、改浴的农户达到27.2万户，2006年上半年解决了4.37万人的安全饮水问题，饮用安全卫生水的农户达80万户，227万人。目前全市使用沼气的农户达到38000户。

（五）农村教育和医疗条件逐步改善

娄底市在农村教育建设上采取的是适度集中、提高质量与规模的策略。在调查的村中，目前42%的村庄设有教学点，学校的平均数量为1个，教师的平均人数为14人。64%的村庄有卫生室，卫生室的平均面积为65.77平方米。虽然各村卫生室规模不大，医务人员也非常有限，但大部分都具有职业医师资格。拥有医生资格的医生比重平均值达到了84%。55.2%的村有开展新型合作医疗，84.6%的村庄对此次新型合作医疗的积极性比较高。

二、娄底市推进新农村建设的思路和政策部署

娄底市在深入调研的基础上确立了新农村建设的工作思路：即以发展农村产业、增加农民收入为首要任务，以村容村貌整治、建设生态村庄为切入点和突破口，以提高村民素质、培育新型村民为重点，以发展农村社会事业、创造美好生活为根本，充分调动广大农民群众的积极性，全面推进农村经济建设、政治建设、

文化建设、社会建设和党的建设，努力构建富裕、平安、文明、和谐乡村。该市制定的新农村建设的总体目标是：到2010年，农民人均纯收入达到4000元，35%的村基本达到“群众生活安康、村容村貌整洁、公共服务配套”要求；到2020年，农民人均纯收入达到8000元，绝大多数村达到中央提出的新农村建设20字目标，实现农村全面小康。

全市新农村建设的八大工作重点是：（1）强化支柱产业。（2）农产品深加工形成龙头企业。（3）培育和发展农村大户。（4）提高产业技术标准。（5）抓好科技研究与推广。（6）规范市场体系建设。（7）发展“龙头企业＋合作组织＋农户”的产业化经营模式，建立优势产业市、县级合作组织，培育发展农村经纪人。（8）加强农业招商引资。

为确保新农村建设工作落到实处，市委、市政府出台了以下保障新农村建设顺利进行的措施。

（一）抓示范典型引路，探索建设工作经验

全市确定了76个新农村建设示范村，明确了示范村建设的总体目标和具体措施。为强化领导，市、县、乡三级对新农村建设示范村实行领导挂点和部门共建制度，其中市级领导挂点4个，市县级一把手挂点12个，其他县市级领导挂点41个村。全市共派出新农村建设工作组76个、干部225名。据初步统计，共建指导单位共筹集资金900余万元。

（二）抓部门责任落实，形成强大建设合力

为明确各部门的职责，市委、市政府将中央、省委、市委1号文件的主要任务分解成53条，将新农村建设的主要责任落实到了市直20多个部门、单位。大部分市直单位都有规划、有措施、有行动，并取得了较好成效。

（三）整合资金投入，加大扶持力度

按照“工业反哺农业、城市支持农村”和财政投入“三个高于”的要求，加大公共财政扶持力度，逐步建立稳定的财政支农投入增长机制。改变过去部门分割、各自为王的局面，集中力量办大事，逐步解决好农村通路通水通电、产业发展、教育卫生、农田水利、社会保障、科技文化等公共产品供给方面的突出问题。市本级及各县市区财政新增新农村建设专项资金380万元。2006年市本级财政预算投入农业资金2874万元，比上年增长14.18%，通过财政投入的拉动，2006年以来，全市信贷支持新农村建设1200万元，农民自筹资金投入1亿元，社会捐资达3000万元。为发挥有限资金的最大效用，将各部门资金按用途不变、渠道不

乱、各计其功的原则，捆绑投入新农村建设。据初步统计，全市共整合部门资金28000万元投入新农村建设。

（四）加强素质培训，增强增收能力

充分利用职教、远教、培训等多种资源，整合“阳光工程”、扶贫培训和教育、劳动等部门的培训能力，完善农民职业技术培训制度，围绕产业发展对农民进行农业实用技术培训，围绕转移就业为农民提供职业技能培训，逐步形成政府扶助、面向市场、多元办学的农民教育培训机制。

（五）落实惠农政策，强化增收保障

通过送政策下乡、宣讲辅导等多种措施，真正把各级一号文件的精神原原本本地告诉广大农民；通过督促检查等多种办法，坚决把各项惠农政策条款贯彻执行到位；通过积极配套等多种途径，努力把上级投入争取到位。

（六）加快综合改革步伐，强化民主决策机制

稳定和完善农村土地承包经营制度，积极稳妥推进乡镇机构改革，进一步规范乡村财务管理工作，全面推行“村账站代管”，积极化解乡村不良债务，坚决杜绝发生新的债务。加强对农民负担的监管。进一步健全村民会议和村民代表会议，完善村务公开制度，保障农民群众的知情权、决策权、参与权和监督权。涟源市枫坪镇于2006年2月开启了乡镇党委直接选举的先河。同时以公推直选为契机，该镇选出致富能力强、文化水平较高的年轻党员充实村级班子，从而为建立党组织领导下的充满活力的新农村打下坚实的组织基础。

三、新农村建设存在的主要难点

（一）农民持续增收难

一是农业基础比较薄弱，农业综合生产能力偏低。农业生产总体上还是粗放生产，加工能力低，比较效益低，产业化经营还处在初级发展阶段；农业科技的支持能力弱，社会化服务体系不健全。二是农业资源相对不足，人地矛盾尖锐。全市耕地面积202.5万亩，人均才0.5亩，比全省平均少42%，比全国平均少67%。三是农村劳动力素质偏低。四是农村金融融资渠道有限。85个村（占89.5%）都认为信用社贷款很难，大部分农户都没有能够从信用社获得贷款。89.5%的村认为信用社贷款很难，只有40%的农户在面临资金困难时主要通过信用社解决，各村从信用社获得贷款的农户占总户数的比重平均值仅为17.17%。

（二）资金筹措难

筹资难主要体现在三个方面：一是政府财政投入明显不足。娄底市仅水利设施中的中、小型水库建设就需要15亿元；90%的村无农村公共活动设施，10%的村公共活动设施陈旧破烂。按有关专家提出的人均需要4900元的标准计算，娄底市需要投入162亿元。就娄底市的财政状况而言，解决所需的资金需要一个漫长的过程。二是还没有形成高效的资金投入、监管机制，一方面国家对农业投入不足，另一方面这些有限的资金又难以真正全部落实到农村项目，或者难以发挥应有的作用。三是村庄基础设施建设资金对负债依赖程度高。很多村庄并没有能够获得上级的项目支持资金，筹资的主要渠道就是向金融机构负债和村民集资，大部分村庄都处于收不抵支状态。在所调查的100个村庄中，有59%都处于收不抵支状态，60%的村庄的负债总额平均为28.06万元，对金融机构负债仅占29.09%。

（三）农村公共服务不足

水利设施、道路、饮水、电网等基础建设落后，农村社会事业滞后。就学难问题没有从根本上解决，农村公共卫生和防疫保健体系不健全，医疗卫生技术力量短缺，基本医疗得不到保证，农村文化建设落后，养老保险处于空白状态。在调查的100个村中，约57.3%村认为交通出行不方便；49.5%的村认为看病很不方便；42.7%的村认为购物消费很不方便。90%的村庄村内道路平均长度为5.5公里，只有56.67%的村内有硬化道路，硬化路平均长度为1.37公里，硬化路所占比重平均值仅为29.70%。只有22.7%的村庄有集中供水的管道；饮用水自来水的农户比重平均仅为41.31%。只有3.6%的村庄有污水处理系统和公共厕所。只有7.3%的村进行了“五保户”集中供养。只有41%的村庄存在农户有沼气池的现象，而使用沼气池的农户比重平均值仅为7.58%。在调查的100个村中，村民的文化娱乐生活仍比较缺乏，只有约1/4的村有公共文化娱乐活动，只有4个村庄有文化活动中心，只有4个村庄有图书室。

（四）村级经济发展滞后

在调查的村庄中，村庄集体总收入平均值为13.15万元，且内部存在很大的不均衡性。村庄集体收入以村发展集体经济收入和政府补贴收入为主：发展集体经济收入占总收入比重平均值为39.55%，上级补贴和拨付所占比重平均值为19.13%，集体自筹资金比重平均值为17.80%。各村之间差异性大，在大部分村庄，村集体的收入主要靠自筹和上级补贴。而发展集体经济收入又主要来自于集体承包收入，承包收入占发展集体经济收入比重均值为64.75%，主要是集体林地、果园、土地等承包收入。从发展集体经济的途径来看，95.8%的村庄希望通过“出租集体土地”来进行招商引资提高集体收入，91.8%的村庄将集体的经济能力希望上级补贴，80%的村庄想通过“出租集体资产”进行招商引资提高集体收入，只有72.4%的村庄认为应“兴办新的村办企业”，61.0%的村庄认为需要靠“搞好现有村办企业”。调查村庄村干部的每人年平均工资水平为2144元，最高水平达到4000元，但最低水平仅为900元。村干部的收入水平总体比较低，但各村之间干部收入差距比较大，村干部的收入差距主要是由各村之间集体经济的发展程度差异决定的。大部分村庄村干部的工资主要是依靠上级补贴来发放的，上级补贴在村干部工资中所占比重平均值为68.31%，但上级补贴的平均水平仅为1319元，最高的也仅为2400元。只有14个村庄（占15.05%）村干部每人的年均工资超过了3000元，而这些村庄村干部的大部分收入是来自集体经济收入，村干部工资来自集体经济收入的比重平均值为62.55%。大部分村庄的财力非常有限，主要是靠上级补贴维持，但补贴资金的规模非常有限，只能用于一般性的行政开支，难以解决村庄对公共服务的需求。

（五）村容村貌改变难

由于过去农户建房随意性大，无序建房户多，村道狭窄，污水随意排放，致使绝大部分农村有新房无新村。村民文明卫生的生活习惯尚未形成，乱扔乱倒垃圾、随处堆放实物、人畜共养等现象还比较突出。在调查的村中，户均宅基地面积为0.64亩，49.5%的村认为村内宅基地矛盾很突出。73.3%的村庄存在废弃的房屋和宅基地，但只有5个村（占6%）进行过宅基地的整理。在调查的村中，稍过半的村庄（占53.4%）认为在新农村建设中有让“村民向中心区集中居住和合并村庄”的必要，村庄改造搬迁最大的困难体现为增加农民的生活成本（占60.2%）和导致农业生产不方便（占50.5%）。56.3%的村都指出了村内存在环境污染问题。环境污染主要是水污染、垃圾污染和河道失去治理，分别占到了61.1%、53.7%和40.7%，噪音污染也占到了20.4%。

（六）扶贫力度不够

村庄调查表明，贫困户占总户数的比重平均值为13.09%，有18个村庄（占18.56%）贫困户比重超过20%，有3个村庄甚至贫困户比重超过了80%。而获得救济的贫困户所占比重平均值仅为38.16%，各村对贫困户的平均救济标准是每人每月14.51元，大大低于很多落后地区的贫困救济标准。这显示了娄底地区在农村建设中，对扶贫开发的重视程度不够，扶贫的覆盖率与扶贫力度有远远不足。从贫困的原因看，各村平均有40.09%的贫困户是因患病而致贫的，因上学和因残疾而致贫的比重分别为29.23%和19.75%。可以看出，娄底农村农户的贫困原因并不主要是先天性的贫困，而主要是因为教育和医疗负担过重，同时缺乏教育支持和医疗保障而导致的贫困。

四、思考与建议

从调查看，娄底市结合自身实际，因地制宜理清了新农村建设的思路，全面启动新农村建设的试点工作，从群众最急迫的问题入手，在农村基础设施建设和社会事业发展等方面取得了一定进展。作为一个中部典型的传统农区，在推进新农村建设过程中，需要处理好以下几个方面的关系。

（一）处理好典型示范与全面推开的关系

从目前全国新农村建设进展情况看，各地都重视试点工作。新农村建设的示范村大都选择的是条件相对较好的村。湖南全省计划用3年左右时间建设1000个示范村。娄底市对确定的76个示范村，建立了领导办点、部门帮扶的制度，主要是在建设规划、产业发展、基础设施建设、村容村貌整治、民主管理等方面对示范村予以支持。以典型示范引路，探索新农村建设工作的经验是必要的，但要充分考虑示范村的代表性，要选择好“可看”、更“可学”的示范村。要防止盲目追求高标准，盲目攀比，不惜花财政的钱垒“中看不中学的花架子”。在试点过程中，要防止单纯重视“村容整治”，忽视产业发展和精神文明建设。新农村建设要立足于绝大多数村庄，真正抓好点带好面，解决农民反映的突出问题，使试点之外的农民也能尽快享受到新农村建设的成果，更好地推动新农村建设工作全面开展。特别是要为那些经济条件差、基础设施薄弱的村，多做“雪中送炭”的事。

（二）处理好稳定粮食生产与调整农业结构调整的关系

作为粮食主产区，近年来，中央“两减免、三补贴”的政策，使娄底市这类农民直接得到了很大实惠。尽管中央采取一系列价格调控措施，但农业生产资料价格上涨过快、粮食价格偏低、粮食生产比较效益不高的问题仍然突出。主要农业生产资料价格上涨，使农业生产成本不断增大，粮食主产区农民因减税和直补得到的好处基本被价格因素所抵消，农民种粮收入实际上增幅不大。随着国家财力的进一步增强，应进一步扩大补贴范围，提高补贴额度。进一步完善粮食最低收购价格政策，控制农业生产资料价格过快增长，保护农民利益不受损害。在促进粮食生产稳定发展的同时，要支持粮食主产区调整农业结构，抓好优势农产品产业带建设和产业链建设，提高农产品质量，全面推进农业专业化、标准化生产，大力发展农产品加工业，增加农产品的附加值。

（三）处理好跨地区外出就业与就地就近转移和回乡创业的关系

近年来，跨地区外出就业是中部农区农村劳动力转移的主要形式。以湖南省为例，全省劳务输出人员已有900多万人。从娄底市调查来看，农村中能够输出的青壮年已基本上输出。外出务工的农民绝大多数没有接受职业技能培训，大多只能进入技术要求低、工资报酬低的领域。在农村劳动力供求关系发生重要变化的大背景下，促进农村劳动力转移由体力型向技能型和品牌化转变，成为此类地区亟待解决的一个重大课题。湖南省已经提出重点培育十大劳务品牌，以劳务品牌为龙头，带动整个劳务输出，做大做强劳务产业。要建立完善的就业培训体系，积极发展职业技术教育，形成培训、输出、维权三位一体的机制，让农民工出得去、干得好、留得住、挣得多。另外，要通过完善政策，引导一批已经完成原始积累的农民工带着资金、技术、经验和市场信息，返回当地城镇投资创业，形成外出就业与回乡创业的共促效应。近年来，随着土地供求矛盾趋紧、劳动力等要素成本升高，沿海一些发达劳动密集型产业开始向中部转移。这种产业转移将会推动中部产业结构调整和县域经济发展，将会为中部农村剩余劳动力就地就近转移提供机会，形成地区间合理产业分工、促进地域经济一体化、优化国家生产力布局和调节人口流向的合理局面。要因势利导，在继续鼓励中部农村剩余劳动力向东部沿海发达地区流动的同时，推动东部沿海发达地区产业结构升级，鼓励沿海发达地区符合环境保护要求的劳动密集型产业向中西部转移，为农民就地、就近转移创造条件。

（四）处理好政府扶持与发挥农民积极性的关系

中部地区工业基础仍然较弱，城市化水平仍然较低，自身工业反哺农业、城市带动农村的能力仍然较低，对这些地区而言，现在就提出全面推进新农村建设是不是超前了，对这个问题调研中了解到是有疑惑的。不少地区还是寄希望于中央的政策和支持，少数基层干部产生了“等、观、望”的心理，主动性发挥不够。无论改善农村基础设施，还是发展农村教育、医疗卫生等社会事业，中央财政必须加大对中部传统农区的支持力度。新农村建设是各级政府共同承担的责任，要明确地方各级政府的投入责任。中部地区一方面工业还要加强，城市还要发展，但不能忽视农业和农村。从新农村建设的内容和任务来看，很多方面都是地方政府公共财政支持的内容。在增加中央财政支农资金投入的同时，要明确县市政府的责任，地方政府要整合财政支农资金，突出重点，提高支农资金的使用效益。要健全政府农业投资监督制衡机制，防止截留、挤占挪用支农资金，防范追逐部门利益。农民是新农村建设的参与者和受益者，推进新农村建设，政府不能大包大揽，不能包办代替，要建立政府、社会、农民相结合的投入机制。对于农民直接可以受益的小型建设项目，主要应采取“民办公助”、“以奖代补”等方式，调动农民参与建设的积极性。

（韩　俊　秦中春）

分报告 6

建立对传统农区的长效政策支持机制

——湖北省罗田县、监利县、当阳市新农村建设百村调查

为了解中部传统农区新农村建设的进展，国务院发展研究中心“社会主义新农村建设”课题组对中部农业大省——湖北省罗田县、监利县和当阳市进行了调研。罗田县是一个“八山一水一分田”的典型山区县，也是国家扶贫工作重点县。监利县是一个传统的农业大县，当阳市属于湖北省经济社会综合实力十强县（市）之一。本次调查对这三个县新农村建设的总体进展情况进行了了解，并对三个县市10个乡镇的100个行政村进行了入村问卷调查。其中罗田县34个、监利县33个、当阳市33个。村庄问卷调查的对象主要以村书记和会计为主。此次调查的村地形环境50%为平原，20%为丘陵，30%为山区。罗田县调查的村庄都属于山区或丘陵，监利县则都属于平原，当阳市则为平原和丘陵。因此，此次调查的三个县市可以说是代表山区、平原及混合地形三种类型。大部分村庄（78%）属于一般村庄，13%属于乡镇驻地村庄，9%属于中小城市城郊型村庄。超过一半的村庄（64%）属于经济条件一般的村，26%属于比较穷的村，只有8%属于比较富裕的村。三个县人均耕地平均只有1.37亩，其中罗田只有0.68，监利平均为1.6亩，当阳为1.8亩。被调查村农民人均纯收入年平均为2978元。

一、农村经济发展的好势头

调查表明，近几年来，随着各项惠农政策的落实，国家与农民的“取”与“予”的关系发生了重大变化，传统农区农民生产积极性空前高涨，粮食稳定增产，农业和农村经济结构调整进一步优化，农村收入增长走出多年徘徊不前的境地，农村经济发展出现重大转机。

（一）农业结构调整取得显著成效

当阳市是全国商品粮基地建设示范县（市），近年来，粮食种植面积基本保持稳定，粮食生产得到恢复性增长。2005年达到333676吨，比上年增加8028吨，

增长2.47%。粮食种植结构逐步优化，小麦等低产低效粮食作物得到压缩，一批优质专用品种得到推广应用。全市优质稻种植面积上升到40万亩，占全市水稻种植面积的93.3%。该市促进优势农产品向优势区域集中，建成了粮油、林果、畜牧、蔬菜、水产品等“五大板块”基地。全市特色专业基地达到78万亩，专业村达到73个，占全市161个村的45%，种养专业户达到2.5万户，占农户总数的30%。全市各类养殖专业大户达到2044户。特色产业增收占到农民增收的50%以上。罗田县农业结构调整效果显著，以板栗为龙头的基地建设快速发展，全县已发展板栗基地82万亩，水稻、小麦、油菜品种逐步升级换代，优质水稻比重达90%以上，双低油菜达到70%以上。

（二）农村基础设施得到较快改善

一是乡村公路建设力度大。2006年来，监利县共开工建设县乡公路2条24.8公里，开工建设通村公路105条230公里，目前已竣工通村公路90公里，全县通沥青（水泥）路的村共计375个，通达比例为49%。当阳市通村公路硬化总里程达到766公里，其中2006年规划建设400公里，已开工46个村383.4公里。二是安全饮水建设进展快。监利县是全省安全饮水项目试点县，2006年来，全县新建水厂4处，受益4个村7463人。当阳市2006年计划投资222.48万元，解决6000人的饮水安全问题，目前全部解决。三是农村有线电视发展快。监利县共新发展建设50个村的有线电视，使全县有线电视通村数达到518个。四是“一建三改”有了突破。目前，监利县已完成沼气池1203口，改厕2960座。

（三）农村公共事业得到全面推进

一是加大农村教育投入，解决农民子女上学难。当阳市将全市中小学自“普九”达标验收以来累计形成的3010万元的债务进行剥离，由市财政接管并分年度按计划偿还。每年从市财政列入500万元的财政预算用于学校的标准化、规范化建设。该市2006年上半年为困难学生落实“两免一补”6301人、117.5万元，比上年新增1383人，增长28.1%。罗田县2005年中小学危房改造项目63个，投入资金516万元，消除D级危房面积29714平方米，新建、改建面积13566平方米，适龄儿童入学率达99%以上。二是建立新型农村合作医疗制度，缓解农民就医难。当阳市29.7万农民参加了新型农村合作医疗，参合率达到89%。监利县通过实施农村合作医疗，调动了乡镇卫生院的积极性，医疗条件得到明显改善，农村“就医难”和“看病贵”难题得到较大缓解。三是农村社会保障体制逐步建立。2005年，罗田县救助农村特困人员14054人，拥有福利院72所，安置供养五保户老人2080人，五保户老人集中供养率为82.8%。当阳市建立了被征地农民社会保障制度，为950名失地农民办理了养老保险，将1685人纳入到生活补助政策范围。农村特困救助实现“全覆盖”，救助对象3364户8718人。城乡大病医疗救助对象924人32万元。投资41万元完成5个福利院的“福星工程”改扩建工作，五保户集中供养率达84%。四是发展农村文化事业。当阳市通过改革基层文化服务体制、建设文化中心户、加大基础设施投入等措施，推动农村基层文化蓬勃发展。

（四）惠农政策使农民得到更多实惠

2005年监利县粮食“两补”资金共5398万元，其中，粮食直补资金3073万元，良种补贴资金2325万元，“两补”受益农户22万户，受益农民106万人。罗田县2000年农民人均税费支出118.57元，农业税全面取消后，农民由向国家交税转变为直接从国家政策中受益。2005年，农业税减免使农民增收47元，“两项补贴”使农民增收13元。当阳市2002年开始全面推行农村税费改革，到2005年全面落实“一免两补”。全市取消农业税及附加2089.06万元，发放粮食直补资金1375万元，粮种补贴资金620万元，实现了农民种田“零负担”。

（五）农村改革得到稳步推进

各县认真落实农村税费改革各项政策措施，确保了农村税费改革、农村土地第二轮延包和乡镇综合配套改革的顺利推进。监利县乡镇综合配套改革成效明显。通过改革，全县21个乡镇领导机构由84个减为63个；内设机构由105个减为63个。乡镇除中小学和财政所外，其他事业单位全部转为自主经营、自负盈亏的经济实体。乡镇党政班子成员由310人减为186人，乡镇机关人员由1302人减少到865人，财政所在岗职工由773人减少到357人，乡镇国土所、交通分局、林业站在岗人员由342人减少到141人。监利县还在全省率先进行乡镇卫生院改革，分流人员550人。全县乡镇综合配套改革共分流1604人。按照“应保尽保”的原则，监利县克服资金困难，努力做好事业单位人员进保工作。2005年全县21个乡镇、174家事业单位先期开始实施，应参保人数为1778人（其中离退休人员238人），已参保1745人，参保率98%。按照有关文件规定，全县乡镇事业单位应补缴个人账户养老金1650万元，实际补缴了1170万元，征缴率为85%。改革后，为了维护单位的正常运转，监利县积极推行“以钱养人”向“以钱养事”转变。

当阳市2001年全市全面推行乡镇合并，乡镇由17个精减到9个，2004年开展了村组规模调整工作，全市由303个村、2061个组精简为144个村、922个组，分别调减52%、55%，村组干部由2070人减至887人，调减57%。全市每年将减少村办公费238.5万元，减少村组干部工资325万元，合计563.5万元，人均15.7元。该市乡镇综合配套改革基本完成，改革后保留74个单位、1004人，分别减少50%、37%；镇领导班子职数81人、机关干部361人，分别减少47%、14%；镇事业单位31个299人，分别减少66%、64%；财政供养人员1007人，减少22%。该市村级债务得到有效化解。自2003年初开始，当阳在宜昌各县市中率先部署村级债务化解工作，组织近千名机关干部驻村化解村级债务9574.43万元，占锁定债务总额25598.11万元的37.4%。原负债村中，20%以上的村变成了“零债务”村，1/3的村化债比例达到了50%以上。

（六）农民生活水平得到明显提高

近年来，农民的增收渠道进一步拓宽，农民现金收入大幅提高，生活水平日益改善。当阳市连续两年大幅增长，2004年人平均增收419元、达到3551元，2005年克服历史罕见的干旱灾害实现人平均增收264元、达到3815元。罗田百户抽样调查结果显示：2005年末，农村居民人均住房面积38.82平方米，比“九五”期末增加9.01平方米；每百户农民拥有彩电86台、摩托车40辆、洗衣机5台、电话机138部（含移动电话）、电冰箱8台、空调机3台，电子计算机也开始进入寻常百姓家。2005年，农村居民文化娱乐、交通通讯和医疗保健支出分别比上年增长22.8%、44.5%、54.7%。农村恩格尔系数由原来的55%下降到51%。

二、新农村建设工作的主要进展

这三个县市党委和政府按照中央部署，以新农村建设统揽三农工作，把发展农村经济作为首要任务，结合本地实际，制定了新农村建设的规划，明确了工作目标和具体措施。

（一）建设新农村建设示范村

监利县共有省级示范村18个，县级示范村11个。当阳市按照“试点先行、重点突破、以点带面、分步推进”的思路，选择“农民最积极、干部最主动、条件最成熟”的村先行示范，着力建设一批具有较高标准和较强示范作用的新农村示范点。全市确定了10个村作为第一批新农村建设试点村，对每个试点村重点扶持。试点村归纳起来主要有六种类型：（1）企业反哺型。这些村通过发展工业企业，提供丰硕的村级积累，再反哺农业、建设新农村。如群丰村坚持发展村办工业，年税收达60多万元，村积累也有了较快增长。2006年村拿出36.6万元用于村委会改造、基础设施建设和人居环境美化，为村中心居民点的270户村民创造一个设施齐备、环境优美的人居环境。（2）城乡互动型。这些村借助靠近城镇的区位优势，把村庄规划与城镇规划融为一体，村庄建设与城镇建设同步，农村村民向城镇居民转变，产业发展以城郊新鲜果蔬和商贸流通为主，呈现出城乡互动、融合发展的新村特色。(3) 基地带动型。这些村依靠优势农产品生产基地，把发展果蔬生产、技物服务、包装加工和销售结合起来，通过产业延伸，形成一个产、加、销一条龙的中心村或产业集镇。如凤凰山现代生态农业园区水果连片面积达3.6万亩，2005年水果总产量达到5万吨，产值5600万元，人均纯收入5000元以上。龙台村依靠园区的带动，形成了以柑桔生产、水果打蜡、包装销售为特色的新兴村镇。(4) 拆迁安置型。坝陵村配合工业园区建设，把拆迁安置与新农村建设结合起来，采取统一征地、统一规划、统一样式、统一配套、统一绿化、统一供水供电的"六统一"方式，投资100多万元兴修了2个高标准的住宅小区，集中安置了182户村民。小区实现了通水、通路、通电、通电话、通有线电视、通下水道"六通"。建设了绿化带、农家超市、蔬菜市场，成为功能齐全、环境优美、邻里和睦的示范小区。(5) 生态旅游型。这些村依托旅游资源优势，改善生态环境，大力发展"农家乐"，形成了以生态旅游为特色的农民新村。如穿玉路沿线3个村105户，依托玉泉寺旅游资源，依山傍水，加强生态庭院建设，发展了"农家乐"30多家。(6) 特色产业型。这些村依托蔬菜、柑桔、棉花等主导产业，大力调整产业结构，不断改善生产生活条件，形成各具特色的产业新村。如白河村发展柑桔4500亩，计划三年内突破6000亩，全村790户，户户有柑桔，柑桔产量已达1万吨，农民柑桔收入达1400多万元，户均1.8万元。现在果农生活富裕，出行道路宽敞平整，居室整修一新，依山傍园而居，绿荫环绕，一片新村气象。

(二) 整合财政支农资金

监利县在县级财力非常困难的情况下，通过压缩支出，拿出800万~1000万元支持新农村建设。当阳市将按照"三个高于"的要求，2006年安排财政支农资金4207万元，比上年增加1343万元，增长46.89%，其中直接用于改善农村生产生活条件的3307万元，比上年增加1263万元，增长60.22%。该市整合农业、水利、农业综合开发等支农项目资金8000万元，捆绑使用。2006年市政府安排500万元专项资金，用于社会主义新农村建设。通过政府推动，形成"市财政拿一点、挂点单位扶一点、镇出一点、工商企业帮一点、社会各界捐一点、群众投资投劳筹一点、整合涉农资金投一点"的多元化筹资格局。

(三) 发挥农民主体作用

新农村建设离不开农民群众的参与。各县市坚持"政府主导、农民主体、干部服务、社会帮助"的策略，采取以奖代补、协会运作的方式，突出了农民的主体地位，开创了群策群力建新村的良好局面。如当阳市首批新农村建设的示范点，以自然村、组或湾子、屋场（规模在40户以上）为单位，发动农民群众自由讨论、自主决策、自我组织。各示范点普遍建立了新农村建设村民理事会，做到“建设资金由理事会筹集管理、建设合同由理事会签订、工程进度由理事会督促、建设质量由理事会监管”。农民干不干、干什么、干多少，都由村民理事会说了算，不搞强迫命令，不搞包办代替。

（四）建立监督考核机制

新农村建设是一项复杂的系统工程，必须健全组织领导体系，建立深入持久推进的工作机制。当阳市成立新农村建设领导小组办公室，负责全市新农村建设的规划制定、综合协调和督办检查。市委、市政府将新农村建设工作纳入各级领导班子和领导干部工作业绩考核的指标体系，作为检验执政能力和领导水平的重要标准。监利县按照根据群众的实际承受能力，严禁加重农民负担和新增乡村债务。项目建设坚持阳光操作，坚持“四制”要求（即：项目法人制、招标投标制、合同管理制、工程监理制），严禁领导干部及其亲属朋友直接插手项目建设。

三、新农村建设中需要解决的问题

这三个县新农村建设处于起步摸索阶段，实际中也存在不少问题，需要进一步解决。

（一）农民增收制约因素多

近几年，农民收入出现了恢复性增长，但仍然存在农民增收渠道狭窄、增收空间小的问题。对本村农民增收的难点，百村调查中反映最集中的是农产品价格偏低，农业生产资料价格高，认为本村农民增收的最大难点是农产品价格偏低，农业生产资料价格高的占68%，其次是调整农业结构不容易，缺乏技术，占55%。对农民增收制约比较明显的另外两个因素是贷款难和劳动力转移渠道不宽。56%的村反映对信用社贷款获得的总体印象是很困难。66%的村反映信用社在本村发放小额联保贷款，发放的联保贷款平均每户为3002元。这三个县市农村劳动力在外打工或者就地转入二三产业比率不高。在被调查的村庄中，常年在外打工或者就地转入二三产业的劳动力每村平均为294人，占到本村劳动力的比重平均为35%。本村30岁以下的青壮年劳动力平均有312人，占到本村劳动力的比重平均为38%。目前常年在外打工或常年在本地务工经商的平均有188人，占到本村劳动力的比重平均为28%。只有51%的村认为现在村里能够外出打工的青壮年劳动力大多数都出去了。

（二）农村公共服务和社会事业滞后

本次调研三县市，农民吃水难、行路难，教育、医疗条件比较落后，存在子女就学困难，农民看病贵等现象。农村保障体系不健全，少数山区农民仍然不能解决温饱问题。农村环境卫生差。54%的村庄村内饮水不安全，58%的村饮水安全存在困难，只有12%的村有集中供水设施。有垃圾集中收集的村仅占12%。村民对新农村建设要解决的问题反映最为集中是道路、饮水和文化建设问题，比重分别为90%、86%和83%；其次是建沼气78%，厕所改造78%，垃圾收集64%，医疗网点63%，污水处理57%，用电问题最低为44%。

（三）村级经济实力薄弱

三县市被调查村2005年度集体年度总收入平均为34.6万元。村集体总收入高于5万元的占82%，高于10万元的占64%，一半的村集体收入高于12万元。但村农业承包收入比重大，平均达67%，而村办企业收入比重很小，调查中只有12%的村有村办企业收入。2005年村支出平均为17万元，修路架桥、农田建设、办公设施、教育、医疗、文化娱乐等村级公共建设支出是村级支出的重头，占到村级总支出的58%。其次为村管理费用，占到总支出的31.4%。2005年末累计负债总额平均达81万，村级债务大于10万的占60%，54%的村大于16万。罗田县411个村有70%以上的村负债，少的十几万，多的几十万，全县村级净债务9545万元，村平均20多万元。

（四）县域经济发展滞后，工业反哺农业能力弱

总体来看，这三个县市工业化、城市化水平不高，招商引资工作起步相对较晚，对外开放程度不够。当阳经济实力较强，2005年全市实现生产总值89.3亿元，实现全口径财政收入5.86亿元，地方一般预算收入1.88亿元。监利县作为百万人口大县，2005年全县地方生产总值只有56.6亿元，规模以上工业完成增加值只有4.51亿元，完成财政收入1.55亿元。这三个县市作为农业大县，农产品资源丰富，但在与市场的对接中，基本上是出售初级产品，加工转化少，精深加工更少。从目前情况来看，当地农产品加工业规模偏小，不能有效带动农业经济的发展。

四、几点思考与政策建议

调查表明，中部地区农村经济社会发展总体水平比沿海发达地区要落后得多，新农村建设的任务更为繁重。根据对这三个县市的调查，推进新农村建设，

要围绕农民增收为核心，以“多予、少取”为原则，重点落实好各项扶农、惠农政策，公共财政向农村倾斜，基础建设向农村延伸，加大对农民负担的监管力度，努力形成长效政策支持机制。

（一）建立农民增收长效机制

首先要从农业内部挖掘增收潜力。要突出抓好农产品深加工，延长农产品增值链条。要完善农业服务体系，扶持种养大户，培植农业生产主体，奖励扶助农村种养大户，使他们成为致富带头人；扶持龙头企业，培植农产品市场开拓的主体，充分发挥良好的辐射和带动效应；扶持农村专业合作经济组织，培植农业服务主体，建立产、供、销一条龙服务体系。要多渠道、多层次、多形式地开展培训，促进农村富余劳动力向非农产业和城镇合理有序流动，形成“外输内转结合，就业创业并重，培训维权齐抓”的新机制。

（二）切实改善农村基础设施和公共服务

一是推广“一建四改”工程（建沼气、改灶、改水、改厕、改猪圈），改善居住环境，提高生活质量。二是解“五难”。切实解决好农民吃水难、用电难、行路难、看病难、上学难。继续搞好人畜饮水工程；全面完成农村电网改造；改善交通条件，实现乡村公路硬化、黑化；加快农村新型合作医疗体制改革，加大农村医疗硬件投入，提高农村医疗人员的综合素质和诊疗服务水平；加大农村教育投入；进一步建立和完善农村社会保障体系，扶助农村弱势群体。

（三）改善农村人居环境

过去，由于缺乏规划意识，村镇建设存在随意性和无序性。新农村建设规划要结合农村实际，既要尊重自然规律，又要讲究科学性和可操作性。村镇建设规划要统筹自然条件、地理位置、城乡发展等各种因素，既有利于发展，又能达到人与自然的和谐，按照“布局合理、节约用地、设施配套、环境优美”的要求进行规划。对交通不便、信息闭塞的山区农村，以改善道路、用水、用电为主，重点解决居住分散、人畜混居、布局混乱等问题。以建立资源节约型和环境友好型社会为目标，推广秸秆还田，开发沼气资源，建立循环经济，建设生态家园。大力整治农村居住环境，积极开展群众性爱国卫生运动，使广大农民养成良好的卫生习惯。

（郭建军）

分报告 7

中原地区新农村建设的现状、难点与对策

——河南省鹤壁市新农村建设调查

一、鹤壁市基本情况及农村经济发展现状

鹤壁市辖两个县（浚县、淇县）、三个区（淇滨区、山城区、鹤山区）和一个经济技术开发区，共有25个乡镇、879个行政村。总人口143.85万，其中农村人口103.50万人，占71.95%。全市区划面积2182平方公里，其中耕地面积144万亩，是河南省城乡一体化试点市。2005年全市地区国内生产总值达到186.1亿元，人均地区国内生产总值达到1.3万元，财政一般预算收入8亿元，国内生产总值和财政一般预算收入均居河南省第3位。一、二、三产业比重为17.6∶59.4∶23.0，城镇化率超过42%。城镇居民人均可支配收入7898元，农民人均纯收入为3469元。

浚县辖8镇2乡，489个行政村，总人口66.8万，是全国商品粮基地县，全国优质小麦基地县，是国家扶持的产粮大县。2005年地区国内生产总值达到46.6亿元，一、二、三产业比重为37.6∶46.0∶16.4。农民人均纯收入为3501元。淇县总人口25.8万人，辖8个乡镇区，175个行政村。2005年全县地区国内生产总值完成48.8亿元，一、二、三产业比重为20.5∶64.1∶15.4。农民人均纯收入达到3589亿元。淇县人均牧业产值、肉、蛋产量三项指标综合评定排序连续14年居全省第一，综合实力位居全省20个畜牧强县之首。

（一）形成了优质粮和畜产品生产加工基地

近年来，鹤壁市不断加大农业结构调整力度，推进农业生产的产业化和规模化，初步形成了优质粮和畜产品生产加工基地。2005年全市农业增加值为32.67亿元，在全市三次产业中占比17.6%。全市优质小麦种植面积114.7万亩，占小麦播种面积的94.5%。畜牧业产值占农业总产值的比重达到62%，接近发达国家农业结构的水平。畜牧业成为全市的优势产业，目前已建成年产30万只肉鸡的养

鸡场212个，年出栏万头以上的瘦肉型猪养殖场28个。形成国家级、省级和市级数十家龙头企业，畜牧产品生产占全省10%以上。鹤壁的畜牧业生产不断向标准化、规模化生产方式转变，畜禽优质产品率进一步提高，全市100%的肉鸡、75%以上的肉猪、70%以上的禽蛋都由大型养殖场生产，畜牧业产值和加工产值分别达到35亿元和41亿元，畜牧业产值占农业总产值的比重达到62%，接近发达国家水平。农民人均从畜牧业得到的纯收入高达542元，畜牧业对农民人均纯收入的贡献率达到23%，与2000年相比增加349元，增长1.81倍，年均增幅高达22.9%。

全市现有国家重点龙头企业2家、省级重点龙头企业4家、市级重点龙头企业26家，并建立了150多个农民专业经济合作组织。全市粮食、畜、禽等主要农产品基本形成系列加工体系，全市粮食加工转化能力达到80万吨，畜产品加工能力达到23万吨。目前形成了以肉鸡、蛋鸡、肉猪、肉羊、奶牛五大系列生产基地，是河南省畜牧业生产、加工、出口创汇基地。

（二）农民收入稳定增加

近年来，鹤壁市农民收入保持较快增长态势，农民生活水平不断改善。2005年鹤壁市农村居民人均纯收入达到3469元，高于全国平均水平6.6个百分点。2001年以来年均增长11.1%。

（三）农村就业结构与收入结构发生显著变化

2005年鹤壁市农业就业人员占比为47%左右，比2000年下降15.2个百分点。全年农村外出就业人员达18.4万人，占农村剩余劳动力的70%。农民在非农产业就业使收入增加了6.6亿元。2005年农民人均工资性收入达到772元，比2000年增加250元，增长47.9%，年均递增8.1个百分点，拉动农民人均纯收入增幅提高11.9个百分点。据统计，2005年农民人均非农产业纯收入达到360元，比2000年增加142元，增长65.1%，拉动农民人均纯收入增长6.7个百分点。其中：农民人均从第二三产业得到的纯收入达121元和239元，分别比2000年增加83元和59元，增长1.18倍和32.8%。在二三产业中，人均建筑业收入和批零贸易、餐饮业收入分别为98元和56元，比2000年增长5.53倍和1.44倍。目前，饲料加工、农副产品加工、服装加工等已成为鹤壁市农村重要的非农产业，有力地带动了农民产业结构升级和农民增收。

二、新农村建设的主要做法和成效

（一）主要做法

鹤壁市委、市政府在2006年初按照中央的要求，结合本地实际，提出了“规划先行、产业支撑；整体推进、示范带动，农民主体、政府助推；因村而异、分类指导”32字的新农村建设工作思路。同时，根据以往农村工作的经验和把握中央的总体要求的基础上，归纳出新农村建设“急不得、偏不得、等不得、同不得、靠不得”的“五不得”工作基调。根据我们的调研，鹤壁市建设新农村的主要做法有：

1. 政府工作重心向农村转移。鹤壁市成立了新农村建设工作领导小组，强调以城乡统筹、经济社会协调发展的科学发展观为指导、以统筹发展的思路积极开展工作，重在转变政府职能，建立城乡协调的工作机制，使各职能部门的工作重点向农村延伸。在新农村建设过程中，政府深入开展调研，全面分析本地特点，从改善农村基础设施与农村公共服务入手，制定符合群众意愿与切实可行的实施项目。

在组织领导方面，2006年2月以来，市委市政府把城乡一体化、城镇化和新农村建设有机地结合起来，以城镇化带动新农村建设，以新农村建设促进城镇化，确保新农村建设扎实推进。（1）成立了鹤壁市城乡一体化工作领导小组，由市长任组长，市委主管农业的副书记和市政府四个副市长任副组长，市发改委、农业局、建设局等19个市直委局为成员单位；三区两县及各乡镇分别建立了相应的工作机构。（2）部门联动，形成工作合力，做好新农村建设工作的体制保障。明确了城乡一体化工作领导小组成员单位主要职责，对建设、农业、卫生、文化等19个成员单位作了明确、具体的分工，形成了一把手亲自抓、各部门分工负责、各级主要领导齐抓联动的工作格局，确保了新农村建设工作人人有责任，事事有人干。（3）县、乡镇建立帮扶制度。浚县和淇县都建立了县领导包乡镇和重点村，乡领导包村，县直部门直接帮扶的工作机制，对重点村派驻工作组，全面进行指导帮扶，构建了县乡村三级联动、齐抓共管的工作格局。（4）建立上下沟通机制。与省新农村工作领导小组办公室建立了经常联系，并及时汇报新农村建设工作的进展情况。召开全市城乡一体化工作领导小组办公室主任会议，进一步明确了各级城乡办的职责，确定了各县区的责任领导、具体联系人和联系方式。

2. 财政支出向农村倾斜，为农村基础设施建设提供支持。市、县各级设立新农村建设专项资金，把制定村镇规划的经费列入财政预算，为帮助村和农户建房制定规划。市政府将市财政增量部分的38%投向农村建设，采取“财政投一点、涉农项目资金捆绑一点、帮扶单位助一点、受益群众出一点、社会各界捐一点、税收优惠减一点”的办法，多渠道筹措改善农村生产生活基础设施的建设资金。

3. 以农民为主体的理事会运作办法。鹤壁市也搞了新农村建设示范点，但在这个过程中，由过去的政府定点制改为群众申报制。村民自愿申报，愿意搞的群众申报率达到一定比例以上的就定点，实行动态管理，择优选择定点，越积极、越先申请实施的农户就先实施，并给予较优惠的奖励政策，组织和引导农民群众积极参与新农村建设。同时在村两委的领导下，成立村级各类理事协会，主持村庄整治和调解矛盾纠纷。理事会成员由村民推选，乡镇政府帮助制定章程、建立制度、规范运作，意在发挥农民在自己家园建设中的积极性。

4. 政府财政资金的重点支持农村基础设施、农村公共服务事业发展项目，解决与农民生产、生活密切相关的突出问题，使农民真正受益。

(1)“十五”期间，全市用于三农的资金投入总量近9亿元，其中包括了中央财政资金1.66亿元，省级财政1.94亿元，使用国债资金1.14亿元。用于全市农区的中低产田改造、灌溉节水改造、种子工程、优质粮产业工程以及动物防疫体系建设等方面的项目，共计投入资金近3.08亿元，农业投资项目占同期三农资金投入的34.2%。

表1　　“十五”期间鹤壁市农业投资项目情况　　单位：万元

项　目	投资规模	资金来源					
		中央	省级	市级	县级	自筹	整合资金
中低产田改造	5136.8	2145	826	288.8	204.4	1505	167.6
灌溉节水改造	23142.2	9444.74	—	642.3	2088.1	10967.06	—
种子工程	977.4	495	178	151	153.4	—	—
优质粮食产业工程	1050	1050	—	—	—	—	—
动物防疫体系建设	450	240	120	80	10	—	—
合计	30756.4	13374.74	1124	1162.1	2455.9	12472.06	167.6

数据来源：根据调研资料整理。

(2) 加大对农村基础设施建设的投入，在“十五”期间，全市投资11.6亿元进行农村“六小工程”建设，重点是饮水解困工程，乡村道路建设，农村通信、电网建设以及积极发展适合农村特点的清洁能源等，其中饮水解困工程投资2821万元；农村公路建设投资4.3亿元；农村沼气项目投资2450.78万元；农村电网建设和改造工程投资4.46亿元；小型农田水利建设投资2.3亿元。

(3) 加快发展农村教育事业，把普及和巩固农村九年义务教育作为重点，加强农村地区的中等职业教育与技能培训。“十五”期间，全市农村教育建设投资共计3636万元。

(4) 积极支持农业科研事业发展和农业技术的推广应用。“十五”期间，共投资43万元用于农业技术推广事业。

(5) 加强农村公共卫生和基本医疗服务体系建设，在“十五”时期投入8044万元用于公共卫生项目建设。逐步开展实施农村新型合作医疗制度。还投资3000多万元用于劳动力市场建设、金保工程和农村剩余劳动力转移基地建设，逐步建立农民的各项社会保障制度。

5. 制定政策，规范推进新农村建设工作。为了扎实有效推进新农村建设，鹤壁市出台了《鹤壁市新农村村卫生所（室）建设方案》、《关于2006年鹤壁市农村沼气建设的实施意见》、《鹤壁市人民政府关于加强我市农村客运站建设与管理工作的实施意见》、《鹤壁市标准化文化大院和示范性文化大院建设方案》等文件，加快了农村卫生室、沼气、农村客运站、文化大院的建设进度；出台了《关于切实做好进城务工人员子女义务教育工作的意见》、《关于改革户籍管理制度的意见》等政策性文件，有效地解决了农民工子女入学难和农民“进城难”的问题；并已研究通过《鹤壁市新区失地农民基本生活保障办法》、《鹤壁市新区被征地农转非人员参加基本养老保险试行办法》。这些政策都为鹤壁市新农村制度化、规范化建设提供了有力的制度保障。

（二）主要成效

1. 农业生产发展迅速，发挥主导产业的优势。在推进社会主义新农村建设进程中，积极引导农民调整农业结构，培育农业主导产业。(1) 近年来，鹤壁市大力培育优质小麦、专用玉米，山区林果，丘陵优质小杂粮的种植，优化了农业产业结构。2005年全市优质专用小麦种植比例达到94.5%。浚县卫贤镇发展优质专用小麦5.2万亩，打造“淇河边”系列农产品品牌，以卫贤、宽河、香菜为中心，发展食用菌50万袋。(2) 畜牧业产业化、规模化迈上新台阶。全市100%的肉鸡、75%以上的肉猪、70%以上的禽蛋都由大型养殖场生产。浚县卫贤镇发展蛋鸡养殖专业村9个，建成7个万头生猪养殖小区，培植养殖大户40户。淇县高村镇共有2000头以上的养猪场13个，2000只以上的养鸡场45个，30万只肉鸡场14个。全镇生猪出栏11.66万头，家禽出栏696万只，蛋类总产量16060吨。(3) 加大培训力度，大力发展劳务经济。截止到2006年6月，全市已开展农民工技能培训8387人，实现劳务输出19.48万人，实现劳务收入7.01亿元，农民外出务工收入对上半年农民现金收入的贡献高达26.3%，外出务工已成为农民增加收入的重要渠道。浚县卫贤镇认真开展农民培训工作，加大劳务输出力度，2006年上半年共培训农民5000人次，外出务工人员达到1.5万人，实现劳务收入7000多万元，人均增收1000多元。

2. 进一步加强农村基础设施建设，改善农民的生产和生活条件。农田水利建设进一步加强，有效灌溉面积达到125万亩，旱涝保收田面积达到103万亩。农村道路建设成效显著，投资1.33亿元新建、改建县乡村道路396公里，51%的村实现了“村村通”；近两年间，市政府先后解决了417个行政村47.2万村民的饮水困难，其中有90%的村庄、近43万村民用上了自来水；完成111公里县乡公路升级工程改造和205公里的国债建乡到村的公路项目，新改建农村公路750公里。乡到村的公路均已建成与改善；推广沼气等新能源利用，完成3220户的“一气三改”建设。广播电视覆盖率大幅度提高，电话入户率达到57%。2006年计划完成482个行政村的“村村通”工程，到年底将在全省率先实现“村村通”，全市877个行政村基本实现村村通水泥路或油路。着重解决36个行政村4.5万人的安全饮水问题，到年底将有60%的行政村实现通自来水。

3. 农村公益事业发展步伐进一步加快。

（1）着重推进教育资源整合，加大对农村教育支持力度。今年完成农村中小学的布局调整，安排市直14所办学水平高、教学质量好的中小学校，与7个重点乡镇的14所农村中、小学开展结对帮扶，努力实现城乡优质教育资源共享。浚县卫贤镇筹资危改资金20多万元，基本消除了学校危房，发放“两免疫补”资金17万余元，资助学生1600多人。浚县锯桥镇大力发展职业教育、技术教育和其他形式的教育，全面完成了全镇35个远程教育建设点和35个村村通工程。（2）不断丰富农民精神文化生活。2006年计划新建7所乡镇文化站，30个示范性村文化大院，着重解决108个村的“村村通”广播电视工程，使全市广播电视综合覆盖率达到100%。（3）不断改善农村医疗卫生条件。2005年圆满完成了疾病预防控制、乡镇卫生院等公共卫生项目建设。2006年计划改造乡镇卫生院6所，新建100所标准化村级卫生室。淇县积极稳妥推进农村新型合作医疗，参保率达到92.6%。（4）不断提高农民生活质量。加强了农村低保工作，到2006年上半年已参加农村低保31106人，五保户集中供养率达到25%。浚县卫贤镇经过详细摸底排查共办理五保低保手续700多人，实现了“应保尽保”。淇县朝歌镇三海村将村民男60岁以上、女55岁以上均纳入了救助体系，每人每月集体发放养老金100元；桥盟乡桥盟村也为本村老年人每人每月发放养老金50元。（5）鹤壁市大力发展农村连锁超市，方便农民购物消费，目前已建成245个超市，71个示范村中已有20个村建立了农村连锁超市。淇县扎实推进“万村千乡”工程，以发展农家店250多家。

4. 村容村貌整治工作取得明显成效。按照“整体推进、分步实施”的思路，鹤壁市启动了村庄规划。同时以治理“六乱”（乱搭、乱建、乱堆、乱放、乱扔、乱倒）现象，实施“五化”（道路硬化、街道绿化、净化、亮化、美化），推进“四改”（改水、改厕、改圈、改灶），强化“三清”（清理粪堆、清理垃圾堆、清理柴草堆）为突破口，积极改观村容村貌，取得了阶段性成果。初步解决了对村庄环境的生活污染，农户庭院的卫生状况也好多了，改善了人居环境，提高了村民的生活质量。

三、村级问卷调查的主要发现

为了进一步把握村级的情况，我们以问卷的方式，对分布在鹤壁市2个县、8个乡镇的285个行政村进行了调查。

填表调查的对象为在村委会的任职时间多年的村干部。本次调查的285个行政村中，83.9%的行政村地势为平原村，11.2%为丘陵，3.5%为山区，其他类型的占1.4%；90.1%的村庄为一般村庄，7.0%为乡镇驻地村，2.8%为中小城市城郊型村庄。60.0%村庄认为经济水平在本乡一般，36.1%的认为比较穷，只有3.9%的认为比较富裕。村劳动力人数平均为702人，劳动力非农就业比例为44.2%，其中，外出打工人数平均为250人，占劳动力总数的35.6%，在本地非农就业60人，占劳动力总数的8.6%。被调查村农民人均纯收入平均为2430元，人均耕地和宅基地分别为1.3亩和0.16亩。

（一）村集体经济收支和公共服务情况

1. 村集体经济收入偏低。村集体收入平均为6.57万元，79.2%村集体收入低于5万元，50.1%的村集体本身没有收入，40.7%村管理费用占村集体支出的比例达到80%以上，63%的村收不抵支或收支持平。

被调查村2005年低于5万元的村占到79.2%，5万~10万元的占8.3%，10万元以上的只有10.6%。在集体收入中，来自村集体本身的收入平均只有2.66万元，占村集体收入的比例仅为40.5%；来自村自筹自用集资占19.1%；来自上级补贴或拨款占31.0%。

被调查村2005年村集体总支出平均为8.09万元，其中，低于5万元的占73.8%，5万~10万元的占9.3%，10万元以上的占16.9%。在8.09万元的平均总支出中，村公共建设支出平均为5.21万元，占64.4%；村福利费用为2825.0元，占3.5%；村管理费用为1.99万元，占24.7%。调查显示，33.9%的村收不抵支，29.2%的村收支相抵平衡，收支有盈余的仅占37%。

多数村庄经济实力变化不大，相当一部分村庄甚至有下降。50.8%的村反映近年来村集体经济实力变化不大，42.1%的村反映经济实力在下降，只有7.1%的村认为集体经济实力在不断增长。在如何发展壮大村集体经济、增强集体服务实力方面，89.8%的村认为应该争取上级补贴或拨款，其他依次是招商引资、出租集体土地的占67.4%，集资兴办新企业的占67.1%，招商引资、出租集体资产的占45.5%，大力搞好现有企业的占45.5%。

2. 基础设施、公共服务相对较差。调查显示，16.7%的村村内道路没有任何硬化，硬化长度低于5公里（含0公里）的占94.3%。饮水状况不理想，有29.1的村反映饮用水不安全，28.3%的村存在饮水困难，53.0%的村没有集中供水管，53.6%的村没有自来水用户，93.7%的村没有污水处理系统。82.3%的村没有村文化活动中心，87.0%的村没有村图书室，81.1%的村没有有线电视，58.9%的村没有电脑。58.0%的村反映村里近年来没有公共文化娱乐活动，2005年1/4的村没有放过一场电影，10场以下的占75.9%，26.2%的村没有剧团演出，仅有1次演出的占59.8%。其他公共服务也亟待提高，93.0%的村没有垃圾集中处理，88.2%的村没有公共厕所，84.2%的村五保户没有集中供养。医疗方面相对较好，98.6%的行政村开展了合作医疗，平均每个行政村参加280户，参合率为82.8%，90.6%的村有卫生室，平均每个行政村有2个卫生室，卫生室面积平均为122.4平方米，平均每个村有3个医生。

3. 村提供的公共服务。所调查村庄村集体服务功能依次体现为“组织修路、修桥、通电等公共建设（90.3%）”、“农田水利等农业生产性服务（87.3%）”、“为困难人员、老年人提供救助和生活补贴（75.4%）”、“计划生育服务等（74.9%）”、“卫生保洁、美化环境”（71.5%）和“对农村合作医疗提供费用补贴（60.9%）”。

4. 公共财政补助项目较少。只有27.8%的行政村近五年来从国家或政府得到过项目补助，平均得到补助金额为208565.8元，平均数以下的占65.7%。项目主要为安全饮水、村庄道路、农田水利、学校校舍建设等。

（二）对新农村建设的困难评价和需求

1. 村干部反映，新农村建设最迫切需要解决的问题是道路和文化建设，分别占到82.6%和82.2%，其他依次是建沼气67.9%，医疗网点66.5%，垃圾收集66.0%，厕所改造65.4%，饮水54.1%，污水处理55.2%，用电45.6%。

2. 新农村建设的关键是培育新型产业和提高农民素质，分别为63.2%和56.1%。其他依次是转移剩余劳动力48.9%，优化居住环境41.1%。在18个回答了其他选项的村中，有60%的反映资金问题。

3. 村干部反映，农民增收的难点是农产品价格偏低、农资价格高和缺乏资金，分别占84.8%和65.5%。其他依次是调整农业结构不容易、缺乏技术51.5%，每亩地收入不高46.1%，本地发展二三产业不容易43.6%，出去打工不容易、劳动力仍有剩余38.2%，每家土地规模太小29.7%，农民观念落后

24.8%，农产品销路不好21.2%，位置偏远、交通不便18.8%，自然条件差、自然灾害频繁11.5%。

4. 61.9%的村认为在新农村建设中没有必要让农民向中心村集中居住及合并村庄。调查点反映，村庄改造的难点主要是资金成本问题，住房刚建好也是一个重要原因。村贫困户负担不了成本的占64.4%，村里的住房刚建好占44.8%，农业生产不方便的占28.1%，生活成本增加的占32.0%。也有行政村反映资金不足、土地问题不好解决等问题。同时，近半数的行政村反映近期要进行村庄整治，已经有规划的占58.0%。

5. 对于开展和推进新农村建设工作，基层普遍担忧的是开展了村庄规划，建设资金没法筹集，比重为87.7%，其他依次是现有干部队伍能力上有差距，素质还需要提高的占70.3%，进行了村庄改造，农民家家户户都欠债70.1%，村里建设工作难度大，稍有不当农民集中上访的占64.9%，上级领导不切实际下任务、搞“面子工程”的占56.1%，群众对干部缺乏信任，参与积极性不高的占50.4%，推进了生产发展、市场卖难的占43.7%，违背农民意愿、搞片面的村庄撤并的占37.1%，以新农村建设名义搞借债的占21.1%，以新农村建设名义对农民搞摊派的占18.6%，以新农村建设名义收农民承包地的占18.0%。

（三）宅基地需求矛盾和废弃问题突出

67.0%的村反映宅基地供求矛盾突出；65.8%的村反映村里有闲置或废弃的宅基地和旧房，估计占现有村庄居住总面积的10.1%，只有34.8%的行政村进行过宅基地整理。

买卖住房比例较小，以本村村民为主，13.1%的村反映有买卖住房现象，买卖对象以本村村民为主，占80.6%，城镇居民14.3%，外村村民为5.7%，村办企业为2.9%。

（四）农村金融不发达，村民向私人融资是主渠道

在有效样本量中，85.1%的村反映农民想从金融机构贷款存在困难，本村目前从信用社贷到款的农户平均为15户，现有信用户21.5户，77.0%的村反映信用社没有在本村发放小额联保贷款，75.0%的村反映村里没有设小额信贷机构。当农民遇到资金困难时，一般向私人借款，比例为67.7%，其余基本上是向信用社贷款，比例约为32.3%。

（五）土地征用和宅基地问题成为上访的主因

22.5%的村反映有上访现象，反映土地征用问题的占30.0%，反映土地流转

问题的占15.0%，反映环境问题的占13.0%，反映社会治安的占6.7%。在选择了其他选项的26个村中，宅基地问题十分突出，比例占到61.5%，其他有选举、民事纠纷、土地承包费等。三成以上的村反映有环境污染，垃圾、污水及养殖污染是主要方面。在有效样本量中，62.5%的村反映有垃圾污染问题，38.4%的村反映有污水污染问题，反映河道失去治理的占19.6%，还有相当一部分村反映养殖污染问题非常严重。

（六）劳动力非农就业比例不高，举家外出较少，但多数青壮年劳动力已经外出打工

在被调查的行政村中，常年在外打工或者就地转入二三产业的农民工平均为176人，占到本村劳动力的比重平均为27.5%，比例最多的达到100%。举家外出的很少，平均只有6户，占全村农户的比重为2.5%。

本村30岁以下的青壮年劳动力平均有269人，占到本村劳动力的比重平均为38.3%，目前常年在外打工或常年在本地务工经商的平均有119人，占到本村30岁以下劳动力的比重平均为44.2%。30岁以下的青壮年劳动力赋闲在家的平均有43人，占到本村30岁以下劳动力的比重平均为16.0%。80.4%的行政村认为，现在村里能够外出打工的青壮年劳动力越来越少，大多数都出去了。

（七）农民对教育和医疗问题比较关注

农村义务教育优先解决好的问题依次是保证教学质量（75.5%）、完全免费（71.1%）、教师培训（43.3%）和校舍改造（39.0%）。18.3%的村过去实行过合作医疗，1986年以前解体的占80.%；95.9%的村认为，农民对实行新型合作医疗的积极性高，认为实行新型合作医疗能解决农民看不起病或因病致贫的问题的占42.2%。

（八）疾病和上学是致贫的主要原因

目前村里有经济上困难户28户，占全村总户数的8.3%。其中，因病致贫的有12户，占贫困发生原因的42.9%，居于首位；因上学而陷入困难的有10户，占35.7%，居第二位；因残致贫的6户，占21.4%；因经营失败的有5户，占17.8%；另外，不少行政村反映，缺少劳动力也是家庭贫困的重要原因。

四、新农村建设中反映出的主要问题

我们通过座谈与到村到农户的访谈，乡村干部和村民反映一些问题，多数都

是老问题，也具普遍性。村级问卷调查的结果则更能说明问题，归纳一下主要有以下几点。

（一）新农村建设资金明显不足

资金问题是目前新农村建设工作中面临的最大问题，也是最大的难题。一是基层政府可投入资金不足。鹤壁市 2006 年上级下拨的资金主要集中在交通、文化、卫生、沼气、饮水安全、农村超市、“村村通”广播电视等类项目上，其他如村庄规划、村容镇貌整治等并没有专项资金支持。目前，市、县、乡三级财政配套资金压力较大，项目建设面临更大的资金困难。特别是县、乡两级，财政收入少，支出项目多，许多乡镇负债难以偿还。二是农村金融对新农村建设的支持不够，这也是普遍问题。目前，四大国有商业银行已从鹤壁市农村退出，仅有农村信用社勉强维持在农村的经营，农村贷款难现象十分突出。三是村级经济普遍薄弱。多数乡镇反映村集体经济薄弱和债务沉重难以为新农村建设提供资金。县乡村干部都说现在是“背着包袱搞新农村建设”。目前鹤壁市的新农村建设尚未全面铺开，只是在点的层次上进行，覆盖村庄的数量有限。鹤壁市农村要完成“六通”、“五改”、“两建”13 类待建的基础设施项目，包括政府和农户在内的总投入需要很大，从目前政府给示范村的投入看，资金缺口依然较大。据测算，鹤壁市 24 个乡镇、877 个行政村，所欠债务高达 3 亿多元。农村税费改革后，随着村集体收入的减少，多数行政村已无力还债，大部分行政村级集体拿不出钱搞新农村建设。淇县 20 个重点村中只有 5 个村有集体经济收入，其他村基本上没有集体收入，筹措资金十分困难。四是社会资金参与较少，除了在产业发展外，社会资金参与新农村建设的还比较少，还没有形成一种社会资金参与的优惠政策和激励机制。

市县两级反映较多的是当前三农资金投资分散，项目投资决策来自中央部委，多是“上面立项目，下面去争取”，“有时候项目与基层急需对不上”。现有的许多涉农项目资金，由于来自不同的部门，在使用上难以整合起来，难以根据各地发展的轻重缓急安排使用，以发挥更大的整体效应。财政局负责人说：现有的支农资金分散，整合的时候不仅涉及到利益调整，还涉及到资金用途的改变，不符合资金的使用规定。另外，目前项目存在“重建设、轻管理”问题，使本来就不足的财政支农资金难以发挥最大的效益。

（二）农村经济基础薄弱是普遍问题

由于农村基础设施建设面太广，涉及到农业生产、农民生活的各个方面，加之在建设方面的历史欠账，需要投资的地方多，资金需求也大。我们看到，像鹤壁市经济实力在河南省属于较强的，在农村建设方面投入比较多，但面对较大范围落后的农村生产生活基础条件来讲，仍显“力不从心”。特别是在以种植养殖业为主的传统农区，村级难有二三产业的收入，县乡两级财力也有限，很明显，新农村建设需要长时间的努力。

（三）基层干部换得“太勤”，农民组织弱

在乡村两级工作的干部反映的主要问题是“人换得太勤”，乡里有正常的换届，也有正处在取消农业税后，乡镇政府改革的因素，人员机构不稳定。村干部主要是按村民组织法的规定任期三年，至少头尾两个半年都是搞选举，村委会难有长期打算。农民的专业合作组织正在发展，但面对发展村一级发展生产、改变村庄生产生活条件等任务，现有的村两委、“村集体经济组织”、农民的专业合作组织的合力不够，力量仍显薄弱。

（四）“一事一议”的困难

市通过“以物代扶”、“以奖代补”的方式激励农民搞村子的公共设施建设，但在“一事一议”时碰到不少困难，如水利局的领导说：“‘一事一议’的办法减轻了农民负担，但议事效率不高，村里建什么项目、出多少钱意见常常不一致，15 元的上限办不了什么事。特别是遇到村路硬化、修缮小水利设施等稍微大一点的开支，一个 2000 人的村子只能筹 3 万元，有时就只能望事兴叹。”

（五）农民增收的基础不牢靠

近年来，鹤壁市农民收入虽然取得较快增长，但基础并不牢靠。主要表现在：一是农业基础设施薄弱，抵抗自然灾害的能力不强；二是农业产业化经营水平低，龙头企业带动少，农产品的加工转化能力有限；三是农业生产资料价格上涨，农产品价格低，国家给予农民的补贴几乎完全被抵消；四是农产品标准化程度低，品牌效应不强，农产品档次和价格很难提升；五是农民组织化程度低，农民不能分享农产品加工、流通过程中的利润；六是农民的文化技能素质较低，限制了农民收入的增长。

五、几点建议

通过在鹤壁农村的初步调查，我们感到农村各级干部和农民衷心拥护中央提出这一重大历史任务，也感受到国家为解决三农问题加大了投入，农民初得实惠。由于新农村建设涉及面广、任务繁重，基层政府的主要职责在于改善农村基础设

施、发展农村的公益事业，并为本地农村经济社会发展创造环境。结合在鹤壁的调查，对推进新农村建设，特别是对改善农村基础设施和发展农村的公益事业提几点建议。

（一）加大支持新农村建设的资金投入力度

中央和各级地方财政特别是省级财政要加大财政支持力度。形成新的、稳定的财政支农机制，包括设立“农业投入法”。加快农村金融改革，建立适合农村特点的、满足农民需要的农村金融体系。鼓励和引导民间资本投向新农村建设。建立政府、社会、农民相结合的投资投劳机制，发挥财政资金的杠杆作用，通过“以奖代补”、市场运作等形式，鼓励和引导民间资本投向新农村建设。制定民间资本参与新农村建设的办法和优惠政策。

（二）对新农村建设的财政支持向传统农区重点倾斜

除已经采取的对加强农村的道路、供电、通信等基础设施建设，逐步解决农村的饮水困难和安全问题、努力改善农民生活条件等措施外，增加对改善农业生产条件、农业生产技术服务的投入，突出农业现代化主题，突出财政资金公益性。

（三）加快整合支农项目资金

在发改委、财政部已设立的试点县中，探讨国家立项与基层需求相结合的办法。同时结合已开展的小型农业设施产权改革，重点解决已建项目的管理与可持续性问题。

（四）推进县乡综合配套改革

加快化解乡村债务的试点工作，总结各地解决乡村债务的经验，特别是传统农区的经验，解除这些地区乡村两级的历史包袱，使其更积极主动地投入新农村建设。

（五）继续加大对农民的培训

除应农村劳动力转移和在二三产业就业之需的技能培训外，应突出对农民的生产技术培训，强化对农村初中毕业生的农业生产、农产品加工技术的职业教育。

（徐小青　曾琼锐）

分报告 8

强化统筹协调，形成新农村建设合力

——重庆市万州区、永川市、江北区 89 个村庄新农村建设调查

重庆市现辖 13 个市辖区，4 个县级市，18 个县，5 个自治县。2004 年末，户籍人口为 3144.23 万人，其中农村人口占 61.7%。重庆市具有典型的大城市、大农村的特征，城市发展迅速，而农村经济比较落后。为了解重庆市新农村建设的情况，我们在重庆市万州区、永川市、江北区各自选择好、中、差三个不同发展水平的 9 个乡镇进行了典型调查，并对这 9 个乡镇的所有行政村发放问卷进行调查，共计调查了 89 个行政村。

一、重庆市新农村建设的进展与存在的主要问题

重庆市农村地域广阔，全市耕地面积 162.2 万公顷，农用耕地开发度较高，主要播种农作物有稻谷、玉米、油菜、蔬菜和烟叶，是全国重要的粮食主产区和商品猪肉生产基地。重庆市农村经济的主要特点如下：一是农民收入水平较低，仍处于全国水平线之下。二是辖区内土地以山地、丘陵为主，占土地总面积的 94%，宜耕土地少，地块分布分散，土地质量低。三是市内渝西地区与三峡库区、渝东南少数民族地区的农村自然条件、经济发展状况和生活环境条件差异极大。

（一）新农村建设的政策部署

重庆市在推进新农村建设过程中，各区县（市）通过调查研究，逐步形成了符合自身实际的推进新农村建设的思路和政策措施，注重汇集各方建设力量，形成新农村建设的整体合力，实现了新农村建设的良好开局。

1. 加大新农村建设投入力度。重庆市 39 个区县均建立了新农村建设专项资金。如：沙坪坝区新农村建设资金达到 7000 万元，渝北区达到 5436 万元，南岸区 3000 万元，长寿、永川分别达到 1000 万元。新农村建设得到了社会各方面的关注和支持。

2. 汇集各方建设力量，形成新农村建设的整体合力。重庆市农村工作领导小组把新农村建设的任务分解落实到各相关部门后，市级各部门积极行动，落实工作方案，采取有效措施推进新农村建设。市委组织部与有关部门一道在全市2000个村建设融“村级两委办公和会议、教育培训、文体娱乐、医疗卫生、农经商贸服务”五大功能为一体的村级公共服务中心。市委宣传部在重庆日报、重庆电视台、华龙网开辟了新农村建设专栏和专题，并与市文化广电局计划每年投入2500万元，建设100个乡镇文化站和1000个村文化活动室。市农业局指导全市新发展“一池三改”示范户5万户，其中100个示范村具备条件的适宜户普及面达100%。市卫生局规划，到2010年在4000个村级公共服务中心建设合格村卫生室。市劳动和社会保障局提出，到“十一五”期末，全市“千百工程”示范村内建立农村社会养老保险制度。市交通局规划，“十一五”期间投资163亿元，建设农村公路4.6万公里，解决8个乡镇2921个村不通客车的问题。

3. 编制村级规划，改变农村无序建设的状况。重庆市村庄规划编制工作呈现以下特点：一是规划坚持高起点，充分吸收各地的成功经验。二是规划突出地方特色。梁平县在规划编制中，注重自然景观、农耕文化与巴渝民居建筑风貌的高度融合，凸显地方特色。三是规划尊重民意。规划过程是提高认识、统一思想、理清思路的过程，规划坚持了“从群众中来到群众中去”的工作方法。

（二）新农村建设中存在的主要问题

通过对重庆市万州区、永川市、江北区数个乡镇的调查，发现重庆市新农村建设尚处于造势、规划阶段，还存在一些不容忽视的问题。

1. 新农村建设资金严重不足。从调查乡镇的总体情况看，与实际需要相比，新农村建设的资金缺口很大。特别是农村便道建设、环境整治、垃圾处理场、集中洗衣场建设等需要大量资金的建设项目资金缺口较大，具体表现：一是政府专项资金投入不足。市里确定安排2000万元专项资金与基层的期望相比存在明显差距；三峡库区、渝东南地区乃至渝西地区少数财政比较困难的区县政府在投入上更显乏力。有一些区县只是象征性安排了一点专项资金。二是项目资金使用比较分散。

2. 农民收入稳定增长缺乏产业支撑。重庆市绝大多数农村位于山区，交通不便，养殖业和种植业仍然是大多数农村居民赖以生存的主导产业，农产品加工尤其是农产品深加工发展严重滞后，许多农村缺乏龙头企业带动农村发展。由于大多数农村缺乏产业支撑，农民收入稳定增长的长效机制难以建立，农民收入水平低下，城乡收入差距巨大。

3. 基础设施不完善，农业综合生产水平低。重庆市乡村道路建设落后，乡村公路畅通率低。以新田镇为例，2005年全镇还有13个村共132公里公路没有硬化，还有54个组（占行政村总数的22%）没通公路。农村落后的交通条件，极大制约了农村物流的发展，农产品运输困难。重庆市虽然水系发达，但由于农田水利设施不完善，水利设施少且分布不均，农业基础设施投入不足，使得重庆成为一个缺水的地方，极大制约了农业综合生产能力的提高。以万州新田镇为例，全镇旱涝保收面积仅占耕地面积约三成，尚有5450人存在饮水安全问题（其中饮水困难的2230人，水质不达标的3220人）。农村生态环境较差，水土流失面积占国土面积53%，风、雹、洪、涝、滑坡等自然灾害频发。由于基础设施不完善，农业防御自然灾害能力弱，综合生产能力受到极大影响。近年来，全镇粮食总产量始终维持在21000吨左右，随着工业和养殖业的发展，保证粮食镇内供求平衡的压力越来越大。

4. 社会事业发展不协调，农村公共服务水平低。长期以来，统筹城乡经济社会协调发展的机制不健全，客观上形成了重城市、轻农村，重经济发展、轻社会发展，甚至农村支援城市发展的局面。农村教育、卫生、文化广播等社会事业严重滞后，社会保障起步晚、推进慢，农民子女读书难，看病就医难，弱势群体保障难，农村公共服务缺设施、缺人才，服务能力弱。

5. 缺乏人才支撑。大部分农民只有小学和初中文化，而且由于重庆主要以山地为主，机械化程度极低，主要依靠人力劳动。从事农业生产，劳动量大且收入低。大量拥有一定文化知识的农村青壮年劳动力不愿意在生产率低的农业产业工作，纷纷进城或外出打工挣钱，留下老少妇孺从事农业生产。通常越贫穷的农村，外出工作的农村劳动力越大，农村人力资源的外流越严重。

6. 认识存在一定差距。主要表现在少数领导干部对新农村建设的重要性和紧迫性认识不够，对新农村建设工作尚未引起应有的重视，行动比较迟缓；一些基层干部对新农村建设长期性和艰巨性认识不够，有的具有畏难情绪，有的显得急功近利，脱离实际做一些违背群众意愿的事，引起群众反感；一些农民群众对自己的主体地位和自力、自助认识不够，对政府支持的期望值过高，存在一定的“等靠要”思想，个别农户甚至拆了旧房等着政府补助资金到位后再修新房；一些干部对新农村建设缺乏整体考虑，把重点推进、典型示范片面理解为单兵突进，致使一部分群众尤其是没有确定为示范村、推进村的群众意见比较大。

二、89个村庄问卷调查的主要发现

此次调查的村地形环境24.72%为山区，75.28%为丘陵。78.65%属于一般村庄，13.48%属于乡镇驻地村庄，4.49%属于中小城市城郊型村庄，3.37%属于大城市城郊型村庄。89 个村庄中 51.69% 属于经济条件一般的村，43.82% 属于比较穷的村，4.49% 属于比较富裕的村。人均拥有耕地面积为 0.9 亩，62.35% 的村人均占有耕地面积在全市平均数以下。

（一）村集体经济实力弱

集体经济收入普遍偏低。在有相关数据的 61 个村级样本中，29.51% 村级集体经济收入低于 1 万元，54.1% 村收入低于 2 万元，72.13% 村级收入低于 5 万元，85.25% 村级收入低于 10 万元，集体经济收入超过 20 万元的占到 11.48%。

在有相关数据的 49 个村级样本中，16.33% 村集体总支出低于 1 万元，38.78% 村集体支出低于 2 万元，57.14% 村集体支出低于 5 万元，73.47% 村集体支出低于 10 万元，支出超过 20 万元的村占 12.24%，支出超过 100 万元的村占 6.12%。

在有相关数据的 77 个村中，大部分村庄（占 72.73%）都显示村集体经济实力的变化不大，10.39% 村庄有所下降，16.88% 不断增长。

对壮大集体经济实力的途径来看，在有相关数据的 86 个村中，按照村庄选择频率高低依次为：招商引资、出租集体土地（74.42%），争取上级下拨或补贴（70.93%），集资兴办新的村办企业（59.3），大力搞好现有村办企业（45.35），招商引资、出租集体资产（43.02）。选择“招商引资、出租集体土地”和“争取上级下拨或补贴”比例较高，反映了当前村集体发展对财政划拨与补贴以及对集体土地租赁收益的依赖性。

（二）农民收入增长制约因素多

被调查村农民人均纯收入平均为 2796.42 元，69.05% 的村农民人均纯收入超过 2350 元。在有相关数据的 88 个村中，对本村农民增收的难点，反映最集中的是农产品价格偏低、农业生产资料价格高，比重达到 70.45%；其次是调整农业结构不容易、缺乏技术（68.18%）；缺乏资金（62.5%）；每亩地收入不高（53.41%）；每家土地规模太小（51.14%）；农民观念落后（48.86%）；本地发展二三产业不容易（48.86%）；以及农产品销路不好（43.18%），位置偏远，交通不便（40.91%）；出去打工不容易，劳动力仍有富裕（36.36%）；自然条件差，自然灾害频繁（21.14%）等。从调查的情况看，出去打工不容易，劳动力仍有富裕作为一个选项，反映存在难点的比重比较低，从侧面反映了目前农民外出打工就业环境与以前相比已经有显著改善。

（三）农户的贷款获得率不高

在有相关数据的83个村中，回答了向信用社贷款是否困难的问题，25个村对信用社贷款获得的总体印象是很困难，占到了30.12%。从总体的贷款获得率看，村内获得信用社贷款的农户占村总户数的平均值为14.01%，而村内信用户的比重平均值为56.94%。可以看出，虽然信用社改革后，农户的贷款获得率有了明显的提高，但大部分的村庄仍然觉得贷款难问题依然存在。而且村庄内农户的贷款获得率并不高，仍有大部分的农户不能获得贷款。

84个村回答信用社是否发放小额联保的问题，63个村有存在信用社的小额联保贷款业务，占75%。而小额联保贷款的平均规模为10531.36元/户，其中28.81%的村内小额联保贷款的平均额度小于3000元。从村调查对农户借贷行为的判断看，84.06%的农户在有资金困难是通过信用社贷款解决，而只有15.94%的农户是通过私人借款解决。

调查中，15个村都指出了村内有私人放贷户存在的现象，占了被调查总样本的16.85%。所调查村庄私人放贷的平均利率为3.03%，72.73%的私人贷款利率小于当前农村信用社的平均贷款利率（2006年第二货币政策报告指出农村信用社平均贷款利率为5.7%）。这说明农村私人贷款的高利贷现象并不普遍，大部分私人贷款仍具有社区内互助的性质。

（四）外出打工农村劳动力比重高

外出打工劳动力比例最高为85.71%，最低为9.48%，平均水平为47.56%。在本地非农就业劳动力比例为最高为82.57%，最低为0.2%，平均比例为12.26%。

在有相关数据的67个村中，劳动力常年外出打工或者转入二三产业的平均比重为40.82%。在有相关数据的64个村中，对青壮年群体而言，平均每村拥有30岁以下青壮年劳动力480人，有85.71%的村子认为，本村能够转移出去的劳动力都已经转出了。

在有相关数据的38个村中，赋闲在家的青壮年劳动力平均每村137人，50%以上的村子赋闲青壮年劳动力不足33人，赋闲比例平均约27%。此外劳动力大量转出，带来留守儿童问题，每村平均拥有留守儿童（学前儿童和义务教育阶段学生）110人。

（五）农村教育和卫生方面的情况有所改善，但农村公共服务堪忧

在有相关数据的48个村中，4.17%的行政村没有教学点，77.08%的村有1个教学点，16.67%的村有2个教学点，余下1个村有3个教学点。

在有相关数据的73个村中，没有卫生室的行政村占到2.74%，有1个卫生室的村占60.27%，27.4%的村有2个卫生室，6.85%村的卫生室数量达到3个，余下4个村的卫生室有4个。

在有相关数据的75个村中，只有17.33%的村进行了垃圾集中收集，而其余的村没有垃圾集中收集点。在有相关数据的82个村中，60.98%的村回答饮水状况安全，而还有近4成的村回答饮水不安全。在有相关数据的82个村中，有67.07%的村认为村内饮水存在困难。

在有相关数据的84个村中，36.9%的村指出了村内存在环境污染问题。在存在污染的31个村中中，对于具体的环境污染问题，45.16%的村存在污水问题，54.84%的村存在垃圾污染问题，9.68%的村存在噪音污染问题，29.03%的村存在河道失去治理的问题，25.81%的村庄受到其他的污染，而其他的污染主要是养殖和生活粪便污染。

在有相关数据的85个村中，只有29.41%的村近年来有公共文化活动，大部分村庄的文化娱乐活动仍然非常缺乏。而2005年有相关文化娱乐活动的村庄内，平均放电影的次数为5次，剧团平均演出的次数为8次。

在有相关数据的88个村中，村民对村里的生活居住环境满意程度不高，对交通出行、看病、环境绿化和购物消费满意的比重均不超过40%。满意比重较高的是治安状况，达到89.77%；最低的是看病，达到32.95%。其余依次是购物消费，满意的比重为36.36%；环境绿化，满意的比重为35.23%；交通出行，满意的比重为34.09%。

在有相关数据的88个村中，村民对新农村建设要解决的问题反映最为集中是修路（93.18%）和文化建设（89.77%）；其次是医疗网点86.36%，饮水80.68%，厕所改造77.27%，垃圾收集76.14%，建沼气75%，污水处理73.86%，用电52.27%。反映解决得比较好的问题是用电问题。

从2006年春季学期开始西部各地相继实施了农村义务教育经费保障新机制，免除所有西部农村学生杂费，免除贫困学生课本费，给予寄宿生生活补助。在有相关数据83个村中，有96.39%的村子对小学和初中学生实行了全免杂费。35.53%实行了全免课本费，26.32%的村实行了给部分学生免课本费。51.43%的村有学生享受了寄宿生生活补助。

在有相关数据的80个村中，对于农村义务教育应该优先解决的问题，大家考虑最多的是保证教学质量，有77.5%的村对农村义务教育的教学质量担忧，认为保证教学质量是首善之要。其次，教育对农村家庭带来的经济负担仍然是个问题，有46.25%的村认为完全免费是应该优先解决的问题。实施教师培训实际上是保证农村义务教育质量保证的一项重要措施，对此有25%的村子把教师培训放入了农村义务教育政策设计的优先位置。对于涉及农村学校和学生安全的校舍改造问题，有23.75%的村子还需要解决。

在有相关数据的86村中，有37.21%的村过去实行过合作医疗，有68%都是在改革开放前后70年代末80年代初解体的。在有相关数据的62村中，对于此次新型合作医疗，72.58%的村子表示农民积极性很高。对于新型合作医疗的政策，大多数人都表示乐观，有72.46%的村子认为，新型合作医疗能够解决农民看不起病或者因病致贫的问题。

在有相关数据的74个村中，村困难户占全村总户数的平均比例为10.65%，其中因病致贫平均比例4.89%，因上学致贫平均比例5.79%，因残疾致贫平均比例2.78%，因经营失败致贫平均比例1.42%，可见教育和医疗还是农民致贫的主要原因。

（六）土地经营主要采取农户承包经营的形式

在有相关数据的81个村中，调查显示，90.12%的村土地经营都是采取“农户承包经营”的形式。93.9%的村庄第二轮土地承包经营都是在1997~1999年期间进行的，但也有4.88%的村是在2000年后才开始搞第二轮土地承包经营。在有相关数据的67个村中，94.03%的村在第二轮土地承包经营后就没有对土地进行过大范围的调整。

从农户出租承包地的情况看，有41个村（46.07%）注明了有农户出租承包地。出租承包地农户比重小于10%的村占到70%，而且他们的承包地主要是出租给本村人，比重为56.1%。承包地出租的平均价格为353.65元/亩。

（七）农村的宅基地没有能够有效利用

宅基地面积每个村平均为373.71亩，户均占有宅基地0.51亩。在有相关数据的87个村中，34.48%的村庄存在比较突出的宅基地需求矛盾。在有相关数据的84个村中，50%的村庄有废弃的旧房和宅基地。在有相关数据的78个村中，仅有26.92%的村庄进行过宅基地的整理。可以看出，虽然农村内部存在宅基地的需求，且有可利用的宅基地资源，但大部分农村地区却没有进行宅基地的整理工作，使得农村的宅基地没有能够有效利用。同时可以看出，在有相关数据的39个村中，废旧房屋和宅基地面积平均值为191.66亩，大于10亩以上的村庄就有18个，占47.37%。而且废旧房屋和宅基地占村庄现有居住面积的比重，平均值为7.27%。从进行过土地的整理的村庄看（21个村），16个村回答了土地整理的数量情况（占76.19%），整理平均节省出土地面积56.63亩，占原宅基地总面积比重的平均值为32.36%。从已经整理出的土地用途看，大部分是用于农业开发，占到了52.38%，用于村办企业和物业出租的比重较小（23.81%）。

在有相关数据的80个村中，只有21个村存在住房买卖（占26.25%）。从房屋流转的范围看，主要是卖给本村村民（占76.19%），仅有少数卖给外村村民（占14.29%）。14个村（66.67%）回答了买卖房屋的具体情况，房屋买卖的价格的平均值为188元/平方米。可以看出，农村内部已经有了房屋流转的需求，但流转的范围比较小。

（八）土地问题是村民上访的焦点

在有相关数据的85个村中，31.76%的村庄存在村民上访的现象。在27个存在村民上访现象的村庄中，村民上访主要集中的问题是土地征用（占37.04%）、土地承包流转（占29.63%）、污染（占7.41%）、社会治安（占7.41%）。可以看出，大部分的上访事件是与土地的利用与分配有关。

（九）超过半数的村庄认为，没有必要让村民向中心村集中居住及合并村庄

在有相关数据的82个村中，反映没有必要在新农村建设中让村民向中心村集中居住及合并村庄的多，比重占53.66%；而认为有必要的相对较少，比重占46.34%。在有相关数据的87个村中，反映村庄进行搬迁改造的最大难点是农业生产不方便，比重占75.86%；其次是贫困户承担不了成本，比重占56.32%；反映村里的住房刚建好的占25.29%；反映生活成本增加的占24.14%。调查反映出，目前农村住房建设刚建好的占1/4，是一个不低的比例。

三、政策建议

根据对重庆市社会主义新农村建设的实地调查和具体问题的分析，兹提出以下具体对策建议。

（一）遵守"量力而行、因地制宜、规划先行"的原则

不能脱离农村集体的具体财力和当地特点，搞"贪大、求洋、求快"，最终导致劳民伤财。可以从五个方面着手搞好各村新农村建设的发展规划。一是以农民增收为落脚点的产业发展规划；二是以村级道路建设为突破口的基础设施规划；三是以生态家园和外墙风貌为主的新村形象规划；四是以医疗、教育为主的社会事业规划；五是以村级班子为先导的组织保障规划。

（二）营造新农村建设的宽松环境

在调研过程中，基层和农民反映强烈的问题就是推进新农村建设的政策不够宽松。建设社会主义新农村，政策是关键，不仅要多予、少取，更要放活。目前一些政策不宽松已经不适应社会主义新农村建设的需要，在一定程度上还制约了农村发展，不利于解放农村生产力，发挥农民在新农村建设中自立的主体作用。因此，建议市政府责成有关部门对原有农村政策进行清理，该废止的废止、该完善的完善、需要重新制定的进行认真调查研究后加以制定，需要继续执行的加以重申。制定出一套包括农业结构调整用地、公共设施用地、宅基地政策、土地流转政策、以农村住房建设规划费用、手续费收取政策、农村电力、电信、电视建设安装及使用价格政策、金融部门和社会单位支持参与新农村建设的鼓励政策在内的一系列政策措施。从而为社会主义新农村建设注入推进力和活力。

（三）创新工作机制，强化统筹协调

新农村建设能否顺利推进，关键是形成市、区县、乡镇、村的上下互动，部门协调配合的工作机制。要在各级各部门建立新农村建设领导机构和工作机构的基础上，建立工作联系制度和定期报告制度，及时了解和掌握工作动态，分析研究推进工作中的发展趋势和存在问题。通过召开现场经验交流会，认真总结推广各地先进典型和成功经验，通报各部门好的做法和措施，形成相互学习、相互促进、相互借鉴、相互支持、相互配合的工作局面。切实加强新农村建设政策调研，与市级相关部门一道组织有关人员深入基层、深入院坝、深入农户，调查了解农民的心声和愿望，着重了解农民对当前农村政策的反映和新农村建设中的政策需求，以及今后政府给予哪些方面的支持和帮助，以便提出针对农村实际、符合农民意愿的政策建议。

（四）整合资源，加大对新农村建设的投入

建设社会主义新农村需要各级部门按照调整国民收入分配格局的要求，将公共服务设施建设的重点转向农村，加大对三农的投入力度，让广大农民享受社会文明成果。为此，建议市政府加大资金筹资力度，并尽可能地打捆投入到“千百工程”实施村。从目前各方面的资金来源看，在新农村建设中街道建设、脏乱差治理、院坝整治、住房面貌改善和新农村建设规划编制方面没有资金来源，这些既是农民迫切需要解决的问题，又是农民摸得着、看得见并能立竿见影的实事。建议市政府在财政预算的大盘子中安排3亿元社会主义新农村建设专项资金，集中用于街道建设、污水沟渠处理、垃圾点建设等方面，为农民建设社会主义新农村树立坚定信心。

（五）强化农民的主体地位和村领导班子的组织保障

社会主义新农村建设必须以农民群众为主体，以农民群众的具体需求为导向，否则社会主义新农村建设就会偏离正确的方向。因此，必须通过大量的宣传，让群众认识到社会主义新农村建设与自身的利益是一致的，从而自觉地、积极地参与到新农村建设中来。领导部门在新农村建设过程中要充分听取群众的意见和呼声，尊重农民群众的主体地位。通过加大对农民的培训力度，增加农民群众的文化思想素质。另外，新农村建设必须要有一支坚强的村、支两委干部队伍，否则，再好的项目资金支持都无法发挥作用。

（张忠法）

分报告 9

欠发达地区新农村建设的现状与探索

——贺州市三县（区）108 个村新农村建设调查

一、调查点的基本情况

贺州市位于广西东北部，地处广西、湖南、广东三省交界，辖昭平县、钟山县、富川瑶族自治县和八步区，总面积 11855 平方公里，居住着汉、瑶、壮、苗等多个民族 210 万人。主要为丘陵和山地，森林覆盖率达 66%。2005 年，全市地区总产值 164.39 亿元，第一产业 51.25 亿元，占 31.2%。耕地面积 139 万亩，人均耕地 0.66 亩。农民人均纯收入 2351 元。贺州是广西最大的脐橙、青梅和春烤烟基地，烤烟产量占广西的 70%。每年约有 300 万头生猪、上千万羽家禽、上亿公斤蔬菜等农产品销往广东和港澳地区，是广东珠江三角洲重要的“菜篮子”生产供应基地。

受历史、自然条件等多方面因素的制约，贺州市基础设施比较落后，经济总量不大，总体水平不高，发展不够平衡。据统计，2002 年全市经济综合实力排在广西 14 个地级市的 13 位，人均财政收入仅 301 元；三县一区中有两个县是自治区级贫困县，全市农民人均收入 1793 元，排在 11 位；全社会固定资产投资处在广西倒数第一的位置上。

2002 年 11 月，经国务院批准，撤销贺州地区，成立地级贺州市以后，贺州经济发展呈现良好势头。全市财政收入总量由 2002 年的 6.26 亿元增加到 2005 年的 11.225 亿元，增幅连年居全区各市之首；固定资产投资由 2002 年的 12.5 亿元增加到 2005 年的 82.9 亿元，增幅连年位于全区各市前茅；2002～2005 年，城镇居民人均可支配收入和农民人均纯收入分别增长了 56.8% 和 31.6%，城乡居民生活水平明显提高。

我们对贺州市新农村建设的总体情况进行了了解，并重点在八步区、钟山县、富川县选择 9 个乡镇、108 个村进行了调查。

八步区是贺州市市委、市政府所在地，包括 17 个镇，2 个瑶族乡，2 个街道办事处，281个行政村、19个社区，93.14万人，面积5152平方公里，属南岭山地丘陵地区，亚热带季风气候，森林面积达27万公顷，覆盖率为70.3%。2005年，农民人均纯收入2549元。八步区共调查3个镇，45个村，莲塘镇19个，开山镇7个，仁义镇19个。

钟山县下辖12个建制镇，花山、两安2个瑶族乡。钟山县总面积1862平方公里，属半山区半丘陵地形，亚热带季风气候。总人口47.55万人，农业人口42.54万人，县城常住人口5万人左右。全县有森林面积9.68万公顷，森林覆盖率为52%。2005年三次产业比重分别为27.4、56.1和16.5，实现GDP43.45亿元，农业总产值19.72亿元，农民人均纯收入2308元。钟山县调查了望高镇12个村，两安乡6个村，回龙镇10个村，共28个村。

富川县人口30.37万人，农业人口26.1万人，总面积1572平方公里，耕地面积17.46公顷，人均耕地1.0亩，森林覆盖率为39.8%，是三个县中最低的一个。15°以上的山地占52.3%，降雨集中，强度大，水土流失严重。富川是广西最大的脐橙生产基地。2005年GDP19.44亿元，农业总产值12.24亿元，农民人均纯收入2058元。富川县调查了葛坡镇12个村，麦岭镇13个村，新华乡10个村，共35个村。

二、问卷调查基本结果

在调查的108个村中，多数村庄地处丘陵和山区，其中地处丘陵的村有52个，地处山区的有42个，只有12个在平原地区。其中30个村是所属县较穷的村，70个村经济条件一般。从调查看，人均收入最高的村达到2859元，最低只有850元，平均2102元。108个村最少只管辖1个自然村，最多管辖17个，平均6.3个。每个村平均耕地面积2240亩，宅基地241.8亩，人均耕地0.90亩，户均宅基地面积0.40亩。劳动力占全部人口的比例平均为59.6%，其中外出打工的比例平均27.7%，在本地进行非农就业的比例平均只有4.2%。

（一）村集体级经济状况

1. 村集体收入来源单一，主要靠土地补偿和上级财政支持。村集体收入平均达到8.12万元，最多的村233.54万元，最少的只有300元。45%的村集体本身有收入，平均2.01万元，最多的48.54万元，最少的300元。8%的村有自筹自用的集资收入，平均2.71万元，最多的6.59万元，最少有2394元。31%的村有上级财政性补贴，平均5.67万元，最多的150万元，最少1000元。4%的村有土地征用补偿费，平均46.69万元，最多的185万元，最少960元。

在村集体本身收入中，20%的村有农业承包收入，平均1.75万元；5%的村有农林牧渔直接经营收入，平均8600元，最多的2万元，最少的2000元；3%的村有村办企业收入，平均2.17万元，最多5.76万元，最少600元；31%的村有厂房土地等财产租金收入，平均1.45万元，最多21.5万元，最少300元。

1/4的村有财产租赁活动，但收入不及土地租赁收入高，有土地租赁的村少。在财产租金收入中，25%的村有厂房等财产租赁收入，平均4503元，最多3.5万元，最少300元，8%的村有土地租赁收入，平均4.12万元，最多18万元，最少500元。

2. 村集体总支出主要项目是公共建设。65%的村有村集体支出，平均支出达到7.85万元，最多的村276.05万元，最少的有200元。支出中没有投资新企业的支出。34%的村是为村公共建设支出，平均10.37万元，最多的163.22万元，最少的100元，56%的村是村管理费用支出，平均9385元，最多的9.83万元，最少有100元。10%的村是村福利费用支出，平均1507元，最多的5800元，最少80元。4%的村是还贷款支出，平均34.51万元，最多的103万元，最少1200元。

在村管理费支出中，47%的村是村组干部工资支出，平均8148元，最多7.35万元，最少200元。30%的村是集体用水用电，平均465元，最多2000元，最少100元。47%的村是为日常办公开支，平均1627元，最多1.5万元，最少100元。17%的村有业务管理费支出，平均3284万元，最多1.5万元，最少180元。

两成村集体有结余，数额不多。从结余看，19%的村有当年结余，平均4172元，20%的村有累计结余，平均9085元。

村集体缺少流动资产，没有长期投资。93%的村有资产数据，平均15.18万元，最多的有764.93万元，最少的1万元。各村没有长期投资。其中，27%的村有流动资产数据，平均7084元，最多5.93万元，最少57元。其他的固定资产平均14.97万元，最多的有759万元，最少的为1万元。

3. 村级债务负担重。调查村庄中31%的村有负债，平均负债7.84万元，最多的106.5万元，最少2000元，没有银行欠款，没有企业欠款，没有民间金融机构的欠款，主要是个人欠款。27%的村有个人欠款，平均8.26万元，最多为106.5万元，最少1000元。6%的村有信用社欠款，平均1.84万元，最多3.57万元，最少8000元。1/3的村有净资产。36%的村有净资产，平均24.10万元，最多的达到658.43万元，最少的也有1000元。6%的村有净负债，平均3.14万元，最多9.4万元，最少1.34万元。

4. 只有5%的村村集体经济实力近年来不断增长，12%的村是有所下降的。要发展壮大村集体经济，增强集体服务能力，大力搞好现有村办企业的认同率为

60%；集资兴办新的村办企业为77%；招商引资，出租集体资产为67%；招商引资，出租集体土地为83%；争取上级下拨或补贴为92%。

（二）村庄公共服务状况

96%的村有学校，每个行政村平均2所。69%的村有村卫生室，平均2个。83%的村有医生，平均3个。94%的村有村两委办公场所。只有3个村配备电脑。19%的村有村图书室，面积最大的50平方米，最小的8平方米，平均16平方米，其中藏书平均575册。25%的村有养老院或福利院，面积平均220平方米。47%的村是五保户集中供养。只有10个村有文化活动中心。31%的村有硬化路面，平均1.2公里长。有24%的村饮水不安全，44%的村饮水困难，92%的村没有集中供水管道，只有13个村有人饮用自来水，这些村饮用自来水的户数比例平均只有18%。

（三）农村家庭耐用消费品覆盖面

69%的村的村民有汽车，每百户1.9辆，每个村都有摩托车，每百户41.0辆，99%的村建有二层以上楼房，每百户有19.8户，98%的村有电话，每百户29.6部，25%的村有电脑，每百户1.0台，99%的村有电视，每百户77.6台，59%的村有有线电视，每百户42.2家，62%的村有电冰箱，每百户5.4台，59%的村有洗衣机，每百户4.9台。

（四）半数村有国家项目补助，主要投资在教育和交通方面

50%的村在过去5年中从国家或政府得到过项目补助，最多金额200万元，最少的2000元，平均20.50万元，村里集资集劳，最多的24万元，最少的500元，平均4.71万元。108个村中，具体项目包括新建或修缮教学楼13个村，饮水工程4个村，水利工程7个村，修路架桥21个村，乡村修整1个村，修办公楼7个村，沼气工程5个村。

（五）村民需求情况

1. 村民对本村感到满意的是乡村治安状况。61%的村认为交通出行不方便，61%的村认为购物消费不方便，60%的村认为看病不方便，66%的村对环境绿化不满意。70%的村对治安状况满意。

2. 文化建设问题最为迫切。在本村村民新农村建设迫切需要解决的问题中，文化建设认同率95%，修路94%，医疗网点86%，建沼气84%，厕所改造83%，饮水79%，污水处理77%，垃圾处理75%，用电43%。

3. 提高农民素质是半数基层村干部对新农村建设关键所在的认识。认为本村新农村建设的关键为培育新型产业的占34%，农民素质的提高占46%，优化居住环境占23%，转移农村剩余劳动力占24%，还有2个村认为关键是上面的投入。

4. 村庄发展规划问题绝大多数村都意识到，但半数人认为，村级组织无能力进行，原因是认为制定村庄发展规划的费用会很高。7%的村认为本村已经纳入城乡统一发展规划，并已制定完具体规划，不需要再制定规划。7%的村认为在当地对此问题进行规划和工作没有现实意义，不需要制定。2%的村认为当地村庄空心化、浪费土地等问题很严重，有关规划工作已经列入计划。48%的村认为当地村庄空心化、浪费土地等问题很严重，但由于村里能力有限目前无法开展有关规划工作。还有36%的村认为需要立即进行村庄发展规划工作。3%的村认为制定一个比较完善的村庄发展规划，需要成本费用为5万元以下，7%的村认为是5万~10万元，19%的村认为是10万~50万元，71%的村认为是50万元以上。

5. 多数村民愿意在组织得当的情况尽义务参加新农村建设。64%的村认为在新农村建设中需要村民尽义务出力时只要组织得好村民一般很愿意，21%的村认为需要看情况而定，只有8%的村认为村民一般不愿意参与，3%的村认为村民会反感。

6. 59%的村认为，在新农村建设中让村民向中心村集中居住及合并村庄没有必要。如果要进行村庄搬迁改造，主要的难点中，18%的村认为村里的住房刚建好不宜搬迁，44%的村认为农业生产不方便，19%的村认为生活成本增加，45%的村认为贫困户承担不了成本，还有几个村认为没有田地和宅基地可以用。

7. 农民对新农村建设担忧的问题。担心上级领导不切实际下任务，搞“面子工程”的认同率68%；担心群众对于干部缺乏信任，参与积极性不高的45%；担心推进了生产发展，市场卖难的63%；担心开展了村庄规划，建设资金没法筹集的96%；担心进行了村庄改造，农民家家户户都欠债的73%；担心村里建设工作难度大，稍有不当农民集中上访的56%；担心现有干部队伍能力上有差距，素质还需要提高的87%；担心违背农民意愿，搞片面的村庄撤并的52%；担心以新农村建设名义对农民搞摊派的40%；担心以新农村建设名义搞借债的36%；担心以新农村建设名义收农民承包地的34%。

（六）七成村庄有废弃的宅基地，但绝大多数村没有搞宅基地整理

从调查情况看，54%的村认为村里宅基地需求矛盾突出，70%的村都有废弃的旧房和宅基地，废弃的面积最大达到500亩，最小的为1亩，平均36亩，所占村庄现居住总面积最大达到50%，平均为14%。95%的村没有搞过宅基地整理，有5个村进行了整理，节省土地的面积最多为50亩，最少为3亩，平均为22亩，

其中4个村把节省的土地进行农业开发，1个村搞村办企业。

（七）半数村有污染问题，集中在污水及垃圾上

48%的村有环境污染问题，多数村的污染问题是90年代以后产生的。21%的村有污水，18%的村有垃圾污染，1个村有噪声污染，17%的村河道失去治理。农村上访原因多种多样，最多的是污染问题。29%的村在近几年中有过村民上访，在31个上访村中，3个是土地征用问题，3个是承包地流转问题，7个是污染问题，6个是社会治安问题，1个建校集资款问题，2个山林土地纠纷，4个水库移民问题，1个因农田受旱无法及时解决，1个水渠不通问题，1个抗旱期供电不正常问题，1个计划生育问题。

三、值得关注的经验

（一）实施的五保村建设工程，创新农村五保供养管理模式

贺州是典型的农业地区，农村贫困人口较多，工业欠发达，大型传统的国有企业大部分已破产，城镇下岗职工所占比例较大，城市和农村都存在相当比例的困难群众，特别是农村残疾人、贫困户、灾民、下岗人员和五保户等，成了享受改革成果很少的弱势群体，是构建和谐社会急需关注的一个特殊群体。有关资料显示，2002年全市农村各类弱势困难人口43491万户、157027人，占全市农村总户数和总人口的10.7%、8.73%。在农村缺乏完善的农民最低生活保障制度，也缺乏医疗、养老等社会保障制度，农村特困户救助标准偏低，覆盖面小。民政部门反映，2002年全市享受农村特困户救助的只有9211户、11341人，覆盖面仅占此类人口的21.1%、7.2%。随着农村老龄人口增多，符合五保供养条件的人员不断增加，五保供养压力越来越大；全市共有18021个五保老人，他们的生活十分艰苦，大部分五保老人的住房十分简陋，基本上都是解放前建造的房子，有的甚至是危房，而真正能进入乡镇敬老院的只有733人，占全市五保老人总数的4.07%。

贺州市实施了农村五保村建设工程，探索出一条农村五保老人“离家不离村”的以村集中安置、供养的新路子，实现了五保老人“居有其屋，食有其源，乐有其所”的目标。在不到三年的时间里，就投入资金6520万元规划建设721个五保村并全部竣工入住，安置五保户14648人。民政部2004年9月在贺州召开现场会议，总结推广五保村建设经验，贺州市的做法被认为是欠发达地区五保供养管理模式的重大突破和创新。

（二）集中使用扶贫资金，重视满足农村贫困人口的基本需要

贺州是一个多民族地区，过去少数民族地区农民长期存在行路难、上学难、用电难、求医难、发展生产难的问题，群众生活生产条件艰苦，发展极为缓慢。2003年，贺州市制定了少数民族地区的五年脱贫致富实施方案，确定了11项扶贫工作任务及实施步骤，并对相关的15个部门提出了明确的要求，取得了阶段性成果。几年来，全市集中扶贫资金总计5000多万元，精心组织实施一大批道路交通、人畜饮水、沼气池等工程项目建设。通过强化基础设施建设，推进产业开发扶贫，建立科技扶贫示范基地建设，落实民族政策和法规，加强贫困村干部和富余劳动力培训等措施，极大改善了少数民族地区生活生产条件，提高了贫困农民素质，为贫困农民增收奠定了基础，促进了各民族的和睦相处与共同繁荣。

（三）重视开展技术培训，造就新型农民及产业发展领头人

贺州市立足本地，面向发达地区实施农村富余劳动力培训就业工程，努力拓宽农村劳动力就业渠道，通过"校企联合、订单办学"，"项目带动、定项培训"等方式方法，促进富余劳动力加快转移，提高农民现金收入，收到了"培养一人、脱贫一家、带富一群"的效果。2003年以来，全市对35.18万名农村富余劳动力开展了职业技术培训和转移就业引导性培训；全市农村富余劳动力外出务工28.58万人，占全市农村富余劳动力人数的71.45%；全市农民人均工资性收入为632元，占全市农民人均现金收入的35%，农村富余劳动力外出务工成为全市农民增收的亮点。

（四）建立各种村民自治性组织和自我服务组织，促进农村事务民主化管理

在村级"两委"换届选举中，由村民按照"公推直选"的方式选出"当家人"，并在农村中成立一些新的村民自我服务组织。例如村民理事会、村民理财小组、村民事务管理小组、新农村建设理事会、新农村建设民主理事会等。这些村民自治组织能够制定各种村规民约，村民自己参与村务管理，规范了农村管理民主化。如八步区在充分尊重群众的生活习俗、方便群众生产和生活的前提下，积极引导群众成立新农村建设民主理事会组织，通过民主理事会，指导和引导群众对村庄进行规划，让群众当家做主。昭平镇成立了农技服务、农业生产、农产品营销专业小组，组建了茶叶、八角、养蜂协会，农产品销路顺畅，群众致富道路不断拓宽。走马乡合水村成立了村民事务管理小组，选出一些热心公益事业、有威信、公道正派的村民代表，管理村中事务。钟山县三个试点村分别召开2~3次群众大会，推选了5~8名新农村建设理事会，对涉及新农村建设的各项工作进行统一协调。

（五）新农村试点村实行民主选点，注重实效

市委、市政府出台了《贺州市社会主义新农村建设试点总体方案》，确定了一批新农村建设市县（区）共建试点村，市、县（区）试点村都是在95%以上村民同意的基础上建立的。各试点村根据自己特点，有的打造果树和瘦肉型猪养殖业，有的发展民族风情旅游和观光农业；有的村为了积极调整产业结构，将土地重新规划发包搞种养业；有的村统一规划、连片开发办集体茶园，并以合作社形式集资办茶叶加工厂。试点村多种经营方式都可以尝试，只要是法律没有禁止的，可以在明确责权利的前提下进行尝试，以防止出现不可预见的带有争议性的不良后果。

四、思考与建议

（一）欠发达地区在改善民生方面能够有所作为

虽然贺州市工业基础薄弱，城市对农村的带动能力还很弱，但在解决农村弱势群体的利益保障方面进行了大胆的探索，提供了值得借鉴的经验。贺州市的经验表明，建设社会主义新农村，欠发达地区应该有所作为，特别是在改善民生方面也能够有所作为。贺州市紧紧围绕农村弱势群体最关心、最直接、最现实的利益问题，统筹安排，大力推进五保村建设工程、少数民族地区脱贫致富、农村富余劳动力培训等，营造了科学发展、执政为民的和谐环境。从全国来看，农村弱势群体是一个规模庞大、结构复杂、分布广泛的特殊困难群体，不仅在经济能力上处于弱势，在社会和政治层面上，他们也往往处于弱势的地位。这主要是表现在他们社会资源匮乏，生活困难，表达和追求自己利益的能力较低。他们掌握的资源很少，尽管人数众多，但他们的声音很微弱，他们对利益的表达很难在社会中发表出来，在涉及他们利益的时候，往往主要靠政府和大众媒体来为他们说话，关心并改善他们的生活是党和政府义不容辞的责任。农村弱势群体的困难和问题解决了，才能促进农村和谐社会建设，实现经济社会更快更好的发展。

和谐农村建设的一个重要内容是要求弱势群体公平地参与社会发展，享受社会发展的成果。欠发达地区农村贫困面广，人数多，享有的社会发展成果却很少，这个问题长久下去会导致政治问题。当前，重要的是尽快建立起农村社会保障制度：一是要建立并完善农村最低生活保障制度，迅速扩大覆盖面；二是建立新型农村互助合作医疗新机制，对农村贫困户实行免费参保，提高大病报销比例，加强对重病、重残人群的救助。三是进一步完善灾害救助制度。四是从法律的层面规范农村五保供养工作，使五保供养长效制度化。

（二）推进新农村建设要发挥好农民的主体作用

在贺州调研时，我们了解到，市、县、乡镇领导干部热情较高，农民对新农村建设的意识不够，农民群众比较冷淡。农村事务已经形成了一种政府主导的惯性模式。农村事务例如土地承包、修路修桥、通电通水、农技服务、卫生保健和计划生育等这些与农民生产生活都是紧密联系的事情，几乎都是要依靠政府来做。政府历来都是管农民的，在农民的眼中，村党支部、村委会就如同政府一样，政府对事情管得越多，农民自己的积极性就越低，农民积极性越低就越需要政府来推动，政府要来推动如果有钱就会有更多约束和管理，如果没钱就不得不收费，这样农民自己的能动性和能力就越低。这就如同一个恶性循环，破解恶性循环的关键是农民自身。

农民为什么会缺乏积极性呢？从农民的思想来分析，以一个30～40岁中国典型的农民为例，他有一个快要长大的孩子，希望能够考上大学，然后在城市就业，这样他自己将来可以跟随孩子进城享福了。如果孩子没有什么出息，他也不会让孩子留在农村，因为土地是有限的，孩子在农村可以说是多余的，家里的土地由长辈或其他人代种就可以，他自己则不得不在农业以外的行业找些事情做，由于这样的想法也就推动孩子出去打工了。这个典型的农村家庭能够代表了15岁左右年青一代、30～40岁中年一代、50～60岁老年一代三代人的典型想法。他们的思想中都没有把长久改善自己身边的生活放在主要位置上。希望农村所有农民都有愿意从事农业生产，并希望改变家乡面貌的强烈愿望是不现实的，但是只要有一些人有这种强烈愿望并妥善引导，他们所产生的能量才正是党中央所期望的那样真正能够彻底改变农民面貌，实现新农村建设的力量。

要实现良性循环，归根到底还是要培育更多当地的农业企业家，而不仅仅是招商引资，更不是仅仅搞转移农民的技术培训。依靠土生土长的、以农业生产为基础的“草根”企业家和他们的经济组织，要比外来力量更能实现长期和谐的发展。虽然目前很多农村这种土生土长的“草根”企业家还没有发展起来，但只要有良好的发展环境，并且配合切合实际的培训和专业指导，这些人总会成长起来，将来他们才是为当地新农村建设做出贡献最大、最多的群体之一。这就要求地方政府在新农村建设的过程中，更关注人的教育和培训问题，特别是农业专业技术教育和市场经济管理知识的培训。

（于保平　陈　波）

分报告 10

西部资源型城市新农村建设的现状、难点与对策

——铜川市耀州区、印台区、宜君县 96 个村新农村建设调查

铜川市位于陕西省中部，处于关中平原向陕北黄土高原的过渡地带，是陕西省“一线两带”建设的重要组成部分。总人口 86 万，辖耀州、王益、印台、新区四区和宜君县。全市共有 34 个乡镇、543 个行政村。本次调查对象为铜川市及其下辖的耀州区、印台区、宜君县，重点对三个区县所属九个乡镇的 96 个行政村进行了调查。

一、铜川市建设新农村的思路与工作部署

铜川市是一个传统的资源型城市和工业型城市。2005 年，全市实现地区生产总值 69.52 亿元，三次产业结构比重为8.2:52:39.8；财政总收入达到 6.24 亿元，地方财政收入达到 3.02 亿元；城市化率达到 53%；城镇居民人均可支配收入、农民人均纯收入分别达到 5871 元和 2010 元。根据农业生产条件和自然资源的实际，铜川市近年来提出了“稳粮、优果、兴牧、增药”的发展思路，引导广大农民群众调整农业产业结构，培育农业生产的主导产业，形成了以果、牧、药、菜四大特色产业。

作为传统的工业城市，农业和农村经济在铜川国民经济中比重较小，但是，农村人口却占到全市人口的近一半。针对铜川经济社会发展的现状、特征，结合当地实际，铜川市在 2006 年年初召开了全市新农村建设工作会议，对全市的新农村建设进行了动员和部署。该市提出，计划用 15 年时间，使全市 543 个行政村基本达到社会主义新农村建设目标。同时，按照“抓两头、带中间”的思路，出台了《关于建设 51 个社会主义新农村示范村的实施方案》和《关于做好整村推进扶贫开发工作的实施方案》，选择了基础条件好、班子好、有骨干产业的 51 个村作为新农村建设示范村，对全市剩余的 71 个扶贫开发重点村进行重点扶持，促进新农村建设整体推进。该市“十一五”期间新农村建设的具体政策部署是：

（一）发展农村经济，促进农民增收

发展现代农业、强化产业支撑、增加农民收入是建设新农村建设的根本。铜川市提出按照“稳粮、优果、兴牧、扩药、增菜”的总体思路，在保护基本农田、稳定粮食面积、提高农业综合生产能力的基础上，积极推进农业和农村经济结构的调整。积极实施做大做强果业和畜牧业、稳步发展中药材和蔬菜产业、强化对重点龙头企业的扶持、大力发展农村二三产业特别是农产品加工业、壮大县域经济等支农任务。

（二）加强基础设施建设，改善农村人居环境

加强农村基础设施建设，改善农村生活环境和村容村貌，是广大农民群众的迫切愿望，也是新农村建设的重要内容。针对大多数农村环境“脏乱差”、建设“小乱散”的问题，铜川市的工作重点是着力加强农民最急需的生活基础设施建设，在巩固人畜饮水解困成果的基础上，加快农村饮水安全工程建设。2005 年解决农村 2 万人的安全饮水问题，“十一五”期间解决 12.3 万农民饮水安全问题。改善人居环境，开展村容村貌和环境卫生专项整治活动，推广沼气、太阳能等清洁能源技术，实施“三改一建”（改圈、改厕、改厨、建澡堂），清除“三堆”（土堆、粪堆、柴堆），禁止“五乱”（垃圾乱倒、脏水乱泼、电线乱拉、厕所乱建、畜禽乱跑）。

（三）提高农民素质，培育新型农民

整合农村各种教育资源，大力发展农村职业技术教育和成人教育，建立政府扶助、面向市场、多元办学的培训机制。积极推广绿色证书制度，按照“实际、实用、实效”的原则，开展多层次、多渠道、多形式的培训工作，实现走出去的劳动力有较强的务工技能、留下来的劳动力能掌握先进农业技术的目标，2005 年完成 10 万人次的培训任务。

（四）发展各项社会事业，促进农村文明和谐

各项社会事业健康发展、乡风文明、社会和谐，是新农村建设的重要任务和目标。加快发展农村义务教育，落实“两免一补”政策，抓好农村中小学危房改造和寄宿制学校建设工程，逐步提高农村中小学公用经费保障水平，让每个义务阶段的农民子女都能上得起学。组织实施农村新型合作医疗试点，建立以大病医疗统筹为主的农民医疗互助共济制度，加强以乡镇卫生院为重点的农村卫生基础设施建设，改善农村医疗卫生条件，让患病农民看得起病。积极探索建立农村社会养老保险制度、农村最低生活保障制度，尤其是农村“五保户”供养、特困户生活救助、灾民补助等社会救助。繁荣农村文化事业，加强县文化馆、图书馆和乡镇文化站、村文化室等公共文化设施建设。积极推动群众性精神文明创建活动，开展和谐家庭、和谐村组、和谐村镇创建活动。

（五）加强农村基层组织建设，为新农村建设提供有力保证

扎实开展“三级联创”活动和“旗帜工程”建设，不断增强农村基层党组织的创造力、凝聚力、战斗力，特别是加强村级班子建设，努力培养事业心强、能干事、公道正派的带头人。

二、铜川市新农村建设中面临的困难与问题

铜川市和中西部很多欠发达地区一样，农业和农村经济基础薄弱，基础设施落后，农民收入总体水平偏低，农村卫生、教育等社会事业发展滞后，这些问题严重影响着新农村建设的全面实现。

（一）农业比较收益低，农民收入增长缓慢

铜川市的工业主要是资源型产业，农村地区二三产业不发达，农业仍是农民增收的主要来源。尽管国家免征了农业税和农林特产税，但近年来农业生产资料价格增幅过快，假冒伪劣农资流入农村时有发生，使广大农民由于政策减负带来的增收，在很大程度上被生产成本上升冲抵，影响了农业效益的提高。同时，农业产业化发展滞后，工农业关联度低，很多乡村企业停留在家庭作坊式生产，不利于农村工业化发展。2005 年，铜川农民人均纯收入为 2010 元，低于陕西省平均水平 42 元，低于全国平均水平 1200 多元。农民收入低，增长缓慢，使农民各项事业的发展困难重重。

（二）贫困人口较多，扶贫任务重

目前铜川市仍有 8 万多贫困人口，其中 3 万人尚未稳定地解决温饱问题，贫困人口占全市农业人口（43.9 万）的 18%，将近 1/5 的人口尚未脱贫。耀州区、印台区、宜君县均为国家重点贫困县，脱贫任务很重。

（三）农民文化素质较低，富余劳动力多

根据印台区对该区输出的 13386 名劳务人员进行的调查，小学文化程度的占 20%，初中文化程度的占 70%，高中及以上文化程度的仅占 10%。目前，农村专业技术人才流失很多，造成农业科技推广、新品种、新技术使用等工作没有人干，

或者干的人根本没有这么多知识，缺乏人才支撑。两委会班子在新形势下带领广大群众发展经济、调整产业结构、增加农民收入的方法不多，作用不明显。此外，铜川作为一个典型的资源型城市，随着改革的深化和资源的枯竭，部分大中小型煤矿、企业相继破产，加之农产品加工企业少，有效吸纳农民的岗位少，致使城乡剩余劳动力大量增加。如印台区现有下岗失业人员1.3万人，农村剩余劳动力2万余人，新生劳动力还以每年近2000人的速度递增，给全区就业与再就业带来很大的压力。

（四）新农村建设缺乏资金支持

铜川市地处西部的欠发达地区，市、区县两级财政均属于吃饭财政，地方财力非常有限，仅能维持政权组织的正常运转，缺乏资金投入是该市新农村建设的主要困难。在我们调查的耀州区、印台区和宜君县，县级财政收入都只有几千万元，不及东部地区一个发达乡镇的财政收入。以印台区为例，2005年全区财政收入仅为2009万元，而财政支出达到10315万元。在财政支出中，数额较大的有：行政管理费支出3391万元，占32.9%；教育支出2091万元，占20.3%；农业支出805万元，占7.8%；行政事业单位离退休费支出776万元，占7.5%，财政支出的主要部分都用于机关事业单位的办公和人头费用。印台区地方财政收入是2009万元，不足部分主要依靠上级补助收入和上一年的结转财力，总财力为14295万元，当年全区地方财政支出为10315万元，安排结转下年支出4154万元，收支相抵后，当年新增赤字174万元，累计赤字608万元。

（五）农村基础设施和社会事业滞后

农村基础设施欠账多，落后局面还未改观。全市还有10多万农民没有解决安全饮水；还有92个自然村、4500多户农民没有用上电；农村道路等级低，许多是砂石路；以沼气池、改圈、改厕、改厨为基本内容的农村沼气建设刚刚起步；部分村庄乱搭、乱建现象较多，村庄庄基布局无序，生活环境差，房屋乱盖、垃圾乱丢、牛羊乱拴、粪便乱倒、污水乱泼、秸秆乱堆、厕所乱建等“七乱”现象在不少农村依然存在。

农村社会事业投入不足，仍是全市的薄弱环节。由于农村社会保障体系尚未形成，农民看病难、看病贵，医疗支出占到家庭主要支出的30%。农民子女受教育的成本高，尤其是高等教育，农民负担沉重，“不上学永远穷，上学立刻穷”成为很多农村家庭的真实写照。农村养老更是一大难题，铜川市大部分农村没有实行最低生活保障制度，大多数老年人靠子女供养，子女若无致富能力或有残疾，就只能处于老来无依无靠的境地。

（六）新农村建设示范村的推广价值等待检验

铜川市按照“抓两头、带中间”的工作方法，把经济社会较好、班子较强的51个村确定为新农村建设示范村，这对于探索经验、总结教训具有很大的意义。51个示范村的建设采取市级部门、区县领导、企事业单位和驻村干部联包责任制的形式，区县的支农资金重点向这51个村倾斜，因此，这些村庄的面貌经过一两年之后肯定会发生很大变化，但是，由于干部精力和支农资金有限，当把示范村的经验向全市其他村庄推广时，其作用可能要大打折扣。

三、96个村庄问卷调查的主要发现

我们在铜川市根据农村经济发展水平、距离城市的远近与农民生活、农村环境的差异等因素选择了耀州、印台、宜君三个区县、九个乡镇的96个行政村作为村级调查对象。在调查的96个村庄中，地形地貌的分布主要是丘陵和山区，分别为79.2%和20.8%。77.7%的村属于一般村庄，17.0%的村庄属于乡镇驻地村庄，5.3%的村属于中小城市城郊型村庄。在96个村庄中，7.3%属于比较富裕的村，47.9%属于比较穷的村，44.8%属于经济条件一般的村。

（一）村级集体经济实力很弱

1. 村级集体经济组织收入普遍偏低。在96个村级样本中，30.2%的村集体收入低于5000元，61.5%村级集体经济低于1万元，只有15.6%的村级收入超过2万元。村级收入超过5万元的只占9.4%。19.2%村集体总支出低于5000元，51.3%村集体总支出低于1万元，74.4%村集体支出低于2万元，87.2%村集体总支出低于5万元，支出超出10万元的村有8个，占10.3%。村集体经济收支入不敷出的村占29.2%，收支平衡的占32.3%，38.5%的村集体有盈余。

2. 村集体经济组织实力变化不大。在所调查的96个村庄中，村集体经济实力的变化不大占64.1%，23.1%的村庄有所下降，12.8%的村庄不断增长。从壮大集体经济实力的途径来看，按照村庄所选择频率高低依次为：争取上级下拨或补贴（77.8%），招商引资、出租集体资产（46.7%），集资兴办新的村办企业43.3%，大力搞好现有村办企业和招商引资、出租集体资产均为34.4%。选择“争取上级下拨或补贴”、“出租集体土地”的比例较高，反映了铜川集体经济组织对财政补贴以及对集体土地租赁收益的严重依赖性。

（二）农产品价格偏低、农业生产资料价格高是制约农民收入增长的重要因素

被调查村农民人均纯收入最高为19800元（宜君郭寨村），最低的只有400元

（宜君县料石坡），平均为1623.9元，55.4%的村农民人均纯收入在平均水平以下。在有相关数据的96个村中，对本村农民增收的难点，反映最集中的是农产品价格偏低、农业生产资料价格高，比重达到90.6%；其次是缺乏资金（51.0%）；调整农业结构不容易、缺乏技术（38.5%）；自然条件差、自然灾害频繁（37.5%）；每亩地收入不高（33.3%）；农产品销路不好（26.0%）；农民观念落后（26.0%）；位置偏远、交通不便（25.0%）；本地发展二三产业不容易（24.0%）；每家土地规模太小（14.6%）；以及出去打工不容易、劳动力仍有富余（13.5%）等。

（三）农村公共服务堪忧

7.3%的行政村没有卫生室，83.3%的村没有垃圾集中收集点，45.3%的村饮水不安全，65.2%的村认为饮水存在困难，23.5%村存在环境污染问题，1/3的村近年来没有公共文化活动。

村民对治安状况最为满意，满意比重最低的是看病。在有相关数据的96个村中，村民对村里的生活居住环境满意程度不高，对看病、环境绿化和购物消费满意的比重均不超过40%。满意比重较高的是治安状况，达到84.4%；最低的是看病，达到38.5%。其余依次是交通出行，满意的比重为52.1%；购物消费，满意的比重为46.9%；环境绿化，满意的比重为41.7%。

村民对新农村建设迫切需要解决的问题是解决通行和文化建设问题。在有相关数据的96个村中，村民对新农村建设要解决的问题反映最为集中的是修路（87.5%）和文化建设（85.4%）；其次是饮水76.0%，厕所改造70.8%，医疗网点64.6%，建沼气53.1%，垃圾收集51.0%，污水处理40.6%，用电30.2%。反映解决得比较好的问题是用电问题。

对于农村义务教育应该优先解决的问题，80%的村认为保证教学质量是最重要的。其次，37.5%的村子把教师培训放入了农村义务教育政策设计的优先集。教育对农村家庭带来的经济负担仍然是个问题，有32.5%的村认为完全免费是应该优先解决的问题。对于涉及农村学校和学生安全的校舍改造问题，有20%的村子认为还需要解决。

对于新型合作医疗，98.8%的村子表示农民积极性很高。对于新型合作医疗的政策，大多数人都表示乐观，有81.2%的村子认为新型合作医疗能够解决农民看不起病或者因病致贫的问题。

（四）农户信用社贷款获得率较高

在有相关数据的94个村中，回答了向信用社贷款是否困难的问题，57个村对信用社贷款获得的总体印象是困难，占到了60.6%。从总体的贷款获得率看，村内获得信用社贷款的农户占村总户数的平均值为34.3%，明显高于其他地区。而村内信用户的比重平均值为17.9%。虽然农户的贷款获得率有了明显的提高，但大部分的村庄仍然觉得贷款难问题依然存在。

（五）86.6%的村庄认为本村能够转移出去的青壮年劳动力都已经转出了

劳动力人数占村总人数的平均水平为52.8%。外出打工劳动力比例最高为64.2%，最低为3.1%，平均水平为24%。劳动力常年外出打工或者转入二三产业的平均比重为18.8%。在有相关数据的82个村中，有86.6%的村子认为本村能够转移出去的劳动力都已经转出了。

（六）农村宅基地问题凸显

在有相关数据的95个村中，38.9%的村庄存在比较突出的宅基地需求矛盾。在有相关数据的91个村中，48.4%的村庄有废弃的旧房和宅基地。在有相关数据的79个村中，仅有29.1%的村庄进行过宅基地的整理。同时可以看出，在有相关数据的44个村中，废旧房屋和宅基地面积平均值为26.3亩，大于10亩以上的村庄就有33个，占75%。而且废旧房屋和宅基地占村庄现有居住面积的比重，平均值为13.7%，19个村废旧房屋和宅基地占村现有住房的比重超过了10%（占52.8%）。这可以看出，相当部分村庄有可利用的宅基地，但却没有能够利用。

从进行过土地的整理的村庄看（23个村），21个村回答了土地整理的数量情况（占91.3%），整理平均节省出土地面积29.5亩，占原宅基地总面积比重的平均值为33.0%。从已经整理出的土地用途看，大部分是用于农业开发，占到了78.3%。用于村办企业和物业出租的比重较小（13.0%）。

（七）村庄整治面临的主要问题是资金没法筹集

在有相关数据的92个村中，反映需要立即进行村庄发展规划工作的比重最大，占50%；同时反映当地村庄空心化、浪费土地等问题很严重，但由于村里能力有限目前无法开展有关规划工作的比较普遍，比重占38.0%；其次是已经纳入城乡统一发展规划，并已制定完具体规划，不需要再制定，比重占16.3%；当地村庄空心化，浪费土地等问题很严重，有关规划工作已经列入计划，占13.0%；在当地对此问题进行规划和工作没有现实意义，不需要制定，占4.3%。

对于开展新农村建设工作，基层最普遍的担忧是开展了村庄规划，建设资金没法筹集。在有相关数据的96个村中，反映担忧开展了村庄规划、建设资金没法筹集的最多，比重占90.6%；其次是进行了村庄改造、农民家家户户都欠债，比重占

85.4%；现有干部队伍能力上有差距、素质还需要提高，占70%；推进了生产发展、市场卖难，比重占54.2%；村里建设工作难度大、稍有不当农民集中上访，比重占50%；上级领导不切实际下任务、搞“面子工程”，比重占45.8%；群众对于干部缺乏信任、参与积极性不高，比重占40.6%；违背农民意愿、搞片面的村庄撤并，比重占22.9%；以新农村建设名义对农民搞摊派，比重占9.4%；以新农村建设名义搞借债，比重占8.3%；以新农村建设名义收农民承包地，比重占7.3%。

（八）超过半数的村庄认为在新农村建设中非常有必要让村民向中心村集中居住及合并村庄

在有相关数据的87个村中，反映有必要在新农村建设中让村民向中心村集中居住及合并村庄的多，比重占69.0%；而认为没有必要的，相对较少，比重占31.0%。在有相关数据的94个村中，反映村庄进行搬迁改造的最大难点是贫困户承担不了成本，比重占73.4%；其次是农业生产不方便，比重占30.9%；反映生活成本增加的占22.3%，反映村里的住房刚建好的占19.1%。

（九）教育和医疗是农民致贫的主要原因

在有相关数据的96个村中，村困难户占全村总户数的平均比例为22.3%，其中因上学致贫平均比例8.3%，因病致贫平均比例7.9%，因残疾致贫平均比例3.9%，因经营失败致贫平均比例2.0%。

四、政策建议

根据对铜川三县九镇的调研，提出以下政策建议。

（一）保证中西部的农民能够享受到基本的公共服务

欠发达地区财政能力有限，是典型的“吃饭财政”，新农村建设没有有力的财政支撑，因此，必须加大中央政府在新农村建设方面的财政投入力度，不仅要增加对农业和农村的投入，更要向中西部地区重点倾斜，在基本公共服务提供方面承担起更多的责任，保证中西部，尤其是贫困地区的农民能够享受到基本的公共产品和公共服务。努力实现城乡之间办学条件、办学质量基本均衡。建立基本设施齐全的农村卫生服务网络，建设一支具有较高素质的农村卫生服务队伍，建立以大病统筹为主的新型合作医疗制度和医疗救助制度，使农民人人享有初级卫生保健。要建立规范、透明、公正的财政转移制度，在界定功能、核定各级政府需求的基础上，划分各级政府的事权，使专项转移支付更多地转变为一般性转移支付，保证不同地区、不同阶层的公民可享受大体相同的公共服务。根据财政支农目标和重点，逐步改变过去财政支农资金渠道多、分类不合理的状况，按照公共财政体制的要求，适当归并设置支农资金，突出财政支农资金的公共性。

（二）以提升现代农业为重点，发展壮大二三产业

大力发展现代农业，推动农业的“产业化、现代化、生态化”和农村工业化进程，形成经济发展的有力支撑点。要在稳定粮食生产的基础上，加快农村经济结构调整，紧紧围绕城市功能，大力发展优质粮食、畜牧、蔬菜、果品和农产品深加工等特色产业，倡导“一乡（县）一业、一村（村）一品”的专业化发展模式，形成品质好、附加值高的优势产品和特色产业带。加快建设农产品质量安全检验检测体系，加强动物防疫、植物病虫害防治体系建设，加强农业技术推广体系和农村经济信息应用系统建设，加快农业实用技术推广。

大力发展农村二三产业，引导农村工业向城镇合理聚集，把发展民营经济、农业产业化经营和调整农村经济结构结合起来，落实财政、税收、信贷等优惠政策，着力发展农产品加工、建筑建材、交通运输、休闲旅游等劳动密集型产业，形成一批特色鲜明、有市场竞争力、带动劳动力转移的龙头企业。积极发展劳务经济，把农村富余劳动力转移纳入农业和农村经济发展规划中，建立健全劳务输出管理服务网络。

加大扶贫开发力度，按照政府统筹、资金捆绑、综合开发、整村推进的思路，通过易地搬迁等方式，推进重点村扶贫开发，解决贫困人口的脱贫问题。

（三）加快农村基础设施建设

全面改善农村生活环境，解决好农村饮水困难和饮水安全问题，重点发展集中供水；整治改造露天旧式厕所、粪坑、圈舍，大力普及农村卫生厕所。加快乡村道路建设，尽快实现全市县乡公路油路化；实施“户户通”自来水工程，使农村普遍实现自来水化；全面完成农村电网改造任务，消除电网改造死角；扩大电讯和互联网在农村的覆盖面，实现广播电视“村村通”。要改善农村居住条件，改造危漏房、土坯房，使农民住上宽敞舒适安全的房屋。推进农村市场建设，构建以中心镇为核心、周边乡镇为骨干、村组为基础、农村供销合作网点为依托的新型农村市场流通网络体系，实现“镇镇有连锁超市、村村有放心示范店”的目标。

（谢　扬　张云华）

分报告 11

西部贫困地区新农村建设的难点与对策

——甘肃省庆阳市新农村建设百村调查

庆阳市处于陕甘宁三省交汇处，属于革命老区，总面积27119平方公里，人口258.58万。2005年，全市国民生产总值143.82亿元，粮食总产量99.76吨，财政收入6.7亿元。全市八个县（区）有五个是国家扶持的重点贫困县，2005年人均GDP仅为680美元，相当于10年前的全国平均水平，绝对贫困人口占农村总人口的10%，低收入人口占20%以上。庆阳市有12%的乡不通油路，24.5%的行政村不通农机路，7%的村不通电，34%的村不通电话，15%的村不通广播电视，农村居民享受医疗卫生、教育等资源的比例更低。截至2005年底，全市县级财政累计赤字63615万元，八个县（区）有七个收不抵支，赤字上亿的县有两个。县、乡两级政府负债余额是当年财政收入的4.55倍。

本次调查了解了庆阳市新农村建设的总体情况，并抽取西峰区、正宁县、环县进行了重点调查。其中西峰区代表庆阳市较好水平，正宁县代表一般水平，环县代表较低水平。每个县（区）选取了三个乡镇的全部行政村（共105个村民委员会）进行了问卷调查。其中56.1%的村为山区，其余的43.9%为平原。0.9%的村为大城市城郊村庄，1.9%为中型城市城郊型村庄，11.4%为乡镇驻地村庄，85.7%属于一般村庄。105个村庄中，52.4%的属于经济条件一般的村，44.8%属于比较穷的村，2.8%属于比较富裕的村。

本次调查抽取三个县（区）：西峰区、正宁县、环县。其中西峰区代表庆阳市较好水平，正宁县代表一般水平，环县代表较低水平。

表1　　调查市、县基本指标统计

	面积（平方公里）	人口（万人）	GDP（亿元）	财政收入（亿元）	三产比重	农民人均纯收入（元）
庆阳市	27119	258.58	143.82	16.5	19:54:27	1734
正宁县	1319.5	24	5.5	0.46	47:17:36	1865
环　县	9236	34.47	3.1	0.53	36:33:31	1416
西峰区	996	20.45	38.52	1.9	12:50:37	2273

注：2005年全国农民人均纯收入为3255元；甘肃省农民纯收入为1980元。

一、庆阳市农村经济发展的特点

（一）农村经济结构不尽合理

多年来，庆阳市都把农村经济结构调整作为提高农业综合生产效益和增加农民收入的主要手段来抓；把烟、果、羊、油、草、畜等作为调整农村产业结构和发展农村经济的主导产业来抓，在发展农村经济中起到了一定作用。2005 年，在全市的26.85 亿元的农林牧渔业增加值中，农业增加值19.81 亿元，占73.8%，林业增加值0.82 亿元，占3%，牧业增加值5.98 亿元，占22.3%。由此可见，种植业仍然是庆阳市农业中的“重头戏”。

在种植业中，多年提倡“压粮扩经、压夏扩秋、压大扩小”，虽在短时间内起到了一定积极作用，但仅仅在这660 万亩耕地上寻找出路，很难从根本上彻底改变农民增收乏力的问题。以正宁县为例，该县的种植业结构调整在全省都是处于领先地位，2005 年，粮食作物种植面积为26.21 万亩，仅占农作物种植面积的51%，远远低于全市66.9%的水平；该县种植的烤烟、苹果、大葱等经济作物闻名省内外，其种植面积也在逐年扩大，尤其是烤烟面积占到全市的62%，为农民带来了一定实惠，种植的积极性也很高；但2005 年该县的农民人均纯收入为1865 元，仅仅比全市的平均水平1734 元高131 元。所以，靠种植业内部结构调整增收的空间较小，农村内部的二三产业发展滞后，严重制约着农民的增收。

（二）农业生产基础设施落后

2005 年，全市机电井完好1826 眼，平均每眼机井要浇灌3630 亩耕地和解决1243 口人的饮水问题，显然难以满足需要；水窖78.36 万眼，户均不足1.5 眼；水平梯田408.17 万亩，仅占到总耕地面积61.5%；条田164.13 万亩，仅占总耕地面积24.7%；有效灌溉面积61.49 万亩，人均不足0.27 亩；保证灌溉面积41.43 万亩，人均不足0.18 亩。机械化水平低，2005 年末，全市农业机械总动力88.91 万千瓦，拥有大中小型拖拉机15844 台，每百亩耕地拥有拖拉机0.23 台、农业机械动力13.4 千瓦；机耕地面积为321 万亩，占总耕地面积的48.4%；机播面积363.2 万亩，占全年农作物总播种面积的43.9%；机收面积108.6 万亩，占全年农作物总播种面积的13.1%。

（三）农村经济发展后劲不足

近年来，庆阳市按照农业产业化发展的要求，围绕优势特色产业基地，积极创办了一批龙头企业。据初步统计，全市有各类农产品加工企业149 家，带动作用显著的龙头企业有26家，有2家企业被省上确定为省级重点龙头企业。目前，全市初步形成了以通达果汁厂为骨干的4家苹果加工企业群，以兴旺牧业为骨干的8家肉牛繁育、品种改良及加工企业群，以通达草业为骨干的4家紫花苜蓿草产品加工企业群，以陇源公司为骨干的16家黄花菜加工企业群，以新一代为骨干的44家杏产品加工企业群，以庆发公司为骨干的11家白瓜子加工营销企业群。庆城县驿马镇被誉为农产品加工营销的“旱码头”，白瓜子加工量占到全国的80%。尽管庆阳市的农业产业化发展取得了一定成效，但总体上看，还处在起步和初级发展阶段，当前存在的主要困难和问题：一是优势特色产业基地面积小，规模优势不明显，批量生产不足，很难适应大规模加工需要，通达果汁厂和庆发公司所需的大部分苹果、白瓜子原料仍要靠从市外省外购入。二是龙头企业规模小，数量少，加工能力弱，技术含量低，企业家人才缺少，企业管理水平较差，尤其还没有形成超大型的、足以带动一方经济发展的精深加工企业，大量农产品仍以初级原料销售。三是真正意义上的产业化经营机制尚未形成，龙头企业与农户之间的结合比较松散，产业链条短，辐射带动能力不强。四是企业传统产品多，新产品开发步子慢，生产工艺比较落后，优质名牌产品少，市场竞争力不强。五是农业开发资金严重短缺，认准的企业难以上马，相当一批上马企业因缺乏资金难以正常生产经营，造成了资金的相对浪费。这些都直接影响着农业产业化和农村经济的提速发展。

（四）农村公共服务差

交通、通信仍存在瓶颈。2005年，全市公路总里程为3619.69公里，公路覆盖密度为0.13公里/平方公里，油路里程1661.5公里，占总公路里程的45.9%。通汽车的村1096个，占总村数的86.8%，116个乡镇全部通公路。通电话的村数936个，占总村数的74.2%，通电话的农户10.54万户，占总农户的20.9%。百户摩托车拥有量45辆，百户移动电话拥有量36部。

通电、通水仍然滞后。2005年，全市通电的农户47.31万户，占总农户的93.9%，尚有3.05万户农户不通电。自来水受益村数458个，占总村数的36.3%；自来水受益户数11.68万户，占农村总户数的23.2%；自来水受益人口51.98万人，占农村总人口的22.9%。尚有804个行政村、38.68万户农户、175.1万农村人口用不上自来水。环县属于国家扶贫开发重点县和甘肃省属干旱县，目前还有12个乡镇不通油路，有113个村不通沙砾路。有36个村、411个村民小组、7.94万群众不通电。有11个乡镇、85个村的14.52万人饮水困难。

环境状况堪忧。由于庆阳市是比较老的石油基地之一，从20世纪70年代，长庆石油勘探局就在庆阳有大量的勘探活动，经过30多年的大量开采，对资源的破坏程度较大，尤其是对水资源的破坏。2003 年，又发现了西峰油田，经过近年的开发，环境污染问题成为庆阳市急需解决的重大问题。2005 年，工业废水排放量 901. 46 万吨，工业废气排放量 215630 万标立方米，二氧化硫排放量 4181. 34 吨，烟尘排放量 3948. 62 吨，工业粉尘排放量 669. 45 吨；COD（化学需氧量）排放量 7790. 52 吨；而工业废水排放达标率仅为 38. 24%，工业废气治理设施只有 69 套，处理能力仅为 32. 2 万标立方米/日，烟尘排放达标量仅为 192. 23 吨。一些石油工业废气、废水排放，正在或者已经影响到庆阳人民的正常生产生活。

（五）农民收入水平低，农村贫困面大

2005 年，庆阳市农民人均纯收入为 1734 元，同期全省的农民人均纯收入为 1980 元，全国农民人均纯收入为 3255 元，无论从绝对量还是增幅上，庆阳市都赶不上全省的平均水平，更赶不上全国平均水平。经调查测算，农村一个四口之家年生产生活消费支出需 8000 元左右，所以平均来说，庆阳市农村居民收入基本没有节余。至 2005 年底，全市仍有低收入人口 44. 5 万人，绝对贫困人口 20. 93 万人，分别占农村人口的 19. 4% 和 9. 2%，当年因灾因病返贫 25. 82 万人，占 11. 4%。

二、新农村建设工作的进展与面临的主要问题

为了探索新农村建设的做法，庆阳市按照“先行试点、逐步推进”的原则，在大量调查分析、研究论证的基础上，确定了正宁县、西峰区为首批试点示范县，正宁县榆林子镇等 20 个乡镇为首批试点示范镇，正宁县山河镇西关村等 100 个村为首批试点示范村，形成全市 1 县 1 区 20 个乡镇 100 个村的新农村建设“1121”示范试点。市委市政府要求各级党委、政府和市直有关部门要集中所有支农财力，加大示范地新农村建设步伐，以达到示范目的。按照庆阳市新农村建设总体规划，第一阶段，用 5 年时间试点示范，打好基础；第二阶段，用 10 年时间扩大规模，整体推进；第三阶段，用 15 年时间全面建设，加快发展。计划用 30 年时间初步完成新农村建设的各项任务。

（一）新农村建设的政策部署

1. 加大农业基础设施建设。庆阳市以提高农业综合生产能力为重点，坚持每年计划新修梯田 25 万亩，至 2010 年人均基本农田达到 3 亩，按照建设环境友好型社会要求，重点建设绿色生态和谐家园，森林覆盖率达到 28% 以上，水土流失治理面积达到 11800 平方公里；加大乡村道路建设，每年新建和改扩建乡村道路

2000公里。

2. 强化农村产业支撑。重点开发牛肉、苹果、蔬菜三大产业，加快耕地紫花苜蓿、肉牛、肉（绒）羊、苹果、黄花菜、白瓜子和油葵“六个百万”工程建设，打造特色产业基地，形成原区果品、川区蔬菜、山区草畜三大特色经济片带；培育龙头企业，使农产品加工转化率每年提高5个百分点；实施科技特派员制度和农业科技进万家工程，使农业科技贡献率达到50%以上。

3. 大力发展劳务经济。组织实施“阳光工程”、“青年农民科技培训工程”等农业劳动力转移培训项目。每年培训农民40万人（次），在五年内，使全市青壮年劳动力普遍接受一次培训；坚持每年输转农村劳务人员50万人（次），农村剩余劳动力就业率达到80%以上。

4. 搞好新农村建设规划。负责建设的行政主管部门为新农村建设提供村庄建设指导性目录和小康农宅设计图样，在全市范围内，开展村容村貌整治，下大力气解决农村“脏、乱、差”的问题。

5. 加快扶贫开发进程。继续实施党政机关定点扶贫工程，帮助解决贫困地区群众生产生活中的困难和问题。

6. 大力发展农村公共事业。农村教育事业实行城乡教师对口交流；农村卫生事业坚持每年从市直医疗机构选派100名医生对口援助农村；农村文化事业实施广播电视“村村通”。

（二）新农村建设面临的难题

1. 农村基础设施建设资金严重匮乏。庆阳市山、川、原兼有，70%的农户居住在山区，地理条件差，自然环境艰苦，道路、农田、水利、农电等公共设施建设严重滞后。目前，全市还有37个乡镇不通油路，占乡镇总数的31.8%，需新铺通乡油路1281公里；有647个村不通沙砾路，占行政村总数的51%，需新修通村等级公路4632公里；人均基本农田2.5亩，有效灌溉面积61.49万亩，保灌溉面积41.43万亩，占总耕地的6%；全市都未达到国家安全饮用水标准，仍有45个乡镇、38万人吃水困难，在问卷调查中，只有5.71%的村回答饮水状况安全，74.29的村认为村内饮水存在困难；仍有36个村不通电。这些“硬件”条件是新农村建设的严重障碍，需要国家和地方投入大量资金解决这一“瓶颈”的严重制约。

2. 农村社会事业欠账较大。由于国家投资有限，各级财政又十分困难无力扶持，造成农村社会事业基础差、底子薄、水平低、发展慢、保障支持能力弱。突出表现在：一是农村劳动力普遍受教育程度低。目前全市农村劳动力中，高中及高中以上文化程度占15%，初中文化程度占37%，小学文化程度占42%，文盲半文盲占6%，平均受教育年限不足7年。拥有技术职称的约占0.8%。由于受教育程度低，农民的科技文化素质、民主法制意识和思想道德水平与新农村建设的要求还有很大差距。特别是在适应市场环境、发展生产增收致富方面，技能低、门路窄、竞争力不强，外出务工多选择苦力型劳务，劳动强度大，收入低。农村学校师资力量弱、教学设施落后、教学质量不高。接受学前教育的儿童不到20%，农村学生高中升学率仅为40%左右，"普九"任务依然艰巨。二是农民培训服务体系不健全，农村劳动力接受职业教育、继续教育和技能培训的比例低。农业科技推广工作受投入制约，机构作用发挥不充分，队伍逐渐萎缩，每万人拥有科技人员109人，农业科技贡献率仅为45%。三是农村卫生服务体系不健全。农村医务人员短缺，每万人仅拥有19.4人。执业水平普遍较低，药品价格和医疗费用虚高，农民看病难、看病贵，因病致贫返贫的问题还相当突出。四是农村社会保障体系尚未建立。调查数据发现：没有村设有养老院（福利院），五保户集中供养占所调查村的8.57%。

3. 农村文化设施建设严重滞后。庆阳目前尚有6.1%的农户生活在"煤油灯"时代，有9%的农户看不上电视，有79%的农户不通电话，95%以上的村无文化室或娱乐活动室，拥有宽带网的农户几乎没有。只有19.05%的村有公共文化活动，大部分村庄的文化娱乐活动仍然非常缺乏。由于现代文明和健康生活方式传播途径少，一部分群众长期生活在封闭落后的环境中，居住条件和生活质量低，全市实现"三改"（改厨、改厕、改圈）的农户不足2%，农民生活环境脏、乱、差问题普遍存在。

4. 乡村债务负担沉重。目前全市乡、村两级共负债6.29亿元。其中宁县乡、村两级债务达1.2亿元，人均247元，户均1119元。乡、村债务主要来源于银行贷款、单位借贷、个人借款的本金和利息，也有原合作基金会借款及其他应付未付款。形成的主要原因是乡村举债兴办乡镇企业、借贷举办乡村公益事业和非生产性支出、举债应付各种达标升级、借款完税等方面。乡村两级不良债务已成为制约新农村经济建设、影响农村社会稳定的严重问题。

5. 基层组织建设亟待进一步加强。村级干部政策水平和领导发展能力低，缺乏凝聚力和号召力，少数村组干部作风不正、私心重，民主选举、村务公开等民主管理制度不能落实。农村党员年龄老化、知识老化，不能很好地发挥模范带头作用。特别是村组干部报酬普遍较低，全市村干部年均报酬仅为1500元、组干部300元，由于薪少事多，很多村干部无心干事。

三、村庄问卷调查的主要发现

此次调查的105个行政村人均纯收入最高的为2320元，最低的为500元，平均水平1738.51元。

（一）多数村庄集体经济收入微薄

在所调查的105个村样本中，年平均收入71270元，54.3%的村入不敷出，26.7%的村基本持平，只有19%的村有盈余。49.5%的村没有集体收入，65.71%的村集体收入低于5000元，76.2%的村集体收入不超过10000元，93.3%的村集体收入不超过5万元，除了正宁县王沟泉村的收入为105756元外，其余99%的村集体收入低于10万元。

平均每个村的集体总支出为86625.15元，有70.4%的总支出低于平均数。35.2%的村集体总支出低于2万元，支出在5万元以下的村占总样本的59%，支出在10万元以下的村为79%。在总支出中，75.9%是村公共建设支出，16.6%的是村管理费用，其他的为村福利费用、新企业投资、还贷款等。在村公共建设支出中，教育建设支出占50.7%，修路架桥支出14.9%，办公设施建设支出占12.9%，农田建设投入也占12.9%。村管理费用中80.1%的是村干部的工资，14.1%的为日常办公开支，其余的为集体用水电费和业务管理费。

2005年年末105个村的累计资产总额平均值是15.2万元，固定资产13.77万元，其他资产0.88万元。年末累计负债总额平均43.06万元，其中，向信用社借款平均每村11.13万元，向其他银行借款平均每村11.11万元，向企业法人借款平均每村16.29万元，其余是向个人和民间金融机构借款。有负债的32个村的平均负债71.61万元，使用顺序是教育支出、公共基础设施建设、支付干部工资、偿还旧债、上缴税收，另外还有部分资金由于办企业、偿还利息等事项。年末累计有净资产的村有46个，平均净资产额达15.83万元，年末累计有净负债的村有58个，平均净资产额达21.25万元。

在所调查的97个有效样本当中，有78个村认为集体经济实力变化不大，占样本比重的80.41%，只有11个村认为本村的经济实力在不断增长，只占11.34%的比例，尚有8.25%的集体经济实力有所下降。

（二）农村生产生活环境差，农村饮水问题突出

在调查的105个村中，农民对生活居住环境整体满意程度不高，村民对村里的治安较满意，满意度最低的是看病。治安状况满意比重为75.24%，其余依次

是交通出行、环境、购物消费、看病，满意的比重分别为53.28%、43%、43%、33.33%。

2005年，只有28个村放过总计125场电影，平均每村4.5场，有46个村请过剧团进行演出，总计81场，平均每个村1.8场；共计有34个村有村一级组织的公共文化支出，总计金额为24.46万元，平均到每个村0.72万元，最多的支出为3万元，最少的仅为500元，平均到每个村民尚不足一元。

农村饮水状况令人担忧，只有5.71%的村回答饮水状况安全，74.29的村认为村内饮水存在困难。有40%的村有集中供水设施，有集中供水设施的村庄只有38.88%的户饮用自来水。

（三）农民对农村义务教育质量尤为关注

从2006年春季学期开始，西部各地相继实施了农村义务教育经费保障新机制，免除所有西部农村学生杂费，免除贫困学生课本费，给予寄宿生生活补助。在所调查村庄中，有90.38%的村对小学和初中学生实行了全免杂费。41.35%实行了全免课本费，36.54%的村实行了给部分学生免课本费。在100个有效样本村中，26%的村所有学生享受了寄宿生生活补助，28%的村部分学生享受了寄宿生生活补助。对于农村义务教育应该优先解决的问题，考虑最多的是保证教学质量，有83.81%的村对农村义务教育的教学质量担忧，认为保证教学质量是首善之要。

（四）农村青壮年劳动力仍有一定剩余

在被调查的100个有效样本村中，总计37334个劳动力，平均每村有369.64人。劳动力外出打工或者转入二三产业的平均比重为32.63%。在87个有效样本村中，总计有2068户举家外出务工，平均每村有23.77户，占到全村农户的比重为5.43%。

对青壮年群体而言，在103个有效样本中，平均每村拥有30岁以下青壮年劳动力322人，常年外出或常在本地务工经商的平均每村27人，所占比例为8.39%。在85个有效样本中，赋闲在家的青壮年劳动力平均每村107人，平均比例为27.55%。

（五）大部分的农户不能获得贷款

村干部对信用社贷款的总体印象是获得很困难，持这样观点的村占到了66.67%。从总体的贷款获得情况来看，获得过信用社贷款的农户共有17718户，占总户数（50618户）的35%左右。104个村回答信用社是否发放小额联保的问题，48个村有存在信用社的小额联保贷款业务，占45.71%。而小额联保贷款的平均规模为4037元/户。从村调查对农户借贷行为的判断看，79.05%的农户在有资金困难时通过信用社贷款解决，而只有20.95%的农户是通过私人借款解决。

调查中，37村指出村内有私人放贷存在的现象，占了有效样本（43个村）的86.05%。总共有607户存在私人放贷现象，平均每个村16.4户，而且私人放贷人占村总户数（19127）的比重平均值为3.17%，私人放贷的平均利率为10.83%。

四、若干建议

（一）完善向西部贫困地区倾斜的投入机制，加大对项目扶持力度

庆阳的县（区）工业基础薄弱、城镇化水平低，基本上不具有工业反哺农业、城市带动农村的能力和条件，多数县乡财政困难，财政自给率不足20%，80%以上靠上级转移支付来解决，而且只能保证工资发放，培育特色产业、发展社会事业等支出难以解决。西部地区大多数市县基本上是以农为主的经济结构，工业化、城镇化水平低，工业反哺农业"无米"，城市支持农村无力。要使"工业反哺农业"落到实处，就西部地区而言，目前主要依靠中央政府加大支持西部农村的力度，通过公共财政覆盖农村并向西部农村倾斜来实现工业反哺农业。从庆阳市的调查来看，由于自然环境艰苦，道路、农田、水利、农电等公共设施建设严重滞后，建议加大对农村道路、水利、农电和能源等方面的投入，从根本上改变农村的生产生活条件。各级项目需要县级投入配套过多，具体数额已超过县级财力的30%以上，地方财政难以承受。一般情况下，贫困落后地区都是投资效益较低、配套投入困难的地区，越是贫困落后的地区，所能争取到的国家投入就越有限。因此，应减免贫困地区国家扶持项目的地方配套资金，使贫困地区能够更多的享受国家财政投资。

从庆阳市的调查发现，多数县（区）缺少具有经济发展带动作用的大项目、龙头项目，严重制约着县域经济快速发展。新农村建设涉及方方面面，但最终都要落实到具体项目。建议在新农村建设中，紧紧围绕国家"十一五"规划中确定的粮棉油生产基地工程、沃土工程、植保工程、大型灌区续建配套、种养加良种工程、农村饮水安全、农村公路、农村沼气、农村医疗卫生服务体系等重点工程，进一步加大对贫困地区基础设施建资金投入力度，解决农民生产生活中最关心、最直接、最迫切的实际问题，切实让农民得到更多的实惠。

（二）增加对农村社会事业投入，切实减轻农民负担

农业税取消后，一些农村行政事业性收费、经营服务性收费和村级组织收费等

涉农收费项目仍然存在；“两免一补”政策虽在贫困地区实行，但教育投入不足，仍可能为增加农民负担埋下隐忧；农村医疗卫生事业进一步加强，但近年来医疗药品价格的猛涨造成群众看病难、看病贵的问题仍很突出；农村照明用电费、电话费、有线电视收视费等收费环节中加码或搭车收费的现象还没有彻底禁绝。据统计，近五年庆阳市农民人均纯收入年均增长6.4%，而子女教育和医疗费用年均增长分别达到8.4%和14.6%，农民增收部分满足不了收费增长需要。加大对农村教育的投资力度，鼓励有志青年投身西部教育事业，提高农村学校教师待遇，配合中央“两免一补”政策的实施，强制实行九年制义务教育，从根本上提高农民文化素质，提高农民的自我发展能力。加快乡村卫生机构建设，更新配备必须的医疗设备，建立城市支援农村卫生工作的长效机制，全力推动农村医疗卫生事业发展。

（三）调整农村经济结构，进一步拓宽农民增收的空间

从庆阳市的调查数据看，农民养一只肉羊年均收益100元，与种一亩小麦的收益相当；养一头肉牛年均收益1200元，相当于种10亩小麦，养一头奶牛年均收益3000～4000元，是农民人均年收入的2倍。这说明，在草食畜牧业领域，农民增收的空间更大。西部地区农业发展受自然条件制约严重，重点应发挥比较优势，发展特色农业，大力发展瓜果、蔬菜、油料等优势产业，重点要提高草食畜牧业的比重，进一步加快畜牧产业化步伐，精心培育区域名优产品。2005年，庆阳市劳务收入达到12.3亿元，占全市GDP的8.6%，占农民工资性收入的77.6%，劳务经济对庆阳农民增收的带动作用日益明显。庆阳市农村青壮年劳动力仍有较多剩余，应强化农村劳动力培训，健全农民就业服务体系，促进农民向非农产业和城镇转移。

（四）完善扶贫开发机制，提高困难群众的收入水平

近年来实施的扶贫开发整村推进项目深受贫困地区群众的欢迎，但每年的项目数量有限。庆阳市符合扶贫开发整村推进项目条件的村共有611个，2006年省里确定实施的只有58个，以此为基数推算，要使贫困村全部脱贫，还需10年左右时间，这与建设新农村规划及贫困地区群众的愿望和要求差距很大。加快推进扶贫整村开发，应根据今后的目标和任务，确定逐年增加整村推进项目的比例，加快贫困地区脱贫奔小康步伐。对尚未解决温饱的贫困人口，要集中力量攻坚，切实做到扶贫到村到户。建立贫困人口救助制度，实施更加特殊的优惠政策，帮助贫困人口稳定脱贫，实现小康。

（潘耀国）

分报告 12

西南贫困地区新农村建设的探索

——贵州省安顺市新农村建设调查

安顺素有“黔之腹，滇之喉，蜀粤之唇齿”称谓，是贵州开发最早地区，也是9个市州地中地势最平坦的区域，全省40多个万亩耕地大坝有9个在安顺。辖区面积9264平方公里，包括5县1区及2个管委会（安顺经济技术开发区和黄果树风景名胜区）；人口265万人，农业人口220万人，布依、苗等少数民族人口约占39%。耕地面积159.43万亩，其中水田82.8万亩，旱地76.5万亩，人均耕地面积0.61亩；2005年安顺全市生产总值106.03亿元。农民人均纯收入为1823元。

本报告以贵州安顺市西秀区、平坝县、紫云自治县3个县（区）168个村调查为基础，着重分析落后地区新农村建设中的现状。西秀区原为县级安顺市，经济基础比较好，1999年贵州省委、省政府把该区作为全省首批建设的20个经济强县（区、市）之一。平坝县地处贵州西线交通要道，素有“黔中黄金通道”之美誉。紫云自治县是以少数民族人口居多、人口居住分散的山区农业县。本次调查的168个村庄，136个（占81%）都是位于山区，其他的均为丘陵地区。12个村（占7.2%）属于中小城市城郊型农村，16个村（占9.6%）是乡镇所在村，大部分村都只是一般村庄（占83.2%）。只有5个村（占3%）是安顺市相对比较富裕的村庄，75个村庄（占44.6%）经济发展处于一般水平，而88个村（占52.4%）都属于当地比较穷的村。所调查的村庄平均总户数为350户，村庄总人口数平均值为1444人，村劳动力平均数为827人，所调查各村，文盲与半文盲平均比重达到了18.84%，而高中及以上学历的人口平均比重仅为5%。所调查的村庄人均耕地面积仅为0.88亩，农户人均年收入平均值为981.36元。

一、新农村建设的起点情况

（一）农村青壮年劳动力外出打工比率高

对168个村的调查显示，外出打工劳动力占全部劳动力的比重平均值为36.53%，而本地非农就业比重仅为7.66%。30岁以下农村劳动力外出的比重平均值达到了68.23%，28个村（占21.71%）30岁以下劳动力转出的比重超过了90%。81.5%的村认为村里的青壮劳动力可以出去的都出去了，村内没有可以继续转移的劳动力。

（二）贫困程度较深

在调查的三个县中，紫云县是一个贫困程度深、扶贫任务重的县。紫云县小康村（和接近小康）约有30余个，占行政村的15%，主要分布在县城周边和安紫公路主干线沿线一带；温饱村约80个，占行政村40%；贫困村约100个，占45%。截至2005年末，未解决温饱人口3.56万人（年人均纯收入650元以下），农村低收入人口7.8万人（人均纯收入650~865元之间），低收入以下人口合计11万人，占农村人口的30%。

对168个村的调查显示，各村贫困人口占村总人口比重的平均值为23.72%，而且26个村（占15.85%）贫困人口比重超过了50%。而从对贫困人口的救济和补助来看，获得贫困救济农户占贫困户的比重平均值仅为54.48%，仍然有一半左右的贫困户不能获得扶贫项目的支持。有15个村庄贫困户的获得救济比重不足1%。而且平均的救济标准为每月39.24元。这显示了农村在扶贫资源的使用上存在不均衡现象。获得扶贫救济的农户仅占贫困户的54.48%，扶贫工作的覆盖范围非常有限，仍有近一半的贫困人口得不到扶贫资金的支持。

从贫困的原因看，农村教育负担过重是导致贫困的最重要原因，因上学而导致贫困占贫困户总数的平均比重达到了40.41%，因患病而致贫的平均比重为27.82%，因残疾而致贫的平均比重为20.34%。

（三）农村基础设施薄弱

安顺全市实现了县县通油路、乡乡通公路，但乡镇通油路率为76%，行政村通公路率只有67%。2005年末，紫云自治县行政村中，通公路村217（以行政村所在地，非等级路），占行政村数的97.31%，未通公路村6个，占2.69%；通公路的自然村寨1479个，占自然村的62%，而38%的自然村未通公路。通自来水的村有214个，占行政村的95.96%，基本解决了15.56万人的饮水困难（占54%），仍有16万人存在饮水困难问题。特别是全县属于岩溶地貌，溶蚀程度严重，地面渗透强而地下水埋藏深，造成地面干旱缺水严重，极大制约了农业生产。全县通电话的村有212个（包括无线电话），占行政村的95.07%；全县村通电率达97.8%，通电入户率达98.2%，仍有5个行政村未通电。全县通广播电视的村有180个（包括自备和政府安装，能收视电视节目），占80.72%，电视收视覆盖率75.58%。而且很多水利设施年久失修，防御水旱灾能力不强。

根据对168个村庄的调查，农民的生活基础设施还非常缺乏。41个村还存在饮水困难问题，占有效样本的24.4%；78个村还存在饮水安全问题，占有效样本的46.4%；113个村仍没有集中的供水管道，占有效样本的67.3%；148个村仍然没有集中收集垃圾，占有效样本的88.1%。只有58个村有公共厕所，仅占34.53%；平均只有不到10%的农户拥有沼气。村内的道路条件仍然比较差，只有63个村（占有效样本的44.68）村内有硬化的道路，且这些村硬化道路比重的平均值为49.12%。只有10个村庄有图书室。只有20个村（占11.9%）有村民文化活动中心。

在调查的168个村庄中，79个村认为村民的交通出行比较方便，占有效样本的47%；而89个村认为村民的交通出行不方便，占有效样本的53%。58个村认为村民购物消费比较方便，占有效样本的34.5%；110个村认为村民购物消费比较方便，占有效样本的65.5%。80个村认为村民看病比较方便，占有效样本的47.6%；88个村认为村民看病不方便，占有效样本的52.4%。

（四）集体收支对上级补贴的依赖程度高

由于经济基础薄弱，村集体经济以及村筹资能力都比较弱，大部分村庄集体收入极大程度上依赖于上级拨款，相当一部分村庄存在收不抵支。在168个村庄中，只有44个村（占28.75%）有集体自身的经济收入，村集体总收入平均值为35954元。上级转移支付占集体总收入比重平均值为76.37%。村平均年度总支出为33892.40元。大部分村管理费占总支出的比重非常高，平均值达到了70.95%；62个村的所有支出都是管理费用，占到了43.36%。41个村庄（占有效样本的48.37%）收不抵支，平均收不抵支额为34567元。

71.6%的村认为村集体经济的实力变化不大，只有17.7%的村认为集体经济的实力有所增长。因为集体经济比较薄弱，因此在壮大集体经济的发展问题上，大部分村庄认为主要靠“争取上级下拨或补贴”、“集资兴办新的村办企业”和“招商引资，出租集体土地”，分别占到了66.7%、51.8%和44%，而认为靠“大力搞好现有村办企业”的仅占38.1%。

（五）农户贷款难问题突出

74个村（占44%）都存在获得信用社贷款难的问题，获得信用社贷款的农户占全村农户比重的平均值仅为18.18%。由于农户普遍收入都比较低，村内的民间借贷不发达，67.8%的村民在面临资金困难时都是向信用社借款。

（六）对农村土地产权归属认识不清

98.6%的村土地都是采取“农户承包经营的方式”。第二轮的土地承包经营主要集中在1996年和1998年，分别占到了34.4%和47.7%。绝大部分村庄在第二轮土地承包之后没有再进行土地的大调整，只有3个村（占2%）进行过调整。只有44个村有农户出租承包地，这些村内平均有20.75%的农户出租承包地。调查发现，村干部对农地的产权归属认识并不清晰：61.5%的村认为土地属于村民集体所有，25.4%的村认为土地属于国家所有，7.4%的村认为土地属于农民个人所有，80.6%的村认为土地应该给农民永久使用。

二、农民对新农村建设的需求特点

（一）修路是农民最迫切需要解决的问题

各村庄普遍认为新农村建设需要解决的问题很多。最具有共识性的问题是修路，154个村都指出了“修路”是最迫切需要解决的问题，占到了91.7%。往下分别是文化建设、医疗网点、厕所改造、建沼气、垃圾收集、污水处理和用电，各自分别占到84.5%、73.2%、72.61%、72%、63.7%、56%和39.9%。

（二）产业发展是新农村建设的关键

76.2%的村庄认为本村新农村建设的关键是“培育新型产业”，78.7%的村庄认为是“农民素质的提高”，48.8%的村庄认为是“优化居住环境”，33.5%的村庄认为是“转移农村劳动力”。114个村（占69.1%）认为“组织发展种养大户”是新农村建设的重点。

（三）大部分村庄需要制定村庄发展规划

72.3%的村庄都指出“需要进行村庄发展规划工作”，42.6%的村庄指出了本村“土地浪费现象很严重，但由于村里能力目前无法开展有关规划工作”，只有11.6%的村庄规划工作已经列入了相关的计划，只有12.3%的村庄已经完成了规划而不再需要新的规划。66.5%的村庄都有计划要进行“村庄整治”，47.0%的村庄已经有了相应的村庄治理规划。97个村庄回答了村庄整治的计划投资，平均规模为396.75万元。

（四）实施集中居住不适合贫困地区的情况

98个村（占58.7%）都认为在当地新农村建设没有必要让村民向中心村集中居住或合并村庄。因为统一的居住规划需要大量的资金，而贫困地区的农户根本无法承受搬迁的成本。调查中114个村（73.8%）指出了对村庄进行搬迁改造的难点是贫困户承担不了相应的成本，而86个村（占53.8%）认为搬迁后导致农业生产不方便也是重要的原因。

三、新农村建设的初步实践

安顺市委2006年制定了《关于推进社会主义新农村建设的实施意见》，从政策和措施上对今后五年作了具体安排部署。全市有省级试点村7个，市级试点村12个，县区各自也选择村开展试点示范。安顺市新农村建设总体思路与具体部署是：（1）加快产业发展。发展特色蔬菜种植、生态养殖以及促进劳务经济发展。（2）加强基础设施建设。包括：基本农田建设、农业产业化基础设施建设、改建乡村道路、改善人畜饮水、改善人居环境。（3）改善公共设施。建好卫生室，积极推进新型农村合作医疗。建好计划生育服务室、村级组织活动场所、农村中小学等。（4）提高农民素质。（5）提高民主管理水平。（6）乡风文明建设。

各个县区还从自身实际出发，制定了具体的新农村建设的思路。如紫云县将中央的“二十字”方针细化为群众所更能接受的“五个四”（四高、四好、四无、四化、四有）的新农村建设思路：（1）“生产发展”做到“四高”，即科技含量高、粮食产量高、劳动技能高、农民收入高。（2）“生活宽裕”要做到“四好”，即吃有好日子、穿有好样子、住有好房子、行有好路子。（3）“乡风文明”要做到“四无”，即无偷盗赌博、无文盲辍学、无封建迷信、无超生超怀。（4）“村容整洁”要做到“四化”，即：村寨道路硬化、群众饮水净化、农户庭院亮化、房前屋后绿化。（5）“管理民主”要做到“四有”，即：有个带头好支书、有个团结好班子、有个致富好思路、有个民主好制度。

从对调查看，安顺市推进新农村建设的主要政策措施有以下几点。

（一）分类指导，搞好村庄规划

西秀区把村级规划摆在首位，把村庄分为三种类型，并确定了各自的建设重点：（1）小康村。这些村基础设施条件较好，经济相对发达，农民综合素质和收入水平比较高，因此主要以发展新产业、营造新环境、培育新农民、建立新机制、树立新风尚、建设新村寨为突破口，为新农村建设做出表率。（2）温饱村。主要以提高生产力水平为目标，发展农业产业化为方向，加强基础设施建设和社会事业为重点。大力发展养殖业、无公害蔬菜种植、农产品加工、烤烟生产等，形成规模产业带，着力解决农民群众生活实际问题，改善农村环境和村寨面貌。（3）贫困村。进一步加大扶贫开发工作力度，围绕帮助贫困群众“改善基本生产生活条件、拓宽基本增收门路、提高基本素质”，实行山、水、林、田、路等综合治理，以水利建设、人畜饮水、坡改梯、沼气池、村寨道路建设等工程建设为重点。同时，抓好劳动力培训和转移工作。通过继续争取国家支持、多渠道筹集资金，改善贫困农民居住条件。到“十一五”期末，基本解决现有贫困人口温饱问题，稳定提高农村低收入人口生活水平，建立抑制因病、因灾等返贫的长效机制。

（二）试点带动，逐步推进

平坝县以“十无”模范村创建与评比①为主，进行文明村庄建设，县和乡镇分别对达标村庄进行10000元和5000元的奖励。全县已有30%村庄达到“十无”模范村标准。西秀区将村级领导班子团结并有创新精神、群众积极型高、基础设施较好、有主导产业、交通便利的七眼桥镇兴隆村和大西桥镇小寨村作为省级新农村建设示范点。区人民政府投入10多万经费编制试点村规划，同时选定10个区级示范村。区级试点村建设，要求因地制宜、量力而行、突出一个“特”字，不搞“以点带面”和“一刀切”，而是有层次地逐步推进。区政府财政计划投入200多万元用于区级试点村产业结构调整、村级道路、环境美化、农业基础设施等建设。按照“农民自助、政府补助、社会帮助”的原则，整合资源、集成力量，推进试点村建设。

（三）以特色主导产业促进农村产业发展

西秀区根据各地的资源优势，积极推进“多乡一特，多村一品”的思路，确立了特色支柱产业，创立了10个特色农产品品牌。平坝县羊昌乡在全面推广优良杂交水稻规范化种植的基础上，不断引进新品种，建立了1.5万亩优质稻生产示范基地。羊昌乡还建立了养猪协会、陈亮村养牛协会和昌河村凯城水库灰鹅养殖示范基地。全乡基本形成了“村村有示范，寨寨有特色”的农业产业经营结构。紫云县根据不同村的特色与特长，培育和打造出一批烤烟生产致富型、养殖专业型、蔬菜种植专业型、经济林果致富型、经商贸易型、旅游服务型、农产品加工型等不同类型特色的新农村，使农民有一项稳定的收入来源。

（四）建立农民培训基地，提高农民素质

西秀区开展了“新农村建设人才培训工程”，委托安顺职业技术学院每年培

---

① “十无”模范村：（1）无脏、乱、差现象和人畜重大疫情流行；（2）无适龄儿童失学辍学；（3）无政策外生育户；（4）无封建迷信活动、非法组织、“法轮功”等邪教组织和邪教人员；（5）无卖淫嫖娼和聚众赌博；（6）无偷盗等刑事案件发生；（7）无吸毒贩毒和种植毒品原植物；（8）无重特大生产安全事故；（9）无群体性事件；（10）无返贫现象和极贫户。

训400名两年制中专的村干部，计划三年完成对1200名村干部的培训。紫云县以培养新型农民为目标，大力开展各类培训，达到农村一户有一个劳动者掌握一门农业适用技术；开展了农村非农技能培训，改善农民谋生手段和生活来源。

（五）加大农村基础设施投入，改善农村教育、医疗设施

安顺市“十一五”计划完成坡改梯20万亩，农业综合开发建设稳产田8万亩，土地整治项目完成15万亩，烟水配套工程完成20万亩。到“十一五”期末实现100%的乡镇通油路或水泥路，100%的行政村通公路。利用水库、山塘、蓄水池、水窖等饮水水源，建设管道自流引水工程或利用地下水、江河水等饮水源建设水泵供水工程，加强集中供水地水源的环境保护，让村民用上清洁卫生的自来水。在“十一五”期间，力保解决30万农村人口的饮水安全问题。力争“十一五”期间50%的建池农户带动改厨、改厕、改圈，取消露天厕所，实行人畜分离，实现水、电、广播电视、电话“四通”，搞好房前屋后绿化，美化净化村容村貌。建好卫生室，建好计划生育服务室、村级组织活动场所、农村中小学。

（六）采取参与式方法，调动农民参与建设家园

根据贫困地区的特殊性，在试点建设中，紫云县坚持以政府投入补助为引子，采取参与式方法调动群众广泛参与建设家园，并对积极性高、参与面广的群众进行补贴。比如，对村民庭院硬化，以每硬化3个平方米项目补助一包水泥，村民自筹沙石和投劳。村民的地面平整完毕，沙石准备到位，就发给水泥。大营乡利用国家投入资金购买水泥、购买炸药开山炸石、租用凿岩机和碎石的沙机，群众投工投劳，由农户自己完成了串户人行道的硬化。

（七）为推进新农村建设提供组织保障

安顺市在新农村建设中，将提高村干部的学历和工资水平作为一项重要内容，基本保证了每个村都有至少一个高中学历以上的村干部，村干部的工资也得到明显保障，使村干部由目前“半脱产”逐步转变为“脱产”干部。从调查的情况看，每个村庄平均有4个村干部，而高中学历以上的平均有1.31个，高中学历村干部比重平均值为34.99%。全市新农村建设的规划中将提高村干部的工资作为重要内容之一，以各县财政保证村干部月工资在200元以上，村干部年平均工资为2727.18元。

（于保平）

第二篇

粮食安全

调查中国农村
ZHONGGUO DIAOCHA NONGCUN

第二篇课题组成员名单

课题顾问：

张玉台　国务院发展研究中心主任 党组书记

课题主持人：

李剑阁　国务院发展研究中心副主任 研究员

课题组组长：

韩　俊　国务院发展研究中心农村经济研究部部长 研究员

谢　扬　国务院发展研究中心农村经济研究部副部长 研究员

徐小青　国务院发展研究中心农村经济研究部副部长 研究员

课题组成员：

崔晓黎　国务院发展研究中心农村经济研究部研究员

于保平　国务院发展研究中心农村经济研究部研究员

潘耀国　国务院发展研究中心农村经济研究部研究员

郭建军　国务院发展研究中心农村经济研究部研究员

秦中春　国务院发展研究中心农村经济研究部副研究员

张云华　国务院发展研究中心农村经济研究部副研究员

李　青　国务院发展研究中心农村经济研究部助理研究员

王　宾　国务院发展研究中心农村经济研究部博士

樊雪志　国务院发展研究中心农村经济研究部博士

（该课题为国务院发展研究中心 2008 年应急研究课题）

主报告

加大对净调出省区的扶持力度 夯实国家粮食安全基础

——对全国6个粮食调出省区的调查与建议

近年来，我国粮食净调出地区进一步减少，自求平衡地区粮食供需缺口逐步扩大，主销区粮食自给率急剧下降。在目前全国13个粮食主产省区中，只有黑龙江、吉林、内蒙古、河南、安徽、江西等6个省区为净调出省区。加大对粮食净调出省区的扶持力度，稳定提高这些省区的粮食综合生产能力，对确保我国粮食安全具有重大意义。2008年，国务院发展研究中心组织对6个粮食净调出省区进行了深入调查，实地考察了佳木斯、四平、通辽、驻马店、周口、宜春、滁州、蚌埠等产粮大市。调查表明，尽管近年来6个省区粮食连续增产，但粮食生产中也存在着一些突出问题和矛盾，稳定粮食生产的压力很大，需要进一步完善政策，加大扶持力度，充分调动农民种粮和地方政府抓粮的积极性。

一、6个净调出省区粮食生产现状与增产潜力

近年来，得益于国家对粮食生产的扶持政策、有利的气候条件、市场价格回升和农业科技持续进步，6省区粮食生产连年丰收，粮食形势较好，今后增产潜力也比较乐观。

（一）粮食生产能力不断提高，对国家粮食安全做出重要贡献

近10年，6省区粮食播种面积占全国播种面积的比重呈稳步上升态势，由1997年的31%提高到2007年的37.3%；粮食总产量占全国粮食总产量的比重呈稳步提高态势，由1997年的29.9%提高到2007年的36.4%。2007年全国粮食总产量比2003年增加了1416亿斤①，6个省增产972亿斤，占68.6%。黑龙江省

① 为了表述方便，本书部分文章中市斤未换算成法定计量单位的公斤。1公斤=2市斤。

2004~2006年累计增产粮食595.6亿斤，占全国同期粮食增量的1/5。2007年遭受严重干旱，粮食总产仍然达到793亿斤。吉林省2004~2006年粮食产量连续三年超过1998年的历史记录。2007年遭遇重大旱情总产略有下降，为490.8亿斤。内蒙古自治区粮食产量从2004年的272亿斤快速增加到2007年的362亿斤，短短四年时间，粮食总产增加了90亿斤。河南省粮食总产量由2004年的850亿斤增加到2007年的1049亿斤，连续8年稳居全国第一位。2007年河南小麦总产596亿斤，占全国小麦总产的28.2%。2006年安徽省粮食总产量达到572亿斤，增产占全国的19%。2007年粮食总产达到580.2亿斤，创历史最高水平。江西省2004年以来粮食生产连续4年增产，全省共增产粮食90多亿斤，2007年总产达到380.8亿斤的历史最好水平。

6个净调出省区粮食调出量在1100亿斤左右，占全国省际间商品粮调出量的近一半。黑龙江是我国粮食调出最多的省份，每年销往省外及出口粮食超过400亿斤。2007年黑龙江省大米调出量为84.5亿斤，是全国调出最多的省份。吉林省2004~2007年累计销往省外及出口粮食982.1亿斤，年均245.5亿斤。内蒙古2007年销往区外及出口粮食98亿斤。河南省在养活本省近亿人口的基础上，每年还有200多亿斤粮食及其制成品外调。安徽是中部地区粮食调出大省，年调出商品粮100亿斤以上。江西每年都有100亿斤商品粮净调出量。

（二）粮食品种结构不断优化，粮食加工产业快速发展

各省区着力调整和优化粮食品种结构，积极发展粮食加工业，提高粮食附加值。河南省2007年优质专用粮食品种种植面积占粮食播种面积的67.8%。该省以小麦为主的粮食加工能力已达到690亿斤，建成了一批技术含量高、产业链条长、带动能力强的小麦精深加工项目，大大提高了粮食产业的综合效益。吉林省粮食深加工业发展迅猛，成为一大支柱产业。2007年全省粮食加工转化能力达到350亿斤，实际加工粮食270亿斤，粮食加工业的发展从根本上摆脱了粮食“卖不出、调不走、储不下”的困境。我们考察的佳木斯市2004年粮食加工总量为10亿斤，占全年粮食总产量的18%，到2007年粮食加工总量达到39亿斤，占到粮食总产量的48%。

（三）粮食增产潜力大，是提高我国粮食安全保障程度的希望所在

根据预测，2020年我国粮食自给率保持在95%的水平上，今后12年内国内粮食总产量必须增加1000亿斤。根据对6个省区的调查，实现这一增产目标完全是有可能的。6个粮食净调出省区初步规划的2020年以前的粮食增产目标已经接近1000亿斤。根据黑龙江省编制的《千亿斤粮食生产能力战略工程规划》，如果

投入有保障，规划措施到位，到2012年粮食生产能力可达1000亿斤以上，可以新增粮食生产能力233亿斤，全省商品粮调出量可达700亿斤以上。河南省粮食增产潜力更大，该省规划今后12年增产粮食300亿斤，2010年、2015年、2020年粮食产量规划目标分别达到1100亿斤、1200亿斤、1300亿斤。吉林省粮食增产潜力也很可观，该省规划到“十一五”末期粮食生产能力由目前的500亿斤跃上600亿斤的水平，实现增产100亿斤商品粮的目标。内蒙古粮食增产潜力大，自治区农业厅提出的目标是，到2020年粮食综合生产能力达到500亿斤，增产140亿斤左右。安徽省正在谋划建设淮河流域粮食主体功能区，该区域粮食产量占全省的70%以上，计划经过5~10年的努力，实现50~100亿斤的粮食增产目标。据江西省农业厅的规划，到2015年，该省粮食将增产100亿斤。

首先，粮食增产最大的潜力在于中低产田改造和水利基础设施建设。黑龙江省现有中低产田近8000万亩，占耕地面积的一半，如果持续加大投入力度，通过实施改造，单位产量有较大提升空间，每亩可增产100公斤以上，仅此一项可增产160亿斤。河南省目前还有6000多万亩中低产田，据测算，如果能投入300亿元左右的资金，改造中低产田，加强农田水利等基本建设，可实现每年新增200亿斤的粮食生产能力。内蒙古中低产田9061万亩，占耕地面积的84.4%，由于中低产田比重较大，粮食单产仅为全国平均水平的80%，如果单产达到全国平均水平，就可以增产粮食70亿斤。以国家重要商品粮基地通辽市为例，多年来粮食总产占到内蒙古全区的1/4，年产稳定在90亿斤左右，目前全市至少有500万亩旱地，如果增加水利设施，每亩至少可提高单产500斤~700斤，可增产粮食25亿斤~35亿斤。

其次，优化种植结构，强化科技支撑能力，也蕴涵着较大的增产潜力。吉林省测算推广节本降耗增产增效技术，可增产20亿斤左右。适当增加高产作物玉米的播种面积也可以增产粮食。转基因玉米具有抗虫、抗倒伏的明显效果，可以减少粮食损失10%左右。吉林省测算，如果应用这项技术，全省可以增产玉米40亿斤左右。内蒙古具有发展玉米和马铃薯的得天独厚的资源优势，通过把玉米种植面积由目前3018万亩扩大到4000万亩、马铃薯面积由920万亩扩大到1500万亩，可以增产粮食100亿斤的左右。

再次，适度开发后备耕地资源。黑龙江省有近2000万亩可开垦后备耕地资源，内蒙古还有2000多万亩后备耕地资源，通过科学规划，合理开发，具有可观的增产潜力。

二、6个省区粮食稳定增产的主要制约因素

（一）粮食生产成本直线上升，农民种粮收益明显下降

当前农民反映最突出的问题是，化肥、柴油等农业生产资料价格持续上涨，远远超过了粮食价格的上涨幅度，导致种粮效益明显下降。吉林省2004～2006年玉米每亩纯收益从87.14元提高到235.13元，水稻亩收益从138.73元提高到605.63元，大豆亩收益从171.55元提高到218.44元。2007年新粮上市后粮食价格出现波动，同时农资价格及劳动力成本上升，对粮食成本收益影响很大。2007年玉米亩收益下降到101.4元，水稻下降到447.3元，只有大豆收益上升到288.2元。

据河南省农业厅测算，2007年该省农民种一亩小麦产值增加66.24元，但生产成本提高111.01元，生产成本增加额比产值增加额高出49.79元，即使在小麦最低收购价上涨的情况下，亩收益仍比上年下降44.27元。

江西省宜春市的资料显示，2004～2007年，早籼稻每50公斤的生产成本由49.75元提高到65.02元，而净利润则由24.32元下降到15.33元。同期晚籼稻每50公斤的生产成本由47.78元上涨到61.35元，净利润则由29.47元下降到28.37元。根据江西省统计局的调查，2008年种水稻单季化肥成本每亩增加43.6元，种子、薄膜成本增加20元，亩成本平均增加63.6元；双季将增加130元；人工成本每亩增加10～15元；农机费平均每亩增加60元左右，合计起来，2008年种粮每亩成本将增加200元左右。目前，江西农民种植一亩水稻（双季）的收益只有200元左右，远低于经济作物的收益和打工的收益。生产成本急剧上涨的直接后果是农民种粮积极性被挫伤。“双改单”和抛荒现象在部分地区有所抬头。基层干部讲，目前农民在家种粮，不是因为种粮有利可图，而是由于年龄大了无法外出打工，更多的是出于“保口粮”的想法。从现实情况看，绝大部分种粮散户都是留守老人，他们大多对种田成本能省则省，农资涨价后舍不得投入，能少施肥就少施肥，这样势必影响粮食产量。

（二）粮食市场调控机制不完善，粮食价格明显偏低

调查表明，国家启动粮食最低收购价政策，不仅有效缓解了农民卖粮难，稳定了农民种粮收益，同时也增加了国家粮食库存，为国家掌控充足的粮源、实施粮食市场调控提供了有力保障。从各地看，国有粮食企业积极组织政策性粮食收购，做到了不拒收、不限收、不打白条。中储粮总公司在市场调节过程中确实发挥了“蓄水池”的功能，通过“高抛低吸”，顺向调节，成功维持住粮价稳定。

今年上半年国家启动水稻最低收购价格和临时收储玉米政策后，价格小幅上涨，东北地区粮食收购量大幅增加，国家掌握粮源规模恢复到上年水平。2008 年下半年粮食价格是以稳定为主小幅攀升。

各地反映，粮食市场调控机制还不完善。一是水稻最低收购价格政策前瞻性差。2008 年国家水稻最低收购价调整幅度太小，已经明显低于农民的预期，已达不到预期效果。据江西省测算，2008 年每百斤早稻售价提高 0.15～0.20 元，才可以做到收益与去年持平。二是国家限制玉米加工业发展和出口以后，在一定程度上扭曲了玉米价格形成机制，玉米价格的波动风险增大，而调控手段减弱，缺乏生产价格保护机制，不利于保障种植玉米农民的收入。吉林省初步估算，受此影响，全省仅玉米每年就减少收入 45 亿元左右。三是粮食价格形成机制不完善。在中央财政补贴支持下，中储粮及其管理的粮食存储企业已经占据了粮食收购存储市场的主要份额，这就使得粮食收购市场走向相对单一化，尽管可以保证国家粮食宏观调控的力度，但这种体系缺乏反映粮价波动的敏感度。在粮食购销市场形势发生深刻变化的情况下，除非中储粮系统果断采取政策性收购，或者南方的加工企业积极参与竞争收购，粮食价格将主要由本地的加工企业定，农民在价格上的话语权很弱。

（三）粮食直补政策不完善，对调动农民种粮积极性作用减退

基层干部反映，2004 年以来国家出台一系列对种粮农民的直接补贴政策，提高了农民种粮收益，对调动农民种粮积极性起到了最直接的作用。2004～2007 年江西省农民人均可获得的补贴资金分别为 29 元、30 元、47 元、62 元，2008 年农民种双季稻可得补贴 131 元。从 2004～2008 年安徽省粮食各项补贴资金增长了 6 倍，种粮农民每亩平均可获得补贴 60 多元。吉林省农民人均补贴达到 403 元，约占农民收入的 10%；亩均补贴 98.5 元，斤粮补贴 0.13 元。

地方干部群众反映，各种粮食直接补贴政策很好，但补贴的增长远滞后于农业生产资料价格的上涨，近两年这项政策的刺激作用在不断衰减。调查表明，虽然 2008 年国家大幅度提高了补贴标准，但增加的补贴并没有弥补农民因农资价格上涨而增加的支出。以佳木斯市为例，2008 该市农民购买农资比去年多支出 5.06 亿元，农民享受的粮食补贴资金增加 3.11 亿元，农民实际还是多支出 1.95 亿元。从对江西和安徽实地调查推算，扣除增加的政府补贴后，因农资价格上涨，今年农民种粮每亩地实际增加支出约 150 元。

粮食直接补贴方式也存在不合理之处。调查中了解到，各地都是将补贴发放给原土地承包户，只要有承包地就能拿补贴，租入承包地的农户难以享受政策优惠，粮食种好种差一个样，产量高低一个样，种与不种一个样。许多农民拿到补

贴后将土地转包他人耕种，然后外出打工，有的补贴并没有真正补到种粮农民手中，有的抛荒耕地也同样拿补贴。由于补贴方式不够合理，补贴资金的效果没有充分体现出来。

（四）农田水利设施薄弱，防灾减灾能力不强

各省区一致反映，水利基础设施薄弱、抗灾能力不强，是粮食稳产增产的突出制约因素。

一是缺乏灌排设施的“望天田”还占很大比重。黑龙江农田有效灌溉面积只占25%，大大低于全国40%的水平。全省易涝面积由20世纪50年代的2600万亩，增加到现在的5000万亩。吉林省西部地区十年十旱，中部地区十年九旱，每年受旱面积都在3000万～4000万亩，干旱对该省农业的威胁越来越大。河南省还有近40%的耕地“望天收”，常年受灾面积占农作物播种面积的十分之一强。抗旱排涝标准还不如十年前，一旦有大涝大旱等自然灾害发生，就会造成粮食生产大幅度滑坡。内蒙古2/3以上的耕地为旱作中低产田，有近6700万亩耕地没有水利灌溉设施，粮食单产低而不稳，抗灾能力差。

二是现有灌区普遍存在设施标准低、工程配套差、老化失修、灌溉能力萎缩等问题。吉林省作为国家重点商品粮基地，30年没有启动大型水利工程建设，90%的水利工程带病运行，绝大多数农田缺少配套灌溉工程，多数易旱农田遇旱不能抗。河南大中型水库病险率高，水利骨干工程完好率不足50%。内蒙古自治区目前灌区设施老化失修率达70%，全区现有的4122万亩灌溉面积中，仅有67%能正常发挥灌溉作用，旱涝保收能力不足53%。安徽省大型灌区工程配套率不足40%，骨干建筑物的完好率不足25%，全省有1820座小型水库存在严重安全隐患。

三是水利设施开发缺乏控制性工程，水资源调控能力低下。黑龙江省各类水库总蓄水能力只有85亿立方米，地表水截留能力不足20%，调控能力只有7%。

四是小型农田水利设施建设滞后。小型农田水利建设点多面广，又年久失修，投资力度远不能满足建设需求。安徽省目前小型灌区有效灌溉面积2750万亩，根据规划，“十一五”小型农田水利建设需投资57.8亿元，但2005～2008年中央小型农田水利建设专项资金补助只有2.1亿元。江西省财政从2005年开始拿出2000万元设立专项资金，今年又增加到1.5亿元支持小农水建设。中央财政2007年也安排了江西省3400万元用于小农水项目。与江西省财政部门“小农水十年规划”估算的108亿投资需求相比，投资缺口巨大。

五是节水灌溉技术普及率低，水资源利用效率低。内蒙古全区2/5的有效灌溉面积仍在沿用传统落后的灌溉方法，灌溉水利用率不足40%，灌溉总用水量比例高出全国平均水平近15%，水资源浪费严重。

（五）对粮食主产区利益补偿机制不健全，难以调动地方政府主动抓粮的积极性

从2005开始，中央财政和各省财政对产粮大县实行奖励政策。奖励政策一定程度上缓解了产粮大县财政困难、调动了县乡政府的积极性。平均来看，每个产粮大县每年获得的奖励资金约为1000万元。尽管产粮大县同时享受一般转移支付，但这些县人均财力水平很低，多数县除了按低水平发放工资和保证政府基本运转外，其他可用财力极少。粮食主产区与主销区的利益不平衡矛盾已经表现得比较突出，主产区吃亏已经成为强烈反映的一个意见。

首先，主产区粮食风险基金收支矛盾较为突出，产粮越多，地方政府财政负担越重。粮食风险基金分担比例虽然由原来中央40%、地方配套60%，调到现在中央60%、地方配套40%，地方仍然要拿出很大一笔钱来，这样，粮食越多的省拿钱越多，使得粮食主产区陷入“产粮越多财政负担越重”、“贡献越大义务越多”的境地，在一定程度上甚至是穷省补贴富省、支援富省。一些地方政府把这种现象叫做为“背着包袱抓粮食，抓了粮食背包袱”。调查表明，6个净调出省地方粮食风险基金配套负担重、欠账多。从1999年开始，吉林省每年要配套粮食风险基金12.1亿元，由于地方财政承受能力有限，不足部分主要通过向商业银行借款解决，形成了巨额欠账，造成产粮大市、大县负担沉重。截至目前，四平市共欠配套风险资金3.75亿元，通过贷款解决了3.4亿元，每年支付利息2000多万元，还要还本金。内蒙古2007年粮食风险基金支出达13.1亿元，缺口1.7亿元。该区向中央财政贷款粮食风险基金8.3亿元，也已到还款期。近期，国家对该区下达地方粮油储备规模指导性计划28亿斤，要求在两三年内全部充实到位，此项需增加粮食风险基金支出约7000万元，该区粮食风险基金缺口将达2.4亿元。河南省粮食风险基金向中央财政和人民银行借款规模达到30.57亿元，2003~2006年中央财政对地方拖欠粮食风险基金借款本息实行全额扣款，分别为，2.9亿元、1.4亿元、1.3亿元和1.3亿元。江西省一年粮食风险基金11.86亿元，其中用于安排粮食直补资金6.1亿元，用于粮食亏损挂账付息6亿多，加上其他支出，粮食风险基金赤字2个亿。

其次，涉农配套资金要求已使粮食主产区不堪重负。目前产粮大县承担的涉农投入各项硬性配套投入太多，负担太重，已经成为发展农业和粮食生产的包袱。以驻马店市为例，近四年来市县两级涉农配套名目和配套资金逐年增加，配套名目从2004年的12项增加到2006年、2007年的23项和31项，市县配套资金从2004年6692.2万元增加到2007年的59178.1万元，增加了7.8倍，涉农配套资

金占全市一般预算收入的比重也从2004年的5.2%增加到2007年的27.8%。对于一个农业大市、财政穷市来讲，这样的配套资金要求和所占一般预算收入的比重实在是太高，已不堪重负。

（六）粮食生产科技存在薄弱环节，基层农业服务体系功能弱化

一是农机发展与生产需求存在差距。农机配置不合理，大中型农业机械比重低，机具老化，全程机械化水平低。吉林省小四轮拖拉机已经普及应用，但大型农机具较少，不适合免耕栽培和旱作，与发达国家相比，该省农机化水平落后半个世纪。黑龙江省在农业机械化普及和农机总动力上处于全国前列，但大型农机具保有量和状态不足，尤其是大型农机具严重老化。全省3.4万台大型拖拉机中服役15年以上的占47.8%，2000多个村没有大型农机具，3600多万亩耕地不能推行标准化作业。

二是农业科技推广体系薄弱。一些地方过于强调把农技服务推向市场，致使一些基层农技服务体系陷入“网破、线断、人散、站垮”的被动境地，大批农业先进适用技术无法得到迅速推广。一些水稻品种已种植近10年，长期没有改进和提高。推广人员的工资不能得到保证，推广经费更没有保障。

三是农业生态环境破坏较重，耕地质量下降。受农药污染等因素影响，水稻生产环境遭到严重破坏，部分良田无清洁水灌溉。部分地区由于多年未进行有效科学的农作物轮作，土壤有机构成出现生态缺陷，土壤质量下降。随着化肥施用量的逐年增加，农家肥施用量的减少以及小型农机具的大量使用，耕地水土流失严重，尤其是土壤板结、犁底层上移。黑龙江省土壤有机质平均已下降到3%左右。

（七）粮食储备体系不完善，现代粮食物流体系落后

市县地方粮食储备规模小，区域市场应急调控能力有限。建立市县级储备给产地政府带来了一定财政压力。粮食仓储物流建设滞后于生产发展，运输存在瓶颈。中储粮吉林分公司每年需要铁路运输的粮食平均在34亿斤左右，而实际通过铁路运输完成的数量只有22亿斤。全省新增的100亿斤粮食工程主要在西部，但仓储运输比较落后，储存设施上有结构性短缺。按照黑龙江省农业生产发展规划，到2012年全省粮食总产将达到1000亿斤，粮食商品量将增加到750亿斤左右。黑龙江省远离销区，粮食流通成本高，并且及时调运难，铁路运输和仓储设施成为该省粮食发展的制约瓶颈。

二、加大对粮食净调出省区扶持的建议

目前，我国粮食供求关系已进入紧平衡状态，粮食安全问题依然堪忧。我国人口刚性增长、土地刚性减少、粮食需求刚性增加的趋势不可逆转，立足国内保障粮食安全，比以往任何时期都更加紧迫和艰巨。提高我国粮食安全保障程度，实施国家粮食安全战略工程，必须把粮食净调出省区作为支持重点，尽快研究出台实质性的重大扶持政策。基于本次调查，提出以下政策建议。

（一）尽快规划和集中启动几个对国家粮食安全影响深远的重大粮食增产工程，加快培育新的粮食“增长点”

目前，吉林、黑龙江、河南已经编制了相应的粮食发展规划，安徽正在加紧编制淮河流域粮食生产主体功能区建设规划，江西和内蒙古也都提出了粮食增产的初步设想。吉林省增产百亿斤商品粮能力建设工程已经国务院批准。建议国家发改委牵头加快论证黑龙江“两江一湖”粳稻基地建设项目、河南粮食核心产区建设规划项目，并协助安徽、内蒙古、江西尽快编制出相应的粮食发展规划，确定合理的粮食增产目标和实现途径。在各个省区规划编制的基础上，作为落实国家粮食安全中长期规划纲要的重大举措，加紧在6个净调出省区部署一批基础条件好、增产潜力大、调出量大、集中连片的粮食增产项目区，集中力量打造成国家粮食新的增长点。在工程项目区，要重点扶持一批核心主产县，给予粮食核心主产县优惠政策扶持，统筹支农资金，形成政策、资金、技术等方面的合力，使其真正发挥粮食生产的骨干作用。

（二）提高粮食最低收购价水平，完善粮食市场调控政策

粮食价格的涨落对农民种粮积极性起着决定性作用。从确保粮食安全和平衡城乡利益关系的全局考虑，应进一步完善粮食最低收购价政策，使粮食最低收购价与相关农资价格保持同步，真正成为粮食最低支撑价，确保农民种粮收益不降低，并逐步提高。在大的国际环境背景下，我国粮食价格将处于一个逐步走强的态势，农民也产生了粮价上涨的“预期”，适当提高粮食价格已成为当前粮食调控的当务之急。要根据农民种粮成本收益和市场供求变化情况，提高水稻和小麦最低收购价水平，并将玉米纳入最低收购价政策范围，逐步缩小国内粮价与国际市场的差距。坚持主要由市场供求来决定粮食价格，提高政府价格干预政策的前瞻性和稳定性，既要防止粮食价格上涨幅度过快，也要避免种粮收益长期过低，建立有利于粮农收益增长的粮食价格调控机制。完善粮食最低收购价政策启动机

制，国家有关部门在新粮收购上市前，要充分做好市场调查和分析预测，一旦市场价格低于或接近国家最低收购价，新粮上市后就要及时启动最低收购价执行预案。在粮食连年丰收、国内外市场粮价差距很大的情况下，可以适当组织部分过剩粮食品种出口，促进国内粮价合理上涨。

（三）建立种粮大户补贴，提高补贴政策效果

为了更好地发挥粮食直接补贴政策对粮食生产的激励效应，应提高补贴标准。为了更好地发挥政策效能，补贴应补到实际种粮的农民身上，而不是补到拥有土地承包权的农民身上，建议将补贴对象进一步界定为种粮农民和种粮面积，按实拨付补贴，确保种粮农民增产增收。在现有粮食补贴的基础上，增加对种粮大户的补贴，按照种粮大户耕地面积或提供的商品粮数量，提供相应的补贴，并在信贷、科技推广、农田水利建设等方面给予重点扶植，重点培育“核心粮农”。

（四）大幅度增加农田水利建设投入，建立农业水费财政补贴制度

农田水利建设对提高粮食综合生产能力具有基础性保障作用。要加大中央财政对净调出省区农田水利建设投入支持力度，夯实这些省区粮食生产稳定增长的基础。一是支持加快灌区续建配套和节水改造，充分发挥水利工程灌溉效益，提升农田水利设施服务功能，恢复和扩大有效灌溉面积。二是在水土资源较好、粮食增产潜力较大的地区，支持建设农业灌溉水源工程，充分利用水资源开发利用的潜力，增加新的灌溉面积。三是加大中央财政对小型农田水利设施建设补助力度。从中央到地方，建立小型农田水利建设专项补助资金，采取以奖代补等多种形式，鼓励农民投工投劳兴办小型水利事业。四是大力发展节水灌溉，对节水灌溉机具和设备给予补贴，提高水资源的利用效率和效益。五是建立农业水费财政补贴制度。按照核定的有效灌溉面积，将水费补贴直接发放到农户。

（五）强化粮食生产的科技支撑，提高粮食生产大型农机应用水平

这些年的经验证明，每一次粮食种子革命都带来粮食产量的一次飞跃。建议国家在种子的基础研究和应用研究上增加投入，整合农业科技资源，加强小麦、玉米、水稻等主要农作物转基因生物育种科技攻关，加快选育开发产量高、抗灾强的粮食新品种。加大病虫害生物防治、生态控制和安全高效用药技术研究。加大大型农机具的推广应用，重点解决粮食主产区大型拖拉机购置和配套问题。大力恢复种植绿肥，增加有机肥施用量，推广测土配方施肥，推行秸秆还田和过腹还田，防止农田环境污染。建立以政府为主导、以公共财政为支撑的农业科技服务体系。中央对基层农技推广服务体系公益性服务这一块，应安排专项转移支付。

（六）取消净调出省区粮食风险基金配套，加大转移支付力度

一是取消6个净调出省区地方财政粮食风险基金配套部分，全额由中央财政承担，并增加投入规模。适当减免粮食风险基金借款，帮助消化粮食财务挂账。拓宽粮食风险基金调控范围，可将对粮食出口企业和对粮食加工企业征收的增值税专项用于补充粮食风险资金。

二是取消6个净调出省区中央各种涉农投入要求的地方配套资金。

三是中央财政加大对粮食净调出省区奖励和转移支付力度。提高对粮食净调出省区奖励标准。将对产粮大县的奖励改为对省区进行奖励，以调动省区所有县抓粮食的积极性。进一步加大对粮食主产区教育、卫生、文化、交通等社会事业的支持。按照粮食产量和农村人口比重，建立支农资金分配和财政转移支付的新机制。

四是在保证国家粮食安全的前提下，通过财政贴息的政策引导，促进金融机构加大对大型粮食加工企业信贷的支持力度，扶持粮食主产区发展粮食加工转化，实现粮食增值。

（七）加强粮食储备体系建设，培育一批具有维护国家粮食安全能力的大型粮食物流企业

一是加强和完善地方储备粮体系。按照“产区保持3个月销量、销区保持6个月销量”的储备要求，明确地方粮食储备规模，进一步强化地方政府保障国家粮食安全的责任。增加地方储备费用补贴，确保地方粮食储备落实，防止非正常空库，确保紧急状态下的粮食应急能力。二是优化储备粮品种结构，增加稻谷储备。三是加快粮食收储企业战略性重组。深化粮食仓储企业改革，保持国家对粮食仓储设施的控制力，鼓励大型粮食企业之间通过相互参股等方式建立战略联盟，整合粮食物流资源，提高粮食运输的集约化、规模化水平。培育以仓储为基础、加工为支柱、贸易为龙头、物流为延伸的具有维护国家粮食安全能力大型粮食企业集团。充分考虑对外资粮商进入粮食收储领域对我国粮食安全带来的潜在风险，对外资并购境内粮食加工企业进行安全审查，从严控制，防止其大规模乘虚而入，控制国内粮食仓储设施和粮源。四是增加东北铁路建设投入，改进粮食运输的薄弱环节。五是加强粮食流通基础设施建设，推动以“四散化”（散装、散卸、散存、散运）为标志的粮食物流现代化。

（韩　俊）

分报告1

广东省粮食问题调研报告

广东作为全国最大的粮食主销区和产需缺口省，保障粮食安全供给尤为重要。近年，该省耕地逐年减少，粮食消费需求不断增加，产需缺口不断扩大，保障粮食市场供需平衡和价格稳定主要依靠市场机制和政府调控。增强农业综合生产能力、完善地方储备粮管理体制、构造现代化的粮食现代物流体系，是该省粮食安全的重要保障。

广东是全国最大的粮食主销区、加工大省和产需缺口大省。近年，随着经济发展和城市化、工业化的推进，耕地面积逐年减少，粮食产需缺口越来越大，确保粮食安全任务十分艰巨。20世纪90年代以来，广东在全国率先建立了粮食储备制度、粮食工作考评办法、粮食流通体系和调控机制，对保障粮食供应和价格稳定发挥了重要作用。粮食市场已形成了多元市场主体参与粮食经营、多渠道解决粮食产需缺口的基本格局。但粮食产需缺口的矛盾依然没有改变，耕地资源缺失态势不可逆转、粮食生产比较效益低、农民种粮积极性不高和粮食安全机制不尽完善等问题亟待解决，须引起高度重视。为了解粮食供求现状和市场调控情况，我们于2008年3月下旬赴广东进行了调查。

一、粮食产供需基本情况

（一）耕地逐年减少

广东省现有耕地面积288.26万公顷，2010年耕地保有量的原来目标是325.76万公顷，目前实际缺口已达37.5万公顷。广东省人均耕地面积只有0.4亩，是全国人均耕地面积1.39亩的29%。近年来，由于城市化、工业化的不断推进，广东省耕地面积、粮食播种面积逐年减少。2001～2005年，耕地减少17.23万公顷，平均每年减少3.45万公顷。1998～2005年，粮食播种面积减少64.53万公顷，减幅19%。

（二）粮食生产基本稳定

2005 年、2006 年，广东粮食生产保持稳定，总产分别为 139.5 亿公斤和 138.8 亿公斤，其中稻谷总产分别为 111.7 亿公斤和 110.4 亿公斤。2007 年，粮食播种面积 278.14 万公顷，比 2006 年增加 1.4 万公顷。其中，水稻播种面积占粮食播种面积的 80%。2007 年全省粮食生产主要由于播种面积增加而有较大幅度增产，为近 9 年来粮食增产幅度最大的一年，总产 143.5 亿公斤，其中稻谷总产 113.7 亿公斤。

（三）粮食需求逐年增加

随着经济发展，广东省常住人口和流动人口都在不断增加，口粮消费相应增加，食品加工业和养殖业迅猛发展，全省粮食消费需求总量逐年增加。2005 年以来全省粮食需求量在 370 亿公斤/年左右，其中稻谷消费量在 200 亿公斤/年左右，玉米和大豆的需求量也较大。其中口粮占消费总量的 50% 以上，其他为饲料用粮，食品、副食品及酿造用粮和工业用粮，分别占 33%，5% 和 3%。总体来看，广东省粮食消费中，口粮消费呈逐年下降趋势，饲料用粮、工业用粮逐年增加。

（四）粮食产需缺口持续增大

1996 年以来，广东粮食产量总体呈下降趋势，需求量明显逐年增加，产需缺口逐年扩大，自给率逐年下降，2004 年已不足 40%，2007 年自给率仅 36.5%。目前，广东省 21 个地级以上市，仅有 3 个市产需基本平衡，其他 18 个市粮食产不足需。全省除约 2/3 的稻谷自己生产外，小麦、大豆和 90% 的玉米均需要从省外购入或国外进口。其中，省外购入占 75% 左右，以稻谷和玉米为主；进口占 25% 左右，以大豆为主。进口大豆基本是食用油加工及其豆粕转用于畜牧饲料加工业等的需求。该省特别是珠三角地区已是全国重要的各种畜牧饲料的重点加工基地。全国前 10 名饲料加工企业广东省占 4 家。

（五）粮价运行基本平稳

2006 年 10 月份，广东粮食价格与全国同步开始上扬，2007 年虽在高位运行，但总体基本平稳，未出现持续涨价情况，市场价格态势与全国基本一致。2008 年 1、2 月份价格总体略微上升，但从 3 月份开始趋势有所分化，稻谷收购价趋于稳定，部分粮食产品批发价小幅回落，成品粮零售价有小幅增长。3 月上旬，成品粮零售价，标一早籼米、标一晚籼米、珍珠米和丝苗米分别为 1.64 元/斤、1.83 元/斤、1.90 元/斤和 2.18 元/斤。4 月份以来受国际价格拉动等方面的因素影响，粮食价格略有上涨。

二、保障粮食安全的主要做法

广东省作为全国粮食主销区和缺口大省，在建设粮食安全体系方面，积累了许多值得借鉴的经验。

（一）率先建立地方粮食储备制度

1992年，广东在全国率先建立了省市县三级地方粮食储备制度、粮食风险基金制度和粮食工作考评办法。粮食储备实行分级管理、分级调控和分级负责，逐级下达储备计划和下拨储备管理费用。同时，省成立粮食风险基金制度，以保证储备管理费用和粮食市场调控预备金，并制定《广东省粮食工作考评办法》，建立粮食工作各级政府负责制，每年对各级政府的粮食工作情况进行考评，以确保粮食储备制度的落实。在1995年国家要求实行“产区保持3个月销量、销区保持6个月销量”后，广东粮食储备规模大幅增加。

1998年，国家实施粮食流通体制改革，该省粮食购销体系开始走向市场化。省内粮食购销企业的经营性业务与政策性业务逐步分离，粮食储备形成一种委托管理的模式。粮食行政管理部门与粮食企业之间通过签订经济合同（代储合同、协议书等），明确各自在地方储备粮保管、轮换等活动中的责任、权利和义务。为符合市场化的要求，2000年广东组建了省储备粮管理总公司，对省级储备粮实行垂直管理，地方粮食储备粮管理新体制初步形成。省储备粮管理总公司负责省级储备粮的数量、质量和储存安全的经营管理；各市、县对本级储备粮进行垂直管理，并相应成立储备粮管理中心或总公司。至2003年，该省基本完成了对各级储备粮的规模调整和库点集并，优化了储备布局结构。省级储备粮由分散存放在全省1600多个库点减少到100多个承储库点。同时，广州、深圳、东莞、佛山等大城市有一定数量的成品粮库存，基本可满足应急供应的需要。为规范储备管理制度，该省2004年实施了《广东省省级储备粮管理办法》，随后制定了一些配套规定，包括代储企业条件确认、质量监管、轮换、仓储、财务管理、价格机制等，以及进一步完善《广东省粮食工作考评办法》。目前，该省粮食储备管理制度基本实现了法制化，为确保粮食安全提供了有力保证。

广东粮食储备制度大大增强了政府调控粮食市场的能力，风险基金制度确保了市场调控资金和储备规模。1992年至今，该省粮食储备规模已较最初翻了两番。省、市、县三级储备规模所占比例分别为43%、40%和17%。省市两级储备占到全省地方储备规模的83%，是粮食宏观调控的主体。2003年末，该省全社会存粮约100亿公斤，包括地方储备粮、地方商品库存粮和城乡居民存粮，相当于全省年粮食消费量的28%。在1994年和1998年的特大洪涝灾害、1996年初和2003年的粮食抢购风波、2004年10月份市场粮价大幅波动、2005年、2006年特大灾情和今年雨雪冰冻灾害中，储备调控体系发挥了重要作用。截至2008年2月底，全省粮食商品库存总量同比增长10%，仅此部分就可满足5个月的市场供应。

（二）建立粮食应急调控预案

2003年，广东省为保证发生严重自然灾害或重大突发事件等特殊情况时的粮食有效供给，在全国率先建立了粮食应急机制，实施《广东省粮食应急预案》，同时，省内大多数市县相应建立本级粮食应急预案，全省粮食应急机制初步形成。按照《预案》，广东与国内部分主要粮食主产区建立长期稳定的粮食购销协作关系，建立粮食应急加工系统、应急供应系统和应急储运系统，保障在应急条件下的粮源供给、粮食加工和粮食运输。在出现紧急状况时，动用储备粮、启动全省粮食生产能力、向粮食主产省商调应急粮食和申请粮食进口配额等措施。在出现特急状况时，采取价格干预、实行居民定量供应、实行临时市场管制等强制性措施。

2007年8月，广东省为防止粮食价格过快上涨，实施《广东省主要粮食价格应急干预预案》。实行价格应急干预的粮食品种，在批发环节主要为标一以上等级早、晚籼大米、优质籼大米；在零售环节主要为标一以上等级早、晚籼大米、优质籼大米、标准粉和特制粉等。如果出现以下情形，省政府将启动该预案：粮食价格在7天内上涨50%以上，市场粮食供应紧张，群众抢购粮食并出现恐慌，且该状态持续15天以上；粮食价格在7天内上涨100%以上，市场粮食供应极度紧张，群众十分恐慌，抢购现象严重，部分地区出现粮食脱销。干预措施包括：加工环节按加工方式分别实行加工利润率或经营差价率控制；批发环节、零售环节实行经营差价率控制；根据当地居民承受能力，参照历史最高价位和毗邻地区的价格水平，合理制定“粮食零售最高限价”。实行零售最高限价的，在粮食购进成本上涨过高、各环节顺加作价时零售价格超过最高限价的，按照财政分级负责的原则，由各地对粮食加工或经营环节给予适当补贴。各地也要适时动用地方储备粮，以确保供应，平抑价格。

（三）不断完善粮食运输体系

20世纪90年代初，广东着手建设“珠三角粮食走廊”，至“十五”末期已建成围绕“一系（珠江水系）三线（京广、广梅汕、广茂湛铁路沿线）”布局的粮食流通格局。目前，广东粮食运输采用联运方式，以水路为主，水水联运、水铁联运、公水联运和公铁联运。从东北、沿海省份购入的粮食，采用海河联运。其中东北大连北良港到深圳港和广州新沙港的散粮运输系统发挥了重要作用。从华南、华东、华北与西北省份购入的粮食，主要采用铁路运输的方式，经京九线、京广线、广梅汕线、广茂湛线运达境内。从总量上看，该省85%以上的购入稻米和杂粮由公铁运输；90%以上的小麦、玉米、大豆由水铁运输。每年购入粮食的水路、铁路、公路运量的比例基本保持在5:3:2。不断完善的粮食运输体系成为保障广东省粮食安全的重要支柱。

（四）强化粮食交易市场功能

“九五”期间，广东按“省建粮食中心批发市场、市建粮食批发市场、县建粮食集贸市场”的部署，建设省、市、县三级粮食批发市场网络体系，建成粮食批发市场近30个。“十五”期间，省财政投资1亿元建设广东华南粮食交易中心，2007年成交量超过10亿公斤，居全国粮食批发市场前列。东莞市常平粮食批发市场和樟木头南方粮油批发市场年成交量分别达到11.03亿公斤和9.26亿公斤，成为供应东莞、深圳等地超大规模外来人口日常口粮的重要渠道，是省内重要的粮食集散地。樟木头南方粮油批发市场每天的进货量为300万公斤左右，2007年高峰时进货量达到每天500万公斤，常年经销商在场粮食库存量1500万公斤/日，正是由于这个库存量，在2008年雨雪冰冻灾害中确保了广东省粮食价格的基本稳定。粮食收购市场已经形成收购主体多元化、收购形式多样化的局面。除了与湖南、江西、湖北、江苏、河南、安徽和吉林等7个粮食产区省有长期稳定的购销关系外，大批粮食经纪人常年活跃其中，有效地促进粮食流通，增强了产销衔接。目前，广东省粮食商品量约300亿公斤/年，省县级以上粮食批发交易市场超过150个，其中粮食专业批发市场43个，年成交量超过60亿公斤。粮食部门在现行粮食储备制度的基础上，还出台“藏粮于市”的政策，落实粮食经营者对粮食市场承担相应责任的原则，对所有粮食批发商实行配额经营，规定每个配额每一个时期要有相应的存粮量，通过市场化运作将粮食储备的轮换、加工、销售和补库整合为动态储备，确保粮食市场供求平衡和粮价基本稳定。

三、确保粮食供求平衡的建议

在全国粮食供需基本平衡的大背景下，广东是全国粮食产需缺口最大的省。在粮食统购统销时期，广东曾是粮食调出省，每年调出大米5亿公斤左右。1976年，中央要求广东改种甘蔗，多调出蔗糖，该省粮食开始由余变缺。尤其改革开放后，经济发展，人口增长，粮食需求逐年增加，产需缺口不断扩大。广东省未来粮食需求的变化主要取决于本省常住人口和流动人口的变化，以及食品加工业和饲料加工业的发展。估计全省粮食需求量将每年递增5亿公斤左右。近期看，该省粮食供应充分，粮食安全压力不大，现有的粮食安全基础、调控机制、流通体系和较成熟的粮食交易市场，能够保障供给平衡和价格稳定。长远来看，由于耕地不断减少、种粮效益相对低下和农民种粮积极性下降，粮食产需缺口会持续加大，必将长期影响广东省粮食安全，必须引起高度重视。

（一）稳定自给率水平，实现“储粮于田”

一要进一步提高土地集约利用程度，加强耕地保护、土地整理与土地复垦。二要提高种粮效益和稳定粮食播种面积。农民由于种粮效益低而积极性下降，宜提高直补标准，直接补给种粮经营户。三要根据市场粮价变化适时适度提高最低收购价水平。目前广东省普通稻谷价格0.85元/斤、优质稻谷价格超过1.1元/斤，现行稻谷最低收购价格明显偏低。应根据粮食生产成本及市场价格变化，适度提高稻谷最低收购价水平，使最低收购价接近市场粮食价格。四是国家应关注主销区的核心产区问题。广东是全国最大的双季稻区之一，水稻播种面积位居全国的前四位，有发展潜力，应给予扶持，以调动农民种粮的积极性，推进规模化、集约化、产业化的优质稻优势产业带建设，提高粮食综合生产能力和粮食自给水平。五是探索建立政策性粮食生产保险制度。粮食生产风险高、收益低，广东具有经济实力，建议在省内探索率先建立粮食生产保险制度。增强农民抗御风险的能力，切实保障种粮农民的利益。

（二）完善地方储备粮管理体制，提高政府粮食储备仓容

一要进一步理清各级储备粮管理之间的关系和职能。广东粮食储备体制实行分级管理，存在不同的利益主体。在具体操作中，收储、保管、轮换、抛售等牵涉到价格、费用、资金等问题，涉及多个部门，各部门要明确职责，确实解决缺位、错位和越位问题。

二要调整粮食储备结构。目前广东储备粮结构单一，品种主要是早籼稻，缺口最大的玉米和大豆政府储备小，主要依靠市场及加工企业的商品储备。由于经济发展水平较高，居民的粮食消费习惯转向优质、专用品种，应增加储备优质食用粮、加工专用粮的份额，适当安排一定比例的大米、玉米和大豆现货。

三要加快地方储备库容建设，提高现有粮库设施的技术含量。广东省省市两级是粮食宏观调控的主体，但仓容占全省主要粮食库容总量的比例仅为18.7%和26.7%，明显不足，影响政府运用储备粮进行宏观调控。

四要完善储备方式。探索粮食招标储备及其补贴制度，鼓励非国有企业承担

粮食储备，降低储备成本。对储备粮承储企业应给予优惠的税收政策。宜参照国家给予中储粮总公司及其直属粮库的有关税收政策。对储存补贴标准，国家应考虑各省区的差异、气候、储存条件、设备和轮库周期，作适当调整。

五要确保各级粮食风险金足额到位。多年来，随着国家粮食流通管理体制改革的深化，粮食风险基金政策制度有了较大的调整，但至今广东许多市县级没有相应调整或粮食风险基金到位情况不理想。目前，广东省21个地级以上市的粮食风险基金实际到位率为80%左右。建议将粮食风险列入各级财政一般预算支出，并适当调增粮食风险金规模，不留资金缺口。

（三）构造完善的粮食现代物流体系，提高粮食流通效率

目前广东粮食物流的“四散化”主要是集中在水路，铁路和长途的公路运输方面基本上以包装运输为主，散粮运输未实现多种运输方式，效率低下，成本高。随着广东铁路和公路网络的进一步发展完善，广东粮食物流应依托铁路、公路、内河航运建设的快速发展，建议结合国家发改委的《粮食现代物流发展规划》，构造完善的粮食现代物流体系，降低物流成本，尤其要提高散粮运输在整个运输中的比重。应对运粮车开“绿色通道”，减免过桥、过路费，促进粮食跨区流通。

（四）建设现代化新型粮食交易市场，加强粮食市场的监测和预警

广东形成了粮食市场采用挂牌交易和订单交易相结合的方式，交易主体公平、价格真实，能较好反映市场供求状况。但除华南粮食交易市场和樟木头市场外，其他多数市场场地不足5000平方米，投资不足500万元，年交易量不到1000万公斤。市场难以提供仓储、质检和信息等多方面服务。建议强化对粮食市场的监测和预警能力建设。

一要尽快建立新型粮食批发市场。提升各类市场的价格形成、信息传递、品质测试、物流服务和金融服务功能。推进期货市场体系发展，将物流、商流、信息流、资金流等有机结合在一起，实现价格发现、电子商务、物流信息传递和商品配送功能。

二要加快国有粮食企业的资产重组和业务重组，逐步建设若干有实力的跨地区纵向一体化大型粮食集团，实现连锁经营、物流配送和电子商务的一体化经营。给予若干大型粮食企业集团或外贸企业集团的粮食进出口经营权，以提高本省自主调控粮食市场能力。

（李　青）

分报告 2

内蒙古自治区粮食问题调研报告

内蒙古是国家重要的商品粮生产基地，2003 年以来，粮食产量从 272 亿斤快速增加到 2007 年的 362 亿斤，年均增长 10%。而且，内蒙古后备耕地资源充足，需改造的中低产田面积大，粮食增产潜力巨大。到 2020 年，内蒙古粮食综合生产能力有望达到 500 亿斤。为了解该区粮食生产现状、增产潜力及存在的问题，我们于 2008 年 7 月上旬赴该区进行了专题调研。

一、粮食生产、流通的基本情况

（一）粮食生产几经波动进入稳步发展阶段

内蒙古自治区现有耕地面积 1. 12 亿亩，人均耕地面积 4. 6 亩，粮食产量居全国第 12 位，是全国可以调出粮食的 7 个省区之一，每年为社会提供商品粮 200 亿斤以上，粮食商品率居全国第 9 位。

改革开放以来，内蒙古自治区的粮食生产曾经出现过几次较大波动，表现出明显的阶段性特征，：

第一阶段，从 20 世纪 80 年代中期到 1998 年，全区粮食生产进入快速增长阶段。粮食产量从 1986 年的 106 亿斤增加到 1998 年的 315 亿斤，增加了 209 亿斤增幅达 198%，年均递增 9. 53%。同期，粮食亩产由 197 斤增加到 418 斤，增加了 221 斤，增幅为 112. 1%，年均递增 6. 47%；粮食播种面积由 5372 万亩增加到 7547 万亩，增加了 2175 万亩，增幅为 40%，年均递增 2. 87%。单产水平的提高和播种面积的增加有力推动了内蒙古的粮食生产，内蒙古自治区不仅结束了长达 25 年吃返销粮的历史，而且一举成为国家重要的粮食主产区之一。

第二阶段，从 1999 ~ 2003 年，全区粮食产量出现快速下滑。在此期间，全区粮食产量从 1998 年的 315 亿斤下降到 2003 年的 272 亿斤，减少 43 亿斤，减幅为 15. 8%。同期，粮食亩产水平从 418 斤增加到 448 斤，而播种面积却从 7546 万亩减少到 6076 万亩，减少 1470 万亩，减幅达到 27. 2%。可见，粮食播种面积急剧下降是粮食大幅减产的主要原因。由于1996年以来粮食价格总体水平长期低迷，出现阶段性卖粮难，大大影响了粮农的收入水平和种粮积极性，种粮比较收益持续下降最终导致农民减少粮食播种面积和粮食生产投入。

第三阶段，自2004年至今，在国家大力发展粮食生产利好政策的作用下，农民种粮积极性高，粮食生产水平提高快。全区粮食产量从2003年的272亿斤快速上升到2007年的362亿斤，四年间，粮食总产增加90亿斤，增幅33.1%；粮食播种面积由6076万亩增长到7652.7万亩，增长25.95%。2008年全区粮食产量比上年略有增加。尽管入春早期受气温下降和干旱的影响，部分地区损失比较严重，但进入6月份以来，全区各地均出现降雨，苗情长势良好，大部分地区旱情已解除。

（二）粮食供求总量平衡有余、品种平衡不足

总体看，近年来内蒙古自治区粮食生产稳定在350亿斤以上，其中商品粮在220亿斤以上，全区粮食消费280亿斤左右，总量平衡有余。但是品种结构不平衡、加工能力不足的问题比较突出。2007年的粮食总产中，稻谷12.04亿斤，占3.32%，小麦35.12亿斤，占9.7%，玉米231.06亿斤，占63.80%。目前，区内面粉消费的70%左右靠从山东、河北、河南购入成品面粉解决，区内小麦数量仅能解决需求的30%左右；大米消费的85%以上靠从黑龙江、吉林购入成品大米解决，区内稻谷数量仅能解决不到15%；区内油料自给有余，但油脂加工企业普遍规模较小，竞争力不强，油料和大豆每年大量销往区外，而植物油消费的70%靠从区外购入解决；玉米是内蒙古自治区的优势品种，但由于就地加工能力不足，长期外销，最多时一年销往区外140亿斤。最近几年随着新上粮食加工项目的增加，外销量有所减少。

（三）粮食产销的区域特点比较明显

东部是内蒙古自治区主要的粮食产区，产量和商品量都占全区粮食的65%以上，种植品种以玉米、大豆为主，流通以外销为主，约60%的粮食先通过公路或铁路运输到港口，再通过海运运输到南方主销区；约25%的粮食直接通过铁路运输到南方主销区；约15%的粮食直接通过公路运输到北京、天津、河北等北方主销区。

西部地区种植品种以小麦、玉米为主，流通以当地消费为主，有部分外销，当地消费主要靠公路运输，外销部分以铁路运输为主，主要销往四川、重庆等地。

（四）粮食生产潜力较大

内蒙古自治区发展粮食生产的优势和潜力较大，目前，全区还有2000多万亩

后备耕地资源；由于中低产田比重较大，粮食单产仅为全国平均水平的80%；农业综合科技贡献率为43.16%，与全国48%的平均水平还相差5个百分点；由于自然灾害和生物灾害的影响，全区常年粮食损失在30亿斤左右。综合测算，如果科学合理开发耕地，改造中低产田，优化种植结构，强化科技支撑能力，有效减少灾害损失，全区粮食生产能力还可以再提高140亿斤左右。

二、粮食生产面临的主要问题

（一）农业基础设施薄弱

内蒙古自治区地处干旱、半干旱地带，水资源短缺，农田水利化程度低，现有水利工程老化失修，投入不足，制约着粮食生产潜力的开发。一是农田水利基础建设滞后。全区2/3以上的耕地为旱作中低产田，有近6700万亩耕地没有水利灌溉设施，粮食单产低而不稳，抗灾能力差。二是工程配套不完善、质量差，灌溉能力大幅萎缩。目前灌区设施老化失修率达70%，全区现有的4122万亩灌溉面积中，仅有67%能正常发挥灌溉作用，旱涝保收能力不足53%。通辽市多年来粮食总产占到全区的1/4，年产稳定在90亿斤左右，目前还有相当一部分中低产田由于缺乏资金没能改造，全市至少有500万亩旱地，如果增加水利设施，每亩至少可提高单产500~700斤，可增产粮食25亿斤~35亿斤。三是节水灌溉技术普及率低。全区2/5的有效灌溉面积仍在沿用传统落后的灌溉方法，灌溉水利用率不足40%，灌溉总用水量比例高出全国平均水平近15%，水资源浪费严重，给粮食生产可持续发展带来严重影响。四是农机发展与生产需求存在差距。该区农业全程机械化水平虽然高于全国水平，但大多数为小型农机具，大型农机具较少，不适合免耕栽培和旱作。由于机型不适应，主要粮食作物玉米的机收率也不高。

（二）种粮比较效益低

尽管惠农政策调动了农民种粮积极性，但由于粮食收购价格一直不高，导致种粮的经济效益比较低。近几年，由于生产资料经营完全市场化，化肥、柴油等生产资料价格持续上涨，种粮成本增加，总体上，生产资料价格上涨基本与已经发放的补贴相当，生产成本上涨幅度高于粮食价格上涨幅度，影响了农民种粮积极性。2007年，该区大豆亩产收入470元，生产总成本228元，亩纯收益242元；玉米亩产收入744.95元，生产总成本416.92元，亩纯收益328.03元；小麦亩产收入620.75元，生产总成本378.99元，亩纯收益241.76元。据当地测算，2008年大豆、玉米、小麦的生产成本将分别增加95元、83元、100元，若销售价格保持在现有水平，按正常年份产量计算，亩纯收益将减少。而种一亩普通蔬菜，纯收益在1000元以上。2008年，国家继续出台并调整了水稻、小麦的最低收购价政策，从这次调研情况看，农民认为国家政策上仍然没能有效保证农民种粮比较效益不下降的问题，因而很难起到继续调动种粮积极性和保护粮农的作用。

（三）粮食风险基金收支矛盾较为突出

目前中央财政对该区粮食风险基金包干基数是以2001年粮食超储库存量、地方储备粮油数量以及地方自营玉米出口量为依据测算确定的，而现在粮食风险基金支出范围已超出当时算账的范围，尤其是实行直补政策、对1998年6月以后新发生的政策性挂账利息进行补贴后，收支矛盾较为突出。2007年，该区发放直补达5.8亿元，占粮食风险基金的50.7%，1998年6月以后新发生的政策性挂账利息补贴支出4亿元，两项共支出9.8亿元，占粮食风险基金规模的85.95%。再加上地方储备粮油利息费用3亿元和直补经费补贴3000万元，该区粮食风险基金支出将达13.1亿元，缺口1.7亿元。该区向中央财政贷款粮食风险基金8.3亿元，也已到还款期。近期，国家对该区下达地方粮油储备规模指导性计划28亿斤，要求在两三年内全部充实到位，此项需增加粮食风险基金支出约7000万元。该区粮食风险基金缺口将达2.4亿元。

三、促进粮食增产的建议

（一）加大农业基础设施建设，充分挖掘粮食增产潜力

该区增产潜力大，要以配套完善水利设施为重点，进一步强化农业基础设施建设，扩大保灌面积，提高单产水平，充分挖掘粮食增产潜力。一是加强农田水利基本建设，充分利用水资源开发利用的潜力，重点提高地表水的开发利用水平，解决农业生产中存在工程性缺水问题，增强粮食生产基础保障能力。二是修复改造老化失修农田水利工程，充分发挥水利工程灌溉效益，提升农田水利设施服务功能，提高粮食生产能力。三是大力发展节水灌溉，推广管灌、喷灌、微滴灌等高效实用节水灌溉技术和设备，提高水资源的利用效率和效益。

（二）适当减免粮食风险基金借款，帮助消化粮食财务挂账

目前该区风险基金缺口在扩大，加之地方财政紧张，有效调控粮食生产和流通存在困难。建议：一是增加粮食风险基金规模，适当减免粮食风险基金借款，以缓减该区粮食风险基金收支矛盾。二是减轻地方财政的挂账压力。该区粮食政策性财务挂账余额为135亿元，每年需地方财政支付挂账利息7.2亿元，利息负担重，本金消化困难，中央财政在制定粮食财务挂账的消化政策时，应考虑其财

政状况，帮助消化粮食财务挂账，减轻地方财政的挂账压力。

（三）加大补贴力度，完善粮食最低收购价机制

目前粮食直补是按耕地面积核定，不论种什么都能够得到补贴，很难起到鼓励粮食生产的作用。建议：一是将粮食直补、良种补贴、农业机械补贴、综合补贴捆绑在一起，直接与粮食挂钩、与提供商品粮数量挂钩，在粮食收购时由粮食、财政、农业部门协调兑现给售粮农民，使贴补真正起到鼓励粮食生产发展的作用。二是加大补贴力度，将马铃薯列入补贴品种，并加强农资价格调控。三是继续完善最低收购价格机制，适时出台、适当提高收购价。玉米在内蒙古谷物产量中约占77%，目前实施的只是临时性收储计划，缺乏长期预期，应建立玉米最低收购价制度，确保售粮农民得到最大收益。

（四）健全农技服务体系，推广高效栽培技术

当前，该区乡级农技服务体系技术人员尤为匮乏，人员年龄老化、素质不高，新品种、新技术推广缓慢。应加强农技服务体系建设，增加乡级农技服务人员编制，强化农业技术推广工作，加大高效栽培技术模式的研制和推广，以提高单产水平和收益。

（郭建军　李　青　王　宾）

分报告3

吉林省粮食问题调研报告

吉林省粮食生产能力不断提高，粮食流通格局发生深刻变化，加工企业成为粮食购销重要主体。当前存在的主要问题是：粮食市场调控机制不完善，未来全省商品粮的调出能力将越来越小，地方粮食风险基金配套欠账负担重，粮食产销现代化发展的基础设施建设不足。吉林省粮食仍具有较大增产潜力，建议增加中央对主产区粮食风险基金的投入，完善政府粮食价格干预机制，加快后备区商品粮增产工程建设，改善农田水利和仓储物流等基础设施条件，提高粮食生产大型农机应用水平。

吉林省是我国最重要的粮食主产区之一，生产规模较大，商品率高。2007年全省乡村人口为1277万人，占全国的2%，生产粮食245.4亿公斤，占全国的5%，在全国排名第九位；粮食商品量约200亿公斤，其中销往省外及出口110亿公斤以上。全省玉米产量占全国约1/7，排名第一位。为深入了解全省生产、市场现状及发展存在的问题，我们于2008年4月对吉林省进行了专题考察调研。

一、吉林省粮食生产、流通的现状与发展特点

（一）粮食生产能力不断增强，生产形势较好

吉林省土地资源好，具有发展粮食的比较优势。现有564.93万公顷耕地，其中常用耕地474.2万公顷，水田62.53万公顷。以2007年乡村人口数计算，农民人均耕地面积约5.2亩，大大高于全国平均水平。从“六五”到“十五”期间，全省粮食综合生产能力连续迈上新台阶，分别达到100亿公斤、150亿公斤、175亿公斤、200亿公斤、250亿公斤的阶段性水平。特别是近几年粮食生产连年丰收，2004年粮食总产251亿公斤，2005年258亿公斤，2006年272亿公斤，连续3年超过1998年的历史纪录，粮食综合生产能力已经稳定登上250亿公斤水平。2007年遭遇重大旱情，总产略有下降，为245.4亿公斤，其中玉米产量为190亿公斤，减产11.6%；水稻产量50亿公斤，增产2.6%。

从2008年形势看，虽然存在农资价格涨、粮价低、旱情重等问题，经过努力，全省春耕生产仍然开局良好，农民种植意向呈现“三增（粮食播种总面积、玉米、大豆）、一稳（水稻）、二减（杂粮杂豆与经济作物）”的趋势，粮食生产形势总的向好发展。主要原因，一是国家惠农政策环境越来越好，各项补贴资金落实得快；二是粮食收购由淡转旺，截至3月底全省收购粮食160亿公斤以上，占商品量的85%，超过上年同期；三是春耕资金筹措效果好，化肥等货源组织成效显著；四是抗旱工作力度较大。后期如果没有大的灾害，2008年有望增产。

吉林省今后粮食仍然具有较大的增产潜力。从内部看，首先是结构调整有增产的潜力，可适当增加高产作物玉米的播种面积达到300万公顷以上；第二是中西部66.67多万公顷中低产田改造，可增产10亿公斤；第三是科技增粮，推广节本降耗增产增效技术，可增产10亿公斤左右。从外部看，国家政策保障作用不断增强，农产品加工业和畜牧业快速发展，市场拉动有力。全省粮食后备产区建设开始进入实施阶段，西部三个水利工程有一个已经开始建设。预计到“十一五”末期，全省粮食生产能力有望跃上300亿公斤的水平。

（二）粮食流通格局发生深刻变化，民企、加工企业成为购销主体

全省粮食购销渠道已发生深刻变化。国有粮食购销企业经过体制改革，“三老”问题已基本解决，但经营改革还没有完全到位，缺乏市场竞争力。除了中储粮系统（根据中储粮吉林分公司统计，2007年粮食年度中储粮吉林分公司累计收购粮食40亿公斤，包括储备量轮入和政策性购入，只占全省粮食商品量的20%左右）。的企业和粮库收购了中央储备粮和从事政策性购销外，其他多数业务萧条。很多市县原有国有粮食企业整体资不抵债，靠出租粮库等进行多元化经营。农发行信用评估时，不给贷款，经营处于边缘化的趋势。民营企业由于具有灵活性，在方便农民售粮、服务农民和搞活粮食流通方面已发挥难以替代的作用。据调查，现在农户自己送粮库的不多，基本上都是个体经营户或粮食经纪人做。这些经营主体与粮库收购行为不一样，都有自己的小货车（一车能拉4~5吨），主要从事走街串巷收购，一车能赚70~80元就能干，现场脱粒交钱、拉走粮食。加工企业直接在产地以各种方式收储粮食，用于粮食加工，在市场上具有越来越大的影响力。由于加工企业对粮食需求量大，同时部分还兼营贸易，加工企业已开始成为购销主体和市场价格的主导力量之一。

据我们在吉林省玉米核心产区四平市的调研，该市粮食商品量在40亿公斤左右，在2007年新粮收购季节，国有粮食企业因为得不到银行贷款基本上没有收购多少粮食，粮食收购量只有0.7亿公斤左右（以往这些企业收购量曾经达到2.5亿公斤左右），粮食加工企业实际收购18亿~20亿公斤（包括部分外地粮），其

中新天龙酒业公司一个企业就收购了6亿公斤玉米，其玉米加工能力已经达到7.5亿公斤。尽管国有粮食企业收购量和存粮有限，但由于粮食加工企业的快速崛起，农民售粮的途径是畅通的，目前农户生产的大部分粮食已销售完毕，可供的商品粮也仅剩10%左右。

（三）中储粮公司系统储粮占粮食部门库存大部分，国家政策性购销活动进展顺利

截至2008年3月末，中储粮公司吉林辖区中央储备粮油实际承储企业76个，粮油库存总量35.65亿公斤。这一储备数量占全省国有粮食系统库存量的大部分。中储粮公司按照国家和吉林省的要求，组织了粮食政策性购销活动且进展顺利。一是水稻托市收购。从2008年2月17日起，先后4批在23个县（市、区）的73个收购库点启动水稻最低收购价格收购，截止到4月20日，已累计收购最低收购价水稻5.3亿公斤，占全省水稻年商品粮约14.7%。二是玉米收购。先后启动第一批中央储备和国家临时储存玉米收购（涉及33个县、市、区的72个收购库点），和第二批国家临时储存玉米收购（涉及41个县、市、区的71个收购库点），截止到4月20日，累计收购玉米21亿公斤，占全省玉米年商品粮约13.8%。三是最低收购价小麦跨省移库接收，截止2008年3月末，共接受0.8亿公斤，占计划的61%。四是临时储备进口转中央储备小麦接收。2004年6月到2005年2月，吉林分公司共接收进口小麦8.55亿公斤，并于2007年3月转为国家临时储备和临时储存进口小麦，在2008年陆续安排几次拍卖，但均未成交，现储存数量仍为1.71亿公斤。

（四）粮食收购价格2007年10月份出现拐点，政策调控促进粮价回升

2003年以来，吉林省玉米、水稻价格逐渐走出低谷，开始恢复性上涨，并逐年走高，到2007年10月涨至最高点。但此后，粮食价格很快大幅回落，在春节前后下降到近年来最低水平。各品种价格变化有一定差异。玉米价格2007年底回落到0.60元/斤左右，到2008年2月下降到0.55元/斤左右。水稻价格开秤只有0.8元/斤左右，后不断下降。2008年2月，鉴于水稻收购价格较上年有较大幅度下降的实际情况，省里启动了水稻最低收购价格，由指定粮食收购点挂牌收购。但大豆价格走势相反，前几年价格低迷，2007年底出现暴涨。据吉林省农产品成本调查，2004~2007年，全省农民出售玉米价格（年平均价）分别为0.5元/斤、0.51元/斤、0.55元/斤、0.69元/斤，水稻价格分别为0.84元/斤、0.91元/斤、0.96元/斤、0.82元/斤，大豆价格分别为1.31元/斤、1.23元/斤、1.21元/斤、2.26元/斤。

受国家政策调控的影响，近期原粮价格已经明显回升，成品粮市场价格基本稳定，预计2008年下半年粮食价格将以稳定为主小幅攀升。调查中一些农民反映，各方面物资价格均在上涨，而唯独粮食价格不涨，相应出现了惜售现象。截止到4月22日左右，玉米价格已经回升到0.7元/斤以上，水稻价格维持或略高于保护价0.77~0.81元/斤左右。国有粮食购销企业和加工企业反映，4月份以后粮食价格与前几个月相比已有明显上涨，难以再收购到较低价格的粮食。目前成品粮大米、面粉市场价格基本稳定，货源充足，能满足市场需求。豆油价格波动幅度较大，一直上涨，近期有所回落。

（五）种粮收益是农民收入主要来源，农民种粮积极性高

吉林省多数农民以种粮为生，生产规模较大，粮食收入占农民增收50%以上，农民种粮积极性较高。近年来国内粮食价格持续上涨，提高了种粮收益水平，带动了农民的增收。根据省农委提供的调查数据，2004~2006年，全省玉米每亩纯收益分别为87.14元、94.7元、98.52元、235.13元，水稻每亩纯收益分别为138.73元、438.85元、555.42元、605.63元，大豆每亩纯收益分别为171.55元、281.48元、224.27元、218.44元。2007年收购季节粮食价格出现波动，影响了农民收益。同时，农资价格及劳动力成本上升，增加了粮食生产成本。2007年玉米每亩纯收益下降到101.4元，水稻下降到447.3元，而大豆上升到288.2元。由于农民以种粮为主，外出打工有限，虽然农资价格高了，对生产积极性影响不大。从2008年春耕备耕看，没有出现土地撂荒现象。省农委初步统计2008年播种面积还增加了10万亩。农民盼着粮食涨价，认为减少了投入、产出将减少来年更亏，在播种以后，农资投入量并没有减少。

吉林农民享受补贴较多，也调动了农民种粮积极性。2008年中央和吉林省用于三农专项补贴资金在85亿元以上。其中直接补贴到农民手里的资金66.76亿元，六项直接补贴农民的资金（农资综合直补，粮食直补，良种补贴，农机购置补贴，重大技术补贴，能繁母猪补贴）可使全省农民人均补贴达到403元，占收入比重达到约10%（2007年全省农民人均纯收入为4190元），亩均补贴98.5元，斤粮（按500亿斤水平）补贴0.13元。中央和吉林省还加大了对农业和农村发展的专项投入。为解决2008年出现的水稻卖难问题，中央在吉林省水稻最低收购价格由0.75元/斤提高到0.79元/斤的基础上，每斤再提高3分钱，达到0.82元/斤，保护了稻农利益。

二、存在的主要问题

（一）国家调控对地方经济发展和企业有一定影响

自2007年开始，国家加大了宏观调控措施，如暂停核准玉米加工项目，对粮食及其制粉取消出口退税、加征临时出口关税和实行配额管理等措施，控制粮食出口，对吉林省粮食主产区经济发展的影响较大。据省粮食局初步估算，受此影响，全省仅玉米每年就减少收入45亿元左右。一是从控制加工业角度算，1斤玉米原粮价格0.7元，进行初加工效益增加2倍多，全年限制加工量大约12.5亿～15亿公斤，减少综合经济效益15亿元左右。二是从限制玉米出口角度计算，按正常年景，全省每年出口玉米50亿公斤左右，目前对外签约离岸价格310美元/吨，折合人民币2170元/吨，目前大连平仓价格1600元/吨，扣除关税和其他费用，每出口1吨玉米获利400元，限制玉米出口造成损失20亿元。三是由于限制加工和控制出口造成粮食销路成了问题，从一般商品粮价格出现区域性、阶段性下跌算，玉米每斤减少3分钱，全省按180亿公斤测算，因粮价下降损失10多亿元。

此外，严格禁止出口对粮食进出口企业冲击很大，玉米加工企业也受到影响。因为出口封闭后，信誉受损，我国企业对国际市场定价的话语权和原有市场就失去了。吉林省两家出口企业在国际市场信誉很好，是经过多年的努力才获得的。粮食不让出口，使很多矛盾集中爆发，信誉和声誉都会遭受重大损失。企业反映，这次政策调整与1996年很像。当时的政策调整后，因为日本加工设备都更换了，我国对日本的销售市场就失去了，到1999年需要出口时就再也进不去该市场了。由于停止粮食加工产品出口，一些玉米加工企业处境更为艰难。

由于国家停止粮食出口和运输制约问题，2008年中储粮公司吉林分公司储备粮的轮换也受到一定影响。我们在四平国家粮食储备库调查表明，该库为中储粮公司代保管库，代储储备粮0.81亿公斤，今年计划轮库0.3亿公斤，年初采取了先收后轮的办法，已经收购轮库新粮0.12亿公斤，但要轮出的粮食却轮不出去。该库粮食的轮换由中储粮吉林分公司统一管理，轮出粮食采取了一次性销售给吉粮集团的办法，但由于受铁路制约、市场影响，吉粮集团暂时不接，导致粮食轮出落空。

（二）粮食市场调控机制不完善

近两年，各种生产资料、生活资料都涨价，吉林省粮食收购价格连续出现高开低走、大幅下滑、再缓慢回升的反常现象，对种粮农民的收益产生重要影响。

一般年份正常情况下，随着粮食含水量的降低和储存费用的增长，粮食价格应该低开高走，春节后平拉并逐步走高。但 2007 年新粮收购季节开始后却是高开低走，开秤价格高，每斤玉米 0.6～0.62 元，但突然走低，水分下降价格反而下降到 0.54 元/斤。水稻问题更大，价格低的只有 0.72 元/斤，如果是上年承包其他人的地，土地租金每亩 400 元，种植水稻基本无利。据我们分析，出现这个问题的原因是多方面的，与粮食流通格局发生的深刻变化有关，与新形势下粮食价格的形成机制不完善有关，与国家政策调控的滞后和不协调有关。

2007 年国家在新粮上市季节把 20 亿公斤储备粮在南方市场拍卖，把市场价格拉了下来，拍卖价格下降 180 元/吨，使南北玉米价格差价减少。同时，由于吉林省粮食集中上市在春节前，铁路运力非常紧张，粮食调出困难，影响南方客户收粮。黑龙江比吉林省铁路运费补贴高，也使得南方企业去黑龙江签单。南方客户大幅减少乃至没来收购，导致收购主体减少、单一，打破了粮食购销市场竞争的均衡格局。市场唱主角的是加工企业，形成垄断性收购局面。加工企业为降低保存费，一般不愿意快收，他们主导价格，把价格压得很低。一般国有粮食企业受农发行规定的联保贷款牵连没有能够获得收购资金。很多小的个体经营户或粮食经纪人依附于加工企业或南方客户，没有这些主体支持也不愿意收购。此外，农民期望值很高，资金实力弱也是一个重要原因。多数农民目前没有发展到有组织地去卖粮。农民认为去年玉米价格高，今年生产资料价格上涨，总认为价格能涨，但价格反而跌了，不愿意卖，出现惜售。但到春节前后，由于要准备过年费用和还贷款、备种、买化肥、农药等，又必须卖，只能在降价的情况下也要卖。

2007 年以来，国家对东北粮食的市场调控政策滞后，调控机制还不完善。一是对水稻最低收购价格政策前瞻性差，调控价初始定得较低，三个月内调整三次，让人感到突发性、随意性太强，早卖粮的生产者并没有得到好处，还增加了政策操作的难度。二是国家限制玉米加工业发展和出口以后，在一定程度上扭曲了玉米价格形成机制，玉米价格的波动风险增大，而调控手段减弱，缺乏长效的生产价格保护机制，不利于保障种植玉米农民的收入。三是农资综合直接补贴政策很好，但补贴的标准滞后于物价上涨，尚未与物价上涨建立联动机制。四是中储粮公司的职责、功能和作用还需要进一步加强。在粮食购销市场形势发生深刻变化的情况下，除非中储粮系统果断采取政策性收购，或者南方的饲料企业积极参与竞争收购，粮食的生产价格将主要由本地的加工企业定，农民在价格上的话语权很弱。

（三）未来全省商品粮的调出能力将越来越小

近几年来，吉林省通过大力发展粮食经济，拓展了粮食用途，不仅改变了粮食的消费结构，而且改变了市场流通结构，将对商品粮食（主要是饲料粮）的调出能力产生重要影响。

首先，近年来全省畜牧业保持稳定增长趋势，将就地转化大量的粮食。在我们调查的四平市，2007 年末全市猪、牛、羊、禽饲养量已分别达到 975 万头、255 万头、177 万只和 1.58 亿只，肉、蛋、奶产量分别达到 99.8 万吨、48.8 万吨和 17.7 万吨，畜牧业转化粮食达 20 亿公斤左右。从全省来看，2007 年生猪出栏达到 2200 万头，牛出栏 384.9 万头，羊出栏 365 万只，家禽出栏 4.98 亿只，肉类总产量 347.76 万吨，禽蛋产量 113 万吨，牛奶产量 47.3 万吨。测算这些畜产品生产转化粮食量应在 50 亿公斤以上，今后每年转化量还将增长约 5% ~10%。

其次，近几年粮食深加工业发展迅猛，加工转化粮食的数量已快速增长。在我们调查的四平市，其玉米加工能力将达到 36 亿公斤，占粮食产量的 60%，如果加工能力全部实现，今后四平的粮食供求已经只够基本平衡，调不出商品粮。全省玉米深加工产业规模发展很快。根据省发改委的统计，到 2007 年年底，全省玉米加工企业共 229 户，其中：规模以上企业 94 户。全省已形成玉米加工能力 96 亿公斤（不含正在建设的 8 个项目的 42 亿公斤玉米加工转化能力），2007 年实际加工转化量 81 亿公斤，占全省玉米生产总量的 42.6%。未来几年，这些项目全部建成正常运行后，测算每年加工转化的粮食将达到 138 亿公斤左右，将比现在增加 50% 以上。

吉林是我国商品粮调出大省和最大的玉米主产区，在保障全国饲料粮安全方面承担了重要使命。2004 ~2007 年，全省累计销往省外粮食 491.05 亿公斤，年均销售 122.75 亿公斤左右；此外，还出口玉米 87.55 亿公斤，年均出口 21.9 亿公斤左右；出口稻谷 2.85 亿公斤，年均出口 0.7 亿公斤左右。按目前发展趋势预计，未来全省商品粮的调出能力将越来越小，到 2010 年左右，全省可调出商品原粮的数量将下降到 100 亿公斤以下，比目前调出规模至少下降 1/4 以上。由于国际玉米市场供求格局正在发生新的重大变化，从确保我国饲料粮供应安全的全局来看，这将是一个重要的挑战。

（四）地方粮食风险基金配套欠账负担重

粮食风险资金是中央和地方（省、市、县）政府用于平抑粮食市场价格、维护粮食正常流通秩序、实施经济调控的专项资金。从 1999 年开始，中央财政对各省（自治区、直辖市）实行了粮食风险基金包干，即需要地方政府提供配套资金。按此办法，吉林全省每年要配套粮食风险基金 12.1 亿元。由于地方财政承受能力有限，每年的配套资金无力安排到位，吉林省不足部分主要通过向商业银行借款解决，形成了巨额欠账问题，造成产粮大市、大县负担沉重。我们在四平市调查了解到，截至目前该市总共欠配套风险资金3.75亿元，通过贷款解决了3.4亿元，每年支付利息2000多万元，还要还本金，2004年的贷款2008年要还本金2580万元，2009年还5000多万元。四平市2007年财政收入28亿元，财力有限，粮食风险基金还账问题对该市是一个巨大的负担。目前这些欠账主要集中在农发行，银行每年要求还钱，因为欠款太多，也导致了农发行不给市里国有粮食企业经营贷款，影响地方粮食经济发展。

（五）粮食产销发展的基础设施建设不足

一是农田水利基础设施建设不足。全省旱区农业仍然没有摆脱靠天吃饭局面。主要问题是水利工程年久老化失修，投入不足，建设主体缺位等。全省有100多个万亩以上灌区，基本没有什么大的投资。按目前的管理体制，国家投资的大型项目，即使有了投资，很多要求1∶1匹配，省以下落实很难。农村税费改革后，要求一事一议，跨镇跨乡的项目建设难以组织，而且农村工价上升，建设成本大幅提高，直接制约了水利建设。

二是农业机械化水平还有待提高。目前全省小四轮拖拉机已经普及应用。但是，小四轮拖拉机与“现代化”还相去甚远。专家研究发现，由于小四轮多次进地，动力性能达不到深耕的要求，大量土地在表层十几厘米以下形成了一个几十厘米厚的板结层，其保墒功能大大退化，雨水渗透不下去，底墒返不上来，近年干旱的出现与此有直接关系。这些分散的机器耗油量大，还无形地增加农业生产的成本。

三是粮食仓储物流建设滞后于生产发展，运输存在瓶颈。中储粮吉林分公司每年需要铁路运输的粮食平均在17亿公斤左右，而实际通过铁路运输完成的数量只有11亿公斤。2007年12月份以来，由于铁路运输问题，很多仓内粮食轮不出去，新收购的粮食也无法装入仓库，有些在站台上备载了大量的粮食，部分已经开始变质。全省新增的50亿公斤粮食工程主要在西部，但仓储运输比较落后，储存设施上有结构性短缺。粮食增加50亿公斤，如果运不出去，则带来安全问题。

三、对策建议

（一）增加中央对主产区粮食风险基金的投入，扩大基金调控范围

粮食风险基金是政府调控粮食市场、保障国家粮食安全的重要手段。吉林省作为粮食主产区，粮食生产能力不断增强，增加了粮食产量，也增加了粮食市场价格波动、农民种粮收益波动的风险。特别是在近期国家限制粮食加工业发展和限制粮食出口后，地方经济的发展和农民的种粮收益受到一定影响，当地粮食风

险管理的手段减弱。建议要改革和完善对主产区粮食风险基金的投入和管理办法。

一是要与粮食生产的动态发展相适应，适当增加粮食风险基金的规模，并调整资金投入结构和配套比例。提高中央财政用于吉林粮食风险基金的比例，适当增加省级财政对粮食风险资金投入的规模，大幅度核减或取消主产地的市县粮食风险资金配套数额。

二是对粮食主产区市县粮食风险资金欠账及债务关系进行一次系统审计和清理，出台专项措施解决历史遗留问题。

三是探索与拓展粮食风险资金调控范围。可将对粮食出口企业和对粮食加工企业征收的增值税专项用于补充粮食风险资金，将对粮食市场的应急调控措施所需要的资金，如临时收购储备玉米的资金列入风险资金支持范围。

四是改进粮食风险资金支出方式。稳定对农民的粮食直补，根据生产资料、生活成本涨价幅度对农资综合补贴实行据实补贴，建立与物价挂钩的动态增长机制。粮食托市价格应该有更合理的形成机制。要进一步提高水稻的最低收购价水平。

（二）明确制定合理的国家玉米价格调控目标，完善政府价格干预机制

加强国家对玉米市场的调控，核心是明确价格调控干预的目标和加强政府调控能力建设。要完善对吉林玉米主产区价格的形成机制建设，促进玉米市场价格维持在合理的水平，支持生产，保障供给，调节利益分配关系，既有利于发展畜牧业保障畜产品供应安全，又有利于促进当地农民增收保障农民有种粮的积极性。

一是明确制定国家的玉米价格调控目标，提高价格调控政策的前瞻性和稳定性。目前玉米市场的价格，从根本上还是由市场决定的，但政府对价格具有重要的影响和作用。应依据玉米的生产成本、农民的利益、各方面对价格的承受能力、发生突发事件的可能性、政府的调控实力等建立国家调控政策目标，建立预警调控体系。要参照水稻和小麦最低收购价管理办法，对玉米主产区制定生产价格调控预案，同时对玉米主销区制定销售价格调控预案，指导政府的价格干预工作。加强市场调控粮监督管理。对于在主产区采取政府调控措施收购的临时储存玉米，要及早组织调运、储存多少调走多少，转移到主销区储存并在合适的时机抛售，增加销区粮源及存粮责任。加强前瞻性研究，提高调控决策的科学性和政策的稳定性。

二是国家在玉米加工和进出口政策上应保留一定的灵活性。目前对限制玉米深加工政策可以适当放宽，只要不是加工燃料乙醇，可以有控制地发展。从调查

来看，吉林的玉米加工业以食品类加工为主，发展加工企业，有助于降低运输成本和促进粮食的增值，增加加工食品的供应，也促进了农民的增收，短期内对粮食的供求平衡是有益的。从控制物价角度，国家可以通过制定政策对加工企业使用的粮食进行调节，如加征粮食加工特别税负，以限制企业使用。在玉米出口方面，支持企业对外建立良好的国际合作关系，提升我国企业在国际粮食市场上的话语权，可利用国际粮食市场为我国粮食安全提供保障。对一些具有鲜明的地域特性和资源优势的产品，如杂粮、杂豆、子仁、山珍、人参等，要加快出口商品基地建设，促进农民增收。

（三）深化国有粮食购销企业改革，加强政府调控能力

一是完善国家粮食储备体系和建立均衡的收储网点战略布局，政府掌握必要粮源和控制必要的粮食仓储物流通道，保证一定量的绝对控制率。有关粮食收购网点和储备设施建设，在重要产销地区、边远地区、民族地区不能出现战略空白。

二是加强对中储粮系统企业的建设和监督管理，提高其粮食收储能力，保障粮食安全和质量，使之成为调控市场的主渠道，满足国家宏观调控的需要。国家要根据实际成本上涨水平，适当提高中储粮费用补贴标准，将优质品种水稻等列入储备粮轮入，解决优质品种和普通品种差价问题。建议赋予中储粮粮食进出口的权限，利用其每年稳定的轮出及轮入的粮食资源，开展一定的进出口，提升我国在国际粮食市场上的话语权。

三是加强国有粮食骨干企业的建设。粮食是个低利行业，小粮库单纯地买粮卖粮，基本上不能生存。要推进现有企业进行资产战略性重组，保留主产区市县大中型国有企业，适当投入资金进行老仓改造和新仓建设，建设集团性的大型骨干企业。

四是增加东北铁路建设投入，改进粮食运输的薄弱环节。落实销区粮食运费补贴政策，搞活粮食流通。对各地区加强储粮责任的政策执行情况督察。

（四）加大农业科技推广力度，提高粮食生产大型农机应用水平

从对吉林的调查来看，加大农业科技推广力度、提高大型农机应用水平还有很大增产潜力。要在农业科技研究和推广应用上有更多投入，如在测土配方施肥、深松深翻、提高土壤理化性能等方面加强技术指导和扶持，重点抓好农田灭鼠、生物防螟、超级稻推广、综合抗旱、全程机械化生产等节本降耗增产增效技术推广，实现科技增粮。要开发产量高、抗灾强的粮食生产新品种，完善良种补贴办法，提高良种科技应用水平。加强对农民的培训，提高农民综合素质。用政策引导农民开展农地深翻，逐步改变以小四轮为主的农机应用现状，加大大型农机具的推广应用，提高农机化水平。探索农机深翻作业补贴新政策，对实施深翻作业的农户，经过核实，政府以奖代补，给予深翻作业补贴。引导农民土地流转，有序推进农业集约化经营。引导农民发展合作组织，结合部分粮食企业改革改制，整合资源，提高农民种粮的规模化、产业化、组织化程度。完善国家对粮食主产县的补助政策，将这些资金利用与引导农民提高科技水平，改善生产条件有机联系起来，体现政策导向。

（五）加快商品粮增产工程建设，改善农田水利和仓储物流等基础条件

吉林省是我国最重要的粮食核心产区和后备产区之一。从全局出发，要进行大规模的水利建设，开展土地整理工程，建设高产稳产农田。具体措施：一是加快实施吉林省增产百亿公斤商品粮能力建设工程。吉林省是一个财政穷省，要增加国家投入，尽量减少或取消县以下在农业水利工程建设上的配套投入。二是切实解决好农民的微型水利问题。完善以奖代补机制，支持农户抗旱打井。发展农民用水合作组织，改进水利设施管护机制，支持有水利设施的农户，向周边农民提供合理的收费浇地服务。三是重点加快西部地区粮食仓储物流的配套工程建设。

（秦中春）

分报告4

湖南省粮食问题调研报告

对湖南的调研发现，中央各项惠农政策提高了农民种粮积极性。当前湖南粮食生产中存在一些突出问题：农民种粮效益低，地方政府抓粮食生产积极性不高，农田水利基础设施建设滞后，基层农业技术推广体系严重不足。本报告提出稳定粮食生产的相关政策建议。

湖南是我国稻米第一大省，在国内稻米供给中的地位重要，湖南省近两年稻谷总产稳定在247.5亿公斤左右，居全国第一位。年均调出籼稻35亿公斤。我们2008年对湖南省进行了专门调研，主要情况如下。

一、湖南粮食生产基本情况

湖南省总面积21.18万平方公里，其中耕地378.73万公顷，人均0.84亩。山地1086.67万公顷，丘陵326.22万公顷，平原277.86万公顷，水面135.37万公顷，大体是“七山一水两分田”。湖南是全国13个粮食主产省之一，稻谷生产第一大省，稻谷产量约占全国总产的13%。目前，全省稻谷总产前七位的地区是衡阳、常德、邵阳、岳阳、永州、长沙、益阳市，其稻谷产量占全省总产的70%。其中衡阳、常德、岳阳、益阳四市为全省的稻谷核心产区。这次我们调查的常德市鼎城区（县）、益阳市沅江市（县）均为优质稻谷生产基地县。全省粮食年商品量在90亿公斤左右，商品率约为31%，省内粮食总量平衡有余，富余品种为籼稻，年均销售出省35亿公斤左右，短缺品种主要为小麦、玉米、粳稻，年均购进30亿公斤左右。

（一）稻谷总产连续四年稳定增长

湖南省粮食播种面积一直保持年均466.67万公顷以上，2004年起恢复到506.67万公顷以上，2007年达到529.59万公顷，其中水稻播种面积约占粮食播种面积的80%。2004年以来，国家大力扶持粮食生产，湖南省粮食总产保持在280亿公斤以上，2004年为281亿公斤，2007年达到291亿公斤，其中稻谷占总产量的85%左右，即247.5亿公斤。并实现了4年粮食连续增产。1993年以来，湖南稻谷平均亩产保持在400公斤左右，最高为1997年436公斤，2006年为397.8公斤。

（二）优化粮食品种

一是湖南省从20世纪50年代开始推行双季稻种植，到70年代末双季稻面积基本稳定，平均亩产比单季提高100公斤。二是改高秆品种为抗倒伏的矮秆品种。从60年代推行，到70年代基本普及，产量比高秆品种平均增加10%～20%。三是改常规稻为杂交稻。袁隆平院士在1974年成功培育出第一个“三系”杂交水稻组合，随后大力进行推广，产量比常规稻提高20%以上。四是改“三系”为“两系”。从1995年开始示范推广，产量比同熟期三系杂交稻高一成多。特别是两系杂交超级稻的研究成功，大幅提高了水稻单产。五是改普通稻为优质稻。1984年，全省米质较优的品种比重仅为8.76%。经过大力实施“湘米优化工程”，优质稻比重提高到2007年的63%。2007年全省优质水稻面积226.67万公顷，比2003年增加了74万公顷，稻米品质明显改善。除了发展稻谷种植之外，湖南省在2007年玉米种植面积达到36.2万公顷，比2003年增加了7.2万公顷，旱粮总产占粮食的比重达到12%左右，缓解了粮食多样性需求矛盾。

（三）粮食生产效益有所提高

根据所调查县市提供的资料，2004年普通早稻销售价为0.73元/斤、中晚稻0.74元/斤。2005年农民出售稻谷的价格有所下跌，2006年稻谷价格回升，到2007年，早稻销价为0.77元/斤，中晚稻0.83元/斤。单从稻谷的生产者价格看，早稻比2003年提高了52%，中晚稻比2003年提高41%，农民种粮从亏本转向了略有盈利，2004年以来，稻农每季每亩净收益在100元到200元之间。

（四）抛荒和“双改单”得到扭转

我们在调查中十分关注抛荒的事，但从座谈调查和走访农户的情况看，由于近年来国家对种粮农民实行了直接补贴等惠农政策、粮食市场价格上升，农民种粮积极性有所提高，我们所到之处没有发现抛荒现象，相反，我们看到农民开始“惜地”，纷纷要回租出去的土地。今年以来，湖南省委省政府高度重视粮食生产，省财政拿出4000万元稳定粮食生产，对“抛荒”严加管束，有此现象的地方，要逐级追究责任。同时，在我们调查的地方，“双改单”的现象也得到了有效扭转，多是“稻稻油”的种植方式，即种早、晚两季稻，冬季种一茬油菜，单季稻多是在半山区种植。

二、湖南省粮食生产有关的问题

（一）粮食生产者价格偏低，种粮收益下降

当前农民反映最强烈的问题是化肥、农药等生产资料快速上涨，补贴不能弥补生产资料上涨所造成的损失，同时粮食价格增幅却较小，农民种粮的收益呈下降态势。2008 年，全省农民种一亩双季稻可获 109.5 元（早稻 10 元、晚稻 15 元、农资综合补贴 71 元、粮食直补 13.5 元）的国家补贴，较上年增加了 47.2 元。常德市提供的一份农户调查资料表明，2008 年每亩水稻（双季）种植成本比 2007 年增加 198 元，增加的补贴不能弥补生产资料价格上涨（见下表）。沅江市的调查资料也反映了相同的情况，由于化肥等生产资料的迅速上涨，2008 年农民种植一亩双季稻的成本将比 2007 年增加 154 元。

2008 年水稻生产成本变化情况表

	水稻种植投入品（量）	2007 年费用（元）	2008 年费用（元）	增加（元）
碳铵	100 千克	44	74	30
磷肥	100 千克	40	74	34
尿素	25 千克	45	60	15
钾肥	25 千克	55	110	55
农药	8 次/亩	61	100	39
机械费用	每亩	75	100	25
种子	每亩	75	75	0
合计	每亩	395	593	198

对桃源县的调查表明，当前尿素、钾肥、复合肥每吨价格分别为 2450 元、4400 元和 4600 元，比去年同期的增长幅度分别为 24%、50% 和 48%。目前早籼稻和晚籼稻每百斤市场价格分别是 80 元和 88 元，仅比去年同期增长 8% 和 13%。由于农资及用工成本增加，农民种粮效益以每亩每年 50～100 元的速度下滑。

（二）农民有改种其他作物的倾向，政府稳定水稻种植压力加大

虽然粮价有所提高，但与种植其他经济作物比较，种粮收益仍然偏低。常德市的农民对我们讲："我们这里种一亩棉花的能收 1000 元，一亩精养池能赚 1500 元，种一亩蔬菜纯收益约 3000 元，而种一亩水稻最多收 500 元左右，我们当然想种别的了。"由于种粮的比较效益偏低，农民转向养殖和种经济作物的趋势比较明显，当地干部说：现在是粮退菜进、粮退水进（养鱼）、粮退果进、粮退花进，稳定粮食生产的压力非常大。

（三）市、县政府抓粮食生产的积极性不高

粮食主产区政府抓粮食生产没有财政收益，反而会产生包袱。粮食主产区在抓粮食生产上倾注了大量的物力、财力、精力，相对来说工业基础比较薄弱，地方财政收入举步维艰，基本上是“产粮大市（县）、工业弱市（县）、财政穷市（县）”。尤其是前些年国家实行粮食低价位收购、高成本储备政策，使粮食主产区“背着包袱抓粮食，抓了粮食背包袱”，挫伤了主产区地方政府发展粮食生产的积极性。据常德市统计，从1998~2005年，全市国有粮食购销企业已经上报且认定的亏损挂账达22.6亿元，其中政策性挂账14亿元，市财政每年为此负担1.4亿元利息。同时，市财政每年还要拿出9500多万元建立粮食风险金，地方财政不堪重负，形成了产粮越多、包袱越重、财政越穷的局面。粮食主产区地方政府只有压力，没有动力，抓粮食生产也就缺乏积极性。

（四）农村水利基础设施薄弱，防灾减灾能力低下

近些年来，各级政府对大江大河大湖治理的投入大幅度增加，对农业生产是有利的，但对农村小水库、小排灌、山塘沟渠的小水利设施建设投入较少。尤其是税费改革后，农田水利设施建设面临缺资金、缺劳力、难组织的困境。不少地方反映，目前的农田水利基础设施防旱排涝的能力，甚至不如10~20年前的水平。

湖南省共有水库1.33万座，其中病险水库5600多座，这些农田水利设施老化、年久失修，很多地方病险水库泵站带病运行，旱不能灌，涝不能排，沟渠塘堰淤塞严重，严重影响粮食生产发展。用机电排灌面积比重偏低，沟渠陈旧风化，设施设备配套差，抗灾能力明显下降，特别是中低产田面积过大，约占全省稻田面积的70%，农田基础设施的维护缺乏足额的资金保障。尤其是洞庭湖区的排涝存在隐患。

桃源县的水利工程较多，且大都建于20世纪60年代前后，目前工程存在的问题相当突出，防灾抗灾能力严重弱化，主要表现在堤防工程不达标、水库枢纽病险重、大中型灌区萎缩大等方面。该县大、中、小型水库灌区设计灌溉6.87万公顷，由于干渠和支渠年久失修，垮、漏、废、堵现象突出，目前有效灌溉不足5.33万公顷，大型水库黄石灌区设计灌溉2.5万公顷，目前只能灌到1.8万公顷，萎缩了1/3。全县仍有35%的耕地靠天吃饭。

（五）农业技术推广体系薄弱，乡级技术推广体系基本处于瘫痪状态

近年来，湖南省的部分地方对乡镇机构进行了改革，而每次改革都是农技推广站首当其冲，致使基层推广队伍反复出现“线断、网破、人散、站垮”的局面，乡镇的农技推广体系普遍处于瘫痪状态。

常德市的调查表明，近些年来，由于粮食主产区县级财政困难，乡镇农技站工资和工作经费基本无保障，农技干部无公务员身份，形成了经济上没有看头、政治上没有奔头的状况，农技人员大量流失，农技服务严重滞后，农技推广体系落入“养兵无钱、打仗无员”的境地。常德市的湖区产粮大县安乡县，大部分乡镇农技站只有2人，站长由财政每月发放600元基本工资，技术员每月只发200元的工资补贴。迫于生计，多数农技员只得拿出主要精力从事农资经营。澧县的情况是，由于推广经费严重不足，农技人员的工资、补贴到位成了一个大问题，农技人员不得不靠卖种子、化肥、农药或做点别的生意来解决生存问题，严重影响了他们正常的社会化服务工作。目前，常德市在册的农技员1240人，实际在岗的仅有586人，不到总数的一半，平均1.63万亩耕地才有1名农技员，大面积粮食生产技术服务无从开展。沅江市的调研也反映了同常德市相似的问题，该市的农技推广体系也是空中吊楼底下无脚，基层处于瘫痪状态。

三、政策建议

通过座谈和农户访谈调查，我们看到在中央惠农政策、稻米市场价格回升等因素综合作用下，农民种粮的积极性有所提高。从目前的措施与早稻长势看，2008年湖南稻谷生产应该是个增产年。为稳定粮食生产，地方政府和农户提出了一些建议，归纳如下：

（一）加大对农民种粮的补贴力度，完善补贴方式

农资价格上涨过快，种植成本急剧上升是当前粮食生产中群众和基层干部反映最强烈的问题，农民希望政府能够提高补贴，弥补农资价格的上涨。根据测算湖南每亩双季稻2008年种植成本将比2007年高150~200元，虽然2008年已经增加了补贴，每亩双季共109元，还不能抵消成本的上涨部分，希望再增加对稻农的补贴，如每亩再增加50元左右。

不少基层干部认为应完善补贴的方式，已给农民的补贴不该停，但除了给农民补贴外，应专门对小型农田水利基础设施建设和维护进行补贴，保障农田水利基础设施的正常运行。

（二）适当提高稻米最低收购价，提高农民种粮收益

稻谷最低收购价政策给农民吃了“定心丸”。2004年是公布稻谷最低收购价格的第一年，当年农民种粮积极性较高，粮食价格的上涨幅度也较大。当年早稻

市场均价达到了每0.71元/斤，中稻达到了0.74元/斤，晚稻0.75元/斤，分别比2003年上涨了0.23元/斤、0.16元/斤、0.15元/斤，高于国家公布的最低收购价价格。2005年，粮食价格有所回落，湖南启动了最低收购价机制，粮食收购价格基本上是在国家公布的最低收购价水平。2006年湖南省同样启动最低收购价，收购价格较2005年有了提高，早稻收购价格0.73元/斤左右，中稻0.75元/斤，晚稻0.75元/斤。2007年由于农资成本、劳动力成本上涨幅度较大，粮食市场价格也不断提高，湖南省不用启动最低收购价格。2007年湖南省早稻市场均价为0.78元/斤，中晚稻为0.83元/斤。略高于2008年新提高的稻谷最低收购价格水平，由于稻谷最低收购价不仅有“托底”的功能，而且对市场价格有“标杆”的作用，当地干部和农民希望能提高到0.90~1元/斤。现在国际市场粮价大大高于国内粮价，对农民也产生“预期”作用。要稳定粮食生产，必须逐步让农民种粮有利可图。

（三）提高粮食风险基金中央财政占比，探索粮食产销区利益平衡机制

客观上，粮食主产区承担了主销区的粮食生产和储备成本，是当前主产区政府反映比较强烈的问题。当地干部认为，作为粮食主产省，多产粮食，为国家粮食安全承担重任义不容辞，但也不能让主产区“太吃亏”。主产区往往财政困难，希望中央财政能够大幅度增加粮食主产省的转移支付，鼓励粮食主产省安心生产粮食。这样既可以保障国家粮食安全，又能促进区域分工的发展。保护农民种粮和地方政府抓粮两个积极性。

（四）继续加大对农田水利基础设施的投入

基层干部普遍反映，农田水利设施建设面临缺资金、缺劳力、难组织农民的困境。农村小水库、小排灌和山塘沟渠小水利设施缺乏修补与必要的维护，不能发挥正常的排灌功能，成为农业生产的隐患。近几年的粮食生产稳定增产很大程度得益于风调雨顺，年久失修的农田水利基础设施在勉强维持运转。希望国家能够像重视大江大河治理、城市防洪一样重视农田小水利建设，增加这方面的投入。

（五）探索新的农业技术推广机制，为农民提供技术服务

目前乡镇一级直接面向农民的公共服务实际缺位，基层干部普遍认为，县乡综合改革时只强调减人减编的做法不可取，最明显的就是基层农技推广服务体系的瘫痪状态对农业发展不利。建议中央对基层公益性农技推广服务安排专项转移支付。

（陈健鹏）

分报告5

黑龙江省粮食问题调研报告

黑龙江是我国粮食调出最多的省份。全省未来粮食增产仍有很大潜力。当前制约粮食生产的突出问题是粮食生产成本上升过快，粮价偏低，财政补贴难以补偿农民的损失。建议国家支持建设黑龙江省商品粮核心产区，建立农户粮食生产补贴稳定增长机制，加强粮食主产区农田水利和农业机械化建设，大力支持粮食流通产业的发展，完善粮食价格形成机制，鼓励粮食产销区建立长期稳定的购销关系。

黑龙江省是我国粮食主产区和最大的商品粮基地，粮食综合生产能力已达到400亿公斤左右，商品率70%以上，每年销往省外的粮食超过200亿公斤。其水稻产量约占全国的9%；玉米产量约占全国的10%；大豆产量约占全国的33%。黑龙江拥有得天独厚的农业自然资源禀赋和良好的农业产业基础，发展现代农业的潜力巨大，在我国粮食安全保障体系中具有重要地位。为了解全省粮食生产、市场现状及发展存在的问题，我们于2008年4月对黑龙江省进行了专题考察调研。

一、黑龙江省粮食生产、流通现状与特点

黑龙江省资源禀赋较好。现有耕地面积1173万公顷，农村人口人均耕地面积9.4亩，耕地总面积、人均占有量和田间作业机械化程度均居全国首位。

（一）粮食生产能力持续提高，增产潜力明显

粮食总产持续快速增长。粮食生产结构发生重大变化，小麦生产大幅萎缩，水稻生产增幅最大，大豆和玉米增长次之。1978～2007年，全省小麦面积从174.72万公顷减少到23.73万公顷；水稻面积从21.42万公顷增加到236.23万公顷；大豆面积从152.49万公顷增加到353.14万公顷；玉米面积从189.04万公顷增加到347.97万公顷。近几年来，全省粮食生产连续丰收，粮食产量跨上新台

阶。2004年粮食总产313.5亿公斤，2005年360亿公斤，2006年达到398.9亿公斤，2004～2006年全省累计增产粮食297.8亿公斤，占全国同期粮食增量的1/5。2007年遭受严重干旱，粮食总产仍然达到396.55亿公斤，其中水稻165.86亿公斤，增长15.6%；玉米158.95亿公斤，增长2%；小麦7.7亿公斤，下降17%；大豆49.1亿公斤，下降27%。

2008年全省粮食生产形势看好。一是政策调动农民种粮特别是种植稻谷的积极性。粮食补贴资金发放情况进展迅速，省本级涉农资金投入增加10亿达到76.4亿元，各市县也加大了财政支持力度。二是市场价格回升拉动农民种粮。随着国家稻谷收购托市价格屡次提高，来年稻谷价格有了底线保障，消除了种粮农户的后顾之忧。三是农业科技持续进步，粮食生产标准化水平提高。良种化工程、优质高产栽培技术推广工程、农业生产全程标准化建设工程进展迅速。

未来全省粮食生产仍有较大增产潜力。现有中低产田533多万公顷，占耕地面积的一半，如果持续加大投入力度，通过实施改造，单位产量有较大提升空间，每亩可增产100公斤以上，仅此一项可增产80亿公斤。全省另有133万多公顷可开垦后备耕地资源，开发后可增产粮食60亿公斤。两项合计，粮食总产可在现有的395亿公斤基础上再增加140亿公斤，达到535亿公斤左右。现有耕地通过推广水利化、标准化、规模化、产业化和信息化，也蕴涵着较大的增产潜力。

（二）国有粮食企业收购情况较好，收购主体多元化

2004～2007年，黑龙江省以解决企业“三老”问题为重点，深入推进粮食流通体制改革，基本解决“三老”问题，同时国有粮食购销企业产权改革不断深化，使全省国有粮食企业仍是粮食市场购销最为重要的主体。全省648户国有粮食购销企业中，有269户保留骨干粮食购销企业，到2007年末已完成公司制改造156户，占65.3%；有379户非骨干粮食购销企业，到2007年末已完成投资主体多元化改革334户，占91.5%。改革后，国有粮食购销企业搞活粮食经营，提高经济效益，加强内部管理，降低成本费用，经营状况不断改善，经营能力逐步增强。2004～2007年，企业经营粮食的吨粮费用从122元下降到71元。

2007年新粮收购以来，全省国有粮食企业粮食收购情况总体较好。国有粮食企业开始阶段收购量不足（主要原因是2006年收粮较多，价格出现波动，销售不畅），但国家启动水稻最低收购价格和临时收储玉米政策后，收购量大幅增加，掌握粮源规模已经恢复到上年水平。根据我们在富锦市的调查，全市现有12家粮食收购企业，截至2008年4月15日，粮食购销企业加上本地加工企业共收购粮食2.61亿公斤，占粮食商品量的1/4左右。其中：中储粮在该市收购水稻1.13亿公斤；粮食企业代收代储玉米0.28亿公斤、水稻0.35亿公斤；本地粮食加工企业收购水稻0.85亿公斤。其余粮食大部分已通过市场外销。目前全市农民手中的余粮基本已变现。

全省粮食收购主体和经营多元化格局基本形成。据省粮食局社会粮食流通统计，全省非国有粮食经营企业的粮食收购量，目前已占全社会粮食收购总量接近50%。一是社会粮食经营主体增加。2004～2007年，全省累计办理粮食收购许可证单位数量5696个。其中，国有及国有控股企业1433个，私营企业2239个，个体经营户1967个，其他57个。二是加工企业发展较快。全省粮食经过加工后销售的数量不断增长。2007年黑龙江省大米调出省量为42.24亿公斤，比上年增加4.96亿公斤。佳木斯市2004年粮食加工总量为5亿公斤左右，占全年粮食总产量的18%，到2007年粮食加工总量达到19.47亿公斤，占粮食总产量的48%。三是产销合作取得积极进展。2002～2006年，全省购销协议粮食数量由2002年的20亿公斤增加100多亿公斤。2007年，黑龙江分别与北京、浙江、上海、江苏等省市签订了进一步建立粮食产销合作的相关协议。全省通过铁路外销的粮食不断增加。根据哈尔滨铁路局货报统计，2007年，黑龙江省通过铁路累计运往省外粮食220亿公斤，比上年增加10亿公斤。

（三）粮库存粮较多，以水稻库存为主

调查显示，黑龙江省粮食企业存粮数量较大，基本没有发现空仓现象，很多粮库不仅承担了中央及地方粮食储备任务，而且普遍开展了自营性粮食收购，拥有粮食加工生产线，收储了大量的粮食，这与其他省市形成了鲜明对照。粮食库存的主要品种是水稻。截至2007年12月末，全省国有粮食企业库存为118.36亿公斤，其中：政策性陈粮32亿公斤，中央储备45.28亿公斤，地方储备2.69亿公斤，企业自营（含委托收购）粮食38.39亿公斤。粮食库存中除储备粮外，主要的品种是：水稻（79%）、玉米（6.5%）、大豆（11%）。另外，重点非国有粮食企业库存16.66亿公斤，水稻占46%，玉米占20%，大豆占21%。2007年底与2004年相比，粮食库存有明显下降，主要原因是陈化粮逐步销售处理，同时受粮食市场价格波动的影响。省粮食局反映，与以前不同的是，目前库存粮食大部分粮权属于企业，盈亏由企业自行负担。

（四）主要粮食品种收购价格出现较大波动，2008年呈稳定回升趋势

2007年新粮上市以来，全省水稻、玉米收购价格呈现高开低走的反常趋势。与前几年相比，价格出现大幅波动。国家政策调控后，促进了粮食市场价格稳定，目前水稻、玉米价格已明显有所回升。大豆价格呈现另一种走势，出现暴涨，随后小幅回落。

水稻收购价格走低，启动最低收购价政策。2004～2006 年稻谷收购价格稳步走高，分别为 0.57 元/斤、0.81 元/斤、0.91 元/斤。2007 年稻谷收购价格高开低走后稳步回升。新稻上市后开秤价格普遍在 0.80 元/斤以上，但不久受全国水稻增产、出省铁路运力紧张、省内收购资金短缺因素影响，收购价格持续走低。特别是省内东部地区，由于产量大、商品量高、入市收购主体少，水稻价格连续下降，部分地区农户原始水分水稻出售价格最低达到 0.70 元/斤以下，并有进一步下跌的趋势。2007 年 12 月 10 日在省内部分地区适时启动水稻最低收购价格的预案，春节前全省平均收购价格回升到 0.77 元/斤。随后考虑到农户仍然存在卖粮难、收益低问题，水稻托市价格提高到 0.79/斤元，且将 2008 年下半年稻谷托市收购价格提高到 0.82 元/斤。目前，全省水稻价格在 0.82～0.90 元/斤。由于国家把 2008 年最低收购价格提高到 0.82 元/斤，预计水稻市场价格将有所回升，但涨幅不会很大。

玉米收购价格回落，实施调控政策后价格出现快速反弹。2004～2006 年玉米价格较好，一般在 0.50～0.55 元/斤之间。2007 年，受玉米销区需求转旺影响，玉米开秤价格同比上升，12 月底达 0.68 元/斤。但 2008 年春节前后，市场总体供求缺口缩小，玉米价格出现了快速回落，降到 0.63 元/斤左右。国家及时采取了调控措施，增加了中央储备和实施临时储存玉米收购，使价格稳定并很快出现反弹。2008 年 3 月份以来，玉米价格每市斤价格基本稳定在 0.65 元。目前，玉米价格达到 0.70 元/斤左右。从目前看，由于玉米部分种植面积将被大豆挤占，产量增加的余地不大，同时南方雪灾对畜牧业打击较大，饲料需求减弱，加上受国家宏观调控政策影响，玉米价格稳定在调控水平上，预计今后玉米价格将会继续回升。总体看，2008 年玉米价格底部将会较上年有所抬高。

大豆收购价格大幅上涨，随后小幅回落。2004～2006 年全省大豆价格比较低，分别是 1.26 元/斤、1.26 元/斤、1.17 元/斤。2007 年新豆上市后，大豆价格出现大幅上涨，一度上涨到 2.5 元/斤，随后出现小幅回落，全年平均价格达到 2.01 元/斤左右。受大豆收购价格上涨和豆油期货市场等因素影响，2008 年豆油价格市场价格飞涨，从每吨 13500 元开始，最高涨到 18000 元，3 月份开始回落，现在稳定在每吨 13500 元。受需求拉动影响，预计 2008 年大豆价格还将保持上升的势头，下降的空间不大。2008 年国际和国内的大豆种植面积将增加，大豆供给呈上升趋势，豆粕和豆油价格将随大豆供应增加而做出调整，但国内大豆和豆油缺口较大，依赖进口的局面不会改变。

二、存在的主要问题

（一）粮食生产成本上升过快而粮价走低，财政补贴难以补偿农民的损失

2007年黑龙江省粮食成本上升，而粮食价格涨幅有限，对种粮单位面积收益水平产生重要影响，影响到农民增收。由于物质费用等增加，全省四大粮食作物平均每亩生产成本为238.53元，比上年增长13.89%；而四大作物平均亩利润为229.27元，比上年下降0.47%。各品种的收益水平之间出现较大差异，种植水稻和玉米的收益水平下降，种植大豆和小麦的收益水平有所上升。由于全省多数农民以种植水稻或玉米为主，农民的种粮收益水平实际上是下降的。

2007年黑龙江省主要粮食作物成本收益

	亩成本（元）	同比±（%）	亩利润（元）	同比±（%）
水稻	384.08	8.29	362.66	-23.42
玉米	240.54	2.16	201.13	-8.02
大豆	171.39	17.96	229.09	82.82
小麦	158.10	54.56	124.21	19.62
四大作物平均	238.53	13.89	229.27	-0.47

数据来源：国家统计局黑龙江调查总队统计调查资料2008年第9期。

进入2008年，国家加大对粮食生产发展的支持力度，农民享受的财政补贴大幅增加，但农资价格持续上升，财政补贴难以完全补偿农资涨价的损失。以佳木斯市为例，截至3月底，该市磷酸二胺价格由2800元/吨上涨到4800元/吨；复合肥由2200元/吨上涨到3400元/吨；尿素由1900元/吨上涨到1950元/吨；钾肥由2000元/吨上涨到4000元/吨；硫磺由800元/吨上涨到5000元/吨；农药价格上涨平均也在10%左右，主要农资涨价达到30%以上。据此计算，2008年该市农民化肥比上年多支出4.76亿元，农药多支出0.1亿元，柴油多支出0.2亿元，合计多支出5.06亿元。如果种子、农膜等农业物资上涨，还要多支出。上年该市农民享受粮食综合补贴是2.41亿元，2008年该市农民享受粮食综合补贴资金已增加到5.52亿元，农民多受益3.11亿元，但由于农资上涨多支出5.06亿元，农民实际还是多支出1.95亿多元。

（二）粮食流通受铁路运输和仓储瓶颈制约

随着全省粮食总产量增长，商品量增加，跨省粮食销售和调运量将快速增加，而黑龙江省地处偏远，远离销区，粮食流通成本高，并且及时调运难，铁路运输和仓储设施成为制约该省粮食发展的瓶颈粮，影响很大。一是铁路运输存在季节

性、阶段性不平衡矛盾。粮食外运需要集中在每年的第四季度和来年的第一季度安排，恰好与冬春煤运高峰期等相冲突。二是铁水联运成本高，公路运输则成本更高，难以替代铁路运输。铁水联运还诸多不便，周期长、程序复杂，如海运时船舶调度不畅，粮食可能在港口等船需要停留一个月以上。三是跨地区长途运输的安排还受市场供求关系的影响，产销区粮食价格如果没有合理差价，市场经营主体就没有粮食运输的动力。往年销区的客商采购踊跃，而2008年由于各地粮食生产均获丰收，国家出台运费补贴政策前，来黑龙江采购粮食的客商几乎没有，政策出台后才来一些采购客商。四是粮食仓储设施的建设跟不上粮食生产发展的需要。按照黑龙江省农业生产发展规划，到2012年全省粮食总产将达到500亿公斤，粮食商品量将增加到375亿公斤左右，粮食购销市场化以后，国家没有在粮食基础设施投入，以前形成的收储设施逐渐进入维修期，国有粮食购销企业自身较为困难，投入能力不足。

（三）农业基础设施薄弱，农业科技发展滞后

全省农业靠天吃饭的局面还没有根本改变，农业基础设施薄弱。乡村公路硬化里程有限。水利设施开发缺乏控制性工程，水资源调控能力低下。全省各类水库总蓄水能力只有85亿立方米，地表水截留能力不足20%，调控能力只有7%。农田有效灌溉面积只占25%，大大低于全国40%的水平。对涝情关注不够。全省易涝面积由50年代的173多万公顷，增加到333多万公顷，有些年份春季内涝每年有33多万公顷左右耕地种不上。

农业科技发展还存在薄弱环节。一是品种更新换代慢，种植结构单一化，土壤质量下降。一些水稻品种已种植近10年，长期没有改进和提高。部分地区由于多年未进行有效科学的农作物轮作，土壤有机构成出现生态缺陷。随着化肥施用量的逐年增加，农家肥施用量的减少以及小型农机具的大量使用，耕地水土流失严重，尤其是土壤板结、犁底层上移，土壤有机质平均已下降到3%左右。二是大型农机具作业应用推广水平不高。该省在农业机械化普及和农机总动力上处于全国前列，但大型农机具保有量和状态不足，尤其是大型农机具严重老化。全省3.4万台大型拖拉机中服役15年以上的占47.8%。2000多个村没有大型农机具，3600多万亩耕地不能推行标准化作业。三是农药依赖性隐患。部分地区种植大豆，施用某一种特定农药后，产生对农药的依赖性，在该地上再换种大豆以外的其他粮食作物时，寸草不生。

（四）应对粮食价格波动能力弱，农户资金压力大

由于黑龙江省级财力有限和粮食商品量高等多方面的原因，本省应对粮食价格波动的承受能力和调控能力均比较弱，如果国家不制定特殊的扶持和调控政策，要保持粮食生产的稳定发展和保障种粮农民的增收很艰难。2007 年以来，全国粮食丰收，全省稻谷和玉米价格出现波动，国家收购并储存了大规模的最低收购价粮食和临时储存玉米，对这些粮食的处理将是一个艰巨的挑战。以我们走访的三江粮食批发市场为例，2007 年上半年以前，该企业货源足、南方需求量大，购销两旺，经营情况很好。2007 年 9 月份后，由于南方本地粮食丰收、南北方差价缩小，南方前来购粮的粮商数量锐减，企业经营进入低谷期，11 ~ 12 月份有所好转，但进入 2008 年后再次跌入低谷，市场交易极为冷清。根据市场反映，主要原因是全国水稻丰收，产销差价减小，本地对此是没有调控能力的。

黑龙江省农村人均耕地面积 9.4 亩，户均耕地面积普遍在 50 亩以上，需要投入大量生产性资金购买农资与农机具，农户贷款比例比较高。很多农户资金压力大，在粮食收割后马上面临资金压力。首先，要对银行还款付息。农户一般只能申请短期贷款，如果当年还不了，则来年很难再贷到。其次，要购买来年农资。再次，要准备年货和准备子女上学费用。在巨大的资金压力面前，大多数农户在市场粮价低、销售不畅时，也得卖，直接影响种粮的收益和农民的增收。

三、对策建议

（一）国家支持建设黑龙江省商品粮核心产区

黑龙江省的自然条件适合于粮食生产，调整农作物种植结构的空间很小，尤其是北部麦豆产区积温不足，农作物生长期短，只适合种植小麦和大豆。黑龙江省耕地播种面积近 1173 万公顷，其中中低产田 533 多万公顷，增产潜力很大。对这些粮食主产区，考虑粮食生产是弱质产业，粮食支持的目标是让从事粮食生产的农民收益逐步得到提高。建议国家应加大对黑龙江实施粮食战略工程的支持力度，加大投入，支持黑龙江建设国家最大的粮食核心产区，全面提高粮食综合生产能力和供给保障能力。通过集中建设，使黑龙江的农业基础设施和技术体系逐步建立健全起来，提高粮食生产能力，真正成为国家稳定的粮食生产核心基地。

（二）建立农户粮食生产补贴稳定增长的长效机制

由于国家实施粮食宏观调控措施，在国内外粮食差价拉大的背景下，粮食主产区的农民承担了国家宏观调控的主要成本。国家应该把农民为社会承担的贡献补上。由于农业生产资料价格大幅上涨，新增粮食补贴难以弥补农业生产资料涨价，致使部分地区种粮实际收益下降。从保护农民种粮积极性、同时又避免粮价上涨的角度来看，仍然要进一步加大对农民粮食补贴力度。国家对农户种粮实施的农业综合直接补贴资金数量要与农业生产资料价格的增长挂钩，实现同步增长。

对良种补贴应该保持稳定性和连续性，计划早下达、资金早到位。黑龙江省在良种补贴政策的具体实施中，由于规模太小而影响了实施效果。有些地方为了避免矛盾而采取比例平分的做法，起不到推动优势区域生产发展的作用，加大了县乡村在面积落实上整乡、整村和连片落实的难度。在良种补贴政策上应逐步加大补贴力度，分年度、分区域，按照作物实际良种面积进行全覆盖。国家继续扩大玉米、大豆良种补贴面积，对玉米、大豆全面积实施良种补贴，鼓励小麦与大豆轮种，有效解决生态疾病问题。

（三）加大粮食主产区农田水利和农业机械化建设

加大对粮食主产区水源工程建设支持力度。尽快实施“两江一湖”粳稻基地建设项目。“两江一湖”粳稻基地建设项目是保障国家粮食安全的重要项目。项目建成后，可新增水田45.47万公顷，改善水田28.47万公顷，年可增产水稻31亿公斤，并全部为优质商品粮。

中央财政和省级财政在投入农田水利建设时要区分工程的公益性和非公益性，对于纯公益性的工程要全额投入，尤其是要加大小型公益设施建设投入力度。公益性和受益范围较小的小型农田水利建设，继续采用“民办公助”的方式加大投入力度，提高财政补助比例至60%。

同时，国家应增加农机化建设投入。黑龙江省虽然是农机化大省，但大马力拖拉机不足，农机具老化问题严重。全省还有2000多个村没有大型拖拉机，严重影响了农业综合生产能力提高。加大对大型农机装备补贴投入，重点解决粮食主产区大型拖拉机购置和配套问题。

（四）大力支持粮食流通产业的发展

一是要提高铁路运输的管理能力。合理调节各项运输物资的调运周期，在粮食销售期间尽可能尽早将黑龙江省的外销粮调运至销区。同时要增进车皮申请审批的透明度，采用更加民主科学的方法减少寻租行为，切实降低运输费用。

二是要支持粮食仓库建设维修和改造，扩大收储能力，改善收储条件；同时支持农民粮食产后减损设施的建设，提高农民自储能力进而增强其市场参与能力。以国有粮食购销企业现有库房、场地、铁路专用线等资源条件为依托，盘活、整合现有粮食流通体系，提高粮食流通运转效率、降低粮食流通成本。

三是要合理确定最低收购价网点。中储粮直属库库点过少，尤其表现在三江地区。整个三江地区七个农场只有9个库点，平均在30～40公里，最高70公里。农民很大收益被运费吃掉。建议继续保留部分重点国有粮库并适当改善其仓储保管能力，继续调整和增加中储粮公司的储备网点，解决粮食卖难储难问题。

（五）提高粮食加工转化能力

大力发展粮食加工业，鼓励发展粮食就地加工项目，提高加工转化能力。把加快粮食加工转化作为解决粮食卖难、实现粮食增值的重要途径，重点围绕大豆、玉米、水稻、小麦等优势粮食品种，培育一批粮食加工龙头企业，粮食加工向大集团企业发展，推进粮食生产大省向粮食加工大省的跨越。

（六）完善价格形成机制，增强市场对粮食生产的积极调控作用

尽早出台稻谷期货。稻谷期货已在美国、印度、泰国等国上市交易，是国际上成熟的期货品种。中国作为全球稻谷产量最大的国家，上市稻谷期货一方面有利于确立中国在世界稻谷贸易中的定价权、稳定国内稻谷价格，另一方面有利于种粮大户和粮食企业通过套期保值规避风险。可考虑在黑龙江就地设立期货交割库，促进粮食流通，保证粮食产量的稳定性与价格的可预见性。由于价格低，生产资料价格和用工成本提高，水稻生产效益大幅度下降。为调动农民发展水稻生产积极性，要继续提高水稻最低收购价标准。

（七）调整储备粮布局，鼓励粮食产销区建立长期稳定的购销关系

在黑龙江省，中央和地方储备粮（包括最低收购价收储水稻和国家临时储备玉米）是政府宏观调控市场的重要资源和手段，但要及时调运到销区和选择合适时机按合理价格销售也面临挑战。要发挥中央储备粮和销区地方储备粮在引导和促进粮食从产区向销区流通的积极作用，在销区的中央储备粮以及销区的地方储备粮轮换粮源，应通过中储粮移库等方式，每年在铁路运输淡季，及早把黑龙江中储粮系统粮食运出，减轻黑龙江粮食库存积压，做到粮食储备合理布局，确保国家宏观调控目标的实现。特别是要加强对最低收购价水稻和临时收储玉米的调运组织，对这些粮食要存多少、调多少，盘活调控资源，降低沉淀风险。鼓励产销区开展多种形式的合作，如销区到产区建立粮食生产基地，产区到销区建立粮库或利用销区空库进行代储代销，产销区企业相互参股、合作经营等，逐步形成产销区风险共担、利益共享的新机制，建立和发展长期稳定的粮食购销关系。国家要为粮食产销区合作创造有利条件，在信贷资金、税收政策、运输保证等方面予以支持。特别是铁路要优先安排跨省粮食运输，农发行要做好结算服务，促进粮食跨地区购销。

（郭建军　秦中春　董瑞芳）

分报告6

安徽省粮食问题调研报告

近几年粮食生产能力稳步提高，粮食价格稳定上涨。粮食生产存在的主要问题是：粮食生产成本刚性增长，比较效益偏低；土地流转难度加大，种粮大户生产融资难；农田水利设施建设滞后；部分惠农政策实施机制不完善。基于对安徽的调查，本报告提出了五项对策建议：给予粮食核心产区优惠政策扶持；培育壮大种粮大户；改进粮食直补政策和农机具补贴政策；完善粮食最低收购价政策；加大粮食库存监督管理和培育现代化的国有大粮商。

安徽省地处南北过渡带，是我国重要的粮食主产省和商品粮调出大省。2007年全省常住人口6118万人，常用耕地面积为414.42万公顷，人均耕地0.93亩，农业从业者人均耕地3.24亩，高于全国平均水平。自1996年以来，常年粮食总产量260亿公斤左右，商品率40%左右；年调出商品粮50亿公斤以上。为了解全省粮食总体形势和存在的问题，我们于2008年7月上旬对安徽省进行了专题调研。

一、当前安徽粮食总体形势

（一）粮食生产能力稳步提高，增产潜力大

改革开放以来，安徽粮食生产呈阶段性上升发展态势，经历了150亿公斤、200亿公斤和250亿公斤以上三个阶段。近几年，安徽粮食生产水平和能力逐步攀升。尤其是2005年以来，实施“三大战役”（小麦高产攻关活动、水稻产业提升行动、玉米振兴计划），小麦生产快速发展，稻谷面积有所恢复，玉米和大豆面积扩大，2007年粮食总产量突破290亿公斤。2008年夏粮产量118.75亿公斤，比上年增产5.4%；早稻和秋粮播种面积与上年基本相当，如果不出现大的自然灾害，全年粮食产量将再次获得丰收。

通过技术转化、增加单产，减灾抗灾、稳定总产，今后安徽粮食生产的发展仍有一定潜力。安徽省正在谋划建设淮河流域粮食主体功能区，该区域粮食产量

占全省的70%以上，计划经过5~10年的努力，实现50~100亿斤的粮食增产目标。

（二）粮食流通多元化，加工企业已经成为重要购销主体

2004年全面放开粮食收购市场以来，安徽省稳妥推进粮食流通体制改革，逐步走向粮食购销市场化和市场主体多元化。全省粮食加工企业快速发展，已经成为从事粮食购销活动的重要主体和国有粮食企业的主要竞争者。2004年全省具有粮食收购资格的企业有4889家，其中非国有粮食收购企业占65.4%，到2007年具有粮食收购资格的企业已经增加到5110家，非国有粮食收购企业占67.1%。在蚌埠市，截至2008年6月30日，全市已办理收购许可证809家（经营企业610家，加工企业199家），其中国有粮食企业85家，占总数的10%，社会法人和其他经济组织167家，占总数的21%，个体工商户557家，占总数的69%。

近几年安徽省粮食加工企业加快发展，已经成为粮食市场重要购销主体。位于蚌埠市的安徽丰原集团，生产柠檬酸和燃料酒精，年加工玉米能力200万吨，本地产玉米远远不能满足需求，需要从外省大量采购。蚌埠市怀远县拥有规模以上粮食加工企业182家，年加工能力100万吨，接近该县粮食总产量。粮食加工企业通常收储的粮食占年加工量的1/3。目前粮食经纪人经营比较规范，上门收购农民小麦时，价格通常要比国家制定的最低价每斤少2分钱，价差可以抵消农民到粮站售粮的运费和劳务费。全省粮食生产、加工、贸易日益紧密，目前粮食流通经营主体已形成国有粮食购销企业、社会投资民营企业和个体工商户、外地直接进驻产地的经营企业和个人三足鼎立的格局，实现收购主体多元化。

为了加快粮食现代流通产业的发展，安徽部分地区开始对粮食流通行业进行资源重组。2008年滁州市制定了《关于加快现代粮食流通产业发展的意见》，提出每个县（市、区）组建2~3个国有独资或国有控股粮食企业，全面实施基层仓库整合建设工程，同时还制定专门规划，促进粮食物流中心建设。

（三）粮食价格稳定上涨，下半年上涨幅度不会太大

近几年来，安徽粮食总体市场价格稳定上涨，部分品种变动较大（见表1和表2）。小麦收购价格基本维持在最低收购价水平。水稻价格2004~2006年稳定，但从2007年秋季到目前为止，价格上涨较快，市场价格远高于最低收购价。2008年上半年全省粮食市场基本稳定，价格小幅上涨。2008年6月12日的监测数据显示，早籼稻、晚籼稻、粳稻、小麦的每市斤（为了方便表述，市斤未核算成公

斤）价格分别是0.84元、0.9元、0.93元、0.78元，比2007年同期分别上涨15%、20%、9.4%和13.04%；早籼米、晚籼米、粳米、特一粉每市斤价格分别是1.45元、1.53元、1.67元、1.38元，比去年同期分别上涨12.4%、10.1%、5.7%和7.8%。目前省内粮价水平与快速增加的生产成本相比仍然偏低，农民种粮的收益不高。受需求拉动和弥补粮食生产成本增加的影响，预测今年下半年，粮食价格将继续保持上涨态势，但由于粮源充足，上涨幅度不会太大。

表1　　2004～2008年安徽省粮食收购价格情况　　单位：元/斤

	2004年	2005年	2006年	2007年	2008年
早籼稻（三等）	0.75	0.73	0.71	0.75	0.83
中籼稻（三等）	0.77	0.74	0.74	0.78	0.85
晚籼稻（三等）	0.78	0.75	0.75	0.80	0.87
粳稻（三等）	0.84	0.85	0.83	0.86	0.90
小麦（三等）	0.72	0.68	0.66	0.72	0.73

资料来源：安徽省物价局2008年数为7月初价格。　注：1市斤=0.5公斤。

表2　　2004～2008年安徽省成品粮零售价格情况　　单位：元/斤

	2004年	2005年	2006年	2007年	2008年
早籼米（标一）	1.24	1.22	1.22	1.32	1.44
晚籼米（标一）	1.32	1.29	1.30	1.40	1.54
粳米（标一）	1.49	1.46	1.52	1.59	1.70
面粉（特一粉）	1.17	1.17	1.17	1.29	1.33

资料来源：安徽省物价局2008年数为6月价格。　注：1市斤=0.5公斤。

（四）最低收购价政策保证国家掌握了较多的粮源

全省从2005年开始启动早籼稻、中晚籼稻最低价收购，收购稻谷30.06亿公斤。2006年启动小麦和稻谷最低价收购，收购小麦62.06亿公斤，稻谷19.85亿公斤。2007年没有启动稻谷最低价收购，收购小麦49.99亿公斤。截至2008年6月30日，最低价小麦已经收购40.41亿公斤。目前，这些最低收购价粮食作为临时储备已经通过公开市场常年常时拍卖抛售。其中稻谷已经基本销售完毕，最低收购价稻谷库存为0.5亿公斤；小麦绝大部分也已经销售，除2008年新收购的部分外，库存仅剩10.2亿公斤。最低收购价政策保证了国家可以掌握较多的粮源，有利于粮食市场的宏观调控。小麦由于库存充足，国家可以有效调控小麦价格。但是2007年稻谷市价高于最低收购价，未能启动托市收购，在调控稻谷价格方面，存在一定困难。

二、存在的主要问题

（一）粮食生产成本刚性增长，比较效益偏低

据监测，2008年全省化肥、柴油等农资价格持续高涨。6月份国产尿素、磷酸二铵以及三元复合肥的价格比上年同期分别上涨34.7%、65.5%、71.1%，6月20日，柴油零售基准价每吨上调1000元。同时，劳动力成本也不断上涨，相比之下，粮食价格上涨幅度明显低于农业生产资料的上涨幅度，种粮越来越不合算。据安徽省物价局测算，2008年该省农民每亩小麦现金收益为387.68元，现金成本为277.51元，与上年同期相比现金收益增加了4.82%，但是现金成本上涨了19.70%，种一亩小麦比上年少收入28元。预计2008年农民每亩中籼稻现金收益为615.1元，现金成本为322.97元，与上年同期相比现金收益增加了7.90%，但是现金成本上涨了15.07%。目前种一亩田年纯收入只有300～400元，不如外出打工。

（二）土地流转难度加大，种粮大户生产融资难

据有关调查，2007年全省共有50亩以上的种粮大户14686户，经营耕地面积199万亩，占全省耕地面积的3.2%。从经营规模看。经营面积为50～100亩的有8173户，占总户数的比重为55.4%；100～500亩的有6105户，比重为42%；500～1000亩的有305户，比重为2%；1000亩以上的有102户，比重为0.6%。可以看出，种粮大户规模经营尚处于起步阶段。两年前土地承包租金为200元左右，目前上涨到300元左右，最高的甚至接近400元。2004年以后，随着各项种粮优惠政策的出台，而现行粮食直接补贴没有与实际栽种的面积有机统一起来，补贴转为地租，发展粮食规模经营难度增加。一些农民在土地使用权流转期满后，不愿意再将承包田转包给种粮大户经营，有的甚至收回未到期的土地。部分大户由于实力有限，必须依赖借贷解决缺口资金。调研中大户普遍反映融资难，信用社小额贷款最多也就2万元，对种粮大户作用有限；信用贷款手续繁多、环节多、服务态度差；承包土地不能作抵押物；民间借款利息高达月息1.5分甚至更高。

（三）农田水利设施建设滞后，影响粮食生产能力

目前，安徽省大型灌区工程配套率不足40%，骨干建筑物的完好率不足25%，全省有1820座小型水库存在严重安全隐患。近年来，政府高度重视对大江大河的治理，对农田基本设施投入不足，设施损毁严重，导致渠道输水能力降低。根据滁州市水利局的统计资料，该市共有48个大中型水库，现有输水能力仅约占

设计输水能力的64%。该市大中型水库原有渠系配套工程桥梁、涵洞、闸5568座，损毁率为51.2%，严重影响水库灌溉效率的稳定发挥。同时，渠道渗漏严重，灌溉效率较低。安徽省目前小型灌区有效灌溉面积2750万亩，根据规划，“十一五”小型农田水利建设需投资57.8亿元，但2005~2008年中央小型农田水利建设专项资金补助只有2.1亿元。

（四）部分惠农政策实施机制不完善

安徽省粮食风险基金主要用于省级储备粮的利息费用补贴、政策性挂账利息、良种补贴和农民直接补贴，随着国家利率提高，当年粮食风险基金严重不足，对种粮农民的补贴增量不足。目前良种补贴还没有与主导品种和主推技术完全挂起钩来，对于提高粮食生产水平的作用有限。农机具补贴政策设计存在不足，将应补贴农机作业的资金用在了农民购买环节上，出现了一些农民将补贴农机买来后再卖出、部分企业还专门收购这些机器的现象。在粮食最低收购价政策上，目前的稻谷最低收购价定价较低。最低收购价粮食销售办法不完善，一些地区出现企业（主要是加工企业）在拍卖之前事先开会形成价格联盟、以垄断拍卖价格的苗头，导致可能出现粮库与加工企业合谋、库存空转的现象。

三、对策建议

（一）对粮食核心产区给予优惠政策扶持

安徽处于南北过渡带江淮分水岭区域内，气象灾害常态化。建议加大国家支持力度，完善流域防洪抗旱减灾体系，加强粮食生产基础设施及相关产业体系建设。安徽省淮河流域是国家重要的商品粮生产基地，粮食产量占全省的70%。建议加快论证安徽淮河流域粮食主体功能区发展规划，确定合理的粮食增产目标和实现途径。要以水利建设为重点，以保护耕地为基础，改善农业的物质技术条件，实现中长期粮食增产50~100亿斤的目标。淮河流域水灾重于旱灾，内涝重于外涝，要积极落实农田水利兴修方案，加快低洼地治理步伐，建设“沟相通、路相连、田成方、林成网”的标准化农田。加强灌区的续建配套和节水改造，要加大中小型灌区配套工程建设力度，提高输水速度和渠系水利用系数，加强渠道配套设施建设和渠道硬化建设。建议设立农田基本建设基金，用于改善农田水利设施条件，保障粮食可持续发展。

（二）培育壮大种粮大户

促进种粮大户发展，是新形势下稳定粮食生产、促进农民增收的客观要求。

建议采取“以奖代补”、“先建后补”等方式，对种粮大户先期投入基础设施建设给予适当补偿。明确种粮大户建设的小型农田水利工程产权归属。把种粮大户作为信贷支农的重点，每年安排一定额度的农业信贷资金，缓解规模经营者季节性、临时性的资金需求。支持种粮大户参加农业保险，财政给予一定保费补贴。鼓励保险机构和农村信用社合作开办新的险种，支持种粮大户贷款。加快培育以种粮大户为主体的粮食专业协会和专业合作社，支持粮食专业合作社承接和连片开发经营农民流转的土地。整合县乡教育资源，加强对种粮大户的科技培训，提高种粮技能。

（三）改进粮食直补政策和农机具补贴政策

补贴到粮的基本原则是根据农户粮食产量发放补贴。从操作层面上讲，要根据农户向国有粮食储备库交售的粮食数量发放补贴。这样能够刺激农民种粮售粮的积极性，有利于国家控制粮源，在必要时平抑粮价。补贴的具体形式应该是根据国有粮食储备库的交粮记录，通过货币补贴和实物补贴相结合的方式进行。这种方法也存在一个问题，如果农户是向市场出售粮食而不是向国有粮食企业出售，就无法直接获得补贴。实际上在小麦生产中，农户是非常愿意向国有粮食企业交售的，最低价收购政策必然启动，农户自然可以获得补贴。而在稻谷生产中，农民可以采取“惜售策略”，使得国有粮库无法收储足额稻谷。在国有粮食企业充分掌握市场行情，把握稻谷生产成本波动情况的基础上，是可以制定出科学的“最低价”和补贴数量的，这样农户还是会向国有粮食企业出售稻谷，使得国有粮食企业可以控制足额的稻谷，避免稻谷价格的大起大落。当然，也可以通过建立完善的统计、公示、监督机制，综合考虑实际种粮面积和常产，对种粮农民进行粮食直补，提高补贴效率。此外，加大对促进现有增产技术转化的扶持力度，将良种补贴与主导品种和主推技术挂钩，推进统一供种和良种良法。改革农机具购买补贴为农机具作业补贴，通过加强对农机具购买的金融信贷支持和发展农机合作组织解决农民购买农机具能力不足问题，通过政府购买农机服务解决农业生产中的农机作业推广问题。

（四）完善粮食最低收购价政策和相关调控细则

要抓紧健全稻谷、小麦的价格监测预警体系，由此逐步形成最低收购价格正常增长机制，从保障农民种粮基本收益的角度出发，与农业生产资料价格变化动态趋势挂钩，建立定期调整机制。适当提高稻谷最低收购价水平。我国以大米为主食的人口已经占到60%，稻谷总产量中的85%用于口粮消费。目前，很难利用国际稻米市场调剂国内的稻米消费缺口。国家应该在稳定和加强稻谷生产的同时，根据稻谷生产成本变动情况，完善稻谷最低收购价的正常增长机制，及时调整稻谷最低收购价，适量收储稻谷，为国家调控国内大米价格，提供充足的粮源。粮食最低收购价政策作为稳定农民收入的应急措施，只能在短期内使用，发展粮食生产和提高农民收入最终还要靠成熟的粮食市场机制，靠农民和粮食企业的竞争意识，靠建立粮食成本和风险的社会分担机制。完善最低收购粮食交易规则和办法，压缩中间环节，控制垄断行为。要强化本企业及关联方不能拍购本企业收购储存的最低价粮食的规定，防范虚库行为。

（五）加大粮食库存监督管理，培育现代化的国有大粮商

加强对各种粮食市场经营主体库存的日常监督检查，促进购销企业保持合理数量的粮食库存，维护粮食流通秩序。提高粮食加工企业经营规模和发展质量，推进粮食产业化的深入发展，提升加工业发展对生产发展和农民增收的带动能力。保留和稳定主产区国有独资粮食购销企业（每个主产县至少1家），促进地方基层粮食收购库点资源整合，提高企业管理质量效率，发展国有大粮商以及大的粮食产业链竞争企业。深化粮食企业改革，加强粮食企业管理，提高人员效率，完善便民服务措施，降低购销企业不合理成本费用。完善金融政策，适当降低农发行对粮食购销贷款的利率标准，引导市场经营主体储存必要粮食。进一步完善和细化粮食应急预案，健全小包装成品粮油市场供应体系。加强粮食流通基础设施建设，加大对粮食核心产区仓储设施和粮食产业园区的财政支持，在下拨国家仓储维修资金时，重点向大型国有或国有控股企业倾斜仓储建设资金。建立商品粮现代物流中心，建立粮食产业园区，将安徽粮食发展融入长三角经济圈。增加中央储备粮公司的管理力量，完善公司的组织架构、管理层级、行政措施和对存粮库点的约束力，提高管理现代化水平。

（秦中春　于保平　樊雪志）

分报告7

江西省粮食问题调研报告

对江西省的调研发现，中央各项惠农政策提高了农民的种粮积极性。但是随着农资价格的迅速上涨，种粮收益下降，惠农政策的激励作用在减弱。本报告分析了当前江西粮食生产中存在一些制约因素，提出了稳定粮食生产、提高粮食综合生产能力的政策建议。

江西是我国13个粮食主产区之一，近年来粮食产量保持在370亿斤以上，年均调出粮食90亿～100亿斤，是1949年建国以来两个未间断调出粮食的省份之一。2008年我们在江西的宜春市的上高县、丰城市以及南昌市的新建县进行了调研，与县、市和省级相关部门座谈交流，走访了多家粮食企业，实地察看了多处农田。主要情况如下。

一、江西省粮食生产、价格及储备基本情况

2007年末，全省耕地面积3219.7万亩，其中水田面积2776万亩，稻谷产量占粮食比重达94.8%。近年来，江西省委、省政府高度重视粮食生产，做出了“确保江西粮食生产主产区地位不动摇，确保对国家粮食安全的贡献不减少”的重要决策。2004～2007年，江西省连续4年粮食增产，确保了省内粮食供应稳定，确保了每年粮食调出50亿公斤。

（一）粮食播种面积、单产和总产量稳步提高

从2004年开始，在中央的一系列支农惠农政策的激励下，江西省粮食播种面积和总产量稳步提高。2004年全省粮食播种面积达5124.3万亩，较上年增加547.7万亩，增长12%，创下改革开放以来粮食播种面积最大的增幅。2004～2007年，江西省连续4年粮食丰收，2007年粮食总产量同2003年比增幅为31.3%。同期，江西省粮食单产和播种面积也稳步提高（见表1）。综合目前的情况，2008年的粮食生产比2007年大约是稳中有升。

表1　2003～2007年江西省粮食总产量、单产和播种面积情况

年　份	2003	2004	2005	2006	2007	2007与2003比
总产量（亿斤）	290.1	360.7	370.8	379.3	380.8	31.3%
单产（公斤/亩）	316.9	351.9	351.2	356.4	360.1	13.6%
播种面积（万亩）	4576.7	5123.4	5278.5	5320.7	5287.9	15.5%

资料来源：江西省农调队。

（二）粮食价格呈稳步上涨趋势

2005～2007年，江西省常规早籼稻市场零售价分别为110元/百斤、123.1元/百斤和133.7元/百斤，2006年和2007年的涨幅分别为11.9和8.6%；常规中晚稻籼米市场零售价分别为120元/百斤、131.6元/百斤和146.4元/百斤，2006年与2007年的涨幅分别为9.7%和11.2%。

2008年以来，江西稻谷市场价格保持稳中有升的态势。目前江西常规早稻平均收购价为91.01元（每百斤，下同），较1月份上涨了7.68元，涨幅为9.21%，同比上涨12.73元，涨幅为16.26%。优质稻的平均收购价在95元以上。全省早稻价格水平远高于调整后的77元的最低收购价。中储粮江西分公司预计，2008年江西早稻开秤价在90元左右，启动早稻最低收购价执行预案的可能性不大。

（三）粮食净调出呈增长态势

江西省调进的粮食品种主要是玉米和小麦，调出的是稻谷。近年来每年稻谷的调出量为90～100亿斤。近两年江西的粮食净调出量呈增长态势。见表2。

表2　2004～2007年江西省粮食调进调出情况

年　份	2004	2005	2006	2007
省外购进（亿斤）	75.4	59.4	57.5	46.2
销售省外（亿斤）	96.9	87.4	98.3	100.2

资料来源：江西省粮食局。

（四）各种补贴稳步落实，提高了农民的收益和种粮的积极性

从2004～2007年，江西省水稻良种补贴标准为早稻10元/亩，中稻15元/亩，晚稻7元/亩。2008年，江西省落实中央提高水稻良种补贴标准的政策，将晚稻良种补贴标准由原来的每亩7元提高到15元。从2004～2008年6月，中央财政对江西省的水稻良种补贴共20.9亿元。

2004年开始实行对农机的购置补贴。江西省农机补贴的标准为农机具的30%，补贴资金直接纳入“省级集中采购专户”管理，由省级财政直接支付到农

业生产企业和供应商。2004~2008 年 6 月，江西省农机购置总金额为 17.2 亿元，其中：中央财政补贴 3.34 亿元、地方财政补贴 0.56 亿元，带动农民投入 13.3 亿元。补贴机具 8.25 万台（套）。江西省机耕、机收水平分别由 2003 年的 5.25%、41.16% 增加到 2007 年的 50%、65%。

2008 年江西省粮食补贴总量为 27.9 亿元（包括中央与省财政），其中，农资综合直补 21.8 亿元，比上年增加 11.9 亿元。补贴全部按实际种植面积计算，早稻每亩可得补贴 63 元（良种补贴 10 元、直补 11.8 元、农资补贴 41.2 元），晚中稻每亩可得补贴 68 元（良种补贴 15 元、直补 11.8 元、农资补贴 41.2 元）。种双季可得 131 元，再加上油料补贴（每亩 5 元/一季），每亩可得补贴 141 元。

2008 年，为了鼓励农民规模化种植水稻，江西省新增了种粮大户补贴。省财政安排 3887 万元资金，对 50 亩以上的种粮大户给予政策性补贴。

2004~2007 年，补贴幅度不断加大，农民人均可获得的补贴资金分别为 29 元、30 元、47 元、62 元。补贴政策的落实，一定程度上提高了农民的收益，进而调动了农民种粮的积极性。

（五）稻谷储备居首，近期调控有功

截至 2008 年 5 月底，江西中央储备粮库存为 358 万吨，其中特种储备 15 万吨。分品种看，稻谷储备 350 万吨，玉米储备 6 万吨，食油储备 2 万吨。2008 年 31 万吨新增储备玉米全部到位后，江西中央储备粮总规模将达到 380 万吨。

2008 年中储粮总公司下达江西中央储备轮换计划 132 万吨，截至 6 月 25 日，累计轮出稻谷 31.9 万吨（其中早稻 16.09 万吨，晚稻 15.81 万吨），占总公司计划的 24.37%；累计轮入稻谷 21.32 万吨（其中早稻 7.85 万吨，晚稻 13.47 万吨），占总公司计划的 16.29%。

为稳定全国稻谷市场价格，自 6 月 11 日起，国家安排约 300 万吨中央储备稻谷在安徽粮食批发交易市场（湖北、湖南、江西设分会场）进行拍卖销售，其中江西承担 90 万吨。到 7 月 1 日，中储粮江西分公司拍卖稻谷 41.79 万吨。

二、江西粮食生产中存在的主要问题

近 4 年来江西省实现了粮食连续增产，2008 年的粮食生产形势也是稳中略好，但是也存在一些突出问题和矛盾，农民种粮比较收益明显下降，粮食直补和最低收购价政策的激励作用明显减弱，农田水利等基础设施长期投入不足，发展粮食生产存在隐忧，稳定粮食生产的压力很大，主要表现在以下几个方面。

（一）农资价格快速上涨，种粮成本急剧上升

农资价格快速上涨是农民反映最突出的问题。根据江西省农调队对宜春市丰城的调查显示，目前，尿素价格同比上涨26.3%、磷肥上涨50%，复合肥上涨60%，氯化钾上涨79.7%，单季化肥成本增加每亩43.6元；种子、薄膜成本增加20元，2008年种水稻单季亩平均增加63.6元，双季将增加130元；人工成本每亩增加10~15元；农机费每亩增加60元左右，合计起来，2008年种粮每亩成本增加200元左右。

生产成本的急剧上涨直接后果是农民的种粮收益下降，农民的种粮积极性被挫伤。

表3　　江西省宜春市的农本资料情况表

年　份	2004	2005	2006	2007
早籼稻每亩成本（元）	404.87	429.75	475.95	533.23
成本增幅（%）		6.15	10.75	12.03
晚籼稻每亩成本（元）	418.70	451.15	393.32	486.19
早籼稻每50公斤的净利润（元）	24.32	14.86	4.98	15.33
晚籼稻每50公斤的纯收益（元）	29.47	16.42	17.96	28.37

（二）粮食生产比较效益低、农民种粮积极性不高

目前，江西农民种植一亩水稻（双季）的收益只有200元左右，远低于种经济作物、养殖和打工的收益。宜春市一些粮农已经改种花生、红薯等经济作物，部分地方大面积种植经济作物已成趋势。

乡村干部反映，目前农民在家种粮，绝不是因为种粮有利可图，而是由于年龄大了无法外出打工，更多的是出于多年种粮习惯以及“保口粮”的想法，并非出于成本收益的考虑。因此农村中青年劳动力多选择外出打工，基本是50岁以上的人种田。此外，农村劳动力短缺也使农村的工价上涨，2008年在农村请一个短工，每天工价已在60元以上，加上管饭和烟等，一天约70~80元，比2004年提高了一倍。

（三）农田水利设施陈旧老化制约粮食生产

江西省现有的农田水利基础设施，绝大部分都是20世纪50~70年代建设的，标准低加上年久失修，小农水设施损毁严重。现在小农水的建设和维护既难筹集资金，也难组织劳力。由于小农水不能发挥正常功能，中低产田的面积较大，目前江西全省中低产田的面积约占2/3。按目前的投入计算，改造完需要20年时间。农业生产抵御自然灾害的能力很弱，粮食生产存在隐患。

三、政策建议

由于粮价偏低、农业生产资料价格急剧上升，农民种粮效益下降，农田水利设施年久失修，农村劳动力流失等因素制约着江西省粮食生产，这些亦为远虑，也是近忧。但同时也应看到，克服这些制约因素恰恰是稳定粮食生产、提高粮食综合生产能力的突破口。根据江西省农业厅的规划，江西省有增产100亿斤的潜力。调研中，省市相关部门及基层干部对于稳定粮食生产、提高粮食综合生产能力提出了一些建议。

（一）控制农业生产资料价格的急剧上涨

为应对农资价格上涨，基层干部提出如下几点建议。一是降低农资生产的准入门槛。二是调整化肥进出口政策，提高出口关税，抑制国产化肥出口，同时扩大国内短缺化肥的进口。三是鼓励使用农家肥、秸秆还田，加快测土配方，提高化肥使用效率。四是建议政府加大对淡季化肥储存费用贴息的力度，真正实现“淡储旺销”的供需调节机制，保证农资供应，稳定农资价格。

（二）适当提高粮食价格，调动农民种粮的积极性

在调研中，基层干部和农民普遍认为，2008年稻谷的最低收购价偏低，不能适应市场价格的变动，建议国家再次适当提高最低收购价，同时适当放开粮食价格。有地方干部说，现在最担心农民种粮食没有积极性，不种粮食，只要农民把粮食种出来，一切都好说，否则粮食安全就是空谈。

根据丰城市的测算，在农资价格大幅上涨的情况下，2008年稻谷收购价如果达到100元（每50公斤），收益才和上年大体相当，这个价格也是目前农民的预期。基层干部普遍认为，在粮食生产效益低下、农民种粮积极性不高的背景下，要稳定粮食生产，必须让农民从粮食生产中获得一定收益，让粮食价格合理上升是最有效的。农民种粮有收益是粮食安全最基本的保障，是发挥粮食增产潜力的动力所在。

（三）进一步加大补贴力度，完善补贴方式

基层干部反映，2004年以来的一系列支农惠农政策，极大地激发了农民种粮的积极性，粮食产量迅速增加，农民的收入也有所增加。但是随着近年来化肥、农药、农机等农业生产资料价格的上涨，抵消了惠农政策给农民带来的实惠。基层干部和农民建议国家能够在延续惠农政策的基础上，进一步加大对种粮农民的

补贴力度，应对农资价格的快速上涨。

在加大补贴力度的基础上，不少基层干部建议应该完善补贴方式。仅是普惠制的补贴方式，对进一步调动农民种粮的积极性还显不足。不少基层干部认为，如果将补贴进一步和农户实际的粮食产量、甚至和出售的商品粮挂钩，也许会更能鼓励农民种粮的积极性，但是操作上还需要探讨和设计。基层干部还建议国家对种粮大户和农业种粮专业合作社给些补贴。

（四）高度重视小农水的建设和维护，优先向粮食净调出省投入

国家对农村小型农田水利设施长期投入不足，目前粮食主产区小农水基础设施的建设和维护缺乏资金的矛盾十分突出，2008 年国家加大了对改造中低产田的支持力度，但由于农田水利设施年久失修和老化的现象非常普遍，已成为农民最关心的、迫切希望得到支持的事情之一。建议中央政府加快对小型农田水利基础设施的投入，农业综合开发资金集中、优先投向粮食调出省，并且考虑取消要求这些地区市县级财政提供配套资金的做法。粮食主产区的财政一般较弱，如果让地方配套资金过多，势必降低粮食主产区政府抓粮食生产的积极性。同时，还需要探讨发挥农民群众维护小型农田水利设施的主动性，创新产权制度、组织形式和投工投劳机制。

（五）加大农业技术服务力度，完善农村技术服务体系

农业生产特别是粮食生产具有一定程度的公益性，需要政府提供必要的、基本的技术服务。调查中农民反映最希望政府在植保技术方面给予帮助。与此同时，扶持农业专业服务组织，为种粮农民提供生产全程社会化服务。在对宜春市上高县虎丰种植专业合作社的调研时发现，这个稻谷生产合作社在给农民提供种植技术服务、提高粮食产量、保护农民利益方面发挥了积极作用，村民希望政府落实对农民专业合作社扶持措施。

（六）完善土地流转制度，促进粮食生产规模经营

由于种粮的比较效益低，青壮年农民往往选择外出打工或转向种植经济作物与养殖业。乡村干部普遍认为，在这种背景下，发展种粮大户，引导粮食适度规模经营是当务之急，也是大势所趋。从成本收益角度分析，适度的规模经营要比散户的种植成本低，收益高。

江西省已开始加强对种植大户的引导和服务。2008 年重点加强对全省种粮 100 亩以上、约 2000 个种粮大户采取引导、支持和服务措施，加快冬季季节性耕地流转和 50 亩以上种植大户的引导和扶持。2008 年江西省为了鼓励农民规模化

种植水稻，新增了种粮大户补贴，省财政出资 3887 万元，对 50 亩以上的种粮大户给予政策性补贴。为此还建议在国家层面加大对粮食产区粮食生产专业户、农民粮食生产合作社的力度，在现有的补贴基础上，增加对专业户的直补，促进规模经营的发展。从我们在湖南、江西两省调查的情况看，在现阶段，如果实现稻农户均耕作 10 ~ 15 亩水田，会对保护种稻农民收益、稳定稻谷生产起积极作用。

（徐小青　张云华　陈健鹏）

分报告8

河南省粮食问题调研报告

河南省委省政府抓粮食生产、粮农增收力度大，农民种粮积极性有所提高。粮食生产的支撑体系依然存在一些不足，主要是弱化的农田水利基础设施难以支撑稳产增产，薄弱的农技推广体系难以支撑粮食生产科技水平的提高，粮食直补难以支撑种粮收益稳步增加。对主产区的奖励扶助政策难以调动地方政府主动抓粮的积极性。本报告提出了进一步夯实粮食安全支撑体系的建议。

近年来，国家连续出台、加强了支持粮食生产、保障粮食安全的一系列政策，有效促进了粮食生产。然而，2008年我们在河南省的调研中发现，尽管在中央和地方政府的积极努力下粮食产量稳步增长，但粮食安全的支撑体系仍嫌不足，还需要进一步完善支撑粮食安全的政策和措施。

一、河南省稳定增加粮食生产的主要经验

河南是我国粮食生产大省之一，也是对于保障我国粮食安全具有突出贡献的省份之一。2004年以来，河南粮食生产连年增产，粮食总产连续迈上425亿公斤、450亿公斤、500亿公斤3个台阶。2007年全省粮食总产达到524.5亿公斤，占全国1/10强，连续2年稳定在500亿公斤以上，连续8年居全国第一位，粮食商品率达到58.7%。特别是河南的小麦播种面积占全国的1/5，产量占全国的1/4强，2007年河南小麦总产298亿公斤，占全国小麦总产的28.2%。河南省在养活本省近亿人口的基础上，每年还有100多亿公斤粮食及其制成品外调，对于保障国家粮食安全起到了重要作用。

近年来，在国家支农惠农政策的基础上，河南省在促进小麦等粮食生产方面主要有以下特色和亮点：

（一）集中力量打造粮食核心产区，建设高标准基本农田

2005年，河南省从国家批准立项的121个农业综合开发县中，选择浚县、夏邑、许昌等24个重点县，实施规模开发。从2005~2007年，河南集中全省农业

综合开发土地治理项目70%的中央和省级财政资金，连续三年投入到24个重点县。2005~2007年，24个农业综合开发重点县共投入各类开发资金14.66亿元，实施中低产田改造任务19.93万公顷，平均每个重点县三年实际改造中低产田0.83万公顷。经过三年时间，24个重点县高标准农田项目建设达到了预期目标和标准。农田灌溉率达到75%以上，排涝标准不低于10年一遇，良种覆盖率达到100%，农业机械化程度80%以上，农业科技贡献率达到55%以上，预计新增粮食综合生产能力5.55亿公斤以上。核心区实现了田成方、林成网、渠相通、路相连、旱能浇、涝能排、农机化、科技优的高标准基本农田建设标准。粮食核心产区综合生产能力稳定提高。已建成项目区成为稳产高产、旱涝保收的高标准基本农田，抵御自然灾害的能力显著增强。据统计，2007年24个重点县全年粮食总产量达到206.5亿公斤，占全省524.5亿公斤的39.4%，比上年增产13.8亿公斤，占全省粮食增产19亿公斤的72.6%。已开发的项目区粮食平均亩产515公斤，比全省平均亩产370公斤高145公斤。

（二）大力优化粮食品种品质，提升粮食优质化程度

近年来，河南省以优质小麦生产和加工基地建设为重点，着力调整和优化粮食品种品质结构，大宗粮食作物生产进一步向优势区域集中。重点扶持了80个优质专用小麦和18个专用玉米良种推广补贴示范县。通过示范县建设，促进全省粮食生产优质率逐年提高。目前，河南省已基本建成豫北、豫西优质强筋小麦生产基地，豫南淮河两岸优质弱筋小麦生产基地，豫东、豫北优质专用玉米生产基地，沿黄、沿淮优质稻米生产基地和豫东优质高蛋白大豆生产基地。2007年全省优质专用粮食品种种植面积达到639.47万公顷，占粮食播种面积的67.8%；其中，优质专用小麦种植面积达到326.67万公顷，比2006年增加19.2万公顷，占小麦播种面积的64.6%。

（三）积极发展粮食加工业，提高粮食附加值

小麦等粮食是河南省的优势产品，但“种粮不赚钱”、“抓粮不生钱”的境况也在困扰着粮农和地方政府。河南省在如何把资源和产品优势转变为经济优势方面已经取得了积极进展。该省以小麦为主的粮食加工能力已达到345亿公斤。味精、面粉、方便面、挂面、面制速冻食品等产量均居全国首位，创出了三全、思念、莲花、白象等一批知名品牌。建成了一批技术含量高、产业链条长、带动能力强的小麦精深加工项目，开发出上百个深加工和高附加值产品，大大提高了粮食产业的综合效益。积极发展畜牧养殖业，促进粮食转化增值，畜牧业年转化粮食近150亿公斤以上。知名品牌康师傅和统一方便面50%以上的原料面粉是来自

该省驻马店市。

二、粮食生产支撑不足，粮食安全存在隐患

虽然近年来小麦生产形势喜人，但小麦生产的农田水利基础、农技推广服务、对主产区的奖励支持、粮食直补及价格机制等支撑体系还存在不足。长期来看，粮食安全问题依然堪忧。

（一）农田水利基础设施弱化，难以支撑粮食进一步稳产增产

我们在调查中了解到，即便是在农业生产条件较好的周口和驻马店等地，农业基础设施仍很薄弱。除近年来农业综合开发项目区农业基础设施较为完备外，大部分农田的基础设施都是十年前、甚至二三十年前修建的沟、渠、桥，大多年久失修、带病作业。加之近几年的农村道路“村村通”和高速公路建设打乱了原有的排灌体系，农田水利基本建设投入不足，基础设施标准降低，旱能浇、涝能排的功能明显弱化。据不少干部群众反映，近几年的粮食丰产丰收主要得益于良好的天气条件和优良品种的推广应用，老天帮忙的成分比较大。周口市农开办的同志认为，不要把粮食生产潜力估计得太乐观，实际农业基础很脆弱，抗旱排涝标准还不如十年前，一旦有大涝大旱等自然灾害发生，势必会造成粮食生产大幅度滑坡。群众反映，过去降雨150毫米都不成灾，现在50毫米就成灾了。近年来一直在开展的农业综合开发，虽然对于改造中低产田、改善农田水利基础设施起到了积极作用，但开发的力度还比较小，覆盖面也不大。河南省有400多万公顷中低产田，如果按照该省2008年计划改造中低产田12万公顷的进度计算，改造完成需要33年。周口市有中低产田近26.67万公顷，该市有5个县被列为省重点扶持的24个粮食生产重点县，按照年开发改造1.33万公顷中低产田的规划进度，该市要完成全部中低产田改造任务需要20年时间。而对于其他未被确定为重点支持的粮食生产市县，中低产田的改造力度则更弱、改造难度更大、改造周期也更长。此外，由于雨水冲击等自然原因、沟渠填埋等人为因素和道路修筑等建设因素，中低产田改造后需要维护，大概3~5年一个周期，需要再度修复。因而，虽然近几年粮食生产形势较好，但长期来看，粮食进一步稳产增产的基础并不稳固。

（二）农业科技推广体系薄弱，难以支撑粮食生产科技水平的提高

据基层干部反映，目前农业科技推广体系“线断、网破、人散，公共服务能力弱”的特点表现得越来越明显，农业技术推广体系薄弱、公共服务羸弱的不足长期存在。近年来，随着乡镇机构改革，基层农技机构在名称上、形式上有所变

化，但在实质上并无改观，甚至在不少地方还受到削弱。“人员精简了，职能没有变”。农业科技推广和服务体系薄弱已成为制约粮食和农业生产的一个难题。以河南省正阳县为例，作为一个农业和粮食生产大县，该县农技推广体系存在经费严重不足、队伍素质不高、网络断线严重、服务手段落后等不足。正阳县属典型农业大县、财政穷县，2007 年县财政收入仅 7000 多万元，县级六个推广机构共有在岗人员 108 人，现有编制只有 52 人，实际财政供给工资人员只有 36 人。推广人员的工资不能得到保证，推广经费更是没有，大部分技术人员为生计担忧，没有精力从事技术推广工作，推广人员为生活所迫不得不从事经营服务；乡镇农业服务中心基本上没有开展农技推广工作，乡镇现有的农业专业人员大多不在服务中心工作，常年被抽调参与乡镇计划生育、综合治理等工作，根本没有干本业。农技推广队伍结构十分不合理，知识断层和知识老化、人才青黄不接等现象十分突出。农业局的同志反映：农技推广队伍要么没编制，现有的闲人不少，有专业、懂技术的大中专毕业生进不来。由于农技推广队伍的不足，粮农很难得到病虫害防治、科学种植、合理施肥等实用技术服务。像前几年的畜禽疾病预防控制体系一样，当前的农技推广服务体系也存在重大隐患。

（三）对粮食主产区的奖励扶助政策，难以调动地方政府主动抓粮的积极性

粮食主产区肩负着确保国家粮食安全的重任，然而农业是弱势产业，粮食主产区也大多是产粮大区、财政穷区，种粮的县乡、种粮的地区财政往往都比较困难、收入不高。从 2005 开始，中央财政和河南省财政对产粮大县实行奖励政策。目前河南省有 90 个产粮大县进入奖励范围，三年间中央财政累计奖励资金 26.3 亿元，加上省级配套 5000 万元，对产粮大县的奖励资金总额达到 26.8 亿元。奖励政策一定程度上缓解了产粮大县财政困难、调动了县乡政府的积极性。然而从平均来看，每个产粮大县每年获得的奖励金也就约为 1000 万元。尽管产粮大县同时享受一般转移支付，但这些县人均财力水平仍很低，多数县除了按低水平发放工资和保证政府基本运转外，其他可用财力极少。粮食主产区与主销区的利益不平衡矛盾已经表现得比较突出，产区吃亏已经成为主产区强烈反映的一个意见。

涉农配套资金要求已使粮食主产区不堪重负。目前产粮大县承担的涉农投入的各项硬性配套投入太多，负担太重，已经成为发展农业和粮食生产的包袱。由于涉农项目要求的硬性配套较多，一些地方干部称：搞农业投入项目面临两难，一方面想依托项目改善农业和粮食生产条件，另一方面又由于财力所限难以配套。地方政府发展农业和粮食生产的积极性和效果打了折扣。以河南省驻马店市为例，该市及辖下县区近四年来市县两级涉农配套名目和配套资金逐年增加，配套名目从 2004 年的 12 项增加到 2006 年、2007 年的 23 项和 31 项，其中包括优质

小麦基地建设项目、农业综合开发、人畜饮水安全建设项目、“民办公助”小型水利设施建设、湖洼及支流治理工程、农村低保、新型农村合作医疗、“两免一补”、禽流感普免普防疫苗经费、牲畜口蹄疫强制免疫疫苗配套、广播电视“村村通”工程、“阳光工程”培训等农业和农村发展的诸多方面。市县配套资金从2004年的6692.2万元增加到2007年的59178.1万元，增加了7.8倍，涉农配套资金占全市一般预算收入的比重也从2004年的5.2%增加到2007年的27.8%。对于一个农业大市、财政穷市来讲，这样的配套资金要求和所占一般预算收入的比重实在是太高，粮食主产区已不堪重负。

表1　　2004~2007年驻马店市县配套资金情况表　　单位：万元，%

年份	市县配套			市县一般预算收入			配套资金占一般预算收入比重		
	合计	市级	县区级	全市	市级	县区级	全市	市本级	县区级
2004	6692.2	1241.1	5451.1	128369	31369	97000	5.2	4.0	5.6
2005	12200.7	3936.7	8264.0	125321	39989	85332	9.7	9.8	9.7
2006	29161.1	7163.0	22048.1	162016	53496	108520	18.0	13.4	20.3
2007	59178.1	17868.9	41697.2	212669	66006	146663	27.8	27.1	28.4

（四）粮食直补与粮价涨幅难以支撑种粮收益增加

当前农民反映最突出的问题是，化肥、柴油等农业生产资料价格持续上涨，特别是复合肥、钾肥、尿素等涨幅较大。仅2008年以来，复合肥涨幅已在50%以上，农民种粮成本不断增加，农民种粮基本收益持续增加难度加大。据河南省农业厅测算，2007年该省农民种一亩小麦产值增加66.24元，但生产成本提高111.01元，其中物质费用提高61.22元，生产成本增加额比产值增加额高出49.79元，即使在小麦最低收购价上涨的情况下，亩收益仍比上年下降44.27元。另据河南西平县老王坡农场种粮大户李中印匡算，2008年其小麦亩均肥料成本为185元，比上年增加58元；亩均机械作业费为110元，比上年增加45元；亩均人工费45元，比上年增加20元；农药及种子费89元，比上年增加15元；其每亩小麦分摊承包费240元不变，2008年合计每亩小麦成本为669元，比上年的541元增加128元，增幅为23.7%。在预期亩产与上年持平为亩均460公斤，销售价格上涨0.1元为1.6元/公斤的情况下，其销售收入为736元。2008年种粮三项补贴合计亩均比上年增加33.26元，达到87.5元。预期每亩纯收益为153.5元，其每亩收益比上年减少49.74元，减幅为24.5%。地方干部群众反映，补贴远赶不上化肥等农资涨价。我们在调查中了解到，粮农在权衡种粮绝对收益、种经济作物的相对收益、打工相对收益之后，其种粮积极性并不太高。

三、进一步夯实粮食安全支撑体系的建议

在我们调查期间，干部和农民为了稳定粮食生产、促进粮农增收，提出了一些建议，归纳整理如下：

（一）加强农田水利基础设施建设

可以讲，河南粮食增产潜力还很大。据河南省农业部门测算，如果今后几年能投入300亿元左右资金，改造中低产田，加强农田水利等基本建设，可实现每年新增100亿公斤的粮食生产能力。关键是加强农田水利基础设施建设。要切实加大以打井配套、桥涵建设、沟渠治理为主要内容的农田水利基本建设投入力度，改造中低产田，建设高标准农田，全面提高农业抗御自然灾害的能力，增强粮食综合生产能力，稳步提高粮食单产和总产。

（二）创新农技推广体制，充实农技推广队伍

随着交通和通讯条件的改善、信息和传媒技术的普及，农技推广体制也需要因势而变。在县一级，可以打破目前多数地方根据乡镇设置农技服务站所的体制，吸收县、乡农技人员，组建跨乡镇的区域性服务站，主要承担公益性服务职能。区域站定性为国家事业单位，事业经费纳入财政全额拨款预算。行政上隶属于县农业局领导和管理，区域站作为县级农技推广机构的派出单位，人、财、物由县农业行政部门统一管理，区域站履行《农业技术推广法》所授予的公益性服务职能，执行上级农业推广部门下达的各项试验、示范推广任务以及农作物病虫防治等工作。区域站不再从事任何经营创收活动，成为一个完全履行农技推广公益性职能的基层农业技术推广服务机构。按照公益性职能和经营性服务分离，事、企分开的原则，建立结构优化、分工明确、功能完善、科学管理的多元化农技服务推广体系。搞好人才引进和技术培训，为农技推广提供人才保证。根据工作需要，定期接收一定数量的农业高技能、高素质人才，促进推广队伍结构优化，以避免多数地区农技推广队伍出现的人才断层现象。建立农技推广人员定期培训制度，通过财政支持、制度保证、定期考核等方面的共同作用，促进农技推广人员的知识和技术更新。此外，地方农业部门建议，针对不少农民外出打工或不懂、不愿、不会防治病虫害的情况，及病虫害必须同防同治的需要，建议以县为单位组织公共植保工作，财政拿钱、政府组织、农业部门主管，社会化、企业化服务，统一防治。

（三）继续加大对粮食主产区的资金扶持，少配套或不配套

中央财政仍需要加大财政转移支付力度，帮助粮食主产区和产粮大县解决财政不足问题，进一步加大对粮食主产区生产、教育、卫生、文化、交通等社会事业的支持。确保国家粮食安全，重要的一点是需要像重视调动农民种粮积极性一样来调动粮食主产区地方政府抓粮的积极性。国家还需要采取有针对性的措施，在产业布局上，鼓励传统农区发挥优势，大力发展粮食产业，在项目安排、资金扶持上给予更大倾斜。加大对粮食主产区农副产品加工业的扶持力度，提高就地转化能力，增加地方财政收入和农民收入。增加对粮食主产区的财政补贴力度和粮食生产补贴力度，根据提供商品粮数量给予粮食主产区财政直接补贴、增加对产粮大县的奖励资金。进一步增加投入，加快粮食主产区质量标准化体系建设，不断提高粮食质量。尽快建立各级财政和各个区域之间的粮食安全责任分担机制和利益平衡机制，完善粮食安全保障基金和粮食风险基金制度，降低粮食主产区负担的基金比例。此外，需要大幅度减免粮食主产区、产粮大县的涉农配套资金要求，减少其业已紧张的财政负担，鼓励这些地区发展粮食和农业生产的积极性。

（四）稳定并完善粮食直补政策

要稳定并长期坚持粮食直补政策，并不断做出适应性调整。加强科技补贴，对小麦、玉米、大豆等主要粮食作物实行良种补贴普惠制，让广大农民都能享受政策带来的实惠。同时，适应形势的变化，逐步提高补贴标准。扩大粮食主产区农机购置补贴规模，提高标准，增加补贴品种，加快推进农业机械化进程。建议中央财政增加直接用于农田水利基础设施建设与农技公共服务体系建设的补贴。

（五）进一步完善粮食最低收购价政策及粮食价格调控机制

将小麦、玉米、水稻等主要粮食作物全部纳入最低价收购保护范围。同时，要健全粮食价格及农资价格调控机制。目前实行的粮食最低收购价不仅仅是作为托底价格和保护价格，在现实中，最低收购价还起到了指导价和标杆价的作用。因此，在农资价格大幅并不断上涨的情况下，应进一步完善粮食最低收购价形成机制及政策，参考期货市场价格，适时调整粮食托市收购政策。采取机动措施，使粮食价格与相关农资价格保持同步，防止谷贱伤农，保护种粮农民的利益。在进一步提高农资综合补贴标准的前提下，进一步完善对农资生产和经营企业的补贴机制，采取对农资生产企业直接补贴、加强流通环节监管等手段，多管齐下，综合治理，严格控制生产资料价格上涨，保证农民的种粮收益。

（张云华）

第三篇

县乡财政、农民负担与税费改革

深化农村税费改革政策走向研究[①]

一、农村税费改革前农民负担状况及原因分析

（一）农村税费改革前农民负担状况

1. 农民负担的演变过程。

（1）农民负担尚未显现。我国在改革开放前长期实行人民公社体制，农村的土地等基本生产资料归集体所有，并由集体统一使用，农民个人只是集体经济组织内的生产者。当时的收益分配体制是先进行集体的和国家的扣除，后给社员分配，农民并不直接承担负担开支。因而，农民的负担感受不明显。

（2）农民负担开始凸现。党的十一届三中全会以后，我国农村普遍实行了以家庭承包为主的责任制。此时，农民的身份相应发生了变化。农民不再是单纯的集体经济组织内的生产者，而是相对独立于集体经济组织的农业生产经营者。并且，随着农村体制的改革，还形成了新的分配原则，即“交够国家的，留足集体的，剩下都是自己的”。在新的分配原则下，农民作为农村经济的独立经营者，其经营成果首先并直接由农民掌握支配，然后才由农民按照政策规定进行分配。此时，无论是交给国家的税收，还是留给集体的村提留、乡统筹，都不再是人民公社体制下由集体统一支付，而是从农民个人手中支付。这时，农民便开始直接感受到税费成为了一种负担。

（3）农民负担日益沉重。从 1983 开始到 1985 年结束“社改乡”改革，使得我国人民公社及其下属生产队不复存在，代之而起的是 61766 个乡镇政府和 847894 个村民委员会。从公社转变为乡镇，变化的不仅是名称，相应的政府领导班子、行政职能、办公人员等一整套繁杂的政府组织体系都要进行重新构建。在本级税收不能保证全部开支，而上级财政又没有补足缺口的情况下，为维持日益庞大的机构运转，基层政府开始借各种名义向农民收取各种费用。尽管政府出台了一系列文件，力图减轻农民日益沉重的税费负担，比如，1985 年的《国务院关

① 该课题为 2006 年度国务院农村税费改革领导小组办公室委托课题。

于制止向农民乱派款、乱收费的通知》、1990 年的《国务院关于切实减轻农民负担的通知》、1991 年的《农民承担费用和劳务管理条例》、1992 年的《关于减轻农民负担的紧急通知》、1993 年的《关于涉及农民负担项目审核处理意见的通知》等等，但实际情况却是该时期的农民负担日益沉重。

（4）农民负担恶性增长。1993 年底，国务院通过了《关于实行分税制财政管理体制的决定》，并宣布从 1994 年 1 月开始实施分税制。这次分税制改革仅仅是在中央政府和省级政府之间划分了财权，并且中央集中了更多财力，而省级以下政府的财权和与财权相对应的整个国家的事权并没有进行相应的改革。于是，体制改革的不充分、不全面，使得省以下各级政府不断上收财权、下放事权，收支负担一级一级往下传，传到乡镇政府后，农民又再次为制度设计的漏洞“买单”。

在这一时期，一些地方的农民已不堪重负，由农民负担问题引发的恶性事件也逐年增多。针对农民负担居高不下之势，1996 年底国务院出台了《关于切实减轻农民负担的决定》。该决定的实施使得农民负担的增长势头在 1997 年得到明显抑制。但是，由于导致农民负担增长的体制性因素没有消除，农民负担很快又再次反弹，如 1998 年农民人均负担占人均纯收入 10.1%，比 1997 年同比上升了 8.5%①。

2. 农民负担的特点。

（1）税费负担项目多，税费负担数额大。据不完全统计，农村税费改革前全国涉及农民负担的税费项目共有 8 大类 100 项以上。根据我国政府公布的统计数据，2000 年农民承担税费总额 1359 亿元，比 1990 年的 469 亿元增长了 1.89 倍，其中农业税收负担增长了 4.28 倍，村级提留增长了 0.62 倍，乡级统筹增长了 1.29 倍，其他收费增长了 4.70 倍，农民人均负担增长了 2.01 倍。农民税费负担占农民收入的比重大约在 7% ~12% 之间（见表 1）。

表 1　　90 年代以来农民总体税费负担的变化　　单位：亿元，元/人，%

年份	税费总额	农业税收	村提留	乡统筹	其他收费	农民人均承担的税费额	税费负担占农民收入的比重
1990	469	88	216	117	48	55.8	9.3
1991	518	91	231	133	64	60.8	8.9
1992	603	119	219	154	111	71.1	10.0
1993	687	126	232	148	181	80.7	10.3
1994	958	231	287	174	266	112.0	12.2

① 数据来源：《减轻农民负担，保护农民利益》（www.yahoo.com.cn）。

续表

年份	税费总额	农业税收	村提留	乡统筹	其他收费	农民人均承担的税费额	税费负担占农民收入的比重
1995	1154	278	330	218	329	134.3	11.0
1996	1249	369	377	234	268	144.4	9.2
1997	1379	397	414	289	279	159.2	8.3
1998	1399	399	430	300	270	161.0	7.7
1999	1362	424	388	282	269	156.6	7.2
2000	1359	465	352	268	274	168.4	7.6
2000比1990增长（%）	189.7	428.4	62.9	129.1	470.8	201.8	

资料来源：陈锡文主编：《中国农村公共财政制度》，中国发展出版社2005年版。

然而，农村实际存在的其他收费（如“三乱”）要比上述统计数据高得多。据估算，2000年中国农村的“其他收费”可能在724亿～1086亿元之间。因此，农村税费总数在1809～2171亿元之间，农民人均税费负担在225～269元之间，农民承担的税费负担占农民收入的比重大约在10.2%～12.2%之间①。

农民除了要缴纳上述税费资金外，还要承担非货币形式的非税负担。如2000年，全国农民就提供了74亿小时的“两工”（30亿小时的义务工，44亿小时的积累工），大约相当于735亿元②。

（2）税费负担不均衡。农民税费负担在地区之间、农户之间还存在重大的差异。大量情况和资料表明：从区域看，在发达地区，农民负担相对较轻；在不发达地区，农民负担更重。从不同的农户看，较富裕的农户，农民税费负担较轻；在贫困家庭，农民税费负担较重。实际上，这种税费负担的不均即是农民负担累退性的表现。

根据陶然等人（2003）的研究，落后省份的税费负担普遍较发达省份重。例如，20世纪90年代后期，广东和浙江的农户总负担［（各种税费负担＋农户教育支出）/农户家庭纯收入］约为7%～9%，而山西、安徽、河南和甘肃则为11%～15%，四川、湖南和吉林更是达到15%～20%。同时，将所有农户进行收入分组后发现，1986年人均收入最低农户（人均收入低于200元）的各种税费负担占家庭纯收入的比重为10.5%，但人均收入最高的农户（人均收入高于4000元）这一数字却为9%。到了1999年，相应的数字则分别变为25.5%和4.4%。如果再考虑农户教育支出，最低收入农户的总负担从1986的13.7%

① 陈锡文主编：《中国农村公共财政制度》，中国发展出版社2005年版。
② 亚洲发展银行：《中国农业税收改革研究》，2005年。

上升到了1999年的55.1%[①]。另外，根据国务院发展研究中心2001年对中部3省3个县59个农户的实地调查，也证实了不同收入水平农户负担不均这一情况(见表2)。

表2 2001年襄阳县、鄢陵县、泰和县不同收入水平农民负担状况比较

	样本户数（户）	家庭常住人口（人）	人均纯收入（元）	人均农业四税		人均负担	
				数额（元）	占人均纯收入比重（%）	数额（元）	占人均纯收入比重（%）
500元以下	2	12	336.66	23.53	6.99	122.28	36.32
500～1000元	9	46	719.95	48.39	6.72	277.16	38.50
1000～2000元	14	59	1384.38	73.06	5.28	282.74	20.42
2000～3000元	7	39	2349	35.4	1.51	184.93	7.87
3000～5000元	8	39	3578.76	129.62	3.62	290.63	8.12
5000元以上	7	32	9017.55	205.12	2.27	376.04	4.17

（3）税费征收较混乱。向农民征收税费，涉及的部门和单位很多，如税务、财政、工商、教育、公安、计生、妇联等部门。征收的依据，有的来自中央和省两级，有的是地方自定的，有的按产量，有的按个数，有的按收入，有的按劳动力或耕种面积。征收环节，有的在农产品生产环节，有的在农产品收购环节，有的甚至还"预收"下一季农业税。正是由于农业税费的征收不够规范，也为一些地方政府的违规操作提供了空间。像有的地方为了增加农业税收收入，不论农民是否从事农业特产品生产，是否有屠宰牲畜行为，一律采取按人头、田亩、存栏牲畜数等办法向农民征收农业特产税和屠宰税。甚至一些地方还人为虚报农民人均纯收入，一方面可借此向农民多收税，另一方面又能体现出"政绩"，可谓一举两得。这些征收过程的各种不当做法，既影响了税收与合理收费的正常征收，也带来了干群矛盾的激化。

（二）农村税费改革前农民负担沉重的原因分析

1. 公共品供给偏向城市，公共财政在农村缺位。长期以来，我国农村公共品供给遵循的基本原则是"自力更生为主，国家支持为辅"，其暗含的指导思想就是农民、农村的事务不管是否属于公共产品和公共服务，都主要靠基层政府组织自行解决。而基层政府组织最终的来源都是来自从农民手中收取的各种税费。因而，从严格意义上来讲，农村公共品的供给并不是靠公共财政来完成，而是靠农

---

① 陶然、刘明兴、章奇：《农民负担、政府管制与财政体制改革》，《经济研究》，2003年第4期。

民自己筹钱自建自用。1994年的分税制改革本可成为改变上述局面的良机。但这次改革并不充分，改革留下的漏洞使得各级政府将收支压力层层传递，最后压在了乡镇政府身上。其最终结果便是：一方面乡镇支出增加，财力削弱，拉大了其开支缺口；另一方面，面对必办不可的公共事务，当财政预算内资金没有力量供给时，乡镇政府就只好向农民伸手，通过不断地收费来满足不断出现的公共品需求。加之，收费基本都是各部门自收自支，缺乏严格的法律约束和有效的监督机制。在部门利益的驱动下，实际执行中就极易扩大收费项目，或产生搭车收费现象。"乱收费"也就成为不可治愈的"顽症"，从而造成农民负担远远超出国家所规定的限额。

可以说，在教育、卫生、公路和其他公共物品供给方面，城乡之间基本是"一国两策"，财政投入的城市倾向十分明显，最终带来的是城乡面貌的巨大差异，城乡居民所享受公共服务的巨大差异。

在义务教育方面，城乡财政投入差别很大。城市义务教育的资金投入基本都列入城市财政预算，是有保障的。像城市教育费附加是纳入预算管理的，学校建设列入城市的基本建设投资计划。而农村义务教育的资金来源则主要靠农村教育费附加、农村教育集资和收取的学杂费，并且教育附加由乡镇预算外管理，学校建设由乡村负责筹措资金。在这种投资体制下，农村义务教育获得的政府投资不仅远远低于城市，而且农民还要承担相当重的负担。据测算①，1998年全国初中年生均预算内经费城镇为813元，农村只有486元；小学城镇为520元，农村为311元。同年，农村教育费附加总额达165亿元，平均每一农村劳动力负担33元；农村教育集资53亿元，每一农村劳动力负担11元。这表明，在农村，义务教育基本上是农民的"义务"。由于投资体制上的城乡有别，最终导致了城乡义务教育办学条件的巨大差异。

在医疗卫生方面，1991～2000年间，政府投入农村卫生的支出从48.71亿元增加到124.59亿元；但按1990年的不变价格计算，投入量只增加了19.08亿元，10年间仅增长48.5%，年均增速为4.49%，远远低于同期全国卫生总经费年均增长13.1%和全国农村卫生总费用年均增长12.8%的速度②。并且，2000年政府卫生预算总经费投入比1991年增加的部分只有12.4%用于农村③，这充分证明了政府公共投资的城乡偏好不同。政府投资上的差异带来的是城乡之间的卫生资源分布差距较大。而卫生资源的匮乏，最终导致了农村居民享受到的公共卫生服务和

---

① 袁连生：《我国义务教育财政不公平探讨》，《教育与经济》，2001年第4期。

② 陈锡文主编：《中国农村公共财政制度》，中国发展出版社2005年版。

③ 财政部农业司：《中国农村公共产品的需求与供给：县乡考察》，2005年。

保障水平都远低于城镇居民。

在基础设施建设方面，如供电、供水、道路、通讯等管网建设和维护，在农村是靠农民既出资又出力完成的。根据李锐等人的研究（2001），1997 年我国农村公共基础设施投资总量为 2174.69 亿元，其中政府投资 439.70 亿元，农村集体投资 1433 亿元，农户投资 301.99 亿元。事实上，农村集体投资也是来自于农民上交的各种税费、集资等。因此，真正具有公共投资性质的政府投入仅占总投资的 1/5，其余全是来自农民自身投入。

由于政府对农村基础设施投入过少，使得农村居民的生产和生活都受到严重影响。20 世纪 80 年代以后，农田水利建设因由地方财政承担，投入逐年减少，加之水毁和年久失修，导致全国每年减少灌溉面积 700 多万亩。截止 1997 年我国农村地区已建成水库 8.48 万座中有 30% 左右存在不同程度的淤积、带病运转①。到 2000 年初，我国仍有 5020 万农村人口饮水困难。

2. 县乡机构膨胀，基层财政负担日益加重。县乡财政困难，“三乱”现象屡禁不止，其中一个重要的原因便是机构臃肿，人员庞杂，支出膨胀。在改革开放以前，我国农村实行的是“政社合一”的人民公社体制，党委、政府两套班子一般只有二三十人，人员工资和办公经费均由县财政拨款。1985 年完成的“社改乡”改革，使得乡镇政府的五套领导班子和对应上级政府部门的“七站八所”应运而生。据调查，农村税费改革之前，我国乡镇党委的内设机构平均每镇 16 个，干部总人数平均 158 名，远远超出 40～60 的编制人数，县级部门的派出机构平均每镇 19 个，干部总人数平均 290 名②。此外，全国 4.5 万个乡镇，财政供养人员（包括离退休人员和教师）达到 1280 万人。另外还有 380 万名村干部，相当于平均每 40 个农民就供养一名干部③。冗员的大量存在，必然占用着乡镇政府大量的工资和公务支出。

除机构臃肿带来人员庞杂外，一些部门单位由于拥有行政执法权也成为人员膨胀的“增长点”。比如医疗机构、计划生育部门和公安司法部门等这些自收自支或财政差额供养单位，由于有权收费和罚款，能够获得预算外收入，因而，人员膨胀速度往往最快。于是，养更多的人去“创收”，去罚更多的款，收更多的费，彼此已形成了一个恶性循环。最终则是由农民为人员膨胀“买单”。

3. 农村税费征收和管理不规范。建国初期，我国确立了城乡二元税制结构。在城市主要是依照 1950 年颁布的《全国税政施行要则》建立了以货物税、工商

① 李锐等：《农村公共基础设施的投资》，中国农业出版社 2001 年版。
② 马晓河：《我国农村税费改革研究》，中国计划出版社 2002 年版。
③ 《农村税费之变：调整中推进》，《财经》，2002 年第 8 期。

税、利息所得税为主的城市工商税收体系。后来，在1958年和1973年先后对城市工商税制进行了以简化合并为主要内容的两次改革，形成了以国营企业利润上缴制与工商税制并存的城市征收制度。在1983年，国营企业又开始实施了“利改税”改革，最终建立起了现行的城市工商税制。而农村税费的征收制度，虽也经过调整、改革，但涉农税制始终未纳入现代的工商税制。并且在撤销人民公社，建立乡镇政府后，财政预算内资金不能满足乡镇政府的正常需要，为了解决乡镇财政的资金缺口，国家还赋予了乡镇政府收费权，为农民税费负担的增加提供了制度上的便利。因此，农村税费的征收管理相当不规范，大量资金游离于体制之外，在农村形成了“以农养政”的局面。

4. 城乡分治的二元结构是造成农民负担沉重的根源。二元经济结构体制是指发展中国家广泛存在的落后的传统农业部门和先进的现代经济部门并存、差距明显的一种社会经济状态。这是发展中国家经济不发达的标志。同时，二元经济结构也是发展中国家从传统的农业社会走向工业化和现代化必经的过渡形态。我国二元体制结构的发展也经历了一个漫长的历史时期。新中国成立后，国家为推进工业化，建立了全面控制经济生活的计划经济体制，这种围绕工业化建立的计划经济体制将城市和农村分割为两个失去市场联系的领域。城市以工业活动为主，城市就业和生活几乎全由国家统一控制了起来。农民则从事农业生产，必须承担国家规定的各项生产任务。严格的城乡分割体制强化了二元经济结构这种过渡形态，延缓了社会转型的进程。直到改革开放前，城乡二元结构的变化呈现出以下三个特征：工农产品不能平等交易；城乡之间要素不能自由流动；城镇居民与农民权利和发展机会不平等。在传统的计划经济体制下，由于过度剥夺农业，实行城乡隔离，造成了工农业发展严重失调和城乡发展的严重失衡，使城乡关系遭到了严重扭曲。在城乡分割的二元结构体制下，我国不是随着工业化的发展逐步推进城镇化，加速农村劳动力和人口向城镇转移，而是从体制、政策到各项管理制度上都限制农民进城就业和定居，城乡之间要素不能自由流动，大量的农村劳动力被束缚在土地上，农村就业严重不足；由于实行农村农业人口与城市非农业人口两种户籍制度，造成城镇居民与农民权利和发展机会的不平等，加剧了城乡结构的失衡，使城乡差别制度化。

改革开放后，随着市场机制的引入，城乡要素交流的范围和规模得到扩大，城乡联系显著增强，计划经济时代形成的阻隔城乡联系和相互作用的各种制度障碍受到了市场力量的巨大冲击，城乡关系逐步得到改善。我国城乡关系的变化特征主要有：工农业产品交换市场化程度的提高，极大地推动了城乡关系的合理化进程；农业剩余劳动力向非农产业和城镇的大量转移，密切了城乡联系，对城乡隔离体制造成了巨大冲击。虽然改革开放以来，我国在加强农业基础地位、改善城乡关系上做了大量工作，但农业和农村经济在资源配置和国民收入分配中仍处于不利地位，公共财政对农村公共产品或公共服务领域投入不足，总体覆盖力度不够。农村居民和城镇居民在发展机会和社会地位方面仍然不平等，计划经济体制下形成的城乡分割的二元结构尚未从根本上发生改变，我国城乡发展失衡问题仍十分突出。

农村税费改革前存在的城乡二元税制、农村公共品供给财政缺位和县乡机构人员膨胀等，都是这种二元结构体制的表现和结果。城乡分治的体制导致了政府一方面通过税收手段过多地从农村提取剩余，使农村社会缺乏自我发展所必须的积累；另一方面又通过“歧视性”的财政安排过少地给农村提供最基本的公共物品和服务。并且，政府的“多取”和“少予”还衍生出基层政府机构人员膨胀这一大“恶果”。从而，最终导致了农民负担减而不尽、降而又升，成为久治不愈、反复发作的“顽症”。

二、农村税费改革的过程、成效与经验

（一）第一阶段（2000～2003年）：从启动到全面推进

农村税费改革的第一阶段是农村税费改革从无到有、从试点走向全面推进的时期，4年间共走了4步：2000年试点，2001年观察、完善，2002年扩大，2003年全面推进。

1. 启动农村税费改革试点。2000年3月，中共中央、国务院发布《中共中央、国务院关于进行农村税费改革试点工作的通知》，决定在安徽全省实行农村税费改革试点，其余省级单位可自主选择县（市）进行试点。其中，甘肃、湖南、河南、陕西、河北、黑龙江、吉林、内蒙古等8个省（自治区）选择了32个县（市）进行改革试点。

改革试点的主要内容为：取消乡统筹、农村教育集资等专门面向农民征收的行政事业性收费和政府性基金、集资；取消屠宰税；取消统一规定的劳动积累工和义务工；调整农业税和农业特产税政策；改革村提留征收使用办法。此次改革的主要内容也简称为“三个取消、两个调整、一个逐步取消和一项改革”。为配合试点改革的顺利进行，同时还出台了四条配套措施：规范农村收费管理，精简乡镇机构和压缩人员，改革和完善县乡财政管理体制，建立健全农民负担监督机制。

2. 完善农村税费改革政策。对于2000年试点改革中出现的各种问题、矛盾，经过深入调研，在总结经验的基础上，国务院于2001年3月又发布了《关于进一步做好农村税费改革试点工作的通知》。这份文件明确提出了“减轻、规范、稳

定”的农村税费改革原则。对于是否扩大省级单位试点改革，文件未做统一规定。

与2000年试点文件相比，2001年文件对过去政策中的模糊点统一给出了更为详细的政策解释，对改革实践中出现的现实问题提出了完善措施。政策内容主要涉及到计税面积、常年产量和计税价格的确定问题，税费负担不均问题，农业特产税的税率和征收环节问题，村级三项费用（村干部报酬、村办公经费、五保户供养经费）开支问题，取消“两工”的时限和用工问题，农村义务教育的经费投入问题等六方面。

在配套政策方面，除继续强调并细化精简机构、压缩人员，规范征收，加强监督等措施外，文件对财政转移支付、“一事一议”的筹资筹劳制度和乡村债务等问题提出了改革思路和措施。

鉴于农村问题和农村税费负担问题的复杂性，国务院对农村税费改革采取了相当谨慎的态度。国务院办公厅在当年4月发布的《关于2001年农村税费改革试点工作有关问题的通知》中明确提出，“未经国务院批准，各地区不得启动农村税费改革全面试点”。因此，2001年，除安徽省继续在全省进行农村税费改革试点外，仅有江苏省根据本省改革工作安排及财力情况，自主决定在全省范围实施了改革试点；还有除上海、西藏外的27个省份选择了102个县（市）进行了局部改革试点。

3. 扩大农村税费改革试点范围。经过2001年的政策完善，税费改革已积累了不少的成功经验。于是在2002年3月，国务院下发了《关于做好2002年扩大农村税费改革试点工作的通知》。此份文件最主要的内容就是将农村税费改革试点省份扩大到河北、内蒙古、黑龙江、吉林、江西、山东、河南、湖北、重庆、四川、贵州、陕西、甘肃、青海、宁夏16个省（自治区、直辖市）。而试点省是进行全省试点还是局部试点，则由有关省级政府慎重决定。对于上海、浙江、广东等沿海经济发达省（直辖市），如果全面改革条件成熟，可以自费进行改革。文件执行过程中，上海和浙江就根据自身财力情况，报经国务院批准，自费进行了扩大改革试点。截至2002年底，农村税费改革试点工作已在全国20个省份全面展开，其余11个省份则继续在部分县（市）进行试点。进行农村税费改革试点地区农村人口达到了6.2亿，约占全国农村人口的3/4。

2002年文件中还首次提出了衡量农村税费改革是否成功的重要标志是实现“三个确保”目标，即确保农民负担得到明显减轻、不反弹，确保乡镇机构和村级组织正常运转，确保农村义务教育经费正常需要。

4. 全面推进农村税费改革。按照国务院统一部署，2002年全国有20个省级单位进行了农村税费改革试点，其他省继续在省内部分县（市）进行试点。这为全面推进改革积累了经验，奠定了基础。于是，2003 年 3 月，国务院下发了《关于全面推进农村税费改革试点工作的意见》。

对于尚未进行全面改革的省级政府，是否要在 2003 年进行全省范围内的改革，文件并没做统一规定，仍然是让各省根据自身实际情况自主决定。

除试点范围外，2003 年 3 月的文件就农村税费改革的有关问题还提出了 9 条意见。从内容上看，这些意见的侧重点已不再是具体的农村税费改革方案或推动农村税费改革实施的配套措施，而是侧重于相关制度、措施的完善，从而能保证农村税费改革取得完满的结果。

2003 年 9 月，根据农村税费改革的进展情况，国务院办公厅又下发了《关于进一步加强农村税费改革试点工作的通知》，确保农村税费改革成果扎扎实实，经得起检验。通知中强调，对目前基础工作还不够扎实、全面试点的条件还不成熟、完成当年改革各项任务确有难度的省份，不强求一律在年内全面推进，可以继续进行局部试点，决不能不顾条件仓促地全面实施。同时，强调了要把中央政策不折不扣地落到实处，包括落实“三个不准”，即农业税及其附加不准超过国家规定的税率上限，不准超范围、超标准进行“一事一议”筹资筹劳，不准在农业税及其附加和“一事一议”之外进行任何形式的摊派和收费；落实减轻农民负担的“四项制度”，即涉农税收价格收费“公示制”、贫困地区农村义务教育收费“一费制”、农村订阅报刊费用“限额制”、违反减轻农民负担政策“责任追究制”；确保专项转移支付专款专用；搞好配套改革；强化领导监督等。

（二）第二阶段（2004 年以后）：全面取消农业税

由于第一阶段的税费改革较多地关注农民的负担问题，而对农业税收制度本身的改革措施并不多，税费改革试点后的新农业税制仍然存在一些问题。

一是税率并不低。农业税税率统一为不高于常年产量的 7%，附加税率统一为不高于正税的 20%，合计为不超过常年产量的 8.4%。大多数地方实际执行的税负都是 8.4%。无论是与我国历史上的农业税率相比，还是与其他国家农民承担的税负相比，按土地常年总产量征收 8.4% 的农业税，税率都偏高。据调查表明，农村税费改革试点后大部分地区每亩平摊的农业税、农业特产税及附加超过 100 元，几乎把农民微薄的剩余抽干，使得农业生产只能维持在最简单的再生产水平上①。应当说，农村税费改革试点后的税率仍使得我国农民承担了非常高的税负，已经超出农民的承受能力。

---

① 国务院发展研究中心农村经济研究部：《关于改革农业税制的研究报告》，2004 年。

二是税制不科学的问题没有得到彻底解决。农村税费改革试点后，农业税仍是按土地的常年总产量计征的，没有考虑当年总收入扣除生产耗费后的实际所得，这个常年产量既包括农民销售的商品粮，也包括农民的口粮和种子粮等。这既不是对农民从事农业的净所得征收所得税，也不是按商品流转额征收商品税，而是以农产品的产出来计税，从而出现了有的农民种地赔钱还得照章纳税。

三是税费负担依然不均衡。农村税费改革试点后征收单一农业税的办法虽然在总体上减轻了农民负担，却会造成税负不公，在减轻非农户和兼业农户负担的同时，加重了纯农户的负担。改革试点前，农民负担一部分按地亩收取，一部分按人口收取。改革试点后，农业税及其附加的课税对象是农业收入，以农业税计税土地上的农产品的常年产量为计税依据。即是说，农民缴纳农业税的多少，与农民耕种的土地面积直接相关，“谁种地，谁负担”。这样势必出现人多地少负担就轻、人少地多负担就重的状况。

鉴于第一阶段改革中仍遗留的问题，同时考虑到征税成本远高于征税收入，以及国家财力增强等因素，中央开始逐步尝试免征农业税的做法。2004 年 2 月，中共中央、国务院下发了《关于促进农民增加收入若干政策的意见》，提出在 2004 年农业税税率总体上要降低 1 个百分点，同时取消除烟叶外的农业特产税。2004 年年底，中共中央、国务院发布了《关于进一步加强农村工作提高农业综合生产能力若干政策的意见》，进一步扩大农业税免征范围，同时加大减征的力度。在国家扶贫开发重点县实行免征农业税试点，其他地区进一步降低农业税税率。截至 2005 年 7 月，已有 28 个省、自治区和直辖市已经决定完全取消农业税，余下的河北、山东和云南 3 个省在 2006 年也将全部取消农业税。

（三）农村税费改革的成效

1. 明显减轻了农民负担。农村税费改革使得长久以来难以削减的农民负担得到了切切实实的减轻，实现了村村减负、户户受益。据农业部农村经济体制与经营管理司统计①，2004 年全国农民直接负担的税费总额（包括农业税、上交集体各种款项、各种社会负担和以资代劳）为 581.7 亿元，人均 64.4 元，分别比 2000 年的 1259.6 亿元和 141.42 元下降了 53.8% 和 54.4%。分析 2000 ~ 2004 年 5 年的情况，反映农民负担状况的重要指标均呈逐年下降趋势：全国农民负担总额，2000 年为 1259.6 亿元，2001 年为 1200.9 亿元，2002 年为 1030.5 亿元，2003 年为 869.3 亿元，2004 年为 581.7 亿元；农民人均税费负担，2000 年为 141.42 元，2001 年为 134.93 元，2002 年为 115.80 元，2003 年为 96.60 元，2004 年为 64.40

① 陈凤荣：《坚持不懈地做好减轻农民负担工作》（http：//www.zhinong.cn）。

元；劳均“两工”及“一事一议”筹劳，2000 年为 16.3 个，2001 年为 16.2 个，2002 年为 10.5 个，2003 年为 8.3 个，2004 年为 2.1 个。如果没有从 2000 年开始启动农村税费改革的试点，按照 20 世纪 90 年代以后农民负担的增长速度，现在农民的各项税费负担恐怕要超过 2000 亿元。

始自 2004 年的全面取消农业税改革，更是具有划时代意义，彻底终结了具有 2600 年历史的农业税，同时让依附于农业税的各种农民负担不再有存续的土壤。

2. 推动了基层政权改革的深化。首先，农村税费改革推动了乡村撤并工作。截止到 2004 年底，全国乡镇政府共有 3.7 万个，村民委员会 65.27 万个，分别比 1999 年减少 0.78 万个和 8.07 万个。各地通过调整行政区划规模，压缩人员编制，以达到控制支出的目的。

其次，促进机构精简、职能转化。税费改革中，各个地区都不同程度地进行了自我“瘦身”，通过“减人、减事、减支”来应对改革需要。据民政部统计，截至 2004 年 9 月 30 日，全国乡镇与 1995 年比，共精简机构 17280 个，裁减人员 8.64 万人，减少财政支出 8.64 亿元①。对行政机构的改革，试点乡镇一般是通过把内设机构全部整合进新设立的 3 ~ 5 个综合性办公室来达到“拆庙减人”的目的。对于事业单位的改革，试点乡镇有的是整体撤销，把原事业单位行政职能纳入新的综合办公室，把经营职能交给市场；有的是整体转制，把所有事业单位整编进几个综合服务中心，同时只承担公益性职能。

3. 促进了农村教育管理体制的改革。随着农村税费改革的不断推进，试点地区都先后打破了过去农村义务教育“分级办学、分级管理”的旧体制，强化了集中管理，减少了管理层级与人员，建立起“以县为主”的管理体制。新体制的建立，一方面加大了政府对教育的投入力度，使得教育资金来源更加稳定、更有保障，扭转了过去拖欠教师工资的现象；另一方面取消了农村教育费附加和教育集资，同时对中小学实行“一费制”收费政策，也使得农民的教育负担大为减轻。从而，实现了农村义务教育从“由农民负担”转变为“由政府负担”。中央财政也通过转移支付和专项补助等方式加大了对农村中小学的投资力度，从 2000 年的 21.6 亿元猛增到 2004 年的 88.4 亿元，年均增长高达 42.23%。从各项指标的年均增速看，农村义务教育公共经费的增长超过了全国平均水平，高于除高等教育外的其他各级各类教育的增长水平。

4. 保障了农村社会的稳定。过去，由于农民负担过重使基层政府与农民处于利益尖锐对立的状态，到 20 世纪 90 年代后期，农民拒缴税费的现象已大量发生。

---

① 于建嵘：《乡村治理的新发展，2004 ~ 2005 农村经济绿皮书》，社会科学文献出版社 2005 年版。

因为催征税费，部分地区发生了农民与乡村干部械斗的恶性事件，甚至出现了农民围攻乡政府的群体性对抗行为，严重影响了农村社会的稳定。通过税费改革，把基层干部从催粮催款的繁杂工作中解脱出来，既避免了因收费同农民的磨擦纠纷，又使基层干部能够集中精力抓好农村工作，干群紧张关系普遍得到缓和，涉农负担的群体性事件和恶性案件比过去明显减少。由于农民负担问题引发的社会矛盾明显减少，农村税费改革受到了广大干部群众的衷心拥护和支持。

（四）农村税费改革的主要经验

1. 切实解决与农民切身利益相关的问题，让农民普遍得实惠，是农村税费改革取得阶段性成效的关键所在。只有保护好农民的利益，解决农民最迫切的问题，才能得到广大人民群众的拥护，才能保证改革顺利地进行下去。推行农村税费改革、取消农业税是农民直接得实惠最多的一项重大改革，这也是改革取得成功的最有力的保障。

2. 由一个跨部门的独立机构负责全面统筹改革工作是税费改革顺利推行的重要组织保障。农村税费改革这种系统性的改革不是哪一个部门的任务，也不可能由一个部门单独完成。因此，在中央层面，1998 年 11 月国务院批准成立了由财政部、农业部和中央农村工作领导小组办公室主要负责同志组成的国务院农村税费改革工作小组，负责制定农村税费改革方案。工作小组下设办公室，成员单位除上述 3 个部门外，还有国家税务总局、民政部、教育部、国务院体改办、法制办、中央编委、发改委、纠风办等。随着改革工作的不断深入，改革范围逐步扩大，为确保中央惠农政策的全面落实，2004 年工作小组由改革初期的“三人小组”调增为“七人小组”，由财政部、农业部、中农办、中编办、教育部、国家税务总局和国务院办公厅的主要负责同志组成。在地方层面，各试点地区基本也都建立起党政主要负责同志亲自抓、负总责的责任制度，地方政府也相应成立了以省委书记或省长为组长的农村税费改革领导机构，从有关部门抽调人员组成省级农村税费改革领导小组办公室。各地（市）、县和乡镇也依照省里模式，成立了高规格的工作机构，层层落实领导责任制，保证了农村税费改革措施的落实、到位。

3. 坚持统一政策，分类指导，全局稳妥推进，局部勇于突破，是农村税费改革试点顺利推进的重要条件。2000 年进行试点改革后，在 2001 年中央并没有急于扩大试点，而是进行了一年的观察、调整和完善，为 2002 年的扩大试点奠定了扎实的基础。并且，在改革过程中，中央负责把握改革方向、全局统筹；同时赋予地方充分的自主权，让地方因地制宜地选择分类改革的进度和方式，如取消“两工”的时限、农业税的计税价格、对国有农场和林场的征税税率等问题，都是由省级人民政府根据本地实际情况确定，避免了过去因为全国政策“一刀切”所带来的种种矛盾。

4. 进行相关各项配套改革，是农村税费改革试点顺利开展的关键。随着农村税费改革的不断推进，农村许多深层次的矛盾，如农村基层政权机构、农村义务教育体制、财政管理体制等方面的系列问题也凸现出来，如乡镇机构臃肿、行政效率低下、农村教育经费严重不足、乡镇财政入不敷出、乡村债务沉重等。因此，农村税费改革是农村各种利益关系的一次重大调整，不仅事关8亿农民的切身利益，还必须与其他各项改革配套进行。只有大力精简机构和人员，切实转变政府职能，完善县乡财政管理体制，深化农村教育改革，才能巩固改革成果，确保农民负担不反弹。

三、深化农村税费改革面临的主要困难和问题

（一）乡镇机构改革难，改革前景不明朗

1. 乡镇机构臃肿，财政供养负担依然很重。乡镇不管地域多大，人口多少，财政承受能力如何，机构设置都要求上下对口，导致乡镇机构臃肿、财政供养人口庞大。虽然近年来在精简乡镇机构、撤并乡镇和行政村、推进乡镇事业站所改革等方面采取了一些措施，但乡镇机构臃肿的问题并没有根本改观。乡镇机构改革的主要压力依然是人员分流。由于乡镇经济结构普遍单一，就业渠道狭窄，对改革中富余人员的安置难度很大；对于一次性补偿，分流人员往往跟金融、石油、烟草等行业高标准补偿相比，对补偿期望值过高，也增加了分流安置的难度。尽管目前分流的方式有多种多样，但最主要的渠道有两种，一是提前离岗、提前退休，这只是名义上分流，职数减少了，但是财政负担没有减轻，减员不减负；二是乡镇工作人员下派到村里工作，他们不占编制，但仍由乡镇政府支付工资，因此财政上也没有减少。总体而言，财政负担并没有减轻。

2. 乡镇政府在行政职能上仍然包揽过多，事业机构行政化现象仍比较普遍。乡镇机构包括党政机构和事业站所两大块。乡镇基层政权基本上是沿袭人民公社的行政管理体系建立起来的，它与基层党群组织系统平行运作，相互交叉，造成党政不分。乡镇党群组织系统队伍过于庞大，工作职能定位不清。上级党政部门干预机构设置的问题比较突出。现在乡镇承担了大量本应该由上级政府部门承担的任务。由于部门归口管理造成乡镇事业单位职能重叠，如乡镇卫生院、妇幼保健站、计生部门之间存在职能交叉，造成人力和财力资源配置不合理，浪费较严重。乡镇事业站所过于庞杂，行政职能、监管职能、公益职能、经营职能兼而有之。

3. 乡镇行政体制改革刚刚起步，改革前景不明朗。近年来，一些地方改革乡镇领导体制，打破分开任职的旧体制，建立交叉任职的新体制；改革干部选拔制度，打破“乡官”任命的旧体制，建立“乡官”竞选的新体制；改革乡镇事业体制，打破“以钱养人”的旧体制，建立“以钱养事”的新体制。对于乡镇机构改革，中央虽然提出了改革的大方向，但没有明确和具体的政策，改革比较超前的地区，担心搞快了风险大，将来有些方面与中央政策要求不衔接；现在开展的一些改革试点与现行的有关法律和行政法规，比如《农业技术推广法》、《人口与计划生育法》、《地方政府组织法》、《公务员管理条例》等法规对乡镇机构设置、机构性质和公务员身份等方面的规定产生矛盾。目前理论界对农村基层政权组织改革有不同思路，有的主张把县作为基层政权，乡镇作为县的派出机关；有的建议撤销乡镇政权，实行乡镇自治；有的认为在不改变乡镇作为农村基层政权组织的情况下，实行乡镇有限自治等等。未来我国乡镇行政体制的具体政策走向仍不够清晰和明朗。

（二）农村公共品供给水平低，农村公益事业投入缺乏稳定渠道

农村税费改革前，农民的非税负担有相当部分是用在提供农村公共品方面。农村税费改革后，农村公共品的供给面临更严峻的经费缺口。

在农村义务教育方面，农村税费改革前的教育经费投入有四个来源：财政拨款、学校收费、农村教育费附加和教育集资。农村税费改革后，财政拨款的来源变大了，学校收费的来源变小了，后两个来源则彻底堵死了。农村税费改革使得农民的教育负担确实减轻了，但减下来的负担有相当部分又转嫁到了学校身上。目前“以县为主”的体制只是实现了对农村义务教育的低水平保障，县级财政勉强能负担起教师工资，中央和省财政能补贴部分教师工资和学校建设资金，但办公经费和学校基建方面仍有大量资金缺口需要靠学校自己解决。学校能掌控的资金只有学杂费收入一项，实施“一费制”政策又规定死了学校的收费标准和用途，致使不少学校都靠负债在运转，学校的发展受到一定影响。目前制约农村义务教育发展的根本原因是投入体制不合理，主要是各级政府农村义务教育的责任不明确，基层政府教育负担过重，没有形成各级政府责任明确、教育投入稳定增长的机制。

在农村基础设施建设方面，农村税费改革后的支出缺口较大。比如，在乡村道路建设上，农村税费改革取消了乡镇道路建设费、集资和村提留，乡镇道路的建设要求列入乡镇财政预算；村级道路的修建，则通过村民“一事一议”方式加以解决。而上级的专项投资往往要地方按一定比例配套，在财政供养人员经费都存在严重缺口的情况下，再挤出一块经费来安排道路建设支出似乎不太现实。据

交通部统计，截止到2004年底，全国农村交通基础设施仍比较薄弱，还有145个乡、50124个行政村不通公路，全国不通公路的乡镇88%在西部地区，不通公路的行政村82%在中西部地区①。实现农村公路“通达”和“通畅”的目标依然任重道远。

在农村文化、公共卫生等其他农村公益事业方面，农村税费改革前对这方面的资金投入本来就很有限，改革后更是支出无保障。

（三）县乡政府财政困难，财政体制尚未理顺

在税费改革过程中，针对地方财政缺口影响农村基层组织正常运转等问题，中央安排了税费改革转移支付，用以补偿乡村两级因为税费改革带来的财力损失。比如，2001年针对安徽方案实施后新出现的减收因素，把对该省的补助增加到17亿元（包括农村教师工资补助），对其他省份106个试点县（市）转移支付补助16亿元，对全国21个省份发放农村教师工资补助50亿元（包括安徽省）；2002年，国务院新增16个省份扩大改革试点后，根据农村税费改革转移支付办法，中央财政新增安排165亿元用于补助16个省份改革，2002年中央财政安排的转移支付总额增加到了245亿元（包括50亿元用于全国农村教师工资专项补助）。这个数字已超过所有试点地区改革前农业税收入的总和。2004年，中央进一步加大了转移支付的力度，当年农村税费改革转移支付补助总额达到524亿元。2000～2004年期间，各级财政用于支持农村税费改革的资金累计达到1600亿元，其中中央财政承担了1171亿元，占73%。中央财政用于支持农村税费改革的转移支付资金占到了同期中央财政用于整个三农预算支出的11.8%。2005年，中央财政农村税费改革转移支付补助总额达到662亿元，省、市、县三级地方财政配套资金为310亿元。

但是由于改革前对农民的收费数量本身就不明确，所以这种缺口补偿的办法还是不能完全消除税费改革对乡镇政府和村级组织的影响，特别是对于以农业生产为主的不发达地区。我们对安徽省的宁国市（县级市）和郎溪县的典型调查表明，农村税费改革对不同县市的财政的影响不一。宁国市的经济基础较好，税费改革对当地政府收入的影响并不大。2000～2004年五年平均下来，税费累计减少额与地方政府总收入之比为4.52%。郎溪县经济发展水平相对较低，2000～2004年，因农村税费改革减少的收入占全县总收入的比重在11%～15%之间。

自1994年财税体制改革以来，虽然县乡财政收入规模不断扩大，但财政收支矛盾十分突出。县乡财政是典型的“吃饭财政”，相当一部分县乡政府只能勉强

① 财政部：《公共财政覆盖农村国际研讨会报告集》，2005年。

保证工资的发放，无力提供农村最基本的公共服务。县乡财政困难主要并不是由农村税费改革造成的。根据对分布在五个省的5个县的案例研究，造成县乡财政困难的主要原因有：税源不足，县乡财政越来越陷入“无米之炊”的窘境；机构膨胀，工资刚性增长，大大超出了县乡财政的承受能力；收入上移，县乡财政成为层层集中财力的对象；支出下移，县乡财政支出责任不断加大；体制不顺，各级政府之间的职能划分并没有真正做到明晰，财政资源在各级政府之间的分配明显不合理。从县财政与中央财政的关系看，在分税制财政体制下，县级政府需要将75%的增值税和100%的消费税上缴中央财政。中央财政对县的补助主要有税收返还和数次机关事业单位增加工资补助。存在的主要问题是，中央集中各地的增值税、消费税收入增量较多，地方得到两税增量的比重下降幅度大。从县财政与省级和市级财政的关系看，1994年分税制以来，省级和市级政府在中央集中一部分财力的基础上，又对共享收入和地方固定收入进行了分成，即又对县财力再次进行了集中。省和市集中的地方税种、专项收入的种类和项目过多，省级以下财政集中收入的速度过快，体制结算繁杂，省以下的财政体制尚未理顺。从各级政府的财政关系看，最为复杂和不规范的是县财政与乡镇财政的关系。虽然各县都与乡镇划分了税种，但县乡政府争饭吃的矛盾相当突出，形成了乡财政无税可分的局面。上级政府层层集中财力的做法，导致乡镇财政成为最弱的一级财政。在层层集中财政收入的同时，还存在负担下放的倾向，即将部分应有上级财政负担的财政支出全部或部分下放给地方政府。分税制是以1993年实际收入为依据，核定了收入基数，但对支出基数没有重新核定，仍采用原有体制，而中央出台的一些增支政策要靠地方自行消化，使地方财政支出责任加大。“上级出政策，下级出资金”，加剧了地方财政困难。

表3　2000~2005年税费改革期间中央财政给地方政府的转移支付表　单位：亿元

年份	中央	地方配套	合计
2000	17	2.7	19.7
2001	80.14	19.21	99.35
2002	245.13	89.5	334.63
2003	305.14	132.29	437.43
2004	524.3	185.68	709.98
2005	662.04	309.51	971.55

注：2005年的地方配套数为初步统计数。

（四）乡村旧债化解难，新债还在增加

乡村债务问题是个历史遗留问题，也是长期以来城乡发展不协调、各种矛盾

问题积累的结果，只是由于农村税费改革把问题由“幕后”推向“前台”而已。改革前，乡村债务可通过“三提五统”来消化，也可以通过开辟名目繁多的税费收取渠道来向农民转嫁。改革后，一方面乡村两级收入显著减少，乡镇政府和村民组织在维持自身运转方面出现了较大的经费缺口，这为新债务的产生埋下了隐患；另一方面，取消向农民收费，也不准清收农民历年的税费尾欠，彻底断掉了乡村两级预期偿债的资金来源，而短期内乡镇的财税收入又不可能大幅增加，乡村两级债务清偿压力明显加大。

目前，我国对乡村债务并没有全面、系统的统计数据。从众多的有关调查和研究中，可以发现我国的乡村债务表现出的三大特点。一是负债额高。2002 年，全国乡镇财政净债务 1770 亿元，乡镇财政平均净负债 400 万，村平均净负债 20 万①。二是负债面广。有资料显示，全国 65% 的乡村负债，其中中西部不发达的地区负债面更大。三是负债增长快。2001 年，农业部调查统计结果显示，乡级债务已达 1776 亿元，平均每个乡镇负债 400 万元；村级债务达 1483 亿元，平均每个村负债 20 万元。按专家估计中国仅乡镇一级债务就以每年 200 亿元的速度递增②。据有关估算，1999 年全国乡村债务总额大约在 3000 亿～6000 亿元，到 2004 年乡村基层政权负债总额已达 6000 亿～10000 亿元③。

农村税费改革后不仅无法清偿旧债，而且新债不断发生，增长较快。新债务主要是两种类型，在经济比较落后地区，弥补人员等经常性经费支出缺口，成为新增债务的主要原因；在经济发展势头比较好的地区，为了完成县里下达的招商引资任务，有些乡镇政府以政府名义担保，吸收银行贷款甚至直接投入，成为乡镇形成新增债务的重要因素。根据我们对安徽的调查，过去，“两基”达标，学校就产生了大量负债。税改后，学校建设主要都是依靠上级政府的专项资金。这类资金一般都要求基层政府配套。县级财政由于已经承担了教师工资，一般很少再投资于学校基建。乡镇政府在税改后，财权已经虚化，极少数乡镇能提供少量资金，但远不够配套要求。剩余的资金缺口只能靠学校自筹。学校能采用的处理办法便是负债，然后通过收取的学杂费逐年偿还。郎溪县教育负债有 1424 万元，其中“两基”达标 442 万，危改与布局调整 599 万。宁国市农村学校 1864 万的负债中大部分是在税改后的 2003～2005 年间形成的，主要也是欠建筑工程款。吉林省在 1998～2003 年间，村级债务由 41 亿元增加到 116. 4 亿元，净增 75. 4 亿元，增幅 65%，年均增幅 2. 3%，村级由 3. 4 亿元

---

① 国家发改委课题组：《改革和完善县乡财政体制》（http：//www. sdpc. gov. cn）。

② 《瞭望东方周刊》：《从干部经济赤字看地方政府债务》（http：//news. sina. com. cn）。

③ 焦元森、焦元玉：《乡村巨额负债考验农村税费改革》（http：//www. cdnj. gov. cn）。

净债权，变为71.5亿元的净负债。

（五）农民负担反弹压力依然存在，农民减负增收缺乏机制保障

一是目前仍有不少涉及农民负担的收费项目。全面取消农业税后，专门面向农民征收的税费项目是被全部取消了。但在目前的管理体制下，涉及农民生产生活的收费项目仍有不少，包括行政事业性收费、经营服务性收费等。在农村义务教育、农民建房、生产性水电费、外出务工、个体工商户、计划生育、婚姻登记等收费中，超标准、乱设收费项目现象比较普遍。

二是一些地方落实政策不到位，依然存在乱收费和各种集资摊派。近年来，国家加大了对农村基础设施和社会事业建设的投入力度，但不少项目落实到基层时，往往要农民配套，特别是农田水利基本建设、农村公路建设中超过“一事一议”范围、标准等筹资筹劳的问题都有发生。据2004年农业部农民负担监督管理办公室对100个县的监测统计，在监测涉及的12830人中，道路集资涉及256人，人均44.02元；电力集资涉及285人，人均31.52元；水利集资涉及137人，人均79.04元①。

三是侵占挪用政府补贴补偿款和侵犯农民权益现象仍然存在。有的地方没有将村级补助资金及时足额安排到位；有的地方的基层政府和村级组织截留挪用失地农民的土地补偿安置费；有的地方没有将粮食直补资金足额发到农民手中；有的地方采取非法手段坑害农民工或向农民工乱收费。

四是不少地方的村集体承担了一些不应承担的费用。据农业部对100个农民负担监测县的监测，2004年38.42%的村承担了优抚费用，村均0.35万元；41.85%的村承担了计划生育费用，村均0.52万元；33.96%的村承担了小学校舍维修及补助费用，村均1.11万元。

（六）统筹城乡发展的体制机制没有完全建立起来

改革开放前，由于长期实行农产品统购统销体制，工农产品不能平等交易，国家通过工农产品价格剪刀差，从农业部门取得了巨额的资金，农业的基础地位长期受到严重削弱；由于实行城乡分割的户籍制度，城乡之间要素不能自由流动，大量的农村劳动力被束缚在土地上，农村就业严重不足；由于实行农村农业人口与城市非农业人口两种户籍制度，造成城镇居民与农民权利和发展机会的不平等，加剧了城乡结构的失衡，使城乡关系遭到了严重扭曲。改革开放以来，随着市场机制的引入和市场经济的发展，城乡联系显著增强。但是，迄今为止，原来

① 陈凤荣：《坚持不懈地做好减轻农民负担工作》（http：//www. zhinong. cn）。

计划经济体制下形成的城乡分割的二元结构体制尚未从根本上发生改变，城乡经济仍未步入良性循环的轨道，城乡结构失衡问题仍很突出，主要表现在：

一是国家财政资源在城乡之间分配严重不公平。国家各级财政用于农业的支出占财政支出的比重，1978 年为 13.43%，1980 年为 12.20%；1989～1994 年在 9.2%～10.26% 之间；1995～1999 年，除 1998 年由于增发国债达到 10.69% 外，其余年份在 8.23%～8.82% 之间；2000～2003 年则从 7.75% 降至 7.12%，2004 年上升到 8.28%。尽管对三农财政支持力度不小，但历史上欠账太多，这几年的投入在很大程度上带有还账的性质，政府财政对农业的支持总量仍是低水平的。

二是在处理农村与城市关系问题上，仍存在"重城轻乡"的观念，甚至以牺牲农民利益来换取城市和工业的发展。例如，近年来，国家制定一系列政策，取消对农村劳动力进入城镇就业的不合理限制，使农村富余劳动力转移的制度环境得到初步改善，但我国计划经济体制下形成的城乡劳动力市场分割的状况仍没有发生根本性的变化。外出农民这么大的一个群体，尽管他们中许多人已经在城市居住和工作了很多年，但仍然很难融入到城市中，进城农民与城市居民身份地位、就业、社会保障、享受公共服务等权利是不平等的。过去十几年时间里，农民工工资基本没有多大的提高。现在的各类保险，尤其是养老保险和医疗保险门槛太高，没有考虑进城农民工的需要，多数农民工自身经济承受能力有限。在外来人口比较集中的地区，当地政府城市发展规划和社会各种公共服务规划并没有考虑这部分的存在和需要。再如，在现行的土地征用制度下，农村土地集体所有者和最终获得土地的城市新使用者之间不能进行直接交易。无论是土地被作为公共用途、准公共用途，还是明确作为私人使用，都是如此。现行征地制度对农村土地所有者和使用者十分不利，它造成农民不能分享工业化、城市化过程中土地的增值收益。

四、深化农村税费改革的重点内容和主要措施

取消农业税以后，进一步深化农村税费改革的任务仍很艰巨。这方面还远没有破题，需要积极探索。下一步改革的主要任务是全面推进农村综合改革，深化乡镇机构、农村义务教育、县乡财政体制等改革。

（一）着力推进乡镇机构改革，建立精干高效的农村行政管理体制

农村税费改革不仅是农村税费体制自身的改革，它还涉及到农村基层政治结构的转型等一系列社会、政治领域的改革。乡镇政权是国家行政系统不可替代的

重要环节，起着沟通信息、传达政策、分配资源、组织群众的重要作用。建国以来，由于多方面的原因，我国乡镇机构人员越改越多，维持其正常运转的费用也越来越高。农村税费改革过程中，根据乡镇的规模和经济发展水平等实际情况，对现有的乡镇进行撤并，分流人员、压缩支出，是巩固农村税费改革成果、防止农民负担反弹的重大政策举措。但是，要从根本上巩固税费改革成果，防止农民负担反弹，仅靠乡镇合并、机构撤并和人员精简是不够的。农村税费改革进入新的发展阶段后，必须要进一步深化乡镇机构改革。既要稳定基层政府的服务和管理，又要对乡镇事业单位进行分类改革；既要推动调整县、乡、村基层组织构架，又要强化权力制约与监督，扩大乡村民主。

截至2004年底，我国仍有3.7万个乡镇。而这些乡镇的自然条件、资源禀赋、经济结构、产业优势、区位特点、经济社会发展水平、劳动者素质以及乡镇的综合规模（包括人口、面积、GDP和财政收入）存在很大差异。在乡镇一级展开全国性的改革，只能是由各地因地制宜地制定改革措施。要充分尊重地方的首创精神，允许基层根据实际情况进行探索，闯出一条改革的路子来。乡镇机构改革涉及到大量人员的分流安置，处理不妥，容易影响社会稳定。因此，改革的方案必须要充分调研。宁可酝酿的过程长一点、繁琐一点，也要保证政策执行更顺畅、实施效果更扎实。

1. 合理规划乡镇规模。撤并乡镇工作可以说一直在进行，全国乡镇总数已撤并为2004年的3.7万个，这对于整合行政资源、提高行政效率、减轻财政负担和农民负担、精简机构和人员编制发挥了很好的作用。但要注意在撤并过程中，防止在乡镇与村之间出现新的“中间层次”。随着交通条件的改善、信息技术的发展、自身管理能力的提高，乡镇的管理幅度在有些地方还可以进一步适度拓展，乡镇还可以做一些撤并。因此，应着手加快完善县域城镇体系规划的进程，根据乡镇的规模大小和经济发展水平等实际情况，合理确定乡镇数量和区划布局，在抓好重点镇和中心镇建设的同时，因地制宜地撤并乡镇。

2. 界定乡镇职能，确立职责定位。首先，要理清乡镇与其上下各级机构的关系，理清各级机构各自的职能。从行政管理科学的角度看，划分事权，也应当是划分“财权”的过程，只有把事权和财权统一起来，事权才能落实到位，才能达到划分事权的目的。要按照权力、责任相统一的原则，正确划分市县与乡镇之间的财权、事权、人权、物权，既不能权力在上面，责任在下面，也不能笼统地对乡镇搞一票否决。尤其在依法治国的大环境下，要逐步精简乡镇职能，将不必由乡镇政权履行的职能或乡镇政府无法履行的职能减去。如现行法律法规都将行政执法权赋予县级以上政府部门，乡镇机构不是法律授权的执法主体。因此，现在乡镇事业站（所）承担的某些行政执法监督职能应上交到县级政府，把维护社会治安的职能归并到政法部门，把义务教育的管理职能归并到相关的教育行政主管部门，把完成财政收入的职能归并到财税部门，等等。

从我国法律和公共行政的要求出发，今后乡镇党政机构的职责定位，可以归结为三个方面：一是落实国家法律法规和方针政策；二是加强道路、供水、供电、通信等基础设施建设，发展教科文卫等社会事业；三是加强农村社区和社会组织建设，创办公益事业，发布公共信息，提高农村社区自我服务和自我管理能力。

按照建设法制型乡镇政府的要求，乡镇政府不仅要依法进行职能的定位，而且具体的工作重点也要从直接从事经济活动，逐步转变到政策引导、营造环境上来，把乡镇工作的重心转到促进社会事业发展和建设和谐社会上来。乡镇政府不是自己掌控财产，而是保护公民的财产；不是拥有自己的利益，而是保障公民的利益；不是自己拥有企业、管理企业，而是为企业创造良好的市场环境，使企业在良好的环境下健康发展。总之，改革的目的是加强公共服务职能，决不能借改革之名，强化对市场的干预，弱化公共服务。“十一五”时期全部完成乡镇政府改革难度相当大，但可以先完成最重要的乡镇政府职能转变目标。改革的重点是加强和健全社会管理和公共服务职能：化解农村各类社会矛盾，建立公共安全应急机制，构建和谐的农村社会，稳定政治保障功能；进行产业引导，加强市场管理，加强基础设施建设，强化经济保障功能；加强环境保护，发展农村社会事业，完善社会保障体系，健全社会保障功能。通过加快乡镇职能转化，让乡镇政府更好地发挥服务三农的职能，密切党和政府与人民的联系。

3. 乡镇事业单位要从行政依附型向社会自主型转变。一是实行政事分开，将其原来承担的行政管理职能交给乡镇政府，行政执法职能交给县政府有关部门，彻底改变事业单位行政化、官僚化倾向。二是将公益性服务和经营性服务分开。公益性服务由乡镇政府按市场化原则和服务项目量化的方法，采取政府采购、项目招标和合同化管理等多种形式保证公益性服务落到实处，经营性服务则由用者付费。三是在两个“分开”的基础上再决定事业站所的组织形式和人员去留。在改革中，可以考虑将某些站所转制为农村中介组织或公益性服务机构，同时允许地方打破乡镇区划限制，分区域设立综合服务中心，整合技术力量实现农业技术和农村服务的规模效益。

4. 改革乡镇领导体制，加强基层民主建设。乡镇基层政权不仅存在机构过于膨胀的问题，其实，更深层次的问题是，乡镇基层政权实际来源于上面的授予，对它的运行缺乏有效的制约和监督机制。强化权力制约和监督，扩大乡镇民主，是农村基层政权组织改革的重要内容。要积极推行“公推竞选”的乡镇党委书记选任工作和内设机构负责人的竞争上岗制度。其次，要继续完善监督体制，包括实施党委议事规则、党务政务公开、党代表常任制、述职述廉和经济责任审计等一系列管理制度，加强党内监督，充分发挥党代表作用，使乡镇的党代会成为真正的党的监督机关；加强群众监督，健全和完善党务政务公开制度、村务公开、民主管理制度。在乡镇民主建设中，更重要的是要逐步将直接选举制从村级推进到乡镇一级。

5. 乡镇改革需要上下联动，县乡联动。在乡镇机构的主要改革目标、原则、方向明确之后，肯定会出现与原有的县一级体制矛盾的地方。因此，下一步改革，不能只改乡镇一级，而必须县乡联动才可能最终巩固农村税费改革的成果。比如，设在乡镇的“七站八所”多数主管部门在县，如果下改上不改，就很难改到位。反之，若是上层管理机构进行了改革，下级部门不改也得改。为了完善乡镇机构改革和人员精简分流工作，县级政府应当配合做好相关工作，各有关主管部门不得人为地要求上下业务对口，不得干涉基层机构设置、人员去留等具体事务。

6. 发挥社会自主管理机制在乡村治理方面的作用。自治是人类政治文明在制度方面的一项成果，最能维系基层社会的长期稳定，也是成本最低的社会治理模式。许多社会管理和公共服务事务由基层社区组织与村民共同商量、共同解决，比由政府出面解决更有效率、更符合实际、更及时。凡是农村基层社区能够自主处理的事务，政府就不再插手干预。作为基层社会自治的基本形式，村民委员会具有对村民进行自我管理、自我教育、自我服务的功能，在办理社区公益事业、调节民间纠纷、协助维护社会治安、培养村民互助精神，促进社区融合等方面可以发挥更大的作用。加强村民委员会的能力建设，使之能承担起社区管理和社区服务的职责。要大力气培育发展社区民间服务组织，承接目前由政府单独承担的一些社会管理和公共服务职能，使政府与社会都能各负其责。

（二）以促进城乡义务教育均衡发展为目标，完善农村义务教育管理体制

随着农村税费改革的深入推进，全国逐步建立了“分级管理，以县为主”的农村义务教育管理体制，农村义务教育经费保障也实现了历史性变革，由农民为主逐步转变为主要由政府负担。农村义务教育改革虽然取得了重大成果，但仍存在一些问题。“以县为主”等政策措施只是实现了对农村义务教育的低水平保障，还并没建立起稳定的投入保障体制。目前制约农村义务教育发展的根本原因是投入体制不合理，主要是省级和中央政府农村义务教育的责任不明确，基层政府教育负担过重，没有形成各级政府责任明确、教育投入稳定增长的机制。

从理论研究和国际经验来看，义务教育管理一般由基层地方政府负责，投入则由中央政府或高层地方政府负责。因此，促进我国农村义务教育持续、健康发展的根本途径在于继续加强和完善“以县为主”的农村义务教育管理体制，突出

县级管理职能，提高省级以上政府的投入责任。

义务教育是面向全体公民的教育，不考虑受教育者的政治、经济、文化背景，为人们参与社会竞争提供了公平的起点。实行免费义务教育是一个国家经济发展和社会文明进步的标志。免费是确保所有人，特别是贫困人群不因经济原因而丧失发展机会的重要手段，也是义务教育得以普及的重要保障。从国际经验看，义务教育是各国公共财政最优先支持的项目，实行免费义务教育是各国的普遍做法，已经成为全球的共同趋势。随着经济实力和财政收入水平的不断提高，我国已具备实施免费义务教育的能力。

我国目前的义务教育发展水平，不仅城乡之间差距巨大，而且农村内部的地区差距也相当大。保证义务教育均衡发展，既是农村义务教育稳定发展的目标，也是消除城乡二元结构、缩小地区贫富差距的手段。让城市和农村、发达地区和落后地区的儿童都能获得大体均等的义务教育资源，是实现社会正义与公平的重要途径。

1. 继续完善农村义务教育经费保障机制。按照“明确各级责任、中央地方共担、加大财政投入、提高保障水平、分步组织实施”的原则，我国从2006年开始推行农村义务教育经费保障机制改革，中央重点支持西部地区，适当兼顾东部困难地区。用两年时间，先西部地区后中东部地区，逐步免除农村义务教育阶段中小学生的学杂费，再用三年时间巩固和深化改革，提高公用经费保障水平，同时启动建立农村义务教育阶段中小学校舍维修改造长效机制，逐步将农村义务教育全面纳入公共财政保障范围。这项改革是今后一段时期我国农村义务教育经费保障的政策依据，其在具体实施中还将面临许多新情况和新问题，需要逐步完善相关政策。可重点围绕以下几个方面进行：

一是保障教师工资的责任上移，提高中央和省级政府的承担比例。教师工资是义务教育公共经费的最主要支出。法国、泰国、韩国、埃及等国家均将义务教育教师工资全额纳入中央财政预算；德国和印度义务教育教师工资全额由州财政独立负担。我国义务教育阶段教师工资可借鉴国外经验，在中央、省和县三级之间分担，并逐步提高中央和省的分担比重。首先，可根据最落后地区教师的工资水平确立最低收入保障线，由中央财政承担这部分工资；然后，各省的平均收入水平与最低保障线之间的差额部分，由各省财政承担；最后，各县根据自身财力水平、当地消费水平，可在中央和省两级法定工资标准上再自主发放地方性津贴。

二是坚持省级统筹，建立农村中小学校舍基本建设和维修改造的长效机制。在学校基本建设方面，主要是危房改造和布局调整需要较大的资金投入，可将这两项工作结合在一起进行。在教师工资主要由中央财政承担的条件下，省级政府负责统筹落实学校基本建设和维修改造的资金，将农村中小学校舍必需的建设与维修，纳入政府基建计划，设立学校校舍基建专户，中央给予必要支持。在“十一五”期间，中央财政继续拿出专项资金用于补助地方，主要是中西部落后地区，对农村中小学校舍进行维修，同步推进危房改造和布局调整工作。要加强对地方农村中小学校舍维修改造的考核和监督，并根据其取得的成效给予适当奖励，确保学校安全运转。要特别加大对落后地区寄宿制学校建设的支持力度，提高困难学生助学金标准。

三是合理核定农村中小学校公用经费标准，主要由县级财政予以保障。为了确保农村学校日常运转所需公用经费，使不同地区之间学校能够提供水平大体相当的公共服务，“十一五”期间，国家要重新核定全国义务教育阶段小学、初中生平均公用经费标准，规定中小学运转所必需的公用经费最低支出水平，主要由县级政府安排，上级给予必要资助，确保公用经费及时足额拨付到学校。县级政府要继续加强对农村家庭困难学生的资助工作，扩大资助范围，提高资助标准。鼓励社会各界捐资办学。坚决制止学校乱收费，减轻学生经济负担。

2. 尽快解决农村教育债务问题，为农村中小学健康发展创造良好的外部环境。目前，农村义务教育负债在各地都不同程度存在，大部分都挂在学校，学校成为债权人追逃债务的主要目标，有些地方已出现多起债权人讨债不成强行封闭校舍，致使学生不能正常上学的事件。教育负债和引发的债务纠纷，分散了农村中小学领导的精力，影响了正常教学秩序。而且在旧债没有化解的情况下，许多地方教育负债仍在不断增加。农村教育债务问题已成为制约农村义务教育发展的一个重要因素，应尽快解决。解决农村教育债务，要按照国务院“制止新债、摸清底数、明确责任、分类处理、逐步化解”的要求，要结合本地实际，对农村义务教育债务情况进行全面审计，核清底数，锁定旧债，突出重点，制定分阶段化解债务的目标和步骤。要积极推进农村中小学校预算管理制度改革，加强对学校财务的管理和监督。

（三）分类处理，建立化解乡村债务的长效机制

乡村债务量大面广，成因复杂，化解困难，已经成为农村工作的一个难点和热点。这个问题不解决，既影响基层政权组织的正常运转，又影响农村的经济发展和社会稳定。面对全国乡村数千亿的债务，化解的方式既不可能是靠中央和省级财政一揽子兜底解决；也不能完全由县乡财政自行解决。因此，需要各级政府分担责任，多管齐下，综合治理。

1. 尽快开展债务清查核实工作，摸清债务底数。摸清底数是制止新债、化解旧债的关键环节。乡村债务涉及面广，政策性强，清理工作任务艰巨，需要由省级政府统一组织领导来协调地方各级各方面的关系，各地根据实际情况制定严格

的清理政策和详细具体的清理方案，清查核实时要逐级、逐笔登记，分门别类，系统汇总，搞清债务债权规模和结构，为有效化解乡村债务提供详实的基础数据资料。

同时，要通过民主、公开、公正的程序明晰债务债权关系，将清查核实结果公开，张榜公布；对有异议和群众反映突出的问题，应重新进行调查核实；经确认后的村级债务债权，要实事求是地按债务债权发生的时间、数量、经手人、证明人等情况分类登记造册，确认结果要报上级有关部门备案。

2. 进一步分清债务性质，分类处理化解。我国乡村债务规模庞大，形成的原因众多，资金的用途广泛，债权债务主体关系复杂。要化解这些债务，必须区分其不同类型和特点，制定针对性强的化解方案，才能使得化解工作化繁为简，事半功倍。

一是对于农村公益性事业和工程项目所形成的债务，应该由县以上的财政出资逐步化解。如为实现“普六”、“普九”、“两基”达标等，乡村两级产生了不少教育负债；农村道路建设、农田水利设施建设、农村电网改造等本应由财政负担的工程项目，在过去由于中央财政资金有限，要求地方配套，也造成了不少债务。按照城乡统筹、公共财政覆盖农村的发展方向，这类负债都应该由县级以上财政承担。

二是凡是属于集体组织经营性债务的，应明确偿还责任。对兴办乡镇企业、村办企业向银行、信用社贷款形成的债务，应按照有关法律法规的规定落实偿还责任。乡镇政府和村级组织直接或间接开办的企业，或以乡村名义、乡村主要负责人名义投资的企业，必须按照有关规定尽快脱钩。所办企业倒闭形成的债务，不能转嫁给农民。对长期闲置和经营不善的资产可以采取股份合作、公开招标、租赁、拍卖等多种方式处置，所得收入按法律规定偿还债务。具有一定规模的乡村企业，确因市场等原因面临倒闭的，要依法申请破产，进行清产核资、破产清算，清偿债务。

三是凡是属于确实无法偿还或因垫税等形成的呆坏账，应及时核实，锁定乡村债务，可采取停息挂账或协商削减的办法，留待农村经济进一步发展、农民承受能力明显增强后再做处理。

根据债务性质确定化解原则，除了有利于已有债务的化解外，还将连带起到抑制新债产生的作用。目前地方普遍存在等靠中央出钱化解债务的期望和预期。因此，应该根据不同原则，尽快对2001年底前的乡村债务问题给出政策说法，争取早日化解。否则政策不明，既不利于旧债化解，也不利于制止新债产生。另外，债务问题中央和地方的信息不对称现象严重，原则确定，政策给出，化解债务工作交由地方政府具体操作较为妥当。同时，特别要通过深化改革，控制政府和部门经费支出的增长，并制定相应的奖励办法，加快债务化解进程。

3. 建立债务化解长效机制。要通过深化改革，规范乡镇政府经济行为，坚持实行村务公开，大力推行村级财务会计委托代理和村账乡代管等制度，控制政府和部门经费支出的增长，并制定相应的奖励办法，加快债务化解进程。同时，要改革干部考核体系，把化解债务作为干部政绩考核的重要内容，建立严格的新增债务责任追究制度，以避免“旧债未除，又添新债”。特别要强调的是，在新农村建设中，中央明确要求各地要坚持量力而行，不得超越当地的经济条件和农民的承受能力，不能借新农村建设乱向农民伸手，加重农民负担，也不能举债搞建设，形成新的乡村债务。

（四）健全农民自主决策的农村社区公共品供给机制

在农村公共品供给上，应合理界定政府与农民的责任。农村公共品的供给主体主要是政府，政府重点要放在解决那些农民办不了、办不好的事情上。开展农村的公共基础设施建设、发展农村公益事业，也要调动广大农民积极性，引导农民群众依靠自己的辛勤劳动改善农村面貌。对于社区范围内农民可以直接收益的公共品和服务的提供，需要建立农村社区公共品的民主决策机制，让社区农民能表达自己的偏好，监督公共品的提供。

1. 理顺乡村关系，完善民主选举。农村社区组织要实现自主决策公共品供给，首先必须理顺乡村关系，理清“政务”与“村务”的事权范围及相互关系，明确界定乡镇政府对村民委员会的指导关系而不是领导关系的具体内容。乡镇要还权于村，要充分发挥村民自主决策机制在乡村治理方面的作用。凡是农村基层社区能够自主处理的事务，政府就不应再插手干预，要避免包办代替。社区公共品的建设项目、建设标准、出资出劳方式、金额标准等内容，都应当是由村民自主决定，村“两委”不能自行决策、强加实施。政府也应当尊重民意选择，不能因为筹资额高就担心加重农民负担而横加干涉，也不能因为筹资额少就对村“两委”绕开民主决策程序而放弃监督。

健全社区公共品决策机制，要坚持和完善村“两委”直选，保障群众的选举权；进一步规范村民代表大会和村党员大会，保障群众的决策参与权；深化完善“两公开一监督”，落实好“村财民理镇监管”、民主评议村干部等制度，保障群众的监督权。

2. 提升社区组织的决策能力，强化民主决策程序。一方面要加强村干部的能力建设，提升村“两委”的管理能力和决策水平，使之能承担起提供社区公共品的职责，包括负责社区安全、社区生态环境、社区医疗保健、社区文化体育、社区公共设施、社区人际关系等，同时发挥好政府与群众联系的桥梁与纽带作用等等。另一方面，规范议事决策程序，提高村级组织民主管理、依法办事水平，完善民主监督制度。凡涉及经济和社会各项事业发展以及村民切身利益的重大事项的决策，都必须要由村两委会在征求广大村民意见的基础上提出工作方案，经党员大会讨论审议，提交村民代表会议通过后，由相应组织负责实施。要完善村级财务审批和重大建设项目招投标制度。村级重大财务开支必须要由村民（社员）代表会议讨论决定，增强民主性和透明度。要完善村务财务公开制度。要从只公开办事结果逐步转到注重公开工作计划、办事进程、存在问题及群众意见、建议上来，实行事前、事中、事后的全过程公开，促进村务工作的民主化。

3. 完善监管制度，从制度上有效控制农民负担的增加。政府应逐步扩大对农民负担的监测范围，将所有涉及农民出钱出物出工的项目实施动态监测，将主要由事后监督管理逐步转变为全过程的监督管理；对于涉农税收、价格和收费公示的内容应严格审核把关，同时将“公示制”与村级财务公开、农民负担监督卡相结合，做到真公示、常公示；对于农村义务教育收费实行“一费制”，不得擅自增加“一费制”所包含的收费项目；对于农村订阅报刊费用“限额制”，应将实施范围扩大到乡镇组织和农村中小学；对于涉及农民负担案（事）件“责任追究制”，应严格界定案（事）的范围和责任追究的对象，防止瞒报和漏报。

（五）完善县乡财政管理体制

县乡财政体制作为整个国家财政体制的重要组成部分，其关系目前最为复杂，体制形式也多种多样。农村税费改革中，虽然不同地区都进行了各种形式的县乡财政体制改革，中央对基层的各类转移支付也趋于增加，但县乡财政困难问题并没有从根本上得到扭转。特别是随着农业税的全面取消，一些原来农业税和农业特产税比重较大的地方，财政收支矛盾更加突出。财政体制的缺陷，对财政职能发挥和县域经济协调发展产生了一定制约作用。同时，我国国家层面的财政制度虽经过多次改革与调整而不断完善，但始终没有根本解决好各级政府之间事权划分以及完善的政府间转移支付等问题，尤其是没有建立根据基础教育、基本医疗卫生服务等基本需求确定转移支付的机制和制度。由此导致农村公共产品供给不足，农村发展滞后，这是我国长期以来城乡二元结构得以固化的一个关键性原因。因此，进一步深化财政体制改革，理顺县与乡财政分配关系，保障县乡政权机关和农村基本公益事业正常运转的基本支出需要，是建立农民增收减负长效机制、有效防止农民负担反弹、实现城乡经济社会协调发展的重要措施。

1. 积极推行省以下财政管理体制改革试点。近年来我国浙江、湖北、吉林、河南等省实行财政“省直管县”改革，对于防止基层财政转移支付资金“漏出”，缓解县乡财政困难，提高财政资金使用效率，发挥了积极作用。有鉴于此，今后要进一步扩大推行“省直管县”财政体制的试点范围。省级财政在体制补助、一般性转移支付、专项转移支付、财政结算、资金调度等方面尽可能直接核算到县，减少财政管理层次，提高行政效率和资金使用效益，赋予县级政府更大更多的经济、行政管理权限。在推广试点过程中，也要避免“一刀切”，充分考虑地区的特殊性。要注意“省直管县”体制中县（市）同原上级地级市之间在利益关系、工作程序等方面的协调，减小体制变动对基层财政的冲击。

在农村税费改革中，不少地方还进行了“乡财县管乡用”改革。今后，要不断完善、规范这种基层财政管理体制，以乡镇为独立核算主体，在乡镇预算管理权、资金所有权和使用权、财务审批权不变的前提下，实行“预算共编、账户统设、集中收付、采购统办、票据统管”的财政管理方式，取消乡镇财政所银行账户、总预算会计和票据管理权，由县统一管理和核算全县乡镇财政资金。通过逐步强化乡镇财政的预算约束，做到乡镇财政资金所有权、使用权、管理权、核算权相分离，由县财政直接监管乡镇财政资金。

2. 建立规范的转移支付制度，加大对基层财政的转移支付。在分税制财政体制的总体框架下，调整中央和各级地方的财权和事权分配格局，进一步改进现行的税收返还、定额补助及专项拨款等形式的转移支付办法，建立健全规范的中央财政对省、省对下的财政转移支付制度。

首先，进一步加大对地方的财力性转移支付力度，清理和整合专项转移支付，提高一般性转移支付的比重，增加基层财政的可支配财力。根据不同地区的经济发展水平和收入差距，以及影响财政收支的客观因素，核定各地区标准化收入和标准化支出，合理确定对各地区的转移支付的规模。

第二，完善转移支付的方式。通过调整税收返还的方式和力度，简化转移支付形式，将专项上解部分归入税收返还，以此增加对财力薄弱的体制补助地区的税收增量返还。

第三，合理分配转移支付支出的使用方向。按照事权归属整顿现行专项拨款的使用方向，优化专项拨款的结构，将节省的资金投入到县及县以下地区的义务教育、基本医疗卫生服务等基本公共服务方面，增加对县及县以下地区的转移支付和财政投入力度，缩小城乡之间在财政投入方面的差距。

第四，建立缓解县乡财政困难的激励约束机制。合理划分省、市、县、乡四级财政收入，完善县乡财政收入体系。根据各地社会、经济和财政发展情况，将房产税、城镇土地使用税、土地增值税、印花税、契税、耕地占用税等地方税种收入主要留给县乡两级，或提高县乡财政分享的比例。以中央财政缓解县乡财政困难的“三奖一补”政策为契机，引导省级财政和有条件的地级市加大对所辖县（市）实施财力性转移支付。土地出让金等已经纳入预算内的收费项目要降低省、市集中的比例，调动县乡政府发展经济和增加收入的积极性。就财政困难的县乡财政而言，也需要通过完善的转移支付制度，调动县乡自身摆脱困境的积极性，由此形成中央、省、市、县、乡五级政府联动的良好局面。

课题主持人：

韩　俊　国务院发展研究中心农村经济研究部部长　研究员
赵　杰　国务院农村税费改革领导小组办公室主任
黄维健　国务院农村税费改革领导小组办公室副主任

课题组成员：

谢　扬　国务院发展研究中心农村经济研究部副部长　研究员
崔晓黎　国务院发展研究中心农村经济研究部研究员
于保平　国务院发展研究中心农村经济研究部研究员
罗　丹　国务院发展研究中心农村经济研究部副研究员
张云华　国务院发展研究中心农村经济研究部博士
姜文涛　北京市委研究室博士
黄小彦　国务院农村税费改革领导小组办公室三处处长
吴孔凡　国务院农村税费改革领导小组办公室三处副处长
赵则永　国务院农村税费改革领导小组办公室干部
闫　辉　国务院农村税费改革领导小组办公室干部
邓红亮　国务院农村税费改革领导小组办公室干部
秦鼎坤　国务院农村税费改革领导小组办公室干部

（韩　俊　谢　扬　张云华　于保平　姜文涛）

传统农区农民收入增长的新思路①

——襄阳、鄢陵、泰和三县调查

一、引　　言

中国农村区域面积广大，由于受历史基础、经济文化背景、改革开放意识等因素的影响，区域经济之间的开放程度不同，市场经济体制建立的进程、发展速度也不同，体现在产业结构、经济成分、企业管理体制、经济运行机制、产品竞争能力等诸多方面也存在优劣，农村经济呈现出明显的多样化特征。农村经济主要的类型包括：传统农区县（市）、沿海开放县（市）、城市郊区县（市）、牧区、半牧区县（市）及山区县（市）等。总体来看，沿海开放县（市）、城市郊区县（市）经济基础较好，开放程度较高，产业结构开始呈现高度化的特征，经济发展水平比较高。传统农区、牧区、半牧区县（市）和山区县（市）产业结构仍然呈现出低度化的特征，经济的开放程度不高，经济发展水平也相对较低。

自20世纪90年代中期至21世纪初，中西部传统农区农民收入增长缓慢的矛盾非常突出。为全面了解农民的收入状况和基层财政状况，2001年，国务院发展研究中心组建了“县乡财政与农民增收”课题组开展了专题研究，此报告是当时课题组的研究成果。

为了了解传统农区农村经济发展的现状，我们分别对湖北省襄阳县、河南省鄢陵县和江西省泰和县进行了专题调查。这三个县都是典型的农业县，经济发展水平在中部地区居中等或中上水平。从地理位置、经济发展水平、产业构成、人口和资源分布情况、交通条件、人文状况等各个方面来看，这三个县在传统农区均具有较好的代表性（见表1）。

① 该课题为2001年国务院发展研究中心重点研究项目。

表1　　三县基本情况（2000年）

	江西泰和	河南鄢陵	湖北襄阳
面积（平方公里）	2665	872	3226
乡镇（个）	26	12	28
村委会（个）	364	382	623
总农户（户）	93551	139600	230600
总人口（万人）	50	61	140
其中乡村人口	43	55	99
乡村人口比重（%）	86	90.16	70.7
单位从业人数（人）	22565	26935	63983
乡村从业人数（人）	201360	317000	448500
其中农业人数（人）	139871	233100	332400
农业从业比例（%）	69.46	73.53	74.11
GDP（万元）	215600	337219	954873
其中：第一产业	92950	138548	266759
占GDP比重（%）	43.11	41.09	27.94
第二产业	65060	119814	475523
占GDP比重（%）	30.18	35.53	49.80
预算内收入	9205	6002	32644
财政支出	14545	13943	38408
规模工业企业（个）	21	47	117
工业总产值（现价万元）	51620	145932	1666454

襄阳县地处湖北省西北部，位于汉水中游，交通比较便利，素有“南船北马”、“七省通衢”之称。襄阳是我国重要的优质小麦、优质水稻、芝麻、棉花、烟叶和畜禽生产基地。襄阳县的面积为3226平方公里，耕地面积170万亩，人均耕地面积为1.21亩。襄阳县现辖17个乡镇，623个行政村。襄阳县的总人口为140万，其中乡村人口99万，乡村从业人员数44.85万，农林牧渔业从业人员数为33.24万人，2000年，襄阳县国内生产总值954873万元，第一、二产业的增加值分别为266759万元和475523万元，农民人均纯收入为2889元。襄阳县是全国有名的农业大县，目前已经形成了粮棉油、烟叶、柳条、肉牛、蔬菜、水果等十大生产基地，综合经济实力在全省居于第五位。

鄢陵县位于中原腹地许昌市东部，现辖5镇7乡，总面积871平方公里，2000年末总人口为61万人，其中乡村总人口为55万人，乡村从业人员数为31.7万人，其中农林牧渔从业人员数为23.31万人。2000年，鄢陵县的国内生产总值为337219万元，第一、二、三产业占国内生产总值的比重分别41.1%、31.7%和23.4%。第一、二产业增加值分别为138548万元和119814万元，农民人均纯收入为2566元。鄢陵县的农业比较发达，盛产小麦、棉花、玉米、红薯、大豆、花生、烟叶等，是全国商品粮基地和优质棉生产基地。花卉是鄢陵县的一大特色，2000年全县花卉面积已经发展到14.8万亩，素有“花都”、“花县”之称。鄢陵县经济发展水平在河南居中等水平。

泰和县地处江西省中部偏南，总面积为2665平方公里，26个乡（镇），364个行政村。2000年末总人口为50万人，其中乡村人口为43万人，乡村从业人员数为20.14万人，其中农林牧渔业从业人员数为13.99万人。2000年末，泰和县的国内生产总值为215600万元，第一、二产业增加值分别为92950万元和65060万元，农民人均纯收入为2534元。泰和县是农业大县，经济发展水平在江西则居中上水平。

二、农民收入增长的基本状况

为了了解目前农民实际收入状况，在襄阳、鄢陵、泰和三县的调研中，在每县的两个乡和每乡的两个村，我们均采用典型调查和问卷调查相结合的方式，调查了若干户农户。其中，襄阳23户，鄢陵22户，泰和14户，总计59户。我们调查的农户，大多是以农业为主的农户，这些农户的情况应该能够反映出中等收入水平农户的真实收入水平。除了农户调查之外，三县统计局的住户调查资料，也能反映农民收入中的一些情况。

将59户农户2000年的各项收入、生产费用和税费负担等项目详细汇总计算，可以得出这些农户的人均纯收入。这样得到的收入数据应该是比较真实的，问题是这些农户的情况，能否代表全县农民真实的平均纯收入水平。从汇总结果看，由于鄢陵调查有一村的农户以种植花卉苗木为主，另一村农户也有几户从事木材加工的个体户，调查得出的人均纯收入水平远远高于全县平均水平，因此这里不再作进一步分析。其余两县，大多是以农业为主的农户，应该能够反映中等收入水平。

我们在三个县的调查中，发现农民的人均纯收入都存在被夸大的现象。从统计数据看，1997、1998两年，鄢陵县农民油脂消费先是由7.13公斤猛增到15.38公斤，然后又跌至3.05公斤，数据的可靠性已经成问题。而1999年农民纯收入只比上年略有增长，肉禽消费量却从6.04公斤猛增到23.71公斤，蛋类消费也从8.45公斤，大幅度增至13.02公斤，数据显然是虚假的。鄢陵县农民2000年人均纯收入高达2566元，比上年增长4.2%。但是，农民消费粮食307公斤，比上年增长13.6%，消费猪肉3.1公斤，下降65.7%。2000年油脂的消费又从上一年的6.34公斤，猛增到17.51公斤，蛋类消费仍保持在12.74公斤的高水平，数据显然是不可靠的，这和收入与消费的一般规律不相吻合。根据恩格尔定律，随着收入的增长，食品消费中，粮食消费减少，而动物性食品的消费增加。现在，鄢陵的情况与一般规律相反，如果没有其他明显意外，只能说明统计数据有疑问。由此可见，鄢陵县的统计数据，从1997年开始有些项目就出现比较大的疑点。此后疑点扩大，到2000年数据的可靠性已经很成问题了。实际上，以1999年和1995年相比较，农民的实际消费水平相差不多，甚至1999年可能还低于1995年。但是，从统计数据来看，1999年人均纯收入大约两倍于1995年，再考虑物价指数的变动，大体可以判断，1999年的人均纯收入有40%的水分，而2000年的水分可能更高一些。

对襄阳县的调查表明，农民收入的形势非常严峻。该县大部分纯农户收入最近三年实际是负增长。从1997～2000年，全县自然灾害严重，非涝即旱。特别是2000年的旱灾更是百年不遇，导致农业大幅度减产、减收。2000年全县粮食产量比上年减少2.38亿公斤。农产品价格持续低迷，农民务农的收入大幅度下降。以粮食为例，据我们在农户和粮食部门的调查，2000年农户出售小麦的价格为0.18～0.19元/公斤，稻谷价格为0.21～0.23元/公斤，均比1997年下降40%～45%。按县粮食部门统计，2000年农民卖出2亿公斤小麦和2.3亿公斤稻谷，因粮价下跌使农户减收2亿多元。近年来，虽然县委县政府做了大量工作，引导农户调整农业结构，大力发展蔬菜、林果业等。但由于市场开拓难、产品科技含量低等因素的制约，结构调整后的效益尚不明显，农民收入仍难以提高。2000年襄阳县上报的农民人均纯收入为2889元。调查表明，农民人均纯收入存在严重的虚报问题。伙牌、太平店两镇经济发展水平在全县都居中上等，根据对这2个镇4村23户农民的调查，2000年农民人均纯收入为1512.7元。县里领导承认，农民人均纯收入起码被高估了30%以上。我们在一个村对7个农户进行了随机调查，2000年人均纯收入超过3000元的只有2户，另外5户人均纯收入分布在528到1029元之间，这7户农民人均纯收入平均只有1309元。而该村上报的农民人均纯收入是我们调查结果的2.5倍。太平店镇2000年上报的农民人均纯收入为2850元，但据我们对10个农户的调查，农民人均纯收入只有1611元。调查中村干部普遍反映，本村农民人均纯收入的数据是乡里下达的，不是计算出来的。

泰和县2000年上报的农民人均纯收入为2534.88元，而我们调查的14户农户的人均纯收入为1966.53元，比全县上报平均水平低22%。

在粮食主产区，粮食价格下降的幅度要大于全国的平均值。例如湖北的早籼稻，2000年比1997年下降43.09%，江西早籼稻下降34.10%；河南的小麦同期下降28.26%。而晚籼稻由于品质相对好些，下降的幅度低于全国平均值。例如，湖北晚籼稻同期下降19.93%，江西晚籼稻下降12.04%。但是，总的来看，下降幅度仍然是比较大的。粮食价格如此大幅度下降，以及同期多数农产品价格也在下降，受影响最大的自然是粮食主产区以种粮和以种植业养殖业为主的农户，如果没有非农收入，近几年他们的实际收入显然是在下降的。但是，这种下降我们是很难从统计数据中看到的。

三、影响农民收入增长的基本因素

（一）粮食生产几近入不敷出的格局

襄阳、泰和、鄢陵三县是我国中部地区典型的粮食主产区，都是传统农业大县，在这三个县，种植业仍然是农业的大头，而在种植业中，粮食又是最主要的组成部分。我国广大的粮食主产区，迄今为止，粮食生产的收入在农民家庭经营的收入中，仍然占有重要的地位。襄阳、鄢陵、泰和三县均是典型的粮食主产县，研究这三个县粮食生产的效益，有助于我们了解整个粮食主产区的情况。

从粮食投入产出的数据来分析，农民种粮的纯收入水平受到多种因素的影响，比如粮食产量、出售价格、物质费用、负担水平等，而哪种因素的影响为主则是变化的，相对的。从数据上看，90年代初，价格的影响更大；90年代中期，因国家收购价格的大幅度提高，农民种粮的纯收入水平较高，但这种价格水平显然并不正常；90年代末期，物质费用加上农民负担的大幅升高，使得农民种粮的纯收入水平大大缩减。目前襄阳县农民出售粮食的现金收入已经难以弥补各种费用的支出。2000年，中稻的亩纯收入率基本上为0。种植小麦已经处于亏本状态，1999年亏本尤其严重。种植玉米也严重亏本，1999年和2000年亩纯收入率仅仅分别为-32.43%和-18.32%。这还是没有考虑劳动力成本。如果考虑劳动力成本的话，亏本幅度更大。根据县农业局的统计资料，2000年，白小麦商品率为47.5%，每亩出售产值124.23元，而所需支付的各类货币性费用支出为298.4元，差额为174.17元；中稻商品率为48%，每亩出售产值263.04元，货币性差额为82.41元；玉米商品率为97.8%，出售产值367.4元，货币性盈余为131.47元，但这部分农民只能用来弥补差额。而且玉米的种植面积只占很小一部分，其盈余远远满足不了小麦和水稻的差额。虽然完全按亩计算差额不尽合理，但粮食种植几近入不敷出的格局已很明显。

对比湖北全省的统计，中稻2000年在价格每斤0.49元的情况下，每亩减税纯收益只有85.75元；小麦、玉米均为负值，小麦为-111.93元，玉米为-14.29。而每亩的成本外支出（即农民负担），中稻为59.06元，小麦为46.71元，玉米为70.22元。

再看全国的统计，三种粮食稻谷、小麦、玉米平均，2000 年每亩减税纯收益只有 43.65 元，而每亩成本外支出 32.10 元。其中，稻谷、小麦、玉米每亩减税纯收益分别为 103.15 元、－8.52 元和 36.32 元，而成本外支出则分别为 31.33 元、31.65 元和 33.32 元。

泰和县属于典型的稻谷产区，一年两季，我们对泰和县的早籼稻和晚籼稻的生产成本和收益的分析表明，90 年代早籼稻生产效益经历了先增加后减少的过程。1992 年，每亩早籼稻的纯收入为 37.39 元，到 1996 年一直增加到 306.87 元，4 年间增加了 7 倍。之后，早籼稻的效益不断下降，2000 年仅仅为 111.75 元，仅仅为 1996 年的 36.41%。1992 年，早籼稻生产亩纯收入率为 25.28%，之后一直增加到 1996 年的 59.65%。增加的原因主要为粮食收购价格的上升，并由此而带动的投入水平的提高，亩物质费用也相应由 1992 年的 103.06 元增加到 1996 年的 187.09 元。之后，早籼稻生产效益逐年下降，到 2000 年下降到 36.42%。与此同时，农民的投入积极性也下降了，2000 年亩物质费用也下降到 157.66 元。如果将劳动工日作价并考虑相关费用，种粮已经出现亏本。以 2000 年为例，根据泰和县的标准，每亩早籼稻平均生产需要 17.3 个劳动工日，每个劳动工日作价 10.56 元，劳动力成本则为 182.69 元。将这个因素考虑进去，泰和县早籼稻生产平均每亩亏本 70.94 元。

泰和县 90 年代晚籼稻生产的效益也经历一个先增加后减少的过程。1991 年，每一亩的纯收入为 104.25 元，之后一直呈现增加态势，到 1998 年增加到 331.57 元。到了 1999 年，晚籼稻的生产效益开始下降，亩纯收入为 146.46 元，不及 1998 年的一半。虽然 2000 年生产效益有所回升，但仍然只有 202 元。与此同时，投入水平也呈现类似的变化态势。1991 年，每亩的物质费用为 90.61 元，到 1996 年增加到 191.27 元，之后下降，2000 年为 159.83 元。根据泰和县的标准，2000 年，每亩的晚籼稻的生产劳动工日 16.8 个，平均每个工日 10.56 元，劳动工日作价 177.41 元。如果考虑这一因素，则 2000 年种植晚籼稻基本上不赚钱。

对襄阳和泰和两县粮食生产效益变动的分析表明，粮食生产的总负担水平已经进入警戒线。所谓警戒线就是当粮食生产的收入，除去保证农户基本生活所需外，所余只能或者已经难以支持其自身的简单再生产时，即可认为进入了一种临界状态。这种状态在我国土改以前出现过，在改革开放前又出现过，目前再次出现。我国农村目前在这一问题上之所以尚有回旋余地，原因在于农户靠非农收入还可以维持。但在粮食主产区，这一矛盾已经比较尖锐。

（二）农民负担相当沉重

根据我们在三个县调查的发现，总体判断是农民负担问题依然十分严峻。根据我们调查的材料，现阶段农民负担问题主要有以下几个特征。

1. 农民负担的总体水平过重，超过了农民人均纯收入的10%。为了摸清农户实际的税费负担情况，我们进行了小样本的农户调查。调查样本的情况是，襄阳县11户，家庭常住人口55人，经营耕地面积138.77亩；鄢陵县17户，家庭常住人口74人，经营耕地面积126.2亩；泰和县14户，家庭常住人口74人，经营耕地面积201.29亩。从人均各种负担占人均纯收入的比重来看，农民的负担水平大大超出了规定的5%的水平。从表2可以看出，三县平均人均纯收入是2103元，而人均的负担量是252元，负担量占农民人均纯收入的近12%。这个水平相对于其他地区来说，并不算特别沉重。但值得注意的是，在人均收入水平最低的襄阳县，负担却最为沉重。我们看到，在人均收入不到1400元的襄阳，人均税费负担总额为389.37元。而负担在纯收入中的比重，就是我们说的“相对负担量”则高达28%。也就是说，一个农民一年的纯收入中有超过四分之一自己拿不到，变成了上交的税费。这个负担水平相对于任何国家、任何行业的劳动者来说都是过于沉重了。从三个县的情况来看，农业四税占农民人均纯收入的比重为2.83%，其他各种税费负担占的比重达到9.12%。

表2　　三县农民负担状况比较

	家庭常住人口（人）	人均纯收入（元）	人均农业四税		人均各种负担	
			额度（元）	占人均纯收入的比重（%）	额度（元）	占人均纯收入的比重（%）
襄阳县	55	1383.25	52.44	3.79	389.37	28.15
鄢陵县	74	2085.37	63.60	2.27	237.73	11.4
泰和县	74	1935.67	60.66	3.13	162.47	8.4
三县平均	203	2103.04	59.50	2.83	251.38	11.95

由于农民的负担与农民经营的耕地面积总是联系在一起的，因此，通过分析农民负担与耕地面积之间的关系，在一定程度上也可以揭示农民的负担状况。从三县的调查情况来看，亩均的纯收入为407.31元，亩均农民负担109.44元，亩均负担占亩均纯收入的比重26.87%。这样，在扣除各种负担以后，如果考虑劳动力成本的话，种地基本上就不赚钱了。从农民负担的构成来看，农业四税并不是主要组成部分，各地的绝对量的差异也不大，从三县样本户来看，亩均农业四税为25.91元，占各种负担总计的比重仅为23.67%。可见，农民的负担主要来自其他各种税费。

与此同时，各地的负担情况也是差异非常大的。从表3可以看出，襄阳县、鄢陵县、泰和县样本户亩均负担占亩均纯收入的比重分别为54.12%、27.82%和18.23%，襄阳县的负担水平比鄢陵县高出1倍，比泰和县几乎高出2倍。差距大的原因来自两个方面，一是亩均各种负担的差异，襄阳县样本户的亩均负担为154.32元，比泰和县高出1倍多；二是亩均纯收入水平的差异，鄢陵县的亩均纯收入达到501.19元，比泰和县、襄阳县高出216.2元。所以，虽然鄢陵县的亩均负担也较高，但是负担水平却比襄阳县低得多。泰和县的种植业收入亩均比襄阳县高，亩均各种负担总计远比襄阳县低，所以负担水平轻多了。

表3　　襄阳县、鄢陵县和泰和县样本户种植业负担情况

		襄阳县	鄢陵县	泰和县	三县总计
经营耕地面积（亩）		138.77	126.2	201.29	466.26
种植业纯收入（元）	总额	39548.66	63249.92	87116.44	189915.02
	亩纯收入	284.99	501.19	327.49	407.31
农业四税	总额（元）	2884.11	4706.166	4488.496	12078.772
	亩均农业四税（元）	20.78	37.29	22.30	25.91
各种负担总计	总额（元）	21415.25	17592.38	12023.32	51030.94
	亩均负担（元）	154.32	139.40	59.73	109.44
农业四税占各种负担总计的比重（%）		13.47	26.75	37.33	23.67
亩均负担占亩均纯收入的比重（%）		54.12	27.82	18.23	26.87

2.“税负倒挂”现象严重，越穷的农户负担越重。所谓“税负倒挂”，就是指收入水平高的农户相对负担量较小，而低收入农户相对负担比较重。从表4可以看出，农民人均纯收入在500元和1000元以下的农民，人均各种负担占农民人均纯收入的比重高达36.22%和38.50%。农民纯收入在1000~2000元的样本农户，人均各种负担占农民人均纯收入的比重为20.42%。而农民人均纯收入在2000~3000元和3000~5000元的农户，人均各种负担占农民人均纯收入的比重则为7.87%和8.12%，人均纯收入在5000元以上的农户，负担水平为4.17%。可见，在税负倒挂的情况下，即使总体的税负水平并不高，但由于越穷的农户所要承受的税费越高，所以农民负担问题依然严重。这种税负倒挂的现象告诉我们，我们在研究农民负担问题的过程中，即使发现负担的总量水平较低，也并不能简单推断出农民负担问题不够严重，还要进一步研究负担量在不同收入水平的农户中的分布。

表4　　不同收入水平农民负担状况比较

	样本户数（户）	家庭常住人口（人）	人均纯收入（元）	人均农业四税		人均负担	
				额度（元）	占人均纯收入比重（%）	数额（元）	占人均纯收入比重（%）
500元以下	2	12	336.66	23.53	6.99	122.28	36.32
500~1000元	9	46	719.95	48.39	6.72	277.16	38.50

续表

	样本户数（户）	家庭常住人口（人）	人均纯收入（元）	人均农业四税		人均负担	
				额度（元）	占人均纯收入比重（%）	数额（元）	占人均纯收入比重（%）
1000～2000元	14	59	1384.38	73.06	5.28	282.74	20.42
2000～3000元	7	39	2349	35.4	1.51	184.93	7.87
3000～5000元	8	39	3578.76	129.62	3.62	290.63	8.12
5000元以上	7	32	9017.55	205.12	2.27	376.04	4.17

3. 农民负担连年增长的趋势并未真正扭转。我们根据调查尽可能所收集到的近十年有关数据进行计算后发现：从一个较长的时期平均来看，农民负担连年增长的趋势并未扭转，而且，个别项目的增长率更超出我们的想象。比如，鄢陵全县农业特产税1992～2000年间平均每年递增43.2%，而大马镇更高达54.8%！鄢陵全县和马坊乡、大马镇以及襄阳县的太平镇的“三提”和“五统”均以两位数的增长率递增，最高的乡镇年均递增率分别接近20%和30%！

4. 农民欠费现象日益严重，税费征收难度越来越大。在襄阳县调查发现，农民欠缴税费的现象十分严重。另据襄阳县有关部门的统计，全县2000年欠交税费的农户达2万户（占全部农户数的8.7%），这一数字在1995年是0.6万户。据有关资料表明，农民拖欠“三提五统”在全国已经成为普遍现象。1999年，村级债务比上年增长17.5%。在村级债权中，农户拖欠村提留197亿元，同时，农户尾欠乡统筹90亿元。在区域分布上，以中部地区最为严重，农户尾欠村提留和乡统筹分别为119.5亿元和47.6亿元；东部分别为56.9亿元和27.3亿元；西部分别为20.6亿元和15亿元。以前，收公粮提留只需要几天就能完成，现在，收公粮提留成了中心任务，一年到头都在收费，但征收率却并不高。

（三）农村就业不充分，人口资源配置结构严重失衡

农村劳动力大量剩余是传统农区面临的一个基本问题。农业人多地少的矛盾，随着人口增长更趋紧张。1990～2000年，襄阳、鄢陵、泰和三县农村新增劳动力分别达13万、10.8万、2.3万人。目前劳均耕地襄阳县为2.4亩，鄢陵县为2.8亩，泰和县为3.5亩。而每个劳动力一般可承担水田4～5亩，或是旱地10亩，以此计算，三县存在十几万到二十几万的农业剩余劳动力。此外，还有季节性的剩余劳动力。一般是“四个月种田，七个月休闲”。农业的技术进步，使种植业的用工量趋于减少，又从农业排斥出一部分劳动力。按襄阳县农业局1991年以来的调查，近十年来五种主要粮食和经济作物的亩用工，除小麦下降较少外（减少4.5%），其他都下降了12%～29%。全国的趋势也是如此，1990～2000年

全国稻谷、小麦、玉米、油菜、棉花平均每亩用工分别下降了29%～34%。另一方面，传统农区县域工商业发展滞缓，限制了农业劳动力就地向非农产业转移。乡镇企业为农民就业做出重要贡献，但中部农区乡镇企业发展缓慢，有的近几年来出现明显萎缩，吸收农村劳动力就业能力下降。全国乡镇企业就业由1996年的1.35亿人减为2001年的1.28亿，这种就业下降情况在中部传统农区更为突出。如河南鄢陵县乡镇企业（包括个体私营企业）吸纳就业1990年为59740人，1994年增加到近7万人，此后出现下降，到2000年，吸纳就业仅51404人，比1990年还降低14%。江西泰和县近5年乡镇企业没有发展，乡镇就业人数也出现下降。如该县冠朝镇1991年有8个镇办企业，从业人员150多人，加上季节用工为210人。现在只剩下季节性生产的板鸭厂，用工60人。近年个体、私营企业有所发展，但仍很弱小。全镇农村劳动力就地非农就业只占10%。传统农区乡镇企业发展缓慢，究其原因，有以往以行政方式办企业及企业制度问题造成的失败，有当地农民购买力薄弱，市场不景气的影响，也有农业半自给经济环境下人们缺乏办企业所要求的市场观念、技术经营管理素质的制约。这就导致目前阶段传统农区农业剩余劳力就业门路狭窄，农民增收缺乏新的增长源。

最近几年，在农民来自农业的纯收入连续几年下降的情况下，农民纯收入之所以还能保持低速增长，关键就在于农民外出打工的收入在增长。外出就业是传统农区农民向非农产业转移的主要渠道。近年来，传统农区县的外出就业人数一般都超过了通过乡镇企业的就地转移，成为近年扩大就业、向非农产业转移的主要渠道。根据1996年农业普查，泰和农民外出就业为4.3万人，到2001年已增加到7万多人，约占劳力总数的30%。2001年泰和县农村劳动力在乡镇企业（主要是个体、私营企业）就业的2.76万人，外出就业为就地转移的2.5倍。外出就业中出省就业人数占绝大多数。湖北襄阳县2000年农民外出就业11.1万人，其中在县外市内2.1万人，市外省内1.2万人，出省7.8万人，出省就业占70%。江西泰和县1996年农民外出就业4.3万人，其中在县外省内就业的0.2万人，出省4.1万人，现在外出就业升至7万多人，出省占外出就业的占95%。

根据泰和县提供的情况，2000年外出打工的7万多人中，有3万多人通过邮局汇款。以2000年的汇款数看，3万多打工者年人均收入大约7000元（每月为约600元）。我们不妨和中国农村劳动力就业及流动状况（国家劳动部和国家统计局有关调查）的数据比较。在该调查中，外出打工者1998年汇寄款为3500多元，1999年为4400多元。2000年的数据尚未公布，但根据前两年的趋势，估计在5000元以上。泰和的数据比全国高将近2000元，不排除兑付的汇票中有非打工者的可能。据对2001年部分汇票的查对，仅有5%的汇票属于非农民外出就业的汇款。全国性的正式调查，被调查者心存顾虑，提供的数据偏低的可能性更大。

因此，泰和全县外出打工者每年汇寄款 2 亿多元是可信的。另外，还有三四万打工者还要带回现金，这样，全县 7 万多打工者获得的收入很可能在 4 亿元左右。在农产品价格低迷的情况下，泰和农民外出打工增多，为增加收入作出了重大贡献。

（四）县乡财政严重入不敷出，财政危机直接转化成了农民的负担，县乡政府无力提供农村最基本的公共服务，很少能造福于民

1. 县级财政还可勉强度日，但乡镇财政运行已难以为继。自 1994 年财税体制改革以来，在总体财政形势好转的背景下，县乡财政形势却令人担忧，在全国大范围的地区，县乡财政持续出现严重入不敷出。目前县乡财政收支活动具有很大的隐蔽性，财政账面上的数据根本无法反映县乡财政运行的真实状况。这给我们了解县乡财政收支情况造成了很大困难。对三个县的调查有助于我们了解县乡财政活动的真实面貌。

调查表明，虽然县乡财政收入规模不断扩大，但质量不高，人为虚增财政收入现象非常严重。县里领导讲，层层下达财政收入指标任务，不同地区相互攀比，是虚报财政收入的直接原因。现在每年上面都要给下面下达财政收入增长率的任务指标，过去甚至还实行过财政收入“一票否决”制，完不成任务要挂黄牌。每年下达给各乡镇的财税收入任务太重，严重脱离乡镇税源实际，迫使财政部门为完成计划弄虚作假。根据调查资料推断，襄阳县财政收入的“水分”至少有 30%。财政收入被认为是“最实的数字”，但从调查情况看，已变得“水淋淋”的。基层财税部门的人讲，从 1995 年就开始有“空转”现象，近两年财政收入人为“空转”现象很严重，现在越来越靠“空转”完成财政增收任务。

在调查的 3 个县中，泰和县财政情况较好，就该县目前财力而言，财政是典型的“吃饭财政”，只能勉强保证工资的发放。鄢陵县的日子要比泰和难过，财政已到了什么都不干，工资也无法保障的地步。襄阳县财政状况是最困难的，实际上已成为“半饥饿”财政。从调查情况看，县乡财政都很困难，但乡镇财政的困难要比县财政大得多。乡财政已不是传统意义上财政收入保工资的“吃饭”型财政，已经恶化为一种运转更为艰难的“讨饭”型财政。而且，由于财政信用程度下降，“讨饭”也越来越难，乡财政实际上已接近崩溃的边缘。调查中，许多县乡干部叫苦连天、怨声载道，有的编了一首顺口溜：“中央财政喜气洋洋，省市财政勉勉强强，县级财政拆东墙补西墙，乡镇财政哭爹叫娘。”一些县把县财政困难状况写成了一副对联，始则：“拆东墙补西墙，墙墙是洞；借新债还旧债，债债不清”。继则：“拆东墙补西墙，无墙可拆；借新债还旧债，无债可借”。横批：“日子难过”。县乡财政大范围出现入不敷出，说明相当一部分县市都面临着严重的公共财政危机。

从三个县来看，在编制财政收支预算时，都按照《预算法》的要求编制了平衡预算，没有打赤字。而事实上，县乡财政都已入不敷出。财政预算虚假“平衡”，不仅掩盖了县乡财政的真实困难，而且使得财政预算约束软化，甚至财政预算徒有虚名，特别是支出预算几乎没有任何约束力，成为简单的文字游戏，严重损害了预算的严肃性和权威性。

2. 县乡财政危机形成的原因。

第一，由于税源不足，县乡财政越来越陷入“无米之炊”的窘境。自分税制改革以来，地方税收收入占地方财政收入的比重呈下降态势，行政性收费、罚没收入和其他非税收入成为拉动财政收入增长的主体。泰和县税收收入在地方财政收入中的比重从1994的82%下降到2000年的71%。襄阳县2000年税收收入占财政收入的比重为57.1%，鄢陵县为60%。税收收入在地方财政收入中的比重偏低，与县乡政府主体税种不足有直接关系。乡级政府税源更为贫瘠，主要依赖农业税收，在调查的六个乡镇，农业四税和屠宰税占乡财政收入的比重在40%～70%。乡级工商税收大多属于零星的小额税种，基层领导称国税为“西瓜税”，地方工商税为“芝麻税”。由于受整个经济环境的影响，近几年全县大多数企业不景气，企业效益滑到了“谷底”，但地税任务非但没有减轻，反而还在继续加码，确实已到了竭泽而渔、杀鸡取卵的地步了。襄阳县2001年的税任务为8000万元，实在地讲，税源并没有这么多，只有4000万元。

第二，机构膨胀，工资刚性增长，大大超出了县、乡财政的承受能力。县、乡机构膨胀，财政供养人员过多，是财政支出刚性增长的直接原因。在调查的几个县，由于生产就业门路少，每年新毕业的高校学生及单位效益差的职工都想往吃财政饭的国家干部职工队伍里挤，导致吃财政饭的人越来越多，财政负担越来越沉重。由此可见，就业压力促成了政府机构的膨胀。干部教师工资的刚性增长，大大超出了县、乡财政的承受能力。近年来中央出台的大幅度调资政策，给县乡财政带来了沉重的压力。即使中央对落实此项政策给以一定比例的补助，但县乡财政承担其余部分仍然感到十分吃力。

第三，收入上移，县乡财政成为层层集中财力的对象。从县财政与中央财政的关系看，存在的主要问题是，中央集中各地的增值税、消费税收入增量较多，地方得到两税增量的比重下降幅度大，严重挫伤了地方“两税”征管的积极性，分税制对地方政府的激励效应明显减弱。从县财政与省级和市级财政的关系看，1994年分税制以来，省对县在实行分税制的同时，还继续沿用原包干上交体制，因此，县级财政体制实际上是分税制和包干上交体制“双轨运行”。省级和市级政府在中央对地方通过拿增量的办法集中一部分财力的基础上，又对共享收入和地方固定收入进行了分成，即又对县乡财力再次进行了集中。目前，省和市集中的地方税种、专项收入的种类和项目过多，省级以下财政集中收入的速度过快，体制结算繁杂，省以下的财政体制尚未理顺。从各级政府的财政关系看，最为复杂和不规范的是县财政与乡镇财政的关系。虽然各县都与乡镇划分了税种，但县乡政府争饭吃的矛盾相当突出，形成了乡财政无税可分的局面。上级政府层层集中财力的做法，导致乡镇财政成为最弱的一级财政。

第四，支出下移，县乡财政支出责任不断加大。在层层集中财政收入的同时，还存在负担下放的倾向，即将部分应有上级财政负担的财政支出全部或部分下放给地方政府。这在教育上表现特别突出。目前，中央和省级政府在发展义务教育方面承担的责任明显不够，省级以上财政用于农村义务教育的支出很少，农村义务教育投入基本上是由乡镇财政和农民负担。1990～2000 年期间，在襄阳县教育经费中，各级财政预算拨款占 40.7%，其中乡级财政占 34.36%，县财政占 6.25%，省级以上专款仅占 0.1%。乡镇最弱的一级财政承担着发展农村义务教育这一最繁重的任务。

第五，职能越位，财政办了许多不该办的事。县乡财政困难，债务包袱沉重，财政职能转变滞后是重要原因之一。多年来，财政职能越位与缺位并存，办了许多不该办的事。乡镇政府每届任期一般三年，“为官一任，造福一方”，为了体现“政绩”，都要兴办“形象工程”。一方面大兴土木，搞公共工程建设，乡镇财力不足，只好靠负债投资。另一方面，盲目上项目，办企业，由于信息不灵，管理不善，许多乡镇兴办的企业亏损严重，贷款难以偿还，形成乡镇负债。“前任借债，后任还债”，乡镇政府的包袱越背越重，赤字越来越多。

第六，体制不顺，中央和地方之间的职能划分并没有真正做到明晰、合理，财政资源在城乡之间的分配也存在着明显的不公平。根据对三个县的初步研究，我们发现，目前县乡财政的困境与现行财政体制不完善有密切的关系，这主要表现在：（1）1994 年的分税制财政体制改革，中央将主要税种增值税的 75% 划为中央收入，而留给地方的只是一些征收成本较高的小税种。1994 年的分税制改革仅仅考虑了如何提高中央的财政收入，而很少顾及地方税的有效性，这使得在经济不发达的县、乡两级财政收入明显下降。（2）分税制以后中央和地方之间的职能划分并没有真正做到明晰、合理，地方政府事实上承担着许多本该中央政府承担的职能。（3）农村各种与经济和社会发展相适应的公共开支缺少相应的税收来源，这就迫使地方政府不断寻求非预算外收入，以解决财政失衡问题。（4）中国财政体制虽经过多次改革与调整而不断完善，但始终没有根本解决好各级政府之间事权划分以及完善的政府间转移支付等问题，尤其是没有建立起根据基础教育、基本医疗卫生服务等基本需求向贫困地区确定转移支付的机制和制度。（5）

从国家财政资源在城乡之间的分配来看，公共收入的两个基本原则——受益原则和支付能力原则都没有得到很好的体现，政府提供的公共产品和服务的成本费用分配在城乡之间存在着明显的不公平问题。

3. 县乡财政危机直接转化成了农民的负担。县乡财政大范围的出现入不敷出，说明相当一部分县市都面临着严重的公共财政危机。县乡政府普遍面临的公共财政危机，对农业和农村经济的发展造成了一些严重的后果。通过这次调查，我们发现，农民负担状况与县乡财政的危机是直接联系在一起的。县乡财政危机对农业和农村经济发展的影响突出表现在：

第一，县乡财政入不敷出导致基层政府对农民过度征税。从三个县来看，农业税收在乡镇财政收入中占有重要地位。2000 年农业四税占乡镇财政收入的比重襄阳为44.5%，泰和为27.6%，鄢陵为50.7%。如果考虑到工商税收中的屠宰税来源于农村养殖业的因素，涉农税收在乡镇财政收入中的份额则更大。调查发现，近年来，由于工商税收增长难度大，乡镇政府财政压力较大，为维持日益庞大的机构运转，不断加大对农业特产税的征收力度，不得不用农特税等税目来弥补其他税源的不足。农业特产税一般采取按人头平均分摊到户的办法，征收出现了较大的随意性，据实征收流于形式。调查中发现，农业特产税和屠宰税征过头税的问题相当严重。襄阳县现有农业特产税源据测算为 850 万元，但年度任务却为4600 万元，税源仅占任务的 18.48%。当问及为什么下达这么高的税收任务时，县地税局和农税局的负责人讲，下达农业特产税任务不是以农业特产税实际收入为依据，为了保吃饭，现在完全是“以支定收”，下达的地税任务完全是脱离实际的，远远超出了企业和农民的承受能力。开征农业特产税的目的是为了调节从事各种农产品生产者的收益，最初设想的是，农业特产税的收益主要是用于改善粮棉生产条件，支持粮棉生产发展，使从事粮棉生产的农民收入有更快的增长。但是实际上，根本没有做到这些。这一税种的收入基本上是用在了乡级财政的日常开支上，没有起到改善农业生产条件的作用。农业特产税已成为加重农民负担的新渠道。

第二，在没有税收立法权的情况下，为了满足各种开支的需要，地方政府就不得不借各种名义向农民收取各种费用，从而使得农村乱集资、乱收费、乱摊派急剧膨胀，使农民非税收负担急剧增长。“费大于税”现象普遍存在，“三乱”和收费加码问题严重。从三个县的总体情况看，在农民负担的税费总额中，税不到1/3，而费超过了 2/3，其中不规范的收费和集资占农民负担总量的1/3，“三提五统”则超过了 1/3。简言之，三个部分的比例大致是1:1:1。即使我们分开三个县来看，税收比重最大的泰和县也只有46%，不到一半。而“费大于税”最为严重的是鄢陵县，在所有的负担中，税收只占18%，有82%是从农民手里收来的各种收费。由此可见，费大于税是一个普遍的事实。同时，各地在收费上存在较大的差异。分县来看，在湖北襄阳县，不规范的收费和集资占到农民负担总额的39%，而在河南鄢陵县和江西的泰和县，这个项目的比重分别只占23%和2%。这个差别表明，在不同的地区，农民负担的结构极为不同。这种状况当然与地方政府对于不规范收费和集资的监管力度有关，在管理较为严格的地区，这种收费所占农民负担的比重就比较小。县域之间的结构差别反映出，虽然中央政府对于税收和收费尤其是"三提五统"有着明确的规定，但是地方政府在执行过程中却存在着明显的偏离。仅在这中部地区人均收入相近、产业结构相类似的三个县中，税费结构的差别就如此之大（税收分别占28%、18%和46%），我们可以想见，在全国范围内此种差别该有多么突出了。

第三，县乡财政压力迫使基层政府大规模举债。襄阳县直接的财政债务为28925万元，占2000年全县实际可支配财政收入的140.3%。镇级负债2000年清查时为3.3亿元，2001年6月清查为4.1亿元，全县17个镇都负债，镇级平均负债2411万元。泰和县财政债务为9000多万元，占可支配财政收入的57%，鄢陵县县乡两级财政共负债1.4亿元，其中县财政负债1000多万元，主要是乡镇负债。我们调查的大马乡，2001年财政累计净负债达446.7万元，马坊乡债务是556万元，这两个乡镇财政债务占实际可支配财力的比重分别为295.4%和370%。

第四，村级债务与县乡财政困难有密切关系。村不是政府体系中的一个正式组成部分，它本身也没有独立的财政，但它在财政体系中仍然扮演着重要的角色。从12个村庄的调查情况看，县乡政府对村庄一级几乎没有任何的财政补助，村庄都是财政净流出。每个村庄平均缴纳的税费为39.7万元。村一级收入主要有村提留款、村办企业上交承包费、集体土地出租收入、集资款等。平均每个村庄收入只有9.5万元。调查的12个村庄有10个负债，平均每个村负债35.1万元。调查发现，村级组织的大量负债实际上用来弥补县乡财政的缺口。襄阳县全县村级共欠基金会1.2亿元，共向个人借债7.1亿元，这些债务中用于为农户垫付税费形成的村级债务为4.4亿元，占全县村级债务的47.8%。12个村的债权为226.5万元，平均每个村18.9万元。这些债权主要是农民欠交的税费款，大部分是很难收缴回来的。

第五，县乡政府无力提供农村最基本的公共服务，很少能造福于民。由于财政困难，在保证工资发放和运转后，县乡政府已无财力干其他事情。农村义务教育的投入主要来自农民交纳的税费和教育集资。目前，县乡财政对卫生部门实行差额拨款，只负担卫生部门人员工资的15%左右，而上级财政对县乡卫生事业的投入几乎没有，导致乡村卫生服务机构设施条件差，提供的卫生服务质量不高。在经济利益的驱动下，医疗费用急剧上涨，农民的医疗负担相当重，导致很多农民支付不起就诊和住院所需的医疗费用。调查的三个县农民完全处于自费医疗的状况，农民看不起病和因病致贫的问题比较突出。

财力不足使得县乡政府根本没有能力向农业发展所需要的基础设施投资。襄阳县财政每年支援农业生产支出账面上有1000多万元，其中20%的财政支农支出来自上级专项拨款。然而，县财政支援农业生产支出数字除了每年近20%的上级拨款外，剩余的80%是虚数。1997～2000年，财政支农的虚数达到4310万，相当于实际支出的4.3倍。县每年的可用财力增长仅8%左右，新增财力连行政事业单位人员工资都保不了，根本没有能力来支持农业。按照《农业法》规定，财政每年对农业投入的增长幅度应高于财政经常性收入的增长幅度，不虚增财政支农支出，财政预算方案每年的人代会就通不过。实际上，县乡政府用于农业的投入只能主要依赖争取中央的专项资金，县乡本级财政对农业几乎没有多少投入。

第六，财政危机向农民的转嫁，使基层政府与农民处于利益尖锐对立的状态，已成为可能引发农村政治和社会不稳定的重要因素。一些基层干部讲，他们肩上压着两副重担，一副是减轻农民负担，另一副是保证干部教师工资发放。财政供养人员工资主要来自向农民收取的各种税费，要减轻农民负担，工资发放就无法保障；要保工资发放，农民负担就减不下来。在这种情况下，基层政府与农民的关系越来越成为一种实质性的对立关系。有的村干部讲，自己是全村老百姓选出来的，但却无法代表农民的利益，60%～70%的精力是向老百姓收税费，不能为村里的农民提供什么服务，与农民的关系很紧张，越来越对立。有的农民讲，官吃于民，民吃于土，种地负担越来越重，越来越不赚钱，再加上这几年不是旱，就是涝，农民已承受不了了。在调查的襄阳县伙牌镇，已发生因交不起税费农民喝药自尽事件，太平镇已发生农民大规模群体上访事件。这说明目前农村所面临的公共财政危机，绝不是一个简单的经济问题，它可能导致乡村公共权力机构或组织的瘫痪。

（五）以县级地方国营企业、乡镇企业和私营企业为主的非农产业处于困境之中，难以支撑本地区的就业和财政收入增长

襄阳、鄢陵、泰和三县位于中部传统农区，这三个县非农产业发展相对滞后。三县农业占GDP的比重分别高达28%、41%和43%。三个县第二产业的基本情况是：襄阳县第二产业占GDP的比重为50%，为本县提供6209万元财政收入，占县财政收入的16.37%；鄢陵县第二产业占GDP的比重为36%，为本县提供1410万元财政收入，占县财政收入的21.7%；泰和县第二产业占GDP的比重为30%，为本县提供3103万元财政收入，占县财政收入的35.31%。调查结果显示，

虽然这几个县的经济总量都有增长，但以县级地方国营企业、乡镇企业和私营企业为主的非农产业受体制、产业结构和政策等方面的制约，处于困境之中，难以支撑本地区的就业和收入增长，县域经济的发展确实出现了明显的衰退的迹象。

从三个调查县看，近年来，县域内的国有经济部门亏损、破产增加，在县域经济中纯粹的国有企业部门正在出现大量萎缩，提供的税收大幅度下降。襄阳县提供的材料显示，县直的34家企业资产负债率大都在100%～200%之间。34家企业共欠银行本金10亿元，企业人均负债3万元。人员包袱也重，有50%左右的冗员。据县劳动局提供的数字，2000年县属企业职工月平均工资为382元，实际上有50%的职工已不在本岗位，自谋生路。34家企业中只有9家能正常生产、4家停产、21家不能正常生产。这些企业实际提供的税收逐年减少，2001年5月，34家企业提供的税收又比去年同期下降47.4%。

县属地方国营企业过去曾为地方经济发展、提供税收和就业岗位做出贡献，现在则面临重要的转折时期。在调查访谈中，襄阳县主管领导认为，现在中央的政策是管大不管小，而县级没有国有大中型企业，地方中小企业的生存环境差，基本处在银行不贷款、政府不扶持、职工不出资的境地，国家对中小企业没有什么实际的支持政策。

从1997年起，随宏观经济形势和政策的变化，乡镇企业处在产品结构调整、内部转换机制和严峻的市场竞争之中，加上乡镇企业本身的问题，乡镇企业发展开始“走向低谷”，对地方财政的贡献已大大下降。不仅如此，盲目发展乡镇企业，给银行造成了大量的不良贷款，也使各级财政背上了沉重的债务。襄阳县是湖北省乡镇企业比较发达的一个县，乡镇企业产值在全省居第二位。乡镇企业吸收了10多万农村富余劳动力，每年可以提供1600万元的地税收入。乡镇企业在发展初期主要靠国家税收的优惠和财政周转金的支持。随着国家税收政策的规范化，税收优惠的减少，财政周转金的取消，以及市场环境的变化，加上乡镇企业本身的问题，从1997年起，乡镇企业发展开始走向“低谷”，纷纷破产、倒闭。乡镇企业在为农民提供就业机会方面的地位已严重削弱，农民来自乡镇企业工资收入的增长率已显著下降。1997年全县乡镇企业年总产值统计数达274亿元，到2000年，产值下调到175亿元。调查中发现，乡镇企业有很大的“泡沫”。县里的主管干部讲：现在乡镇企业的数字仍有60%的水分。我们调查的一个村，村办企业产值报了1200万元，实际只有40万元左右。从襄阳情况看，垮台后的乡镇企业给地方财政带来了沉重的债务包袱。全县乡镇企业转嫁到财政负担的债务总额在5302万元以上。全县仅村级企业负债1.34亿元。有的基层干部讲，乡镇企业由财政的支柱变成了财政的压力。

在河南省鄢陵县的调查中，我们发现，当地的乡镇企业情况在发展阶段的特点和问题与湖北襄阳县有相似之处。2000年县乡镇企业的统计数为8059户，从业人员5.1万人。全县乡镇企业总产值48亿元，增加值11.7亿元，实现利润59787万元，税金4443万元，交财政2500万元。我们在调查中了解到，现在乡镇企业的总产值“水分”仍然不小。当地两个乡的领导讲“乡镇企业的数据都是应付上级的，实际不是那回事”。县乡镇企业主管领导也承认统计数据有一定的“水分”，但“这是上面的指标任务，不能怪我们。指标是层层下达的。”

在县属国有企业大量萎缩的同时，各县个体、私营企业发展势头良好，为县级经济注入活力，但个体、私营企业还未能成为地方经济增长的支柱。襄阳县个体私营企业缴税收1998年为350万元，1999年增至4200万元，2000年为5700万元。但个体私营企业主普遍认为对私营企业的乱收费、乱摊派和乱罚款太多。地税局的负责人介绍，县城一些个体户的税负比襄樊市区要高出近40%，近两年一些个体工商户已纷纷迁往市区。据伙牌镇地税局讲，由于不堪重负，该镇近两年已有40余家个体工商户相继关门停业。由于受整个经济环境的影响，近几年全县大多数企业不景气，企业效益滑到了“谷低”，但地税任务非但没有减轻，反而还在继续加码。

（六）县域金融机构已陷入不良贷款奇高和本身经营严重亏损的状态，农民和农村中小企业获得金融支持极为困难

这三个县恰逢经济结构调整的关键时期，急需金融支持。除了湖北襄阳县曾赶上了上一轮乡镇企业的扩张机会外，其他两个县仍是典型的传统农业县，在下一个发展阶段，都将经历传统农业的结构调整以及地方非国有经济的发展过程，而襄阳县也将在推进乡镇企业转制的同时，继续推进当地的结构转型。因而，无论是农户和企业的发展，对资金的需求都将较前一个发展阶段要大。但是，目前真正进入县域的资金数量极其有限，大部分资金不下乡，到不了中小企业，更不要说到农户了，资金供求矛盾非常突出。存在的主要问题有：

一是农村资金外流问题严重。我们对三个县的调查发现，90年代中期以后，几大商业银行在县域内的金融活动非常一致，那就是：纷纷向中心城市收缩，县级支行被大幅度撤并，在压缩战线（压网点，减人员）的同时，将主要业务放在了吸收存款上，与之形成鲜明对照的是，贷款业务越来越少，县内许多企业想贷款也找不到“庙门”。各分行将吸收的存款上存到上级银行，靠从中的利差来维持基层行的运转。

在几大商业银行统一采取“多存少贷”的政策以后，农村信用社在农村发展中的金融支持作用就越来越显得举足轻重了。从农村信用社的运营来看也确实如此。以河南省鄢陵县为例，全县90%以上的农业贷款都来自信用社。即便如此，农村信用社存大于贷的局面仍然没有改变。在鄢陵县，到2001年8月底，农村信用社有6.4亿存款，贷款5.2亿，贷存差为1.2亿。其他两个县的情形也是如此。泰和信用社的各项存款到2001年9月底为3.0794亿，各项贷款为1.7719亿，2001年发放贷款2829万，到2001年9月底，存贷比率为59.4%，上存市联社8000多万，人行800多万，转省农行1000万。襄阳信用社，截止2001年5月底，信用社存款总额7.5亿元，贷款余额4.5亿元。由此可见，不仅商业银行在农村吸收的资金绝大部分也回流到城市，农村信用社实际上也成为农村资金净流出的重要渠道。

除了几家商业银行和农村信用社在农村吸收农民的储蓄外，邮政储蓄对县域资金的外流影响也极大。作为解决邮政系统扭亏为盈的重要举措之一，国家允许邮政系统开办储蓄业务，通过吸收存款利息和存款上存的利差来盈利。邮政储蓄上解央行的年息为4.6008%，邮局付给储户的年息为2.2508%。央行与邮局分享2.35%的利差，1995年以后则实行利差包干。通过邮政储蓄，地方资金大量外流。从我们所调查的三个县的情况来看，泰和县的邮政储蓄在90年代以后发展加快，现吸储存款2.6亿，其中县域3个网点吸储一个多亿，另外一个多亿来自于乡下，从农民那儿吸储，有3万多打工户，沉淀下来的4000多万，每年兑付2个多亿。在河南鄢陵县，2000年的邮政储蓄为1.6亿，其中出外打工汇回的8000万。在湖北襄阳县，2000年的邮政储蓄为2.8亿，其中市区1亿，乡村0.8亿，城乡结合部1亿。从以上几大块的资金流动来看，三个县的几大商业银行及信用社都是存大贷小，加上邮政储蓄，导致县域金融资金的严重外溢。

二是国有商业银行贷款审批、发放权过于集中，制约了基层行贷款发放的灵活性和时效性，不适应县域中小企业信贷需要急、期限短、频率高、数额小、风险大的特点，加之激励机制和约束机制失衡，严重制约了信贷对县域经济发展的支持。调查中了解到，近几年金融政策的变化也起到了约束银行向地方贷款的直接效果。在对三县的调查中发现，以下几条是影响最大的：上收审批权限、繁杂的贷款审批制度、严格的担保抵押制度、信贷人员责权与责任不对称等。

三是农村信用体系不健全，农民、乡镇企业担保难、贷款难问题十分突出。农户到信用社贷款，从申请到拿到贷款，至少需要3~5天时间，而且多数只能贷到千元以下，超过1000元须存单质押。

四是农村信用社独木难支。由于受种种因素影响，信用社不良贷款占比较高，贷款质量较低，严重地制约着信用社的经营与发展，甚至危及生存。襄阳县农村信用社截止到2000年底，不良贷款高达36169万元，占贷款的84%，其中：逾期贷款7769万元，呆滞贷款7628万元，呆账贷款10774万元。到2001年6月份，全县信用社不良贷款达到4.078亿元，占贷款的94%，全县信用社正常可用资金只有4000万元。鄢陵县农村信用社截止2001年8月底不良贷款2.4亿元，占各项贷款的46.2%。泰和县到2001年9月农村信用社的不良贷款为8109万元，占贷款总额的45.76%。

尽管信用社的金融支持在农村发展中的作用举足轻重，但它自身的经营与发展却不容乐观。鄢陵农村信用社在1994~2001年8个年头中，有5个年份是亏损的，只有3个年份小有盈余，历年来累计亏损3300万元。全县12个信用社中，资不抵债的社有10个，资不抵债金额高达2757万元。泰和农村信用社累计亏损为1700万元。襄阳信用社情况更为严峻，该县信用社历年亏损总额达1.9亿元，2000年亏损3994万元，2001年到5月份已亏损900万元。

信用社陷入巨额亏损，收不保支的境地，既有传统计划体制、行政命令导致的瞎贷款造成的贷款无法收回的原因，也有它所服务的对象分散、抗风险能力低以及农业产业本身的高自然风险和低利润的特征，由此导致信用社的运营比其他商业银行更为困难。在各大商业银行纷纷撤出农村以后，仅靠农村信用社系统的信贷实力，还无力根本解决农民贷款难的问题。

五是各大商业银行在县域的分行处境极为艰难，最主要表现为高比例的不良贷款和经营亏损。到2001年8月底，河南鄢陵县几大商业银行加信用社的不良资产（不含农发行）高达6.06亿元，占总金融资产的60%以上。其中，农行到2001年6月末，不良贷款余额为29775万元，占各项贷款总额的69.42%；建行在1998年核销贷款2222万元，信达公司剥离1388万元本金，到2000年又剥离了366万元呆账，180万元利息，三年来，核销、剥离共3800万元，即便这样，该行也还有6000多万元不良贷款，其中540万元全部呆滞，还要核销369万元；工行有70%属于不良贷款，如按五级划分，更高达90%。

江西泰和县的不良贷款率也不低。到2001年第3季度，工、农、中、建四大商业银行不良贷款余额2.3亿元，不良贷款比例是42.9%。这还是在剥离以后的数额，剥离以前更高达60%。其中，农行剥离近7000万元，中行790万元，建行700万元。建行到2001年为止，不良贷款3147万元，不良率30%，还在继续恶化；工行去掉剥离，还有36%，共6016万元；农行的不良贷款，到2000年末，有1.2428亿元，占55.79%。

襄阳县的状况则更令人担忧。工商行2000年12月不良贷款4.7亿元，2001年5月5.6亿元，情况还在逐步恶化。建行原有1.6亿元不良资产，2000年已全部剥离，其中逾期2665万元，呆滞5068万元，坏账958万元。农行截止2001年5月末，全行常规贷款余额74873万元，其中正常贷款余额20986万元，占28.03%，不良贷款余额53887万元，占71.97%。

从银行自身的营运状况来看，高比例的不良贷款已使它们不堪重负，陷于十分艰难的困境。从三个县来看，由于企业经营状况逐步恶化，加上不规范的改制，导致企业逃废银行债务。一些企业破产后，县乡政府也不承认原来抵押登记的财产，企业的信用完全丧失。

（七）县乡涉农部门陷入困境，难以为农民提供有效服务

1. 由于历史经济包袱太重、人员过多、管理不善、机制不活等各个方面的原因，从整体上看，这三个县的供销社已陷入绝境，大部分基层供销社实际上已经名存实亡，丧失为农民服务的能力。

在计划经济时期，供销社凭借经营网点优势和经营特权，在农村流通领域占主渠道地位。但随着市场经济的发展，个体商业异军突起，供销社在农村流通领域的份额减少，经营逐步萎缩，特别是农资经营放开后，供销社经营阵地基本丧失，在流通领域的主渠道已经名存实亡。泰和县农资市场放开后，农资生产厂家，农业部门都纷纷下乡直销和设店经营，农村个体经营农资也到处可见，农资经营市场形成了国有、集体、个体多种经济成分共同竞争的局面。作为农资经营主渠道的农资公司，而今经营越来越萎缩。农资公司由原来的 32 个经营品种减少到 2 个。原来年淡季储肥达到 9310 吨（当时农行有专项化肥贷款资金支持），现在由于公司在经营农资商品统购统销上亏损了 847.5 万元，背上了沉重的包袱。2001 年公司无资金，银行又不贷款支持，使淡季无法储肥。经营业务由原年销售额 8000 多万元，减少到目前只有 800 多万元，年销售各种化肥由原来的 16637 吨减少到目前只有 2000 吨，农资经营业务目前不如个体经营户。泰和县供销社经营网点也迅速减少。在农资专营放开之前，农资公司在全县农村设立经营网点 133 个，遍布全县各乡镇和大的自然村，占领了农村市场，起到了主渠道作用，而农资放开后，农资由原来的 133 个网点减少到目前公司只有一个批发网点，而农村农资市场个体经营网点达 200 多个，由个体户全部占领了农村农资市场，2001 年农资公司实际上已丧失了农村市场的经营阵地。

由于供销社市场竞争能力差，供销社系统负债累累，很多供销社实际上已经处于资不抵债的境地。鄢陵县供销社系统近几年经济效益连续滑坡，经济包袱日益沉重，目前已经到了难以有效运行的境地。2001 年县供销社系统总资产 2.96 亿元，总负债 2.82 亿元。泰和县供销社全系统现有总资产 3541 万元，总负债 6529 万元，资不抵债 2988 万元，负债率 184%，历年累计亏损 3781 万元。襄阳县供销社也是资不抵债，实际上已经破产。该社县直 6 个特困企业现已无资金、无产品、无资产、无土地，困难程度罕见。基层社普遍亏损，困难面在 2/3 以上。全社累计亏损 4000 万元，累计欠银行贷款 1.3 亿元，

从实际运行情况来看，供销社的性质已经发生了改变。农民入股是供销社的

合作经济性质的本质标志。如果农民不愿意入股或者退股，供销社的合作性质必然得不到实现。1995 年，鄢陵县供销合作社社员股金为 946 万元，其中大部分是农民入股。到 2000 年，社员股金只剩下 188 万元，社员股金基本退完。而且，这剩余股金还主要是供销社资金困难，不能用现金兑现。襄阳县供销社的股金同样锐减，剩余股金已难以兑付。该社原有老股金 52 万元，根据中央关于恢复供销社合作经济性质的精神，曾于 90 年代初和 90 年代中期两次吸收新股，股金总额达到 3200 万元，股东 1 万多户（包括本社职工、农民和城镇居民）。当时分年支付利息，年利率为 10% ~18% 。后来由于经营业绩不好，1997 年停止付息。其后部分股东要求退股，随着农村合作基金会的清理整顿，1999 年出现退股高潮，在无力退还股东本金的情况下，2000 年停止退股。2001 年尚有股金 280 万元，还不到原有股金的 10% 。

供销社在为农服务上，现在只能说是心有余而力不足。因为供销社在市场经济的冲击下，无法参与市场竞争，经营萎缩，亏损严重，而基层供销社都实行了抽资承包，社有民营，已退出了农村市场。泰和县供销社现在只有房产和土地，没有资金，基层区社也只有 3 ~4 人上岗守摊子，已丧失了服务功能，根本没有能力去做好为农服务工作，特别是没有资金，无能力经营农产品，在农村农产品流通中也起不到主渠道作用。

2. 国有粮食企业政企不分，陷入两难境地。从我们对三个县的调查看，国有粮食企业的改革任务还非常繁重，这主要表现在以下几个方面：

一是政策性业务和商业性业务还没有完全分开，政策性目标和商业性目标都难以实现。县粮食局下属粮油总公司和粮食局基本上是一套人马，两块牌子，粮食局现在重点考虑的问题仍然是如何经营的问题。下属镇粮站虽然基本独立或者半独立地发展，但与粮食局的关系仍然非常密切。

二是保护价形同虚设，起不到应有的作用。顺价销售难以实现，亏损挂账数额巨大，难以消化。由于顺价销售不能实现，仓储费用和保管费用等比较高，企业负担比较重，而且还要纳税，国有粮食企业亏损非常严重。由于贷款来自于农业发展银行，国有粮食企业的亏损使得农业发展银行的不良贷款迅速增加。由于国有粮食企业无力偿还，现在只能挂账。2001 年 5 月末，襄阳县粮食购销企业认账财务挂账金额达到 56856. 59 万元，其中政策性财务挂账 44318. 62 万元，认账不停息财务挂账 12537. 98 万元。第一次粮食财务挂账的起止时间为 1989 年 1 月 ~1992 年 3 月，省政府批准该县的粮食财务挂账为 16750 万元，其中政策性认账 12293 万元，加上 1992 年 4 月 ~1994 年 12 月共计 33 个月政策性挂账资金利息 3077 万元，两项共计 15370 万元，企业性财务挂账 1380 万元。按照省政府要求，政策性挂账五年内处理完，企业性挂账三年内处理完。处理时间为 1995 年 7 月 1

日~2000年6月30日。但是，从处理的实际进程来看，并没有达到按时处理的目标。到2000年末，实际处理的数额仅为10570.10万元，其中企业性亏损部分已经处理完，政策性亏损部分则仅为9190.10万元。第二次财务挂账的起止时间为1992年4月1日~1998年5月31日，中央最终认定的财务挂账为52051.69万元，其中认账停息的部分为39513.71万元，认账不停息的部分为12537.98万元。按照上级规定，认账本金的利息由中央财政负担，具体办法是每年递减10%的利息，至2001年地方财政要负担30%的利息。省财政规定，30%的利息由省、县财政各负担50%。中央认账的本金负担则至今仍然没有具体的消化办法。

从鄢陵县的情况来看，粮食企业亏损严重，已经到了无法运转的地步。1999年和2000年的亏损额分别达到1550万元和1118万元。到2001年8月已经达到了1138万元。亏损的原因是多方面的。首先是仓储和保管费用非常高，粮食企业难以重负。"三项政策"出台以后，为了实现敞开收购，农业发展银行提供了足够的收购资金。因此，在收购环节是没有多大的问题的。问题是，粮食收进来以后，后续环节的费用太高。由于以前只有221栋仓库，仓容仅为2.5亿斤，为了实现敞开收购，必须扩充仓容，这给企业增加了费用。而且，粮食收购得越多，仓储费用和保管费用也就越高。由于国家应该补贴的超库存费用补贴不到位，加剧了企业资金运转的困难。第二，购销差价小，顺价销售难以实现。1997~1998年，粮食的收购价一般都在0.70元以上，价格已经非常高，要按照市场价格推陈出新的困难比较大。根据鄢陵县的情况，粮食企业要做到不亏本，每一公斤粮食的购销差价至少应当达到0.03元/公斤，但是这个差价很难实现。2000年小麦的收购价为0.42元，与市场价格基本一样。现在鄢陵县达不到顺价销售要求的粮食库存量已经有2.3亿公斤，这一块的潜亏已经在1亿元以上。第三，顺价销售的硬性约束使得粮食企业亏损更加严重。1999年，有一湛江客户愿意以0.32元/公斤的价格购买1500万公斤粮食，但是由于达不到顺价销售的要求，农业发展银行没有同意，这笔交易只得放弃。实际上，后来这批粮食每一公斤只卖0.18元，一公斤差0.137元。仅此一项，粮食企业就多亏损825万元。

实际上，从泰和县等地的情况来看，自从早稻退出保护价收购以后，粮食市场主体已经多样化了。虽然工商部门发给粮食私商的营业执照只允许私商"到农村收购退出保护价的粮食（早籼稻）"，但实际上要保证私商只经营早籼稻是不可能做到的。粮食私商服务周到，收购价格较高，经营机制也比较灵活，深受农民欢迎。到2001年底，泰和县非国有粮食加工厂已经达到43家，有市场交易资格证的有53户，年粮食购销量已经达到1200万斤左右。粮食私商已经形成了健全的供销网络，较之国有粮食企业而言，更具有竞争力。在泰和县马市镇，有两个粮食贩运大户。其中一个粮食贩运大户自90年代初期以来就开始贩运粮食。由于当时的政策时紧时松，该大户曾经受到过打击。在粮食流通政策松动以后，他现在已经持有工商执照，经营范围为保护价收购以外的部分。根据规定，他也不能够直接到农户中收购粮食。但是，由于国有粮食企业拒收的粮食较多，为他收购粮食提供了极大的便利。2001 年，他的粮食收购量可以超过 250 万公斤。根据其介绍，在一般的情况下，批发给广东粮商的粮价一般为 0.46～0.47 元/公斤，扣除各种费用，该贩运大户每贩运 50 公斤粮食，可以获得 1～2 元的赢利。而且，由于私商往往可以逃税，成本也比较低。相比之下，国有粮食企业则反应迟钝，而且还要支付农业发展银行的贷款利息、仓储费用和保管费用等，另外还要交纳各种税收，竞争力明显不如私商。如果批发粮价达不到 0.49 元/公斤以上，国有粮食企业就得亏本。

从目前的情况来看，国有粮食企业实际上已经垄断不了粮源，即使有的地方垄断了粮源，也是通过行政手段扼杀粮食私商实现的。因此，粮食市场主体的多样化格局在产区已经基本形成，私商有取代国有粮食企业成为粮食主流通渠道的趋势，通过垄断粮源实现顺价销售已经行不通了。

3. 农技推广体系“人在网破”。根据三个县的调查，县乡农业技术推广体系还比较完整，但经费短缺，人员流失严重，工作难度颇大，“半死不活”，“人在网破”，是农业技术推广部门的自我概括。一些乡镇领导则认为本地农业技术推广站成了政府的包袱，基本起不了什么作用。

从调查情况看，工资拖欠，推广经费不足，是农业技术推广机构面临的最大困难。襄阳县县级农业技术推广机构财政拨款只占工资额的 22.6%；乡镇农技推广站财政拨款占工资的 29.3%。在我们调查时（2001 年 6 月）全县 17 个乡镇农技站，绝大多数站的工资只发到 2000 年底，还有两个站才发到 1999 年底，个别好的站 2001 年也只发了 4 个月的工资，但多数站只能是根据年底经营情况，一次发全年工资。如此严重的经费不足，唯有靠农技推广人员把工作重心移向搞经营来解决。现在，农技推广人员中，有开饭店的，有外出打工的。经营已经成为中心工作，主要精力是围绕经营搞业务，不再放在业务上了。鄢陵县虽然有机构有人员，县级农业技术推广工作照常运转，但乡镇农技站的工作难度较大。我们调查了两个乡镇，镇领导认为农口部门已经成为包袱。乡镇农技站的同志座谈时，还说出了“我们可有可无”这样的话，其中一个乡农技站 5 人，上年欠发职工工资 1.4 万元，人平均月工资不足 300 元。

四、传统农区农民增收的政策选择

基于上述分析，我们认为，自 90 年代中期以来，我国农产品的供求关系发生了重大变化，几乎所有农产品都呈现出阶段性、结构性和区域性的供过于求，农产品价格连年下跌。过去行之有效的通过增加农产品产量、提高农产品收购价格来增加农民收入的办法现已明显失效。这说明影响农民收入的主要因素已发生了重大变化，必须在更广阔的背景下寻找农民增收的新途径。

从目前农业与农村经济的发展状况看，通过农业与农村内部的结构调整，以促进农民收入增长的政策措施应继续抓紧抓好。如以市场需求为导向，提高农产品科技含量，提高农产品质量；发展农产品加工业，增加农产品附加值；发展农村的非农产业及小城镇，转移农业富余劳动力等等，都应坚持下去。但从近几年国民经济的收入分配结构看，农村经济发展外部环境的重要性越来越值得关注。特别是应当把增强县域经济活力，加快县域经济发展作为国民经济发展的战略重点之一，为从根本上减轻农民的负担、扩大农民就业、增加农民收入创造条件。

（一）加快县属国有企业和乡镇集体企业改制，大力发展县域民营经济

从三个县来看，90年代中后期，随着宏观经济环境的变化，县属的国营与集体企业已经基本上改制，正在从总体上转变为民营企业（私营企业）。尚未改制的企业基本上是长期亏损、负债率高、历史包袱沉重的企业。

鄢陵县有地方国营和集体企业27家，除姚花香酒厂正在待破产外，其余13个已经转为股份有限公司，县办4户集体企业已经转为私营或个人控股的股份有限公司。鄢陵县乡镇集体企业有829家，到2001年上半年，已经改制的有799家，改制面达到96.4%。改制的方式有组建企业集团的13家，改为股份制企业142家，采取股份合作制形式的有195家，租赁145家，采取私人承包方式的262家，出售39家，其他方式3家。全县尚存的村办企业已全部脱钩。襄阳和泰和两县原来意义上的乡镇办的、村办的集体企业已经基本上不存在了，相当数量的乡镇企业在市场竞争中消失了，在市场竞争中生存下来的和发展得好的企业基本已改制为民营（私营）企业。江西省泰和县有地方国营和集体企业40家，到2001年底，县地方国营企业和集体企业改制面达到90%以上。

改制确实给困境中的县属地方国营和集体企业带来新的转机，经过改制，多数企业经营状况好转，重新为地方经济的发展发挥重要作用。泰和县累计盘活企业存量资产3.5亿元，安排城镇就业人员2840多人，安排下岗职工1470人。许多企业民营化以后，经营状况迅速改观。泰和地方国营的水泥厂于1998年5月出售给私人经营，移交时资产总额为3279.9万元，全部债务为2808.1万元，负债率为85.6%。改制当年半年内获净利润96万元。1999年产品销售收入3730万元，比1998年增加1753万元。而净利润增加到201.8万元。到2000年底，产品销售收入达到4310.8万元，净利润272.1万元，是改制当年的2.8倍多。现在企

业职工的人均月收入也比改制前的人均月 400 元增长一倍多。随着企业效益大幅度提高，为本县提供了更多的税收，成为县里稳定的新税源。改制后的水泥公司，从 1998 年 5 月 ~ 2000 年底，累计上缴国税 954.3 万元、地税 500.2 万元，合计 1454.5 万元。新企业在运营的两年半里，平均每年上缴税收 580 万元，是改制前每年上缴税收的 2.3 倍。

民营经济的快速发展已成为近年来县域经济发展的一大亮点，对县级财政税收以及就业等的重要性日益显露出来。它的发展既不需要地方政府背包袱，又能给地方增加长期稳定的税源。襄阳县 1997 年注册的私营企业为 164 家，2000 年达到 574 家，从业人员 3 万多人；1997 年个体工商户 25000 个，2000 年发展到 33186 户，从业人员 65249 人。1998 年缴税 350 万元，1999 年增至 4200 万元，2000 年为 5700 万元。企业规模也不断扩大。1997 年注册资金 10 万元的有 77 户，再多的几乎没有；2000 年注册资金 10 万元以上的 566 家，100 万元的 26 家，500 万元的 11 家。私营企业原来多是餐饮服务和商业，现在扩展到农牧业、加工制造业、建筑、运输、仓储等行业。

鄢陵县在 90 年代初期，私营企业仅有 12 家，从业人员 167 个，注册资金为 210 万元。到 2001 年 6 月，全县共有私营企业 105 家，从业人员 1856 人，注册资金 1500 万元，经营行业广泛，有的已成为影响和带动本地发展的龙头企业。

江西泰和县 1990 年时，私营企业只有 2 家，从业人员 24 人，注册资本 67 万元。到 1995 年，私营企业发展为 120 户，从业人员为 1227 人，注册资本达到 1805 万元。到 2000 年底，私营企业的户数增加到 170 家；投资者人数达到 308 人，雇佣工人数达到 3446 人；注册资本达到 16026 万元。

从实地调查情况看，虽然民营经济发展势头良好，但是在发展环境和自身素质方面也存在一些问题。如受传统的计划体制观念的影响，民营企业主普遍认为自己社会地位不高，受歧视；政府制定的一些市场准入、信贷方面的优惠政策"看得见，摸不着"，特别是对中小企业、民营企业发展的金融支持不够；部分民营企业主自身素质不高，当企业的规模、档次上来之后管理跟不上；行业主管部门对民营企业的乱收费、乱摊派和乱罚款太多等。

个体私营经济或叫民营经济是在未来县域经济中占主体地位的经济成分。通过促进以中小企业为主体的民营企业的发展，带动整个县域经济投资和消费的活跃，将为从根本上减轻农民的负担，扩大农民就业、增加农民收入创造条件。针对县域经济发展的现状，政策调整的主要方向应该是：进一步明确民营经济在县域经济中的基础地位，积极鼓励地方政府制定各种优惠政策启动民间投资，开办各种中小型企业。

（二）改革城乡分割体制，为传统农区农民外出就业创造更宽松的环境

从三个县来看，最近几年，在农民来自农业的纯收入连续几年下降和乡镇企业吸收农村劳动力就业能力明显下降的情况下，农民纯收入之所以还能保持低速增长，关键就在于农民外出打工的收入在增长。湖北襄阳县2000年农民外出就业11.1万人，其中在县外市内2.1万人，市外省内1.2万人，出省7.8万人，出省就业占70%。江西泰和县1996年农民外出就业4.29万人，其中在县外省内就业的0.2万人，出省4.1万人，现在外出就业升至7万多人，出省就业占外出就业95%。外出农民占农村劳动力的比重，除襄阳比重略低外，鄢陵县为16%，泰和已达30%~35%。传统农区县外出就业人数一般都超过了就地转移到乡镇企业的人数。泰和县在近五年中、鄢陵县在近十年中乡镇企业吸收就业总量不仅没有增加，还有减少，而外出就业人数呈持续增长态势。2001年泰和县农村劳动力在乡镇企业（主要是个体、私营企业）就业人数为2.76万人，外出就业人数为7万多人，外出就业人数为就地转移人数的2.5倍。根据泰和县提供的情况，2000年外出打工的7万多人中，有3万多人通过邮局向家汇款。据对2001年部分汇票的查对，仅有5%的汇票属于非外出就业农民的汇款。据此估计，泰和全县外出打工农民每年向家汇款2亿多元。另外，打工者每年还要带回家一部分现金，全县7万多打工者每年获得的收入估计在4亿元左右，而全县的财政收入只有1亿多元。

农民跨地区流动，既源源不断地为发达地区和城市发展输送了廉价劳动力，也使传统农区获得了一条增加就业和收入的途径。但是，农民外出就业遇到了种种障碍。农民外出就业要办理名目繁多的证件，对他们的收费也过多、过滥。据2001年底我们在北京市的调查，农民进城就业要办多种证卡，需要额外缴纳种种费用。主要有：（1）暂住证每人188元（其中8元为证件工本费，180元为管理费），一年一办；（2）劳动就业证，一般是每人一年205元；（3）杂证杂费。外出前在流出地办务工证、婚育证，要花费几十元不等。在流入地办计划生育证、健康证，每人缴纳80元。（4）对打工者子女上学的额外收费，也让一般民工难以承受。

一些大中城市为了保证城市居民就业，规定了限制农民进入的行业和工种。江西省的民工反映，如今上海5类工种禁止使用外地劳动力，其他工种使用外地劳动力也受到严格限制。只有先在15天内招聘本市劳动力未招满时，用人单位凭职业介绍所出具的招聘本市劳动力不足证明，提出申请，经批准后，才能到指定的外来劳动力市场和机构招聘；而在整个上海，这种外来劳动力固定市场只有3处。一些行业限制农民进入，使城市市民在许多领域继续享有就业特权。

一些地方存在简单粗暴地清退进城务工农民的做法。以“三证”（暂住证、就业证、务工证）不全的名义，把农民工作为收容遣送对象驱赶出城，遣返回

乡，已成为影响农民进城就业的一个突出问题。2001 年底，我们在北京市调查了 305 位外来民工，这些被调查的民工都是属于有合法职业、固定生活来源和居所的人员，他们中被收容遣送过的多达 43 人，占 14.1%。上海市 1997 年收容人数超过 10 万人，是 1988 年年收容量的 10 倍。被收容的人成倍增长，不是流浪、乞讨的人多了所致，而是把证件不全的农民工作为收容对象。上海市收容人数占了进城民工的 3.8%。1999 年北京收容人数则有 14.9 万人，占外来劳动力的 5%。种种情况表明，近年来收容遣送越来越多地被用于对进城农民的社会管理，使他们的一些公民权益受到损害。此外，一些地方仍存在着对流动儿童就学的歧视。

上述做法既不符合市场经济公平竞争的原则，也没有真正起到引导农民有序流动的作用。为此，要进一步完善和规范政府对劳动力市场的管理，清理各地区制定的对农民进城务工的不合理限制政策和乱收费，改变重收费、轻服务的做法。要坚决纠正简单粗暴清退农民工的做法。目前一些关于收容遣送的地方性法规并没有国家法律的依据，有的规定对收容和限制人身自由的范围作了不适当的扩大，对这些规定应当进行清理和完善。要完善劳动合同制，维护农民工的合法经济权益和企业的正当权益。传统农区县应把劳务输出作为劳动就业工作的一个重点。目前如江西泰和县一些适应劳动力市场的信息、培训、输出一体的民办就业服务组织已经出现，它们从城市和发达地区了解用工需求，根据市场需求进行短期或中期专业技能培训，再有组织地介绍出去，或者是农民自己外出。这样，适应了发达地区对有技能的劳动力的需要，提高了竞争能力和就业层次。此外，要进一步加大户籍制度改革力度，放宽农民进城落户的条件，允许一部分在城市有固定职业和住房、有技术、有资金的农民变为城市居民。这样有利于解决城乡居民两种身份、就业和待遇不平等的问题，有利于城乡经济的发展。

（三）加强财政对县域经济发展的扶持力度，增加对农业和农村基础设施的投入

长期以来，国家对县域经济的投入不足，欠账较多。为了发展基础设施和地方文化教育事业，地方政府就只能向农民收钱，无可避免地会加重农民的负担。自 1998 年中央决定实施积极的财政政策以来，国家大幅度增加了农口基本建设投入，1998～2001 年，共计安排农林水利和生态环境建设国债 1400 多亿元，约占同期国债投资总规模的 28%。如果加上中央预算内农业基本建设投资和水利建设资金，4 年间中央对农口的投资达 1900 亿元以上。但这些投入大部分用于大江大河治理等大型项目，各行各业都从中受益，县域范围内与农民增收关系密切的小型基础设施的投入还很有限，难以直接带动农民增收。随着国家税收状况的改善和国有企业“三年脱困”目标的初步实现，应调整宏观政策，真正把加快县域经

济的发展作为国民经济发展的战略重点之一，加大对部分贫困县域的投入，使县域经济有足够的资金用于基础设施建设和文化教育事业发展。要合理运用税收优惠政策，支持县域经济的发展。一是进一步完善分税体制，在国税的分成比例上，对中西部地区适当提高比例。考虑到现在县级的固定收入主要是农业收入，而这部分收入目前又呈下降趋势，因此，对增值税，中西部地区县级的留成比例，可适当提高。要取消和减少各种基金，减少上级财政对县级财政财力的集中。现在中央和省都建立了一些基金，水利基金、粮食风险基金等，这些基金从县级拿走了大量的钱，应该取消，或者缩小规模，以还钱于县级，渡过目前难关。中西部地区有关规费，中央和省的集中比例要给予优惠。

（四）积极推进农村金融改革与创新，改进对农民和农村中小企业的金融服务

从三个县的调查中我们看到，一方面，解决农民收入的长期低迷需要对农业和农村产业结构进行重大调整；另一方面，解决地方财政的困难和农民负担过重，必须依托于地方非国有经济的发展来培植新税源。这两方面都离不开金融的支持。但是，金融机构由于过去的体制问题，已陷入不良贷款奇高和本身经营严重亏损的状态，随着银行商业化改革以后，贷款约束变硬，更使地方获得金融支持极为困难。因此，地方经济发展与金融之间的关系已陷入两难的境地。这说明，农村金融体制非常不适应县域经济发展的要求。农民和县域中小企业金融需求得不到满足，主要不是资金问题，而是体制与政策问题。从农村金融体制和政策角度看，以下几点值得强调：

一是积极推广小额贷款制。鄢陵县农村信用社从 1999 年开始在全县范围内推广小额农户联保贷款的办法。只要农民手持贷款证、身份证、印章，随时都可以得到所需贷款，一定程度上解决了农民“贷款难”问题。由于采取了“五户联保”的约束机制，使农户贷款更为容易，也提高了贷款回收率，避免了金融机构陷入只贷不还的境地。小额农户联保贷款的基本原则是“多户联保、余额控制，随用随贷、周转使用”。目前，鄢陵县辖区内的 386 个行政村中，已有 298 个村开展了这项工作，共有 4 万余农户签订了贷款联保协议，经评定信用户共有 2.9 万户，其中优秀户 1.6 万户。对信用好的村户，在贷款上重点扶持。自推行小额农户联保贷款以来，全县共投放联保贷款 1.7 亿元，先后累计支持 28500 户农民切实解决了生产、生活上的困难，贷款到期收回率达 92%。

二是增加支农再贷款，并增强其硬约束。在各大商业银行纷纷撤出农村以后，仅靠农村信用社系统的信贷实力，还无力根本解决农民贷款难的问题。近几年，人民银行支农再贷款的发放，在很大程度上缓解了农村信用社资金紧张的矛盾。

以鄢陵县为例，1999 年度该县农村信用社向县人民银行申请再贷款 2000 万元，2000 年度申请支农再贷款 3500 万元，均到期还清本息，取得了自身效益和社会效益的双丰收。2001 年度该县农村信用社又向人民银行申请再贷款 7000 万元，已全部调剂到各基层社。这笔资金之所以还贷很好，在于它建立了一套有约束力的制度。在支农再贷款的发放时，认真执行贷款“三查”制度、审贷分离和贷款第一责任人制度及赔偿责任制，层层把关，确保质量。但这笔资金要更好地发挥支农作用，也需解决以下两个问题：一是支农再贷款期限太短与农业生产周期较长不同步。如鄢陵县发展的园林业从育苗到成苗出售最短需 23 年时间才能见收益；粮棉种植从播种、收获、深加工到等待出售，时间会长达 1 ~ 1 年半，农户在当年难以还清支农再贷款。对从事养殖业的农户来说，由于是滚动式发展，其资金要大量跨年度使用。二是支农再贷款利率偏高。目前，支农再贷款 6 个月和 1 年期的年利率分别为 2. 7% 和 2. 79% ，而存款加权利率仅为 2. 2% ，借入再贷款比存款成本高。

三是解除信用社沉重的包袱，理顺管理体制，提供有利环境。对农村信用社因各个改革时期国家政策导向所形成的沉定资金，应比照国有商业银行的政策，对此类不良贷款予以剥离。1996 年信用社从农行分开，在信贷管理方面脱离了农行的干预，避免了农行的指令、介绍及转嫁贷款，信贷自主权加大，经营上更加灵活，不存在农行强压下与其共担信贷风险的被动现象。问题是，脱离后，信用社一直没有自上而下成立自律组织，没有形成一整套完善的信贷管理制度，人行只是一个代管机构，没有自成一体的管理体系。因此，当前信用社管理方面存在问题是体制不顺，下面感到无所适从，变化太快。基层信用社迫切希望成立省市联社，特别是市联社。

基层信用社对以下问题反应极为强烈：一是利率执行中的问题。过去几年应由中央财政承担的保值储蓄补贴而由信用社自己消化，加大了信用社的利息支出。而其他专业银行是由财政补贴，这不利于金融业的公平竞争。另外，央行对农村信用社存款准备金与商业银行上存资金利率相同，不利于信用社成本核算。第三，贷款利率连年下调，由于信用社往年的储蓄存款成本过高，个别时期利率形成倒挂，利差太小。鉴于农村信用社储蓄所占份额过大，存款成本较高等原因，建议国家提高信用社的转存银行款利率及贷款浮动利率，降低支农再贷款利率。在税收政策方面，地方反映税赋过重，农村信用社目前所承担的税种和税率与其他商业企业同样多。鉴于以上情况，建议免收信用社存款利息税，由财政进行补贴，可用这部分资金冲减信用社不良贷款。国家可借鉴国外合作金融经验，对农业贷款利息收入免收营业税，降低所得税率，减轻农村信用社的负担。

四是采取综合措施，防范与化解金融风险。对于银行来讲，其金融资产的优化是其进行正常放贷的前提。要优化金融资产，关键是要减少新的贷款变成不良资产。在这方面，襄阳县农行的做法值得借鉴。首先是把好源头，管好增量贷款，严格控制新的不良贷款发生。自2000年来，农行累放各类贷款1.2亿多元，到期收回率达100%。其次是狠抓清收盘活，努力化解存量资产风险。将不良贷款与正常贷款分账经营，综合运用帮扶、兼并、重组、拍卖、保权、依法起诉等多种途径和手段进行清收盘活，收到了明显效果。自2000~2001年5月份，全行共清收盘活不良贷款3755万元。再次是建立信贷退出和进入机制，通过全面调整优化信贷资产结构来化解和弱化信贷风险。在增量贷款的投放上，对限制淘汰类的贷款客户，坚决不再发放新贷款，老贷款只收不放；对一般客户，采取收旧贷新，控制投放；对优势领域和高效行业的优良客户积极渗透，集中资金大力支持，从而加速增量贷款的优化和存量不良贷款的置换。最后是重建社会信用，加强对不守信用户的监管和处罚。信用是一种无形资产。正如一位银行行长所说，现在银行不是没有钱放，而是不敢放。即使权限没有上收，也不敢放。社会信用差对一个地方的经济发展的负面影响是无法估量的。企业和部分贷款户欠钱不还，在一些地方成了天经地义的事。如果这一风气不根除，一个地方就不可能良性发展。重建信用，既需要企业和贷款户的自律，银行也要建立有效的约束机制。同时，政府也应采取有力的措施，来提高整个地方的信用度。

五是解决邮政储蓄导致的资金流出问题。邮政储蓄不受地方欢迎，这笔钱不能用于地方经济发展。对于邮政储蓄机构吸收的农村储蓄资金，要以人民银行支农再贷款形式返还农村，做到取之于农、用之于农。

（五）既要稳步推进税费改革，减轻农民负担，又要积极推进相关配套改革，特别是建立起根据基础教育、基本医疗卫生服务等基本需求向农村贫困地区确定转移支付的制度

1. 农村税费改革得民心、顺民意，但在实施过程中确实也面临着很大的困难和阻力。要确保农村税费改革达到预期的目标，必须进一步完善税费改革方案。

对农民增收效果最明显、最直接的措施是减轻农民负担，减负就是增收。为了减轻农民负担，近年来，许多地区开始改革农村税费制度。从三个县的情况看，实行税费改革，农民负担总体上会有所减轻，特别是税费改革有利于规范农村分配关系，有利于推进乡村机构改革，有利于改善干群关系，有利于缓解社会矛盾。但基层干部普遍反映，税费改革在实施过程中确实也面临着很大的困难和阻力。

首先，税费改革后基层财政缺口普遍加大，有可能导致减下去的负担出现反弹。农民负担之所以难以根治，其根本原因在于，在当前的财税体制之下，县乡政府尤其是乡镇政府面临前所未有的财政困境。在这种困境之中，乡镇政府是

“巧妇难为无米之炊”，其结果必然是将财政危机转嫁给难农民，从而加重农民负担。不正视基层财政所面临的问题，就难以找到减轻农民负担的治本之策。我们看到，税费改革后转移支付的总量远远不能弥补税费改革对乡镇财政带来的缺口，这样改革使得原本就陷于财政危机的乡镇政府更是雪上加霜。以襄阳为例，税费改革后乡镇政府财政收入将减少42%。襄阳的非农产业并不发达，税费改革后，农业税在一定的时期内保持不变，这就意味着绝大部分乡镇无法实现财政收入的有效增长，即便是通过机构改革压缩一部分开支，也将难以保证刚性增长的财政支出，特别是财政供养人员的工资增长的需求，更谈不上巨额债务的偿还。这还是乡镇一级面临的问题。就村级来说，收入也是大幅度下降，全县税费改革后村级财力将减少44%。同样，泰和县的乡村两级财力也将大幅度下降，分别下降了36%和39%。乡镇一级教育开支占总支出的75%左右，因此，精简机构、削减冗员，并不能真正有效地缩减乡村两级的财政支出。在乡村两级的开支无法大幅度缩减的情况下，推行税费改革后，乡村政府和农村教育发工资、过日子的钱便没有了着落。可以设想，只要中央政府监管的力度稍有减弱，以各种名目加重农民负担是乡村两级基层政府的必然性选择，从这个方面讲，负担的反弹从是难以制止的。

其次，推行税费改革以后，如何消化数额巨大的乡村债务，也是亟待研究解决的问题。税费改革后大部分乡（镇）、村的支出缺口进一步扩大，而中央和省财政的转移支付也主要是用于机构的正常运转。许多债务都是过去办企业、办公益事业亏空造成的，而现在绝大部分农村集体经济已成空壳，根本无钱还债。从已出台的税改文件来看，对乡村债务的化解，并没有操作性较强的政策。

再次，农村税费改革取消了农村教育费附加和教育集资，农村义务教育投入全部纳入乡镇财政预算。由于乡镇财政收入普遍减少，加之新的农业税中对义务教育投入没有作出明确比例规定，税费改革后农村义务教育投入有可能出现较大缺口。

最后，税费改革存在的突出问题是改革后税收负担不均衡。过去农民负担一部分按地亩收取，一部分按人口收取。改革后是“谁种地，谁负担”，这样一来势必出现人多地少负担就轻、人少地多负担就重的状况。我们用泰和县26个乡镇改革前后的数据将各镇的人口和土地做了一个简单的回归模型，从中可以看出，改革前后土地和人口的多少对乡镇总负担量的影响发生了巨大的变化。按1999年改革前农民负担计算，如果一个农民家庭每增加一口人，负担增加70.12元，而每增加一亩耕地，负担增加15.67元；但是税费改革后，这个关系完全颠倒了过来：每增加一口人，负担增加15.73元，而每增加一亩地，负担则会增加27.61元。可见税费改革在减轻人均负担的同时，亩均负担增加了8元。按照我们以上的分析，当前税费改革后征收单一农业税的办法虽然在总体上减轻了农民负担，但却会造成税负不公，在减轻非农户和兼业农户的负担的同时，加重了纯农户的负担。这不但会加剧本来就存在的“税负倒挂”的问题，而且会使得那些纯农户的收入更加减少，这不可避免地会加大农村居民内部的收入差距。这是新制度运行的一大隐患，严重时会影响农村社会的稳定大局。从长远来看，土地税负过重，会对农村的土地市场造成不利影响，影响农业生产。我们认为，造成这个问题最主要的原因在于农业税按地亩计算的征收办法。

上述问题说明税费改革政策还有待于认真总结试点地区的经验，进一步加以完善。基于三县的实地调查，我们的具体建议是：进一步完善税费改革方案，先行推进配套改革，尽早化解农村债务，理顺财政体制。

一是遵照税负公平的原则，完善农业税征收办法。纯粹按地亩征收农业税负，与清康乾盛世以来“摊丁入亩”“滋生人丁，永不加赋”的税负政策相似。这种税负政策在清代有抑制地方劣绅进行大规模土地兼并的效果，但同时也造成了人口规模膨胀、隐瞒耕地数目的普遍现象，历史证明这并非是一种公平、完备的土地税制度。因此，建议在进行单一税种的征税前提下，对农业税的计算和征收办法进行进一步的完善，可考虑按照人口和土地综合计算，例如农业税按“人地各半”的原则进行征收。

二是建议尽快取消农业特产税。虽然目前规定同一地块农业特产税不允许和农业税重复计征，但由于缺乏规范与实际约束，农业特产税实际上已经演变成增加农民负担的新渠道，这与最初设想的调节各种农产品收益差别的初衷已经大相径庭；而且，征收农业特产税与当前进行农业结构调整、增强农业在国际市场竞争力的目标很不一致。应考虑尽快取消农业特产税。

2. 乡村债务问题是影响农村税费改革顺利推进的关键因素之一，要扼制乡村不良债务继续增长，逐步化解多年形成的债务包袱，对在一定历史背景下因政策原因造成的乡村债务的解决，国家提供相应支持。

一是规范乡镇政府、村级组织借贷行为，制止乡村新的不良债务发生。乡村组织一般只宜向金融机构借款，禁止向非金融机构和个人借款。不准乡村组织借款支付税费和其他摊派款，更不得以“奖励”、“回扣”等手段鼓励借贷代缴。坚决制止新的高息借贷。严格按照政企分开原则，乡镇政府不准办企业，也不能为企业贷款提供担保和抵押，更不能把企业经营形成的债务向农民或集体转嫁。要将村级集体借款纳入村民自治管理之下，事先经三分之二的村民同意方可进行。

二是组织乡村债务清理，逐步化解乡村债务。对违反国家规定的高息借贷行为，国家不予保护，而要清除。对高息借贷，实现本息分离，不准利息转本金。应由国家或省级政府制定统一的减息政策，分段比照银行利率计息。行政事业单位和干部拖欠乡村债款的，应首先归还，做出表率；划转企业债务，企业正常运转的由企业归还，企业停产的，盘活资产归还。农户拒交税费，要区别情况，说服教育，讨论确定为当年归还或分期归还。个别特困户，通过村民代表大会讨论同意，可实行减、免政策。不准以收回农民全部或部分承包地的方式逼迫还债。

三是中央、地方制定有关政策，支持乡村化解债务。一些乡村债务的形成有体制、政策的原因，如超出乡村负担能力搞多项“达标”建设的集资摊派，号召乡村上马办企业，发展合作基金会等，是与上级部门的一些政策和考核压力有关的，因此，在乡村化解债务中，国家应制定政策，给予一定支持。中央应对农村合作基金会清收不回来的呆账、死账，分期分批地拿出部分钱来弥补缺口，以保持农村经济发展和社会稳定。对乡村两级基本建设、公用事业金融债务，实行挂账停息。对“普九”建校达标、法庭建设达标一类欠下的债务，承担大部分化解责任。对农林水利用外资项目特别是世行贷款项目因汇率风险增加的乡村债务，要采取紧急措施。

3. 进一步深化财政体制改革，尽快建立起根据基础教育、基本医疗卫生服务等基本需求向农村贫困地区进行转移支付的制度。

县乡财政困难，已成为一个普遍性的问题。不使县乡财政摆脱困境，从根本上减轻农民负担的目标是很难实现的，应把解决县乡财政困难列入国家宏观决策的重要议事日程。缓解县乡财政目前的困难，从根本上讲，要健全财政体制，调整中央和各级地方的财权和事权分配格局，并培育财源。

一是适当调整中央和地方的利益分配关系，合理降低上划中央“两税”比例，把多一些的财力留给基层。中央与地方的分配比例不能搞“一刀切”，应根据不同地区的经济发展情况，区别对待。经济发达地区，中央应调低税收的返还比例，或者调整增值税共享比例。对中西部内陆地区，中央应提高税收返还比例，或者调整增值税共享比例。在新旧体制交替运作的过程中，中央应重新核定支出基数，取消税收指令性计划，从考虑地方教育、科技、文化、基础设施等社会性公益事业建设着眼，给予地方更多的财力支持，加大地方对这方面的投入。

二是建立完善的转移支付制度，保证不发达地区农村居民能够享受诸如基础教育、基本医疗卫生服务等公共服务。分税制是在原财政体制的基础上，在保持既得利益不变的前提下，把包干体制中形成的不均衡状况带入了新的财政体制。因此，虽然实行了分税体制，但财政职能未转、事权划分未变、基数返还依旧，对历史原因造成的地区财力分配不均和公共服务水平差距较大的问题不仅没有解决，反而有进一步扩大的趋势。2000 年我国用于均等化转移支付的资金为 85.45

亿元，而用于体制补助、专项补助和基数返还的资金达4583亿元，相差近54倍。在分税制财政体制的总体框架下，应进一步改进现行的税收返还、定额补助及专项拨款等形式的转移支付办法，建立健全规范的财政转移支付制度。要以公共服务能力的均等化为目标，以标准收入、支出作为分配基础，严格按编制和费用定额来确定个人经费，按事业发展任务和标准确定公用经费，按项目和目标确定事业发展专项经费，提高预算透明度和公正性。

三是实行预算内外资金统筹，深化公共财政支出改革。应把与财政预算内资金分庭抗礼的预外资金切实管起来，做到预算内外收入一个口径，管理一个渠道，支出一个漏斗，这是公共财政支出改革的方向。应将原来的全额预算、差额预算和自收自支三种预算管理模式，一律改为不分预算内外，统一预算，统一编制，统一管理。改革财政收支方式，实行国库统收统付。应取消单位开设的银行收支账户，建立国库单一账户制度，实行国库集中收付。同时，要优化和规范财政支出范围，把一些具有经营性质的事业单位推向市场，逐步解决财政支出“越位”和“缺位”的问题，减轻财政负担，增强财政活力。

四是进一步完善地方财政管理体制，规范地方财力的分配关系。据统计，全国县乡级财政供养人员占地方财政供养人员总数的70%，但县乡财力却仅占全国地方财力的40%。省级财政占地方财政总收入的比重，由1994年的16.8%上升到2000年的28.8%，说明省级财政集中收入的速度过快，但省级财政、地市级财政对县乡财政的转移支付力度明显不足。要按照财权、事权相统一的原则，合理界定地方各级收支范围，确保基层政权的正常运转和各项事业的健康发展，按照谁出政策谁拿钱的原则，避免“上级出政策，下级拿票子”。

五是理顺教育投入关系，切实减轻乡镇财政负担。在现行体制下，中央和省级政府在发展农村义务教育方面承担的责任太少，而是由乡镇政府和农民群众承担了主要责任。要确保教师工资按时足额发放，确保农村学校日常运转所需公用经费，确保农村学校危房等问题及时得到解决，必须进一步调整并完善农村义务教育的管理体制和投入机制。要实现“将农村义务教育的主要责任从农民转移到政府，将政府对农村义务教育承担的责任从以乡镇为主转移到以县为主”，关键是确立“优先保证义务教育”的基本国策，进一步提高教育“两个比重”，即进一步提高教育经费占GDP的比重，大幅度提高义务教育经费在教育总经费中的比重。教育经费占GDP的比重应该由现在的2.8%提高到4%以上，政府义务教育经费投入占义务教育总经费的比重要由现在的60%提高到90%以上，而贫困地区要在免费对家庭经济困难的中小学生提供教科书制度的基础上，逐步实行完全免费的义务教育。为此，要按照公共服务水平均等化的要求，调整国家财政支出结构，加大中央对困难地区的财政转移支付力度，加大省级转移支付力度。具体建议是：第一，农村中小学教师工资改由中央、地方各级政府共同负担，由县统管。中央和地方财政各负担多少，可视各省的财力情况而定。第二，重新核定农村中小学公用经费的最低支出水平，设立学校基建专款。要逐步降低公用经费从学生交纳的杂费中开支的比例。农村中小学运转所必需的公用经费，应主要由县乡两级政府财政安排。目前学生家庭承担的公共经费偏高，要逐步降低公用经费从杂费中开支的比例。对国定贫困县的农村中小学生，逐步实行免费提供教科书的制度，所需资金由中央和省级财政统筹解决。同时，推动省、市、县将农村中小学校舍必需的建设与维修，纳入各级政府基建计划，设立学校基建专款，从而形成一种有效的保障机制。第三，实行税费改革后，中央应确定一定比例的税收专门用于教育。农村税费改革后，农村教育费附加和农村教育集资将被取消，现行农村义务教育投入体制将发生重大变化。据三个调查县测算，如果进行农村税费改革，各县乡镇财力都有较大幅度的下降。以目前的财力尚且保不住教师工资，如果没有足够的转移支付，税费改革后义务教育费用不足的矛盾会更加突出，教师工资的发放将更趋困难，而农村新建、扩建校舍和学校危房改造以及学校正常运转所需要的公用经费将更无法保障。税费改革后，应按税费改革前的基数，从税费改革后新的农业税中切出一定的比例，专门用于教育。

（六）进一步推进县级涉农部门的改革

1. 重新审视供销社体制改革的目标。在计划经济时代，供销社是农村的主要流通渠道，供销社立足于三农，在农村的流通渠道中起着主导性的作用。但是随着农村市场经济的发展，供销社的垄断性地位已经不能够继续维持，供销社已经不可能在农村起到主流通渠道的作用。供销社原有的功能已经被其他的经济组织形态（如个体和私营经济主体、农民自发组织的合作经济组织）所替代。因此，不应当再一味强调对供销社进行特殊照顾以维持其生存的问题，而应当根据其对市场经济的适应性对其组织形态和组织方式进行调整。

早在80年代初，中央就从政策上明确提出恢复供销社“三性”，“还社于民”。然而，经过多年的努力，把供销社在整体上回归农民合作经济组织的目标并没有达到。应该从当前农村的实际状况出发，对供销社体制改革的目标进行必要的调整。当前，各级供销社之间并没有财产所有权关系，不存上级供销社对下级供销社进行控股的问题，基层社不是县联社的“腿”。目前上级社只能给下级社提供出一些政策性参考意见，难以为基层社解决一些实质性的困难和问题。因此，各供销社是独立的法人，具有独立经营权。在调查过程中，没有一个人提出恢复供销社合作经济性质的问题。由于供销社作为合作经济组织的性质实际上正在退化，因此从发展的角度来看，有条件的基层供销社可以改造为农民的合作经济组织，而大多数供销社及其所属的企业，在进行产权关系界定之后，将其设定为自主经营、自负盈亏的民营企业组织可能更为有利。

为了推动供销社的体制创新，应当尽快解决供销社目前面临的现实问题。对供销社的亏损挂账要研究处理办法。在供销社下岗职工在未安置就业期间，政府可以给予享受最低生活保障待遇。对退休人员工资则可以由社保局直接发放。

2. 加快国有粮食企业的改革，放开粮食经营。从我们对三个县的调查看，国有粮食企业的改革任务还非常繁重。当前，国有粮食企业政企不分、政策性业务和商业性业务不分、储备和经营不分的现象仍然非常普遍，这是国有粮食企业普遍亏损、冗员负担过重、经营机制不活的关键性原因所在，也是国有粮食企业不断套取粮食补贴的根本性原因。

加快国有粮食企业的改革，必须真正实现国有粮食企业政策性业务和商业性业务的分开。今后，没有必要赋予国有粮食企业的政策性业务。国有粮食企业与其他类型国有企业一样，以追求利润为目标，专门从事商业性业务。这样，国有粮食企业就可以成为真正的企业，政企分开的基础自然也就具备了。加快国有粮食企业的改革，必须完善国有粮食企业产权结构和治理结构。当前，国有粮食企业的产权结构单一，缺乏活力，应当加快国有粮食企业的股份制改造，通过产权结构的多元化激发内在活力。应当鼓励不同类型的粮食企业采取各种适宜的方式进行重组，实现规模化和集约化经营。改变国有粮食企业按照行政区划设库的办法，根据赢利的需要对库点进行撤并。同时，鼓励国有粮食企业朝订单、收购、加工和销售一体化方向发展。

国有粮食企业改革必然面临的冗员问题，应当加快职工身份置换和分流的速度。泰和县在减轻人员负担方面是做得比较好的。1998 年以前，人头负担过重一直是泰和县粮食系统面临的一个大问题。1988 年，泰和县粮食系统人员为 1860 人（包括离退休人员 250 人）。1998 年以后，通过身份置换解除劳动合同和分流大大减轻了粮食系统的负担。身份置换办法是提供 3000 元的基础金，然后按照工龄计算解除劳动合同的费用，每年工龄补偿金为 500 元。泰和县粮食系统利用身份置换办法解除了 313 人的合同，同时向粮食局办的粮食加工企业等单位分流了 136 人。职工身份置换过程中一个关键的问题就是补偿金的问题。泰和县平均解除一个职工的劳动合同需要 1.5 万元，这还算是非常低的。据估计，就全国的情况来看，平均每解除一个职工的劳动合同需要 4 万元。泰和县粮食系统的资金来源主要靠搞活经营和压缩费用支出。可见，从粮食主产区粮食系统来看，如果能够根据市场规律运作，还是可以解决部分资金问题的。对于粮食企业因资金不足而不能解决的冗员，则应该纳入当地政府的“社保”体系。

从发展的角度来看，应当允许各类市场主体共同竞争，应当允许多种所有制性质的企业从事收购和批发经营。当前，应当特别鼓励各类粮食龙头企业经营粮食。同时，应当加强对非国有粮食企业的管理，减少偷税和漏税等违法行为。农业发展银行也应当给各类粮食企业放贷。

3. 农业技术推广体系要稳定，但更要创新。从调查情况看，县级农业部门及其乡镇的农、林、牧、渔、农机、经管、水利几站的人数，是仅次于教师数量的第二大群体。由于在县乡机构改革过程中，为了体现精简力度和减轻财政压力，从减少财政供养人数的角度，普遍存在精简农业站（所）人员的倾向。但是，农业涉及2亿多农户，推广成本高，加上农民文化程度低，接受新技术有一个过程，这就决定了农业技术推广主要是公益性的，需要政府来承担这部分功能，所以县乡农技站为主体的全国农业技术推广体系必然发挥主导作用，必须保持农技推广机构稳定。

农业技术推广体系要稳定，但更要创新。稳定也不是说农技人员一个都不能减少，大家都来吃财政饭，创新也绝不是将农业技术推广机构完全变成企业，全都推向市场。根据我们对三个县的调查，乡乡建站不是好办法，单纯抓“三定”也不能全部解决问题。应区分一般性技术推广和公益性技术工作两种不同情况，分类处理和改革。对一般性技术推广，重点抓建立科技示范场。近年来，各地已创办一批农业科技示范场，通过引进、扩繁、销售优良品种，既推广了良种和技术，也取得了经济效益，深受广大农民和技术人员欢迎。国家应进一步加大扶持力度，推动其发展。农作物病虫害和动物疫病的测报、预防工作，是政府的责任，应建立专门的机构和队伍，所需经费由财政承担。畜禽防疫和兽医也要分开。农技推广体系的创新，应是在骨干人员工资有财政保障的基础上，在保证公益性农技推广职能的前提下，发挥自身优势和特长，开展技术承包、技物结合等有偿服务。

另外，调查中发现，农村经纪人队伍在为农民解决“卖难”问题、为农民提供市场信息和输出农村剩余劳动力等方面，发挥着越来越重要的媒介和催化作用，已经成为促进农业结构调整的不可忽视的力量。例如，鄢陵县花卉产业的发展、分布与郑州、西安、北京等多个大中城市的数以千计的鄢陵花商的作用密不可分。全县年销售额100万元以上的花商400多户，50万元以上的1200多户，10万~50万元的近2000户。花商一头有长期联系的外地客户，一头有为之销售产品的固定、半固定的花农。大的花商联系四五十户、甚至上百户花农。有的花商发展到包卖制，为与其有联系的花农提供资金和技术指导，并负责帮助销售产品。农村经纪人与当地农民有地缘和血缘关系，非常了解农民的需要，因此鼓励农村经纪人队伍的发展，是帮助农民致富的一个好办法。大部分农村经纪人本身就是农民，家底并不丰厚，因此，在从事经纪行为的过程中，亟须资金支持。因此，可以鼓励农村金融机构给农村经纪人发放信用卡，优先提供贷款。要积极引导和支持各类农村经纪人联合起来，成立各种形式的农村购销中介组织，从事农产品流通中介活动。

本课题组组长为国务院发展研究中心副主任陈锡文，副组长为国务院发展研究中心农村经济研究部部长韩俊、副部长谢扬、副部长徐小青。农村经济研究部先后参加调研工作的有：王西玉、崔传义、刘守英、崔晓黎、赵阳、于保平、潘耀国、郭建军、肖俊彦、陈剑波、程国强、罗丹。此次调查共形成了22份专题调研报告，本报告是在专题调研报告基础上，由陈锡文和韩俊执笔完成。

税费改革后乡镇机构改革的对策及问题

——安徽省宁国市和郎溪县调查

随着农村税费改革的逐步推进，2005年我国全面免征农业税，乡村治理呈现了新的态势。一方面，税费改革成为乡镇机构改革的直接推动力。取消农业税后虽然省财政给予一定的转移支付，但县乡两级可用财力比税改前大大减少，乡镇运转面临严重的经费不足问题，乡镇机构改革可以说是应对新的财政体制的挑战的举措。另一方面，税费改革也为机构改革提供了新的机遇。农村税费改革最大的成效是规范了政府行为，堵住了乡村两级面向农民的乱收费的口子，切实减轻了农民负担，提高了农民生产积极性，为村民积极参与乡村治理创造了一定的条件，也缓解了村民和基层干部的关系；同时乡镇干部从征收农业税的工作中解脱出来，有时间和精力来进行生产建设，为建立“小政府、大社会”提供了保证。安徽省宣城市的宁国市和郎溪县的乡镇机构改革就是在这样的背景下展开的。

本报告和分报告3是国务院发展研究中心2005年对安徽省宣城市所辖的宁国市（县级）郎溪县所作的调研。

一、税费改革后乡镇治理面临的问题

（一）农业税全部取消后，中央转移支付不能满足乡镇运转的需要

2004年以前，乡镇机动财力主要来自工商税收分成，农业特产税超收和存量资产盘活收益。随着农村税费改革的深入，农业特产税取消，农民负担减轻，乡镇自有资金也逐渐减少。以郎溪县为例，全面免征农业税后，省财政给一定的转移支付，但郎溪县年可用财力比税改前减少1813万元，而且财政支出在刚性增长，加剧了县乡财政收支矛盾。一些乡镇通过拍卖、租赁乡镇所有的企业、土地等方式来增加收入，如郎溪县毕桥镇2004年通过拍卖自来水厂和土地发包等方式增加预算外收入286.5万元，但毕竟存量资源也是越盘越少，今年有明年就没有，不是长远之计，而且有的乡镇没有可以盘活的资产。在财政紧张的情况下，精简机构，减少财政负担就成为当务之急。

（二）面对农村市场的活跃，乡镇政府职能需重新定位

乡镇机构改革既是财政压力的结果，也是转变政府职能、更新政府治理观念的要求。农村经济经过十几年改革取得了极大发展，农业产业化逐渐形成，农村市场十分活跃。但是，与农产品市场活跃不相称的是，农村没有各种相应的服务，如提供农产品生产销售信息、进行技术培训等，农户生产出来的产品难卖，而部分乡干部人浮于事，没有做实事，因此乡镇政府面临政府职能转变的问题，也就是从以前的管理者变成服务者，从收农业税变为推动经济发展、化解矛盾、保持社会稳定。在宁国市为配合乡镇机构改革所做的一份问卷调查中，83%的农民认为，目前乡镇政府主要抓经济发展，35%的农民认为，乡政府工作主要抓社会稳定，27%的农民认为，主要抓农田水利等基础设施建设。由此可见，乡镇机构改革也是政府职能转变的必然要求。

二、乡镇机构改革的主要做法

（一）精简政府机构，严格控制人员编制数

在2000年乡镇机构改革中，宣城市170个乡镇共设乡镇综合性办公室359个，核定总行政编制数4536名；乡镇财政供养事业单位应设1039个，实设85个；核定事业编制总数为4345名，实际分解3883名。改革后，各县市区均开展了乡镇区划调整，目前全市党政机关人数3259名，事业单位人数3651名。节余行政编制1227名，事业编制694名。

本次调查的宁国市和郎溪县编制历来控制得比较好，没有人员超编，行政编制和事业编制都有节余。

从宁国市来看，2000年乡镇机构改革核定乡镇行政编制765名，2001年乡镇区划调整后，共设置16个乡镇、3个街道办事处，行政编制按646名掌握使用，待分配行政编制119名。2002年市直党政机构改革后，共定行政编制509名，政法专项行政编制588名。全市行政编制合计1862名，在职人数共计1605人，其中市直党政群机关505人、政法系统555人、乡镇机关545人。

郎溪县经过2000年乡镇党政机关和事业单位机构改革，乡镇综合办公室由119个压缩为37个，减少82个，精简69%；乡镇事业单位由204个压缩为102个，精简50%。行政编制由530名精简为477名，精简10%；事业编制由709名精简为440名，减少269名，精简38%。目前乡镇机关实有人数377人，事业单位实有人数433人。由于历年来机构编制控制较紧，各乡镇行政和事业单位编制都有节余，人员没有超编，也没有分流人员。

（二）撤并乡镇和行政村，调整行政区划规模

针对乡镇设置多、规模小的实际，宣城市自2001年初起，推进乡镇行政区划和村委会管辖范围的调整工作。通过区划调整，全市乡镇数由170个减少到95个，乡镇平均面积从原来不足80平方公里扩大到130平方公里，乡镇平均人口由原来的1.45万人增加到2.64万人；行政村数由1518个减少到824个，村均人口从1660增加到3100人。下面以所调查的两个县宁国市和郎溪县进行具体分析。

1. 撤并乡镇。宁国是山区市，面积大，人口少，地貌复杂，居住分散。区划调整前，乡镇区域平均面积85.8平方公里，乡镇平均间隔仅6公里。在13个建制镇中，平均人口仅11987人，人口不足万人的有5个。这种小而散的区划布局使乡镇间主导产业雷同，资源配置不合理，重复建设严重，同时也造成机构编制过多，管理成本过高，财政负担过重。1989年宁国市从42个乡镇调整为29个乡镇，2001年将29个乡镇撤并为10镇6乡3个街道办事处。与区划调整配套进行的是精简和分流人员的改革，宁国市按照竞争上岗、双向选择的方法核定了各类乡镇的行政编制，并实行乡镇事业单位机构改革。值得注意的是，宁国市在乡镇合并过程中，合并后的乡镇人员编制按原来一个乡镇为基础来核定编制，因此有效地控制了人员数。

郎溪县2003年底进行了乡镇合并，由17个乡镇调整为12个乡镇，撤销的乡镇机构编制人员整建制划到并入乡镇。

通过区划调整和机构改革，宁国市乡镇内设机构由94个减少到74个，行政编制由765名减少到640名，精简幅度16.3%，实有在编在岗人员555人。乡镇事业单位机构由116个减少到76个，精简比例为34.5%，财政全额供给事业编制由740名减少到515名，精简比例为30.4%，实有在编在岗人员495人。

2. 撤并行政村。税费改革后，为减少村干部职数，减轻农民负担，保证村级组织正常运转，郎溪县和宁国市在乡镇撤并的同时调整村级规模，进行了村的合并。郎溪县2004年从176个行政村合并为98个村，村干部由626个减至460人；通过合并，每年减少村干部补助支出100多万元。

宁国市合并村的指导原则是“全市减少村委会数量三分之一左右，村区域面积以40平方公里左右为度，居住分散的山区合并后的村人口在2000人左右，不搞跨乡镇并村”。2001年下半年到2002年上半年为村调整试点，青龙乡由8个村合并成3个村，减少了15个村干部，村干部年龄下降了5岁；2001年下半年宁国市出台了合并村的指导性意见，开始在全市范围内推进合并村工作，2002年3月结束。经过合并，宁国市由231个村变成117个村，村干部从847人减少到445人。

（三）实行乡镇领导体制改革，提高行政效率

乡镇区划和村委会管辖范围调整后，乡村的数量减少，规模扩大，现有乡镇领导体制难以适应农村改革发展的现实，为降低乡镇运转成本，解决乡镇财政运转困难，提高行政效率，从2004年5月份开始，宣城市推行了以主官合一、交叉任职为主要内容的乡镇领导体制改革。先在7个县区各选一个乡镇试点，然后逐步扩大试点范围。到目前为止，11个乡镇完成了改革，另外2个乡镇的改革正在进行。本次调查的宁国市和郎溪县都是进行了领导体制改革的试点。

本项改革的指导思想是“主官合一，减少副职；明确责任，分工不重；扩大民主，加强监督；依法行政，科学管理；提高效率，促进发展”。改革内容主要有三部分。首先，乡镇党政正职“一人兼”，也即乡镇党委书记兼任乡镇长。二是减少领导职数。党政班子成员一般由5~7人组成，实行双向进入，交叉任职，分工不重，责任明确。一名党委副书记兼人大主席，一名党委副书记兼纪委书记，三名党委委员兼副镇长，一名党委委员兼人武部长。三是调整内设机构，不搞上下对口，设立“四室一部”，即党政办公室、经济发展办公室、社会事务办公室、计划生育办公室和人武部。内设机构负责人实行竞争上岗。

以郎溪县新发镇为例。新发镇改革前有干部职工47人，党委、人大、政府班子成员10人（党委书记1人、人大主席1人、镇长1人、专职副书记2人、副镇长3人、专职党委委员2人）。改革后干部职工为37人，其中领导班子7人（书记、镇长1人；副书记兼人大主席1人；副书记兼纪委书记1人；党委委员兼副镇长3人；党委委员兼人武部长1人）。内设机构从改革前的19个专门的机构变成5个综合办公室。通过改革，新发镇政府减少10人，每年减少人员支出10万元，经费支出3万多元。

为了确保选好“一把手”，同时防止权力集中后的“一言堂”，宣城市在干部选拔任用方式上进行了有益的尝试。首先是“公推竞选”选举领导班子。以宁国市试点镇梅林镇为例。在确立乡镇班子人选时，开始是民主推荐，把人选的初始提名权交给群众，即采取“公推”的方式推选产生8名候选人。然后通过考试、竞争演说和回答群众提问，民主推荐3名为预备人选，进行公示，经过考察后确立2名候选人，提交市常委会议讨论决定。然后召开镇党代会，差额直选产生镇党委书记。领导班子其他人选按“一推两考”的方式择优选配。其次是内设机构负责人实行竞争上岗，通过竞职演讲、民主测评、群众推荐的方式确定内设机构负责人。最后是加强监督制度。梅林镇制定了党委议事规则、党务政务公开、党代表常任制、述职述廉和经济责任审计等一系列管理制度，杜绝“一肩挑”带来的权力过分集中可能出现的问题。

（四）推进乡镇事业站所改革

宣城市本着乡财县管的实际，明确控制事业单位设置个数，实行乡管和县部门条条管理。宁国市2000年推行乡镇事业单位改革，明确规定每个乡镇内设4个事业机构：农业技术服务中心、林业工作站、文化广播电视站、计划生育服务所。通过改革，全市乡镇事业单位由348个精简到116个，事业单位编制从971减到740，实有人数从755降到695，分流60人（提前离岗31人，待岗7人，病退1人，辞退市聘干部19人，自愿辞职创办企业2人），另外辞退了原条条管理单位自聘人员26人，乡自聘8人。

郎溪县2000年乡镇机构改革后，各乡镇事业单位设置为“必设5个，选设1个”，即必设财政所、文化广播电视站、计划生育服务所、农业综合服务站（包括农技推广、畜牧水产、农机、农经管理）、国土所；选设林业站和水利站。经过改革，乡镇事业站所由204个精简为102个，精简50%，事业单位得到进一步整合。同时对乡镇事业单位的公益性职能和经营性职能进行了分离，进一步增强事业单位的服务功能。辞退了全部借调、临时聘用人员。

另一个改革措施是调整乡镇财政所管理体制。宁国市乡镇财政所（农税所）实行市、乡两级管理，以市财政局管理为主的体制。具体做法是，撤销乡镇、街道财政所（农税所），在市一级成立农村财政管理机构，统一管理乡镇财政。乡镇、街道财政所（农税所）编制76名从乡镇核定的行政编制中剥离单列，市财政局增设乡镇财政管理科，编制6名，其编制从乡镇、街道办事处财政所乡（农税所）现有财政编制中调剂。乡镇、街道财政所（农税所）原有编制114名，调整后减少32名，减幅28%。乡镇、街道财政所和乡镇财政管理科的工作人员通过对现有财政干部考核择优录取，没有被录取的按属地管理原则，到各乡镇、街道办事处从事行政工作，由市委组织部、市财政局负责消化。

三、乡镇机构改革的成效和存在的问题

（一）有效控制了人员编制，但分流压力大

本次调查的宁国市和郎溪县编制历来控制较好，没有超编的情况，这得益于它们的一套严格的机构编制管理制度。宁国市对于确因工作需要新设或增加财政补贴的事业单位的机构或编制，本着“撤一建一”和“只增不减”的原则，由各主管部门写出专题报告送市编办，市编办审核后提交市编委会研究。各级党政群机关录用工作人员，均在核定的编制内经市编办审核后再办理申报录用计划，不超编进人。对事业单位的工作人员补充也实行严格管理。宁国市还建立了包括全市市直党政机关、乡镇党政机关和事业单位所有在编在职人员在内的机构编制人

员信息库，对信息库人员资料进行审核、整理、更新。同时实行三位一体管理，即机构编制人员信息平台、工资审批表、人员变动等级台账三者统计口径一致，数据和信息吻合、平衡。

但是，机构改革的主要压力依然是人员分流。无论是撤并乡镇、村，还是机构改革和领导体制改革，都面临人员分流问题。尽管目前分流的方式有多种多样，但最主要的渠道有两种，一是将提前离岗、提前退休，这只是名义上分流，职数减少了，但是财政负担没有减轻，减员不减负；一是乡镇工作人员下派到村里工作，他们不占编制，但仍由乡支付工资，因此财政上也没有减少。总体而言，减员“增效”不明显。在分流困难的同时，部分乡镇还面临前退伍军人的安置问题。郎溪县每年有50~60人符合安置条件，乡镇将他们安置在事业单位，但是没有进编制，县给每人每年3600元补贴，其余由乡镇补充，这从编制和财政上都给乡镇带来了压力。

（二）优化了区域资源配置，减轻了财政负担，但带来了乡村管理诸多问题

乡镇区划和村委会管辖范围体调整，优化了区域经济布局，使优势组合更为集中，资源配置更合理，有利于重点乡镇聚集优势和区位优势的发挥；乡村规模的扩大，拓展了农村城镇化的水平，对集中财力物力，搞好乡村建设，提高农村城镇化水平，起到了重要的推动作用。

首先，减轻了农民负担，降低了管理成本。通过合并村，宁国市村干部减少了400个，一年工资减少将近200万元，管理费用50万元，村委会基础设施建设费用约100万元，三项加起来共350万元。其次，促进了城镇建设，构造好的区域，促进中心集镇的发展。撤并村后宁国市乡村实现优势互补，资源共享，创立“一村一品”，大部分新的村委会设在居住集中的中心村或在公路和小集镇附近，对推动小城镇建设带来了较强的人流、物流、经济流。最后，提高了村级队伍干部的整体素质，拓宽了选人用人的空间。过去村委会干部是“矮子里拔将军”，现在能人抢着干，宁国市400个干部中有190人是村里的能人，即有自己的实业的人。干部待遇的提高也吸引人们当村干部。正如乡干部所言：“农业税没取消前，村干部的工作不好做，主要是收钱收粮，现在村干部工作职能转变了，村干部都抢着干，队伍素质也提高了。”

但是，随着乡镇规模和村的规模的扩大，必然带来一系列管理问题。首先，一些地方合并工作推进速度过快，有的方案不一定成熟，缺乏合理性论证，造成了合并后村区域过大的问题。这样的结果是正常的行政管理和村民自治难度增加，在宁国市有的村里，村书记跑遍全村一次需要2~3天，管理工作不能很到位；如果发生紧急情况或者自然灾害，干部不能及时赶到，乡镇突发事件管理能力受到影响。同时，扩大后的村对村民办事、邮政、道路、子女上学等都带来难度。其次，合并后财务、债权债务问题难以理清。在宁国市撤并村的过程中，有的采取先封账、撤并后再清查的方法，但是账封存下来后一些问题就不了了之。最后，村的规模扩大后，村民自治的边界也扩大，但是村民对合并后的行政村的认同感不一定能够同时跟上，因此对村民自治也将带来一些问题。

（三）提高了工作效率，但改革的前景依然不明朗

乡镇领导体制改革是宣城市机构改革的亮点。通过改革取得了初步的成效。

首先，减少了领导职数，优化了领导班子。宣城市11个试点乡镇政府工作人员由120人减少到76人，平均年龄下降了3.43岁，文化程度普遍提高。改革后宁国市梅林镇领导职数由13个变成7个；班子平均年龄由38.6岁下降到36岁，具有大专以上文化程度有6人，本科以上2人。

其次，理顺了领导体制，提高了工作效率。改革前乡镇政府“官多兵少”，作决策的多具体办事的少，而且党政分设，分工重叠造成职责不清，出现问题推诿扯皮，工作效率低。改革后党政一肩挑，工作职责明晰，提高了办事效率。同时强化了党委领导核心地位和对农村工作的指导，重大工作和决策都通过党委会议研究，避免了会议过多造成的中间环节，减少了矛盾和分歧，干部将更多的精力放在谋事上，而不是谋人上，提高了行政效能。

再次，促进了政府职责的转换。在领导体制改革中，对不胜任领导岗位的人进行调整，对乡镇内设机构人员实行竞争上岗，平时的工作表现作为考核的重要内容，这些措施都增强了基层干部的责任感，提高了他们的服务意识，有利于将乡镇工作职能真正转变到发展地方经济事务、为农民提供服务上来。

最后，提高了乡人大工作的地位，强化了监督。改革后，乡人大主席由党委副书记兼任，以前是单设人大主席，人大主席由党委书记兼任后设置的专职副主席都不在党委班子范围。乡人大主席由党委副书记担任，使人大在决策阶段就直接参与监督，监督的关口前移，从而提高了乡人大的地位。

但是，乡镇领导体制改革刚刚起步，还处于探索阶段，离建立适应社会主义市场经济新形势的精干高效的基层行政管理体制和运行机制还有距离，因此也出现了许多问题。首先，主官合一后干部的工作量加大。乡镇领导体制改革后，干部职数减少，兼职情况比较普遍，一个人承担两项工作；与此同时，乡镇机构对应的上级机构没有合并，因此上面下来的任务并没有减少，乡镇领导疲于参加各种会议，牵扯了大量时间和精力。其次，人员分流存在压力。宣城的改革只是在试点乡镇进行，分流的人员可以安置到其他乡镇，但随着改革在全县、全市推开，人员分流将面临困难。最后，领导体制改革要以乡镇的职责和权能明晰为指导。

乡镇领导体制改革中，有少数干部认为“一人兼”是党政不分，以党代政，权力过大，容易出现问题，因此，怎样正确处理党委、政府、人大三者的关系仍有一个过程。要理顺党委、政府、人大三者的关系，就要明确乡镇政府的权责，分清决策权、执行权，以及乡镇可支配的权力的大小。税费改革减少了乡镇的可支配财力，同时随着教育、卫生等职能的上收，乡镇在财权、事权和人权上都大大削弱。面对这种状况，一种观点认为乡镇在稳定社会、促进经济发展中的作用不可忽视，应该加强乡镇的作用，一种观点认为可以逐渐将乡镇职权收归县管理。因此，乡镇职能面临一个十字路口。只有乡镇的职能定位明确了，才能设计出相应的管理和监督机制，理顺党委、政府、人大三者的关系。因此，乡镇领导体制改革是否能够全面铺开、乡镇人大的作用如何定位以及如何解决权力监督问题还需要进一步在实践中探讨。

（四）事业单位机构改革亟须配套改革

通过事业单位机构的改革，裁减了事业单位数量，减少了事业编制人员，降低了财政负担。同时通过对事业单位经营性和服务性职能的分离，理顺了乡镇事业单位关系。

但是，事业机构行政化现象比较普遍，一些乡镇事业单位没有真正转变自己的角色，没有主动、自觉地向农民和各种经济组织提供服务，仍然以管理者自居，把自己混同于政府行政机构，或者以政府机构的名义开展工作。此外由于部门归口管理造成乡镇事业单位职能重叠，如乡镇卫生院、妇幼保健站之间存在职能交叉，可以将资源进一步整合，避免浪费。事业单位还存在人员老化的现象，宁国市事业单位职工中35～55岁的占53%，55岁以上占2.8%，35岁以下占34.2%。最后，事业单位改革需要推进配套改革，完善社会保障制度，建立城镇职工统一、全覆盖的养老、失业保险制度，加快人才和劳动力资源的合理流动和优化配置。

四、税费改革后乡镇机构改革的几点建议

（一）界定乡镇政府职责与权力

政府的作用是提供市场不能提供的公共产品。税费改革后，中央和省的转移支付只能保乡镇政府的工资和基本运转，乡镇可支配财力减少，没有稳定和充沛的收入来源保障农村公共产品供给，乡村公共卫生、义务教育、农村基础设施建设和社会公益事业都面临严重不足。同时，乡镇财权和事权不对称，农村公共产品供给上中央与地方职责划分不清，在教育、卫生等农村公共产品的提供上，地方往往承担了应该由中央承担的责任。最后，政府承担了可以由社会和市场承担

的责任，管得过多，与自己的能力不相符合。基于此，乡镇政府职责界定首先是划分中央和地方各级的权责，做到财权与事权统一；其次是划分政府和市场的权责，将属于市场的事情交给市场去办，实现“小政府、大社会”，还要培育发展农村合作经济组织、健全村民委员会，利用社会各方面力量来共同提供农村公共产品。

（二）稳步推进乡镇事业单位机构改革

乡镇事业单位改革的突出问题是行政功能事业化管理，造成自收自支的事业单位内在膨胀，不可控制。因此，事业单位改革首先要区分事业单位的行政职能和服务职能，将行政权收回政府，事业单位只具有服务权。其次分离乡镇事业单位的公益性职能和经营性职能，公益性的要强化服务功能，经费由财政保障；经营性的逐步推向市场。理顺乡镇事业单位关系，逐步将事业单位变成提供公益性服务的机构，做到既减轻负担，又不削弱为农村和农民的服务。

（三）完善基层民主制度建设

随着乡镇领导体制改革试点工作的推进，对基层民主制度建设提出了更高的要求。首先，要积极推行“公推竞选”的乡镇党委书记选任工作和内设机构负责人的竞争上岗制度，选准配强乡镇政府领导班子。其次要继续完善监督体制，包括加强党内监督，完善党代表常任制和干部年度述职述廉，充分发挥党代表作用，使乡镇的党代会成为真正的党的监督机关；加强人大的监督作用，通过召开人大例会、组织开展代表活动，反映民意、监督政府；加强群众监督，健全和完善党务政务公开制度、村务公开、民主管理制度。最后，要逐步将直接选举制从村级推进到乡镇一级，推进基层民主政治发展。

（谢　扬　李姿姿）

农村税费改革对不同地区的影响分析

农业税免除以后，县乡财政究竟会受到多大的影响，能否正常运行？为此，国务院发展研究中心课题组于2005年对安徽省的宁国市（县级市）和郎溪县进行了调查。

2000年，安徽省率先开始进行农村税费改革试点。改革的第一个步骤是从2000~2003年实行“三个取消（取消乡统筹、取消屠宰税、取消农村教育集资等涉及农民的政府性集资）；一个逐步取消（取消统一规定的两工）；两个调整（调整农业税政策、调整农业特产税政策）；一项改革（改革村提留征收办法）。”第二个步骤是根据《安徽省人民政府关于降低农业税税率的通知》，从2004年开始全面取消农业税附加和降低农业税2.2个百分点。第三个阶段是从2005年开始全面取消农业税。调查表明，由于原来的税费征收制度、项目和额度不同，以及经济基础和财力的差异，税费改革对不同县市的财政的影响不一。总体来看，由于税费改革转移支付的增加，基层政府运转未受到大的影响。

一、财政实力强，农税减免无伤大局

（一）宁国市农民负担一直较轻

宁国市的经济基础较好。1999年，全市GDP为40.26亿元，全市人均GDP已经超过1万元，高出当时全国人均GDP水平25%左右。当年财政可用财力为22676万元，人均可用财力为595元。由于财力较强，农民负担也一直较轻。1999年，宁国市农业税和农业特产税为2461万元，农业人口31.49万人，农民人均为78元。当年农民人均纯收入为2393元，农民人均农业税和农业特产税负担只占农民人均纯收入的3.26%。即使将乡统筹的325万元和教育集资的702万元考虑进来，农民人均为115元，仅相当于农民人均纯收入的4.82%。

（二）税改减收的压力主要集中在乡镇

由于地方财政科目变化较多，因此要分别分析对地方一般预算收入、基金收入和预算外收入的影响比较困难，但是我们可以通过分析总体减收情况分析对地方政府收入的总体影响。

分析农村税费改革对财政的影响，主要分析农业税和农业特产税、屠宰税和乡统筹的减收部分。宁国市 1995 年以后就实行县乡分税制，农业四税等适宜于乡镇征收的税收由乡镇财政所直接征收并全部划为固定收入，乡统筹也由乡镇收缴并支配，所以农村税费改革的减收部分均为乡镇收入。1999 ~ 2004 年，宁国市农业税和农业特产税逐年递减，从 2461 万元减少到 2004 年的 645 万元，5 年间减少 75. 58%。屠宰税从 1999 年的 146 万元下降到 2000 年的 130 万元，2001 年全部取消。乡统筹收入的变化有些不稳定。先是从 1999 年的 325 万元下降到 2001 年的 156 万元，然后增加到 2002 年的 879 万元，接着又下降到 2003 年的 308 万元。到 2004 年，该项收入取消。总体来看，1999 年以后，这几项收入之和是减少的，5 年一共减少 7235. 4 万元（见表 1）。

表 1　　农村税费改革后宁国市政府减收情况　　单位：万元

年　　份		1999	2000	2001	2002	2003	2004	合计
对税收的影响	农业税和农业特产税	2461	1547	1311. 8	1311. 8	790	645	8066. 6
	屠宰税	146	130					276
对乡统筹的影响	乡统筹	325	346	156	879	308		2014
合　　计		2932	2023	1467. 8	2190. 8	1098	645	10356. 6
收入合计比 1999 年减少额		-909	-1464. 2	-741. 2	-1834	-2287	-7235. 4	

根据宁国市财政部门提供的数据，宁国市教育部门的预算外收入不仅没有减少，而且还从 1999 年的 702 万元增加到 2004 年的 2104 万元（见图 1）。因此，教育方面并没有因为税费改革而导致收入减少的问题。

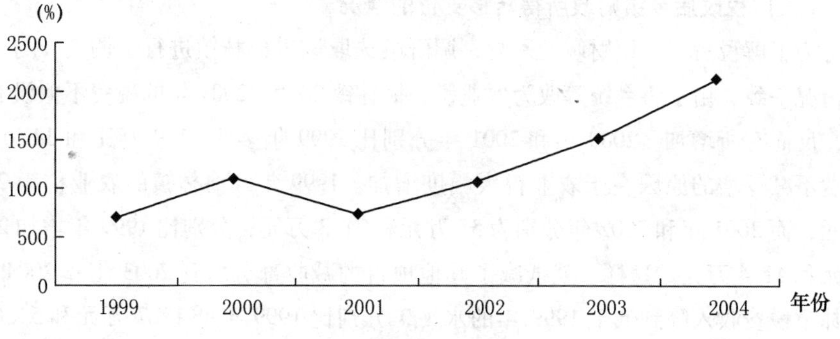

图 1　宁国市预算外教育部门收入

近年来，随着经济的快速增长，宁国市政府收入也快速增长，政府总收入从 34106 万元增加到 49637 万元，五年间增加了 45. 53%。其中一般预算总收入从

25859万元增加到60890万元，增加1.35倍。与此同时，地方政府总收入也快速增长，从29438万元增加到58171万元，增加97.61%。其中，一般预算地方收入从15662万元增加到28608万元，增加82.66%；基金收入从821万元增加到4243万元，增加4.17倍。预算外收入从5941万元减少到4564万元，减少23.12%。但由于一般预算收入和基金收入的大幅度增长可以抵减预算外收入的减少，地方政府总收入仍然大幅度增长（见表2）。

表2　　农村税费改革对宁国市政府收入的影响　　单位：万元，%

年　份	1999	2000	2001	2002	2003	2004	合　计
(1) 一般预算收入（地方收入）	15662	14308	16337	16509	18896	28608	110320
(2) 基金收入	821	1688	2702	3475	6373	4243	19302
(3) 预算外收入	5941	5904	4039	5138	4749	4564	30335
(4) 地方政府总收入 = (1) + (2) + (3)	22424	21900	23078	25122	30018	37415	159957
(5) 税费改革后税费累计减少额		909	1464.2	741.2	1834	2287	7235.4
(6) 税费改革后税费累计减少额占政府总收入之比 = (5) / (4)		4.15	6.34	2.95	6.11	6.11	4.52

“蛋糕”做大后，税费改革后税费累计减少额对于当地政府收入的影响并不大。税费累计减少额一直没有超过当年政府总收入的4%，税费累计减少额也没有超过地方政府总收入的5%。5年平均下来，税费累计减少额相当于当年政府总收入之比为2.73%，税费累计减少额与地方政府总收入之比为4.52%。这说明，对宁国市而言，因为税费改革而少收税费并没有给当地财政构成大的影响。

（三）税改后乡镇财政所得转移支付的情况

为了解税费对乡镇财政的影响，调研组选取该市梅林镇进行了调查。与全县的情况一致，由于将乡统筹改为农业税，梅林镇2000~2001年的税费不但没有减少，反而有所增加。2000年和2001年分别比1999年多收13.9万元和38万元。税费不减反增的原因在于农业税大幅度增加。1999年，梅林镇的农业税为29.9万元，而2001年和2002年分别为55万元和71.3万元，分别比1999年增加25.1万元和41.4万元。这样，就抵减了其他项目的减收部分。到2003年和2004年，梅林镇税费收入降到低于1999年的水平，分别比1999年低17.7万元和54.6万元。2000~2004年，梅林镇税费增减相抵后，税费收入仅减少16.3万元，而农村税费改革转移补助总和却达到378.7万元（见表3）。2000~2002年3年中，一方面是税费增加，另一方面却还有税费改革转移支付，这样梅林镇不仅没有“吃亏”，反而还“赚了”一笔。

表3　　梅林镇税费改革后累计收入减少额　　单位：万元

年　份	1999	2000	2001	2002	2003	2004
农业税	29.9	55	71.3	71.3	70.2	48.1
农业特产税	27	11.6	17	17	0	
农业税和农业特产税附加	10.4	12.2	18.5	18.5	14.8	
屠宰税	4.5	3.6	0	0	0	0
乡统筹	30.9	34.2	33.9	0	0	0
乡镇征收农业税费合计	102.7	116.6	140.7	106.8	85	48.1
与1999年之差		13.9	38	4.1	-17.7	-54.6
税费改革转移补助		32	55.2	291.5		378.7

注：目前的梅林镇是由2001年以前的桥头乡和梅林镇合并而成，1999年和2000年数据相应根据桥头乡和梅林镇两个乡镇的数据合并而成。

2003年和2004年税费收入有所减少，但这两年梅林镇经济发展较快，可支配财力已经较高，分别为531.9万元和669.2万元，减少部分只相当于这两年的财政预算可支配财力的3.33%和8.16%；同期，梅林镇地方政府全部的财政收入分别为666.9万元和804万元，减少部分仅相当于这一收入水平的2.65%和6.79%。对该镇预算内财政的压力和全口径预算的财政压力均不大（见表4）。

表4　　税费改革后梅林镇乡镇总收入变化情况　　单位：万元

年　份	1999	2000	2001	2002	2003	2004
（1）一般预算收入=（2）+（3）	577.6	559.5	870.4	868.6	691.4	671.5
（2）上划收入	223.3	224.7	433.4	498.8	394.9	419.8
（3）地方一般预算收入	354.3	334.8	437	369.8	296.5	251.7
（4）上解支出		267.8	348.6	281.5	209.8	201.8
（5）上级补助		230.2	359.4	123.8	445.2	619.3
（6）可支配财力=（3）-（4）+（5）		297.2	447.8	212.1	531.9	669.2
（7）基金收入	33.9	0	0	0	0	0
（8）预算外收入	1.4	33.8	90.9	110.8	135	135
（9）地方可用财力=（6）+（7）+（8）		331	538.7	322.9	666.9	804.2

二、农村税费改革对经济欠发达地区财政影响较大

（一）农村税费改革以后农民负担大幅减轻

根据郎溪县农税局提供的数据，1999年，郎溪县农业税、农业特产税、屠宰税、乡统筹和村提留以及教育集资数量一共为4066万元。自2000年开始农村税费改革以后，农民负担额度开始大幅度减轻。2000年，农民的这几项负担总数为

2317万元，比1999年减少1749万元，降低幅度为43.01%。其中，教育集资860万元在2000年完全取消。农业特产税减幅也非常之大，从812万元减少到237万元，减幅达到70.91%。村提留也减少233万元，减幅为39.48%。至于乡统筹，则采取了另外一种处理方式，将1999年的763万元乡统筹改为农业税，所以2000年的农业税由1999年的951万元增加到2000年的1714万元。实际上，2000年的农业税和屠宰税总额并没有变化。所以从形式上来说，屠宰税是取消了，但实际上仍然以农业税的面目存在。这反映了地方为避免过快地降低收入，而采取的应对措施。但是，这并不是没有效果，通过这种方式可以将原来属于预算外收入的乡统筹改为预算内收入，对规范其支出是有好处的。2001～2003年，由于税费制度没有什么变化，农民负担也没有多大变化。

（二）欠发达地区县级财政收入呈现净减少的趋势

到了2004年，由于取消农业税附加（在下表中体现为村提留）和降低农业税2.2个百分点，农民负担进一步减轻。与2003年相比，政府也因此减少收入852万元（其中农业税减少528万元，农业税附加减少324万元），减幅为42.51%。与1999年相比，郎溪县政府收入累计减少3280万元（见表5）。

表5　　农村税费改革后郎溪县政府减收情况　　单位：万元

年　份	1999	2000	2001	2002	2003	2004	合　计
农业税	951	1714	1681	1681	1680	1152	8859
农业特产税	812	237	180	189	0	0	1418
屠宰税	81	0	0	0	0	0	81
乡统筹	763	0	0	0	0	0	763
村提留	599	0	0	0	0	0	599
农业税附加		366	324	324	324	0	1338
教育集资	860	0	0	0	0	0	860
税费合计	4066	2317	2185	2194	2004	1152	13918
收入比1999年减少额		-1749	-2247	-2238	-2428	-3280	-11942
税改转移支付		874	1475	1587	1832	2263	8031
因税改而减少的收入		-875	-772	-651	-596	-1017	-3911

总体来看，税费改革以后，地方一般预算收入（主要为农业税及其附加、农业特产税、屠宰税）、基金收入（主要为教育集资）和预算外收入（主要为乡统筹和自筹收入）连续大幅度减少。2000～2004年，因税改而减少的收入合计为11942万元。根据郎溪县财政局提供的数据，这一时期获得的税费改革转移支付合计为8031万元。两者相抵，一共减收3911万元。

郎溪县2000～2004年，因税改减少的收入占全县总收入的比重在11%～15%之间。最高的为2000年的14.83%（见表6）。之后几年，则呈现减少态势。

表6　　农村税费改革对郎溪县政府收入的影响　　单位：万元,%

年　　份	1999	2000	2001	2002	2003	2004
（1）一般预算收入（地方收入）	3352	4453	4588	4518	4949	5272
（2）上解支出	878	920	924	74542		
（3）上级补助	4934	5556	8021	9053	11267	14257
（4）可支配财力	7408	9089	11685	12826	16216	19487
（5）基金收入	647	0	962	1661	2240	2850
（6）预算外收入	3296	2707	2597	2717	2630	2471
（7）郎溪县当地政府可用财力 =（4）+（5）+（6）	11351	11796	15244	17204	21086	24808
（8）税费改革后税费净减少额		－1749	－2247	－2238	－2428	－3280
（9）税费改革后税费净减少额占政府可用财力比重 =（8）/（7）		－14.83	－14.74	－13.01	－11.51	－13.22

（三）乡镇所获上级转移支付和预算外收入增加

农村税费改革对乡镇的影响，我们选取郎溪县新发镇、毕桥镇作为典型进行分析（见表7）。税费改革以后，新发镇2000年以前农业税（实际上是农业税和乡统筹之和）为197万元，2000年下降了71万元，到2001年，取消屠宰税，减收4万元，到2003年取消了农业特产税，减少税收6.5万元。2004年受取消农业税附加和降低两个农业税率百分点的影响，又进一步减收54万元。1999年以来，累计减收135.5万元。这是由于农村税费改革直接导致乡镇政府的税收减收部分。毕桥镇税改以前全镇农业税（实际上是农业税和乡统筹之和）为218万元左右，到2000年由于费改税的影响，收入下降了78万元左右。与新发镇不同的是，该镇1999年就已经没有征收屠宰税，因此不存在屠宰税取消而带来的收入减少问题。2003年取消农业特产税后，毕桥镇收入又减少18万元。到2004年，毕桥镇的收入进一步大幅度减少，减少额度为52万元左右。这样一来，2000年税费改革以来，毕桥镇因税制改革而减少年收入147.4万元。

为此，郎溪县决定，1999年5月份，将农业税、农业特产税、免税到期土地收入和耕地占用税全部化为乡镇固定收入，不再与县级进行共享，以让利于乡镇。

根据安徽省《关于印发安徽省农村税费改革有关配套文件的通知》（皖办发〔2000〕11号）文件规定，2000年10月，县乡财政关系再次发生变化，即县财政按照农业税收入决算数集中18%；按照乡镇农业特产税收入决算数集中12%。

表7　　郎溪县新发镇和毕桥镇1998年和1999年一般预算收入情况　单位：万元,%

	新发镇		毕桥镇	
	1998	1999	1998	1999
一般预算收入	108	56	130	53
增值税	10	6	7	6
营业税	6	13	17	4
企业所得税	1			
企业所得税退税				
个人所得税	18	4	19	3
固定资产投资方向调节税	4			
印花税	3			
城镇土地使用税			1	
屠宰税	7	3	3	
农业税	32	8	35	4
农业特产税	24	22	42	36
耕地占用税	1		1	
契税	2		3	

如此一来，乡镇财政的财力被进一步集中，乡镇本级的收入进一步减少。新发镇2000~2004年因税费改革而减少的收入分别为88.82万元、92.52万元、95.1万元、100.4万元和148.46万元。同期毕桥镇减少的部分分别为99.06万元、96.52万元、96.64万元、113.36万元和160万元（见表8）。通过将收入减少额与乡镇一般预算收入比较，可以看出，税费改革已经对乡镇财政收入产生了较大的影响。2000年，新发镇收入减少额相当于一般预算收入的56.94%，到2004年，增加到200.62%。同期，毕桥镇也由69.27%增加到225.35%。这说明，到2004年，乡镇绝大部分一般预算收入已经由于税费改革而减少了。到2005年，由于农业税将全面取消，乡镇将基本上不再有税收收入。

表8　　郎溪县新发镇和毕桥镇税费改革后累计收入减少额　　单位：万元

	新发镇					毕桥镇				
	2000年	2001年	2002年	2003年	2004年	2000年	2001年	2002年	2003年	2004年
（1）农业税	95	94	105	105	72	105	102	102	102	70
（2）农业特产税	6	5	10	18	18	19				
（3）农业税被集中部分	17.1	16.92	18.9	18.9	12.96	18.9	18.36	18.36	18.36	12.6
（4）农业特产税被集中部分	0.72	0.6	1.2	0	0	2.16	2.16	2.28	0	0

续表

	新发镇					毕桥镇				
	2000 年	2001 年	2002 年	2003 年	2004 年	2000 年	2001 年	2002 年	2003 年	2004 年
(5) 因税制调整累计年减少额	71	75	75	81.5	135.5	78	76	76	95	147.4
(6) 税费改革后累计收入减少额 = (3) + (4) + (5)	88.82	92.52	95.1	100.4	148.46	99.06	96.52	96.64	113.36	160
(7) 税费改革转移支付	52	43	14	30	118	54	6244	103		
(8) 税改后收入净减少额	-36.82	-49.52	-81.1	-70.4	-30.46	-45.06	-34.52	-96.64	-69.36	-57
(9) 地方可支配收入	197	223	240	271	307	208	264	312	348	395
(10) 税改后收入净减少额/地方可支配收入	-18.69	-22.21	-33.80	-25.98	-9.92	-21.66	-13.08	-30.97	-19.93	-14.43

随着农村税费改革的推进，上级农村税费改革转移支付补助也大幅度增加。新发镇和毕桥镇分别由 2000 年的 52 万元和 54 万元增加到 2004 年的 118 万元和 2002 年的 103 万元。虽然在不同年份的数额有较大差异，但总量是增加的。近年来，郎溪县也加大了对乡镇转移支付力度，对乡镇的净补助也随之增加。虽然新发镇在 2000 年和 2001 年获得的净补助收入还不足以弥补因税费改革而减少的收入部分，但是到了 2002 年，净补助收入已经足以弥补这一差额。到 2004 年，净补助收入已经高出减收部分 84.54 万元。毕桥镇的情况也类似，在 2000 年，上级净补助收入也还不足以弥补因税费改革减收部分，但是到了 2001 年，上级净补助收入就已经超过减收部分。这说明，在税费改革初期，由于上级补助有限，乡镇收入的确处于一种净减状态。但是随着补助的增加，乡镇收入不仅没有减少，而且还大幅度增加。新发镇的可支配财力由 2000 年的 197 万元增加到了 2004 年的 307 万元，4 年时间增加了 55.83%。毕桥镇的可支配财力由 2000 年的 208 万元增加到 2004 年的 395 万元，4 年时间增加 89.9%。由于转移支付的增加，税费减收部分占预算内可支配财力的比重也不是很高。新发镇最高的年份为 2002 年，达到 33.80%。但到了 2004 年已经降低到 9.92%。毕桥镇最高的年份也为 2002 年，为 30.97%。到 2004 年，已经下降到 14.43%。

预算内收入加上预算外收入基本上可以说明乡镇可用财力情况。由于预算外基本上由乡镇级政府收缴和支配。这一部分收入基本上为乡镇可用财力。在这种情况下，为筹集抓上“几把米”，乡镇筹集预算外资金的动机非常强烈。2000～2004年，新发镇预算外收入从336万元增加到540万元，乡镇总可用财力由533万元增加到847万元。2001～2004年，毕桥镇预算外收入从115万元增加到268万元，乡镇总可用财力由379万元增加到663万元。乡镇财政运行的基本特征是“保工资和保运转靠上级补助，办事情靠预算外资金”。如果考虑预算外收入的增加，税费改革减收部分对乡镇可用财力的影响就低得多。对新发镇来说，税改后收入净减少额占地方总可用财力的比重最高为2002年13.40%，到2004年已经下降到3.60%。毕桥镇的这一比重高一些，最高的为2002年的22.42%，到2004年已经下降到9.60%（见表9）。

表9　　农村税费改革对郎溪县乡镇总可用财力的影响　　单位：万元，%

	新发镇					毕桥镇				
	2000年	2001年	2002年	2003年	2004年	2000年	2001年	2002年	2003年	2004年
（1）税改后收入净减少额	-36.82	-49.52	-81.1	-70.4	-30.46	-45.06	-34.52	-96.64	-69.36	-57
（2）地方可支配收入	197	223	240	271	307	208	264	312	348	395
（3）预算外收入	336	390	365	435	540	—	115	119	145	268
（4）可用财力合计	533	613	605	706	847	—	379	431	493	663
（5）税改后收入净减少额/地方总可用财力	-6.91	-8.08	-13.40	-9.97	-3.60	—	-9.11	-22.42	-14.07	-9.60

三、几点认识

1. 全部减免农业税的决策是完全正确的。在农业税费的改革问题上，过去很长时间认为，如果全部免除了农业税，国家财税将不堪重负。而短短不到两年的实践结果充分证明，全部减免农业税，对于国家财政来讲，事实上只是在税收结构上，和财政分配上做了并不很大的调整，而且十分顺利。就地方财政来看，除了中央转移支付起到了改制应急的作用以外，事实上地方政府也正在积极地做各方面的适应性调整。可以说适应农村基层运行的新财税体制有望能够在近几年很快建立起来。

2. 农村税费改革对县级财政影响小，对乡镇财政影响大。对经济较为发达的宁国市而言，市级财政和县级财政都没有受到什么影响。对经济欠发达的郎溪县而言则影响较大。因此中央转移支付的力度要大幅度向粮食主产区的县乡倾斜。

3. 农村税费改革以后，乡镇政府筹集预算外收入的动机非常强烈。由于针对农民征收税费的大幅度减少直至消除，乡镇政府可支配收入将大幅度减少。从郎溪县新发镇和毕桥镇的情况来看，征地收入是预算外收入的主要来源，由于预算外收入的大幅度增加，税费改革所导致的减收额一般不会超过乡镇可用财力的10%。

4. 中央转移支付的办法不宜制度化。农业税减免主要涉及的是地方乡镇一级的财政问题，对于中央政府来说，这种转移支付必然带来前后两者“信息高度不对称”的问题。为了农税改革的顺利平稳过渡，中央转移支付作为一种权宜之计可以维持若干年，但这种办法显然不具有可持续性，因此必须考虑用新的办法取代。

（罗 丹 崔晓黎）

完善政府支农资金管理体制
提高政府支农资金使用效率
——对安徽省郎溪县、宁国市和内蒙古自治区武川县政府支农资金使用的调查

政府近年对农业的支持力度空前加大，但政府支农资金使用方式存在诸多不合理现象，降低了资金使用效率。根本的症结在于投资决策机制的方向倒置：是自上而下，还是自下而上。建议彻底改变目前以供给主导为主的政府支农资金使用方式，建立以农民需求为基础的投资方式。

一、财政支农资金快速增加

随着我国农业和农村问题重要性的日益突出，政府对农业的支持力度也随之加大。1990 年以来，狭义范围的财政支农支出①绝对量稳步增加，从 1990 年的 307.84 亿元增加到 2003 年的 1754.45 亿元，13 年间增加了 4.7 倍，年均增长 14.32%。在“九五”时期，除了狭义的财政支农资金外，还有财政扶贫支出 391.39 亿元、农业税减免 64.96 亿元，两者之和占财政支农总支出的 8.8% 左右，占财政总支出的 0.95% 左右②。2000～2004 年，农民人均交纳的各项税费由 168 元减少到 38 元，税费减免总额超过 1000 亿元。与此同时，中央还实行了开始了对农民进行补贴的时代。2004 年，中央出台了“两减免、三补贴”的政策，直接投入 451 亿元，其中取消农业特产税 68 亿元，减免农业税 234 亿元，对种粮农民直接补贴 116 亿元，良种补贴 28 亿元，购置大型农机具补贴 5 亿元。2005 年中央对农民“两减免三补贴”的力度进一步加大，在 2004 年基础上又增加了 251.4 亿元，其中减免农业税增加到 220 亿元，对种粮农民直接补贴增加 16 亿元，良种补贴增加 9 亿元，农机具补贴增加 6.4 亿元。总体来看，中央对三农问题日益重视，

---

① 狭义的财政支农支出是相对广义的财政支农支出而言的。狭义口径的财政支农支出包括财政用于农业基本建设的支出、支援农村生产支出、农林水气象等部门事业费支出、农业科技三项费用支出、农村救济及其他支出等。广义口径除了含狭义口径的财政支农支出外，还包括农产品流通补贴、农业生产资料补贴、财政扶贫支出、农业税减免等财政支出。

② 由于我国农产品流通补贴并没有使农民受益，故不予以计算。

招数也越来越实，投入也越来越多。

随着中央支出的增加，地方政府支农资金支出也大幅度增加。郎溪县是一个贫困县，也是一个传统农业县。2004 年，郎溪县人口 33.39 万人，其中农业人口 27.7 万人。在 2000 年以前，郎溪县的财政支农资金非常少，基本上是“人头费”支出。近年来，郎溪县财政支农力度迅速加大。2004 年，全县财政支农支出达到 5571.9 万元，其中县级财政一般预算安排 1317.5 万元，上级补助 4254.4 万元。

宁国市是一个经济比较发达的县级市。2004 年，宁国市人口 38.09 万人，实现 GDP33.2 亿元，人均 GDP8716 元。财政收入达到 6.09 亿元，财政支出 4.76 亿元。近年来，宁国市经济发展速度很快，财力也随之增强。随着财政支出的增加，财政支农资金也呈现增加态势。1999 ~ 2004 年，全市财政支农支出合计 1.21 亿元，占全市财政支出的 6.9%。其中，2004 年一年的财政支农支出就有 3299 万元。

内蒙古武川县同样如此。武川县是一个国家级贫困县，总人口 17.1 万人，农业人口 14.4 万人。2003 年以前，财政支农资金非常有限。2003 年，一般预算中农业、林业、水利和气象支出以及支援不发达地区支出之和为 1629 万元，农口专项资金为 1154.01 万元，合计 2783.01 万元。2004 年中央 1 号文件出台以后，支农资金迅速增加。2004 年，一般预算中农业、林业、水利和气象支出以及支援不发达地区支出之和为 1355 万元，农口专项资金为 5084.9 万元，合计 6439.9 万元，比 2003 年增加 1.31 倍。

近年来，中央和地方财政支农支出都大幅增加，为农业和农村的发展带来了良好的机遇。

二、政府支农资金使用方式存在诸多不合理现象

缺乏资金支持，农业和农村的发展是非常困难的。但是如果有了钱却没有把钱花好，则会降低投入效率，达不到预期效果，造成资源的浪费。目前，政府支农支出是增加了，但调查表明，目前的资金使用方式不尽如人意，效率亟待提高。存在的问题主要体现在以下方面。

（一）支农项目资金使用分散效率不高

目前政府支农的“口子”包括财政、发展与计划、扶贫、水利、建设、农业、林业、科技、气象、国土、交通等众多部门。由于部门之间没有形成良好的协调机制，即使是在县一级，也很难搞清楚到底有多少项目，各项目有多少资金。

根据不完全统计，武川县 2003 年和 2004 年农口专项资金项目 38 个，经费合

计5084.9万元，具体包括：（1）粮食直补（专户）3267.6万元；（2）扶贫资金（专户），包括支持两个乡养羊5万元、世界银行配套15万元、定向扶贫176万元、以工代赈项目（1）507万元、以工代赈项目（2）85万元、农科教资金20万元、支持劳动力转移35万元、外援配套1万元、监测费1万元、科技扶贫50万元、国有林场30万元；（3）农业综合开发（专户），包括土地治理287万元、多种经营136万元；（4）财政扶贫资金，包括呼和浩特市市领导1支持50万元、呼和浩特市市领导2支持25万元、呼和浩特市市领导3支持3万元、农业产业化资金50万元、少数民族发展资金10万元、农财专户支持少数民族地区5万元；（5）农业支出，包括保护耕作6万元、种植业农技推广14万元、畜牧养殖技术推广6万元、防虫5万元、准入经费0.5万元、支农资金10万元、种薯2万元、病虫防治1万元；（6）林业，包括速生丰产林建设5万元、林业病虫害防治1万元；（7）天保护工程（专户），包括专项拨款168.8万元；（8）水利，包括水毁重建资金6万元、小水利补助20万元、节水灌溉贴息3万元、小水利补助30万元；（9）气象，包括水利建设以奖代补13万元、防汛15万元、防汛应急20万元。可以看出，武川县支农资金分别由水利、气象、农业、林业、财政、扶贫等多个部门负责执行。2004年，一共有支农项目38个，其中水利部门8个；气象部门3个；农业部门8个；林业部门2个；扶贫部门6个；林业部门1个；农业综合开发部门2个；扶贫专项专户11个；粮食直补1个。各个部门分别执行不同的项目。在部门内部也存在着不同项目分散执行的现象。例如，水利与气象部门都有自己的水利项目。例如，包括防汛、小水利建设、灌溉、灾后重建等。种植业和养殖业项目则分散在农牧局、扶贫、财政等多个部门。

郎溪县的财政支农资金也是比较分散的。2004年，上级补助郎溪县的财政支农资金为4254.4万元，其中对种粮农民直接补贴和良种补贴为736.6万元，退耕还林补贴946万元，农业综合开发资金1368.4万元，农业项目资金以及财政扶贫资金1203.4万元。除了直接针对农民的补贴比较集中外，其他项目也是比较分散的。2004年，农业综合开发项目就有6个，其中土地治理项目5个，产业化项目1个。调查表明，项目分散导致以下结果：

1. 项目规模过小作用有限。除了粮食直补外，武川县2004年支农资金一共1817.3万元，平均每个项目的资金仅为49万元。有15个项目的资金额度在10万元以下。其中最小的项目仅为5000元。当地财政部门工作人员反映，这些钱不要不行，要了又办不成什么大事。每个项目都是“毛毛雨”，解不了渴。

2. “好钢”不能用在刀刃上。目前的现状是，不同部门做同样的事情，但都只能做一点事情。最后，取得的效果非常有限。对郎溪县来说，农业发展面临的最大问题是水利建设问题。但从支农资金构成来看，用于水利的专项资金却非常少。2004 年，上级财政部门共安排郎溪县支农项目资金（农林水类）516 万元，其中：农业支出专项资金 469 万元、林业支出专项资金 21 万元、水利和气象支出专项资金 26 万元。可见，水利和气象支出专项资金仅占上级财政安排专项资金的 5.04%，与当地的需求存在的偏差非常明显。

3. 投资缺乏重点。目前，支农职责分散在多个部门之中。涉农部门都强调自身的重要性，并根据自己的职责提出项目申请。为平衡不同部门的利益，在具体操作过程中，实际上采取了各部门都给一点项目的做法。目前，基本上所有的涉农部门都有自己的项目在执行，什么事都有人做，什么大事也没有做成，抓不住重点。

（二）资金与项目分配主观性强

中央各主管部门是中央财政支农资金如何使用的实际决策者。从实际情况来看，目前中央各主管部门业务较多，精力是非常有限的。面对全国各地众多的项目，中央主管部门事实上不可能进行详细的审核。而且，各地具体情况千差万别，业务主管部门不可能对各地的资金和需求情况进行深入了解。因此，在具体操作过程中只能采取先平衡各省（自治区、直辖市）利益的基础上，凭经验根据申请报告审批项目。从地方来讲，为了争取到项目，一是不遗余力地“包装”项目，二是跑“部”进京。武川县委一位负责人说，2005 年，他刚争取到一个 3000 万元的国土整治项目。这是他上任以来取得的最重要的政绩之一。当问及为什么能争取到如此大的项目时，他说，“我有特殊渠道”。县乡政府能否争取到项目和资金，很大程度上并不取决于项目本身的必要性和科学论证，而取决于争取项目的能力和成本支付。

（三）地方财力薄弱资金配套“走样”

中央财政支农专项资金，一般都要求地方提供一定比例的配套资金。从调查情况看，地方配套投资到位率低，已经成为影响农林水利等基本建设项目顺利实施和提高投资效益的重要问题。

郎溪县财政部门反映，2000～2004 年，上级财政部门共安排支农项目资金（农林水类）1604 万元。但是，由于该县是“吃饭财政”，涉农项目资金的投入完全依赖于上级部门的支持。地方财政对于上级部门解决的支农项目没有可用财力安排配套资金。对基层来说，有资金比没有资金好。只要有项目，基层都会竭尽全力争取。至于配套，则往往采取“灵活”的方式处理，比如“空转”配套，挪用某项资金先垫付，后抽回；或以一个项目的资金去“配”另外一个项目的资金等。

（四）责权利不明导致一些公共服务无人问津

从基层的实际情况来看，涉农部门较多，职能过于分散，责、权、利、誉、绩的边界模糊不清。目前的实际情况是，各部门都在做比较好做的事情，容易出政绩的事，面子上的事，风头上的事；而不好做的事，有可能投入少效益大，老百姓急而上级领导不急的事则无人问津。在出现问题时，难于分清责任。在取得一点成绩时，各部门又都说是自己的贡献。

水利建设就是典型的例子。目前，发展与计划、财政、水利、气象、扶贫、农业等部门都与农业水利建设有关。对武川县的调查表明，农村小水利建设与农民的生产生活息息相关，但是得到的支持却非常少，直接影响了农业综合生产能力的提高。对武川县的调查表明，农民的纯收入主要来自于种植马铃薯、小麦和油菜。2005 年，武川县大旱，导致当地小麦和油菜全部绝收，马铃薯出苗率只有 70%，预计农民纯收入只有 2004 年的 1/3，但没有任何一个部门会承认这与本部门的项目实施有关。

（五）对农户投资的作用要有积极评价

实行农村税费改革以后，政府明确规定，要逐步取消“两工”和集资。出台这种政策的初衷在于切实减轻农民负担。但是，取消“两工”和集资以后，农民所需要的公共设施又不能由政府背起来，这将对农业和农村的发展形成明显制约。农民在减负的同时，所需要的服务又得不到满足。故此，对投工投劳和集资问题，应当有一个客观的分析。

调查组在郎溪县和宁国市调查了 160 户农户，看他们对投资投劳和集资的看法。在所调查的 160 户中，当问及“如果村里今后某项工程您可以受益，您是否愿意继续出工和出钱”时，有 158 户表示愿意。当然，根据以前的做法，为公共设施建设出工一般在 20 个以内。2004 年，调查的农户中，一共出工 478 个，平均每个农户 3. 0 个；2004 年一共出资 7239. 1 元，户均 45. 24 元。其中，2004 年，投了劳动力的农户数为 80 户，户均投劳 6. 0 个；出了资的农户数为 58 户，户均出资额 124. 81 元。也就是说，对真正为农民提供有效服务的设施的建设，农民是愿意投资投劳的。当问及如果要求农民投资投劳建设公共工程是否加重农民负担时，只有 21 人认为这是加重了农民的负担，139 人认为不是加重农民负担。结论非常明显，如果村里某项工程可以使农民受益，农民愿意出钱和投工投劳。

三、症结：投资决策未始于农户

（一）农民投资需求与政府支农资金供给难以协调

政府是为农业和农民提供服务的。作为服务者，究竟提供那些服务需要充分听取服务接受者的意见。目前，各级政府已经认识到农业问题的重要性，并且大幅度增加了农业投资。但各地农民对公共基础设施和服务需求的想法却很难传递给地方政府，传递到中央政府则更难。从中央到地方各级政府，在确定投资方向和重点时，基本模式都是自上而下，农民的发言权得不到应有的体现。

（二）基层政府项目配套资金投入难以落实

随着分税制的实施，中央的财力越来越强。目前，中央财政收入已经占到了财政总收入的一半以上。与之相应，中央的支出决策权也就越来越大。在具体实施过程中，中央对各部门的利益进行平衡，然后将项目分解到各部门。

对于如何使用资金，各部门则各自制定计划。在制定计划的过程中，基本上在中央层面进行。在计划制定出来以后，则确定资金投入方向和重点。然后在此基础上，确定项目，并通知地方申报。在制定计划并确定投资方向的过程中，地方很难参与进来。实际的情况表明，各部门要详细掌握各地的实际情况是非常困难的。如果地方政府在制定计划的过程中所起作用受到限制，投资方向和重点区域将会与实际需求发生偏差。更令人担忧的是，在具体操作过程中，一些部门甚至没有系统的计划，在决策过程中具有较大的随意性。所作出的决策与地方的需求相去甚远。

地方参与不进来还有一个非常明显的缺陷。目前，各部门都希望本部门的投入带动更多的投入，一般会对地方提出配套投入的需求。但是，由于各部门对地方的实际财力不了解，而且往往对全国各地的配套要求是相同的，因此，提出的配套要求与当地的实际财力不对称。这样，在财政困难的地区，配套资金实际上很难到位。而且，各部门缺乏沟通，各自对地方提出配套要求，结果导致配套总量要求非常高，即使是财力较强的地方，要达到各部门的配套要求也非常困难。

（三）中央、地方和农民的投资整合困难

广义的产品概念可以分为公共产品、准公共产品和私人产品。在实际经济活动中，纯粹的公共产品是比较少的，大多是具有外部性的准公共产品。与私人产品不同，公共产品具有外部性，即“共享”。因此，通常情况下，私人是不会介入公共产品和准公共产品的。与纯粹的公共产品不同，准公共产品具有商业利益，

如果完全由公共部门来提供，则不利于资源效率的提高，会降低财政支出效率。水利建设和交通设施是两个典型例子。通常来看，小水利和交通设施属于准公共产品。农民对小水利和交通设施是有需求的，并且愿意进行部分投资。但是这里有一个关键问题，就是公共部门和农民的投入轻重如何分担，这是一个很难解决的问题。目前，绝大多数地方的做法是，要么完全由政府投资，要么不管，任其自然，结果导致小水利设施和交通设施年久失修的现象非常普遍，该建且能建的水利和交通设施建不起来。政府的投资和农民的投资整合不起来。如何清晰地划分政府和农民的投资轻重，将农民的投资积极性激发起来，投资能力集中起来，达到有效支农的目的，尚需要进行积极的探索。

四、完善政府支农资金使用方式

（一）以农民需求为基础制定投资规划

要彻底改变各部门和地方将农业投入视为“唐僧肉”的局面，关键在于事先明确资金将投向哪里，投资的优先序列是什么，投资方式如何选取等。这样，不论由哪个部门来执行项目，都不会有太大的偏差，各部门也能朝一个方向努力。要做到这一点，关键在于有一个系统的前瞻性规划。规划制定以后，投资重点、投资额度和投资方式也就确定了，各部门和地方的主要精力不再为争取项目和资金，而是根据规划的要求落实任务。制定规划应当达到以下基本要求。

1. 应当充分考虑农民的需求。在制定规划过程中，应当组织各部门和地方对农民的需求进行深入调查和研究，充分反映农民的需求重点、需求的迫切性、农民自己的投资能力、投资意愿等等。在此基础上，依据财力确定投资方向、投资重点、投资优先序列、投资额度和投资方式。

2. 从国家层面制定长远的农业和农村发展规划。目前，一些部门和地方制定了自己的规划，但这些规划具有非常强的部门和地方局限性。一旦全局的情况发生改变，规划往往形同虚设。因此，应当从国家层面，借鉴历史、展望未来，根据统筹城乡发展和统筹国内发展及对外开放的要求，制定20～30年的发展规划。然后以此为基础，找出我国农业发展需要解决的具体问题，预测资金的需求量和需求结构，以确保农业和农村发展的有序性，并提高资金使用效率。

3. 将规划法制化，确保规划的权威性。作为一个长远发展规划，必须有足够的权威性。将规划上升到法律层面是提高权威性的有效方式。在这一方面，发达国家有比较丰富的经验可资借鉴。

4. 确定投入优先序列。对农业而言，农口要解决的问题非常多，包括资源与生态保护、基础设施建设、动植物保护、育种、生产资料供应、生产和加工技术推广、质量与安全保障、农产品流通体系建设、信息服务、价格支持、生产和收入补贴等等。要解决这些问题并非一朝一夕所能完成。投入能力是有限的，要提高投入效率，应当将这些问题的紧迫性和重要性进行排序，确定优先解决的领域。

5. 保持一定的弹性。目前，我国城乡经济社会处于一个快速转轨时期，未来变化的情况有较多的不确定因素。因此，在制定规划过程中，应留有一些“口子”，以确保新出现的问题能够得到有效解决。

（二）部门对支农资金主要负责制定规划、监督和评估

支农资金总盘子是一定的，不管是由地方还是由上级部门直接决定支农资金使用方向，最终都要用于支持农业和农村的发展。从目前的实际情况来看，设置一部分专项资金是有必要的。例如粮食直补对于提高农民的种粮积极性就起到了明显的作用。但专项过多，必然导致资金使用过于分散，不利于集中力量办大事情。

当然，这并不是说上级业务主管部门无事可做了。目前，上级业务主管部门的精力主要放在投资决策上。事实表明，部门决策很难解决上下信息不对称的问题。而且，业务主管部门的精力分散以后，对于投资项目的监管和执行效果评估就有心无力了。由于业务主管部门对于本部门的业务比较熟悉，如果能够将时间和精力重点放到监管和执行效果评估上来，对提高投资效率将会起到重要促进作用。

（三）改支农资金管理“条条”为主为“块块”为主

各地情况千差万别，要解决的关键问题也不一样。至于什么是关键问题，地方政府明显比上级业务主管部门掌握更多的信息。因此，在解决各地的实际问题时，地方政府决策比上级业务主管部门往往更有效率。

当然，地方政府办事是要钱的。在支农总盘子一定的情况下，专项资金过多，地方政府可以自己做决策的余地就相应降低了。2004 年，郎溪县的预算内可用财力为 20761 万元，其中地方一般预算收入 5272 万元，上级补助收入 14257 万元，上级补助就占到了 68.67%。武川县 2004 年预算内可支配财力 18815 万元，其中本级收入 3576 万元，上级补助 15239 万元，上级补助占 80.99%。本级财政收入养人都不够，要办什么事情基本上只能依赖上级补助。由于上级补助往往通过各个部门下来且有规定明确的用途，郎溪县自己实际上很难决定做什么和不做什么。对于水利建设等亟待解决的问题实际上就无能为力。

要改变这种局面，必须在减少专项资金和项目的数量的基础上，将资金使用的决策权下移。对于影响全局的问题，例如大江大河的治理、部分大型生态建设

项目等，往往需要跨省域执行项目，通过中央设置专项来解决问题是有必要的。对于能够由省一级解决的问题，例如省内水利、道路等设施的建设则可以在省（自治区、直辖市）范围内按照轻重缓急统筹解决。在省（自治区、直辖市）以内，基本的原则也是对于跨行政区域的项目，由上级政府乃至中央政府解决，对于在一定行政区域的项目，则尽可能由本级政府解决。有些项目虽然跨行政区域，但如果能够通过区域之间协调解决的，也尽可能不要由上级政府解决。因此，在转移支付方面，应当加大一般转移支付所占比重，大幅降低专项转移支付所占比重。

（四）“一个漏斗”：确保在县级各种资金能够整合起来

政府支农支出管理体制改革的方向，应该是建立一个适应市场经济和政府公共支出的、“统一、效能、协调”的管理体制。为此，应对现有农业项目、资金进行整合，相对集中。对于目前由不同渠道管理的农业投入，尤其是用于农业基础设施建设的资金投入，要加强统筹协调和统一安排，防止项目重复投资或投资过于分散，使有限的资金发挥出最大的效益。

从我国目前政府支农资金的使用情况来看，县（市）级政府的部门机构比较健全，对行政区域内资金需求情况是比较了解的，具有在全县范围统筹安排项目实施的能力。建议上级业务主管部门在县域范围内实施的支农项目，尽可能由县（市）级政府统筹安排。可以考虑在县（市）级政府成立专门的职能机构，专门负责支农项目的实施。凡是对农民进行直接补贴的项目，包括粮食直补资金、退耕还林补贴资金、农机补贴资金、良种补贴资金、抚恤金、救济金、五保户供养资金、农村新型合作医疗补贴资金等可以由县（市）级专门的职能部门负责管理，并为农民建立家庭账户，统一打卡，直接发放到农民手上。目前，安徽省正在进行这样的试点，并取得了明显的成效。建议及时总结经验予以推广。

（五）积极推行“一事一议”和“以奖代补”

很多农业投入就是准公共产品。农民是理性的，心里有一本账。在农村，很多产品，如小水利设施和村内交通设施，属于准公共产品，并不需要政府全部负责。对郎溪县和宁国市160户的调查表明，有144户认为村组内道路可以集资兴建，占样本数的90%；有136户认为村组内水利可以集资兴建，占样本数的85%。对于这些工程，如果政府能够支持一部分，农民个人的成本就会降低，农民也就更容易组织起来，公共设施的建设就会顺利得多。

对郎溪县的调查表明，修建一口“当家塘坝”一般需要现金支出3000元左右。为调动农民的积极性，政府采取“以奖代补”。只要农民自己组织起来修建一口“当家塘坝”，就补贴300元左右，占现金支出的10%左右。虽然政府补贴不是很多，但是却极大地调动了农民的积极性。近几年来，郎溪县通过“一事一议”的方式，修建了2万多口“当家塘坝”，在很大程度上缓解了灌溉问题。

农民通过“一事一议”的方式可以解决很多公共设施建设问题。对于真正能够使农民受益的项目，只要做到程序规范、使用透明、集资额度不超过农民的承受能力，农民是愿意出点钱的，也谈不上是增加农民负担。

今后，应当更多地采取“以奖代补”等激励方式，鼓励农民兴修水利、修建道路、实施中低产田改造工程。

（罗　丹　崔晓黎）

农村税改后，安徽省义务教育投入体制研究

我国自2000年率先在安徽省试行农村税费改革，在2005年不少省份又宣布全面取消农业税。伴随着农村税费改革过程，国家连续几年出台政策，专门用于指导农村义务教育。如2001年发布《关于基础教育改革与发展的决定》，2002年颁布《国务院办公厅关于完善农村义务教育管理体制的通知》，2003年国务院首次召开全国农村教育工作会议，并出台《国务院关于进一步加强农村教育工作的决定》，2004年农村义务教育开始全面推行"一费制"政策。农村税费改革以及一系列配套的政策措施，都对农村义务教育产生了重大而深远的影响。这标志着我国农村义务教育正处于新的发展阶段。

安徽作为2000年农村税费改革的试点省份，在2005年也取消了农业税。同时，作为中部地区的农业大省，其三农问题在全国都具有一定的代表性。为了解税改后农村义务教育的运行情况，我们于2005年选取了安徽省的郎溪县和宁国市进行调研。郎溪县是安徽省扶贫开发工作重点县，比照享受国家扶贫开发工作重点县政策。而宁国市连续五年综合经济实力位居安徽省县市首位。通过对这两个不同类型的典型县市进行深入调研分析，可以总结出税改后农村义务教育所面临的困境，提出新时期建立稳定的农村义务教育投入体制的构想。

一、税改后农村义务教育的发展现状

（一）管理体制逐步完善

从2000年起，郎溪县和宁国市先后对农村义务教育管理体制进行了改革。通过不断跟进的改革措施，两县都打破了"分级办学、分级管理"的旧体制，强化了集中管理，减少了管理层级与人员，丰富了"以县为主"管理体制的内涵。

2000年4月，郎溪县在全省率先撤销乡镇教办，原教办工作人员全部分流转岗。2001年9月，将郎溪全县农村中小学教师工资统一上收到县管理。2003年，结合乡镇行政区划调整，设立九年一贯制中心学校，逐步实行以学区为主的教育管理区划单位。2004年全面实施"乡财县管"，设立乡镇财政结算中心，农村中小学教师工资由县财政拨付到结算中心，由乡镇代发。到2005年则全面启动"以

县为主”的教育管理体制改革，在县会计核算中心内成立教育核算分中心，管理以县教育局为主。教师工资直接由县教育核算分中心发放。各中小学的收费资金严格执行“收支两条线”和“收缴分离”的管理规定。杂费和代收代支资金必须及时、足额进入县财政专户，并实行分类核算。学校按县财政局统一要求，分学期编制分月用款计划，县预算外资金管理局按用款计划将杂费等收费收入拨入分中心，各学校按规定用途使用。通过这一系列的改革，郎溪县改变了过去对教育多头管理、责权分离的局面，扭转了税改后教育管理“五马分尸”（财政、宣传、人事、乡镇、教育五部门）的混乱局面，有效控制了教育乱收费和乡镇挪用教育经费的现象，使得教育经费收支管理趋于严格规范。

2000 年 7 月，宁国市率先在全省把农村教师工资纳入市级财政发放范围，实行“指标单列、资金单拨、专户管理、银行代发”的管理办法，把农村教育经费列入市级预算，并建立教师工资专户，确保教师工资及时足额发放。在 2001 年，宁国市又开始推进公共财政支出改革，将市教育部门及市直学校财务纳入市会计核算中心集中统一管理，学校所有收入全部纳入市预算外资金专户，学校按报账程序支出使用。2004 年 4 月，宁国市全面推行乡财市管，乡镇所有行政单位，包括中小学财务收入全部纳入市财政统一核算和管理。乡镇在当地金融机构开设“基金结算户”、“工资专户”、“支出专户”，对农村中小学财务进行核算管理。中小学教师工资通过“基本结算户”拨入“工资专户”，直达教师个人账户。各学校所有收入实行收支两条线，全部缴入“基本结算户”，支出由各学校编制用款计划报市财政审核后，由财政部门及时足额从“基本结算户”划拨到学校支出户，各农村学校按报账程序支出使用。同年，宁国市撤销各乡镇教办。2005 年要求每个乡镇设立一所中心初中和一所中心小学，或一所九年一贯制中心学校，并在市教体局成立教育人才管理中心。至此，通过“一破三立”（即撤销乡镇教办、设立中心学校、教育经费核算分中心和人才管理中心），宁国市逐步建立和完善了“以县为主”的农村义务教育管理体制，同时被省里确定为完善农村义务教育管理体制的首批样本县。

（二）经费投入更有保障

由于农村义务教育管理体制的不断完善，郎溪县和宁国市的教育经费投入从主要由农民负担转变为主要由政府负担，使得教育资金来源更加稳定、更有保障，同时扭转了过去拖欠教师工资的现象。

郎溪县预算内教育拨款从 2001 年的 3600 万元，达到 2004 年的 5500 万元，年平均递增 15%。预算内生均教育费和生均公用经费均有一定的增长，基本实现了《教育法》明确要求的“三个增长”。教师工资上划到县之前，乡镇负责解决

1/3，学校自己解决2/3。上划后，预算内工资全部由县财政出，预算外工资中有120元由县财政负责，另外130元由乡镇和学校共同解决。税改后教师工资基本都是实行的最新标准，平均工资水平在每月1100元左右，国标工资都能按时、足额发放。公用经费方面，县财政也开始投入了部分资金，目前拨付标准是，小学每人2元/学期，初中每人6元/学期。

宁国市2004年教育支出9297万元，较1999年的5974万元增长了80%。在税改前，全市29个乡镇中有24个乡镇欠发工资，平均欠发3个月，欠发教师工资及地方性津贴总额达到681万元。自2000年实行乡镇教师工资上收市级管理，教师的预算内外工资都全部由市级财政承担，每月都能保证及时、足额到位，再未发生新的拖欠。另外，2005年农村学校生均公用经费按照初中15元/学期，小学10元/学期也已由市财政全部拨付到位。

（三）办学水平有所提高

由于管理体制的逐步健全，经费投入保障有力，两县的教师队伍素质和教育保障水平都保持在较高水平。

2004年，郎溪县的小学和初中教师学历达标率分别为99.6%和97.2%；农村小学适龄儿童入学率达到99.99%，农村初中适龄儿童入学率达到99.46%；农村小学辍学率为0%，农村初中辍学率为2.33%；整个初中的毕业生综合升学率为65%。2004年，宁国市全市小学和初中公办学校专任教师均按规定取得了相应的教师资格，专任教师学历合格率小学和初中分别到达100%和99.7%；市农村小学适龄儿童入学率保持99.98%，农村初中适龄儿童入学率达99.98%；农村小学辍学率为0%，农村初中辍学率为1.21%；整个初中的初中毕业生综合升学率为88%。

（四）农民负担有所减轻

一方面，农村税改取消了农村教育费附加和教育集资，另一方面，政府加大了对教育的投入，同时对中小学实行“一费制”收费政策，农民在子女教育上的负担有所减轻。

郎溪县在税改前，如1998年，农村教育费附加和教育集资总计达569万元。税改后，取消了这两项收费，同时由于规范了教育收费，使得全县农村中小学学杂费收入每年减少约1000万元。这相当于每年减轻了农民教育负担1600万元，平均每个学生“减负”402元。而宁国市在税改前，农村教育费附加和教育集资达737.2万元（1999年数值）。同样，税改后，仅取消这两项收费，全市平均每个学生就“减负”185.2元。

二、税改后农村义务教育的困境

（一）基层政府教育负担过重

税改前，农村义务教育投入有四个支柱：财政、学校收费、农村教育费附加和教育集资。税改后，财政的柱子变大了，学校收费的柱子变小了，后两个支柱则彻底垮掉了。税改使得农民的教育负担减轻了，而让政府承担起更多的教育投入责任。随着“以县为主”管理体制的逐步建立、健全，乡镇政府又把农村教育投入的重担交到县级政府手中。

2004 年，郎溪县农村中小学教育经费财政拨款 4176 万元，是财政支出最多的项目；而其中又有 3902 万元用于发放教师工资，占全县人员经费总支出的一半以上。同年，宁国市农村中小学教育经费财政拨款 5747 万元，也是全市财政支出最大的项目；其中用于教师工资有 5460 万元，占全市人员经费总支出的 31%。这两县（市）的数据说明，县级政府的财政支出有相当大的比例都用于了农村教育，并且几乎全部经费都是用在了教师工资这类刚性支出上。这给基层政府背上了沉重的包袱，使其缺乏财力空间用于促进地方经济发展和提供其他社会服务。

（二）办学经费更为紧张

税改后，农村教育费附加和教育集资被取消，加之两县（市）逐步落实“一费制”收费政策，学校的办学经费缺口明显增大。虽然政府加大了财政资金投入，包括中央专门制定了过渡时期一般转移支付和专项转移支付的办法，但没有明确规定用于运转和建设的份额，使得一般转移支付几乎全部用于解决人员工资问题，留下了因政策调整带来的公用经费和建设经费的刚性缺口。

税改前，郎溪县农村学校杂费收取标准是：小学每人 275 元/学期，初中每人 350 元/学期。当时学校的收支基本都能平衡。税改后，县财政虽然拨付了部分公用经费，但实施的是 80 年代中后期的标准：小学每人 2 元/学期，初中每人 6 元/学期。其余绝大部分来自于学校收取的杂费。目前郎溪县还没有完全实行“一费制”，但杂费、代收课本费和信息费统一收取，逐步向“一费制”靠拢：小学平均每人 170 元/学期，初中每人 285 元/学期。“一费制”标准完全到位后，小学每人 90 元/学期，初中每人 120 元/学期。如果以“一费制”标准收取的杂费都能全部真正用于学校日常开支，那学校也能基本保持正常运转。但实现是，杂费收入的大部分还要用于发放教师预算外工资，2004 年郎溪县农村学校杂费收入 512 万元中有 475 万元就被挤占发放地方性补贴。余下的经费还不能全部用于公用开支，还要偿还学校过去的欠债。像郎溪县毕桥中学 2004 年杂费收入是 14.5 万元，其中就有4万元用于还债（该中学在过去“两基”达标累计欠债47万元）。到2004年10月份，学校只剩3万余元，当时学校公办预算外工资和11位临代人员工资毫无着落。到2005年4月中旬，学校可用财力仅剩7902元，而接下来的每个月还有水电费、电话上网费、维修费等刚性支出。

宁国市财力虽然较郎溪县殷实，教师预算内外工资都能由市财政承担。但在学校的办学经费上，同样面临与郎溪县类似的问题。税改后，宁国市规定：农村初中杂费95元/学期，农村小学70元/学期。学校的收费虽然有几项，但可用资金仅有杂费这一项。而杂费收入要列支的项目太多，每月的水电费、正常办公开支、学校维修、教师培训等，甚至学校负债都要靠杂费解决。像中溪镇2004年学校收取的杂费小学是15万，初中13万。这部分钱除正常办公外，还要用于还债（全镇农村学校负债超过60万元）。

（三）教师队伍结构不合理

通过对两县（市）的调查发现，郎溪和宁国都不同程度地存在教师超编与缺编的矛盾。超编是由于过去搞“民办教师转公办教师”带来的历史遗留问题，缺编则是新时期实施素质教育带来的现实问题。

1999年，安徽全省就完成了“民转公”的工作，比国家规定时限提前1年。一些县市为完成当年省里部署的任务，对余下的民办教师未经严格考核就转为了公办教师。这为今后农村教师的超编问题埋下了隐患。农村税改后，为了防止人员经费膨胀，省政府对教师编制进行了严格的规定。按照省定的师生比，郎溪县农村教师超编问题比较严重，小学超编373人，初中超编12人。由于教师整体超编的压力，郎溪县毕桥中学2年没进过1名教师，毕桥镇的小学4年没进过大中专毕业生。而宁国市由于过去民办教师不多，因而超编问题还不十分突出。另外，由于这两个县计划生育政策执行得较好，适龄上学儿童在减少，这也使得教师超编问题在未来变得更加严峻。

在主课教师超编的同时，计算机、英语、美术等专业教师缺编问题也十分严重。如郎溪县毕桥中学有11个教学班，但仅有2名专任英语教师，英语教学无法正常开展。学校一方面动员一名生物专业的教师转行教英语，一方面聘请一名临时代课老师教英语，同时向上级反映实际困难抽调了一名英语教师支教。但根据县有关规定和学校合同，临代老师必须清退，支教教师要回原单位。到2005年下半学年，学校的英语教学就难以开展。而宁国市中溪镇中心小学缺少专业教师，便只好到中学去“借教”。另外，两县都还存在村教学点，教师也就1、2名。为保证教学内容，同时不增加教师编制，两县都出现过教师“走教”的形式，即一名教师负责几个教学点的教学。但由于教学点分布较散，教师后来也吃不消，

"走教"实行不下去。现在，只能是有专业教师便开课，没有条件就不开课。

（四）布局调整难以开展

农村中小学布局调整也是农村税改的一项配套措施，目的是要优化教育资源配置，提高中小学的教育质量和办学效益。但现实中，农村中小学布局调整难以推开。首要制约因素便是缺少资金。如果只实施危房改造，就没有资金实施布局调整，而不合理的布局会造成资源的低效配置，同样是一种有限资金的浪费。目前，两县的布局调整与危房改造是同步进行，资金缺口就更加突出。

税改后，两县的学校建设主要都是依靠上级政府的专项资金。这类资金一般都要求基层政府配套。县级财政由于已经承担了教师工资，一般很少再投资于学校基建。乡镇政府在税改后，财权已经虚化，极少数乡镇能提供少量资金，但远不够配套要求。剩余的资金缺口只能靠学校自筹。学校能采用的处理办法便是负债，然后通过收取的学杂费逐年偿还。过去，"两基"达标，学校就产生了大量负债。现在，因布局调整和危改，新债又在不断生成。像郎溪县教育负债有1424万元，其中"两基"达标442万元，危改与布局调整599万元。宁国市农村学校1864万元的负债中大部分是在税改后的2003～2005年间形成的，主要也是欠建筑工程款。

另一方面，布局调整还面临着教师编制问题。现在，两个县都还有村教学点，有的教学点只有12个学生，按国家规定又不允许搞复式教学。如果给教学点再配上教师，人员就出现超编。如果实施布局调整，撤销教学点，富余教师的安排又是一个棘手问题。

另外，布局调整对山区的学生影响非常大。特别是家住山区的低年级孩子，可能就要到十几里外的学校上学，而乡村道路又太差，学生安全难以保障。如果学生住校，对农民而言，无疑又多了一笔住宿费和在校伙食费负担；对学校而言，又会因建宿舍和食堂而增加负债。

因此，目前不少地方还是维持过去状况，教师减不下来，布局调整也不能全面推开。

三、目前制约农村义务教育发展的根本原因——投入体制不合理

（一）县乡政府财力有限

税改后，乡镇政府财权基本虚化，要求其承担农村义务教育的庞大投入，显然已不可能。目前，我国各地开始逐步建立起"以县为主"的管理体制。由于中央并没明确新体制中各级政府的投入责任，因而在实际运作中，投入体制也往往

是“以县为主”。把农村义务教育的投入主体由乡提升到县，虽然保障能力有所提高，但仍是一种低水平保障。因为当前教育的发展要快于当前经济的发展，才能实现未来经济的增长。而面对教育优先发展所需要的投入资金，多数县市财政显得十分吃紧。

一般情况下，县财政只承担教师工资部分，对公用经费和学校建设投入较少。条件好的县，像宁国市不仅能全额承担教师预算内外工资，还能足额到位公用经费。条件差的县，像郎溪尚无力支付全额教师工资，还需要依靠乡镇政府和学校共同分担预算外工资。并且，根据安徽省文件规定，应由县财政安排的初中每生15元、小学每生10元的公用经费，郎溪县也不能到位。实际拨付额为：小学2元/生年，年实际拨付总额为15.6万元，欠拨额为30.6万元。造成这种差异的关键性原因，就是两县财力的不同（表1）。从表1中可以看出，两县自身的财力相差较大（5.43倍），通过上级转移支付后，可支配收入差距才有所缩小（2.24倍）。两县在农村中小学教育支出上的差距较一般预算支出小，一方面得益于上级对教育的转移支付，另一方面是因为郎溪的学校分担了部分投入，掩盖了两县财政投入上的差距。不过，从绝对数上看，1000多万元的差距，已经可以解决农村中小学的许多问题。

表1　　2004年郎溪县、宁国市财政收支基本情况　　单位：万元，%

	一般预算收入	地方可支配收入	一般预算支出	农村中小学教育支出
郎溪县	5272	19487	19838	5645.2
宁国市	28608	43601	47608	6759.7
两县相比	5.43	2.24	2.40	1.20

但两县也存在共同点，由于缺乏学校建设资金，两县农村中小学的危房面积在税改后呈增长趋势（见表2）。

表2　　郎溪县、宁国市税改前后农村中小学危房面积变化情况　　单位：千平方米，%

		农村初中		农村小学	
		2000年	2004年	2000年	2004年
郎溪县	危房面积	2.4	8.6	2.5	10.4
	占年末校舍面积比例	3.47	8.3	2.36	8.92
宁国市	危房面积	2	6	2	28
	占年末校舍面积比例	2.04	5.6	1.33	21.54

农村义务教育背负着提高全民族素质的重任，是教育工作的“重中之重”，是中国农村现代化进程中的“难中之难”。从全国范围内看，像宁国市财力较强的县市毕竟是少数，而财力不如郎溪的县市还有不少。让如此众多财力有限的地

方基层政府承担农村义务教育的投入重任，犹如众多立柱支撑房屋，但由于缺少主梁，难以继续支撑。

（二）上级资金难以弥补缺口

农村税改后，中央和省级政府加大了对县乡政府的转移支付。像郎溪县，在2002～2004年间得到的教育转移支付金额分别是549万、1081万和1937万。但是，由于税改带来的缺口过大，一般转移支付中又没有明确规定用于教育的比例，因而资金缺口难以完全弥补。而且，上级的转移支付基本全部都用于支付教师工资，尚未覆盖到学校运转和发展的资金缺口。

对于学校建设来说，原先“建设靠附加、维修靠集资”的投入格局在税改后被打破，而新的机制又没有建立起来。虽然中央和省有专项资金投入学校建设，但不能完全满足建设需求，还需要基层政府配套，而县乡政府财力有限，拿不出所缺资金。同时，政策又规定专项资金只能用于普通教室修建，附属工程及配套设施（教学辅助用房）以及建房前的征地、审批等费用都要靠学校自己解决。

另外，对于公用经费，虽然中央和省都发文明确要求义务教育学校的杂费收入要全部用于补充学校公用经费不足，不得用于教职工工资、津贴、福利、基建等项开支。但预算外工资、公用经费缺口和学校欠债却没有明文规定由谁来解决。同时新课程改革后，购置新设备（如微机），也无专项资金来源，学校又只能借债投入。

总之，在目前现有义务教育投入体制下，县级财政勉强能负担起教师工资，中央和省财政能补贴部分教师工资和学校建设资金，但留下的缺口全部都交给学校自己解决。学校能掌控的资金只有学杂费收入一项，而政策又规定死了学校的收费标准和用途，致使不少学校都靠负债在运转，学校的稳定受到严重影响。一些农村中小学的校长反映说，义务教育现在已经转变成了“学校的义务”。像郎溪县毕桥镇80%的校长不愿再干下去，有的校长已经连续打过几次辞职报告。可以说，税改后“以县为主”等政策措施，只是实现了对农村义务教育的低水平保障，还并没建立起真正稳定的投入保障体制。

四、构建我国农村义务教育投入新体制

目前我国已经开始进入工业“反哺”农业、城市“反哺”农村的新阶段。“反哺”的实质就是要改变农业、农村在资源配置和国民收入分配中所处的不利地位，加大公共财政投资力度，让公共服务更广地覆盖农村，惠及农民。而义务教育关系着每个农村家庭的命运，关系着整个民族素质的提高，是公共性最强的

领域。因而，可以借助农村税改契机，把义务教育作为消除城乡二元结构、缩小地区贫富差距的突破口，让城市和农村、发达地区和落后地区的儿童都能获得一个大体均等的义务教育资源，这也是整个社会实现机会公平的重要途径。

通过对安徽省两县的调查发现，农村税改后“以县为主”的农村教育管理体制在实践中已衍生成“以县为主”的投入体制。把义务教育投入的重担压在财力有限的地方基层政府身上，而中央和省级政府又未担起挑大梁的责任。这种投资体制对于发展具有全局性、战略性意义的义务教育来说，缺乏长期稳定保障。

从国际经验看，世界上无论是分权国家还是集权国家，管理体制大多实行分级管理，多由基层地方政府主管。但义务教育公共投资则由各级政府共同负担，中央财政和州（省、邦）等高层地方财政成为投资主体，负有主要责任。

因而，我国需要建立新的投入体制，加大中央政府和省级政府对义务教育的投入，从而在全国范围内编织一张保障义务教育最基本投资需求的安全网。

（一）保障教师工资的责任上移，由中央和省级政府分担主要责任

在世界各国，教师工资历来是义务教育公共经费的最主要支出，一般达到政府公共投资的80%左右。在法国、泰国、韩国、埃及等国，均将义务教育教师工资全额纳入中央财政预算，由中央财政独立负担。德国和印度义务教育教师工资全额由州或邦财政独立负担。我国义务教育阶段教师工资虽不是由中央或省全额负担，但可以在目前三级分担的基础上，提高中央和省的分担比重。

首先，可根据最落后地区教师的工资水平确立最低收入保障线，由中央财政承担这部分工资；然后，各省的平均收入水平与最低保障线之间的差额部分，由各省财政承担；最后，各县根据自身财力水平、当地消费水平，可在中央和省两级法定工资标准上再自主发放地方性津贴。

配合教师工资的发放，全国还可以以省为单位建立一个统一的教师档案数据库，每位教师对应一个唯一的档案编号。以此数据库为依托，可对教师队伍的从业资格认证、工资发放、职称考核、人事编制等实施统一的信息化管理。

（二）学校建设由中央统一规划，基建费用主要由中央和省负担

中央可设立一个义务教育发展规划委员会或领导小组，对5年内义务教育发展所需的基本教学用房、主要教学设备进行评估，制订全国统一的中小学校建设基本标准。该标准体系每5年进行一次审定、调整，对中小学房屋，特别是危房，实施动态预警和滚动监测。

根据该标准体系，学校建设所需的主体教室，以及资金占用较多的电教、实验等教具设备，由中央和省财政共同分担。县级政府负责学校征地及各种审批手

续的办理经费，并根据当地实际情况负责投资建设宿舍、围墙等附属设施，同时负责学校的维修经费。

（三）公用经费由地方县级政府全部负担

在教师工资和学校基本建设经费由中央和省级财政承担了主力后，县级政府的财政压力大为减轻，完全可以负担起全部的公用经费投入，甚至包括中小学教科书费用。如此下来，学生家长不用再缴纳学杂费和课本费，基本可以实现免费义务教育。

上述新体制的建立，能在全国形成一个义务教育投入保障的“底网”。对于发达地区，完全可以根据自身的经济实力，在基本保障标准上，把中小学建设得更好。对于财力极其匮乏的落后地区，即便是基层地方政府无力投资，中央和省级投入也都能保障义务教育发展的基本需求，实现免费义务教育。如果国家财力目前确实难以在全国范围内铺设“底网”，那至少可以借鉴韩国的经验，首先在经济落后地区推行免费义务教育。因为，目前在衡量我国义务教育发展水平时，更有意义的指标不是全国范围的总数、平均数、增长率等整体情况指标，而是最落后地区、落后学校的各种指标。

（韩　俊　姜文涛）

第四篇

土地制度与失地农民权利保护

调查中国农村

ZHONGGUO DIAOCHA NONGCUN

第四篇课题组成员名单

课题主持人：

韩　俊　国务院发展研究中心农村经济研究部部长 研究员

课题组主要成员：

秦中春　国务院发展研究中心农村经济研究部副研究员

张云华　国务院发展研究中心农村经济研究部副研究员

李　青　国务院发展研究中心农村经济研究部助理研究员

李　果　世界银行高级经济学家

（该课题为2006年度国务院发展研究中心农村经济研究部与世界银行合作研究项目）

征地制度改革与失地农民权利保护：实地调查及政策建议

改革以来，我国在扩大农民土地权利上取得了巨大进步，刺激了农业生产率的提高。但应该看到，当前农民的土地权利仍然很弱。用不同方式侵犯农民的土地权益，已成为新形势下农村矛盾的焦点。自2004年以来，国务院发展研究中心农村经济研究部课题组与世界银行专家通力合作，对中国土地政策综合改革问题进行了大量的实地考察和深入研讨。2006年5月正式对外发布了题为《中国土地政策改革与经济社会可持续发展：一个整体性行动框架》的第一阶段研究成果。该报告为未来土地政策改革提出了一系列具体的短期、中期和长期建议。与此同时，该报告也注意到，虽然迄今为止的土地改革值得，但还不够完全彻底。自2006年下半年以来，双方开展了第二阶段的合作研究，研究的焦点是迈向均衡的土地权利。为了进一步探索这些问题，双方合作开展了一系列的调查和专题研究，形成了一系列的详细研究报告。第二阶段研究的一个主要议题是征地制度改革与失地农民权利保护。课题组对分布在四个省市的四个县市、39个村庄、1000多个农户进行了实地调查和问卷调查，着重了解了失地农民对征地制度改革的意见，基于大量第一手调查资料，对征地制度改革进行了深入分析，提出了政策建议。

一、我国征地制度的法律框架：最新进展

土地征用制度是土地收益分配制度的核心内容。新中国建立后，第一部比较系统的征地法规是1953年政务院通过的《国家建设征用土地办法》。这一阶段国家征用的对象主要是农民的私有土地，在征用土地及补偿问题上的一个突出特征就是强调土地征用及补偿标准的协商性，而不突出土地征用的“强制性”，强调对失地农民补偿要“公平合理”，相对体现了农民作为土地产权主体的地位和农民利益的保护。1958年修订了建设征用土地办法，这一阶段由于受“左”倾思想的影响，对被征地群众利益考虑较少，甚至出现了不发补偿费的现象，征地过程的协商性基本上已经消失。1982年国务院公布了《国家建设征用土地条例》。《条例》与《办法》相比具有以下特征：一是突出了征地的强制性。二是首次提出了

劳动力安置补助费的规定。三是规定了土地征用补偿的最高上限，即土地补偿费和安置补助费总和不得超过被征土地年产值的20倍。四是《条例》还首次明确提出，因征地造成的农业剩余劳动力由县、市土地管理机关组织被征地单位、用地单位和有关单位分别负责安置。1986年制定的《土地管理法》，将上述规定上升为法律，规定与1982年的条例相同。1998年修订的《土地管理法》在土地征用及补偿方面，依然沿用土地原用途的年产值标准，规定土地补偿费和安置补助费的总和不得超过年产值的30倍，在征地补偿的改革上仅仅是上调了补偿倍数，体现的是量上的变化，其本质仍然延续了自20世纪50年代初期的以被征地年产值为补偿基数的做法，并仍然保留着补偿上限的限制。

2004年国务院通过《关于深化改革严格土地管理的决定》，在完善征地补偿安置制度上作出了一些创新：在征地补偿方面提出了确保被征地农民生活水平不降低的精神。在就业安置上，体现了保障被征地农民长远生计的思想。文件要求，对有稳定收益的项目，农民可以经依法批准的建设用地土地使用权入股。在城市规划区内，当地人民政府应当将因征地而导致无地的农民，纳入城镇就业体系，并建立社会保障制度；在城市规划区外，征收农民集体所有土地时，当地人民政府要在本行政区域内为被征地农民留有必要的耕作土地或安排相应的工作岗位。在征地程序上，强调农民的知情权，引入了听证制度，提出建立和完善征地补偿安置争议的协调和裁决机制，维护被征地农民和用地者的合法权益。在补偿分配上，提出了土地补偿费主要用于被征地农户的原则，土地补偿费应在农村集体经济组织内部合理分配，同时确保村集体经济组织留用补偿款使用的公开透明。

随后出台的《国务院关于加强土地调控有关问题的通知》提出，被征地农民的社会保障费用，按有关规定纳入征地补偿安置费用，不足部分由当地政府从国有土地有偿使用收入中解决，社会保障费用不落实的不得批准征地；土地出让中价款必须首先足额支付土地补偿费、安置补助费、地上附着物和青苗补偿费、拆迁补偿费以及补助被征地农民社会保障所需资金的不足。

《物权法》虽然强调恢复农民的原有生活水平，但对土地征用的补偿计算大体上保持不变。《物权法》第42条规定："征收集体所有的土地，应当依法足额支付土地补偿费、安置补助费、地上附着物和青苗的补偿费等费用，安排被征地农民的社会保障费用，保障被征地农民的生活，维护被征地农民的合法权益。"它重述了《土地管理法》中有关三类补偿中的第一部分，并增加了征地补偿的第四类型（被征地农民的社会保障费用），把恢复农民原有生活水平作为补偿计算标准是一个积极的进步。

二、现阶段我国土地征用制度的弊端

在快速工业化、城市化过程中，农业土地转化为非农业用地是不可避免的，任何一个国家都要经历这样的过程。新时期土地征用补偿政策和法规提高了征地补偿标准，增加了补偿内容，增强了被征地农民的保障程度。但从总体上看，我国土地征用及补偿制度依然没有重大的实质性突破，农村集体和农民对土地征用的发言权依然较小，征地补偿安置制度的演进体现出极强的路径依赖性。低价补偿征用的农村土地，降低了工业化与城市化发展的用地成本，但对农民利益造成了很大的损害，因征地补偿而引发的社会矛盾越演越烈，成为新时期城乡矛盾的一个焦点。征地制度存在的一个根本性问题是公权侵犯私权，行政权侵犯财产权。

我国征地制度存在的问题突出表现在五个方面。

（一）土地农转非速度太快，土地征占规模过大，失地农民群体越来越多

除了大中型基础设施建设，中国非农建设占用耕地主要集中在城郊和人多地少的经济发达地区，这些地区一般人均耕地不足0.7亩。目前，中国非农建设占用耕地每年250万~300万亩，如果按人均1亩地推算，那就意味着每年有250万~300万农民失去土地，变成失地农民。1987~2001年，全国非农建设占用耕地共3395万亩。多数研究者估计，至少3400万农民因此完全失去土地或部分失去土地。这里讲的非农建设使用土地数量，是指依法使用的耕地，不包括违法占用的耕地。为了保护耕地，中央政府提出要实行最严格的耕地保护制度，为了保障这一战略的实施，国家对农地转非农使用实行严格的审批，地方政府为了经济发展用地，采取了许多变通性办法，违规征占土地屡禁不止。据卫星遥感资料，违规用地数量一般占用地总量的20%~30%以上。许多专家估计，如果考虑违法占用耕地，目前失地或部分失地农民的数量可能高达4000万~5000万人。2000~2010年的非农建设占用耕地计划指标是1850万亩，2000~2030年计划占用耕地将超过5450万亩。如果计划用地指标突破，违规用地得不到控制，失地农民还要大大增加。

（二）对政府的征地行为缺乏有效约束，强制性征地范围过宽

一方面，我国《宪法》与《土地管理法》明确规定，国家为公共利益的需要，可依法对土地实行征用，但我国《宪法》和相关法律都未对公共利益作出明确的界定。另一方面，《土地管理法》规定，任何单位或个人使用土地，必须使用国有土地。即凡是不属于该集体经济组织的用地单位或个人需要使用土地，无

论是公益性还是商业性用途，都必须请求政府动用征地权，从而满足其用地的需要。征地中公益性建设用地和经营性建设用地不分，征地范围模糊不清，大量经营性、商业性用地也都打着公共利益的名义进行征地。虽然十六届三中全会制定的《中共中央关于完善社会主义市场经济体制若干问题的决定》提出了“按照保障农民权益、控制征地规模的原则，改革征地制度，完善征地程序，严格界定公益性和经营性建设用地”的改革思路，但至今，区分公益性和经营性用地的政策措施仍然没有出台。

（三）对失地农民补偿过低，不足以解决他们的长远生计

我国《土地管理法》规定的征收土地补偿费、劳动力安置补助费都是按照被征收土地前三年的平均年产值计算的，而与被征地的区位、经济社会发展水平、土地供求状况等地价因素以及土地征用后的用途和市场价值无关，显然极不合理。从转用后土地出让金及政府税费收入来看，以 2005 年全国土地出让收入为例，全国共出让土地面积 244. 80 万亩，出让价款 5505. 15 亿元，平均每亩出让金为 22. 29 万元，而“招拍挂”平均价格为 45. 69 万元，北京、上海等经济发达地区经常拍出几百万元的天价。政府在土地征用出让过程中还有不菲的税费收入，项目达几十项，保守估计在 5 万元以上。土地征用出让中税收项目是清楚的，但地方政府征收的各种规费项目没有人能作出全面的统计，各地收费项目存在较大差异。据国务院发展研究中心对江苏某区的调查，土地“招拍挂”出让中仅收取的耕地占用税、契税等 5 项税费平均就在 8 万元/亩，协议出让大致为 4 万元/亩。而对全国土地征用补偿的调查显示，作为永久丧失土地的代价，一般只给予被征地农民征地补偿费每亩 2 万 ~3 万元的补偿，经济发达地区为 3 万 ~5 万元，国家重点工程等征地补偿更低，一般每亩只有几千元。据国土资源部对京珠、京福高速等 12 个国家重点项目进行调查，发现征地补偿安置费用一般只占工程总投资的 3% ~5%，最低的竟只占 0. 8%，最高也只占 12. 2%。审计署对 34 个高等级公路项目的审计结果显示，概算总投资 1662 亿元，征地补偿费仅有 51. 7 亿元，征地补偿费仅为工程总投资的 3. 1%。而国际上交通基础设施建设项目征地费用一般占总投资的 40% ~50%。与农民所获得的微不足道的些许补偿费相比，政府在征地过程中通过收取各种税费倒是收获颇丰。据对上海、杭州、合肥、哈尔滨、南宁等城市调查，政府各种税费占项目用地成本的 60% 以上，而征地补偿安置费只占 30% ~40%。征地补偿标准游离于土地市场价格之外，农民所获得的补偿费与土地征用后的巨额增值没有任何关系。征用补偿费不足以维持农民的现实生活和长远生计。农民失去土地也就失去了稳定的收入来源和长远的生活保障，而土地征用补偿不能实现对土地功能的替代。根据对北京的调查显示，征地补偿费一般

只够维持6～7年的基本生活。如果在落后地区或者公益性占地，补偿标准更低，一般只够3～5年的生活费。

（四）失地农民再就业难，生活水平难提高，社会保障程度低

在计划经济时期，对失地农民采取了“谁征地、谁安置”的原则，要求由企业自行安置征地农业人员，但已安置的征地劳动力相当一部分实际处于失业状态。20世纪90年代中期以来，企业为减少冗员而实行下岗分流，由于失地农民文化素质和劳动技能偏低，使获得就业安置的征地农民首先受到冲击。90年代以后，各地普遍采取征地时一次性地支付补偿金，让被征地农民自谋职业。自谋出路的失地农民，就业方面明显处于劣势地位，很容易陷入失地又失业的困境。随着城市建设和经济建设速度的加快，征地数量增加，征地用途和就业市场也发生了变化，征地用于市政、房地产、土地开发和公共设施建设等非生产性项目的越来越多。这类项目单位没有能力安置征地农民，因而沿用多年的“谁征地、谁安置”的原则事实上已经难以执行，各地开始探索新的安置模式，即征地时一次性地支付补偿金，让被征地农民自谋职业。这种安置方式被称为货币补偿。自谋职业这一政策在推出之初，曾受到了征地农民的普遍欢迎。从全国来看，在近几年各地审批的建设用地项目中，采用货币补偿办法的占90%以上。失地农民文化程度不高，缺乏非农就业技能，在就业方面明显处于劣势地位。自谋出路的失地农民自谋职业困难，目前相当一部分处于失业和半失业状态。国家统计局对全国2942个失地农户的调查表明，这些失地农户共有7187名劳动力，其中征地时安置就业197人，仅约占劳动力总数2.7%；外出务工1784人，约占24.8%；经营二三产业1965人，约占27.3%；从事农业1807人，约占25.2%；赋闲在家1434人，约占20%。

在土地被征用后，多数离城镇较近的农户，他们的收入程度不同地有所增长，主要得益于有较多外出务工机会。耕地被占用后，多数农户生活稳定并有所提高。有些农户能较好地运用得到的补偿资金自主创业。但土地被征用后，因失去土地或土地减少而导致农民生活水平下降的现象相当普遍。例如，根据国家统计局对2942户的调查，耕地被占用前年人均纯收入平均为2765元，耕地被占用后年人均纯收入平均为2739元，约下降了1%。其中，年人均纯收入增加的有1265户，约占调查总户数的43%；持平的有324户，约占11%；下降的有1353户，约占46%。土地被征用后收入减少的农户，大多是传统农业地区的纯农业户。他们除了农业生产活动外，基本没有其他的生产经营活动，耕地减少后收入自然也随着下降。

在普遍实行货币补偿后，失地农民自行解决养老、医疗、失业等社会保险待遇，从总体上看，失地农民社会保障覆盖面窄，保障水平低。从各地情况看，失地农民中只有极少数能享受与城镇居民同等的社会保障待遇。他们失去土地后，既有别于农民，又不同于城市居民，成为一个边缘群体。他们既不享有土地的保障，也不享有同城市居民一样的社会保障。这部分人处于社会保障的真空地带。失地农民由于在就业、收入等方面的不稳定性，依托家庭保障模式越来越受到冲击。许多家庭是靠征地款来维持生计，但过几年征地款“吃”完了，其最终结果往往是生活没有保障。部分失地农民“种田无地、就业无岗、社保无份”，生活在城市的边缘，在就业、子女就学、社会保障等方面又享受不到有关政策，导致失地农民大量转化为城市贫民，已影响到城乡社会稳定。

（五）补偿收益主体不明确，补偿截留现象严重

土地补偿中的截留挪用可以说是导致失地农民纷纷上访的最主要原因。依照现行法律规定，土地补偿费归农村集体经济组织所有，青苗补助费等归农民个人所享有；安置补助费由安置单位所享有。若农民自谋职业，应发给农民个人。但在实际补偿分配过程中，争议最多的是土地补偿费和安置补助费。调查发现，征地补偿费在实际的分配过程中乡村截留多，农民实得少。征地实施单位一般不直接面对农民个人，而是只面对村、乡两级，征地补偿费一般先经乡政府，再经村委会，最后才到农户，资金拨付一般也是直接到乡财政，只有个别地区直接到村。据审计署对34个高等级公路项目的审计结果显示，湖北、湖南、四川、云南等14省（区）共21个项目应支付给农民征地补偿费51.7亿元，其中16.39亿元被当地政府及征地拆迁部门截留挪用、长期拖欠或扣减，比例高达31.7%。虽然近年来中央政府加大了规范土地征用补偿的分配和使用方法，提出了土地补偿款主要用于被征地农户的原则，但具体的操作办法和实际实施情况依然有待进一步改进。目前，全国只有少数省份制定了规范农民集体所有土地征地补偿费分配使用的办法，其中山西、河南、甘肃等省规定土地补偿费以不低于80%的比例支付给被征地农户；江苏、海南等规定土地补偿费以不低于70%的比例支付给被征地农户。2004年全国共清理偿还1999年以来拖欠农民征地补偿费用175.46亿元，说明征地补偿费的截流拖欠现象相当严重。

三、农民眼中的征地：对来自四省千户调查的总结

在中国不同征地背景下，征地对农民的影响类型和严重性以及在不同层次上的不同政策反应呈现出较大的差异性。为获取和比较不同地区所呈现的不同经验教训，课题组在四个省份展开了实地调查研究，该研究旨在通过对亲身经历征地

过程农民的调查来了解征地问题：他们的态度、对生活的具体影响、所目睹的征地过程、所收到的补偿以及对生活的长期意义。

（一）调研地点和征地程度

课题组调查了四个不同省份、四个区县 39 个村庄中的 1006 个农户。所选择的地点具有一个共同特征，即它们都经历过显著的城市扩张和工业增长，以及出现过频繁的征地现象。但是，它们被选择为调研地点的部分原因也是为了能够提供在不同的经济和社会特征下，征地方式和程度所呈现的不同差异。四个地区分别为：一是江苏省苏州市吴中区。吴中区的工业化程度很高，土地征用也极为频繁。在早期，地方政府采用征地以便为那些计划建厂的企业提供土地。后来这一方法变为，在招商引资前，地方政府获取土地、制订土地利用规划、建立基础设施、建设厂房的雏形。吴中区的土地征用在 2002 年和 2004 年达到顶峰。被调查农户的 98.52% 在征地后完全失去了土地。二是四川省成都市双流县。尽管双流县的经济发展不如吴中区，但还是自 2000 年起经历了快速工业化和城市化。在所调查的 10 个村庄中，9 个村庄土地自 2000 年后被征用，其中 72% 的农户完全失地，只有 28% 的农户保留了数量有限的农地。三是山东省滕州市。近年来，滕州市也经历了工业增长和城市化，所调研的村庄中土地征用从 1999 年开始，2003 ~ 2005 年达到高峰。49% 的调研农户经历过两次土地征用。但是，完全失地的农户数比前两个调研地点要低，只有 7% 的农户完全失地，46% 的农户还拥有 1 亩以上的农地。滕州依然采取的是传统的征地模式，其特征是一个项目一块土地。四是北京市朝阳区。朝阳区在许多方面不同于上面三个地区。朝阳区大多数村庄土地并没有承包给农民。相反，是农村集体以全体村民的名义管理土地。这样，个体农户并没有卷入征地过程。征地后，人均农地的变化也只是概念上的。在那些人均农地下降到某一个水平以下的案例中，农村居民已经变成了具有类似于城市户籍的居民，并且被城市社保体系所覆盖。

表 1　　　　2005 年四个调查地点的主要经济指标

	单位	北京市朝阳区	山东省滕州市	四川省双流县	江苏省苏州吴中区
总地理面积	平方公里	471	1485	1072	770
总人口	百万	2.8	1.6	0.9	0.6
城市化率	%	79	42	40	59
城市居民人均收入	元	17506	9881	11500	18220
农村居民人均收入	元	11085	4590	4723	8760
经济增长率	%	10	21.5	14.5	23.2

续表

	单位	北京市朝阳区	山东省滕州市	四川省双流县	江苏省苏州吴中区
GDP	10亿元	123	27.6	20.0	26.5
人均GDP	元	43911	17441	22010	47817
经济结构	%				
第一产业		0.1	10.5	9.1	.3.0
第二产业		20.7	60.6	45.6	63.4
第三产业		79.2	28.9	45.3	33.6
地方政府总收入	10亿元	8.5	0.9	1.1	2.1
人均地方政府收入	元	3044	582	1203	3838

在参与调研的农户中，在征地前81%是个体农田承包者。只有在北京市朝阳区农田是被农村集体所共同拥有和管理。除朝阳区之外，几乎70%的调研农户经过征地后完全失地。所调查农户的平均农田从征地前的0.208公顷下降到征地后的0.055公顷。

（二）农民对征地补偿的态度

调研对征地的第一个方面是关于补偿：计算补偿的标准、补偿的分配以及失地农民对补偿充分性的看法。补偿标准四个地区存在极大差异，在同样一个地区不同村庄之间也存在很大差异。调研的主要发现是：第一，补偿标准因征地地点、使用用途、肥沃程度、征收单位经济实力和征用时间的不同而不同。补偿支付的规定也在四个调查地区和不同村庄之间存在着极大的差异。第二，农民们往往并不清楚补偿标准，但是对某些特征还是清楚的。比如，江苏省苏州市吴中区补偿是根据不同的年龄段来划分的。第三，农民也不清楚土地补偿和就业安置之间的差别。他们几乎不大关心这一差别。但是，对他们来说，最重要的是整体补偿额度的大小。第四，只有少数地区为失地农民建立相应的社会保障。

调研发现，对补偿金到达农民手中之前被集体不公平地截留问题没有被广泛关注。但在所调研的几个地区里，大部分被调查对象并不清楚补偿金是如何被发放的。被调查对象主要关心整个征地过程的不透明性。至于对整个补偿的满意程度，调研发现，略低于一半的农民认为补偿结果是公正的，其余的则认为是不公正的或者不予评论。

（三）对征地过程的看法

中央政府通过颁布一系列政策文件，努力改善征地程序。但这些改善只是局部的，实际中究竟在多大程度上被贯彻实施也不清楚。

因此，这次调研结果提供了受征地影响的人如何看待或者理解征地程序的画面。对征地程序的认识，也是根据地方的不同而不同，大体上反映了所在地区的相对富裕程度、城市化和工业化的程度，以及能够替代农业的其他生存方式的可获得性。然而，有明确证据表明，受影响的农民发现，整个征地过程具有不透明性、信息难获取性，以及缺乏实际参与和解决问题的机制。例如：第一，无论是一般事务还是征地过程中某个具体方面，信息获取渠道是相当有限的。只有1/3多一点的被调查者（38%）反映在计划征地前被事先告知。同样，缺乏补偿金的集体份额及其用途的相关信息（只有37%的被调查者表示，他们看到过补偿公告）。第二，补偿过程的公众参与是非常有限的。被调查者声称，很少有公开的征求意见活动发生，即使有此类活动，受影响农民也较少有机会来表达他们的观点。例如，征地补偿方案一般被认为是在没有农民的直接参与下就先决定了。第三，补偿过程中，对不满的上访渠道要么实质上不存在，要么没有答复。四个地区的18%的被调查者说，他们曾经作出努力对补偿表示不满，其中绝大部分（约83%）表示，他们不知道到哪去上访——不满要么被拒绝，要么没有反应。那些曾经上访的农民声称，他们常常会因为上访而受到种种压力，甚至存在着零散的但是并不能忽略的被威胁。在36%的村庄中，有报道发生过与征地相关的暴力事件。可以预计，这些因素会促使正式上访率相对较低。也有证据显示，很大一部分人没有选择在批评征地的上访信上签名，因为他们感到这种方式不会有用，而且会导致很高的潜在个人代价。

（四）征地对农民就业和生活的影响

对由于征地给农民生活所造成的变化，本调查提供了一个初步的重要结果。即征地产生的不同结果不仅取决于对受影响人提供的补偿方案，而且与劳动力市场和个人年龄、受教育程度等密切相关。调查表明，征地后仍有39.8%的劳动力从事农业生产，集中于山东滕州和四川双流的半失地家庭；有31.5%转向二三产业；28.6%成为无业人员或年老赋闲。农民失地后大量转向二三产业，但拥有稳定工作的人群并没有明显增加。总体而言，征地后家庭收入普遍提高。家庭收入增加的家庭占被调查家庭的73.75%，收入不变的家庭占2.97%，收入减少的家庭占23.28%。四川双流和山东滕州两地征地后家庭收入减少的农户接近四成，而北京朝阳区征地后收入减少的相对较少（17.41%），苏州几乎不存在这一情况（1.44%）。征地后生活水平的变化，农户的自我评价显示：26.55%的家庭征地后生活明显提高；39.87%有所提高；20.99%没有变化；6.75%有所下降；5.84%明显下降。总体而言，征地后生活水平降低的农户占12.59%。

总的迹象表明，当征地实质性地排除了把农业作为被调查人生计潜在的主要方式时，向新的职业转型是在征地过程中特别困难的一个方面。那些最不能适应新的经济环境要求的老年人和没有技能的人的失业率上升。在部分地区强调职业培训在被调查人中很受欢迎，但还不足以满足所有需求，特别是那些老年农民。总之，调查结果表明农民非常关心征地后就业可得性和工作的稳定性。

影响征地后农民生活条件的一个重要因素是对社会安全保障的可获得性。据调查，超过66%的农民认为，他们土地的主要功能是提供生计保障。在这一背景下，一次性货币补偿通常被认为不足以弥补其失地所造成的就业、收入和食物安全的价值损失。在中国，一个与征地相连的、并常常发生的问题是：农民一方面失去了土地，但另外一方面却没能够正式地纳入城市居民所拥有的各种社保计划。调查结果显示，近几年四个调研地区在解决这一问题上取得了较大进展。所有地方政府都采取试点计划来解决无地农民社会保障需求，失地农民在养老和医疗保险计划的参与率也显著提高。不同地方在这一方面的差距是显著的。苏州市吴中区实现了失地农民养老保障全覆盖，并致力于整合农村和城市的保险体系。四川省双流县和山东滕州失地农民社会保障的覆盖面则较低。

（五）调研得出的主要结论

从对农民对征地过程和结果的看法调查中得出的一系列主要结论如下。

第一，调查发现，不同地区征地方式和征地效果呈现出了极大的差异性。调查结果一致性地表明了征地效果在较大程度上取决于特定区域的经济发展状况和工商业水平及发展速度。在欠发达地区，征地补偿不够充分，工作机会更为有限，征地后的生活也更为脆弱艰难。对征地过程和结果的不满程度也较高。如何解决在富裕地区和贫困地区对农民的区别对待问题，需要予以极大关注。

第二，完善征地程序的极大重要性。征地程序是一个关键问题。在许多地区，受影响的农民很难有渠道获得相关信息，很难预先收到征地计划通知，很少有机会对决策施加影响。当其权利受到侵犯时，也很少有可靠或可获得的途径来表达不满。建立透明和参与式的征地程序是确保征地结果公平的关键。

第三，解决症状时，不要忘了问题的根源。寻求征地的更好途径不应当分散对减少征地需求重要性的关注。按国际标准，我国普遍性的使用征地是极不寻常的。因此，虽然改善征地程序和结果重要，但更大的挑战是找到从整体上减少征地发生的途径，并逐步减少征地在中国城市增长中所扮演的中心角色。

四、以保障农民权益为核心，改革征地制度

征地制度改革是处理好城乡关系面对的一个很具挑战性问题。根据国务院发

展研究中心课题组对全国2749个村的调查，约40%的村民上访反映的是土地征用问题。在大多数成熟市场经济国家中，土地征用法律都是在寻求对政府征地权力范围进行限制。中国土地法律对政府的强制性征地权力范围没有明确限制。农民对征地补偿不公平的频繁抱怨显示了有必要对当前补偿制度进行重新检验。为了确保强制性征地的公平性，有必要设置透明的程序，以允许相关当事人有机会参与征地事务的谈判，并让他们获得相关信息以及切合实际的补救方法。

（一）改革现存的政府强制征地的法律体制

通过明确地界定“公共利益”来缩小土地征用的范围，使农村建设用地市场化。大规模土地征用的主要法律因素之一是缺乏对“公共利益”的清晰而又准确的法律界定。这种法律上的模糊性进一步被这样一个事实所恶化，即无论被征用的土地的最终使用性质如何，政府在几乎所有的案例中都行使了法律所赋予的强制性征用权力。我国应当考虑采取两步骤的方法来改革当前的有关政府强制征地的法律体制。

第一，应当在对“公共利益”有效界定之前，考虑先取消所有非农业建设用地（包括商业用地）必须使用国有土地这一法律条款要求。特别是应当修改《土地管理法》和相关实施条例，使得商业最终使用者可以从集体所有的农田中获得土地使用权，只要土地面积和用途符合所适用的土地使用计划。这样，商业使用者可以被允许直接与集体和受影响的农民就土地补偿和拆迁安置补贴问题进行协商。这样，不仅会极大地缩小政府征地权力的使用范围，而且也会减小交易成本，提高市场效率。在过渡期间，商业使用者可以选择使用集体所有土地或者国有土地。

第二，通过新的立法或采取监管措施来明确界定“公共利益”和限制其范围。根据国际经验，一个有效的政策选择是列出一个具体的允许公共目的完整清单。该清单应当包括普遍认同的公共用途，例如那些从政府无偿划拨的国有土地中获得土地使用权，再加上那些对国民经济发展具有极大价值的重点建设项目。在此阶段，政府只允许因清单中所列举的目的进行土地征用。对于所有其他使用目的，如果土地属于集体所有，那么最终使用者必须从集体所有土地中获得土地使用权，并允许在国家土地利用规划下，把农地转化为非农业用途土地。

（二）调整现存的土地征用补偿计算方法

国家为了公共目的进行土地征用，决定其补偿额度的原则应该是：这种有利于整体公众的土地征收成本不应当由私人个体，特别是那些社会或经济弱势群体来承担。

与此同时，在中国设计一个既能适合社会又能在政治上接受的补偿标准是富有挑战性的。在不久的将来，对充分补偿的计算应当紧密跟踪其他成熟市场经济国家所通用的方法——土地权利的市场价值是补偿的基础。短期内，尽管农村土地权利市场正在兴起（虽然是非正式的），它们仍然还相当弱小，还不足以为基于市场的补偿计算方法提供基础。这样，需要寻找其他方法来解决社会公正问题。

因此，短期内，应当考虑修改《土地管理法》和有关补偿规定中的公式化方法，应当考虑下列步骤：调整计算公式，提高补偿额度。应当努力制订出失地补偿一揽子方案的计算方法，使之能够充分满足恢复农民原有生活水平。这样，如果按现有的计算公式不能够满足恢复农民原有生活水平这一目标，新的计算方法就必须能够超越和土地的平均年产值相连的补偿公式。应当考虑用“最低保护方法”替代设定年农业产值倍数的补偿上限的方法。努力解决众所周知的补偿程序和发放中存在的缺陷。

（三）对非土地资产采取替代价值标准

对非土地资产的补偿标准一般是用省政府所制订的规章制度来进行管理。各省所制订的征地补偿标准因省而异。但是很少应用替代价值标准来决定非土地资产的价值。应当考虑采取以下途径。

第一，房屋方面。必须注意到，采取全省范围内的统一标准或许并不能反映该省范围内的房屋的真实替代价值。例如，房屋所在的位置对郊区的房屋价值的影响比非郊区的房屋价值影响大。北京和上海近期所采取的房屋价值评估措施对未来改革提供了有益的指导作用。在房屋价值评估中，取决于失地农民的选择应当采取两种补偿方案。一是替代房屋或现金补偿；二是在现金补偿方案下，完全替代成本应当包括搬家费用和过渡成本。对于商业用途的房屋补偿，如果能获得适当的证据支持，还应当包括合理的和可预见的商业利润损失。

第二，作物方面。对于农作物，当前大多数省份所采用的标准（谷物的季节产值）是可以接受的。然而，对多年生长的作物所采取的补偿标准不能够反映出该作物的替代价值。建议对多年生长的作物价值评估应当根据该作物在剩余寿命周期内的所带来的创收能力折现为现值。

（四）改善土地征用程序以保证农民的知情权、参与权和申诉权

至于农民得到事先征地的知情权、参与权、申诉权，中国的法律体制及其实施在这些方面较弱。中央政府最近所采取的政策措施强调解决不充分的征地程序的保障问题，这无疑是一个重大成就。因此，全国人大或国务院（通过行政条例）应当考虑把这些新的政策措施变成法律，使之具有法律效力。农民的申诉权

也是至关重要的，因为这是捍卫农民土地利益最后的或许是最为重要的防线。应考虑采取切实步骤，发展专门机构解决征地对农民可能带来的影响。

（五）广开渠道促进失地农民就业

一是建立健全失地农民再就业培训机制。各级政府拿出一部分土地出让金专门用于失地农民的定期再就业培训。政府在贷款、税收、场地等方面对自谋职业和自主创业的失地农民应提供优惠政策。金融部门应适当放宽信贷条件，降低贷款门槛，鼓励和扶持失地农民发展生产。失地农民如申请个体工商经营，各部门要简化手续，并在一定年限内享受城镇下岗工人的税费待遇等。

二是建立留地安置制度，由村民组织自主开发和经营。对土地征用面积超过一定数量的村，可以在征地以后给农民留下一定面积的居住地、经营地，由村集体按照统一规划，鼓励农民用留下的土地建设自有厂房或开发其他经营项目，使农民有长期稳定的收入。

（六）建立失地农民社会安全网

从长远、规范的方向看，为失地农民建立社会保障是保障失地农民权益的根本途径。要改变一次性货币安置为主的做法，征地地价一部分发放给失地农民，保障其当前的生活需要，一部分要作为失地农民的社会保障基金。土地非农转用后增值收益巨大，政府从土地出让收益中按一定比例注入失地农民社会保障基金。这是建立农民社会保障基金的主要来源。被征地的集体经济组织也应从本集体的积累资金或土地补偿费用中抽调一定的资金注入失地农民社会保障基金。

建立失地农民社会安全网，应允许各地因地制宜，制订具体实施方案。对完全失地的农民，应鼓励加入城镇居民社会养老保险体系。对部分征地的农民，应加快建立包括最低生活保障、养老保障和医疗保障在内的失地农民的社会保障体系。也可以鼓励失地农民参加商业保险。

（韩 俊　李 果）

强化农民的土地承包经营权：实地调查与政策建议

家庭承包责任制的推行，实现了集体土地所有权与使用权的分离。由于农户的土地使用权是以承包方式从集体获得的，因而，人们一般又把使用权称之为承包经营权。“两权分离”是家庭承包责任制的基本特征之一。《物权法》明确表明农民的承包经营权是一种排他性的用益物权，也就是说是一种事实上的物权，而不是简单的合同权利。因此，该法为这种权利提供了更高的保护。尽管改革以来在扩大农民土地权利上取得了巨大进步，但还需要进一步实施改革，进一步强化农民的土地承包经营权。

一、农村土地承包权的政策和法律框架：最新进展和持续挑战

自20世纪70年代末以来，中国通过把农民土地使用权从集体所有权分离的方式，进行了一场深刻的土地改革。划时代的1984年中央1号文件奠定了中国农村土地权利制度的基础。它正式确认了土地使用权从所有权分离，并明确集体所有土地可以以15年的期限承包给农户。1993年11月，中共中央、国务院在《关于当前农业和农村经济发展的若干政策措施》中规定：“为了稳定土地承包关系，鼓励农民增加投入，提高土地的生产率，在原定的耕地承包期到期之后，再延长30年不变。开垦荒地、营造林地、治沙改土等从事开发性生产的，承包期可以更长。为了避免承包地的频繁变动，防止耕地规模不断被细分，提倡在承包期内实行‘增人不增地，减人不减地’的办法。在坚持土地集体所有和不改变土地用途的前提下，经发包方同意，允许土地的使用权依法有偿转让。”1995年国务院在批转农业部《关于稳定和完善土地承包关系的意见》中，除了重申以上政策外，又明确规定在承包期内，土地承包经营权允许子女继承。1997年中央和国务院在有关文件中再次重申了稳定土地承包关系的政策，明确提出，不提倡“两田制”，严格控制预留“机动地”。不允许借“两田制”、“小调整”名义，随意收回承包地，提高承包费等。为了应对另外一种对农民30年土地承包权的侵害，2001年国务院出台了有关土地政策的18号文件，文件禁止集体组织强制收回农民土地并

有偿发包给非本村村民，还规定，所有土地使用权流转必须坚持依法、自愿、有偿的原则；土地流转的主体是农户，有权依法自主决定承包地是否流转和流转的形式；土地流转的所有收益归农户；集体经济组织和乡镇政府不得擅自截留或扣缴农户的任何流转收益。

在相当长的一段时间内，对农民土地使用权的保护只是停留在政策层面上，还没有形成法律。依赖政策文件而不是立法意味着很多重要的改革措施并不能在法律上有效执行。第一部管理农民土地权利的法律是1998年修订过的《土地管理法》。该法从法律上明确了政策条款中所规定的属于农民30年的土地使用权。2003年3月1日生效的《农村土地承包法》进一步继承了这一精神。在该法下，农民的土地权利被划分为各种农地（包括耕地、林地、草地和荒地）的承包权和使用权。分配给农户的耕地承包权和使用权是30年，草地是30~50年，林地是30年或者更长。

《物权法》明确界定农民土地承包经营权是一种传统民法中的用益物权。必须注意到，在中国的民法体系中，用益物权是一种依法产生物权，而不是由承包合同衍生出的权利。《物权法》对农民土地承包经营权的延长期限也有改进。第126条规定，当目前30年的“承包期届满，由土地承包经营权人按照国家有关规定继续承包”。尽管不如城市土地使用权续期表达那样强烈，但这是中国法律第一次表达了对30年承包合同期未来的关注。这对增强农民土地权利制度安全迈进了一步。《物权法》进一步加强了《农村土地承包法》中的有关土地重新调整的限制。第130条引述了《农村土地承包法》中有关土地重新调整的限制，它突出强调了对集体使用土地重新调整的重要限制。

党的十七届三中全会通过的《中共中央关于推进农村改革发展若干重大问题的决定》明确指出，要“赋予农民更加充分而有保障的土地承包经营权，现有土地承包关系要保持稳定并长久不变。”

（一）农民土地权利的范围

《民法通则》定义财产拥有权是一种对财产的拥有、使用、收益以及处置的权利。至于土地使用权利的范围，我国宪法和1998年的《土地管理法》都允许土地使用权利进行转让。在《农村土地承包法》下，农民的土地权利包括使用收益权、转让权、独立生产和经营的权利、农产品的处置权利，以及可以收到相应的由于土地被国家或者集体用于非农业目的的补偿权利。至于土地流转的权利，《农村土地承包法》进一步规定，农民的土地权利可以依法转让和出租等。为了保护农民的土地权利不被地方干部通过各种强迫性的土地流转所损害，《农村土地承包法》强调了平等协商、自愿、补偿的原则，并规定把农民作为农村土地权利任何流转中的参与方。该法明确禁止任何以少数服从多数名义进行强迫性土地调整。该法也明确禁止地方干部截留或者克扣从土地流转中所获得的收益。

《物权法》尽管在扩大农民对农地土地的权利上取得了巨大进步，但对是否允许农村土地使用权作为抵押来获得贷款保持了沉默。这样会造成农民融资的一个潜在重要来源的法律模糊性。获得银行贷款是增加农民对土地长期投资以提高劳动生产率、增加收入的一个很重要的因素。由于法律禁止以农地权利进行抵押，这一具有巨大潜在价值的财产仍然是沉睡的资本，没有能够利用来改善农民获得信贷的条件。

（二）土地的重新调整

动摇农民对其土地权利信心的最大威胁之一是来自于对土地的任意重新调整。土地重新调整最早是作为一种保护农民社会安全的尝试，但从一开始它就被证明对农民愿意增加其生产和收入所进行的长期投资产生了巨大的负面作用。

控制土地重新调整的第一部法律是1998年的《土地管理法》。该法禁止全村范围内的大规模土地调整，但却允许个别农户经2/3的村民或者是村代表同意，并报经乡镇政府和县政府农业主管部门批准后，进行小规模调整。

《农村土地承包法》进一步作出了对土地重新调整的重要限制。它确立了一个在30年合同期内不允许进行重新调整的基本原则。它只允许在某些特殊情况下进行有限调整。尽管该法没有明确说明某些特殊情况，但是它明确指出新增加的人口不属于这种特殊情况范围。它也禁止大规模的土地重新调整，就是在特殊情况下允许土地重新调整的范围也仅仅限于个别农户。

除了对土地重新调整的极大（如果不是完全的话）限制，《农村土地承包法》的一个重要进步是，当农民土地权利受到侵害时，精心设计了解决纠纷的途径和补救措施的法律条款。该法给农民提供了解决纠纷的四种选择：协商、调解、仲裁和到人民法院直接进行法律起诉。该法也为那些土地权利受到侵犯的不满农民提出了非常清晰的补救措施，其中包括现金赔偿和实物归还。

（三）颁发土地证书和登记

国际比较经验已经证明，明确农民权利的土地证书有助于加强农民对其财产的信心、增加透明度和可预见性，有利于刺激投资和推动土地市场的发展。集体所有权的土地证书和登记所带来的益处得到了中国法律的承认。1998年《土地管理法》要求集体土地所有者应当对其土地所有权在县级政府进行登记确认。这种所有权的证据是县政府颁发的土地所有权证书。该法进一步说明，一旦根据法律予以登记，这种所有权就能得到法律的保护，使其免受任何单位或者个人的侵犯。

至于农民土地权利，《土地管理法》要求集体单位根据承包方的能力来和农户签订土地承包合同。然而，《土地管理法》并没有对土地合同的具体内容和形式提供法律要求或指导意见。此外，它也对农民土地权利的登记简单地保持了沉默。

《农村土地承包法》填补了部分《土地管理法》所遗留的法律空白。为了避免农民土地承包合同的巨大差异，《农村土地承包法》确立了一系列所有承包合同的最少基本要求，以及有关农村土地使用权流转合同所要求的一系列相应的基本条款。此外，该法提出了对集体土地所有权证书的法律要求，它也要求县政府给农民颁发土地权利证书并保存这种权利的登记。为了加强土地权利合同的有效性，该法规定土地承包合同在签订的当日立即生效。农民在土地合同生效的当天即获取土地权利。

尽管取得了以上这些进步，但仍然存在着一些不确定因素。第一，《农村土地承包法》和有关土地登记注册的原则之间存在着明显冲突。一般的登记原则认为财产权利只有在登记之后才存在，而《农村土地承包法》却明确规定农民的土地权利是在承包合同签订之时而不是在登记之时就有效。第二，《农村土地承包法》也缺乏对土地证书的操作标准。由于承包合同因在不同地区有着不同形式，这样以至于有时不能够正确反映《农村土地承包法》的实质内容。最后，尽管该法也要求在县级政府登记，但是事实上这种登记还并不存在，至于登记应当采取什么样的形式，也存在着许多悬而未决的问题。

（四）妇女的土地权利

中国法律确保农村妇女平等地获得土地和保护她们的土地权利。《妇女权利保护法》确立了一个保证妇女享有同男性平等的财产权利。该法也进一步规定农村妇女在承包农村土地和国家征地补偿分配上，享有同男性平等的权力。预期到妇女婚后一般居住到男方家庭的习惯，这对农村妇女经济权有一定意义，该法禁止以任何形式因妇女未婚、已婚、离婚或者丧夫而对其权利进行侵犯。

《农村土地承包法》确立了农村土地承包男女平等权利的一般性原则。它明文禁止原村庄收回已婚或者离婚妇女的土地，除非她在新定居村庄收到新的土地份额。该法并未要求无条件地分配部分土地给那些在新村庄定居的已婚（或者离婚）妇女。这一点与法律上通过严格限制土地调整来提供给农民长期的和安全的土地政策目标相一致。该法并不要求妇女必须放弃其在原村庄的土地份额或在新村庄必须获得土地份额，这样使妇女能够进行选择。如果在原村庄所承包的土地具有更好质量或者位于市郊，她们可以在新村庄不要求任何土地份额。《农村土地承包法》详细规定了一系列当妇女土地权利被剥夺或者侵害时对其的补偿措施。

二、现实中的土地承包制：实地调查的主要发现

课题组专门对分布在全国17省（市、区）、57个县（市）、2749个村庄的土地承包现状进行了调查，主要发现有：

（一）农民对稳定土地产权关系的愿望强烈

整体上看，认为农村土地归集体所有最有利的比例最高，达到了60.0%，有29.4%的村认为归个人所有最有利，认为归国家所有最有利的村占10.6%。东、中、西部对土地归谁所有最有利表现出明显差异，表现出更为强烈的愿望。经济发达的东部地区认为土地归集体所有最有利的比例最高，达到71.3%，而相对落后的西部地区认为归个人所有的比例较高，分别达到38.7%和34.9%。61.9%的被调查村认为农村土地应该归农民永久使用，其中，东部的比例为51.9%，中部为69.5%，西部为70.3%。

（二）农户家庭承包是当前土地经营的主导方式

调查显示，目前土地农户承包经营的比例达到94.2%。其中，东部为91.6%，中部为97.4%，西部为95.2%。土地集体统一经营比例较低，平均为4.3%。其中，东部为5.8%，中部为2.3%，西部为3.6%。仅有上海市土地集体统一经营的比例达到了11.3%，其他省份基本上都在5.0%以下。

（三）第二轮土地承包以来，土地承包关系基本稳定

调查显示，第二轮土地承包以来平均已有12.5%行政村进行过土地调整，东部调整的比例最高，达到了15.6%，中部为11.3%，西部为9.2%，其中，浙江、内蒙古等地土地调整比例较高，分别达到45.5%、36.1%。在调整土地的行政村中，85.1%村为1~2次，其中1次的比例为54.5%，2次的比例为30.6%；调整时间3年和5年为主，分别占24.5%和55.1%。

（四）农村自发的土地承包经营权流转有了一定发展

多数被调查村庄有出租土地的现象，比例达到79.9%，平均每个村出租土地农户的比例为20.2%。东部省份土地流转率相对较高，每个村出租户的比例达到27.4%，而中、西部地区出租土地农户占全村农户的比重仅为11.8%和14.1%。土地流转以村内流转为主，流转到外村的较少。调查显示，在发生土地流转的农户中，63.8%的农户将自己承包经营的土地全部流转给了本村村民，中、西部的

比例明显高于东部。其中东部为55.1%，中部为75.5%，西部为65.8%。调查显示，土地流转租金全国平均只有293元/亩。其中，东部省份平均为417元/亩，中部省份为185元/亩，西部省份为171元/亩。经济发达的东部江苏苏州市、上海金山区租金较高，每亩达到595元和468元。

三、进一步强化农民土地承包经营权的建议

（一）赋予农民永久的完整土地物权

1993年，中央提出，在原定的承包期到期后，再延长30年不变。依据《物权法》，当30年的承包期届满后，土地承包经营权人可以按照国家有关规定继续承包。但目前国家尚未出台将来如何继续承包的政策。应当及早宣布农户承包的土地永久使用。在宣布农民永久使用的同时，对农户土地占有权、使用权、收益权、处置权等各项权能进行完善，以克服当前农民土地产权残缺的弊端。给农民永久使用权古已有之，明清两代称为永佃权，也叫田面权。它的意思是指，农民在土地上不仅可以永久耕种，还可以继承、转租或出售永佃权；地主拥有所有权，亦称为田底权。田底权即使换了主人，一般也不影响佃农永佃权。

（二）对土地重新调整予以清晰和明确的限制

《农村土地承包法》允许在某些特殊情况下进行小规模土地调整，但是它却没有能够明确界定哪些特殊情况。未来的法律改革应当解决这一法律模糊性，可以有两种选择。第一个选择方案是具体详细地列出哪些是属于可以视为土地重新调整依据的"特殊情况"。如果要精确界定的话，这些条件的详细规定应当是减少由于引入这种例外所带来的不确定性。中央政府应提供全国性的规定或者同等的政策指令，甚至考虑一个对《农村土地承包法》的修正案来进一步制定土地重新调整的明确规则。第二个选择方案，也是最明确、最强有力和最容易传播和监督的方法，即无一例外地完全禁止对农民承包土地的所有重新调整。

（三）允许以土地承包经营权进行抵押

允许农地抵押担保利远大于弊。允许抵押将能使农民更充分地实现与切实而有保障的土地权利相联的潜在经济机会，也会促进农村土地与城市土地有更加同等的权利。允许农民把土地承包经营权作为抵押，使土地由原来的保障属性向资源属性和资本属性转化，并真正成为农民的创业资本，将极大地提高农村土地的价值，并鼓励土地的投资和交易。因此，应进一步立法取消1995年《担保法》中有关禁止农民把土地承包经营权作为抵押的条款。新的《物权法》没有取消土

地承包经营权抵押的禁令。这主要是考虑到当绝大部分中国农民仍然依赖土地生存时，允许土地进行抵押，可能会导致农民由于丧失土地抵押权而失去土地。这种关注是可以理解的，但是这个问题可以在不完全禁止土地承包经营权抵押的情况下得到妥善解决。

许多国家一方面认识到活跃的土地抵押市场所带来的好处，另一方面也需要对由于农民缺乏经验或者经济波动造成贷款者失去所抵押的土地予以保护。为了减低债务拖欠和避免土地承包经营权抵押发生取消抵押品赎回权，可以考虑一系列措施，且这些做法在世界范围的一些国家已经试行：指定具体的有农业借贷经验的金融机构，来从事抵押借贷；只允许生产性投资抵押贷款，用于消费或礼节性目的的，不允许抵押；只允许将非基本生活保障耕地纳入抵押，指定农地中有一部分是不能用于抵押的，以满足维持农民生计所需要的土地；豁免某些农地取消抵押品赎回权，以确保农民的生存和生活需要；抵押贷款人应当在实行任何强迫冻结抵押物程序开始之前有一个合理的时间范围（例如不得少于 90 天）来解决其贷款拖欠问题；如果不能解决贷款拖欠时，贷款方最终获得土地，但应当对土地的可交易性在某段时间内进行限制（例如两年内只能出租该土地）等。

建立农地抵押担保制度需要在法律框架上有所突破。加快我国《农地抵押贷款法》制定，尽快修改《土地管理法》、《担保法》、《农村土地承包法》等法律中有关不利于农地有效、正常抵押担保部分，并根据现实需要补充有关内容。

（四）设计和颁发统一的土地证书，健全农村土地登记系统

《物权法》肯定了农民的土地权利是一种物权。由于这种权利是根据法律所产生而不是依照承包合同过程而产生，确立这种土地权利的证书的内容应当是由法律所监管。目前土地承包合同和土地证书是由各省，甚至各县、各乡镇所设计。这样导致了各式各样的土地证书形式，这会减少这些证书的法律效力或者使之无效。应当设计一种统一的土地承包合同和土地证书，使其包括农村土地承包法的核心条款。中国的城市土地使用权证书是由中央政府设计并具有统一的形式和内容。对农村土地使用权证书的设计也应统一对待。

建立农村土地权利的登记体系必须考虑农村的特殊性。土地权利生效应当清楚地界定为是合同产生时而不是在登记之时。在这种系统下，没有登记并不能改变土地承包合同关系。这对那些还不习惯于土地登记的农民和集体所有者是一种重要的法律保护。

（五）建立健全土地承包经营权市场化流转机制

我国农户的土地经营规模在全世界是最细小的，在今后工业化和城市化进程中，必然伴随一个土地不断集中和农户经营规模不断扩大的过程，这是中国农业发展的必然趋势。促进土地流转最有效的方法应该是培育土地使用权市场，通过私人之间土地使用权的自愿转让，来实现农户经营规模的扩大。政府的作用应当主要体现在健全土地法规，界定土地产权和制定土地流转的规则上，而不是用行政命令手段，采取搞运动的方式去推进土地规模经营的发展。要防止政府直接用行政手段推动土地规模经营，引发新的社会矛盾。在坚持土地承包关系长期不变和尊重农民意愿的前提下，要积极探索建立“依法、自愿、有偿”的市场化的土地承包经营权流转机制，对随意改变土地承包关系、强迫农民进行土地流转、随意变更土地承包合同、侵害农民土地承包权益的违法行为，必须加强执法监督。

（六）有效地保护妇女的土地权利

加强妇女分割她们共同拥有的土地权利。目前，农村土地是承包给农户，其权利属于所有农户家庭成员。中国的法律（包括《农村土地承包法》）对这种共同拥有的权利是否应当分隔给单个成员保持了沉默。由于这一法律的模糊性，任何个体成员分割农户所拥有的农地使用权的能力取决于农户内部的安排。允许某一已婚或者离婚妇女有权分割和转让其在原农户的土地承包权利的份额的权利，将会使她保留控制她原先的土地份额的权利，无论是嫁出去还是离婚，但当前的法律以及最新通过的《物权法》都没有对之予以强有力的支持。这样使得妇女处于潜在的不利地位。为了更好地保护妇女的土地权利和有效地帮助他们实现其在不允许进行土地调整的背景下，由《农村土地承包法》第 30 条所赋有的土地权利，应当通过附加条款明确界定妇女对土地财产的分割权利，进而对当前的有关法律予以修正。

（七）颁布有关解决土地纠纷仲裁的法律，并着手建立仲裁委员会

《农村土地承包法》给农民提供了仲裁这种新的解决土地纠纷的机制。然而，没有制订颁布任何管理这种机制的具体规定。与法庭相比，仲裁具有更大的易接近性，因此它可能具备更广泛的适用性。政府应当优先考虑起草和颁布解决土地纠纷仲裁的有关规章制度。应当以公正的原则来指导仲裁者行为。例如，必须有关于利益冲突、仲裁者选择以及仲裁所具备的资格等条款。公正是仲裁委员会得以成功运行的关键。仲裁程序应当简化。为了确保其易获得性，仲裁委员会应当由一系列比传统法庭简化很多的程序规则来管理。程序规则应当包括有关申请仲裁和出示证据等简化形式。需要部分法律援助。当农民寻求通过仲裁来解决其土地纠纷时，绝大部分（如果不是所有的话）并不具有关于仲裁的法律知识。应当赋予仲裁者正式的责任以援助那些参与者（特别是那些缺少知识的农民参与者）

以懂得相应的有关土地权利的法律规章、解释仲裁原则、提请仲裁、告知寻求仲裁的优点或缺点，以及如果不满意仲裁结果时，另寻其他解决纠纷的途径。现阶段最主要的任务是成立仲裁委员会、提供财政支持、培训仲裁人员，以便仲裁这一种法庭的替代形式所固有的承诺能够在实际中得以实现。

（八）解决农村集体土地所有制性质的模糊性问题

针对农村集体土地所有权和控制权的法律模糊性带来负面影响，我们提供了以下有关集体所有权的两方面建议：一是集体所有土地应当清楚地界定为集体所有成员所共同拥有。集体组织本身并不拥有土地的财产权益，它仅仅是一个管理组织来更好地保护所有土地拥有者的财产权益。二是集体土地所有制应当建立在这一最接近和最能代表反映农民利益的村民小组的基础上。村民小组比行政村或者乡镇更有可能了解农民的利益和土地条件。村民小组中的个体农户也更可能在土地使用和维护上分享共同利益。虽然许多村民小组并不具备行使土地所有权的行政管理能力，但这一点并不能成为不赋予他们土地所有权的理由。相反，应当着重采取实际步骤来提高村民小组一级的能力。

（韩　俊　张云华）

改革农村宅基地使用制度：实地调查与政策建议

农村宅基地是指农村居民因居住生活而建造房屋等建筑物所占用的土地，包括住房、辅助用房与房前屋后庭院用地等。我国农村宅基地分布广、占地面积大，且近年来呈不断增长之势。根据国土资源部土地整理中心提供的数据，2004 年全国村镇建设用地总量为16.4 万平方公里（约2.46 亿亩），已经接近于河南省的总面积，是城市建设用地总量的4.6 倍，人均用地185 平方米。农村宅基地作为一种重要的土地资源，具有特殊的性质。农村宅基地的产生是我国城乡二元结构的产物，是国家为保护农民的利益和基本的生活居住权利而实施的一种特殊制度安排。我国对农村宅基地的管理经历了一个从私有到集体所有，从自由流转到严格控制流转的演变过程。

一、有关农村宅基地的法律与政策框架

按照宅基地产权演变的情况，可以将我国的宅基地立法分为两个阶段：第一个阶段是1949～1958 年，宅基地属于农民私有财产，可自由流转；第二个阶段是1959 年至今，宅基地属于农民集体所有，禁止宅基地流转。

在建国后很长历史时期，我国农村宅基地与房屋都是农民私有的。1950 年6 月28 日《中华人民共和国土地改革法》规定："土地改革完成后，由人民政府发给土地所有证，并承认一切土地所有者自由经营、买卖及出租其土地的权利。"1955～1958 年农业社会主义改造和人民公社化初期，农民土地等主要生产资料入了社，宅基地和房屋作为生活资料仍然归农民所有。1959 年起，国家遭遇了三年暂时经济困难。此时的宅基地连同自留地一起，成了农民的保命园。在大拨轰、大锅饭、无效率的集体生产条件下，这两块归农民自己支配的园子，其经济效率大大超过了它的面积。1962 年中共八届十中全会通过的《人民公社工作条例修正草案》（即"六十条"）第一次写上了宅基地"归生产队所有"，"不准出租和买卖"，同时继续承认房屋归农民私有，可以出租和买卖。

农村宅基地由农民私有变成集体所有以后，农民住宅就由房、地的所有者主体

合一，演变到房、地所有者主体分离，房屋属农民、宅基地属集体。虽然，从1962年起，《人民公社工作条例修正草案》第一次宣布宅基地归生产队所有时，也没有否定“社员有买卖或者租赁房屋的权利”。1963年中央关于房基地补充规定的通知中又明确声明：“房屋出卖以后，宅基地的使用权即随之转移给新房主。”

改革开放以后，农民有了余钱，第一位的是修房、建房，建房热引起了用地的紧张和无序，一些地方乱占滥用耕地严重。为了规范建房秩序，1981年4月国务院发出制止农村建房侵占耕地的紧急通知。1982年2月国务院发布《村镇建房用地管理条例》。同年12月第一次把宅基地属于集体所有写进宪法。1986年6月《土地管理法》公布（1998年8月修订）。这些政策法规中，有关宅基地的具体规定主要是：农村村民一户只能拥有一处宅基地；申请宅基地要符合条件；面积要有限额；由于买卖房屋而转移宅基地使用权的，应按规定办理申请、审批手续；出卖、出租房屋的，不得再申请宅基地；社员迁居并拆除房屋后腾出的宅基地，由生产队收回，统一安排使用；不得在承包地和自留地上建房；建住宅应当使用原有的宅基地和村内空闲地，使用耕地的要报县政府批准；等等。贯彻这些法律法规和政策，对于刹住乱占滥用耕地起了好的作用。

1993年国务院办公厅《关于加强土地转让管理严禁炒卖土地的通知》提出：“农民的住宅不得向城市居民出售，也不得批准城市居民占用农民集体土地建宅，有关部门不得为违法建造和购买的住宅发放土地证和房产证。”2004年10月，国务院《关于深化改革严格土地管理的决定》提出“严禁城镇居民在农村购置宅基地”。国土资源部提出的《关于加强农村宅基地管理的意见》（同年11月），在这一“严禁”之后又加了一个“严禁”：“严禁为城镇居民在农村购买和违法建造的住宅发放土地使用证”。从此，这一管理制度一直延续至今。

现行有关农村宅基地的规章制度的主要内容是：第一，根据1998年的《土地管理法》，宅基地被界定为农村建设用地。第二，虽然所有的农村土地归集体拥有，农户对宅基地具有没有具体设限的长期使用权。第三，鉴于宅基地使用权分配是无偿或很少费用的，法律规定每个农户在其社区只能有一块宅基地。第四，农民可以出售或出租他们的住房，这样也就转让了与之相连的土地使用权。但是当交易完成后，该农户不能再分配到另外一块宅基地。第五，对宅基地使用权的申请由县政府批准。第六，如果农民宅基地的使用权被集体为了基础设施建设或公共福利设施所占用，该权利的拥有者有权得到“适当补偿”。国家对宅基地的征用补偿由其他法律规定。

新通过的《物权法》规定关于宅基地的交易由其他法律来处理。这使得农村宅基地问题存在着极大的法律模糊性，因为其他相关法律事实上在目前并不存在。除了《土地管理法》中的部分法律条款外，1998年《土地管理法》允许农村宅基地进行转让，但附带一个条件：即一旦转让交易完成后，转让方不能再申请另外一块宅基地。该法并没有明确说明是否允许宅基地的所有权被同时转让。如上所述，很少有相关宅基地的监管规定存在。

这样，有关农村宅基地的法律在以下几个方面不能为安全的土地制度提供充分法律基础。

（一）不清晰的土地权利期限

尽管农民对宅基地的权利在法律上被认为是一种长期的权利，但是没有任何法律正式地界定这些长期权利的实际法律含义。缺乏对宅基地权利有效期限的清晰定义往往会导致对“长期”的不同解释。例如，根据《农村土地承包法》，农民对耕地权利的30年有效期和对林地权利的70年有效期，两者均被认为是“长期”的。但是，这两种不同类型的土地权利实际有效期是迥然不同的。

（二）对转让的过度限制

现存的法律所采取的原则是“一户一宅”，每个农户能够得到一块几乎是免费的宅基地。法律禁止把宅基地转让给城市居民。现有法律对农民在处理其房屋及其房屋下面的宅基地方面的权利限制过于严格。在一个村庄中，并不存在对宅基地的市场需求。如果农户仅可以将房屋转让给本集体内的农户，由于在目前的法律下一个农户只能拥有一处宅基地，那么有条件成为受让人农户的数量将会非常少。并且，农民通常会将很大一部分的可支配收入花在盖房或翻修房屋上。由于经济发展和人口迁移，越来越多的农民将会迁出农村，一旦他们决定迁到城市，由于市场几乎不存在，农民面临的难题是如何收回在房屋上的投资。

（三）对宅基地抵押的限制

根据现有法律，农民对宅基地的权利，如同对农田的权利一样，明文禁止不允许进行抵押。但另外一方面，建立在宅基地上的住房却被允许作为获取抵押贷款的抵押物。这种农村住房和其下宅基地的不同可抵押性将不可避免地损害到农村住房可抵押的价值。因此，这种差异会使金融机构不太愿意接收农村住房作为抵押物。

（四）保护农村宅基地权利法律缺失

总体上看，宅基地法律制度建设取得了一定进展，构建了宅基地政策法规体系的初步框架。但现行法规体系还存在不健全、不完善，存在重要缺陷和问题。除了《民法通则》第75条的一般性表述：“公民的合法财产受法律保护”，以及

1998年《土地管理法》第13条："依法登记的土地使用权应当受法律保护"之外，还没有类似于《农村土地承包法》的法律来保护农村宅基地权利。一是法律法规体系残缺不全，缺少专门的法律法规。二是立法内容滞后，立法技术不高，可操作性差，部分宅基地法规规定相互矛盾或冲突。三是法规层次偏低，政策代替文件突出。由于这种法律政策不完善，制约了对农村宅基地资源的集约使用和农民与集体的利益保护。

（五）不明晰的补偿条款

根据现行法律，农村集体可以为了公共目的收回农民宅基地的权利，但集体仅仅需要付出没有明文规定的"合适"补偿标准。然而，《物权法》取得了一个重要改进，规定要求集体在收回或者自然灾害损坏宅基地的情况下，必须分配另外一块替代性的宅基地。这种没有明确定义的补偿标准很可能导致集体对宅基地土地价值估算的极大随意性。集体以公共目的名义收回宅基地成为一些地区社会矛盾的焦点。

二、实地调查的主要发现

（一）农村宅基地供求矛盾突出，节约集约利用潜力大

为了全面了解农村宅基地利用现状，课题组在对全国2749个村庄调查中，专门设置了宅基地专题调查的内容。调查表明，户均宅基地面积平均水平为0.59亩，人均面积平均水平为0.16亩（108平方米）。村庄宅基地面积平均相当于同村耕地面积的21%。建设部颁布的村镇规划用地指标为人均用地80～100平方米，发展用地偏紧的地区，人均用地宜在60～80平方米。从本次调查情况看，调查地区农村的宅基地占地规模和水平总体上略高于村镇规划用地指标。在调查的2749个村庄中，有超过1/3（39%）的村庄反映农村宅基地供求矛盾突出。

随着大批农民进城从事二三产业，一些农民还在城市购买了商品房，由于流转受到限制等原因，进城农民绝大多数都没有处理旧房屋或宅基地，农村宅基地及房产长年闲置的程度越来越严重，形成了越来越多的"空心村"。调查的所有村庄中，有45%的村反映村里还有废弃的旧房及宅基地。这些村多数集中在中西部地区和北方地区。在存在废弃的旧房及宅基地的村庄，闲置宅基地估计占地平均每个村为44.15亩左右，占村庄现居住总面积的比例为10.4%。这表明农村宅基地整理的潜力很大。

在调查的村庄中，搞过宅基地整理的村约占1/4（26%）左右，节省出来的

面积平均为55亩，占原宅基地总面积的比重为16%。节省出来的地主要是用于农业开发，比重达到58%，其次是村办企业，占13%，和物业出租，占6%。上海金山已经有近一半的村（49%）开展过宅基地整理工作，平均每个村整理出宅基地139.3亩，占原宅基地总面积的比重达到15.7%。

（二）农民期望享有与城市居民同等的房产权利

课题组对分布在四个省市的四个区县、39个村庄、1000多个农户的实地调查表明，农民对宅基地和住房的财产权利的态度和意愿，受到现行相关政策法规的约束，但多数被调查农户对宅基地和住房提出了更高的财产权利要求。对于宅基地，54.2%的被调查者认为，宅基地应该属于集体所有财产，45.8%的被调查者认为，宅基地应该属于个人私有财产，35.5%主张宅基地可以买卖流转，64.5%认为，宅基地不能买卖。对于住房，75.75%的被调查者表示，农民的住房应该自由买卖或通过集体办理一定手续后买卖。仅有24.25%的农户认为，不应该自由买卖。所调查的搬迁上楼的村，住房属于经济适用房，只有居住权，不能自由买卖。农民上楼后已经没有宅基地了，住房却不能自由买卖，农民对此颇不理解。55.13%的被调查者认为农村住房应该与城市居民住房一样，具有完全产权。

表1 农民对宅基地的态度 单位:%

	农民个人私有财产，应能买卖	农民个人私有财产，不能买卖	农村集体所有财产，应能买卖	农村集体所有财产，不能买卖
整体	30.08	15.72	5.42	48.78
朝阳	37.50	12.08	6.67	43.75
吴中	21.11	13.70	3.34	61.85
双流	25.58	21.26	7.64	45.52
滕州	36.95	14.58	4.07	44.40

表2 农民对住房的态度 单位:%

	与城市居民住房一样，应能自由买卖	与城市居民住房不一样，应能自由买卖	与城市居民住房不一样，必须经过村集体办手续才能买卖	与城市居民住房不一样，不能自由买卖
整体	55.13	10.17	10.45	24.25
朝阳	63.60	14.23	9.21	12.97
吴中	44.53	13.21	11.32	30.94
双流	51.16	8.97	9.63	30.23
滕州	62.03	5.42	11.53	21.02

（三）农村宅基地流转是必然趋势

综合课题组对北京市郊区、上海市金山区、浙江省余姚市等经济发达地区的调查，在城郊结合部和农村人口大量流出的地区，宅基地流转空前活跃。农村宅基地流转的深层原因是：由于土地供给有限，尤其是国家实行严格的耕地保护政策后，农村宅基地逐渐变成越来越稀缺的资源，占有农村宅基地的个人愿意出租或转让宅基地，并可以通过流转获得经济利益；随着人口的增长和经济的快速发展，工业化和城市化进程不断推进，工业、城市和农村的各种用地需求均刚性增加，土地制约成为经济生活的突出矛盾，政府为合理配置土地资源，采取征占农民宅基地和搬迁农民住房方式获取土地。

北京市郊区目前农村宅基地流转的情况是：宅基地流转比较普遍。宅基地流转的主要形式有国家征收宅基地、出租房屋和买卖房屋等三种，部分村庄还因为农宅出租和买卖形成了特色鲜明的外来人口集中居住现象，比如画家村的出现。北京近郊和远郊农村宅基地的流转差异较大。流转的主要原因有政府强制征收、市场需求旺盛和经济利益驱动等。

上海市从2004年开始，在推进农村宅基地置换方面进行了重要的探索。宅基地置换的基本思路和做法：一是以同一行政村为单位，在置换宅基地总量不变的前提下，通过集约用地和市场化运作方式，按企业模式经营开发金山区二个试点村宅，落实农民宅基地置换的经营运作，使农户原则上实现住房的无偿置换；二是对原宅基地进行复垦；三是试行征地留用地等新的征地补偿安置方式；四是宅基地置换建房工程竣工后，建房用地实施征用和办理出让手续，最终让农民取得房地产权证。金山区是其中的试点地区之一。目前两个村的宅基地置换进展较顺利，给农民带来居住环境改善、拥有了房屋房地产权证、货币补差、农民就业和住房到位等五项实惠，提高了土地利用率，优化了环境，推进了城市建设。

浙江省余姚市是经济发达地区开展农村宅基地整理工作比较突出的一个典型。目前余姚市农村宅基地管理已经进入严格控制阶段。主要标志是对现有的宅基地实行萎缩性管理，新的不再增加；同时在村内对现有在基地进行量化，确立按份共有、量化到户的关系。在宅基地整理方面的主要做法：一是整理空心村，拆除农户旧宅，退宅还耕、还地；二是撤并零星自然村，置换整理宅基地；三是建设中心村，或集中居住小区，达到加强基础设施与公共服务的配套，吸引房地产商搞开发建设；四是整体拆迁和山区人口“内聚外迁”，引导偏远村落山民向中心村内聚，向城区和平原乡镇外迁，向城镇集中。余姚市通过推动农村宅基地整理，取得了十分明显的经济、社会和生态效益，农村面貌有了很大的变化。

根据对上述地区的调查，经济发达地区具有推进农村宅基地有序流转、创造宅基地集约使用新价值的需求和条件。在国家可用土地资源十分有限、实行最严格的耕地保护政策形势下，促进宅基地流转越来越具有特殊的重要意义。一是有利于满足城乡人口多元化、多方面的需求。各地城市的快速发展膨胀，涌进大量来自外省市的流动人口，在廉租屋等配套制度缺陷的情况下，农民出租房屋为流入城市的低收入人群提供了栖息地。此外，很多市民则向往农村的景观、田园风光和生态吸引力，通过规范的途径进入乡村发展，也可以盘活目前很多闲置的农民宅基地资源，形成利益互补的格局。二是有利于更好的集约使用土地。我国可利用的土地资源极为稀缺。目前农民宅基地闲置，该减的不减下来，新的还要继续占用，是对土地资源的重大浪费。允许农村宅基地在符合规划和规范条件的前提下正常流转，有利于节约集约使用土地。三是有利于发育城乡土地市场。建立城乡土地市场，前提就是要在法律政策上允许农村宅基地的正常流转。四是有利于在城市化快速推进的地区建立农民进城财富积累机制，探索从制度上援助农民从农村向城市转移和促进农民增收的途径。

从经济发达地区的情况看，由于对农村宅基地认识重视和专项管理起步晚，村镇建设规划引导滞后，加上土地管理政策滞后、政府对宅基地的管理能力不到位，以及农村宅基地产权制度和责任意识问题，现行宅基地流转管理工作还存在很多难题。比如由于现行的法律限制农村宅基地使用权的流转，宅基地租赁和买卖交易大多暗箱操作，具有无序性和随意性，政府对其依法监管难执行；不规范的宅基地流转经常引发大量社会问题；搞好宅基地整理耗资巨大，资金筹措和组织工作难，工作压力和风险比较大等。

三、强化农民对宅基地的权利，发育农村宅基地市场

（一）界定农民宅基地为永久性用益物权

农民对农田的权利在20世纪80年代以后才在法律上赋予私人个体，然而农民对宅基地的长期个人拥有和使用的法律（或政策）许可可以追溯到以集体主义为标准的20世纪60年代。尽管法律上从来没有对“长期”给予界定，宅基地的实际使用已经使农民对宅基地的使用权利变成了事实上的永久性权利。把农民对宅基地的使用权划分为永久性的权利似乎是非常自然的。

（二）扩大农民宅基地权利的可转让性

没有必要对宅基地权利和房屋的交易进行限制。虽然这些限制并不完全禁止农村房屋和宅基地的交易，但无疑会使得农村房屋和宅基地变得非常难以销售。农民的最大资产之一是住房。如果像政府所鼓励的那样决定进城，截至2005年11月1日，超过5.62亿的中国人（包括1.4亿农村人口）已经居住在城市地区。

事实上，农民将面临完全失去他们的房屋资产的境地，因为他们既不能继续使用住房，也不能有效地转让住房和与之相连的宅基地使用权。

（三）明确允许以宅基地进行抵押

农民对宅基地权利不能抵押就等同于禁止房屋进行抵押，因为银行不大可能愿意接受没有土地作为抵押物的农村住房进行抵押。这显然对发展农村房屋市场是不利的。此外，对普通农民来说，建房也许是最大的投资。实际上，不能通过住房抵押来获得贷款将会削弱农民改善其住房条件的能力。新通过的《物权法》没能为宅基地抵押提供明确的法律基础。在宅基地抵押上，今后法律改革方向是赋予农民与城市居民同等的权利。

（四）当宅基地被收回时，加强对农民的保护

需要一系列与《农村土地承包法》相并列的法规制度来保护农民对宅基地的权利，以便更好地保护其在各种可能危害情况下的利益，特别是集体以公共目的名义的违规行为。根据新的《物权法》，对失去宅基地的农民补偿一块土地被认为是理所当然的。此外，没有另外一块宅基地替代时，应当给予现金补偿。也就是说，目前法律所要求的合理补偿应当明确界定，以反映宅基地的替代价值（或其等价物）以及在宅基地之上的住房、种植物等价值。

（五）逐步探索建立农村宅基地流转市场

在现行法律范围内，对于符合规划，合法取得的宅基地，由政府土地、房产主管部门核发《土地使用权证》、《房屋产权证》，农户可以凭此权益证明按市场需求合法转让。发证过程中必须坚持每一农户只能获得一处宅基地权益证明的原则，并且一旦凭证转让就不得再申请宅基地。农民拥有两处以上的宅基地，如果宅基地长期闲置的，集体应当有权重新规划、调整，以保证土地资源的有效利用，集体如果因规划调整需要收回宅基地的，应当给予恰当的补偿。可以设定一定的条件、时限和方式保障有序流转。目前至少有两类对象应该允许，包括已经在城市安居就业，有保障的；已经迁居其他地方，或其他原因已经变故的父母用房。

（六）规范推进宅基地置换和整理工作

综合对经济发达地区的调查，农村居民点的演变趋势是，一部分农村将继续保持典型农村的特征或内涵，即居住人口仍以农业和相关产业活动为主，村庄经过改造成为现代化水平较高的农村居民点；一部分农村将成为以非农活动为主、兼有农业经营的新型乡村社区；还有相当一部分目前的“农村”将转变为基本上

没有农业活动的城镇社区。推进农村宅基地整理，有利于变农村居住零乱分散为集中有序，变自然形态为规划形态，变土地零散使用为集约使用；有利于基础设施及公共服务设施集约配套；有利于增加农民的财产价值。农村宅基地整理的主要途径，一是结合土地利用总体规划，把农村宅基地减少同中心村镇建设用地增加相挂钩，盘活存量建设用地，推进农村宅基地向中心村镇集中。二是结合村镇建设规划，科学合理地调整村镇建设规划布局，实现集约节约用地，防止盲目重复布点。农村宅基地整理和居民点的优化是一个自然的渐进过程，不能急于求成。要坚持“大稳定、小调整”原则，不宜大拆大建；保障农民的知情权和参与权；要从实际情况出发，因地制宜，不搞一刀切，不能普遍建高层楼房和别墅；不能片面地把扩大城市建设用地规模作为主要目的。

（韩 俊 秦中春）

妥善解决失地农民的长远生计

——四省市千户失地农民调查

土地是农民谋生的主要手段，也是农民进行投资、积累财富及在代际间转移财富的主要途径。随着工业化与城市化的快速推进，必然伴随着大量农地转为非农建设用地，从而产生大量的失地农民。目前，我国完全失去土地或部分失去土地的农民估计高达4000万~5000万人。失地农民问题已成为新形势下农村矛盾的焦点。为了了解处于城市化进程较快的城郊地区失地农民就业、生活和社会保障等方面的情况，深入分析土地征占对失地农民生计的影响，2006年国务院发展研究中心农村经济研究部成立课题组，对北京市朝阳区、江苏省苏州市吴中区、山东省滕州市、四川省双流县进行了实地调查。这四个县、市、区都经历过显著的城市扩张和工业增长，以及出现过频繁的征地现象，都不同程度地存在失地农民。课题组历时半年时间，实地考察了13个乡镇、39个村庄，并对1106个失地农户进行了详细的访谈，获得了大量的第一手资料。现将该项研究形成的主要判断和建议总结于下。

一、土地征占规模大，失地农民数量多

调查的四个县、市、区都经历了显著的城市扩张和工业增长，以及出现过频繁的征地现象。它们被选择为调查对象，部分原因也是为了观察不同经济社会特征下征地方式和程度所呈现的差异。

一是江苏省苏州市吴中区。吴中区2001年由原苏州市吴县市分设而成，当时吴县市一分为二（吴中区和项城区）。伴随着吴中区的建设和发展，用地需求大幅扩张。2001~2003年间，用地指标基本上不受控制。2001年用地征用量不到3000亩，2002、2003年土地征用量都超过1万亩。2004年国务院出台《关于深化改革严格土地管理的决定》，该区建设用地指标锐减，用地指标只有2000多亩，2004年、2005年实际每年征地6230亩和4996亩[①]。2001~2005年在征地高峰期，

① 近年来，苏州市城市规模迅速扩张，大量城市基础设施建设占用了吴中区的建设用地指标，因此在2004年和2005年用地指标受到控制后，吴中区用了苏州市一部分用地指标，弥补了建设用地指标不足的困境。

吴中区征地面积4.11万亩，其中耕地3.35万亩，占征地总面积的81.5%。在早期，企业引入后，征用耕地建设厂房。随着产业聚集、经济发展，征用土地采取“筑巢引凤”的模式。即在招商引资前，地方政府获取土地、制订土地利用规划、建立基础设施、建设厂房的雏形。大规模的农地征用，客观上形成了大量的失地农民，而且多数是全失地农民。根据初步统计，截至2005年底，该区38万农民中失地农民占18万人，占全部农民将近一半的比例。在这18万失地农民中，其中有2万是国家由于高速公路两边绿化带（20~50米）建设租用集体土地造成的农民失地。被调查农户在征地后98.52%完全失去了土地。

二是四川省双流县。双流县是成都市辖的近郊县，工业发展和城市扩张带来的基础设施、工商业、房地产占地数量大、覆盖面宽，失地农民数量多。在1996到2005的10年间，双流县共征用土地46388亩，年均征用土地4638.8亩。其中，征用的耕地占征地总面积的71%。双流县失地农民总量累计约为9万人，占农业人口比重接近10%。在所调查的10个村庄中，9个村庄土地自2000年后被征用，其中72%的农户完全失地，只有28%的农户保留了数量有限的农地。失地农户的调查显示，户均被征土地达到2.75亩，占户均全部耕地面积的比重达到85%。不难看出，双流县失地农民总体上属于重度失地状态，大多数失地农民在基本生活方面已丧失对耕地产出的依赖性。

三是山东省滕州市。近年来，滕州市工业化超常规发展，城镇化快速推进，土地征用规模很大，形成了一定规模的失地农民。1998年以来在非农业建设占地面积中，通过征用程序把集体土地变为国有土地的比重为24.7%，非农业建设用地未经国家征用而由集体土地直接进入建设用地市场的比重高达75.3%。如果以占地低于0.2亩作为失地农民的界限，则滕州有失地农民10732人，占农业人口比重为0.83%。如果考虑整个农用地转为非农用产生的失地农民数量，形成的失地农民规模是比较大的，高达44179万人，占农业人口比重为3.4%。滕州完全失地的农户比前两个调研地点要低，调查的295个农户中，目前仅有7%的农户全失地，46%的农户仍拥有多于1亩的耕地。

四是北京市朝阳区。朝阳区属于北京市城市总体规划的城区，也是北京市人口最多、面积最大的近郊区。全区常住总人口280.2万人，其中农村居住人口58.5万人，包括农村户籍人口15.5万人。朝阳区在许多方面不同于上面三个地区。大多数村庄土地没有承包到户经营，而是由村集体统一经营和使用。征地活动不与个人进行交涉，对于农户来讲，某一次征地并不对其构成直接影响，征地后只是名义人均土地面积减少。朝阳区市政工程设施建设和公益性用地比重大，与一般新兴城市的扩张差异较大。近年来，各项重点工程和绿化隔离地区建设在朝阳区紧锣密鼓地进行，征用土地面积增长较快，造成的失地农民规模较大。在征地高峰的1995~2005

年，共征（占）各类土地13.3万亩，各类市政工程征（占）地导致的“农转居人员”（指征地后转为非农业户口的人员）6.75万人，“农转工人员”（指征地后转为非农业户口，年龄在劳动年龄阶段的人员）3.98万人，如果加上各种隐形征占地（如绿化隔离带占地等），失地农民规模估计高达30多万人。

从四个调研点看，剔除北京市朝阳区未确定到户的家庭，在1106个调查农户中，原有地的共有954个农户。这些家庭征地前户均耕地规模达3.12亩，征地后户均耕地规模为0.82亩，征地后，55%的农户家庭完全失去了土地，根据普遍采用的人均耕地0.2亩的标准计算，70%的家庭属于失地农户。

二、土地征用补偿标准低，失地农民分享土地增值收益难

土地征用中的收益分配主要包括征用环节的征地补偿费和土地增值收益分配两个部分。其中，土地增值收益既包括土地取得环节政府收取的税费，也包括土地出让环节政府收取的土地出让金或土地使用费。从调查的情况看，目前农民的土地收益只发生在征地环节的补偿，土地出让环节的增值收益与被征地农民没有直接的关系。

（一）征地补偿标准偏低

《土地管理法》规定的土地补偿费、劳动力安置补助费都是按照被征收土地前三年的平均年产值计算的，而与被征地的区位、经济社会发展水平、土地供求状况等地价因素以及土地征用后的用途和市场价值无关。根据最新的《江苏省征地补偿和被征地农民基本生活保障办法》，标准最高的一类地区耕地前3年平均年产值的最低标准为1800元/亩，而最低的四类地区才1200元/亩。这与土地征用后被作为工业、商业或房地产业产生的收益（租金）形成了强烈的反差。以吴中区工业标准厂房为例，每亩土地的年租金为5万~10万元。现行法律规定征收土地按土地的原用途进行补偿，而在近郊，这种按照征用土地原用途进行补偿的方法并不合理。如东四环路在朝阳区域内全长100多公里，征地时只给农民5万/亩的土地补偿费。但实际上，该区传统的农业用地很少，观光农业也不到1%，所以按照土地年产值计算土地价值，大大低估了土地价值，该区的土地租金实际高达40万/亩。各种征地土地补偿标准不一致，存在相对差异。如有的工程由于征占地主体和用地性质不同，征地补偿价格区别很大，尤其是政府征地和开发商征地，基础设施项目征地和开发项目征地，同地不同价，即使是相邻的同等地块的补偿也出现了偏差。例如，该区某相邻地块，政府征地16万元/亩，开发商征地160万元/亩，每亩补偿费相差134万元。征地补偿标准完全与土地市场价

格脱节，显然极不合理。

根据调查，征地补偿费不足以维持农民的现实生活和长远生计。失地农民得到的土地补偿费、劳动力安置补助费一般只够维持6~7年的基本生活。如果是公益性占地，补偿标准更低，一般只够3~5年的生活费。农民失去土地也就失去了稳定的收入来源和长远的生活保障，而土地征用补偿并不能实现对土地功能的替代。至于对整个征地补偿的满意程度，只有略低于一半的农民认为补偿结果是公正的，其余的则认为是不公正的或者不予评论。

（二）失地农民难以分享土地增值收益

政府在土地征用过程中获得了巨额的收益，土地出让收入已经成为地方政府名副其实的“第二财政”。2001~2005年，吴中区地方财政一般预算收入为60.96亿元，而土地出让金总额高达56.43亿元。其中，2003年和2004年地方一般预算收入为13.6亿和13.7亿元，土地出让收益分别为13.69亿和32.7亿元。双流县1996~2005年土地出让收益占财政收入的比重由0.3%提高到12.8%。滕州市2002~2005年土地出让收益与地方财政收入的比例大致在1∶2.2左右。

以吴中区为例，土地征用过程中每亩土地上缴的税费合计约4万元①；土地出让过程中，通过拍卖出让的土地仅上缴契税、土地增值税、白蚁防治费等三项费合计就将近10万元②。土地征用和出让两个环节的税费合计，拍卖土地上缴税费占近5年土地出让均价的比重约12%，协议出让土地上缴税费占比约为40%。

表1　　苏州市吴中区2001~2005年土地出让金及其构成　　单位：亿元,%

项　　目	金　　额	比　　重	备　　注
一、土地出让金总额	56.43	100	
其中：（一）招拍挂出让	37.23	65.98	出让面积3141.2亩
（二）协议出让	19.20	34.02	出让面积1.77万亩

① 主要有耕地占用税、耕地开垦费、土地有偿使用费、农业重点建设基金等。吴中区耕地占用税的计收标准为5000元/亩；征收耕地开垦费的标准为6000元/亩；新增建设用地土地有偿使用费（简称土地有偿使用费）征收标准共分15等，吴中区土地有偿使用费按每平方米28元收取，每亩约收取1.87万元。农业重点建设基金由江苏省财政统一收取，吴中区的计收标准为2400元/亩。

② 契税按合同金额的4%收取，包括拍卖和协议出让的土地。吴中区的土地出让金平均价格为406元/平方米，因此按面积计算每平方米大约分摊16.2元。“招拍挂”出让方式平均交纳契税4.74万元/亩（71.1元/平方米），协议出让0.434万元/亩（6.5元/平方米）。2005年该区实现契税收入2.39亿元，占地方一般预算收入的11.2%。吴中区每年征收的增值税不多，约几百万元。针对“招拍挂”出让收取的白蚁防治费、墙体改造费、人防费三项费用合计每亩收取4.4万元。

续表

项 目	金 额	比 重	备 注
二、构成		100	
（一）市级留成	5.58	9.89	协议出让市级无留成
（二）代收规费	3.14	5.56	
（三）土地出让成本	38.67	68.53	
1. 征地成本	15.07	26.71	
其中：（1）上交规费	7.14	12.65	
（2）农民安置补偿	7.93	14.05	
2. 土地整理成本	14.61	25.89	包括拆迁补偿
3. 配套设施建设	8.99	15.93	
（四）土地出让纯收益	9.04	16.02	
1. 区级收益	4.50	7.97	含上交各级财政资金
2. 镇级收益	4.54	8.05	

数据来源：苏州市国土资源局吴中分局。

与土地转用后巨大的、长期的增值收益相比，失地农民所得到的土地补偿费分配比重还很低，农民所获得的补偿费与土地征用后的巨额增值没有直接关系。吴中区 2001～2005 年土地出让金总额分配构成中，农民安置补偿费所占比重为 14.05%。如果另按拍卖土地计算，近 5 年当地每亩土地拍卖价平均为 118.5 万元，而其中只有 3.8 万元/亩转入土地基金账户，用来补偿安置失地农民，占比仅为 3.2%。土地征用平均收取的各种税费约为农民土地补偿安置费（不包含青苗及地上附着物补偿费）的 1.13 倍。其中，“招拍挂”收取的各种税费为土地补偿费的 2.1 倍，协议出让收取的各种税费为土地补偿费的 0.96 倍。

三、征地程序不够透明和公开，农民参与程度低

征地过程中是否保障了农民的权益，不仅根据征地补偿款的额度大小来判断，更重要的是有一套合法严格的透明程序来限制各级政府的权力。这次调研结果提供了受征地影响的农民如何看待或者理解征地程序的画面。本次调查通过调查被征地者的知情权、参与权和上诉权考察征地程序是否规范。从四个县、市、区的情况看，失地农民对征地程序的认识，大体上反映了所在地区的相对富裕程度、城市化和工业化的程度，以及能够替代农业的其他生存方式的可获得性。然而，有明确证据表明，在受影响的失地农民眼中，整个征地过程具有不透明性、信息难获取性，以及缺乏实际参与和解决问题的机制。

（一）农民缺乏必要的知情权

征地前公告调查显示（表2），总体而言，只有38.1%的农户征地前看到征地公告，37.2%看到了补偿公告。除吴中区外征地前的公告公示制度还没有形成。

表2　　**征地前公告情况对比**　　单位：%

	整体	朝阳	吴中	双流	滕州
征地公告	38.1	18.8	76.8	21.5	35.6
补偿公告	37.2	17.1	75.4	16.3	40.3

注：统计数字为看到相应公告的农户所占比例。

在补偿款的分配阶段，634个农户表示村集体留用了部分补偿款，而其中，93.1%的农户不知道村集体掌握的补偿款的具体数额，87.1%的农户不知道村集体掌握补偿款的用途，仅有12.9%的农户表示村集体将补偿款用于修路、修水渠、村庄地下水道等公共基础设施建设。

对于征地过程中的透明度，在对“土地征用和拆迁过程中是否发生过征地款被挪用、截留等现象”问题的回答中，32.4%的被调查者认为征地程序公正，民主监督严格，不存在挪用截留现象；60.8%表示了解不多，不知道；7.1%的被调查者有可靠事实和证据证明存在挪用、截留现象。四个调研点吴中区征地程序最为公正，77.1%的农户认为不存在挪用截留补偿款的事件，双流、滕州两地一成多农户认定征地过程中存在挪用截留现象，而持怀疑态度的高达六七成。

（二）农民缺乏参与权

部分地区征地过程中没有召开村民大会，农民在决策中处于弱势；农民对征地工作人员满意度不高；强制征迁、暴力征迁现象普遍存在。在公布征地补偿方案前，22.4%的农户表示，当地政府和村委会工作人员开会并上门征求过意见；21.5%表示仅仅开会听取意见；而48.1%表示征地前没有听取意见。四个地区对比如表3。

表3　　**补偿款是否被挪用、截留情况**　　单位：%

	程序公正、监督严格，不存在	有可靠证据证明存在	了解不多、无法评价
整体	32.1	7.1	60.8
朝阳	15.0	1.7	83.3
吴中	77.1	0.4	22.5
双流	27.5	11.4	61.1
滕州	10.4	13.1	76.5

注：表中数字为相应的农户所占比例。

表4　　补偿方案确定过程中农民的参与程度　　单位:%

	开过会，并有专门工作人员上门征求过意见	开过会，且仅仅是在开会的时候听取过	从未听取过	不了解不知道
整体	22.4	21.5	48.1	8.0
朝阳	11.3	6.3	77.1	5.4
吴中	55.0	29.4	93.3	6.3
双流	10.0	35.2	49.5	5.3
滕州	14.6	12.9	58.6	13.9

注：表中数字为相应的农户所占比例。

在征地过程中，32.2%的家庭积极参加相关村民（代表）大会表达意见，有39.7%没有参加，但委托别人投票或表达意见，而3.6%没有参加也没有委托别人表达意见，19.7%表示没有召开过相关会议，4.7%参加会议没有表达意见。四个调研点情况对比如表5。吴中区农户基本踊跃参加会议表达意见；双流是劳务输出大县，在外打工人员多，因此，40.9%的家庭委托别人投票或表达意见，但总体而言，65.4%的农户在会议上表达意见；在滕州市，高达45.9%的农户表示没有召开过相关会议，表达意见者仅占49.7%，农民在征地过程中的参与权受到严重制约；北京朝阳区不直接征用农民耕地，也不与农民进行交涉，高达81.7%表示没有召开相关会议。

表5　　村民参加征地相关会议的情况　　单位:%

	参加相关村民（代表）大会，表达意见	没有参加会议，但委托别人投票或表达意见	没有参加会议，也没有委托别人表达意见	没有召开过相关会议	参加会议未表达意见
整体	32.2	39.7	3.6	19.7	4.7
朝阳	13.8	0.4	4.2	81.7	*
吴中	74.3	6.7	10.8	8.2	*
双流	24.6	40.9	2.7	14.3	17.6
滕州	21.6	28.1	4.5	45.9	*

注：*表示其他三地调查中没有此选项。

在关于村民（代表）大会的内容调查中，606个参加大会的农户提供信息，会议集中于宣传政策文件和公告征地方案，对补偿问题进行民主讨论，但农民在决策中仍处于弱势，仅有三成农户表示会议对补偿方案进行表决，对出现问题进行商讨解决。49%的农户表示没有召开过相关会议。

由于北京市的特殊性，剔除朝阳区农户，其他三个调研点中，48.6%的农户表示，尚未与农民就征地补偿经过民主协商并达成协议，征地项目就已经开工。

在调查的39个村中，有14个村、63个农户反映当地发生过粗暴或强制征迁行为。除吴中区外，三个调研点均存在此现象，存在政府打人、拘留、强制推房、烧毁庄稼，甚至组织黑势力威胁村民等现象。

(三) 农民缺乏有效的上诉权

征地和房屋拆迁是涉及农民切身利益的大事，自然引起农民的高度关注。调查表明，农民缺乏有效的维护权益的渠道；争取权益过程中存在压力，且难以有效解决问题；部分地区农民上访现象普遍。资料显示，有18.4%的被访者努力争取过更多的征地补偿。争取的方式主要是：找有关部门和领导（发生频率为80.4%），组织起来阻止土地开发施工（占22.6%），也存在比较激进的方式，占2.9%，其他方式占8.3%，包括媒体、律师事务所、联名上访、会上发言、协商等途径。可见，协商仍然是维权的首选渠道，在协商未果（或预期没用）的情况下，部分农民采取较为激进的阻止施工、暴力抗征等形式。而通过法律途径维权的现象在目前政府主导的征地模式下基本没有存在的可能性。

在做出努力后，16.8%的被调查者表示，得到有效回应，解决了问题；24.1%得到了回应，采取了一些安抚措施，但未解决问题；45.3%没有得到正面回应，未解决问题；23.2%根本不搭理，无从解决问题。即83.3%的农户反映没有有效解决问题。

在争取自身权益的过程中，有45.3%的农户表示，在表达反对意见或要求提高补偿安置标准的过程中，感受到了相关压力。这些压力依次是：害怕被政府处罚或制裁，占65.2%；害怕得罪人，特别是村干部，占46.7%；害怕不再享受各种优惠政策，占32.6%；害怕被开发单位组织的流氓地痞打击报复，占26.1%；害怕已经得到的好处丧失了，占22.8%。四个调研点的对比如表6。在双流、滕州两地，农民维权的现象更为普遍，而在此过程中感受的压力也更大。更值得注意的是，除吴中区外，害怕被政府制裁和处罚成为压力的最主要来源，其次是怕得罪村干部和领导。

表6　农民上诉过程中的境况对比　单位：%

	争取自身权益的农户占比1	感受到压力的农户占比2	害怕已经可得到的好处得不到3	害怕得罪人，特别是得罪村干部和领导3	害怕不再享受各种优惠政策3	害怕被政府处罚或制裁3	害怕被开发单位组织的流氓地痞打击报复3
整体	18.4	45.3	22.8	46.7	32.6	65.2	26.1
朝阳	10.8	26.9	42.9	42.8	42.8	42.9	14.3

续表

	争取自身权益的农户占比1	感受到压力的农户占比2	害怕已经可得到的好处得不到3	害怕得罪人，特别是得罪村干部和领导3	害怕不再享受各种优惠政策3	害怕被政府处罚或制裁3	害怕被开发单位组织的流氓地痞打击报复3
吴中	8.4	10.7	66.7	33.3	0	0	0
双流	29.6	62.9	12.4	23.6	14.6	42.7	10.1
滕州	22.5	44.5	8.9	69.7	53.8	70.5	57.7

注：1为占农户总数的比例；2为占争取权益农户的比例；3为占感受到压力农户数的比例。

在调查中发现，因征地引起的上访普遍存在。北京市朝阳区10.8%的农户反映本村存在上访事件，涉及5个村；吴中区3%的农户反映，涉及5个村；四川双流27.6%的农户反映，涉及全部所调查的10个村；山东滕州41.7%的农户反映，涉及9个村。在普遍发生上访的四川和山东，22.8%的被调查农户参与了上访维护自身权益。近77.2%没有参加者认为，上访付出代价太大或政府消极应对不会解决问题，极少数因为相信政府或不牵涉自身利益拒绝参与上访。

四、失地农民家庭收入普遍提高，部分农户生活水平下降

（一）家庭收入来源多元化，二成以上农户收入下降

调查中，共有1044个家庭提供了征地前后收入总量、收入来源、日常支出、耐用消费品购置、生活水平等方面信息。征地前（以征地前一年收入计）家庭年收入平均为19217.49元，人均收入为5075.4元；征地后（以2005年统计），家庭年收入平均为32351.2元，人均8544.06元。平均计算，1044个家庭收入年增长速度达到15.8%。总体而言，征地后家庭收入普遍提高。家庭收入增加的家庭为770个，占被调查家庭的73.8%，收入不变的31个家庭，占3%，收入减少的243个家庭，占23.3%。双流和滕州两地征地后家庭收入减少的接近四成。而朝阳区征地后收入减少的相对较少（17.4%），吴中区几乎不存在这一情况（1.4%）。

征地前后，工资和劳动报酬收入一直是家庭的主要收入来源，征地前在家庭总收入中占52.5%，征地后提高至58.8%。土地的丧失带来的直接影响是农业收入减少，家庭农业经营收入份额变化最大，在家庭收入中的比例由征地前的31%降至7.1%。除农业收入减少外，财产性收入和转移性收入所占比重显著提高，房租收入、失地农民生活保障金、养老保障金是导致收入结构变化的主要因素。

转移性收入和财产性收入在家庭收入中的比重分别提高了6.8、8.2个百分点。目前，在农户家庭收入中的份额依次是：工资及劳动报酬收入（58.8%）、家庭经营二三产业收入（14.8%）、转移性收入（10%）、财产性收入（8.6%）、家庭经营农林牧渔收入（7.1%）、其他（0.4%）。可见，家庭收入来源在征地后更加多元化。

通过考察财产性收入的来源我们发现，首先，房屋出租是导致财产性收入变化的主要原因。除滕州外，其他三地失地农民出租住房的情况非常普遍。作为大城市郊区，外来务工人员不断增加，原住居民出租住房可以获得不菲的收入。目前28.5%的家庭对外出租住房，对家庭收入的贡献达6.3%。其次是股份合作制入股分红，这一保障失地农民分享土地增值收益的做法正在发达地区农村（大城市郊区）推广。调查中，失地前仅有18个家庭有此项收入，征地后114个家庭参加了集体股份合作制，主要集中在吴中区和四川双流县。吴中区51.6%的农户表示已经通过股份合作制入股参与集体土地开发经营。目前，股份合作制入股分红收入占家庭收入的1.4%，并有日趋增长之势。

（二）征地后入不敷出的家庭略有增加

征地前户均年消费支出为10051.16元，人均2652.53元；征地后，户均年消费支出为17417.84元，人均4596.62元。根据征地年份测算的支出年均增长速度为18.4%，高于收入的年均增长幅度（15.7%）2.7个百分点。

征地前20.5%的家庭入不敷出，2.9%的家庭收支相等，76.6%的家庭收大于支；征地后21.1%的家庭入不敷出，1.8%的家庭收支相等，77.1%的家庭收入大于支出。即征地后入不敷出的家庭略有增加。吴中区和朝阳区的调查显示，征地后入不敷出家庭均减少，而四川双流和山东滕州农户入不敷出家庭有所增加。

家庭支出结构变化不大，食物消费在支出中的比重降低，物业费用和日常费用支出略微增加。食物消费一直是家庭消费的主体，但在总消费中的比重有所降低，征地后较征地前降低了4个百分点，目前在家庭消费中占45.9%。与此对应，物业费、水电费及其他日常消费所占比重有所提高。由于征地直接或间接引起拆迁、宅基地调整，农民的居住条件发生变化，许多家庭由原来的自建住房改变为公寓楼集中居住。还有部分家庭由于失地不得不移居小城镇或城市郊区自谋职业，也必然改变居住地。这些变化很可能导致水电费、取暖费、物业支出的增加。此次调查中，由于拆迁户占比不是很大，所以平均计算的这方面支出所占比重仅增加了1.9个百分点。农户的自我评价显示：26.6%的家庭征地后生活明显提高，39.9%的有所提高，21%的没有变化，6.8%的有所下降，5.8%的明显下降。总体而言，征地后生活水平降低的农户占12.6%。

（三）拆迁后农户家庭居住条件和环境普遍改善

征地过程中的拆迁问题往往是引发征地矛盾的焦点。拆迁后居住面积是否减少，所获补偿能否抵偿购房支出，新居环境是否得到改善，这些都是影响农民征地态度的关键问题。

与土地征用有关的房屋拆迁有两种。一种是零星的、小规模的拆迁；一种是村庄整体拆迁。本次调查中，拆迁户共有270户，其中苏州33户，北京朝阳38户，四川双流151户，山东滕州48户。采用货币补偿方式拆迁的占55.9%，采用房屋置换方式的占44.1%。

采用房屋置换方式的119个家庭，拆迁后68户人均居住面积减小，10户没有发生变化，23户人均面积增加，18户因还未入住不清楚。拆迁建（购）房过程中，7个家庭因增加支出而负债，70个家庭增加了支出但未负债，29个家庭获得差价收入。

采用货币补偿方式的151个家庭，拆迁后51户的人均居住面积增加，4个未发生变化，48个小于原面积，48个不清楚。建（购）房过程中，18个家庭因此增加了支出并负债，43户增加了支出未负债，43户获得一次性差价收入。

对比拆迁前后，人均居住面积有小幅减少，由42.04平方米/人降至37.73平方米/人。房屋的建筑主体由一层砖瓦平房和二层砖瓦楼房（苏州）转向钢筋水泥公寓式楼房和三层水泥楼房。除苏州及四川部分拆迁户建筑主体转为三层砖瓦楼房外，64.5%的拆迁户的房屋建筑转变为共同居住的社区型楼房。11.6%的拆迁户因拆迁增加支出并负债，最高家庭负债金额达7万元；52.6%的家庭增加了建（购）房支出，但没有负债；35.8%的拆迁户获得一次性差价收入。

对于拆迁后居住条件和环境的变化，农户调查的结果显示：71%的拆迁户表示新居环境管理更加规范、美化绿化加强、周围基础设施配套、交通便捷等，对新的居住环境很满意；15%表示拆迁前后影响不大；14%的家庭表示拆迁后居住环境变差，主要原因是噪音大、治安差。可见，在大多数地区，拆迁过程中做好相关规划，远离工业区、加强物业管理、配套好基础设施，搬迁后的居住环境都能得到农民的认可。

五、失地农民就业困难，长远生计无保障

（一）征地后农业从业人员显著减少，赋闲和无业人员明显增加

调查的1106个家庭共有人口4185人，其中劳动力2621人。征地前，农业是家庭劳动力就职的主要行业，46.7%的劳动力从事农业生产，在第二产业和第三产业就业的劳动力分别占24.3%、25.5%。征地后，农业从业人员所占比重降低

了25个百分点，第二产业增加了5.34个百分点，第三产业增加了14.55个百分点。征地后，28.6%的劳动力成为无业人员或年老赋闲。原因在于，农业生产中劳动力就业门槛低，而失地后部分老龄劳动力却无法在二三产业获得合适的工作岗位。征地后无业人员由3.5%提高到9.2%，增加了5.7个百分点。

（二）就业培训覆盖面小，安置就业比例低

随着经济发展，劳动力市场逐步由单纯的体力型向专业型、技能型转变，素质低的失地农民就业难度增大，特别是中年以上农民就业困难问题更为突出。在这种情况下，政府开展就业技能培训，帮助和引导失地农民转移就业就显得特别重要。四个调查点均由政府组织开展免费的职业技能培训。但整体而言，就业培训的覆盖面十分有限。征地后接受培训的劳动力比例仅为20%，其中以职业技能培训为主，占17%，成人教育、学历进修和其他类型培训占3%。而占劳动力80%的主体没有接受培训。四个调研点参加培训的劳动力所占比重分别为：朝阳区36.7%、吴中区26.9%、双流县14.2%、滕州6.4%，地区间差异比较大。调查结果反映出现有的就业培训效率不高。由于针对性不强，政府组织的各种就业培训大都与失地农民的实际需求存在错位和偏差，难以实现预期的目标。

农民由于文化程度低、职业技能缺乏，在就业市场上处于严重弱势。失地后，农民依靠亲友或关系求职成为必然选择。调查中35.4%的劳动力通过这一途径找到工作。而通过职业介绍机构或电视、报纸等招聘广告求职仅占8%。38.9%的劳动力自谋或自己创业获取工作机会。各级政府及村集体在帮助本地失地农民就业方面做出了努力，安置就业占到17.7%。安置就业情况的地区差异较大，朝阳区安置就业比例为52.2%，吴中区为16.6%，双流县为13%，滕州市仅占3.4%。朝阳区安置就业比例相对较高，实际上真正实现单位安置（谁征地、谁安置）的不到征地涉及人数的1%，绝大多数为转工留用（委托被征地乡、镇、村办企业代为安置）和自谋职业方式。

（三）农民失地后拥有稳定工作的人群没有明显增加

征地前在二三产业从业的农村居民为1460人，其中有稳定工作的人数为920人，占比为63%。征地后在二三产业从业人员增至2067人，有稳定工作的人数为1145人，占比为55.4%。农民失地后转向二三产业的人员增加了607人，但其中仅有225人拥有稳定的工作。从比例上来看，目前拥有稳定工作劳动力的比例低于征地前。失地农民就业环境的地区差异较大。目前拥有稳定工作的1145人中，吴中区有578人，朝阳区404人，而山东和四川分别为88人、75人。对于工业化处于起步阶段的传统农区，零星出现的企业还没有形成对劳动力稳定和旺盛

的需求，农民难以分享工业化带来的利益。

文化素质低和缺乏职业技能、年龄等因素是获得工作的主要障碍，也是影响未来家庭成员就业的主要因素。50.5%的家庭认为文化水平低和职业技能缺乏是制约家庭劳动力就业的主要因素；41.8%的家庭将年龄视为主要制约因素。60.2%的家庭对未来家庭就业情况存在担忧。除吴中区外，三个调研点失地农民对未来就业普遍存在担忧。所担忧的问题依次是：年龄大了打不了工（占22.3%）、文化水平不高或职业技能不够（占19.4%）、工作待遇无法保证（占15.2%）、就业单位的经营发生亏损倒闭（占5.4%）。

（四）农户对征地后家庭就业变化的总体感受

征地后，整体而言，60.8%的农户对目前的就业环境和家庭就业情况表示满意；36.8%表示不满意；2.4%表示一般。四个调研点之间的就业状况差别较大，对就业现状不满意的家庭在总户数中的比例，吴中区为9.6%，朝阳区22.2%，滕州市61%，双流县47.5%。特别是在滕州和双流，失地失业的现象较为普遍，众多失地农民靠临时性打工维持生计，没有稳定工作。就业难、政府服务缺位等原因导致农民普遍感到不满意。

1. 工资水平有所提高。46.3%的农户表示，征地后工资水平有所提高；40.8%表示征地前后工资水平变化不大；13%认为征地后工资水平降低了。总体而言，工资水平有所提高，特别在吴中区和朝阳区，工资水平提高更为普遍，而在双流和滕州，认为工资水平变化不大的情况居多。

2. 政府服务变化不大。征地后，认为政府服务增加的占43.3%，认为变化不大的占56.8%。吴中区政府在促进就业、维护治安、改善环境卫生、开展文化公益事业等方面功能不断强化，85.9%的农户认为政府服务在征地后增加。反之，在滕州只有12.2%的农户反映政府的服务增加了，而87.8%的人反映政府服务变化不大。

3. 四成家庭认为找工作更加困难。41.9%的农户认为征地后，找工作更加困难；50.1%表示找工作难度变化不大；8.1%（主要是吴中区农户）认为找工作更为容易。由于农户自身存在的年龄、文化素质低、职业技能差等原因，导致失地后失业现象突出。

六、失地农民的社会保障缺位，地区间保障水平差距大

农民失地后获得一次性货币补偿，丧失了拥有土地所带来的一系列保障权利，如生活保障、就业机会、资产增值、财富积累等，同时又无法享受与城市居民同等的社会保障权利，使得失地农民成为既有别于一般农民，又不同于城市居

民的群体。一次性货币补偿通常不足以弥补农民失地所造成的就业、收入和食物安全的价值损失。在这一背景下，社会保障的可获得性就成为影响失地农民生计的一个重要因素。调查发现，失地农民由于在就业、收入等方面的不稳定性，依托家庭保障模式越来越受到冲击，部分家庭靠征地款来维持生计，处在“种田无地、就业无岗、社保无份”的状态，生活在城市的边缘，转化为城市贫民，已成为影响到城乡社会稳定的不可忽视的因素。

（一）生计保障仍是土地的主要功能

对于农民而言，土地具有作为资源、资产、保障等多重属性。对于普通农民来讲，由于收入稳定性差、社会保障缺失，土地的最主要价值是生活的保障。据调查，超过66%的农民认为，他们土地的主要功能是提供生计保障。特别是在缺乏就业机会的滕州市和双流县，认同土地保障功能的农户所占比例更高。而在吴中区，由于农民失地后已获得稳定的非农工作，并见证了土地转为非农用地后快速增值，因此对土地价值的认同更倾向于“资源”。整体而言，37.5%的农民认识到土地是一项重要资源，位列第二位。对土地“保障”和“资源”价值的认识，各地具有一致性。而差异较大的是，朝阳区农民将土地视为“财产”、“权利”、“资产”的农户占有很大的比例，双流县也有较高比重的农户认同“财产”和“资产”价值。这说明，大城市郊区农民土地财产权利意识更为浓厚。

表7　　调查农户对土地功能和价值的看法　　单位:%

	资源	资产	财产	权利	保障	其他
整体	37.5	16.8	23.2	10.2	66.8	1.4
朝阳	30.0	29.6	45.1	30.0	69.1	0.4
吴中	49.6	8.0	8.4	4.6	34.7	1.2
双流	38.5	15.3	25.6	4.7	71.1	2.3
滕州	33.2	14.2	13.9	1.7	85.4	0

（二）失地农民社会保障水平低

调查结果显示，近几年四个调研地区在解决这一问题上取得了较大进展。地方政府都采取试点计划来解决无地农民社会保障需求，失地农民在养老和医疗保险计划的参与率也显著提高。不同地区失地农民社会保障水平的差距是显著的。吴中区基本实现全覆盖，正致力于实现农保、城保接轨。北京朝阳区社会保障状况较好，以集体为单位发放的养老金、保障金占很大比例。双流县和滕州市则刚刚处于起步阶段。

朝阳区依托就业单位或村集体推广失地农民养老保险和医疗保险，努力实现“逢征必转，逢转必保”。一是大力推进农村养老保险，将失地但未达到转居（指征地后转为非农业户口）条件的农民纳入农村社会养老保障体系。二是加快条件成熟乡镇农民转居步伐，推进城乡社会保障体系一步并轨，补缴资金由区、乡、个人按3:5:2的比例负担。三是推进新型农村合作医疗制度。四是对到达退休年龄的农民，提高生活补贴。在被调查家庭人口中，征地前拥有各类养老保障的人数仅为117人，失地后达到319人，占16岁以上人口的44.3%，其中农村养老保险比例为35.1%，城镇养老保险比例为57.1%，其他形式的养老保障占7.8%。84%的老年赋闲人员享有养老金收入，六成农村居民参加新型农村合作医疗，四成家庭享受到医疗费用报销。

吴中区对失地农民实行“即征即保”，基本实现了养老保障的全面覆盖，并致力于整合农村和城市的保险体系。该区将征地补偿安置费在征地时直接划到镇财政失地农民专户，以此为基础，构建失地农民的社会保障体系。农户调查显示，失地前，被调查家庭中只有46人参加农村养老保险，38人参加城镇养老保险。而征地后，842个年龄大于16岁的人口，其中，有养老保障的671人，占79.7%。其中农村养老保险占比42.8%，城镇养老保险占57.2%。医疗保障方面，失地前55.5%的被调查人口参加新型农村合作医疗，而截至2005年底，87.5%的被调查人口参加了新型农村合作医疗。

专栏　吴中区探索失地农民由农保转城保

吴中区创新、丰富了失地农民的社会保障形式和内容，从基本生活、养老、医疗等方面为失地农民提供了比较健全的社会保障体系，失地农民社会保障程度相对较高。从2002年下半年起，吴中区就建立了区镇二级政府补贴、个人适当缴费的新型农村养老保险制度。2003年吴中区改进和完善了土地征用的补偿办法，变被征使用土地农民的一次性补偿为长期性保障，按年龄段将失地农民分为老年人员、保养人员、剩余劳动力和被抚养人4类，分别每人每月给予一定补贴，并将老年人员和保养人员纳入农保体系。失地农民参加农保后，到达退休年龄每月可领取120元基础养老金，加上部分失地补偿，总体水平每月在160~200元的水平上。为了切实有效地保障失地农民的长期利益，解决老有所养的问题，从2004年后，吴中区又进行了失地农民由农保转城保的探索。采用区、镇、个人共同承担的办法，将已被征地农民中的保养人员、剩余劳动力纳入城保体系，使失地农民享受了城镇职工同等待遇，显著提高了失地农民的保障水平。截止到2005年底，吴中全区符合失地农民农保转城保的共有11.57万人，实际置换人数10.46万人，占应置换的90.41%。从2006年开始，吴中区各级财政预算内每年安排3%~5%，土地经营性净收益中安排10%，建立被征地农民基本生活保障专项资金。

双流县和滕州市失地农民社会保障的覆盖面则较低。双流县大多数失地农民在基本生活方面已丧失对耕地产出的依赖性，他们对失地之后的社会保障有相对更高的要求。双流县实施失地农民社会保障政策的基本内容是：将1991年实行货币化安置以来产生的失地农民及其2004年起新征地的农民全部纳入社保体系，让被征地农民享有与城市居民同等待遇。对处于劳动年龄阶段的人员（男40周岁、女30周岁以下），主要鼓励其就业，就业后参加社会保险，享受社会保险待遇。自实行失地农民社会保险政策以来，双流县已有2.4万名失地农民参加了社保，其中已有1.14万名失地农民按月领取210元养老金，县级政府每年对失地农民的社保补贴达到2714万元。农户调查显示，目前207个农户家庭中318人参加了养老保险，占被调查人口的29.2%，占16岁以上人口的47.6%。征地前，新型合作医疗参保率为30.3%，征地后提高到47.5%。

滕州市失地农民社会保障制度由失地农民生活补助金制度和养老保险制度两个层次构成。生活补助金补助对象为统一征地后人均耕地不足0.2亩的被征用土地的集体经济组织成员。滕州市还试点建立为失地农民建立养老保险个人账户，按年老后每月领取养老金143元的标准计算缴费数额。从滕州市的调查看，在295份样本中，只有60户家庭成员参加了失地农民社会保障计划或享受失地农民生活补助金，只占调查样本的20.3%。医疗保障方面，参加了新型农村合作医疗保险的占调查总样本的67.5%。

总体而言，社会保障状况在征地后发生了较大的变化，但地区差异太大。对1106户调查显示，59.1%的农户对目前家庭成员的社会保障状况表示满意，37.9%表示不满意。吴中区农民的满意度最高，为86.8%；朝阳区次之，为73.5%；双流县为50.5%；滕州市仅为25.9%。养老保险的缺失或制度设计不合理是导致农民不满的主要因素。养老保险仍没有完全覆盖到失地农民。而在参加了养老保险的群体中，许多农户反映，农村养老保险保障标准太低，无法支付年老后的日常生活。参加城镇养老保险的农户表示，自费比例太高，超出了农民的负担能力。自谋职业人员难以纳入社会保障。由于老龄化社会的到来，老年人口所占比重显著上升，以及土地保障的丧失、传统家庭养老面临冲击，所以普通农民更加关注养老保障，对医疗保障的意见相对较少。

七、失地农民对征地制度改革的期盼

（一）农民对提高征地补偿的要求非常迫切

74%的被调查农户表示，应该提高土地补偿的标准。调查表明，85.8%的农户土地被征后用于开发性项目或商业性用地，修建厂房或进行房地产开发；纯公益性用地比例为7.2%，主要用于兴办学校、政府办公用地；城市基础设施建设用地比例为7.1%，主要用于修路。如此高比例的土地用于商业性用途，土地价值得到提升，而农民获得的补偿在土地出让价格中仅占很小的比例。

（二）征地程序受到农民的广泛关注

在双流县和滕州市，农民对“完善征地程序”的期望更高。调查表明，由于缺乏非农就业机会，征地直接导致部分农户生活水平下降，而失地后社会保障缺失加重了他们的不安全感。因此，相当比例的农户期望政府能完善征地的程序。朝阳区在征地中不与农民进行交涉，农民缺乏必要的知情权和参与权，相对来讲农户的意见还比较温和。吴中在征地程序方面最为规范，农民对此的满意度最高。

表8　　农民认为征地制度改革最应该解决的问题　　单位:%

	提高补偿标准	完善征地程序	缩小征地范围	允许农民自己开发
整体	74.0	28.3	12.4	7.3
朝阳	76.3	17.5	1.7	9.6
吴中	78.0	14.5	3.4	9.9
双流	85.1	32.9	5.0	6.0
滕州	40.4	31.1	25.3	3.2

农民在征地前后生活状态的变化（包括就业状况、收支水平、社会保障等）以及征地过程是否规范，直接影响到农民对征地的态度。整体而言，60.9%的农户表示对征地一直持积极支持的态度，4.2%由反对到支持，25.3%一直持反对态度，9.6%由支持到反对。目前，仍有高达34.9%的农户对本地的征地活动持反对态度。

（三）失地后农民最需要政府帮助解决社会保障和就业

53%的被调查者表示，建立社会保障是最为主要的。在社会保障覆盖面低的山东、四川，农民对建立社会保障的要求更为迫切。同时，就业机会的缺乏是当地农民关心的第二位的问题。一定程度上，就业与社会保障发挥着保障家庭收入、支撑家庭生活的同等作用。而在经济较为发达的北京、苏州，农民更期望政府在征地过程中给予合理的补偿。特别是在苏州，就业机会众多、社会保障全面，农民对政府的需求也就向“提高补偿”倾斜。

表9　　农民失地后最需要由政府解决的主要问题　　单位:%

	合理补偿	建立社会保障	帮助解决就业	帮助创业并提供信贷支持
整体	42.7	53.0	41.0	2.4
朝阳	47.5	35.4	30.8	0.4
吴中	44.3	50.8	13.6	5.3

续表

	合理补偿	建立社会保障	帮助解决就业	帮助创业并提供信贷支持
双流	42.2	57.1	52.2	2.0
滕州	38.6	66.1	63.1	1.7

八、主要结论与建议

失地农民问题是城市化进程中一个综合性问题，是城乡二元结构深层次矛盾的反映。我国失地农民补偿安置工作存在的各种问题，有的是政策落实不到位造成的，有的则是体制改革和相关制度建设滞后造成的。结合对上述四县、市、区的调查，课题组认为，解决好失地农民问题，不仅要切实贯彻落实好现行有关征地管理及补偿的政策，而且要加快征地制度改革，更要多渠道促进失地农民就业，完善失地农民社会保障制度，使失地农民的长远生计有保障。具体建议有以下7点。

（一）贯彻落实好现有征地管理及补偿政策

2004年以来，国家相继出台了一系列旨在维护被征地农民的合法权益的政策规定。在征地补偿上，提出确保被征地农民生活水平不降低；在征地程序上，强调引入听证制度，提出建立和完善征地补偿安置争议的协调和裁决机制；在补偿分配上，提出了土地补偿费主要用于被征地农户的原则；在保障被征地农民长远生计上，要求妥善安置失地农民就业，落实好被征地农民的社会保障费用，允许有稳定收益的建设项目农民可以经依法批准的建设用地土地使用权入股。从调查情况来看，这些政策规定针对性很强，要明确各级政府的责任，加大监督检查力度，强化责任追究，保证这些政策能够切实得到贯彻落实。特别是，应进一步提高征地程序的公开性和透明度，让失地农民有更多的知情权，创造条件提高农民对居住安置、就业培训、社会保障等关系其切身利益的重大事项决策过程的参与度。失地农民参与决策过程的程度越高，土地征用过程中产生的各种社会摩擦就越少。

（二）完善国家农地转用调控机制，防止耕地总量突破最低警戒线

耕地流失过快，农用地转用规模过大，是我国快速工业化、城镇化过程中面临的突出问题。为了经济发展用地，一些地方政府采取了许多变通性办法，致使中央提出的建立最严格耕地保护制度的政策难以落到实处。要严格土地用途管制，明确划定永久保护的基本农田，严禁改变用途，严格禁止农用地转用指标跨

主体功能区市场化交易和异地代保。严格控制建设用地增量，严格控制城市规划区的扩张。加强城乡闲置建设用地的整理和复垦，特别是搞好“空心村”整治。

（三）推进征地制度改革，明确区分公益性用地和经营性用地

从总体上看，我国土地征用制度改革近年依然没有重大的实质性突破，征地补偿安置制度的演进体现出极强的路径依赖性。目前，国家征地的“公共利益”概念模糊，强制性征地范围过宽，大量经营性、商业性用地也都打着公共利益的名义进行征地，非公益性用地比重占主要地位。虽然十六届三中全会提出了“严格界定公益性和经营性建设用地”的改革思路，但至今，区分公益性和经营性用地的政策措施仍然没有出台。保障农民土地权益，一是严格区分公益性用地和经营性用地，调整现存的土地征用补偿方法。对经营性用地实行市场定价，确定投资者与农民双方都能接受的价格；对国家征用的公益性用地，补偿标准要参照市场价格。二是加快农村集体建设用地使用权流转的试点改革，逐步使农村建设用地市场化。在土地利用总体规划和建设用地年度计划的控制和指导下，允许集体建设用地在不改变所有权的前提下，进入市场流转，由各类企业使用，实现“一个市场，两种产权，平等权利”。

（四）征收单一的“耕地使用税”，开辟农业投资新渠道

土地征用和出让环节中收取的税费名目繁多，诸多部门都在集体土地被国家征用并转让过程中分得一杯羹，削弱了政府公共收入形式的规范性，破坏了国民收入分配秩序和分配关系，土地已不折不扣地成为了“唐僧肉”，“以地生财”已是一个不折不扣的事实。土地税费使用中的一个突出问题是，大部分土地税费的收取都与耕地的补充与质量建设有联系，但到底有多少用于耕地补充与保护，没有一个很明确的相关规定和具体比例，实际使用中真正用于农业和农村的比重很低。据地方土地管理部门反映，这些税费中用于基层区县耕地补充、开发和占补平衡的并不多。在一定的体制条件下，这些规费和税收的分配和使用还会成为诱导农地过度非农化的动力。近几年几个中央1号文件中都要求各级政府将土地收益更多地用在农村，为了拓宽政府农业投资的来源，建立规范稳定的农业投入渠道，切实强化对耕地的保护，建议将在土地征用环节征收的涉及耕地补充与保护的各种税费（主要有耕地占用税、耕地开垦费、新增建设用地有偿使用费等）统一合并为单一的“耕地使用税”，纳入预算内管理，使之成为财政专门支持农业的一个重要税种，专项用于中低产田改造、农田水利、耕地开发、农业综合开发、农村基础设施建设等。“耕地使用税”的税率如果平均设定为土地出让总价的10%，按2003～2005年的土地出让价款计算（总额为19076亿元），每年平均可

直接筹集600多亿元的农业投入。

（五）多渠道促进失地农民就业，为失地农民提供可持续生计

土地对于农民来说，是一种可持续生计。因此，当土地被征用以后，政策的着眼点就应该以一种新的可持续生计来取而代之。要加强对失地农民的就业培训，多渠道、多途径的促进就业。要重视创业培训，鼓励失地农民自主创业。对失地农民从事个体经营、自谋职业的，要参照鼓励城镇失业人员再就业的政策，在税收、工商等方面给予政策扶持，适当减免营业税、所得税、管理费等。对自主创业而资金有困难的失地农民，提供小额贷款给予帮助扶持。对土地征用面积超过一定数量的村，建立留地安置制度，统一规划，由村民组织自主开发和经营，使农民有长期稳定的收入。

（六）推进“逢征必保”，完善失地农民社会保障制度

应推行“逢征必保”，征地之后，所有被征地农民就立即转入农村或城镇社会保障体系。对于已经具备纳入城镇社会保障体系的失地农民，要尽快转入城镇社会保障体系；对于暂时不具备条件的失地农民，可以建立保障水平低一些的农民社会保障制度，逐步扩大覆盖面，提高保障标准。应留有城乡保障制度衔接的通道，在条件具备的时候，实现城乡社会保障制度的接轨。积极鼓励在城镇经商、从事个体经营和居住的失地农民，参照城镇个体劳动者、自由职业者个人缴纳养老、医疗、失业等社会保险金的办法，通过自己缴纳社会保险金，加入城镇社会保障体系。政府应从土地出让收益中按一定比例注入失地农民社会保障基金。被征地的集体经济组织也应从本集体的积累资金或土地补偿费用中抽调一定的资金注入失地农民社会保障基金。

（七）推进户籍制度改革，促进失地农民市民化

目前，大量的失地农民两栖化，处在不完全城市化状态。解决好失地农民问题，不仅要求改革征地制度，更重要的是促进失地农民市民化。要把城市规划区内全部失地的农民转为城镇居民，从制度上保证他们在就业、医疗、子女上学等方面享有与市民同等的待遇。按照“资产变股权、农民当股东”的原则，把农村集体资产和农民承包的土地以股权方式量化到个人，建立集体经济组织成员按份共有的产权制度，农民按份共有的股权和土地权利可以合法继承、转让、抵押、赠送等。通过股份制改造，保证集体经济组织成员无论是在农村生活，还是转入城镇生活，都能享受土地和集体财产权益，建立农民市民化的“离土”机制，加快农民向城镇转移。

（八）健全农村拆迁法规，保障失地农民房产和宅基地权利

随着城镇化发展、农地转为建设用地，村庄拆迁会越来越多。我国目前还没有制定关于村庄拆迁的规范性法规，农村征地拆迁中引发的矛盾和问题也比较多。为此，国家层面应出台专门关于村庄拆迁的规范性法规政策，明确农村拆迁的主管部门及其职责，以指导村庄拆迁的有序进行。在农民房屋补偿方面，应当采取替代房屋或现金补偿。在现金补偿方案下，完全替代成本应当包括搬家费用和过渡成本，反映房屋的真实替代价值。对于农民商业用途的房屋补偿，还应当包括合理的和可预见的商业利润损失。在农民房屋权利保障方面，“撤村建居”和农民转为城镇居民的，应明确农民自建房享有城市居民自购房的同等权利，获得相应房屋产权证，允许进入市场交易。在农民宅基地补偿方面，关于农民宅基地的现行法规体系还存在不健全、不完善，存在重要缺陷和问题，还不存在类似于《农村土地承包法》的专门法律来保护农村宅基地权利。需要制定与《农村土地承包法》相并列的法规制度来保护农民对宅基地的权利。在拆迁时，对失去宅基地的农民应当给予现金补偿，以反映宅基地的替代价值。对于城郊的农民而言，出租房屋已经成为他们一个稳定的收入来源。在建设失地农民集中居住区时，既要考虑解决失地农民的住房问题，又要考虑能为其提供出租房，增加生活来源，以解决他们的生计问题。

（韩　俊　张云华　秦中春）

土地征用过程中的利益分配

——苏州市吴中区的实证分析

土地收益分配改革关系到农民土地权益保障、土地资源可持续利用与优化配置、耕地保护与粮食安全以及政府职能转变等一系列重大问题，是我国土地政策改革的中心环节和关键所在。土地征用中的收益分配主要包括征用环节的征地补偿费和土地增值收益分配两个部分。其中，土地增值收益即包括土地取得环节政府收取的税费，也包括土地出让环节的政府收取的土地出让金或土地使用费，有学者称之为初次增值收益和二次增值收益①。从我国目前的有关法律规定和实际操作来看，农民的土地收益只发生在征地环节，即土地征用补偿，而土地出让环节的增值收益与被征地农民没有直接的关系。

吴中区是苏州市辖的13个县级建制区之一，2001年由原吴县市分拆而成，是苏州市城市化、工业化进程发展的产物。2005年全区实现GDP265亿元，地方一般预算收入21.27亿元，农民人均纯收入8760元。随着工业化与城市化的快速发展，该区非农建设用地量急剧增加，土地征用数量大幅增加，这就客观上造成了大量的失地农民。根据初步统计，截至2005年底，该区38万农民中失地农民占18万人，比例高达47.4%。吴中区从统筹城乡发展的高度，不断进行探索，在土地征用补偿、就业安置和社会保障等方面形成了一套独特而有创新的做法，失地农民问题总体上解决得比较好。为了解土地征用过程中土地收益分配的真实图景，我们以吴中区为例进行了案例分析。

一、土地征用与补偿

为了便于分析农地转为非农建设用地整个过程中土地收益在不同利益主体之间的分配状况，我们将土地征用过程看成是非农化配置的第一环节，即征用环节，将征用后的土地出让或划拨作为非农化配置的第二环节，即供地环节。整个非农

---

① 王小映等：《我国农地转用中的土地收益分配实证研究——基于昆山、桐城、新都三地的抽样调查分析》，《管理世界》，2006年第5期。

化配置中，农民的土地收益仅发生在征用环节，即土地征用补偿，以后环节中的土地收益与农民没有直接的联系。

（一）土地征用基本情况

随着工业化和城市化进程的加快，吴中区用地需求大幅扩张，土地征用量快速增加。2001 年征用量不到 3000 亩。2002 年后土地征用量剧增，2002、2003 年土地征用量都超过 1 万亩。2004 年，由于受国家宏观调控的影响，用地指标只有 2000 多亩，2004 年、2005 年实际每年征地 6230 亩和 4996 亩①。2001 ~ 2005 年，吴中区报省国土厅申请城镇建设用地征收土地面积 4.11 万亩，其中耕地面积 3.35 万亩，占征地总面积的 81.5%，其他土地 7604 亩，占 18.5%。2001 ~ 2003 年间，征用耕地的比都在 85% 以上，用地指标基本上不受控制。2004 年国务院出台《关于深化改革严格土地管理的决定》，该区建设用地指标锐减，征地数量也由 2002、2003 年的 1 万亩以上下降到 2005 年的不足 5000 亩，耕地占比也由从最高时的 87.4% 下降到 2005 年的 57.6%（见表 1）。

表 1　2001 ~ 2005 年吴中区土地征用情况　单位：亩，%

征地时间（年）	征地面积	其中：耕地面积	比例	其他土地	比例
2001	2871.89	2509.63	87.39	362.26	12.61
2002	11769.55	10113.24	85.93	1656.31	14.07
2003	15243.48	13317.62	87.37	1925.86	12.63
2004	6230.14	4685.84	75.21	1544.3	24.79
2005	4995.78	2879.77	57.64	2116.01	42.36
合计	41110.84	33506.10	81.50	7604.74	18.50

数据来源：苏州市国土资源局吴中分局。

（二）土地征用补偿及安置

吴中区土地征用补偿及安置经历了一个从各自为政到逐步规范、执行全区统一管理办法的过程，并且在实践中得到了逐步完善，补偿标准逐步提高。

1. 2003 年前的各自为政阶段。2003 年底以前，各个乡镇基本上是各自为政。如调查的 MD 镇主要按每亩地 2 万元左右的标准进行补偿，每年支付粮差补贴和养老安置补偿。具体途径是采用成立土地基金会和发展股份合作社进行操作。该镇 2001 年成立土地基金会，镇里出让的工业土地每亩必须提取 2 万元、三产用地

① 近年来，苏州市城市规模迅速扩张，大量城市基础设施建设占用了吴中区的建设用地指标，因此在 2004 和 2005 年用地指标受到控制后，吴中区用了苏州市一部分用地指标，弥补了建设用地指标不足的困境。

每亩提取4万元进入基金会，基金会实施市场化运作，建造标准厂房出租。基金会的租金收入主要用于脱离土地的农民的粮差补贴和养老安置补偿。到2003年全镇2.36万农民全部成为股民，量化资产5.8亿元。近两年，建立投资性股份合作社。2005年按股分红618万元，每基本股分红260元。LZ镇主要采用一次性支付青苗费和每年支付口粮补贴的办法。一次性青苗补偿种粮每亩300～500元，经济作物每亩1000～2000元。口粮补贴一般每亩每年500元。半失地的农民按折算处理。具体途径之一也是采用发展股份合作社的方式进行操作。全镇有5个村成立了社区资产股份合作社，量化集体资产，2005年分红300多万元；5个村建立了物业股份合作社（标准厂房、集宿楼）分红200多万元，投资回报不低于12%。HJ镇主要采取一次性支付青苗费和土地补偿费的办法。早期高速公路征地补偿标准很低：青苗补偿小麦等为300元/亩，蔬菜、桑园为2400元/亩，土地补偿每亩只有8000元。后来土地补偿增加到了每亩2万元。

2.2003年后的逐步规范、全区统一阶段。2003年吴中区《关于对被征（使）用土地农民实行补偿的规范办法》改进和完善了土地征（使）用的补偿办法，变被征使用土地农民的一次性补偿为长期性保障。新补偿办法将3.8万元/亩①征地补偿款在征地时直接划到镇财政失地农民专户，然后按人逐月发放补贴。按年龄段将失地农民分为老年人员、保养人员、剩余劳动力和被抚养人4类②，分别每人每月给予120元、120元、100元（连续10年）、50元（连续10年）的补贴，并将老年人员和保养人员纳入农保体系，基本养老金与“农保”并轨，按月发放。青苗及地上附着物补偿直接发放到个人。

从2004年起，被抚养人和老年人补偿标准有所调整，被抚养人按每人6000元生活补助标准一次性到位，不纳入基本生活保障范围；对失地老年人，每人每月领取160～200元的养老金。

2004年进一步完善了失地农民的社会保障，推进所有失地农民全部由农保转为城保体系，享受城镇居民养老保险的标准和待遇。采用区、镇、个人共同承担的办法，承担比例按参加城保缴费28%的比例计算，保养人员区级承担8%，镇级承担12%，个人承担8%；剩余劳动力区级、镇级各承担7%，个人承担14%。将已被征地农民中的保养人员、剩余劳动力纳入城保体系，对保养人员一次性缴纳参加城镇养老保险费15年，对剩余劳动力一次性承缴城镇养老保险费9年，人

① 吴中区统一耕地年产值标准为1800元/亩，安置补偿费按每人20000元计补，与土地年产值没有直接关系。3.8万元不包括地上附着物及青苗补偿费。

② 老年人员指男年龄在60岁、女在55岁以上人员，保养人员指男45～60岁、女35～55岁人员，剩余劳动力指男16～45岁、女16～35岁，被抚养人指16岁以下人员。

均养老待遇为每月388.7元（2005年5月底统计）。截至2005年底，吴中全区符合失地农民“农保”转“城保”的共有11.57万人，实际置换人数10.46万人，占应置换的90.41%。

同时，吴中区还从2004年1月开始建立以大病统筹为主的农村合作医疗保险制度①。2004年该区人均筹资标准为100元，2005年提高到120元，个人负担40元/年②，区、镇两级财政分别资助45元和35元。2006年进一步增加到140元/年，大大提高了农民的医疗保障能力和保障水平。2005年吴中区农村合作医疗实行住院补偿，住院人均补偿为1962元，平均补偿比例为37.0%。

2005年《苏州市吴中区征地补偿和被征地农民基本生活保障实施细则》更全面地规定了失地农民基本生活保障、基本医疗保障、促进就业和加强培训、最低生活保障等保障项目的实施细则，明确了区和镇国土、社保、财政、民政等部门的相关职责，失地农民社会保障工作体制和运行机制已经建立并逐步完善。

表2　　征地补偿费占土地供应价格比例　　单位：万元/亩,%

土地供应方式	补偿费	土地供应价格	补偿费占供应价格比例
“招拍挂”	3.95	118.52	3.33
协议出让	3.95	10.85	36.41
总体平均	3.95	27.1	14.58

注：补偿费包括土地补偿费、安置补偿费及青苗和其他补偿费，不含拆迁补偿费。

在做好被征地农民基本生活和医疗保障的同时，吴中区还加大了就业培训和安置工作力度。从2005年起全面实施失地农民免费培训，大力开发就业岗位、政府购买公益性岗位、强化就业专项援助等举。至2005年底，全区10.4万名失地农民劳动力中已实现就业8.35万人，占失地劳动力总数的84%，其中就地安置就业6.04万人（主要在外资、民营和私营企业就业），自谋职业1.03万人，其他形式就业的1.28万人。2006年政府安排了210万元用于就业培训，每年财政还安排1000万再就业资金用于包括失地农民在内的再就业问题。

表3　　征地土地补偿费标准

土地类型	土地补偿费标准
耕地	耕地前3年平均年产值的10倍
鱼塘	精养鱼塘，耕地前3年平均年产值的12倍；其他水面养殖，耕地前3年平均年产值的8倍

① 在吴中区，所有农民都能享受新型农村合作医疗保险制度，形成了“筹资标准高、政府负担比例高、报销比例高”的特点，这与工业化与城市化发展中的吴中区经济实体显著增强有关。

② 农户及村级调查表明，合作医疗个人负担部分多数是由村集体代为交纳的。

续表

土地类型	土地补偿费标准
果园或者其他经济地	耕地前3年平均年产值的12倍
农民集体所有的非农业建设用地	耕地前3年平均年产值的10倍
其他农用地	耕地前3年平均年产值的10倍
未利用地	耕地前3年平均年产值的5倍

注：吴中区统一耕地前3年产值为每亩为1800元，补偿倍数是按江苏规定的最高标准计算。

表4 吴中区土地征用地上附着物及青苗补偿标准

地上附着物补偿	青苗补偿
地面构筑物和其他附着物的补偿费，按照重置价格结合成新确定	一年生作物按耕地前3年平均年产值
永久性农田基础设施，10~30元/平方米	一年两季作物以上的，按平均年产值的50%
所在地的镇人民政府（街道办事处）投入的基本农田建设资金，10000元/亩	多年生林木给予合理补偿或作价收购；多年生果树按耕地前3年平均年产值计补。新栽果树或尚未产果，按一般多年生林木处理 鱼塘或其他养殖业按当年的实际损失给予补偿

注：吴中区统一耕地前3年产值每亩为1800元。

二、土地出让收入与成本构成

与全国其他城市基本类似，土地出让收益也成为了吴中区城市扩张和工业建设的重要资金来源。2001~2005年，吴中区共完成地方财政一般预算收入60.96亿元，但该区土地出让金总额就高达56.43亿元，土地出让纯收益为9.04亿元。其中，2003年和2004年土地出让收益分别为13.69亿和32.7亿元，而同期地方一般预算收入为13.6亿和13.7亿元。巨额的土地出让收入为吴中区及其下属各乡镇进行城镇基础设施建设、修建标准厂房、开发商业和房地产提供了充足的资金支持。

（一）土地出让收入总额及构成

按照相关土地法律法规的要求，吴中区土地供应也分为三种方式：对于公共设施和公益事业用地，政府通过划拨方式；对于工业用地，政府采用协议出让方式；对于商业和房地产等经营性项目，政府通过“招拍挂”方式出让。从各类供应方式的比例看，协议出让的比例最高，5年来累计达到73.2%，显著高于其他两种方式；“招拍挂”出让方式最少，累计仅占9.1%；行政划拨用地也是该区土地供应的重要方式，比例达到17.7%（见表5）。

表5　吴中区征用土地供应方式　单位：亩，%

年份	划拨		“招拍挂”		协议出让	
	面积	比例	面积	比例	面积	比例
2001	501.97	17.5	0	0	2368.92	82.5
2002	3709.23	31.5	200.83	1.7	7859.49	66.8
2003	382.17	2.5	1814.30	11.9	13047.02	85.6
2004	1431.89	30.0	142.22	2.3	4656.03	74.7
2005	1269.07	25.4	1569.02	31.4	2157.68	73.2
合计	7294.34	17.7	3726.37	9.1	30090.14	73.2

数据来源：苏州市国土资源局吴中分局。

政府通过划拨方式供地不仅没有土地出让金，而且还要补贴一定量的资金。① 协议出让和“招拍挂”出让都有出让收入，但具体操作方式不同。在吴中区，乡镇政府可以自行运作协议出让土地②，协议出让收入除上缴区财政税费、土地补偿安置费外，其余不经过区财政，各乡镇在缴纳税费后可自行留用。“招拍挂”方式出让土地则必须经由市土地储备中心统一公开交易，成交金额市财政留成32%③，其余返回区财政，区财政扣除各种税费后，再与乡镇2:8分成，乡镇用分成额进行基础设施建设、土地开发、征地安置补偿等活动。

建区五年来，吴中区通过土地出让共获得56.43亿元土地出让收入。扣除各项费用后，土地出让共获得纯收益9.04亿元（见表6）。从出让方式来看，“招拍挂”出让方式获得37.23亿元，协议出让19.20亿元；从出让面积来看，“招拍挂”出让方式为3141.2亩，平均价格为118.52万亩，协议出让为1.77万亩，平均价格为10.85万元/亩，“招拍挂”平均价格为协议出让价格的10.9倍（见表6）。

（二）土地出让成本及构成

五年来，吴中区共支出土地出让成本38.67亿元，占总收入的比重为68.53%。其中征地成本为15.07亿元，占总成本的26.71%，土地整理成本

---

① 划拨土地根据苏州市规定，要向用地单位收取征地补偿安置费用。

② 镇政府办理协议出让，每亩8万元划到区财政土地基金专户（包括3.8万元/亩失地农民补偿安置费），剩余镇上留用。3.8万元/亩返回乡镇，以此补缴养老及未来补助。

③ 2005年前，土地拍卖总额的12%归苏州市，2005年后调整为32%（30%为市级留成，2%属于管理费）。

表 6　　2001～2005 年吴中区土地出让金及其构成　　单位：亿元，%

项　目	金　额	比　重	备　注
一、土地出让金总额	56.43	100	
其中：（一）"招拍挂"出让	37.23	65.98	出让面积 3141.2 亩
（二）协议出让	19.20	34.02	出让面积 1.77 万亩
二、构成		100	
（一）市级留成	5.58	9.89	协议出让市级无留成
（二）代收规费	3.14	5.56	
（三）土地出让成本	38.67	68.53	
1. 征地成本	15.07	26.71	
其中：（1）上交规费	7.14	12.65	
（2）农民安置补偿	7.93	14.05	
2. 土地整理成本	14.61	25.89	包括拆迁补偿
3. 配套设施建设	8.99	15.93	
（四）土地出让纯收益	9.04	16.02	
1. 区级收益	4.50	7.97	含上交各级财政资金
2. 镇级收益	4.54	8.05	

数据来源：苏州市国土资源局吴中分局。

14.61 亿元，占 25.89%，配套设施建设 8.99 亿元，占 15.93%。在征地成本中，上交规费为 7.14 亿元，占征地成本的 47.38%，安置补偿费 7.93 亿元，占征地成本的 52.62%，占土地出让成本的 20.51%，占土地出让总收入的 14.05%（见表 6）。

表 7　　2001～2005 年吴中区征地补偿安置费用

征地时间（年）	征地补偿安置费用（万元）					
	地上附着物及青苗费	安置补偿费	土地补偿费	征地安置人员费	合计	亩均
2001	999.03	3966.68	2030.48	2641.00	9637.19	3.36
2002	537.70	20238.31	9987.79	9849.00	40612.80	3.45
2003	797.45	30118.00	11901.81	15750.00	58567.26	3.84
2004	422.69	14338.00	10377.26	7169.00	32306.95	5.19
2005	353.61	7975.00	11392.98	3988.00	23709.59	4.75
合计	3110.47	76635.99	45690.32	39397.00	164833.79	4.01

数据来源：苏州市国土资源局吴中分局。

三、失地农民对土地收益的分享

随着保障水平的不断提高，每亩3.8万元安置补偿费已经难以满足对被征地农民基本生活或社会保障的需要。在征地结束后，财政要给予一定的补贴。如该区2004年将2.9亿元充实到失地农民保障，区级财政用1.8亿元充实到失地农民的养老保险。从2006年开始，该区各级财政预算内将每年安排3%～5%，土地经营性净收益中安排10%，建立被征地农民基本生活保障专项资金，逐步消化征（使）用土地中的历史遗留问题①，努力化解乡镇财政风险。

为了让失地农民分享工业化、城市化进程的成果，自2002年以来，吴中区在土地使用政策方面做了新的探索。在符合城市建设规划的农村，划出一部分集体土地，由村集体或乡镇牵头组建农民股份合作社，在符合有关规定要求的情况下，进行建设用地开发，包括建标准厂房、外来人口集中居住楼等，发展物业经济。吴中按这一方式进行开发的非农建设用地占整个建设用地的1/10左右。通过土地开发利用方式的改进，农民股份合作社的发展，为当地村镇经济的发展形成了实体性经营资产，增强了村级经济发展实力，不仅有效地增加了作为土地股东的农民的财产收入，推进了土地非农开发建设增值收入向下分配，同时建立了农民长期分享土地增值收益的机制。2005年底全区已累计组建39家社区资产股份合作社，量化村级集体经营性净资产10.3亿元，占全区总数的90%左右。长桥和木渎成为村村组建资产股份合作社的镇。木渎全镇2.36万农民成为股民，量化村集体经营性资产5.8亿元，每个基本股民享有集体资产股值2.88万元，该镇7个村有9个股份合作社，资产收益共4000多万，2005年股金分红10%，每股每年有300～1000多元的股金分红，分红占农户收益的比例约10%，据预测，分红比例还将逐年增加。

为了更好利用失地农民及其他农民手中的闲散资金，吴中区通过农民自愿投资入股的方式，引导农户组建投资性物业合作社，建设标准厂房、集宿楼和店面房出租，获取租赁收入，增加了农民的投资性收益。2005年底全区累计组建物业股份合作社29家，吸纳农民入股资金1.4亿元，建造集宿楼、标准厂房面积38.5万平方米。以长桥街道为例，物业收入已占到农民人均纯收入8700元的约15%。

---

① 由于该区失地农民的社会保障工作是从2003年开始探索的，以前累计的大量老失地农民全部转入城保还需要一个过程，据测算大概需要20亿元左右的资金。

四、土地征收与出让过程中政府规费与税收

土地征用中的税费是政府部门向土地的供需双方收取的土地收益，这也是政府干预土地非农化配置的经济手段。

土地征用和出让环节主要征收以下税收①：（1）耕地占用税。吴中区耕地占用税的计收标准为5000元/亩；（2）契税。按合同金额的4%收取，包括拍卖和协议出让的土地；（3）土地增值税。吴中区每年征收的增值税不多，约几百万元。

土地征用和出让环节收取的费用有：（1）耕地开垦费。吴中区征收耕地开垦费的标准为6000元/亩。（2）新增建设用地土地有偿使用费（简称土地有偿使用费）。土地有偿使用费征收标准共分15等。吴中区土地有偿使用费按每平方米28元收取，每亩约收取1.87万元。（3）农业重点建设基金。这项费用由江苏省财政统一收取，吴中区的计收标准为2400元/亩。（4）针对招拍挂出让收取的白蚁防治费、墙体改造费、人防费。这三项费用合计每亩收取4.4万元。（5）其他费用，如管理费、业务费等各种费用。

以上税费中，耕地占用税、耕地开垦费、土地有偿使用费、农业重点建设基金在土地征用过程中收取，其余费用在土地转让过程中收取。按以上标准计算，吴中区在土地征用过程中每亩土地上缴的4大项税费合计3.2万元，加上其他一些杂费总计约4万元。在土地出让过程中，通过拍卖出让的土地仅上缴契税、土地增值税、白蚁防治费等三项费合计就将近10万元。土地征用和出让两个环节的税费合计，拍卖土地上缴税费占近5年均价的比重约12%，协议出让土地上缴税费比重约为40%。

农地征用和出让过程中各种规费征收标准及政府间分配关系如表8所示。在所有的收费项目中，新增建设用地的费率最高；其次是契税，为出让金额的4%，吴中区的土地出让金平均价格为406元/平方米，因此按面积计算每平方米大约分摊16.2元②。2005年该区实现契税收入2.39亿元，占地方一般预算收入的11.2%。

这些收费有的具有税收的性质，主要用于地方财政支出，如耕地占用税、契税等；有的则属于行政性事业性收费，主要是用于耕地的保护与复垦，如农

---

① 城镇土地使用税是对国有土地在使用过程中按年征收的税种，在此不予讨论。

② “招拍挂”出让方式平均交纳契税4.74万元/亩（71.1元/平方米）；协议出让0.434万元/亩（6.5元/平方米）。

业重点开发建设资金，耕地开垦费等。从表8中可以看出，大部分税费的收取都与耕地的补充与质量建设有联系，但是到底有多少用于耕地补充与保护，没有一个很明确的相关规定和具体比例，实际使用中由于摆脱了财政预算的约束，很有可能被挤占或挪用。在一定的体制条件下，对这些规费和税收的分配和使用还会成为产生农地过度非农化的动力和形成诱导机制的重要因素。土地征用平均收取的税费［仅包括耕地占用税、契税、农业重点发展基金、新增建设用地有偿使用费、耕地开垦费，不涉及征（拨、使）用土地管理费、土地出让业务费、土地登记费、土地用途变更费等其他收费］总额大约为43000元/亩，为土地补偿安置费的1.13倍。其中，“招拍挂”79500元/亩，为土地补偿费（不包含青苗及地上附着物补偿费）的2.1倍；协议出让36500元/亩，为土地补偿费的0.96倍。

表8　吴中区土地征用过程中税费标准及分配

税费项目	征收标准	分配关系	使用方向
耕地占用税	5000元/亩	中央60%，地方40%	开垦耕地和整理改良耕地
契税	合同金额4%	地方	进入财政预算内资金
农业重点发展基金	2400元/亩	交到省上，带项目返还，无固定比例	主要用于农业后备资源开发、农业重点建设等
新增建设用地有偿使用费	28元/平方米	中央30%，省10%，区60%	用于基本农田建设、耕地开发和土地整理
耕地开垦费	6000元/亩	交到省上，带项目返还	复垦开发耕地

资料来源：苏州市国土资源局吴中分局。

根据土地征用规费征收标准和分配比例关系，中央所占比例大约为20.0%，地方占80.0%。地方各级政府之间由于没有固定的分成比例，很难测算土地征用中各级财政之间规费、税收分配和使用的比例。在该区，上缴省上的规费收入主要以项目形式返还。如该区2005年农业重点建设发展基金返还380万元，耕地开垦基金（占补平衡费）返2000万元。

同时，在该区“招拍挂”出让的土地还有另外4项行政性规费，即城市市政公用基础设施配套费、白蚁防治费、新型墙体材料发展基金及人防易地建设费。其中，白蚁防治费由房管局收取，墙体改造费由经贸委收取，人防费由人防办收取，具体标准见表9。

表9 吴中区土地出让中所收取的行政规费及标准

收费项目	征收标准（每平方米建筑面积）
城市市政公用基础设施配套费	105元/平方米
白蚁防治费	七层以下2.3元/平方米，七层以上0.7元/平方米
新型墙体材料发展基金	8元/平方米
人防易地建设费	56元/平方米

资料来源：吴中区财政局。

注：协议出让土地不收取上述规费。

五、主要判断与建议

（一）土地补偿费标准的确立以农业产值为计算依据不合理，需要转变到以土地市场价值为依据，提高补偿标准

根据最新的《江苏省征地补偿和被征地农民基本生活保障办法》①，标准最高的一类地区耕地前3年平均年产值的最低标准为1800元/亩，而最低的四类地区才1200元/亩。这与土地征用后被作为工业、商业或房地产业产生的收益（租金）形成了强烈的反差。以吴中区工业标准厂房为例，吴中区每亩土地的年租金为5万~10万元，甚至更高。集体和农民土地被征为国有、农地被转为非农建设用地后，土地租金是过去的30倍以上②。而这些作为工业、商业或房地产业的投资收益并不会被土地的原始所有者和提供者——集体和农民分享。必须完善土地补偿费标准，由以土地农业产值为计量依据转变到以土地市场价值为计量依据，实现土地涨价既归公、亦归民，优化收益分配机制，让农民分享土地增值的收益。

（二）国家征地的“公共利益”概念模糊，非公益性用地比重占主要地位，需要对“公共利益”的内涵进行明确界定

在现实中，公共利益与非公共利益不分，国家为了公共利益征地与企业或个人为了私人利益征地不分。以吴中为例，工业、商业和房地产等用地比重较大，这三项用地占总用地量的83.5%。因此，需要对“国家公共利益”的内涵进行界定，对土地征收（用）的用途和目的进行分类，并出台相应的土地征收（用）政策，分类指导各类征地行为。国家及其地方政府行使的土地征收中的公权应有所约束，真正服务于国家公共利益，而不是被一些开发商、企业、官员借以滥用于

① 江苏省的土地补偿费标准在全国已处于高水平。

② 虽然修建标准厂房、商业房和房地产会有前期投入，但一般约8年左右就可全部回收投资。

私人利益。当然，非国家公共利益的企业和个人用地需求也应当合理满足，但应另辟蹊径，建立用地者和土地所有者（集体）、使用者（农民）之间直接的土地交易市场。

（三）失地农民很难直接分享土地的增值收益，应将土地出让收益按一定比例注入失地农民社会保障基金，拓宽农民分享土地增值收益的途径

与土地出让金总额相比，与土地转用后巨大的、长期的增值收益相比，失地农民所得分配比重还较小。前述可知，吴中区2001～2005年吴中区土地出让金总额分配构成中，农民安置补偿费所占比重为14.05%。如果另按拍卖土地计算，近5年当地每亩土地拍卖价平均为118.5万元，而其中只有3.8万元/亩转入土地基金账户，用来补偿安置失地农民，占比仅为3.2%。吴中区创新、丰富了失地农民的社会保障形式和内容，从基本生活、养老、医疗等方面为失地农民提供了比较健全的社会保障体系，其完善失地农民社会保障制度的做法值得借鉴。为失地农民建立社会保障是保障失地农民权益的重要途径。土地非农转用后增值收益巨大，政府应从土地出让收益中按一定比例注入失地农民社会保障基金。被征地的集体经济组织也应从本集体的积累资金或土地补偿费用中抽调一定的资金注入失地农民社会保障基金。

发展农民物业股份合作社和土地股份合作社，改变了过去农村土地转为建设用地以后对农民补偿实行"一次性买断"的做法，是让农民更多地分享土地增值收益的一条可行之路。吴中在发展农民投资性股份合作制上进行了成功的探索，让土地的增值收入下移，让农民以土地作为资本直接参与工业化与城镇化，为农村的发展提供了巨额、持续的资金来源，是一条成功的经验。需要完善农民物业股份合作社和土地股份合作社的内部治理机制，建立有效的约束机制，在制度上保障农民享受土地的财产权益。

（四）土地征用和出让环节中的税费项目多，数额大，需要规范土地税费管理

目前土地征用和出让环节中收取的税费名目繁多，附着在土地上的各种费用五花八门，诸多部门都在集体土地被国家征用并转让过程中分得一杯羹，土地已不折不扣地成为了"唐僧肉"，"以地生财"已是一个不折不扣的事实。而且在这些名目繁多的税费中，税费征收项目重复，仅以耕地的保护、开发和占补平衡为征收目的的税收就有耕地占用税、耕地开垦费、土地有偿使用费和农业重点建设基金，而且其他税费也有些是以此为目的。另据地方土地管理部门反映，这些税费中用于基层区县耕地补充、开发和占补平衡的并不多，区县政府还是处于要么自己补贴、要么无钱搞耕地开发和占补平衡的状况。增加土地税赋固然可以限制土地的供应、抑制土地的需求、增加国库和地方的收入，但同时也增加了经济运行的成本，加重了企业和个人负担。因此，应考虑合并减少土地征用和出让环节的税费项目，将费合并为税，将预算外的费纳入预算内管理，规范土地税费管理，统筹土地税费收取和使用。

（韩　俊　张云华）

第五篇

农民合作经济组织

调查中国农村

ZHONGGUO DIAOCHA NONGCUN

第五篇课题组成员名单

课题顾问：

陈锡文　中央财经领导小组办公室副主任 中央农村工作领导小组办公室主任 研究员

课题主持人：

李剑阁　国务院发展研究中心副主任 研究员

课题负责人：

韩　俊　国务院发展研究中心农村经济研究部部长 研究员

课题组成员：

潘耀国　国务院发展研究中心农村经济研究部研究员

肖俊彦　国务院发展研究中心农村农村经济研究部研究员

罗　丹　国务院发展研究中心农村农村经济研究部副研究员 博士

秦中春　国务院发展研究中心农村农村经济研究部副研究员 博士

张云华　国务院发展研究中心农村农村经济研究部副研究员 博士

郑有贵　农业部农村经济研究中心研究员

陈　洁　农业部农村经济研究中心副研究员 博士

夏　英　中国农业科学院农业经济与发展研究所研究员

姜长云　国家发展与改革委员会产业经济研究所研究员

郭晓鸣　四川省社会科学院农业经济研究所所长 研究员

徐　薇　四川省社会科学院工业经济研究所研究员

郑风田　中国人民大学农业农村发展学院副院长 教授

修长柏　内蒙古农业大学经济管理学院院长 教授

乔光华　内蒙古农业大学经济管理学院副院长 教授

（该课题为加拿大国际发展署“小农户适应全球市场发展项目”资助课题）

促进中国农民合作经济组织的发展①

一、中国农民合作经济组织发展的现状

（一）引言

中国传统的农村合作经济组织主要包括供销合作社、信用合作社和社区集体经济组织。这三大类合作经济组织对促进中国农村经济的发展发挥了重大的作用。供销合作社创立之初，是农民的合作经济组织，其后随着计划经济体制的建立和强化，逐渐变成了国有商业的组成部分，其农民合作经济的实质不复存在。尽管供销社在探索“民办”体制方面进行了探索，但由于历史包袱太重、人员过多、管理不善、机制不活等各个方面的原因，把供销社改造为农民合作经济组织的目标并没有达到，为农民服务的能力不能满足需要。农村信用合作社也存在与供销社同样的问题。农村信用合作社全体社员对他们出资组建的信用合作社只有名义上的产权归属关系，而实际上的产权关系是模糊的，信用合作社没有真正成为过合作金融组织。社区集体经济组织主要承担政府下达的各项任务，带有比较浓厚的行政色彩，往往只具备对社区内部事务进行管理的职能，而明显缺乏对农户提供服务的功能，合作属性较弱，对农民没有产生足够的吸引力。

改革开放以来，包括各种形式的专业协会、专业合作社和股份合作社在内的新型农村合作经济组织加快发展，已成为中国农民合作经济组织的主体。这些组织以家庭承包经营为基础，是在以农民为主体的前提下，按照合作制的基本原则组建和成立的，采取了灵活多样的制度安排。这些组织的发展是农村商品生产和农村经济体制转向市场经济体制过程中农民创造的结果。这一阶段农民合作经济组织的发展，又分为三个重要时期：一是改革的早期，整体上几乎没有新型农民合作经济组织相关的系统活动，只是开始出现了一些合作经济组织的雏形。发展的类型以农民专业技术协会为主，发展的目标主要是为解决农民生产中遇到的技

① 本报告为国务院发展研究中心农村经济研究部在执行中国—加拿大农业合作项目“促进中国小农合作组织体系的发展”的基础上完成的主报告。该项目执行时间为2004～2006年。

术问题而存在。二是20世纪90年代以后，随着农产品市场化进程加快，一批生产经营型合作社产生和发展，但发展基本上处于自发发展的阶段。三是进入21世纪以来，新的生产经营型合作社发展很快，同时新一代投资性合作社也有所产生和发展，农民合作经济组织进入一个自发展与政府推进相结合的新阶段。

（二）解决中国三农问题的现实要求

20世纪70年代末以来，中国农村改革获得了极大的成功，为社会主义市场经济的改革和发展创造了良好的条件。但现阶段农业和农村的发展又出现了新的形势和问题，集中体现为市场主体发育不足、农民收入增长缺乏后劲、农民互助性的集体行动组织发展滞后、农村公共服务不足等。怎样使分散的小农户获得市场信息，怎样使他们在生产经营中实现与市场的对接，怎样使农民在面对大市场和大资本时有足够的信息和对等的谈判地位而利益不受到伤害，怎样建立运行成本低而有效率的组织机制为农民提供多方位的服务，已成为新农村建设亟待解决的问题。培育和发展农民合作经济组织，为解决这些问题提供了一个有效的途径，具有重要的意义。

1. 是深化中国农村经济体制改革的需要。在市场经济条件下，政府有很多管不好、也不该管的地方，需要转变管理方式。在政府与农民之间，应该有一个非政府组织或民间组织，来进行自我协调、管理和服务。中国目前有超过2亿多农户生活在农村，并以从事农业生产或相关的工副业生产经营为主业，不可能让这些小农户都独立地去角逐市场、承受风险，因此农村市场主体的建设是其中的关键。农户围绕发展专业化生产，开展多种形式的联合和合作，形成规模效益，符合农业发展的内在要求，也符合广大农民的内在需求。

2. 是提升农业产业化水平的需要。自实行家庭承包责任制以来，中国农业生产有了突飞猛进的发展，但随着农业生产技术的快速发展和市场化改革的不断推进，农民千家万户的小生产与千变万化的大市场难以对接，满足不了现代农业发展的需要。为解决这些问题和矛盾，近年来，国家积极支持了农业龙头企业的发展，取得了一定的积极效果。但企业以盈利为目标，在与农民发生关系的产业链中既合作又竞争，并总是处于有利的竞争地位，与要保护农民增收、构建有利于农业发展的长效机制的需要有差距。因此，在农业产业化经营中，通过发展农民新型合作经济组织，发育农业产业化龙头企业和农户的联系桥梁，不仅能较好地填充农业产业化经营的组织“断层”，还可以有效地协调公司企业与农户之间的利益关系，降低龙头企业与广大农户联系的交易成本，从而实现公司企业与农户利益的“双赢”，推动农业产业化，促进农业经济稳定而持续地增长。

3. 是农民降低交易成本、获得可靠收入的必要途径。农民合作经济组织的一个重要功能是通过集体采购和包销产品及服务，为农民提供“交货权”和公共服务，这就提供了生产经营风险分散和利益保护的工具。在激烈的市场竞争中，市场供需形势千变万化，经常会出现买难、卖难和价格大幅波动等现象，这对小农是难以承受之重。即使在正常经营的情况下，单打独斗的农民由于生产经营规模过小，在与工商企业和国际商业集团作交易或竞争目标市场过程中也很难与之相抗衡，也很难获取准确的市场信息以及获取或分享二三产业的增值利润。而合作经济组织的组建使分散的农民在保持产权独立的前提下组织起来，成为团队，形成与中间商和企业主抗衡的力量，在贸易上增强了谈判地位和利益保护能力。合作经济组织通过产前、产中、产后各环节的联合，还使农民可能分享到加工和销售环节的利润，增加收入。

4. 是解决农村消费安全的重要途径。近年来，农村消费安全问题突出，主要表现：一是消费市场欺诈现象严重，假冒伪劣品通过各种渠道销往农村；二是农资市场各类违法问题突出，坑农案件频发；三是假劣商品留下安全隐患，造成人员死伤问题突出；四是由于基层市场监管力量不足等，有关消费侵权案件发生后维权难。针对这些问题，除了制定严厉的惩罚制假售假企业和个人的法律制度，加强农村基层工商、技术监督等部门对市场的监管外，一个重要途径就是要发展合作组织，提高农民消费的组织化程度，引导统一和集中采购。这不仅可以解决农民对农资和其他相关消费产品的分散购买问题，减少消费安全风险，而且有利于事后维权。

5. 是增强农业国际竞争力的重要途径。在经济全球化的时代，面临日趋激烈的国内外市场，要使中国分散小规模经营的农产品有能力与国外的大合作社、大集团进行竞争，必须加快培育和发展农民合作经济组织。从世界各国经验看，各类合作社组织是世界各国农民最普遍、最受欢迎的组织方式，也是政府有关部门在国际农产品贸易谈判中的重要依靠力量。农产品通过合作社集中加工、贮运、销售，不仅把增值的加工、销售利润给了农民，提高了农业自身的经济效益，而且使家庭农场生产与大市场有机地连结起来，大大提高了农民在市场经营中的谈判地位和竞争能力。根据 WTO 规则，各国政府宏观调控手段要实现与国际接轨，可调控的内容集中于“绿箱政策”、“黄箱政策”等方面。与此相适应，也必须具有与政府宏观调控相对应的组织工具，否则就会陷入被动。按照国际通行的做法，今后中国对农业的支持保护政策理应更多地通过合作经济组织加以实施。此外，农民自己的合作经济组织也是政府与国外进行农产品贸易谈判时持有的一个极具分量的筹码。在国际农产品贸易纠纷中，代表农民进行谈判的，往往不是外国政府，而是农民自己的组织。近几年，面对国际贸易纠纷，我们就因为缺少一个对等谈判的主体——农民自己的合作经济组织，而经常处于被动地位。

6. 是增强农民民主管理意识，促进农村社会和谐的重要途径。随着市场经济的快速发展，中国的三农问题日益突出，一些社会矛盾也有加剧的趋势。合作经济组织作为群众性组织在收集民意、集中民智方面具有重要的作用，是党和政府联系农民的重要桥梁和纽带之一。发展农民合作经济组织可以充当农村社会生活中的安全阀和稳定器，有利于处理好干群关系，减轻政府压力，促进政府职能转变，促进和谐社会的构建。同时，在整个经济体制转向市场经济体制的条件下，个体农户作为当前最大的弱势群体，其经济、政治与文化等的全面发展和实现统筹城乡、区域协调发展，均离不开新型合作制度的建设。通过兴办专业合作组织，培养了成员之间的互助精神，增强了成员的民主管理意识，积累了民主管理经验。在有序行使民主权利的过程中，农民可以得到民主管理的锻炼，提高对现代民主制度的认知、适应能力。

（三）新型农民合作经济组织发展的现状

1. 发展已初具规模、分布广泛、多类型并存。调查表明，经过农村改革开放以来多年的发展，中国部分省区和地区发展农民专业合作经济组织的数量规模不断扩大，农民合作经济组织的覆盖面扩大，呈现了逐步加快发展的态势。截至2004年底，综合农业部等机构的统计和估算，全国新型农民合作经济组织总数已经达到15万个左右，拥有农民专业合作经济组织的村占同期村民委员会总数的22%左右。参加组织的会员约2363万人（户），占乡村农户总数的9.8%。这些组织在地区分布上，从经济发达的地方到经济落后的地方都有发展，中部最多，东部次之，西部最少。全国农民专业合作经济组织数分布最多的五个省是山东、湖南、陕西、河南和湖北，最少的省区为青海、海南、宁夏、新疆和福建等。

按照组织的形成背景划分，中国新型农民合作经济组织的组建和发展模式大体有5类：第一类是由科技协会发起建立的；第二类是由农业技术推广站等政府事业单位及乡村干部发起建立的；第三类是由供销合作社发起建立的；第四类是由龙头企业发起建立的；第五类是由农村中的专业户、经销大户等自发建立的。新型农民合作经济组织的主要形式有农民专业协会和农民专业合作社两种。不过，由于现实中冠名以农民专业协会或专业合作社的组织并没有一致的判定标准，且各种形式的农民专业合作经济组织在登记管理中也不统一，或者未办理登记手续，目前还只能以名义上可以进行观测判断和初步统计分析。中国新型农民合作经济组织的具体范围主要包括：由农业部界定的农民专业合作经济组织；由中华全国供销合作总社界定的由各级供销社系统组织农民按照合作制原则兴办的专业合作社；由中国农村专业技术协会界定的农民在自愿互利基础上组建的以科技为纽带的具有互助合作性质的技术经济组织等。

中国新型合作经济组织的类型多样。从组织目标功能看，包括投入型农民合作经济组织、市场营销型农民合作经济组织和服务型农民合作经济组织；从行业分布看，粮食、棉花、花生、蔬菜、水果、畜产品、水产、农机等不同行业都出现了为数不少的农民合作经济组织；从合作层次看，有从村级到省级的各种级别和层次的农民合作经济组织。这些组织在行业分布上，以种养业为主，主要集中于商业化程度较高的特色种植业和畜牧水产业等领域，从事粮食作物种植的非常少。有些组织同时从事多项活动，包括农产品加工和技术信息推广等。从组织的类型看，大多数的组织属于技术经济服务型，主要是为会员农户，甚至为非会员农户，提供技术经济信息和一些生产资料的供应服务。

2. 发展顺应了中国农村发展形势的需要，已在实践中发挥了积极的重要作用。农民专业合作经济组织是中国农村发展产业化的一种新的产业组织形式，同时也是中国农村先进生产关系一种新的实现形式。农民合作经济组织的组建和发展推动了农民的集体行动，整合了有限的农村社会服务资源，在促进农民发展产业、搞活经济、致富增收方面的作用越来越强，推动了农村新的生产力的形成。

通过发展农民专业合作经济组织，在实践中初步发挥的积极作用，具体表现在三个方面：一是农民从中确实得到了好处，扩大了生产经营的规模，降低了生产资料采购成本和对外开展业务的交易成本，提高了谈判地位，增强了防灾抗灾抵御风险的能力，学习了先进技术，统一了技术标准，创造了产品品牌，提高了科学文化素质；二是政府多了一个工作的抓手，有利于贯彻落实国家农业结构调整、发展优势产业的政策，加强了与农民的沟通、联系和服务，促进政府转变职能；三是其他市场经营主体的优势得到进一步发挥，如为产业化龙头企业带来了更加稳固的原料基地，降低了其交易成本，同时相互间也得到了制衡，相互促进。根据农业部经管司统计，2004 年，全国农民专业合作经济组织为成员和周边的农户代销农产品总量高达 2 亿多吨，代购化肥、农药、饲料、农膜等生产资料近 1 亿吨，经营服务盈余 187 亿元，其中有 19% 的盈余约 36 亿元返还给了成员，26% 的盈余近 50 亿元用于股金分红，平均每个成员获得盈余返还和股金分红收入 364 元。

目前农民专业合作经济组织在可以提供的功能和服务中，负责提供内容最多的前五项依次是：负责推广新技术和提供专业技术培训、指导；为会员提供准确及时的市场信息；为会员提供各方面的咨询服务；负责帮助会员获得销售合同或保证会员生产的产品的销售；有人专门指导会员如何使用生产资料。提供上述五项服务的组织占全部组织的 60% 以上。

大部分组织能帮助会员销售产品，其次是帮助会员采购生产资料，而且通常价格都比单个农户从市场所能得到的要优惠。所购买的生产资料的来源通常来自外部，来自内部会员生产的农资产品很少。所有组织都能为会员提供一定服务，只是服务的内容多少有所不同，通常技术服务和帮助销售产品是最基本的。从组织对会员提供培训的内容看，提供最多的培训是关于“种植养殖技术”和“质量管理”，这些也是目前小农户最需要的。培训通常是免费的，一般一次培训的时间为一天。

大部分组织能为成员提供供求信息、产品市场价格和新技术等方面的信息。部分也能提供关于产品市场走势、生产资料市场价格以及行业和产业政策等方面的信息。其中，“行业产业政策”和“新技术”通常从政府机构或社团获得；“生产资料的价格”从生产资料供应商处获得；“产品市场走势”、“供求信息”和“产品市场价格”主要从产品买方获得。这些信息的提供通常是免费的，同时无偿提供给非会员农户。

3. 合作经济组织的内部治理结构各具特色。根据调查，目前大部分农民合作经济组织都允许会员在符合协会规定的条件下自愿加入，大部分允许会员自由退出，也有的少部分对此没有规定。会员退出组织的数量很小，退出的主要原因是“改行”从事其他与该组织无关的活动，还有一些是因为组织没能提供原先所承诺的服务。会员退出时，有一半左右可以撤回投入资金，另一半不可以撤回或组织对此没有规定。大多数与土地有关的组织认为会员将土地转包之后，仍然可以继续保留会员资格，会员资格不会随土地转让而转让。

大多数组织对普通农户、专业大户和技术能手、购销专业户加入协会没有限制，有一些协会限制地方政府官员和社会团体人员加入。部分对会员加入的要求和条件主要包括：已经从事相关产品生产的农民，生产出的产品符合特定质量要求的农民，由组织成员推荐或决定，生产某种产品规模比较大，超过一定数量，由组织领导推荐或决定。

根据调查，目前大多数组织规定，组织可以取消会员的资格，但不可以要求会员分担税款、不可以要求会员分担组织损失、不可以要求会员帮助偿还组织的贷款和不可以要求会员为组织贷款提供抵押品。有一部分要求会员提供所有产品和从组织采购所有生产资料。大多数组织规定，会员可以通过组织卖产品和从组织购买原材料，而且基本上不需要将所有产品都提供给组织和从组织购买所有生产资料。

根据调查，合作经济组织的收益在会员分配的方式中，按经过组织销售的产品数量分配组织收益的稍多，其余是按经由组织销售的产品价值和提供给组织的资金分配，两者比例比较接近，也有一部分不分配利润或没有收益分配这项活动。还有一部分组织其收入全部用于协会的开支。合作经济组织成本在会员中分摊的方式与收益分配方式基本一致，但是有一些组织仅由核心会员或协会管理层成员负担成本，尤其是在初创阶段。还有一些组织的成本从所收的会费和年费中支出。有不到1/3 的组织表示没有进行成本分摊，其中有些组织表示会员通常都是独立核算，因此没有成本分摊。

目前农民专业合作经济组织发展基本上都有书面章程，章程所包含的内容居于前五位的是：会员的权利和义务，组织的主要任务和功能，组织的管理机构的设置及其职权，会员加入和退出的手续或程序，会员的合格条件。涉及内容很少的重要三项为：选举会员代表或评选积极会员，协会成本的分摊方式，监事会的选举程序。基本设立了理事会和全体会员大会，部分设立了监事会，大部分有年度生产和发展计划。大多数是每年召开一次全体会员大会，有一些只在管理层换届时才召开全体会员大会。有少部分在需要时召开全体会员大会。召开全体会员大会的主要内容是提供技术咨询与培训，传达政府或有关部门的文件或指示，选举或更换协会负责人。在组织的决策方式中，由理事会做出决定的活动主要包括八项：挑选新会员，决定为会员提供什么样的服务，开发新产品，进行新的投资，开除现有会员，寻找新的市场，挑选确定生产资料供应商，挑选确定产品购买方。

4. 合作经济组织的注册不统一，多数属于非赢利性实体。从调查情况看，在现有的农民专业合作经济组织中，绝大部分已经登记注册，也有一部分没有登记注册。登记注册时间较早的有 1988 年前后的。2000 年以前登记注册的协会基本上都是在 1998 年。其中，有半数以上的协会在农业部门登记，如地方农业局、农委、农办等，尤其是在浙江省和安徽省；大约 1/4 的协会在工商部门注册，成为经济实体；大约 1/4 的协会在民政部门登记，作为社会团体或群众组织。也有在两个部门同时登记注册，大多是在工商部门和农业部门同时登记；或者在三个部门同时登记注册的，一个为“工商部门 + 民政部门 + 农业部门”，一个为“民政部门 + 农业部门 + 科协”。

关于这些组织的法律性质，多数属于非赢利性实体，也有的属于群众组织。目前这些组织在法定地位和法律援助方面，仍然非常薄弱。大部分没有可以依据成立和商业运营的专门法律条款。超过一半的组织在成立和运营过程中没有获得过法律咨询或援助。多数认可的组织所有拥有的法律权利主要为：可以签署销售合同，可以拥有自己的品牌，可以签署采购合同，可以拥有自己的银行账号，可自有资产。也有被大约半数的协会认为他们应拥有以下权利：可以借贷流动资金，可以为会员贷款，提供担保抵押，可以开办市场等。

根据调查，现有农民专业合作经济组织中，并不是所有的都有银行账号，只有一半多一点有，且各个地方不一样。组织的财务状况一般对会员公开，也有少部分不公开的。只有很少一部分组织有外部审计，大部分没有。只有少部分的组织拥有资产。组织运转的流通资金，主要来自银行贷款、政府提供的支持、组织留存利润、会员借款和企业提供的借款。也有其他一些来源，如核心会员上交、会员集资、会费、招商引资和股金。组织进行新投资的资金来源与流动资金的来源基本一致。目前的农民专业合作经济组织对外参股或控股企业的极少。

5. 合作经济组织在发展中不断出现新趋势和新动向。最近几年以来，受多种因素的支持和影响，各地农民专业合作经济组织在发展中不断出现一些新趋势和新动向。

一是从中央到地方各级主管部门为农民合作经济组织的组建和发展所提供的支持不断增强，具体支持方式包括发布文件，提供资金补贴和实物支持，帮助组织在其他机构获得资金，减免税费等。其中的资金补贴，从400多元到超过20万元不等；实物补贴，价值从600元到10000元不等，促进新组织的组建和已有基础组织迅速发展壮大。

二是农民合作经济组织的组建领域不断拓宽，已从蔬菜、瓜果等种植业范围扩展到粮食、养殖、旅游、农机、水电、科技服务、物业等各业，合作的深度也从单纯的生产环节扩展到产、加、销全过程，涉及到加工、销售领域。

三是农民合作经济组织对优势产业的依托型增强。专业合作社突出主导产业，发展特色产品，较好地适应了市场的需求；综合服务社从服务农民生活出发，突出综合服务，较好地满足了农民的需求，也启动了农村消费市场。

四是农民合作经济组织的发展突破行政区域界限，很多以市场为基础，以产品为依托，实行跨区域发展。如北京大发正大公司发展了很多跨乡镇、跨区县的肉鸡生产协会，其中顺义区张镇肉鸡协会不但有其他六、七个乡镇的农民，而且还有平谷县的农民。延庆县的小丰营蔬菜销售协会，在帮助本县农民销售蔬菜的同时，还帮助外区县农民销售蔬菜，带动了区域蔬菜产业的发展。

五是农民合作经济组织中的社与社、合作社与公司之间的合作不断增多。农民专业合作经济组织中，利益联结比较紧密的出资型农民合作经济组织占60%以上。这些组织中农户以土地、资金、劳力和技术等参股，形成以产权为纽带的新型经济共同体，风险共担，利益共享。

六是农民合作经济组织的类型多样化、综合化、实体化，从协会型发展到生产经营型，从生产经营型发展到投资型，新一代投资型合作社已经出现并得到发展，显示出强大的生命力。

（四）目前是发展农民合作经济组织的重要机遇期

经过农村改革，家庭承包经营制度的确立和发展并不断走向完善，农民经营意识增强，为催生农民合作经济组织的产生和发展提供了动力。近几年，中央和各级地方政府支持农民发展合作经济组织的政策目标进一步明确，农民专业合作社法已经制定出来，扶持发展的政策陆续出台，稳步推进试点和典型示范，培养专业人才和建立干部队伍，推动了农民专业合作经济组织的发展。近年来，一些国际组织和机构还开展了对中国农民合作经济组织的专门研究和试点，对引导和促进农民合作经济组织的发展具有积极的作用。

二、中国农民合作经济组织发展面临的问题与影响因素分析

（一）农民合作经济组织发展面临的主要问题

1. 覆盖面偏低，合作紧密性还不强，功能和作用有限。中国农民专业合作经济组织已经有一定程度的发展，但数量相对较少、覆盖面低、规模不大、入社农户占乡村总户数的比例小，同时，农民专业合作经济组织在不同地区的发展是不平衡的，尤其是在一些重点产业和优势区域发展不足，比较有规模和符合中国优势农产品发展规划需要的跨地区、全行业性的专业合作经济组织缺乏，与中国农业市场经济的发展、农业现代化发展的需要和应对国际竞争的需要差距还很大。

（1）大部分组织起步晚，起点低，商业规模小。中国现代农民专业合作经济组织的产生萌芽于80年代，起步于90年代，比较规范的发展时间更短。现有的农民专业合作经济组织，相对于中国的8亿多农民和目前的农业产业规模来说，数量还是太少。其发起方式大多数是由专业大户或技术能手发起的，他们能带动周边的农户组织起来，共同进入市场。此外，也有由地方农技推广部门和村委会发起设立的组织。组织的负责人也多为专业大户或技术能手，还有一些负责人为村干部、地方退休干部和农业技术推广人员的，个别人还分别担任或兼任县政协副主席、县人大代表、县政协委员、县农业局党委委员、镇政府农办副主任和信用社主任等。建立在家庭经营的基础上，这些发起人及其组建的实体的一个主要特点，是他们经营农业商务的实力有限，经营起点低，发展产业和商业经营的规模偏小。按目前平均每个组织不足200人（户）的规模，还很难发挥出专业合作和开展商业经营的规模效益。

（2）带动能力弱，市场竞争力不强。表现为“五多五少”。一是各地的农民合作经济组织以松散型为主的多，而成员之间产生产权关系、结成经济实体的真正意义上的专业合作社少。二是尚处于合作组建初始阶段，重盈利、轻服务，重分配、轻积累，有的甚至与农民还只是买断关系的多，进入可持续发展的成熟阶段的少，在发展产业经营、带动农户抵御市场风险方面的能力十分有限。三是在合作内容上局限于技术、信息等服务方面的多，属于农产品加工、销售环节的合作社以及新一代投资型合作社还比较少。四是发展运作依靠企业、经营大户的比较多，依赖政府支持的较多，能够独立拥有自己的加工销售企业、开展了产供销

一体化服务、能开展有组织的批量采购活动、创建了自己的品牌、产品在市场上的占有率高、有市场影响度的少。五是产业覆盖面广，跨区域的多，但真正能够在粮棉油糖和苹果、柑橘等主导产业、优势产业具有很强发展带动作用的大型合作社十分稀少。

（3）组织机构较为简单，合作水平低。各种合作经济组织基本都属于孤立的基层组织，区域性的合作联盟较为少见。由于缺乏一个合作经济组织的完整体系，严重制约了合作经济组织对政府决策的整体影响力。

（4）对农民利益保护不够。一些农民专业合作经济组织在组建的过程中，并没有从维护农民合作经济组织成员的共同利益出发，开展紧密的互助合作与联合，与社员只是简单的买断关系，农民的经济参与不够；相当一批合作经济组织仅仅停留在生产环节或技术方面的简单合作，并没有解决把农民组织起来进入市场的问题；还有些合作经济组织只注意保护核心层的利益，而忽视外围成员的利益。此外，在农民专业合作经济组织的运作过程中，也存在一些组织内部无经营收入，无实体，无积累，工作被动，导致对农民无二次返利，内部无风险保证金，大的收益都归入业主、龙头企业、运销大户等手中，农民得到的实惠较少等问题，造成农民的利益得不到合理保证。

2. 规范性发展不足。作为一种制度安排形式，农民专业合作经济组织的发展对组织的结构有特殊的要求（“民有”、“民管” 和 “民受益”），在发展和运行中需要有一套独特的条件和运行机制，因而其组建和发展具有一定的难度，要满足一定的规范性要求，才能实现良好的发展。在2005年我们对9个省140个合作经济组织的调查中，综合起来，发展处于初级阶段的居多。按照农民合作经济组织合作的内容、组织的结构和组织特定功能的发挥等指标分析，比较规范的好的典型不到整个调查数的一半。就是在发展比较好的地方，基本的情况也是通过合作经济组织的形式，已经把农民“组织起来”，但合作起点低、组织任务定位不明确、合作的事业还不发达，距离“组织得好”和“发展得好”还有较大差距，合作经济组织还缺乏强有力的生存、发展和服务能力。考察现实中的农民专业合作经济组织后发现，很多形式和名称上标明为农业专业协会和专业合作社的组织，很多不具有农民专业合作经济组织的主要特征。

3. 内部治理多数不健全，制度创新任重道远。目前除部分合作经济组织的产权结构和内部组织机制比较健全外，但相当多合作经济组织的组建和发展在制度上存在问题，合作基础比较薄弱，产权不清，内部治理结构残缺不全，管理运作不规范，影响组织的发展壮大。主要问题：一是在社（会）员的管理上，缺乏基本的加入和退出手续，仅靠一本花名册作为成员的入社凭证和身份证明。二是在产权的划分上，乡（镇）、行政村、自然村、专业合作经济组织之间的产权划分不清晰；占有权、使用权、收益权、处分权的归属变得不确定；政府与企业之间的产权关系不明确。三是在民主管理上，虽然大部分农民合作经济组织都拟定了章程，成立了理事会、监事会等组织机构，但仍有一部分组织社务不够公开，运作和管理随意性较大。一些合作经济组织没有规范的章程，宗旨模糊，职责不清，加上机构设置不合理，管理制度不完善，民主氛围不够，致使内部缺乏活力。有的合作经济组织虽然有章程，但不是按章程办事，处于放任自流状态，比如一些挂名型的农村专业技术协会。在一些地方，行政化倾向的农民专业技术协会不能坚持活动，流于形式，会内诸事民主少集中多，而且遇事往往听命于上级政府部门，活动也不受农民欢迎。四是在名称上，有的本是合作社性质，却挂协会的牌子，有的本是协会性质，却挂合作社牌子，有的本是公司企业性质，却也挂上了专业合作社或协会的牌子，戴上了农民专业合作经济组织的“红帽子”。五是在财务管理上，一些单位没有独立的财务，账目没有公开或根本就没有财务账目。六是在利益分配上，农民合作经济组织与成员的利益关系还不够紧密。七是在内部控制上，部分农民合作经济组织要么是大户控制，要么是公司控制，要么是其他各种外部力量控制，这些并不是“农民自己的组织”。尤其是农民合作经济组织的管理者阶层往往在乡（镇）村级干部中产生，造成了不良后果；一是农民的参与性就会大打折扣，许多农民认为合作社是某些领办组织或领导干部的事，对入股入社不太重视，很少参与管理，对其发展也不太关心，合作意识不强烈，也难形成一个利益共同体；二是这些官员或准官员的身份是多重的，不仅要考虑合作经济组织价值的最大化，而且往往将其作为实现政治目标和文化目标等多重目标的工具；三是由于经营决策权、分配权都掌握在村干部手中，缺乏监督、约束机制，集体财产成了少数干部可以任意支配的“私有财产”，收入多少不明，钱的来龙去脉不清，少数干部贪污、受贿、挪用公款，造成资产严重流失。

（二）农民合作经济组织发展的制约因素

1. 对合作社缺乏正确了解。目前对农民合作社不利的认识又分为两种情况：一是消极地对待心理。长期以来，在中国的一些政策文件和一些人的观念上一直把传统集体公有制经济等同于合作经济，以至于合作经济深陷“歧途”。特别是20世纪五六十年代，在激进思想的指导下，农民从互助组开始，到初级合作社，再到高级合作社，进而狂热地跨入一大二公的“人民公社”，导致人们心目中对合作社概念严重扭曲。这种观念的冲突对农民合作经济组织的健康发展产生了极为不利的影响，一些具备条件发展合作社的农民不愿再谈论合作经济，谈“合”色变，对新型农民专业合作经济的性质存在误解，心有余悸。参与农村经济管理工作的一些干部对此也存在顾虑，担心农民合作经济组织成员之间的关系主要是一种生产关系的变化，发展起来有可能形成不利于当地政府进行管理的政治压力性团体，将会在一定程度上动摇乡村现有行政管理地位，造成一些农村领导不情愿支持。二是激进的推进心理。近几年，由于农民合作经济组织的发展开始受到政府的关注和重视，一些政府部门和相关机构围绕对农民合作经济组织发展的“主导权”进行激烈较量和争夺，争相发展由自己主导的组织。表面上看轰轰烈烈，内在却潜伏很大隐患。统计起来，各种组织数字越来越多，真正发挥作用的很少。同时，由于政府部门或部分企业强力介入和控制，已经挂牌成立的专业协会和专业合作社，多数是“空招牌”，缺少实质内容。

2. 法律与需要不相适应。法律地位不明确是影响当前农民合作组织健康发展的关键性问题。由于中国长期以来缺乏一部规范农民合作经济组织关系的法律，导致农民专业合作组织成立、登记注册、解散和组织的性质、宗旨、服务无法可依，合作组织性质模糊、地位不清楚、行为资格遭质疑，使这类民间组织一直没有获得应有的法人地位，权益难以得到有效保障。比如在名称上有的叫农民协会，有的叫合作社；在注册登记上有的是科协负责，有的是民政管理，还有的是在工商登记。从调查情况看，多数农民合作组织没有进行登记，没有获得法人身份。在进行登记的合作组织中，有的是在民政部门登记，获得了“社团法人”的身份，有的是在工商部门进行登记，获得了“企业法人”身份。由于没有取得社会公认的法人资格，合作组织在经营资格、银行贷款、税收抵扣、商标注册等方面都不同程度地遇到了困难。一些合作组织为了解决对外交往问题，不得已又去注册“公司”，对内以“协会”、“合作社”名义活动，对外以“公司”身份出现，造成许多人为扭曲。

3. 政府支持政策不明晰、难落实。近年来，为了支持农民合作组织的发展，陆续出台了一些扶持和优惠政策。从登记、财政、税收、金融、用地、运输等不同方面给了农民合作组织一些支持政策，但从实际情况看，政策的可操作性不强。农民合作组织依然存在登记门槛高、资金紧缺、贷款难、公共服务缺位，技术供给不足等问题。尤其是税收问题已成为制约农民合作组织发展的一大瓶颈。

一是财政支持非常少，金融支持极为有限。目前中央和地方财政只是小规模地对合作组织发展提供了支持。近年来政府加强了对金融市场的整顿，一度比较活跃的非正规渠道融资活动被遏制，但正规融资渠道没有及时建立或打开，客观上使农民合作经济组织的筹资难度加大。目前农村信用合作社对农业和农民合作经济组织的支持也极为有限。

二是税收优惠缺乏。对农民合作经济组织实行优惠税收政策是通行的做法。鉴于农业合作社的互助性质和不以营利为目的，许多国家和地区往往采用减税、低税或免税的政策来支持它的发展。在美国，农民合作经济组织纳税只有工商企业的1/3左右；日本一般股份公司要缴纳62%的所得税，农协只缴39%；一般企业要缴纳35.5%的法人税，农协只缴27%；一般企业要缴50%～60%的各种地方税，农协只缴43%。中国长期以来税收制度没有体现出对农民合作经济组织的优惠，特别是由于农民销售自己生产的农产品不缴增值税，而农民一旦通过专业农民合作经济组织起来销售就要缴纳增值税，客观上是对农民专业合作经济组织规范发展的一种打击。

三是农业保险星星点点，农民合作经济组织的风险难以化解。农民合作经济组织本身是弱小的农民为了分散风险而成立的经济组织，但它本身在经营过程中也面临着风险问题，如果不能得到化解，它的吸引力就会很有限，由此，它的发展对发达的农业保险需求十分迫切。然而，目前中国的农业保险仅在新疆、上海等极少数几个地方得到维持，并且，在这几个地方，农业保险业务居然是赚钱的。这表明，政府对农业保险的投入非常少。

四是国家对农民合作经济组织的管理体制不顺。国务院农业、民政、工商、科协、全国供销合作总社等部门都参与农民合作经济组织的管理。农业部门从农业产业化的角度对农村合作经济组织进行指导；民政部门从社团登记、社团管理角度进行管理；工商部门从经营的角度对合作经济组织进行管理；科协从技术角度对一些协会实现归口管理；中华全国供销合作总社负责对全国供销合作社的管理和发展，代表中国合作社参与国际合作社联盟的各项活动。存在的问题是：这些部门之间缺乏沟通和协调，缺乏统筹服务。

4. 过度依赖政府或龙头企业。部分农民合作组织主要依靠政府发动与支持、靠龙头企业带动，对政府部门和企业的依赖性强。一旦失去政府支持或企业订单，合作组织就面临解散的危险。对政府或龙头企业的过度依赖影响了合作组织的可持续发展。

部分地方政府拔苗助长，过多介入农民合作经济组织的具体经营管理活动，埋下了诸多隐患。一是出现以政代社的现象。一些政府机构在涉农经营中尝到了甜头，直接插手合作社的经营，以政府干预代替市场经营，通过垄断形成利润，导致政府侵占了农民的利益。二是部分农民合作经济组织在经营上过分依赖政府，丧失自治发展权。一些农民合作经济组织挂靠在政府的农委、科协、农技站、经管站、供销社等职能部门和实体上，或者在创办之初就依赖政府，形成其经营服务内容要由政府来规定，政府的帮助越多，越具体，农民组织自身良性运作的动力机制就越难以形成，组织的内在激励机制被弱化，农民很少参与经营管理，“民办民管民受益”合作原则无从体现。同时，政府职能部门出于经济利益考虑，不可能在管理决策及利益分配上给予农民很多的行使权利的机会，长此以往，农民合作经济组织为农民服务的味道越来越少。三是行政介入使农民合作经济组织产权不清，性质发生改变，组织机构不规范，法律责任也不明确。

5. 合作经济组织发展的资源和客观条件有限。一是受资源和技术的限制，缺乏新的生产要素介入，专业合作社组建的基本条件规范性差，在发展中从事合作经营困难；二是农民合作经济组织组建起来后，缺乏良好的发展项目，难以形成较强的凝聚力；三是发展合作经济组织的人才奇缺。农民合作经济组织成员多数是农民，文化底子薄，缺少闯市场必备的知识和经验。受自身文化程度的限制，农民合作组织中的农民带头人大多数综合素质不高，适应市场经济的意识不强，更谈不上运用现代管理技术进行策划管理，制约了农民专业合作组织的创新和发展。

三、促进中国农民合作经济组织发展的政策框架

（一）指导思想和基本原则

根据建设社会主义新农村与和谐社会的要求，落实科学发展观，把农民自愿、农民受益作为发展农民合作经济组织的出发点，塑造良好的政策、法律和社会环境，加强分类指导，引导、鼓励和支持农民在家庭承包经营的基础上，适应市场经济规律，坚持市场运作与政府引导扶持相结合，因地制宜发展农民合作经济组织，坚持合作社的基本精神，创新合作社的形式，提高农民合作经济组织的自我发展能力和增强农民合作经济组织适应市场竞争的能力，维护农民权益、促进现代农业发展、增加农民收入和提高农民民主管理意识和互助精神。

1. 坚持稳定家庭承包经营制度。家庭经营最适合农业生产的特点，可以容纳多层次的生产力，与农业现代化并不矛盾。家庭承包经营是我国农村改革的最重要的制度性成果，是与社会主义市场经济体制相适应的农村基本经营制度的基石，是我国农业和农村经济持续发展的根本保障和制度基础，必须长期坚持不变。发展农民合作经济组织，只能建立在农户家庭承包经营制度的基础上，不能以发展农民合作经济组织之名，侵犯农民家庭承包经营的自主权，将农民的承包地和财产归大队，或者违背农民意愿，强迫农民统一种植、统一经营。各地实践证明，发展农民合作经济组织，只有不改变农户的土地承包经营权和农民的财产所有权，切实按照合作制的基本原则，规范内部章程，完善经营机制，提供有效服务，才能够帮助成员增加收入，才能得到越来越多的农民的信赖和参与，才能受到农民的广泛欢迎。

2. 坚持把农民自愿、农民受益作为发展农民合作经济组织的出发点。发展农民合作经济组织的根本目的是富裕农民。在促进农民合作经济组织发展过程中，必须坚持这一正确方向。要始终做到尊重农民的意愿和选择，农民入社退社自由，不搞强迫命令；坚持“民办、民管、民受益”，不搞行政干预；对社员坚持以服

务为宗旨，不以营利为目的。

3. 坚持遵循市场经济规律。在发展农民合作经济组织过程中，不按市场经济规律办事，行政包办、急于求成的现象还时有出现。因此，必须强调发挥市场机制在资源配置中的基础作用，发挥农户市场主体的作用，充分尊重农户的生产经营自主权。政府切不可将合作社纳入自己的行政体系之内，干预合作社的内部事务；更不可将合作社的经济活动视为自己预算外收入的来源，占有、平调合作社的资产。政府必须将自上而下的推动与自下而上的努力相结合。政府应在政策允许的范围内，帮助合作社以较小的代价获取各类生产要素及销售其生产的产品，政府的有关机构应主动给合作社提供各种服务，政策上给予一定的优惠，从而使合作社能在经济上逐渐自立。切忌用行政指挥的办法盲目上项目、铺摊子。

4. 坚持因地制宜，分类指导，注重实效。我国地域辽阔，自然条件千差万别，资源分布极不均衡，农业生产门类不同，各地经济和社会发展水平差异很大，决定了农民合作经济组织发展不可能是一个模式，一个标准。必须考虑不同地区、不同产业、不同发展阶段的特点和实际，循序渐进地推进。要根据本地区的实际情况，科学指导，不能一哄而起，搞形式主义。

5. 坚持合作社的基本精神，创新合作社的形式。发展合作经济，关键在于提高农民民主管理意识和合作、互助、自立精神，没有必要简单重复传统的合作社的原则。传统的合作社原则，越来越不适应现代市场竞争的环境。例如，资本报酬有限原则，使农民不愿意向合作社投资，导致合作社资金来源的困难。又如，一人一票原则，使少数有效率的大农场在合作社中处于屈从大多数无效率的小农场的地位，导致合作社决策不合理，风险承担不平等。再如，成员开放原则，使合作社无法按照经济有效的规模组织生产，经常出现设施投资过大，生产超过需求的情况。在一些国家，合作社的发展陷入了困境，不得不越来越依靠国家的补贴和保护。传统的合作社制度不断受到许多经济学家的批评。批评之一是合作社缺乏经济效率；批评之二是合作社实行市场垄断。适应外部经济环境的变化，国外合作社内部制度安排的灵活性越来越大。在一些合作社中，投票权是按照交易量分配，而不是一人一票。对投资的利息没有限制，按股分红与按交易额分红的比例由代表大会或董事会来定；合作社成员资格不开放，按经济规模组织生产和吸收成员，但生产限额和成员资格可以交易。总的来看，传统的以自我服务为主的合作社，适应市场竞争不断加剧的压力，正在转向从事越来越多的开放型的经营服务，甚至逐步走向企业化、股份化。

（二）发展目标

基于前面的分析和研究总结，农民合作经济组织的政策发展应该旨在：

1. 促进现代农业发展。在全国优势农产品产业带和特色农产品生产基地，重点扶持建立一批有代表性的农民合作经济组织，并做大做强，力争每个重点农业行业都有一个产业协会，每个重要的优势特色农产品都有跨区域的联合组织，大部分优势农产品主产区或主销区都有与之适应的会员数量达到一定规模的组织。依靠农民合作经济组织和各类市场中介组织带动农户进入市场，使农产品生产、加工、销售等环节有机结合、相互促进，推动建立有竞争力的现代农业产业体系。

2. 提高农民的组织化程度。建立新型的农业经营服务主体，作为非政府组织或民间组织，规范运作，形成与中间商和企业主抗衡的力量，形成合理的利益分配机制，并进行自我协调、管理和服务，增强小农适应全球市场、规避风险和捕捉机会的能力，促进农民增加收入。

3. 提高农民民主管理意识和合作、互助、自立精神。依托农民合作经济组织的组建和运作，加强农户之间的联系和交流，融洽农村干群关系，促进参与式发展，培养农民的民主意识，提高自我管理能力。

4. 增强国家对农民合作经济组织发展服务和管理的一致性和整体性。协调和规范政府行为，建立健全政府领导和工作服务机构，创造对农民合作经济组织发展有利的环境，提供支持性服务，规范和引导农民合作经济组织的运行，提升农民合作经济组织运行质量，充分发挥其效能。

（三）政策重点

1. 健全构架完整、功能齐全的合作经济组织体系。关于我国应建立什么样的合作组织体系，目前看法不尽相同。大体有两种思路：一是大综合、大合作的思路，即供销、信用、技术服务三位一体，组成综合性的合作社，类似于日本的“农协”。二是在现有的基础上各自完善和发展的思路，即社区性合作经济组织、专业性合作经济组织、供销社和信用社等，长期并存，自我改造，自我发展，根据其不同特性，分别逐步加以规范。

在我国，强调发展社区合作是必要的。与欧美国家不同，东亚国家和地区农村村落稳固存在，村落内农户家庭之间血缘、地缘关系密切，社区内的合作十分重要。目前，我国的社区合作组织普遍存在着服务功能不强、合作属性较弱的问题，对农民没有产生足够的吸引力和凝聚力。要求在村庄一级普遍建立社区合作组织的做法是不可行的。这种做法实质上是建立“全民社”，农民只有入社的义务，但没有退社的权利。这样做，只能束缚、甚至窒息我国合作经济事业的发展。在我国现实条件下，发展合作经济，要充分利用社区这一组织资源，但又不能局限于社区合作，农村市场经济的发展必然会超越社区的界限，要求在更广的范围内发展多种形式的联合与合作。

近年来，各种类型的农民专业合作发展很快，在为农民提供科技、信息、资金、物资和产品销售等服务，增加农民收入和提高农民组织化程度方面发挥一定的作用，但不可否认，迄今为止，这种合作经济组织并没有形成大的气候，对这类合作，要大力鼓励，要通过深化改革，为这类合作组织的发展创造更宽松的政策环境。

对供销社的改革，人们寄予了厚望。早在80年代初，中央就从政策上明确提出恢复供销社“三性”，还社于民。事实证明，试图把供销社在整体上改造为新型合作组织的政策目标是难以实现的。有条件的供销社可以改造为农民的合作经济组织，而大多数供销社在改革目标上设定为盈利性的非合作制性质的企业组织可能更为恰当。农村信用社的改革也面临着与供销社同样的问题。

日本“农协”有许多成功的经验值得借鉴。日本“农协”不仅是农民的经济利益代表，而且也是农民的政治利益代表；它既是合作经济组织，也是行政辅助机构和政治团体。借鉴日本“农协”的经验，可以在一些地区试办为农民提供包括信用、供销、技术推广等在内的综合性服务的合作社。

我国农产品行业协会发展刚刚起步，业务范围往往仅是引入新的品种，指导生产，几乎不涉足流通领域。入世以后，国内农产品将遭遇全方位的市场挑战。在这种背景下，要探索和支持以龙头企业和农户为主体，在自愿互助的基础上建立各种行业协会和社会性中介组织，特别需要专业性行业协会组织承担市场信息发布、政策法规咨询服务、行业准入管理、市场价格协调与管理、技术支持与服务、行业损害调查、纠纷处理等重任。

要大力加强农村信贷合作社体系建设。2006年中央一号文件明确提出发展农户资金互助组织。目前这项工作还未真正启动，只是在部分地区存在一些自发的试验。农民资金互助组织，包括互助性借贷组织、互助性担保组织、互助性保险组织等。发展农民资金互助组织，可以调节成员资金余缺，满足广大农户小额、频繁的资金需求；有助于形成符合农村资金需求特点、功能完善的金融服务体系。发展农民资金互助组织，应坚持以农户为主体，以村和合作社组织成员内部信用为活动边界，坚持农民资金互助组织独立承担经营风险责任，依法开展资金互助活动，在经济和其他活动中承担民事责任。农民资金互助组织问题政策性强，要逐步创造推广的条件和政策环境。要尽快给予农民资金互助组织合法地位，引导和规范这类组织的行为。通过政策银行向农民资金互助合作社提供转贷款支持，引导商业银行将贷款批发给农民资金互助组织。尽快建立农民资金互助组织试点示范项目，通过典型示范，提高发展的层次和水平。

在我国，形成完整的合作组织的网络体系，必须鼓励合作经济组织之间开展合作，要鼓励跨区域发展，扩大组织的规模和覆盖面，提高合作经济组织的开放性。要逐步形成包括中央支持机构、全国总社、省合作联社、市县合作联社和基层合作社等层级，包括金融、销售、加工等多种职能，覆盖大多数农民的庞大合作网络体系。

2. 建立健全符合国情的农民合作经济组织法律制度。合作社法要体现包容性与简洁性。德国合作社的立法已经有100多年的历史，在近年所作的关于其合作社立法的修订讨论中，该国对其合作社法基本没有调整，仍然沿用百年前的第一部合作社法。合作社法应能对社会、经济、政治环境的变化具有较强的适应性和包容性，因为法律法规的一贯性、通用性和包容性对于其受体具有重要意义，合作社法的包容性有利于为合作社的发展创造宽松的发展和生存环境。法律的简洁明了对于合作社的发展也具有不可低估的作用。法律不同于合作社章程，法律只是就合作社基本权利和法人地位等关键问题做出规定，而不应纠缠于细枝末节，其他许多内部治理事务等应该交由合作社内部决定，由社员自己来讨论决定。

合作社与企业等其他经济主体具有很大的相似性，法律法规的制定应充分考虑到这一点，注重合作社与其他法律法规的兼容性，而不应较多地突出合作社的特殊性，为合作社制定众多的特殊条款，这样反而不利于法律法规的实行，造成政府管理部门和合作社的无所适从，最终会影响合作社的健康发展。

中国农民专业合作法已经制定出来，总体来看，立法有关规定已经比较全面和细致，并充分考虑了中国的国情。法律突出了农民的主体地位和农民对合作社的民主管理，同时也是一部条文通俗易懂、简明扼要的法律。它的条文相当于合伙企业法的1/2，公司法的1/4，便于农民了解和掌握。法律明确了农民专业合作社的市场主体地位，使农民专业合作社法成为继公司法、合伙企业法、个人独资企业法之后，又一部维护市场主体的法律。法律对国家鼓励和支持农民专业合作社发展的政策和方式做出了明确的规定，对于保证和促进农民专业合作社的健康发展具有重要的作用。这部法律于2007年7月1日正式开始实施。

为了组织实施好这部法律，一是要组织协调国家有关部门，在农民专业合作社示范章程、工商登记办法的制定以及扶持政策、财政支持政策、农民专业合作社的财务会计办法等方面，制定一些配套法规和统一的管理办法，以便和法律一起实施。二是鼓励地方制定实施细则，因地制宜推动农民专业合作社发展的发展。三是加强对法律实施工作的组织领导，加强对法律知识的宣传和普及，统一思想，提高认识，明确责任，规范行为，为法律的实施创造良好的环境和工作条件。四是加强跟踪研究，不断总结实践经验和发现问题，为改进法律的实施和进一步完善法律提供支持保证。

3. 健全农民合作经济组织内部治理机制。现阶段各地对农民合作经济组织大多实行的是先发展后规范、边发展边规范的方针，同时受客观条件的影响，一些合作社发展不规范普遍存在。尤其是一些组织章程的内容不完整，发展的规章制度不健全，影响了组织的发展壮大。要规范并实施农民合作经济组织的章程和制度，引导建立合理的组织结构，加强组织内部治理机制建设，同时要规范政府行为，侧重于对农民合作经济组织的服务和引导工作，真正建立以农民自主决策、自我发展的运行模式。要采取积极稳妥的方式，根据农民合作经济组织的发展情况，要求政府官员退出合作经济组织管理层，尽快建立合作经济组织民主管理机制。

4. 建立农民合作经济组织发展的政策支持体系。合作社的发展需要政府的支持，但是过多的政府干预可能会削弱合作社的自主和独立，因此如何界定政府对合作社的职能是合作组织发展中不可忽视的问题。一是要以市场为导向，加快农村改革，促进基层政府及有关部门转变职能，加强服务意识，参与而不干预，引导而不强迫。二是要打破部门分割和地区分割资源配置，放宽对农民合作经济组织生产经营范围限制，切实取消各有关部门对农民合作经济组织依法组建和开展活动不合理的限制，取消有歧视性质的商业监督规定。三是制定更加优惠的政策。中央各部委、各地区近年来都从不同方面加大了对农民合作经济组织发展的支持，但目前合作经济组织的发展还远不能适应当前发展的需要，有些政策还需要加大落实力度。建议国家各有关部门和地方要进一步加大支持的力度。要加大财政支持力度，主要用于促进农民合作经济组织新品种引进、新技术推广、标准化生产、品牌建设、市场促销、灾害补助等；对组织用于发展农产品仓储、保鲜、加工、营销等方面的贷款，要给予贴息扶持。要明确对合作经济组织在增值税、企业所得税、营业税等税种上的优惠条例，以促进农民合作经济组织可持续发展。要加强信贷支持，制定专门针对农民合作经济组织的倾斜性贷款支持政策。此外，政府部门也可以设立农业担保基金，为农民合作经济组织提供经济担保。

5. 加强教育与培训，促进农民合作经济组织能力建设。中国目前农民合作经济组织发展较快，要加强合作组织的教育、研究和培训工作。一是要加强基础研究和教育。在一些大学设立合作社院系，资助一些科研院所和研究机构开展专题研究活动，为农民合作经济的发展提供人才保障。二是培养基层社区合作社领袖。将对农民合作经济组织成员的教育与培训纳入到职业技术教育规划与成人教育之中，开展专门针对合作经济组织成员的短期培训。三是运用参与性项目手段去推广有关合作组织的知识。向农民展示不同类型的合作组织发展经验和成果，通过培植典型，组织观摩和交流，总结推广经验，自上而下、循序渐进地扶持一批农民合作经济组织，发挥典型示范作用。四是指导和帮助农民合作经济组织制定发展规划，发展壮大组织规模。五是通过宣传、教育等多种手段，培育农民的合作精神、契约精神，全面激活农民自身的自主、自立、自强意识和群体意识，为农村合作经济组织的发展和健康运行奠定必要的思想文化基础。

6. 鼓励各种社会力量参与农民合作经济组织的发展。要发挥农业产业化企业的作用，为合作组织发展提供资金和信息支持，签订稳定的保护价购销合同。要发挥科协的作用，培训农民利用信息化手段和网络促进发展，引导农民使用现代科技成果，提升生产经营的科技含量。要发挥大学等科研机构的作用，帮助政府提高政策决策水平，同时为农民提高文化水平和掌握先进的经营管理知识、技能提供咨询、培训服务。发挥新闻媒体的作用，宣传国家关于支持农民合作经济组织发展的政策和信息，对有关农民合作经济组织的创建和发展的科学知识进行宣传。

7. 加强国际交流与合作，借鉴国外发展合作组织的经验。借鉴国外发展合作组织的经验，同时加强对外交流与合作，促进农民专业合作社对外的联合和合作，帮助农民合作经济组织拓展市场和发展空间。理想的吸收国际经验方式是通过各方的决策者，专家和实践者共同参与，以开放式思维和灵活的原则，从而找到国外经验适用于中国情况的机会。要鼓励国际机构通过实施援助项目，支持私营和非政府部门发展农民协会的必要技能和经验。目前，世界银行、加拿大国际开发署、德国技术公司等国际机构都有支持农民专业协会的项目。要加强国际机构之间的信息交流，国内和国际项目在设计和资金使用上应加强协调，提高成效。

（韩　俊　秦中春　张云华　罗　丹）

农民专业合作经济组织发展的现状、经验和问题

——140个农民专业合作经济组织个案调查

农民专业合作经济组织是广泛受到农民欢迎的一种组织形式。近十几年以来，在农业、科技、财政、供销、民政、工商等有关部门扶植下，专业合作经济组织得以迅速发展，合作内容已覆盖到粮食、蔬菜、林果、畜禽、水产品等多个产业和储藏、运销、加工、技术、信息服务等环节，合作组织的数量也不断扩大。农民专业合作经济组织在带动农村产业发展、连接农户和市场方面起到了不可估量的积极作用。为了对农民专业合作经济组织发展的现状和存在的问题有一个全面的了解，国务院发展研究中心农村部与财政部农业司合作，2005年从东、中、西部各抽取3个省，共9个省，分别是：陕西、四川、甘肃、吉林、安徽、河南、浙江、山东、河北，从中央财政资助的700多个专业合作组织中（既包括专业协会，又包括专业合作社）抽取140家作为调研对象进行了调查。

一、农民专业合作经济组织发展的现状

（一）合作经济组织的产业和地域分布

农民合作组织所从事的产业分布广泛，几乎涵盖了农村各个行业和领域。在调查的9个省中，合作组织所开展的经营和服务涉及了种植业、畜牧业、水产业、林业、农产品加工与手工业、农机服务、农产品运销、物资供销、技术信息、水利建设等10个行业。现有合作组织的主要经营服务活动，大多数是围绕发展当地主导产业和特色产品建立起来的。合作经济组织的服务集中在种植业、农产品运销、养殖业、农产品加工领域。调查显示，从事种植业的86家（占61.43%），从事农产品运销的69家（占49.29%），从事养殖业的50家（占35.71%），从事农产品加工的39家（占27.86%）。提供农机类和灌溉服务的较少，分别为14家（占10%）和7家（占5%）。跨领域服务比较普遍，在140个合作组织中，仅从事一种产品经营服务的只有19家（占13.57%），提供了至少2种以上的经营服务的121家（占86.43%），农产品运销已经成为半数合作组织拥有的功能。

合作经济组织基本实现了跨乡跨县服务。问卷对合作组织当前的规模与刚成

立时的规模进行了对比，结果显示，刚成立时，服务领域覆盖范围在本村的21家（占16.67%），跨村的105家（占83.33%），跨乡74家（占60.66%），跨县16家（占14.16%）。到2004年为止，本村的9家（占6.82%），跨村123家（占93.18%），跨乡102家（占79.69%），跨县53家（占44.54%）。成立时平均每个组织只覆盖1.88个县、7.53个乡镇、60.85个村，2004年底，平均每个组织覆盖9.63个县、25.62个乡镇、241.18个村。

（二）合作经济组织的成立时间和规模

在调查的140个合作组织中，组织成立的时间多以2000年以后的为主，2000~2005年成立的108家（占77.14%），1995~1999年成立的25家（占17.86%），1995年前成立的7家（占5%）。调查表明，20世纪90年代末期至今是合作经济组织发展的主要时期。

本次调查的合作组织的会员规模比较大。在有统计的139个合作组织中，2004年底共有成员179548个，平均每个组织有会员1292个；以前成立时共有成员40330个，平均每个组织会员数量为290个。现有单个组织成员规模超过1000个的有36家，其中1000~2000个的13家，2000~3000个的7家，3000~5000个的8家，5000~10000个的5家，10000个以上3家。最多的是宁晋县伍烈霍果品储销合作社，其会员达到20000个。

本次调查的合作组织中超过一半的组织（80个）有团体会员，约1/3的组织（47个）有分会。成立于2004年注册资本为30万元的天水市麦积区果蔬协会，个人会员仅有20个，拥有1120个团体会员。有分会的47个组织中，拥有分会数量1~50个不等。其中拥有4000余个会员的澄城农民苹果专业协会有分会50个。

（三）合作经济组织的注册和资产规模

本次调查的140个组织中除极少数（3家）未进行注册外，都进行了注册。其中在民政部门注册的最多（98家）占注册组织总数的71.53%；其次是在工商部门注册的（39家）占28.47%；在其他主管部门注册的（12个），包括农委、科协、农业局等，占比为8.03%。114个组织（约4/5）有自己的银行账户。105个提供了开户银行，开户银行主要为信用社和农业银行，分别占42.86%和36.19%；其次是工商银行、建设银行和其他商业银行，分别占6.67%、6.67%和1.90%。

本次调查的合作组织注册资本多数不高，不及一个普通的有限责任公司的一半。注册资本在1万~5万元之间的最多，占有统计组织数（134个）的44.02%。其余依次是在10万~50万元的，占20.9%；在5万~15万元的，占

11.19%；在50万~100万元和100万~300万元之间的，各占8.21%；在1万元以下的，占4.48%；在300万元以上的，占2.99%。注册资金最高者为礼泉县城信果业产业协会，注册资金800万元。

在调查的合作组织中，本级实有资产数量规模有限。多数在10万~50万元之间，占有统计组织数（118个）的33.9%；其余依次是100万~200万元之间，占15.26%；50万~100万元之间，占11.86%；10万元元以下，占11.02%；500万~1000万元之间，占10.17%；200万~500万元之间，占9.32%；1000万元以上的，占8.47%。长官黄牛协会资产规模最高，为6800万元。从资产的类型看，流动资产比例高于固定资产，流动资产比例为51.69%，固定资产比例为45.41%，其他资产比例为2.9%。

在调查的合作组织，只有约一半的组织（78家）有公共积累。每家组织平均23.49万元，扶沟县精品瓜业合作社公共积累最高为294万元。公共积累主要集中在5万元以下，占有统计组织数（78个）的37.18%，其余依次是5万~10万元和10万~20万元，各占16.67%；20万~50万元，占15.38%；50万~100万元，占7.69%；100万元以上的，占6.41%。

在调查的合作组织中，约占一半多一点的组织（89个）有总资产和净资产数据。其中单个组织总资产规模介于3万~24000万元之间，净资产规模介于0.78万~25698万元。单个组织总资产主要集中在10万~50万元，占统计组织数的24.72%；在50万~100万元和100万~150万元的，各占12.74%；在10万元以下的，占7.87%；150万~200万元和200万~300万元的，各占6.7%；其余300万元以上的，占27.21%。单个组织净资产也是主要集中在10万~50万元，占28.09%；其次是50万~100万元和100万~150万元的，分别占15.73%和11.24%；10万以下的占8.99%。

在调查的合作组织中，2004年度营运资金情况，单个组织资金额度多数集中在10万~50万元之间，占有统计组织数（107个）的37.74%；其次是10万元以下的和50万~100万元的，分别占31.13%和12.26%；其他的100万元以上的不多，1000万元以上的仅有3家。运营资金的主要来源是金融机构贷款、组织的利润、龙头企业的借款、个人借款、政府机构的补助、外部捐赠和其他股金、会费、股东出资、服务费收入等组织内部资金。

（四）合作经济组织的法人类型

注册的法人类型以社团法人为主，137个有效样本中，105家（占76.64%）为社团法人资格，16家（占11.68%）为股份合作制企业法人，17家（占12.41%）为合伙制企业法人，1家为股份制企业法人，6家浙江省的合作组织登记为农民专业合作社法人，1家为联营组织，3家没有注明。这些合作组织中有9家为复合法人类型，即兼具社会团体法人、股份合作制企业法人、合伙制企业法人中二者或者三者的法人身份。

（五）合作经济组织的发起人

调查显示，合作组织成立的最初倡议者和发动者中，由政府发起有77家（占55%），由种植养殖大户发起的75家（占53.57%），由营销大户发起的52家（占37.14%），由龙头企业和当地技术人员发起的为41家（占29.29%），普通农户发起的25家（占17.86%），社会团体发起的5家（占3.57%），有1家是由国际非政府组织发起成立的，即安徽霍山县金竹坪村茶农协会由中荷扶贫项目的引导和支持成立。其中，大部分合作组织有多个发起人，是政府、企业、农户共同作用的结果。

（六）合作经济组织的类型

调查的合作经济组织都是财政部资助的合作经济组织，但它们在组成类型、利益结构、运行模式上存在很大差别。其中有比较规范的合作社，性质上属于劳动者联合，决策上实行一人一票，分配上实行按交易额分配与股金分红，股权分布比较平均。比如浙江临海市洞林果蔬合作社是一个由种植大户和营销大户自愿发起成立的合作组织，主要为农户提供蔬菜种植的技术和销售服务，年终盈余公积金、公益金和风险金按25%、5%和10%比例提取，二次返利和股金分红按60%比例提取。合作社的股权比较平均，有成员438户，入股成员占68.5%，前五大股东股份占总股份的17%。经过7年的发展，合作社从只有2万元股金的规模，发展到目前总股金30万元，注册有“洞林”、“桃渚”2个商标，基地面积2万余亩，总资产达150余万元，带动周边农民2500户。这类合作组织在全部合作经济组织中约占15%。

有结合股份制与合作制的股份合作社，保持合作制基本特征，吸收股份制长处形成的合作组织。有的由企业或少数种养殖大户出资作为股东，吸收周边农户作为社员参与成立，盈余按股份分红。如甘肃天祝县抓喜秀龙乡畜产品营销协会，由村营销大户18人出资入股成立，有会员204人，税后利润在扣除公积金和公益金后以股份分红。也有的合作组织由大部分成员入股，年终盈余实行按股分红。比如河南新野县蔬菜专业合作社是由农户发起成立的蔬菜营销合作组织，有社员532户，全部入股，年终盈余公积金、公益金、风险金、股金分红分别按15%、15%、10%和60%分配。这类组织大约占全部合作组织的25%。

还有专业协会，主要提供农业技术推广和技术服务，没有兴办实体，比如安徽巢湖市黄麓镇是皖中地区最大的鲜食葡萄生产基地，镇党委、政府为了解决葡萄种植增多出现的产销矛盾成立了葡萄协会，为种植户提供服务，会员不需要缴纳会费，协会的日常支出以政府及上级财政部门支持为主。这类合作组织与成员之间没有建立产权联结和利益返还机制。这类合作组织大约占全部合作组织的70%。

二、合作经济组织的结构和运行机制

（一）成员以个体成员为主，入会资格限制较少，退出自由

合作组织的基础是会员，合作组织对会员的资格总体而言限制较少，139 家合作组织中，82 个（占 58.99%）认为从事该组织经营内容的农户都可以吸收为会员。合作组织的成员结构与限制具体如下。

1. 个体成员与团体成员。合作组织以个体成员为主，139 个合作组织中，个体成员占总成员数的比例平均为 93.78%，团体成员占总成员数的比例平均为 5.12%，其中 81 个合作组织有团体成员。

2. 对法人会员的限制。109 家合作组织目前有法人成员，其中 37 家对法人成员人数有一定限制，即法人成员数不超过成员总数的比例平均为 9.83%，最小的 0.1%，最大的 40%。

3. 成员投资限制。大部分合作组织成员需要缴纳会费，统计显示，在 129 个合作组织中，66 个（占 51.16%）需要交会费，63 个（占 48.84%）不需要交会费；成员必须缴纳股金的合作组织并不太多，130 个合作组织中，仅 24 个（占 18.46%）需要交股金。

4. 成员退出程序。调查显示，140 家合作组织中，只有四川香兰菜专业技术协会不允许成员自由退出，其余 139 家都允许会员自由退出。对 139 家的调查表明，65 家（占 46.76%）的成员资格可以继承。成员退出时的股金处置方式获得 61 个有效样本，72.13% 的组织允许成员退出时要求合作经济组织退还股金，55.74% 的可以自由转让给其他成员，29.51% 的可以继续持有和享受分红，13.11% 的必须退还给组织，仅 3.28% 的不退还股金。

（二）组织结构基本完整，民主选举，自我管理

1. 组织构架。大部分合作组织建立了完整的组织构架，包括会员（代表）大会、理事会、理事长和监事会，并组建了具体的经营部门。如甘肃白银市东坪电灌用水者协会是用水户以民主方式组织起来的社团组织，协会建立了完整的组织结构，制订了人事制度、财务管理制度、工程管理制度、灌溉用水管理制度、执

委会主任职责、出纳职责、保管员职责等工作制度，对灌区实行民主管理，通过民主参与为解决当地用水问题提供了一种新的模式。

会员（代表）大会是合作组织的最高权力机构，由全体会员（代表）组成。2004年召开的会员大会中，参加人数占总会员数比例平均为58.44%。会员大会除了作为最高权力机构履行组织章程中规定的职责，如选举或罢免理事会、监事会成员，制定和修改章程，决定本会有关的解散、合并、联合等重大事项，听取理事会工作报告，审核协会经费收支情况等外，也成为集中会员进行信息和技术交流的场所。从2004年召开会员大会的内容来看，比例最高的前三项分别为提供技术咨询或培训（占46.91%），宣传政府政策（占36.42%）和发布市场信息（占35.19%），比例最低的三项分别为决定对外投资事宜（占3.7%），决定增加会员、扩充股金等事宜（占8.95%）和修改组织章程（占10.49%）。

理事会是合作组织的常设机构，在会员代表大会闭幕期间，代表大会执行决策权力，并对大会负责。监事会代表大会执行对合作组织理事会、经营管理者的监督。

有的合作组织所覆盖的地域范围较大，为了管理便利设立了分会。例如，四川仁寿县文宫枇杷协会成立后，果农的枇杷产量成倍增加，枇杷种植面积迅速扩大，到2005年协会中心地文宫枇杷种植面积已达3万亩，会员也迅速向周边乡镇扩展，有正式会员4580人，联系会员9300名。由于会员人数的增加，会员分布广，为便于管理，协会设立了5个分会，120个会员小组。从协会和分会的关系来看，在技术培训、业务管理上由协会统一制定方案和计划，在经济核算上以分会为单位独立核算，协会不平调分会资金，对分会有特殊困难，协会还给予一定支持，工作突出予以适当的奖励。调查显示，47个合作组织有分会，占合作组织总数的33.57%，最少的有1个分会，最多的是陕西澄城农民苹果专业协会，有分会50个。

2. 主要机构的组建方法都遵循民主选举原则。理事长、理事会和监事会的产生都遵循民主原则，主要表现在选举方式和提名方式上。

调查显示，理事长75.72%由会员代表大会选举，18.57%由理事会推举确定，政府指定的仅占3.57%。理事长的提名方式中，生产经营大户提名的占35.16%，海选占29.68%，政府和企业负责人提名分别为16.41%和6.25%。

理事会是合作组织的执行机构，92.65%的合作组织的理事会由会员代表大会选举。理事会成员提名方式主要有三种：生产经营大户提名（30.23%）、海选（26.35%）和理事长提名（27.91%），政府和企业提名比例很小，分别为3.88%和2.33%。

140个合作组织中，91个组织设有监事会，其中82个由会员大会选举产生。

监事会的提名主要有三种方式：海选（37.5%）、生产经营大户提名（25%）和理事长提名（25%），政府和企业提名分别为2.5%和3.75%，比例也很小。

3. 主要机构成员的身份以生产经营大户为主。领导成员的身份可以反映政府、企业对合作经济组织的介入程度。调查显示，理事长、理事会和监事会成员都以生产经营大户为主，政府官员、企业负责人和村干部都不是主体，说明大部分合作经济组织是农民自主管理的组织。

从理事长的身份来看，生产经营大户占49.64%，技术人员占36.69%，企业负责人占30.49%，村干部和政府人员分别占17.27%和18.71%；理事会成员中生产经营大户占55.64%，技术人员占40.77%，普通农户占36.45%，企业负责人、政府官员和村干部所占的比例较少；监事会人员中生产经营大户、普通农户和技术人员分别占58.1%、42.46%和39.94%。

（三）社员股为主，理事会成员持股相对较大

1. 社员股与非社员股。对47个有效样本的调查表明，社员股为主，非社员股较少。其中社员股占39.56%，企业股占12.81%，技术人员股占4.59%，政府股占0.91%。有20家合作组织对单个会员持股比例有限制，最高的不能超过40%，平均为16.89%，其中12家合作组织规定个人股份不能超过总股份的20%。

2. 领导成员股份与普通会员股份。调查表明，从理事长、理事会和普通会员股数来看，理事会成员持股相对较大。47家合作组织中，理事会所有成员持股平均比重29.66%，理事长持股平均比重15.62%，单个普通会员最多均持股量平均比重为9.39%。

（四）决策机制以一人一票为主，决策中心在理事会

1. 投票方式。合作组织的投票方式主要为一人一票。对125家合作组织的调查表明，一人一票的占103家（82.4%），一股一票的10家（占8%），9家（7.2%）实行按人投票与按股投票相结合，3家（占2.91%）采取别的方式，如浙江温岭市箬横盛广獭兔产销专业合作社按交易额与股权相结合，单个社员表决权不超过总票数20%，既避免"一股独大"，又保障普通社员的民主决策权利。

一些对出资额较多的会员给予附加表决权，这类组织有13个，且其中11个组织有规定附加表决权占表决权总数的比例限制，5个组织的比例为10%，4个为20%，1个5%，1个50%。

2. 决策机构。合作组织的决策中心在理事会。对127个合作组织的调查表明，58家（占45.67%）合作经济组织重大投资活动（包括对内、对外投资）由理事会决定，51家（占40.16%）由会员（代表）大会决定，由股东会员大会决定的16家（占12.6%），由理事长决定的2家。合作组织的利益分配标准的决策中，47.9%的合作组织由理事会决定，35.29%由会员（代表）大会决定，14.29%由股东大会决定，2.52%由理事长决定。可见合作组织的重大对外投资活动、内部利益分配方式的决定权主要集中在理事会手中。

（五）收益按股分红与按惠顾额返还结合，纳税以增值税为主

1. 合作组织内部的收益分配方式。合作组织的盈余按几部分分配：公积金、公益金、风险基金、二次返利和按股分红。对75个合作组织的调查表明，公积金提取占31.26%，公益金占11.8%，风险基金占8.2%，股金分红占22.31%，二次返利占16.93%。

对41家合作组织的调查表明，二次返利的标准中，63.41%按照成员的交易量来确定，31.71%按成员的交易额来确定，4.88%按股金返利；二次返利的分配范围中，39.02%在所有与合作经济组织发生交易的会员和非会员中分配，24.39%在全体成员中分配，26.83%在持股成员中分配，7.32%在所有与合作经济组织发生交易的会员和非会员中分配，2.44%按其他方式分配。

对36家合作组织的调查表明，每股分红的数额最低1元，最高2万元，股金收益率最大的是枞阳县养猪协会，每股分红20元。

2. 合作组织收益分配的外部关系。合作组织在生产经营过程中，必然与国家以及国民经济有关方面产生各种关系。合作组织与国家在分配关系上主要表现为依法照章纳税和缴费。目前，纳税主要在两个层次上进行：一是合作组织销售产品的销售收入或者服务型合作组织取得劳务收入后缴纳的增值税、消费税、营业税、地方附加税等；二是合作组织的税后盈利所缴的所得税。

调查显示，2004年82个合作组织中有24个（占29.27%）合作组织缴纳税款，单个组织缴纳的税款最低1000元，最高300万元，24个组织共缴纳770万元，平均每个组织缴纳税款32万元。税额构成中，增值税占49.63%，营业税占22.04%，所得税占16.68%，其他税占7.49%。

合作组织免交的税款中，2004年10个组织免缴税款567.62万元，其中免缴的增值税为554.59万元。

2004年合作组织的缴费情况有19个有效样本，19个组织共缴费12.55万元，平均每个组织缴费6605元，主要用于工商注册、商标注册、法人登记、执照年审，少量用于缴纳教育费附加、养老院捐助等。

（六）依托龙头企业销售产品，与非成员交易额逐渐扩大

1. 合作经济组织与龙头企业的关系。调查表明，103 家合作组织中，由龙头企业发起成立的 25 家（占 24.27%），龙头企业是本组织成员的 42 家（占 40.78%），龙头企业与本组织存在稳定购销关系，但不是成员的 29 家（占 28.16%），7 家（6.8%）与龙头企业有一定业务往来。

合作组织通过和龙头企业建立关系，为成员提供稳定的购销渠道。99 个合作组织中，65 个（占 65.66%）组织与龙头企业之间签订购销合同，其中 57 个组织与企业的合同中规定最低收购价。

对 73 个组织的调查表明，2004 年会员卖给龙头企业的产品占会员全部产品的比例超过 60% 的占 53.43%，说明合作组织成员产品很大程度上依赖龙头企业来销售。

79 个合作组织中，只有 5 个表示曾出现过龙头企业违约的情况；82 个合作组织中，11 个表示有会员或合作组织违约的情况，双方违约比例分别为 6.33% 和 13.41%。

2. 合作组织与非成员的交易关系。随着合作组织规模的扩大，交易范围会相应增大，与非成员的交易会逐渐扩大。2004 年合作经济组织与非成员的交易额获得 74 个有效样本。74 个组织与非成员有交易额共 5.13 亿元，最大的 1.2 亿元，平均每个组织 693.06 万元。与非成员的交易额占本组织总交易额的比例平均 27.95%，比例最大为是安徽安庆市枞阳县养猪协会，该协会筹资办了成立了“枞阳县连城牧业有限公司”，对会员和非会员进行交易，与非会员交易占全部交易额的 95%。14 个组织对非成员的交易额有限制，最高为 50%，其余均为 20%，3 家突破了限制比例。

三、合作经济组织提供的服务

（一）普遍为农户统一提供生产资料

调查显示，108 个组织为会员提供生产资料，占组织总数的 77.14%。生产资料服务比较典型的是甘肃定西市符川春香农资农副合作社。该合作社由符川镇农副产品经营大户党春香联合 38 户有联合意愿的农民成立，以农副产品经营为主，现有会员 108 户，全部入股。2004 年供应以化肥为主的农业生产资料 60 万元，其中销售尿素 100 吨、二铵 50 吨、碳铵 150 吨、磷肥 200 吨，实现效益 2 万元，二次返利 2000 元，按股分红 2000 元，每股分红 0.67 元。

合作组织以低于市场价格或者赊购的方式提供生产资料供应，为成员节约了大量生产成本。调查显示，约 50% 的合作组织提供的生产资料比市场价格格低

15%以上。由于合作组织提供的生产资料在价格和质量上有优势，因此会员愿意从合作组织购买生产资料，约50%的合作组织对成员的生产资料供应率都在80%以上。以成员最多（2万）的河南省宁晋县伍烈霍果品储销合作社为例，2004年为社员提供果袋包装160万套，优良梨果种芽100万个，优质农药10吨，优惠总额85.2万元。

一些组织还对经济困难的成员提供赊购，如河南新野县蔬菜专业合作社，对特困社员无偿提供资金或农药、化肥等生产资料，每年专业社无偿扶持资金都在6万余元。

合作组织提供的生产资料种类繁多，有良种、种畜、燃料、肥料、饲料、农药、兽药、机械等，其中良种、肥料、饲料、农药和兽药是提供较多的种类。

但是，纯粹以提供生产资料为服务的合作组织比较少，大部分合作组织将生产资料的提供与生产、加工、运销、技术服务相结合。调查表明，135家合作经济组织中有122家（占90.37%）提供产前产中产后的综合服务。

（二）推动科技普及，组织标准化生产

1. 聘请专业技术人员作为合作经济组织常年技术顾问，举办学习培训会。调查显示，合作组织提供技术服务的成员覆盖率平均为91.69%。对131个组织的调查表明，2004年平均每个组织提供22次技术培训，平均每个组织培训7880.80人次，仅有2个组织收费，大部分组织提供免费培训。培训内容主要是动植物疫病防治技术和生产技术。

2. 组织推广新技术、新品种。合作组织利用集中的资金进行新技术试验，试验成功后在成员中推广，避免成员走弯路。如浙江磐安县专业合作社推广蚕桑新技术，在全省范围开展大棚养蚕技术的实验和推广工作，发展了养蚕种菇两用大棚，使县蚕桑规模化生产取得突破性进展，蚕桑整体水平明显提高。

3. 组织实施标准化生产，提高科技含量。通过合作组织的推广，大部分组织都实施了标准化生产。调查统计显示，有114家组织提供了无公害生产技术、有机农业生产技术方面的培训，占组织总数的81.43%；有81家组织对自身或成员的生产过程强制实行无公害生产标准，占组织总数的58%。

（三）统一组织销售，降低农户市场风险

收购和销售产品是合作组织的中心环节，也是农户参加合作组织的最初动力。因此，能否建立稳固的购销关系，是合作组织能否成功的关键。在调查的合作组织中，113个组织为会员提供销售服务，占组织总数的80.71%。

大部分合作组织和成员之间有比较密切的销售关系。96个有效样本中，通过

合作组织销售产品占成员产品销售的比例平均为 68.22%。产品的销售范围以跨省跨县为主，126 个合作组织中，96% 的合作组织产品跨县销售，79.36% 的跨省销售，还有 15.87% 跨国销售。

合作组织通过保价收购，降低了农户的市场风险。保价收购就是当市场价格高于保护价时，按时价收购，如果价格低于市场价，按保护价格收购。调查显示，有 67 家（占 47.86%）合作组织制定了最低价格。保价收购通过两种方式进行，一是订单收购，即合作组织（或者企业通过合作组织）与农户签订购销订单，订单中规定最低价格。二是设立风险基金，当市场价格下滑幅度较大时，利用风险基金确定最低收购价格。如河北辛集市优质果产品产业协会，会员和企业签订包销协议，当市场价格下降太大时，企业用风险基金，以不低于当年投资成本的价格合理收购，将果农的风险降到最低限度。

大部分合作组织对产品进行统一加工、统一包装、统一商标出售，增强了产品的竞争力。调查显示，72.41% 的合作经济组织对收购的产品进行加工和分级包装，73.77% 的合作经济组织出售产品时统一品牌，64.96% 的合作经济组织统一品牌进行过商品注册，62.61% 的合作经济组织进行过无公害产品、绿色食品、有机食品等质量认证。

（四）提供信贷支持，解决农户资金紧缺问题

部分合作组织为成员提供信贷服务，改善了农户的资金紧缺问题。主要有两种信贷服务方式：提供直接借款和进行贷款担保。

1. 合作组织直接提供成员贷款。调查显示，2004 年，115 个合作组织中，有 23 个（占 20%）合作组织为会员直接借款，共为 1349 个会员提供，平均每个组织为 58.65 个成员提供借款。借款金额共 2690.1 万元，平均每个组织为会员提供 116.96 万元，平均每个会员获得 1.99 万元的借款。

其中 10 家（占 43.49%）提供借款须支付利息，年利率最低 0.4%，最高 7.2%，平均 2.37%；11 家（占 47.83%）组织需要抵押，抵押品为牲畜、农作物和固定资产。

2. 合作组织为成员担保从外部机构如信用社、银行等取得贷款。如河北省的小冀镇生猪生产合作社采用合作社与农村信用社协调采取联户互保的方式，为社员解决养殖贷款 604 万元，帮助农户购买优质饲料；浙江省三门县滨海辣椒专业合作社为社员和种植大户提供担保银行贷款 21 户，贷款金额 160 多万元，解决了社员和种植户资金周转困难。

对 27 家合作组织的调查表明，2004 年共为 1598 个成员担保贷款，平均每个组织为 59 个成员担保贷款；贷款金额共 1679.1 万元，平均每个组织提供贷款担

保62.19万元，平均每个成员1.05万元。担保一般不收取费用。

四、合作经济组织发展中存在的问题

（一）资金成为制约合作组织发展的关键

合作组织的资金来源主要由三部分构成：一是社员入社是缴纳的资格金，包括会费和股金；二是服务收入和营销利润；三是外来投资和捐助。对107个合作组织调查表明，合作组织营运资金27.42%来自组织营销利润，21.91%来自股金和会费，19.48%来自政府补助，金融机构贷款占9.25%、成员捐助占6.11%、个人借款占9.33%、企业借款占5.43%、外部捐助占1.07%。对进行经营性活动的合作组织而言，利润和会费、股金可以提供组织营运所需的资金，但是对仅提供技术服务的专业协会而言，协会没有资金收入，而且有部分合作组织不收取会员会费，主要靠政府补助，缺乏可持续发展的基础。

此外，合作组织兴办收贮服务设施需要资金投入，特别是产品收购季节，需要大量的流动资金来周转，但合作组织向银行贷款十分困难。首先，银行认为合作社注册资金少，信誉度不可靠，合作社又没有其他经济组织为其提供担保，也没有足够的资产去抵押。其次，合作组织的性质决定了的股金的不稳定性，也使银行提供贷款时有所顾忌。

除合作组织自身维持与发展以外，资金还制约了合作组织对成员的资助。很多合作社尚处于发展初期，经济实力薄弱，难以为社员提供资金互助服务。但是，社员在生产、营销环节需要一定的资金购买农用生产资料。如前文提到，2004年有23个合作经济组织直接借款给成员，有27个组织为成员提供担保贷款，提供贷款和担保贷款的组织分别仅占合作组织总数的16.43%和19.29%，大部分没有提供此项服务。

（二）合作组织税收优惠难

税收问题是农民专业合作社发展中的一大瓶颈。目前，农民生产的初级农产品自行销售不用征税，而农民通过合作经济组织把农产品组织起来进行统一销售则需要纳税。如果合作组织带动力越强，帮农民销售产品越多，其税费就越重，导致合作组织建立健全的会计账务和产销运作制度受到制约，影响了合作组织的积极性，也影响了农民增收。

（三）面临较大的自然风险与市场风险

农业是弱质产业，农产品面临自然与市场的双重风险。首先，农业在自然灾害后的恢复能力弱，例如在沿海地区，“云娜”、“麦莎”、“海棠”、“泰利”、“卡努”等台风给农业生产几乎每次都造成毁灭性的打击，灾害过后，农户不但毫无分文收入，而且还需赔上很多生产成本。其次，农产品具有季节性和集中采收性，因此对市场时机的把握十分重要，例如2004年因为遇到“非典”和国际市场的“技术、绿色壁垒”，大量的农产品烂在田间地头。最后，相对于龙头企业等实力强的组织，刚起步的合作经济组织还没有能力对产品进行储藏和深加工，资金积累相当有限。因此，合作组织的发展受到很多不确定因素的制约。

（四）合作组织受到人才、经营场地等制约，经营环境有待改善

农民合作组织的经营管理者需要有一定的知识技术水平，才能带领合作组织参与市场竞争。但是，受基础条件的影响和限制，合作组织的经营管理者文化基础较弱、工作能力和管理水平较低，难以跟上新时期现代农业和市场发展的要求。加上合作组织技术水平低，信息较为封闭，难以捕捉市场动态，容易导致经营决策的局限性和片面性。合作组织对人才的需求十分迫切，但由于合作社的条件和实力，难以聘到高学历、懂经营的人才。

此外，用地困难也是制约合作组织发展的一个要素。随着合作组织规模的扩大，合作组织对建设用地的需求增大，合作社的办公培训场所、收贮运输服务场所、生产基地等都严重制约着合作组织规模的扩大和服务能力的提高。

（五）内部治理机制不规范

部分农民合作组织的内部运作不够规范，发展机制不完善。许多合作组织没有规范的章程，缺乏内部管理、监督制度；一些合作组织产权模糊、权责不清、收益分配机制不完善；一些组织松散、合作机制脆弱、农户与合作组织之间互相毁约的现象时有发生；有的农民合作组织民主管理、民主监督机制不够健全，自我发展、自我约束、自我保护的作用难以充分发挥；有的组织和会员之间利益关系松散，没有建立“利益均沾，风险共担”的合作机制；还有许多合作组织内部的民主管理还停留在形式上，社员很少参与管理，对专业合作社的发展也不太关心，往往是领办人控制合作社运转，普通社员的参与度低。组织没有专业的财务管理人员，财务管理不规范等。

（六）经济实力不足，抗风险能力弱

多数农民合作经济组织规模偏小，合作松散，经营范围有限，产品档次不高，没有形成品牌，经济实力不强，缺乏经营服务的能力。很多组织所经营服务的产业缺乏较大的商业增值潜力，或者组织发展的资源有限、必要的运作条件不全，

如缺乏必要的办公场地、管理人员、种植基地、商标包装、加工设施、销售渠道，同时组织规模小、覆盖面小、吸纳会员少，势单力薄等，因此难以发挥更大作用。更有不少处于无会费收取、无经营收入、无资财积累，难以为继的窘境。服务也基本停留在信息、技术以及帮助成员销售上，许多不具备直接经营和开展产加销一体化服务的能力，因而收益甚少，没有必要的公积金和风险基金，发展后劲及可持续性不足，抵御市场风险、生产风险的能力弱。

五、农民专业合作经济组织发展特点的综合分析

（一）合作经济组织的类型多样，发展处于初级阶段的多

通过本次调查，我们发现，目前合作组织的类型各种情况都有，既包括投入型合作组织（主要为了投入品的统一规模采购降低采购价格）、市场营销型合作组织（主要为了产出品的市场营销合作提高销售价格和促进产品加工增值）和服务性合作组织（主要为了提供缺失的技术、信息等公共产品及服务），也包括粮食、棉花、花生、蔬菜、水果、畜产品、水产、农机等10个行业25个品种的合作组织，还包括从村级到省级的各种级别和层次的合作组织，但合作的内容和层次总体上不高，组织实体化程度有限，发展处于初级阶段的多。一是能够开展合作经营活动、比较规范运作的专业合作社少，不到所调查数的一半，并且这些组织主要集中在浙江、河南等少数几个省。甚至有约1/4的组织（34个）与成员之间2004年没有合作经营活动。二是协会类组织多，约占总数的2/3左右，会员数弹性大，一般规模比较大，但组织之间服务和发展能力差别很大、参差不齐。组织与成员关系比较松散的主要集中在协会。三是乡镇一级为主的合作组织多，专业合作的内容和纽带不稳固，组织与会（社）员合作关系紧密性不强，有超过半数没有搞二次分配。四是组织总体上实力还不强，合作基础好的不多，本级实有资产数量规模和积累有限。合作组织所开展的各种服务活动能够体系化、经常化、标准化、形成响亮品牌、排他性特色和营业收入的很少，不到整个调查数的1/3。

（二）合作经济组织的发展推动了农村新的生产力的形成

综合这次调查情况，虽然目前农民专业合作经济组织发展处于初级阶段的多，但与以前相比，农民专业合作经济组织的发展在实践中已经开始发挥独特的功能和作用，推动了农村新的生产力的形成。农民专业合作经济组织通过组建和运行，推动了农民的集体行动，整合了有限的农村社会服务资源，引导了农民从各自为政、分散经营走向了互助合作、开发资源、发展农业产业化和农村产业现代化，这对经过农村改革开放后处于激烈市场竞争形势下的中国农业和农村经济

的发展具有非常重要的意义。

目前这些独特的功能和作用主要表现在：一是转变了传统的生产方式，打破了以往农村经济中农户单家独户运行格局，形成了新的社会联系纽带，推动了农民的组织化。农民专业合作经济组织作为农民的一种新的社会联系纽带，一方面推动了团队合作、统一规划、行业自律、共同管理等农村新的生产力要素的形成，另一方面为农民发展新产业在有问题、有困难的时候找到服务机构提供了渠道，在农村发展中树立了一种新的标杆和发展机制。二是开发和整合了农村的优势资源，并且把当地潜在的资源优势转化为现实的经济优势，发展了优势产业。三是促进了农业的标准化，提升了农业产业化和农村产业现代化质量，增加了农村产业发展的抗风险能力。

（三）合作经济组织发展的成功经验

综合本次调查的合作组织案例，我们发现，其中发展比较成功、合作效果比较好的组织，在所从事产业的选择、资源的组合、合作结构的设立、运作目标的安排等方面都有一系列好的做法和有利要素支撑。综合起来，成功的经验基本有六个方面。一是当地政府给予好的支持服务。内容包括：政府动员协调、给予关怀和扶持、适当的奖励和不限制发展政策等。在调查的组织中，自合作组织成立以来，有约4/5的组织（110个）得到了政府资金支持，总共2608万元。政府对组织资金支持的分配比例最多的三项为技术培训、资助组织自身发展（办公设备、人员工资）。其余依次为基地建设，农产品加工、储藏、运输，技术支持，病虫害防治，引进新品种，品牌发展开拓市场，产品质量认证，生产资料，商标注册等。在调查的组织中，对政府的期望中，认为政府支持合作经济组织的重点依次为：提供启动资金支持、提供购置设备补贴、信贷支持、全部免除合作社各种税收、提供技术方面的支持、提供农产品销售方面的补助、提供合作组织成立及管理方面的培训、提供一定税收优惠、提供法律方面的支持等。二是合作的产业有好的增值潜力。主要是合作组织经营产业的商业增值潜力要强，对加入的农户具有较强的吸引力，这些产业或行业一般在当地有资源优势。三是起步有好的依托和成员组合。一个普遍的现象是“强弱联合”开始起步的组织效果好，能够迅速打开发展局面。四是有好的旗帜和项目。在发展中合作经营业绩好、对农民具有强大的号召力的几个成功专业合作社，多数在带领农户“冲锋”方面都有好的旗帜和项目，比如专有的品牌、先进的技术、统一的管理、严格的标准等。五是管理有好的机制和活动，在管理上讲求一定的独立性，具有自强自立的精神，能把政府的支持政策、资金扶持落到实处，不形成对政府和龙头企业的过度依赖。在组织的结构构建中有创造组织收入的渠道。在组织的发展中有开拓业务的有效活动。六是经营有好的领导和人才。这些人物多数是农村发展难得的人才，是农村新生产力的代表，他们有着多年成功经营的经验，或者具有较高的知识文化水平，思想活跃、开放，善于接受新知识、新技术和新观念，热心公益工作，懂经营、会管理，同时在当地群众中口碑较好。广大会员也因此积极响应他们的号召，团结在他们周围，形成了合作社发展的良好人力基础。

（韩　俊　秦中春　张云华　李姿姿）

第六篇

农民工及农民工回乡创业

调查中国农村
ZHONGGUO DIAOCHA NONGCUN

第六篇课题组成员名单

课题组主持：

韩　俊　国务院发展研究中心农村经济研究部部长　研究员

汪志洪　国务院农民工办副主任　人力资源和社会保障部农民工司司长

课题组组长：

崔传义　国务院发展研究中心农村经济研究部研究员

课题组成员：

秦中春　国务院发展研究中心农村经济研究部副研究员

金三林　国务院发展研究中心信息中心副研究员

李　青　国务院发展研究中心农村经济研究部博士

刘玉根　人力资源和社会保障部农民工司协调处处长

吴厚德　人力资源和社会保障部农民工司综合处处长

李盅盅　国务院农民工司地方处处长

李善同　国务院发展研究中心发展战略与区域经济研究部研究员

蔡　昉　中国社会科学院人口与劳动经济研究所所长　研究员

盛来运　国家统计局农村司副司长

蔡和平　劳动科学研究所副研究员

阳俊雄　国家统计局农村司处长

彭丽荃　国家统计局农村司副处长

章　铮　北京大学光华管理学院副教授

刘俊彦　中国青年研究杂志社社长　副研究员

陈　波　国务院发展研究中心博士

董瑞芳　五矿集团

中国农民工战略与政策问题综合研究报告

农民工是我国经济社会转型时期的特殊概念，主要是指户籍身份在农村，但主要从事非农产业、依靠工资收入生活的劳动力。农民工虽然进入了城市，但没有融入城市；离开了农村，但仍与农村保持着千丝万缕的联系。农民工现象无疑是中国的特色。广义的农民工包括在县域内二、三产业就业人员和跨地区外出务工人员。狭义的农民工一般指跨地区外出务工人员①。本报告的研究范围主要是狭义的农民工，但相关政策建议也适合于广义的农民工。

第二次全国农业普查结果显示，2006 年，农村外出从业农民工达 13181 万人，如果再考虑在本地从事非农产业的大约 9665 万农村劳动力，则全国农民工数量达到 22846 万人，已超过农村劳动力从业人员总量的 40%。农民工已遍布全国各个地区和各个行业，是一个新的社会阶层，并成为产业工人的主体部分。

农民工是我国改革开放和工业化、城镇化进程中涌现的一支新型劳动大军。农民工队伍的产生和不断壮大，对改变农村面貌做出了特殊的重要贡献，成为推动我国经济发展和社会结构变革的巨大力量。解决好农民工问题，不仅直接关系到解决农业、农村、农民问题，而且关系到工业化、城镇化的健康发展，关系到社会公正与和谐，关系到全面建设小康社会和现代化事业的全局。根据国务院领导同志批示精神，从 2007 年 5 月开始，国务院农民工办组织开展了全国农民工战略问题前瞻性研究。该项研究旨在从全局和战略的高度，分析农民工的现状、趋势、面临的问题和农民工工作的基本经验，提出解决农民工问题的战略思路、基本原则、目标任务、实施步骤和主要措施。

为了做好该项研究工作，国务院农民工办委托有关部门和地区共进行了 34 项专题研究。受国务院农民工办委托，国务院发展研究中心负责承担整个综合研究

---

① 在实际工作中，对“农民工”的统计调查有不同的口径。国家统计局农调队在住户调查中关于“农民工”的统计有两个方面，一是农村转移劳动力，指当年在乡以外就业半年以上（包括到乡外仍然从事第一产业的劳动力）或在本乡以内从事非农就业活动半年以上的农村劳动力；二是农村外出就业劳动力，定义为本年度内在本乡以外的地域就业 1 个月以上的农村劳动力。农业部固定观察点使用的农村外出劳动力是指在户籍所在乡镇之外从业，外出时间在 3 个月以上的农村劳动力，在统计口径上小于国家统计局的口径。

工作。国务院发展研究中心课题组委托有关专家分别对农民外出务工的数量、结构及特点、农业部门劳动力需求与农民工中长期供给的变动趋势、农民工工资变动趋势、民工城镇化现状与前景分析、农民工代际替代、农民工供求变动数量模型等6个专题进行了研究。2008年国务院农民工办先后两次组织国务院农民工联席会议各单位，对国务院发展研究中心起草的总报告初稿进行了讨论。在充分吸收各专项研究成果及相关政府部门、有关专家学者意见的基础上，课题组形成了“中国农民工发展战略综合研究报告”。该报告对改革开放30年来农民工问题的进展进行全面地总结；在大量调查的基础上，对我国农民工问题的新特点进行了全面分析，建立数量分析模型，研究了农民工较长时期需求变化趋势及与宏观经济社会发展的互动关系；提出解决农民工问题的战略思路和带方向性、全局性、制度性的政策体系。

一、改革开放以来，我国农民工流动的回顾与基本经验

（一）农民工流动是改革开放的重大成果

农村剩余劳动力向非农产业和城镇转移，是世界各国经济社会发展的共同规律。一方面，工业化和城市化发展需要劳动力，有了强大的拉力；另一方面由于农业的比较收益下降，农民要增加收入，进城就业是他们最好的选择，由此产生了巨大的推力。我国农民工的发展和流动也受到上述拉力和推力的共同作用，但这种拉力和推力的形成则有一些特殊背景。

改革开放是农民工队伍不断发展壮大的根本动力。始于20世纪70年代末的农村改革大大提高了农业生产率，释放出大量的农村剩余劳动力。国家对乡镇企业、民营经济的鼓励政策，使民营经济发展迅速，在GDP中的比重已经由1978年的几乎零份额增长到2005年的65%左右，在二、三产业的就业份额已占到84.1%①，成为吸纳农民工就业的重要渠道。对外开放战略的实施，加速了海外劳动密集型产业向我国转移，成为吸纳农民工就业的另一个重要渠道。加入WTO以后，我国加工贸易快速增长，玩具、服装、鞋类、皮革制品等加工产品出口大幅度增长，直接带动了相关行业的农民工就业。经过多年的改革与发展，农民由改革开放前的“禁锢”一地、吃“大锅饭”的平均主义转变为可以自由流动、自主的择业与创业。可以说，农民工是我国改革开放的重大成果。

工业化和城市化快速发展阶段是农民工产生的客观基础。改革开放以来，我国的经济结构已发生了巨大的变化：三次产业结构从1978年的28.2∶47.9∶23.9

① 黄孟复等编：《中国民营经济发展报告（2005～2006）》，社会科学文献出版社2006年版。

转变为2006年的11.7∶48.9∶39.4，就业结构从1978年的70.5∶17.3∶12.2转变为2006年的42.6∶25.2∶32.2，城市化率由1978年的17.92%提高到2006年的43.9%。我国工业化、城市化水平的大大提高，直接带动了非农产业的发展，成为农民工流动的最大拉力源。同时，由于城市化进程落后于工业化进程，就业结构升级滞后于产业结构升级，导致了城乡差距和区域差距扩大，农业和非农业收入差距扩大，进一步强化了城市和非农产业对农民工的拉力作用。

城乡二元分割制度是农民工的体制根源。随着改革开放的不断深入，我国逐渐由计划经济向市场经济转型，但城乡分割的户籍制度以及依附于户籍制度之上的社会福利和公共服务制度改革严重滞后，城乡二元分割现象依然突出。这种分割，一方面限制了农村劳动力向城市转移，限制了农民市民化；另一方面，也进一步加大了城乡收入差距，吸引农民向城市流动。可以说，城乡二元分割的户籍制度及其附属制度，是农民工这一特殊群体产生的体制根源。

受国内、国际诸多因素的影响，我国农民工队伍的发展具有一定波动性，在时间上则表现为较强的阶段性，不同阶段的流动方式也不同。由于没有农民工统计制度，无法获取农民工数量的精确时间序列数据，但可利用国家统计局、农业部等部门组织进行的较大规模调查，以及有关专家的研究结果，对改革开放以来主要年份的外出就业农民工数量（狭义口径，即农村外出劳动力）进行一个汇总。

尽管不同部门对外出就业农民工数量的调查、估算结果有一定差异，但基本上都反映我国农民工数量较快增长的趋势。根据相关调查结果来计算，我国外出就业农民工数量从1983年的约200万人增加到2006年的1.32亿人，23年增长了近66倍，年均增长20%左右。

表1　　改革开放以来主要年份外出务工的农民工数量　　单位：万人

年份	国家统计局调查数据①	农业部调查数据②	其他估算结果	其他估算结果来源
1983			200	中国农民工调研报告
1989			3000	中国农民工调研报告
1993			6200	中国农民工调研报告
1996		7223③		
1997			3890.3	劳动和社会保障部调查④
1998			4935.5	劳动和社会保障部调查
1999			5203.6	劳动和社会保障部调查①
2000	7849⑤		6133.4	劳动和社会保障部调查①
2001	8399⑤	8961		
2002	10470⑤	9430		

续表

年份	国家统计局调查数据①	农业部调查数据②	其他估算结果	其他估算结果来源
2003	11390	9820		
2004	11823	10260		
2005	12578	10824		
2006	13181⑥	11490		

注：①国家统计局每年都对全国31个省（区、市）6.8万个农村住户和近7100个行政村进行抽样调查，调查口径为本年度内在本乡以外的地域就业1个月以上的农村劳动力。

②农业部全国农村固定观察点系统每年两次对全国30个省（区、市）的20084个农户进行调查，调查口径为本年度内在乡镇之外从业3个月以上的农村劳动力。

③第一次全国农业普查数据。

④劳动和社会保障部调查口径为本年度内在乡镇之外就业的农村劳动力，时间未限定。

⑤劳动和社会保障部培训就业司和国家统计局农村社会经济调查总队“中国农村劳动力就业与流动”合作项目。

⑥本表为第二次农业普查数据，与当年抽样调查数据13212万人有一定差异，误差率为0.2%。

其中，20世纪80年代农民工数量年均增长50%左右；90年代初期到中期农民工数量年均增长15%左右；进入新世纪后，农民工数量年均增长6%左右。再考虑到80年代和90年代，农民工的流动方式发生了较大变化，80年代主要是以本地乡镇企业就业为主，90年代主要是以跨地区就业为主。因此，可以将改革开放以来我国农民工的流动分为三个阶段。第一阶段：20世纪80年代初期到80年代末期，以就地转移为主的阶段；第二阶段：20世纪90年代初期到21世纪初期，为大规模跨地区流动阶段；第三阶段：21世纪初期到目前，为稳定增长阶段。

1.20世纪80年代以就地转移为主，乡镇企业是农民工就业的主要渠道。这一阶段，农民工数量从80年代初期的200万人左右发展到1989年的3000万人，农民工流动的主要特点是：

（1）80年代初期流动规模很小，流动半径也较小。这一时期，随着农村家庭承包制度的确立，农业劳动的效率提高，农村劳动力隐性剩余显性化，农民工流动开始产生，但总体上仍处于个别零散状态。较早产生及吸收农民工的地区集中在沿海发达地区省市，如广东、浙江等。

（2）80年代中期开始较大规模往乡镇企业流动。在国家政策的鼓励下，80年代乡镇企业异军突起，企业数量从1980年的142万家增加到1989年的1868万家，大批农民进入乡镇企业就业。据统计，1983～1988年，乡镇企业共吸纳农村劳动力6300万人。这个时期流动到乡镇企业的主要是本地的农村剩余劳动力，即“离土不离乡，进厂不进城”。

（3）跨省流动的人数逐渐增多，但比重较小。80年代中后期，城市第二、第三产业迅猛发展，对劳动力提出了旺盛的需求，国家也适时调整限制政策，准许农民在不改变身份、不改变城市供给制度的前提下进城务工就业，于是，“进厂又进城，离土又离乡”的农民工开始出现。1984年，中国社会科学院《社会学通讯》首次出现“农民工”一词，随后这一称谓逐渐被广泛使用。随着沿海地区经济的快速发展，农民工跨省异地就业逐渐增加。根据有关统计，1988年的农民工人数为2600万人，其中跨省流动的人数为500万人，占19%；1989年的农民工人数为3000万人，其中跨省流动的人数为700万人，占23%。这一时期，尽管民工潮已经出现，但跨省流动的比重仍然较小。

2. 20世纪90年代以跨地区异地流动为主，城市二、三产业成为农民工就业的主要渠道。这一阶段，乡镇企业发展趋缓，各种限制劳动力转移的制度逐渐放开，外出就业农民工数量从90年代初期的6000万人左右发展到21世纪初期的1亿人左右，农民工流动的主要特点是：

（1）规模迅猛扩张。1992年，邓小平南巡讲话掀起了我国改革和发展的又一高潮。民营经济迅速发展，外商和港澳台投资快速增长，沿海地区发展尤为迅速。这些非国有经济部门的快速增长产生了巨大的劳动力需求，农民工流动进入了一个高潮期。1993年农民工人数达到6200万人，比1989年增长了1.07倍。此后，农民工数量高速稳定增长，1996年达到7223万人，2001年达到8399万人。

（2）流动范围扩大，跨省流动比重大幅上升。由于乡镇企业增长放缓和就业弹性下降，90年代乡镇企业吸纳就业的能力明显下降①。受此影响，更多的农村剩余劳动力跨地区流动，农民工流动范围扩大，跨省流动比重大幅上升。1993年全国跨省流动的农民工约为2200万人，比1989年增长了2.14倍；跨省流动的比重达到35.5%，比1989年上升了12.5个百分点。据农业部固定观察点的调查，2001年跨省流动的农民工占农民工总量的比重已上升到44%，而在县域以内就业的农民工比重已下降到1/3以下。以乡镇企业吸纳为主的农民工就业模式已转换为外出异地就业为主的模式。

（3）流向相对集中。在区域流向方面，以不发达地区向发达地区、农村向城市流动为主；在产业流向方面，95%以上的外出农民工进入城市二、三产业，不到3%的是异地务农。从地域来看，东部沿海地区，尤其是广东、浙江、江苏、北京、上海、福建等沿海发达地区，是农民工流入的主要区域；而中西部地区是主要的流出地，四川、安徽、湖北、湖南、江西、河南等是流出大省。

---

① 1990～1998年，乡镇企业年均吸纳就业409万人，仅为1980～1989年每年新增就业（707万人）的57.9%。

3. 21世纪以后，农村劳动力供求关系进入重要转折期，农民工数量增长稳中趋缓。进入新世纪以后，国家为了统筹城乡就业，解决农民增收难的问题，对农民工采取了积极引导的政策。同时，我国经济从2003年开始进入新一轮高速增长期，就业需求增长迅速。在政策鼓励和需求拉动共同作用下，农民外出就业又进入一个新的发展时期。2002～2006年，全国外出就业农民工数量年均增长678万人。但农民工数量增长速度开始放缓，2002～2006年年均增长6%左右，低于20世纪90年代的平均增速（15%），进入稳定增长阶段。

（二）农民工对我国经济社会发展做出重大贡献

农民工是继农村家庭承包经营制度和乡镇企业崛起之后，中国农民的又一伟大创造，是解放农村社会生产力的又一伟大创举。农民工一头连着城市和发达地区，一头连着农村和落后地区，带动城乡之间劳动力资源和生产力布局优化配置，创造性地把解决三农问题和工业化、城镇化、现代化有机地联系在一起，在城乡二元结构尚未根本突破的时代背景下，闯出了一条城乡融合发展的新路子。改革开放30年来，农民工为我国深化改革，扩大开放，推动科学发展，促进社会和谐，加快工业化和城镇化进程，推进社会主义新农村建设，作出了特殊的历史贡献。

1. 农民外出务工已成为工业带动农业、城市带动农村、发达地区带动落后地区有效形式。伴随农民外出务工兴起的农民工经济，是“一个事半功倍的大产业、一所不花钱的大学校。”“输出劳动力，带回生产力”，农民工一头连着农村经济，一头连着城市经济，具有“劳动力和资金双向流动”的特点，既推动了城市经济的发展，也为农村经济发展注入了新的活力，一批批进城务工的农民，带着资金技术回乡创业，成为农村经济发展的一支新生力量。农民外出务工，已成为农民增加收入的重要来源。据统计，工资性收入占农民人均纯收入的比重由1997年的25%提高到2004年的34%，2006年又进一步提高到38.3%。农民务工收入持续增长，是近年来农民增收和脱贫致富的主要途径。在城市就业的农民工适应了现代生产方式的管理模式，开阔了视野，积累了经验，促进了农村人力资本的形成；农民工掌握了技术，提高了素质，为农村发展奠定了技术基础；农民外出务工收入，为农村发展提供了资金积累。初步形成的“输出劳务——积累生产要素——返乡创业”的发展模式，使落后地区获得了发展的外源力量和造血功能，推动了不发达地区乡镇企业和县域经济的壮大。农民外出务工降低了单位土地面积上的劳动人数，为促进农业规模经营、提高农业劳动生产率，发展现代农业创造了必要条件。

2. 农民工已成为支撑我国工业化城镇化发展的重要力量。农民工在传统体制之外开辟了一条工农之间、城乡之间生产要素流动的新通道，为城市二、三产业发展提供了源源不断的低成本劳动力，满足了工业化进程加快对劳动力的需求。农民工的大量进入，填补了制造业、建筑业、餐饮业和服务业等劳动力密集型产业的岗位空缺，使城市、特别是东部地区城市在激烈的市场竞争中保持了较强的竞争力。这不仅为东部地区吸引外资和发展出口创造了条件，也为其把握机遇、承接国际产业转移创造了条件，使我国迅速发展成为“世界加工厂”。劳动力价格低廉的优势是我国保持国际市场竞争力的重要因素。据有关统计，农民工已经达到我国工人总数的2/3以上，占据了我国建筑业劳动力的90%，煤矿采掘业的80%，纺织服装业的60%，以及城市一般服务业的50%。农民工不仅已是我国产业工人的重要组成部分，同时还是促进我国城镇化的重要力量。城市中脏、累、苦、险的工作岗位都是农民工在干，他们为改善城市居民的生活和工作环境默默无闻地奉献。城市规模的扩张、各种功能的完善、经济结构的调整和升级等等，都离不开农民工。

3. 农民外出务工已成为促进改革的重要推动力。农民工跨地区流动就业蕴含着深刻的体制变革因素，是推动改革的重要力量。农民工的巨大浪潮冲破了劳动力市场的城乡界限、地域界限和部门界限，促进了我国劳动力市场的发育，促进了劳动用工制度的改革，促进了通过市场合理配置劳动力资源机制的形成。蔚为壮观的“民工潮”也为繁荣市场、搞活经济、扩大开放发挥了重要作用，从而整体上推动了市场经济的全面发展。农民工大规模、大范围跨区域流动，增强了整个社会的生机和活力，极大地推动了政府职能和管理方式的转变。在解决农民工问题中，各级政府的职能定位、管理理念、行为方式也都悄然发生变化，传统的户籍制度、劳动就业制度和社会保障制度正在发生积极变革。农民进城务工是冲击城乡二元结构的重要力量，是平衡城乡、工农差别的新兴力量，开启了我国打破城乡二元结构的帷幕。

4. 农民工是我国全面建设小康社会的关键环节。全面建立小康社会，难点不在城市，而主要在农村。农民要富裕，相当一部分需要通过务工经商或其他途径走出农村、脱离土地。只有把城市和乡村的发展统筹兼顾、把城市居民和农民的共同富裕全盘考虑、把城乡经济协调发展和农村劳动力转移有机结合，才能创造相对公平的发展机会，形成相对平衡的城乡发展格局。农民工的产生，有效弥补了改革开放初期我国在资金和技术上的不足，促进了国民经济的发展。根据世界银行（1997）估计，在1978～1995年国内生产总值年均增长9.4个百分点中，劳动力跨部门转移贡献了1.5个百分点。从农村走向城市、寻求新的发展机遇的农民工，是一个充满活力和创造力、富有改革创新精神的群体，为我国全面建设小康社会提供着源源不断的动力。

5. 农民工也是推动我国社会结构转型和社会主义民主政治发展的重要力量。社会结构的不断分化与整合，是社会发展和现代化的主要内容和根本动力。改革开放前，呈现在世人面前的农村社会是一个“超稳定结构”：经济上的均贫、政治上的同质、文化上的单一和社会上的封闭。除了参军、升学、招工等形式外，城乡之间的自由流动基本被隔绝，广大农民依附在集体里、田地上，成为集体的一个生产要素，或曰“棋子”，集体成为他们的“宿主”，农村社会的“流动性”严重不足。改革开放以来，农村人口社会流动性越来越强，无论是从职业角度，还是拥有经济资源角度，农民已经不再是原来意义上的农民，农民不再是一致的均质性社会群体，农村也不再是单一的同构性社会，我国农村社会已由改革开放前以阶级身份为标志的社会分层结构，逐渐演变为以职业身份为标志的社会分层结构。农民进城务工加强了城乡之间全方位的交往，有利于社会成员向更高社会阶层流动，逐步形成较为稳定的，两头小、中间大的橄榄型社会结构，促进我国由一个传统的农业社会加快向现代工业社会转变。农民工整体素质的提高，进一步巩固了党的执政基础。农民进入现代城市务工，有利于实现农民观念的变革和城乡文化同步发展，有利于社会主义核心价值体系的建立，有利于农村乡风文明建设及现代文化的形成，有利于完善农村基层民主制度。

（三）探索中国特色农村劳动力转移道路的主要经验

改革开放以来，党和政府尊重人民群众的主体地位和首创精神，尊重市场规律，不断深化体制改革，不断完善政府管理和公共服务，促进了农民工队伍的健康快速发展。

中共十六大以来，我国农民工工作进入了一个重大转折期。对农民工的认识取得重大升华，明确了农民工是工人阶级的一部分，农民工问题是我国全面建设小康社会的核心问题。农民工政策取得重大突破，2003 年以后的历年中央 1 号文件，都对做好农民工工作做出了规定，2006 年颁布了《国务院关于解决农民工问题的若干意见》，形成了较为完整的农民工政策体系。全社会正在形成关爱农民工的良好氛围，越来越多的城市把农民工作为城市居民的一部分，对农民工由排斥到容纳。

2006 年《国务院关于解决农民工问题的若干意见》颁布后，各地各部门高度重视，将农民工工作摆在党委政府工作重要位置，从构建和谐社会的战略高度，以办实事、建机制为突破口，突出解决好转移培训、权益维护、社会保险、子女入学等农民工最关心、最直接、最现实的利益问题，全面推进农民工工作，在维护农民工合法权益、探索建立农民工工作长效机制等方面均取得了明显的阶段性进展：就业准入限制和流动障碍基本消除；工资拖欠基本上得到了清理；居住和安全管理工作得到了加强；技能培训开始纳入公共服务的范畴；城乡统筹就业开始试点；社会保障体系从无到有；子女教育问题受到重视；公共卫生服务和计划生育服务不断完善；流动人口信息管理服务系统初步建立；户籍改革和人口管理取得了一定的进展；农民工的政治地位得到了提升。

这些政策措施完善了具有中国特色的农村劳动力转移道路，为新时期做好农民工工作积累了宝贵的经验。

1. 坚持解放思想，尊重农民主体地位和首创精神，是做好农民工工作的首要前提。从安徽凤阳小岗村的包干到户到全国普遍实行家庭联产承包制，从沿海地区的社队企业到全国异军突起的乡镇企业，都是农民的创造。家庭联产承包制极大地提高了农业生产效率，为农村剩余劳动力的转移创造了必要条件，乡镇企业的发展使农村剩余劳动力的转移成为可能。80 年代中后期，随着沿海地区和城市经济的发展，越来越多的农民突破观念和制度上的限制，开始外出务工，这也是农民的一种首创。党和政府不断解放思想，从一开始禁止农民流动和自主择业，到承认、提倡、支持乡镇企业发展，允许务工、经商的农民自理口粮到集镇落户；从允许农民跨地区流动，到积极引导农民工流动，都尊重了农民的主体地位和首创精神，遵循了劳动力合理流动、劳动者自主择业、农村人口向城市集中的规律。

2. 坚持市场化导向，充分发挥市场的基础作用，是做好农民工工作的必然途径。市场机制在农村劳动力转移、农民外出就业过程中发挥了基础性调节作用。农民到乡镇企业就业，实现就近就地转移，是市场机制调节的结果；农民外出务工就业，大规模跨地区流动，是市场机制调节的结果；农民工外出就业的方式、区域、行业各异，也是市场机制调节的结果。近些年，农民工的就业环境整体向好，工资上涨较快，主要是农民工增速放缓、供求结构性矛盾逐渐突出，价格机制对市场供求做出的反映，也主要是市场机制调节的结果。可以说，市场机制造就了农民工，洗礼了农民工，使农民工成为社会主义市场经济的重要主体。在农民工队伍的发展、壮大过程中，政府尊重市场机制，及时调整政策，创新制度，弥补市场失灵，保障了市场机制的作用。

3. 坚持深化改革，消除农村劳动力流动的体制障碍，是做好农民工工作的重要条件。在农村实行以家庭承包经营为基础的双层经营制度，解除了人民公社体制对农民的超经济强制，使农民获得了较充分的自主择业和流动的权利。20 世纪 80 年代中期以后，限制农村劳动力流动的政策开始松动；90 年代以后，进一步从限制农民流动，逐步转向承认流动、接受流动、鼓励流动。十四届三中全会提出要鼓励和引导农村剩余劳动力逐步向非农产业转移和在地区间有序流动，十五届三中全会进一步拓宽了农村劳动力转移的政策思路，十六届三中全会明确提出建立城乡劳动者平等的就业制度。2006 年颁布《国务院关于解决农民工问题的若干意见》，对农民工的工资拖欠、劳动管理、就业培训、社会保障以及子女教育、居住等问题做出了明确规定。30 年的实践表明，经济体制和社会管理体制的每一次改革，都会降低农民工流动的制度成本，都会促进农民工队伍的发展。

4. 坚持以人为本，不断完善公共服务，是做好农民工工作的重要保障。完善公共服务是实现“发展为了人民、发展依靠人民、发展成果由人民共享”的必然要求。国家明确提出，要把农民工纳入城市公共服务体系，对农民工实行属地管理。近两年来，农民工的就业服务和培训开始纳入公共财政的范畴，出台了《2003－2010 年全国农民工培训规划》，中央六部门共同组织实施了农村劳动力转移培训阳光工程；面向农村的职业教育有所发展；农民工子女教育问题受到重视，基本上形成了“以流入地为主，以公办学校为主”的格局；农民工的社会保障体系从无到有，工伤、医疗保险工作取得较快进展，养老和失业保险也在积极探索中；农民工的计划生育服务、公共卫生服务不断完善；农民工居住条件正在改善。一些地方还在户籍人口制度、社会保障制度等方面积极探索，对农民工由管制为主向服务为主转变，给予市民待遇，逐步做到权利平等。公共服务的完善和政府职能的转变，有力地保障了农民工的就业权，在维护农民工受教育权、政治民主权、经济利益权、安全卫生健康权、生活居住权上取得很大进展，促进了农民工队伍的健康发展。

5. 坚持城乡统筹，推进城乡就业一体化，是做好农民工工作的必由之路。统筹城乡发展的核心，就是统筹城乡就业。2004 年中央 1 号文件提出了对农民进城就业取消行政性限制，保护合法经济权益，提供公共服务和培训等政策。2006 年发布的《国务院关于解决农民工问题的若干意见》，再次强调要消除农民工就业歧视和促进机会平等。2007 年颁布了《中华人民共和国就业促进法》《劳动合同法》《劳动争议调解仲裁法》，基本形成了消除农民工就业歧视和促进机会平等的法律框架。各地为建立城乡统一、平等竞争的劳动力市场出台了大量地方性政策，主要包括：清理和取消针对农民工进城就业的歧视性规定、不合理限制和乱收费；开放城市公共职业介绍机构，免费向农民工提供就业信息、职业指导和职业介绍服务等。总的来说，农民工流动就业的歧视性政策障碍已基本上消除，就业准入问题基本得到解决。跨地区、跨城乡的统一的劳动力市场的逐步形成，不仅是近两年来农民工规模持续扩大的重要因素，更是今后推动农民工进城就业、就近就地转移和回乡创业的必由之路。

二、现阶段我国农民工流动和就业的主要特点

近年来，我国农民工总量继续增加，流动广度和跨度日益扩大，组织形式和

流动方式日趋复杂，在保持其流动性等基本特征的同时，还呈现出一些新的特点和动向。为了全面、深入了解现阶段我国农民工的主要特点，国务院发展研究中心课题组先后于2006年、2007年两次在全国范围内开展了大规模的调查研究。2006年的调查覆盖了全国17个省区、20个地级市、57个县市、166个乡镇、2749个村庄（以下简称对2749个村庄的调查）。在调查的村庄中，西部839个，占30.5%；中部759个，占27.6%；东部1151个，占41.9%。2007年开展的以农民工回乡创业为重点的调查，覆盖了除北京、上海、西藏以外的28个省的99个县、101个乡镇、301个村（以下简称百县调查）。这两次调查样本均具有较好的代表性，调查结果具有很高的可信度。综合这两次调查结果以及其他调查结果来看，新阶段农民工具有以下一些新的特点。

（一）总体上农村劳动力仍然过剩，结构性供求矛盾开始突出

1. 有近80%农村青壮年劳动力转移到非农产业，30岁以下的农村劳动力供求明显偏紧。第二次全国农业普查数据表明，青壮年是外出农民工的主体。在全部外出从业农民工中，30岁以下的占52.6%，30～40岁的占29.5%，40岁以上的占17.9%。而且，在全部30岁以下的农村劳动力资源中，外出从业的比重为43%。如果再考虑本地非农就业的农民工，并假定其年龄构成与外出农民工类似，则30岁以下农村劳动力有近80%已转移到非农产业。国务院发展研究中心2006年对全国2749个村庄的调查显示，74.3%的村庄认为本村能够外出打工的青年劳动力都已经出去了，只有1/4的村认为本村还有青壮年劳动力可转移。这说明，虽然总体上青壮年劳动力仍存在过剩的现象，但经过近30年的持续转移，越来越多的地区农村青年剩余劳动力正在被吸纳殆尽。

2. 有近60%初中以上文化程度的农村劳动力已转移到非农产业，有一技之长的农民工供给不足。第二次全国农业普查结果表明，外出从业农民工中，初中及以上文化程度的占80.1%。同时，在全部初中及以上文化程度农村劳动力资源中，外出就业的比重为33%。如果再考虑本地非农就业的农民工，并假定其文化程度构成与外出农民工类似，则初中及以上农村劳动力有近60%转移到非农产业。另据对沿海地区的调查，接受过职业培训、有一技之长的农民工供给严重不足。从2002年开始，劳动力市场出现了熟练技术工人供不应求的现象。

3. 农民工供求的区域矛盾突出，沿海地区出现了“民工荒”。2003年开始，广东、上海、浙江、江苏等沿海地区的出口和制造业快速增长，对农民工的需求不断增加，而四川、重庆、湖南、湖北、安徽、江西等传统输出大省的农民工供给、尤其是青壮年农民工供给增长放缓，农民工供求的区域矛盾开始突出。由于

企业调整生产结构有一定的时滞，在短期内难以采用资本替代劳动，因此2003年以后沿海地区开始出现“民工荒”现象，2005年以后“民工荒”现象开始蔓延到内陆一些地区，农民工“就业难”和企业“招工难”的状况并存。

（二）外出务工仍然是农民工就业主要途径，农民工流动的稳定性有所增强

根据国务院发展研究中心对2749个村庄的调查，每个村平均拥有劳动力1081人，务农的占52.10%；转入非农产业的占47.57%。其中，本地从事非农业生产的占21.06%，外出打工的占26.51%。外出打工的比重高于本地从事非农业生产的比重，是农村劳动力转移的主要途径。但是就业结构在地区之间呈现明显的差异，东、中、西部地区在本地从事非农业生产的比重分别为34.66%、10.37%和8.64%，外出打工的劳动力比重分布为21.97%、31.02%和29.44%。中西部地区劳动力流出的比例不仅明显高于东部地区，也高于本地从事非农业生产的比例。

表2　　2749个村庄农村劳动力的就业构成表　　单位：人,%

	劳动力人数		外出打工劳动力		本地农业劳动力		本地非农就业	
	人数	与全村总人口比	人数	比例	人数	比例	人数	比例
全国	1081	55.25	260	26.51	548	52.10	278	21.06
东部	1226	56.7	246	21.97	481	44.64	507	34.66
中部	768	51.11	223	31.02	472	54.52	75	10.37
西部	1150	57.02	322	29.44	737	61.94	93	8.64

随着经济大发展和社会大开放，流动就业农民工的稳定性特征正逐步显现并不断强化，出现了三个新的趋势。

1. 就业形势日趋稳定。我国的经济体大多以劳动密集型和廉价劳动力为主要竞争手段和利润来源，对低技能、低报酬的劳动力需求旺盛，而流入地经济的持续快速发展又带来劳动力需求的平稳递增，这些都为农民工的稳定就业创造了条件。当前，农民工已经占据流入地各类“脏、险、苦、累”工作岗位的绝大多数和制造业、服务业工作岗位的大多数，其就业领域已经从最初的临时性岗位、补充性岗位，向各个行业、各类岗位扩张，就业形式的稳定性得到显著提升。农业部2005年的调查显示，外出就业农民工有稳定就业岗位的占57.8%，比2002年提高了6.6个百分点。完全脱离农业生产、长年在外打工的农民工比例已经占到较大比重。国务院发展研究中心课题组对2749个村庄的调查表明，以常年外出计算的农村劳动力的转移率，全国平均水平为18.10%，其中东部地区为23.55%，中西部地区为13.6%。

2. 流动“家庭化”和居住的稳定性趋势明显。随着时代的发展，赚钱不再是农

民工外出务工经商的唯一目的，在获取更多经济收入的同时，农民工开始并日益注重家庭成员的团聚、子女的教育以及家庭生活水平的改善、提高。农民工群体正在发生重要的结构性变化，从以前男劳动力外出“独闯”逐渐演变成现在夫妻二人同时外出务工以及携子女外出流动的形式，农民工家庭化的趋势明显。举家外出、完全脱离农业生产和农村生活环境的农民工已经占到一定比例。从国务院发展研究中心课题组的调查结果看，全国举家外出的劳动力占全部农村劳动力的平均比重为5.29%，东部为4.71%，中部为4.99%，西部为6.61%。另一方面，农民工居住形态的稳定性也在不断提高。据浙江省的统计数据显示，农民工中居住在出租房屋和单位内部宿舍的比例逐年增加，并且已经占到农民工总数的86.37%。

3. 在流入地居住趋于长期化。人口流动已经由改革开放之初的以在原籍务农为主、农闲时节外出务工的季节性流动，转变为以外出务工为主、以务工为主要收入来源的全年性、多年性流动，乃至在流入地长期居住。流动人口在现居住地稳定居住的持续时间逐年增加，返回户籍地老家的次数减少，融入现居住地的趋势比较明显。农民工的“移民”倾向渐趋明显，相当一部分已经成为事实“移民”。据浙江省2007年抽样调查显示，在流入地居住1年以上的农民工已经占到总数的63.4%。其他调查也表明，农民工在城市沉淀的程度和长期居留倾向增加，由“候鸟式”流动向迁徙式流动转变。有关学者在对上海市2003年流动人口抽样调查数据和2005年1%人口抽样调查数据进行分析后，发现：进入城市的流动人口中，大约有10%左右的人口会在城市逐步沉淀下来，稳定居住在城市中；外来流动人口在上海的平均预期居留时间呈延长趋势，2003～2005年已达到7.93年（任远、谭静，2005）。另据2005年上海市人口计生委开展的来沪人员居留意愿调查，36.03%的来沪常住流动人口希望长期留在上海。该调查结果还显示，在沪居住半年以下的仅占6.16%，半年至2年的占26.44%，2～5年的占32.58%，5～10年的占23.48%，10年以上的占11.34%。

（三）农民工群体不断分层分化，不同群体的利益诉求有较大差异

农民工是一个复杂的群体。改革开放以来，农民工的素质得到了提升，农民工思想和行为的独立性、选择性、多变性、差异性不断增强，农民工群体发生了巨大变化，呈现出人口成分、流动目的、个体诉求多元化的新特点。

根据流动程度的大小，可将农民工划分为三个群体：第一类是基本融入城市的农民工，即在城市有固定的住所、工作单位，收入相对稳定；第二类是常年在城市打工，但又具有一定流动性（主要是春节返乡）的农民工，在城里有相对稳定的职业、收入和居住地；第三类农民工是间歇性或季节性在城镇务工，仍以农业为主、务工为辅，或务工、务农并重。

对第一类农民工而言，除了收入需求以外，更多地要求获得尊重、要求公平对待、要求平等权益以及实现自我价值等。这一群体对在就业地落户、获取社会保障、解决子女教育问题、享受公共医疗服务、享有更多公民权利有较高要求，对农村的土地依赖性较小。

第二类农民工是目前我国农民工的主体，他们渴望稳定、较高水平的收入，同时对稳定的居住场所、公共医疗服务、文化服务、计生服务、就业服务、工伤和医疗保险等也有较强的需求，对远期的养老保险服务需求意愿较弱。这一类农民工尽管不以土地为生，但对土地仍有较强的依赖性。

对第三类农民工而言，获得应得的劳动报酬是其基本需求，由于这类农民工的素质相对较低，外出具有一定盲目性，对就业信息服务、维权服务有较强的需求。

农民工的发展意愿和未来归宿有两个：一个是进城，即成为市民；另一个是回乡，成为职业农民或农业工人。上述三个类型中，第一类农民工主要是进城成为市民，第三类主要是回乡从事农业；第二类则会出现进一步分化，其中的大部分将会融入城市，成为市民，小部分则会回乡发展现代农业。

根据国家统计局的调查，55.14%的农民工设想未来在城市发展、定居，举家外出（即已经在城市稳定居住）的农民工占到20%。而根据本课题组有关研究结果计算，目前外出就业的1.32亿农民工中，由于多数收入较低，仅约有10%（1430万）具有转为城市市民最起码的经济能力。随着劳力供求变化和收入水平提高，这个比例会随之上升。但目前农民工市民化的意愿和能力还存在较大差距。

（四）制造业和建筑业仍然是农民工的主要就业领域，第三产业就业比重不断提高

关于农民工的就业行业分布，不同部门的调查数据有一定差异，但都反映了以下主要特征：一是以制造业和建筑业为主。第二次全国农业普查结果显示，外出从业农民工中，从事第一产业的占2.8%；从事第二产业的占56.7%；从事第三产业的占40.5%；第二产业内部，从事制造业的占35.7%，从事建筑业的占20.5%①。二是从事制造业的农民工比重最高，但就业增长开始放缓，建筑业就业比重稳中有降，服务业就业比重稳中有升。农业部2005年的调查表明，农村外出就业农民工中从事工业和建筑业的比重，分别比2004年下降了3.0和2.6个百分点，而从事商业饮食服务业的比重比2004年上升了5.6个百分点。三是外向型制造业和城市服务业的就业比重逐步上升。在制造业内部，逐步向电子电器业、制衣制鞋业、机械制造业等外向度较高的行业集中；在服务业内部，逐步向住宿、

① 此为统计局抽样调查数据。

餐饮、娱乐、文化、教育、体育等城市服务业集中。劳动和社会保障部的调查表明，2006 年农村外出务工人员从业较为集中的行业是电子电器业（13.5%）、制衣制鞋业（11.7%）、住宿餐饮业（9.4%），机械制造业（6.2%）、食品制造业（4.9%）、交通运输业（4.3%）、居民服务业（4%）等。

随着我国产业结构的升级、城市化的发展、农民工教育培训的加强和新生代农民工文化素质的提高，农民工的就业结构、就业方式都将继续发生变化。总的来看，农民工仍将继续流向工业和建筑业，但餐饮、娱乐、新型服务业等第三产业正在成为更多农民工就业的重要选择。

（五）农民工流向区域仍相对集中，就近就地转移加快

进入 21 世纪以后，随着国家产业结构和区域经济布局的调整，中部崛起、西部大开发政策的深入实施，以及沿海地区劳动密集型产业向中西部转移，农民工的区域流向有所变化。

国家统计局 2006 年的调查显示，农村常住户中，在东部地区务工的农民工占全国农民工总量的比重为 70.1%，在中部地区务工的占 14.8%，在西部地区务工的占 14.9%。与 2003 年相比，东部地区略有上升，中西部地区略有下降。外出劳动力进一步向东部地区集中。但在东部地区内部，广东、福建等传统流入大省的比重有所下降。农业部 2005 年调查，全部外出就业劳动力中，在广东、福建两省就业的占 43.6%，与 2002 年相比，在广东、福建两省就业的比重下降了 9.4 个百分点，而在中西部地区、东部其他省份和境外就业的比重都有所上升。

表 3　　2003 年和 2006 年农民工就业区域布局　　单位:%

年　份	东部地区	中部地区	西部地区
2003	69.9	14.9	15.2
2006	70.1	14.8	14.9

从外出农民工就业的地点看，2006 年在地级以上大中城市务工的农民工占 64.8%。其中，在直辖市务工的占 9.4%，在省会城市务工的占 18.6%，在地级市务工的占 36.8%。与过去 5 年相比，在直辖市和省会城市务工的农民工比例有所下降，而在地级市和县级市务工的农民工所占比例上升（表 17）。

随着东部沿海发达地区经济快速发展，产业结构升级将加快，劳动力成本也将继续上升，一些劳动密集型产业将向相对落后的地区转移，不少原来在珠三角地区务工的农民工将继续转向全国其他地区。作为农民工输出基地的安徽、湖南、江西、四川等地的经济发展较快，也成了农民工的有力吸纳地，农民工流向将呈多元化发展的趋势，中西部地区就地就近转移逐步加快。

表 4　　2001～2006 年劳动力在不同类型地区就业的分布　　单位:%

年　份	2006	2005	2004	2003	2002	2001
直辖市	9.4	9.9	9.6	9.5	8.4	8.2
省会城市	18.6	19.1	18.5	19.6	21.2	21.8
地级市	36.8	36.1	34.3	31.8	27.2	27.2
县级市	20.2	19.7	20.5	20.4	21.1	21.0
建制镇	9.9	10.0	11.4	11.6	12.9	13.0
其他	5.1	5.2	5.7	7.1	9.2	8.8

（六）农民工回乡创业步伐开始加快，新型双向流动正在形成

进入 21 世纪以来，农民工回乡创业步伐正在明显加快。根据国务院发展研究中心课题组 2007 年的百县调查，301 个调查村回流农民工 3.7 万人，其中回乡创业者占到了 16.06%。

表 5　　2007 年 301 个村回乡农民工状况

类　别	总　量	均　值	有效样本数
农村劳动力人数	368253	1232	299
外出农民工	162133	539	301
回乡农民工	36604	128	287

根据百县调查初步推算，2007 年全国回乡创业农民工总数约为 800 万人，他们约创造了 3000 万个就业机会。据对 3026 名回乡创业农民工的调查，1990 年以前回乡创业的农民工只占 4%，1990～1999 年回乡创业的占 30.6%，2000 年之后回乡创业占 65.4%。农民工回乡创业的热潮正在兴起，农村劳动力双向流动与双向就业的新局面正在形成。

与 20 世纪八九十年代相比，新阶段的农民工回乡创业不仅主动性明显增强，还具有以下主要特点：一是回乡创业者以第一代农民工为主。回乡创业者的平均年龄为 39 岁，年龄在 30～45 岁之间的占了 63.9%，回乡创业者平均累计外出务工 5.8 年。二是回乡创业者大多从事非农产业。农民工回乡创业的产业分布情况是：第一产业占 28.3%，第二产业占 30.7%，第三产业占 32.1%，其他占 8.9%。三是经营形式以个体和私营为主，企业规模较小。个体经营占 68%，私营企业占 20.2%，股份制企业占 6.5%，承包、租赁经营占 4.6%。从企业规模看，以中小企业（包括微型企业）为主。回乡农民工半数选择在离家较近的小城镇创业和居住。四是农民工回乡创业创造一批新的就业载体，以创业促就业，带动了当地农村富余劳动力的就地就近转移。根据百县调查，平均每名创业者带动就业 3.8 人，其中很大一部分是当地不能外出就业的中年以上农民和从沿海打工

回来的农民工。根据对301个村的调查，回乡创业者及带动就业的人数约占留村劳动力的18%。目前，农民工回乡创业总体人数和比例都还不高，今后一个时期农民工总体上外出大于返乡的格局不会改变。但随着劳动密集型产业向中西部地区转移的加快，农民工回乡创业前景广阔。

三、我国农村劳动力转移的中长期趋势及情景预测

为对中国今后劳动力转移的前景及相应的经济社会影响进行分析，本文采用CGE（Computable General Equilibrium Model）模型方法，建立一个反映中国经济发展和劳动力转移的宏观经济模型，采用情景分析法对2006~2030年间中国经济发展及劳动力转移的前景进行模拟和比较分析，通过考虑未来各种不同的影响因素，展示中国经济发展及劳动力转移的可能发展状况。

（一）模型介绍

本研究所采用的中国可计算一般均衡模型是由国务院发展研究中心开发的DRC-CGE模型的2008版（以下简称DRCCGE2008）①。这一模型是递推动态的，它通过求解一系列的静态均衡来模拟经济发展的动态特性，模型的模拟时间段为2006~2030年。

本研究中的模型包括41个生产部门（1个农业部门，23个工业部门，1个建筑业部门和16个服务业部门）、12组居民（7组城镇居民，5组农村居民，按居民收入分组）和5种生产要素（农业劳动力、生产工人、技术工人、资本、土地）。模型的基准年份为2005年，数据主要源于基于2005年中国投入产出表编制的2005年社会核算矩阵（Social Accounting Matrix，SAM）。

根据研究的需要，本文的模型对劳动力转移行为进行了较详细的刻画。在模型中，主要有三种类型的劳动力即农业劳动力、生产工人和技术人员，其中农业部门同时投入农业劳动力和技术人员，非农部门投入生产工人和技术人员。农村居民主要提供农业劳动力和非农劳动力中的生产工人（定义这部分人为转移劳动力），城镇居民除提供少量农业技术人员外，主要提供非农部门的生产工人和技术人员。在模型中，农业劳动力可以转化为非农劳动力中的生产工人（参见附录中的劳动力转移方程），各部门的生产工人之间、生产工人和技术人员之间可以转化（考虑到技术差别，这种转换的工资弹性较小，但总体上技术人员的比重有

① DRCCGE是国务院发展研究中心发展战略和区域经济研究部开发的动态递推中国经济可计算一般均衡模型，关于模型的具体描述参见李善同、翟凡（1997）。

缓慢上升，以反映中国教育发展和人力资本水平不断上升的情况）。最后，在各部门之间，劳动力市场不是完全竞争的，因此不同部门的生产工人之间或技术人员之间存在实际工资的差别，由于劳动力的转移，这些实际工资差别会逐步缩小。

（二）模拟情景设定

我们首先根据中国经济发展和结构变化的特点给出了基准情景（Business as Usual，BAU），基准情景中考虑了未来中国经济发展中的重要可预见性因素，包括人口及劳动力供应总量的变化、居民消费结构的变化、中间投入率及中间投入结构的变化（见附录）。基准情景一方面反映了中国中长期经济发展的主要特征，包括经济增长和劳动力转移的主要趋势，同时也提供了与其他各情景比较的参照系。

在基准情景中，我们预期中国经济将继续过去的发展趋势，劳动力仍然继续转移，人力资本水平不断积累，科技进步继续发展，体制改革进一步深入，这些都将促进要素在不同部门之间更加合理有效配置，这些因素共同作用，将促使2006～2030年TFP年均增长率保持在1.4%以上的水平。城市化和工业化将继续推进，城市化水平将每年提高0.85～0.55个百分点，到“十一五”末期城市化率达到47%左右（参考“十一五”规划目标），到2030年非农就业率达到73%左右，城市化率达到61%左右。考虑到中国的贸易依存度已经较高，基准情景中出口的增长速度将逐步降低，到2015年左右实现外贸进出口基本平衡。

表6　模拟情景设定

情景类别	情景设定
	所有情景共同的基本设定： （1）人口和劳动力外生，直接利用社科院人口所的预测数据 （2）居民储蓄率的变化外生 （3）居民消费结构随收入水平而变化 （4）政府税率和储蓄率保持不变 （5）中间投入率的变化外生
1. 基准情景	（1）全要素生产率（TFP）增长率外生，2006～2007年采用实际数据，2008～2030年从2%逐步降低到1.4% （2）出口增长速度2006～2007年采用实际数据，2008～2015年从17%降至11%，2016～2030年从10%降至6.5% （3）2007～2008年城市化速度按实际数据，2009～2030年间城市化率每年提高0.85～0.55个百分点（逐渐降低）
2. 城市化速度较快情景	2008～2015年间城市化率每年提高1.5～1.2个百分点（基准情景为0.8～0.7个百分点），2015～2030年间城市化率每年提高1.2～0.9个百分点（基准情景为0.7～0.6个百分点）

续表

情景类别	情景设定
3. 服务业加快发展情景	各部门对服务业的中间投入比重上升 0.5 ~ 1.5 个百分点 第三产业 TFP 增长率比基准情景提高 0.3 ~ 1 个百分点
4. 增长速度放缓情景	投资率比基准情景降低 2 ~ 5 个百分点 TFP 增长率比基准情景降低 0.2 ~ 0.4 个百分点
5. 出口增长速度减慢情景	2008 ~ 2015 年间出口增长速度比基准情景低 8 ~ 3 个百分点（2008 年差距最大，以后逐渐降低），2016 ~ 2030 年间出口增长率与基准情景相同

为了考虑一些可能的宏观经济环境变化对劳动力转移的影响，本文设计了另外四种情景：一是城市化速度加快的情景和第三产业比重提高的情景，这两种情景属于经济发展比较协调的情况，主要考虑按照科学发展观的要求，通过城乡统筹发展和产业结构调整和效率的提高，实现经济社会的协调发展。城市化与劳动力转移关系密切，一方面，农村劳动力向非农产业转移直接提高了城市化水平，另一方面，城市化的发展也会有效促进劳动力的转移。城市化的发展一方面表现为城市化率的提高，但也包括城市基础设施的改善、为居民提供公共服务能力的提高以及城市环境的治理改善等，这些都将增加城市对农村居民的吸引力，从而促进劳动力的转移。在城市化速度较快情景中，我们假设城市化速度比基准情景每年加快 0.5 个百分点左右。产业结构的调整，特别是促进服务业发展，对经济发展和劳动力转移有重要的影响，我国“十一五”规划纲要中，明确提出要提高服务业比重，大力发展主要面向生产者的服务业，以深化专业分工，降低社会交易成本，同时要适应居民消费结构升级趋势，继续发展主要面向消费者的服务业，满足多样化的服务需求。因为服务业吸纳就业能力较强，能源资源消耗水平更低，所以服务业加快发展对经济社会协调发展以及劳动力转移有重要的影响。在服务业加快发展情景中，我们假设各部门由于技术进步的偏向性，对生产性服务业的中间投入比重有所增加，同时服务业的 TFP 增长速度比基准情景有所提高，因此第三产业比重提高速度比基准情景每年提高 0.2 ~ 0.4 个百分点。

考虑到未来发展可能面临的各种风险和挑战，我们另外模拟了经济增长速度放慢和对外出口增速大减缓两个情景，以考虑在经济发展较不利的情况下劳动力转移的前景。自改革开放以来，中国保持了长期较快的经济增长速度，并由此产生了强大的非农劳动力需求，促进了劳动力转移。但我国的经济发展中也积累了许多深层次的矛盾，比如资源消耗过大、国内消费需求不足、产业结构不合理、经济体制还不够完善等等。这些矛盾如果解决不好，或者遇到较大的不利冲击，就可能发生经济增长减缓的情况，并对劳动力转移产生不利影响。从对外贸易方面看，中国近年来保持了很高的出口增长速度，而且出口商品中很多是劳动密集型产品，因此对外贸易部门的发展也对劳动力转移做出了很大的贡献，但2006年以来，外贸出口面临人民币升值和生产成本上升的双重压力，低级商品的国际市场空间也有限，如果对外贸易部门不能有效提高产品竞争能力，有可能出现出口增长速度降低甚至下降的风险，这将对经济增长和劳动力转移产生很大影响，为此我们设计了出口增长速度减慢的情景。

（三）基准情景的主要模拟结果

在基准情景的设定下，我们运用DRCCGE2008模型模拟2006～2030年的经济、社会发展前景以及劳动力转移的情况，表7给出了基准情景下的主要模拟结果。

在基准情景的各项设定下，中国今后仍将保持较快的经济增长速度，根据目前的经济增长态势，“十一五”期间经济增长速度预期可超过10%，“十二五”期间GDP增长速度为9.5%左右，略低于“十一五”期间，以后经济增长速度逐步降低，到2025～2030期间，经济增长速度预期在6.6%左右。

从经济增长的源泉看，2005～2030年，中国经济增长的主要动力在于资本的快速积累。资本贡献率对GDP增长的贡献保持在80%左右的水平。资本的快速积累源于国内高储蓄率以及外商直接投资，在模拟期间内，我们假设投资率保持在43%左右的较高水平，但由于劳动投入增长缓慢，资本投入的边际产出递减，经济呈现资本深化现象，因此资本积累的速度逐渐下降，资本积累对GDP增长的贡献逐渐降低。“十一五”期间，资本积累带动GDP增长率在8%左右，到2025～2030年，资本积累的贡献只有5.6%左右。相对于资本来说，劳动力数量增长对经济发展的贡献很小，自“十三五”（2016～－2020）开始，由于劳动力总量开始下降，其对GDP增长的贡献开始为负。推动中国经济持续增长的另一动力是全要素生产率的持续增长，这在一定程度上体现了完善体制改革、促进技术创新及人力资本不变提高所带来的生产效率提高，在模型中，我们假定TFP保持在年均增长1.4%左右的水平。

表7　　2005～2030年经济增长及其增长源泉（%，基准情景）

年　份	2005～2010	2011～2015	2016～2020	2021～2025	2026～2030
GDP增长率	10.47	9.64	9.04	7.86	6.74
增长的源泉					
劳动力*	0.26	0.22	－0.02	－0.02	－0.14
资本	7.59	7.42	7.62	6.42	5.48
TFP*	2.62	2.00	1.45	1.46	1.41

数据来源：标*号的为外生设定变量，其他数据为模型计算结果。

从三次产业结构看，模拟结果显示2005～2030年间，第一产业比重逐渐缓慢下降，而第三产业比重有显著上升（见表8）。在模拟期间，第三产业比重不断上升，2030年与2005年相比，第三产业比重可提高近10个百分点。这一方面是由于随着居民收入水平上升，居民消费需求中服务业消费所占比重不断提高，另一方面，随着技术进步和生产分工的进一步发展，生产性服务业发展很快，各产业中间投入结构中对生产性服务业的投入比重都有一定程度的提高，这也符合世界各国产业结构变化的普遍规律。

从发展阶段看，2007年中国人均GDP超过2000美元（2005年不变价计算，假定汇率保持在8.19元/美元的水平，下同），2011年达到3000美元，2017年达到5000美元，然后再过10年，到2027年左右人均GDP超过10000美元。如果考虑到人民币升值因素，则人均GDP达到3000美元、5000美元和10000美元的时间分别在2009、2015和2022年左右（假定2020年左右汇率为6元/美元）。

表8　　基准情景下的其他模拟结果

年　份	2005	2006	2007	2010	2015	2020	2025	2030
人均GDP（2005年不变价元）	14150	15641	17318	22602	34761	52399	74934	102802
人均GDP（2005年不变价美元）	1727	1909	2114	2759	4243	6397	9148	12550
GDP构成（生产法）								
第一产业	12.47	11.75	11.89	11.44	10.91	10.73	10.21	9.52
第二产业	47.84	47.28	46.30	43.66	41.59	40.25	39.85	39.75
第三产业	39.69	40.96	41.81	44.90	47.50	49.02	49.94	50.72
总人口（亿人）*	13.08	13.15	13.22	13.47	13.87	14.19	14.48	14.63
农村	7.45	7.37	7.31	7.12	6.79	6.41	6.06	5.64
城镇	5.62	5.77	5.91	6.35	7.08	7.78	8.42	8.99
城市化率（%）*	42.99	43.90	44.70	47.13	51.03	54.86	58.16	61.42
分产业从业人员（亿人）	7.58	7.64	7.68	7.82	8.01	7.99	7.97	7.84
农村劳动力总数	4.81	4.77	4.73	4.60	4.39	4.04	3.75	3.37
第一产业	3.40	3.34	3.29	3.13	2.86	2.56	2.29	2.03
第二产业	1.81	1.89	1.96	2.15	2.39	2.50	2.57	2.57
第三产业	2.38	2.41	2.43	2.54	2.76	2.93	3.11	3.24
非农就业比重（%）	55.20	56.23	57.21	60.01	64.30	68.01	71.24	74.09

数据来源：标*号的为外生设定变量，其他数据为模型计算结果。

根据基准情景的模拟结果，2006~2030年间中国的劳动力转移有以下几个特征：

1. 劳动力转移仍将持续相当长的时期。劳动力转移持续的时间取决于两个因素：一是现有农业劳动力的数量；二是劳动力转移的速度。而前者已定的前提下劳动力转移的速度取决于经济增长对劳动力的需求数量。从基准情景的模拟结果看，在保持每年430万~800万转移数量的情况下（占各年农业劳动力总数的2%左右，劳动力转移的速度逐渐降低），到2030年，我国仍将有2亿左右的农业劳动力（见图1），劳动力转移仍然没有完成。因此可见我国的劳动力转移将持续相当长时间，不断发展经济促进就业增长仍是相当长时间的重要任务。

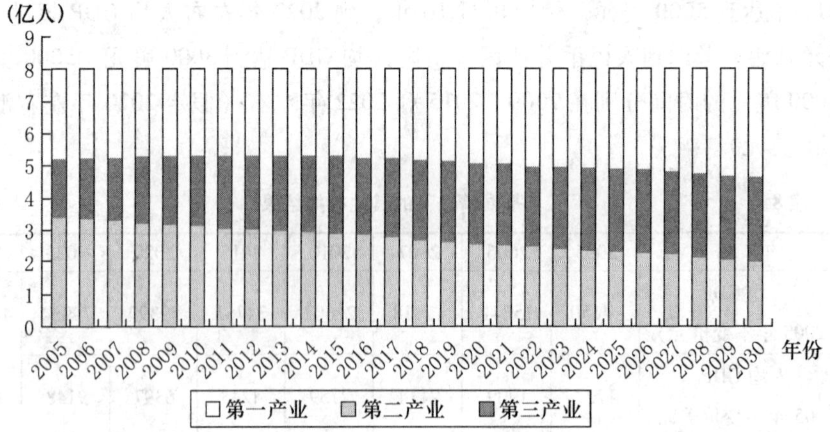

图1 基准情景中三次产业就业人员数量的变化

数据来源：模型计算结果。

2. 劳动力转移可以显著增加农民收入，不断缩小城乡居民收入差距。城乡居民收入差距大是中国经济发展中的重要问题，长期以来，由于农村人口众多，农民的收入水平提高非常缓慢，致使城乡差距不断扩大。但2000年以来，随着劳动力快速从农业向非农产业转移，农村居民收入水平提高很快。图2显示了基准情景下城乡居民的收入差距变化情况。2005年城乡居民人均收入之比为2.59，2030年降到1.64，随着劳动力的转移，收入差距持续降低。

3. 劳动力转移的难度逐渐加大，转移速度不断降低。尽管1997年以来的10年多时间里，中国取得了平均每年转移约600万~800万农村劳动力的显著成就，而且中国仍然存在3.4亿元左右的农业劳动力，需要转移的劳动力数量仍然巨大，但今后劳动力进一步转移的难度也在逐渐增大。这主要体现在几个方面：首先，从转移劳动力的区域分布看，劳动力转移总是从离城市最近、离劳动力需求地最近的区域开始，根据第二次农业普查的结果，2006年我国东部地区农村从业人员

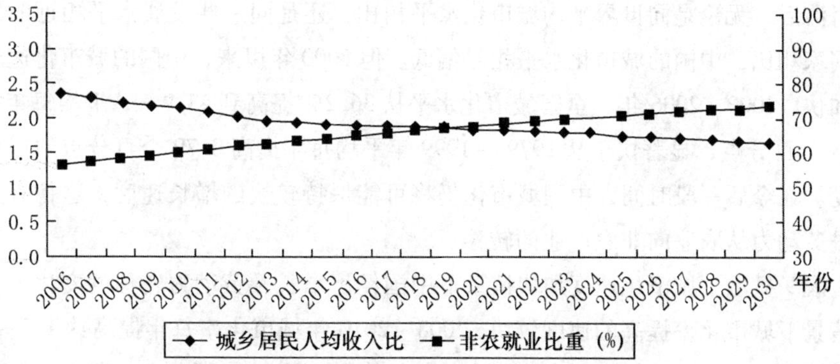

图 2　基准情景下的非农就业比重与城乡收入差距变化

数据来源：模型计算结果

中，有 52.4% 的人员从事农业，中部地区有 76.8% 的劳动力从事农业，而西部和东北地区分别有 86.3% 和 80.1% 的劳动力从事农业。由此可见，我国未转移的劳动力主要位于中、西部地区欠发达地区，这些地区离劳动力需求中心距离较远，劳动力迁移成本较大。其次，未转移劳动力的受教育和技能水平相对较低，给进一步转移增加了难度。在劳动力转移过程中，受教育程度和技能水平较高的群体由于更容易适应非农产业的劳动力需求，在城市能得到较高的工资，从事非农产业有更大的经济收益，因此总是技能高的人先转移，剩下的未转移劳动力中，平均技能水平较低，难以适应城市对劳动力的需求。最后，从年龄构成看，最有活力、适应能力最强的青壮年农村劳动力已经大部分转移，剩余劳动力中中老年所占比重逐渐增大，由于中老年劳动力更需要照顾家庭、也更能适应城市的生活和工作，因此更加难于实现转移。

根据基准情景的模拟结果，2006~2030 年间，我国每年新增劳动力转移的数量不断减少，2010 年以前每年新增转移大约在 700 多万人，2010~2020 年每年约为 550 万~650 万人，而 2020~2030 年间约 400 万~550 万人左右，劳动力转移规模呈不断降低的趋势。

（四）其他情景下的模拟结果

在对照情景中，城市化速度加快和服务业比重提高两种情景，都属于经济发展较为协调的情景，体现了我国较好地实现城乡统筹发展和产业结构优化调整的较理想状况。而经济增长速度减缓和对外出口增长速度放慢两种情景，则属于比较悲观的情形，反映了我国经济发展中面临的主要风险和挑战。

1. 城市化速度较快情景下的模拟结果。中国目前正处于城市化快速发展的时期。受中国城乡分割的二元经济及相关的政策影响，长期以来中国的城市化进程相对滞后，无论是同世界平均城市化水平相比，还是同一些发展水平相近的发展中国家相比，中国的城市化水平相对偏低。但2000年以来，中国的城市化速度显著加快，2000～2006年，全国城市化水平从36.2%提高到43.9%，平均每年提高1.28个百分点，显著快于从1979 ～1999年平均每年提高0.79个百分点的城市化速度。在今后一段时间，中国城市化仍将可能保持较快的增长速度，这将有力地促进劳动力从农业向非农产业的转移。

表9显示了城市化速度加快情景下中国经济增长及劳动力转移的变化。在这种情景下城市化率提高的速度较快，2008～2010年城市化率每年提高约1.3～1.5个百分点；比基准情景中城市化速度每年加快0.5～0.7个百分点；2011～2020年间城市化速度比基准情景每年加快0.5个百分点；2021～2030年间每年加快0.2个百分点。在此情景下，GDP增长速度、非农就业比重和劳动力转移人数与基准情景相比都有显著增加。例如在2007～2010年，经济增长速度每年大约提高0.01个百分点，非农就业比重比基准情景要高0.09个百分点，每年农业劳动力转移人数比基准情景增加约25万人左右，占当年新增转移劳动力的3.9左右。在整个模拟期间内，都呈现出城市化速度加快而劳动力转移相应加快的现象，这说明城市化进程对劳动力转移有重要的影响。

表9　城市化速度加快情景下的模拟结果　单位:%

年　份	2007～2010	2011～2015	2016～2020	2021～2025	2026～2030
GDP增长速度	10.32 (0.01)	9.67 (0.03)	9.08 (0.03)	7.89 (0.04)	6.76 (0.02)
城市化率	47.65 (1.73)	53.68 (4.21)	60.15 (6.80)	65.37 (8.52)	69.79 (9.66)
非农就业比重	58.71 (0.09)	62.96 (0.33)	67.19 (0.61)	70.74 (0.77)	73.84 (0.86)
当年转移人数增加	3.88	7.27	5.99	3.67	2.59

数据来源：模型计算结果。

注：括号内的数字为相对于基准情景的变化幅度。另在此情景中2005、2006年城市化水平与基准情形相同，均为实际数据。

从表9的模拟结果看，在一定范围内加快城市化发展步伐，可以有效地促进经济增长和劳动力转移，因此，我们必须保持一定的、和经济发展阶段相一致的城市化速度。从中国城市化水平与非农就业比重和世界其他国家的经验比较看(见图3)，经过2000年以来城市化的快速发展，我国城市化水平滞后于经济发展的现象已经有显著改观，因此在今后的发展中，我们一方面需要保持一定的城市化速度，另一方面需要不断提高城市化的质量，包括大力治理污染、改善城市环境，提高为城市居民提供的公共服务水平等。从基准情景的模拟结果看，如果今后保持每年提高城市化水平 0.7 ~0.8 个百分点，则到 2030 年时，我国的非农就业比重达到 73%左右，城市化水平达到 61%左右，城市化和经济就可以保持较为协调的发展。

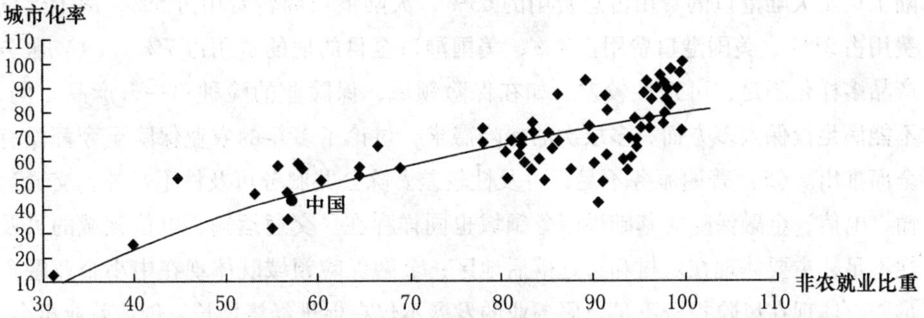

图 3 世界各国非农就业比重与城市化水平的关系（2003 年），中国数据为 2006 年

数据来源：World Development Indicators 2007

2. 服务业加快发展情景下的模拟结果。服务业保持较快的发展速度和较高的比重是实现经济持续协调发展的重要要求。改革开放以来，虽然中国的服务业取得了长足进步，但与国民经济整体发展水平和人民生活日益提高的需求相比仍有很大差距。从总体来看，中国的服务业发展相对滞后，总量仍显不足。2001 ~2006 年，服务业年均增长速度比 GDP 低近 0.1 个百分点，比工业低近 1 个百分点，使得其占 GDP 的比重自 2002 年最高达到 41.5%之后，又徘徊在 40%左右。2005 年中国服务业占 GDP 的比重为 39.9%，远低于世界平均水平 64.79%，也低于中、低收入经济体的平均水平（53%和 50%），分别比它们低了近 25、13 和 10 个百分点。比重的国际比较虽然反映了中国服务业存在的一定问题，但由于各国所处的发展阶段不同，资源禀赋状况、体制框架和市场环境等也有相当的差异，加之统计制度的不同，因而，不同国家之间存在一定的不可比性。而且，比重偏低只是告诉我们中国服务业存在着问题，但是并没有反映出中国服务业自身发展在供给和需求两个方面到底存在着哪些具体问题，效率、成本、质量、品种、可及性是评价服务业本身发展的重要指标。这也是促进中国服务业发展、更好地发挥服务业功能的最重要的方面。从这五个方面来看，服务业存在着以下问题：（1）服务效率低，及时性不够。世界银行用司法系统解决商业冲突所需要的时间来衡量政府提供公共服务的效率，研究表明，中国各城市解决商业冲突的时间相差很大，其中最短的大连和深圳仅用 5.8 个月，而最长的哈尔滨居然需要 13.5 个月。（2）服务质量低，产业层次有待进一步提高。服务供给质量不高，难以满足相关客户高层次需求。2004年，GaWC①调研了世界主要都市的高端生产者服务业，其中纽约高端生产者服务业跨国公司数量最多，为105家，而北京、上海分别为32家和27家。（3）服务成本较高。以物流行业为例，世界银行研究了从中国内陆一个省份运送一个集装箱货物至美国内陆的费用结构状况，其中从中国内陆工厂至大陆港口的费用占总费用的63%，大陆港口周转费用占5%，海上运输费用占21%，美国港口费用占4%，美国港口至目的地的费用占7%。（4）服务产品多样化不足，可选性较差。如在保险领域，保险业的险种单一，产品雷同，不能满足投保人多方面、多层次的保险需求，讨论了多年的农业保险至今都没有全面推出。（5）普遍服务不足，可及性较差。除公共服务可及性不足外，交通运输、电信、金融保险等基础性服务领域也同样存在。交通运输、电信领域的可及性不足，主要体现在农村和边远落后地区；金融保险领域既体现在中小企业融资难，也体现在风险投资不足。服务业的发展不仅在促进经济增长，创造就业机会，优化了产业结构，改善了人民生活等方面将进一步发挥其重要的作用，同时也促进了市场的发育，缓解了资金、资源供求矛盾，为第一产业的加强与第二产业的优化和升级创造了良好的环境，特别是生产性服务对制造业发展、升级与竞争力提升具有重要支撑作用。服务业加快发展也是促进资源节约、完成经济发展方式转变的重要要求。“十一五”规划明确提出，我国要加快发展服务业，提高服务业的比重和水平，并提出了“十一五”期间服务业比重提高3个百分点（从2005年的40.3%提高到2010年的43.3%）的预期性目标。近年来，国家也采取了一系列的扶持政策以加快服务业的发展，包括简化投资手续、降低市场准入条件等等。为了考虑这些因素的影响，我们设计了服务业加快发展（第三产业结构比重有较大幅度提升）的情景，以考察产业结构变化对劳动力转移的影响。

在服务业加快发展的情景下，经济增长速度有所提高，劳动力转移速度显著加快。例如，由表10的模拟结果，2007～2010年期间，第三产业比重比基准情景平均提高2.8个百分点，相应的，经济增长速度大约提高0.4个百分点，城市化率平均提高0.02个百分点，当年新增转移人数增加约44万人左右，为当年新增转移人数的6%。由此可见，服务业加快发展增加了对劳动力的需求，促进了劳动力转移，同时也有利于经济增长和城市化的发展。

① GaWC（Globalization and World Cities Study Group and Network），即设立于英国Loughborough大学的“全球化与世界城市研究群网络”。

表10　　**服务业加快发展情景下的模拟结果**　　单位:%

年　份	2007~2010	2011~2015	2016~2020	2021~2025	2026~2030
第三产业比重	46.26 (2.82)	50.81 (4.14)	53.87 (5.44)	56.02 (6.46)	57.89 (7.48)
GDP增长速度	10.73 (0.39)	9.87 (0.19)	9.30 (0.26)	7.97 (0.11)	6.79 (0.05)
城市化率	45.94 (0.02)	49.59 (0.11)	53.58 (0.24)	57.22 (0.38)	60.61 (0.49)
非农就业比重	58.78 (0.16)	63.07 (0.45)	67.27 (0.70)	70.88 (0.91)	74.01 (1.03)
当年转移人数增加	5.97	7.35	6.01	5.65	3.08

数据来源：模型计算结果。

注：括号内的数字为相对于基准情景的变化幅度。

3. 经济增长速度放缓情景下的劳动力转移情况。经济快速增长是吸引劳动力不断从农业向非农产业转移的最重要因素，当经济增长速度下降时，不仅对劳动力的总需求会降低，对农村劳动力的转移可能会产生更大的影响。这是因为每年的新增劳动力供应中，除转移劳动力以外，还有学校毕业生、复员军人及城镇本地新增劳动力，当对劳动力的需求减少时，政府会更优先解决这些劳动力的就业问题，所以农村劳动力的转移速度会有较大幅度的降低。

表11显示了经济增长速度减缓情景下对劳动力转移和城市化的影响。由模拟结果可见，经济增长速度对劳动力转移的影响很大，例如，2007~2010年间，与基准情景相比，GDP增长速度平均每年降低1.5个百分点，每年新增劳动力转移人数约减少50万人左右，比基准情景降低了6.3%，由于劳动力转移的减少，当年城市化率降低了0.02个百分点，非农就业比重降低了0.12个百分点。

表11　　**经济增长速度放缓情景下劳动力转移的变化（与基准情景相比较，百分点）**

年　份	2007~2010	2011~2015	2016~2020	2021~2025	2026~2030
GDP增长速度	8.4 (-1.52)	8.0 (-1.56)	7.3 (-1.69)	6.5 (-1.42)	5.9 (-0.92)
城市化率	46.30 (-0.02)	49.39 (-0.07)	53.17 (-0.16)	56.64 (-0.30)	59.93 (-0.46)
非农就业比重	58.96 (-0.12)	62.28 (-0.28)	66.07 (-0.46)	69.48 (-0.71)	72.57 (-0.97)
当年转移人数增加（%）	-6.34	-4.35	-5.70	-7.56	-7.76

数据来源：模型计算结果。

注：括号内的数字为相对于基准情景的变化幅度，单位：百分点。2005~2007年GDP增长速度采用实际数据，同基准情景相同。

4. 出口增长速度减慢情景下的模拟结果。改革开放以来，中国经济对外开放程度不断提高，对外出口保持了较高的增长速度，2002～2007年出口增长速度在22%～35%之间，2005年和2006年，净出口占GDP的比重达到5.4%和7.5%，对经济增长的贡献达到20%左右。出口对劳动力需求的影响也很大，从我国出口商品的构成看，虽然近年来出口商品结构升级显著，2007年我国机电产品出口总额超过7000亿美元，接近总出口的60%，但劳动密集型产品，特别是服装、纺织、玩具等行业吸收了大量的劳动力，对中国的劳动力转移起到了重要的推动作用。

经济发展过于依赖对外贸易也存在潜在的风险，因为对外贸易受国际经济形势的影响较大，亚洲金融危机后的1998年和1999年，中国的对外出口增长率只有0.5%和6.1%，另外随着连续多年出口的快速增长，许多商品都面临着国外各种贸易保护问题，进一步增加出口的难度也在增大，所以有必要研究对外出口的变化对劳动力转移的影响。

表12　改革开放以来我国对外贸易进出口情况

年份	1981	1985	1990	1995	2000	2003	2004	2005	2006	2007
出口（亿美元）	220	274	621	1488	2492	4382	5934	7620	9693	12180
进口（亿美元）	220	423	533	1321	2251	4128	5614	6601	7918	9558
出口增长速度（%）		4.6	18.2	23	27.8	34.6	35.4	28.4	27.15	25.7
进口增长速度（%）		54.1	-9.8	14.2	35.8	39.8	36	17.6	19.93	20.8

数据来源：各年《中国统计年鉴》。

为考虑出口变化的影响，我们设计了出口增长速度降低的情景，在这一情景中，我们假设由于外部经济环境变化等原因，中国的对外出口增长速度比基准情景有较大幅度的降低，考察这种情况下劳动力转移和经济增长所受到的影响，表13给出了具体的模拟结果。

表13　出口增长速度减慢情景下的模拟结果　单位:%

年份	2007～2010	2011～2015	2016～2020	2021～2025	2026～2030
出口增长速度变化（百分点）	-5.30	-2.74	-1.23	-0.24	-0.14
GDP增长速度	8.66 (-1.30)	9.17 (-0.47)	8.63 (-0.41)	7.69 (-0.17)	6.73 (-0.01)
城市化率	46.31 (-0.01)	49.43 (-0.05)	53.20 (-0.14)	56.59 (-0.26)	59.74 (-0.38)

续表

年　份	2007~2010	2011~2015	2016~2020	2021~2025	2026~2030
非农就业比重	59.03 (-0.05)	62.45 (-0.18)	66.18 (-0.40)	69.36 (-0.62)	72.18 (-0.80)
当年转移人数增加	-2.65	-4.40	-6.13	-6.48	-5.87

数据来源：模型计算结果，括号内的数字为相对于基准情景的变化幅度。

表13的模拟结果显示，出口增长对劳动力转移有较大的影响，例如在2007~2010年，与基准情景相比出口增长速度平均每年降低5个百分点，受此影响，GDP增长速度平均每年降低约1.3个百分点，而当年新增劳动力转移人数减少约20万人，比基准情景降低了2.7%，非农就业的比重相应降低了0.05个百分点。

（五）结论和政策建议

本文通过可计算一般均衡模型，研究了中国中长期经济增长和劳动力转移的基本趋势，分析了一些影响劳动力转移的一些重要因素，主要得到了以下的结论。

1. 中国农村劳动力从农业向非农业转移仍是个长期的过程。尽管从2003年以来，中国局部地区开始出现“民工荒”现象，近年来农民工的工资水平也有显著上升，但中国仍然有超过3亿多主要从事农业的农村劳动力，中国大规模的农村劳动力转移仍将持续相当长的时间。

2. 劳动力转移的难度不断加大，转移速度不断降低。由于在劳动力转移过程中，总是那些受教育程度高、技能好、离城市近、适应工作能力最强的青年劳动力最先转移，没有转移的农村劳动力中，往往文化程度较低，或者年龄较大。在2006~2030年间，我国每年新增劳动力转移的数量不断减少，2010年以前每年新增转移大约在700万人左右，2010~2020年每年约为500万~600万人，而2020~2030年间约400万~500万人左右，劳动力转移规模呈不断降低的趋势。

3. 国民经济增长速度、城市化进程、对外贸易增长速度和产业结构变化对劳动力转移有重要影响。本文的模拟结果表明，保持经济较快增长是保证劳动力转移的重要条件，要解决我国长期存在的就业压力，就必须要保持一定的经济增长速度；城市化进程可以有效促进经济的增长和劳动力转移，如果今后长期保持每年提高城市化水平0.7~0.8个百分点，则城市化和经济增长可以保持较为协调的发展；外贸出口的变化对劳动力转移有较大的影响，出口增长速度大幅度回落会严重降低对劳动力的需求；产业结构的调整也对劳动力转移有显著影响，第三产业比重上升可以有效地增加对劳动力需求，促进劳动力转移。

四、我国农民工权益保护面临的突出问题

（一）农民工劳动权益保护制度不健全

1. 农民工工资水平普遍偏低。农民工集中的企业，劳动强度大，工作时间长，但许多企业把当地最低工资标准作为农民工工资水平或参照物，没有建立以贡献和效益为依据的工资增长机制。20 世纪 90 年代，扣除物价因素后农民工的实际工资收入基本上没有增长。2004～2007 年外出农民工实际工资年均增长 7% 左右，增幅比同期城镇职工实际工资年增长率低 3～4 个百分点，两者的工资差距继续加大。与城镇就业者相比，农民工人月均工资仅为其一半左右。农民工的劳动小时工资水平更低。拖欠或变相拖欠压低农民工工资问题在部分企业仍然突出。农民工工资偏低，给农民工生活带来困难，其结果是劳动者生活质量低下，并影响子女教育，不利于劳动力的再生产。庞大的农民工群体工资偏低，是造成初次分配中劳动收入偏低的主要原因之一。农民工工资收入低，缺乏社会保障，导致农民工在城市压低消费水平，也影响其在城镇安居，谈不上购置耐用消费品，也对整个经济内需扩大造成不利影响。

2. 劳动用工管理不规范。各地用人企业与农民工签订劳动合同工作进展参差不齐，签订劳动合同的比例还不高，合同期限短、内容不规范、履约不理想。农民工超时间劳动比较普遍，国家统计局 2006 年的调查显示，进城农民工平均每周工作 6.3 天，平均每天工作 8.9 小时。其中，农民工每周工作 7 天，没有休息日的占 46.9%，明显要高于当地城市职工的工作时间。有一半的农民工拿不到加班补贴，近八成农民工不能带薪休假，八成女职工无法享受带薪休产假，双休日、节假日没有休息司空见惯。劳动执法体系不健全，由此引发的劳动争议和群体性事件仍有发生。

3. 劳动安全条件差，职业病和工伤事故较多。农民工集中在劳动密集型产业及劳动环境差和重、脏、苦、累、险的工种。许多企业经营者为了减少成本，使用缺乏防护措施的机器，噪音、粉尘、有毒气体严重超标，不配备必需的安全防护设施和劳保用品，对农民工不进行必要的安全培训，加之劳动时间长，劳动者疲劳过度，致使发生职业病和工伤事故的比例高。患职业病和在重特大安全事故中失去生命的主要是农民工群体。据国务院发展研究中心 2007 年对劳务输出县 301 个村的调查，外出就业人员中因职业病、伤残回乡的人数为 1017 人，死亡的有 519 人，分别占被调查村劳动力的 0.28% 和 0.14%；分别相当于 2006 年外出就业人数的 0.63% 和 0.32%。

4. 农民工组织化程度低，工会维权职能发挥不够。现在尚有 2/3 左右的农民

工没有加入工会组织，特别是民营企业、外资企业或中小企业的工会组织很不健全。处于分散状态的农民工在与企业主谈判中处于弱势地位。同时，现有的工会组织在维护劳动者特别是农民工的合法权益方面还没有充分发挥作用，导致包括农民工在内的劳动者通过工会有组织地与企业主的平等协商机制尚未形成，农民工在工资、劳动安全等方面的权益受到损害的现象大量发生。

（二）农民工无法平等地享受城市公共服务

近年来，各地各部门在农民工公共服务方面作出了努力，也取得了实实在在的成绩。但长期以来农民工工作重管理轻服务，当前的公共服务水平与农民工对公共服务需求和公共政策的目标还有差距，一些问题亟待解决。制约农民工公共服务水平提高的首要因素是公共服务的理念还没有真正树立起来，仍然没有将其提升到政府责任的高度，对公共服务发展目标也缺乏规划，公共服务的法律保障机制不健全。随着农民工的增加和构成上的多样性，农民工公共服务需求也呈现出不断增长和多样化的趋势，已有的一些公共服务项目不能满足农民工的需求，公共服务的享受不平衡。

1. 许多进城农民工子女尚未纳入流入地义务教育体系。随着农民工数量的逐年增加，农民工同住子女的教育需求也日益增长，但城市公办学校教学资源未能相应扩充，还有相当多的农民工子女就读于农民工子弟学校。未纳入民办教育管理的农民工子弟学校教学条件普遍不高，收费标准参差不齐。国家统计局 2006 年在调查中发现，有 17% 的农民工带子女随行并在当地城里就学，其中在公办学校、农民工子女学校就读的比例约为7∶3。不少地区农民工子女在民办简易学校就读的仍在半数左右。截至 2007 年 9 月，上海市共计 38 万名外来流动人员子女接受义务教育，其中在公办中小学及委托民办中小学就读的 21.7 万人，占 57.10%；在农民工子女学校就读的 16.3 万人，占 42.90%。多数农民工子弟学校得不到政府的扶持，其义务教育经费没有列入财政预算，只是靠向农民工收费维持运转，影响教育质量，加重农民工负担。而且农民工子女在完成义务教育阶段后，他们仍然需要回到农村读高中、考大学，这很不公平。

2. 农民工医疗卫生条件差，看病难。2/3 的农民工不上正规医院看病，大都选择自己买药治疗或去个体诊所。不少城市农民工子女计划免疫的合格接种率较低。农民工疾病预防监测尚未完全覆盖，对于分散、流动的农民工的疾病预防宣传教育还缺乏有效的手段。进城农民工未能完全纳入城市计划生育服务体系，不能享受城市的城镇基本健康保障制度和医疗救助。

3. 缺乏职业培训和就业服务。十七大已明确要健全面向全体劳动者的职业培训和就业制度，但目前的财政支持力度仍然较小，不能覆盖所有的农民工。就业技能鉴定项目收费较高，农民工难以承受。不少培训机构基础设施落后，缺少实习场地和师资，专业设置与市场需求脱节。农民工技能培训质量尚不能满足高技能人才的需求。企业在培养技能人才方面发挥主体作用不够，对职工重使用轻培训，甚至只使用不培训，加剧了技术工人的短缺。目前我国公共就业服务体系尚不健全，乡村就业服务工作还十分薄弱，难以为农村劳动者提供及时有效的就业信息和便捷的就业服务。

4. 农民工文化生活贫乏。农民工对丰富多彩的文化生活充满了渴望，相当一部分农民工表现出渴望融入城市生活的强烈愿望，但始终难以实现。现有的公共文化服务体系未将农民工涵盖其中。大多数的农民工在工作之余无事可做，无处可去，倍感无聊。无论生活还是找工作，农民工更多地局限于熟人朋友之间的联络，与社区居民很少来往。总体来讲，农民工的文化需求目前处于一种饥渴的状态，他们工作在繁华的都市里，却生活在精神的孤岛上。

（三）农民工住房未被纳入城镇住房保障体系

农民工终年奔忙在城市，其住房却游离于城镇住房体系之外，普遍存在住房面积小、居住环境差，许多农民工居无定所，住房保障缺乏，农民工改善住房状况能力严重不足。相关调查显示，在就业城市近40%的农民工居住在集体宿舍或工棚里，由于市区一般楼房的月租金不断增长，相当一部分农民工租赁房屋混居在城乡结合部。居住空间狭小，大多缺乏必要的卫生、采暖、防暑、通风、透光、防火等基本设施，环境乱、脏、差，交通不便。据住房和城乡建设部的调查，在已婚的建筑业农民工中，有3/4的人处于夫妻分居。一些城市探索实行的集中建设农民工公寓，低价出租给农民工的模式，由于在用地、税费等方面缺乏政策支持，建设运营成本较高，给大规模推广带来困难。目前，尚未建立起与农民工经济状况相适应的住房供应模式 。我国城市不存在贫民窟，但在有些城市农民工聚居场所已出现贫民窟的现象。这种情况严重影响了农民工的生活质量，影响医疗卫生、子女教育，并成为他们融入城镇的最大障碍之一。

（四）农民工社会保障权益得不到有效保障

目前，农民工工伤保险工作取得较快进展，相关法律法规趋向健全。2003年出台的《工伤保险条例》和2006年国务院5号文件《国务院关于解决农民工问题的若干意见》以及2004年劳动与社会保障部专门颁布《劳动和社会保障部关于农民工参加工伤保险有关问题的通知》，共同构筑了当前农民工工伤保险政策体系。为了快速推动农民工工伤保险普及步伐，各地开展了一系列专项活动，例如针对高风险企业农民工参加工伤保险的“平安计划”、农民工参加医疗保险

“专项扩面”行动，等等。截至2007年底，参加工伤保险的农民工3966万人，增加1429万人，增长率达52.33%。一些产煤大省的大中型煤矿已基本实现全部参保。

2006年国务院5号文件已明确，要重点解决农民进城务工期间的住院医疗保障问题，许多地方进行了积极探索，但只有20%左右的农民工在就业地参加以保住院为主的大病医疗保险，大多数农民工以参加原籍的新型农村合作医疗为主，有病不住院治疗的现象很普遍，而且参加新农合的在城市看完病只能回原籍报销。

农民工参加养老保险的比例很低。据国家统计局的抽样调查，2006年农村外出劳动力参加养老保险的仅占3.8%，其中在省内务工的参保率为5.8%，跨省务工的参保率仅为2%。2007年农民工养老保险虽然有所增长，达到10%以上，但大多数农民工仍然没有养老保险。目前，对建立农民工养老保险制度，还缺乏整体性的长远规划、缺少系统性的设计和有效的规范。近几年各地探索实行的农民工养老模式大体可以分为上海“综合保险式”、浙江“低门槛式”、广东“捆绑式”三种模式。

上海模式的做法是以综合保险为重点，探索建立了适合农民工的单独的社会保障制度。上海市自2002年起建立并实施了外来从业人员综合保险制度。综合保险包括工伤、住院医疗、养老补贴及日常药费补贴等四项待遇，综合保险由用人单位缴费，缴费基数为上年度全市职工月平均工资的60%，费率为缴费基数的12.5%，费率负担仅为城镇职工的1/4。截至2007年底，全市综合保险参保人数达到333.6万，其中建筑施工企业参保人数53.5万。有近4万人享受了工伤保险待遇，400多万人享受了医疗保险待遇（其中，2.6万人享受了住院医疗保险待遇），270多万人领到了累计1年以上的养老补贴凭证。这种综合保险模式适合农民工年纪轻、发病率低和收入低、流动性大的特点，但养老补贴标准过低，仅为当地职工月平均工资的3%，难以防范养老风险。

浙江模式的做法是，在现行城镇社会保险制度框架内，根据农民工的情况适当降低门槛，实行“低门槛进入，低标准享受”，将农民工养老保险的企业和个人缴费比例分别降至12%和4%（城镇职工为22%和8%）。由于农民工绝大多数是“新人”，处在养老保险基金的积累期，以优惠缴费的办法扩大基本养老保险的覆盖面，当期没有基金支付压力，但将来政府和社会保险基金的支付压力较大。

广东模式的做法是，执行现行城镇社会保障制度，农民工与城镇职工实行同等缴费、享受同等待遇。此模式要求农民工“捆绑式”参加城镇养老、失业、医疗、工伤等保险项目，缴费包括企业缴费和个人缴费，但待遇的“大头”养老金要等到几十年后退休了才能享受到，保险关系又不能转移，“退保”又只退个人账户或个人账户中的个人缴费部分，社会统筹部分则留在当地，因此，权利义务是不对等的，农民工退保问题突出。虽然广东省农民工社会保险工作走在了全国前列，但总体上参保率不高，农民工工伤、医疗、失业、养老参保率分别只有51.3%、40.3%、17.4%、30.7%。基本养老保险尚未实现全省统筹。

对于农民工养老保险政策，虽然现在普及推广力度很大，但由于统筹层次低、制度上存在不合理性，仍然面临诸多问题。养老保险缴费门槛高，按月享受基本养老金的最低缴费年限为15年，而农民工流动频繁，多数农民工参保很难达到该年限标准。目前，我国养老保险制度在省市甚至县市统筹管理运行。各地区之间制度不同，政策不统一，难以互联互通，养老保险关系难以转移接续。跨地域社保关系接续难，是建立农民工养老保障制度的一个突出障碍。一些试点地区考虑到农民工的流动性，允许农民工退保，但农民工在退保时只能拿回自己缴纳的部分，企业为农民工上交的全部留在城市，直接损害农民工享受社会保障的对等权益，客观上影响了企业和农民工的参保积极性。从实践探索和理论研究的现状来看，对于一个在全国范围内流动的不断增加的庞大农民工群体而言，如果养老保险制度各地方自行其是，制度规则不统一，农民工社保关系无法跨地域接续转移，将严重阻碍形成全国统一的劳动力市场。

农民工长期被城市社会救助体系所忽略。政府对城市贫困问题的关注长期以来，主要集中在由国有企业改革造成的下岗职工问题上，而对基本生活难以为继的农民工重视不够。农民工没有被纳入城市医疗救助（大病救助）范围，无法享受与城镇户籍居民相同的医疗救助待遇。

（五）农民工在城镇落户定居门槛高

城乡二元户籍制度是造成农民工受到不公平待遇和难以融入城市的制度性障碍。农民工与城镇户籍人口在住房、就学、社会保障等方面的不平等福利制度，都是附着在户籍制度之上的。长期的户籍分隔使农民工无法享受到城镇职工所能享受的诸多福利。一些名义上取消了农业、非农业两种户口的地方，并没有在福利制度、迁移制度上发生实质性改变。据国务院发展研究中心2007年对劳务输出县301个村的调查，改革以来因外出就业累计实现迁移定居的农民工，只相当于目前外出就业农民工的1.7%。若按照这个比例计算，全国1.3亿进城农民工中只有200万左右的农民工通过买房、结婚等方式获得了城镇户口，他们中的8000多万人虽然在城镇居住半年以上，但都没能够在城市获得合法的市民资格、平等的待遇和实现安居乐业。随着农民工在城市较长时间的存在，城乡二元结构已经变为城市的二元社会。

当前，农民工在流入地长期居住的意愿强烈。但是，户籍制度抬高了农民工进城的门槛，使城镇化处于僵持状态，成为农民工谋求机会公平、待遇平等、权益保障的障碍，限制了农民工融入城市社会。从发展趋势看，农民工流动不仅将长期存在，而且大部分最终会融入当地社会。这一问题解决得好，将成为流入地发展的合力和动力；解决不好，必会成为社会压力。

（六）农民工民主权利缺失

农民工群体仍然长期游离于政治生活之外，导致在社会政策制定中他们的利益诉求得不到回应和保障。一是农民工的选举权利被边缘化。现行的选举制度与户籍制度是直接联系的，按现行的选举法及相关法规规定，农民工难以在就业地参与所居住社区的选举，只能回原户口所在地参加选举。大多数农民工在就业城市没有行使过选举权。由于回乡参加选举的成本过高，而且选举结果与自身利益关系不大，农民工基本选择放弃选举权利，或只是通过委投或函投的方式参加。二是农民工党员长期游离于党组织之外，缺乏正常的组织活动，党员教育、党员发展等方面的工作无法开展，党员作用难以发挥。三是不能参与社会管理。由于户籍制度，农民工被排斥在社区组织、社区活动、社区管理之外，难以融入社区生活，产生许多社会问题。进城农民工没能参与社会管理，农民工的利益诉求难以在城市公共政策的制定中得到充分反映，在这种情况下，城市社会的管理就很难得到农民工群众的支持，社会矛盾也就不可避免。

五、解决农民工问题的指导方针与基本思路

（一）指导思想与目标任务

新形势下解决好农民工问题的指导思想是：全面贯彻党的十七大、十七届三中全会精神，按照科学发展观的要求，顺应经济社会发展规律和亿万农民工的意愿，坚持统筹城乡就业，坚持以创业促进就业，把促进农村劳动力持续向非农产业和城镇转移作为长期的战略任务，把以人为本、公平对待、一视同仁作为解决好农民工问题的根本要求，把推进农民工市民化作为基本目标，推进城乡分隔二元体制改革和制度创新，引导农民工合理有序流动，加强农民工权益保护，保障农民工平等享受城市基本公共服务，提高农民工整体素质，健全城乡统一的人力资源市场，加快建立公民身份统一、机会均等、权利平等的城乡统一的社会管理制度，努力实现农民工就业有技能、劳动有合同、工资有保障、伤病养老有保险、维权有手段、居住有其屋，确保农民工共享改革发展成果。

农民进城就业和农民变市民将伴随着工业化、城镇化与解决三农问题的全过程，贯穿于到2020年实现全面小康社会的整个阶段。解决农民工问题既是一个十

分紧迫的问题，又是一个比较长的历史过程。在工作部署上，应当立足现状，着眼长远，明确目标，统筹安排，分阶段逐步推进。根据党的十七大提出的全面建设小康社会的新要求，到2020年，农民工工作的基本目标与任务是：

1. 实现农村劳动力充分就业。多渠道并举，广开就业门路，实现农民工稳定就业。健全农民工职业教育和技能培训体系及制度，大幅度提高技术熟练型农民工的比重。

2. 建立城乡劳动者平等就业制度，加快建立城乡统一的劳动力市场。在农民工中全面推行劳动合同制度，健全工资支付保障制度，彻底解决拖欠农民工工资问题，确保农民工生产安全，健全劳资纠纷协调机制，提高农民工的组织化程度，形成农民工工资合理增长机制。消除城乡劳动者就业的身份差异，将城乡劳动力纳入统一的就业管理服务体系，实现城乡劳动者同工同酬。

3. 健全农民工权益保障体系，推动农民工权益保障制度化。畅通农民工维权渠道，有序扩大农民工的社会参与，保障在城市居住一定年限的农民工在居住城市的选举权和被选举权，享受到更多的民主管理权利，依法保障农民工的土地权益。

4. 建立农民工平等享受城市公共服务的制度。健全农民工子女平等接受义务教育的制度，确保农民工子女平等享受教育资源。实现农民工公共卫生、计划生育、公共文化等方面与城镇居民享有同等待遇。

5. 全面将农民工住房纳入城镇住房保障体系。将在城市定居和稳定就业的困难农民工家庭纳入政府廉租住房和经济适用房享受范围，基本建立起与农民工经济状况相适应的住房供应模式。

6. 健全农民工社会保障制度。建立覆盖全体农民工的工伤、医疗、养老社会保障体系，建立农民工养老保险关系异地转移与接续制度，将稳定就业农民工纳入城镇应急救助、贫困救助、教育救助机制。

7. 建立城乡统一的户口登记制度。改革户籍制度和相关的社会管理等制度，形成城乡居民身份统一、机会均等、权利平等的社会管理制度，健全市民化准入机制，使越来越多的农民工尽快融入城市，基本消除城乡分割的二元经济结构。

8. 引导农村人口多渠道、多形式、多层次向非农产业和城镇转移，实现合理有序流动，促进大中小城市和小城镇协调发展，形成合理的城乡人口布局和区域互动关系。

（二）基本原则与战略思路

1. 坚持统筹城乡就业，促进农村劳动力持续向非农产业和城镇转移。虽然目前局部地区出现农民工短缺，但总体上我国农村劳动力仍是供大于求的局面，仍然有3.4亿农村劳动力主要从事农业，农村劳动力向非农业和城镇转移仍将持续相当长的时间，我国距离从劳动力过剩经济转入劳动力短缺经济尚远，农村劳动力就业不充分、不稳定，仍是农民收入增长的重要制约因素。从我国城乡人口结构、年龄构成和劳动力供给变化趋势看，新增劳动力将越来越成为农村劳动力供给的主要来源。当前和今后一个时期城乡就业的难点主要在农村。必须统筹安排城乡就业，不仅要把扩大城镇就业、降低城镇失业率作为重要任务，而且要把加快农村剩余劳动力转移、实现农民就业充分、稳定就业作为重要任务。必须广开门路，多渠道并举、多形式并存、多层次展开，不断开拓农村剩余劳动力转移渠道，努力实现农民工合理有序流动。

一是在产业类型上，继续重视发展劳动密集型产业和服务业。要充分利用我国人力资源丰富、特别是农村人力资源丰富的优势，正确处理发展高新技术产业和传统产业、资本技术密集型产业和劳动密集型产业的关系，发挥劳动密集型产业和资本技术密集型产业中的劳动密集生产环节的竞争优势。一方面，在工业内部，既要大力发展高新技术产业，不断提高我国的技术水平和国际竞争能力，也要十分注重劳动密集型产业的发展，并实行有利于促进企业增加就业的激励措施。另一方面，要大力发展服务业，不断提高服务业的比重。近年来，虽然国家一再强调要加快服务业的发展，但第三产业的比重并没有显著上升，从总体来看，我国的服务业发展相对滞后，总量仍显不足。2001～2006年，服务业年均增长速度比GDP低近0.1个百分点，比工业低近1个百分点，使得其占GDP的比重自2002年最高达到41.5%之后，又徘徊在40%左右。2005年我国服务业占GDP的比重为39.9%，远低于世界平均水平64.79%，也低于中、低收入经济体的平均水平（53%和50%），分别比它们低了近25、13和10个百分点。从三次产业看，第三产业吸纳就业能力要显著高于第二产业。2006年，第二产业万人增加值平均就业0.54人，第三产业则为1.64人，后者约是前者的3倍。2006年与1990年相比，我国合计新增非农就业人员1.8亿人，其中第三产业新增就业1.26亿人，占新增就业的70%。我国经济体制中还存在许多不利于产业结构优化调整的因素，例如目前的税收制度使得地方政府更注重发展大型工业企业等，需要政府采取更有效的政策措施，促进三次产业的结构升级，充分发挥其在解决农村劳动力就业的作用。

二是在城镇结构上，要促进大中小城市和小城镇协调发展。长期以来，我国城市化进程相对滞后。自“十五”计划纲要提出，要不失时机地实施城镇化战略以来，我国城市化水平滞后于经济发展的现象已经有显著改观，城镇化水平由2000年的36.2%提高到2007年的44.9%，年均增长1.24个百分点，显著快于从1979～1999年平均每年提高0.79个百分点的城市化速度。按城市化率每年提高1

个百分点计算，预计到2020年将有近3亿的农民工及其家庭稳步转移到城镇。今后，一方面需要保持一定的城市化速度，不断提高城市对转移劳动力的保障和服务水平。另一方面，要按照统筹城乡、布局合理、节约土地、功能完善、以大带小的原则，促进大中小城市和小城镇协调发展，不断提高城市化的质量。大中城市绝大多数分布在交通干线上，基础设施相对比较完善，产业基础比较雄厚，服务业发展有很大的潜力，随着产业链的延伸和产业配套能力的提高，对劳动力的需求不断扩大。随着工业化水平的提高，我国还会有不少农村人口向大中城市转移，今后大中城市仍是我国吸纳农村人口的主要载体，要进一步发挥好大中城市对农民的吸纳作用。我国的农村人口众多，不可能都集中在大中城市。一些国家人口过度涌入大城市产生的“城市病”是必须引以为戒的。城市群是一种高效配置经济资源并促进城乡统筹发展的空间组织形式。要以城市群作为城镇化的主体形态，合理疏散核心城市的部分职能，引导和促进周边城市以及整个区域城镇体系空间结构的调整和优化，逐步形成合理有序的城镇空间结构。小城市和小城镇是城乡经济发展与交流的桥梁和纽带，随着大城市产业结构的升级和调整，小城市和小城镇应加快劳动密集型加工业和服务业的发展，增加农民在县域内的非农就业机会，引导部分农民向中小城市和小城镇转移并定居，发挥其在大量吸纳农村富余劳动力等方面的重要作用。要完善外来人口较多的小城镇的社会管理职能，鼓励农村人口进入小城镇定居。目前，行政体制难以适应小城镇不断增加的人口管理需要，应当调整和完善。

三是在区域流向上，在继续鼓励中西部农村剩余劳动力向东部沿海发达地区流动的同时，推动东部沿海发达地区产业结构升级，鼓励沿海发达地区符合环境保护要求的劳动密集型产业向中西部转移，扶持中西部地区乡镇企业、中小企业和县域经济发展，为农民就地就近转移创造条件。

2. 坚持以创业促进就业，扶持农民工回乡创业。随着农村劳动力转移的力度不断加大，出现的一个新态势就是农民自主创业，特别是农民工回乡创业。农民工外出打工和回乡创业之间本身并不矛盾，外出打工是农民工回乡创业的孵化器，打工是锻炼人的大熔炉，企业、市场是培养人的大学校。打工的收获不仅在于获得一定劳动报酬，更重要的是打工者本人的成长。农民工中既有熟练的产业工人，又有企业的技术管理骨干，也有在城市由打工者变为企业家的创业者。据国务院发展研究中心课题组2007年对分布在100个县301个调查村的调查，在外打工成为技术、管理人员和“小老板”的有18355人，平均每个村有66人，占外出农民工的11.4%。回乡农民工创办的一些劳动密集、技术要求不高的企业，吸收了既难以外出打工，也在当地缺乏非农就业机会的农民就业，为他们提供了低门槛、灵活多样的就业机会。农民工回乡创业不少属于沿海劳动密集型产业向内地的转移，企业所使用的工人，有相当一部分甚至半数以上是从沿海打工回来的农民工。这就解决了回乡就业农民工随着年龄增长所产生的家庭团聚，照顾老小的实际需要，延续了他们产业工人的生命。农民工回乡创业创造一批新的就业载体，以创业促就业，带动了当地农村富余劳动力的就地就近转移。

进城农民工的流出地多是乡镇企业、民营经济薄弱局面没有改变的中西部传统农区。虽然农村大量青壮年多年外出就业，获得了劳务收入，但当地非农产业落后、就业机会少、农民收入低的状况没有大的改变。农民外出就业参与发达地区的工业化、城镇化，有利于增加收入，缓解中西部农村发展中的人地矛盾。但这些并不能代替不发达地区自身的发展。进城就业的农民工，是一种在异地经受市场经济和工业化洗礼、积累了一定资金和人力资本的外在力量，他们回乡创业，把资金和发达地区的市场观念、技术、管理带入家乡，成为推动欠发达地区经济发展的“草根”力量。一些农民工回乡创业起步早、发展快的地区，已经培育形成了县域经济支柱产业。农民工回乡创业把优势资源由城市引向农村、由经济发达地区引向不发达地区，这样的流动把城乡、发达地区与不发达地区的发展联系起来，形成沿海发达地区带动不发达地区农村发展的格局，是不发达地区乡镇企业、民营经济、县域经济发展的推动力。目前，农民工回乡创业总体人数和比例都还不高，今后一个时期农民工总体上外出大于返乡的格局不会改变。但随着劳动密集型产业向中西部地区转移的加快，农民工回乡创业前景广阔。事实证明，农民工是不发达地区工业化的播种者，是产业转移的推动者，只有把它们当作发展的主体，创造好的环境，吸引越来越多的人回乡创业，才能激活本地经济。

在继续做好劳务输出的管理和服务的同时，积极引导部分农民工回乡创业，标志着农村劳动力正在由单向输出向双向流动转变，这是一个必然而且重大的转变。要坚持两手抓，一手继续抓好农村劳动力外出务工的组织和培训工作，一手抓鼓励、扶助回乡创业工作，形成促进输出与回流创业的良性互动。对农民工回乡创业要实行“尊重创业，因势利导，积极支持，完善服务”的方针。尊重创业，就是尊重农民工自主创业的权利，使他们的合法权益得到保护；因势利导，就是引导农民工服从国家产业政策的要求，选准创业门路，防止高污染企业向中西部转移；积极支持，就是把农民工回乡创业列入各级政府的重要议事日程，凡是外出务工经商后返回家乡创办各类企业，只要符合法律和国家产业政策，并吸纳一定数量的当地劳动力就业，就要予以鼓励支持，实行政策优惠；完善服务，就是强化服务理念，解决农民工回乡创业普遍遇到的融资难、办事难、用地难等突出问题，改善创业环境。

3. 坚持城乡劳动者平等就业，加快形成城乡统一的劳动力市场。长期以来，采取严格限制农村劳动力进城务工的政策措施，包括企业用工先城镇后农村的歧视性规定、农村劳动力的审批制度、向用人单位收取农民合同制职工管理费等各种限制。近年来，虽然国家出台了不少保护农民工权益的政策，也取得了一些成效，但农民工合法劳动权益受损害仍是一个突出问题。必须按照劳动者自主就业、企业自主用工的目标，取消针对农民工进城就业的各种准入限制，将城乡劳动力纳入统一的就业管理服务体系，加快建立和完善以就业准入、登记管理、就业服务、技能培训、社会保险和政策扶持为主要内容的城乡劳动者平等就业制度，促进形成城乡统一、平等竞争、规范有序的劳动力市场。

农民工合法劳动权益被严重侵害，与劳动力供过于求有关，但深层原因是法律法规不完善，劳动力市场制度不健全。加强农民工合法权益的保护，首先必须在法律层面上规范劳动关系。劳动力市场制度包括工资形成的市场机制和集体谈判制度，工会作用发挥方式和程度，以及保护劳动者的政府劳动立法等。政府既要保护企业主的权益，又要保护农民工的合法权益。要纠正那种只看重投资者的作用和利益，忽视农民工作用和利益的偏向。为了减少劳资双方的冲突和对抗，要加强劳动力市场制度建设，推进工资集体协商，合理提高最低工资标准，健全劳资纠纷协调机制，为劳资双方搭建一个相互平等的谈判平台，引导和促进形成稳定和谐的劳资关系。

4. 坚持公平对待农民工，加快推动农民工基本公共服务均等化。近年来，随着农民工生活水平的逐渐提高，对公共产品和公共服务的需求也在不断增长。目前，与农民工对城市的贡献相比，他们所享受的待遇水平和服务水平还比较低。由于基本公共服务功能缺失，进城农民工缺乏归属感，城市过客心态普遍。基本公共服务具有普遍性特点，要求政府在提供公共服务时，不能人为地割裂人群，必须对户籍人口、流动人口一视同仁。以往的经验教训表明，如果公共卫生忽视了流动人口，传染性疾病最终会蔓延到户籍人口，威胁全体市民的安全；如果义务教育将流动人口子女排斥在外，使这些孩子失去平等接受教育的机会，会滋生一些有反社会倾向的特殊群体，成为危及城市繁荣和稳定的隐患。从国际上看，基本公共服务均等化是世界大多数国家社会政策的发展趋势。很多国家都把基本公共服务的供给作为治理国家的重要政策，把为国民提供基本公共服务纳入国家法律，与公民基本权利紧密相连。农民工与户籍人口都是社会主义市场经济体制下地位平等的公民，都有平等的权利享受经济社会发展的成果，都应该依照同样的法律规范享受公共服务。把长期在城市就业、生活和居住的农民工及其家庭对住房、学校等设施的需求和对医疗、安全、娱乐等公共服务的需要纳入城市整体规划建设统筹考虑，保证长期在城市就业和居住的农民工享受流入地的基本公共服务，是对农民工创造和贡献的回馈，是维护社会公平、促进社会和谐的重要内容。

一是健全普惠的公共服务制度。过去，流入地对农民工偏重于管理和引导其有序流动，对服务相对重视不够。农民工大部分时间在流入地就业、生活，流入地是人口流动的主要受益者，应为农民工的生存和发展提供必要的条件，支付必要的成本。流入地要转变观念，以开放和包容的胸襟，把进城农民工作为城市居民的一部分，改变双轨制管理模式，要消除对流动人口的歧视性政策，将流动人口作为社区的平等元素，纳入地方经济社会发展规划。要在完善对农民工管理的同时，统筹考虑农民工对公共服务的需要，尽可能给予与当地居民同等地位和待遇，享有基本的公共服务和同等的基本权利，逐步实现农民工与户籍人口的同服务、同管理、同待遇，切实解决流动人口最关心、最直接、最现实的利益问题，努力构建起适应农民工特点、满足农民工需求的公共服务体系。政府只有在履行公共服务方面逐步趋于平等，才能让外来流动人口对城市产生归属感和最基本的认同，才能促进城市不同人群的融合。

二是资金来源以政府财政投入为主，采取各级财政分级负担方式。要将农民工纳入当地公共服务经费投入的总人口基数计算，农民工所需公共服务经费，应计入现居住地户籍人口经费需求总额，由现居住地采取各级财政分级负担的方式一并予以安排。为缓解地区间财政收入和财政负担的不平衡，要树立全国“一盘棋”的总体战略，通过资源整合和组织领导，督促企业和相关利益方承担相应的社会责任，形成良性的财政投入和成本分摊机制，改变由政府单独承担流动人口公共服务和管理各项成本的局面。要有一定的财政资金，以扶助农民工流入较多的难点区域和集中解决重点问题，有利于统筹城乡、区域协调发展。

三是在坚持平等的原则下，公共服务的提供要向弱势群体倾斜。解决弱势人群的根本利益是构建和谐社会必须要面对的一个重大的现实问题。农民工群体总体抗风险能力低于其他家庭，一方面承担着大部分苦、累、险、脏的工种，另一方面与户籍人口相比，经济上低收入、生活上低质量、政治上低参与、权益上低保障、公共服务上低享受，他们很容易形成弱势群体。因此，要在制定公共服务政策中，充分体现对农民工弱势群体的优先优惠，给弱势者提供保障和发展的机会，解决他们在生产、生活、养老等方面遭遇的实际困难，确保他们的社会保障水平不低于社会平均水平，积极化解可能引发的社会矛盾，促进社会公正、公平、和谐。

5. 坚持推进体制改革，促进农民工市民化。农民工渴望长期留在城镇工作和生活，有明显的城市化倾向。这一不可逆转的城市化进程其实质就是农民工市民化进程。狭义的农民工市民化概念，即农民工获得作为城市居民的身份和权利的过程，如居留权、选举权、受教育权、劳动与社会保障权等。广义上的农民工市民化概念，即在现代化过程中，借助于工业化和城市化的推动，不仅使传统农民在身份、地位、社会权利上实现市民化，更要使其在就业和生活方式各方面全面向市民转化。农民工与城市社会融合、向市民转化，是学习、适应和再社会化的过程。从乡村有土地作保障的熟人社会，到城市风险较多的陌生人社会，是大的跨越。实现这一跨越，农民工自身需要克服安土重迁传统的影响；需要学习技能、积累经验，以获得稳定就业的能力；需要学习更多文化、法律、城市社会知识，增加社会交往，适应城市生活方式。农民流动的开始之日即是农民工的市民化的开始之时，流动是农民工市民化的起点，市民化是流动的终点。农民工市民化不可能一蹴而就。第一阶段是农民工的市民化初始准备阶段，他们与城市社会的接触是肤浅的，没有心理准备和经济基础，农民工并没有在城市长期居住的打算；第二阶段是农民工市民化的开始进行阶段，部分农民工有了一定的经济基础，开始谋划如何能在城市生活下去，但是户籍和社会管理制度的限制，使他们的定居倾向很难实现；第三阶段是农民工市民化的实现阶段，从流动到稳定就业和定居城市。

推进农民工市民化是大势所趋。当前，与农民工数量增长相伴的是我国城市农民工进入了代际转换的重要时期。目前正处在第一代农民工向第二代农民工快速转换的后期，也就是20世纪80、90年代进城务工的农民逐步退出城市，他们的子女，即新生代农民工，成为农民工的主体力量。根据国家统计局的相关调查数据，目前，20世纪80年代以后出生的、年满16周岁以上的青年农民工已经超过1亿人。新生代农民工中的大部分人已经丧失了从事传统农业生产的技能，对土地的情结弱化，务农意愿低，在生活方式和消费方式上也已基本融入了城市生活。尤其是越来越多的农民工子女在流入地出生或成长，接受流入地学校、社会的教育和风俗、文化的熏陶，对于流入地的归属感、认同感很强，而对于原籍地的归属感、认同感则比较淡薄。从其内心而言，已无返乡诉求，向往城市文明生活，渴望成为“新城市人”，要求融入当地社会、实现本地化的愿望和诉求则十分强烈、十分迫切。由于长期以来形成的城乡分割的二元社会管理制度，城市昂贵的居住、生活成本，以及户籍制度中仍然存在的较高的户口迁移落户门槛，又使得他们要求实现本地化的难度很大。这就导致农民工子女对原籍地和流入地都缺乏认同感和归属感，游离于两地的社会体制之外，陷入角色认同的困境，不平等、被侵害、被剥夺感比较强烈。农民工及其家庭子女长期处于流动与迁徙状态，不能安居乐业，农民工子女遭遇角色认同困境。

必须看到，大量农民工长期处在城市的边缘，不被城市认同接纳乃至受到忽视、歧视或伤害，融不进城市社会，享受不到应有的权利，定会累积很多矛盾，不仅他们自身的合法权益难以得到保护，也会导致农民工对城市社会普遍怀有一种疏离感和责任匮乏心态。这一问题解决得好，将成为流入地发展的合力和动力；

解决不好，必会成为社会压力。农民工不能在城市定居，就要在家乡保留承包土地和宅基地，奔波于城乡之间，过着“候鸟”式的两栖生活。“城市不开门，农村不断根”，农民工家分两地，付出往返流动的成本，造成在家乡建房投资而常年闲置的社会浪费，带来诸多社会问题。这种不彻底的转移方式，起不到减少农民、使土地向务农劳动力稳定流转集中的作用。同时，农村青壮年的黄金时间用在城里，而将培养教育他们的成本，以及他们退回农村结婚、生孩子、培养下一代劳动力和自己养老的成本都留在农村，实际是把人口红利留在发达地区和城市，从长远来看，这样会进一步导致城乡、区域差距的扩大。稳定就业的农民工不能在城镇定居，加剧了他们的流动性，使企业不能形成稳定的、不断积累经验和技术的产业大军，也对企业的人力资本积累、技术改进和产业升级造成不利影响。

从发展趋势看，大量的流动人口不仅将长期存在，而且大部分最终会融入当地社会。城乡分割制度下出现的农民工现象，不应演变成一种长期的制度。第一代农民工已基本丧失了市民化的机遇，不能再让第二代农民工被城市边缘化，决不能出现第三代农民工。必须顺应工业化、城市化发展的要求，改变将进城农民工拒于城市社会之外的局面，实行主动接纳农民工融入城市社会的方针和政策。农民工市民化的核心问题是公民平等权利问题。要根本性地解决农民工问题，必须加大户籍制度的改革力度，推进劳动就业、义务教育、计划生育、医疗卫生、社会保障等与户口性质相关的行政管理、社会管理等制度的配套改革，逐步形成农民工与城市居民身份统一、权利一致、地位平等的制度体系。

六、解决农民工问题需要进一步采取的政策措施

（一）加大农民工培训力度，全面提高农民工劳动技能和综合素质

当前农民工素质状况难以适应产业结构升级、城镇化进程的需要。只有大幅度提高农民工的素质，才能为我国制造业发展不断提供合格的产业工人，才能不断为城市输送文明合格的新市民，才能增强他们进城后自我维权的能力，才能把健全面向全体劳动者的职业教育培训制度落到实处。针对当前大量农民工回流返乡，要大规模开展针对性、实用性强的农民工技能培训，提高产业工人的整体素质，为经济形势好转后农民工顺利实现再就业创造条件。

（二）加强农民工职业技能培训

1. 以提高农民工就业稳定性和就业质量为目标，重点培养技能适用型和技术熟练型农民工。要结合贯彻落实《就业促进法》，完善政府主导，官民并举，输

出地与输入地联合，学校教育、机构培训与远程培训结合的多层次的技能培训体系。形成按市场需求招标培训，政府购买培训成果，公私培训机构平等竞争，农民自主选择培训机构，促进培训效率和质量提高的新机制。大幅度增加政府对农民工培训的投入，提高培训补贴标准，扩大培训覆盖面。建立政府、企业、农民工培训经费共担机制，劳动保障、农业、教育、科技、建设、财政、扶贫等部门要按照各自职能，切实做好农民工培训工作。一些地方试行在县市一级整合多部门农民工培训资金，统筹安排，形成合力，有效发挥资金作用，应该允许这种探索。鼓励企业对农民工进行职业技能提升培训，鼓励较大的企业和行业协会办职工学校、农民工学校，有计划地进行在岗职业培训。政府和行业主管部门监督企业按规定提取职工工资2%用于职工培训。重点扶持一批农村劳动力骨干培训基地，打造劳务品牌，在农民工中推行国家职业资格证书制度。通过财政补贴，降低农民工参加职业技能鉴定的费用，使参加培训的农民工经过鉴定，取得相应的职业资格证书或单项职业能力证书，推动农民工培训上水平。目前，城镇下岗失业职工就业再就业工作基本完成，就业促进法也开始正式实施，要让农民工平等享受城镇就业培训政策。

2. 健全县域职业教育培训网络，实行免费的农村职业教育，扩大农村职业教育招生规模。面向市场，整合现有教育资源，公办、民办结合，加大政府对中等职业学校（含技工学校）和实训基地建设的投入，鼓励城市与农村、东部与中西部合作招生办学，厂校挂钩。实行免费的农村中等职业教育。对于未能进入中等职业教育的初高中毕业生，作为新增劳动力，增加投入，资助进行半年至一年的职业教育和技能培训。同时发展高等职业学校，招收农村高中和中职毕业生，以培养高级技术工人为主要目标，设立奖学金、助学金、助学贷款，逐步使高等职业学校的教师、学生与普通高等院校具有同等地位。保证农村职业学校教师工资待遇，提高教学质量。

（三）加强农民工劳动权益保护，促进农民工工资水平逐步提高

建立互利和谐的劳资关系，是实现社会稳定和谐的一个基本条件。要抓住工资和劳动保护等突出问题，标本兼治，加强政府引导、依法监管，增强企业以人为本观念和社会责任意识，提高劳动者维权能力，建立劳资双方集体协商的利益调节机制。

1. 完善一体化的劳动合同管理制度。劳动合同制度是市场经济体制下建立劳动关系的法律凭证和基本形式。按照《劳动合同法》规定，要针对不同行业、不同类型用人单位的用工特点，制定规范、简明、实用的劳动合同示范文本，加强对用人单位订立和履行劳动合同的指导和监督，加大劳动执法监察力度，确保

《劳动合同法》贯彻实施。实现由专项行动式的维权向制度化、经常性维权即建立维护农民工合法权益长效机制转变。充实劳动监察和劳动争议仲裁力量，保障农民工维权工作的顺利开展。

2. 加大清理工资拖欠工作力度，切实维护农民工的劳动报酬权益。完善农民工相关法律法规，建立健全对企业拖欠工资违法行为的刚性法律制约手段，建立行政司法联动打击恶意欠薪逃匿机制。以保发放为重点，由清理工资拖欠为主转向建立、落实农民工工资支付保障制度和工资合理增长机制，从制度上防止出现新的工资拖欠，并保证农民工工资的合理、适度增长。推进工资集体协商，合理提高最低工资标准，制定劳动定额标准。继续实行工资支付保证金制度。修订有关法律，加大对拖欠工资、非法使用童工等行为的处罚力度，改变重行政处罚、轻刑事追究的做法。

3. 健全覆盖农民工的公共就业服务体系。健全城乡公共就业服务机构，创新机制，提高效率，为农民工免费提供政策咨询、就业信息和职业介绍等基本服务。健全劳动力市场体系和信息化网络，加强对职业中介监管，使之成为当地的就业信息和服务中心。

4. 加强农民工职业病防治，进一步改善农民工职业安全卫生环境。强化政府责任，将安全培训列入农民工培训内容，督促高危企业落实岗前安全培训。用人单位、生产场所必须按规定具备安全生产、职业病防治设施，发放防护用品。农民工一旦发生工伤、职业病，用人单位必须按国家有关规定负责到底。建立企业用工和劳动保障情况的抽查制度，工伤事故和职业病防范情况和发生率的公示制度，表彰守法，惩处违法。

5. 进一步加强企业工会组织的建设。工会是农民工表达意见和维护自身利益的载体和渠道。劳动保障部门与工会组织密切合作，加强宣传，要求企业使用雇用工人达到一定数量的，应按照《工会法》的要求组建工会，并组织动员农民工尽可能参加工会，通过工会开展维权活动，充分发挥工会对维护农民工权利的作用。

（四）让农民工共享教育、卫生、计划生育、文化等公共服务

创新流动人口服务和管理体制，将农民工各项公共服务纳入城市公共服务体系建设规划，统筹安排，有计划地扩大农民工与当地居民享受同等公共服务的项目和范围。城市在以改善民生为重点的社会建设中，要将推进农民工公共服务的均等化作为一个重点。

1. 健全农民工子女接受平等义务教育制度，确保农民工子女平等享受教育资源。保障农民工子女平等接受义务教育，是切断贫困的代际传递、促进农民工及

其子女融入城市的基础。要坚持进城农民工子女义务教育由流入地政府负责，以公办学校为主接收农民工子女入学，把农民工随迁子女义务教育纳入教育发展规划和教育经费预算，按照实际在校人数拨付学校公用经费，确保农民工随迁子女能接受免费义务教育，与当地居民享有同等待遇。切实纠正一些地方公办学校向入学农民工子女收取借读费、赞助费等歧视行为。尽快改变一些地方农民工子女在公办学校就学比例过低的局面。进一步发挥现有公办学校潜力，在现有公办教育资源不足的农民工集聚地区筹建一批公办学校，国家给予专项补助。积极支持和规范民办农民工子女学校的发展，努力满足农民工随迁子女入学需求。对接受政府委托承担义务教育任务的民办农民工子女学校，纳入统一的师资培训和教学服务管理，按在校学生人数对学校公用经费给予财政补贴，在民办学校就读的学生，按照当地公办学校免除学杂费标准，享受补助。

目前，农民工子女在城市接受义务教育，再回到农村读高中，这对这些子女的正常教育、健康成长不利。要逐步将学籍和户籍相分离，首先在省会以下的地区和城市让进城务工人员子女在父母就业地享有参加中考、高考的权利。

2. 健全农民工公共医疗卫生服务制度。一是进一步完善重大疾病预防控制和救治救助政策。实行艾滋病、结核病的免费治疗及血吸虫病救治救助等政策。逐步扩大救治救助的病种范围，逐步提高救治救助的经费补助标准，保证更多农民工享受到国家规定的重大疾病救治救助政策，保障农民工重大疾病救治费用和基本生活费用。应把农民工疾病预防控制工作纳入当地经济社会发展规划，坚持公平对待、一视同仁的原则，以实际服务人口数量而不是户籍人口数量作为依据，切实保障农民工疾病预防控制工作经费投入，保障农民工依法享有与本地人口同等的公共卫生服务。二是积极开展农民工子女适龄儿童免疫工作，使每个儿童都能及时享受到国家免疫规划疫苗的免疫接种服务。三是强化农民工健康教育和农民工聚居地的疾病监测。开展重点场所和重点人群的健康教育与健康促进，普及基本卫生知识，提高农民工自我保健意识和能力。四是积极构建平价化、社区化的农民工医疗卫生体系。

3. 按照“属地化管理、市民化服务”的原则，向农民工提供与户籍人口同等的计划生育管理和服务。农民工实行计划生育，享受户籍所在地的有关奖励与优待。在现居住地免费获得国家规定的基本项目的计划生育技术服务，施行计划生育手术或晚婚晚育的，按照现居住地规定享受休假待遇。提倡社区定点服务，在农民工集中区建立妇幼保健机构。

4. 丰富农民工的精神文化生活。社会主义文化大发展大繁荣必须充分保障社会各阶层的文化权益，让全体人民各得其所，各得其乐。其中，农民工的文化权益保障问题不容回避，是我们构建社会主义和谐社会的重要内容。妥善解决农民工基本文化需求问题，不仅是维护农民工权益的需要，也是巩固执政基础和构建和谐社会的政治任务。农民工文化活动是群众性文化活动，应纳入公共文化服务的体系，政府需要承担起主要责任。各级政府要依靠企业、社区、文化单位和社会团体，积极组织开展适合农民工参与的各类文艺活动，丰富农民工的业余文化生活。城市文化部门要把文化馆、图书馆等公共文化设施免费开放的信息传递给农民工，组织农民工参加免费电影放映、知识讲座等活动，辅导农民工开展群众文化活动。鼓励有条件的企业设立农民工文化活动场所，开展多种形式的业余文化娱乐活动。社区积极组织农民工参与当地文化、体育等公益活动。工会、妇联、共青团要发挥自身优势，创建农民工喜闻乐见的文化服务平台。广播、电视和报刊等要在丰富农民工文化生活上发挥更大的作用。

（五）逐步将农民工纳入城镇住房保障体系，多渠道改善农民工的居住条件

当前，我国进城农民工已经从流动发展阶段进入大部分人常住化的稳定发展阶段，但农民工居住游离于城镇住房体系之外，居住条件差，严重影响其生活质量，房价高成为阻碍他们融入城镇的最大困难之一，解决农民工居住问题已刻不容缓。要把稳定就业的农民工居住问题纳入城镇住宅建设规划，多渠道改善农民工当前的居住条件，有条件的地方，应逐步将已在城市稳定就业并居住一定年限以上（如5年）的农民工家庭住房纳入政府住房保障体系，与城市中低收入人群享有同等的住房保障权益，为之创造居有其屋、安居乐业的基本条件。要从各地实际出发，以单位宿舍、社会化农民工公寓、小户型房屋出租等方式，为农民工提供具备基本人居条件的住所，为稳定就业的农民工在城镇定居提供条件，积极探索建立符合农民工特点、易于农民工融入城市的住房保障和服务管理机制。

一是鼓励用工单位为农民工提供符合卫生和安全条件的居住场所，给予企业自建宿舍一定优惠政策。在农民工集中的开发区和工业园区，按照园区规模的比例，划出一部分土地，按照集约用地的原则，集中建设向农民工出租的集体宿舍。加强农民工集中居住地区的配套公共服务设施建设。

二是城中村改造要充分考虑农民工的居住需要。多数农民工受低收入的限制，不可能在城市购买住房，解决其住房最可行的方式是改善可租住房的供应。目前很大比例的农民工居住在城乡结合部，租住当地居民房屋或社区集体建造的农民工公寓，这已成为城市经济社会发展的一个组成部分。同时，在城乡结合部经过规划，鼓励村集体利用闲置建设用地和非基本农田，以股份合作制方式兴建农民工居住小区，政府增加公共配套设施，并将集体用地出租屋合法化，规范服务管理。

三是逐步将已在城市稳定就业并居住一定年限以上住房困难的农民工家庭纳

入政府廉租住房和经济适用房享受范围。在就业农民工较多的地方，政府在城市住房建设规划中以一定比例的建设用地，统一修建面向包括农民工在内的住房困难低收入家庭的出租公屋和廉租住房小区。建立专门的管理体系和公平的分配制度，按照低于市场价格的租金出租给符合低收入和稳定就业条件的农民工。

四是对解决农民工居住实行财政金融政策支持。国有土地出让金净收益用于廉租住房的比例不得低于10%，所建廉租房适用范围包括符合条件的农民工家庭。鼓励金融机构为兴建农民工公寓提供低息长期的银行贷款。中央和地方财政补贴农民工住房小区配套公共设施的建设。实行用地、行政性收费减免等优惠政策，鼓励社区街道、工业园区、企业建设农民工公寓，以租金指导价格向农民工定向出租。

五是要把建设过渡房源与鼓励流入人口拥有房产相结合。根据外来人口在城市的融入度，可以将我国农民工融入城市的历程分为流动发展阶段、稳定发展阶段和安居发展阶段。小城镇应当在改善现有过渡住房条件的基础上，率先发展接轨式住房保障模式。中小城市应当兼顾两种住房保障模式的发展，有条件地区鼓励发展接轨式住房保障模式。大城市和特大城市的发展方式应多样化，但都以过渡式为主。大型工业园区企业，在过渡式住房保障模式为主的阶段，应负责建设农民工公寓和宿舍等。在接轨式阶段，鼓励有能力的职工落户，为他们承担保障责任。分散型中小型制造业，在实行接轨式住房保障地区，要求其为农民工缴纳公积金。建筑行业重点应当是制定居住标准，对企业投入职工住房建设资金比例给予限制，不能过低，既保证企业合法利润，也保障农民工权益，加强监管力度是对该行业农民工住房保障的有效手法。餐饮服务行业及其他服务行业，应根据企业的规模采取或过渡式、或接轨式。

（六）加快完善覆盖农民工的社会保险制度

健全覆盖农民工的社会保障体系，可以促进农民工率先完成从传统土地保障到现代社会保障的过渡，是保障农民工合法权益的重要内容，有利于促进农民工在城镇稳定就业和市民化，有利于企业稳定熟练工人、技术骨干，提升竞争力，有利于应对老龄化高峰的到来。要以扩大农民工社会保障的覆盖面为重点，兼顾农民工工资收入偏低的实际情况，实行低标准进入、渐进式过渡，调动用人单位和农民工参保的积极性。要确保农民工参加社会保险的强制性，凡进城就业的农民工，用人单位和农民工都必须参加社会保险，并履行缴纳社会保险费的义务。适应农民工流动性大和劳动关系不稳定的特点，努力探索农民工养老保险关系异地转移与接续的办法，确保农民工在流动就业中的社会保障权利。

一是尽快实现工伤保险对农民工全覆盖。落实《工伤保险条例》，实行政府强制，大力实施农民工“平安计划”，促进农民工较为集中、工伤风险程度较高的建筑、交通、水利、矿山、危化、民爆等行业企业全部为农民工参保，并尽快将农民工全面纳入工伤保险。保障遭工伤或患职业病的农民工获得与城镇职工一样的医疗救治和经济补偿。

二是健全农民工医疗保障制度，解决农民工看病难、看病贵问题。以与用人单位建立劳动关系的农民工为重点，建立以大病统筹为主的农民工医疗保险，可以实行部分用于保住院医疗，部分纳入个人医疗账户，使农民工能分享医疗保险的好处。农民工在务工地参加大病统筹为主的医疗保险的同时，自愿参加所在地的农村新型合作医疗。鼓励常年外出稳定就业农民工参加城镇基本医疗保险。季节性外出就业的农民工以参加农村新型合作医疗保险为主。

三是抓紧建立适合农民工特点的养老保险制度。从现实情况来看，农民工的主体是已经脱离了传统的农业生产方式、进入城镇融入工业化的农民，他们就业后可以从用人单位（雇主）获得较稳定的货币收入。就整体而言，目前农民工是一个年青的群体，有条件进行储蓄和积累。因此，与在农村务农的农民相比，更有必要也有条件为农民工建立社会养老保险。要依照《劳动合同法》，普遍强制实施农民工养老保险。农民工养老保险由人力资源和社会保障部门管理，国家提供一定的财力支持，用于相关管理费用和风险保障。

建立农民工养老保险制度应考虑以下因素：第一，必须符合我国养老保障制度的整体发展趋势和未来方向，便于在未来接轨。第二，适应社会结构转型的需要，有利于将来整合城乡社会保障体系，因此不应当简单地把农民工纳入到目前的二元体系中的一方。第三，有利于建立全国统一的劳动力市场，适应农民工就业的特点，便于农民工的跨地域流动，因此，要考虑农民工养老保险政策的统一性和规范性。

农民工的养老保险大体可分为三个类别：

第一类是基本市民化的农民工，应纳入城镇基本养老保险。他们的工作单位和收入相对稳定，在就业地有固定的住所（包括租赁合法住房）。对这一类与城镇职工已无实质差别的农民工应纳入城镇基本养老保险。

第二类是常年外出就业、但流动性较强的农民工，应建立“低费率（或低费基）、广覆盖、可转移”的过渡性养老保险。他们可能变为稳定的产业工人和市民，也可能到一定年龄后回乡养老。应重点制定针对这一类农民工的带过渡性的养老保险办法。其养老保险办法的设计，出发点应是保障其应有的养老保险权益，使他们在就业地企业干一年活就能获得一年养老保险权益，无论继续在城里就业、转换就业地点还是回到农村，这种保险权益都不应丢失或者被侵占。同时，需要考虑他们收入偏低，支付较高保费存在压力，劳动密集型产业从无到有建立养老保险，要从可承受的起点开始，逐步提升。这就需要建立“低费率（或低费基）、广覆盖、可转移”的过渡性养老保险，实行个人账户为主、社会统筹为辅的储蓄积累制模式，符合条件的农民工都开设一个类似身份证号码一样的、独一无二的养老金个人账户，企业为农民工缴纳的养老保险费按比例记入个人账户。适当降低用人单位和农民工个人养老保险的缴费标准，实行低门槛进入、低标准享受。随着经济发展逐步提高缴费基数和费率，增加缴费中计入社会统筹账户的比例，达到与城镇基本养老保险完全接轨。在低费率的阶段，农民工和雇主按法定比例累计缴纳的养老金绝大部分（如 80%）或全部进入农民工个人养老保险账户。个人账户的资金属于农民工个人或法定继承人所有，在符合相关条件下向账户所有人支付养老金或在符合条件时提前提取。纳入个人账户的保险金，随着农民工就业地点的变动，可以携带转移、接续，这样即使尚未实行全国统筹，也可以在就业地缴费、分段记录，在退休地发放。建立全国联网的统一的账户管理体系，农民工可以在各地区之间转续养老保险关系。个人账户的资金可以委托国家严格认定的、具备资质的专业机构运作，由特定部门和市场监管部门依法监督。在前期可以采取中央集中运营的方式，以保障个人账户的安全和保值增值，在条件成熟时可以采取更加市场化的分散的委托运作方式。无论农民工工作是否间断，个人账户的资金始终归农民工个人所有，在国内任何地方务工该账户均可有效运作，以便于农民工在地区之间的流动。对返乡养老的农民工，可根据其实际缴费年限的长短，如 5 年、10 年等执行较低的支付标准，保障返乡后的基本生活，也可允许其一次性领取个人账户的养老保险金。对农民工个人账户的养老金的基本给付能力，政府可以考虑以国家信用承诺最低保障，以提高农民工对养老保险制度的信心。

第三类是季节性或间歇性在城镇务工“亦工亦农”的农民工，主要应参加农村养老保险制度。但是凡一年内有半年以上时间在城镇务工的都应纳入第二类养老保险办法的范围。

四是将稳定就业农民工逐步纳入城镇应急救助、贫困救助、教育救助机制。当前，金融危机不仅造成一部分农民工失去工作而返乡，而且由于企业开工不足、工资明显下降，仍留在就业地的农民工的家庭生活也受到很大冲击。要建立留城农民工特殊困难救助机制，帮助他们解决在就业、子女就学、医疗等方面遭遇的实际困难，充分体现政府对农民工弱势群体的关怀，积极化解可能引发的社会矛盾。

（七）加快推进户籍制度改革，逐步解决农民工在城镇落户定居问题

农民工面临的许多问题，都与现存的城乡分割的户籍制度密切相关。从全国

看，户籍制度改革难度较大，不是户籍制度本身改革难度大，而是附着在户籍上的一系列城镇居民福利制度改革难度大，实质是涉及城乡居民平等待遇的更深层次的制度改革，包括住房制度、最低生活保障制度、医疗和养老保险制度、子女升学制度等。推进城乡一体化发展，顺应农民工安居乐业的要求，加快外来人口本地化和农民工市民化进程，必须进一步改革户籍制度，提高长期在城市就业和居住农民工的归属感和认同感。

户籍制度改革的目标是，在全国范围内取消农业户口、非农业户口的户口性质划分，建立城乡统一的户口登记制度。实施此项制度改革的实质是通过调整城乡识别标识，使有关行政管理、社会管理等制度的执行与户口性质相分离，还户籍管理制度以本来面目。同时，通过户籍管理制度改革先行形成的政策“倒逼”机制，逐步推动劳动就业、社会保障、义务教育、计划生育、医疗卫生等与户口性质相关的行政管理、社会管理等制度的配套改革，最终实现城乡居民身份统一、机会均等、权利平等。

户籍制度改革的主要内容是：实行以具有稳定就业或生活来源、固定住所（包括租房）和居住期限为基本条件的户口迁移准入制。稳定就业是指建立稳定劳动关系达到一定年限且签订劳动合同、按时交纳社会保险金。各地可根据当地实际，明确建立稳定劳动关系的具体年限，原则上不少于1年。固定住所是指在实际居住地拥有通过购买、赠与、继承、自建等途径获得具有所有权的住房或合法租房。各地可根据当地实际，明确在当地登记常住户口对居住期限的要求。

户籍制度涉及公民基本权利，既要鼓励地方勇于创新，又需要从国家层面统筹考虑。既要充分考虑农民工的落户意愿，又要充分考虑流入地人口承载能力。应因地制宜制定政策，先试点后推开，循序渐进，区别情况，逐步放宽户口迁移政策和农民工的落户条件。中小城市和小城镇可以率先放开农民工落户条件。省会城市、副省级城市、直辖市等大城市可根据本地实际情况，确定农民工转户进城的条件，积极稳妥地解决符合条件的农民工户籍问题。对农民工中的劳动模范、先进工作者和高级技工、技师以及其他有突出贡献者，优先准予落户。

加强社会管理配套制度改革，进一步剥离附着在户口上的不公平福利制度，逐步将农民工统一纳入本地各项社会管理，促进住房、医疗、子女教育、社会保障等基本公共服务均等化。率先统一就业管理制度，加快建立和完善以就业准入、登记管理、就业服务、技能培训、社会保险和政策扶持为主要内容的城乡劳动者平等就业制度。逐步解决好就业稳定且具有较高技能素质的农民工在城市定居和享受市民待遇问题。

（八）保障农民工享有更多民主管理权利，健全维权机制

目前农民工已在发达地区和城市社会人口中占有相当比例，但受社会管理体制改革滞后的影响，他们很少能够参与当地的社会管理，这是农民工经济、文化、社会多方面合法权益容易受到损害的一个重要原因。维护农民工的合法权益，就要有序扩大农民工的社会参与，让农民工利益诉求有正常表达渠道，享受到更多的民主管理权利。这样做，不会扩大政府与农民工的冲突，而会使政府更好代表包括农民工在内的城市所有民众的利益，得到群众更广泛的支持；这样做，也不会加剧农民工与当地居民的矛盾，而会有利于改变农民工合法权益受损害的状况，促进农民工融入城市，协调多方利益关系，形成和谐稳定的社会环境。只要政府依法维权，扩大农民工的社会参与，加强社会舆论的监督，农民工的维权机制就会得到进一步的健全。

一是尊重和保障进城农民工广泛参与社会管理的民主权利。应制定有关法律，保障在城市居住一定年限的农民工，拥有选举权和被选举权，参与民主选举、民主决策、民主管理、民主监督，使农民工的利益有制度化的表达渠道。构建平等开放的城镇社区，鼓励农民工参与社区自治，增强作为社区成员的意识，提高自我管理、自我教育、自我服务的能力。让农民工参与社区的公共活动、建设和管理，发展与城市居民的交往、互信和互助，使城市社区成为农民工和当地居民共建、共管、共享的社会生活共同体。

二是完善农民工维权法规，向农民工普及法律知识，加大对农民工的法律援助力度。在法律法规建设上，要进一步清理、修改体现城乡居民和农民工因户籍身份不一样而权利不平等的法规政策，将涉及农民工权益的劳动法规、工会法等列入法制宣传、农民工培训的重要内容，使农民工了解所享有的合法权益以及维权的途径和方法。加大对农民工法律援助的力度。加大执法监察力度，为实施好《劳动争议调节仲裁法》，可考虑设立专门的劳动保障法庭。

三是加强对农民工维权的社会监督。舆论监督是社会监督的重要方面。新闻媒体近年在反映农民工心声，维护农民工合法权益，促进对农民工面临的一些突出问题的解决上，发挥了不可替代的作用。要更好发挥新闻媒体的舆论监督作用，既要宣传好党和政府有关农民工的方针政策，农民工在改革发展进程中涌现出的先进事迹和人物，社会各方面维护农民工权益所取得的进展，又要反映农民工面临的各种问题，及时披露侵犯农民工合法权益的典型案例，促进问题的公正解决。

四是加强农民工中党的工作，加强和改进流动党员管理。大批农村党员远离家乡，输出地党组织管不到、管不住，输入地党组织管不好、管不了。为了把这些流动党员纳入管理，确保党员流动不流失，保持和发挥农民工党员的先进性，要创新农民工流动党员的管理方式，根据流动党员的分布状况、职业特点和居住地点等情况，及时把他们纳入到党组织的管理之中，努力做到党员流动到哪里，党组织的管理就覆盖到哪里。在党员流向相对集中的地方如建筑业和集体组织的对外劳务输出的劳务组织中，可集中建立党组织；在流动党员人数相对分散的地方可以采取委派党建工作人员或依托流入地的社区党组织的方式进行管理。在管理方式上，构建流出地与流入地党组织密切配合、有机衔接的管理机制，对流动党员的管理工作应该由现在的以流出地管理为主，向党员属地化动态管理转变。党员流入地党组织必须主动承担起流动党员管理的任务，将外来分散的流动党员编入党的一个基层组织，组织他们参加党的组织生活。要增强党组织对流动党员的服务功能，积极主动地为农民工党员排忧解难，以党建带动农民工维权。

（九）有效保护农民工的土地权益

我国的基本经济制度决定了决不能走一些国家那种大量失地农民进城沦为城市贫民的道路。由于农民工相当一部分就业处于不稳定状态，养老、医疗等社会保障对他们的覆盖率很低，农民进城就业会经历一个在城乡之间“双向流动”的过程。“家中有地，进退有据”。我国绝大多数农民工进城就业在家乡仍有承包土地，以承包土地作保障，有利于他们在向非农产业和城镇渐进转移过程中化解风险。一些农民工虽然已在城镇稳定就业，但融入城市还有制度障碍，难以迁移定居，也不得不继续保留在农村的承包土地和宅基地。长期不变的土地承包权利是农民的财产权利，即使农民工进城定居，其土地承包权益也不能随意剥夺，而应通过市场转让获得财产收益，作为进城的一个资本来源。

一是要稳定和维护农民工的土地承包权益。确保承包地块、面积、合同、经营权证书全部落实到户，禁止违法调整、收回农民工承包地和强迫流转承包地等。

二是农民外出务工期间，在平等协商自愿有偿的原则下，可采取委托、代耕，或通过转包、出租、转让等形式，流转承包经营权。

三是对在城镇稳定就业并落户的农民工，应允许出售土地的长期承包权，作为进城安居、创业的资本，把土地让渡给从事农业的农民，扩大经营规模，促进农业发展；可以折价入股，带股进城；也可以保留土地承包权，依法流转。我国可利用的土地资源极为稀缺，目前大量外出农民工宅基地闲置，是对土地资源的浪费。对于已经迁出户口、在城市定居、生活有保障农民工，应该允许依法转让宅基地。这样有利于在城市化快速推进的地区建立农民进城财富积累机制。一些地方在推进农民工市民化过程中，提出让农民“拿土地换（市民）身份，以土地换（城市）社保”等。对这些提法和做法，理论界和政策研究部门还有不同看法，政策界限也不够明确。农民转为市民会成为一个职业、居住方式、生活方式自然转变的过程，这种农民向市民的自然转变，不应该再有任何附加条件，更不应该把此与改变农村土地产权关系联系起来。简单地要求农民以放弃对集体土地权利的分享为代价，获得市民身份和社会保障是不公平的，这样有可能剥夺农民可持续发展的条件。一些地区明确提出，让“农民带着土地变市民”，这种做法应该给予肯定。在大中城市郊区，城市化是应该“多元化”发展，要弱化“集体”与“国有”的严格界限，农民带着集体土地仍然可以成为完全意义上的“市民”。农民对社会保障的分享不应该与放弃对集体土地权益的分享联系在一起。

（十）促进不发达地区乡镇企业和小城镇发展，鼓励农民就地就近转移，支持农民工回乡创业

在我国国情下，农村富余劳动力转移既要促进进城务工和稳定就业农民工的市民化，也要大力发展乡镇企业，鼓励农民工回乡创业，发展小城镇，壮大县域经济。当前，中西部不发达地区乡镇企业还很薄弱。据2006年全国第二次农业普查，中部、西部和东北地区农村从业人员中从事二三产业的比例分别只占23.2%、13.7%和19.9%。农村中年以上为主的富余劳动力也主要是在这个地区。农民就业不充分是这些地方农民收入低和县域经济落后的根本原因之一。要鼓励、引导和扶持不发达地区发挥当地资源优势，依托小城镇，以创业带动就业，积极支持农民工回乡创业，发展特色经济，发展农业产业化经营，发展就业容量大的工商服务业，推动县域经济的发展。

一是营造有利于乡镇企业、民营经济、中小企业发展的政策环境。改善政府对乡镇企业的公共服务，规范政府管理行为。对不发达地区农民和回乡农民工创业及吸纳就业符合规定的，可以享受税收减免等优惠政策。在创业辅导和就业培训，技术引进、创新，物流和批发市场服务，信息交流和网络服务等方面，为乡镇企业与农民创业提供服务平台。

二是健全中小企业金融体系，为乡镇企业和农民创业提供金融服务。国家开发银行应专门设立面向中小企业的金融系统，向中小企业，特别是不发达地区的乡镇企业提供覆盖面广、利息低的小额贷款。充分发挥农村信用社的作用，发展村镇银行，发展中小企业合作金融，逐步形成官民结合的中小企业融资体系。创新金融服务形式，完善创业农户的联保贷款、小额信用贷款、农村商铺房产抵押贷款、农村流通业和经纪人贷款等贷款新品种，建立和完善动产及权利抵押、质押贷款机制。扩大中央和地方财政中小企业发展专项基金规模，以一定比例用于新办企业的贷款贴息、创业培训和信贷担保。

三是解决好用地问题。坚持执行国家严格保护耕地和节约集约利用土地的政策，因地制宜，妥善解决企业发展用地问题。(1) 在现有的各类园区中，安排必要的场地，建设一定比例的廉租厂房，支持乡镇企业、民营经济、中小企业发展和农民工回乡创业。(2)在符合规划和用途管制的前提下，充分利用集体建设用地。(3)允许地方通过农村集体土地整理、并从中拿出一定比例用于企业用地。(4)根据中西部不发达地区许多县市山区丘陵多、耕地少的情况，在不影响水土保持、不损害农民权益、不污染、不浪费的前提下，适当扩大荒山、荒坡、荒滩等非耕地的利用。

四是引导乡镇企业发展与小城镇结合，提高产业集聚和人口吸纳能力。搞好以县城镇、中心镇为重点的县域城镇体系规划，加大对小城镇公共设施建设的支持力度，引导乡镇企业向小城镇集中，鼓励回乡农民工到小城镇创业和居住。鼓励沿海发达地区和大中城市的劳动密集型产业向中西部地区转移。要规划先行，力求实现基础设施共享、集中污染治理、集约利用土地、培育发展产业集群，坚决不搞破坏生态和污染环境的企业。

(十一) 做好留守儿童、妇女、老人的工作

加大《义务教育法》、《未成年人保护法》、《妇女权益保护法》、《婚姻法》等法规的宣传和执行力度，落实社会保护政策，组织社会力量，解决好农村留守儿童、妇女和老人问题。一是健全学校、家庭、社会“三结合”的教育和监护网络，妥善解决农村留守儿童的教育和安全问题。乡镇政府、村委会和各级妇联要在农村青少年教育和监护社会体系中负起领导和组织的责任。发挥学校教育主阵地的作用，增强对留守儿童的教育和心理辅导；完善寄宿制，通过对寄宿设施的配套建设，优先将上学交通不便、监护人难以承担监护责任的“留守儿童”安排在校住宿，增加对学生的生活辅导。二是对留守老人，特别是对其中生活困难、失去劳动能力、缺乏照料的老人，给予更多的关注和帮助。三是重视和加强妇女在农村经济、政治和社会管理中的参与，加强社会关怀和服务，改进妇女权益。发展农业生产服务平台，解决输出地农业生产配套服务问题。四是乡镇政府、村委会对生活困难的留守家庭，要将其纳入救济和困难补助的范围。政府引导，政策支持，鼓励民间兴办形式多样、适合农村需要的托管机构，如留守儿童的暑期托管班，留守老人的老年活动中心等服务农村群众。

(十二) 加强和改进对农民工工作的领导

一是各级党委和政府要统筹部署，把解决好农民工问题作为重要职责。解决好农民工问题是全面建设小康社会进程中的一件大事，是关系破除城乡二元经济社会结构和体制、实现城乡一体化发展的重大变革。各级党委、政府和有关部门要将农民工工作列入重要议事日程，贯彻落实国家对农民工的政策，各级政府要将农民工工作纳入经济和社会发展中长期规划和年度计划，制定进一步做好农民

工工作的目标、任务和措施。要在经济上充分关心农民工的物质利益，在政治上切实保障他们的民主权利，围绕与农民工利益最直接的突出问题，有计划地改善对他们的就业服务、技能培训、子女教育、医疗卫生等方面的公共服务，改善他们的居住条件。解决好农民工的突出问题，既要创新制度，又要增加公共投入。要对政府财政支出结构做出适当调整，将相关服务管理经费纳入正常财政预算支出范围。

二是健全各级农民工组织领导体系，充实城市公共管理服务力量。国务院和地方政府自2006年以来陆续建立的农民工工作联席会议制度，在统筹协调和指导农民工工作上发挥了重要作用，形成了“党委政府统揽、上下协调一致、部门齐抓共管”的农民工工作新机制。我国农村劳动力流动转移将伴随着实现全面小康和工业化、城镇化、解决三农问题的全过程，关系城乡就业、发展与改革的全局，这决定了做好农民工的服务管理工作是长期复杂的艰巨任务。为了加强和改进对农民工工作的指导和服务，建议在农民工工作联席会议制度基础上，成立国务院农民工工作领导小组，加强和改善农民工工作协调机制。政府有关部门和群众团体分工负责，密切配合，落实和完善有关农民工的各项政策措施。加强输出地和输入地的工作对接和协调。建立省际间农民工工作联席会议制度，协调处理跨省区的农民工工作。政府财政部门建立农民工管理服务经费保障机制，将涉及农民工最现实、最迫切的就业管理服务、技能培训、社会保障、计划生育、子女教育、治安管理、维权和信息系统建设等经费纳入各级财政预算。当前城市公共资源配置和公共管理服务力量基本都是以户籍人口为基数配置，建议国家出台统一政策标准，明确要求各地按与管理服务对象的一定比例配备公共服务、权益保障等方面的机构、人员和经费。

三是行业主管部门和协会要利用自身条件、结合行业特点开展农民工工作。目前建筑业、矿业，轻纺、电子等制造业，住宿、餐饮等服务行业，聚集着大量农民工。不同行业农民工的情况、问题和需要，既有普遍性，也有特殊性。行业主管部门和协会在各自领域积累了对农民工服务和管理的经验，或有专门的教育培训系统。在开展农民工工作中，要赋予行业主管部门和协会一定的职责和权限，使之能发挥自身优势，结合行业特点，具体落实国家相关政策，推进农民工的培训教育、权益维护等工作，促进行业持续健康发展。

四是发挥好党群组织的作用，全社会形成尊重保护和平等对待农民工的良好氛围。基层党组织要主动做好农民工流动党员的工作，使他们能够参加正常的组织生活、学习培训和其他社会活动，并在农民工中发展新党员。发挥工会、共青团、妇联等群众团体和非政府组织的作用，做好农民工青年、团员和妇女的工作，维护合法权益，进行学习培训，丰富文化生活，开展公益活动，组织参与公共事务和管理，促使他们与城市社会融合。政府和党群组织充分利用各地各部门基层平台、工作网络和各新闻媒体，深入开展宣传教育活动，引导全社会树立理解、尊重和关爱农民工的风气，营造良好社会氛围。对优秀农民工要给予表彰奖励，组织开展各类“关爱农民工”活动。注重从返乡农民工中选拔乡村干部。

五是建立健全农民工统计监测信息系统。目前，对农民工区域分布、行业构成、工资待遇、教育培训、子女教育等基础数据掌握不够清楚，统计信息等基础性工作需要进一步加强。要合理界定农民工内涵，将农民工纳入国家统计范围，建立农民工统计指标体系和监测信息系统，扭转当前农民工底数不清的现状，为政府科学决策和改善服务管理提供重要依据。改善目前流入地政府多部门在各自职责范围内对农民工和当地居民的就业、教育培训、社会保障、医疗卫生、计划生育、居住、迁移等方面分头进行信息采集、管理和使用的状况，逐步做到分工明确，统计调查规范，共建信息平台，实行信息共享，促进农民工服务管理水平的提高。健全统计分析机制。充分利用和整合现有的统计网络和信息资源，加快建立跨地区、跨部门的农民工管理服务信息系统，实现各部门业务信息联网运作和信息共享，为农民工工作的有效开展提供科学依据。

（韩　俊　崔传义　李善同　金三林　秦中春　李　青　许召元）

农民工回乡创业现状的调查与政策建议

农民工问题是我国从城乡二元经济结构向现代社会经济结构转变过程中的一个重大战略问题。解决好农民工问题，不仅直接关系到从根本上解决农业、农村和农民问题，也关系到工业化、城市化乃至整个现代化的健康发展，关系到改革发展稳定的全局。改革开放以来，亿万农村劳动力离土离乡，进城务工就业，跨地区有序流动，对改变农村面貌，加快工业化和城镇化进程，作出了特殊的重要贡献。在这一进程中，一部分进城农民工经过一段时间外出就业，又返回家乡，利用打工增长的见识、本领，获得的资金和信息，在乡村、小城镇创办企业，发展工商服务业，投资商品性农业，这种现象被称之为农民工回乡创业。进入21世纪以来，随着沿海发达地区劳动密集型产业向中西部地区转移步伐的加快，以及中西部发展条件和环境的改善，一个生机勃勃的农民工回乡创业热潮正在兴起。农民工回乡创业成为不发达地区县域经济社会发展的一支生力军，成为推动中西部地区城镇化、工业化的重要途径，成为以城带乡、以工促农的有效载体。

国务院领导同志高度重视农民工回乡创业问题，多次做出重要批示。为落实国务院领导同志批示精神，国务院农民工办委托国务院发展研究中心牵头，成立课题调研组，开展了农民工回乡创业问题的调查研究。2007年调研组先后对安徽省无为县、江西省南康县、信丰县、于都县、河南省固始县、林州市、安徽省舒城县、潜山县等县市进行了实地调查。与此同时，课题组在劳动和社会保障部支持下，组织对全国100多个劳务输出示范县农民工回乡创业问题进行了大规模的问卷调查（以下简称百县调查①）。百县调查包括除北京、上海、西藏以外的28个省的101个县，并从每个县抽取1个中等水平乡镇的3个行政村，调查该村所有返乡创业人员。调查样本具有较好的代表性，根据抽样调查的结果可以对全国农民工返乡创业情况作出推断。此次调查总共获得99个县、101个乡镇、301个

① 农民工回乡创业的百县调查区域包括东部地区11个省市的30个县；中部地区8个省的34个县；西部地区12省区市的35个县。被调查的劳务输出县，2006年农民人均纯收入3252元，低于全国平均水平，收入主要来自农业和外出就业，来自本地非农就业的比重较低，因此多数属于经济欠发达县市。

村、3026名农民工回乡创业者的有效调查问卷。百县调查显示，农民工回乡创业呈现良好势头，发挥了重要作用，但当前农民工回乡创业还面临着一些亟须解决的突出问题，需要采取明确的扶持政策。

一、农民工回乡创业的现状与特点

（一）农民工回乡创业步伐加快，农村劳动力呈现双向流动的新局面

从趋势上看，农村劳动力流动性越来越大，外出就业的范围也在扩大，外出就业仍然是农村劳动力转移的主要途径。据百县调查，外出就业出县的农民工由2000年的837万人增加到2006年的1346万人，年均增长7%；外出就业劳动力占农村劳动力的比例高达44.6%。平均每个县外出13万人左右，向省外输出比例从2000年的52.0%提升到2006年的58.3%。每个县每年初高中毕业未继续升学的青年人数平均达到5000余人，大多进入进城务工人员行列。同样，301个调查村平均每个村外出就业人数，2000年为339人，2006年为539人，增加了200人，年均增长7%。

农民工外出就业成为农民增收的主要来源之一。平均每个调查县获得劳务收入7.8亿元，其中中部地区县均11.1亿元，东部地区县均7.1亿元，西部地区县均5.3亿元。据301个村的调查，2006年农民人均收入均值为3020元，其中外出就业收入达到1244元，占农民总收入的41.2%，超过了农业收入，是当地非农业收入的近1.9倍（见图1）。

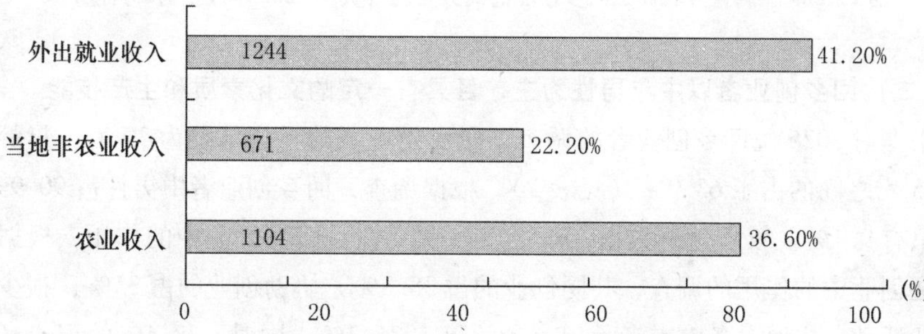

图1　被调查村2006年外出就业收入占农民人均纯收入的比重

20世纪八九十年代就已有农民工回乡创业，进入21世纪以来，农民工回乡创业步伐正在明显加快。根据对301个村的调查，2006年回乡农民工3.7万多人，占外出农民工16.1万人的23%，占农村劳动力总数36.6万人的10%（见表1）。农民工回流可分为回到传统农业、在当地企业打工和回乡创业三大部分。百县调查表明，回乡创业者占回流农民工的13.8%。据对3026名回乡创业农民工的调

查，1990 年以前回乡创业的只占 4%，1990～1999 年回乡创业的占 30.6%；2000 年之后回乡创业的占 65.4%，这表明 2/3 的回乡创业是在近 6 年实现的。其中 2003～2007 年 4 月，就有 43% 左右的打工者回乡创业（见图 2），年创业人数相当于 90 年代每年回乡创业人数的 3.1 倍。可见，农民工回乡创业步伐正在明显加快，它打破了农村劳动力长期向城市和发达地区单向转移的旧格局，呈现出农村劳动力双向流动的新局面①。

表 1　2006 年 301 个村回乡农民工状况

类　别	总　量	均　值	有效样本数
农村劳动力人数（人）	368253	1232	299
外出农民工（万）	162133	539	301
回乡农民工（万）	36604	128	287

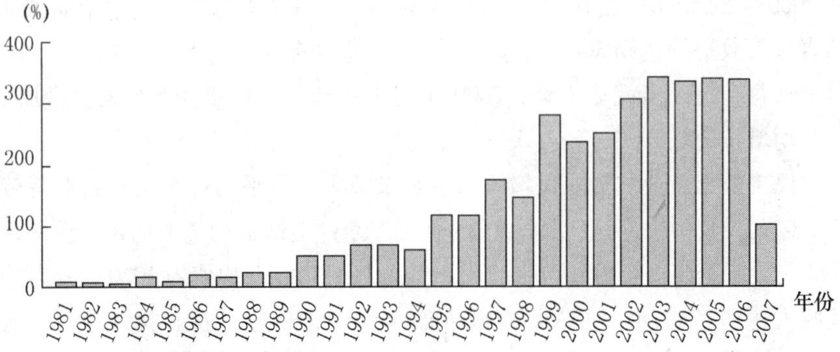

图 2　300 个调查村农民工回乡创业时间分布图（其中 2007 年截止到 4 月底）

（二）回乡创业者以中年男性为主，且具有一定的文化素质和生产技能

根据对 3026 位回乡创业者的调查，回乡创业者的平均年龄为 39 岁，年龄在 30～45 岁之间的占了 63..9%（见表 2）。根据调查，回乡创业者中男性占 90.9%，女性只有 9.1%。仅看这组数据，不足以发现女性在回乡创业中的作用，根据对配偶在创业中的作用的调查，共同创业的占 38.8%，协助创业的占 35%，很少参加创业活动，主要是务农或者承担家务的只占 26.2%。同时，78.4% 的配偶（以女性为主）共同外出就业，她们对创业的贡献是从打工开始的。

① 据对河南林州 10 个村的调查，2002～2006 年回乡创办企业的人数增长了 97.8%，回乡创办的企业总数增加了 57.8%。同期对江西省信丰县 10 个村农民工回乡创业的调查，2002～2006 年回乡创办企业的人数增长了 203%，回乡创办的企业增加了 250%，回乡创业人数的 67% 是 2003 年以后增加的。企业总数中的 71.5% 是在 2003 年以后创办的。

表2　　回乡创业农民工年龄统计

年龄分组	人数	百分比（%）
30岁以下	335	11.1
30~35岁	531	17.6
35~40岁	704	23.3
40~45岁	691	22.9
45~50岁	374	12.4
50岁以上	381	12.6
有效合计	3016	100.0

回乡创业的人群受教育程度普遍要高于农村地区平均的文化程度。回乡创业者中，具有小学学历的占10.2%，具有初中学历的占64.8%，高中及以上学历占24.2%。这些回乡创业者平均累计外出务工5.8年，他们在外积累了丰富的经验。外出前，仅有28.5%的劳动力接受过技术培训，经过外出打工的锻炼后，现在几乎所有的回乡创业者都掌握了1~2门专业技能，如养殖、烹饪、制衣、电工、驾驶、电器维修、土木建筑等，还有的积累了丰富的财会知识和企业管理经验。创业者的文化水平虽然不高，但他们在打工中不断学习，积累了丰富的实践经验，为回乡创业打下了坚实的基础。

（三）回乡创业者大多从事非农产业，企业形式以个体和私营为主，企业规模较小

从产业构成看，农民工回乡后在很多领域进行创业，如特色种植养殖业、加工业、小型工矿企业、餐饮服务业、运输业、经商、农村旅游业等。从总体上看，农民工回乡创业在一、二、三产业的总体分布情况：作为第一产业的农业占到28.3%，第二产业的工业、建筑业占30.7%，第三产业占32.1%，其他8.9%（见图3）。虽然创业者大多从事非农产业，但根据调查也可以发现98.5%的创业者所在家庭还有承包耕地，他们和农业之间的天然联系仍然存在。

根据对回乡创业农民工的调查，回乡创业最主要的经营形式是个体经营，所占比例为68%，其次是私营企业，所占比例为20.2%，股份制为6.5%（主要是在第二产业，分别有12.2%的工业企业和13.5%的建筑业企业采用股份制的方式运营），另外有4.6%的承包、租赁经营，主要属于商品农业开发（见图4）。

从企业规模看，以中小企业（包括微型企业）为主。企业初次投资规模在5万元以下的占近7成（见图5）。企业用工在2人以下的占4成，10人以下的占7成（见图6）。年产值在10万以下的约5成（见图7）。从规模上来说，可以把企业分做三个类型：第一类是就业谋生型的，如有42.1%的农民创业主要是解决个

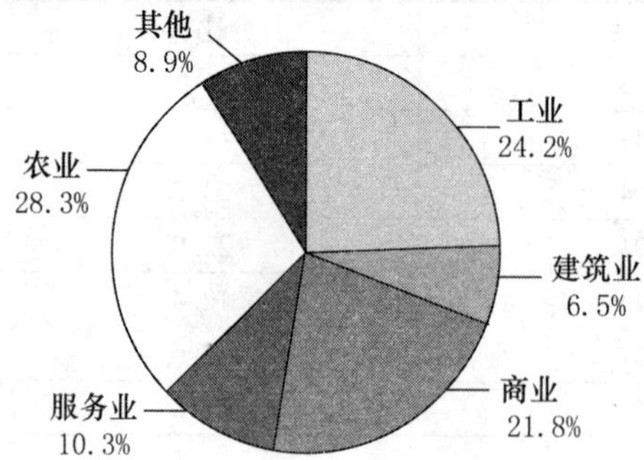

图3　农民工回乡创办企业的行业分布

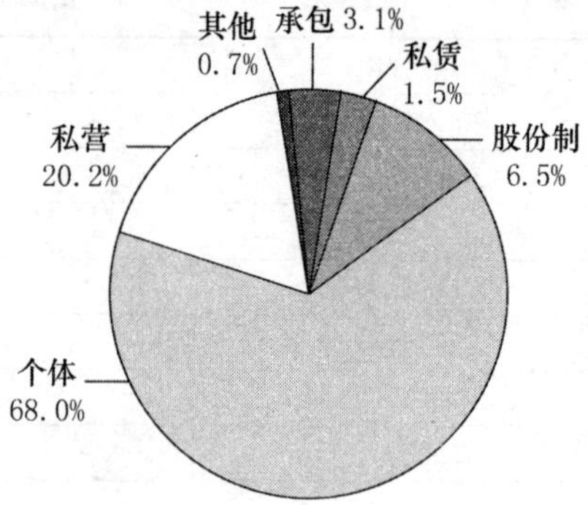

图4　企业经营形式

人和家庭就业问题。第二类是成长谋利型的企业。第三类型就是能够达到沿海先进企业水平的现代企业。据调查，企业职工人数超过50人的有85家，占5.7%；企业年产值超过1000万的有51家，占3.1%。可见一部分企业已经有了相当的规模和较高的技术水平。

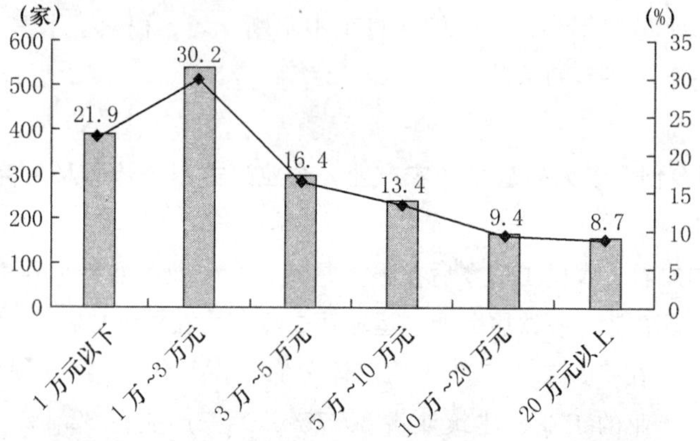

图5　企业初次投资规模

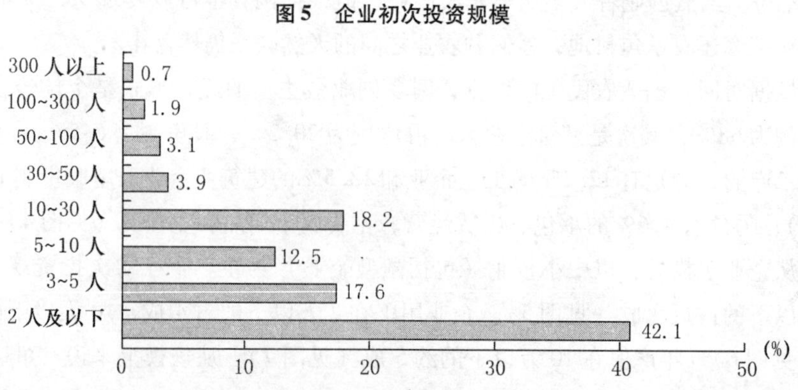

图6　企业职工人数

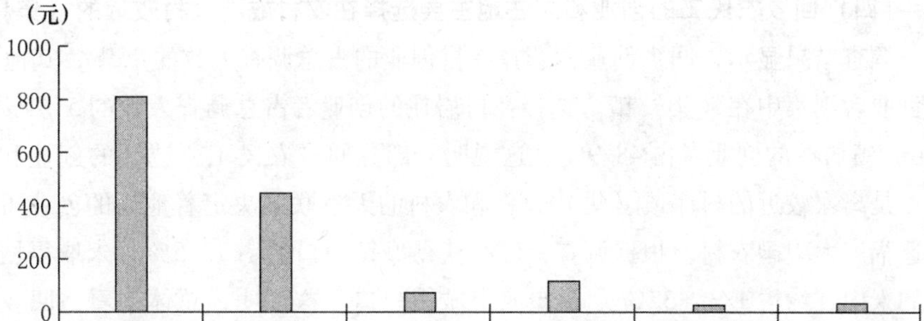

	10 万以下	10 万~15 万	50 万~100 万	100 万~500 万	500 万~1000 万	1000 万以上
人数	845	477	98	142	32	51
%	51.4	29.0	6.0	8.6	1.9	3.1

图7　企业年产值或销售收入

回乡创业农民工中，年轻人从事非农产业经营的比重超过农业开发经营，中、老年回乡创业者随着年龄的增长，从事农业的比例上升。根据301个村回乡创业者的调查，约以40岁左右为界，年龄小于40岁的，回乡创业从事非农产业的比重超过农业开发经营，年龄大于40岁的，从事农业的比例上升，超过从事非农产业的比重（见图8）。这也表明，从80年代到现在，第一代和第二代外出打工农民的知识结构、外出动机和回乡发展境况已经发生了重大变化。第一代的农民工外出主要是进行资金积累，回家较多的是利用资金从事与过去所从事过的农业生产相关的开发。而新一代农民工外出主要是技术和管理经验积累，回家以后往往能够利用打工所学习的现代工业生产和服务创业发展，对城市生产和生活方式的适应和运用能力在增强，对于现代工业文明的认同正在逐步增强。

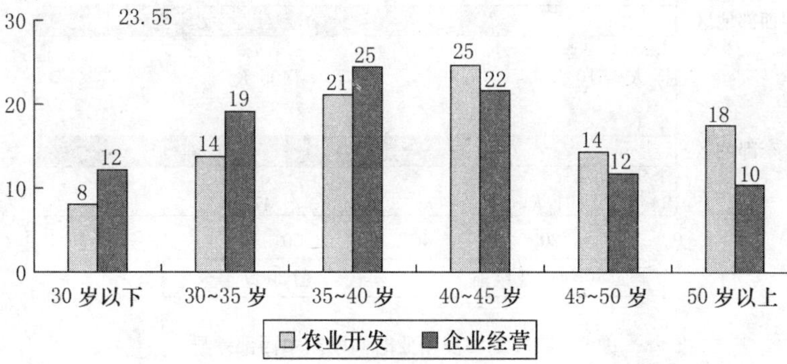

图8　年龄与创业行业

（四）回乡农民工的创业和居住地主要选择在农村或离农村较近的（集）镇

调查结果显示，回乡创业者选择在村创业的占总调查人数的46%，其他54%的创业者则集中在（集）镇。选择在村居住的创业者占总调查人数的51.1%，在（集）镇居住的创业者占48.9%。这说明大部分回乡农民工所选择的创业和居住地点是离家较近的村庄或（集）镇，和农村的天然联系决定着他们的创业可以直接造福广大中国农村。根据调查，已经获得城镇户口的占13.5%，未取得城镇户口的人中，约占1/3（32%）希望取得城镇户口。这说明，总体来看，回乡创业者还处在城镇化的过程中，大部分回乡创业者虽然回到城镇创业，但是仍然没有实现举家迁移，也没有取得城镇居民身份。

（五）农民工回乡创业的东中西部差异

从总体来看，调查县虽然属于东、中、西部不同的区域，却都是经济相对不发达的县，外出就业多，回乡创业增长趋势都比较明显，但仍有一些区域差异。

一是从回乡时间看，东部地区农民工返乡创业起步较早。中西部地区1990年以前回乡创业人数占该地区总调查人数的2.3%，东部地区则占4.9%；1990～2000年中西部地区该比例为26%，东部地区为27.4%；2000年以后中西部地区该比例为71.7%，东部地区为67.8%。2000年以后中西部地区回乡创业人数是1990年以前的31倍，东部地区是13倍，2000年以后中西部地区回乡创业人数是2000年以前的2.5倍，东部地区是2.1倍。这说明在20世纪90年代以前，东部地区农民工返乡创业起步较早，而2000年以后，中西部地区回乡创业热潮开始显现，增速加快（见图9）。

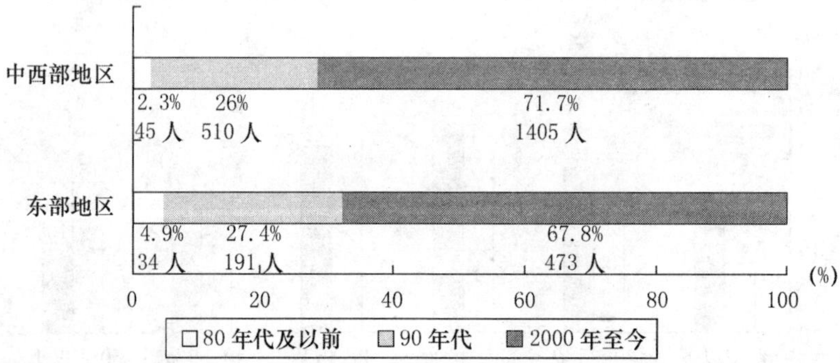

图9 农民工回乡创业时间段东中西部差异

二是从用工情况看，根据对301个村回乡农民工创办的企业调查，中部地区企业平均用工18人，比东部高出38.5%，比西部高20%（见图10）。可以看出，中西部地区返乡创业企业可以吸纳更多的农村剩余劳动力，这与中西部地区鼓励发展劳动密集型产业以及中西部地区相对富足的劳动力供给有关。

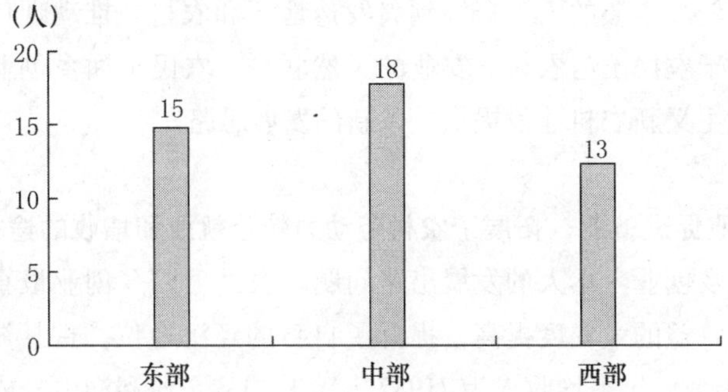

图10　东、中、西部农民工回乡创业企业用工状况

三是各区域回乡创业企业在产业分布上有较大差别。在中西部地区回乡创业者中有13.1%从事第一产业，东部地区这个比例是23%。而中西部地区回乡创业者则在第三产业更有作为，从事第三产业的创业者占总人数的51.3%，东部地区这个比例是40.6%，说明第三产业自身所具有的入行门槛低、资金需求少、技术要求不高等特点，正在吸引着越来越多学有所成的农民工回乡发展。

四是东部农民工回乡创业率最高，中部地区回乡创业比例较低（见表3）。

表3　　农民工回乡创业的职业分布与回乡创业率（中位数）　　单位:%

地区	农业		非农产业		回乡创业率
	高效农业/回乡农民人数	办农业企业/回乡农民工人数	个体/回乡农民工人数	私营企业/回乡农民工人数	回乡创业/回乡农民工人数
全国	5.79	0.65	8.33	1.29	16.06
东部	18.15	1.65	7.90	1.87	29.57
中部	3.26	0.55	6.58	0.90	11.28
西部	5.21	0.33	9.19	1.51	16.25

二、农民工回乡创业的作用和意义

改革以来，农民在实践中创造了成效卓著的农村劳动力转移的路子。20世纪80年代以后，农民主要依托农村社区和小城镇发展乡镇企业，实行“离土不离乡，进厂不进城”的就近转移。20世纪90年代以来，不发达地区的农村富余劳动力向发达地区和城市跨区域流动，进城务工就业。农民工回乡创业，创造一批新的就业载体，带动当地和农村富余劳动力的就近转移，开辟了农村劳动力转移的重要途径。农民工回乡创业有利于借助在发达地区或城市积累的资金和人力资本，用于不发达地区促进乡镇企业、中小企业、民营经济发展；有利于一部分进城农民工分流和向非农产业与城镇的彻底转移，促进中西部地区的工业化和城镇化发展；有利于较高素质的人力资源到欠发达地区和农村，推动现代农业发展和新农村建设。由于农民工与农村、农业的天然联系，农民工回乡创业正在以其特有的方式为社会主义新农村建设提供一条新的发展思路。

（一）以创业促进就业，拓展了农村劳动力转移就业和增收的途径

一是解决回乡创业者本人的发展出路问题。农民工回乡创业最直接的影响是带来了自身经济收益的大幅度提高，提升了自身的经济地位。百县调查显示，创业农民工2006年个人年平均收入为71987元，其中从企业利润中分成占74%。多数回乡创业人员的收入高于未外出人员的收入，也高于自己仍留在外地打工的预期收入。回乡创业的农民工可分为两类，一类是创办微型企业、个体工商户，收入不高，许多是为了就业而创业。根据对301个村3026个回乡创业农民工的调查，2006年年收入在2万元以下的有1184人，占40.7%，属于谋生型的创业。即使是这样，其中45%的收入要高于外出打工的同乡现在的年平均收入1.47万元，能够过上比留在城市打工更好的生活。另一类是通过创业实现了发展，从收入上可以看出，年收入在3万元以上的有39.9%，有21.7%的人年收入在5万元以上，其收入水平高于很多城市居民的年收入，还有不止10%的人年收入超过10万元，过上了比较富裕的生活（见图11）。

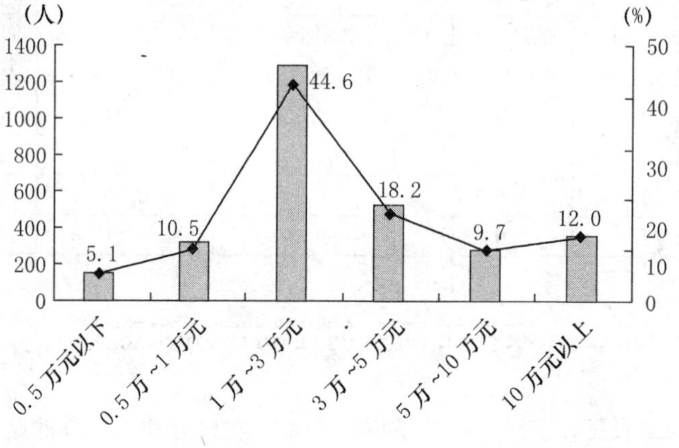

图11 创业农民工个人收入

二是拓展了回乡农民工的就业增收途径。农民工回乡创业不少属于沿海劳动密集型产业向内地的转移，如制衣、鞋业、家具、电子等。企业所使用的工人，有相当一部分甚至半数以上是从沿海打工回来的农民工。这就解决了回乡就业农民工随着年龄增长所产生的家庭团聚，照顾老小的实际需要，延续了他们产业工

人的生命，成为他们新的就业途径和收入增长点。

三是开辟了不发达地区农村中年以上富余劳动力以及城镇待业人员、失地农民的就业增收途径。不发达地区农村中年以上富余劳动力的就业不充分一直是农民收入低下的一个主要难点。根据对300个村的调查，季节富余劳动力占农村劳动力的比例为15.7%。农村季节性剩余劳动力没有就业的，平均每村就有243人，同时还有9%左右中年为主的常年富余劳动力。回乡农民工创办的一些劳动密集、技术要求不高的企业，吸收了这部分既难以外出打工，也在当地缺乏非农就业机会的农民就业，为他们提供了低门槛、灵活多样的就业机会，为农民的就业和增收开辟了新的路子。从江西、河南、安徽的实地调查看，回乡农民工创办企业的有的雇佣三四十岁的农民就业，有的工人就业年龄可以达到50岁以上。既有工人在工厂集中生产，也有农民利用农闲在家里生产。根据对百县的调查，平均每名创业者带动就业3.8人①，其中很大一部分是当地不能外出的中年以上农民。根据对300个村的调查，回乡创办个体和企业的创业者及带动就业的人数，合计占留村劳动力的18%。

（二）把优势资源引向农村和欠发达地区，有助于缩小城乡、区域间差距

我国在工业化、城镇化转型期呈现显著的城乡、区域发展差别，这是造成人口流动的重要原因。进城农民工的流出地多是乡镇企业、民营经济薄弱局面没有改变的传统农区。在全国工业化进入中期阶段的时候，这些不发达地区还处于工业化的起步期。虽然农村大量青壮年多年外出就业，获得了劳务收入，但当地非农产业落后就业机会少、农民收入低的状况没有大的改变。

农民外出就业参与发达地区的工业化、城市化，有利于在就业中增加收入，部分农民工已在发达地区处于稳定就业状态，他们的进一步市民化，在城市定居，将会缓解中西部农村发展中的人地矛盾。但这些并不能代替不发达地区县域经济和农村自身的发展。那些远离中心城市、缺少矿产资源的传统农区，发展工商业，甚至发展商品农业有很多制约因素。其可利用的优势资源、动力源泉就在群众中，特别是在外出就业中素质、能力有很大提高的农民工那里，农民工这个“人矿”就是欠发达地区最重要的资源和动力。农民工回乡创业带动本地的乡镇企业、中小企业、民营经济发展，才有可能打下不发达地区经济发展的企业、产业基础。在一段时间里，人们曾把改变经济落后局面的希望寄托在招商引资上。但贫困地区很少能够引来境外投资。农民工回乡创业给突破这种局面带来了契机。真正来这些地区投资的还是回乡创业的农民工这一部分人。落后地区的经济发展，首先

---

① 根据对江西信丰县10个村的调查，平均每个创业者带动就业4.3人；根据对河南林州10个村的调查，平均每个创业者带动就业2.97人。

还是依靠本地老百姓，特别是外出在沿海地区得到锻炼的农民工中的人才，靠他们回乡创业。在我国产业结构发生变动，沿海劳动密集型产业梯度转移的时候，只有抓住了这个千载难逢的历史机遇，把它们当做发展的主体，创造好的环境，越来越多的人回乡创业才能激活本地经济。根据对分布在百县的100个乡镇的调查，实现境外招商的乡镇49个，一共有招商企业199家，一共实现就业24047人；而与之相比，回乡农民工创办的企业数为2970家，实现总就业89031人，是境外招商企业的3.7倍。另外，农民工回乡创业对当地乡镇企业的推动表现在带头作用上。据百县调查，被调查县中，47%的乡镇企业是由农民工创办的；被调查村中，个体、合伙企业经营的最重要的产业，80%以上是由曾经外出就业的人先搞起来的。分行业看，71%的工业企业、83%的建筑业企业、85%的商业企业、76%的服务业企业是由曾外出就业的人先搞起来的，他们是点燃不发达地区县乡非农产业火种的播火者和产业的培育者。

过去不发达地区乡镇企业、工商服务业发展不起来，缺少的是资金、信息、技术，更缺少有竞争意识、能把握市场、整合要素资源、开拓进取的创业人才。在沿海地区进城就业的农民工，是一种在异地经受市场经济和工业化洗礼并积累了一定资金和人力资本的外在力量，他们回乡创业，把资金和发达地区的市场观念、技术、管理带入家乡，成为推动民营经济发展、工商服务业底层突破的有生力量。有些地区如河南省固始县较早看清了这种发展形势，看到了农民工回乡创业这股推动工商业发展的可贵力量，从2004年起就把招商引资的重点转向回乡创业这批人。这些回乡创业者成为承接沿海劳动密集产业转移的主要力量。回乡创业者带来的资金成为创办民营企业的主要初始资本。截止到2006年，固始回乡创业人数为1.6万，回乡创业企业投入在100万以上的有423家；全县工商业经济总量的2/3是由回乡农民工创办的企业支撑的。农民工回乡创业一方面移植沿海有市场需要的劳动密集产业，发展与城市企业配套的产品，另一方面结合当地资源，开发特色产品，提升传统产业。

有些地方农民工回乡创业起步早，发展快，已经培育形成了县域经济支柱产业。江西省南康市农民工回乡创业起步较早，市政府1997年就提出“个私兴康”战略，要建设“江西的温州”，把回乡创业与“个私兴康”战略结合起来。支持农民工回乡发展个私经济，把招商引资的重点放在回乡农民工上。截止2006年，南康市回乡办企业的有9821人，创办个体经济、私营企业6000多户。南康出产木材很少，没有棉花生产，也不产矿砂，现在却形成了家具、服装、化工、食品、矿产交易、机械制造等六大支柱产业，其中家具、服装6到7成的企业是由农民工回乡创办的。油漆、涂料为主的化工企业是由从事建筑业的农民工回乡创办的。以钨砂为主的矿产交易是由外出经营者把交易市场从邻县转移到南康市来的。只有食品加工业是由当地企业发展起来的。机械制造业是内外两种力量结合发展起来的。六大支柱产业的形成，回乡创业者起了主要作用。费孝通1999年5月在调查南康后做了很好的总结，指出南康经济是“无中生有，有中生特，特在其人，人联四方”。点明了农民工和他们的回乡创业对南康县域经济发展的决定性作用。应当看到，目前多数地方农民工回乡创业对县域经济发展的作用还是不大的，但一些小企业在贫困农区像雨后春笋般地生发出来，铺垫着工业化的发展基础。农民工回乡创业是优势资源由城市向农村、经济发达地区向不发达地区的一种逆向流动。这样的流动把城乡、发达地区与不发达地区的发展联系起来，形成沿海发达地区带动不发达地区农村发展的格局，是改变不发达地区乡镇企业薄弱局面的突破口，促进民营经济、县域经济发展的推动力，对于缩小城乡、区域间的差距意义重大。

（三）促进农业发展方式转变，加快了建设现代农业的步伐

农业在不发达地区县域经济中仍然占有较大的比重，农业收入仍然占农民人均纯收入的1/3以上，农民工回乡创业的一个重要方面是与商品农业的发展相结合。发展农产品的规模养殖、种植、加工、流通服务，拉长产业链，提高经济效益，这既是当地经济发展的需要，也有较大的投资发展空间和盈利空间。调查结果显示，有16.5%的农民工回乡后从事农业综合开发，成为农业生产的带头人，他们创办的企业平均每个企业可带动54户农户参与生产。这些创业者中，从事规模养殖的人数最多占51.5%；从事特色种植业的占31.0%。回乡创业的农民工投资于商品农业，推动了农业的商品化、规模化、特色化和结构调整。

不发达地区不仅工商业薄弱，而且农产品的加工、流通、服务也很薄弱。农民工回乡创业从加工、流通领域切入，推动农业产业化龙头企业和专业合作经济实体的发展。比如安徽六安市夏星食品公司总经理夏义法，18岁外出去苏州打工，1996年开始在苏州吴中区经营食品公司，2006年5月回来投资8000万创办农业龙头企业，生产速冻食品，带动一万农户。发展了当地的农业产业化经营，促进了农业结构调整和农村经济的发展。从对乡镇的调查看，特色农业产业化经营龙头是企业的，带头人曾外出过的占75.7%；农业产业化经营组织是协会和专业合作社的，带头人曾外出过的占80%；是批发市场的，带头人曾外出过的占72.2%。被调查村的高效农业开发中，一半以上的项目是由外出回乡的人先搞起来的。被调查村从事多种经营专业户中，约40%的人有外出就业经历。其中，25.2%的村从事多种经营专业户中有外出就业经历的比例占7成以上。

（四）为新农村建设提供了一批较高素质人才

不发达地区农民进城就业，在带来劳务收入的同时，也使农村失去了相当多

受过一定教育的农村青壮劳动力。外出就业，造就了一批新型产业工人和技术管理人员，回乡创业使他们中的一部分又回到农村，成为农村发展和建设的骨干力量。回乡农民除了农业开发、从事工商服务业以外，还有不少从事了教育、卫生等公共事业，有的还担任村干部，为村民提供公共服务。在被调查的301个村中，有15%的村有过回乡农民工兴办教育、卫生、旅游业的情况，168个村共505位返乡的打工者担任过村干部。

（五）成为推动中西部地区城镇化的重要途径

农民工回乡创业不是在城镇化方向上的倒退，是在不发达地区把创业和城镇化结合起来，促进以小城镇为主的城镇化发展，提高了小城镇发展的水平和质量。一是为小城镇发展提供产业支撑。农民工创办的企业近半数办在小城镇和县城，除去投资于农业经营和谋生型的小企业，规模稍大的工商服务业绝大部分是办在小城镇和县城。这些企业带动资本、劳动力等经济要素向小城镇集聚。二是发展了小城镇的基础设施和配套产业。部分回乡农民工在城镇创办教育、医疗、文化、住宿、餐饮等商业服务业企业，发展房地产业，提供多方面的生产生活服务，直接投资于城镇基础设施建设，促进小城镇配套产业发展。许多投资于城镇基础设施、社会事业发展的回乡创业者，是一半在外地创业，一半在家乡投资，他们在家乡投资的工商企业，具有沿海发达地区和城市企业的发展水平；他们投资的城镇基础设施和商业服务业，既适合当地的需要，又往往具有城市设施和产业的质量和品位。三是扩大小城镇人口和经济规模。根据对3026个回乡创业农民工的调查，有将近一半选择在镇或集镇上居住，在镇或集镇有住房的创业者中3/4是购买或自建住房。有52.5%的回乡创业农民工在集镇有投资，其中投资10万元以上的占42.5%，已经获得城镇户口的占13.5%。未获得城镇户口而打算获得户口的占32%，回乡农民工向小城镇集聚的意愿明显，必将为小城镇化提供长期发展的动力。

三、农民工回乡创业兴起的原因和条件

回乡创业是在个人、家庭、宏观社会经济环境等多种因素的影响下，农民工对输出地和输入地收益比较后，做出的一种理性选择。在城市的打工经历是农民工回乡创业不可或缺的孵化器，打工期间农民工所积累的资金、技术和管理经验是实现其回乡创业梦想的基本条件。农民工强烈的创业愿望和对家乡的天然联系是他们选择回乡创业的自身动力。沿海发达地区劳动密集型产业向中西部地区转移步伐加快以及中西部发展条件和环境的改善，是促使农民工回乡创业的宏观背

景。而输出地政府对回乡创业的鼓励支持，输入地城乡分割的户籍制度及其高昂的生活成本、艰苦的工作环境构成了农民工回乡创业的外界推力（见图12）。

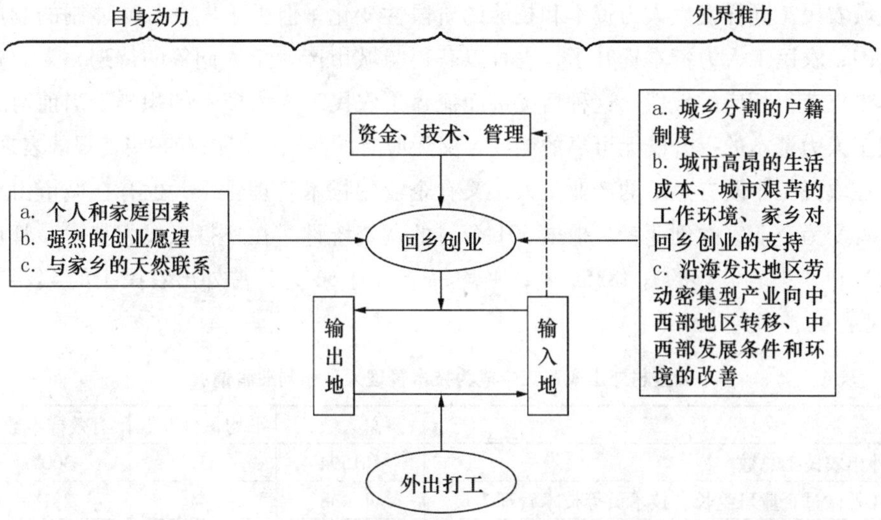

图12

（一）外出打工是农民工回乡创业的孵化器

农民从务农到外出打工，再到回乡创业，最为关键的环节是外出打工。外出打工孕育着回乡创业，是农民工回乡创业的孵化器。农民从经济不发达的农区，流动到改革开放早、市场经济和工业化最活跃的沿海发达地区打工，在生存和就业竞争压力下，勤奋劳动，边干边学，以适应新的产业和社会环境。打工是锻炼人的大熔炉，企业、市场是培养人的大学校，他们在工业化、现代化先导地区经风雨、见世面，其所得到的开放的观念和学习的本领，是在传统农区无法获得的。打工的收获不仅在于获得一定劳动报酬，更重要的是打工者本人的成长：掌握从事工商服务业的技能、行业知识，积累务工经商的经验，社会经济观念和生活理念、追求的转变等。总的可概括为人力资本的积累和提高。一些人市场经济意识、竞争进取观念增强，逐步取代满足温饱、小富即安的保守观念，萌发创业的冲动。有了钱不再是存起来，而是以此做资本。农民工人力资本的提升，成为回乡创业的前提，更确切地说，回乡创业是他们借机施展打工积累的人力资本。

值得注意的是，以往较少关注进城农民工在打工中的人力资本积累，过去我们对农民进城就业注意到了从务农向非农产业的职业转变，较少注意他们进入非农岗位后他们人力资本提高的过程。实际上经过多年进城就业农民工人力资本的积累已相当可观。国外欠发达国家农村向城市的人口迁移，被看做两个阶段：无技术的农村劳动力首先进入城市传统部门或非正规部门就业，这是第一阶段；积累了人力资本，有了一定技术，再转入城市现代部门工作，这是第二阶段。我国进城农民工同样发生人力资本和技能的阶段性变化，但由于城乡二元体制的制度原因，农民工人力资本提升了，也难以获得与城市产业工人同等的待遇，人力资本难以获得相应的报偿。这种情况进而掩盖了农民工人力资本的积累。当前对农民工人力资本的提升既无可靠的测度，又无应有的激励，但仍有一些直观的表现。现在农民工中既有熟练的产业工人，又有企业的技术管理骨干，也有在城市由打工者变为企业家的创业者。根据301个村的调查统计，在外打工成为技术、管理人员和“小老板”的有18355人，平均每个村有66人，占外出农民工的11.4%（见表4）。

表4　　调查村外出农民工中成为技术管理人员和创业者情况

	总人数	平均每村人数	有效样本数
外出农民工总数	161594	539	300
在外做过企业班组长、技术员等技术管理人员	11438	41	281
成为“小老板”	6917	25	274

由进城打工到回乡创业，形式多样，共同的内在因素是打工积累了人力资本和资金，这一点在实践中表现得非常明显。

首先，打工积累了资金，学到了技术，获得了市场信息，为回乡创业做了必要的准备。根据对回乡创业者的调查，认为打工首要是积累了资金的占54.2%；认为首要是学到了技术的占25.8%；而认为打工首要是获得了市场经济头脑的占了3.2%（见图13）。

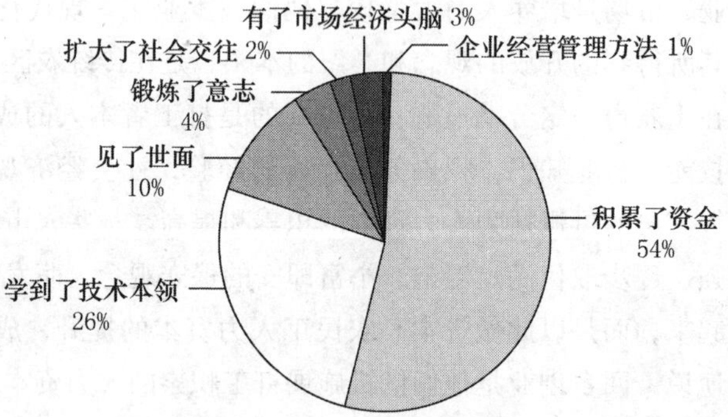

图13　外出打工经历中对办企业最有帮助的选项统计

其次，回乡创业的行业选择也和打工从事的行业、所掌握的技能、行业知识有密切联系。调查表明，回乡从事建筑业、服务业、工业创业的人中分别有

70%、62.5%、48.2%的人是原有从事过相关行业工作的，回乡从事农业开发创业者有51.7%属于农业打工者。农民工回乡创办的企业半数仍与打工地保持较密切的联系。保持技术、销售、资金和其他经济合作联系的分别占24.9%、24.4%、9.3%和15.7%。其中联系很少或者已无联系的占48.7%（见图14）。

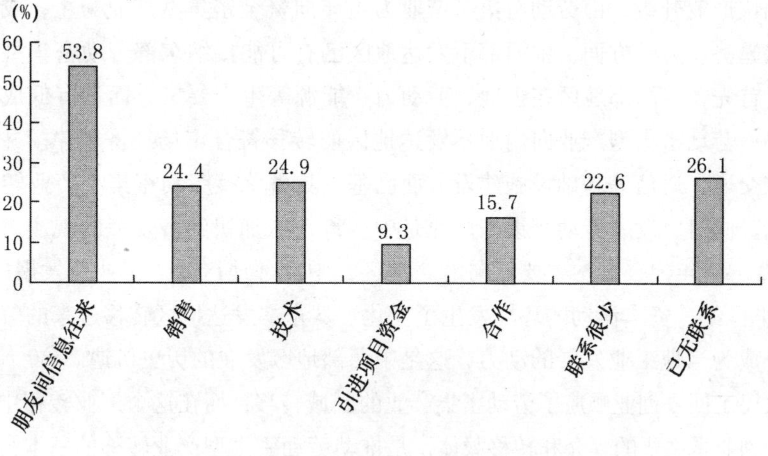

图14　现在仍保持与就业地的联系选项统计

再次，外出就业孕育回乡创业，更具体地体现在不同类型的回乡创业上。有的是经商回归型，即外出经营销售人员在积累一定的资本和市场拓展经验后转为回乡创办企业，其特点是他们熟悉市场，为创业准备了市场条件，一些人在创业之前就有了相对稳定的客户群，并在经商中完成一定的资本原始积累；有的是打工转为创业型，他们在打工中往往经历从工人到技术人员、管理人员的艰苦磨练，有着坚强的意志和不怕艰难困苦的精神，这正是创业所需要的；有的是创业拓展型，他们已在城市创办了企业，再到家乡办分厂、加工基地，或迁回家乡办厂；有的是被外资企业派往家乡所在地，做分厂负责人，由帮助外资管理企业变为在家乡独立办厂。

（二）劳动密集型产业由沿海发达地区向中西部地区扩散转移是农民工回乡创业较快发展的有利背景

多年来，我国劳动密集型产业是和农民工联系在一起的，进城农民工多数是进入沿海发达地区和城市的劳动密集型产业。沿海的劳动密集型产业也是凭借农民工的劳动力资源优势得以发展。进入21世纪，农民工回乡创业有较快发展，与劳动密集产业出现区域转移，这个大背景紧密相联。一方面，沿海地区存在促使劳动密集型产业转移的推力。改革开放以来，沿海发达地区经济发展迅速，伴随而来的是土地、劳动力等要素成本上涨，能源和资源面临短缺。东部发达地区劳动密集型产业已经面临生产要素价格大幅度提高，企业利润整体下滑等问题。劳动者在城市的生活成本也已大大提高，工资水平相对较低的劳动密集型产业招工产生困难。沿海地区的政府也越来越把产业发展的重点放在资本、技术密集的产业上，而对劳动密集型产业不再予以支持，甚至实行土地供给的限制政策。沿海地区加快产业升级，由劳动密集型产业为主转向资金密集型产业为主，成为客观的发展趋势。另一方面，中西部不发达地区已有可能接纳东部劳动密集型产业的转移。首先，中西部地区在土地、劳动力、能源等生产要素方面都有低成本的比较优势，劳动密集型产业向内地不发达地区的转移符合市场经济规律。并且，中西部在交通、通信等基础设施建设方面已基本具备承接劳动密集型产业转移的必要条件。同时，发展劳动密集型产业是中西部地区加快经济发展的现实途径。20世纪80、90年代，资本主要流向沿海地区，中西部地区缺乏工业化发展的机会，进入21世纪，资本流动的环境发生了变化。从东部发达地区转移过来的劳动密集型产业成为当地工业发展的动力，这是中西部地区发展的历史机遇。

农民工回乡创业顺应了劳动密集产业的区域转移，而在这个产业转移中，农民工回乡创业是主要的媒介和转移载体，是推动劳动密集型产业转移的基本力量。沿海劳动密集型产业的技术、装备、管理和人才等要素，通过回乡创业向不发达地区转移过来，继续发展。一方面，发达地区的劳动密集型企业，包括内外资、港资、台资在2000年前后就开始寻求在中西部地区办分厂或“三来一补”的加工基地，它所依靠的力量是来自中西部地区、在其企业就业的农民工及其成长起来的企业管理骨干。另一方面，沿海劳动密集型产业从产业工人到大批技术管理人员主要是农民工，甚至一些生产企业是由农民工开办的。劳动密集型产业从沿海到中西部地区的转移，很大程度上是这些产业中成为技术管理骨干或企业主的农民工的回乡创业。一些在这些产业做工的农民工也随之转入家乡就业。比如接近珠三角的江西赣南信丰、南康、于都等县市，农民工回乡创业把沿海地区的制衣、家具等劳动密集型产业移植过来。比如河南省固始县的水暖器材工业就是回乡创业农民工从浙江温州整体移植过来的。温州80%的水暖工人都是固始的农民工，一些农民工还在温州租地办厂，他们开办的小工厂完成了水暖器材的基础性生产。他们90年代初期租地办厂的租金是每亩3000多元，到2003年，租金提高到每亩地3万多元，提高了10多倍，因此就要求家乡给他们一块地，把产业转移到家乡来。2004年下半年，60多家水暖企业从温州迁至固始县郭陆滩和南大桥镇。而温州康霸洁具公司等颇具规模的水暖器材下游厂商也随之到固始办分公司。

（三）中西部地区发展环境和条件的改善是农民工回乡创业的重要条件

一是地方政府开始从发展战略的高度来看待农民工回乡创业。一些地方政府看到在劳动密集型产业向中西部转移的大环境下，抓住机遇就能获得发展，转变了思想观念，把回乡创业农民工作为地方经济发展的依靠力量看待。中西部落后地区经济发展，要依靠农民工，靠这些通过沿海地区的工业化、市场化锻炼了的人才和大小老板回乡创业。招商引资，不但要瞄准向内地转移的劳动力密集型产业，也要瞄准外出务工者回乡创业。基于上述认识，一些地方政府主动到沿海发达地区开联谊会、座谈会，宣传招商引资政策，表彰为家乡做出贡献的农民工，在全社会营造尊重创业者，尊重企业家的氛围，吸引农民工回乡创业。

二是实行地方性优惠政策。一些地方改变了为解决财政困难，对引进的企业加重税费负担做法，转向实行“放水养鱼”的政策。比照引进外资的税收优惠政策，在所得税上让农民工回乡创办企业，享受“减二免三”的同等待遇。对农民工回乡创业者，办理个体户，实行免收登记类、证照类、管理类行政事业性收费优惠。把一些闲置的厂房、设施盘活优先用于这些企业的发展。财政投入担保资金，帮助企业解决融资困难。在百县调查中，税费减免（52.9%）、用地优惠（32.4%）和资金信贷扶持（29.4%）是各地较普遍制定的优惠政策。

三是改善管理和服务。一方面，地方政府规范自身和部门行为。农村税费改革扭转了过去县乡政府部门向农户和企业乱收费、乱摊派的局面。政府的费用来自规范的税收或财政的转移支付，促进了政府转变职能，把重点转向为企业和社会提供公共服务上。有的地方专门设立督查局，处理企业投诉，健全了投诉受理制度，群众和企业可以对政府部门的违规行为进行举报，维护自己的合法权益。另一方面，对农民工创办企业简化办事程序，提高服务效率。有些地方政府设立行政服务中心，在土地征用、证照办理上实行一个“窗口”对外的“一站式”服务。有的做到用地纠纷及时处理，用水用电等基础设施限时解决，组织相关部门、金融单位、企业参加银企恳谈会，帮助企业融资，解决企业发展中的困难。

四是为农民工回乡创业提供平台。把回乡创业纳入发展规划，抓好工业园区和乡镇工业集中区的基础设施建设，搞好“三通一平”，污水处理设施的建设，为农民工回乡创业提供发展平台。

（四）强烈的创业愿望和与家乡的天然联系是农民工选择回乡创业的自身动力

农民工回乡创业既有主观意愿，也有客观需要。调查结果显示，85.6%的被调查者在外出打工时就已有回乡创业的打算。他们对家乡有深厚的感情，有叶落归根的观念。有些在外面务工漂泊多年，难以扎根，他们或是要回乡照看家人，或是回家结婚生子，或是年龄过大有伤病，或是回家照看耕地。目前，我国子女入学仍采取根据户口所在地就近入学的原则，农民工带学龄子女外出就业时要为子女支付额外的学费，这对他们来说是沉重的负担，有时家里面老人也需要照顾。与其在外面漂泊不如回乡创业，同时也照顾了家人。与个人和家庭的客观因素相比，农民工的个人主观能动性起到了更大的作用，有60.1%的受调查者表示是为做一番事业而返回家乡，由于对家乡有感情也比较熟悉，许多农民工最终选择在家乡落脚，利用家乡的有利条件，发挥自己的优势，积极创业（见表5）。外出农民工特别是第一代农民事业有成了，就有报效家乡养育之恩，带动家乡致富，为家乡做些事情的想法，因而回到家乡发展当地产业。在家乡发展，社会压力小，受歧视少，并且能够在一定程度上获得社会的承认，争取应有的社会地位。这些内在动力是广大创业者返回家乡的决定因素。

表5　　农民工回乡创业原因

回乡创业原因	回乡发展事业	照顾家人	结婚生育	年龄过大	在外地发展受限制	照料耕地	外地就业困难	伤病	其他
比例（%）	61.2	17.1	7.5	5.2	3.7	1.9	1.7	0.4	1.4

回乡创业是农民工的自主选择。一种情况是在外打工工资增长慢，不如回乡创办小企业。多年来沿海发达地区农民工工资增长缓慢，扣除通货膨胀因素，有些地区工资甚至是负增长，受到城市生活费用提高的压力，一些农民工回乡依靠打工积攒的不多的资金，开商店，从事个体工商户经营。另外一种情况是在打工地做技术管理人员，不如回到办企业成本低的家乡创业当老板。有些农民工在外打工，做到了管理层，或成为技术骨干，有比较高的工资收入，但根据自己的工作能力仍然希望创办属于自己的工厂。而在沿海地区，因为土地价格高，不好招人，开不了工厂，或者只能开一个小工厂，又得不到沿海地区政府的重视。他们看中了家乡经济发展趋势，土地便宜、劳动力比较丰富的有利条件，选择了回乡创业。还有一种情况是利用家乡发展的机遇和有利条件，把在外创办的企业扩展或迁移到内地。一部分务工经商的农民工在沿海发达地区和城市创办了企业。他们看到发达地区土地、人力资源、能源等要素价格大幅度提高，中西部地区土地便宜，工资水平低，能源相对充足，基础设施有所改善。经过权衡利弊，他们把企业转移到内地，或者在家乡办分厂，技术、管理骨干从沿海引进，市场、销售和技术研发仍然在发达地区。

（五）城市二元体制的排斥是促使农民工回乡创业的外界推力

城乡分割的户籍制度使农民工很难真正融入城市生活。41.9%的回乡创业者认为他们在外面打工遇到最大的困难是没有户口，很难找到稳定、体面的工作。33.4%回乡创业者认为，没有稳定的就业是外出打工第二大困难，他们大多干一些脏、苦、累的活，还经常受到就业歧视和工资歧视。农民工不能与城市居民一样享受平等的社会保障和公共服务，就医贵、学费高、养老难等问题短时间内难以得到解决（见表6）。

表6　　农民外出打工主要困难调查

选项	没户口	就业不稳定	很难进入当地社会	个人发展受限制	成家难、养家成本高	子女教育受限制
比例（%）	41.9	30.9	7.7	7.7	7.5	4.2

调查还显示，大部分回乡创业者都反映外出打工很辛苦，生活条件差、劳动强度大。回乡创业者认为，外出打工的苦处按大小排序依次是太累、受到歧视、生活条件差和管理苛刻（见表7）。且城市生产生活成本相对农村普遍偏高，农民工选择在城市创业需要更多的启动资金和更大的创业风险。可见，农民工在城市打工所面临的许多限制，反过来也成为促使其离开城市回到家乡进行创业的推力。

表7　　农民外出打工苦处调查

选项	太累	受歧视	生活条件差	管理太苛刻	其他
比例（%）	79	8.4	6.7	3.2	2.6

四、农民工回乡创业面临的主要困难和问题

（一）对农民工回乡创业认识不足，未能公平对待，缺乏优惠政策

一是没有把服务农民工回乡创业视同招商引资一样重要。一些地方把改变当地经济不发达的希望过多寄托在引进外商和大企业上，并为之制订一系列优惠政策。认为农民工回乡创业是“小打小闹”，交税少，发展慢，只能解决他们自己就业增收的问题，对县域经济发展、财政增收作用不大。甚至不相信农民工回乡创业能成功，没有把服务回乡创业摆上位置。有的支持只是停留在讲话、邀请上，缺少具体的政策措施。

二是政策上不公平。有的县市让引进的外商大企业进工业园区、实行优惠政策或配套服务；而农民工回乡创业进不了园区，也得不到对外资企业提供的优惠政策和多项服务，这就形成与外商和较大企业之间的不公平。农民工回乡创业有的吸收了城镇待业人员、失地农民，更多的是解决不发达地区农村不能外出的“40、50”农民的就业。同样是解决困难群众就业的创业，在城市能得到税费减免、小额信贷等优惠政策，农民工回乡创业就得不到这些政策。这又形成与城市

创业的不公平。根据百县3026位回乡创业农民工的调查统计，认为“优惠政策缺乏或不落实”的占60%。

三是扶持政策制定滞后。根据百县调查，回乡创业得到政府支持的面偏小，得到的支持只是属于本地的“土政策”，没有中央和省里的政策依据。多是把招商引资的优惠政策用于回乡创业。少数地方把扶持城镇再就业的有关政策延用于回乡创业。由于国家缺少对回乡创业的明确政策，在援引利用外商及城市就业政策上，税务、金融、财政等部门认为根据不足，难以操作。

有的地方认为，农民工回乡创业和其他人的创业没有什么不同，他们所创办的中小企业、非公经济，只需要按现有的政策办，不需要有特别的优惠政策。或认为他们创办的企业属于竞争性行业，政府不需要参与。这些观念影响了对回乡创业政策的制定。

（二）办事难，“三乱”现象时有发生

一些地方未能从根本上转变政府职能，摆正政府部门和企业的关系，努力营造适合群众创业和企业发展的公共管理服务环境，还是采取“管、卡、压”的做法。“办事难”仍然是创业者面临的问题，对于一些小企业和个体工商户来说更是如此。有些人说回乡前受到热情对待，办厂时也有人服务，但是企业一旦落地，再想找政府部门办事，解决问题就十分困难。根据对回乡创业者的有效调查统计，认为“审批企业或立项难”的占59.6%，认为“政府部门乱收费、企业负担重”的占40%～50%，认为“政府部门乱收费”是回乡创业面临的第一位困难的占18.2%（见表8）。

表8　　回乡办企业的难处（人为因素）

回乡办企业的难处（人为因素）	人数（人）	百分比（%）
审批企业或立项难	1070	59.6
部门乱收费	734	40.9
企业负担太重	920	51.3
吃大户的太多	265	14.8
其他	318	17.7
合计	1794	100.0

开办企业（包括个体工商户）手续复杂，程序繁多，辗转多个部门，差不多是环环收费。越是贫困越想增加收费，一些部门甚至去企业吃、拿、要。“三乱”现象时有发生。农民工回乡创业主要集中在劳动密集型行业，规模较小，结构单一，产品科技含量低，加上主要依靠自有资金，多数投资只有几万元到几十万元，一些政府部门的违规行为无疑加重了创业者的经济负担。比如工商管理费的征收

不合理。多数回乡创业企业是以个体工商户的名义登记，即使是完全可以登记为企业的，有些地方也不给企业的名义登记。因为登记为企业了，就不能收工商管理费。有些地方工商管理费是按照机器数量收费，一个小企业每年要收工商管理费7000多元，而如果是企业的话，一年只收300多元的执照年审费。同时还收取个体私营协会费，作为个体工商户，一般被要求加入个体私营协会，每年交会费1200元。

（三）融资难，金融体制改革滞后

调查表明，近八成农民工回乡创办的企业发展得不到金融机构的支持。农民工回乡创业开业时主要靠自有资金，把打工中积累的有限资金集中用于租地建厂和设备投资，开业后缺少流动资金的情况比较突出。资金不足基本是依靠民间借贷，到银行贷款的不多。部分企业产品有市场，因融资难，无力扩大规模。据对3026名创业者的调查，把资金筹集困难排在第一位的占70%以上，远远高于交通不便、人才不足、缺乏配套产业等其他因素（见表9）。问到“现在是否有贷款”，只有22.4%的人回答有贷款。贷款企业中，半数贷款在2万元以下，72.3%的贷款在5万以下，贷款超过10万元只占15.5%（见图15）。

表9　农民工回乡创业遇到最大的客观难题统计表

选项	资金筹集困难	交通不便	当地购买力低	当地缺乏能源	人才不足	缺乏配套产业	其他
比例（%）	71.7	8.9	7.3	5.0	4.2	2.2	0.6

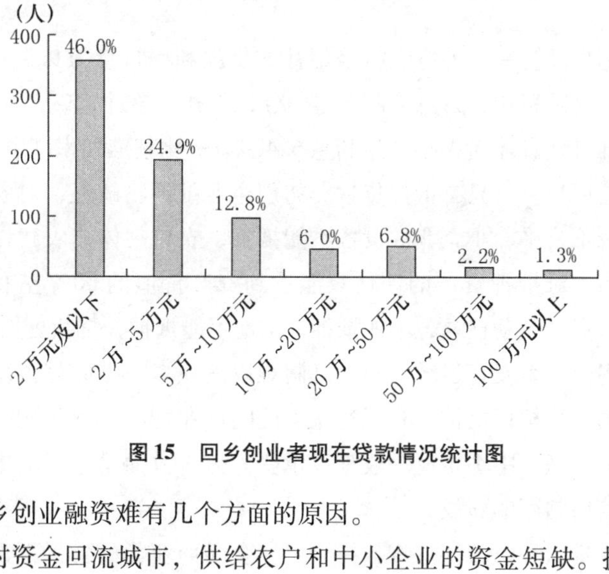

图15　回乡创业者现在贷款情况统计图

造成回乡创业融资难有几个方面的原因。

一是农村资金回流城市，供给农户和中小企业的资金短缺。据对江西赣州、河南信阳、安徽六安等地的调查，近年中西部地区县域金融机构吸收的存款大幅度增长，2000~2006年金融机构存款余额年增长率在15%~20%之间。这种存款的快速增长，主要是外出农民工寄、带回现金的相当部分转化为储蓄存款。国有商业银行和邮政储蓄吸收了60%以上的存款，但是基本上不向乡镇企业、农民工回乡创业办的企业以及农户放款，吸收的存款主要是在系统内资金上存，再回流到大中城市。农民工回乡创业贷款的供给渠道主要是农村信用社一家。从创业资金来源看，来自信用社的有59.7%，来自个人的有35%，来自商业银行的仅有3%（见图16）。农村信用社吸收的存款只占金融机构存款余额的30%~40%，虽然一些地方农村信用社存贷比例达到80%，但因为总体比例小，资金供给困难。根据百县调查，从乡镇范围来看，2006年贷款余额仅为储蓄余额的37%。

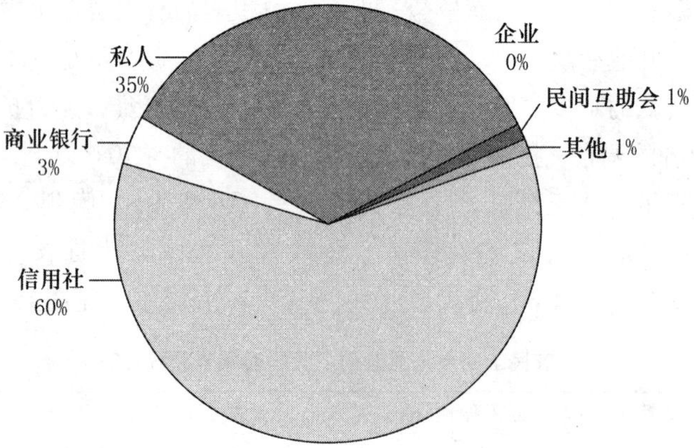

图16　农民工回乡创业资金来源分布图

二是贷款利息高。一些地方农村信用社的贷款利率月息为9.9厘，加上贷款申请过程发生的交际费用，月息实际超过1分，年利息超过12%，而当时3~5年的商业银行基准月利息才5.4厘（年利息6.48%），比基准利率高出85%以上。

三是缺乏信用贷款，只有抵押贷款。初创企业抵押物缺乏，对农村小企业资产抵押也存在着不公平，小企业的设备不能抵押，农村集体非农建设用地不能抵押。抵押折扣高，对抵押资产的评估只能达到资产价值的60%左右，再折半放贷。农业企业的资产流动性差，不能抵押，土地不能抵押，贷款更加困难。

四是信贷担保体系发育迟缓，担保机制难以适应。一方面是很多地方至今没有对中小企业的贷款担保机构，有的建立了民间商业性的担保机构，保费加上银行贷款利率成本过高，中小企业一般难以承受。另一方面是忽视对中小企业、农民工回乡创业信用制度的建设。

五是政策性贷款和财政扶持贷款极少。在金融商业化的背景下，要使不发达地区的中小企业、农民工回乡创业得到金融机构支持，关键是发挥政府和政策性金融的作用。国家开发银行在安徽舒城县开展了面对中小企业的贷款，效果很好，但能够得到这类政策性贷款的地区范围很窄。在受访的3026名创业者中，认为缺乏低息无息贷款支持的占83.1%。小额贷款在一些地方被政府用于农民工回乡创业，但是文件规定小额贷款的九种对象并不包括农民工回乡创业，在调查中，71.8%的受访创业者认为缺乏小额担保贷款支持。

（四）部分农民工回乡创业面临用地制约

劳动密集型产业向中西部转移，农民工回乡创业，都要有一块落脚之地。据调查，近4成回乡创业者要在小城镇获取生产经营用地（见表10）。这种转移和回乡创业在进入21世纪后才明显发展，遇到了用地指标少、规定的出让价格高的问题。少量用地指标既包括工商企业用地，也包括城镇建设用地。即使可使用的用地指标，在一些穷县，也需要每亩5万~6万元以上的出让价格，很难用于农民工回乡创业。

表10　　农民工回乡创业经营场所用地状况

经营场所获取方式	人数（人）	百分比（%）
家庭庭院	570	35.4
租用村庄集体荒地	191	11.9
承包地	118	7.3
租用或购买小城镇土地	510	31.7
村镇工业园区土地	89	5.5
其他	133	8.3
合计	1611	100.0

造成这种情况的原因，是在执行用地指标严格控制的政策时，与不发达地区实际情况结合不够。

一是对发达地区和不发达地区用地指标的掌握上区别对待不够。我国东、中、西部发展有先有后，区域差距较大，多年来土地使用失控，主要不在欠发达地区。中西部县域经济、农村非农产业发展严重滞后，企业占用的非农建设用地比例很小，许多地方现在刚刚步入工商业的起步期，而上级政府部门往往根据历史已使用的土地数量对各地进行新的土地指标的分配和控制，这就直接影响到了农民工回中西部创业。

二是没有把农牧业生产设施和非农建设用地区别对待。把发展畜牧、水产养殖、蔬菜大棚等的生产设施用地当作非农建设用地进行控制，影响了农民工回乡从事农业开发经营。

三是没有区别耕地与非耕地。中西部许多地方以山地、丘陵为主，耕地所占的比例较小。严格保护耕地和节约使用土地的政策需要坚决执行，但荒坡、荒岗、荒滩应与耕地有所区别。

另外，一些地方在有限的土地指标的使用上，对农民工创办的小企业实行歧视政策。用地指标留在城市的较多，用于县市的少。一些县市规划建设的工业开发区或工业集中区提高进入门槛，只许规模大的企业进入，而农民工回乡创办的企业普遍规模较小，往往被排除在外。

（五）农民工创业者自身的素质需要进一步提高

对回乡创业农民工调查显示，66.5%的人自创办企业以来没有进行过任何进修或培训。很多创业者早年外出打工，文化水平较低。在打工过程中，从最基层的操作员工做起，基本上是懂技术，但是不懂管理，自身的知识水平，个人素质，直接制约了企业的发展壮大。对乡镇的调查显示，近80%的乡镇1990年以来都发生过农民工回乡创办企业倒闭的情况，导致企业倒闭的原因，主要是管理不善，把握市场出了问题。中西部不发达地区回流的高校大学生少，没有财力像沿海地区那样花钱请人才，对研究人员到不发达地区中小企业工作政府没有优惠政策，导致中西部人才引进难，留住难，出现人才荒。由于农村在总体上缺乏人才和技术的支持，发展环境较为落后，在激烈的市场竞争中，许多回乡创业企业缺乏真正的核心竞争力，转而走机械模仿、恶性竞争、污染环境、浪费资源等粗放的发展道路。企业在狭小的市场空间内展开的低水平过度竞争，处于产业链的底层，造成了资源和财富的严重浪费。

五、鼓励和支持农民工回乡创业的原则与政策措施

（一）正确处理农民工外出打工和回乡创业之间的关系，实行鼓励支持农民工回乡创业的方针

农民工外出打工和回乡创业之间本身并不矛盾，而是一种相辅相成的关系。这就要求政府要坚持两手抓，促进外出打工和回乡创业齐头并进共同发展。要打破影响劳动力自由流动的限制因素，提高农民工的外出就业质量和工资水平，为农民工营造更好的城市打工氛围。要提高对农民工回乡创业认识，为农民工营造良好的回乡创业环境，促其创业成功。

农民工回乡创业既是出于他们自身利益的市场行为，又具有社会效益。一是农民工回乡创业属于回到中西部欠发达的地方去创业，与发达地区的创业相比，存在许多不利条件，如缺乏配套产业，信息、运输成本高，公共服务体系薄弱等。同样是办企业，他们要克服更多的困难，支付更多的成本。二是他们的创业有利

于贫困地区、不发达地区经济发展；有利于改变城乡区域发展的不平衡，在一些方面甚至起着开路、突破的作用。三是中部不发达地区农村“40、50”人员就业不充分的问题是我国群众就业中的一大难题，应该与城市解决就业不足的问题一样对待。农民工回乡创业在这些方面做出了贡献，政府给予鼓励支持是应该的。我国经济发展和就业在很大程度上取决于中小企业的发展，建立中小企业创业发展的服务和支持体系、制度、机制，是尚未得到解决的问题，这在很大程度上可以通过鼓励支持农民工回乡创业来探索。

对农民工回乡创业总体上要实行尊重创业，因势利导，积极支持，完善服务方针。

尊重创业，就是尊重农民工自立自强求发展的创业精神，尊重他们自主创业的权力，他们创办企业的市场经济主体地位，使他们的合法权益得到保护。

因势利导，就是引导农民工服从国家产业政策的要求，选准创业门路，防止高污染企业向中西部转移；诚信守法，重视消费者和职工的权益。

积极支持，就是把农民工回乡创业列入各级政府的重要议事日程，凡是外出务工经商后返回家乡所在县市范围内创办各类企业，从事个体经营，兴办各类农民专业合作组织，无论规模大小，只要符合法律和国家产业政策，并吸纳一定数量的当地劳动力就业，就要予以鼓励支持，实行优惠政策，改善创业环境。

完善服务，就是强化服务理念，解决农民工回乡创业普遍遇到的融资难，信息、人才缺乏，办事难、市场机制不健全等突出问题。

（二）改善农民工回乡创业的管理和服务

一是放宽准入条件，凡是国家法规没有明令禁止和限制的领域，地方政府部门不得自行设置限制条件。二是简化审批程序和办事手续，清理和规范收费项目，推行联合审批，一站式服务。规定收取的公共服务性收费，原则上收取工本费，或按最低限额收费。三是规范政府行为。严肃查处对企业乱检查、乱摊派、乱收费、乱罚款的“四乱”行为。政府监察部门畅通投诉渠道，及时处理和纠正侵犯企业合法权益、干扰正常经营的违法违规行为。司法部门依法维护回乡创业者的人身财产安全，严厉打击破坏企业发展环境的违法行为。

（三）加大财政、税收扶持力度

税收方面，一是对不发达地区的农民工回乡创业者与其他招商引资对象一样对待，享受外地客商同样的优惠政策。我国在对外开放中实行了二三十年的外商投资优惠政策，主要受惠地区是沿海发达地区和城市，对经济发展起了重要的作用。现在不发达地区农民工回乡创业正处于起步阶段，实行一定的优惠政策是应该和合理的。对农民工回乡新创办企业可在三五年内暂不收税，或先征后部分或全部返还，具体办法可由省级政府决定。二是要对为城乡低收入群体就业、再就业做出贡献的企业，比照城市相关政策给予优惠政策。农民工回乡创业凡吸纳农村35岁以上富余劳动力、失地农民和城镇下岗失业人员等就业的，按当地规定享受税费、信贷、服务等就业、再就业优惠政策等。三是按规定享受国家和地方扶持发展中小企业、非公有制经济服务业、开发农业、农产品加工业、高新技术企业等优惠政策。

工商管理方面，取消对个体工商户的工商管理费。农民工回乡创办的小企业，绝大多数被登记为个体工商户。要改变对个体户收取工商管理费而对企业不收取的不公平做法，取消工商管理费，以利于保护个体工商户包括回乡创业者的利益。

在财政支持方面，通过中央和地方财政拨款，设立扶持农民工回乡创业的专项基金。回乡农民工的家乡一般是欠发达地区，创办的是吸纳就业较多的产业和小企业。专项资金主要用于农民工回乡创业的贷款贴息、创业培训和担保资金等。

（四）改善金融服务，提供信贷支持

一是加大政策性金融对中小企业和农民工回乡创业的扶持。为缓解不发达地区有限资金过多流入城市，中小企业、农民工回乡创业融资难、资金供给短缺、贷款利息高等问题，应为回乡创业农民工提供额度不大但期限长、利息低、覆盖面广的贷款。二是发展重点服务中小企业和农村社区的金融组织，充分发挥农村用社为农业、中小企业服务的作用。农村信用社要加大对回乡创业者的信贷支持。扩大村镇银行试点工作，推进新型农村金融组织发展。三是国有商业银行要对农民工回乡创业活跃的市县分支机构授权，按照商业银行规范提供贷款。建立新型信贷激励和考核机制，调动信贷人员工作的积极性。四是适应创业者多样化的需求，开办固定资产抵押贷款、动产质压贷款、个人委托贷款、自然人担保贷款和同一区域、行业、优质民营企业联保互保贷款等；对有市场、有效益、有技术、有发展前途的采用信用贷款与抵押贷款组合、整贷整还等方式，放宽贷款额度和还贷时间。五是放宽农村地区抵押物的范围，如允许小城镇的企业地产包括集体所有土地的使用权，以及农村宅基地、自留山的使用权、房屋产权做抵押。六是建立中小企业发展和回乡创业的信贷扶持担保机制。财政和金融结合，给予贴息等优惠政策。回乡创业农民工创办的小型企业，吸收农村35岁以上富余劳动力、城镇下岗失业人员和失地农民等扶持对象的可按规定享受小额担保贷款，并给予贴息。各级财政应安排一定资金，充实中小企业贷款担保机构，用于支持农民工回乡创业信用担保体系建设，对信用担保机构给予相应的风险补助。

（五）健全创业辅导、培训和人才服务体系

一是加强创业辅导、培训和信息、技术服务。鼓励与农民工回乡创业有关的政府机构、金融机构、科研机构、培训机构、行业组织和其他社会中介机构，分工合作，相互协调，形成多方参与的中小企业与农民工回乡创业服务网络。有条件的地区可依托现有机构成立回乡创业者指导（服务）中心和中小企业情报中心，为回乡创业者提供创业培训、市场信息、开业指导、管理咨询、融资指导、企业诊断等服务，并组织交流活动、科技讲座和政策咨询，提高创业能力和经营管理水平。

二是加强农村劳动力转移的职业培训。指导和配合回乡创业者结合企业的实际需要开展职工上岗前和在职培训。要将农民工回乡创业、企业员工纳入各地农村劳动力技能就业计划。参加职业技能培训的农民工可按规定享受职业培训补贴和职业技能鉴定补贴。

（六）引导农民工回乡创办的企业适当向小城镇集聚

将回乡创业生产经营场地纳入城乡发展规划，因地制宜发展园区建设。力求实现基础设施共享、集中污染治理、集约利用土地、培育发展产业集群。可在现有的各类园区中，安排必要的场地，建设一定比例的廉租厂房，支持农民工回乡创业。

（七）优先解决农民工回乡创业用地问题

将农民工创业用地纳入城乡发展和土地利用总体规划。坚持执行国家严格保护耕地和节约、集约利用土地的政策，因地制宜，妥善解决农民工回乡创业用地问题。一是充分利用小城镇和乡村的存量非农建设用地。包括闲置土地、厂房，调整合并的机构、学校用地、村镇边角地。各地存量集体建设用地，在符合规划和用途管制的前提下，直接用于农民工回乡创业用地。二是允许地方通过农村集体土地整理折抵建设用地，并从中拿出一定比例用于农民工回乡创业用地，并适当减免集体非农建设用地规费。三是根据中西部不发达地区许多县市山区丘陵多、耕地少的情况，在不影响水土保持、不损害农民权益、不污染、不浪费的前提下，适当扩大荒山、荒坡、荒滩等非耕地的利用，用于农民工回乡创业和其他工商服务业的发展。四是在符合城乡规划、市（镇、村）容、安全、环保、卫生、消防等要求的前提下，回乡创业者家庭住宿租借房、临时商业用房可视为经营场所。回乡创业者兴办符合无污染、安全、不扰邻条件的小型加工项目，经镇村同意，允许在宅基地范围内搭建简易生产用房，供电、供水等部门应给予支持。同时，要防止借农民工回乡创业之名，乱圈地乱占耕地搞返乡创业开发区。

（八）加强对农民工回乡创业的领导

地方政府要把农民工回乡创业纳入当地经济社会发展规划，通过行政、经济、法律各种手段，培育引导回乡创业的农民工，成为不发达地区发展第二、第三产业和现代农业的骨干力量，成为带领农村富余劳动力就近转移就业、改善家乡面貌的带头人，在促进全面创业，振兴县域经济，脱贫致富和中部崛起、西部开发中发挥主要推动作用。

农民工回乡创业涉及多个政府部门的工作。各有关部门要把支持农民工回乡创业纳入自己的职责范围，建立分工明确，相互协调的工作机制。劳动和社会保障部门要把农民工回乡创业作为农民外出务工经商的后续工作，作为就地就近解决农村富余劳动力就业的重要渠道，一手抓好农民外出务工的就业、培训和维权工作，一手抓好支持农民工回乡创业的工作，搞好创业培训等相关服务。对农村困难群体、中年以上农村富余劳动力、失地农民、城镇下岗人员做出贡献的企业，经调查核准，在税费方面给予优惠政策。乡镇企业、中小企业管理部门应把回乡创业作为乡镇企业、中小企业新的增长点。

扶贫部门应把回乡创业作为新阶段扶贫开发的突破口。农业部门应把回乡农民工当作发展现代农业、推进农业产业化经营的骨干力量。要重视基层的创造，跟踪调研，总结经验，抓好不同区域的试点，加强对地方的指导。

防止操之过急，一哄而起，揠苗助长。把重点放在改善创业环境，落实鼓励政策，推进相关服务体系、制度的建立上。要大力宣传农民工回乡创业在统筹城乡发展、建设全面小康中的地位和作用，主动发现回乡创业的好典型，及时表彰他们中的优秀创业者，广泛宣传他们的创业事迹、创业精神，增强回乡创业农民工的光荣感、责任感和自信心。引导全社会尊重、关爱和扶持创业，吸引更多农民工回乡创业，为农村经济社会发展和新农村建设做出贡献。

（韩　俊　崔传义）

第七篇

农村金融

第七篇课题组成员名单

课题顾问：

李剑阁　国务院发展研究中心副主任 研究员

课题主持人：

韩　俊　国务院发展研究中心农村经济研究部部长 研究员

课题组主要成员：

谢　扬　国务院发展研究中心农村经济研究部副部长 研究员

徐小青　国务院发展研究中心农村经济研究部副部长 研究员

陈剑波　国务院发展研究中心农村经济研究部室主任 研究员

罗　丹　国务院发展研究中心农村经济研究部副研究员

赵　燕　国务院发展研究中心农村经济研究部编审

张云华　国务院发展研究中心农村经济研究部博士

祝丹涛　国务院发展研究中心办公厅博士

田秀娟　对外经济贸易大学金融学院副教授

程　郁　中国人民大学农业与农村发展学院

张　丽　农业部种植业司

农村金融需求与供给现状的综合分析及政策建议

本报告综合介绍了国务院发展研究中心农村经济研究部组织开展的大规模农村金融需求与供给调查的主要情况。本项研究包括农户金融需求研究、农村小企业金融需求研究、农村信用社金融服务与治理结构研究以及民间金融案例研究四个部分。根据研究的需要设计了农户、村庄、中小企业企业、农村信用社的调查问卷以及民间金融组织的访谈提纲，并于2005年展开了大规模的实地调查。此次农村金融调查样本规模更大、内容更全面、覆盖范围更广、调查更深入，能够更客观细致地反映当前农村金融需求和供给的现状。一批国内外权威农村金融问题专家直接参与了研究框架和调查问卷的设计。本报告着重对调查结果进行综合分析，考察农村金融需求的特点以及金融需求行为，分析正规与非正规金融对农村金融需求的满足程度以及当前农村金融供求矛盾的关键问题，评价新一轮农村金融改革实施的效果和存在的问题，为有效推进农村金融改革、提高农村金融的服务水平提供政策建议，并提出下一步深化农村金融改革的具体方略。

当前，农村资金的供求矛盾突出已经成为农村经济发展和农民收入增长的重大制约因素。推进农村金融改革，改善农村金融服务已经迫在眉睫。为了了解当前农村金融的需求与供给状况，评价近年农村金融改革的效果，为国家完善农村金融政策提供有价值的参考，国务院发展研究中心农村经济研究部组织专家对农村金融问题进行了多次研讨，确立了包括农户金融需求研究、农村小企业金融需求研究、农村信用社金融服务与治理结构研究以及民间金融案例研究四个部分的研究框架。此次调查覆盖全国29个省（市、自治区），获得1979份农户调查问卷，有效问卷1962份，其中东部地区有773户（占39.4%），中部地区483户（占24.6%），西部地区706户（占36.0%）①；获得了180个村庄的调查问卷；

---

① 东部地区包括北京、天津、河北、辽宁、上海、江苏、浙江、福建、山东、广东和海南等11个省市；中部地区包括山西、吉林、黑龙江、安徽、江西、河南、湖北、湖南等8省；西部地区包括重庆、四川、贵州、云南、西藏、陕西、甘肃、青海、宁夏、新疆、广西、内蒙古等12个省、市、自治区。

获得216份农村企业的调查问卷，实际有效问卷208份[①]，东部地区的企业有91个（占42.79%），中部地区的企业有48个（占21.63%），西部地区的企业有77个（占35.58%）；共获得103份信用社调查问卷，其中东部地区的信用社有43个（占41.75%）、中部地区有23个（占22.33%）、西部地区有37个(35.92%)；获得了15个民间金融组织的访谈纪要。

此次调查采用的是简单随机抽样与典型调查[②]相结合的方法，该方法具有节约调查成本又获得具有一定代表性样本的优势。虽然此次调查样本的地区分布比较分散，而且各地区样本数量很小，并不具有全国性的代表意义。但配合典型调查方法，而且考虑我国经济发达地区与经济欠发达地区内部农户资金需求特征差异并不是很大的特点，此次调查仍能够比较有效地反应当前我国农村金融需求与供给的情况。在调查组织上是采用学生返乡调查的形式，选拔了中国农业大学和中央财经大学139名学生，让学生利用假期进行返乡调查。课题组先后对调查员进行了3次培训，明确调查要求（包括样本选择要求）、调查问卷的具体内容、指标的衡量口径以及标准化问卷的填写。

每个学生要求调查15户农户、2个农村小企业和1个农村信用社。在农户的样本选择上，要求包括纯农户、种养大户、工商户、贫困户以及村干部户五种类型的农户，比例上没有严格要求，但至少每种类型2户。大部分学生所调查的农户都是同一村庄内。企业和信用社在调查上存在比较大的难度，而且在欠发达地区企业和信用社数量很少，因此在样本选择上没有做非常严格的限制。对于企业只要求是资产规模小于500万元以下的小企业[③]，与农户样本具有临近的地域分布（即临村和临镇的），对于企业行业类型、产权类型以及是否注册等没有做具体要求。由于调查的难度更大，对于信用社则具有更宽松的选择标准，基本遵循调查员的可获得性和可实现性原则，与调查农户可以是同村（镇）的也可以是临村（镇）的，少数学生调查了县级信用社。

与过去的调查相比，此次的农村金融调查样本规模更大、内容更全面、覆盖范围更广、调查更深入，能够更客观细致地反映当前农村金融需求和供给的现状。本报告着重对调查结果进行综合分析，考察农村金融需求的特点以及金融需求行

① 剔除6个数据非常缺失的样本和2个非典型的农村企业样本（1个金融机构和1个拍卖市场）；企业样本覆盖28个省（市、自治区），黑龙江的企业调查未能实现。

② 典型调查是一种非全面调查，它是根据调查目的，在对研究对象进行全面分析的基础上，有意识地选出少数有代表性的单位，进行深入细致调查的一种调查方法。典型调查可以弥补其他调查方法的不足，为数字资料补充丰富的典型情况，在有些情况下，可用典型调查估算总体数字或验证全面调查数字的真实性。

③ 少数调查员没有严格遵循该标准选择样本，因而有17个企业的资产规模大于了500万元。

为，分析正规与非正规金融对农村金融需求的满足程度以及当前农村金融供求矛盾的关键问题，评价新一轮农村金融改革实施的效果和存在的问题，为有效推进农村金融改革、提高农村金融的服务水平提供政策建议，并提出下一步深化农村金融改革的具体方略。

一、农户金融需求分析

农户的金融需求主要表现为存款、贷款、汇款、付费以及农业保险等方面，而目前矛盾最严峻的是贷款的需求得不到满足。随着农村经济的转型，农户的生产与消费需求都迅速增长，而农户的收入增长却比较缓慢，从而使得农户的资金流动性约束增强，借款需求更加强烈。调查结果显示，农户有着非常强烈的借贷需求，1190户农户在2001~2004年期间有过借贷需要，1010户农户实际在此期间获得了借款，分别占到有效样本的60.65%和51.48%。从此次调查的结果看，农户借贷需求的行为特征主要表现为以下几个方面。

（一）农户的借贷需求规模小而分散

农户的借款仍然是以小额借款为主，单笔借款大部分都在5000元以下，占到了所有借款的67.29%；而万元以上的大额贷款仅占14.64%。农户借贷需求规模比较小主要是由小规模的家庭经营决定的，家庭的生活与生产的资金需求量不会很大。虽然大部分农户的借款行为并不具有频繁性，但有23%的农户在这四年里发生过3次以上的借款，这反映了相当一部分农户借贷需求的零散性。一部分是由于自身经济的脆弱性导致对借贷的依赖程度很高，而另一部分则是有借款规模太小而导致借款行为的分散化，实际上有73户农户多笔借款发生于同一年，并用于同一用途。实际上零散性借款行为的背后也反映了农户借贷需求规模的增长受到了农村金融供给能力的限制。随着农村经济的迅速发展，农户的大额借款需求明显增加，68.92%的农户所期望的借款金额都在5000元以上，有万元以上借款需求的农户占到了31.08%。

从地区分布上看，农户的借款规模与地区的经济活动有密切的关系，地区经济越发达农户借款规模相应越大。东部地区农户借款规模更大，平均借款规模为9318.33元；西部地区借款规模比较小，平均借款规模为7189.14元；中部地区则介于二者之间，平均借款规模为8651.60元。但西部地区借款发生频率却明显高于中部和东部地区，西部地区户均借款发生笔数为1.18笔，而东部和中部地区分别为0.85笔和0.88笔。

（二）农户的生活性借贷高于生产性借贷

农户的生活性借贷需求大于生产性借贷需求，生活性用途的借款占到了有效样本的58.44%，而生产性用途的借款占到了有效样本的41.8%；生活性借贷需求的平均规模（6329.1747元）远小于生产性借贷的平均规模（11825.7514元）。与过去的研究相比（何广文，1999；温铁军，2001；曹力群，2001），生活性借款的比重有所增加，而生产性借款的比重有所下降。其主要原因是近年来农户在教育和医疗等方面的负担增加，导致农户的收支缺口扩大。教育投资成为当前农户借贷的首要原因（占到所有借款的27.76%），医疗成为农户借贷的第三位原因（占到所有借款的15.44%）。对此次调查数据研究的结果表明，教育支出每增加1000元，农户需要借贷和实际借贷概率将分别增加1.1%和0.927%；医疗支出每增加1000元，农户需要借贷和实际借贷的概率将分别增加3%和2.94%，同时借款数额就会增加165.83元。

李人庆、张军（2000）认为，地区经济发展的不平衡会导致金融需求的分化，贫困地区或贫困人口的金融需求主要是生活性信贷需求，发达地区或人口的金融需求主要是生产性信贷需求。但此次调查的结果却显示，农户信贷需求的行为的经济分化并不像传统观念所想象的那样。西部欠发达地区生产性借款的比重明显高于经济发达的东部地区，东部地区生产性借款比重为21.95%，而西部地区却高达51.94%。

（三）农户的借款渠道

农户借款渠道可分为正规与非正规渠道。农村的正规金融渠道是以农村信用社为主，少数地区存在农业银行等商业银行；非正规金融渠道包括亲友、私人放贷人、民间金融组织（合会、摇会、标会等民间金融会）以及少数地区还存在合作基金会和小额信贷机构。亲戚朋友借款是农户最主要的借款渠道，占到了所有借款的58.11%；信用社是农户借款的第二大渠道，占到所有借款的37.34%。与过去的调查研究相比，农村信用社在满足农户借贷需求的作用明显提高，这主要来自于信用社小额信贷业务增强了对农户的信贷供给，从而使得农户从正规金融机构借款的比重上升到了40%左右，恢复到90年代中期水平。

与叶敬忠等（2004）的研究结果相一致，农户的生产性用途借款则比较多的由正规金融渠道满足，而生活性借款更主要是由非正规金融满足。生产性借款的正规借款比重为55.7%，而生活性借款的非正规金融比重为72.7%。从经济分化理论考虑，低收入人口由于经济的脆弱性更依赖于援助性比较强的非正规借款，而且经济偿还力不足也使得其获得正规贷款的难度比较大。对调查数据的分析显示，低收入农户更倾向于只从非正规渠道借款（更主要的是亲友借款），而高收入农户更多地采用了多渠道借款的形式（包括正规与非正规借款）。只有非正规借款的农户平均收入为14319.16元，只有正规借款的农户其平均收入为25116.84元，同时具有正规和非正规借款的农户平均收入为22103.50元。而在经济地区分布上，西部欠发达地区农户正规借款的比重高于东部发达地区，西部与东部地区正规借款的比重分别为59.97%和19.35%。

（四）借款农户的经济特征

1. 家庭收入对农户借贷行为的影响是双向的。一方面家庭收入水平高将降低农户的流动性约束，而另一方面家庭收入的增加将伴随着家庭生产投资和消费水平的增加而增加资金需求。因此，随着家庭收入的上升，农户的借贷需要是先下降后上升的；而随着收入的上升，农户的借贷需求规模是增加的。

2. 农户的借贷需求行为具有生命周期性。随着家庭年龄的上升，农户借贷的愿望和实际需求下降，中年家庭有着最强烈的借贷需求。30～40岁年龄段的农户借贷的需要最强烈（占到了67.54%），而且他们实际的借款获得比例也最高（占到了60.72%）；而50岁以上的农户借贷意愿和实际的借贷需求都最低（分别占到56.13%和52.87%）。与史清华（2002）的研究结果一致，随着家庭年龄的上升，农户生产性借贷减少而生活性的借贷增加，中年家庭有最强烈的生产性借贷需要。30～40岁的农户借款最多地用于生产性用途（占到了60.18%），40～50岁的农户借款最多地用于了生活性用途（占到了57.14%）。在发生过借款的农户中，30岁以下、30～40岁、40～50岁和50岁以上农户从正规金融机构借款的比率分别为33.96%、40.89%、38.59%和35.08%。随着农户年龄的上升其获得正规贷款的比率先增加而后下降。

3. 农户的受教育程度也对农户借贷行为产生双向影响。教育对借贷行为的影响主要是通过影响收入实现的。教育对收入有正的影响，从而降低了高知识水平农户的资金流动性约束，降低了借贷需求，同时提高了农户的生产投资需要。调查结果显示，随着农户受教育程度的提高，农户借贷的意愿和借款的实际发生率都有所下降，但农户的借贷规模却会增加。

4. 农户的类型对借贷行为的影响。贫困户有更高的借贷需要；工商大户和种养大户并没有明显更高的借贷需要，但他们的借贷需求规模却更高，而且养殖业和工商业收入的增加显著地增加农户借款需求规模。从借款的频率看，种养大户和贫困户有更高的借款频率。对工商户来说，主要原因是他们有比较大的资金需求，然而对农村的正规与非正规金融都难以提供大额贷款；而贫困户是由于收入太低，很容易产生流动性问题，因而借贷的频率很高。

（五）农户期望的借款条件

1. 借款期限结构与生产周期相匹配。虽然农户资金需求一般也在一年左右，但农业生产周期并不是与自然年度一致的，通常农产品是在第二年年初才能卖出。因此农户希望的借款期间是从3~5月到第二年的3~5月，如果是年初放贷则最好是15~18个月。而且考虑农业经营的风险性比较强，农户更希望期限上适度放宽，有一个灵活的还款区间。

2. 农户希望借款手续简单、灵活。调查结果显示，26.62%的农户都认为信用社的贷款手续太复杂，41.69%的农户都希望信用社能简化贷款程序。有117户农户正是因为不懂得信用社的贷款程序而从未向信用社申请过贷款。而且339户指出即使是授信额度内的贷款，贷款的程序仍然还很复杂，占到了有效样本的55.6%。

3. 希望无抵押、无担保的借款。此次调查中，只有154笔借款有需要抵押，占有效样本9.8%；但361笔借款是有需要担保的，占有效样本的31.67%。由于农户资产非常有限，住房是最大的资产，但作为生存性保障难以被剥夺，而同时农村资产的变现率非常低。抵押资产的现实意义不大。而对于担保贷款农户存在寻找担保人困难的问题，如果能够找到经济实力的担保人则还不如直接向他借款。

4. 希望低利率的借款。农户具有经济脆弱性，过高的利率必然带来很大的经济负担。34.63%的农户所能接受的最高借款利率甚至低于人民银行的存款基准利率2.25%；64.89%的农户所能接受的最高借款利率低于人民银行的贷款基准利率5.58%。这也反应了很大一部分农户的金融需求具有市场不成熟性，难以通过市场性金融满足。

（六）农户贷款“难”的问题依然严峻

与过去的研究相比，农户正规贷款的获得率有了明显的提高。683笔贷款是来自正规金融机构，占所有借款的37.80%；641户农户获得过信用社贷款，占有效样本的34.67%。即使只考虑有金融需求的农户，信用社对农户信贷供给的比重将提高为46.97%，但大部分有金融需求的农户仍然“难”以获得正规贷款。但这一“难”并不是贷款申请难以获得批准，只有9.41%的农户申请的贷款被拒绝。真正难的是农户对正规贷款的畏“难”情绪以及对正规贷款信息的不了解。由于长期以来信用社制度条件的不稳定，使得农户不能对正规贷款有正向的预期，而同时相当大部分农户具有风险规避的偏好，害怕承担严格的还款约束和强制性的利率。如果再剔除根本就没有申请过贷款的农户，农户获得信用社贷款的比率将进一步提高为74.18%。

当前农户贷款难的问题还体现在另一个方面，即农户小额信贷资金需求基本能够获得满足，但太小的信贷额度不能满足农户生产和生活的资金需求。由于农村信用社贷款风险管理制度不完善、缺乏与农户需求对接等有效的贷款保证手段等问题，使得农村信用社普遍存在对农户大额贷款的惜贷现象，农户的大额贷款获得非常地难。这极大地限制了农户生产规模的扩大和生产结构的调整，制约了农业经济发展和农民收入增长。

二、农村中小企业金融需求分析

伴随着我国市场经济的转型和农村经济的发展，农村企业的结构发生了很大变化，从过去的以乡镇企业为主转变为目前以个体私营经济为主，使得农村中小企业的金融需求也呈现多元化、多层次的特点。农村中小企业的金融需求主要包括存款、贷款、结算、托收承付、贴现等方面，而且在正规金融机构的选择上农村中小企业有更多样化的选择，除了农村信用社以外，还包括农业银行、中国银行、邮政储蓄、城市信用社等。但信贷资金需求是农村中小企业最重要的金融需求。资金紧缺是目前农村中小企业发展过程面临的最主要的矛盾，66.15%的企业都认为资金是制约企业发展最重要的因素。农村中小企业有着非常强烈的资金融入需求。61.06%的企业在2001～2004年间发生过借贷行为。从此次调查的结果看，农村中小企业的金融需求主要表现为以下几个特点。

（一）农村企业的单笔贷款规模很小，总的资金需求规模也不大

农村企业的规模比较分散，因而信贷资金的需求规模也有比较大的差异，但总体来看，由于农村企业的规模不大，资金需求规模并不是很大。此次调查中，所有企业在2001～2004年共有251笔借款，大部分的借款额度都比较小，以1万和5万元的借款为最多，占到了所有借款的40.64%，而百万以上的借款仅有21笔。从企业总体负债情况看，31.7%的企业外部借款余额在10万元以下，12.4%的企业借款余额在10万元以上50万元以下，借款余额超过50万元的企业占总体的13%，借款余额超过百万元的企业就非常少。

东部地区农村企业的借款规模高于中西部地区，但企业的借贷频率却低于中西部地区。东部地区的平均借贷规模为86.43万元，而中西部地区分别为20.33万和20.94万元；东部地区在2001～2004年的借贷发生率仅为51.65%，而中西部地区分别为68.75%和62.34%。

（二）企业的借贷需求主要是短期性，但长期的资金需求受到极大的信贷限制

从所有的借款来看，50.62%的借款是用于购买原材料或半成品，主要满足企

业生产周转的需要；33.47%的借款是用于购买厂房、设备等长期性投资需求。尽管企业的借款需求主要体现为短期性，但大部分企业都有中长期投资发展的需要。但由于企业基础比较薄弱，自身的积累非常有限，使得企业的投资能力下降。同时，我国尚缺乏支持农村产业发展的投资基金和其他外部资本。因而很大一部分农村企业的投资对信贷资金的依赖程度很高。15个企业的项目投资资金完全来自借款，22个企业80%以上的项目投资资金来自于借款。

但企业长期性的信贷需求却受到极大的制约，有强烈投资需要的企业不得不将短期借款用做长期使用。234笔借款的平均借款期限为14.71个月，129笔借款的期限都是12个月（占到了55.13%），而借款期限大于12个月的借款仅有35笔（占14.96%）。企业用于长期投资的借款，平均企业也只有17.63个月。短期贷款的长期使用使企业资产流动性风险增加。调查中，18笔借款用来偿还原来的借款；而64笔借款（占总借款的25.70%）只是到期付息并不还本，而是采用循环使用的方式直接转为下一期的借款。

（三）农村企业对正规借贷的依赖程度高，但亲友借款仍然是农村企业重要的信贷渠道

农村企业37.20%的借款来自于农村信用社，农业银行的贷款占到了10.40%。农村企业正规贷款的比重占到了51.6%，农村企业对正规金融的依赖程度远高于农户。因为企业的经营规模相对比较大，需要稳定、资金实力更充足的金融供给主体的支持。但由于正规金融的信贷约束，非正规金融对农村企业的支持也有着非常重要的作用。38.80%的借款来自亲友，16.40%的借款来自民间私人放贷人（占10.40%）和民间金融会等其他非正规渠道。

（四）农村企业信贷的经济特征

1. 企业性质。个体私营企业（包括未注册企业）由于规模小借贷需求的规模也不大，而同时资产规模小导致应对流动性风险的能力低，因而借贷需求呈现小而分散的特点。企业借款的平均规模仅为3.286万元；其借贷发生率达到了74.16%，而其他类型企业借贷发生率仅为45.12%。而且个体私营企业借贷的发生频率也更高，平均借款次数为2.5，而其他类型企业为2.38。个体私营企业和农业企业都对信用社和亲友借款的依赖性更大。个体私营企业（包括未注册的企业）信用社和亲友借款占企业样本的比重分别为57.58%和50.00%；农业企业信用社和亲友借款比重分别为52.50%和57.50%。

2. 企业的规模。随着企业规模的增加，企业的借款倾向是先下降后上升，借贷的规模增加。企业的资产规模决定了企业的流动性约束，资产规模越大资金安

排的灵活性越大，因而可以降低流动性约束；但同时随着资产规模增加会导致投资规模增加，从而固定资产比重上升，流动性约束增加。

小企业与金融机构存在严重的信息不对称问题（Stiglitz，Weiss，1981）；小企业的非匀质性（heterogeneity）、缺乏贷款抵押或担保以及比较高的交易成本（李志赟，2004）；正规金融机构对中小企业的惜贷行为（理明，2001；国家计委财金司调查组，1998）；正规金融机构的规模歧视（张捷，2003）；金融机构的不完善和企业经营能力低下（李大武，2001）等原因，小企业更容易受到正规金融的信贷约束，从而对民间借贷的依赖程度更大。随着企业资产规模的增加，企业的民间借款比重有所下降，而正规借款比重有所上升。但企业资产规模在40万~150万之间时，正规借款比重下降而民间借款比重明显上升。

3. 企业融资的生命周期性。金融成长周期理论认为，伴随着企业成长周期而发生的信息约束条件、企业规模和资金需求的变化，是影响企业融资结构变化的基本因素（Berger and Udell，1998）。从我们调查的农村中小企业的融资年龄看，初创期有比较强的借贷需求，但借贷规模不大，企业负债比率比较低，但负债对亲友借款的依赖程度比较大；随着企业的成长发展，借款的规模增加，负债对民间借款的依赖程度下降而对正规贷款的依赖程度增加；壮年期企业具有最低的资产负债率，企业的自我支持能力最强。而从企业经济周期看，成长和扩张升级阶段的企业具有最高的借贷发生率，而且借贷规模也都非常高；稳定运行阶段的企业借贷发生率不高，但有借款企业的借贷频率却很高，而且负债率比较高，企业投资对自有资金的依赖程度比较高；衰退转产企业一方面具有高的正规借贷发生率，但企业投资却极大程度依赖于非正规借款。

（五）农村企业普遍受到信贷约束

在129个存在资金流动性问题的企业中，只有90个企业在2001~2004年期间实际获得过借款，占69.77%。有相当一部分受到资金约束的企业并没有获得过借款，这说明农村企业的信贷约束和金融抑制问题仍比较严峻。不论是正规借款还是非正规借款，很多企业的借款规模都不能满足其生产经营的需要。正规金融的抵押要求使小规模企业普遍遭受信贷约束，而正规金融机构的贷款风险管理水平不足导致对较大规模贷款惜贷，使规模较大企业面临信贷规模的制约；而农村的非正规渠道主要是以亲友、专门放贷人等个人借贷为主，规模非常有限。

调查结果显示，只有少数企业获得了银行授信额度，50%的企业认为授信额度规模太小，不能满足企业的实际资金需求。57%的企业最大的正规贷款数额都小于其期望的贷款额度。而且从满足的程度看，信贷需求未满足企业的期望额度，满足程度平均值仅为15.48%（即获得贷款数额占期望贷款额的比重）。这说明大部分企业都有受到正规信贷规模的限制，而且信贷规模约束程度很高。由于信贷规模约束的存在，很多企业不得不将借贷需求化整为零，使得借款非常分散，这大大增加企业借款的交易成本。有31个企业在一年以内就发生过2次以上的借款，占到了所有借款企业的24.41%，其中有3个企业在2004年一年内就有7次以上的借款。

三、农村正规金融供给及其绩效分析

农村信用社是农村最重要的正规金融供给主体，发挥着重要的支农作用。特别是2000年以来的改革，使农村信用社不良贷款状况、资产状况和经营状况都有了明显地改善，金融支农的作用有明显的提高。截至2005年末，全国农村信用社贷款余额22354亿元，其中农业贷款余额10071亿元，占贷款总额的46%，直接到户的贷款比重达80%；农村信用社农业贷款占全国金融机构农业贷款的比例为87%。从此次调查的情况看，虽然信用社对农村金融的供给有了明显的改善，但与农村金融需求对接上还仍然存在很多矛盾，同时农村信用社的产权结构与内部治理问题使得信用社的经营仍然偏离为农村社员服务的目标。

（一）信用社改革的成效

1. 信用社的经营绩效有了明显改善。调查结果显示，2001～2004年信用社资本充足率的均值分别为4.5752%、9.3788%、11.3589%和13.8294%，核心资本充足率分别为30.3308%、6.7242%、10.8167%和23.0872%。虽然信用社的资本不足状况仍然普遍存在，但所调查信用社近年来的资产状况有所改善，资本充足率有所提高。信用社的经营状况也有所改善，经营净亏损的信用社已经由2001年的13个下降到了2004年的6个，有9个信用社已经在这4年内实现了扭亏为盈。信用社不良贷款有所好转，60%左右的信用社每年的不良贷款都在减少，这些信用社不良贷款每年减少的比率平均值在20%左右。2002～2004年，63个信用社不良贷款绝对数额的减少率平均值分别为－5.23%、2.50%和6.57%。到2004年，所调查信用社的不良贷款平均值已经由2001年的2903.7713万元减少到了2014.0411万元。

2. 信用社的金融支农作用大大提高。自新一轮的改革以来，信用社的贷款投放有了很大增长，贷款余额增长各年都超过了12%，2003年甚至达到了24.74%。而农业贷款的增长速度快于总贷款的增长速度，年均增长率均超过20%。农业贷款占到了信用社贷款66%。而在农业贷款中，对农户的贷款又占到了近80%，其中小额农贷占到了57.94%。信用社对农村金融的支持有了明显提高，特别是小额信贷业务的开展大大提高了农户正规贷款的获得率。有贷款需要的农户，信用社贷款获得率为48.4%，而申请过贷款的农户，其信用社的贷款获得率达到了74.2%。农户的小额贷款需求基本都能够获得满足。

3. 信用社农户信贷风险管理水平有所提高。虽然大部分信用社的信贷风险管理水平还是比较低，只是凭借主观经验来判断借款人信用和贷款风险，靠行政性的贷款审批制度控制贷款风险，但也有一些信用社已经建立了规模规范的信用评价机制和贷款风险评估制度。70.23%的信用社建立了“农户经济档案”，57.81%的信用社建立了农户多层次的信用评级制度（不是简单地划分信用户和非信用户）。而且调查数据分析的结果显示，信用社信用评分制度越规范越详尽，越有利于降低农户贷款的不良贷款率。

对于贷款的风险管理，48个信用社实行了“贷款第一责任人制度”，占有效样本的59.26%；41个信用社实行了“信贷人员终身责任制度”，占到了50.62%；34个信用社实行了“信贷人员薪酬与不良贷款率挂钩”的制度，占到了41.98%。有1个信用社采用了信用评分法，还有1个信用社通过计算贷款风险度①来评价贷款风险，并采用了标准的贷款分类程序。

（二）信用社对农村金融的供给绩效

1. 信用社基本能够满足农村小额信贷需求，但大额贷款的投放明显不足。2004年5000元以下的贷款申请的笔数和实际发放的笔数平均值分别为2230和1671笔。5000元以下的贷款笔数占到了所有贷款的46.26%，而2万元以下的贷款笔数占到了所有贷款的71.57%。在农户和企业调查中也反映，小额贷款的申请非常容易，农户和企业的小额贷款申贷获得率分别为74.18%和74.12%。但农户的贷款规模一般在500～2000元之间，企业的贷款规模一般在1万～5万元之间。贷款的规模与当前农户和企业的需求相比偏小，35.7%的农户和57%的企业贷款规模都不能满足资金需求。

很多信用社根本就没有发放大额贷款（特别是一些基层的信用社），只有27个信用社有2万以上的贷款。在71个回答了2004年最高贷款额度的信用社中，13个信用社最高贷款额度在2万元以内，占18.31%；25个信用社的最高贷款额度在10万元以内，占35.21%。这表明了信用社大额贷款的投放明显不足，信用社大额贷款的供给能力不足。

---

① 流动资金贷款风险度＝贷款方式风险×贷款对象风险权重。固定资产贷款风险度＝贷款方式权重×［对象风险×（1－A）＋贷款项目风险权重×A］。其中A＝项目投资总额/（承贷企业所有者权益＋项目投资总额）。

2. 信用社对农村企业的金融支持不够。只有30个信用社有向乡镇企业提供贷款，占有效样本的44.78%；45个信用社有向私营企业提供贷款，占有效样本的67.16%。而信用社对乡镇企业和私营企业的平均贷款比重大约在20%左右。目前大部分信用社在新的政策引导下，服务重心向农户偏移，但对农村企业的支持略显不足，而且很多信用社缺乏对农村企业支持的金融实力。信用社企业贷款比重比较低是因为信用社在企业贷款供给上面临比较尴尬的境地。一方面一些经济比较落后的地区，农村企业比较少，信用社难以找到合适的放贷对象；另一方面信用社由于资金规模有限，无力对一些具有一定规模的企业提供信贷服务，因而很多农村企业选择了农村以外的其他金融机构（比如农业银行、工商银行等）。然而，目前商业银行大量撤并基层机构，特别农业银行收缩农村战线，加剧了企业信贷约束的问题。

3. 信用社贷款的期限结构与农村金融需求存在矛盾。信用社贷款是以短期贷款为主，2001～2004年短期贷款占当年贷款余额的比重都在60%左右。但企业由于自身积累不足，又缺乏长期的产业发展基金支持，因而投资对信贷资金的依赖程度比较大，从而大部分企业希望能够获得中长期贷款，希望的平均期限为2.8年。同时对于农村的短期资金需求，信用社的供给与之还存在结构矛盾。特别是农户贷款，信用社一般都是采用自然年度，但农产品一般是要到第二年初以后才能卖出，因而导致农户年底产生严重的流动性约束问题。

4. 信用社贷款程序与附加成本与农村金融需求不协调。很多农户指出信用社的贷款程序太复杂、审批的时间太长，有些贷款审批下来后已经贻误农时。而且大部分农户受教育程度比较低，难以理解和掌握复杂的贷款程序。调查结果显示，26.62%的农户都认为信用社的贷款手续太复杂，41.69%的农户都希望信用社能简化贷款程序。有117户农户正是因为不懂得信用社的贷款程序而从未向信用社申请过贷款。对于企业来说，申请一笔贷款往来金融机构的平均次数为3.439次，而信用社对非社员企业的贷款审批平均需要10天时间，最高的达到了30天，社员的贷款申请平均也需要6天。

农户贷款一般还需要缴纳股金，入股金额一般是贷款额的5%～10%。如果将入股金额计入贷款成本，信用社最高的贷款成本达到了贷款额的21%，这甚至与高利贷的成本差不多。从而使得很多农户在有资金需求的时候宁愿向私人放贷人借款。41.56%的调查户指出，为了获得贷款企业还必须向金融机构或其人员支付利息以外的其他成本，一般主要是用于与金融机构人员的交往，比如吃饭、送礼等，额外成本平均占贷款额的4.36%。

5. 信用社对农村资金投放不足，导致农村资金外流；资金使用效率不高，降低了其赢利性。信用社普遍存在较大的存差，而且存差有逐年扩大的趋势，2004

年78个信用社存差的平均值达到了2185.88万元。从比率上看，尽管贷款占存款的比重逐年增加，到2004年贷存比达到了73.51%，20.78%信用社的贷款余额与存款余额之比低于50%。这表明了很多信用社储蓄资金并没有能够有效利用转换为生息资产，这是信用社资产盈利率低的重要原因。而另一方面大量的农村储蓄资金被信用社上存人民银行，信用社上存联社和人民银行的资金占到了当年存款余额的32.68%，使得资金最稀缺的农村地区其自身的储蓄资金还外流城市，加剧了农村的金融供求矛盾。

（三）信用社产权不清，民主管理制度虚设，使得其服务目标异化

农村信用社改革的核心是逐步改为由农民入股、由社员民主管理、主要为入股社员服务的合作性金融组织。但当前信用社股权分散，社员对自身权益不了解、参与和责任意识薄弱，使得信用社产权主体缺位，社员大会、董事会和监事会徒有形式，从而使信用社产生了“内部人控制”和“外部人干预”的问题。产权主体的缺位使信用社的产权行使不是从社员大会自下而上的发生，而是由行政权力主体代理行使产权，自上而下地将控制权授予信用社主任，因而信用社主任的权责是实质上对上级负责而不是对社员负责，从而使信用社经营活动偏离为社员服务的目标，农户和企业社员的金融需求也不能得到很好的回应。

四、农村非正规金融的供给绩效分析

（一）亲友借款对满足农村低收益率的资金需求具有重要意义

不论是农户还是农村小企业都存在大量的亲友借款，亲友借款是农村最重要、最普遍的一种融资方式。农户所有借款中亲友借款占到了58.11%，68.13%的农户都有亲友借款；企业所有借款中亲友借款就占到了38.80%，24.04%的农村企业都有亲友借款。亲友借款的最大特征是援助性，通常是低息或无息，借贷形式简单，通常只是口头约定；虽然通常都有约定期限，但没有严格的还款约束，使农户在资金使用上具有更大的灵活性。

农村经济具有明显的脆弱性，资金需求往往并不一定来自于高资金回报的生产活动，而相反很多生产活动资金回报率很低，而且由生活性支出产生的资金是无资金回报的。因而相当一部分农户的资金需求并不是合格的市场性金融需求，而这部分资金需求是无法通过正规与非正规的市场性金融满足的。但对于脆弱农户来说，如果资金需求不能获得满足，将可能带来生产投资萎缩而逐渐陷入贫困陷阱，甚至可能导致家庭遭难。而农村社区内紧密的血缘与地缘关系形成了互助合作的机制，对平抑农户的流动性风险有着重要的意义，亲友借款正是这种机制

的重要形式。亲友借款对资金机会成本的补偿更主要是通过社会的关系交换来实现，比如帮工、逢年过节的送礼等形式实现人情补偿。

（二）其他非正规金融与农村金融需求有着更好的对接机制

其他非正规金融主要包括私人放贷人、民间金融会等，而从总体上看私人放贷人是最普遍的形式，民间金融会仅局限于资金供求矛盾更严峻的地区。民间金融活动又可分为互助性的和盈利性的。互助性的民间金融活动经费很少，一般100~200元，资金使用上利率也很低，甚至有些无利，但可获得信贷资金规模也非常有限。盈利性的民间金融月利率一般在1%~2%，只是略高于正规利率，高利贷现象并不普遍，其可提供的资金规模相对比较大，一般都可以超过万元。不论是哪种类型，其在贷款程序上都很简单，易于农户理解，不需要财产抵押，只是靠社区内的信息优势和熟人社区的信用约束实现贷款保证，而且贷款期限和其他条件比较强灵活，由双方协商决定，更能满足借贷人的需求。

（三）非正规金融满足了受到正规信贷约束的农村金融需求

农户和企业在正规贷款申请过程中可能要受到正规信贷条件的约束，由于没有信用记录、财力证明、担保人以及有效抵押品等，农户和企业的贷款申请会遭到拒绝。在不能获得正规贷款的情况下，农户的金融需求只能通过非正规渠道获得满足，从而不至于延误生产或降低家庭福利水平。更普遍的是，大部分农户和企业在申请正规贷款时，由于信用社的资金供给能力不足和风险管理水平有限，贷款规模往往受到削减，产生信贷规模约束。而很多经济活动具有不可分割性，资金的不足将使经济活动无法展开，非正规金融弥补了农户和企业资金需求与正规供给的缺口。因而非正规金融对于满足农村金融需求具有重要的补充作用。

在受到正规信贷规模约束的农户中，74户农户采用了非正规借款（占25.43%），其中31户农户同时采用了正规与非正规借款（占18.24%）。在53个受到正规信贷规模约束的企业中，27个企业有非正规借款，占到了50.94%；127笔借款中，有53.54%笔借款来自非正规渠道，其中亲友借款占到了42.52%。11个企业在同一年中同时具有正规与非正规借款。

（四）非正规金融功能受到限制

尽管非正规金融在与农村金融需求对接上有着明显的优势，很大程度上调和农户金融供给与供给矛盾，对促进农村个体私营经济的发展具有重要意义，但非正规金融的功能却受到极大限制。

一是亲友借款的获得受限制于农户的社会资本状况以及其社会关系网络内主

体的财富水平，即农户认识并相互信赖的相对富裕的亲戚或朋友的数量以及他们当年的富余资金规模，因而亲友借款的规模通常比较有限。而且一般来说农户与其所处的社会经济网络具有内在一致性。贫困地区的农户在有借款需求时，比较难找到相对富裕的亲友获得低成本借款；由于生产周期的一致性，在生产密集投入期间，农户也很难找到具有富余资金的亲友获得借款。这一点正印证了Townsend（1995）所指出的，亲友借款可以解决农户个体的非系统性风险，而难以应对社区内的系统性风险。

二是长期以来我国对非正规金融的功能和影响没有很好地区分和认识，采取了严格的管制政策，打压多于引导，限制了非正规金融的发展，使得非正规金融只在有限的地区发挥有限的作用。大部分非正规金融活动规模都很小，能够供给的资金量也非常有限。

五、改善农村金融服务的政策建议

（一）继续鼓励和支持农村小额信贷的发展

调查的结果显示，自从2001年信用社开展小额信贷业务以来，农户正规贷款的获得率大大提高，满足了广大农户简单再生产的资金需求，特别是在西部欠发达地区，小额信贷的作用尤为突出。因此，应该积极鼓励和支持农村小额信贷业务的发展，扩大业务的覆盖率，使更多的农户能够获得贷款。同时，随着农村经济的迅速发展，农户的资金需求也日益提高，特别是一些种养大户和个体工商户有比较大的资金需求。目前，信用社所提供的小额信用贷款，额度在3000~5000元以内，一些地区小额贷款的限额仅为500~1000元，这已经不能满足农户的资金需求。因此应根据地区发展情况、农户的资金需求及信用状况，适当提高小额信用贷款的额度。

但目前信用社的小额信贷业务主要是靠政策推动进行，基层的信用社都将下发小额贷款作为政治任务来完成，而且小额信贷业务是靠人民银行的再贷款资金维持的，要深化小额信贷的发展，扩大其覆盖范围，使小额信贷业务由政策主导性向商业可持续性转型。特别是鉴于小额信贷在需求上的低利率要求和金融机构的高服务成本之间的矛盾，应借鉴国内外经验，促进制度创新，使小额信贷在保证农村最基本的金融需求的同时实行盈利。具体来说可以从以下几个方面入手：

第一，应该扩展小额信贷业务的资金来源，一方面提高信用社的吸储能力，将当地储蓄资金用于小额信贷业务，另一方面建立和完善地区间以及金融机构之间的资金流通机制以及邮政储蓄资金回流农村的机制。

第二，借鉴国际小额信贷业务的经验，积极培育基层的临时信贷员，扩大业务覆盖范围，并防止行政成本的扩张。同时可以考虑改造当前的小额信贷机构，或在有条件的地区组建基层小额信贷服务机构，将信用社的小额信贷业务分离出来，具体实施小额信贷的发放，这样有利于节约交易成本和实现有效的信用监督。资金来源上则从现有的金融机构批发贷款，让信用社、农业银行以及其他商业银行开展小额贷款的批发业务。

第三，完善信用评级制度，建立农户信用记录，提高信用社的信用甄别能力和贷款管理能力，以保证业务的扩大和贷款额度的增加不会带来不良贷款的增加。

（二）增加大额贷款的投放，积极支持农村种养大户、工商户和小企业的发展

目前农村小额贷款的需求已经基本获得满足，但随着农村经济的快速发展和农业产业结构的调整，农村经济主体的投资也迅速增加，资金需求规模也大大增加。小额贷款只能满足小农户的简单再生产需求，无法满足扩大再生产需求。而扩大再生产需求受到限制将制约和减缓农村经济的发展和农民收入的增长。

农村企业、种养大户和个体工商户是农村最重要的经济引擎，他们有强烈的资金需求，并且资金需求规模比较大，但正规金融的信贷规模约束却使得很多企业、种养大户和工商户为了发展生产不得不七拼八凑借钱。而很大一部分不能融入到充分资金的企业或农户则不得不延迟投资、压缩生产规模，制约了农村经济的发展。增加对农村种养大户、工商户和小企业大额贷款的投放，应当成为改进农村金融服务的重点。

（三）改善农村金融产品结构，满足多样化的农村金融需求

我国幅员辽阔，使得地区差异比较大，东西部地区存在比较大的经济收入差距，而南北又存在农业生产周期的差异。因此，使各地区信用社在金融产品的设置上有更大的自主性，以便根据地区需求调整金融产品结构。具体来说可以从以下三个方面调整农村金融产品结构，以更好满足农户和农村企业金融需求。

1. 调整贷款的期限结构，设置一定的还款宽限期。目前，各地信用社农户贷款的期限基本都是12个月左右，而且多是以自然年度计算，使贷款的期限结构与农业生产周期不吻合。因此，应根据当地农业生产的特点调整贷款期限，将贷款的归还期设定在农产品的销售季节。同时，农产品的销售也不是在一个固定的时点完成的，可能需要一段时间，而且有时为了销售一个好价钱还需要等待时机。因此，贷款的期限不应该规定太死，应给予一定的还款宽限期，宽限期内可以照常计息。

2. 应根据农户借款的用途设置不同的金融产品。目前，广泛开展的小额贷款业务主要是满足农户简单再生产的需求。但农村内部农户之间也出现明显的阶层

分化，不同阶层的农户有着不同层次的金融需求。因此，应积极促进农村金融机构的金融创新，满足农户多样化的金融需求，比如畜牧贷款、农机设备贷款、房屋建设贷款、农村创业贷款、助学贷款等，根据不同的需求特点为不同贷款设置不同的利率、期限和还款方式等。

3. 适当增加中长期贷款的投入，缓解当年农村长期投资与资金流动性的矛盾。同时政府应积极推动和鼓励建立农村产业投资基金，支持农村的长期投资活动以及农村的创业活动，激发农村经济活力。

（四）促进金融资金的合理流动，解决信用社金融资金不足的问题

农村信用社金融资本不足问题是制约其扩大支农贷款投放的关键矛盾。为了增加贷款投放，相当大一部分信用社主要依靠人民银行的再贷款和上级的拆借资金。但这样单一资金流动渠道，既不能有效解决信用社放贷资金不足问题，又降低了金融资金的使用效率和流动效率。因此，解决信用社放贷资金来源问题，应该建立农村金融资本的回流机制，促进金融资本以市场需求为基础跨地区、跨部门地自由流动。

1. 降低信用社上存资金比例和存款准备金率，提高信用社的放贷比例。长期以来，农村信用社与城市商业银行执行相同的存款准备金率。考虑到农村信贷资金严重不足的情况，比较高的存款准备率将降低农村信贷的投放。同时，调查的结果显示，相当部分信用社还存在比较高的超额准备现象，大部分存款准备率达到了10%；同时信用社存款上存的比重非常高，2004年平均值达到了当年存款余额的32.68%。大量的存款准备和上存资金使得信用社的资金投放效率很低，2004年贷存比平均值为73.51%，20.78%的信用社的贷存低于50%。因此，应当适当降低信用社的存款准备率，降低上存资金的利率并增强信用社自负盈亏的经营约束，促使信用社增加贷款投放、提高金融资金的使用效率。

2. 建立邮政储蓄资金回流机制，增加农村信贷资金来源。邮政储蓄像“抽血机”一样吸取农村资金转移到城市的问题一直受到广泛关注。在当前农村金融资金严重匮乏的情况下，应该建立邮政储蓄的资金回流机制，使邮政储蓄在农村地区吸收的资金留在农村，从而实现农村资金的体内良性循环。第一种方案是用邮储在县及以下的地区所吸收存款的比例来规定邮储与农村信用社办理大额协议存款的比重，协议存款的利率应本着邮储微利的原则制定。同时，国家可继续放宽邮政储汇局运用剩余自用资金的范围，再以财政隐性补贴政策转移其经营重心。第二种方案可以考虑强制邮政储蓄购买农业发展银行债券，中央银行将邮政储蓄上存资金以再贷款方式转借给信用社使用或彻底切断邮政储蓄与中央银行之间的资金往来。第三种方案是将农村信用社与邮政储蓄所合并，或者成立邮政储蓄银行，让邮政储蓄业务成为信用社或农业银行的代办点。

3. 促进金融资金跨地区、跨部门流动。目前，信用社的跨地区放贷以及资金的跨地区流动受到了严格的限制。但从调查的结果看，我国农村经济存在地区不平衡性，资金需求也具有很强的不平衡性。一些地区信用社由于找不到好的放贷对象，资金无法放出去，另一些地区好的项目却因为当地信用社资金缺乏而不能获得贷款。我国金融体系内的资金流动机制仍是以金融机构上存央行和央行再贷款的单渠道流动来实现金融资金调配，但这样既增强了行政力量对金融资金流向的干预，也降低了资金流动的效率。因此，应该开放金融机构相互之间的跨地区、跨部门流动渠道，促进资金以市场需求为基础合理流动。对于经济落后地区，政府应该采取贴息的形式促进资金的流入。同时，可以通过一定的政策引导，使农业银行按一定的比例将吸收的存款投入到农业信贷，使其他商业银行的储蓄资金流入农村信贷体系。

（五）加强农村金融机构的贷款风险管理，建立健全农村信用担保机构

农村大额贷款的发放面临的另一大难题是贷款保证机制不健全和农村金融机构贷款风险管理水平不高，其潜在威胁是贷款风险增加。因此，应建立健全农户和农村企业的贷款抵押和担保机制，以解决大额贷款的风险控制与农村抵押品缺乏及信息不对称的矛盾，并完善对担保机构的监管框架。要针对农户和农村中小企业的实际情况，实施多种担保办法，探索实行动产抵押、仓单质押、权益质押等担保形式。应允许多种所有制形式的担保机构并存。鼓励政府出资的各类信用担保机构积极拓展符合农村特点的担保业务；有条件的地方可设立农业担保机构，鼓励现有商业性担保机构开展农村担保业务；鼓励采用借款人联保小组以及借款人互助合作的形式进行担保，以避免由农村金融市场的不完全信息所导致的贷款回收率低下问题。担保机构作为一类金融企业，急需出台监管框架，建立和完善担保行业的准入、风险控制和损失补偿机制，以防范相关的金融风险。

（六）继续推进信用社的产权改革，完善信用社的经营机制

继续以多元化的产权形式推进产权改革，在农村形成多种产权形式相互竞争和功能互补的金融机构体系。明晰产权，确立和保护产权主体的合法权益，强化股东的参与意识和管理责任；建立“入股自愿、退社自由”的产权机制，使社员能够用“脚”投票才能真正保障社员的权益，增强社员和股东对信用社经营的约束。鼓励民营资本入股信用社，引入合格的产权主体成立董事会，切实对信用社经营进行有效监督。完善社员大会、董事会和监事会制度，避免其流于形式，强化“三会”的权力制衡机制。

（七）促进农村金融竞争，降低农户借贷成本，提高农村金融服务质量

农业银行商业化改革后，逐步从农村领域退出，使得我国目前农村金融的正规供给形成了信用社独家垄断的格局，这不利于农村金融服务质量和效率的提高。从调查结果来看，农户从信用社贷款的成本比较高，不仅高于其他正规金融机构利率，而且甚至高于很多民间金融组织的贷款利率。应适当降低农村金融业的进入门槛，积极引入农村金融供给主体，培育多样性、竞争性的农村金融体系，使各金融主体在竞争压力下提高农村金融服务质量、降低农户贷款成本。

目前农村金融体系引入竞争的途径主要包括：一是积极引导正常的民间金融活动的发展，逐步使民间金融组织合法化，并选择条件比较好的民间金融组织改制为民营贷款机构；二是允许信用社跨地区建立分支机构，促进信用社体系内的区域市场竞争；三是在有条件的地区，在自愿基础上使民间资本进入信用社，逐步将部分信用社改制为民营银行或合作银行；四是允许城市商业银行、农村商业银行、新兴的股份制商业银行以及外资银行参股或收购信用社，将信用社发展为其在农村的分支机构；五是改制当前的小额信贷机构，使其成为商业化可持续的独立金融机构。

（韩　俊　罗　丹　程　郁）

农村信用社改革的成效、问题及建议

——百家农村信用社调查

农村信用社改革一直是我国农村金融改革的重点。近年来，农村信用社改革走向了一个新的高潮。一是推进利率市场化试点改革。二是2002年初农村信用社全面开展了小额信贷业务，信用社开始向农户提供小额的无抵押、无担保贷款，大大提高了正规金融对小农户的金融供给。三是2003年8月，国务院正式印发了《深化农村信用社改革试点方案》，试点工作在浙江、山东、江西、贵州、吉林、重庆、陕西、江苏8个省（市）正式启动。2004年8月底，又将试点范围进一步扩展到21个省市区。

国务院发展研究中心农村经济研究部于2005年在全国范围内开展了农村金融调查，对百余家农村信用社进行来实地调查。此次农村信用社调查，涉及全国29个省（市、自治区），共获得103份信用社调查问卷，其中东部地区的信用社有50个、中部地区有16个、西部地区有37个。所调查的信用社大部分是50年代成立的，有66个，60~70年代成立的有10个，80年代成立的有6个，90年代成立的有10个，2000年以后成立的有1个。从所调查信用社的性质看，有21个合作银行、40个一级法人和31个二级法人。从信用社经营的业务看，除了2个缺失样本外，所调查的101个信用社都有开展存款业务，只有1个信用社没有开展贷款业务。信用社开展最广泛的业务是存款、贷款、结算、汇款和代收代缴和汇兑，而其他业务开展得比较少。

本报告基于对百余家农村信用社进行的实地调查，对近年来信用社改革后的经营状况、金融服务情况以及内外部治理情况进行综合评价，分析信用社改革获得的成效以及存在的问题。调查表明，虽然信用社对农村金融的供给有了明显的改善，但与农村金融需求对接上还仍然存在很多矛盾，同时农村信用社的产权结构与内部治理问题使得信用社的经营仍然偏离为农村社员服务的目标。基于调查发现，提出了继续深化农村信用社改革、改善农村金融服务的政策建议。

本报告将以此次调查的结果为基础，对近年来信用社改革后的经营状况、金融服务情况以及内外部治理情况进行综合评价，分析信用社改革获得的成效以及存在的问题，为下一步继续深化农村信用社改革、改善农村金融服务提供政策建议。

一、农村信用社改革的成效

此次的调查内容覆盖了2001～2004年以来信用社的经营与资产情况，因而能够一定程度上评价近年来农村信用社系列改革的成效。

（一）信用社支农的作用明显提高

从表1可以看出，信用社的贷款主要是农业贷款，农业贷款占到了信用社贷款的66%。而在农业贷款中，对农户的贷款又占到了近80%，其中小额农贷占到了57.94%。而且有18个信用社所有的农业贷款都是农户贷款，占到了有效样本的31.03%，有16个信用社所有的农户贷款都是小额农贷，占到了有效样本的30.77%。这说明了信用社有着非常重要的支农作用，而且在信用社改革的重新导向下，目前大部分信用社重点服务的对象已经重新定位回归到农户。

表1　　农业贷款所占比重平均值　　单位：%

年　份		2001	2002	2003	2004
农业贷款占贷款余额的比重	样本数	55	56	54	63
	比　重	66.05	69.88	62.66	66.00
农户贷款占农业贷款的比重	样本数	52	52	54	58
	比　重	79.13	81.49	78.58	78.95
小额贷款占农户贷款的比重	样本数	37	43	46	52
	比　重	66.98	60.19	56.98	57.94

1. 农业贷款的投放力度明显增强。从图1可以看出，自新一轮的改革以来，信用社的贷款投放有了很大增长，贷款余额增长各年都超过了12%，2003年甚至达到了24.74%。而农业贷款的增长速度快于总贷款的增长速度，年均增长率均

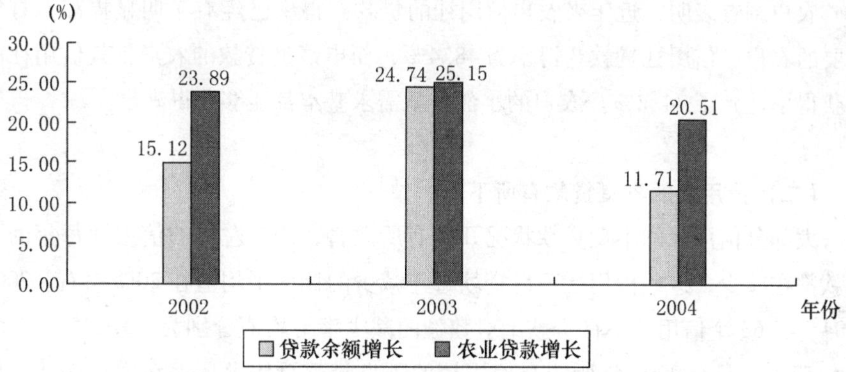

图1　农业贷款与总贷款余额增长比较

超过 20%。这说明近年来信用社农业贷款的投放力度有了明显增强，信用社对农业发展的支持有了明显提高。而且有 8 个信用社这几年中出现了农业贷款的翻倍增长，增长率超过了 100%。

2. 农户贷款增长迅速，农户贷款获得率大大提高。近年来，信用社农户贷款的增长速度远超过其他类型贷款，主要的贷款投放都是农户贷款，特别在 2002 和 2003 年农户贷款的平均增长率超过了 40%。而且小额贷款的增长速度尤为显著。这与 2002 年信用社全面展开小额贷款业务有关。可以看出，2002 年小额贷款的增长率达到了 68.78%。但信用社小额贷款的增长率差异比较大，大部分信用社小额贷款的年增长率在 10% 左右。小额贷款的增长具有年度不均衡性，有很多信用社的小额贷款在一定时间出现翻几倍甚至十几倍的增长，而在其他年份就出现下降。16 个信用社在此期间小额贷款的增长率超过 100%，有 6 个信用社小额贷款的增长超过 8 倍，而且大部分都是在 2002 年出现小额贷款的超速增长。从图 2 可以看出，信用社小额贷款的增长具有明显的政策推动性质。

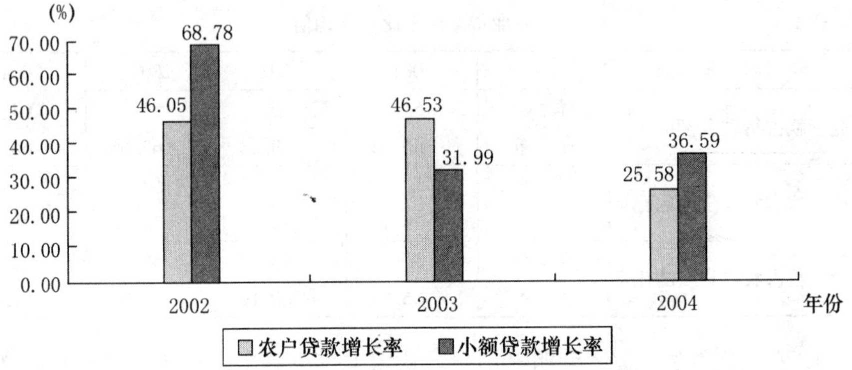

图 2　农户与小额贷款的增长情况

农户调查表明，近年来农户信用社的贷款获得率已经有了明显提高。有贷款需要的农户，信用社贷款获得率为 48.4%，而申请过贷款的农户，其信用社的贷款获得率达到了 74.2%。农户的小额贷款需求基本都能够获得满足。

（二）信用社的不良贷款有所下降

大部分信用社的不良贷款状况开始有所改善，60% 左右的信用社每年的不良贷款都在减少，这些信用社不良贷款每年减少的比率平均值在 20% 左右。2002 ~ 2004 年，63 个信用社不良贷款绝对数额的减少率平均值分别为 -5.23%、2.50% 和 6.57%。只有 2002 年所调查信用社的不良贷款总体上还存在增长趋势，后两年的不良贷款减少率都有所增加。到 2004 年，所调查信用社的不良贷款平均值已经由2001年的2903.7713万元减少到了2014.0411万元。而且2004年有18个信用社的不良贷款减少率超过20%，占到了有效样本的27.27%。但仍有9个信用社的不良贷款继续恶化，不良贷款增长率超过了20%，占有效样本的14.29%。

(三) 一些信用社已经开始扭亏转盈

此次调查的结果显示，经营净亏损的信用社已经由2001年的13个下降到了2004年的6个，有9个信用社已经在这4年内实现了扭亏为盈。从图3可以看出，从2001～2004年，18个信用社的实际资不抵债额平均值在逐年上升之后，2004年出现了大幅度的下降。所调查信用社的净利润平均值也由原来的负的转变为正的。这一方面是因为9个信用社在此期间实现了扭亏为盈，另一方面是与2001年相比，2004年净利润的有效样本增加了12个。但信用社的累计挂账亏损却呈现逐年增加的趋势。

由此可以看出，尽管近4年来信用社的经营状况和资产状况有了很大改善，但信用社历史积累的亏损问题仍难以解决，而且随着一些信用社亏损状况的持续，累计的挂账亏损仍在继续增长。而且所调查信用社资产状况的改善，主要来自于少数几个信用社，而且资产状况出现明显改善的7个信用社中3个属于信用社试点改革地区。这说明了大部分信用社的资产和盈利状况仍不乐观。

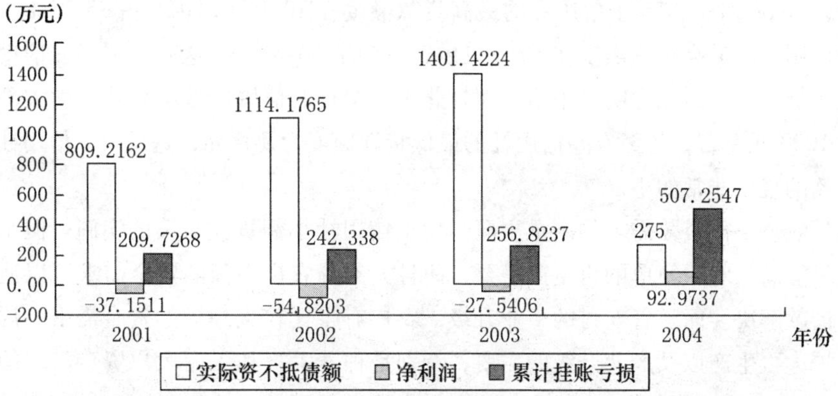

图3　信用社盈利状况

(四) 试点地区信用社资产状况有显著改善

在此次调查中，涉及的试点改革信用社并不是很多，只有13个信用社进行了试点改革。大部分信用社都是采用专项票据，置换了平均1316万元的不良贷款和245万元的挂账亏损，置换后不良贷款比例从26%下降到了15%，资本充足率从13%上升到了24%。由于有中央专项资金以及地方政府资金的支持，试点地区信用社的不良贷款下降速度非常快。2003 年试点地区信用社不良贷款的平均减少率为 8.71%，2004 年不良贷款减少率就迅速增加到了 20.32%。从对 13 个试点信用社的调查看，历史负担和不良贷款不得到解决，信用社的改革将寸步难行，因此此次试点改革由中央帮助化解一部分历史负担是必须的。同时，通过设定一系列资金兑付条件，迫使地方政府承担起农村信用社改革的责任，这在政策制定上是合理的。

二、农村信用社改革存在的问题

（一）信用社的金融供给与农村的金融需求还很多不匹配的地方

1. 信用社大额贷款的发放明显不足。此次调查的结果显示，向信用社申请的贷款和信用社实际发放的贷款都是以小额为主。特别是 5000 元以下的贷款申请的笔数和实际发放的笔数数量最多，2004 年 5000 元以下的贷款申请的笔数和实际发放的笔数平均值分别为 2230 和 1671 笔，占到了所有贷款的 46.26%。从 58 个回答了不同额度贷款发放情况的信用社来看，很多信用社根本就没有发放大额贷款（特别是一些基层的信用社），只有 27 个信用社有 2 万以上的贷款。在 71 个回答了 2004 年最高贷款额度的信用社中，13 个信用社的最高贷款额度在 2 万元以内，占 18.31%；25 个信用社的最高贷款额度在 10 万元以内，占 35.21%。大部分信用社的最高贷款额度在 50 万以内，占到了 56.31%，这表明了当前信用社对大额贷款的供给能力明显不足。而且此次所调查的信用社最小贷款额度大部分都在 1000 元左右，甚至有些信用社的最低贷款额度为几百元，这反映了信用社小额贷款的规模非常的小。

农户小额贷款需求的满足主要归功于信用社小额贷款政策的实施。但小额贷款只能满足农户简单的再生产需要，而且大部分农户小额的资金需求可以通过亲友借款解决。而随着农村的产业升级，农户有了比较大规模的资金需求，用以满足扩大再生产以及产业升级的需要，特别是种养大户和工商大户资金需求的规模很大。但目前信用社对农村大额的资金供给远远不够，这将限制农村产业升级和农民收入的增长。

2. 信用社对农村中小企业的支持不够。调查结果显示，只有 30 个信用社有向乡镇企业提供贷款，占有效样本的 44.78%；45 个信用社有向私营企业提供贷款，占有效样本的 67.16%。而信用社对乡镇企业和私营企业的平均贷款比重大约在 20% 左右，私营企业略高，达到 26.62%。调查中，2004 年 64 个回答了具体贷款结构的信用社中，有 16 个信用社没有企业贷款。这一方面是由于一些地区农村经济活力不足，盈利性好的企业活动比较少，而另一方面也反映了信用社对农村小企业发展的金融支持不足。

信用社企业贷款比重比较低是因为信用社在企业贷款供给上面临比较尴尬的境地。一方面一些经济比较落后的地区，农村企业比较少，信用社难以找到合适的放贷对象；另一方面信用社由于资金规模有限，无力对一些具有一定规模的企业提供信贷服务，因而很多农村企业选择了农村以外的其他金融机构（比如农业银行、工商银行等）。然而，目前商业银行大量撤并基层机构，特别是农业银行收缩农村战线，加剧了企业信贷约束的问题。

3. 贷款期限与需求不匹配，中长期贷款发放不足。调查结果显示，信用社贷款是以短期贷款为主，2001~2004 年短期贷款占当年贷款余额的比重都在60%左右。2004 年，有 27 个信用社短期贷款占当年贷款余额的比重超过 100%①，占到了有效样本的 40.91%。而在农户与企业调查中也反应，大部分农户与企业的贷款都是短期贷款，贷款的期限在 10~12 个月。虽然与农户的资金需求时间也基本在一年左右，但信用社的借款期限结构与农业的生产周期存在不一致性。信用社的贷款期限是按年度计算的，一般是年初发放，要求年底还款，但通常当年收获的农产品在年底还不能够完全卖出，很难有资金还款。而大部分企业出于生产设备投资的需要都有长期的资金需求，企业期望的贷款期限平均为 2.8 年。信用社中长期贷款的投放不足，使得农村企业的长期投资只能由自有资金或亲友资金满足，往往限制和延迟了企业的投资。

4. 缺乏有效的信用评价和担保手段是信用社慎于发放大额贷款和中长期贷款的重要原因。调查结果显示，缺乏有效的抵押品是当前农村金融需求主体存在的重要问题，因而信用社抵押贷款的比重非常低，仅占总贷款的 24.97%。而且信用社的抵押贷款由于农村经济体的抵押品变现能力很低，使得抵押品在贷款不偿还的情况下也难以通过变现弥补贷款损失，抵债资产的变现率仅在30%~40%左右。而当前农村信用社的信用评价手段很简单，使得信用社难以把握贷款人的信用风险；同时担保手段也很单一，只是依靠个人信用担保。因而，在缺乏有效的贷款风险保证手段的情况下，信用社的理性决策是谨慎发放大额和中长期贷款。

（二）信用社贷款损失准备不足

77 个信用社回答“是否按规定提取呆账和坏账准备”的问题，71 个信用社

---

① 贷款余额是代表当年未清偿的贷款数目，它不包括当年发放当年收回的贷款，但又包括往年发放在当年还未清偿的贷款。短期贷款由于期限小于 1 年，有一部分是当年发放当年就收回，因此可能出现短期贷款占贷款余额比重超过 100% 的现象。

回答“是”，占到有效样本的92.21%，但仍有6个信用社没有按规定提取呆账和坏账准备。关于具体提取的比例，44个信用社回答了贷款损失准备占贷款余额的比例，30个信用社提取的比例是1%，2个信用社提取的比例小于1%，8个信用社提取的比例小于等于10%，3个信用社提取的比例大于10%小于等于20%，1个信用社提取的比例大于50%，其平均值为4%。

尽管在调查期间所调查信用社各年所提取的贷款损失准备占当年贷款余额的比重均值为1.79%。人民银行规定，提取的一般贷款准备不应低于期末贷款余额的1%。但当年有23个信用社提取的贷款损失准备还达不到人民银行所规定的最基本的要求，占到有效样本的47.92%。虽然贷款损失准备占不良贷款比重以及占呆滞和呆账账款的比重都逐年增加，但与人民银行所提供的贷款损失准备计提的参照标准相比①，很多信用社远远达不到该要求。2004年，14个信用社贷款损失准备占当年不良贷款的比重小于2%，而18个信用社贷款损失准备占呆滞账款比重小于25%②。信用社贷款损失准备提取的不足使得信用社能够应对和解决不良贷款风险的能力比较弱。

（三）信用社存贷比过高，上存资金比重高，导致资金使用效率低

信用社存在大量的存差，而且存差有逐年扩大的趋势，2004年78个信用社存差的平均值达到了2185.88万元。从比率上看，尽管贷款占存款的比重逐年增加，到2004年贷存比达到了73.51%，但有15个信用社的贷款余额与存款余额之比低于50%，占有效样本的20.78%。这表明了很多信用社储蓄资金并没有能够有效利用转换为生息资产。

存贷比过高的重要原因是信用社存款准备金比例太高。而且在调查的访谈中发现，信用社为了规避风险、获得比较稳定的利息收入，非常积极地上存资金、上存的比例非常高。信用社上存联社和人民银行的资金占到了当年存款余额的32.68%，而信用社自身的存款备付金比率也达到23.78%。尽管根据银监会制定下发的《农村合作金融机构风险评价和预警指标体系（试行）》的要求，存款备付金比重只要不低于5%就可以了，但调查大部分信用社备付金比率都超过了

① 对于关注类贷款，计提比例为2%；对于次级类贷款，计提比例为25%；对于可疑类贷款，计提比例为50%；对于损失类贷款，计提比例为100%。其中，次级和可疑类贷款的损失准备，计提比例可以上下浮动20%。

② 由于大部分信用社还没有采用新的不良贷款划分标准，而且此次调查也没有能够获得为各类贷款提取损失的比重以及当年新增的不良贷款的数额，因而难以计算与人民银行标准具有可比性的数据。但如果将逾期贷款视为关注类，而呆滞贷款至少为次级类贷款的话，上述几个信用社当年贷款损失的提取肯定远达不到该标准。因为在上述的计算中，贷款损失准备是全部不良贷款的准备。

10%，甚至有11个信用社的备付金率超过了30%，占到了有效样本的39.29%。而35个回答了存款上存情况的信用社中，21个信用社上存比例超过了30%，占到了有效样本的60%。这样，大部分信用社自身支配的经营资金占存款余额的比重都小于60%，而且很多信用社的可支配经营资金比例还不到40%。这不仅大大降低了信用社资金的使用效率，使贷款盈利能力下降，而且更严重的是导致农村资金外流，导致农村金融供给不足，制约农村经济的发展。

（四）民主管理机制并没有真正建立

1. 股东过于分散导致信用社所有权主体缺位。调查结果显示，自然人股东的股份占到了信用社股份总额的90%，农户股占到了70%。而农户户均入股金额平均值仅为1585.1713元，每户人均股份占信用社股份额的比重平均值仅为0.738‰；大部分农户入股的金额都在100~200元以内，仅满足信用社的最低入股金额要求。大量的股份分散在众多的小股东手中，股权的分散难以形成合力使股东获得有效的控制权。而且对于每个股东来说，由于股金数额太少也缺乏维护自己股东权益的积极性和主动性。这样导致了信用社所有权主体缺位，成为信用社内部治理问题之根源。在所有权主体缺位的情况下，委托人超越甚至夺取了代理人的权力，导致信用社社员对自身的权益认知不请，缺乏所有权主体的参与意识和意愿。

2. 信用社民主管理流于形式，信用社的内部人控制与外部人干预现象仍非常严重。虽然近年来对信用社产权与治理机制的改革不断强化，在银监会的推动下大部分信用社都建立起了以“社员大会”、“董事会”和“监事会”相互制衡的内部治理结构。但从调查的结果看，“三会”发挥的作用非常有效，大部分信用社的“三会”都不能独立发挥作用，相当一部分信用社的民主管理完全流于形式。当前信用社产权改革仍难以摆脱长期以来的行政权力阴影，信用社的产权治理上仍存在“选举权移位”移位的问题（中国人民银行怀化市中心支行课题组，2001），即民主管理制度在新的制度变迁下基本为原有的权力集团所操纵，社员代表代表的是信用社内部利益集体的利益而非社员利益，“三会”成为他们合理、合法控制信用社的工具。在社员选举上，26.66%的信用社受到信用社主任的影响和控制，13.33%信用社受到上级部门的影响和控制。在董事和监事的选举上，分别有32.39%和25.43%受到信用社主任的影响和控制，分别有19.72%和35.60%受到上级部门的影响和控制。

3. 职工股难以实现风险共担、利益相关的约束激励目标。职工股的设置本来是为了实现信用社职工与信用社的经营形成风险共担、利益相关的约束激励机制。然后，在信用社改革的过程中，这种股权设置却产生了行为异化。一方面一部分信用社为了快速实现试点改革方案下的资本充足率目标，采取了行政性强制职工入股的措施，对每个职工下达了入股指标；另一方面，还有一部分信用社将入股作为瓜分信用社经营剩余的重要手段，采取了保息分红的方式（在被调查的103家信用社中，大约有一半以上的信用社实行保息分红）为信用社职工谋取福利，大大降低了股份的风险约束力。

（五）信用社的独立法人地位的"独立性"难以体现

调查的103个信用社中，合作银行、一级法人和二级法人分别占到了20.4%、38.8%和30.1%。此次信用社试点改革，将大量信用社的"二级法人"地位转为"一级法人"，其目的是使大量信用社具有独立经营的自主权。但此次调查中，却发现农信社的"一级法人"权利徒有虚名，与联社并不具有同等的权利地位，与上级联社仍然保持行政隶属关系，主要是按上级联社的文件行事，章程形同虚设。调查中，40个"一级法人"信用社中21个虽然形式上与联社是平级关系，但在事实上并没有消除联社对其的行政干预。所谓的"一级法人"仍然没有利率指定范围内利率浮动的自主权，利率仍是由联社统一制定，而且在贷款的审批上一些信用社大额贷款仍需要报联社审批，甚至有些"一级法人"的人事任免上也是由联社决定。

（六）信用社试点改革难以从根本上杜绝农村信用社道德风险和急功近利行为

根据对试点信用社改革具体情况的调查，我们发现，虽然此轮农村信用社试点改革方案较过去的改革相比有了很多重大的突破，但在实施过程中也还存在一系列的问题，具体表现在以下几点。

一是为了获得中央的支持资金，地方政府往往采取下达行政性指标的方法来实现人民银行所要求的资本充足率和股权结构条件，因为这是最有效、快捷的方法。其危害不仅是强制增资扩股所潜伏的信用危机，而且强化了地方政府对农村信用社行政干预，阻碍了农村金融的市场化进程。在我们调查的信用社试点改革地区，有312户农户回答了是否有人来动员入股，113户回答了"是"，占有效样本的36.22%，199户回答了"否"，占有效样本的63.78%。此次调查中，试点改革地区企业的有效问卷有39份，17个企业指出2003年后有信贷员前来动员入股，占有效样本的43.59%。这说明相当一部分地区在试点改革后是积极动员农户和企业入股。很多农户和企业在入股时信用社确实有向他们许诺一些贷款的优惠条件，最主要的入股承诺是"贷款优先"，其次是"利率优惠"；对于"期限放款"和"抵押条件放松"虽然也有一些，但数量不多。

二是虽然此轮农信社改革的目标是明晰产权关系，完善法人治理机构，但在具体的改革措施中却缺乏对产权和法人治理的相关规定，使得当前的农信社试点改革只是换了个皮囊，而内部的组织管理体系并未发生根本变化。人员还是原班人马，社员大会以及各项选举只不过是走走过场，作为一级法人的县联社仍然是对省联社负责而不是对股东和社员负责，社员的民主权利并未真正得到保障。特别是我国的农信社长期属于“官办”金融机构，本身缺乏群众参与的基础，而在产权没有明确界定和获得保护的情况下，农户和农村企业很难有积极性入股农信社并参与其民主管理。在我们调查的信用社试点改革地区，113 户农户回答了“新入股后参与信用社管理情况的变化”，84 户认为没有变化，占有效样本的 74.3%。20 个企业回答了“新增入股后参与信用社管理情况变化”的问题，14 个企业都认为没有变化。这说明信用社试点改革后，农户和企业即使新增入股也并没有明显改善参与信用社民主管理。

三、对农村信用社下一步改革的建议

（一）继续推进信用社改革，鼓励多样化的产权模式

2003 年以来的农村信用社改革试点对于解决困扰我国农村金融的难点问题，比如农村资金供应问题、农村金融需求满足问题、农村金融机构的可持续发展问题产生了积极的作用。改革后信用社的资金实力明显增强，农业贷款都较改革前都有不同程度的增加，这在一定程度上缓解了农民贷款难的问题。改革后成效最为显著的是不良贷款比例的下降和资本充足率的增加。评价信用社改革是否成功，最重要的是看改革后农民贷款难是否得到了很大程度的缓解，农村金融服务是否有显著改善，信用社对农户的贷款覆盖面是否有较大幅度的提高，信用社所有权不清晰、法人治理结构不完善的问题是否真正解决了。当前，农户贷款难问题仍普遍存在，主要表现是农户扩大生产经营规模、调整农业结构贷款非常困难。农民从事农副产品加工业、运输业、商贸服务业贷款也很难，尤其是需求量比较大、期限比较长的贷款难以贷到。从各试点省来看，信用社在完善法人治理机构，转换经营机制方面还没有实质性进展。根据调查了解到的情况，地方政府为了能得到国家的支持，提高信用社资本金充足率，纷纷进行增资扩股，不少地区普遍存在要求职工入股的做法，不少职工是贷款入股，不少贷款企业也是被要求入股。增资扩股不能成为套取央行支持资金的一种手段，更不能成为一种单纯的“集资”手段。增资扩股后，实现产权主体多元化，根本目的应该是真正改变信用社的内部治理结构。在下一步的改革试点过程中，要进一步明确提出对产权关系和内部治理的要求，真正解决“一人说了算”的“内部人控制”问题。对信用社试点的评估不能只注重资本充足率和不良贷款比例，还应考察改革的治理结构的变

化和民主管理的落实情况。否则，拿多少钱都买不来一个好机制。

各地农村信用社的经营状况和发展水平差异很大，不同地区农村经济发展对农村金融的需求也不尽相同，多元化的产权改革模式是符合我国特定国情的。因此，应该在鼓励基层互助合作的前提下，采取多种模式改造农村信用社，在农村形成多种产权形式相互竞争和功能互补的金融机构体系。鼓励民营资本参股信用社合作社，并允许依法组建新的合作金融机构。允许城市商业银行、农村商业银行、新兴的股份制商业银行以及外资银行参股或收购信用社，将信用社发展为其在农村的分支机构。鼓励和加强农信社之间的公平竞争，允许农信社自愿组建联社，允许农信社跨地区联合或合并，允许农信社跨地区设立分支机构。

（二）建立和健全信用社的法人治理机制

1. 培育成熟的产权主体，保护社员的产权和民主权利。对农信社社员的产权和民主权利的保护不仅仅是停留在形式上，而应落实到实际中。首先是要通过法律确立和保护农信社社员的各项权利。其次，真正建立“入股自愿、退社自由”的产权机制，使社员能够用“脚”投票才能真正保障社员的权益。坚决杜绝存款化股金和以贷扣收等违规做法，实现真正的入股自由；取消保息分红，增强股权的风险共担机制。再次，适当地集中信用社的股权，鼓励农户社员成立集体控股社团来行使社员的民主权利。同时要积极向社员宣传其权利与义务，培养农户、种养大户和农村企业的参与意识和对自己民主权利的保护意识。

2. 强化“三会”的权力制衡机制。

（1）确立社员大会的最高权力机构地位，设立其独立行使职权的常设机构，通过有效形式提高和扩大社员权利。要定期召开社员代表大会，做到还权于社员，要把涉及农村信用社改革与发展的重大问题交由社员讨论决定，农村信用社的经营情况要向社员公布，充分吸收社员参与民主管理的意见和建议，对社员提出的质疑和质询意见做出报告和说明。

（2）实行真正的民主选举。增强社员的参与意识和责任感，减少行政权力对社员代表选举的干预，使社员代表能够真正代表广大社员利益。杜绝信用社主任和上级机构对董事与监事任命的干预，使董事和监事真正受命于社员大会，并对其负责。

（3）建立名副其实的监事会制度，建立监事会定期办公制度，赋予监事会更大的权力，如对业务、财务的审计权，对管理层的监察权，对理（董）事长、主任重大决策的否决权等。要保证监事会行使的职责不受制于理（董）事长和主任。同时，监事会应广泛听取和收集社员的建议，听取各界对农信社的反映，特别是服务三农的效果及问题，及时向理（董）事会和主任提出改进建议，对社员代表大会和全体社员负责。

3. 完善用人机制与激励处罚机制。首先要建立透明的用人制度，从职工源上避免产生“内部人控制”的动因。应根据服务三农的现实需要和自身经营效益，科学合理地制订用人计划，审慎编制岗位结构，实行招聘进人透明，杜绝“关系户信用社”的形成。其次，建立与发展战略和个人贡献紧密挂钩的激励处罚机制。

（三）建立健全农村信用社的外部管理机制

1. 减少政府部门对信用社的干预。在试点改革方案下，农村信用社的管理交由地方政府负责，但这在激励地方政府承担信用社改革责任的同时，也容易导致地方政府对信用社金融资源配置干预。因此，目前需要一种激励相容的制度安排，使地方政府把信用社看作当地农村发展的重要因素，用优惠政策支持信用社化解支付风险，扭亏为盈；同时使地方政府承担对信用社的部分监督责任和部分防范、化解信用社风险的责任。

2. 建立健全信用社外部监管体制。在信用社试点改革启动后，2004 年，由银监会牵头制定的《关于明确农村信用社监督管理职责分工的通知》报经国务院批转正式下发，进一步明确了新的体制下各方的监督管理职责。在这一新的构架下，各级政府、省级管理机构、银监会、人民银行对农信社构成一种分工协作的管理监督关系，成为农村信用社管理和发展的最重要的外部环境。但目前银监会对信用社的监管中也面临诸多矛盾和问题。

第一，银监会成立之初对信用社是承担行业管理和监管的双重职能，对信用社的管理主要是以扶持为主，时至今日，银监会在角色定位上也脱离不了过去的影响，仍然是以正面劝导、预警为主，而对违规行为的监管和惩治仍显不足。同时在对信用社的监管上宜严宜松仍存在争论，一方面加强监管有利于金融行业的有序、稳定发展，而另一方面我国信用社经营存在的问题是过去过严的管理限制了经营发展和创新能力。因此，银监会应该重新进行角色定位，确立合理的监管尺度，在保证风险控制下适度放松管制，以激发信用社的活力。

第二，目前银监会对信用社的监管基本延续对商业银行的监管标准，在监管方法体系上过分强调与国际惯例接轨，简单地套用于目前发展尚不成熟的信用社，造成了监管执行的一系列问题。因此，应该加强实证研究，建立符合信用社实际的监管指标体系。

第三，在信用社产权改革后，信用社交由地方政府管理，并成立联社承担行业管理功能。因此银监会对信用社的监管还需要正确协调好与地方政府的关系，并强化对联社的监管。在监管中要谨防和避免信用社在经营上对地方政府无原则的妥协，同时要约束联社对基层信用社的行政干预。

3. 完善信用社的行业自治制度。信用社统一法人改革后，各地都建立了县（市）合并统一法人的体制，由县、市、省信用社逐级向上入股的形式组建了省、市、县信用社联社，各级联社各为法人，逐级向下行使行业管理、自律和服务职能，并接受下级联社、信用社（股东）的监督，初步建立信用社的行业自治制度。信用社联社宗旨是为下级农村信用社服务，不以盈利最大化为目标，主要是协调农村信用社与各级政府的关系，保护行业利益。但在当前信用社产权没有明晰的条件下，联社与各信用社的关系也发生了权力倒置。联社是由各信用社出资建立，本来是为信用社服务的机构，与各信用社之间应该是平等的法人地位。但在具体执行过程中，联社与地方政府和人民银行有着更微妙的关系，联社还冠以行政级别，联社领导人也存在行政指派，这样使得以联社为形式的行业管理演化为联社对各信用社的行政管理，弱化了为信用社服务的功能。因此，完善信用社的行业自治制度，首先应该明晰产权，按照自愿民主的原则组建联社，由社员大会赋予联社真正的行业管理权，并由下而上制定管理规章和标准授权于联社贯彻实施，确立联社的服务职能使之真正发挥为基层信用社服务的功能。除了发挥行业管理的功能外，可以根据信用社客观需要让联社承担各信用社资金融通和支付清算的业务，促进行业内的资金合理流动。

（四）强化为三农服务的目标，加大信用社金融支农的力度

1. 继续推进小额贷款业务，扩大放贷的范围，适当增加贷款规模。从调查的结果看，信用社小额信贷业务的开展大大提高了农户正规贷款的获得率，很大程度上解决了农户贷款难的问题，特别是对中西部地区农村经济发展有着非常重要的意义。因此，信用社应继续推进小额贷款业务，但要解决小额贷款业务与农户需求的结构矛盾。

（1）扩大小额贷款发放面，特别是在经济欠发达地区，加强对小额贷款的宣传与推广。调查中只有43.68%的信用社实现“送贷到村”，大部分信用社的服务还没有深入农村基层。为了更好地满足边远农村的金融需求，信用社应该积极推行“送贷到村、送贷到组”，扩大小额贷款业务的覆盖范围。同时，目前小额信贷只局限于满足农户年初购买“化肥”的简单生产需要，因而被农户称之为“化肥款”。小额贷款应该起到平抑农户收支波动的更广泛的作用，因此应该扩大贷款的发放范围，不应该只局限于农户年初化肥的购买，在贷款用途上应当适当放宽，只要具有偿还能力而且信用比较好的农户生活上的小额资金需求也应给予满足。

（2）调整贷款的期限结构。小额信贷应该遵循“灵活方便”的原则，根据农户的需求结构调整贷款期限。

（3）降低贷款的成本，同时要努力实现小额信贷的商业可持续发展。小额信贷不是一种纯粹的扶贫手段，而是一种金融支农手段，可持续性对于农村经济良性循环发展具有重要意义。小额贷款主要服务于收入水平比较低的农户，过高的贷款成本对农户来说无异于“雪上加霜”。虽然人民银行对小额贷款的利率上浮有了更严格的限制，但考虑到很多地方采用贷款中强制扣收股金的方式，使农户总的贷款成本超过了基准利率的 2 倍。然而，小额信贷由于贷款分散会增加信用社服务成本。农户低利率的需求与信用社过高的服务成本之间存在矛盾。因此，应积极探索低运营成本的小额信贷模式，实现小额信贷的自我可持续发展。比如，培育基层的临时信贷员或由基层农户自愿合作建立的小额信贷服务站，而信用社开展小额贷款批发业务。这样既能够有效把握社区内农户的信用状况，降低信贷风险，又能够降低贷款的服务成本。

（4）适当增加贷款的规模。虽然小额信贷的最主要特点是小额，但目前我国信用社发放的小额贷款额度太小。信用社应根据当地农户资金需求规模，适当放宽小额贷款的额度，更好地满足农户金融需求。

2. 信用社应该增加大额贷款的投放，更好满足农村企业、种养大户和个体工商户的资金需求。信用社应该增加大额贷款的投放。大额贷款的发放则需要信用社加强贷款风险的管理，实行科学的信用评价制度，而且需要建立适合我国农村经济特点贷款保证制度。由于我国农村经济体有效抵押品的缺乏，是制约其大额贷款获得的重要原因。因此，应该采用担保基金或担保机构等办法解决农村经济大额资金需求与制度性金融供给的矛盾，并鼓励信用社进行信贷制度的创新，提高大额贷款的供给。

3. 促进金融资金的合理流动，解决信用社金融资金不足的问题。农村信用社资本不足问题是制约其扩大支农贷款投放的关键矛盾。为了增加贷款投放，相当大一部分信用社主要依靠人民银行的再贷款和上级的拆借资金。但这样单一资金流动渠道，既不能有效解决信用社放贷资金不足问题，又降低了金融资金的使用效率和流动效率。因此，解决信用社放贷资金来源问题，应该建立农村金融资本的回流机制，促进金融资本以市场需求为基础跨地区、跨部门自由流动。

（1）建立邮政储蓄资金回流机制，增加农村信贷资金来源。邮政储蓄像“抽血机”一样吸取农村资金转移到城市的问题一直受到广泛关注。在当前农村金融资金严重匮乏的情况下，应该建立邮政储蓄的资金回流机制，使邮政储蓄在农村地区吸收的资金留在农村，从而实现农村资金的体内良性循环。

（2）促进金融资金跨地区、跨部门流动。目前，信用社的跨地区放贷以及资金的跨地区流动受到了严格的限制。但从调查的结果，我国农村经济存在地区不平衡性，资金需求也具有很强的不平衡性。一些地区信用社由于找不到好的放贷对象，资金无法放出去，另一些地区好的项目却因为当地信用社资金缺乏而不能获得贷款。我国金融体系内的资金流动机制仍是以金融机构上存央行和央行再贷款的单渠道流动来实现金融资金调配，但这样既增强了行政力量对金融资金流向的干预，也降低了资金流动的效率。因此，应该开放金融机构相互之间的跨地区、跨部门流动渠道，促进资金以市场需求为基础合理流动。对于经济落后地区，政府应该采取贴息的形式促进资金的流入。

（韩俊　程郁）

百村经济及金融现状调查与分析

一、样本基本特征

此次调查完成于2005年，共收回村级调查表133份，范围涉及29个省（除上海、西藏）的133个行政村。其中位于东部[①]地区的52个村，中部地区33个村，西部地区48个村；分布相对均衡。

（一）人口及劳动力状况

调查来看，行政村的人口规模差异比较大，平均计算，村均户数为662户，村均人口为2466人。贫困人口所占比重达到14.73%。表1列出了被调查村的人口基本特征。

表1　　2004年行政村人口特征表

	有效样本	平均值	最大值	最小值
村户数（个）	132	662	11000	61
村人口（人）	131	2466	45000	231
户均人口（人）	131	3.28	8.33	1.73
劳动力占总人口的比重（%）	133	55.14	99.05	15.21
贫困户占总户数的比重（%）	124	14.73	72.22	0

注：平均值为样本整体的特征值。

劳动力（16~60岁）占总人口的平均比例为55.14%。其文化程度分布状况如表2。农村劳动力的主体文化程度仍是小学和初中，两者比例高达76.18%。高学历人才稀缺，总体文化程度不高。

---

① 目前统计上东中西部的划分是：东部地区包括北京、天津、河北、辽宁、上海、江苏、浙江、福建、山东、广东、海南11个省市；中部地区包括山西、吉林、黑龙江、安徽、江西、河南、湖北、湖南8省；西部地区包括重庆、四川、贵州、云南、西藏、陕西、甘肃、青海、宁夏、新疆、内蒙古、广西12个省市区。

表 2　　劳动力文化程度分布

	文盲	小学	初中	高中、中专及技校	大专及以上
比例（%）	11.66	37.99	38.19	10.12	2.04

根据调查，农村劳动力中绝大多数（54.54%）常年从事农业生产劳动，由于农村中二三产业吸纳能力有限，在本村从事二三产业的劳动力比重偏低，但是外出打工比例较高，为26.41%。产业调整和劳动力向二三产业转移的趋势是很明显的。同时，村际间劳动力的交流也广泛存在，而且具有相当规模，从表3可见，外来劳动力在本村自营工商业的比重较少，由此推断，主要是在企业务工。

表 3　　农村劳动力从业类型　　单位:%

	常年从事农业生产的劳动力所占比重	本村自营职业人员所占比重	本村村民在本村企业工作人员所占比重	外出打工人员所占比重	本村的外来劳动力占本村劳动力比重	外村在本村自营职业人员占本村劳动力比重
比例	54.54	8.44	8.49	26.41	11.41	2.23

对于劳动力价值的调查是从“农忙时雇一个工所需花费”得出的。地区间、村际间的差异很大，一个工日6～40元不等。119个村的有效样本平均日工资水平为29.56元/工日。东、中、西部地区平均水平分别为22.16元/工日、20.65元/工日、22.52元/工日，没有明显差异。但是日工资水平在30元以上的大多数样本是江苏、浙江、福建三省。

表 4　　劳动力日工资水平（N=119）

劳动力日工资水平（元/天）	6～20	20～30	30～40	40元及以上
频数	24	43	38	14
比例	20.17	36.13	31.93	11.76

注：40元及以上的样本包括了3个日工资水平在300元以上的。

N：指有效样本村数。

（二）基本经济情况

70个村的有效样本显示，2004年70个村的村总收入（国内生产总值）为109313.3万元，村均总收入1561.62万元，其中农业收入所占比例为20.25%，工业收入所占比例为35.18%。

133个村中有66个村内有企业，东、中、西部地区各有23个、13个、20个村内有企业，对比三个地区的样本数量差异不大。

衡量经济情况最主要的指标是人均纯收入水平。调查获得连续三年的数据，并作了东中西部地区间的对比。得出的结果如表5。

表5 **人均纯收入水平及地区差异** 单位：元

年份	全国平均	东部平均	中部平均	西部平均
2004	2720.98（122）	3435.27（46）	2675.22（32）	2007.50（44）
2003	2412.56（112）	3034.83（39）	2490.76（31）	1777.01（42）
2002	2267.30（110）	2870.61（37）	2345.73（31）	1677.92（42）

注：括号内为有效样本数量。

调查结果显示，人均收入水平地区间的差异非常明显，中部2004年不及东部2002年水平，西部2004年也不及中部2002年水平。由于三年的样本数量不一致，无法进行人均收入增长率的时间对比。

（三）耕地情况

人均耕地面积1.51亩，东部1.61亩，中部1.35亩，西部1.55亩。根据灌溉情况分析，水田占总耕地的25.58%，旱田占74.42%，旱田中32.90%是水浇地。调查中，2004年农户家庭耕地面积达到10～25亩的共有8920户，占总户数的10.27%，达到25亩以上的有2273户，占总户数的2.62%。以上规模种植户主要集中在河北、山东、吉林、湖北、陕西、内蒙古、甘肃、新疆、辽宁、江西等省份。

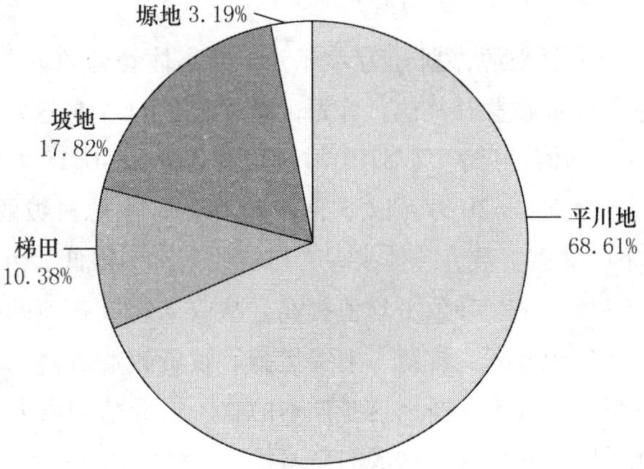

图1 耕地类型

二、村集体本级收支情况

（一）收支总额平衡状况

对样本村2004年村集体本级收支情况的调查，共获得87个有效样本。其中49个村当年年收入大于支出，10个收支相等，28个村支出大于收入。

2003年的收支情况调查共获得77个有效样本，结果显示，43个村收大于支，8个收支相等，26个支大于收。

将两年的收支情况加总，得到2003、2004两年77个村的调查数据，其中39个村收大于支，6个收支平衡，32个支大于收。

（二）2004年村集体收入情况分析

1. 村集体收入规模及来源。2004年村级收入调查中获得87个村级收入的有效数据。当年村集体本级收入的规模分布见表6。

表6　村集体收入规模差异

收入规模	1万元以下	1万～5万元	5万～10万元	10万～20万元	20万～30万元	30万～50万元	50万～100万元	100万～200万元	200万元及以上
频数	6	29	13	11	10	5	3	5	5
比例（%）	6.90	33.33	14.94	12.64	11.49	5.75	3.45	5.75	5.75

注：其中300万～400万元之间的3个，510万元1个。

村集体收入的主要来源，划分为六部分，即集体经营收入、集体发包收入、提留、上级拨款、投资收益及其他。首先，通过测算87个村这六项收入之和求得87个村各项收入平均值，见表7。87个村村均收入达到40.18万元。但是根据表9，可以发现村集体年收入30万元以下的有69个村，占总村数的79.31%，而年收入10万元以下的又占多数，总体来看，村均收入水平很低。由于存在少数村集体收入显著高于一般水平，导致平均值提高。从收入构成各项的平均值来看，集体经营收入、集体发包收入、提留、上级拨款、投资收益所占比重依次降低，因为存在少数显著偏高的样本，所以这些样本的收入构成结构很大程度影响到平均值的结果，不能反映村集体收入构成的普遍状况。

表7　村集体收入构成（N=87）　单位：元

	最大	最小	平均值	标准差
收入	5100000	800	401827.64	901331.56
集体经营收入	5000000	0	183654.90	692599.80

续表

	最大	最小	平均值	标准差
集体发包收入	980000	0	81170.83	181340.20
提留	1600000	0	27216.77	171355.30
上级拨款	864200	0	46110.53	133925.90
投资收益	100000	0	1804.598	11558.78
其他	3000000	0	48214.9	323095.68

测算各项收入在总收入中的比例，通过两种方法：一是87个村同一项收入之和除以87个村集体收入总和，成为“整体比例”；二是每个村的各项收入占本村集体总收入的比例的平均数，即表8中的“平均值”。由于第一种方法同样存在上述所说的个别样本的扩大作用。所以第二种方法相对更可靠。根据表11，总体看来，集体发包收入是村集体收入的最主要来源，所占比重最大，为28.86%。其次为上级拨款，这一比例应该呈逐年上升之势，与此同时，随着税费改革的推进，村提留收入的比例已经较低，但仍存在。再次是集体经营收入。投资收益所占比例最低，说明村集体作为一级经济实体的经济基础比较薄弱，功能并不完备，基本没有独立的对外投资能力。

表8　　各项收入在村集体总收入中所占比例　　单位：%

	整体比例①	平均值②	最大值	最小值
集体经营收入	47.31	21.50	100	0
集体发包收入	20.91	28.86	100	0
提留	7.01	9.79	77.92	0
上级拨款	11.88	28.33	100	0
投资收益	0.47	1.36	80.39	0
其他	12.42	8.15	81.97	0

注：①87个村各项收入之和/87个村集体总收入。

②各村各项收入占本村集体总收入的比例加和。

2. 集体经营收入的构成。通过对各项收入的深入调查，有利于明确集体经济的真正经济实力和来源及其可持续性。对于集体经营收入，根据集体经营领域简单分为：集体企业上交利润、集体农业收入、集体林业渔业牧业等收入、其他等四项。从总量上讲，这四项占集体经营收入的比例见表9。

表9　　集体经营收入的构成比例（1）（N=38）　　单位：%

	集体办的企业上交的利润	集体农业收入	集体林业、渔业、牧业等收入	其他集体经营收入
比例	32.97	17.28	3.22	46.53

从比例上看，这四项收入所占比例见表10。

表10　　集体经营收入的构成比例（2）（N=38）

	平均值	最大值	最小值	标准差
集体办的企业上交的利润	28.42	100	0	30.3869
集体农业收入	18.89	100	0	24.5326892
集体林业、渔业、牧业等收入	21.39	100	0	27.0877555
其他集体经营收入	27.51	100	0	30.3054155

表9、表10是计算集体经营收入构成比例的两种方法（同在村集体收入来源中所述），表10显示企业利润、农业收入、林业渔业牧业收入及其他所占比例基本持平。但从总量上这四项所占比例差异很大，可以得出结论，不同村的经营收入来源是不同的，以企业上交利润为主要比例的村集体收入是最高的，以集体农业收入为重要来源的村集体收入次之，以林业渔业牧业收入为村集体重要收入来源的村集体收入最低。

3. 发包收入的构成。将发包收入划分成下列六部分，通过总量分析，发包收入构成比例如表11。发包耕地、发包企业、发包土地或厂房给工业十三项主要发包收入来源。而发包农业特产地和发包集体店面或其他楼房在农村集体收入中所占比例很小。

表11　　集体发包收入的构成比例（1）（N=54）

	发包企业收入	发包耕地收入	发包农业特产地收入	发包土地或厂房给工业	发包集体店面或其他楼房	其他
比例（%）	29.31	37.18	5.06	19.02	0.88	8.55

通过比例分析，发包收入的构成情况如表12。

表12　　集体发包收入的构成比例（2）（N=54）

	平均值	最大值	最小值	标准差
发包企业收入	20.67	100	0	27.9554383
发包耕地收入	39.80	100	0	41.2404319
发包农业特产地收入	8.51	100	0	20.5775818
发包土地或厂房给工业	9.63	97.87	0	18.6896814
发包集体店面或其他楼房	4.20	46.15	0	12.5404927
其他	11.56	100	0	21.446486

可见，无论总量上还是比例上，发包耕地收入在农村集体的发包收入中是最为普遍和主要的来源，发包企业存在也较为普遍。而其他各项所占比例不大。

（三）2004年村集体支出情况

1. 村集体支出规模及支出对象。调查获得的2004年94个村的支出规模分布如表13，78.72%的村集体支出在20万元内，分布情况与收入（表6）基本平衡。

表13　行政村支出规模（N=94）

支出规模	1万元以下	1万～5万元	5万～10万元	10万～20万元	20万～30万元	30万～50万元	50万～100万元	100万～200万元	200万元及以上
频数	13	30	17	14	4	6	4	2	4
比例（%）	13.83	31.91	18.09	14.89	4.25	6.38	4.26	2.13	4.26

对于集体支出的内容，我们分为经营性支出、公共福利事业支出1①、公共福利事业支出2②、村干部工资、招待费、办公费、报刊费及其他8项。94个村集体支出各项基本统计指标如表14。

表14　行政村集体支出基本情况（N=94）　单位：元

	最大值	最小值	平均值	标准差
集体总支出	7330363	800	323578.00	943746.3
经营性支出	3351720	0	105580.37	479268.0038
公共福利、公益事业开支1	250000	0	11195.80	29776.98
公共福利、公益事业开支2	3000000	0	90396.16	392549.2
干部工资	407205	0	32910.89	63092.43
招待费	200000	0	8641.27	23307.06
办公费	45000	0	4567.46	7751.955
报刊费	33309	0	2092.69	3867.781
其他	921500	0	22854.99	108376

根据收入计算的两种办法，测量各项支出在总支出中的比例时采用整体比例和各村比例的平均值两个指标。由于所述整体比例的弊端，主要采用平均值指标，可见干部工资支出和公共福利事业开支2是最主要的两项支出内容，占村集体开支的49.15%。见表15。

表15　村集体支出结构

	整体比例	平均值	最大值	最小值
经营性支出	37.94	13.56	100	0
公共福利、公益事业开支1	4.03	9.13	79.82	0
公共福利、公益事业开支2	32.48	20.75	96.63	0
干部工资	11.82	28.4	100	0

---

① 包括老师的工资补贴报酬、扶贫支出、五保户支出三项。

② 包括代交村民应该交的乡统筹、代交村民应该交的农业税（农业特产税）等、新办的公益事业、其他公共福利/公共事业支出等四项。

续表

	整体比例	平均值	最大值	最小值
招待费	3.11	8.06	58.06	0
办公费	1.64	8.54	97.83	0
报刊费	0.76	4.9	45.45	0
其他	8.22	6.66	92.73	0

2. 集体经营支出的构成。94 个村集体支出的有效样本中，有 35 个村有集体经营支出，将集体经营支出分为三类即：集体农业支出、集体林业渔业牧业支出、其他。其中 35 个村集体农业支出总额占集体经营支出总额的 65.79%，集体林业渔业牧业支出总额占集体经营支出总额的 6.85%，其他占 27.36%（见表 16）。由于调查中忽略了集体企业经营支出，所以其他一项的所占比例偏大。但仍然可以判断传统农业仍是集体经营的主流。

表 16　　集体经营支出各项所占比例（1）（N=35）

	集体农业支出	集体林业、渔业、牧业支出	其他
比例	65.79	6.85	27.36

通过计算每个村这三项支出在集体经营支出中的比重，得到 35 个村的指标求出平均值，见表 17。

表 17　　集体经营支出各项所占比例（2）（N=35）

	平均值	最小值	最大值	标准差
集体农业支出	29.39	0	100	38.3174
集体林业、渔业、牧业支出	31.65	0	100	37.3928
其他	18.79	0	100	31.4295

3. 公共福利、公益事业开支 1。这一大项测算的是老师的工资、补贴、报酬，扶贫支出，五保户支出三方面的内容。53 个村有此项支出，从 53 个村的支出金额总量上看扶贫支出比例最大，为 49.27%。见表 18。

表 18　　公共福利、公益事业 1 具体支出比例（1）（N=53）

老师的工资、补贴、报酬	扶贫支出	五保户支出
25.49	49.27	25.24

但从各村的比例测算结果来看，五保户支出比例最大，见表 19。可见对五保户的支出更为普遍。

表 19　　公共福利、公益事业 1 具体支出比例（2）（N=53）

	平均值	最小值	最大值	标准差
老师的工资、补贴、报酬	28.23	0	100	73.4299
扶贫支出	28.48	0	100	45.4046
五保户支出	42.36	0	100	51.152

4. 公共福利、公益事业开支 2。这一大项测算的是代交村民应该交的乡统筹，代交村民应该交的农业税、农业特产税等，新办的公益事业，其他公共福利/公共事业支出等四项。表 20 和表 21 显示“其他”占有很高比例，分类存在较大遗漏，调查过程中没有取得有效数据。从得到的数据看，税费改革的成效是明显的，无论总额比例还是平均比例，代交乡统筹比例数值都很少。而农民以各种理由拒交农业税从而由集体支付的现象依然存在。但是这项调查的样本只有 48 个，即已经说明农业税费造成的村集体的负担已经减轻。

表 20　　公共福利、公益事业 2 具体支出比例（1）（N=48）

	代交村民应该交的乡统筹	代交村民应该交的农业税、农业特产税等	新办的公益事业	其他公共福利/公共事业支出
比例	0.29	9.29	38.48	51.94

表 21　　公共福利、公益事业 2 具体支出比例（2）（N=48）

	平均值	最小值	最大值	标准差
代交村民应该交的乡统筹	3.90	0	100	15.7113
代交村民应该交的农业税、农业特产税等	19.65	0	100	33.6376
新办的公益事业	30.93	0	100	40.4528
其他公共福利/公共事业支出	53.38	0	100	144.67

（四）收支差额

2004 年 27 个村集体收不抵支。收支差额额度见表 22。

表 22　　2004 年 27 个村收支差额情况（N=27）

27 村集体支大于收差额（元）	最大值	最小值	平均值	标准差
729569.97	180000.00	750.00	27021.11	42053.12

2003 年 25 个村集体收不抵支。收支差额额度见表 23。

表 23　　2003 年收支差额情况（N=25）

25 村支大于收差额（元）	最大值	最小值	平均值	标准差
783421.00	150000.00	130.00	31336.84	41127.44

2003、2004 两年为一个周期计算，有 32 个村集体收不抵支，具体情况见表 24。

表 24　　2003～2004 年收支差额情况（N=32）

32 村支大于收差额（元）	最大值	最小值	平均值	标准差
1341044.00	186506.00	200.00	41907.63	52677.62

（五）财政状况

1. 农业税及附加。农业税及附加的调查共得到 84 个村的有效数据。包括 2003、2004 两年的农业税及附加的数据。

2003 年 84 个村中 8 个村已经不交农业税及附加，76 个村农业税及附加总额 9951830 元。2004 年 84 个村中有 12 村不交农业税，72 个村总额为 5691854 元。可见 2004 年较 2003 年减少 4259976 元，下降额度为 2003 年的 42.81%。通过 84 个村两年的税额及村总人口得出人均农业税负水平。

通过表 25 和表 26 的比较，人均税负水平逐年降低，介于 0～20 元的村的数量有所增加，而人均税负 30～50 元以上的村数量减少，并且高水平的人均税负也均大幅下降，人均税负在百元以上的村已经不复存在。

表 25　　2003 年人均农业税（及附加）负担水平（N=70）

税负水平（元）	0	0～10	10～20	20～30	30～40	40～50	50 以上
村集体个数	8	7	9	16	12	7	11
比例	11.43	10.00	12.86	22.86	17.14	10.00	15.71

注：人均税负 50～100 元之间的 5 个村，100 元以上 6 个村。最高为人均 292.22 元。

表 26　　2004 年人均农业税（及附加）负担水平（N=89）

税负水平（元）	0	0～10	10～20	20～30	30～40	40～50	50 以上
村集体个数	12	11	18	16	15	6	11
比例	13.48	12.36	20.23	17.98	16.85	6.74	12.36

注：人均税负最高的村为 99.44 元/人。

2. 乡统筹。乡统筹调查共获得 58 个有效样本。2003 年 17 个村交纳乡统筹，各村所交数额介于 1248～442800 元之间，总额达到 897593 元。2004 年有 16 个村交纳乡统筹，介于 1900～450000 元之间，总额达到 897510.2 元。两年之间变化不大。

3. 村委会可支配收入。73 个村的有效数据显示，2003 年 73 个村可支配收入总额达到 9340670.1 元，各村可支配收入介于 268～2240000 元之间，村均 127954.4 元。2004 年可支配收入总额为 13331701.6 元，各村介于 268～4320000 元之间，村均 182626 元。同时调查显示，35 个村两年的可支配收入基本相等，18 个村 2004 年大于 2003 年的可支配收入，20 个村 2003 年大于 2004 年的。可以推断，可支配收入的增加主要归因于经济的增长，而 2004 年可支配收入的下降可能是因为税费改革推行的结果。

（六）积累工和义务工

虽然，2002～2004年义务工和积累工出工户数不同。但其平均作价成逐年递增趋势。见表27。

表27　　2002～2004年义务工、积累工总量

	2002年		2003年		2004年	
	积累工（31）	义务工（42）	积累工（30）	义务工（44）	积累工（44）	义务工（27）
总工数（工日）	279780	310222	227485	290100	227957	255357
户均出工（工日）	2～15	2～30	2～15	3～30	2～50	1～50［03］
工均作价（元）	10.74	10.97	11.46	12.43	12.46	15.70

注：括号内数字为有效样本数量。

（七）村集体投资

46个村提供了村内投资共75个项目的数据。其中1990年之前建成的4个，1990～1994年之间建成的6个，1995～1999年间建成的12个，2000～2002年间14个，2003年的15个，2004年20个，在2004年后建成2个。调查结果集中在2000年以后建成的工程。这些项目的审批主体见表28。

表28　　项目审批主体（N＝68）

	小组	村	乡镇	县/市级政府	省级政府	中央政府
频数	2	33	10	16	6	1
比例	2.94	48.53	14.71	23.53	8.82	1.47

61个投资项目提供了资金数据，将61个村的投资金额进行整体分析，其来源情况见表29。

表29　　投资资金来源（N＝61）

	总投资	村投资	农户投资	乡政府投资	县/市/省政府投资	国家投资
金额（元）	65855000	42474700	10284300	806000	3766000	8524000
比例（%）	100	64.50	15.62	1.22	5.72	12.94

由表29可见，村集体和农户是项目投资的主体，其次为国家和县级及以上各级政府，最为薄弱的是乡政府。

三、信贷情况

（一）信贷机构覆盖程度

被调查的133个村中，有50个村（37.59%）内有信贷机构，共73家。其中6个储蓄所、23个信用社、6个信用站、12个代办点、6个信贷员、6家邮政储蓄、9家农行（其余5家情况不详）。其中信用社和银行、信用站业务包括存贷款业务，信用社代办点和信贷员、邮政储蓄是储蓄和协助贷款业务，邮政和银行还提供汇款业务。据统计73家机构中能提供贷款业务的共有31家。

（二）村内农户贷款总体情况

被调查村有38个是信用村，占总数的28.57%，其中71%以上是于2000年之后被评为信用村的。82个村提供了信用户的数量数据，约34.67%的农户是信用户。

对于所调查村2002~2004三年农户的贷款情况汇总见表30（64个村提供了三年的系统数据）。

表30　　2002~2004年农户贷款情况（N=64）

年份	64个村总户数	申请贷款的户数（户）	其中：信用户（户）	实际获得贷款的户数（户）	其中：信用户（户）	获得小额贷款户数（户）	其中：信用户（户）
2002	37128	11719	7086	9536	6109	7709	5091
2003	38639	12345	7658	9645	6399	8231	5531
2004	39072	12726	8363	10300	6927	9216	6025

便于对比，我们对这些数据进行比例上的测算（见有31）。

表31　　贷款指标

年份	申贷率	申贷信用户比率	实际贷款率	信用户贷款率	小额贷款比率	信用户小额贷款比率
2002	31.56	60.47	81.37	86.21	80.84	83.34
2003	31.95	62.03	78.13	83.56	85.34	86.44
2004	32.57	65.72	80.94	82.83	89.48	86.98

注：申贷率＝申请贷款的户数/总户数

申贷信用户比率＝申请贷款的信用户/申请贷款的户数

实际贷款率＝实际获得贷款的户数/申请贷款的户数

信用户贷款率＝实际获得贷款的信用户数/申请贷款的信用户数

小额贷款比率＝获得小额贷款户数/实际获得贷款户数

信用户小额贷款比例＝获得小额贷款的信用户/实际得到贷款的信用户

申贷信用户占申贷户数的比例远高于信用户在全体农户中的比例（34.67%），说明信用户申请贷款的情况更为普遍，意味着信用户贷款更有可能得到满足，所以才更倾向于申请贷款。实际贷款率处于80%左右的水平上，这一比例是比较高的，两种可能：一是金融机构基本能满足农户的贷款需求；二是只有比较有把握的农户才提出贷款申请。信用户的贷款率高于实际贷款率2~5个百分点，说明是否是信用户对于贷款的可得性是有一定影响的。小额贷款比率在80%以上，而且逐渐增加，可见对农户的贷款中小额信贷一直是最主要的贷款种类。

（三）信用村的形成及影响

从对38个信用村的调查，如何成为信用村，一般要具备下列几个条件：

1. 信用因素是成为信用村的必要条件。首先本村农民贷款后要“讲信用，按时、及时还款”。呆坏账比例在规定的一定的范围内，或者信用户占全村农户比例达到一定的最低要求。这些比例由当地信用社规定，如江西洪川某信用社要求还贷率达到95%以上，河北一信用社规定信用户比例要超过50%。达到这些要求才可能成为信用村。也有的不要求农户成为信用户，而是直接规定该村农民在信用社存款达到一定数额或者要求入股信用社的农民达到一定比例。此外，要成为信用村，村领导应该重视信贷工作，积极动员农民入股信用社，协助每年的放贷把关工作，有的要求村集体对农户贷款实施集体担保。村本级贷款的呆坏账比例低，有资产进行担保。

2. 村集体经济指标要求。村集体的经济实力是村民和村本级还款能力的证明和保障，所以也是成为信用村需考察的内容。有的信用社称“村的效益、经营业绩好，农民无严重不良行为，村干部工作负责，收入高，村级企业兴旺，应该就可以成为信用村”。有的要求村集体“具有一定经济后盾，加快发展村级经济，办好村级三个企业并对外面的企业进行投资”。或者村本级贷款无呆坏账，村集体收支总体平衡。

3. 村集体社会指标（政治指标）要求。这项内容的考察范围不及上述两项普遍，但在部分地区、部分信用社存在。有的信用社要求“信用村的各项经济指标完成的同时，计划生育、社会秩序、农民生活水平也要达到要求”；有的要求村内实现“三通一平”；有的要求村集体内不能存在严重的欠交提留、税费等情况。

成为信用村后，信用社对本村信用户的贷款和村本级的贷款需求基本都能满足，基本实现随到随贷。普遍反映成为信用村后村内贷款能增加10%~20%，个别村甚至增加80%以上。

（四）农户融资需求的实现途径

上面的农户贷款的总体情况及信用村的调查中均发现，成为信用户可以提高贷款实现的可能性，这是针对从正规金融机构贷款而言的。为了增加农民贷款，村委会在农户从正规金融机构贷款过程中发挥着一定的作用。所调查的130余个村中，有54个村委会表示一直以来会采取积极措施比如提供担保来帮助农民成为信用户，从而帮助农民从信用社贷款。

所调查村中有27个村委会为农户贷款提供担保，这是针对非信用户而提供的服务。提供担保的对象主要有三类：一是贫困户；二是个体工商户、专业户；三是种植养殖大户。目前村集体本级的经济实力、财力有限，收支不平衡现象普遍存在，基本无力为农户贷款提供直接担保，所以其主要作用转向在农户和信用社之间搭桥牵线。村委会更普遍的服务措施是向信用社介绍情况，促进沟通，帮助调查农户的信用资料，核实信用金额等。

毋庸置疑，信用社长期以来是农民融资的主要渠道。同时，民间金融的发展也不容忽视。本次调查显示，8个村表示本村内存在民间金融机构（包括合会、摇会、专门放贷人、高利贷等）。10个村表示本村有部分村民参加本村或村外的民间金融组织，据统计这10个村内400余名村民参加这种组织。12村表示这些村约500名村民曾从民间金融机构贷过款。由于样本有限，调查没有获得更深入的资料。

（五）行政村本级负债及贷款情况

81个村的有效问卷显示，65个村连续三年来有负债，2002～2004年负债规模如表32。

表32　　2002～2004年65个村集体负债额度（N=81）

2002年		2003年		2004年	
年末村集体负债余额（万元）	当年举债总额（万元）	年末村集体负债余额（万元）	当年举债总额（万元）	年末村集体负债余额（万元）	当年举债总额（万元）
3847.99	552.36	4001.73	463.50	3418.80	496.60

通过这三年的负债情况调查发现，2004年负债余额有明显下降，但是从负债余额和当年举债总额数据上，均没有获得三年的连续趋势。从额度上看，81个村负债余额达到3000余万元，平均每村的负债规模40万元左右。对比发现，负债余额一般为当年举债额度的8倍左右，而这三年当年举债并没有造成负债余额的显著增加，这说明，历史沉淀的村级负债规模仍然很大，但近几年的信贷控制措施对于防止增加呆坏账还是较为有效的。村级负债一个主要的问题还是在于历史旧账如何处置。

调查获得了131笔贷款的基本情况，下面分别从借款状态、借款渠道、借款额度、借款期限、借款用途、担保方式及借款利率等7个方面进行分析。

1. 借款状态。借款状态衡量的是贷款是否按时偿还的问题，分为下列8种状态，调查结果如表33。

表33 借款状态（N=128）

借款状态	全额还本付息	按期付息，循环使用	到期未还本付息	到期付息，未还本	未到期	已成为呆滞账款	其他
频数	29	21	26	18	5	14	15
比例	22.66	16.41	20.31	14.06	3.90	10.94	11.72

贷款质量主要通过“到期未还本付息”、“到期付息，未还本”、“已成为呆滞账款”来考察，这三项比例高达45.31%。对呆坏账与借款来源的分析发现，两者并不存在强相关性。

2. 借款渠道。表34的统计可见，正规金融渠道满足了58.73%的实际贷款需求。其中，农村信用社是农村信贷的主体，农业银行也发挥一定的作用，但其他各类银行基本不对村组织提供贷款。而剩余贷款需求主要依靠民间集资借款实现。由于在调查中对民间集资一项范围存在误解，许多村集体通过向村民高息借款行为归于“其他”项，所以统计结果有一定的失实。另一个现象是村集体通过专门放款人和互助会等民间金融机构贷款的情况比较少，远低于农户从相应组织贷款的比例。

表34 借款渠道（N=126）

	农村信用社	农业银行	工商银行	建设银行	中国银行	本地商业银行	专门放款人	民间集资借款	互助会	企业借款	其他
频数	61	13	0	0	0	0	5	15	0	1	31
比例	48.41	10.32	0	0	0	0	3.97	11.91	0	0.79	24.6

注：互助会包括合会、标会、成会等。

3. 借款额度。通过对128笔贷款额度的调查，单笔贷款额度介于0.1万~600万元之间，差异很大。但是70.31%的贷款还是在10万元以下。见表35。

表35 借款额度（N=128）

额度（万元）	1~10	10~50	50~100	100~200	200~300	300~600
频数	90	23	6	6	0	3
比例	70.31	17.97	4.69	4.69	0	2.34

注：3笔300万元及以上贷款分别为300万元、500万元、600万元。

对额度10万元以下和10万元以上的贷款分别进行借贷来源分析见表36、

表37。

表36 10万元以下贷款来源（N=86）

	信用社	农业银行	专门放款人	民间集资	企业	其他
频数	37	8	3	12	0	26
比例	43.03	9.3	3.49	13.95	0	30.23

表37 10万元及以上贷款来源（N=36）

	信用社	农业银行	专门放款人	民间集资	企业	其他
频数	21	5	2	2	1	5
比例	58.33	13.88	5.56	5.56	2.78	13.89

不论额度大小，各资金来源比例基本是一致的，但仍稍有区别。对于10万元以上贷款来源于信用社和农业银行的比例相对更高。而10万元以下贷款来源于民间集资的比例相对更高。

4. 借款期限。100笔贷款有借款期限约定，其中97笔均在三年以内，并有82笔期限为一年以内，只有3笔贷款期限超过三年，表明限定借款期限是控制贷款质量的一个重要手段。而贷款期限与贷款的来源、贷款额度无明显相关关系。

表38 借款期限（N=100）

	12个月及以下	12~24个月	24~36个月	36~48个月	48~84个月
频数	82	8	7	0	3
比例	82.00	8.00	7.00	0	3.00

5. 借款用途。对129笔贷款用途的调查表明，公用基础设施建设是借款的主要用途。而上交税费次之，这主要由税费改革之前沉重的税费负担造成。且这种贷款是非生产性的，一旦贷出，回收的难度很大，所以目前信用社对村集体或者村民贷款条件中有一条就是村集体不欠提留、税费等。“其他”中包括贷款发村干部工资的、开发农业、打官司、帮农民买牛等等种种用途。见表39。

表39 借款用途（N=129）

	公用基础设施	兴办企业	行政事业费用	还旧账	上缴税费	其他
频数	40	22	7	10	30	20
比例	31.01	17.05	5.43	7.75	23.26	15.5

6. 借款保证方式。借款保证方式主要有信用、抵押、担保三种形式。其中又以信用贷款占绝大多数，比例达到65.35%。抵押和担保主要是信用社及银行贷款要求的，但这一渠道的贷款中仍有很大一部分是信用贷款。见表40。

表 40　　借款保证方式（N=101）

	无	抵押	质押	留置	担保	信用	其他
频数	1	14	0	0	17	66	3
比例	0.99	13.86	0	0	16.83	65.35	2.97

抵押和担保中的抵押物分为以下 5 类，17 笔贷款（抵押贷款中都有抵押物，担保贷款中有 3 笔有抵押物）中有抵押物，房产和土地是主要的抵押物。见表 41。

表 41　　抵押物类别（N=17）

	土地	设备	房产	存单	其他
频数	5	0	8	2	2

7. 借款利率。借款利率的一般水平如表 42。通过与借款来源比较可知，低于 5% 的贷款来源渠道比较多元化，包括民间集资和向农民借款，也有相当一部分来源于信用社和农业银行。其中，利率为零的贷款全部来自于民间集资和向农民借款。而年利率介于 5% ~10% 的贷款基本集中在信用社和农业银行贷款。利率高于 10% 的贷款主要来源于信用社、专门放款人。

表 42　　借款利率（N=92）

	0	<5%	5% ~6%	6% ~7%	7% ~8%	8% ~9%	9% ~10%	10% 以上
频数	16	31	4	9	14	7	3	8
比例	17.39	33.7	4.35	9.78	15.22	7.61	3.26	8.69

（罗 丹　程 郁）

农村金融服务和融资渠道调查与分析

本次调研是在全国关注农村金融改革的大环境下，由国务院发展研究中心农村经济研究部与中央财经大学农村经济研究课题组于2007年共同完成，对全国农村金融现状进行实地考察，了解农村金融服务情况和获取金融服务渠道，以便为今后的农村金融改革提供参考。本次调研分为农户、小企业和金融机构三部分，回收农户有效问卷共758份，企业有效问卷680份，金融机构有效问卷434份。

一、融资主体的基本情况

（一）农户基本情况

本次调查涉及758个农户，农户家庭类型：个体工商户占所调查农户总数的21.2%，家庭成员有外出打工户为23.6%，普通务农农户占30.8%，贫困户占17.3%，家中有干部的户占7.0%。

其中，农户家庭月收入低于1000元占45%，农户家庭月收入在1000~5000元之间占47%，其余的8%农户家庭月收入在5000~10000元之间（见图1）。

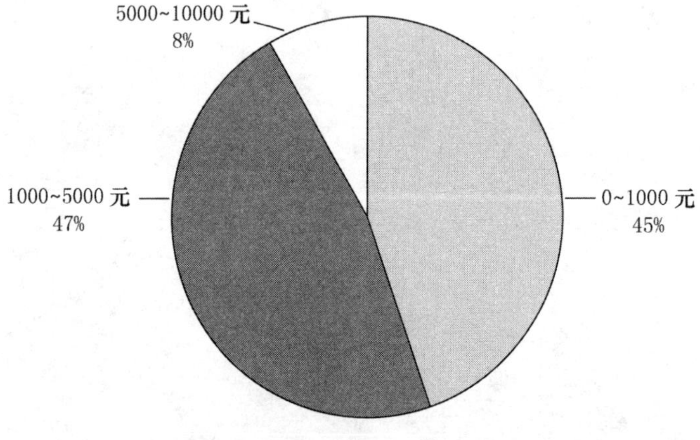

图1　农户家庭月收入水平的分布图

家庭收入主要来源为种植业的农户占所调查农户的47%，家庭收入主要为养殖业的农户占7.2%，以加工业为主要收入渠道的占9.4%，以外出打工为主的占13%，在本地或外地做生意的占11.7%，其余的11%为具有多种收入渠道或是其他收入来源的农户（干部工资、政府补贴、运输和行医等）。

户主年龄分布情况如表1所示。

表1　　户主年龄分布情况

20岁以下	21~30岁	31~40岁	41~50岁	51岁以上
1.5%	18.7%	27.2%	33.2%	19.4%

家庭劳动力数量分布统计数据显示，81.3%的农户家庭劳动力数量在2~4个之间，14.8%的农户家庭劳动力数量为1个，其余的农户家庭劳动力数量在4个以上。其分布状况见表2。

表2　　被访农户家庭劳动力情况

1个	2~4个	5~7个	8个以上
14.8%	81.3%	3.5%	0.4%

农户家庭成员最高文化程度为“高中及以上文化程度”的占51.3%，为“初中文化程度”的占39.5%，“小学文化程度”的占8%，“未受过教育”的占1.2%。

对于农户家庭经济困难的回答，“赊欠粮食”占1.6%，“赊欠生产资料”占32.1%，“赊欠子女学费”占32.5%，“其他”占33.7%，其中按重要程度排序依次为建房、医疗、扩大再生产等。

（二）企业基本情况

1. 三成以上企业的经营年限为5~10年，年销售额为100万~1000万元，企业从业人数为10~50人。31.27%的被访企业经营年限为5~10年，其余依次为2~5年、10~20年、20年以上和2年以下，所占百分比分别为26.25%、19.62%、15.93%和6.93%。36.94%的被访企业年销售额为100万~1000万元，其余依次为10万~100万元、1000万~3000万元、3000万元以上和小于10万元，所占百分比分别为26.56%、22.55%、8.31%和5.64%。31.95%的被访企业从业人数为10~50人，其余依次为51~100人、10人以下、101~200人、201~300人和300人以上，所占百分比分别为19.38%、18.64%、11.69%、9.76%和8.58%。

2. 企业登记类型前三位分别是有限责任公司、私营企业和个体经济，制造业和批发零售业占59.20%。36.83%的被访企业为有限责任公司，22.04%为私营企业，10.36%为个体经济，其他登记类型如国有企业、集体企业、股份合作企业、联营企业、股份有限公司、外商投资企业及港澳台商投资企业等，占比均在10%以下（详见图2）。

表3　　被访企业基本情况

	选项	样本数	占比（%）
企业经营年限	2年以下	47	6.93
	2～5年	178	26.25
	5～10年	212	31.27
	10～20年	133	19.62
	20年以上	108	15.93
企业年销售额（元）	小于10万	38	5.64
	10万～100万	179	26.56
	100万～1000万	249	36.94
	1000万～3000万	152	22.55
	3000万以上	56	8.31
企业从业人数	10人以下	126	18.64
	10～50人	216	31.95
	51～100人	131	19.38
	101～200人	79	11.69
	201～300人	66	9.76
	300人以上	58	8.58

企业涉及行业类别前两位分别是制造业（38.13%）和批发零售业（21.07%）。其他行业如农林牧渔业、采矿业、建筑业、住宿餐饮业、金融业、房地产业、租赁和商务服务业、交通运输、仓储和邮政业等，占比均在10%以下。

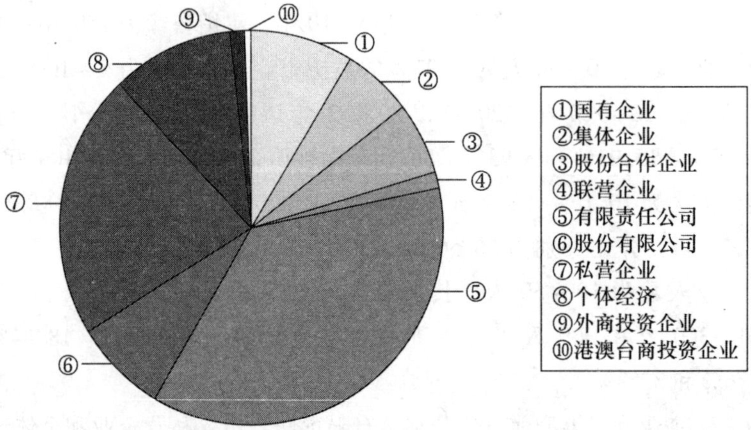

图2　被访企业登记类型

3. 四成以上被访企业处于成长阶段，资金成为其发展的主要制约因素。被访企业中处于成长阶段占43.07%，处于成熟阶段次之占21.39%，还有19.03%被访企业中处于起步阶段，其余各阶段企业加总占被访企业的16.52%。详见表4。

表4 企业所处发展阶段

	种子阶段	起步阶段	成长阶段	成熟阶段	扩张阶段	萎缩阶段	转产阶段
样本数	8	129	292	145	65	26	13
占比（%）	1.18	19.03	43.07	21.39	9.59	3.83	1.92

而在制约企业发展的主要因素方面，缺乏资金、市场空间不大与技术力量不足是被访企业的三大制约因素，其次是税收负担与技工人员约束，接下来才是信息获得困难与政府行政干预。而其他制约因素则主要包括了缺乏高级管理人才、能源短缺、人员流动严重，以及国外市场信息不了解等。详见表5。

表5 企业发展的主要制约因素

	缺乏资金	技术力量不足	市场空间不大	信息获得困难	政府行政干预	税收负担	技工人员约束	其他
样本数	435	208	268	98	69	159	103	30
占比（%）	64.25	30.72	39.59	14.48	10.19	23.49	15.21	4.43

注：该题为多选，所以各选项占比之和大于1。

据被访企业反映，其他制约其发展的因素主要有缺乏高级管理人才、能源短缺、人员流动严重，以及国外市场信息不了解等。

二、融资主体资金需求状况和融资困境的实证分析

（一）农户借贷情况

（1）农户资金借贷数量的分布。调查数据显示，借款金额在3000元以下的农户占比最高为30.7%，随着金额增加，得到贷款农户的比例呈递减趋势，得到50000元以上贷款的农户只占农户总数的6.3%，如图3所示。

（2）农户资金借贷期限的分布。农户资金借贷期限集中在半年至2年之间。其中半年到1年的借贷占44.7%，1~2年的借贷占28.1%。2年以上贷款及半年以下贷款分别占14.0%与13.2%。见表6。

表6 农户借贷期限分布表 单位:%

半年以下	半年~1年	1~2年	2年以上
13.2	44.7	28.1	14.0

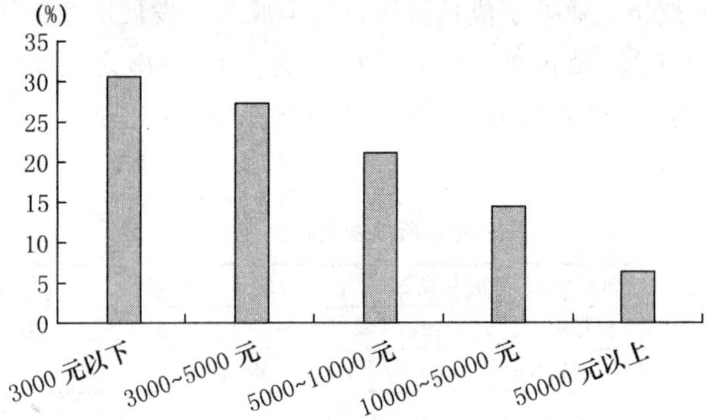

图 3　农户资金借贷数量分布图

（3）农户借款的主要用途。在贷款用途的问题中，共有 7 个选项，可以多选，问卷统计结果显示，农户的贷款最主要的用途是生产资料投入，占 30.7%，其次是子女教育费用占 25.4%，位于第三位的是看病，占 15.4%。其余几种用途按从大到小依次为：购买生活资料、婚丧嫁娶、做生意、建房和其他，见表 7。

表 7　　被访农户借款用途情况表

借款用途	购买生产资料	教育费用	看病	购买生活资料	婚丧嫁娶	做生意	建房	其他	共计
选择次数	398	329	200	164	88	52	33	32	1296
百分比（%）	30.7	25.4	15.4	12.7	6.8	4.0	2.6	2.4	100.0

（4）农户借款的主要资金来源。当被问及需要资金时，首要选择从哪种渠道获取，选择信用社的农户最多，占全部农户数量的 47%；其次为从亲戚朋友处借款，占农户总数的 38.5%。选择其他银行的农户比只有 3.5%，说明其他银行在农村金融市场的作用远低于信用社。农户选择各种资金来源渠道的比例如图 4 所示。

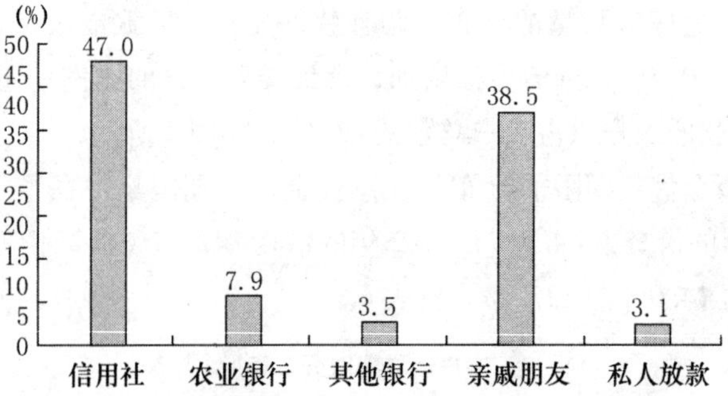

图 4　农户借款资金来源分布图

（5）农户对办理农户小额信用贷款的态度。调查数据显示，已经办理过小额信用贷款的农户占农户总数的23.6%，33.6%的农户选择不准备办理，33.7%的农户选择打算办理，但是还没有开始办理，5.4%的农户正在办理中。在入户调查中我们发现，“不需要借款”和“从没想过要从信用社贷款”是不一样的。确实存在一定比例没有发展项目、生活可以自足、不需要贷款的贫困农户，但是33.6%的农户没有想到过从信用社贷款的农户中包含很大一部分有借款需求的农户，这一问题存在的原因有两个方面：（1）农户对信用社不了解；（2）当地信用社对于没有抵押担保、没有关系的农户不放款。

受访农户在对小额贷款的借款期限的选择上主要集中在1~2年。对还款时间的选择上，34.3%的受访农户选择在半年至1年内还款，还有20.7%的农户选择到期还本付息。而选择在1年以上还款的农户占受访者的35.5%。

表8　　农户借款的期限分布表

6个月	1年	2年	3年	4年及以上
7.6%	33.1%	27.8%	15.6%	15.9%

表9　　农户对还款时间的选择情况表

6个月	6个月~1年	1年以上	到期还本付息	其他
8.4%	34.3%	35.5%	20.7%	1.2%

（二）企业借贷情况

1. 资金短缺时，企业首先向正规金融机构贷款，抵押贷款为最常用贷款方式。当企业面临资金短缺问题时，最常用的融资渠道是向银行、信用社等金融机构借款，其次是向亲戚朋友贷款，这与农户的融资优先顺序恰恰相反。接下来是企业内部职工集资和占用客户资金，这也说明企业在资金短缺时，如果不能向正规金融取得足够贷款，往往只能采用非常规方式获得。其他方式则包括引入外部投资者和动用原计划用于扩大再生产的利润等。见表10。

表10　　企业常用融资方式

融资渠道	样本数	占比（%）
占用客户资金	68	10.16
企业内部职工集资	94	14.05
企业或单位间拆借	49	7.32
亲戚朋友借钱	118	17.64
向典当行借入	3	0.45
租赁	3	0.45
向银行或信用社等金融机构贷款	294	43.95

续表

融资渠道	样本数	占比（%）
商业票据转让或贴现（向银行、信用社贴现的除外）	4	0.60
国家政策性贷款	19	2.84
民间金融机构（钱庄、基金会等）	6	0.90
其他	11	1.64

57.23%的企业采用抵押方式取得贷款，其余依次为担保贷款（26.23%）、信用贷款（13.35%）、质押贷款（2.86%）和留置贷款（0.32%）。见图5。

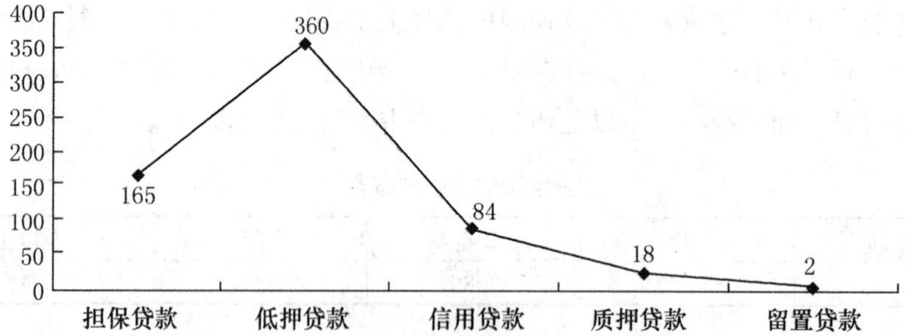

图5 企业常用贷款方式

2. 贷款资金主要用于扩大生产和经营。55.66%的被访企业将贷款资金用于扩大生产和经营，其他用途依次为维持正常生产（27.15%）、更新技术研发（9.35%）、其他用途如囤积货品等（4.07%）、归还拖欠贷款（2.41%）和进出口资金需要（1.36%）。

3. 企业理想的贷款利率及期限。46.69%的企业能承受的贷款利率水平是基准利率或低于基准利率的浮动利率，36.90%的企业能承受银行基准利率的1.1～1.3倍，9.64%的企业能承受银行基准利率的1.4～1.5倍，5.12%的企业能承受银行基准利率的1.6～2.0倍，而仅1.36%的企业能承受银行基准利率的2.1～3.0倍，0.30%的企业能承受银行基准利率的3.1倍及以上。

32.69%的被访企业表示其所需的贷款期限为一年以上，32.54%的企业为9～12个月，21.19%的企业为6～9个月，而仅13.58%的企业为3～6个月或更短。

32.68%的企业是按月支付利息，30.28%的企业为按季支付，19.94%的企业按年支付。另外还有15.29%的企业一次性还本付息，及1.80%的企业不需要支付利息。不需付息的借款主要来自于亲友借款渠道。

4. 绝大多数企业表示以往所有贷款都按时归还，主要资金来源是企业经营收入。70.06%的被访企业在以往的融资活动中，所有贷款都曾按时归还，27.78%的企业表示曾有过延期偿还情况，2.16%的企业表示有过无法偿还情况。95.68%

的被访企业主要使用企业经营收入归还贷款，其次是依靠借入新的贷款来偿还（24.89%）。其他的偿还方式还有借入民间资金（15.65%）和变卖现有企业房产设备（7.45%）等。

57.40%的企业没有参加过资信评估，原因主要是因为企业太小银行不感兴趣（47.55%），其次的原因是评估费用太高（41.67%）。被访企业认为，企业失信的原因依次是经营者对信用的认识不足（57.16%）、信用管理水平不高（51.34%）、社会信用环境不好（48.51%）以及经营者道德素质低下（29.10%）等。所以，为了提高小企业信用，需要解决的问题分别是增强企业信用意识（73.32%）、完善信用体系（61.55%）、社会信用环境（52.61%）和建立监督系统（49.63%）。

（三）农户对融资环境的评价

1. 正规金融借贷情况。

（1）农户从正规金融渠道融资的信用形式以担保贷款、抵押贷款和信用贷款为主，担保贷款占比最高为29.8%，其次是信用贷款为29.3%。农户对正规金融机构贷款服务的评价上主要集中在比较满意与一般上，其中评价一般的占41.9%，比较满意的占28.8%。所占百分比见表11、表12。

表11　　农户从正规金融机构借款形式　　单位：%

信用贷款	抵押贷款	担保贷款	质压贷款	其他
29.3	27.1	29.8	9.3	4.5

表12　　农户对正规金融机构贷款服务的评价　　单位：%

很满意	比较满意	一般	比较不满意	很不满意
8.2	28.8	41.9	12.5	8.6

（2）农户希望从金融机构得到的服务，要求最强烈的是信用贷款，占40.5%，其次是存款服务，占31.4%。见表13。

表13　　农户希望从正规金融机构得到的服务　　单位：%

信用贷款	结算服务	消费信贷	存款服务	其他
40.5	9.7	17.2	31.4	1.1

（3）农户可接受的最高年利率平均为10%～12%，60.2%的农户愿意以现有利率从银行贷款，39.8%的农户不愿意，主要原因是没有贷款需求或是经营项目赢利性差，不能覆盖贷款利息。农户对贷款抵押物和质押物的选择上，以住房和土地经营权为主。见表14。

表 14　　农户对抵质押物的选择　　单位：%

家电	土地经营权	大牲畜	存单	住房	有价证券	大型农机具	其他
9.7	18.2	10.1	12.9	30.0	4.5	12.6	2.1

（4）所调查的农户中，58%农户曾经在银行贷过款，42%没有。对于借贷活动中担保的选择，54.8%的农户选择亲戚朋友作信用担保，28.5%的选择村干部担保，14.1%的农户参加小组联保。

（5）农户在不能取得贷款时，82.6%的农户选择向亲朋近邻借，13%的农户选择向民间借贷组织借款，4.4%的农户选择以他人入股方式筹集资金。

2. 非正规金融借贷情况。

（1）农户从非正规金融融资的主要形式是信用借条，占46%，其次是口头信用占32%，占比为3%的其他主要是担保借款。主要选项占比情况如图6所示。

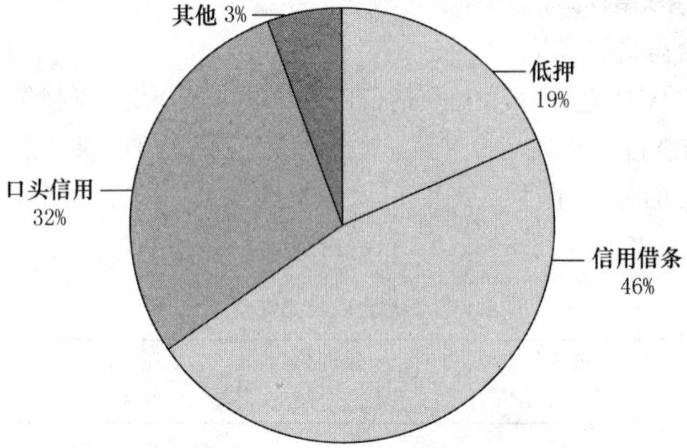

图 6　农户从非正规金融融资形式分布图

（2）民间融资的计息方式，调查中30.3%的农户回答借款不计息，56.7%农户的借款以现金形式计付利息，11.6%的农户以逢年过节折合礼品的方式给付借款利息，其余的1.3%的农户是没有借过款。

（3）农户对非正规金融的评价与对正规金融的评价相比，更集中于比较满意和一般，但是分布的规律基本相同（见表15）。

表 15　　农户对民间金融机构服务评价　　单位：%

很满意	比较满意	一般	比较不满意	很不满意
8.4	31.7	46.1	7.5	6.3

3. 信用社借贷情况。

（1）被调查农户63.9%的是农信社社员，79.7%的调查农户所在地开展了小额信贷业务，但是33.8%的被调查农户对小额信贷不太了解，只有25%和4.7%的农户回答比较了解和非常了解。如图7。

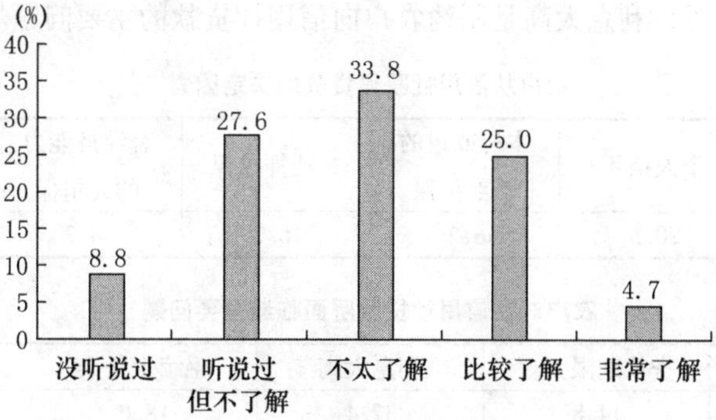

图7　农户对信用社了解情况图

（2）是否开展信用评级的问题，只有25.5%的农户回答曾经被信用社进行过信用评级，74.5%的农户没有进行过信用评级。没有进行评级的原因，64.9%的农户回答信用社没有开展评级工作，17.3%的农户是由于不需要贷款所以没有进行申请，6.2%的农户回答信用社不愿对其进行评级。占比11.6%的“其他”农户主要是对信用社农户信用评级根本不知道或是以前曾经进行过评级但现在没再听说过，或者说基本没有发挥作用。

（3）被授予信用额度的农户55.8%认为能够满足需要，44.2%的不能满足，但是在“被授予的信用贷款额度内申请贷款”，只有40.3%的农户回答“只要申请就能够贷得到”，另外59.7%的农户认为仍然很难得到贷款。71.6%的农户认为在被授予的信用额度内贷款手续仍然很复杂。

（4）农户对信用社服务的满意程度与对正规金融机构的评价基本相同。约1/3的农户认为现在从信用社贷款与以前相比没有变化，28.1%的认为贷款更容易了，21.4%的农户认为更难了。如图8所示。

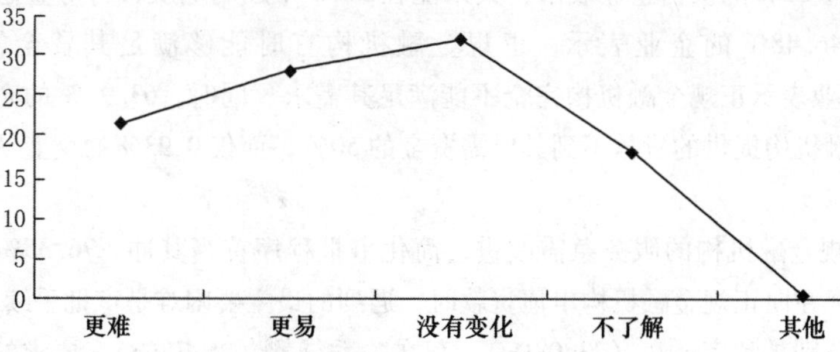

图8　农户从信用社贷款难易变化图

（5）要想从信用社贷到款，28.9%的农户认为家庭还款能力最重要，20.5%的农户认为是个人信用，但是也有13.9%的农户认为要想从信用社贷到款必须有可靠的关系。同时，利息太高是制约农户向信用社贷款的主要问题。

表16　　农户从信用社获得贷款的决定因素　　单位:%

家庭还款能力	个人信用	本村或组的干部担保	有抵押担保	有经济能力的人担保	信用社有可靠关系
28.9	20.5	6.3	16.2	14.2	13.9

表17　　农户对在信用社贷款所面临最主要问题　　单位:%

贷款太难	贷款期限太短	利息太高	手续太复杂	服务质量太差
25.3	14.8	37.4	18.0	4.5

（6）农户希望信用社改善的方面，贷款利率的降低占比最高为30.3%，26.1%的农户希望简化贷款程序，20.8%的农户希望能够增加信用额度，说明农户最关心的问题是贷款的可获得性、办理贷款程序和利息的高低。

表18　　农户希望信用社改善的方面　　单位:%

改善服务态度	降低贷款利率	简化贷款程序	向农民介绍贷款的手续和程序	增加信用贷款
10.8	30.3	26.1	12.1	20.8

（四）企业对融资环境的评价

1. 企业与正规金融机构。

（1）企业融资金融机构首选四大国有商业银行。61.88%的被访企业表示，拥有自己较为固定的正规融资金融机构，59.19%的企业在融资时首选四大国有银行。见图9。

（2）超过六成的被访企业表示，正规金融机构贷款有时或者完全不能满足其企业需要。44.33%的被访企业表示，其未能在2006年成功地从银行等金融机构获得贷款。46.48%的企业表示，正规金融机构有时能够满足其资金需求，14.24%的企业表示正规金融机构完全不能满足其需求。同时，63.93%的企业认为，正规金融机构提供的贷款不到其所需资金的50%，而仅0.93%的企业认为该比例大于90%。

（3）正规金融机构的服务急需改进，简化审批程序首当其冲。76.35%的被访企业表示，在向正规金融机构申请贷款时，遇到的最主要困难是审批手续复杂。其他的困难分别是利率过高（33.08%）、存在关系贷款（25.75%）、要求的抵押超出承受能力（25.30%）、缺少担保（21.86%）以及小金额贷款受歧视

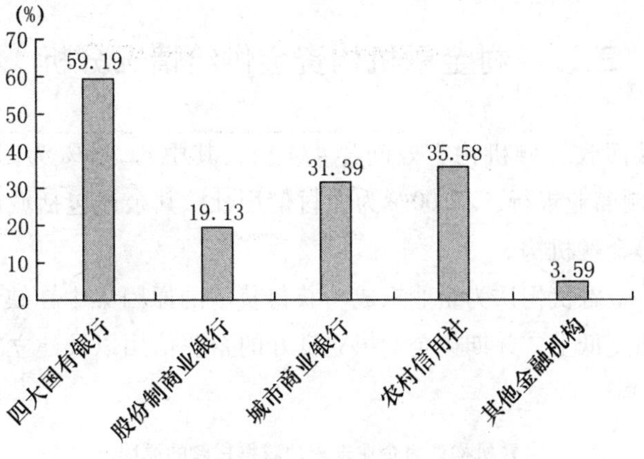

图9　企业融资金融机构来源情况图

(21.11%) 等。

50.85%的被访企业表示，正规金融机构提供的信贷品种已不能满足需要，有待创新。36.07%的企业表示，不太满意或很不满意正规金融机构的信贷服务，71.47%的企业表示，银行应简化手续，其他需要改进的方面为更多放贷(37.69%)、减免抵押担保条件(21.92%)、业务程序规范透明化(18.17%)以及增加网点(10.36%)等。

2. 企业与民间金融机构。36.42%的企业主或其家属参与过民间融资，原因主要是为了获得贷款(63.02%)，同时有20%的企业是因为有资金盈余，所以放贷获得高利息。13.58%的企业是因为正规金融机构的服务不好，而转投民间金融机构的怀抱。79.66%的企业表示在民间融资活动中，企业信用特别重要或比较重要。

3. 企业与信用担保机构。74.38%的被访企业认为信用担保机构对缓解融资难问题起到了应有作用，76.43%的企业认为信用担保机构的服务与其他金融机构相比差不多。42.59%的被访企业认为担保公司应由政府控股、民营参股组建。64.79%的企业认为当地的担保机构太少，甚至有14.33%的企业表示当地没有信用担保机构。47.75%的企业通过担保贷款获得的资金占其负债总数的比例为20%以下。

4. 企业与政府。在政府向小企业提供的服务方面，被访企业认为主要集中在以下几个方面：利用政策引导大的金融机构更多地向中小企业贷款(66.12%)、建立和完善中小金融机构体系(56.12%)、发展中小企业资本市场(54.03%)、发展创业投资基金(33.88%)、建立更多的信用担保机构(32.09%)以及搭建银企合作平台(18.66%)等。

三、农村金融机构资金供给情况分析

此次调研共回收金融机构有效问卷434份，其中41.86%为国有商业银行，29.30%为股份制商业银行，20.00%为农村信用社，其余还包括城市商业银行和民间金融组织等金融机构。

调查显示，金融机构认为企业未成功获得贷款的原因集中在缺少抵押、缺少担保与财务透明度低上。并期望企业树立良好的企业信用以及建立完善的企业财务制度。

表19　　金融机构认为企业未成功获得贷款的原因

	规模小	缺少担保	缺少抵押	财务透明度低	所有制歧视	企业经营状况不理想	贷款企业所在行业的状况不理想	其他
样本数	139	243	269	217	38	173	66	21
占比（%）	33.17	58.00	64.20	51.79	9.07	41.29	15.75	5.01

注：该题为多选，所以各选项占比之和大于1。

根据被访金融机构反映，其他限制企业获得贷款的原因有银行信贷投向选择考虑，企业抗风险能力差等。

表20　　金融机构认为企业本身需做好的工作

	规模	盈利	企业财务制度	外部审计制度	企业信用	抵押品	其他
样本数	108	251	298	111	337	214	6
占比（%）	24.94	57.97	68.82	25.64	77.83	49.42	1.39

其他工作还包括资金用途清晰，保证人实力雄厚等。企业信用是其亟须解决的问题。

53.61%的金融机构认为其所在金融机构不能满足本地区小企业的融资需求。81.03%的金融机构认为中小企业具有外部审计制度对于它顺利获得贷款很重要。

48.92%的金融机构对小企业的贷款利率为银行贷款基准利率的1.1~1.3倍，20.38%为基准利率或低于基准利率的浮动利率，16.55%为银行贷款基准利率的1.4~1.5倍，10.07%为银行贷款基准利率的1.6~2.0倍。

82%的金融机构采用抵押贷款的方式向小企业提供贷款。金融机构向小企业提供的贷款71.53%为6~12个月。在担保机构的担保贷款中，若出现贷款不能回收的情况，54.26%的银行会承担贷款损失的比例不到10%。

（陈　佳）

第八篇

农村教育

第八篇课题组成员名单

课题顾问：

李剑阁　国务院发展研究中心副主任 研究员

课题主持人：

韩　俊　国务院发展研究中心农村经济研究部部长 研究员

课题协调人：

秦中春　国务院发展研究中心农村经济研究部副研究员 博士

张云华　国务院发展研究中心农村经济研究部副研究员 博士

课题组主要成员：

于保平　国务院发展研究中心农村经济研究部研究员

曾琼锐　国务院发展研究中心农村经济研究部副研究员

秦中春　国务院发展研究中心农村经济研究部副研究员 博士

张云华　国务院发展研究中心农村经济研究部副研究员 博士

曲　霞　财政部财政科学研究所

郭建鑫　北京市农林科学院博士

姜文涛　水利部办公厅博士

张要杰　河南省社会科学院博士

范皑皑　北京大学博士生

公共财政支持农村义务教育发展问题研究[①]

我国是一个发展中的大国，大多数人口在农村。发展农村义务教育，是促进新农村建设的重要基础，也是促进人力资源强国、保障整个国家经济和社会长期稳定发展、促进社会主义和谐社会建设的重要基础。保证义务教育健康、均衡发展，既是农村义务教育稳定发展的目标，也是消除城乡二元结构、缩小地区贫富差距的手段。让城市和农村、发达地区和落后地区的少年儿童都能获得大体均等的义务教育资源，是实现社会正义与公平的重要途径。适应新农村建设的需要，深化政策改革，促进城乡义务教育的均衡发展，增强义务教育功能，完善公共财政支持农村义务教育发展的机制具有重要意义。

2006年下半年以来，国务院发展研究中心农村经济研究部与福特基金会合作设立“公共财政支持农村义务教育发展问题研究”项目，组成研究课题组，对全国17个省2749个村庄新农村建设中的农村义务教育问题进行了问卷调查，在此基础上，又从东、中、西部选择了贵州省习水县、四川省资中县、内蒙古锡林郭勒盟（以下简称锡盟）、江苏省太仓市等四个县（市）进行了深入的案例调查和试点研究。各个县（市）调查的主要对象及方式：一是对政府及教育部门调查。与有关省、市、县、乡村主管教科文工作的负责人员、教育局、财政局官员、所选乡镇教育组负责人展开座谈，进行问卷调查。二是对学校调查。在选择的每个县（市）调查经济条件和交通条件好、中、差的三个乡镇的中小学校，每个乡镇包括一所乡镇初中，一所乡镇中心小学及村小（或者教学点），进行实地访问和问卷调查。贵州、四川和太仓市三个调查地区共实地调查学校20多个。三是对农户调查。通过入户调查方式，发放农户问卷和召开家庭子女家长座谈会进行调查。每所学校选取6－12个学生的农户家庭进行访谈。贵州、四川和太仓市等三个地区共调查农户调查规模约400户。

在这些调查和试点研究的基础上，课题组对农村义务教育政策改革问题进行了综合研究，并召开了多次讨论会，特别是2007年召开了来自全国人大教科文卫委员会、财政部、教育部、北京大学、中国农业大学、中国人民大学、北京师范

① 本课题的研究得到了福特基金会资助。

大学等部门和科研院所专家学者参加的专题研讨会，就有关调查的发现、结论和建议进行了深入讨论，形成了本报告。

一、我国农村义务教育发展政策的演变与进展

（一）农村义务教育政策改革经历了四个重要阶段

新中国的农村义务教育事业是在十分薄弱的基础上起步的。1949 年，全国小学入学率仅有 20%，初中入学率仅为 6%，文盲率高达 80%。党和国家一直高度重视农村义务教育事业发展。经过多年的艰苦努力和不懈奋斗，到 2000 年，我国实现了“基本普及九年义务教育、基本扫除青壮年文盲”的历史性任务，农村义务教育事业的发展取得了历史性成就。近几年农村义务教育的发展进一步加快。目前，全国农村中小学面貌发生了根本性变化，农村义务教育办学条件不断改善，将农村义务教育全面纳入国家财政保障范围，农村义务教育事业的发展已经进入新的发展阶段。全国农村义务教育发展政策改革不断深入，相关的政策发生重大变化，经历了建国后到改革开放以前、改革早期到 80 年代中期、80 年代中期到 90 年代末、进入世纪以后至今等四个重要阶段。

在最初的近 30 年的发展中，农村义务教育是按照计划经济体制的管理模式发展的。虽然依靠国家的投入和广大教育工作者的辛勤努力，全国教育事业取得了历史上从来没有过的巨大发展，依靠自己的力量，培养了一大批有文化的劳动者和各方面工作的骨干力量。但是，受以“阶级斗争为纲”思想的影响，教育事业不但长期没有放到应有的重要地位，而且受到“左”的政治运动的频繁冲击，广大教育工作者遭受严重摧残，耽误了整整一代青少年的成长，并且使我国教育事业同世界发达国家之间在许多方面本来已经缩小的差距又拉大起来。在这一阶段，由于农村经济社会发展条件差，农村义务教育更是整个教育事业发展“短腿”中的“短腿”。这种落后的发展状况，直到 1978 年改革开放以后才逐步发生较大的变化。

改革早期的农村义务教育事业发展强调充分利用各种条件和力量，促进农村义务教育的发展。党和政府高度重视农村教育问题，把发展农村义务教育提高人口素质列为提高农村生产力、改变农村落后面貌和推进农村现代化的重要举措，在当时国民经济发展还比较落后的条件下，加快了农村义务教育事业的发展。1980 年《中共中央、国务院关于普及农村小学教育若干问题的决定》提出，“必须调整教育与经济之间的比例关系”，坚持“两条腿走路”的方针办好教育，即以国家办学为主体，充分调动社队企业、厂矿企业等方面积极性，还鼓励农民群众自筹经费办学。1983 年《中共中央、国务院关于加强和改革农村学校教育若干

问题的通知》提出，“办学应坚持多层次、多种规格和多种形式。学校教育的改革必须坚定而有秩序地进行，经过试点，有计划、有步骤地进行”。1984 年《国务院关于筹措农村学校办学经费的通知》要求，“大力举办学前教育，积极发展农业技术教育，改革农村中等教育结构”。

80 年代中期以后，我国对农村义务教育的发展政策进行了改革，确立了由地方负责、分级管理的体制。1985 年《中共中央关于教育体制改革的决定》提出，“把发展基础教育的责任交给地方，有步骤地实行九年制义务教育”，“要动员和教育全党、全社会和全国人民关心和支持教育体制改革，发展教育事业。”1986 年《中华人民共和国义务教育法》颁布，确定了农村义务教育的责任以县、乡（镇）政府为主，农村基础教育的经费主要由县、乡两级政府筹措。农村基础教育的管理权限由此下放给地方，很多地方的实际为“县办高中，乡办初中，村办小学”，形成事实上以乡为主举办农村义务教育的发展体制。

90 年代以后，以 2000 年实现“两基”（基本实现九年义务教育，基本扫除青壮年文盲）为目标，全国农村开展大规模“普九”。1993 年《中国教育改革和发展纲要》颁布，确定了 2000 年基本普及九年义务教育的目标。这一阶段义务教育经费除政府财政拨款，辅以征收的教育税费、学杂费、社会捐助、集资等多渠道筹资，号称“人民教育人民办”。然而，这一阶段基本上是农民用自己的钱举办“义务教育”。据国务院发展研究中心对湖北、河南和江西 3 个中等水平的农业县的一项调查显示，农村教育费附加、教育集资及中小学杂费等主要由农民直接负担的教育投入占全县教育经费的 40% 左右；加上主要来自农民交纳的税费的乡级财政预算内教育拨款，两者占到了全县教育经费的 80% ~ 90%。自 1992 年起，全国出现大面积拖欠农村中小学教师工资的严重情况，这是新中国成立以来从未有过的。1994 年实行分税制后，乡镇财力更为薄弱，拖欠教师工资问题日趋严重。

进入 21 世纪以后，我国市场经济体制改革深化，同时城市化、工业化、信息化、市场化和国际化加快发展，为农村义务教育的发展提出了新的要求，也创造了好的条件。我国从 2001 年开始进行农村税费改革的试点，取消了包括教育附加在内的乡统筹，停止教育集资，2003 年这一税费改革向全国推广，到 2006 年全国取消农业税。在推进农村税费改革的同时，党中央国务院对农村义务教育的发展政策及时进行重大调整，改革的核心有两点：一是教育投资“以政府为主”，二是教育管理“以县为主”，同时根据国家财力的可能，不断增加对农村义务教育事业发展的投入，建立经费保障新机制，实现农村义务教育发展体制创新。这一阶段的政策改革从提出、落实到深化又经历了五个重要时期。

2001 年 5 月，《国务院关于基础教育改革与发展的决定》规定，对农村义务教育“实行在国务院领导下，由地方政府负责、分级管理、以县为主的体制”。通过这一个改革，初步实现了从“农村教育农民办”到“农村教育政府办”和从“乡镇政府负责为主”到“县级以上政府负责为主”的根本性变革。“以县为主”的体制使得农村义务教育的办学经费更有保障，政府投入力度的加大为农村义务教育的发展带来的巨大的变化，使多年来影响农村义务教育发展的一些突出问题逐步得到解决。不过，由于我国各地县域经济发展水平参差不齐，相差悬殊，在很多中西部地区的农村，义务教育发展仍然十分艰难。从整体上看，全国义务教育发展城乡不均衡、农村学校面临债务负担和县乡基层财力难以支持农村义务教育等问题凸显。

2003年9月，国务院召开关于农村教育的工作会议。这是建国以来第一次以国务院名义召开的农村教育会议，发布了《国务院关于进一步加强农村教育工作的决定》，明确提出农村教育在全面建设小康社会中的重要地位，把农村教育作为教育工作的重中之重；加快推进“两基”攻坚，巩固提高普及义务教育的成果和质量；落实以县为主管理体制的要求，加大投入，完善经费保障机制；加快推进农村中小学人事制度改革，大力提高教师队伍素质；实施农村中小学现代远程教育工程，促进城乡优质教育资源共享，提高农村教育质量和效益等。文件明确提出“各级政府要认真落实中央关于新增教育经费主要用于农村的要求”，要求用更大的精力和更多的财力，重点加强农村义务教育发展。

2005年12月，国务院发出《关于深化农村义务教育经费保障机制改革的通知》，要求“将农村义务教育全面纳入公共财政保障范围，建立中央和地方分项目、按比例分担的农村义务教育经费保障机制”，初步确定了两年内实现农村义务教育免学杂费的政策目标，同时要在公用经费、校舍维修和教师工资保障等方面进行改革创新，目的是“构建起农村义务教育经费保障的新机制”。这次政策上的重大调整，既可以说是对现行“以县为主”农村义务教育管理体制的深化，也可能成为今后新体制建立的起点。

2006年6月，新修订的《中华人民共和国义务教育法》颁布，对加强农村义务教育作出了明确的政策规定。一是“全面保障”。国家将义务教育全面纳入财政保障范围。以前是多渠道筹资，人民教育人民办、农村教育农民办，从此以后农民教育由政府办。二是“三个增长”，国务院和地方各级人民政府用于实施义务教育财政拨款的增长比例应当高于财政经常收入的增长比例，保证按照在校生人数平均的义务教育费用逐步增长，保证教师工资和学生人均公用经费逐步增长。三是“分项目、按比例”。除了这些之外，还规定了义务教育经费投入实行国务院和地方各级人民政府根据职责共同负担，省、自治区、直辖市人民政府负责统筹落实。这就澄清了一些地方将“以县为主”误读为所有的责任都在县一级的认识，明确农村义务教育的发展由省统筹，管理以县为主。

2004年以后至今，我国先后实施了一些重大教育工程，切实加强农村义务教育投入，不断改善农村办学条件。2004年，国家启动西部地区“两基”攻坚计划，具体实施了两个工程。一个是农村寄宿制学校建设工程，通过新建、改扩建一批以农村初中为主的寄宿制学校，加快西部地区“两基”进程，扶持西部地区尚未实现“两基”的410个县级行政单位达到国家“两基”验收标准。为此中央投入了专项资金100亿元。另一个是农村中小学现代远程教育工程，中央和地方共投入110亿元资金。2007年，国家启动“中西部农村初中校舍改造工程”。这一工程计划用四年左右的时间，重点加强四类县（国家扶贫工作重点县、少数民族自治县、革命老区县和部分贫困人口集中分布县），以及西部地区部分省级贫困县、边境县的农村薄弱初中学生生活设施建设，改善食宿条件，提高巩固率和寄宿率，使项目学校寄宿学生生活设施达到或接近《农村普通中小学建设标准》，中央从2007~2010年共将投入100亿元。此外，中央还启动了一些其他工程，包括：（1）新农村卫生新校园建设工程，帮助农村中小学校改水改厕；（2）农村义务教育阶段学校教师特设岗位计划，由中央财政出资，按照一定补助标准，从应届师范大学毕业生招聘比较优秀的大学毕业生，直接到西部贫困的基层学校任教。2007年中央已经投入6亿多元资金，一期实施非常顺利，目前正在计划做第二期；（3）推动化解“普九”债务，中央财政已落实化解债务资金60亿元，督促全国1/3以上的省份开展试点工作；（4）对六所教育部直属师范大学实施师范生免费教育，中央财政已安排资金4亿元。在中央实施启动一系列工程的同时，不少地方也因地制宜设立一些农村义务教育专项资金和发展项目。比如四川实施“民族地区教育发展十年行动计划”，云南实施“基础教育振兴行动计划”等。

2007年，党的十七大报告提出“优先发展教育，建设人力资源强国”，指出“教育是民族振兴的基石，教育公平是社会公平的基础”，要“优化教育结构，促进义务教育均衡发展”，“坚持教育公益性质，加大财政对教育投入，规范教育收费，扶持贫困地区、民族地区教育，健全学生资助制度，保障经济困难家庭、进城务工人员子女平等接受义务教育”，“加强教师队伍建设，重点提高农村教师素质”等。2008年，党的十七届三中全会通过的《中共中央关于推进农村改革发展若干重大问题的决定》，提出了实现“农村人人享有接受良好教育的机会”的历史性任务，对21世纪新阶段农村教育工作进行了全面部署，为农村教育事业的改革和发展指明了前进方向。按照这个决定，大力办好农村教育事业，要巩固农村义务教育普及成果，提高义务教育质量，完善保障机制政策，包括保障和改善农村教师工资待遇。

（二）公共财政支持农村义务教育发展政策框架基本形成

公共财政是随着市场经济的产生而发展起来的，财政的基本职责是为市场的有序运转服务（包括为市场运转提供外部条件、解决公共产品的提供和促进公平分配以及宏观经济稳定等），要求财政收入体系以税收为主、以规范的非税收入为辅，财政支出体系以公共支出为主体，财政管理运用现代科学的手段和规范的制度，建立综合运用预算、税收、投资、国债、补贴、贴息等财政政策和财政手段调节宏观经济运行的调控体系。

经过30年的改革开放，我国经济管理体制从计划经济体制基本转变为具有中国特色的社会主义市场经济体制，以市场经济为基础发展农村义务教育事业是新阶段农村义务教育发展政策的首要特征。与市场经济相适应的财政模式是公共财政。我国自21世纪以来提出和建立公共财政支持农村义务教育发展的政策体系，目前各级政府责任强化，基本形成公共财政支持农村义务教育发展新体制。主要体现：

1. 通过对《中华人民共和国义务教育法》的修订和实施，各级各地政府各部门支持教育发展的法律责任明确。2006年6月29日，第十届全国人民代表大会常务委员会通过了新修订的《中华人民共和国义务教育法》，将党中央、国务院所确定的有关义务教育发展的各项政策规定明确以法律形式予以保障。这一立法的实施，强化了政府责任和有关主体责任，使得全国义务教育特别是农村义务教育发展有了更加坚实的制度保障。

2. 农村义务教育事业发展由县级政府负主要责任，将发展农村义务教育工作任务纳入政府目标管理考核，建立了“分级管理，以县为主”的农村义务教育管理体制。根据我们调查，以县为主的体制适合农村教育的发展，不仅过去的很多问题得到比较彻底的解决，农村义务教育也开始走向真正的免费教育。与乡、村相比，县级政府具有更强的财政能力和管理能力，使农村义务教育发展建立在相对更加坚实的经济基础上。通过县级教育经费统筹，缓解过去普遍存在的县域内经济发展不平衡导致的义务教育发展不平衡问题，同时也为农村税费改革消除了现实障碍。

3. 实行农村义务教育经费保障新机制，国家逐步建立财政支持农村义务教育发展的新体制，特别是加强了对中西部地区和贫困落后地区农村教育发展的扶持。我国从2006年开始率先在西部地区和中部部分试点地区实施农村义务教育经费保障机制改革，2007年这项改革在全国农村全面推开。这项改革按照“明确各级责任、中央地方共担、加大财政投入、提高保障水平、分步组织实施”的基本原则，逐步将农村义务教育全面纳入公共财政保障范围，建立中央和地方分项目、按比例分担的农村义务教育经费保障机制。中央重点支持中西部地区，适当兼顾东部部分困难地区。新机制实施后，农村义务教育投入大量增加，农村中小学运转水平大幅度提高，教育乱收费问题得到有效遏制，农民的教育负担大大减轻，其中西部农村地区仅免除学杂费一项，平均每个小学生年减负140元、初中生年减负180元；享受免费教科书的贫困生，小学生平均年减负210元、初中生320元。中国审计署2008年7月发布“五十四个县（市）农村义务教育经费保障及使用管理情况审计调查结果”公告表明，新政策强化了各级政府责任，农村义务教育经费投入大幅增长，也减轻了学生及家庭的负担，保证了农村义务教育的全面实施，中国农村义务教育经费保障机制改革取得较好成效，中央与地方共担、省级统筹、分级管理、以县为主的这项新机制已初步建立。

二、现阶段农村义务教育改革和发展的成效与特点

（一）农村义务教育基本普及，国民受教育机会显著扩大

近十年是我国农村义务教育的重要攻坚期。在国家政策的扶持下，经过加快普及、全面巩固和重点攻坚三个阶段，农村义务教育取得显著成就，实现了跨越式发展。目前农民家庭子女有学可上，农村义务教育基本普及，农民子女受教育年限正在加快延长，缩小了与城乡居民在基本教育机会方面的差距，农民子女的初中完成率从上个世纪90年代初期的1/3提高到3/4。分地区看，西部地区普及义务教育的人口覆盖率从2002年的77%提高到2006年的96%①；民族地区农村的上学情况得到专门重视；经济发达地区农民工子女上学得到更有效重视。到2006年，全国“两基”人口覆盖率达到98%。全国小学接近完全普及，青壮年文盲率控制在4%以内，初中和高中阶段的毛入学率都比1997年提高了20个百分点，分别达到97%和59.2%。到2007年，全国普及九年义务教育的人口覆盖率已经达到了99.3%，实现“普九”的县数已占全国总县数的98.5%。除了42个县因为人口少、居住分散在2007年的年底没有“普九”，其他的2800多个县和200个县级区都已经“普九”。这42个没有“普九”的县，预计到2010年之前也可以实现“普九”。这一时期教育的跨越式发展，使得我国国民教育机会显著扩大，成为世界上初中以上文化程度劳动力最多的国家。同时各级学生入学率都取得了比较大的提升，全国受教育人口从1997年的3.11亿略增至2006年的3.18亿，人口平均受教育年限从上个世纪90年代中期的7年提高到8年以上，2007年

---

① 2007年3月5日，国务院总理温家宝在全国人大作的政府工作报告中说，“全部免除了西部地区和部分中部地区农村义务教育阶段5200万名学生的学杂费，为3730万名贫困家庭学生免费提供教科书，对780万名寄宿学生补助了生活费。”

达到8.5年。

表1　　调查地区农村义务教育普及情况

	贵州省习水县	内蒙古锡盟	四川省资中县	江苏省太仓市
“普九”时间	2004年	2005年	1999年	1992年
2006年农村小学入学率（%）	99.16	100	100	100
2006年农村初中入学率（%）	107.5	95.21	98.15	100
2006年农村初中辍学率（%）	2.67	1.33	2.61	0

资料来源：四个调查县市教育局。

（二）农村学校设施普遍改善，教师基本工资拖欠问题根本解决

通过几年的教育改革攻坚，改造薄弱学校，目前农村学校及设施发生可喜变化，原来简陋的房屋、透风的草房、破旧的窑洞，如今变成了宽敞明亮的现代化校舍，农村地区（尤其是中西部）好的房子多是中小学校舍。一些经济落后地区农村，最好的建筑是学校。知识的阳光照进了偏远山村，教育的力量成就了孩子们的梦想，正在改变他们的命运。农村学校教学设施和办公条件普遍改善，建立了远程教育系统。城镇和发达农村义务教育均衡发展得到推进，基本实现了就近免试入学，取消了重点校（班）设置，提高了教师质量。

20世纪90年代，农村教师的工资拖欠问题曾经是困扰全国教育发展的重要问题，影响农村义务教育的发展。21世纪以来，各级政府从完善教师工资保障制度入手，确保了教师基本工资按时足额发放。特别是2002年国家实行“以县为主”的义务教育新体制后，实行教师工资县级统筹，农村教师工资由县以上财政稳定保障，并加大转移支付力度，从根本上解决了拖欠教师基本工资的问题。近几年国家规定的教师工资实现了较快增长。据《中国劳动统计年鉴》统计数据，2006年，全国普通小学教职工人均工资收入比2002年增长了58.2%，普通中学增长了63.2%。教师福利待遇受到重视，基本医疗保险等社会保障覆盖面进一步扩大。随着国家实施西部地区“两基”攻坚计划、农村中小学现代远程教育工程等一系列重大工程项目建设完成，教师工作条件明显改善，远程教育覆盖面进一步扩大，教师工作环境得到改善。目前农村教师队伍总体稳定，教师素质稳步提高，总体趋向年轻化，女教师比例高于男教师，教师总体配置的生师比逐步下降。调查表明，学生家长对教师教育教学工作总体比较满意。

（三）农村孩子上不起学的问题基本解决，农民满意度提高

近几年国家改革农村义务教育经费保障机制以后，农村学生学费、杂费、公用经费逐渐由财政保障，各种学校收费项目得到严格控制。农村税费改革取消了

教育费附加，规范了农民捐集资行为，相应留下的义务教育经费缺口更多地由财政负担。按照2006年义务教育法的要求，政府将义务教育纳入公共财政保障范围，全国实现了免费义务教育。目前农村小学和初中只收取限额杂费和书本费（被称为“一费制”），并实行贫困学生“两免一补”（免杂费、免书本费、补贴寄宿生活费）的政策，学生家庭经济负担大幅度减轻。随着各地义务教育财政保障机制落实，一度困扰农村特别是贫困家庭子女的上学难、上学贵的问题基本解决。

根据课题组对全国17省2749个村庄的调查，截止到2006年上半年统计，在全部被调查村中，有47%的村实行了全部全免杂费；有27.7%的村部分学生享受了免费教科书，16.1%的村所有学生享受了免课本费，44.4%的村没有学生享受免课本费；有25.9%的村对寄宿生实行了生活补助，12.7%的村寄宿生部分享受了生活补助；不同地区“两免一补”的推进程度有所不同；西部地区有79.2%的村中小学生上学已经实行了免除学杂费；中部和东部也都有20%的村免除了学杂费。综合课题组在贵州省习水县、四川省资中县、内蒙古锡盟、江苏省太仓市等地区的问卷调查和实地调研，农民对近几年农村义务教育收费政策的改革均比较高兴和满意。这种情况与前些年农民反映教育负担不堪重负形成鲜明对照，表明农民满意度的转变和提高。见表2、表3。

表2　　2749个村庄农村义务教育“两免一补”政策覆盖率　　单位:%

	全免杂费	免课本费		寄宿生生活补助	
		全免	部分免	全部享受	部分享受
全国	45.4	16.1	44.4	25.9	12.7
东部	29.3	6.7	17.9	2.7	14.7
中部	24.4	6.5	41.9	6.3	38.8
西部	92.7	50.5	29.5	34.1	31.4

数据来源：国务院发展研究中心2006年新农村建设村庄调查。

表3　　三个调查县（市）农村义务教育学生费用情况　　单位：元

	贵州省习水县	四川省资中县	江苏省太仓市
“一费制”时期小学收费	80	200	311
“一费制”时期初中收费	130	315	477
2007年农村小学费用	45	90	75
2007年农村初中费用	35	175	127

注：太仓市各年级差异较大，取平均数。资料来源：调查县市教育局。

（四）农村义务教育投入大幅增长，经费保障状况显著改善

近几年来，中央和地方各级政府财政对农村义务教育事业发展的投入持续快速增加，全国农村义务教育的经费保障状况改善显著，体现了农村教育在整个教育发展中的“重中之重”、“政府负责”、“倾斜农村”和“均衡发展”的政策导向。在课题组调查的几个地区，2001～2006年农村义务教育预算内经费总额均实现了大幅增长（见图1）。全国农村义务教育经费保障状况显著改善，具体表现在以下几方面。

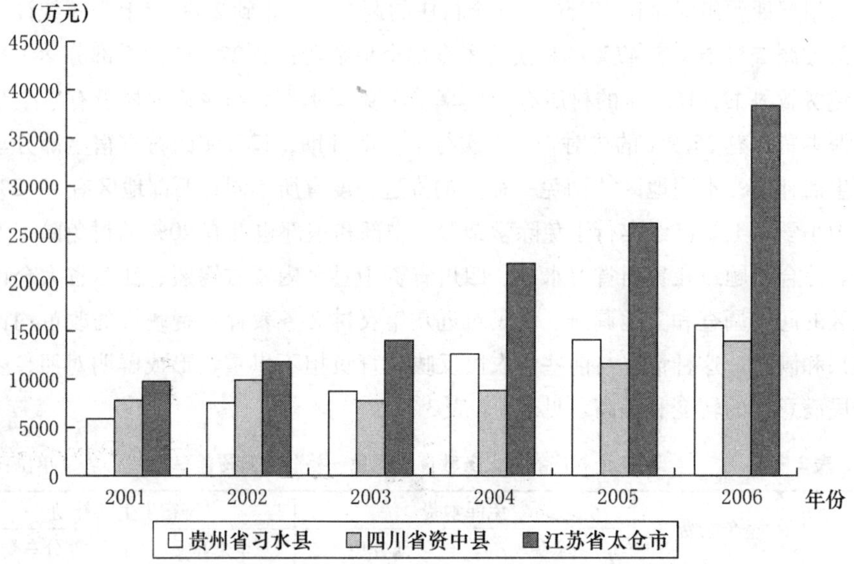

图1　2001～2006年三个调查地区农村义务教育预算内经费总额

数据来源：调查县市教育局。

1. 各级财政对农村义务教育发展投入的总量持续增加，且增幅较大。2007年，全国农村义务教育投入总额2992亿元，比2003年1365亿元增加了1627亿元，增长119%，年均增长21.7%。同期，全国教育经费总投入年均增长率为18.3%，农村义务教育投入的年均增长速度比全国教育经费总投入的年均增长速度高3.4个百分点，最大的一年是2007年，比2006年增长比例达到37.4%。

2. 农村义务教育投入增长的主因是财政性经费，尤其是预算内拨款增幅较大。2007年，全国农村义务教育财政性经费投入总额2839亿元，比2003年1143亿元增加1696亿元，增长148%，年均增长25.5%，高于农村义务教育总投入的年均增长比例3.8个百分点。2007年比2006年预算内拨款增长40%多。因为从2007年起全国实施农村义务教育经费保障机制改革，各项经费投入中央和地方一起到位。从2003～2007年，全国农村义务教育经费中预算内拨款所占的比例由

80%上涨到90%，离全面保障目标已非常接近。

3. 农村义务教育投入占全部义务教育总投入的比例在上升，城镇义务教育投入占全部义务教育总投入的比例在下降。这些年，通过增加农村义务教育投入，在整个农村义务教育投入比例上升了9.5个百分点，而同时城镇所占的比例下降了9.5个百分点。

4. 农村中小学生均公用经费增长速度明显高于城镇中小学生均公用经费增长速度。2007年全国农村小学生均公用经费544元，初中824元，约为2003年的2.7倍；城镇小学生均公用经费971元，城镇初中1463元，约为2003年的1.9倍，从绝对数看，农村和城镇还有一定差别，但是农村的增长速度远远高于城镇。

（五）农村教育部门发展能力增强，教育现代化进程加快

在很多地区，从教成为一个不错的职业选择。同时，随着各级财政投入的增加，农村教育部门逐渐掌握了比较先进的资源和手段，配套建设逐步加强。

2003～2007年，中央和地方共投入100多亿元实施农村中小学现代远程教育工程，全国农村现代远程教育系统基本建成。截止到2007年底，为中西部农村地区的12万个教学点，23万所小学，4万多初中配备了信息技术的设备。各教学点配备了DVD播放设施和成套的光盘，小学安装了卫星教学的收视设施，使它可以同步接收到CETV国家信息资源中心所播放的教育信息，并录下来，结合教学内容帮助老师备课。中西部农村都安装计算机教室，有条件的地方还联入了互联网。

经过先进技术设备的武装，加快了农村教育现代化进程，为推进农村教育创新提供了机会和可能。同时，各地还不断推进教育方式方法的研究，改进和丰富学生教材及教学辅助资料内容，科技进步支持农村教育发展，也使农村教育发展能力不断增强。

三、影响农村义务教育深入发展的难点与挑战

义务教育是教育之基，人力强国之本。农村义务教育的发展对于新农村建设、对于国家经济和社会发展的重要性，可以说怎么强调都不过分。我国农村义务教育的发展在近年来取得重要成就，但在教育发展过程中，以增长和效率为主要追求，在总量的增长中，也出现了一定失衡和扭曲。相对于城市义务教育的发展，农村义务教育的发展具有结构变动的特殊性，同时教育质量仍然比较薄弱，个别地区还有被边缘化的趋势。各地教育差距大，教育公平问题突显。同时，实施素质教育尚未取得根本性突破，一些关系人民群众切实利益的教育问题尚未得到很好解决。这些问题部分是社会经济发展到一定阶段后存在的问题，属于发展中的

问题，还有部分是深层次的教育体制和教育发展观念问题。总体上看，农村教育仍然是我国教育事业最薄弱的环节，存在着许多亟待解决的困难和问题。当前农村义务教育领域存在的问题，对于新农村建设的影响和整个基础教育的普及影响很大，值得认真关注。深入推进农村义务教育政策改革，具有紧迫性和艰巨性。

（一）各地义务教育发展条件、阶段和重点差异悬殊

我国城乡、区域之间发展不平衡的问题突出，各地的农村义务教育发展所处的发展阶段和政府财政经费投入保障的水平及结构差异很大，决定了义务教育工作目标管理上的复杂性。根据教育部统计资料，2007 年全国普通小学和初中预算内生均教育事业费和生均公用经费平均为 2207.04 元和 2679.42 元，各省、自治区和直辖市之间存在显著差异，其中最高的为上海市，普通小学和初中分别达到 11498.99 元和 13122.69 元；普通小学最低的为河南 1392.91 元，普通初中最低的为贵州 1741.50 元；最高与最低相差近 10 倍左右（见表 4、表 5）。目前全国一半左右的县农村义务教育办学条件特别是生均公用经费尚未达到国家标准。由于财政经费投入水平的不同，城乡之间、区域之间加强义务教育工作的内容和重点各异，难以在全国实行同一层次的目标要求和办学模式。

表 4　　2006～2007 年全国普通小学和初中生均预算内教育费　　单位：元

省市区	普通小学生均预算内教育事业费			普通初中生均预算内教育事业费		
	2006 年	2007 年	增长率（%）	2006 年	2007 年	增长率（%）
总　计	1633.51	2207.04	35.11	1896.56	2679.42	41.28
北京市	5401.01	7316.16	35.46	7063.76	10358.08	46.64
天津市	4139.48	4956.36	19.73	4289.78	5537.86	29.09
河北省	1737.06	2272.34	30.82	1703.78	2350.44	37.95
山西省	1506.87	2057.54	36.54	1686.86	2345.91	39.07
内蒙古自治区	2294.16	2946.35	28.43	2269.05	3074.74	35.51
辽宁省	2221.21	2841.42	27.92	2769.06	3489.78	26.03
吉林省	2114.31	3028.29	43.23	2130.07	2917.44	36.96
黑龙江省	2781.09	3548.60	27.60	2452.29	3267.33	33.24
上海市	9409.78	11498.99	22.20	10325.89	13122.69	27.09
江苏省	2473.95	3679.97	48.75	2281.50	3595.85	57.61
浙江省	2940.32	3734.35	27.00	3798.71	4795.31	26.24
安徽省	1264.00	1644.73	30.12	1205.36	1793.39	48.78
福建省	1986.62	2587.20	30.23	1945.84	2608.11	34.04
江西省	1163.82	1666.80	43.22	1320.60	2067.24	56.54
山东省	1645.46	2396.58	45.65	2282.32	3387.00	48.40
河南省	948.57	1392.91	46.84	1195.42	1909.95	59.77

续表

省市区	普通小学生均预算内教育事业费			普通初中生均预算内教育事业费		
	2006 年	2007 年	增长率（%）	2006 年	2007 年	增长率（%）
湖北省	1232.04	1920.87	55.91	1422.82	2213.10	55.54
湖南省	1480.02	1905.43	28.74	1821.84	2660.86	46.05
广东省	1580.18	2053.92	29.98	2119.48	2742.77	29.41
广西壮族自治区	1409.66	1829.33	29.77	1497.68	2032.03	35.68
海南省	1602.62	2175.25	35.73	1659.91	2443.25	47.19
重庆市	1245.82	1757.99	41.11	1500.15	2143.19	42.87
四川省	1139.06	1681.05	47.58	1371.03	1995.44	45.54
贵州省	1055.44	1466.39	38.94	1190.65	1741.50	46.26
云南省	1500.77	1798.70	19.85	1760.62	2209.16	25.48
西藏自治区	2661.58	4648.19	74.64	2949.28	4758.66	61.35
陕西省	1523.27	2128.46	39.73	1475.79	2153.55	45.93
甘肃省	1363.45	1774.22	30.13	1549.88	2050.82	32.32
青海省	2113.94	2733.17	29.29	2257.97	2991.36	32.48
宁夏回族自治区	1390.92	1975.60	42.04	1838.84	2623.24	42.66
新疆维吾尔自治区	2068.84	2573.48	24.39	2526.29	3271.55	29.50

数据来源：教育部2007年全国教育经费执行情况统计公告。

表5　　2006～2007年全国普通小学和初中生均预算内公用经费　　单位：元

省市区	普通小学生均预算内公用经费			普通初中生均预算内公用经费		
	2006 年	2007 年	增长率（%）	2006 年	2007 年	增长率（%）
总　计	270.94	425.00	56.86	378.42	614.47	62.38
北京市	1619.42	2951.59	82.26	2460.80	4963.63	101.71
天津市	511.94	592.62	15.76	728.88	787.69	8.07
河北省	171.00	379.32	121.82	235.18	478.28	103.37
山西省	212.01	458.90	116.45	315.56	629.64	99.53
内蒙古自治区	428.87	647.74	51.03	555.95	781.75	40.62
辽宁省	530.01	590.47	11.41	709.92	788.12	11.02
吉林省	330.19	530.27	60.60	399.05	619.29	55.19
黑龙江省	361.76	485.18	34.12	425.24	564.11	32.66
上海市	2308.80	2844.93	23.22	2614.74	3425.92	31.02
江苏省	196.38	506.86	158.10	247.24	642.55	159.89
浙江省	434.18	602.53	38.77	642.20	920.22	43.29
安徽省	102.38	296.87	189.97	135.63	399.85	194.81
福建省	308.40	421.30	36.61	402.44	519.68	29.13
江西省	163.96	283.34	72.81	211.50	363.35	71.80
山东省	136.21	370.82	172.24	210.64	568.10	169.70

续表

省市区	普通小学生均预算内公用经费			普通初中生均预算内公用经费		
	2006 年	2007 年	增长率（%）	2006 年	2007 年	增长率（%）
河南省	169.76	316.52	86.45	251.97	512.22	103.29
湖北省	153.51	308.81	101.17	206.73	450.25	117.80
湖南省	208.47	370.60	77.77	279.35	494.36	76.97
广东省	315.98	449.20	42.16	522.37	732.95	40.31
广西壮族自治区	205.50	308.06	49.91	299.42	474.76	58.56
海南省	367.11	374.18	1.93	448.32	576.38	28.56
重庆市	464.56	495.35	6.63	599.58	696.97	16.24
四川省	334.49	491.46	46.93	430.62	628.38	45.92
贵州省	139.94	198.56	41.89	246.70	324.60	31.58
云南省	248.94	281.26	12.98	367.02	395.50	7.76
西藏自治区	409.22	494.57	20.86	361.74	505.01	39.61
陕西省	368.39	519.28	40.96	453.40	657.80	45.08
甘肃省	298.88	300.45	0.53	399.78	454.68	13.73
青海省	524.61	436.96	-16.71	530.32	554.62	4.58
宁夏回族自治区	288.72	473.99	64.17	467.77	837.91	79.13
新疆维吾尔自治区	317.66	445.31	40.18	625.75	726.71	16.13

数据来源：教育部2007年全国教育经费执行情况统计公告。

课题组调查的四个县（市），按照所处位置和当地社会经济发展条件的不同，分别属于从发达阶段到欠发达阶段的不同典型，在发展农村义务教育上体现了不同的层次和目标要求。

太仓市属于我国经济最为发达的地区之一，2006 年农民人均纯收入 9285 元，比全国人均收入高 2 倍。全市义务教育外来学生增长迅速，数量已经占一半左右。这里教育条件好，目前农村义务教育工作的重点致力于推进教育现代化，创建区域教育高位均衡。

习水县是我国经济最不发达地区之一，2006 年农民人均纯收入 1880 元，其农村基础教育还处于刚刚普及阶段，2004 年才完成“普九”。在“十五”期间，在国家的政策扶持下，比计划提前一年实现了“两基”达标，投入资金达 1.14 亿元，但在快速发展中留下矛盾，如教育欠债达 9000 余万元。目前该县的义务教育工作重点主要是改善办学条件，落实经费保障新机制，“保工资、保运转、保安全”，在巩固基础的前提下提高办学水平，提升教育质量。

资中县也属于经济欠发达地区，但经济发展条件比贵州习水县相对较好，略低于全国平均水平，2006 年农民人均纯收入 3129 元。全县义务教育已经普及，

1999年就实现“普九”，比贵州习水县早5年；2004年通过第二轮复查评估工作。目前该县义务教育工作的重点是巩固发展义务教育，提高教育质量，探索义务教育和职业教育的统筹结合，提升基础教育功能。

内蒙古锡盟属于西部少数民族地区，2006年农牧民人均纯收入3309元。目前该地区农村基础教育已经普及，对农村教育布局结构随之进行了大规模、全方位的调整优化，学校全部集中到旗（县城）所在地，农村义务教育发展工作的重点是发展民族特色教育，提高教学质量。

（二）保证和提高教育质量成为最需要解决的问题

党的十七大提出要优先发展教育，建设人力资源强国。目前我国大部分人口仍居于农村，农村的少年儿童无疑是未来发展所必须主要依靠的人力资源。新时期经济社会的快速发展为农村义务教育事业的发展创造了历史上难得的好条件，也提出新的任务要求。我国教育事业的发展已经进入基本普及九年制义务教育的新阶段。现阶段农村义务教育发展的机遇前所未有，深入发展遇到的挑战也是前所未有。最大的挑战就是如何保证和提高农村义务教育的教育质量。

在我国经济市场化发展的大环境中，义务教育的发展不仅要坚守传统优秀文化的教育品质，传授基本知识和传承古老文明，还要吸纳现代科技发展成果，培养广泛的兴趣和学习创造能力，创新教育方法。在过去义务教育发展过程中，有关问题一直受到关注，但改革明显滞后。一是义务教育阶段的应试教育特点仍然非常突出，无论是教学内容、教学方式等都紧紧围绕升学开展，素质教育基本仍停留在口号上；二是教学内容以及课程设计仍存在很多不合理的内容，一方面存在很多无用的或基本无用的教育内容，同时，与农村发展、与少年儿童成长密切相关的知识教育则明显不足；三是在教育方法上，受应试教育的影响，普遍还是简单的知识灌输型，对于教育成效的评判仍简单依据考试成绩，综合能力培养远远不足。

根据国务院发展研究中心对涉及17省2749个村庄的调查表明，教学质量已经成为农村居民在教育方面担心的首要问题，有76.9%的村认为，新农村建设在教育方面最应该尽快解决的问题是保证教学质量，有23.7%的村认为，应该通过加强教师培训来解决这一问题。一些地区因为优势教师过度向大城市和发达地区集中，教师队伍质量存在巨大的地区差距和城乡差距，农村教师长期处于缺编状态，有的地区出现过一所学校一个教师的现象。近年来各地加快了学校布局优化调整，虽然在一定范围内对教育资源的分散和结构性失调有所缓解，但是尚没有根本解决问题，部分农村仍然存在依赖着代课教师来满足教育教学需求的状况，保证和提高教育质量面临艰巨的挑战。

（三）农村学生数量和结构发生重大变化

近年来，由于人口自然增长率下降，全国义务教育阶段（小学+初中）学龄人口逐年减少，小学和初中招生人数下降，学生数量规模呈不断减少趋势。据统计，2007年全国小学在校生为10564万人，比上年减少148万人，比5年前的2002年减少1593万人，比10年前的1997年减少3431万人；2007年全国初中在校生为5736万人，比上年减少222万人，比5年前减少951万人。

根据课题组在贵州省习水县、四川省资中县和江苏省太仓市的实地调查，自2001~2006年的6年间，三个地区农村义务教育阶段的学生人数均呈现不断下降趋势，其中经济条件最差的贵州省习水县下降最快，其次是四川省资中县，江苏省太仓市较小已接近于稳定。相比农村小学学生数的持续不断下降，农村初中学生数的下降时间略有推后，三个调查县（市）依次从2003年、2004年和2005年出现明显回落，其中西部地区人口大县的四川资中下降幅度最为显著（见图2，图3）。

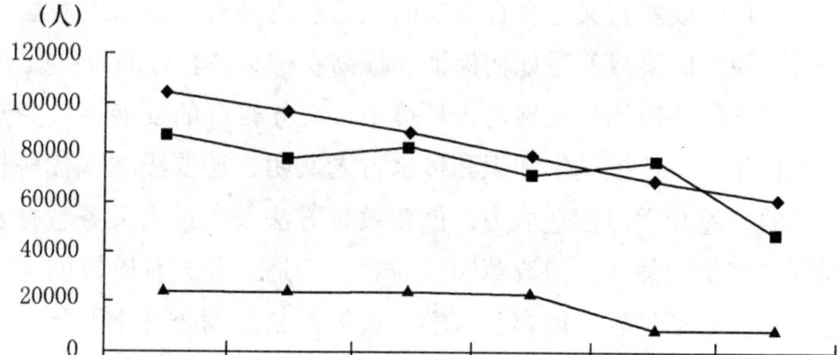

	2001	2002	2003	2004	2005	2006
◆ 贵州省习水县	103065	97468	88677	78457	68803	60627
■ 四川省资中县	87720	78110	81757	72086	77402	48747
▲ 江苏省太仓市	24825	24140	24444	24359	9680	9582

图2 2001~2006年三个调查县（市）农村小学学生数

资料来源：调查县（市）教育局。

近几年农村义务教育学生规模在显著减少的同时，还形成了几个特殊群体和问题，导致学生结构发生以下新的变化。

一是农村学生跨省市流动，中西部义务教育问题延伸到东部城市。打工农民的子女随着父母的转移就业上学不稳定，具有流动性。在我们调查的江苏省太仓市，农民工子弟学校发展非常快。虽然城乡都属义务教育，目前已经明确要对农村实施“两免一补”政策，但并没有同步在城市实施。对于部分经济能力较低的流动人口家庭来说，即使不需要缴纳借读费用，在城市学校借读的杂费、书费等事实上也构成了门槛，其受教育权利也因此受到影响。由于农村教育质量相对较

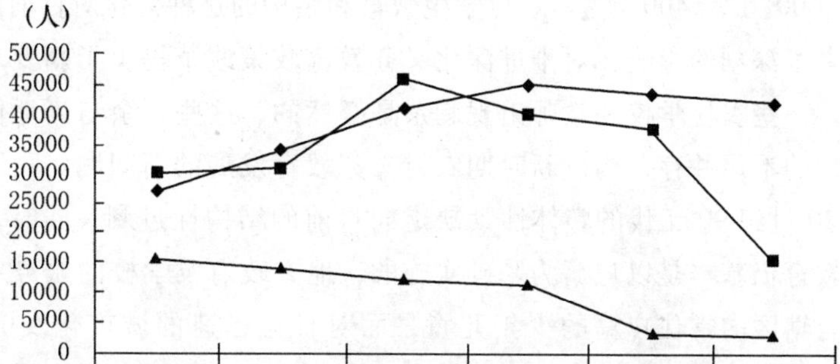

	2001	2002	2003	2004	2005	2006
—◆— 贵州省习水县	26712	33700	40892	45020	43491	41669
—■— 四川省资中县	29640	31147	46496	40054	37746	14668
—▲— 江苏省太仓市	15394	13990	12177	11322	2926	2797

图3　2001～2006年三个调查县（市）农村初中学生数

资料来源：调查县（市）教育局。

低、一些教材脱离实际，学生感到升学无望，同时受读书无用论等影响，一些地区农村初中生失学和提前进城问题比较突出。

二是农村学生跨城乡流动，乡村义务教育问题延伸到城镇。在工业化、城市化加快发展的形势下，农村社会转型加快，农村学生家庭出现了重要变化，存在社会分化现象。一些落后乡镇、偏远农村普通学校生源减少，学生减少，义务教育出现“人去、楼空、校垮”陷入生存危机，而部分学生向城镇和名校集中，城镇优质学校尤其是县城、比较大的建制镇的学生明显增多，造成“人进、教室挤、校小”严重超负荷运行的现象，“大班化”教育现象凸显。这种情况，一方面造成学校之间资源配置无法均衡，另一方面也造成不同程度的教育资源浪费。

三是农村学生仍然存在大量困难群体，农村留守学生大幅增加。部分边远和贫困地区义务教育的发展能力有限，农村孩子上学仍然十分艰苦。尤其是一些地区由于人口的变化推进农村学校布局调整，但撤校并点又造成一些新的矛盾：形成新的上学难、上学远等问题；或者学校配套设施跟不上，存在潜在安全隐患，引发新一轮辍学；或者农村学生上学成本不断提高，难以支付住校费、生活费成本，增加了农民负担。即使是在经济发达地区，如江苏太仓市农村，我们调查，也存在困难群体，市里的免费学校每年招收两个班的学生。在经济不发达的地区，农民外出打工后，出现大量留守儿童，形成留守学生问题，缺乏应有的社会关爱，家庭教育功能弱和淡化。

今后几年全国义务教育学生数量和结构仍将保持这种变化趋势。根据有关专家预测，到2010年，全国小学在校生将下降到10500万左右，初中生将下降到5000万~5400万①。农村学生数量和结构的这种变化对目前的义务教育发展带来了深刻的影响，对推进深化义务教育政策改革提出了新要求。随着学生减少，一些农村学校和教师出现剩余是必然的，这些剩余与当地优质学校和优秀教师的不足并存，构成新时期农村义务教育发展的新问题。我国中小学教师已从20世纪90年代的整体性紧缺走向目前的结构性过剩。同时，现阶段农村义务教育仍基本是以户籍为基础实施的，地方政府及学校的服务对象主要是针对具有辖区内常住户籍的少年儿童，面对日益迅速的城市化及劳动力人口的流动，传统的体制面临很大挑战。解决这些问题既涉及到教育质量，也涉及到公共投入的效益。

（四）农村教师资源配置、培养培训和工资福利问题凸显

经过多年的努力和政策扶持，全国义务教育教师的总体规模按现行编制标准基本满足需求，教师学历水平和教育教学能力不断提高，教师的工资、福利待遇及工作条件有所改善，教师培训也有了较大进展，但由于多方面的原因，全国农村中小学师资力量总体薄弱，农村教师在资源配置、培养培训和工资福利等方面存在的问题仍然十分突出，加之没有教学质量的淘汰机制，教师聘用管理机制不完善，教师配备结构性问题凸显，"拔高使用"和缺编现象并存。

近年来城乡差别、地区差别对教师的工作影响很大，农村教师的流动加快，加剧了教师资源配置矛盾。在教师的就业和聘用上，市场机制已经在发挥重要作用，如果所在地学校没有较好的待遇，没有较好的职位，没有稳定的住房，难以吸引好的教师。不仅城镇"重点学校"吸走了部分水平较高的农村教师，而长期的低工资和农村生活条件艰苦，也推动一些农村骨干教师流向大城市和沿海地区。农村边远地区学校的教师待遇低、生活条件差、工作环境艰苦、个人发展机会少，骨干教师流失、补充困难、青黄不接的矛盾十分突出。一些农村地区因财政困难，不能按照编制正常补充合格的新教师，农村学校实验、体育、生物、英语等课程开课不足，部分学校更是以较低报酬聘用代课人员。教师缺编加上经费困难，开展素质教育很艰难。

① 参见新华社北京12月24日电：学龄人口呈下降趋势，中小学教师结构性过剩。我国中小学教师已从20世纪90年代的整体性紧缺走向目前的结构性过剩。教育部师范教育司副司长袁振国说，从目前到2010年，我国学龄人口总体呈下降趋势，目前我国小学在校生1.2亿，初中在校生6700万；到2010年，小学在校生将下降到1.05亿左右，初中生将下降到5000万至5400万。所以将约有100万小学教师、40万至60万初中教师过剩；但是，随着普通高中教育普及率的提高，高中的入学率大幅提升，目前，高中毛入学率为53%，到2010年将提高到65%左右。因此，高中教师需求的增幅也将增大，即将出现100万左右高中教师的缺口。

目前农村教师反映教学压力大的问题突出，亟须加强和创新教师培养培训工作。根据调查分析，导致这个问题，有四个方面的原因。一是历史原因。20 世纪 90 年代，我国教师规模迅速扩大，一些低学历人员进入教师队伍。抽样调查表明[①]，小学和初中教师中“民转公”的比例为 13.2%，在农村这一比例达 20%。另外教师“拔高使用”状况在初中阶段较为突出。在进入教师队伍时，初中教师学历合格率为 68.4%，其中农村为 58.8%。二是现代教育、教学的难度大，教学内容有城市化倾向，对老师的要求不断提高，开展教学的深度表面上减轻了，但知识的广度提高了，新知识不断增多，老师需要加强学习和知识更新。三是农村教师培养培训“学非所教”问题严重，尤其是初中教师初始学历合格率低，取得合格学历专业与所教课程不对口问题突出，中高级职务教师比例在城乡、校际之间仍有较大差距，教师专业化程度不高，教育教学能力与全面实施素质教育的要求仍有较大差距。四是传统的农村教育方式需要变革。目前教学模式存在单一化问题，缺编教师多，学生的特点和学习的需求也不断发生新变化，制约农村基础教育的发展。

全国农村教师基本工资近些年实现了逐步增长，教师福利待遇受到重视，工作环境得到改善，并建立法制保障。但在现实中，相比城市教师和公务员，农村教师的工资收入水平依然偏低。《义务教育法》和《教师法》的有关保障规定尚没有落实，不少地区教师工资与当地公务员工资差距显著扩大，教师反应十分强烈。教师在享受公共服务和业务提高机会方面不平等，教师医疗、住房仍面临突出困难，特别是落后农村，教师往往无商品住房，几乎全部在校外租建民房使用。基层教师培训经费缺乏保障，教师工作条件依然较差。

围绕建立市场经济体制的改革、对外开放和实现社会现代化，总体而言，我国教育制度改革和教育政策的调整取得了一些重大进展，义务教育在数量、规模上的发展令人瞩目；但其发展大于改革，在义务教育的素质、教育品质的提升上还有待改善，怎么样摆脱应试教育困境，从农村教师入手，切实提高教学质量，实施真正意义上的素质教育，让教师和学生真正的享受教育的幸福和快乐，这个问题没有根本解决。

（五）加强学校建设、适当拓展学校功能具有紧迫性

虽然近年来各地农村学校面貌与以前相比有重大改观，但各地区发展还不平衡，与时代发展的要求相比也还存在差距。一些经济欠发达地区的农村学校，因

① 数据来源：《国家教育督导报告（摘要）——关注义务教育教师》，中新网。

“两基攻坚”，要完善义教工程的附属设施建设欠债。不少地区农村学校基本建设不达标、不配套，缺乏对学生提供良好住宿和伙食的条件。我们在贵州调查的一个较好的二郎乡中学，学生宿舍紧张，能容纳500的学生公寓已远远不能满足学校的发展需要，目前尚有200余人未住在公寓内（一部分在校外借住，一部分住于新教学楼教室内）。还有一些学校建设缺乏合理规划指导，在办学上摊子过大、教职员队伍过分扩张，而投入不足、监管不力，造成追逐经济利益、行为目标出现偏差的问题仍然不同程度地存在。

随着农村的发展，要求新一代劳动力在科学、文化、技术水平方面的素质得到全面提高，一些农村家庭强烈希望上好学校，现有学校在办学设施不足，远程教育设备、图书、实验装备等不能满足学生正常教学需要。社会对农村学生教育需求不断提高，要求素质教育，改进教学内容和教育方式，提高教育质量，满足更高层次的教育需求，这需要增加投资，在目前的体制下，还缺乏社会融资渠道。现有农村教育系统的学校资源优化与整合还不强，与教育内容和教学方式的改革需求相比，与提高教育成效以及劳动力素质的要求相比，均有不足。

（六）以县为主的管理体制仍然面临挑战

教育发展作为社会事业，受经济发展阶段和地方经济的影响大。从“以县为主”体制实施后的情况看，此前所面临的很多资金问题有了明显好转，但还没有彻底解决问题。各地发展水平不均衡，不仅城乡之间差距巨大，而且农村内部的地区差距也相当大。在中西部的很多农村地区，虽然教育发展条件有所改善，但相关配套不足，整体改善还任重道远，以县为主的体制仍然面临艰巨挑战。

全国有相当一部分县（市）的县级政府对中央和省级政府投入的配套难。这些县受经济发展水平以及财政转移支付体制不完善的影响，统筹发展包括义务教育在内的各项社会事业的能力不足。不仅如此，在这些地区，农村变化快，需要更多的建设寄宿制学校，相关设施设备建设起点低，基础差，配套成本越来越高，要求投入多，办学责任大。2005年国家推进农村义务教育经费保障新机制改革后，突出了中央政府的责任和义务，但省级政府责任不足问题尚未有效解决，尚没有形成省级政府投入稳定增长的机制。

目前中央与地方政府的投入分担还只是集中于学费、杂费、贫困生教科书费和寄宿制学生的生活费等若干支出项目，其他如教师工资、基本建设费用以及公用经费等主要支出内容基本仍按原渠道筹资，原筹资方式中存在的问题及其对于部分财政特别困难地区的影响没有得到彻底解决；2005年所确定的对中西部地区若干费用项目的补贴虽考虑到了中西部地区的差异性，进行了分类，但分类标准过粗，难以解决西部地区不同区域间的差异性问题。这些问题的存在影响着农村义务教育发展（特别是困难地区义务教育发展）的费用保障问题。

（七）农民家庭的教育负担此消彼长

农村义务教育经费保障新机制的逐步实施，大大减轻了义务教育阶段子女农村家庭的原有学杂费负担，但农民家庭的教育负担此消彼长，教育负担承担能力有限的问题仍然不容忽视。

一是农民家庭教育费用支出的结构发生变化。因为农村学校布局的调整和对教育质量提高的追求，以前需要交纳的学费、杂费被减免了，但购买教学辅助资料和学习用品费用、交通费、生活费、住宿费、上兴趣班的费用增加，一些学生家庭因为择校还要交纳额外的费用，更增加了教育的负担，仍有部分农村弱势群体家庭对于教育负担仍然不堪重负。根据2006年我们对17个省2749个村庄的调查，调查村庄拥有的学校（教学点）平均数量和比例由高到低依次是西部、中部和东部地区。西部地区每个村平均有1.47个学校或教学点，而中部和东部地区村庄平均数量都不足1个。西部地区村庄97.5%都有学校或教学点，中部和西部这一比例分别为78.6%和76.2%。调查的103962户贫困户中，“贫困发生率”（贫困户/总户数）为7.55%，从贫困原因来看，“上学导致的贫困”占36.19%，仅次于因“患病导致贫困”（占34.09%）。中西部地区“因上学致贫”最多，东部相对较少。根据2005年我们的一项调查，当时义务教育阶段学杂费支出占教育总支出的比重平均占一半，其他的费用还要占一半，仅买书和学习用品平均比例占23%。

二是义务教育阶段的教育负担大大减轻，但非义务教育阶段的个人教育负担沉重。根据国务院发展研究中心2005年农户调查数据，该项抽样调查的家庭教育负担，一个小学生的教育支出每年平均为1302元，一个初中生每年平均的教育支出为1826元，一个高中或中专生每年平均的教育支出为4674元，一个大学及以上的学生每年的教育支出平均为10242元。拥有义务教育阶段子女的家庭，其家庭教育总支出占2004年家庭收入的比重平均为60%，而拥有高中及以上子女的家庭，教育总支出与收入的平均达到2.93:1。在经济落后地区，高中教育入学矛盾十分突出。高中入学机会相对较少，同时高中学费较之中小学要高。政府给予义务教育高度重视，“两免一补”政策巩固了低收入家庭的入学率，在高等教育阶段的助学贷款和政府帮扶体系也日臻完善，但高中教育却是一个关注的空当。

（八）农村义务教育与职业教育发展结合不足

大力办好义务教育事业，关系到各级各类人才的培养，在构建中国特色社会主义教育体系中具有十分重要的基础地位，始终是教育工作的重点和难点。农村教育包括义务教育和职业教育，在现行教育体制下，农村义务教育的发展适应新农村建设需求的功能还不够，义务教育和职业教育的统筹发展不足。

一是农村初中教育办学困难。农村初中教育作为小学的下游和高中的上游，具有承上启下性。相对小学教育而言，目前农村初中教育发展课程多，需要的老师多，教育成本高，办好比较困难。同时，初中教育毕业后面临升学问题或就业问题，受本身学习能力、学习兴趣、学习成绩状况和社会劳动力市场的影响大，具有较强的社会开放性。一些学生在校期间学习成绩差，同时当地普通高中招生规模小，职业教育发展也严重滞后，学生在学看不到升学的希望，造成初中未毕业就提前退学打工，部分地区初中生提前辍学问题十分突出。

二是农村中等职业教育组织招生和办好难。与此紧密关联的是学制和学费问题。中职教育的基础是初中，属于义务免费教育。中职教育的对象主要以初中阶段学习成绩不太好和家庭经济比较困难的学生为主。从中职教育学生群体的需求看，现行义务教育的初中时间偏长，占用资源偏多，教学课程设置也不完善合理。要办好中职教育，应注意保持这些学生的学习兴趣和增强学习自信心，适当减轻其在义务教育初中阶段的学习负担，增加一些职业技能方面的学习课程，减少其在学校期间总体学习时间和家庭教育成本。这就需要在初中教育和中职教育的学制和经费分配安排上具有更大的灵活性，因地制宜，实现统筹发展。目前四川省资中县等一些地区在此方面已经进行了一些有益的探索。但学制的改革探索涉及教育的深层次问题，目前国家在此方面尚缺乏有关的政策和明确的指导意见。

三是农村义务教育学校资源的相对富余与农村职业教育学校资源的不足难以互补。农村义务教育事业在快速发展的过程中，由于学生数量减少和学生结构发生变化，同时学校布局进行调整集中，有一些教育资源存在结构性富余，可以用于加快职业教育发展，发挥更好效益，但目前还缺乏相关统筹机制。

四、深化农村义务教育政策改革的方向与建议

（一）制定和实施新的战略规划，完善不同类型地区农村义务教育均衡协调发展的机制

义务教育发展是一个社会事业，没有直接经济产出，受制约于国家经济发展的阶段、水平和实力，决定于国家的发展政策。长期以来，农村义务教育一直是我国教育事业发展的瓶颈。近几年，我国高度重视农村义务教育发展，推进城乡教育公平发展，农村义务教育已经成为国家教育投入的重中之重。农村

义务教育改革和发展非常迅速，成效也非常突出。但我们是“穷国办大教育”，各地农村义务教育发展的情况还不平衡，一些经济落后地区在办教育方面仍然存在不少问题和困难，同时由于农村经济结构和社会结构的快速变化，农村义务教育的发展也正在面临新情况、新挑战，需要明确目标任务规划更加合理地配置资源，运用政策杠杆解决工作中遇到的难点问题，通过制度约束保证工作的顺利进行。

要坚持党和政府对农村教育发展事业的坚强领导，立足我国仍然处于社会主义初级阶段穷国办大教育的实际，采用加强规划管理和法制建设的办法，统筹解决农村义务教育发展面临的各种矛盾。加快制定和实施《国家中长期教育改革和发展规划纲要》，明确今后一个较长时期全国义务教育发展的总体思想、目标任务、技术路线、战略重点和管理制度，实行不同类型地区的发展全面覆盖并分类管理。完善财政支持不同类型地区农村义务教育均衡协调发展的机制，保证各地积极、稳妥、有计划、有步骤地推动全国义务教育均衡协调发展和现代化。对于经济落后地区和欠发达地区，重点要加强中央和省级政府的转移支付，加快完善教育基础设施建设，巩固和普及农村义务教育，推进提高教育质量，探索农村教育创新。对于经济发达地区，重点是要促进认识提高，严格责任，加强政策落实，推进区域教育发展高位均衡，推进义务教育现代化。要抓住关键环节和重点，通过完善政策制度，健全以基本公共服务公平原则为基础的农村义务教育转移支付制度，建立和完善财政支持义务教育发展新机制，深入扩大农村少年儿童接受基本教育的覆盖面，促进延长农村学生接受免费教育的时间，为义务教育均衡、健康和可持续发展提供体制保障。

（二）将创新义务教育形态、突破素质教育列入教育工作紧迫任务，提升标准和要求

我国农村义务教育事业发展进入新阶段。质量是教育的中心环节，也关系到儿童的未来，全面提高农村义务教育的质量已经成为当前和今后教育工作最为紧迫的一项任务。站在新的历史起点，农村义务教育公共政策的核心是“一手给钱，一手要效果”，创新义务教育形态，突破素质教育。要落实科学发展观，按照教育要“面向现代化、面向世界和面向未来”的要求，以提高民族素质、培养新时期合格建设人才为根本目的，坚持统筹城乡均衡发展、全面实施素质教育和全面提高教育质量，建立国民现代义务教育体系。

新时期强调提升农村义务教育效果的核心是要对义务教育发展工作实行高标准、严要求。要加强组织领导，在普及和巩固各地九年制义务教育的基础上，以提高质量为核心，明确将创新义务教育形态、突破素质教育逐步列入教育工作重

要任务；建立中小学现代学校制度，加快建立拥有高素质教师和充满活力的新形态的学校，这种学校同时也必须是能够充分反映监护人意向、值得信赖的学校；建立以教育质量为中心的绩效预算和考评制度，提高对农村义务教育质量要求的标准，实行目标管理责任制，发展现代教育方式。

案例1　太仓市推进教育优先发展，实行教育目标责任制

江苏省太仓市是苏州市辖的一个县级市，属于我国经济最为发达的地区之一。2006年农民人均纯收入9285元，比全国人均收入高2倍。该市教育事业发展的重要特色是坚持像抓经济一样抓教育，坚持贴近经济办教育，统筹发展各级各类教育等，形成现代化大教育格局。“十五”期间，在全省率先普及了15年教育，各项主要指标均达到了发达国家20世纪90年代末期的水平，基本上建立起了较为完善的现代国民教育体系。

为了推进教育优先发展，该市制定和实施专门的教育发展规划，确立以均衡、优质发展基础教育，以加快教育改革开放步伐、全面实施素质教育、加强教育人才队伍建设、加大对教育的经费投入为主要措施，以加强对教育工作的领导、保障条件、加强教育系统党的建设和政风行风建设、大力推进依法治教为保障条件。

市镇两级政府认真规划教育事业的发展，并按照适度超前的原则，确保教育事业在经济社会发展中得到优先发展。2007年，太仓市将农村学校现代化建设列为政府十大实事工程的首位，市、镇财力和市教育局三家共同投入6000万元，对各镇所属农村学校进行原地改造、扩建、提档升级。

资料来源：课题组苏州市太仓实地调查。

（三）改革完善农村教师配备机制及培养培训机制，保障和提高农村教师工资福利水平，激发教师活力

教师是加强和提升农村义务教育质量的核心环节。加强农村教师队伍建设，提升农村义务教育师资整体素质和水平，要保障教师工资待遇，加强教师责任，改革教师资源配置机制，创新教师绩效考评机制，加强教师培养培训，推进教学方式现代化。

一是从财政上保障和提高教师的工资收入和福利待遇，改善教师工作和生活条件。要明确改善教师工资待遇是一个坚定的方向，并采取相关措施逐步提高工资福利水平。综合考虑经济发展的阶段性特点和地方财政收支情况，不仅要提高农村教师的绝对工资福利水平，而且要提高农村教师特别是边远落后地区教师的相对工资福利水平。加快建立和完善教师正常晋级增薪的制度，规范和健全绩效工资管理体系，落实教师绩效工资。各地要在国家出台教师津贴补贴政策和当地制定公务员补贴政策的同时，按照教师平均工资水平不低于当地公务员平均工资水平的法律规定，核定教师津贴补贴标准。完善教师住房、医疗和养老等社会保障，保障和改善农村教师工资待遇和工作条件，解决后顾之忧。对于在农村边远等地区工作的教师，要按艰苦程度提高津贴标准，探索将教师基本医疗、养老保险等费用以及定期体检的费用纳入财政预算的措施和办法。

二是深化教师人事制度改革，努力满足农村边远地区教育的需要，建立和健全教师教学绩效管理机制。参照公务员管理办法，严格教师任职标准，对教师队伍建设实行高标准、严要求，规范和改进农村教师（特别是优秀教师）的聘用、激励与约束机制。县级政府要统筹县域内城乡教师资源，灵活合理地配置教师。地方各级政府都要通过有效方式，利用好设立特岗教师等政策，努力保证农村边远地区对合格教师的需求。吸引优秀青年到农村任教，鼓励优秀人才长期从教。完善教学统计制度和绩效考评制度，激发教师活力，提高教学质量。加强教师职业道德建设，提高对教师“为人师表”的责任要求，对教师罢课等违法违纪问题进行严肃处理。

三是加强农村优秀教师培养培训，推进教学方式改革和现代化，提高农村教师素质和教学水平。以提高教师教育水平为核心，完善教师培训与考核、使用相结合的机制。加快培养和用好学科带头人，加强音、体、美教师的培养优化和农村教师结构的调整。面向所有农村教师，建立学习和业务提高的平台。适当增加农村教师数量配备，减轻教学数量压力，向教学一线的老师、年轻老师更多地提供培训提高的机会。重视妥善处理代课老师的待遇和培训问题。加强对城乡之间、区域之间教师资源的统筹协调，均衡优秀教师配置，规范教师的社会流动。改进农村教学方式，推广现代化的教育手段和方法，改进教材的使用，统筹教辅资料。改革农村教育考核目标及考核方式，既要用好考试这个手段，又要坚持素质教育的要求。

案例2　太仓市加强统筹协调，提升城乡师资整体均衡水平

（1）创新学校干部选用机制，增强活力。主要做法是政策导向、合理配置，城乡联动、同步提高，改善待遇、稳定队伍。太仓市积极拓宽选人用人渠道，大力推进中小学领导干部选拔任用制度改革，加大学校管理干部的轮岗力度，规定在同一岗位上担任校级领导的达到一定期限的必须进行异地交流。鼓励城区优秀学校管理干部到农村薄弱学校任职或挂职。

(2) 改革骨干教师评选管理。太仓市2007年1月10日开始实行《太仓市中小学（幼儿园）骨干教师评选管理办法（试行修订稿）》和《太仓市骨干教师学年度考核细则（试行修订稿）》。太仓市级骨干教师共分三种类型：教坛新秀、学科教改带头人、教育科研学术带头人。太仓市级以上的骨干教师包括苏州市中青年学科带头人、苏州市教育科研学术带头人、苏州市名教师以及江苏省特级教师、江苏省名教师等。通过评选与命名，组织考核、评议，发文命名，颁发证书，推动太仓市骨干教师履行相应职责与义务，给予一定考核与奖励，加强名师工程建设，充分发挥中小学（幼儿园）骨干教师的示范辐射作用，推动教育教学改革的健康快速发展，促进教育教学质量的全面提高。

(3) 推动中小学教职工流动。坚持根据教育事业发展需要，合理流动、流动有序规范、各类学校之间、区域之间以及各教育段之间协调发展原则，采取引进、调入本市，调出本市，调出教育系统，市内流动等方式，按程序办理中小学教职工流动手续，建立和执行服务期制度、流动补偿制度等相关制度，深化学校人事制度改革，促进教师合理流动，优化教育人才资源配置，提高教师队伍整体素质。

资料来源：课题组苏州市太仓实地调查。

案例3　资中县实施“名师工程”带动教师队伍建设

四川省资中县以教育质量为根本，积极推进素质教育，启动和实施“名师工程”。根据《资中县优秀骨干教师教育工作者奖励办法》（资中府发〔2003〕100号），从2003年起实施了“名师工程”，建立教师奖励机制。在县财政十分困难的情况下，全县每年拿出100万元奖励在教育教学战线作出突出贡献的教育工作者。奖励在全县范围内评选，包括名校长、学科带头人、名教师和骨干教师。每三年一届，每月发放政府教育津贴，并对其管理期内应履行的各项义务做出了明确规定。

资料来源：课题组资中县实地调查。

（四）合理调整农村学校布局，强化学校的基础建设、教育能力和多元服务功能

学校是农村义务教育的载体。相对于城市学校而言，农村学校在农村义务教育中具有更加特殊而重要的意义，是创新义务教育形态的重点和难点。结合推进新农村建设的需要，要制定城乡统一的义务教育办学基本标准，落实新的农村中

小学校建设标准，实施农村义务教育普及提高发展战略规划。

政府应该办好每一所学校，使每一所农村学校都成为当地最安全、最坚固、最让群众放心的合格学校。中央要支持贫困地区进一步改善学校条件。改革完善学校管理方式，提高学校掌握资源的能力。通过强化学校的教育能力即“学校力”和“教师力”，充分培养儿童作为人的能力是改革的目标。期望儿童的身心能健全地发展，具备高资质能力的教师能够充满自信地指导学生，同时，监护人和地方当局积极参与其中，开展富有成效的活动，保障学生和家长的合法权益。确保政府对学校建设的投入，严格管理学校财务收支和分配，彻底杜绝各种形式的收费和变相收费，同时，进一步改革人事制度，充分引入岗位竞争机制，形成有效激励。要对农村中小学发展规模和教职员工队伍形成合理调控机制。在确保教学质量的前提下，要解决教职工数量增长过快、人浮于事等问题。鼓励社会力量兴办优质教育。

统筹学校教育功能和社区生活功能，稳步推进学校布局调整和资源配置，推进农村寄宿制学校建设，既突出义务教育服务的可及性，适当增加教学点，解决部分地区特别是边远山区、牧区学校网点不足问题，也结合人口流动的需要，解决部分学校布局过于分散的问题。注重学校资源的综合利用，把学校的配套工程建设完整。加强农村学校社区建设，改善学生食宿条件和学校卫生设施，改善农村学生营养状况。推进校园“三化”（绿化、文化和硬化）建设，增加和完善教学设施，建设精致校园。加强教学设施设备的配置，提高学生学习生活兴趣。强化不同学校间师资力量、基本建设以及其他办学条件的均等化，推进区域内以及区域间义务教育均衡发展。

加快消化农村教育负债。农村教育负债是多种原因造成的历史遗留问题，已成为制约农村义务教育发展的一个重要因素。农村义务教育负债大部分都挂在学校，学校成为债权人追讨债务的主要目标。由教育负债引发的债务纠纷，分散了农村中小学领导的精力，影响了正常教学秩序。而且在旧债没有化解的情况下，许多地方教育负债仍在不断增加。要对农村义务教育债务情况进行全面审计，核清底数，锁定旧债，加快消解农村教育债务。要积极推进农村学校预算管理制度改革，加强对学校财务的管理和监督。

案例4　太仓市加大投入，推进提升农村学校办学条件

（1）整合资源优化布局，优化中小学校布局和教育结构。从80年代到90年代先后分三个阶段进行了较大规模中小学布局调整，成为苏州市唯一一个没有村校的县（市）。“十五”规划后，每10万人设置1所高中，每3万人设置1

所初中和每万人设置1所小学的布局调整任务全面完成。2005年9月制订了《加快建设教育强市率先实现教育现代化决定》，明确了高标准、高水平、高质量实施义务教育的目标与任务，启动乡镇学校十大重点工程建设，易地新建10所农村学校（幼儿园），把农村义务教育的均衡优质发展作为今后一段时期工作的重中之重。

（2）更新装备提升水平。把教育现代化纳入地方现代化建设的整体布局，城乡同步规划，统筹安排，市、镇、校三级联动，共同推进。目前太仓市义务教育阶段学校的实验室、图书室装备水平在苏州市处于领先地位，95%以上的中小学都创建为苏州市信息化实验学校、先进学校和示范学校。

资料来源：课题组苏州市太仓实地调查。

案例5　资中县积极调整小学、初中布局，改善农村办学条件

为了优化配置县域教育资源，资中县“九五”期间就对全县小学、初中布局进行了适当的调整，1999年通过了“两基”评估验收。2002年，资中县对小学、初中布局进行了进一步的调整。到2006年9月，资中县共减少小学376所，单设初中30所，附设初中18所。目前全县校均地域覆盖面从1.5平方公里上升到8平方公里，初中校均地域覆盖面积从6平方公里上升到12平方公里。小学、初中布局现处于微调阶段，并将逐步趋于合理。

在调整学校布局的过程中，全县着力更新改造陈旧的教学设备设施，改善办学条件，有效促进教育公平。仅2006年，资中县就新添置了学生课桌凳单人套74492套，投入资金441万元；新购置学生床1000架，投入资金20万元；新购进教学用微机及笔记本电脑380台，投入资金160万元；新购置其他设备设施投入资金100万元。重视教学资源的优化配置，大力推进教育信息化，整合利用优质教育资源。作为全省首批最大的农村中小学远程教育工程项目试点县，三种模式已覆盖了全县中小学。主要项目的建设投入情况是：①远程教育项目。②招商引资。县投入1058万元，购置专用服务器86台，办公计算机279台，学生计算机2666台。③学校校园网络。④网络中心。

资料来源：课题组资中县实地调查。

案例6　内蒙古锡盟大规模、全方位调整优化农村学校布局结构

内蒙锡林郭勒盟地区属于西部少数民族地区，近年来大力推进草原生态治理、加快实施工业化、城镇化战略，经济转型步伐明显加快，2006年农牧民人

均纯收入3309元。目前农村基础教育已经普及，学校全部集中到旗（县城）所在地，民族地区帮扶，提高教学质量。近年来该盟对农村教育布局结构随之进行了大规模、全方位的调整优化。

2003年，全盟牧区苏木学校不足50人的有13所，占6.44%；农区学校不足百人的有40所，占19.81%。2004年，盟委、行署决定用三年时间，把牧区苏木学校全部撤并到旗所在地或建制镇，让牧区子女更好地享受优质教育。目前，牧区学校撤并工作已全部结束，同时对农区及城镇周边一批规模较小、质量偏低的学校和教学点进行调整撤并。中学由71所调整为63所，撤并率11.27%；小学由212所调整为144所，撤并率32.08%，教学点由119个调整为29个，撤并率75.63%，新建扩建学校64所，建筑总面积31万平方米。

2005年，全盟校均在校生规模明显扩大，小学由“九五”期末的288人增加到454人，初中由663人增加到816人，高中由402人增加到948人；小学入学率始终保持99.8%以上，初中入学率由“九五”期末的94.7%提高到97.4%。小学教师学历合格率由96.87%提高到99.68%，专科率由24.81%提高到64.35%，初中教师学历合格率由88.98%提高到97.8%，本科率由16%提高到48.5%。主要做法：

一抓提高思想认识工作，明确要求各地各部门要树立抓教育就是抓经济，抓经济一定要抓教育的理念，要站在更高起点上，用更新的理念、更宽的视野来谋划和推动教育事业的发展。同时结合全盟教育发展规划，对教育布局调整工作进行全面部署，形成了全盟上下关心、支持教育事业发展的浓厚氛围。

二抓资源调配工作。按照“因地制宜、适度超前、分类实施、相对集中”的原则，重点向全盟优势产业区域的“二市五镇”集中，实现优质教育资源的合理流动，提高办学效益。在这次教育布局调整工程实施中，注重突出了民族教育的建设和发展，优先规划建设了民族学校，优先保障民族学校的师资配置，中小学办学条件和师资水平明显改善。

三抓措施落实工作。规划是布局调整的龙头。按照“规划一步到位，调整分步实施”的原则，从实际出发，采取因地制宜、先易后难、分类指导、分步推进的方式，按照“四个不能”（在农牧区苏木乡学校布局调整中要做到不能造成国有资产流失、不能造成教师下岗、不能造成学生辍学、不能增加农牧民负担）的要求，实现有序调整撤并。

四抓组织领导工作。各地都建立了主要领导亲自抓、分管领导具体抓的工作责任制，将年度目标任务分解量化，层层落实，责任到人。盟、旗县（市）（区）分别成立以政府主要领导为组长，教育、发改、财政、人事、土地、城建、生态、农牧业等有关部门负责人参加的领导小组，统筹领导苏木乡学校布局调整工作，每个撤并学校都指定专门领导具体负责并提前做好了城镇学校的扩容改造、师资力量的整合配备及撤并学校教师的分流安置等工作，工作中真正做到了“四个优先”（教育布局优先规划、资金投入优先安排、教师安置优先考虑、撤并问题优先解决），确保了调整任务的圆满完成。同时，加大了宣传教育力度，全盟形成了“早调整早发展，大调整大发展”的思想共识，各地学校也由“被调整”变为“要调整”。

资料来源：课题组内蒙古锡盟实地调查。

（五）探索完善面向偏远地区、少数民族地区和农村特殊群体的特殊办学措施，促进教育公平

教育公平是社会公平的重要基础，教育是社会主义新农村建设的基石。让城市和农村、发达地区和落后地区的儿童都能获得大体均等的义务教育资源，提供可行的上学机会，方便上学，减免费用，促进义务教育均衡发展，保障每一个农村家庭子女均衡的接受教育的机会，既是农村义务教育稳定发展的目标，也是消除城乡二元结构、缩小地区贫富差距的手段，还是实现社会正义与公平的重要途径。

从全国来看，目前农村家庭子女接受义务教育方面存在薄弱环节，探索完善面向偏远地区、少数民族地区和农村特殊群体的特殊办学措施仍然具有重要性和紧迫性。这些环节主要有：（1）农村贫困及特殊困难家庭的学生教育负担问题，贫困学生的营养跟不上问题；（2）农民工子女（包括流动儿童和留守儿童）上学难的问题；（3）偏远地区农村学校学生规模减少和上学难的问题；（4）农村城镇学校学生班额过大的问题；（5）因为学校布局调整农村学生上学距离逐渐增加的矛盾，学生的住宿成本大、住宿带来的生活费用上升问题等。

完善特殊办学和扶贫帮困机制的工作重点是：从加快发展寄宿制学校、“爱心学校”和特殊教育班入手，不留死角，健全关心农村学生发展的责任机制，完善学生档案，因材施教，提高其学习知识的兴趣和能力；解决农村教育问题城市化问题，扶植农民工子弟学校，从财政和管理上加大扶植力度，使国家教育政策惠及更多农民工的孩子；扶持贫困地区、民族地区教育、进城务工人员子女平等接受义务教育，在上学对象上扩大教育覆盖面，重点是农民工子女、经济困难家庭子女、偏远地区家庭子女和厌学学生；在上学时间上扩大教育覆盖面，保证农村家庭子女完整的上完义务教育阶段，并向两头延伸。在经济发达地区，更多地支持农民工子弟学校的发展，加快普及高中阶段教育。在经济落后地区，健全学生资助制度，保障经济困难家庭子女上学。深入实施义务教育法，落实各级各地政府社会事业发展责任，加强政府领导，加强社会管理。

案例7　太仓市推进高位公平，让全体学生享有均衡的受教育机会

近年来江苏省太仓市义务教育在发展中出现新情况，外来学生增长迅速，数量已经占一半左右。但这里教育条件好，全市致力于推进教育现代化，创建高位均衡。主要做法是：

(1) 夯实基础，提高素质。使全体学生能在义务教育阶段，在思想品德、科学文化、劳动技能和身体心理等方面全面发展，打好基础。

(2) 集团攻坚，推进课改。对非优质的教育资源，2003年开始建立了六个教育集团（小学3个，初中3个，初中全覆盖，优质学校送教到对应学校）。人财物分开，教育集团的教育教学质量捆绑考核，把优质的示范学校和薄弱学校建立教育集团，进行交流学习。市和局没有补助。六个初中、小学教育集团，旨在通过示范学校、实验学校来带动农村薄弱学校教育质量的提高，各教育集团内部通过观摩研讨、沙龙讲座、名师带教、校本开发等形式和手段，对新课程改革实践不断总结和反思，引导广大教师特别是农村中小学教师吃透新课改精神，积极探索适应新课改要求的教学方法。以教育科研为抓手，通过实施"以点带面、示范引领、城乡联动"的策略，城区教育科研基础好的学校帮助农村学校遴选课题，培养教研骨干，分层推进，分步实施。

(3) 关注弱势，完善一个体系。建立并完善了面向困难家庭学生的"政府、社会、学校"三位一体的帮困助学体系。除对家庭贫困学生除按国家政策予以"两免一补"外，拨出专款建立了面向弱智儿章的"爱心学校"，在陆渡中学内设立了"初中特困学生免费教育班"，每年招收40个左右的学生，学生在校期间的学习费、生活费和交通费用全部由政府承担。为了给流动少年儿童接受义务教育创造良好的条件，为此专门召开了加强外来流动儿童教育和管理的工作会议，出台了管理办法。对5所外来流动儿童学校进行了备案，指定所在地公办学校进行对口帮扶，协同公安、卫生、建设、消防等部门定期对外来流动儿童学校进行督查和指导。鼓励公办学校积极吸纳。

(4) 规范民办，缩小差距。通过完善领导机制加强管理，主动吸纳、定点吸收、鼓励民工子女到公办学校就读（目前，有近65%的务工农民子女在太仓市各有关公办学校就读），加大扶持和指导的力度，加强了对外来民工子弟学校的管理，确保民工子弟学校的健康发展和规范运行。

资料来源：课题组苏州市太仓实地调查。

案例8 资中县积极帮助弱势群体解决就学问题

四川省资中县从2000年起，对各类残疾学生每人每期补助生活费200元，每人每年发放200元生活用品和文化用品（校服3套、被套1套、书包及文具盒等）。发挥县教育基金会的作用，积极解决进城务工农民工子女就学难问题，改进和加强留守儿童教育管理工作。促进特殊教育超常规发展，扩大农村基础教育覆盖面。大力支持资中县聋哑学校与资中县重龙镇解放小学合并，成立资中县特殊教育实验学校，开展“融合教育”实验研究。苏州红十字会资助了20名艾滋病感染者子女，其中资助初中学生每人每年500元，小学学生每人每年400元。关注和加强未成年人思想道德建设，尤其是弱势群体儿童少年的教育和管理。2004年6月6日，县委制发了《关于贯彻落实中共中央国务院关于进一步加强和改进未成年人思想道德建设的若干意见的意见》（资委发〔2004〕37号）。

资料来源：课题组资中县实地调查。

案例9 习水县关爱留守学生，让他们找回缺失的亲情

贵州省习水县针对当地农村留守学生较多的现状，积极开展了专门性的关爱活动。通过开设“师生悄悄话室”和“校长信箱”、以活动为载体促进学生身心健康成长、成立“留守学生互助组”等，为“留守学生”的健康成长搭建爱的平台。通过开展“真空时段"的学生管理问题研究，“留守学生"的学习缺少辅导的问题研究，“留守学生”成长中亲情缺失问题的研究，“留守学生”人生价值扭曲的矫正研究，以调研为导向，采取帮扶、领养、结对三项措施，有序推进关爱“留守学生”工程。让关爱“留守学生”工程与各项工作有机结合，以创新的工作机制凸现管理特色。

资料来源：课题组习水县实地调查。

（六）完善农村义务教育经费保障体系与支出制度，提高多级多元化筹资保障水平和资金投入绩效

确保农村义务教育健康发展，首先要求在建立足够经费保障的基础上，建立一套完善、持久和可行的财政对农村义务教育经费的保障新机制；同时，在现阶段教育经费不断增多的形势下，要加强严格监管，创新办学方式，大力提高教育资金投入使用效果。要根据国家财力可能和教育优先原则，加大公共财政对教育

的经常性投入。按城乡基本公共服务均等化标准统筹经费，建立均衡发展体系，完善转移支付制度，加大对经济落后农村地区的支持和帮扶力度。

一是鉴于不少县级政府财政能力不足且短期内难以改变，进一步加大中央和省级政府的投入责任。坚持省级统筹，全面强化省级政府的义务教育投入责任。提高中央和省级政府的承担保障教师工资的责任比例。中央政府责任应更多地体现在对省级政府的一般性转移支付上，通过强化一般性转移支付，确保省级政府发展包括义务教育在内的各项社会事业的基本财政能力。鉴于中国地区间差异过大，偶然因素较多，除主要通过一般性转移支付确保地方发展义务教育的基本能力外，中央政府可以列出部分专项资金，处理可能出现的特殊问题，并对义务教育的发展方向进行探索和引导。完善农村中小学校舍基本建设和维修改造的长效机制，要特别加大对落后地区寄宿制学校建设的支持力度，提高困难学生助学金标准。

二是要继续保持县级政府的投入责任，发展其他筹资保障渠道。义务教育涉及到校舍建设及维护、人员工资发放、日常教学活动等诸多方面，财务支出内容繁杂，如果基层政府不承担投入责任，完全依靠高层级政府，在操作上也很困难。合理核定农村中小学校公用经费标准，主要由县级财政予以保障。坚决制止学校乱收费，减轻学生经济负担。县级政府要继续加强对农村家庭困难学生的资助工作，扩大资助范围，提高资助标准。鼓励社会各界捐资办学，稳定和拓展多元化筹资保障渠道，提高多级多元化投入保障水平。

三是要逐步完善教育费用分担机制，实行分项分担的方式。从国际经验看，比较流行的分担方式大致有两种，一种是分项分担投入责任，另一种是按照生均经费基础水平，由上级政府对下级政府直至学校进行定额补助。比较而言，分项分担更为规范，彼此间的责任更为明确，但对预算管理的要求也更高。按照生均经费基础水平定额补助办法的优点是其工作量较小，可以较好地利用现行以县为主的体制基础，不足之处是讨价还价的余地较大。从中国的现实看，可行的选择是采取分步走战略，在制度建设初期采取定额补助方式，然后逐步过渡到分项分担方式。

四是改革基数法预算，实行绩效预算新制度。造成我国教育资源长期滞留于城市，农村教育发展困难与现行的基数法拨款制度有关。基数法预算具有“养人预算”的特点。基数法预算的问题是拨款与效果脱节，它造成了城市学校教师大量超编，而农村学校严重缺编。这种情况下，没有人重视教育质量评价，农村教育低质量问题得不到充分反映，也不可能列入政府考绩指标。领导也就不会主动去关心教育质量。即使他们明知农村教育问题，也不会主动地去解决，更不可能增加拨款。要改革创新办学方式，实行建立绩效预算和绩效评估制度，建立政府与学校的委托代理关系，赋予校长应有权力，采用按绩效公式拨款。逐渐取消学区制，将培养任务、质量指标、复读率指标等，连同预算由县教育局直接委托给学校，组织教职工按时、保质地完成委托任务。

五是完善公共财政开支预算、执行和监督的机制，提高教育经费科学管理水平。提高公共资金投入的效果，建立一个运行有效、信息透明、安全和低成本的资金管理机制十分必要。提高基层部门的决策参与性，增强制定和执行政策的可操作性、公开透明性。完善教育财务预算信息公开披露制度，加大利益相关者（主要是县级以下的乡镇和学校相关人员等）对政策制定的参与力度和对政策执行的监督力度，改变受益者缺席的状况。创新对学校的评价奖励机制，评价包括质和量两个方面，推进农村学校的分类建设和管理。

案例10 **习水县努力改善办学条件**

贵州省习水县是我国经济最不发达地区之一，2006 年农民人均纯收入 1880 元，其农村基础教育还处于刚刚普及阶段，2004 年才完成“普九”。在“十五”期间，在国家的政策扶持下，县委、县政府“举全县之力，聚全县之才”，全县上下众志成城，奋力攻坚，比计划提前一年实现了“两基”达标，投入资金达 1.14 亿元，但在快速发展中留下矛盾，如欠债达 9000 余万元。为了加快教育的发展，全面实施科教兴县和人才强县战略，全县提出了“夯实小学、巩固初中、扩大高中、发展职教、促进幼教”的发展思路，加大投入，加强教育经费的投入和管理，努力改善办学条件。该县的义务教育创新措施主要是向上级争取项目，改善办学条件，落实经费保障新机制，“保工资、保运转、保安全”，在巩固基础的基础上提高办学水平，提升教育质量。按照规划，在“十一五”期间，一方面县级投入不低于 3000 万元，另一方面是加强中央资金、上级资金的监管，做到“专户专账、专款专用、封闭运行、实行审计”的管理制度，尤其新机制这一惠民政策必须落到实处。加强学校管理，推进校务公开和农村中小学财务公开制度。

资料来源：课题组习水县实地调查。

（七）深入推进教育管理体制机制改革，激发调动各方面的积极因素

办好教育事业的发展需要各方面的投入和努力，政府、学校、教师、学生、家庭、社会机构等都具有重要的责任。国家支持教育发展，要深化教育行政管理体制改革，激发调动各方面的积极因素。中央政府的重要责任，要明确国务院、各省市县和乡镇的职责，强化它们之间的合作关系，科学配置义务教育资源，激发基层教育创新活力。地方各级政府部门的重要责任，要以城乡协调发展为主线，提高农村基本公共服务水平，在学校的布局调整和社区管理、教师资源的配备、困难学生的资助等方面提供更好的条件。教育部门的重要责任，要加强对教育工作的具体计划、组织、管理和服务，提升农村义务教育学校的教育能力，推进农村教育现代化工程和管理现代化。

为保证义务教育的顺利实施，国家的宏观调控极为关键。国家的责任是：(1) 确立改革的目标，为实现这些目标有义务对教育进行总体上的把握，为素质教育创造良好的环境；(2) 推行扩大省市县所属学校的权限和责任的教育分权改革；(3) 评价教育发展的结果，通过结构性改革，保证义务教育的质量，完善目标考核等其他相关体制，形成合理制度衔接。

案例11　习水县依法执教，加强帮扶，狠抓控辍保学

贵州省习水县落实县级教育行政部门、乡镇人民政府组织适龄儿童、少年按时入学，说服动员失学少年、儿童入学，采取法律、行政、帮扶等措施，使普及程度达到国家标准，提高基础教育普及程度。2003年以来，全县落实《义务教育法》加大对贫困生的帮扶，采用“减、免、缓、助”等形式动员3000余名失学少年、儿童返学。

资料来源：课题组习水县实地调查。

案例12　资中县坚持分轮复查评估和督导，巩固“两基”

四川省资中县重视和加强普及九年义务教育成果的巩固提高工作，积极推进普及学前三年教育。资中县于1999年顺利通过了“普九”评估验收。2000年启动了第一轮巩固提高普九成果工作。2004年资中县又开展了第二轮复查评估工作。2007年县政府提出了到2010年基本普及学前三年教育的目标和政策措施。

为了推进工作，县政府成立了教育督导室，明确其牵头负责义务教育和扫除青壮年文盲工作的督导评估职责，坚持开展“两基”，巩固提高复查评估工作。各乡镇中心学校也都成立了“两基办”。2004年11月，县政府对第一轮“两基”巩固提高复查评估工作先进集体和先进个人给予了表彰。乡镇中心幼儿园建设模式全省创新，建设步伐快速。2006年建成12所，在已建成的乡镇中心幼儿园所数基础上增长100%。全县有省级示范性幼儿园2所，是全市省级示范性幼儿园最多的县之一。

资料来源：课题组资中县实地调查。

（八）探索农村基础教育内容与学制创新，统筹农村义务教育和职业教育工作

我国社会经济发展正处于加速转型过程中，农村教育事业特别是义务教育发展将直接关系未来整个国家工业化、城市化和现代化发展。农村义务教育的功能和发展的方向必须与时俱进、不断创新、增强功能，注重从小培养，推进全面基础教育。在教育内容上，应考虑对农村义务教育课程及学习内容进行调整，减少那些对于少年心智发展以及技能培养无意义的内容，同时，结合农村发展，增加能够提高农村少年儿童生活能力和潜在职业技能的知识。坚持育人为本、德育为先，实施素质教育，提高教育现代化水平，促进农村义务教育与职业教育发展的结合，以更新、更强的义务教育支持职业教育的发展。加大职业素质培养和教育，在义务教育阶段增加职业素质教育的内容，在初中探索建立义务教育与职业教育统筹发展的制度。

案例13　习水县回龙小学立德树人，推进德育创新

近年来贵州省习水县回龙镇中心小学坚持依法治教、以德治校，创造性地开展德育工作，努力打造德育品牌。主要做法是：通过办校园“110”、改陋习树新风、弯腰行动收获品德等，把养成教育从小事做起。通过开展“孝星”评选，“感恩”与“孝敬”教育联动等，传承文明、弘扬美德。通过“举手行动”、靓丽路边风景、树立新风尚、争创“新三好”等，明礼诚信创“三好”。通过德育银行储蓄品德，开展校园文化艺术节，展示师生积极向上的精神风貌。

资料来源：课题组贵州省习水县实地调查。

适应新农村建设的需求，推进农村义务教育学制的改革创新，实施农村义务教育与职业教育发展的深度结合，增强农村义务教育适应新农村建设发展需求的能力。探索、规范和完善各地有关“初三分流”的中职招生和培养模式，特别是在经济欠发达的农村地区，探索和试行初中教育与中职教育相衔接的“2+2”办学模式，即学生初中学习2年，职高学习2年的模式，将义务教育初中学段的三年学制改为两年，同时增设两年免费中等职业教育。这种模式不仅有助于防止初中学生厌学情绪的发生，有效减少初中尤其是初三辍学现象的发生、减轻学生及其家庭的经济负担，而且中职教学阶段第一学年就学专业，第二学年就顶岗实习，可很快提高学生的职业技能，大力提高新生代农村劳动力素质，学生毕业可获得“三证”（完成九年义务教育证书、职业高中毕业证书、技能等级鉴定证书），这可使学生具有较好的就业背景和职业后劲，能很快增加学生及其家庭的收入。

案例 14　资中县实施初三分流，衔接义务教育与职业教育

为了促进义务教育与职业教育的结合，关注和加强新生代农民工职业技能培训，“做大”中等职业教育，四川省资中县从 2004 年开始探索启动初三分流教育，将义务教育与职业教育衔接起来，从而使义务教育阶段的初中教育具有了职业教育的特色。

从 2006 年起，资中县大规模全面实施了初三分流教育，并取得了显著的成效。主要做法是：改革秋季招生为主、春季招生为辅的中职学历教育招生方式，推行春季招生为主、秋季招生为辅的中职招生方式，并将中职春季招生与初三分流一并进行，要求各校春季招生人数至少应达当年中职学历教育招生人数的 80% 以上。这一改革受到了学生家庭和职业中学的欢迎。

2006 年全县春季初三分流暨中职学历教育招生共入校 2543 人，秋季各职业中学招生 787 人，全年中等职业学校招生 3330 人，创下了该县教育史上年中职招生人数之最，比最高年份 1995 年招生计划 1800 人还多 1537 人。同时，全县开始改革中职教学模式，实施“2 + 1”教学模式，即在校学习 2 年，到就业岗位顶岗实习一年，将理论与实践、校内外教育结合了起来，使学生毕业后完全能够适应就业岗位的需要。

资料来源：课题组资中县实地调查。

（秦中春）

安徽省“以县为主”农村义务教育管理体制的调查[①]

继2000年率先进行农村税费改革试点后，2001年安徽省又开始实行“以县为主”的农村义务教育管理体制。为了解这一新体制的运行情况，我们对安徽省舒城县和灵璧县进行了调查。调查表明，实行“以县为主”的农村义务教育管理体制，对保障教师工资的发放有明显的效果，但这项政策从总体上看仍囿于现行体制框架之内，未能从根本上解决义务教育体制的城乡分割问题。要真正落实中央提出的把农村教育作为整个教育工作“重中之重”的要求，真正实现政府办农村义务教育，必须按照建立公共财政体制的要求，逐步由实现由中央和省级政府承担农村义务教育的投入。

一、“以县为主”农村义务教育管理体制改革的主要成果

舒城和灵璧两县从2002年开始将农村教师工资上收到县级财政统发。调查来看，“以县为主”的农村义务教育管理体制，对改善农村义务教育状况有一定的效果。

1. 教师工资基本得到保障。这是农村义务教育管理体制改革最主要的成果。这在灵璧县表现更为明显。在改革前，灵璧县几乎所有的乡镇都有拖欠教师工资的现象，改革后不但没有拖欠，发放标准也有所提高。教师工资的全县统发，改变了各乡镇教师工资不均的现象，这对缓解教师的地区间结构性缺编也有一定作用。

2. 减轻了农民的教育负担。税费改革前，舒城县每年向农民征收的教育费附加2080万元。税费改革后，教育附加被取消。农村中小学学杂费标准也大幅度降低。根据调查，税费改革前，两县农村小学的各项收费加在一块每学期在220元左右，初中350元左右。2002年开始，舒城县中小学收费实行“一费制”，小学80元/学期，初中130～140元/学期。灵璧县虽然没实行“一费制”，对杂费标准

---

① 注：本次调查的时间是2003年。

也控制严格，实收学杂费等费用每学期小学在110～120元，初中170～180元，收费标准大幅度降低。农民反映，税费改革前，经常有集资建校之类的名目，学校从不见翻新，但集资却每年都有。税费改革后，教育集资、摊派也得到了一定程度的治理。

3. 危房改造工作有所进展。舒城县财政对危房改造支持力度较大，连续两年从税费改革转移支付中拿出1300万元作为中央、省危房改造的配套资金，共完成改造面积4.15万平方米。灵璧县财力较弱，中央、省的教育转移支付资金主要用于弥补教师工资缺口。

二、“以县为主”农村义务教育管理体制面临的主要问题

1. 学校公用经费严重不足，预算内补助虚列现象普遍。从调查的两个县的情况看，无一例外存在公用经费的严重不足，反映在学校可用的公用经费已经不能弥补学校最低的运转成本。学生所缴的杂费等费用一直是农村中小学公用经费的最主要来源，与学校收费被清理前相比，改革后学生负担要减轻50%甚至更多。根据省有关文件的规定，农村中小学公用经费资金来源除学校按规定向学生收取的杂费外，其余部分由县、乡两级人民政府预算安排。但根据此次调查，实际的情况是，无论是县乡财政，还是上级财政，对农村中小学都几乎没有任何公用经费的投入。现在学校公用经费连日常运转都难以保证，大班制增多而授课量减少，调查所到之处，反映最多的就是学校公用经费严重不足。

2. 危房改造资金仍然存在较大的缺口。危房改造由于涉及到学生的人身安全，各级政府比较重视，但投入资金还是不足。以投入力度较大的舒城为例，税费改革前，舒城县D类危房就有5.1万平方米，2001～2003年三年，共投入2820万元（省1060万元，县乡1451万元，其他外部性资金303万元），共完成改造4.15万平方米，再加上新增危房，现有D类危房4.04万平方米，估计需改造资金2700万元，这部分改造资金并无财力保证。在灵璧县，市、县财政比较困难，危房改造配套资金被层层下压，资金更是难以到位。

3. 教育债务负担沉重，偿还难。教育债务问题在舒城县比较严重，全县教育负债共6729万元，其中学校4656万元，乡镇1058万元，村1057万元，主要是义务教育“两基达标”时期的基建负债。由于财政没有还债能力，现在只有继续拖欠。

4. 没有改善教师缺编问题。教师缺编是个老问题，即便是在教师编制满额的舒城县，农村中小学教师的结构性缺编也比较严重，而在灵璧则是教师绝对缺编和结构性缺编并存。现行义务教育管理体制改革没能解决农村教师缺编问题，反

而有使情况恶化的趋势。以往学校解决教师缺编问题，一般是自聘教师，工资费用主要从学校公用经费支出，乡镇财政也从预算外资金中负担一部分。教师工资上收到县发放，县财政只列支公办教师工资，学校无力、乡镇无力也不愿承担这部分开支。教师队伍只出不进，随着民办教师的辞退和老教师的退休，学校最起码的开课都成问题。

5. 义务教育转移支付资金到位不及时。虽然农村义务教育受到各级政府的空前重视，一些农村义务教育专项补助仍然存在到位不及时，甚至是被截留挪用现象。比如安徽省的公用经费补助就没有得到落实。2002 年，安徽省规定，对实行“一费制”试点县和 15 个山区县的农村初中、小学，省财政分别按每生每学期 15 元和 5 元的标准给予补助，但舒城县的学校并没有得到这部分补助资金。

三、逐步由中央和省级政府承担农村义务教育的投入

目前，全国 98% 的县已经将农村教师工资发放上收到县。“以县为主”明确了县级政府的责任，在县这一级行政区域内调度教育资源，有利于提供农村教育资金，有利于减轻乡镇政府和农民的负担。农村义务教育的对象——学龄儿童，散居在广大的农村地区，将农村义务教育的管理事务界定给县级政府，易于掌握情况，也便于执行管理事务。但“以县为主”的农村义务教育体制，将管理事务与经费筹措的职责一同交给县级政府，这种体制从总体上看仍囿于现行体制框架之内，未能解决农村义务教育体制城乡分割这一根本性问题。从中西部大多数地区的情况看，由于县可用财力少，基本上是“吃饭”财政，甚至是“半饥饿”财政，绝大多数县级财政显然无法担当教育经费投入主体的责任。县级政府在全县范围内调度资金，这种办法在短时间对解决教师工资的发放会有作用，但时间长了县级财政也会不堪承受，也有被拖垮的可能，就像已经“拖垮”了的乡级财政一样。

确保城乡义务教育阶段的机会平等，必须进一步完善农村义务教育的管理体制和投入机制，关键是要考虑城乡之间和地区之间经济发展水平和财政能力的巨大差异，更加公平地分配国家的公共教育资源。要强化中央、省市级政府的支出责任，建立规范化的农村义务教育转移支付制度，逐步由中央和省级政府承担农村义务教育的投入。

1. 进一步加大中央和省级财政对农村义务教育的支持力度。根据教育部的数据，政府对农村义务教育的支持力度明显加大。2002 年农村义务教育总投入中政府预算内支出占到了 78.2%，中央财政的投入占到了农村义务教育总投入的 28%，农民个人承担的部分约占 1/5。教育部公布的数据可能低估了农民对义务

教育的支出。如，税费改革前，农村教育统筹是农民直接承担的义务教育费用，改革前这块在100亿元以上。改革后，这块资金实际上合到农业税中了，表面上是政府预算对教育的支持，实际上仍是来自农民。即使现在农村义务教育投入中政府投入已占了大头，也应该清楚，这种投入还是低水平的，远不能满足农村义务教育发展的要求。

我国真正实现“政府办农村义务教育”，必须充分发挥各级政府的力量。“以县为主”明确了县级政府的责任，但是，中央、省、市的责任没有得到明确。义务教育是我国法律规定的基本公共物品，在全国范围内保障全体社会成员对基本公共物品最低程度的需要，并尽可能做到平等，这是统筹城乡经济社会发展的基本要求。基本公共物品的性质和供给方式决定，层次越高的政府对保障基本公共物品供给的责任越大。中央政府能够组织全国财力，在不同地区间通过转移支付的方式对义务教育提供必需的经费，因此，保障农村义务教育的最终责任在中央政府。省级政府层级较高，管理区域大，对农村义务教育负有重要责任。无论是发达国家抑或是发展中国家，农村义务教育作为基本公共物品，一般都是由中央和省级政府为主要提供者的。这与我国农村义务教育投入主要由县财政承担的情况大为不同。

今后，农村义务教育的投入应逐步由中央和省级政府承担。从全国范围来看，地方财力不能保证义务教育经费的主要是中西部农村，普及义务教育的主要任务也是中西部地区。因此，中央财政对农村义务教育的保障政策是根据农村义务教育的最低标准，对中部省区不能保证生均最低义务教育经费的县予以补助。省级财政以平衡省内富县与穷县之间义务教育水平为政策目标，通过省级财政义务教育经费支出和调控县级政府间的义务教育经费的横向转移支付，使省内各县的农村义务教育水准基本相当，差距不至过大。

中央财政对农村义务教育的支持方式还存在一些问题。根据教育部的计算，中央财政对农村义务教育支持的大头主要是体现在这几年的工资性转移支付和农村税费改革转移支付中，据教育部估计，这两块为240多亿元。应该指出，这两块并非制度化的转移支付，这种转移支付是不规范的，并不能保证从中央拨下去的这些钱都用到了教育上。必须量化中央、省市级政府的支出责任，并使农村义务教育转移支付更制度化和规范化。

2. 加快实行“两免一补”（免学杂费、免课本费、补助生活费）。在教育投入中，投入小学的社会收益率是最高的。国际经验表明，政府将钱投在补贴学生的学费和课本费上，效果会更好。最近国务院关于农村教育发展的决定提出，争取2007年实现农村困难家庭享受“两免一补”。据有关资料，中西部地区农村中小学贫困学生约1500万人，如果按每个学生平均每年减免学杂费、课本费300元计算，每年需要45亿元。以我国现今的经济发展阶段和国家整体财力状况而论，应该有能力在免除农村义务教育学杂费和书本费方面走的更快些。建议要在2年的时间内就在中西部贫困地区免除贫困学生的学杂费和课本费。在经济发达的省份，提倡各个省自主决策，全部免除农村义务教育阶段的学杂费和课本费。

（韩俊　曲霞）

巩固和提高农村义务教育，探索农村教育创新

——资中县农村义务教育问题调查

一、资中县巩固和提高农村义务教育的主要做法

资中县是地处四川省，人口多、工业不发达和财政穷，经济发展处于全国中偏下水平。2006年全县总人口132万人，实现GDP60.13亿元，财政一般预算收入完成12449万元；一般预算支出完成84559万元，财政决算可用财力为55086万元。教育是全县财政支出的大头，2006年财政实现教育支出24815万元（含离退休人员支出），占财政一般预算支出的29.4%，占全县可安排财力的49.9%。2006年全县城镇居民人均可支配收入7511元，人均消费性支出6195元；农村居民人均纯收入3129元，人均生活消费支出2379元。

全县实施义务教育政策改革主要经过了三个历史阶段：一是国家统包农村义务教育政策阶段。从建国到1984年，资中县农村义务教育一直实行国家办学、上级财政供给的单一模式。它适应了当时计划经济的要求，与当时的经济发展合拍，奠定了农村义务教育发展基础。二是“地方负责，分级管理”阶段。从1985～2002年上半年，全县实行“基础教育由乡镇负责，乡镇管理”的原则。“人民教育人民办”成为整个社会的共识，全民兴教的格局开始显现，有力地促进了普及九年义务教育的进程，全县于1999年通过了省市政府评估验收，基本实现了“普九”。三是“以县为主”管理阶段。从2002年下年至今，全县撤销了33个乡镇教办室、26所初级中学、33所中心小学，重新设立了32所乡镇中心学校，全县实行“以县为主”的管理体制。近几年，国家加大了农村义务教育发展改革的扶持力度，资中县将义务教育作为县域教育发展的“重中之重”来抓，建立经费保障新机制，全县农村义务教育政策改革进一步深化。

最近几年，资中县在重视和发展农村教育方面进行了很多有益的改革和探索，在农村义务教育发展中创新作法，形成比较鲜明的特色，成为了当地的一面旗帜。其中最大的特色是将农村义务教育发展与职业教育结合起来，创新新生代农民工教育培训机制。主要做法是：

（一）实施分轮复查评估，巩固提高义务教育

资中县于1999年顺利通过了“普九”评估验收。2000年县政府制发《关于巩固提高“普九”工作成果的通知》，启动了第一轮（三年）巩固提高普九成果工作。2003年11月21日，县政府制发《关于开展第二轮巩固提高“普九”成果工作的通知》，启动第二轮（四年）巩固提高普及九年义务教育成果的工作。2007年2月6日，县政府办公室制发了《关于印发〈资中普及学前三年教育工作的实施意见〉的通知》，提出了到2010年基本普及学前三年教育，启动第三轮（四年）巩固提高普及义务教育的工作。

2004年以来，县政府成立专门的教育督导室。各乡镇中心学校成立“两基办”。乡镇政府的教育职责履行情况纳入年终目标考核，根据复查结果进行奖惩，对检查验收不合格的乡镇实行“一票否决”。如接受细查的乡镇评估验收不合格，县政府对其黄牌警告并通报全县，责令限期整改，下一年重新对其复查评估验收；连续两年复查不合格的乡镇撤销“两基”合格乡镇称号，并追究有关人员责任。

（二）调整县域教育资源配置，促进均衡发展

全县通过调整小学、初中布局，着力更新改造农村学校陈旧的教学设备设施，改善办学条件，大力推进教育信息化，整合利用优质教育资源，促进了均衡发展和教育公平。

一是学校调整。“九五”期间，资中县对小学、初中布局进行了适当的调整。2002年，对小学、初中布局进行了进一步的调整。到2006年9月，资中县共减少小学376所，单设初中30所，附设初中18所。2007年1月县府办又制发了《关于调整部分乡镇初中校点布局的通知》，于“十一五”期间开始新一轮的小学、初中布局调整。目前全县校均地域覆盖面从1.5平方公里上升到8平方公里，初中校均地域覆盖面积从6平方公里上升到12平方公里。小学、初中布局现处于微调阶段，并将逐步趋于合理。

二是与调整布局有机结合，排除中小学危房、改善办学条件。在“十五”期间，资中县共投入改善学校办学条件经费21662.8万元。其中用于新建校舍和危房改造15007万元，新建校舍建筑面积279565平方米，消除危房79135平方米；增添设备设施投入1766.2万元；远程教育项目和招商引资项目共投入3138万元，建成计算机网络教室198间，多媒体教室112间，投影远程教育收视点121个，光盘播放点190个。2006年，资中县就新添置了学生课桌凳单人套74492套，投入资金441万元；新购置学生床1000架，投入资金20万元；新购进教学用微机及笔记本电脑380台，投入资金160万元；新购置其他设备设施投入资金100万元。

三是大力发展远程教育，推进信息化建设。从“十五”以来，资中县采取了招商引资和县财政安排专项资金等办法开展了学校信息化基础设备设施的建设。作为全省首批最大的农村中小学远程教育工程项目试点县，现有的农村中小学远程教育工程项目建设和应用工作在全省处于领先地位。主要项目的建设情况是：①国家农村中小学现代远程教育项目。②招商引资。③学校校园网络建设。④网络中心建设。经过几年的艰苦努力，资中县初步建成了以县教育局网络技术中心为龙头的能覆盖全县高（完）中、中心学校49所大型学校的教育城域网。网络技术中心与各学校之间均采用光纤高速连接。网络技术中心将资中县名教师的优秀课例以及外地的优秀课例，有选择的存储于视频服务器中，全县师生都可以通过视频点播系统在线点播观看。同时，资中县还建有各种优质资源库，全县师生都可以免费下载使用和在线查阅。

（三）实施初三分流，促进义务教育与职业教育的结合

现阶段，资中县普通高中的录取率只有55.4%，高中录取率只有70.19%，由此还有29.81%的初中毕业生不能进入高中继续学习，而这部分学生又没有一技之长，没有谋生的本事。为此，从2004年开始，资中县启动初三分流教育，从在校初中生入手，实施初三分流，引导学生及早接受职业教育，将义务教育与职业教育衔接起来，义务培训初中新生代农村劳动力。2005年9月整合全县职业教育资源，举办了由县委书记担任校长的农民职业技术培训学院，这在全国属首创。2006年资中县先后制发了《关于加快开展新生农民职业技能培训的意见》和《关于加快发展资中县职业教育的意见》，从此大规模的全面实施了初三分流教育。

从2006年起，资中县改革秋季招生为主、春季招生为辅的中职学历教育招生方式，推行春季招生为主、秋季招生为辅的中职招生方式，并将中职春季招生与初三分流一并进行，要求各校春季招生人数至少应达当年中职学历教育招生人数的80%以上。2006年春季2006年初三分流暨中职学历教育招生共入校2543人，秋季各职业中学招生787人，全年普通中等职业学校招生3330人，创资中县教育史上年中职招生人数之最，比最高年份1995年招生计划1800人还多约1530人；中职在校生4916人，创资中县教育史上年中职在校生人数之最，比最高年份1995年中职计划在校生3141人还多约189人。同时，全县开始改革中职教学模式，实施“2+1”教学模式，即在校学习2年，到就业岗位顶岗实习一年，将理论与实践、校内外教育结合了起来，使学生毕业后完全能够适应就业岗位的需要。

(四)推进素质教育,开展“体验教育”活动

一是推动“科研兴教”。从2000年起,实施《资中县义务教育教学成果奖励办法》,制发《关于实施科研兴教工程,全面提高教育教学质量的意见》,广泛掀起群众性的教育科研热潮,大力推进课程和课堂教学改革。资中创办了教育学术期刊《资中教研》,创建了“资中教研”和“天府船城导学”两个县级教研网站,为开展网上教研搭建了平台。

二是加强和改进学生德育工作,开展“体验教育”活动,促进学生全面发展。2004年,县委制发了《关于贯彻落实中共中央国务院关于进一步加强和改进未成年人思想道德建设的若干意见的意见》,加强和改进学生德育工作。资中县制定和实施德育目标管理制度,对学生的操行评语撰写、“三好”学生和优秀学生干部的评选办法、教师家访制度的建立与考评进行全面改革。成立县关工委。成立央视少儿频道《快乐体验》记者站,创新性的在全县中小学开展“体验教育”活动。2005年以来就有40多集活动专题片在中央电视台少儿频道播出,2006年央视已播出资中县22期节目,全县学校参与面达70%,深受广大中小学生及家长欢迎。

三是加强了毕业年级教学工作,强化即将毕业学生管理。制定了《资中县九年义务教育初中、小学毕业年级工作常规》和《初中、小学毕业班工作考核评估表彰奖励实施办法》,建立了初中、小学毕业班工作联络责任制,加强了小学、初中教育的视导和管理工作,强化了考核评估,稳步提高了教育教学质量。初中2006年全市中考9个学科36项统计指标中,资中县有32项指标高出全市平均水平,占88.89%,其中有14项排名第一,16项排名第二。

(五)帮扶农民工子女和弱势群体解决上学难问题,促进特殊教育超常规发展

2006年资中县现有6~15周岁“留守学生”44628人,占义务教育阶段学生总数的38%。为有效解决进城务工农民工子女就学难问题,资中县制发《关于进城务工就业农民子女义务教育的工作意见》,确定由城区的12所学校分别承担解决进城务工农民工子女入学的义务。据统计,目前城区所属12所中小学招收了5891名进城务工农民工子女入学,有效地解决了进城务工农民工子女入学难的问题。为加强对留守学生的教育管理,2006年县委、县政府办公室制发《关于加强“留守学生”教育管理意见》,同时启动“留守学生关爱工程”,积极做好六项工作:建立留守学生档案;将水南镇实验学校、龙江镇龙江湖小学、明心寺镇中心学校建设成为农民工子弟校(寄宿制学校);建立关爱帮扶制度;设置“亲情电话”;铺设心理健康绿色通道;开展人文关爱活动。目前已经建成了水南镇实验学校和龙江镇龙江湖小学两所农民工子弟学校。2006年11月,县委、县政府办公室印发《关于加强关爱“留守学生”工作意见》,这是内江市第一个县级党委、政府制发的关于加强留守儿童教育管理问题的文件。

资中县从2000年起对各类残疾学生发放生活补助费以及生活用品和文化用品。全县成立资中县教育基金会，2004～2006年三年共计募集捐赠资金372.8万元，资助138.7万元，资助14328人。2006年7月，撤销资中县聋哑学校、重龙镇解放小学，组建资中县特殊教育实验学校，2006年招生138人，年招生人数为全省第一，在校生规模名列全省第五。资中县的艾滋病感染者主要在公民镇，为帮助他们完成学业，红十字会资助了20名艾滋病感染者子女，其中资助初中学生每人每年500元，小学学生每人每年400元。

（六）强化政府行为，促进教育事业加快发展

一是完善义务教育管理体制，加强规划引导。2002年根据《国务院办公厅关于完善农村义务教育管理体制的通知》（国办发〔2002〕28号）精神，结合资中县实际，采取“三管齐下”的办法，将教育管理体制与干部管理体制改革和调整学校布局结构相结合，全面实施了义务教育“以县为主”的管理体制改革。2003年12月，做出《关于加快发展资中县教育事业的决定》，提出到2010年创建内江教育强县和川南教育强县的发展战略规划和措施。

二是建立教师奖励机制，实施“名师工程”。为进一步调动广大教师的积极性，推动教育事业快速向前发展，在县财政十分困难的情况下，2003年11月，县政府制发了《资中县优秀骨干教师教育工作者奖励办法》，每年拿出100万元奖励在教育教学战线做出突出贡献的教育工作者，设立教育工作政府奖和教育工作政府津贴，鼓励优秀骨干教师教育工作者为资中教育发展作贡献。2006年《奖励办法》又作了修订。2003～2006年共评出553名享受政府教育津贴人员，在教育系统震动很大，有效带动和稳定了全县骨干教师队伍建设，也促进了其思想和业务素质的进一步提高。

三是积极化解教育负债，保障学校正常运转。乡镇教育债权债务是由县财政局和教育局组织人员逐乡镇清理核实，并联合以资财政行〔2003〕8号文件上报县政府。现在每年在县本级教育专项中用200万～400万元逐步消化各类债务。重点消化建设负债、教职工个人借款和“以县为主”以前拖欠的教职工医药费、死亡职工安埋抚恤费及其医药费。三年中，县财政局根据资中县财力情况，每年均安排县本级教育专项资金偿还债务。至2005年底已偿还债务1226.1万元，其中：县本级教育专项资金846.1万元，学校自身消化债务380万元。县本级教育专项资金主要偿还了向学生家长借款、拖欠多年的民师工资、代课金、退休金等个人经费和部分建设欠款。

四是不断增加教育投入，组织落实农村义务教育保障机制。在全县财政支出中，教育支出所占的位置排在第一，安排年度教育支出预算时主要是考虑保证教师工资及各项保险的支出，其次是事业发展和农村中小学危房改造的必须支出。全县严格教育经费的管理使用，优先保障教师工资及各项保险和学校公用经费，积极筹措经费改善办学条件和保证事业发展，努力做到“三个增长”。全县将农村中小学各项经费全部纳入预算，科学合理地分配资金，切实把治理乱收费作为推进农村义务教育经费保障机制改革的一个重要内容。从2006年起将全县教职工每月93元的地方津贴纳入县财政预算，并足额兑现。并将全县教职工每年1380余万元的“三保一金”（失业保险、医疗保险、养老保险、住房公积金）由县财政全部承担。义务教育阶段学生生均公用经费达到了388余万元。

二、农村义务教育发展政策改革和创新的效果

从调查来看，全县义务教育政策改革效果显著。目前资中县各类教育得到了快速而又较为协调的发展。全县现有各级各类学校324所，教师9152人，在校学生180765人。农村义务教育是全县教育事业发展的主力。全县现有义务阶段有小学在校生91261人，初中在校生44146人；学校253所，其中单设初中6所、九年制学校86所、完全小学39所、特殊教育学校1所、村小119所、社会力量办小学2所。全县有小学教师4492人，初中教师2501人。

一是农村基础教育普及到九年，农村家庭子女有学可上。普及程度是农村义务教育的核心指标。为做好这项工作，资中县层层落实责任，采取了一系列措施，齐抓共管。到1999年，资中县实现了基本普及九年义务教育和基本扫除青壮年文盲的“两基”目标，2000～2003年资中县实现了“两基”第一轮巩固提高目标，之后又在全县开展了第二轮（2004～2007年）“两基”巩固提高工作。

二是农村义务教育经费投入大幅增加，减轻农村学生学费负担。资中县教育经费投入不断加大，提高了教育经费的保障能力。县财政保证了教育经费投入的主渠道，除学校人员支出和正常业务开支外，2003～2006年，县财政本级还投入教育专项经费5485万元，用于改善办学条件和偿还教育负债等；实施“两免一补”工作，2004年有14199人享受“两免一补”；2005年有36218人享受“两免一补”；2006年有36218人享受“一免一补”。2006年全县142149名义务教育阶段学生免除杂费3045万元，为18109名困难学生提供免费教科书223万元，补助困难住校生生活费73万元；努力为教育发展营造良好环境，从2003年起，平均每年在教育专项经费中安排300万元左右偿还乡镇教育负债，保证学校正常教学秩序。

表 1　　**资中县级农村小学财政教育经费来源**　　单位：万元

指　标	2001	2002	2003	2004	2005	2006
1. 本级预算内教育经费拨款	5542	6645	6486	6478	6812	7058
其中：教育事业拨款	4960	6208	4384	4788	6598	5296
2. 教育费附加拨款	442	165	87	295	315	227
3. 事业收入	903	1030	1064	1529	1708	81
其中：学杂费	724	920	972	1159	1217	
4. 校办产业、勤工俭学、社会服务收入用于教育	15		3	5		
5. 捐集资收入	89	1	18	22		
6. 其他收入	87	48	88	239	346	74
7. 基建拨款	37		385			
8. 上级补助收入总计	55	238	395	160	475	1500
其中：中央财政一般性转移支付						
省级财政一般性转移支付						
专项补助（级别）：中央	39	195	152	81	392	1200
专项补助（级别）：省	16	43	183	79	83	300
专项补助（级别）：市			60			

表 2　　**资中县级农村初中财政教育经费来源**　　单位：万元

指　标	2001	2002	2003	2004	2005	2006
1. 本级预算内教育经费拨款	2119	2571	3125	3738	3224	2143
其中：教育事业拨款	2026	2486	2593	3082	3148	1757
2. 教育费附加拨款	130		53	143	71	
3. 事业收入	437	512	648	1177	1311	91
其中：学杂费	355	482	603	960	868	
4. 校办产业、勤工俭学、社会服务收入用于教育				6		
5. 捐集资收入	49		30	11		1
6. 其他收入	61	10	113	290	350	21
7. 基建拨款	120					
8. 上级补助收入总计	12	17	—	156	50	395
其中：中央财政一般性转移支付						
省级财政一般性转移支付						
专项补助（级别）：中央		17		71	23	316
专项补助（级别）：省				85		79
专项补助（级别）：市					27	

表3 资中农村小学县级财政教育经费支出 单位：万元

指标			2001	2002	2003	2004	2005	2006
事业性经费支出	个人部分	基本工资	3507	3982	3618	3902	3802	2299
		补助工资	534	308	549	634	501	392
		其他工资	336	449	398	444	427	242
		职工福利费	161	257	85	77	128	60
		社会保障费	1353	1692	1844	1778	2370	1693
		奖贷助学金		1	2	11	2	
	小计		5891	6689	6496	6846	7230	4686
	其中：预算内		4924	5952	4373	4618	5971	2890
	公用部分	公务费	299	423	358	426	419	560
		业务费	137	54	124	160	137	110
		设备购置费	85	56	53	355	218	300
		修缮费	378	486	438	554	1047	1466
		业务招待费	32	58				
		其他费用	194	123	143	167	130	319
	小计		1125	1200	1116	1662	1951	2755
	其中：预算内		36	255	11	170	627	2406
基建支出			98	2	520	60		
其中：预算内			38					

表4 资中农村初中县级财政教育经费支出 单位：万元

指标			2001	2002	2003	2004	2005	2006
事业性经费支出	个人部分	基本工资	1702	2012	2290	2644	2376	1046
		补助工资	91	71	197	362	437	171
		其他工资	155	163	208	298	306	130
		职工福利费	60	58	23	51	65	13
		社会保障费	207	351	518	744	807	384
		奖贷助学金	9	7	5	19	8	77
	小计		2224	2662	3241	4118	3999	1821
	其中：预算内		2006	2456	2593	2911	3074	1362
	公用部分	公务费	140	208	211	286	279	215
		业务费	66	27	105	113	124	32
		设备购置费	64	44	53	325	186	86
		修缮费	188	80	205	354	256	65
		业务招待费	10	10				
		其他费用	79	53	94	88	99	37
	小计		547	422	668	1166	944	435
	其中：预算内		203	30	1	171	74	395

续表

基建支出	37	8		80	15	
其中：预算内	12					

在全县教育财政资金来源中，来自上级财政对县级教育的投入规模为4482万元，比重为18.03%。与税费改革前相比，省里对县里农村义务教育的政策是有所变化，校舍维修改造资金更多，在经费投入上有显著变化，主要是免杂费补助金额大，专项金额大。对县里的影响有：巩固了两基成果，加快了危房改造进程，加快了改善办学条件速度，为确保新农村建设和构建和谐社会奠定了基础。与税费改革前相比，县里自身对农村义务教育的政策没变化，始终以义务教育放在前立。在经费投入上，有显著变化，确保了教师的保险待遇，保证了学校公用经费的支出，确保了危房的改造。对乡的影响是学生、家长、社会都满意。

表5　　2001～2006年资中县农村义务教育预算内经费构成情况

年份	总额（万元）	中央拨款		省地拨款		县级拨款	
		数额（万元）	比重（%）	数额（万元）	比重（%）	数额（万元）	比重（%）
2001	7735	91	1.18	16	0.21	7628	98.62
2002	9487	207	2.18	53	0.56	9227	97.26
2003	7616	187	2.46	243	3.19	7186	94.35
2004	8496	152	1.79	164	1.93	8180	96.28
2005	11212	415	3.70	164	1.46	10633	94.84
2006	13866	3444	24.84	1038	7.49	9384	67.68

三是优化、整合教育资源，乡镇学校办学条件不断改善。结合学校布局结构调整工作，从2003年起，资中县大力实施学校危房改造工程，改造教学用房，兴建3所留守儿童寄宿学校，改造农村职业中学3所，共消除学校危房74446平方米，农村学校面貌大为改观；2004年在全县实施了“远程教育”工程，为每个完小以上学校配备了一个现代化的计算机教室，每个村小有了音像播放设备；2006年为全县农村二级完小、村小学生购置了新课桌凳3.6万套，农村中小学办学条件得到极大改善。在资中县，最好的房屋是学校，最先进的办公手段在学校。30%的初中生能住上舒适的学生公寓，还有2所义务教育阶段寄宿制学校（水南镇实验学校和龙江镇龙江湖小学）。

四是教师队伍得到加强，积极性提高，提高教学质量。从2003年起，资中县启动教师奖励和“名师工程”。县财政连续4年共拿出560万元，对为资中县教育事业做出贡献的教师进行重奖；并对150名骨干教师、18名学科带头人、60名教师、10名校长由财政每月随工资分别发给50元、80元、150元、300元津贴，有效提高了教师积极性，对稳定教师队伍，保障教育教学质量起到了较好的作用，连续4年资中县高考上线率均名列全市前茅。全县小学教师中达中师学历的98.99%，专科学历的52.21%；初中教师中达专科学历的94.48%，本科学历的36.75%。全县义务教育学校中层以上干部均按标准设置，配置合理，均参加了干部培训，做到了持证上岗。

五是农村教育发展新体制初步形成。“以县为主”管理体制全面得到实施。从4年的运行情况来看，“以县为主”的农村义务教育管理体制政策符合资中县实际，基本做到了管理到位，政令畅通。教育经费由县统管，彻底杜绝了乡镇挤占挪用教育经费状况，确保了教师工资按月足额发放；改善办学条件资金有保障。全县严格教育经费的管理使用，不挤占，不挪用，不提留，不平调，优先保障教师工资及各项保险和学校公用经费，基本做到了县域义务教育均衡发展。

三、需要进一步解决的问题

（一）学生及家庭

农村家庭子女变化大，类型多样，农村学生成长的外部环境不很乐观，初中生辍学现象严重。“两免一补”的政策非常好，但工作程序略显烦琐，影响正常教学。虽然国家近年重点整治文化环境，规范文化市场，坚决取缔和打击有害青少年儿童身心健康的文化活动；整治社会治安环境，消除对未成年人的负面影响，着力为未成年人健康成长提供良好条件，但事实上农村青少年学生成长的外部环境仍不很乐观。由于受传统就业观念和现实利益的影响。一些学生家长和学生不能正确认识和对待大中专毕业生就业分配双向选择的改革政策，特别是面对当前就业竞争激烈的现实，认为继续读书缴费，不如早点打工挣钱，导致部分学校初中生年辍率高达近8%左右。

（二）经费与管理

一是“普九”标准较低。资中县虽然已经“普九”，但标准较低，主要体现在“硬件”上。有的农村中小学办学场地严重不足，设备设施尤其是音、体、美设备设施严重不足，城镇学校与乡镇中心学校、乡镇中心学校与完小、完小与村小的办学条件差别大，不能适应事业发展和均衡教育的需要。2006年实施农村义务教育经费保障新机制后，资中县农村义务教育经费保障水平大大提高，但由于受财政收入规模小、财力低的影响，资中县农村教育经费保障仍处于低水平、低层次的阶段，距公共财政和农村教育发展的实际需求仍然存在较大差距。学校公用经费按实际需要仍然紧缺。

二是“普九”负债难以偿还。对于一个财政困难的资中县来说，“以县为主”的现行体制还不能从根本上改变义务教育经费投入严重不足和总量短缺的现状，教育的历史负债问题严重，部分中小学校的办学条件仍比较落后。尤其是在1990～2000年期间，出现了严重拖欠教师工资，教育经费不到位的状况，普遍乡镇挪用教育经费，挪用学校收取的学杂费，甚至还挤占学生的代管费，学校已到了难以维持正常运转的地步。资中县教育负债形成原因主要为：（1）乡镇财力不足，教育经费投入不到位；（2）乡镇政府占用教育收费资金和代管资金；（3）农村教育费附加等乡镇收入未按政策足额征收，也未按计划实现而支出已通过借款等形式实现；（4）部分乡镇在实施“普六”、“普九”过程中，脱离财力实际，举债办教育；（5）学校为了维持基本运转和“达标”检查，向金融机构、教师个人或学生家长借款形式；（6）县财力十分困难，对县直属高中学校的经费投入仅能保教师工资和正常运转，对快速发展的高中教育无力应对，学校自身举债投入事业发展。截至目前，资中县“普九”欠债本息计6000万元。这些欠债的债权面大，有的是乡镇政府行为由学校向学生家长借的，有的是教师个人积蓄，甚至还是以个人名义借贷的，有的则是欠着施工款或贷款。对此，县财政无力偿还。

三是由于经费投入不足，部分学校也存在一边消化，一边新增的现象。由于资中县属典型农业县，经济发展滞后，财政供养人口多，入不敷出。近年来在中央和省级投入的帮助下，资中教育投入大幅增加，并采取了一些措施化解教育负债，但还不够，原因是危房多，负债大，投入与支出之间的缺口达上千万元。据县教育局调查，全县农村教育负债仍有6228万元，且大部分是农村学校“普六”、“普九”期间形成的。2006年新机制建立后，规定学校免杂费补助资金不能用于消化债务，偿债资金渠道更单一，县财政的压力更大。

四是“两免一补”的政策非常好，但享受范围有限，工作程序略显烦琐，影响正常教学。虽然农村义务教育经费保障新机制后，上级财政分别给予县城、农村初中每生270元、240元，小学每生220元、190元的免杂费补助和小学20元、初中40元的生均公用经费补助，县财政在教育专项经费中也相应安排了生均公用经费补助资金。但根据目前学校的实际需要来看仍显不足。有的学校由于建设债务大，利息支付多，最多的一个学校年支出利息高达20万元；有的学校由于生源较少，定额补助相对较少，运转十分困难。

五是乡镇办教育的能力参差不齐，难以履行义务教育相关职责。《国务院办公厅关于完善农村义务教育管理体制的通知》对乡（镇）人民政府在义务教育方面规定了详细的职责。事实上，目前乡镇人民政府已经无力履行其中的部分职责了。如按有关规定划拨新建、扩建校舍所必需的土地：积极筹措经费，改善农村中小学办学条件；乡镇有关教育工作由乡镇长直接负责，很多地区都没有撤销乡镇教育管理机构，而设立乡镇中心学校，设立乡镇中心学校的地区与其所管辖的初级中学、九年制学校、完全小学的关系存在矛盾。

六是县级教育行政部门在一些中学校长选拔任用中的作用有限，要管事却难以管人，推进工作存在难点。《中共中央关于教育体制改革的决定》规定："高级中学和完全中学校长一般由县级以上教育行政部门提名、考察或参与考察，按干部管理权限任用和聘任；其他中小学校长由县级教育行政部门选拔任用并归口管理。推行中小学校长聘任制，明确校长的任职资格，逐步建立校长公开招聘、竞争上岗的机制。实行校长任期制，可以连聘连任。积极推进校长职级制。"事实上，中小学校长的聘任制和职级制没有很好的得到推行，县级教育行政部门在高级中学和完全中学校长选拔任用中的作用非常有限。"以县为主"，而管事又不管人，县级教育行政部门很难推进工作。

（三）学校与设施

社会支持体系不配套。存在乡镇办学积极性的退化以及城乡学校实际享受的教育资源存在较大差别的问题。实行"以县为主"管理体制后，一些乡镇领导普遍感到没有责任了，出现了"等靠要"的思想。目前对城里学生和农村学生所享受到的教育资源实际上是有差别的。虽然就教育支出的分配看是没区别，但目前城里和乡村的学校在以前已形成涉及的教育资源积累方面有差距，同时因为学校的地理位置、校舍条件、设备设施、教学仪器、师资（学历、职称、编制）差别大，尤其是教师编制以生师比确定不合理，已形成了实际上的较大差别，县城生源好、班额大，教师自然松，但工作量大；乡村班额小，教师则相当紧，但工作量小。

教学设施简陋，教学水平难以保障。一是相当部分农村学校必要的教学设备及实验仪器严重不足，无法有效开设相关课程；二是部分学校缺乏体育场地，无法保障学生的全面发展；三是由于投入不足，无法优化和调整学校布局，一方面县城和周边学校相当程度上存在80～90个学生挤一个班的大额班现象，另一方面边远乡镇又存在7～8人1个班现象，教学质量难以保障；四是寄宿制学校发展滞后，全县新建立的留守儿童寄宿制学校仅3所，除在建1所外，按资中县实际，尚需建设29所，因资金原因无法落实，农村留守儿童教育急需解决。

学校危房大修资金缺乏。2006年底，全县学校现存14600平方米危房，且基本为农村学校。资中县现有学校校舍面积995861平方米，随着时间推移，新增危房还将出现，预计每年新增危房近2万平方米，学校排危任务仍然十分艰巨，需要大量的资金投入来解决。但"新机制"采取固定资产折旧的办法按比例拨付危房改造资金，这些经费只够用于校舍一般的维修补助，在"新机制"下，采用长效机制，大面积的危房改造缺乏资金。实施“新机制”以前，各校的危房改造采用的申报项目短期突击方式解决，实施“新机制”以后将采取固定资产折旧的办法按比例拨付危房改造资金。这些钱用于校舍一般的维修补补还能应付，如果有很多危房需要重建，就成为无本之源。

（四）老师结构与机制

教师流失的隐忧与教师激励机制问题，师资队伍亟待优化。“新机制”免收义务教育阶段学生的杂费后，教师工资全部由财政负担，评定工资的标准主要是教师的工龄和职称，学校没有经费奖励优秀教师，也没有能力吸引或留住人才。

相比城市和周边经济发达地区，教师待遇差，教育人才难以稳定。一是调资后的市出台的每人每月 75 元生活补贴，有的周边县区已执行多年，资中县因财力原因一直未执行；二是农村义务教育经费保障新机制后，义务教育阶段学校教师除每月领取的 800～1000 元的工资外，无任何收入来源，学校要建立激励机制也无资金来源，而财政也无力安排；三是教师生活条件差，特别是边远的农村村小，教师诸如吃水、住宿等基本生活条件都无法得到有效保障。

与教育发展提高的要求相比，教师年龄结构和学科比例不配套，部分学科教师非常紧缺，如小学音体美和健康教育教师，初中地理、历史教师。小学由于生源的减少，新增教师编制有限，因此年龄结构偏大。

农村学校教师超编和教师不足的现象都不同程度的存在。教师超编主要发生在镇乡中心学校或交通方便的场镇所在地学校；农村边远学校则普遍存在缺编现象。问题产生的原因是：镇乡中心学校均处在交通便利的场镇所在地，工作环境和工作条件都相对要好一些，学生生源也更好。因此，教师的福利待遇也较农村边远学校更好；而农村边远学校，因地处山区，交通不便，学生生源少，教学设备、教学条件都相对较差，教师的工作环境差、福利待遇相对偏低。因此，边远学校的教师千方百计地往条件好一点的中心学校挤调，造成了以上的超编和缺编现象。此外，实行“新机制”以后，教师实际收入水平下降，一定程度上影响了工作积极性的调动。

目前，资中县农村教师和县城学校教师在财政拨付的工资待遇上是没有差别的，但由学校自有资金支付的课时补贴和资金在农村教师和县城教师中存在着相当大的差别。其中，课时补贴和资金较高的是各高完中学校的教师，而农村小学教师的课时补贴和资金很低，甚至根本没有。

（五）素质教育与学制

目前在整个农村义务教育中，相对小学教育而言，初中教育具有复杂性，是最难的。一方面课程多，教育成本比较高，投入大。另一方面，初中教育后学生面临升学或就业问题，对学生的学习具有直接的影响。要提高初中教育质量，推进素质教育，需要按照各地经济社会发展的实际需要，增加基础教育的灵活性，推进学制改革。而按照国家义务教育法的规定，这方面的管理是很严格的，制度创新空间有限。

四、思考与政策建议

资中县是经济欠发达地区办教育比较好的典型。从四川资中农村义务教育发展的调查情况看，经济落后地区在深化农村义务教育政策改革方面具有紧迫性，也具有艰巨性。要加快完善有关机制，进行政策改革探索，努力促进教育公平，巩固和提高义务教育质量。

（一）抓住重点环节推进农村基础教育的普及和提高

当前农村基础教育的普及重点和难点主要是农民工子女，经济困难家庭子女，偏远地区家庭子女，厌学学生等。要切实实施义务教育法，落实责任，减轻农民负担，改进政府服务，加强社会引导。当前，初中辍学的主要原因不是交不起学杂费的问题，而是厌学、随父母外出打工（或读农民工子弟学校、或和父母一起打工），初中学校基本不清楚流失的初中学生的去向。为此，建议积极推行初中学生电子注册制度、就业准入制度和初三分流制度。在“两免一补”方面，建议试行向贫困学生发放免费教育券的做法，提高针对性和操作效率。增加各级政府投入，使每个在农村学校寄宿读书的农民子女都能够享受到党和政府“一免”的关怀。

探索制定“普及学前三年教育”的相关投入和教师编制等政策。普及学前三年教育是国务院的要求，是政府的办学行为。2003 年 1 月 27 日，国务院办公厅《关于幼儿教育改革与发展的指导意见》要求：“地方各级人民政府要积极采取措施，加大对幼儿教育的投入，做到逐年增长”，但实际上地方财力有限，很难做到加大投入和逐年增长。建议上级政府应当像普及九年义务教育一样重视普及学前三年教育，并给予政策性的支持，尤其是专项投入的支持。目前，四川县和其他部分省市幼儿教师的编制问题没有解决。要加强幼儿园教师编制的管理和教职工队伍的建设，尽快解决幼儿教师的编制问题，保证幼儿教育事业发展的基本需要，提高办学效益。

(二) 优化配置农村学校建设资源，增强学校功能

一是制定中长期规划，引领布局调整。加快学校结构布局调整的步伐，适当撤并班额小、学生人数少的边远学校，集中教育优势资源，做到学校布局的科学化、规范化。二是增加设施，搞好社区建设。在对学校布局进行调整的过程中，难免会产生实施九年制义务教育的学生入学难的问题，逐步实行农村初中和小学学生寄宿制的办法来加以解决；要逐步将边远的农村中小学校办成寄宿制学校。农业大县财力十分有限，办大教育十分不易，而要建设义务教育阶段标准化学校更是不易。国家加大对农业大县义务教育阶段标准化学校建设的经费支持力度，把学校设施建设配套、完整。三是加强校舍维修和设施的动态管理，提高学校设施的资源使用效率。设立中小学危房改造专项资金，增加危房改造专项资金。

(三) 搞好教师队伍能力建设和机制建设，提高教学质量

一是加强国家对农村教育的师资培训。加快培养农村中小学紧缺师资，注重调整师范院校师范类专业师资培养计划，主要是中学地理、历史教师，小学科学教师，中小学音体美教师，以使农村中小学师资资源配置更趋均衡。恢复鼓励政策，吸引更多更好的优秀学生报考师范院校，并鼓励师范院校毕业生到农村任教，制定师范院校师范类毕业生定向和引导性安置的就业政策，使农村中小学师资能够得到补充和保障。将农村师资培训经费纳入各级财政专项预算，加大农村师资培训经费和培训设施投入，提高农村师资水平；同时，对农村边远艰苦地区教师给予适当补贴，提高积极性，留住人才，提高农村边远艰苦地区的教育教学水平，减少经济欠发达地区与发达地区教育发展的差距，让公共财政的阳光照耀到社会的每个角落。

二是改进教师编制管理，因地制宜增加农村中小学教辅人员的师生比编制。现行按师生比确定农村中小学编制，不利于农村完小和村小的小班额教学，也不利于村小推进复式班教学。现行农村中小学编制未列入农村寄宿制学校生活教师的编制，不利于推进农村寄宿制学校的建设和管理。《国务院办公厅关于完善农村义务教育管理体制的通知》要求："农村中小学编制总量应当根据教育事业发展规划、生源变化和学校布局调整等情况定期调整，实行动态管理。"因此，建议从农村教育事业发展的实际出发，考虑农村学校的师资需求，调整农村教师和教辅人员的师生比，以充分满足教育教学的需要。

三是改进教师聘用、激励与约束机制，巩固和完善工资保障，有关待遇社会化。制定完善农村中小学教师津补贴专项奖励政策和农村边远学校教师补贴政策。"新机制"以前，农村中小学可从公用经费和学杂费收入中开支教师津补贴。"新机制"以后，这部分津补贴失去资金来源，由此教师实际收入水平下降，在一定程度上影响了工作积极性。在推进农村义务教育经费保障机制改革过程中，

要切实巩固和完善教师工资保障机制，保障教师的合理收入，建议财政设立教师津补贴专项奖励资金，以调动教职工的工作积极性和主动性。积极探索和研讨对农村边远学校教师的边远地区津补贴发放的有关政策，调动农村边远学校教师的积极性，逐步稳定边远地区中小学教师队。

四是在调配好班主任的同时调整农村班主任津贴标准，激励和调动班主任的突出作用。中西部很多地区财力不足，教育经费不足，缺乏与时俱进对标准调整提高的灵活性。现行班主任津贴标准是1985年制定的，小学每人每月10元，初中每人每月12元，高中每人每月15元。而目前中小学一般实际支出的班主任津贴都在每人每月20元以上。2006年6月4日，教育部制发了《关于进一步加强中小学班主任工作的意见》，其中进一步明确了中小学班主任的工作职责，同时也要求“各地要根据实际，努力改善班主任的待遇，完善津贴发放办法。”但至今很多地区没有具体规定哪一级政府（部门）制定具体发放标准。

（四）提高义务教育经费保障标准和管理水平，完善以人为本的公共财政支出体系

一是加大专项转移支付力度，改善中西部贫困地区教育办学条件。受地域和经济发展制约，中西部教育基础十分薄弱。但其培养的人才为全国各地经济建设服务。特别是中西部地区的人口大县、农业大县、教育大县，由于经济基础较差，很难留住人才，其培养的学生大都为经济发达地区服务。对于像经济贫困的地区，单靠县级财政微薄的财力保证是不可能实现的，农村义务教育投入的责任，应该更多的增加中央和省级政府的投入责任，加大地区教育基础设施建设及硬件设备投入力度，加大专项转移支付力度，进一步实施学校危房改造，建设寄宿制学校，提高教育教学质量，提高国民素质。建议中央部门在全国范围内对农村教育经费按经济、社会发展水平等划分片区，制定不同的、科学的（包括教师个人支出和学校公用经费）生均投入定额，在不增加县级财政投入负担的基础上，通过上级财政优化支出结构，加大支付力度，确定各级政府在农村教育经费投入中的比例，并确保到位。

二是加快建立和实施教育负债的消化机制，各级政府均要承担债务消化责任。经济欠发达地区教育负债是多种因素形成的，严重影响学校正常教学秩序，是农村教育发展难以步入良性循环的一大障碍。地方财政虽然尽其所能进行消化，但终究财力有限，消化缓慢。加之投入不足，很多学校步入债务边消化边增长的怪圈。《国务院办公厅关于完善农村义务教育管理体制的通知》“县级人民政府要采取有效措施，清理核实农村中小学‘普及九年义务教育’欠债，摸清债务来源和使用情况，并尽力偿还。”但事实上，多年来，县级财政无力偿债。中央和省级财政要承担一分县及以下的“普九”欠债。省、市和县承担农村寄宿制学

校建设负债和后勤社会化的相关负债。2006年，重庆市政府一下拿出19亿元，彻底还清了全市的普九债款，其作法具有借鉴意义和推广价值。在清理锁定的农村教育债务的过程中上，各方要按照一定比例或方式进行承担，有计划有步骤将教育负债全部消化，并制定控制新增债务的措施，促进农村教育良性发展。

三是改革教育经费投向，注重全面的基础教育，按基本公共服务均等化标准统筹经费。农村义务教育和农村职业教育均属基础教育和国民素质教育。调整国家教育经费投向渠道，从能够通过市场渠道解决经费的高等教育经费投入中逐步淡出，重点关注和倾斜国民教育和职业教育，尤其是农村义务教育和中等职业教育，促进义务教育与职业教育的结合，确保农村教育的协调和可持续发展。

（五）推进农村教育体制改革和管理现代化，减少管理环节

对“以县为主”义务教育管理体制的政策进行适当调整，建立更加符合现实和更加现代化、更加灵活的体制，减少体制矛盾，提高运行效率。将乡镇发展义务教育的职责进行适当调整，具体办法因地制宜。注重激励和调动中小学校长的突出作用。在中小学校长选拔任免的政策问题上，应当注重将管事与管人结合起来，更多的发挥县级教育主管部门的专业作用。注重改革学校管理体制，组建现代教育团队，创新教育方式。完善教育投入提高保障机制，确保国家财政性教育经费支出占国民生产总值的比例随着国民经济的发展和财政收入的增长逐步提高。推进行政管理体制改革，尤其是西部农村百万人口以上大县“省管县”的行政管理体制改革，以使农业大县能够具有更加良好的发展机遇、更加良好的发展政策，更加优良的发展环境，把义务教育这个社会事业发展好，从源头做好促进人力资源强国的工作。

（六）统筹农村义务教育和职业教育发展，探索农村教育创新

为发展中职教育，扩大中职招生，防止初中生源外流，资中县开展了初三分流（2+0.5或2+1）。这虽是统筹农村义务教育和职业教育发展的有效经验，有利于充分开发利用农村义务教育的优势资源，加快中职教育的发展，培养新生代农村劳动力，但也触及了我国初中学制改革的问题。初中教育的改革是一个国际性的难题。目前，教育部对初三分流没有明确的文件规定，初三分流入中职的学生在第一学期或第一学年也就具有初中和高中的“双重学籍”，不利于初中和高中的管理，也不利于我国中职教育的合法快速发展。建议要进一步深入探索创新和实践，在取得成功办学经验的基础上再推广。

（秦中春）

落后地区农村义务教育跨越式发展面临的挑战

——习水县农村义务教育问题调查

近几年，随着经济的快速发展，在国家政策的帮助下，经济落后的贵州省习水县农村义务教育发展出现历史性突破，无论是学校硬件建设还是有关运转经费保障都出现了跨越式发展，农村义务教育发展进入一个新的阶段。新机制实施后，农村义务教育仍然存在着标准低、补助对象不全面、学校发展受到束缚、寄宿制工程容量小、不能满足寄宿生需求、学校布局调整困难、边远山区教师补充难等矛盾。本报告分析了习水县农村义务教育发展的基本情况、经验和创新、问题，提出了完善公共财政支持义务教育发展的对策建议。

一、近几年习水县农村义务教育出现跨越式发展

习水县是一个快速发展的经济落后地区。地处贵州省北部，面积3127平方公里，总人口67.7万，其中农业人口60.9万，是国家扶贫开发重点县。近年来全县经济快速增长，人均生产总值由2000年的1747元上升到2006年的3746亿元，地方财政收入由2000年的5086万元增加到2006年的10670万元；产业结构发生重大变化，由2000年时的“一、二、三”转化为“二、三、一”。2006年全县生产总值实现26.32亿元。2006年农民人均纯收入1880元，比2000年增长46.3%，但只有全国平均数的约2/3。

近年来，伴随着经济的快速发展，在国家政策的帮助下，习水县农村义务教育发展出现历史性突破，无论是学校硬件建设还是有关运转经费保障都出现了跨越式发展。尤其是在“十五”期间，全县“举全县之力，聚全县之才”，全县上下众志成城，奋力攻坚，提前一年实现了“两基”达标，实现了历史性突破。全县教育财政资金投入总规模将不断增大。2004~2006年财政经常性收入31216万元，三年平均增长率17.75%，2004~2006年预算教育拨款34995万元，三年平均增长率为19.93%。目前全县整个教育支出占整个财政支出的比重在1/3以上。2004~2006年教育总支出占全县财政总支出分别为41.65%、36.37%、35.31%，所占的位置排在第一。教育支出考虑最多是教师工资，重点先保证教师工资，在

教师工资保障的前提下，多方筹措经费用于学校建设发展。财政按月拨付教育经费。

全县在“两基”攻坚之前，义务教育学校数达560余所，在校中小学生仅有11万余人，教师缺编1200余人，D级危房达5万多平方米，图书、仪器基本上为零，学生辍学率超过10个百分点，其根本原因是县级财政十分困难，出现了发干部职工工资都需要借贷发放，对于教育的投入就无从谈起，请代课教师，保学校运转仅靠当时征收的农村教育费附加来负担。教育的历史欠账严重制约了农村教育的均衡发展。2000年，国家第一期义教工程的实施，2002年第二期义教工程的实施，改、扩建中小学校61所，并配置了图书、仪器，这是习水教育史上享受国家政策，实现学校基础设施建设和图书仪器配置的历史性突破。2003年全县实施“两基”攻坚。主要措施：一是加大学校布局调整力度，将560余所调整为340所中小学；二是消灭D级危房，新（改、扩）建校舍120所，投资达8000余万元；三是投资600余万元添置图书、仪器和音体美器材；四是投资200余万元进行校舍维修；五是投入100余万元购置课桌凳；六是2004年招聘中小学教师700余名；七是落实《义务教育法》加大对贫困生的帮扶，采用“减、免、缓、助”等形式动员3000余名失学少年、儿童返学；八是投入1000余万元加强校园绿化、文化、硬化建设，使校园成为农村的一道靓丽的风景线；九是加强学校管理，使管理意识得到提升；十是加强教师队伍建设，仅“十五”期间全县教师培训经费就达100余万元，尤其是校长培训，紧缺学科教师的培训，提高了教师教学能力、学校管理的能力；十一是修建了24所寄宿制学校。

国家提出的“以县为主”的农村义务教育管理体制政策符合当地实际情况，主要措施是“三权”归县，校财局管，由县统一抓教育有利于保证教师工资按时发放，有利于保证学校基本运转。与税费改革前相比，因取消了农村教育附加，取而代之的中央财政转移支付更加稳定，同时减轻了乡级财政负担。全县义务教育的发展得到了省以上政府的大力支持。根据统计，2004年上级财政对教育投入2781万元，占预算内教育经费的22.7%；2005年上级投入2031万元，占13.2%；2006年上级投入2224.89万元，占13.5%。

全县享受生活补助学生占在校生总数的20%左右，补助标准：100元/生·学期。县里已实行免杂费政策，每学期教育局、财政局严格按照核实的县镇、农村学生数对应学杂费标准进行及时足额划拨。全县免费教科书覆盖范围的学生比例达到30%左右。凡居住在本县内的孤儿、农村家庭年人均纯收入低于600元的学生全部享受免费提供教科书；在同等条件下，优先考虑计划生育户子女、少数民族学生。具体由村（居）委会和学校共同确定贫困生。

全县推进学校财务公开，加强了教育管理，收支透明，奖罚分明。在教师管理方面，全县先后出台了《关于进一步加强中小学教师队伍管理的通知》、《关于加强中小学教师调配管理的通知》，学校招收教师的条件和要求：全县招收教师自2004年起全面实施公开招考聘用，其基本条件按《教师法》规定具备相应学历和教师资格，身体健康的均可报考。在不同学校，特别是城乡之间，这种条件和要求不存在差别。通过教育人事制度改革，加强学校编制管理，强化乡镇内学校之间教师的合理流动和搭配。

二、农村义务教育快速发展阶段出现的难点和问题

近年来，全县农村义务教育事业虽然取得了长足发展，但受教育结构的变化和穷县办教育客观形势的影响，发展还不能满足人民群众日益增长的教育需求。

（一）农村学生规模和结构逐渐发生重大变化，家庭教育出现分化，但对教育质量的要求一致提高

全县学生人数小学从2001年108604人的高峰逐渐降到2006年67492人，其中农村学生从2001年103065人的高峰逐渐降到2006年60627人，下降了约40%（见表1）。初中生人数目前基本持续在高峰期，但已经自2005年期开始下降，2006年全县在校初中生45911人。预计2009年起将大幅下降。现由于外出打工人数多，留守儿童占40%，教育管理面临一个新课题。家长、学生义务教育的观念淡薄，初中保学控辍是一个难题。

表1　　2001～2006年习水县义务教育阶段学生规模

指　标	单　位	2001	2002	2003	2004	2005	2006
小学学生数	人	108604	103611	94018	84750	75095	67492
其中：农村小学	人	103065	97468	88677	78457	68803	60627
初中学生数	人	29813	36708	44203	48781	47402	45911
其中：农村初中	人	26712	33700	40892	45020	43491	41669

数据来源：习水县教育局。

从调查的农户情况来看，当地农村家庭主要劳动力（夫妻两人）年龄较轻，87.2%的家庭属纯农业户口，超过60%的家庭主要劳动力在家务农，超过20%的家庭有劳动力外出打工。2006年夫妻双方全年都在家的占比为34.6%；家庭夫妻双方常年都不在家居住，占比为14.1%；夫妻任何一方在家居住不满半年的家庭占比为12.8%；其余家庭夫妻任何一方在家居住均超过半年，占比为38.5%。当地农民外出打工主要集中在省外，职业多为建筑业和装修业。调查农户打工时间最短的1个月，最长的超过10个月以上。打工地点在“省外”的占63.6%，在

“县外省内”的占12.1%，在“乡外县内”的占18.2%，在“港澳台”的占6.1%。从打工的职业分布看，从事建筑业占39.4%，从事纺织、皮革及相关产品占9.1%，从事日用品行业6.1%，从事装修行业占15.2，其余的从事其他行业。

当地农民家庭夫妻之中至少一位受过高中及以上教育，占比为10.3%；家庭夫妻双方受教育程度均在小学及以下，占比为30.8%；其余家庭夫妻双方至少有一位受过初中教育，占比为59.9%（见表2）。从调查来看，几乎所有家庭都“期望子女到更高一级学校就读”，对其原因的解释大体可分以下几类：（1）多学知识有好处；（2）知识水平高，工作好找；（3）文化高一点，适应社会的发展；（4）走出农村；（5）学好文化，多增加收入；（6）改变家庭的面貌。

表2　　调查农户家庭文化教育结构

受教育程度	调查农户数量（个）	所占比例（%）
高中及以上（夫妻任何一方）	8	10.3
初中（夫妻任何一方）	56	59.9
小学及以下（夫妻双方）	24	30.8

（二）学校建设有所加强，但学校负债严重，学校建设不配套、不完整的问题仍突出

从21世纪初开始学校布局结构调整，数量逐渐减少，学校办学条件得到较大改善，但与发展的需要相比，学校的建设仍有滞后性。全县小学从2001年的485所减少到2006年的282所，有公办小学282所，民办小学4所，初中从2001年的62所减少到2006年的42所，目前全县有公办初中学校42所（其中13所是九年一贯制），民办初中5所。全县初中寄宿生20471人，占初中学生总数的44%，因学校条件有限，寄宿生中有25%在校附近租用民房住宿。

全县“两基”攻坚后，各学校负债多，现还贷无门，严重影响学校的正常运转。截至2006年底，“两基”工程负债1735.63万元，寄宿制工程负债1516.06万元，乡镇学校负债959.44万元（主要用于附属工程建设、校园绿化、征地等），加上“两基”向习水农行贷款余额3500万元，负债合计7711.13万元。负债金额较大，已经成为教育不稳定的主要因素，制约了教育的发展。其中“两基”工程、寄宿制工程向农行“两基”贷款负债数据是通过专项审计确定的，而学校部分负债是对各乡镇学校提供的数据进行的汇总。由于学校只有学杂费和公用经费收入，且规定不能用于还贷，而政府又无财力承担，故暂无化解办法，正探索逐步建立偿债机制，同时亟须得到上级政府的支持帮助，解决资金困难。

作为一个贫困地区，习水县的学校建设需要上级政府的大力支持，但这种支

持目前还存在不完善的地方。主要原因是上级财政支持的学校建设项目标准高，投入大，往往缺少对附属工程的建设资金投入，实际进行校舍维修的项目所需资金远大于上级下拨的维修资金，部分项目需要县级完善，而县级财政又无力承担，导致部分项目得不到及时改善，校舍维修长效机制没有有效建立，形成新的教育债务。2006 年，全县薄弱学校改造工程共到位资金487 万元，其中中央277 万元，省210 万元。上级工程项目资金只是考虑主体工程部分，对附属部分没有投入，而一所能发挥正常功能的完整学校建设还包括运动场、围墙、厕所等附属设施，而这部分附属工程资金没有来源，县级财政又比较困难，导致缺口部分通过贷款、转移支付、教育附加和乡镇集资、社会捐资进行弥补，增加了政府债务。

（三）代课教师多，骨干优秀教师调走，教师质量不高，农村教师队伍基本状况堪忧

近年来，习水县农村教师队伍建设取得了一定的成绩，县教育局采用支教和教师轮流服务期制度，以解决农村学校尤其是村级教师缺编问题，但长期困扰农村教师队伍建设的一些根本问题依然存在，有些情况甚至进一步恶化。比较突出的是城乡学校教师配备不均衡，部分乡村学校缺编、超编问题并存，代课教师超过教师总量的10%，边远农村学校、村校和教学点校教师数量不足，教师队伍基本状况堪忧。产生问题的主要原因：一是全县历年来教师均缺编，教师的补充、安置到乡镇（区）所在学校尚且不足，因而也就无法补充到村校。二是一些学校骨干教师调走，教师数量不足、质量不高、学科结构不合理。有相当一部分农村教师教育观念陈旧、知识老化、方法落后，难以适应教育改革发展的需要；一些教师学历达标与能力达标存在较大落差；教师学科结构极不合理，大部分学校缺少音乐、体育、美术、计算机和外语教师。；教师职业道德亟待提高。

（四）县级政府是教育经费投入的大头，实行“新机制”后经费保障不足问题仍比较突出

从习水县的教育经费来源来看，虽然近年来上级政府给予了大力支持，但投入的大头还是来自于当地的县级政府，县级预算内投入占预算总投入的80%左右（见表3）。显然，县域经济实力不强必然成为制约当地农村义务教育发展的重要因素，影响实行“新机制”的效果。习水县投入不足，农村义务教育经费（尤其是公用经费）短缺、学校债务沉重的现象还相当普遍。困难主要是财力不足，公务费预算标准低、基建费不够，部分工程附属设施无配套资金，一些新上的项目因经济困难而未上或缓上，不得不通过贷款解决困难。

表 3　　习水县农村义务教育预算内经费来源与构成

年　份	总额（万元）	中央拨款		省地拨款		市（县）级拨款	
		数额（万元）	比重（%）	数额（万元）	比重（%）	数额（万元）	比重（%）
2001	5918.42			386.42	6.5	5532.0	93.5
2002	7077.12	19.10	0.3	239.02	3.4	6819.0	96.3
2003	8406.52	163.44	2.0	180.08	2.1	8063.0	95.9
2004	12219.00	1631.00	13.3	1150.00	9.4	9438.0	77.3
2005	14136.00	1792.00	12.7	80.00	0.6	12264.0	86.8
2006	15676.89	1332.48	8.5	779.21	5.0	13565.2	86.5

数据来源：习水县调研。

目前县财力自给率低，财政在保运转、保工资等方面压力很大，教育经费还要用于偿还教育负债。教育欠债问题已经直接影响到教育事业向更高的阶段发展。全县教育欠款近8000万元，而全县的中央转移支付用于教育仅有1045万元，如果全部用于还债并支付利息，需要10年时间，一方面要发展，一方面要还债，压力不言而喻。迫债临门不断，影响学校工作正常运转。农村中小学的运转经费困难。农村中小学危房改造资金缺口较大，特别是突击“普九”达标后留下的借资兴建的低标准校舍和其他教学设施，如今又成为新的“危房”；农村中小学公用经费严重短缺，公用经费偏少，只能保学校基本运转，许多农村中小学甚至无力支付教师到县城参加培训的费用。

由于习水县的教育经费保障机制建立在低水平的“一费制”标准之上，当时“一费制”的标准与当时较低的社会经济发展水平和农民家庭负担承受能力相适应，收费标准定得比较低，改革后遇到了新的问题，赶不上形势发展的需要。2006年春季起实行新机制改革，初中、小学生免收杂费，具体免收的标准是定得比较低的“一费制”收费标准。在目前的新形势下，形成了学校运转困难，如学生读书活动、新课程改革、教学教研等活动难以正常开展，制约教育教学质量的提高（见表4）。

表 4　　2004～2006年习水县预算内生均教育经费和公用经费　　单位：元

年份	小学教育经费	其中公用经费	初中教育经费	其中公用经费
2004	701	8.39	618	16.72
2005	869	9.15	1020	19.10
2006	1069	12.30	1198	23.46

数据来源：习水县调研。

（五）农户家庭教育负担承担能力弱

从农户调查情况来看，当地农户经济水平较差，有稳定收入来源的家庭不足1/3，家庭平均承包地面积1.47亩，家庭人均承包地不足三分，仅0.29亩，家庭规模较大，近2/3以上的家庭超过5口人，劳动力抚养系数达1:2.31。家庭规模平均人口4.96人，5口人以上的家庭占64.1%，平均每个家庭有劳动力2.15人，抚养比例为1:2.31；农户中有稳定收入来源的占劳动力总数的18.5%，有稳定收入来源的家庭占调查农户的29.5%。

调查农户家庭收入差距巨大，家庭平均创收13754元（包含借贷收入），人均收入2773元。就收入结构而言，“外出打工收入（本村以外）”占41.1%、“工资性收入”（主要指村干部、教师、医生等职业）占13.0%、“借贷收入”占10.3%、其他项目（如经商、运输业、种植业、养殖业、副业、本村帮工、政府补助等）收入比重均在10%一下。调查农户2006年家庭平均支出13034.68元，与收入相比，家庭平均结余718.88元，实际发生结余的家庭占58.9%，实际发生亏空的家庭占35.9%，收支持平的家庭占5.2%，最大的支出项目为“现金生活消费总值”，占近60%。从支出结构分析，“现金生活消费总值”（食品、衣着、医药费、交通、通讯、水电燃料费、人情随礼等）占47.2%、“家庭消费类固定资产总值”（家电、手机、摩托等）占24.6%、“子女教育经费”占14.8%、“生产支出总值”（种子、农药、化肥、地膜等）占6.2%、“其他支出总值”（义务工、罚款、集资等）占4.3%、“生产类固定资产总值”（农用车、役畜、水泵等）占2.8%。

绝大多数家庭的孩子处于学龄期，且以中小学为主，平均每个家庭教育支出为2548.03元，占当年农民家庭收入（本次调查的家庭毛收入）的18.5%，家庭教育支出中，“在校伙食费”、“学杂费”、“课本费”合计超过80%从家庭教育支出结构分析，“在校伙食费”占53.2%、“学杂费”占15.8%、“课本费”占12.8%、“学习用品支出”占9.4%、“学校与家的往返交通费”占5.1%、“住宿费”占2.3%、“其他教育支出”占1.3%、“家教或补习费用”占0.10%。

表5　　调查农户家庭收入水平

项　目	农户数（户）	比例（%）
家庭收入>10000元	49	62.8
10000元≥家庭收入≥5000元	17	21.8
家庭收入<5000元	12	15.4

调查显示，因子女教育而发生借债的家庭占全部调查农户的37.2%。比较巧合的是，这一数据与有高中生或大学生子女的农户基本吻合，可见教育负债多发生在非义务教育阶段。从借债次数看，平均每户家庭年借债2.55次，其中借债次数最多

的家庭5次；平均每户借款3341元，平均每笔借款1309元。从借债的去向分析，多数家庭教育借债用于非义务教育阶段学生的学杂费、住宿费、生活费（含伙食）等。多数家庭表示，高中以上教育收费太高，难以承受，许多家庭认为义务教育的“国家政策好”，负担不重，更有不少家长表示“再苦也要让孩子读书”。

从农户调查看，有2.6%的家庭发生过子女辍学现象，辍学原因主要是“没钱读”。在全部家庭对“农村义务教育优先解决好的问题”的回答中，几乎所有家庭都选择“完全免费”和“保证教学质量”，而对于“校舍改造”、“教师培训”和“保证学生安全”等重要事项未见选择，反映出该地区家庭更关心对免费义务教育的渴望。

从调查问卷显示，当地农户家庭认为目前教育政策最需解决的问题或建议大体有以下几类：(1）增加对寄宿制工程的投入；（2）学生的饮水和中午就餐问题；(3）修建乡村公路；(4）提高教学质量；（5）免费义务教育；（6）希望普及高中；(7）治理学校周边环境，不让孩子学坏；(8）留守儿童问题。

（六）发展不平衡，素质教育的全面推进难

在全县整个义务教育支出中，城乡之间、乡镇、学校之间教育发展存在较大差距，区域内、校际间办学条件差异大，择校问题比较突出。“普九”以后，村级小学和乡镇初中基本消除了D级危房。尽管“两基”中对农村学校的基础设施建设和图书仪器装备进行了大量的投入，并实施了教师支教制度，但与县城相比，农村学校在师资、硬件设施上还有一定差距，特别是偏远地区村级学校差距较大。从生均拥有的教育资源看，农村义务教育阶段资源配置率还很低，办学条件严重不足。由于经费不足，有些学校还不具备义务教育的基本办学条件。学校危房比例仍然较高。农村学校图书欠缺，仪器缺件，无单独的保管、实验室、制约管理及操作。农村义务教育发展还存在一些特殊难题。一是全县留守儿童规模很大，留守儿童教育管理任务艰巨。一些农民家庭受“新读书无用论”影响，对子女教育的重视不够。留守儿童由于缺乏家庭教育配合，相比其他学生难以管理和提高学习成绩。二是新课程改革全面实施还有很大困难。现实中仍有相当一部分教师对新课程所倡导的理念缺乏正确的认识，认为新的课程改革只不过是国家又换了一套教材而已。不少教师感到陌生和茫然，对新课程提出的理念和目标，对新课程提倡的教学方式。有些教师竟问到：“我们现在用的教科书是不是校本教材?”、“我们为学生编的考试题算不算校本教材？”等问题。

三、完善贫困地区农村义务教育发展机制的对策建议

（一）及早规划调整农村学校布局，加强学校建设

经济落后地区农村学生规模和结构的快速变化以及家庭教育出现分化给农村学校布局的调整和学校发展功能提出了新的要求，加强学校基础设施建设，增强学校功能刻不容缓。目前在习水县，新增农村学校用地十分困难，学校的建设成本快速上升。过去的学校就只是一幢教学楼、一个篮球场，比较简单，现在改扩建就必须增加一个不低于200米的环形跑道，两块篮球场、十个乒乓球台，同时还要增加功能教室和专用教室，导致依法征地十分困难。目前全县办理了土地使用证的学校为数不多，主要原因：一是费用较高，二是审批程序复杂。如中央下达计划修建寄宿制项目学校，要求一年内必须完成，如果等手续办理完毕后才修建，至少需要两年时间。进一步健全和完善义务教育“以县为主”管理体制，及早规划调整农村学校布局，加强农村学校建设，增强学校的素质教育和生活社区功能，更多地增加适合农村学生需要的住宿等条件。

（二）健全针对农民家庭子女上学的帮扶和督促机制

在经济落后地区，农民家庭子女接受教育依然受到多方面因素的影响，基础比较脆弱。要巩固农村义务教育发展的成果，坚持把扩大农村基础教育覆盖面作为农村义务教育的重要任务，继续加大宣传的力度，党政重视，部门配合，明确政府、学校教师、村组、农民家庭职责和任务，进一步落实责任制。实施奖励政策，对工作积极，任务完成较好的教师在年终量化中加分进行奖励。认真落实“两免一补”政策，学校对特困生、边远住宿生进行摸底调查，确保特困生享受到国家减免的经费。依法保学控辍，对多次动员，家长拒不送子女入学的，采取司法行政手段，限期送子女入学。建立初中在校生外出打工的防范机制，即班主任与学生、学生与学生配合，随时了解学生的思想动态，对有外出动向的学生及时制止。通过一系列的工作开展，扩大农村基础教育覆盖面，保证了农村义务教育各项指标合格。

（三）积极化解教育负债，加快完善经费保障新机制

对于类似习水县这样的贫困地区，在农村义务教育经费投入上，当地财政难以支付国家义务教育工程投入的匹配部分和全国基本均衡的运转经费标准，必然导致教育经费出现缺口。要坚持适当的倾斜政策，加大县以上政府的教育投入，不断完善义务教育保障新机制。一是加快国家专项解决教育负债问题的进度，当

地也要夯实、锁定债务数额；坚持按轻重缓急原则处理债务，以划转核销等形式消化部分债务，处置闲置校产，补充偿债资金，规范借款利息，防止“雪球”效应，完善偿债准备金制度。二是以人为本，保障经费支出，适当增加贫困地区中央专项投入比例，更多的统筹国民义务教育发展。目前中央专项投入越多，地方财政压力就越大。譬如，中央投入100万元修一所学校，要求县级财政就要匹配100万元。况且只修教学楼不行，还需修厕所、运动场、校门、围墙、旗干旗台、排污沟、排水沟等附属设施。三是增加公用经费标准。按照新的义务教育经费保障机制，目前投入学校的生均经费标准偏低。贵州省的生均标准比毗邻的四川、重庆都低，处于泸州经济圈和重庆经济圈，其城乡居民的消费标准却和川渝两地农村消费水平相同。四是提高“两免一补”标准，扩大“两免一补”范围，让义务教育阶段公、民办学校在校生同等享受“两免一补”政策。五是建立更加有效的教师工资保障机制，逐步解决偏远乡村教师的质量问题。

（四）调整教育资源配置，优化素质教育结构

加大发达地区对口支援边远山区义务教育力度，进一步完善边远山区教师优惠政策，促进城乡教育资源的均衡配置，努力促进经济落后地区与中部、东部经济比较发达地区农村义务教育的均衡发展，提高教育质量。农村义务教育应当扩大外延。在调查中新生农民工对教育培训需求十分强烈。关于对“是否需要进行农民工培训”问题的回答中，87.2%的家庭持肯定态度，认为：一是培训后出去不吃亏；二是没有技能就不好找工作；三是学点知识出去打工，有技术可以多挣一点钱；四是建议对农民的法律意识和技术进行培训。为此要统筹农村义务教育与职业教育发展、义务教育与学前教育及普通高中教育发展，支持落后地区将普通高中、中等职业教育统筹到农村教育中来，扩大高中教育规模，优化高中教育资源，进一步满足人民群众日益增长的文化教育培训需求。

（秦中春　张要杰）

发达地区推进义务教育现代化和高位均衡的探索

——太仓市农村义务教育问题调查

太仓是全国经济发达地区，江南鱼米之乡，近年来经济持续、快速增长。该市发展教育的特色是走城乡一体化发展之路，坚持推进区域均衡，维护公平，保证全体学生享有均衡的受教育机会。农村义务教育发展逐步进入高级阶段。本报告分析了太仓市推进义务教育现代化和高位均衡的做法与创新、进入发展新阶段存在的主要问题和难点，提出了深入推进义务教育高位均衡、探索素质教育创新的对策建议。

为了解经济发达地区推进农村义务教育的做法、经验和问题，2007 年调研组对太仓市进行了典型调查。该市位于江苏省东南部，是苏州市下辖的县级市，面积 823 平方公里，辖 7 个镇、126 个行政村。本地人口 46 万，城市化率达到 62.4%。外来人口大量涌入，据 2006 年底的统计已经达到 30 万人。近年来财政收入实现了持续、快速增长。2006 年 GDP366.63 亿元，全口径财政总收入达 60.98 亿元，比上年增收 15.8 亿元，增长 35%。实现地方一般预算收入 27.58 亿元，比上年增收 8.66 亿元，增长 46%。2006 年一、二、三产业就业比重 4.3∶60.8∶34.9。城乡居民收入水平较高，城镇居民人均可支配收入 19091 元/年，城镇居民人均消费性支出 12163 元/年，农民人均纯收入 9285 元/年，农民人均生活消费支出 5741 元/年。在对全市的社会经济发展和义务教育总体情况进行调查了解的基础上，调查组选取了城厢镇、陆渡镇和双凤镇 3 个乡镇、6 所中小学作为调查对象，还与有关的民办学校进行了座谈。为了解农户及其推进教育的情况，调研组进行了农户问卷调查。

一、太仓市农村义务教育发展逐步进入高级阶段

太仓市始终把教育放在优先发展的战略地位，积极促进教育事业的率先发展和基本现代化。“九五”时期是历史上教育事业发展最快，教育改革力度最大，教育投入最多的时期之一，教育发展主要指标达到了中等发达国家 20 世纪

90年代的水平。“十五”期间，全市经济社会实现了跨越式发展，教育事业蒸蒸日上，率先普及了15年教育，建成了该市第一所全日制高等学校，教育公平问题得到高度关注和逐步解决。“十一五”时期以后，进一步推进农村学校的现代化建设和农村教育的结构调整，提高教育服务社会经济能力。从2006年夏季开始，在苏州市的统一领导下，将农村免费义务教育推进到城市，全面推行真正意义的义务教育，即城乡免费教育。目前，太仓市不断加大教育投入力度，大力推进城乡教育的均衡化、一体化发展，农村义务教育发展已经逐渐进入高级阶段。

（一）国民基础教育普及和提高程度迈上新台阶

截止到2006年统计，太仓市3～5周岁幼儿入园率保持在99%以上，九年制义务教育入学率、巩固率均为100%，初中毕业生升学率达到了99.64%，高等教育毛入学率超过了55%，在全省率先普及了15年教育，各项主要指标均达到了发达国家20世纪90年代末期的水平，基本上建立起了较为完善的现代国民教育系，成为江苏省唯一同时拿到县（市）级教育先进荣誉称号“四块牌子”的市，即“江苏省义务教育均衡发展先进市”、“江苏省高中教育先进市”、“江苏省幼儿教育先进市”（学前）、“江苏省师资队伍建设先进市”。这些指标在全国相比也是居于先进行列和领先水平。

（二）教育布局和结构调整率先到位

太仓市农村义务教育布局调整起点早、标准高、力度大。从80年代到90年代先后分三个阶段进行了较大规模中小学布局调整，成为苏州市唯一一个没有村校的县（市）。在“九五”期间出台《太仓市农村中小学布局调整的总体方案》，市镇两级政府在制定经济社会发展规划时，优先考虑教育发展规划，统筹安排，城乡联动，全市中小学校由1995年的131所调整为2000年的74所（其中村校18所），学校布局和教育结构得到快速优化。2001年全国基础教育工作会议召开以后，太仓通过财政支持和引入市场运作机制（成立了全省首家教育发展有限公司）相结合，加大资产、资本和人才运作力度，盘活存量，放大增量，科学配置教育资源。2001年对16所中小学实施了改造建设，完成投资4530万元，2002年又对13所中小学、幼儿园进行了改扩建，完成投资2920万元，同时启动了实验高中的建设，同年，顺利通过江苏省首批现代化建设先进县（市）的评估。2003年以来，再接再厉，完成中小学改造建设项目11个，建设投资达44390万元。至2004年底，经过撤、并、改、建，全市中小学调整为47所，提前完成了“十五”规划中确定的布局调整任务，形成了基础教育、职业教育、高等教育协调发展，成人教育、远程教育等多种形式的继续教育加快发展的新局面。

（三）农村校舍条件良好，学校现代化进程发展加快

太仓市通过加大对农村义务教育段基础教育教学设施的建设，促进教育均衡发展，缩小办学差距。从被调查学校的情况来看，农村学校校舍条件良好，校均校舍面积初中为10395.33平方米，小学为5132.537平方米。生均校舍面积初中为12.2平方米，小学为4.35平方米。学校的图书量都在万余册以上，生均图书册数初中平均为25册，小学平均20册。基本达到或者正在努力达到苏州市的标准。全市从2007年起启动农村义务教育段学校现代化建设工程，工程涉及全市21所农村中小学、近3万平方米校舍建筑，经费投入4800多万元。工程实施后，将惠及全市1.5万名中小学生，同时增加6000多名新太仓人子女的吸纳能力。经费投入由市级财政、市教育局、各镇政府按比例共同负担。建设的内容，除了在硬件上保证实施到位之外，在办学软件上和师德建设、校园文化建设、校园周边环境整治等方面也要求同步推进。各学校着力更新装备提升水平，目前全市义务教育阶段学校的实验室、图书室装备水平在苏州市处于领先地位，95%以上的中小学都创建为苏州市信息化实验学校、先进学校和示范学校。见表1至表3。

表1　　2001～2006年太仓市农村小学基本情况

指　标	单　位	2001	2002	2003	2004	2005	2006
学校数	所	25	26	23	22	9	9
年末校舍面积	千平方米	152	160	160	207	207	214
其中：危房	千平方米						
年末图书册数	千册	386	446	446	478	575	1257
本年改造危房	千平方米						

表2　　2001～2006年太仓市农村初中基本情况

指　标	单　位	2001	2002	2003	2004	2005	2006
学校数	所	18	17	16	14	6	6
年末校舍面积	千平方米	153	165	165	214	123	139
其中：危房	千平方米						
年末图书册数	千册	259	272	272	307	229	505
本年改造危房	千平方米			1			
本年购置课桌凳	千套	1	1	1	2	1	2
本年购置图书	千册	15	5	5	10	13	218
本年购置专用设备金额	千元	878	1900	974	1048	1473	1680

表3　　　　调查学校的办学条件

项　目	城厢一小	陆渡中心小学	双凤中心小学	太仓二中	陆渡中学	双凤中学
学生总数（人）	1093	1503	972	1627	577	550
年末校舍面积（平方米）	3504	6550	5343.61	16265	6016	8905
生均校舍面积（平方米）	3.21	4.36	5.50	10.00	10.43	16.19
年末图书册数（册）	16245	33104	23000	47461	11364	14000
生均图书册数（册）	14.86	22.03	23.66	29.17	19.69	25.45
本年改造危房（平方米）	0		0		47	69

（四）教师队伍质量持续提升，教育发展活力不断增强

随着“以县为主”的农村义务教育管理体制不断完善，教育人才队伍建设不断加强。“十五”期间，全市实施了学校内部全员聘用合同制和新教师人事代理制度，率先实行了校长、学校中层干部、机关中层干部公开招考、择优聘任的举措，启动了“教师教育”、“优秀人才培养”、“引才引智”、“学校灵魂管理”等四大人才建设工程。目前，太仓市拥有省特级教师8名，苏州市名教师名校长10名，苏州市学科带头人、学术带头人46名，太仓市学科带头人、学术学带头人173名。各学校在教育、教学方面有很多特色做法，进行特色教育，体现了高水平均衡发展的内在要求。城厢镇一小开展精致校园建设，为排解学生的心理疾病、让学生做到身心健康，学校还开辟了心理咨询室，为学生提供心理卫生健康教育。陆渡小学和高炮团进行了军民共建，展开少年军体校训练，规范学生言行。双凤中学建立少年邮局，普及知识，开发邮戳，成为全国青少年集邮活动示范基地；同时还组建舞龙舞狮队，丰富体育活动。

（五）免费义务教育得到了落实，突出了公共财政的支持作用

近年来太仓市教育投入保障机制得到全面落实。全市加大了市级财政转移支付的力度，分期落实了教职工工资、医保、住房公积金等问题，解决了农村中小学的生均公用经费问题，确保了教职工的岗位责任制奖金每年都有较大幅度的提高和按时发放。教育经费总投入从2000年的1.8亿增加到2005年的4.5亿元，教育固定资产总值也由2.07亿元增加到了6.3亿元。随着办学条件的不断改善，全市小学、初中、高中的优质教育资源覆盖率也分别达到了70%、71%和100%。2006年太仓市对农村义务教育的总投入为23782万元，占义务教育总投入的81.9%，占全市教育总投入的39%。每年农村义务教育的投入总量是根据学校的教师和学生数，按照学校的规模及实际所需建设和设备投入等因素测算，交由人代会审核批准后执行。在安排人员经费的同时，按照苏州市生均公用经费的标准

（小学生均210元/年，初中生均250元/年）测算所需公用经费的总额，并根据学校的实际情况，兼顾维修、设备等投入。

针对学生家庭的不同经济状况，太仓市利用公共财政支持了三种类型资助政策，多层次实施免费义务教育，保证所有适龄儿童不因家庭经济困难而失学。一是针对所有学生的免杂费政策。太仓市从2004年秋季开始实行义务教育“一费制”政策。2006年秋季开始实行义务教育免费政策，减免杂费、信息技术费、讲义费，小学每生每年减免236元，初中每生每年减免350元，全部由财政负担。2007年起，原属服务性收费的社会实践活动费也取消了。二是针对贫困学生的“两免一补”政策。除了免除杂费、信息技术费和讲义费，还可以免除课本费和作业本费，这些学生中的寄宿生，能得到每生每学年1000～1500元的生活补助。三是针对特困学生的免费教育班政策。陆渡中学举办了一个面向太仓市户口的特困学生的免费义务教育班，主要是为大病致贫、遭遇车祸等灾害的弱势家庭提供全免费义务教育。由市财政拨款支持，并接受社会团体的捐赠，困难学生的遴选是教育局主管，各小学推荐，陆渡中学审核产生的。另外有的学校还设立了爱心基金，基金资金来自镇政府资金、师生捐赠和社会赞助。在学校层面给弱势家庭的学生一定的帮扶。

二、太仓市推进义务教育现代化和高位均衡的做法与创新

（一）实行推进教育优先发展的规划，实行目标责任制

太仓市推进教育优先发展，制定和实施了高标准的教育发展规划，实行目标责任制，把教育现代化纳入地方现代化建设的整体布局，城乡同步规划，统筹安排，市、镇、校三级联动，共同推进。在基础教育方面的指导思想是突出均衡、优质发展，以加快教育改革开放步伐、全面实施素质教育、加强教育人才队伍建设、加大对教育的经费投入为主要措施，以加强对教育工作的领导、保障条件、加强教育系统党的建设和政风行风建设、大力推进依法治教为保障条件。明确市镇两级政府要认真规划教育事业的发展，并按照适度超前的原则，确保教育事业在经济社会发展中得到优先发展。2007年，全市将农村学校现代化建设列为政府十大实事工程的首位，市、镇财力和市教育局三家共同投入6000万元，对各镇所属农村学校进行原地改造、扩建、提档升级。

（二）完善“以县为主”教育管理体制，创新发展机制

“十五”以来，太仓市“以县为主”的农村义务教育管理体制不断完善，做到了“六个统一”，在市、镇两级财政力的支持下均得到了较好的保障：即教育

发展由市政府统一规划；教师和干部由市教育局统一管理；教师工资由市财政统一发放；农村中小学公用经费由市财政按苏州市颁标准统一足额下发；免费义务教育专项资金由市镇两级财政共同分担、统一划拨；农村中小学教师医保、养老保险、住房公积金等由市财政统一纳入预算，并确保教职工年收入增长不低于10%。市、镇两级政府和教育行政主管部门在强化财政主渠道、依法加大教育投入的同时，创新机制、体制，搞好资产运作，盘活存量，拓展增量，征足用好城乡教育费附加，完善人民教育基金，鼓励社会捐资助学。财政预算内教育拨款、生均教育经费、生均公用经费的逐年增长。2006 年，全市预算内教育费拨付43526 万元，比上年增长 47. 5%，高于财政经常性收入的增长；生均教育经费逐年增长，2006 年全市小学生均预算内事业费支出 4075 元，比上年增加了 535 元，初中生均预算内事业费支出为 6250 元，比上年增加了 940 元：生均日常公用经费逐年增长，2006 年预算内公用经费小学生均 225 元，比上年增长 67. 9%，初中409 元，比上年增长 55. 5%。近三年来，全市教育投入分别为 3. 2 亿、3. 8 亿、4. 5 亿，分别比上年增长了 32. 4%、16. 5%、17. 9%。“十五”以来，全市累计投入教育建设资金 5. 5 亿元，固定资产已从“九五”期间的 1. 74 亿元增加到目前的7. 2 亿元。

（三）资金投入逐年大幅增长，主要由市镇两级财力解决

太仓市在每年的教育财政资金中，均有部分来自于上级财政的补助。因苏南地区的经济总量高于南北、苏中地区，太仓市的教育投入绝大部分由太仓市市镇两级财力解决。各乡镇经济实力较强，支撑了义务教育较快发展。就太仓市义务教育支出而言，因乡镇学校的经费由各所属乡镇财力负担，各农村学校各类经费只是来源渠道不一样，而执行的标准是统一的。各学校在硬件投入上，市教育局每年都有整体考虑，对薄弱学校加大投入力度，力争做到城乡学生能够享受到平等的教育资源，实现均衡教育的理念。2002 年 9 月起，全市中小学教师工资由市财政统一发放，医疗保险、失业保险、住房公积金逐步也纳入统发工资范畴。2004 年起，生均公用经费按省标准拨付，通过市教育局直接拨付至学校。2006 年秋季起义务教育学校实行免费，所需经费和“一免一补”经费由市镇两级财政按四六比例负担。2007 年农村学校现代化建设工程列入市政府实事工程，由市、镇财力和市教育局各负担 1/3。

（四）按照现代化标准建设学校，推进学校办学条件的均衡提升

学校硬件是均衡教育的基本要素。太仓市“十五”规划后，每 10 万人设置 1 所高中，每 3 万人设置 1 所初中和每万人设置 1 所小学的布局调整任务全面完成。

为了保障农村学生的受教育机会，2006年江苏省教育厅出台了《关于进一步完善农村中小学办学条件的意见》，太仓市提出了要高标准、高水平、高质量实施义务教育的目标与任务，启动乡镇学校十大重点工程建设，易地新建10所农村学校（幼儿园），把农村义务教育的均衡优质发展作为重中之重。2005年制订了《加快建设教育强市率先实现教育现代化决定》，2006年下半年出台了《关于加快推进太仓市义务教育阶段农村学校现代化建设的实施意见》，对其余农村学校全面实施教育现代化建设和改造工作。到“十一五”基本建设结束后，全市农村义务教育段学校将全部达到省中小学标准化建设要求。

（五）把优质示范学校和薄弱学校建立“教育集团”，实施捆绑

考核全市教育发展的核心是夯实基础提高素质，使全体学生能在义务教育阶段中，思想品德、科学文化、劳动技能和身体心理等方面全面发展打好基础，但这对提高农村义务教育的质量还不够。对非优质的教育资源，2003年太仓市开始创造性地建立了六个“教育集团”①（小学3个，初中3个，初中全覆盖，优质学校送教到对应学校）。对“教育集团”的教育教学质量实施捆绑考核，把优质的示范学校和薄弱学校建立“教育集团”，进行交流学习。“教育集团”的运作主要是促进建立交流制度，并非实体化，市和局对教育集团没有补助。六个初中、小学“教育集团”，旨在通过示范学校、实验学校，来带动农村薄弱学校教育质量的提高，各教育集团内部通过观摩研讨、沙龙讲座、名师带教、校本开发等形式和手段，对新课程改革实践不断总结和反思，引导广大教师特别是农村中小学教师吃透新课改精神，积极探索适应新课改要求的教学方法。以教育科研为抓手，通过实施“以点带面、示范引领、城乡联动”的策略，城区教育科研基础好的学校帮助农村学校遴选课题，培养教研骨干，分层推进，分步实施。

（六）完善面向困难家庭学生的“政府、社会、学校”帮困助学体系

建立并完善了面向困难家庭学生的“政府、社会、学校”三位一体的帮困助学体系。除对家庭贫困学生除按国家政策予以“两免一补”外，拨出专款建立了面向弱智儿童的“爱心学校”，在陆渡中学内设立了“初中特困学生免费教育班”，每年招收40个左右的学生，学生在校期间的学习费、生活费和交通费用全部由政府承担。为了给流动少年儿童接受义务教育创造良好的条件，专门召开了加强外来流动儿童教育和管理的工作会议，出台了管理办法，对5所外来流动儿

① 并非公司制意义上的教育集团，不涉及公司制的人财物关系，而是一种具有特殊关系的工作联盟。

童学校进行了备案，指定所在地公办学校进行对口帮扶，协同公安、卫生、建设、消防等部门定期对外来流动儿童学校进行督查和指导，鼓励公办学校积极吸纳。

（七）规范外来民工子弟学校，缩小公办、民办教育差距

通过完善领导机制加强管理，主动吸纳、定点吸收、鼓励民工子女到公办学校就读（目前，有近65%的在太仓市务工农民子女在太仓市各有关公办学校就读），加大扶持和指导的力度，加强了对外来民工子弟学校的管理，确保民工子弟学校的健康发展和规范运行。

（八）创新骨干教师评选管理办法，全面提高城乡师资整体均衡水平

太仓市创新了骨干教师评选管理办法，实行了《中小学（幼儿园）骨干教师评选管理办法》和《骨干教师学年度考核细则》，把太仓市级骨干教师共分三种类型：教坛新秀、学科教改带头人、教育科研学术带头人。通过评选与命名，组织考核、评议，发文命名，颁发证书，推动太仓市骨干教师履行相应职责与义务，给予一定考核与奖励，加强名师工程建设，充分发挥中小学（幼儿园）骨干教师的示范辐射作用，推动教育教学改革的健康快速发展，促进教育教学质量的全面提高。

目前教师是由太仓市教育局统一招聘，招聘教师的最低要求是大专毕业生，有很多研究生也愿意从事教师岗位。且教师学历在近来不断提升，以城厢镇一小为例，教师中大专以上学历者达到71.2%，专任教师中大专以上学历者达到了82.5%。而被调查的三所中学中，全体教师中大专以上学历比例都在84%以上，专任教师中比例在98%以上。通过创新机制，增强活力，政策导向，合理配置，城乡联动，同步提高，改善待遇，稳定队伍，积极推动了城乡师资的均衡发展。

（九）多种途径培训教师，提升农村优质教师资源比例

太仓市教师培训途径多样，提升了优质资源的比例。在教师培训方面，各校都有特色，大致包括四种途径：第一，组织校内教师交流，相互学习，例如太仓二中采用教研组集体备课的方式相互启发。第二，派送教师外出学习。这包括了短期培训、交流和脱产学习三种类型。其中比较有特色的是，太仓市2003年开始建立了六个教育集团，小学3个，初中3个，把优质学校和相对落后学校捆绑，进行优质资源的交流，特别重要的一点就是优质学校与普通学校的教师，通过每月一次的教师沙龙，研讨教学科研。第三，依托课题促进教师的专业成长。中小学教师不仅担任教学而且从事科研，双凤中学就有50%的教师承担了太仓市一级的课题。城厢镇的学校，公用经费中用于教师培训的费用为2万~5万元，双凤镇为5000～8000元，还有很多培训经费是直接由太仓市、苏州市教育局或省教育厅承担的。所以教师的学习机会很多。

（十）推进和加强教育教学研究，积极推动课程改革创新

太仓市按照教育现代化的要求，积极推动课程改革创新。太仓市各学校充分发挥学校教育的主渠道、主阵地、主课堂作用，切实增强德育工作的针对性、实效性。通过立足本校，探究“有效课堂实践模式”，组建教学集团，依托集团，实现青年教师跨越式成长；精讲精炼为本，推动课程改革；改革教学聘用，构建选聘老师机制；创造精致校园，提高教学质量。校外教育蓬勃开展，特色彰显，已形成自己标志品牌效应的学校超过了55%。建成了设施一流、功能齐全的市青少年活动中心和市中小学社会实践与生产劳动基地。在校学生的违法犯罪率始终控制在万分之一以内，且逐年呈下降趋势。以教育科研为抓手，通过实施“以点带面、示范引领、城乡联动”的策略，分层推进，分步实施，共立项国家级课题2个，省级课题32个，苏州市级课题103个，太仓市级课题240个，形成了校校有课题，人人齐参与的浓厚氛围，各项研究进展顺利，成果显著，促进了义务教育办学质量大面积提升。

三、农村义务教育发展新阶段存在的主要问题和难点

（一）公办农村学校中本地生源减少，为外来务工子弟提供了就学的可能，也带来了管理问题

本地农村生源向城市和周边流动。伴随着城市化进程，本地农村居民的子女进入太仓市和城关镇中小学就读的比例增加，农村学校生源减少，导致了城市周边学校师资紧张和农村地区教师超编并存的现象。据了解，城厢镇一小是一所城市周边的农村小学，在该校就读的学生80%～90%为本学区的生源，其他则包括了来自太仓市其他学区的本地户口学生和外来务工人员子弟，按照5400元/学期的标准缴纳择校费来就读。

政府采取三种途径解决外来民工子弟就学问题。本地生源减少，使得部分学校班额减少，出现了招生不足和教师富余的现象。太仓市通过三种途径充分利用这些公立教育资源，吸纳外来民工子女就学。第一，要求公办学校主动吸纳，鼓励民工子女到公办学校就读，2004年开始开放所有乡镇公办学校，民工子女只要拥有三证，就可以享受与本地户籍学生相同的免费义务教育，农村学校都不收借读费、赞助费。例如，双凤镇中心小学和中学就属于这种情况，特别是双凤镇中学把吸纳外来民工子女作为今后一段时间学校发展的一项重点，并且也能够缓解

本地生源不足的问题，更有效利用教育资源；第二，在外来人口相对集中的地区指定公办学校，对外来人员的子女进行定点吸收。例如，陆渡镇中心小学就是定点吸收学校之一，由于陆渡镇常住人口中外来人口是本地人口的近3倍，而本地居民的子女很多往太仓就学，所以陆渡镇中心小学52%的学生都是外来民工子女。第三，实行公办学校容量饱和的情况下允许外来务工子弟学校发展，采用引导、扶持、管理、监察的措施，发展两种用公共财政支持民工子弟学校的模式：一种是对于经济较好的村，由村建好学校，租给办学者；另一种是把撤并下来的村小以低廉的价格让给民工子弟学校的办学者。另外也有自己买了土地自己建学校。

外来学生进入公立学校带来了管理问题。外来学生都是与本地学生混合编班，有利于外来学生的融合，但是这给部分教学管理带来了困难。由于外来学生多半随着父母外出而转学，学习不稳定、不连续，行为习惯差，导致学校管理成本增加。见表4。

表4　　调查学校学生规模和来源

项　目	城厢一小	陆渡中心小学	双凤中心小学	太仓二中	陆渡中学	双凤中学
学生总数（人）	1093	1503	972	1627	577	550
班级规模（人）	45	48	39	45	48	40
外来学生占学生总数比例（%）		52	30	7		14.7

（二）乡镇之间差异大，部分镇级财政感到教育经费成为负担，直接导致部分经费的迟滞

苏州市实行以县为主的管理体制中，实现六统一，农村中小学教师医保、养老保、住房公积金由市财政统一预算，保证教职工的收入年增长不低于10%。一方面，免费义务教育专项资金由市镇两级按照40%和60%的比例进行分担。部分镇级经费不能及时拨付到位。另一方面，虽然要求教师工资市财政统一发放，但是教师工资和奖金实际是由镇财政安排的。教师工资通过工资卡发放，能够及时足额到位，但是教师奖金部分是通过学校发放，有的镇资金不能按时到位。镇政府感到对乡镇而言，能够创造收入的部门都进行了垂直管理，镇的收入有限，但是教育经费保障职能很多还在镇一级，财权和事权存在不统一。城厢镇就反映教师占了财政供养人员的一半以上，教育是最大的负担。有的学校还认为教育局和镇政府双重管辖带来了政策的盲区，例如对学校的代课教师和临时聘用人员的费用，没有专门的经费来源，需要靠学校自筹，或者挤占公用经费。

主要问题是太仓市内部经济发展差异明显，一些乡镇投入不足的矛盾日益突出，教育投入还跟不上教育发展的需求，满足不了学校建设的需要，可能要出现与上海、广东等发达地区拉大差距的情况，再加上连续多年的初中段生源高峰，还应及早采取相应措施。师资队伍的结构不尽合理，“名教师、名校长”的数量还不能满足教育发展和改革的需要，骨干教师的群体需要发展和壮大。办学条件、资源配置、教育结构和学校布局与一流教育的要求还有差距，农村学校建设需要继续加强。

在调查的三个乡镇中，城厢镇属于太仓市政府驻地，既有城市学校，也有农村学校，本地人口15万人，外来人口5.3万元。2006年地区国内生产总值48.3亿元，一般预算收入3.1亿元，可支配收入1.12亿元，规模以上企业95家，农民人均纯收入9860元。陆渡镇是一个典型的外来人口超过本地人口的小镇。本地人口1.28万，外来人口达5万人。2006年地区国内生产总值为2.3亿元，一般预算收入4600万，可支配收入3800万。双凤镇距离太仓市相对较远，63平方公里，3.5万人，2万外来人口。2006年地区国内生产总值12亿元，一般预算收入4215万元，可支配收入1660万元，农民人均纯收入9151元。

（三）中小学校布局调整还有空间，存在着学校配套资金难以保障的问题

根据太仓市城乡发展规划蓝图，要求大力推进城市化建设，中小学所在地应尽可能向城镇集中，有条件的可举办寄宿制学校，鼓励农村中小学生到城镇就读。尤其是现有公办义务教育资源无法满足迅速增长的外来农民工子女就学需求，目前不少乡镇均有猝不及防之感，新建学校速度根本赶不上“流入”速度，给流入地政府带来巨大财政压力。双凤中学反映，校舍、运动场、阅览室等都是财政专项给予支持，但是对于校舍内的桌椅、运动器材、图书、仪器等则是需要靠学校自筹经费，这对没有其他收费渠道的学校而言，成为一种负担。同时对于建设较早的学校而言，存在设备老化，无法更新的情况。

（四）教师队伍建设和教师工资保障情况良好，但是还不均衡，需要给教师更好的激励机制

在部分农村学校，还存在教师超编或教师不足等问题，教师队伍的素质有待于进一步提高。随着乡镇行政区划调整带来的学校布局调整（撤并）、近几年课程计划的变化、有些办学历史较长的学校存在的一些历史遗留问题等，造成有些学校部分学科教师相对富余，但有些学校部分学科教师不足。随着区域经济发展带来的外来务工人员子女大量涌入，一些学校师资不能及时充分补充。

一是师生比基本达标，教师的需求存在地区不均衡。按照苏州市规定合理的师生比应该在1∶18。各校基本达到了这个标准，并且在双凤镇还高于此标准，见

表5。这显示出不同地区对教师需求的不均衡。处于城市周边的城厢镇的农村学校，由于外学区的太仓本地生源涌入，对教师需求量增加，在目前师生规模之下，平均班额已达到50人，超过了太仓市规定的48人最大班额。并且这些学校由于学生增多，学生管理任务加重，存在对专职行政人员的需求。而在双凤镇，本地学生流向太仓市的各学校就学，学生数量减少，而教师编制是刚性的，所以师生比相对较高。另外，教学和课程改革的推进也导致部分学科的教师缺乏。对此，教师数量紧张的学校主要采取调整部分教师代课和向教育局申请制表的方式解决，而双凤中学这种教师超编的学校则采取教师竞聘上岗，落聘的老师派到外校学习，并且以积极吸纳外来人口子女为主要途径，重新整合和利用教师资源。同时要指出的是，太仓市农村学校总体师生比比较合理，虽然部分地区有代课教师，但是并不是因为教师缺编造成的，而是由于个别原有民办教师无法通过民转公考试而带来的遗留问题。

表5　　**调查各校的师生比**

校　名	城厢镇一小	陆渡中心小	双凤中心小	太仓二中	陆渡中学	双凤中学
师生比	1:19	1:19	1:15	1:19	1:14	1:9

二是教师待遇逐步改善，存在部分校际差别。各校教师待遇大致相当，教师年收入在4万元左右，其中工资都是根据国标、省标和地方标准制定，根据地区、工龄、职称、职务的不同有所不同。奖金额度是由市财政统一确定，部分学校会根据教师教学成绩考核对奖金进行重新分配，体现奖优罚劣，但是差别不大。奖金额度是市财政确定的，奖金额度逐年增长，2003年4000元，2004年8000元，2005年11000元，2006年16000元。校际之间教师工资存在差异，以双凤中心小学和城厢镇一小为例，2006年，双凤中心小学教师的年工资和奖金平均水平是37500元。主要构成是：市财政统发的工资、年度考核奖19500元、目标责任制奖金16000元、班主任津贴、教师福利（主要为过节费）等约2000元。城厢镇一小教师的年工资和奖金平均水平是43605元。包括市财政统发的工资、年度考核奖22605元、目标责任制奖金16000元、班主任津贴、教师单项奖励、满勤奖、安全文明奖、学期考核奖等约5000元。

（五）农民工子女上学仍然存在困难现象

流动儿童少年的就学问题已成为太仓市巩固提高义务教育成果的一个重要课题。外来流动儿童的大量涌入与本地现有教育资源不足的矛盾，必须采取更为有效的应对措施。解决流动儿童少年就学的重点还是应该落到“以全日制公办、中小学为主”上面来。而真正落实好公办学校积极吸纳流动儿童少年就学的关键，还是靠教育资金的投入和规范的收费。现行户籍制度及“地方负责，分级管理”的义务教育管理体制，使办学经费随着流动人口从农村转移到城市的操作实施难度较大，导致在许多地方，农民工随迁子女就地接受教育仍需要支付借读费。而不少地方由于担心大批农民工子女汇流，使地方财力难以承受。在接收农民工子女入学时，故意要求各种证明材料，手续繁琐，从而使农民工子女望而却步。

以民办完小为例，发展很快。开办时，得到城厢镇太丰村支持，在苗圃基地新建的一个学校，村级投入200万元，50元/平方米，租金9万元，教师工资1000元/月，学费900元/年。现在扩建学校12亩，投资1500万元（村镇两级投入），缩小民办与公办的差别。学生乘车公车化，可减少安全隐患。该校校长1999年安徽师范毕业，2000年自筹了50万元，老师来源：本地退休教师20%，原来民办教师20%，60%为应届毕业生（大专以上）。2000年54名学生，2001～2006年分别达到150名、350名、500名、790名、970名和1600名，学生流动率很大。用的参考书与公办学校一样，2006年免费以后有一定流出，但是不多。政府对于备案的学校，学生可以享受免费教育，财政给经费。学校希望政府在民办学校的建设中给予支持。

（六）农户和学校对发展特色优质教育需求强烈

从该地区来看，调查农户经济水平较高，有稳定收入来源的家庭高达80%以上。该地区城市化进程较快，具有浓厚的城乡结合部色彩，近80%的劳动力分布在本地乡镇企业、个体户和外出打工或经商。农民土地开始向大户集中。家庭规模平均人口4.61人，平均每个家庭有劳动力2.79人，抚养比例为1∶1.65；有稳定收入来源人数的占劳动力总数的81.8%，占家庭人口总数的48.1%。家庭主要劳动力（夫妻两人）年龄较轻，男性劳动力平均36岁，女性劳动力平均35岁；不足一半的家庭属纯农业户口；接受过高中以上教育的劳动力占1/4强，但劳动力受教育程度仍以初中为主（接近2/3）。2006年夫妻双方常年都在家的占有效户数的90.1%。调查农户家庭平均收入较高，达到3.6万元，人均收入7844.11元，而且收入构成已成多元化发展态势，“工资性收入”接近40%，“经商（做生意）收入”、“外出打工收入（本村以外）”和“副业收入”都在10%以上，“种养业收入”降至次要地位。

相对于该地区的收入水平而言（2006年农民人均纯收入9285元），平均每个家庭教育支出1429.43元，构不成较大的负担。95.7%的家庭认为，目前子女的教育负担能够承受，主要原因在于“孩子少、收入稳定、义务教育学杂费减免”等。调查农户2006年家庭平均支出27277.14元，与平均收入相比，每家平均结余8884.21元，支出结构以现金生活消费和家庭固定资产消费为主，消费方式的城市化倾向明显。从支出结构分析，“现金生活消费总值”（食品、衣着、医药费、交通、通讯、水电燃料费、人情随礼等）占40.4%、“子女教育经费”占7.1%、“家庭消费类固定资产总值”（家电、手机、摩托等）占38.6%、“生产支出总值”（种子、农药、化肥、地膜等）占8%、“其他支出总值”（义务工、罚款、集资等）占1.8%、“生产类固定资产总值”（农用车、役畜、水泵等）占4%。教育支出结构中，除“在校伙食费”所占比例较高外，其他各项支出分布相对均衡。

表6　　　　调查农户的教育支出结构

教育支出项目	金额（元）	所占比例（%）
在校伙食费	75634	37.5
课本费	25014	12.4
家教或补习费用	24071	11.9
学习用品支出	22973	11.4
学杂费	20288	10.1
学校与家的往返交通费	12370	6.1
学校赞助费、借读费	10100	5.0
其他教育支出	7500	3.7
住宿费	3600	1.8
合计	201550	100

农户和学校普遍反映，最为重要的是要提高教育质量，目前优质教育资源相对不足，还满足不了发展的需要。几乎所有家庭都“期望子女到更高一级学校就读”，对其原因的解释大体可分以下几类：（1）提高素质，增强能力；（2）孩子有好的前途；（3）接受更好的教育；（4）知识改变人生；（5）为社会做贡献。对“农村义务教育优先解决好的问题”的回答中，有55.8%的家庭选择“保证教学质量”，16.3%的家庭选择“保证学生安全”，选择“完全免费”和“校舍改造”的家庭各占9.9%，选择“教师培训”的家庭占8.1%，表明发达地区对教学质量和学生安全的关心。适当发展特色教育是社会之需。城厢镇一小反映，实行一费制、核定收费标准，对于制止乱收费有一定作用，但是很多费用不能收取，使得学校工作特别是学生活动方面缺乏创新的动力。很多家长表示，为了开阔学生的眼界，很愿意自费请学校组织一些外出参观活动，但是学校不敢收费，也就不敢组织活动。可见，对于学校收费的政府监管，不是仅仅管住学校不要收费，而是要管好学校不要乱收费。

四、深入推进义务教育高位均衡，探索素质教育创新

综合太仓市的调研情况，太仓市教育事业快速协调、健康发展，为加快富民强市、实现“两个率先”提供了强有力的人才支持和智力支撑。但在新形势下，太仓市的农村义务教育改革发展还面临着许多新的突出问题和矛盾：广大群众所关心教育公平、教育收费、师德师风、流动儿童教育等热点问题，基层教育负担大，深感投入还跟不上教育发展的需求；区域之间、城乡之间教育发展还有差距，客观上造成了教育的不均衡和不公平；教育体制改革、机制创新与市场经济发展需求还有距离；教师队伍的素质有待于进一步提高；教育服务地方经济社会的能力有待于进一步增强。这些都有待于在今后的发展中采取有效措施加以解决。建议：

（一）深入构建义务教育高位均衡发展体制，解决好农民工子女上学问题，促进优质教育的发展

虽然中央三令五申要求各地政府解决农民工子女入学问题，但在不少城市和地区，受各方面条件的限制和体制因素的影响，农民工子女进公办学校上学仍存在障碍。客观上一些经济发展快的地区新建学校速度根本赶不上“流入”速度，给流入地政府带来巨大财政压力。现行户籍制度及“地方负责，分级管理”的义务教育管理体制，使办学经费随着流动人口从农村转移到城市的操作实施难度较大，导致在许多地方，农民工随迁子女就地接受教育仍需要支付借读费。而不少地方由于担心大批农民工子女汇流，使地方财力难以承受，因此在接收农民工子女入学时，故意要求各种证明材料，手续繁琐，从而使农民工子女望而却步。要推进体制改革，健全农村家庭子女上学帮扶机制，进一步破除农民工子女上学难的体制机制障碍。

从发达地区教育现代化的发展方向来看，也要在推进义务教育高位均衡的基础上，因地制宜，促进优质教育的发展。一方面优质教育资源要实现均衡配置，另一方面，部分高收入群体存在对特殊教育资源的需求，政府可以引导和允许部分学校走市场化的发展道路，以满足不同人群的需求。如太仓市2004年开始举办外国语小学，面向太仓招生，最初有90名学生，学费为4500元/学期。由教育发展公司投资，从上海聘请有管理经验的校长和英语教师，采取企业化的运作方式。通过三年运作以后，已达到600多名学生，已经进入了良性轨道。

（二）完善教师激励管理机制，提高教师积极性

苏南地区工资收入水平普遍较高，农村中小学教师的工资处于中等水平，国标工资可能高于公务员，但是各项福利较少。虽然要求市财政统筹教师奖金，并且教师奖金逐年递增，但是学校希望能够有更多的福利来源，由学校进行统筹，提升学校对教师的控制和激励。解决教师津补贴的问题，并非教育一家的事，而应该由教育、财政、人事等部门联合解决。在对教师津补贴问题进行专门调研的基础上，对各类地方出台的名目繁多的津补贴项目进行全面清理，并出台详细的规范性文件。同时，抓住中小学工作人员工资分配制度改革的有利时机，将当地出台的、教职工应享受的津补贴纳入绩效工资核定范围，纳入财政预算和统一发放范围。在统一发放教师津补贴后，如何调动教师的工作积极性也是一个问题。在一些地方虽然将教师津补贴纳入了地方财政统一打卡发放，可这部分津补贴对教师来说还是“大锅饭”，教好教坏一个样，并不利于提高教师的积极性。应及时调整教师编制总数，在控编前提下，尽早做好教师（特别是需求量较大或紧缺学科）的招录工作，严格考核，把好入口关。进一步完善全员聘用合同制，鼓励超编学校教师向缺编学校流动。

（三）完善义务教育发展经费保障机制，探索素质教育创新

一是用财政资金安排学校配套设施建设和设备更新的资金，解决学校经费问题。实行免费义务教育以后，学校建设和运转资金都由财政提供，财政性经费成为学校收入来源的最主要渠道。如果依靠学校来完成图书、仪器等配套软件的建设和维护更新，必然大量挤占学校的公用经费。政府把图书、仪器的逐步添置和维护更新列入学校经常性预算经费中，使财政对学校的各项投入能够发挥最大的使用效益。二是合理确定和落实各级财政的分担比例，保证公用经费及时到位。在苏南经济较发达区域，县以下经济实力强，应该发挥乡镇政府在教育、卫生等农村公共事业上的经费支撑作用。但是县级及其以下财政应该合理确定和落实各级财政的分担比例，保证公用经费按时足额到位，保证学校的运转。三是探索特色教育发展机制，对学校的收费行为进行监管和规范，而不是严格管死，避免抑制学校对学生进行全面素质教育、发展特色教育的热情。对于有一定支付能力和支付愿望的家长，学校可以进行适当的收费，合理使用，向家长进行通报。

（秦中春　范皑皑　张要杰）

积极推进有牧区特色的教育事业发展

——锡林郭勒盟教育发展调查

发展牧区教育事业是提高牧民劳动者素质的重要手段，也是促进牧民致富和牧区发展的重要途径。2007年5月，国务院发展研究中心农村经济研究部草原政策调研组对内蒙古锡林郭勒盟（以下简称锡盟）及下辖的苏尼特右旗（以下简称西苏旗）草原政策和牧区教育进行了专题调研。调查发现，发展有牧区特色的教育事业不仅能发挥其教书育人的功能，而且还可以促进牧区人口良性、自愿、有序、顺利地向城镇和工业转移，很大程度上有助于解决生态恶化地区的移民问题，有益于实现牧区生态保护、人口素质提高、经济社会发展的综合目标。

一、锡盟发展牧区教育事业的主要做法及成效

牧民子女教育是提高牧区人口素质、减少农村牧区人口的根本性措施。锡盟从教育的各个阶段、多个层面扶持牧民子女教育事业。

（一）优化教育布局、整合教育资源

锡盟地广人稀、居住分散（每平方公里不足5人），各地学校尤其是牧区学校布局分散、规模偏小、师资缺乏，办学成本高，有限的教育资源无法得到充分利用，难以形成优势教育“集群”，逐渐成为了制约该盟经济社会可持续发展的人才“瓶颈”。为此，锡盟委、行署决定把调整优化教育布局结构，作为实施牧区人口转移、工业化、城镇化的战略先导和治本之策，作为实现城乡统筹发展的核心和经济社会全面协调可持续发展的重要保障予以推进。

2003年，全盟牧区苏木学校不足50人的有13所，占6.44%；农区学校不足百人的有40所，占19.81%。2004年，盟委、行署决定用三年时间，把牧区苏木学校全部撤并到旗所在地或建制镇，让牧区子女更好地享受优质教育。2006年底，已基本完成牧区苏木学校布局调整任务，2004～2006年三年累计撤并苏木学校59所、教学点5个，转移学生6192人，实现了牧区学生全部集中到旗市所在地或建制镇就学的目标。牧区教育布局调整工程的实施，使教育布局更加趋于合

理，有效的教育资源得到充分利用，师资队伍得到优化，办学条件明显改善，学校由过去低质量的扩张，变为上规模高品位的集聚。更多的牧民子女享受到了优质教育，实现了旗域内的教育公平，促进了盟域内教育的均衡发展，为牧民子女向城镇、工业转移奠定了基础。

（二）大面积实施高中教育补助，让更多的牧区子女接受中等教育

在经济社会快速发展的今天，知识的重要性日益凸显。没有高中文化的人，很难立足于当今社会。因此，转移牧民的有效途径是使牧民子女掌握一定知识技能，能够立足于社会，在转移出牧民的同时，保证他能够自食其力显得更加重要。高中教育补助就为解决这一问题提供了可能。

调查中了解到，高中（包括职中、中专）毕业的牧民子女很少再回到牧区工作、生活，即便回到牧区，也是牧区生产升级和经济优化发展的带头人。只有减少依靠草原生活的人数，才能减少牲畜头数，牲畜头数减少了草原生态才能趋于平衡。对牧区户籍家庭子女高中阶段教育进行补助是从根本上解决草原生态保护的最佳途径之一。基于这点认识，西苏旗率先探索和实践对牧区户籍学生高中阶段给予助学补贴，对蒙语授课高中家庭困难学生给予资助，2003～2004 年，两年政府投入了 28 万元。2005 年，这项政策开始在全盟推开，锡盟出台了《锡林郭勒盟牧区户籍家庭子女高中（职中、中专）阶段教育补助暂行办法》，盟旗两级每年投入 1200 余万元资金，对牧区户籍学生高中阶段给予助学补贴，2007 年又扩大到全部农区，努力让更多的农牧民子女能够接受大中专教育、职业教育，力求减少返乡人口。

助学经费由盟旗两级财政按1∶1的比例承担，并在年初将所需资金列入年度本级财政预算。补助方法为对接受高中阶段教育的牧区户籍家庭子女，根据其家庭经济状况，分不同类型补助学费、书费、住宿费和伙食费。补助分四个类型。民政部门在册特困户、救济户的子女及孤儿享受一类助学金；扶贫部门在册贫困户的子女享受二类助学金。生活困难但尚未达到扶贫部门在册贫困户标准的困难户子女享受三类助学金，其他生活较困难户的子女享受四类助学金。助学金标准：四个类型的具体补助标准按照以下标准确定。一类助学金按照就读学校收费标准补助全部学费。全额补助书费，寄宿生住宿费，以就读学校的月均伙食费为标准，补助寄宿生 10 个月的伙食费；二类助学金。按就读学校收费标准补助全额学费，全额补助书费、寄宿生住宿费，以就读学校在学校就餐学生月均伙食费的 50% 为标准，补助 10 个月的伙食费；三类助学金，按就读学校收费标准补助全部学费；四类助学金，按就读学校收费标准补助 50% 学费。按照补助标准，牧民子女能够拿到 900 元到 4000 余元不等的专项资助。两年来全盟已有 1.4 万多牧民子女得到资助，占目前高中阶段3万在校生比重的46.7%。

高中教育补助实施以来，牧民子女就读高中人数明显增加，牧民子女升学率也明显提高。2006年锡盟高中阶段教育招生12551人，在校生达到30337人，比2005年增加2900人，增长10.56%；高中阶段入学率达到67.2%，比2005年提高5个百分点。另以西苏旗为例，到2006年9月为止，共有2208人次获得高中阶段教育补助，累计资金为296万元。2002年综合高中共有牧民子女高中生213人，通过3年的补助到2005年时，该旗综合高中共有牧民子女高中生426人。高中阶段入学率达73%，增长速度居全盟各旗县之首，成为了率先实施高中阶段教育补贴的成果回报，为普及高中阶段教育奠定了基础。高中教育补助使更多的牧民子女受到高中教育，为提高牧区劳动力整体素质、加快牧区劳动力向城镇转移的步伐、促进生态建设和经济社会协调快速发展创造了条件。

（三）加大对转移农牧民子女的教育支持力度

专门加强对转移农牧民子女的教育支持是顺利实现牧区人口向城镇转移的重要举措，在此方面，锡盟加强了政策扶持和资金保障力度。该盟制定《关于加快农村牧区人口转移的若干措施》、《关于引导扶持牧区人口向城镇转移政策措施的指导意见》等优惠政策措施中，鼓励和支持适龄儿童进城读书、牧民子女接受教育，尤其对进城就读的农牧区学生和陪读的学生家长，在学生入学、助学补助、就业培训和户籍管理、劳动用工、社会保障及租房、购房补贴等方面给予了政策允许范围内的最大优惠。牧民子女进入城镇幼儿园就读，移出地旗级人民政府给予一定数额的补助（如西苏旗给予每生每年200元保育费和管理费的补助）。对牧区初中毕业生凭参加中考有效证明或初级中等义务教育证书，可进入盟内、旗内职业高中或中等职业学校就读；高中毕业生可直接进入盟内、旗内中等职业学校就读。对考入本科院校的牧民子女，每年资助2000元；对考入专科院校的牧民子女，毕业后一次性资助3000元。在资金保障方面，该盟积极争取上级部门的资金支持，2004年以来，通过各种渠道共筹措落实了基本建设资金3631万元（其中中央、自治区安排2812万元），同时保证了地方配套资金的及时足额到位。通过“中小学危房改造工程”、“两基”攻坚工程、“中小学布局调整工程”等项目的实施对城镇学校进行扩容，确保了农牧区学生能够进得来、留得下、学得好。加大了转移学生的扶困助学力度。为确保不增加农牧区学生进城就读的经济负担，该盟在依法落实教育经费的“三个比例”、“三个增长”，积极贯彻落实国家有关“两免一补”等助学政策的同时，通过设立“民族助学金”、“生态移民子女助学金”、“贫困家庭子女助学金”等方式，为接受不同阶段教育的在校学生提供了更多的援助。这些措施的实施，极大地推动了草原牧区人口向城镇转移，为实现草原生态平衡，改善草原生态环境提供了有力的教育保障。

二、锡盟牧区以教育发展促进解决牧区人口转移中存在的困难及问题

（一）中小学布局调整后，城镇学校宿舍和食堂严重短缺

锡盟中小学教育布局调整中，一些城镇学校规模迅速扩大，寄宿学生大量增加，虽然锡盟投入了大量的资金，用以改善办学条件，但是仍然存在着学生宿舍和食堂短缺问题。全盟尚有1万余名学生在校外租住，给学校管理带来难度。据该盟初步测算，要满足需求，需投入资金8817万元，新（扩）建9万余平方米学校生活用房。

（二）家庭教育负担依然偏重

锡盟有关部门2007年5月对西苏旗的一份调查显示，在牧民生活支出中，教育支出仅居食品支出之后，居第二位，户均支出2278元，占20%。调查到的44名在校生，人均年教育支出高达4091元，已成为家庭的一大负担。虽然国家对义务教育阶段学生给予了“两免一补”，锡盟盟也对就读高中、大学的贫困牧民子女给予补贴，但与孩子在校的食宿等各项花销相比，占的比例不大，特别是有陪读的家庭支出就更大。

（三）牧区职业教育发展滞后

职业教育是帮助牧区学生掌握一技之长的主要手段，是促进牧区学生走向社会、顺利就业的重要桥梁。调查发现，由于受地理位置、经济发展、民族语言、传统生产方式等因素影响，锡盟牧区职业教育发展比较滞后，发展规模、专业设置、师资力量、实训条件等尚不能很好地满足牧区学生学习职业技术、技能的要求，与培养技能型普通劳动者的要求也有一定的距离。据锡盟教育局有关同志介绍，全盟现有实训设备折现才800多万元，实训条件严重不足。职业学校与企业和沿海地区的合作已初步开始，但愿意合作的企业还较少，一些沿海联办院校及用工企业要求的条件也比较严格，对顺利推进牧区职业教育的对外发展有一定影响。

三、进一步推动以教育发展促进解决牧区人口转移的启示及政策建议

（一）把教育发展与草原治理和生态移民相结合，重视并推广有牧区特色的教育事业

发展牧区教育具有一定的特殊性，锡盟根据牧区人口特点和地域特色，从草原保护和治理的需求出发，以提高牧民子女素质、促进牧区人口转移为目标，探索出了把教育发展与草原治理和生态移民相结合的有牧区特色的教育之路。在教育布局调整、教育资源整合、牧区子女教育补助、转移牧民子女支持等方面，锡盟的经验值得借鉴。

当前，对占国土面积41.7%的草原进行保护和治理是我国实施环境保护和可持续发展战略的重要内容，发展牧区教育、引导牧区人口向城镇有序转移则是一项关键举措。牧区教育有别于农区教育，可以借鉴锡盟等地发展牧区教育的经验，在集中办学、学生寄宿、教育补助、移民子女支持、高中教育适度超前发展、民族职业教育等方面综合统筹，推广有牧区特色的教育事业。

（二）建议设立“牧区生态—教育专项补助经费”

通过调查，调研组成员都深刻感受到，要想解决草原超载、促进牧区人口转移、保护草原生态，一个根本性的、“釜底抽薪”式的方略就是加强牧区教育事业。可以说，牧区教育和草原生态息息相关、密不可分。与国家草原保护项目相比，教育的即时效果不明显，但教育方略更具长远性和可持续性。为此，应特别考虑牧区教育的投入问题，国家和地方财政不仅要投入常规的教育经费，而且还应结合国家生态项目、环境保护项目，在中央和地方层面设立“牧区生态—教育专项补助经费”，国家财政从草原生态角度加大对牧区教育的支持力度，综合补贴牧区学校软硬件建设、学生寄宿、学生生活补助等方面。

（三）最大程度普及牧区高中阶段教育，实施高中“准义务”教育

调查发现，初中以下文化程度的牧民子女传统意识较强，转移就业、创业能力较弱，回流牧区几率较大。而接受高中（普高、职高、中专）教育后的牧民子女，适应城市社会、工业发展的能力会明显增强，留在城镇就业的稳定性更大，回到牧区的可能性较小。为促进牧民子女能转出来、留得下，光靠初中教育不够，还需要让他们接受决定其人生轨迹的高中教育。在牧民子女具备劳动能力、走向社会前的重要阶段，让其继续接受中等教育的洗礼。因此，很有必要在牧区最大

程度地普及高中阶段教育，适度超前发展高中教育，实施高中“准义务”教育，在政策和资金方面重点支持牧区壮大高中教育的规模和水平。在中等教育的发展中，还须侧重支持中等职业教育的发展，增强职业教育师资力量和实训基地建设，创新职业教育的办学模式和合作模式，为牧民子女掌握就业技能创造条件。

（张云华）

调查中国农村

DIAOCHA ZHONGGUO NONGCUN

韩 俊/主编

（下）

中国发展出版社

图书在版编目（CIP）数据

调查中国农村（上下册）/韩俊主编．—北京：中国发展出版社，2009.4

ISBN 978－7－80234－341－2

Ⅰ．调…　Ⅱ．韩…　Ⅲ．农村—调查报告—中国　Ⅳ．F32

中国版本图书馆 CIP 数据核字（2009）第 027984 号

书　　名：调查中国农村（上下册）
主　　编：韩　俊
出版发行：中国发展出版社
（北京市西城区百万庄大街 16 号 8 层　100037）
标准书号：ISBN 978－7－80234－341－2
经 销 者：各地新华书店
印 刷 者：北京源海印刷有限责任公司
开　　本：700×1000mm　1/16
印　　张：83.5
字　　数：1580 千字
版　　次：2009 年 4 月第 1 版
印　　次：2009 年 4 月第 1 次印刷
印　　数：1—4000 册
定　　价：186.00 元

咨询电话：（010）68990692　68990622
购书热线：（010）68990682　68990686
电子邮件：fazhan@drc.gov.cn
网　　址：http://www.develpress.com.cn

第九篇

农村医疗卫生

调查中国农村
ZHONGGUO DIAOCHA NONGCUN

第九篇课题组成员名单

课题组顾问：

李剑阁　国务院发展研究中心副主任　研究员

课题主持人：

韩　俊　国务院发展研究中心农村经济研究部部长　研究员

课题组主要成员：

罗　丹　国务院发展研究中心农村经济研究部博士

张云华　国务院发展研究中心农村经济研究部博士

刘启栋　中国社会科学院博士

赵卫华　北京工业大学社会学系博士

李卫平　卫生部卫生经济研究所研究员

周海沙　北京大学公共卫生学院讲师

程漱兰　中国人民大学农业与农村发展学院教授

当前农村医疗卫生服务状况调查与分析①

当前我国农村医疗卫生条件仍然比较落后，村级医疗服务质量低，农民医疗负担重，因病致贫、因病返贫等问题影响到农村和整个国家的发展。必须加大政府投入，推广新型农村合作医疗制度，改善农村医疗卫生服务条件，促进农村医疗卫生保障体系的建立与农村的稳定和发展。

为了解农村医疗卫生服务状况，国务院发展研究中心“中国农村医疗卫生保障与筹资”课题组于2004年组织了一次较大规模的实地调查。调查地域涉及25个省市的114个县，共回收《村级调查表》118份、《村级卫生机构及医生调查》问卷192份、《农户家庭经济及卫生医疗服务情况调查问卷》1171份。本次调查样本虽然不是随机样本，但仍然在很大程度上反映了当前我国农村医疗卫生的现状。

一、被调查样本的基本情况

村级调查以行政村为单位，调查了每个村的经济社会发展基本情况和卫生状况。调查结果显示：2003年这些村平均辖村民小组10个，平均每村483户，平均每村人口1894人，劳动力925人。所调查的118个村中，2003年农民人均收入1700多元，其中东部地区的村平均收入2776元，中西部地区比较低，分别为1377元和1264元。总体来看，绝大部分农民基本上可以做到温饱有余，有的已经迈入了小康。

本次共调查了1171户农民，从从业情况看，这些农户中65.5%属于兼业农户，家庭成员中有的从事非农业生产，或者有一定时间从事非农业生产，还有34.5%属于纯农户，家庭成员全部从事农业生产，没有非农业收入。

从所调查家庭的人口状况看，家庭的平均人口是4.14人，家庭结构以核心家

① 本报告为国务院发展研究中心与世界卫生组织合作课题《中国农村医疗保障体制与筹资研究》的阶段性成果，英国国际发展署为此项研究提供了支持，中国农业大学150多名学生参与了实地调查。

庭和主干家庭为主。家庭成员包括在外打工的人员，所以，实际在农村的家庭人口要比这个数字小。

在被调查农户中，人口的性别结构是52%为男性，48%为女性。平均年龄为34岁，从人口年龄结构的特点看，20岁左右和40~50岁这两个年龄段人口较多，30岁左右的人口所占比例较小，65岁以上老人占调查人口总数的6.3%。由于20岁左右的人口中有很大一部分是学生，所以，从总体情况看，农村劳动人口年龄偏大，老年人口比例高，老人赡养比和孩子抚养比都比较高，家庭负担重。

从人口的受教育程度看，15岁以上人口中，文盲率为13.3%，初中学历者为最多，占近40%，大专及大专以上学历占7%。

二、农村医疗卫生条件仍然比较落后

（一）农村住院分娩率和患病就诊率仍较低

随着生活水平的提高，农民生孩子花几百元、上千元去医院已经比较普遍了，这大大降低了婴儿死亡率和孕产妇死亡率。但在一些经济落后地区，在家接生的仍然很多。在本次调查中，32%的婴儿是在家出生的，其中西部高达41.6%，中部为25.2%，东部为17.9%。

2001~2003年，112个村共出生婴儿4368个，死亡116个，婴儿死亡率26.6‰。参加计划免疫的1367人，参加孕产妇保健的为670人，这两个指标都大大低于婴儿出生人数和孕产妇人数，说明农村妇幼保健服务的范围还需要进一步扩大。

农村卫生事业虽然有所改善，但是医疗价格不断攀升，农民医疗负担重，有病看不起是很普遍的现象。按照农民的话说，就是“有多少钱，看多少病”，“得了大病没有钱看，就只好等死”。调查显示，52%的人头痛感冒就自己买点药吃，有近20%的人是自我治疗或者硬挺着等病好。当遇到医生建议病人住院的情况时，只有57%的人会听从医生的建议，43%的人不愿意住院。51%的人是因为“价格太贵”不愿住院，32%的人是因为“经济困难”不愿意住院，也就是说，83%的人是因为经济原因不愿意住院治疗。从这次调查结果看，过去三年内在家死亡的占到了78.6%，其中西部为82.1%，中部为71.9%，东部为79.6%（见表1）。

表1　不同地区农村的出生和死亡情况（每个村平均）　单位：%

所处区域	2001~2003年出生人数	在家生	在医院生	在其他生
东部地区	30.15	5.41	24.15	0.34
中部地区	34.33	8.66	23.02	0.98
西部地区	55.52	23.11	21.94	1.71
全　部	39.16	11.85	23.09	0.97

续表

所处区域	2001～2003年死亡人数	在家死亡	在医院死亡	在其他死亡
东部地区	25.78	22.15	3.13	0.85
中部地区	27.74	23.21	3.87	0.68
西部地区	44.47	41.41	2.16	0.91
全　部	31.89	28.12	3.1	0.81

（二）乡村医生在数量和质量上都难以满足农村的医疗需要

从农村医生的来源看，有的是原来的赤脚医生，后来通过进修取得了乡村行医资格，有的是卫生学校或者医学院毕业后在农村行医。在村医生中，大约有80%具有乡村医疗资格，仍有约20%没有取得乡村医疗资格。

从调查情况看，村级医生的受教育程度以中专为主，大约有70.6%的村医生是中专学历，8.3%的是大专学历，本科学历者占1.9%，还有19.2%的村医生是没有学历者。在20世纪80年代以前从业的医生中，初中和小学的比例合计占了约30%，高中及以下从医者的比例合计占了43.3%，医生的文化素质明显低于20世纪80年代以后从业者，20世纪80年代以后从医者的文化程度主要集中在中专和大专层次，这两者的比例达到了88.6%，但是这一时期也有一定比例的小学和初中毕业者进入农村医疗队伍（见图1）。乡村医生的文化素质普遍偏低，医疗技术也比较差，只能治疗一些小病和常见病，难以满足农村的医疗需求。

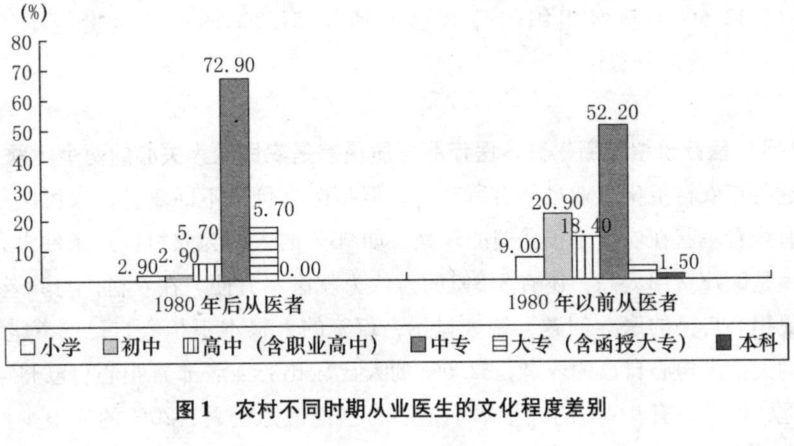

图1　农村不同时期从业医生的文化程度差别

平均每千人口拥有的医生数是衡量一个国家或地区社会发展状况的重要指标。2002年我国每千人口拥有卫生技术人员是3.2人，平均每千人口拥有的执业医师数是1.47人。调查显示，平均每个行政村拥有医生3个，其中拥有乡村医疗资格的医生2.6个。在所调查行政村中，平均每千人拥有医生1.8人，每千人拥有具有乡村医疗资格的医生1.5人。因此，在我国广大农村地区，不仅医生的文化素质和业务素质低，而且医生数量也大大低于全国平均水平。

（三）相当部分的农村预防接种服务是有偿服务

在所调查的村中，村级的预防接种服务相对来说普及率是比较高的，94%的村有预防接种服务，大多数村预防接种的对象是婴幼儿和儿童，有的村则向全体村民提供预防接种服务。预防接种服务有的村是由乡镇级卫生院、防疫部门、村卫生所、村里的赤脚医生或者由私人医生或者私人诊所提供，少数由县医院或其他县级医疗部门提供（主要是针对小学生，这与小学生就学的地域有关）。这里把提供者分为乡镇卫生部门、村级卫生所、私人医生或者私人诊所以及其他四类，统计表明，预防接种服务的提供者中，乡镇卫生院和村卫生所合计才占50.5%，私人医生和私人诊所占了45%。

调查显示，约86%的村预防接种是收费服务，收费标准也差别很大，东部各村平均收费不到4.3元，中部地区各村平均收费7.7元，西部地区各村平均收费9.2元，越是经济不发达的地区，收费标准越高。东部地区72.4%的行政村预防接种是收费的，中部地区和西部地区预防接种收费的行政村分别为94.6%和84.0%。

村级组织在农村预防接种中的作用有限。2003年有公益金的村是35个，约占调查村的30%，平均每个村公益金是14714元，其中公益金用于医疗卫生的有17个村，占被调查村的14.4%，86%的村对于村级卫生都没有资金支持。对于预防接种，42.6%的村级组织“什么也不管”，51.8%的村“负责组织工作”，5.6%的村负责部分费用。

（四）医疗价格不断攀升、医疗服务质量差是农民最为关心的两个问题

这些年农村卫生事业虽然有所改善，但是医疗价格不断攀升，农民医疗负担重，有病看不起在农村是很普遍的现象，如90%的人认为农村医疗条件没有改善的原因是医疗费用太高，还有8.3%的人认为就医不方便。在农村，与养老相比，人们更担心自己的医疗问题，调查显示，17%的人根本不担心自己的养老问题，23%的人很少担心自己的养老，32.6%的人比较担心或者非常担心自己将来的养老问题，但是只有9.4%的人根本不担心自己的医疗问题，20%的人很少担心自己的医疗，却有高达46.6%的人比较担心或者非常担心自己的医疗问题。因此，从调查来看，农村医疗是比农村养老更迫切需要解决的问题（见图2）。

医疗服务价格高和质量低是当前农村医疗中最突出的两个问题。当前医疗价格高是农民反映最强烈的问题，农民有病看不起，由于农村医疗条件差，疾病治疗的效果也不令人满意。农民对医疗机构最不满意的就是医疗价格和医疗质量，

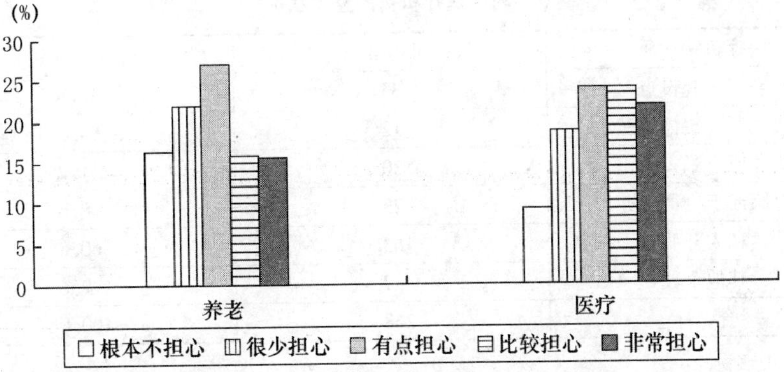

图2　农民对自己的养老和医疗的担心状况比较

从调查来看，72.4%的人认为医疗费用过于昂贵，21.7%的人认为医院的医疗技术太差，两者合计占了94.1%。从对曾经住院治疗者的调查来看，只有30%是病愈医生要求出院的，53.4%的住院治疗病人是病未愈自己就要求出院了，而要求出院者71.5%是由于经济困难而要求出院，医生要求住院而没有住院者中，82.8%是由于价格太贵或经济困难而没有住院。

当前，在“以药养医”的运行模式下，我国公立医院营利倾向严重，医药价格高举不下，医生倾向于给病人开大处方、增加检查项目来增加个人和医院收入，这是当前我国医疗服务价格不断攀升的主要原因。综合来看，农民看不起病主要是有两个因素起作用：一是村级医疗服务质量低，村级医疗机构不能看大病。农民小病可以在村级医疗机构看，稍微重一点的病就必须去乡镇卫生院或更高一级的医院，而这些公立医院在医疗服务和药品价格上却都非常昂贵。二是农民必须由自己承担医疗负担。对于昂贵的医疗服务，在计划体制内享受医疗保险或者公费医疗的人有能力承担，城市中收入较高的人有能力承担，而广大农民收入水平低，又被排除在国家的医疗保障之外。这样，两个不同的群体，面对的是同一个市场，后者的窘境不言而喻。

三、村级私人医疗机构在农村医疗服务中的作用

（一）私人医疗机构是农村医疗服务的主要供给者

在所调查的100多个行政村中，平均每个行政村有医疗诊所2.3个左右，这些诊所包括乡镇卫生院设点、村集体所有集体经营、集体所有私人承包、村医联办、个体开业以及其他形式的医疗机构。在这些村级医疗机构中，80%以上为各种形式的私营性质的诊所（见表2）。

表2 村级医疗机构的整体状况

医疗机构性质	医疗机构数（个）	百分比（%）
乡卫生院设点	33	12.3
集体所有集体经营	12	4.5
集体所有私人承包	30	11.2
村医或卫生员联办	23	8.6
私人开业	163	60.8
其他个数	7	2.6
合　计	268	100.0

在医疗机构的选择方面，45.4%的人去村里的私人诊所，27%的人去村卫生室、卫生站，考虑到很多村卫生站也是私人承包的，去私人诊所就诊的比例实际要高得多（见表3）。与公立医院相比，私人诊所价格相对较低，距离也比较近，可及性更强一些，但是其医疗水平普遍不高。

表3 去什么医疗机构看病

	医疗机构数（个）	百分比（%）	累计百分比（%）
私人医疗机构	457	45.4	45.4
村卫生室、站	271	26.9	72.3
门诊部所	46	4.6	76.9
乡镇街道卫生院	105	10.4	87.3
县市区医院	85	8.4	95.7
市医院	21	2.1	97.8
省级医院	3	0.3	98.1
县中医院	13	1.3	
其他	6	0.6	100.0
合计	1007	100.0	

（二）村级医疗机构规模小、设备简陋、药品种类少

本次调查了解了190个医疗诊所的经营情况。在190个诊所中，53.2%的诊所是个体或者私人所有，12.1%属于集体所有私人承包，16.3%属于村医或卫生员联办的诊所，乡镇卫生院设点或者集体所有集体经营的诊所合计仅占18.4%。

村级医疗机构的规模相对来说都比较小。规模较大一点的医疗机构有的是坐落在调查村的乡镇卫生院，有的是原来属于集体所有现在被承包的较大的诊所，其余绝大多数村级诊所的规模都很小。从调查来看，59%的诊所是1个医生，85.2%的诊所是1个或者2个医生，拥有4个及4个以上医生的诊所不到8%。在所调查的村级医疗机构中，21.5%的诊所只有1间医用房间，23.7%的诊所有2

间房间，25.8%的诊所有3间房间，拥有4间及4间以上房间的诊所合计为29%。（见图3）。

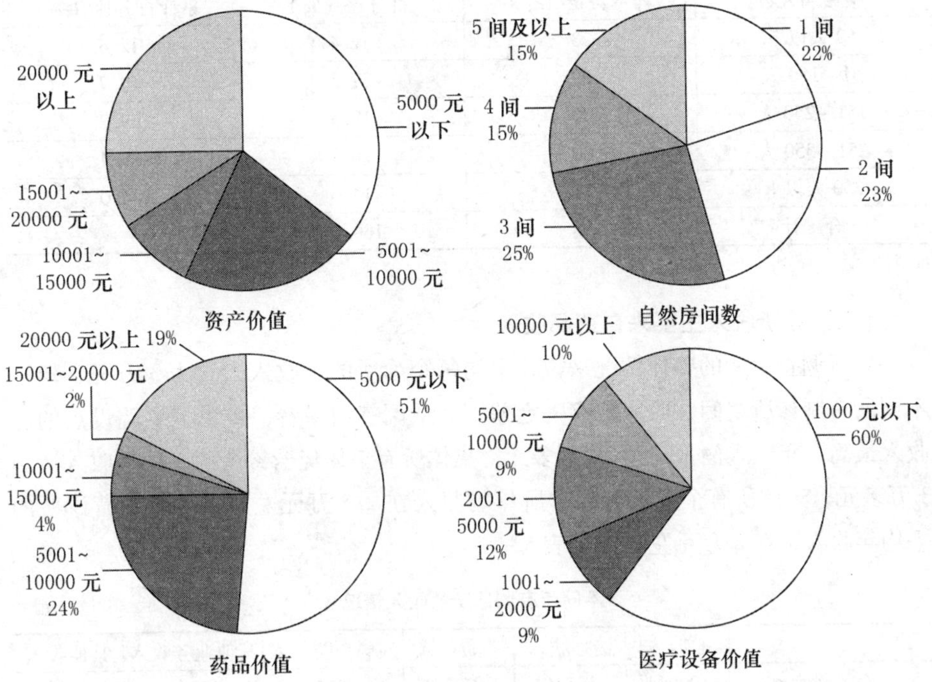

图3　村级医疗机构的规模状况

村级诊所的固定资产都比较少，包括房产在内，65.9%的诊所固定资产在20000元以下。很多诊所的设备非常简陋，只有一些高压消毒锅、听诊器、血压计等最基础的医疗器械，约60%的诊所各种设备价值合计在1000元下，80%的诊所设备价值在5000元以下。

村级诊所的药品种类也比较少，很多诊所没有中药，西药的品种最少的只有10种，50%多的诊所中药种类在50种以下，西药种类在150种以下，从所调查诊所的平均水平来看，每个诊所平均有西药102种、中药176种。51%的诊所药品价值在5000元以下，75%的诊所药品价值在10000元以下。

从诊所接诊病人人数看，每月接诊人数在50人以下的诊所占了12.4%，接诊人数在150人以下的诊所占了约50%。调查显示，诊所接诊人数一方面与所服务的村的人口规模有关；另一方面也与诊所的规模有关，诊所固定资产越多、药品越多、医生人数越多，诊所每月接诊的病人也越多。乡镇街道卫生院设点和集体所有集体经营的诊所规模较大一些，接诊病人数也多一些，个体私营诊所的接诊人数相对则比较少，但是调查发现，不同文化程度的村医在接诊病人数方面并没有显著的差别（见表4）。

表4　诊所每月的接诊情况

接诊病人数	样本数量（个）	百分比（%）	累计百分比（%）
50人以下	23	12.4	12.4
51～150人	69	37.3	49.7
151～250人	36	19.5	69.2
251～350人	30	16.2	85.4
350人以上	27	14.6	100.0
合　计	185	100.0	

（三）诊所收入主要来自药品收入

就所调查诊所的整体情况来说，平均每个诊所的年收入大约为3万元，但是不同所有制诊所之间在收入上有一定差别。从调查结果看，乡镇卫生院设点的总收入最高，年收入额平均为10万多元，集体所有集体经营诊所的平均年收入达到3万多元，集体所有个人承包的诊所年均收入在2.5万元左右，个体私营诊所的平均年收入则在2万元左右（见表5）。

表5　不同所有制诊所的收入情况　单位：元

	总收入	治疗收入	药费收入	疾病预防收入	其他业务收入	其他收入
乡镇设点	100064	15136	62025	4371	11318	3488
集体所有集体经营	30756	4610	22672	368	727	484
集体所有私人承包	24735	5821	17618	197	895	79
个体经营	20705	2406	16186	224	406	189
合　计	29196	4192	21228	632	1549	518

从诊所的收入结构看，很大一部分是药品收入，占其总收入72.5%，治疗收入占15.9%，疾病预防收入占2.1%。

具体到不同类型的诊所来看，乡镇卫生院设点的诊所药品收入的比重稍微小一些，占66.2%，集体和私营诊所的药品收入比例都在71%以上，但集体所有集体经营的诊所诊疗收入的比重最少，其他收入比重最大，其他收入主要是诊所从集体经济中得到补助，这是集体所有集体经营诊所明显不同于其他诊所的地方，但是虽然有一定的集体经济补贴，药品收入却没有减少（见表6）。

表6　不同所有制诊所的收入结构　单位：%

诊所所有制	诊疗收入	药品收入	疾病预防收入	其他收入
乡镇设点	25	66.2	4	9.3
集体所有集体经营	14	71.9	1.4	16.3

续表

诊所所有制	诊疗收入	药品收入	疾病预防收入	其他收入
集体所有私人承包	18.8	72.4	9	7.9
个体经营	15.3	73.4	2	9.3
总体	15.9	72.5	2.1	9.6

村级诊所一般都是盈利的，70%的村级诊所年收入在2万元以下。从调查的情况看，规模较大的诊所，其营利水平也较高，固定资产价值在5000元以下的诊所，年平均纯收入水平为3790元，固定资产价值在5001~10000元的诊所，年平均纯收入是6615元，固定资产价值在20000元以上的诊所，其年平均纯收入在19000元以上（见表7）。

表7　　不同规模诊所的净收入状况

固定资产分组	平均数（元）	样本量（个）
5000元以下	3790	63
5001~10000元	6615	34
10001~15000元	4457	14
15001~20000元	8599	14
20000元以上	19198	39
平均数	8662	165

（四）在价格、服务和方便性上，私人诊所和村卫生室表现较好，乡镇卫生院最不令人满意

调查中，绝大多数村医都表示，他们和村民的关系很好，村民相信他们。村民有病总是先找村医，村医医治不了的，才会建议他们到大医院去就诊。熟人社区的道德观念对村医具有很强的约束力，所以村医要比其他更高一级医疗机构的医生具有更多的人情味，几乎所有的村医都允许患病的村民赊账，对于家庭特别困难的病人，会减免诊疗费，少收药费。对特别困难的家庭，没有钱也会给治病。

关系融洽、信任会使村医赢得村民的尊重，也赢得生意，所以村医非常重视与村民的关系。村医把村民信任他们的原因归结为以下几点：一是为病人着想；二是收费较低；三是服务态度好。

从村民对各级医疗机构的评价看，私人诊所在方便性、态度方面的得分最高，其次是村卫生室；在价格方面，私人诊所的得分略低于村卫生室，但二者也都好于乡镇卫生院、县及县以上医院，只是在质量方面私人诊所和村卫生室相对较差，比不上乡镇卫生院和其他更高一级的医院。县及县以上医院最不方便，价格相对也最高，但是质量好。

乡镇卫生院的价格和态度都最不令人满意，在方便性上比不上村级诊所，质量方面也与县及县以上医院有较大的距离，只略好于私人诊所和卫生室。村民的这种评价总起来看是非常中肯的，也可以看作是对村级医疗机构的肯定（见表8）。

表8　　村民对各类卫生机构的评价

卫生机构的服务	私人诊所	卫生室	卫生院	县及县以上医院
方便性	8.26	7.71	6.68	5.99
态　度	7.94	7.61	6.73	6.78
价　格	6.6	6.65	5.97	5.75
质　量	6.45	6.46	6.75	7.74

四、大病对农民家庭生活的影响

为了解大病对农民家庭生活的影响，在调查农户中，专门选取了402个大病户，占调查样本的34.3%。调查表明，大病给农民的生活带来了沉重的负担，是导致贫困的重要原因，是农民无力承担的风险。

（一）农民的大病负担

1. 农民难以承受大病的高昂治疗费用。从调查来看，农民一次大病的平均花费（包括药费、治疗费、交通费等在内）为7051元（见表9）。大病花费的地区差别并不大，东部地区的平均花费略高于中部和西部地区。中西部地区人均收入水平低，以人均收入2000元计，一个三口之家一年的收入也不过6000元，一次大病的医疗费就花掉了一个家庭一年多的全部收入。而且，实际上越是有大病的家庭，其生产能力和劳动能力越是受到损害，收入也会相应地降低，其家庭人均收入又很难达到2000元，所以，疾病对家庭生活的影响是带有恶性循环性质的。

表9　　不同地区一次大病的平均花费

地　区	平均花费（元）	调查人数
东　部	7484.18	125
中　部	6495.64	132
西　部	7231.18	106
平　均	7050.83	363

从收入水平看，大病户人均年收入是2061元，非大病户人均年收入是2609元，大病费用发生后，减去医疗费用，大病户人均占有的收入就大大减少了。（如图4）家庭的人均收入减去年人均医疗费用后，大病户和非大病户家庭可支配

的收入差距拉大了将近3倍，差距由500多元拉大为1400多元。

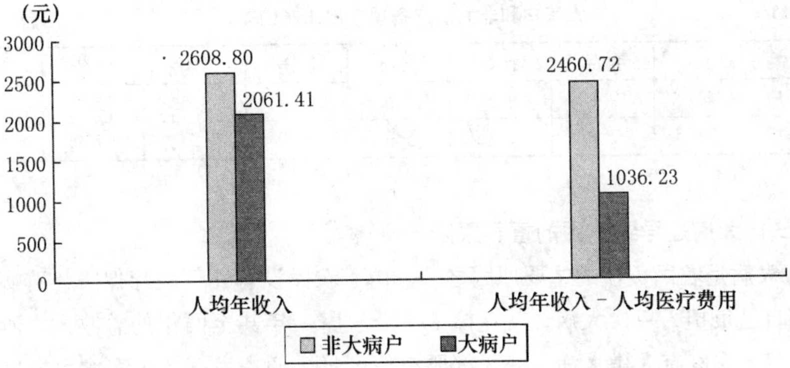

图4　大病户和非大病户的收入差别

2. 大病严重影响了农民家庭生活。在2003年农民的消费支出中，非大病户平均每户的药品、医疗服务开支是683元，大病户平均每户的医疗服务和药品费用是4279元，后者是前者的6倍多，可见大病对家庭的影响之大（见表10）。

表10　大病户和非大病户各项支出的差别　单位：元

	总支出	食品	衣着	交通	住房	文化	医药	其他
非大病户	10232.86	3299.96	850.56	853.55	655.99	2784.66	682.56	1472.91
大病户	12680.1	3319.64	776.9	906.98	536.96	2409.76	4278.77	970.05

从经济发展水平看，我国东部地区农村经济条件好于中西部地区，但由于我国医药市场化程度比较高，中西部地区虽然收入水平不高，但是医药价格却不低，农民的疾病负担相对就更重。对于一般农户来说，医药支出在总支出中的比重平均在8.5%左右，而大病户的医药开支平均要占到家庭总支出的30%以上。大病户和非大病户的支出构成有很大差别。恩格尔系数（即食品支出在家庭总支出中的比重）是衡量家庭消费水平的一个重要指标，一般来说，消费水平越高，食品支出在家庭总支出中的比重越低。但是这一系数在应用到农民的消费时有一定的局限性，在很多农村地区，由于教育、医疗、子女结婚、盖房等大额支出都具有很强的刚性，这些支出常常需要农民倾其一生的积蓄来完成，所以农民们一般在吃用方面都比较节俭，特别是在吃上，常常是以维持基本温饱为标准，农民的恩格尔系数相对于其生活水平来说是偏低的，一些相对贫困家庭的恩格尔系数还要低一些。从大病户和非大病户各项支出的比重看，大病户和非大病户的恩格尔系数（食品支出比重）有很大差别，大病户的恩格尔系数是31.5%，而非大病户的恩格尔系数是41%。虽然大病户的恩格尔系数低于非大病户，但是这里绝对不能认为大病户的生活水平高于非大病户。这种支出结构的差别也说明了大病对家庭

生活的严重影响（见表11）。

表11　　大病户和非大病户各项支出比例的差别　　单位:%

	总支出	食品	衣着	交通	住房	文化	医药	其他
非大病户	41	9.9	8.3	7.5	22.7	8.5	12.4	
大病户	31.5	7.3	7.1	5.3	16.9	31	7.9	

（二）大病是导致贫困的重要原因

1. 大病是农民负债的主要原因之一。由于农民没有任何医疗保障，看病的支出都是自己负担，一次大病，就花掉了一个家庭一年甚至两年的总收入。所以在农村，只要家庭有人生大病，一般都要举债度日。调查发现，很多农民家庭都有负债。负债的原因是多方面，除了生产性负债以外，负债原因最多的还是疾病和子女教育，这两项占到了50%以上（见表12）。

表12　　农民欠债事由

	调查户数	百分比（%）
生产	90	23.7
交提留	2	0.5
子女教育	82	21.7
疾病	110	29.1
住房	59	15.6
日常生活	11	2.9
其他	24	6.3
合计	378	100.0

疾病负债是农民最沉重的负担之一。大病户的家庭平均负债额明显高于非大病户的平均负债额。大病户的家庭平均负债是5454.87元，而非大病户家庭的平均负债是2648.75元，疾病造成的家庭经济负担非常明显（见表13）。

表13　　不同地区大病户和非大病户2003年的欠债情况

所属地区	非大病户		大病户		总　计	
	平均欠债（元）	户数	平均欠债（元）	户数	平均欠债（元）	户数
东部	2865.54	135	5319.04	296	3634.04	431
中部	2228.97	146	5472.77	277	3348.58	423
西部	2920.16	121	5584.79	192	3950.26	313
合计	2648.75	402	5454.87	765	3618.38	1167

2. 大病在很大程度上导致了贫困。疾病对家庭造成的损害还可以从家庭生活状况反映出来。在所调查农户中，非大病户的家庭生活状况相对来说要大大好于

大病户。在大病户中，只有1.57%的人感觉家庭条件比较宽裕，31.07%的感觉比较艰难，14.1%的感觉非常艰难，而非大病户感觉宽裕的比例则高于大病户，感觉艰难的比例要低于大病户（见图5）。

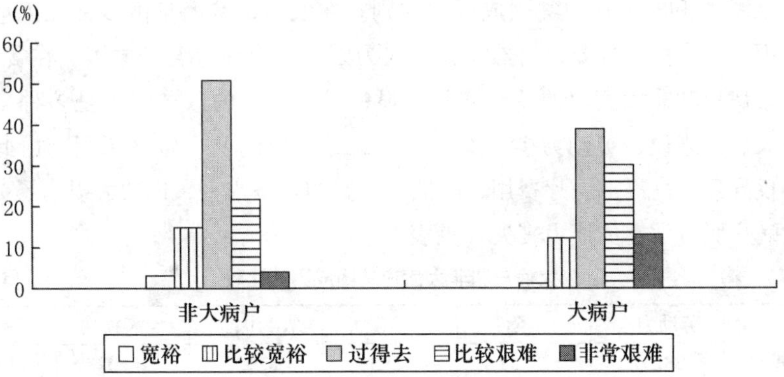

图5　非大病户和大病户的生活状况比较

在所调查的贫困户中，约41%是由于疾病导致了家庭贫困。从大病对不同地区农户的影响看，在东部地区，贫困主要是由于疾病引起的，占50%左右；中西部地区贫困的成因更加多样化，但是中西部地区也有约38%～39%的贫困户是由于疾病而陷入贫困（见表14）。

表14　东、中、西部样本贫困户的主要致贫原因

地区	调查户	劳动力少	自然条件差	自然灾害	人为因素	疾病	其他	合计
东部	户数	6	5	1	1	16	3	32
	占样本户比重（%）	18.8	15.6	3.1	3.1	50.0	9.4	100.0
中部	户数	18	2	3	3	18	4	48
	占样本户比重（%）	37.5	4.2	6.3	6.3	37.5	8.4	100.0
西部	户数	12	13	2	4	22	4	57
	占样本户比重（%）	21.1	22.8	3.5	7.0	38.6	7.0	100.0
合计	户数	36	20	6	8	56	11	137
	占样本户比重（%）	26.3	14.6	4.4	5.8	40.9	8.1	100.0

"不怕穷，就怕病"。农户对生大病的忧虑非常重，尤其是那些家庭成员有过大病的家庭更是深有体会。如某地一个年人均实际收入910元左右的山村，村民们自己细算起来，一天的生活消费人均不足3元。由于经济上紧张和负担的沉重，村民最害怕的就是生病，特别是大病，村民们认为："要是不生病，农民的生活还基本上能过得去，一旦生大病了，不但身体跨了，而且好几年不能恢复，甚至是整个下辈子都不行。"对于一般的头痛感冒，本地农民基本上是能熬就熬，等自己好；要么是用农村的土办法治病；要么是自己去药店拿药，很少看门诊。在

另一村庄的调查中，农民对于疾病的感触更深，他们认为“穷”可以用勤劳战胜，只有身体好，政府的政策变动不大，可以出门打工致富，但一旦生一场大病，就什么也没有了，还拖累了别人。

3. 大病户和非大病户贫困成因的差别。在农村，贫困是由多种原因造成的，如劳动力少、自然条件差、自然灾害、人为因素、疾病等各种原因。在贫困的成因上，大病户和非大病户的差别非常明显，非大病户的致贫因素是多种多样的，而对于大病户来说，劳动力少、疾病损伤是最主要的两个致贫原因，由此可见，疾病不仅导致了高昂的医疗费用，降低了家庭的经济水平，也大大损伤了劳动力，致使大病户脱贫致富的能力丧失（见表15）。

表15　　大病户和非大病户贫困成因的比较　　单位:%

	劳动力少	自然条件差	自然灾害	人为因素	疾病损伤	其他
非大病户	28.57	23.21	8.93	8.93	16.07	14.28
大病户	24.69	8.645	1.23	3.70	58.02	3.70

（三）卫生现金支出与贫困发生率

世界卫生组织把筹资公平性作为衡量卫生系统绩效的一个重要指标，从卫生筹资公平性的角度来说，卫生系统不应使居民因为卫生现金支出（OOP）而陷入贫困或者加深他们的贫困，这里的卫生现金支出是指家庭中因为疾病支付的各种药费、医疗服务及用品等支出。

然而，在我国广大农村地区，由于医疗保障缺乏，农民的卫生支出基本上都是由家庭负担的，因为卫生现金支出而陷入贫困在农村是非常普遍的现象。医疗费用支出使很多农村家庭陷入贫困或者加剧了他们的贫困，在考虑OOP影响的情况下，贫困的标准是不一样的。如有学者测算，在不考虑OOP影响的情况下，黑龙江省农村的贫困线是867元，低收入线是1201元，如果考虑到现金卫生支出实际上是减少了这些人的可支配收入，降低了消费水平，按照贫困人口卫生现金支出的平均水平，从贫困线中扣除该支出后，黑龙江省的绝对贫困线是832元，低收入线是1166元，这些人口的实际贫困程度要大一些①。

疾病对贫困的影响可以通过卫生现金支出（OOP）前后贫困发生率的变化看出来。我们以家庭人均消费支出作为家庭生活标准的变量，以家庭年度支付的医疗费用除以家庭人口得到人均OOP，以全国贫困线和低收入线作为衡量家庭生活状况的标准，计算OOP发生前后，家庭贫困发生率和低收入发生率的变化情况，

---

① 由于本次调查不是随机样本，不好就疾病对全国贫困线的影响作出估计，这里只好略去。

由此反映疾病对贫困的影响程度。从下表可以看出，卫生费用发生前后，贫困线和低收入线以下的家庭比例有大幅变动。从消费水平来看，在不考虑卫生现金支出的情况下，家庭人均消费低于贫困线的家庭比例是4.0%，在去掉家庭的卫生现金支出后，绝对贫困发生率达到了8.4%，贫困发生率上升了52.4%，同样，家庭人均消费支出低于低收入线的比例11.7%，在OPP发生后这一比例上升到21.2%，上升了44.8%。

从收入的角度来看，卫生支出的影响程度同样如此。由于卫生现金支出具有很强的刚性，人得了病有时候不能不看，医疗费用会挤占生活消费，所以我们假定卫生现金支出部分不属于家庭的可支配收入，那么卫生费用发生前后，人均收入低于贫困线的人口比例将有不同，这种比例的差别也即疾病对家庭经济条件的影响。根据本次调查测算，考虑卫生现金支出的影响后，人均收入低于637元和991元的家庭比例分别从12.2%上升到22.9%、20.8%上升到32.7%，贫困发生率上升了46.7%，低收入发生率上升了36.4%。疾病使很多家庭必须负债度日，大病户的家庭收入难以满足当期的开支，所以大多家庭都有欠债，收入在贫困线以下的家庭必须依靠借债来维持基本生活开支和医疗开支，这也是收入在贫困线以下的家庭比例（12.2%）大大高于消费支出在贫困线以下的家庭比例（4.0%）的原因（见表16）。

表16　　现金卫生支出（OPP）对贫困的影响

项　目	消费低于637元（%）	消费低于991元（%）	收入低于637元（%）	收入低于991元（%）
OOP发生前	4.0	11.7	12.2	20.8
OOP发生后	8.4	21.2	22.9	32.7
贫困发生率上升比例	4.4	9.5	10.7	11.9
OOP贫困影响的程度	52.4	44.8	46.7	36.4

改革开放以来，我国贫困发生率有了大幅度下降，但是贫困线稍有变动，贫困人口的规模就有大幅增加。2003年初，按年纯收入625元的温饱线标准，我国有近3000万农村贫困人口，若将温饱线标准提高200元，到825元（即近100美元），我国的农村贫困人口就会增加到9000万。贫困线附近的这部分人口抗风险能力差，极容易因为各种原因陷入贫困，疾病对他们的影响也是比较大的。如把人均年消费支出低于991元大于637元视为低收入人群，不考虑卫生现金支出的影响，他们不属于贫困人口，但是考虑卫生现金支出的影响后，这一人群人均消费支出低于637元的比例是28.4%，说明疾病使低收入人群中28.4%的人落入了贫困群体（见表17）。

表17　　卫生现金支出对低收入人群消费支出的影响

项　目	人均消费低于637元（%）
OOP发生前	0
OOP发生后	28.4
OOP贫困影响的程度	28.4

总的来看，疾病对农村贫困产生的影响是非常大的。当前，我国绝大多数农民没有任何医疗保障，也很难享受到国家的医疗救助，只能靠家庭承担医疗费用，高昂的医疗费用必然使很多家庭陷入贫困。这种卫生体制是不合理的，背离了筹资的公平性。

（四）大病是农民无力承担的风险

绝大多数农民没有任何医疗保障，也很难享受到国家的医疗救助。高昂的医疗费用使很多农民不敢看病。农民由于经济条件差，很多大病往往错过了治疗时机，一旦发现就成了绝症。

农民不是根据病情看病，而是根据经济承受能力看病，按照农民的话说，就是“有多少钱，看多少病”。由于农民经济条件差，医疗费用昂贵，很多大病往往错过了治疗时机，一旦发现就成了绝症。在农村只要得了癌症这样的大病，首先是花光了自家里的钱，再借上一部分债，最后无法再看下去。在调查中，一位身患重病的老人绝望地说：“明年病再不好，就得等死了”，“国家应该为农民想想办法了！”

医疗条件差、医疗费用高在一定程度上影响了我国农民的健康状况和我国农村劳动力的素质。在一个村庄调查中发现，农村30~50岁之间的中年人，身体健康就已经开始受到威胁了，大部分40多岁的中年人，身体及内脏就开始感到不适，不是腰腿疼就是心脏里不好，但也没条件检查，不到万不得已就只能撑着挺着。从对农户家庭成员健康状况的问卷调查结果看，在过去的两周内，13.5%的人曾感觉身体不适，从农民对自己健康状况的自我感觉看，有6.1%的人感觉健康非常差，15.2%的人感觉比较差，两者合计达到了21.3%，此外，还有26.7%的人感觉身体状况一般，只有34.7%的人感觉比较好和17.3%的人感觉很好。

疾病对农民生活的影响是全面而深远的，它不但影响到当前的生活，还影响到下一代，甚至更远、更宽，疾病所带来的各种外部性影响将会影响到农村发展和整个国家的发展，这个问题不能不给予高度关注。

五、农村合作医疗的作用与局限

新型农村合作医疗制度作为一种参加者互助共济的制度，由于获得了政府的支持，它的推行在一定程度上确实起到了减轻农民医疗负担的作用，但在试点中还存在不少问题，其中资金不足是最大的障碍，政府投入的资金太少，补贴标准太低，还远不能解决农村居民因病致贫、因病返贫的问题。

（一）农村合作医疗的基本状况

1. 合作医疗的保障范围各地差别很大。目前，我国农村一些地方已经实行了合作医疗制度，但是各地的情况差别很大。如上海的一些县，合作医疗制度从20世纪60年代建立以后就没有中断，更多的地方则是近几年在新型合作医疗试点的基础上建立起来的。这些新建立的合作医疗，由于各地的经济发展水平不同而有很大的差别。我们调查的18个实行了合作医疗的村，有的是沿袭了改革开放以前的合作医疗的村，有的是20世纪90年代开始实行合作医疗的村，绝大多数是在2003年开始实行新型合作医疗的村。从合作医疗的参加人数看，各村的情况也很不一样，有的村覆盖率不到40%，有的则比较高。

合作医疗的保障范围各地也不一样，其中合医合药的较多，占37.5%，合医不合药的占31.3%，合药不合医的有25%，此外有6.3%采取其他保障形式。从补偿范围看，既补门诊又补住院的占46.7%，仅补住院的占40%，仅补门诊的占13.3%。在资金管理形式上，以乡镇管理为主，44.4%的村合作医疗资金是由乡镇管理，还有16.7%是由乡医管理，二者合计，由乡镇级机构管理的比例占61.1%。

这些实行合作医疗的村可以分为两类：一类是经济比较发达地区，如北京、上海、浙江、广东、江苏等地，经济实力比较雄厚，各级政府的补贴能到位，农民也有能力负担自己应该分摊的费用，所以合作医疗资金能够按照预定的目标筹集起来；另一类是广大中西部地区，合作医疗在资金筹集上有的达到了政策规定的最低标准，有的连最低标准也没有达到。

2. 合作医疗实行的关键是政府政策的推动。农民看病难、医疗负担重，在这种情况下，新型合作医疗被提到了议事日程。合作医疗虽然受到群众的欢迎，但是合作医疗的实行关键还是政府的推动。从调查看，合作医疗的实行受到以下因素的影响。

从建立的动机看，合作医疗是在上级政策的推动下实施的。在所调查的118个村中，除了4个未回答外，在114个回答的村中，有15.3%的村已经实行了合作医疗制度。在没有实行合作医疗的村中，22.5%的村有实行合作医疗的计划。对于没有实行合作医疗的原因，我们给出了几个选项，从调查的结果看，46.8%的村认为没有实行是因为上级没有要求，12.8%的村认为政策不明确是没有计划实行合作医疗的原因，这两个因素实际上都与上级政策有关，也就是说，将近

60%的村合作医疗的实行与否都受上级政策要求的影响。

从建立合作医疗的动机看，上级政府的目的是减轻农民的医疗负担，而下级政府很多财力不足，但由于实行合作医疗可以得到上级政府所承诺的补助，不管制度建立起来是否能真正达到减轻农民医疗负担的目的，可以争取的上级资金总是要争取的，而地方和农民有没有建立这种制度的经济实力，并不是最关键的。

3. 经济发展水平对于合作医疗体系的有效性和可持续性有较大影响。在调查中，20.2%的村把没有实行合作医疗归因于经济条件差，还有10.6%的村则是由于筹资困难，这实际上也是一个与经济条件密切相关的原因，这说明，30%以上的村不能实行合作医疗都与经济条件有关。在一些经济条件比较差的村，村民的参加意愿并不是很强，农民不愿意交钱，只有从各种税收中扣除，集资比较困难。在一些实行了合作医疗的地区，有些农民也因为经济困难没有能力参加，有的村即使已经实行了合作医疗，但由于人均筹集少，参加人数少，资金积累的规模小，再加上地方财政紧张，补贴落实起来也很困难，即使勉强落实了，资金的可持续性也难以保证。从本次调查的情况看，村级债务是目前农村存在的一个比较严重的问题。这几年村级负债呈逐渐增加的趋势。对于那些村级有负债或者集体经济薄弱的村来说，要实行合作医疗，村级支持是不可能的。而在一些集体经济实力较强的村，村级能够提供补助，甚至一些村民应该出的钱，村集体也支付了。

此外，也有一些村把不打算实行合作医疗归之于管理原因，如9.6%的村认为合作医疗管理难度大，因此而没有实行的计划。

就村级组织来说，影响农村合作医疗实行的主要因素首先是上级政策，其次是本地的经济发展状况，但这并不意味着只要上级要求实行合作医疗，合作医疗就一定能达到政策的预期目标。有的村医认为，合作医疗在农村不太可行，现在村里没有多少收入，而卫生部门的费用却增长得越来越快，筹集这点钱解决不了多大问题。

从合作医疗制度运行的效果来看，东部经济发达的地区，如北京、上海、广东等省市的合作医疗，在一定程度上能够减轻农民的疾病负担。这些地方的农民比较富裕，有一定的经济实力，集体经济相对也比较好，实力还相当雄厚，集体补助比较高，地方政府的财力也比较强，有能力为农民办合作医疗。在这些地区，不少地方农村医疗保障的水平要高于中央规定的新型合作医疗的标准，如在上海的永建村，人均合作医疗的交费已经达到了150元，其中，农民个人负担100元，各级补助50元，这里的补偿比例也比较高，大病住院的补偿比例最高达到70%，最高补偿限额达到了30000元，这在很大程度上能够缓解农民的大病负担。据了解，北京近郊有些无地农民的医疗保障水平也大大高于中央规定的新型合作医疗的保障水平，有的已经达到了城市的保障标准，只是由于城乡分割的管理体制，这些地方很多都是依托于原来的村集体，在管理和实施上也很不规范，不同村集体的保障水平也都有很大差别。从调查来看，如果解决了体制分割的问题，经济发展地区农民的医疗保障水平根据当地的实际情况可以适当提高，逐步建立城乡一体化的医疗保障体系是可能的。

在广大中西部地区，达到新型合作医疗的最低标准也有难度，不少农民收入水平低，缴费有一定难度，集体经济一般都没有能力补贴，地方政府的财政状况一般都不太好，补贴起来也有很大压力，即使有中央政府的资助，资金的可持续性也难以保障，而且，由于保障水平低，制度的预期效果很难达到，所以在经济条件较差的农村地区推行新型合作医疗有一定难度，如何有效地整合资源，切实增强农民抵御大病风险的能力还需要进一步探索。

4. 村民对合作医疗的看法也影响着合作医疗的实行。在实行了合作医疗的村中，大约70%的被调查农户参加了本村的合作医疗，也有一部分人（约30%）没有参加。农户没有参加合作医疗的原因是多方面的，如担心医疗费不能报销；担心报销额太少、手续太麻烦、合作医疗的药价上升；怕出现“干部吃好药、群众吃草药”的现象；认为家庭经济困难，无力承担个人筹资部分；认为家里人身体好、不必参加，等等。

（二）农民对合作医疗的期望

调查表明，农民虽然希望有医疗保障，也很欢迎实行合作医疗，但是对其能否真正办好，真正使他们得到实惠，不少人持怀疑态度。

1. 大病户比非大病户更可能参加合作医疗。从农户调查的情况看，90%的被调查村民愿意参加合作医疗，正如有的被调查者所说，虽然个人还没有从合作医疗中受益，但这个制度对农民肯定有好处。当问到如果政府补助20元，个人交10元建立合作医疗，主要补助农民的大额医疗费用和住院医疗费的话，愿意参加的比例就下降到85.6%，而在真正实行合作医疗的村，参加人数则更低，只有70%左右（见表18）。

表18　　大病户和非大病户参加合作医疗的意愿比较

参加意愿	非大病户		大病户	
	样本户数	占样本户比重（%）	样本户数	占样本户比重（%）
愿意参加	517	83.9	347	88.5
不愿意参加	59	9.6	22	5.6
说不好	40	6.5	23	5.9
合计	616	100.0	392	100.0

大病户和非大病户参加合作医疗的意愿也有所差别，大病户愿意参加的比例

比非大病户高4.6个百分点。这也就是所谓的逆向选择问题，越是疾病风险大的人群，参加合作医疗的意愿越强。

2. 村民对合作医疗保障项目的期望有很大不同。合作医疗主要目的是解决大病对农民生活的严重影响，减轻农民的大病负担。当前，合作医疗的保障范围各地也不一样，其中合医合药的较多，占37.5%，其次是合医不合药的，占31.3%，合药不合医的有25%，此外还有6.3%采取其他保障形式。合作医疗的保障项目差别很大，既补门诊又补住院的占46.7%，仅补住院的占40%，仅补门诊的占13.3%。补偿标准也很不相同，从10%到70%不等，补偿的最高限额最少的只有2000元，最多的高达40000元。但是调查表明，从保障项目来看，只有不到一半的村民希望合作医疗保住院和保大病，有的要求保门诊或小病，有的则认为保住院，但是大病户和非大病户在保障项目的要求上却没有多大差别，两者在各项选择上的比例都差别不大。所以，如果仅仅保障住院和大病，合作医疗受益的人群规模小，其对农民的吸引力就大打折扣（见表19）。

表19　　大病户和非大病户对保障项目的期望　　单位:%

	非大病户	大病户	总体
保门诊或保小病	8.40	9.50	8.80
保住院或保大病	45.20	46.00	45.50
门诊、住院都保，但门诊为主	15.80	15.20	15.50
都保但以住院为主	21.60	21.90	21.70
特大疾病的补偿	9.00	7.50	8.40

调查表明，在报销比例上，农民对合作医疗期望报销的比例差别也很大，有的期望报销比例比较低，只有10%，有的则比较高，要求报销99%，期望报销的比例平均在60%左右。

3. 1/3的村民认为应该由农民自己的组织来管理合作医疗资金。在很多地方，农民对于基层政府和村级组织不信任，农民担心基层政府管不好这笔钱。长期以来，一些基层政府采取各种手段加重农民负担的现象较为普遍，在群众中造成很不好的影响，影响了基层政府的公信力，人们不相信基层政府能管好这笔钱。很多地方政府财政紧张，有些农民对资金管理有怀疑，担心上级政府给农民的医疗补助以及农民上交的合作医疗基金不能真正用到农民身上。这主要是因为在很多地方农民对基层政府和村级组织不信任的缘故。

农民更担心管理者或有的农户会钻规章制度、人情权力的空子。很多地方过去都实行过合作医疗制度，不少人认为，过去的合作医疗之所以失败，管理不善是很重要的原因之一。一些地方过去的合作医疗在报销方面作弊行为很盛，如“患者”与医生较熟悉，就会以某些名义取得报销凭证，而且，审核程度、监督制度与管理技术的不配套也方便了这种行为。现在的合作医疗同样存在管理问题，“管理不善将等于零”，农民一语道破管理对合作医疗的重要性。

很多人都认为钱应该由村民自己来管理。在所调查的村庄，合作医疗很多都是由乡镇一级管理的，但33%的村民认为应该由农民自己的组织来管理合作医疗资金，6.3%的认为应该由县政府管理，还有5.8%的人认为村、基层政府和卫生机构都不行。由乡镇政府或合作医疗管理办公室管理合作医疗资金并不能得到广泛认可（见图6）。

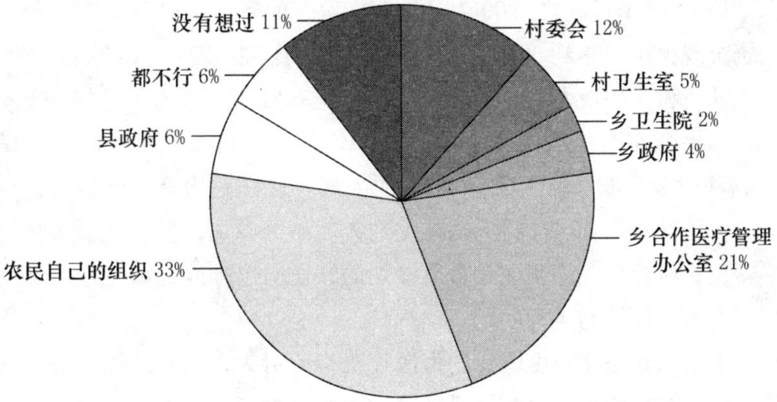

图6　村民对合作医疗管理机构的选择

4. 不少农民对合作医疗能否使他们得到实惠信心不足。农民用比较朴实的话道出了他们的担心，“钱是凑了，可自己一分没花就用完了，那不是白扔钱嘛?”在调查中，80%的村民认为医疗保障只能靠自己、靠儿女。如果新型合作医疗办得好的话，当然也靠合作医疗。村民对待合作医疗的态度主要受以下因素影响：

一是看不到既得利益，其积极性调动不起来。经济条件好的家庭认为合作医疗保障水平太低，不愿意参加；年轻人所占比例较大、成员身体较好的家庭，认为交了钱也不会花到自己的头上，白作贡献，也不愿意参加；只有那些家庭成员年龄比较大、健康状况比较差、经济收入比较低的家庭才是合作医疗的积极参与者。

二是对地方政府不信任。担心上级政府下拨的对农民的医疗补助以及农民上交的合作医疗基金能否真正用到农民身上。

三是觉得农村合作医疗解决不了大问题。按每个村民交纳10元钱加入农村合作医疗的大病统筹制度，无法为大多数参加者提供较高的医疗费补偿。有的村民认为，为了报销一点医疗费浪费很多时间不值得，小伤小病即使不参加合作医疗自己也掏得起钱。

四是觉得看病不自由，没有选择权。一般就诊指定医院为本乡镇卫生院。由于乡镇卫生院的医疗设施不完善，医疗条件差，技术又不过硬，如果有大病，还是去医疗条件好的医院治疗比较保险。

（三）合作医疗可持续发展面临的问题

这些问题主要表现在四个方面：

1. 现有的大病统筹制度抵抗大病的效果有限。根据现在规定的合作医疗标准，国家补10元，地方政府补10元，村集体可能不补，个人交10元，每人年缴费30元，以平均每个行政村1900人计，合作医疗的覆盖率以70%计，每个村的合作医疗资金规模可以达到39900元。假定这些钱全部用于村民的医疗支出，根据前面的统计，村民一次大病住院的平均花费是7051元，而有的大病住院动辄就是上万元，如果合作医疗只保住院，报销60%的话，病人一次住院的报销额在4231元，这些资金只能保证不足10个人的大病。这样，就等于全村人为少数大病病人付费，估计自己不可能得大病住院的人就不会参加，肯定就会出现逆向选择现象。新型农村合作医疗制度是自愿参加的，逆向选择问题将是影响新型农村合作医疗制度可持续性的重大问题。

此外，由于合作医疗制度既要约束医疗机构的行为，又要约束参加合作医疗者的行为，所以在报销制度上严格要求是无可厚非的，但是报销手续越复杂，管理成本也就越高，管理成本不但包括合作医疗管理机构的成本，还包括医疗机构本身的成本，严格报销手续后，对医疗结构的处方要求就复杂了。然而，由于村级医疗机构规模小，人员少，过去看病买药很多都没有什么处方，实行合作医疗后，村级诊所必须像正规大医院那样开处方，成本对于小诊所来说是很高的，这些成本只能以提高医疗服务价格的方式转嫁给患者，所以如何降低管理成本也是合作医疗可持续发展面临的另一个重要问题。

目前实行的合作医疗，不管是合医、合药，还是补门诊、补住院，都存在可持续性问题。很多地方资金规模小，而承诺的保障项目又多，合作医疗是否会堕入形式主义，像前几年实行的农村社会养老保险一样，无果而终，这是不能不考虑的问题。

2. 合作医疗的保障范围需要进一步探索。由于农村新型合作医疗刚刚实施不久，目前一个突出的问题是保障项目问题：即保门诊，还是保住院。合作医疗规定的住院报销有最低起付标准，对上是封顶的。由于医疗费用昂贵，只要住院，动辄就上几千元、上万元，规定的报销比例和数额并不能完全解决住院病人的困难，而且，住院费用中其他费用可能比药费还高，所以住院药费即使报销，也有很大一部分需要病人承担。而且，更多的农民有病并不一定选择住院，看门诊的更多，但即使只看门诊不住院，其花费也大都超过最低起付标准，甚至上千元，但是不能报销。仅保住院一方面降低了农民参与合作医疗的积极性，另一方面也降低了合作医疗的社会效益，而且，仅仅报销住院费用，会迫使一些不需要住院治疗的疾病选择住院治疗的方式，这样还会浪费宝贵的医疗资源。

调查中，有些农民认为，合作医疗可以不报销小病门诊，却应该报销大病但不用住院的门诊，因为合作医疗资金必须用于最需要的地方。感冒等小病费用农民可以支付，但有些病，危害不轻，花费不少，但无需住院，这种情况更多，会给农民家庭造成很重的负担，所以应该把门诊报销纳入农村合作医疗报销范围。另外，有不少村民认为假如能进行门诊报销，会有更多的农民参加，而且愿意比现行的每人每年 10 元再多投 5 ~ 10 元，这样合作医疗的资金总量会更大，抗御风险的能力就更强。

从调查情况看，这样做具有可行性。从某镇农村合作医疗办公室获得的数据显示，2003 年参保人数 6430 人，按参保额每人 50 元（市、区、镇、村、个人均 10 元）计算，总收入 321500 元。2003 年全镇获得住院报销的有 150 人，报销金额 37500 元，人均 250 元，结余 284000 元。假如按照每人每年 200 元进行门诊报销，则有 1420 名患者受惠，占参保人数的 20%。事实上，根据全镇的医疗环境，比例应该会更低，所以，有足够的财力保门诊。从参保的状况看，全镇只有 9510 人参保，参保率为 88. 78%，出资比例为：市、区、镇各每人每年补助 10 元，村每人每年补助 20 元，个人出资 10 元，仅从农民和村集体筹资就达 285300 元，远高于 2003 年的报销开支。所以，门诊报销是可行的。

其次，门诊报销也是非常必要的。调查中有一个案例：一位农民左脚意外扭伤，门诊费用花去 1000 多元，由于现行的合作医疗不报销门诊费用，所以 1000 多元只能由自己全付。另外也有几例门诊费 300 ~ 600 元不等，都由自己支付，于是有人埋怨，自己的门诊费高于住院费用最低报销点，但费用不能报销，这样显得不太公平。事实上，这些例子并不少见，门诊报销可以减轻更多农民的医疗负担，同时还可以减少拖延治病而使病情恶化的情况，起到预防的作用，因为门诊报销可以更促进农民积极地治病，不致小病拖成大病。门诊报销是大多数农民的呼声，他们希望出了钱，自己也得到实惠。

3. 实行合作医疗后监管是一个大问题。合作医疗管理涉及到两个主体：一是农民，二是医疗机构，如何对这两个主体进行监督是合作医疗管理的两个主要问题。对农民的监督是严格报销手续，但是如果手续太复杂，报销的数额又太小，那么无论对于患者来说，还是对于整个医疗体系来说，运作的成本就太大，报销手续太复杂也会影响村民参与的积极性，还可能滋生官僚主义。在有的实行了合作医疗的村，村民和村医一致抱怨手续繁琐，而且有村民反映，合作医疗买的药贵，虽然可以报销一部分，但是自己承担的部分并没有减少，与在别处买药没有什么差别。这样，通过合作医疗来减轻农民医疗负担的目标就很难实现。

合作医疗实施后，对医疗机构的监管是一个更大的问题，因为医疗机构的收益与药费直接相关，医疗机构追求利益的动机可能会造成医疗资源的浪费。实际上，上述问题在城镇职工医疗保险中已经存在。由于医生、医院和患者以及医疗保险管理机构存在信息不对称问题，一些医疗保险定点医院为了增加收入，对于参加医疗保险或者公费医疗的干部职工，会增加检查费用（如做一些不必要的检查等）和药费，致使本来就稀缺的医疗资源被浪费了。调查发现，在有的地方，合作医疗实行后，医疗费用有上涨的趋势，村民可以报销的部分被上涨的医疗费用抵消了。

4. 政府投入的资金不足，补贴标准过低，不能有效减轻农民的疾病负担。合作医疗现在的补偿比例有些偏低。一般来说，各地合作医疗的报销比例都是根据医疗费用的发生额分段确定的，从10%到70%不等，而且一般都有报销的最高限额。在所调查的村庄，合作医疗规定的最高补偿限额一般是5000元，也有个别高达1万元、甚至2万元的。目前合作医疗体系能够为病人提供部分资金帮助，对于一些较贫困的村民治病解决了很大困难。在调查中发现，一些农民愿意参加农村合作医疗，觉得对自己有一定的好处；也有相当数量的农民不愿意参加，认为参加不参加无所谓。在政策实施上还存在不少问题，其中资金不足是最大的障碍，政府投入的资金太少，补贴标准太低，用每人每年30元的合作医疗基金还远远不能解决农村居民因病致贫、因病返贫的问题。调查表现，农民一次大病的平均花费在7000多元，现在的新型合作医疗，中央政府每人每年投入10元，地方政府投入10元，以乡镇或县为单位进行统筹，资金规模太小，补偿标准难以提高，不能真正解决农民疾病负担重的问题。

对于合作医疗资金的分摊比例，从调查的218个样本户来看，农民的期望值要高一些，他们自己愿意承担的出资比例平均不到30%（见表20）。

表20　农户认为合适的合作医疗基金分摊比例

出资方	平均比例（%）
政　府	46.7
村　里	20.0
自　己	29.8
其　他	3.5

六、改善农村医疗卫生状况政策建议

从这次对100多个村庄医疗卫生的调查结果看，农民看病难、医疗费用高是当前农村社会发展中一个迫切需要解决的问题。基于实地调查的发现，我们认为，要进一步改善农村医疗卫生服务，必须从以下方面着手：

（一）增加政府对农村公共卫生服务的投入

从总体来看，政府农村卫生投入严重不足。政府卫生预算支出在城乡之间的分配极不合理。1991～2000 年，政府农村卫生预算支出累计只有 690 亿元，仅占政府卫生总预算支出的 15.9%。1991～2000 年期间，我国政府卫生预算支出增加了 506.71 亿元，而用于农村的卫生支出只增加了 63.08 亿元，仅占 12.4%。由于农村公共卫生服务资金严重不足，许多公共卫生服务项目必须通过收费弥补服务的成本，影响了计划免疫、妇幼保健等公共卫生服务项目的开展，导致近年来部分地区儿童计划免疫任务不能完成等问题。农村中某些已经得到控制的地方病、传染病的发病率出现了反弹甚至死灰复燃。一些农村地区职业病和环境污染所致疾病明显上升，对农民健康造成新的威胁。建议中央和地方政府增加对农村公共卫生体系的投入，重点用于预防性和保健性服务，确保广大农民能够享受免费的免疫接种服务和基本的医疗服务，提高整个农村人口的医疗条件和健康水平。

（二）加强对农村医疗卫生服务的监管，切实降低农村药品价格

从调查看，医疗支出已经成为农村居民一项沉重的经济负担。在全部调查农户中，医疗支出占消费性支出的 8.5%，大病户家庭则占 30% 左右。药品销售收入是农村医疗单位的主要收入来源。村级诊所药费收入占其总收入的 70% 以上，乡镇卫生院 60% 的收入来自药品销售。药品加价可以达到购入价格的 40% 到 80%。调查表明，农村中在较大范围内存在药品质次价高的问题。加强农村药品监管，平抑农村药价，是当前农村卫生工作中迫在眉睫需要解决的问题。

当前，农村医疗服务基本上已经私营化了，私营诊所追求利润是不可避免的。村医水平低是村级诊所服务质量低的一个原因，诊所过度追求利润也是不可忽视的问题。在村级医疗服务中，一些诊所过度追求利润，偏离医疗服务的职业道德，使用假药、不合格医疗器械的现象并不鲜见，药品质量问题也是农民在基层看病时非常担心的一个问题。因此，政府要加强对村级医疗机构的监管，提高村医进入医疗服务的资格要求，对于没有受过专业训练者不准进入，规范村级诊所的行为，对于违规诊所加大惩罚力度。

（三）推进乡镇卫生院的体制改革

在我们调查的村，近 70% 的门诊服务消费是由村卫生室或私人诊所提供的，仅 1/5 是由乡镇卫生院提供的。当前农民的医疗服务消费行为基本表现为“小病

不出村，大病到县及县以上医院”。调查表明，低收入人口、妇女、儿童和老龄人口最常利用的医疗服务是村级服务。乡镇卫生院的价格和态度都很不令人满意，在方便性上也比不上村级诊所，质量方面也与县及县以上医院有较大的距离，仅略好于私人诊所和卫生室。在现有体制下，乡镇卫生院职能定位界定不清，客观上需要“以医养防”；另一方面，由于人员负担重、设备老化等问题，需要“以药养医”。实行药品的集中配送，使乡镇卫生院失去了药品采购的主动权，减少了乡镇卫生院的收入来源。实行“差率管理”，进一步压缩了乡镇卫生院药品定价的空间，减少了“以药养医”的可能性。许多乡镇卫生院陷入了困境，如何对其重新定位，是必须考虑的问题。

关于乡镇卫生院的改革，建议可以将现有的乡镇卫生院职能分为两部分，一部分由政府根据其所提供的农村公共卫生服务的项目和规模，提供经费的保障；另一部分是乡镇卫生院的一般医疗服务职能，逐步走向市场。在落实“每个乡镇应有一所卫生院”的基础上，要整合资源集中办好几个区域性中心卫生院。

（四）鼓励农村私人医疗机构的发展

当前，私人医疗机构是农村医疗服务的主要提供者，服务价格比低廉。鉴于私人医疗机构在农村医疗服务中的重要作用，要采取措施鼓励私人医疗机构的发展，通过竞争降低服务价格。当前，村级医疗服务的一个大问题是医生的文化素质低，技术水平低，服务设施差。所以，政府要对村级医生实行免费培训，提高农村医疗服务质量。在政府财政支农资金中，除了农村“六小”工程之外，建议国家安排专项资金帮助改造农村卫生所（站），购买一些最基本的医疗设备。要坚决纠正面向农村私人医疗机构的各种乱收费。农村私营医疗机构可以采取非营利组织的运营模式。要抑制这些医疗机构过度追求利润的商业性倾向，强化对这类医疗机构的国家监管和社会监督。

（五）促进新型合作医疗的可持续发展

新型农村合作医疗制度作为一种参加者互助共济的制度，由于获得了政府的支持，它的推行在一定程度上确实起到了减轻农民医疗负担的作用，但合作医疗在试点中还存在不少问题，其中资金不足是最大的障碍。由于资金有限，大多数大病医疗费的补偿比例在20%～60%之间。如此之低的补偿比例意味着病人自付比例依然很高，依然会为病人带来沉重的负担。

1998年和2003年两次全国卫生服务调查显示，每年仅有3%～4%的农村人口接受住院治疗。由于患大病的概率相对较低，这就意味着大多数参加者从该制度中的受益非常有限。新型农村合作医疗制度在注重大病医疗保障的同时，也应该包括补偿部分门诊费用和免费预防及卫生教育服务，满足大多数人的基本卫生需要。

合作医疗制度不可以搞一刀切，实行统一标准。对于经济比较发达地区，有能力执行更高的标准，就不需要规定每人每年 30 元的标准。而广大中西部地区，由于农民缴费能力较低，总体缴费水平不高，而且地方财力薄弱，即使有中央政府的支持也捉襟见肘，所以，要进一步加强对广大中西部地区的财政支持力度。中央财政的支持要足够支持贫困人口免费获得基本的疾病预防服务和健康促进服务，这些服务包括 7 岁以下儿童免疫，产前、分娩期间及产后服务，性病、艾滋病防治，结核等其他传染病防治与健康教育。

（六）进一步完善农村医疗救助制度

医疗救助是医疗保障制度的一个组成部分。加强医疗救助制度建设，为最贫困的农村居民提供一定福利性的医疗保障，这是实现“人人享有卫生保健”的需要，更是摆脱“因病致贫”、“因病返贫”的需要。从 2004 年开始，民政部门对农村五保户、特困户、重点优抚对象等实行医疗救助。从调查情况看，目前各级财政用于医疗救助的资金十分有限，远远不能满足需要。要进一步加大各级政府对医疗救助的支持力度，近期内，建立农村医疗救助制度，应以加强新型农村合作医疗制度的建设为重点，对于确实贫困的农民，政府应减免他们每年上缴的大病统筹费，使这部分人看得起病，用得起药。

（韩 俊　罗 丹）

余姚市新型农村合作医疗制度调查

余姚市是全国经济发展水平最发达的县级市之一。我们2005年对该市新型农村合作医疗问题进行了专题调查。调查表明，新型农村合作医疗制度的实施，为缓解农村居民因病致贫、因病返贫和保障群众健康起到了积极的作用。但在实施中仍存在不少问题，主要是受益面窄，补偿额度低，筹资水平低。像余姚市这样的经济发达地区，确保新型合作医疗可持续发展，关键是从提高农民的医疗保障水平出发，适当提高筹资水平，提高补助标准，扩大受益范围，并加快农村卫生体制改革，采取有效措施遏制农村医药费用不合理增长，健全合作医疗管理制度。

余姚市地处长江三角洲，全市共辖14个镇、1个乡、6个街道，总面积1527平方公里，人口82.59万，外来常住人口30万。余姚经济发达，改革开放以来，一直跻身于全国经济综合实力百强县市之列。2004年，实现国内生产总值252亿元，财政收入35.3亿元，城镇居民人均可支配收入14600元，农民人均纯收入达到6906元，综合经济实力在国内县市中名列第19位。近年来，余姚市医疗卫生事业发展较快。目前，余姚市人均预期寿命已经达到75.25岁，超过全国平均水平3.85岁。婴儿死亡率从1990年的22.1‰稳步下降到2004年的6.14‰。2004年1~5岁儿童死亡率为9.1‰，大大低于全国平均水平34.9‰（2002年数据）。1996~2004年，孕产妇死亡率从47/10万下降到17.7/10万，大大低于全国平均水平50.2/10万（2002年数据）。儿童计划免疫接种率为99.46%。目前，余姚市已经建立了比较健全的农村三级卫生预防保健网络。截止到2004年底，全市有市属医院6家，卫生监督所、疾病预防控制中心、妇幼保健所、卫生进修学校各1家，中心卫生院6家、乡镇（街道）卫生院14家，卫生监督分所6家，民办医院1家，民办门诊部、诊所67家，村卫生室259家，厂校医院1家、医务室5家，社区卫生服务站41个。

一、新型农村合作医疗的主要做法及其初步效果

根据《浙江省人民政府关于建立新型农村合作医疗制度的实施意见（试行）》，宁波市提出2003年开始试点，2004~2005年全面推开，2006年覆盖面达

到全市农村居民应保对象的80%以上。根据上级政府提出的目标，余姚将发展新型农村合作医疗制度纳入政府重点工作内容。经过2003年9～11月的试点之后，于2003年12月起进入全面实施阶段。2004年，全市64.76万农业人口中参保缴费56.7万人，占87.4%。共筹集合作医疗资金4255.2万元。全市总共有17999人次共得到了合作医疗资金2948.86万元的补助或救助。2005年的筹资工作已经完成，全市有55.38万农民参加了合作医疗，"参合"率达87.6%，有7个乡镇、街道、开发区的"参合"率超过90%，最高达到99.5%[①]。从实施效果来看，成效是比较明显的，对于不少因病致贫家庭来说，新型合作医疗无疑是雪中送炭，对于其他农民而言，也在一定程度上解除了后顾之忧。

针对历史上合作医疗"三起三落"的经验教训，余姚市在第四次启动时立足于全盘考虑与可持续发展。这次有以下主要特点。

（一）政府出资为主，突出互助共济性质

村集体和个人缴纳总和每人每年为30元；市、乡镇（街道）两级财政分别按参加人口总数给予每人每年15元的补贴；宁波市财政的专项资助全额纳入统筹资金。对于最低生活保障线以下的人员及五保户个人缴费部分由市、乡镇财政各承担50%。2004年，从整个筹资结构来看，各级财政是主要的筹资者，浙江省、宁波市（地级市）、余姚市（县级市）和乡镇财政出资部分占到44.74%，而村集体和农民个人出资为55.27%。实际上由于余姚村级经济较为发达，村集体在筹资过程中发挥关键性的作用，其出资比重达到37.85%，而农民个人则实际上只出了802.57万元，仅占筹资总额的17.42%（见表1）。

表1　余姚新型农村合作医疗筹资情况　单位：万元，%

		2004年
筹资总额	数量	4607.05
	所占比重	100.00
农民个人	数量	802.57
	所占比重	17.42
村集体	数量	1743.68
	所占比重	37.85
余姚市和乡镇补助	数量	1084.8
	所占比重	23.55

① 新年度的"参合"率比上年高出0.2个百分点，但"参合"人数有所减少，主要原因是全市城乡一体化推进，养老保险扩面工作的深化，全市有1万余名农民参加了城镇职工住院医疗保险。

续表

		2004 年
宁波市补助	数量	971
	所占比重	21.08
省级财政	数量	5
	所占比重	0.11

（二）保大不保小，重点解决大病负担问题

余姚市实施的新型合作医疗是一种“风险型”的模式，即保大不保小，目的在于防止因病致贫、因病返贫。主要的医疗待遇有以下几点。

1. 大病医疗待遇。参加人员因病住院而发生的符合支付规定范围内的医疗费用，按分段计算的办法实行分级结报支付。个人全年多次住院的，分次结付，全年累计最高支付额为 20000 元。分段结算标准如下：起报线至 3000 元部分报 20%；3001～5000 元部分报 30%；5001～10000 元部分报 40%；10001～30000 元部分报 50%；30001 元以上部分报 60%；其中，在一级医院诊治的起报线为 1000 元，在二级医院诊治的起报线为 1500 元，在三级医院诊治的起报线为 2000 元。

2. 门诊医疗待遇。重点解决恶性肿瘤、慢性尿毒症、脑卒中、糖尿病、组织器官移植后的后续治疗等五种慢性、老年性疾病，全年累计最高支付额为 3000 元。2005 年初，余姚开始减免参合人员在乡镇（街道）卫生院就诊时的挂号费。

3. 对年度内未报支过医药费用的参加人员两年进行一次免费常规体检。

4. 实行转诊制度。因急诊、抢救不能在定点医疗机构诊治的，可就近医院治疗，在规定时间内办理手续即可。

从 2004 年 7 月 1 日起，根据新型合作医疗资金的运作情况，又对医疗费用报销办法作了相应的调整，分别降低了各级定点医院的起报线，提高了大病住院补助比例及特殊病种的门诊补助限额。具体为：大病统筹起报线调整为：一级 500 元，二级 1000 元，三级 1500 元，各档调高 10% 的补助比例；特殊病种门诊补助最高限额由 3000 元/人/年度调整为 5000 元/人/年度。

（三）将新型农村合作医疗制度与医疗救助制度相结合

余姚在实施农村合作医疗住院大病统筹制度的同时，实行大病医疗救助制度。规定按全市合作医疗资金总额的 6% 提取农村合作医疗大病救助资金，对有效住院费用在 50000 元以上且由于大病导致家庭生活特别困难者提供救助。接受救助者可按自负部分 40% 的比例救助，最高救助额为每次 2 万元。由于节余资金较多，为扩大受益面，进一步减轻大病家庭医疗负担，2005 年初，余姚将大病大

病救助适用范围调整为："对年度累计住院有效费用超过5万元，确实导致家庭生活特别困难者，"同时，增设特殊大病救助。对于个别家庭生活特别困难者，但未达到住院救助条件的或仅为门诊费用的，可以享受特殊大病救助。符合特殊大病救助的对象，由各乡镇（街道）医管办于年终实行一次性适当救助，救助金额一般每人每年不超过10000元。

（四）农村合作医疗基金实行全市统筹

农村合作医疗基金中农户个人缴费及乡村集体经济组织的扶持资金，按年由各乡镇（街道）政府收缴，并以乡镇（街道）为单位一次性上交市农村合作医疗管理委员会办公室，存入农村合作医疗基金收入专户；市、乡镇（街道）二级财政配套补助资金由二级财政部门根据参加农村合作医疗的实际人数，划拨到市农村合作医疗基金收入专户，同时要确保补助基金及时、全额拨付。

农村合作医疗基金实行全市统筹，市、乡镇（街道）二级管理。建立健全管理制度，定期向社会公布收支账目，接受审计部门和上级有关部门的专项审计，以确保农村合作医疗基金公平、合理地使用。

凡参加农村合作医疗的农民，在规定参保年度期间持定点医疗单位的有效医药费票据及清单、病历卡、转院证明、身份证明及合作医疗证，到当地乡镇（街道）医管办申报、初审，由乡镇（街道）医管办上报市医管办审核，市医管办审核批准后，出具审核凭证，同时下拨各乡镇（街道）医管办参保农民的医药费，各乡镇（街道）医管办凭市医管办的审核单向参保农民支付可报销医药费。

二、新型合作医疗运行中存在的主要问题

（一）受益面不宽，补助额度有待提高

根据数据显示，2004年1~8月份全市享受新型合作医疗补助人数仅占总参保人数的1.1%，尽管从7月份起开始降低了起报线，受益人数有所增加，但受益面窄的矛盾仍未得到有效解决。像再生障碍性贫血、精神病、肝硬化等疾病目前尚未列入合作医疗特殊门诊补助范围，累计支出额度较大的患病者要求报销门诊费用的呼声非常高。药品限制多，农村合作医疗医药费用报销具体标准参照城镇职工住院医疗保险的有关规定，病人使用的大量乙类药物无法报销或报销比例低。就总体而言，保障水平仍然较低。

从有关数据来看，2004年1~8月份住院医药费结报比率仅为22.9%，而特殊门诊结报医药费总额仅为7.62万元。2004年，一共报销2409.73万元，仅占实际筹集到位资金的52.31%。人均补偿额度为1959.45元，补偿额度较低。2004

年，余姚参保人员一共发生医药费用 9671.83 万元，报销支出资金仅占发生医药费用的 24.91%。2004 年底，余姚一共节余合作医疗基金 2197.32 万元，占筹集到位资金的 47.69%。资金过度沉淀，在一定程度上影响了农民的实际受益面（见表 2）。

表 2　2004 年余姚新型合作医疗资金使用情况　单位：元,%

筹集到位资金		4607.05
发生医药费用		9671.83
其中门诊医药费用		148.62
住院医药费用		9523.21
报销支出资金		2409.73
其中门诊医药费用		30.09
住院医药费用		2379.64
补偿人次	人次	12298
	占参保人数的比重	2.17
人均补偿额度		1959.45
合作医疗基金余额	数量	2197.32
	所占比重	47.69

由于大部分农民没有报销，对新型农村合作医疗的兴趣可能会受到影响。为此，余姚采取了允许未报销参保人员每两年免费体检一次，以消除部分农民的吃亏心理。但从实际执行的情况来看，农民对免费体检缺乏兴趣。以泗门镇为例，实际参保人数为 44855 人，按全市平均住院发生率 4% 计算，可报销医疗费用的住院人数为 1794 人，而 43000 多人则可享受免费体检。若到泗门镇所在地的第四人民医院进行体检，两年中剔除长假，每天需体检 60 多人，对医疗机构而言工作压力比较大。而参检人员的积极性也不高，如泗门镇谢家路村仅为 30% 左右。绝大部分参加新型合作医疗的农民属于奉献型，如何让这些农民切实享受到新型合作医疗带来的实惠，并让他们能真正理解合作医疗互助共济的本质，会影响到新型合作医疗的可持续性。

（二）大病救助机制难以显现公平性与合理性

余姚的新型合作医疗制度将主要为大病户报销费用。因大病而发生的支出越高，报销比例也就越高。在 3000 元以下只能报销 20%，到 3 万元以上可以报销 60%。如果发生的费用达到 3 万元，自已需要负担 1.3 万元。但是，对贫困家庭而言，要负担这部分费用是比较困难的，只有经济条件较好的家庭才能获得这一补助。为弥补这一缺陷，实施了大病救助办法。到 2004 年 8 月底，全市共有 22 人享受大病救助，获得的救助费用为32.66万元，占大病救助总基金的12.8%。但从实施中发现，能一次性达到“有效住院费用在5万元以上者”非常少，而对“家庭生活特别困难者”的认定标准也比较难掌握，这就使得救助机制难以显现公平性与合理性。

（三）对医疗机构监管困难，导致医疗费用上涨过快

余姚对县内不同医疗机构规定的报销比例是一样的。对县外医疗机构，规定的比例虽然有所差异，但是差异也不明显。所以，对患者而言，由于县级机构和县以上机构的治疗效果更好，虽然花钱多一些，但由于有报销，农民看病的城市倾向性非常明显。2004年，参保人员一共发生医疗费用9671.83万元，其中在县以上医院、县级医院、乡镇卫生院分别发生4560.32万元、4783.25万元和328.26万元，分别占发生费用的47.15%、49.46%和3.39%。从报销的情况来看，县以上医院、县级医院、乡镇卫生院报销支出分别为1102.81万元、1222.81万元和84.11万元，所占比重分别为45.76%、50.74%和3.49%（见表3）。可见，到县以上医院和县级医院看病发生的费用和报销支出几乎是半对半。据县人民医院院长反映，一方面是市级医院人满为患，超负荷运作，导致医疗费用大幅度增加；另一方面是不少定点医疗机构和乡镇卫生院床位闲置，医疗资源浪费严重。

（四）外出打工人员和农民改市民后的医疗保障政策尚待完善

按照规定，凡户籍在余姚市的未参加城镇职工住院医疗保险的农村居民均可以户为单位参加新型合作医疗。对外出打工人员来讲，一旦患病，需要回本地定点医疗机构接受治疗才可能报销医疗费用，或者需要回本地相关部门办理有关手续后，方可在外地治疗报销有关费用。因此，外出农民参加新型合作医疗后，患病就医时常常陷入两难困境：直接在外地就医，无法享受到补偿带来的好处，心有不甘；回到当地定点医院就医或办理相关手续，要花费不菲的路费，甚至有可能耽误病情。实行村改居，农民改市民以后，也存在着相应管理配套改革，如何使这一群体逐渐退出农村合作医疗体系，纳入城镇职工基本医疗保险系列，也是一个需要解决的问题。

表3　　2004年余姚在不同类型医疗机构新型合作医疗发生费用　　单位：万元，%

		发生医疗费用			报销支出医疗费用		
		门诊	住院	合计	门诊	住院	合计
合计	数额	148.62	9523.21	9671.83	30.09	2379.64	2409.73
	所占比重	100.0	100.0	100.0	100.0	100.0	100.0

续表

		发生医疗费用			报销支出医疗费用		
		门诊	住院	合计	门诊	住院	合计
县以上医院	数额	0	4560.32	4560.32	0	1102.81	1102.81
	所占比重		47.89	47.15	0.00	46.34	45.76
县级医院	数额	81.74	4701.51	4783.25	16.55	1206.26	1222.81
	所占比重	55.0	49.37	49.46	55.00	50.69	50.74
乡镇卫生院	数额	66.88	261.38	328.26	13.54	70.57	84.11
	所占比重	45.00	2.74	0.00	45.00	2.97	3.49

三、确保新型农村合作医疗制度可持续性的主要对策

通过总结历史上余姚市合作医疗的起起落落及对新型合作医疗的调研分析，我们认为，在像余姚市这样经济发展水平较高的地区，不仅在建立新型农村合作医疗制度方面可以走得更快一些，而且，也有条件使得农民的医疗保障程度更高一些。

（一）适当提高补助标准，扩大受益范围，提高农民的医疗保障水平

减轻农民的大病医疗支出是新型农村合作医疗制度的主要目标。2004 年余姚市报销的住院医疗费用只占农民实际发生的住院医疗费用的 25%。如此低的补偿比例意味着住院病人自付费比例依然很高，依然会为病人带来沉重的负担。这说明新型农村合作医疗制度的实施只是在一定程度上缓解了农民的大病医疗负担，仅就增强农民共同抗御大病风险而言，新型农村合作医疗给农民带来的实惠是有限的。

防止农民因大病医疗费用支出而陷入贫困是农村卫生政策要解决的一个问题，但大病医疗并不能代表多数农村人口的医疗卫生需要。由于患大病的概率相对较低，这就意味着大多数参加者从这一制度中的受益是非常有限的。在经济发达地区，只顾大病保障而忽略基本的卫生需求是不明智的。在考虑以大病为核心的受益范围的同时，照顾到大多数参加者的医疗需求，是新型农村合作医疗制度持续发展的关键。对没有享受过医疗服务的农民提供“免费”体检，对在定点医院就诊的一般门诊药费给予一定比例的报销，或试行家庭账户管理方式，把个人缴费的一部分用于建立家庭账户，由个人进行门诊医疗费用支付，余额可以累积并在参保的家庭成员内部通用。这种措施对吸引农民参加合作医疗有一定的作用，但对其局限性也要有清楚的认识。例如，个人账户中累积的医疗保险费为参保人员及其家人专用，无须因统筹调剂而与他人共用，这样做对消除农民怕“吃亏”的心理，以提高参保率有积极作用，但把建立私人账户这种在我国城市都没

有成功先例的模式搬到农村去，对本来就已经少得可怜的10元钱进行肢解，即使是一时提高了农民的参保率，它的风险共担的功能几乎没有了（只在家庭成员内部）。因此，对以自存自支的个人专用账户来吸引农民参保应持谨慎的态度。

通过对余姚市的调研，我们认为，由风险型（保大不保小）转向“福利－风险型”（门诊、住院均给予一定水平补偿），同时满足大多数人的基本卫生需要及大病保障的需要，扩大受益面，应该是保证大部分农民主动参加新型合作医疗的关键因素。基本医疗服务应该包括补偿部分门诊费用和免费预防及卫生教育服务。卫生服务是持续性的，如果能够投资于预防性措施，确保合作医疗参保人员享受免疫接种和早期疾病检查及常规体检，这样就可以更好地利用资源。

（二）建立稳定的筹资机制，适当提高筹资水平

虽然余姚的筹资水平高于全国目前的平均水平，但仅从解决因大病致贫的要求来说，筹资水平还比较低。调查表明，在余姚这样经济相对发达的地区，大多数农民有能力负担每人每年比10~15元更高额的费用负担，如果能够直接受益，农民也愿意支付比现在更高的费用。而且，县乡政府从总体上讲也有财力承担更高的补助。2004年余姚市级财政对合作医疗的补助只占其可支配收入的0.72%。江苏昆山市经济发展水平与余姚相当，其筹资标准和农民的医疗保障水平比余姚要高得多。2004年昆山的筹资标准为人均每年200元，其中个人筹资人均50元；村集体经济组织人均资助20元；政府补助130元，其中，昆山市、镇两级财政分别贴补65元。昆山农村新型合作医疗的内容包括：一是住院风险统筹基金，用于参保者3万元以下住院费用的补偿；二是大病救助基金，在总额中按人均15元划出，用于参保人员3万元以上住院医疗费用的补偿以及为低保人员代交保费；三是门诊补偿基金，在总额中按人均10元划出，补偿比例为20%，门诊最高补偿金额达2000元；四是对60岁以上参保人员建立个人账户，在总额中为参保人员每年注入150元，用于在社区卫生服务机构就诊发生费用的补偿。我们初步测算，按照同时满足大病保障和大多数人基本卫生需要的受益面设计，余姚市的筹资标准在目前的基础上提高1倍是可行的。应在提高各级财政负担的同时，提高农民个人自负的比例。由于山区乡镇可支配财力较少，可以考虑由市级财政予以专门支持。

（三）加快农村卫生体制改革，采取有效措施遏制农村医药费用不合理增长

新型农村合作医疗能否实现可持续发展，不仅取决于筹资水平、参保率、受益面、补偿比例，也有赖于医疗服务提供者的有效性。为了确保这一制度的成功，需要同步进行农村地区医疗卫生体制改革。推进农村医疗卫生体制改革的一项重要内容是有效控制医疗服务成本。根据对余姚市的卫生总费用的测算结果，2001

~2004年，余姚卫生费用筹资总额分别比上年增长8.35%、17.26%、9.83%和30.57%，年均增长速度达到16.18%。人均卫生费用也在快速提高。2000~2004年，人均卫生费用从540.99元增加到990.03元。一直以来，卫生服务提供单位被允许经营它们自己的药店，政府允许它们按一定的加价销售药品以补偿卫生服务单位其他方面的成本。药品加价可以达到购入价格的40%到80%。开大处方和使用基本药物目录以外药品的现象很普遍。因此药品销售收入就成为医疗单位的一项主要收入来源。总体来看，余姚医疗机构处于“以药养医”的状态。全市药品占业务收入比例为57.06%。村卫生站约90%的收入和镇卫生院/医院60%~70%的收入来自药品销售。政府出台了招标采购和顺价销售制度方面的规定，以期降低药价。2004年，药品集中采购已经覆盖到所有公立医疗机构。招标的药品已经扩大到五大类600多种及一次性医疗用品、试剂等。市级医院从2004年下半年开始全面实行顺价作价办法。从实施情况来看，该制度在降低药价方面起到了明显的作用。2004年公立医疗机构药品收入少收2600万元，大大减轻了患者的负担。但是，这些措施并没有解决根本性的问题。根据国际惯例，医疗机构的收入主要来源于医疗收入。但目前这一制度在中国尚未建立起来。如果没有有效的机制抑制医疗服务成本过快上涨，有可能导致新型合作医疗由于过度支出而最终破产。在开展新型合作医疗的地区，都把降低补偿比例作为避免资金不足的主要措施。遏制农村医药费用不合理增长，药品集中采购和顺价销售只是权宜之计，而根本举措实施医药分离，适当提高医疗服务价格，解决“以药养医”问题。同时，可以采用混合性付费方式（按服务量付费，按人预付，总额预算控制等），在新型农村合作医疗制度中改变医疗单位和个人的激励机制。可以利用新型农村合作医疗制度来贯彻执行基本药物目录和从业指导性文件，使得医疗服务体系更为有效。

（四）加强农村卫生基础设施建设，培养农村需要的医护人员

目前农村卫生医疗机构的基础设施还比较落后，不能完全满足农村居民的就医需求。要改变这个问题，一是进一步加强乡镇卫生院建设，特别是加强山区乡镇卫生院建设。目前，乡镇卫生院的收入来源基本上靠自己的业务收入，财政性拨款只是象征性的。2004年，财政补助收入仅分别占中心级卫生院和乡镇卫生院收入来源的8.63%和10.29%。目前，高素质的人员不愿意到山区乡镇卫生院工作。提高乡镇卫生院资源的利用率，切实提高卫生院的诊疗水平，必须双管齐下：一方面要增添医疗设备，改善乡镇卫生院基本医疗服务条件；另一方面要加快人才培养步伐，对现有医务人员加强专业知识培训，并引进较高水平的医务人员。二是对村级医疗机构给予必要的支持。村级医疗机构是农村卫生体系的“网底”。2004年，余姚一共有村卫生室258个，从业人员442人。通过推行镇村卫生一体化，余姚的村级医疗机构的业务比以前规范多了，但这些机构的服务能力仍然较低。对马渚镇沿山村、姆渡镇小泾浦、翁方村和大岚镇南岚村等村的卫生室的访谈表明，村医学历较低，他们接受的培训非常少，对新知识和新技术的了解非常有限。政府基本上没有补助。村级医疗机构在健康教育、疾病预防、妇幼保健、处理紧急卫生事故等方面都有比较重要的作用。卫生人才高度集中于城市而农村社区卫生服务人才严重不足，是余姚农村卫生机构服务能力较低的关键问题。应考虑设立专项资金，重点支持村医的培训，对村级医疗机构承担公共卫生服务也要给予补助。

（五）切实加强对合作医疗基金的监管，完善新型农村合作医疗管理制度

合作医疗遵循的是“以收定支、适度保障、收支平衡、略有节余”的原则，在实施扩大合作医疗受益面等政策时，也要防止补助透支，导致资金管理失控等问题的出现。为了避免腐败、管理不善和其他问题的出现，要坚持资金运作的透明度，取得参保人员的信任。要建立起合作医疗风险基金。建立信息服务平台，让住院参保人员在办理出院手续同时即可办理现场结报，简化结报手续。让农民参与合作医疗资金的管理。

（六）探索建立针对外来农民工的医疗保障和救助机制

目前，余姚外来常住人口约30万人。他们大多生活条件、工作环境恶劣，易引发各种疾病。最初的城镇基本医疗保险体制改革明确把农民工排除在外。由于农民工常年在外打工，农村新型合作医疗也无法有效覆盖这一群体。为农民工建立必要的医疗保险和救助机制是建设和谐社会的必然要求。目前，一些地区已经在探索解决这一问题。深圳市规定，由用人单位按本市上年底职工平均工资的1%缴费，单独建立外来工住院医疗保险，目前已有近100万人参保。上海市、成都市为外来务工人员建立了综合保险制度，包括了老年补贴、工伤（或者意外伤害）和住院医疗三项保险待遇。要根据农民工当前最紧迫的保障需求，按照分类指导、分步推进的原则，逐步解决农民工的医疗保障问题。应尽快将农民工纳入工伤保险。同时，在现行城镇职工医疗保障制度框架内，针对农民工流动性强、收入水平低的特点，为其建立大病医疗保险。此外，要建立应急救助制度，当农民工因疾病陷入贫困时，为他们提供临时性救助。有条件的地区，也可探索为农民工建立门诊医疗保险。应当将外来常住人口疾病预防、妇幼保健等纳入流入地财政支持的范围。

（韩 俊 罗 丹）

长葛市新型农村合作医疗制度调查

长葛市（县级市）位于豫中平原腹地，总面积648.6平方公里，截止到2003年底，全市总人口69.13万人，其中农业人口58.54万人。2003年，全市完成国内生产总值94.00亿元，其中第一产业增加值完成11.58亿元，第二产业增加值完成61.78亿元，第三产业增加值完成21.64亿元；农民人均纯收入达到2996元。从2000年的数据来看，其人均GDP在全国县级排第183位。长葛市经济发展水平居全国中上游。2005年我们对该市新型农村合作医疗问题进行了专题调查。调查表明，新型合作医疗的推行缓解了农民因病产生的经济负担，促进了对各类医疗机构的合理利用。新型合作医疗在制度本身的设计上还存在缺陷，为农民提供的医疗保障程度很低，农民享受合作医疗的门槛较高，对农民缺乏足够的吸引力。完善新型合作医疗制度，关键是完善筹资机制，适度提高筹资标准，提高补偿比例，提高抵抗疾病风险的能力。

一、新型农村合作医疗制度的主要做法及其初步效果

2003年长葛市被河南省确定为实施新型合作医疗制度的试点县（市）。长葛市于2003年8月份开始推行新型合作医疗。

（一）主要做法

1. 基金筹集。资金来源有三部分构成：农民个人自愿缴纳，地方财政补贴，中央财政转移支付三部分组成。

（1）参加新型合作医疗的农民每人交纳15元。

（2）地方财政按照参加新型合作医疗人数每人补贴10元。其中省级财政补贴3元、许昌市财政补贴3元、县级财政补贴4元。

（3）中央政府专项转移支付资金按参加新型农村合作医疗的人数每人每年补助10元，纳入最低生活保障线范围内的五保户、特困户农民的新型合作医疗基金个人缴纳部分由民政部门和扶贫办从扶贫资金中解决。

2003年全县参加合作医疗的农户为125179户、442551人，占农业人口的

79.14%，共筹集资金1167.30万元，其中农民个人缴纳442.5万元，市级财政资助177万元，许昌市财政资金133万元，省级财政资助资金132.8万元，中央财政资助资金282万元。

2. 补偿方案。长葛合作医疗制度运行一年来，政策变化了三次。

第一次是原始政策，规定合作医疗既补偿门诊费用，也补偿住院费用。门诊费用主要是在乡村两级医疗机构范围内补偿，农民去市医院看门诊的费用不予补偿。具体实施方法为门诊实行预付包干制，即将筹资总额的10%作为村级门诊的报销总额，按照本村参加合作医疗的人数预先包干给村卫生室，农民看病的时候直接在村卫生室扣除10%的费用。按照同样的方法，将筹资总额的20%作为乡级门诊的报销总额。剩下的70%的费用作为住院大额补偿基金。借鉴城镇职工基本医疗保险的做法，对住院大额补助实行分段支付的办法，对合作医疗补助范围内发生的医疗费用，乡镇卫生院起付线为300元，301~1000元按20%补助，1001~4000元按30%补助，4001~8000按40%补助，8001元以上按50%补助。市级医疗机构起付线为600元，601~3000元按20%补助，3001~6000按25%补助，6001~10000按30%补助，10001~15000元按40%补助，15000元以上按50%补助。市级以上医院起付线为1000元，1001~5000元按20%补助，5001~10000元按25%补助，10001~15000元按30%补助，15001~20000元按40%补助，20001元以上按50%补助。封顶线为5000元。

运行3个月后，发现沉淀资金太多，当初制定的补偿比例偏低，对此，市合作医疗管理办公室在河南省合作医疗技术委员会的指导下，主要对住院的补偿比例进行了调整，取消了起付线，提高了报销比例，乡镇卫生院300以下按20%补助，301~1000元按30%补助，1001~3000元按40%补助，3001元以上按50%补助。市级医院600元以下按20%补助，601~3000元按30%补助，3001~6000元按40%补助，6001元以上按50%以上补助。市级以上医院1000元以下按20%补助，1001~4000元按30%补助，4001~8000元按照40%补助，8001元以上按50%补助，封顶线仍然为5000元。

对于前三个月已经按照原来比例报销过费用的参合人员，市合管办人员按照新的补偿比例对其进行追偿，这样做虽然增加了管理成本，但是为提高合作医疗的信誉度做了一次很好的宣传。

新制度运行了9个月后，市合作医疗办公室对政策进行了一次比较大的调整，门诊小额支付由原来的预付包干制改为家庭账户制。具体是农民交的10元中8元作为家庭账户资金，由农民在全市范围内看门诊时自由使用，看门诊不再仅仅局限于乡村两级医疗机构。家庭账户的钱花完以后，合作医疗资金不再对农民进行门诊小额补偿。同时对住院报销比率又进行了一次调整，鼓励利用乡镇卫生院的住院服务。为此，降低了乡镇卫生院的20%付费段，由原来的0~300元变为现在的0~200元，提高了乡镇卫生院的补偿比。提高了市级医院的20%付费段，由原来的0~600元变为0~1000元，1001~4000补助比例为30%，4001~8000补助比例为40%，8001以上补助比例为50%，合作医疗资金封顶线仍然为5000元。

3. 基金管理。新型合作医疗实行全县统筹，由县财政在县农业银行设立新型合作医疗基金账户，专户专用、专款专用。市、乡定点医疗机构设立合作医疗专用账户，与医疗机构正常业务收入账户分开，专人专账管理。市合管办工作人员工资、福利待遇、办公经费由市财政纳入预算，由卫生局统一管理；市直定点医疗机构和乡镇委托机构工作人员工资、福利待遇、办公经费由原单位负担，不占用合作医疗基金。

新型合作医疗基金分为住院医疗基金、门诊医疗基金、大病救助、风险储备金，资金所占比例分别为：66.55%、28.5%、2%和3%。

4. 定点医疗机构。全市共确定定点医疗机构市（县）级7家、乡级12家、村级326家。使农民不出乡、村，就能享受到较好的医疗卫生服务，方便农民就医。乡级定点医疗机构在门诊收费处旁开设合作医疗补助窗口，方便农民门诊补助。

简化转诊补助程序。原来规定农民患病到本乡镇以外的医疗机构住院时，须到本乡镇合管办办理转诊手续，不利于农民选择医院，农民意见较大。对此，在运行不足半月时间，对转诊程序进行了修订，凡到本市市级定点医疗机构或其他乡镇卫生院住院时，由接诊的医疗单位办理住院审批手续即可。

5. 降低药品价格，规范用药行为。药品质量和价格问题是农民最关心的问题之一，为使农民真正得到实惠，一是市药监局和卫生局联合制定了《药品监督、供应"两网"建设实施细则》，在每个乡镇设立了合作医疗药品供应站，规范了乡、村两级定点医疗机构购药渠道，确保药品质量；二是降低药品价格，对乡、村定点医疗机构常用的85种药品（占日常用药的2/3），统一和降低了价格，平均降低幅度为20%左右，让利于农民；三是规范用药行为，规定一般门诊处方以3日量为限，慢性病处方不得超过7日量，避免开大处方；四是严格执行《合作医疗基本药物目录》，控制新特药品和贵重药品的滥用，减轻农民不必要的用药经济负担。

6. 开展免费体检。针对农民群众卫生知识欠缺，自我保健意识淡薄，一些常见病、多发病不能做到早发现、早治疗的现象，组织乡级定点医疗机构，对年内未受益的参合农民进行免费健康体检。体检项目包括测血压、脉搏、听诊心肺、触切肝脾、测尿糖、查心电图、B超，并建立健康档案，对体检中发现的疾病及时告知病人。截止2004年6月19日，全市已为13285名参会农民进行了健康体检。

（二）初步效果

1. 缓解了农民小病拖、大病扛现象。结合图1图2的情况可以看出，各月合作医疗门诊补助人次相对平稳，其中2003年12月份门诊补助人次比上月增加了16.3%，别的月份增长比例比较平滑。而住院补助人次各月变化较大，2003年12月份住院补助人次比上月增加了近一倍。除了季节性疾病的原因以外，一个很重要的原因是长葛市合作医疗管理办公室在当月调高了报销比例，促进了群众利用住院服务。过去因贫困放弃治疗的病人，也主动去医院诊治。

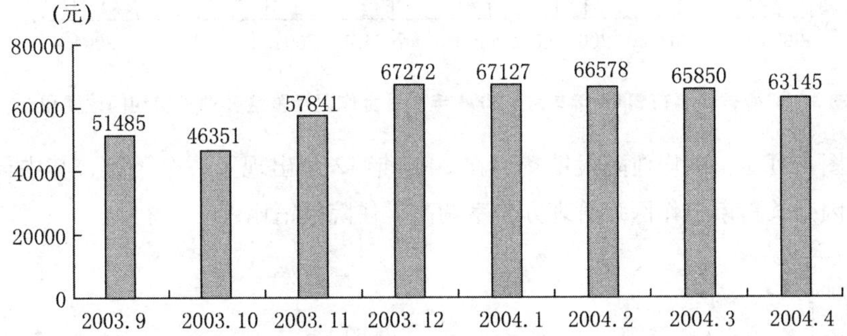

图1　河南省长葛市2003年9月~2004年4月合作医疗门诊补助人次

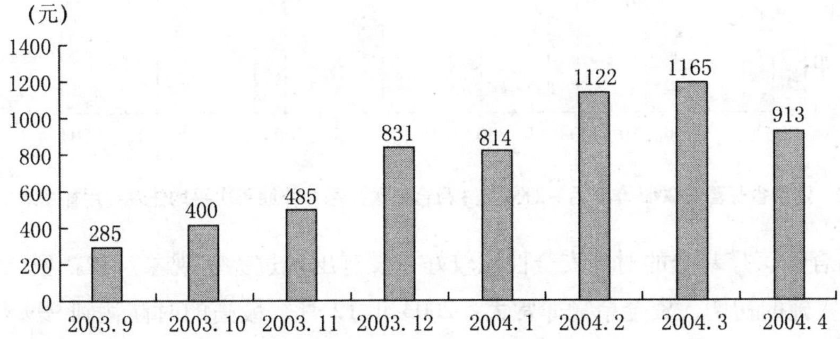

图2　河南省长葛市2003年9月~2004年4月合作医疗基金住院补助人次

2. 缓解了农民因病产生的经济负担。截止2004年5月底，全市享受补助的农民557516人次，补助金额达663.40万元。其中，门诊接诊550569人次，补助金额193.78万元；住院6947人次，补助金额469.62万元，人均补助680.57元；住院大额补助超千元的有1015人，封顶5000元的有129人。

从图3可知，合作医疗基金补助每次均门诊费用较小，介于2.87~3.81元之间。各月的次均报销费用呈上升趋势，按照长葛市的费用结算方法，这也意味着居民次均就诊费用呈上升趋势。单纯从数据上看，合作医疗有诱导医疗服务费用上升的可能。但是，由于其运行时间较短，这个命题是不是成立还需要进一步考察。

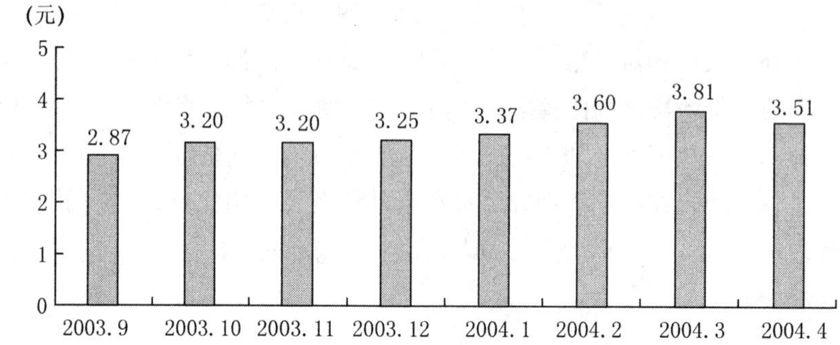

图3 河南省长葛市2003年9月~2004年4月合作医疗基金补助每次均门诊费用

从图4可知，次均住院报销费用在2003年12月出现了一个飞跃，其中最主要的原因是长葛市合作医疗管理办公室调高了住院报销比例。

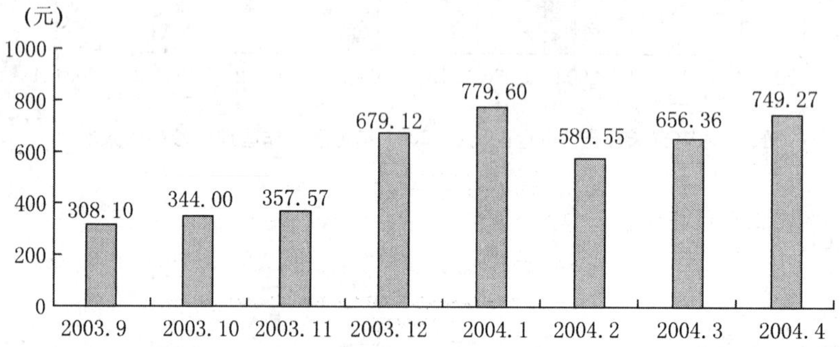

图4 河南省长葛市2003年9月~2004年4月合作医疗基金补助每次平均住院费用补助水平

3. 合作医疗基金的财务安全性比较好，没有出现过赤字现象。在新型合作医疗制度实施的初期，资金余额非常大。2003年12月，最高的时候达到999.86万元。随着报销额度的加大，余额逐渐减少。到2004年4月，下降到632.52万元，但余额仍然比较高（见图5）。

4. 促进了对各类医疗机构的合理利用。从合作医疗基金在各级医院的住院费用补助情况看（图6），住院补助费用中，市级医院所占份额最大，乡镇卫生院所占份额最小。这表明，对于住院服务而言，人们更愿意相信相对大的医疗机构（如市级、市级以上）。

该市新型合作医疗基金从2003年9月~2004年4月8个月期间累计支付门诊

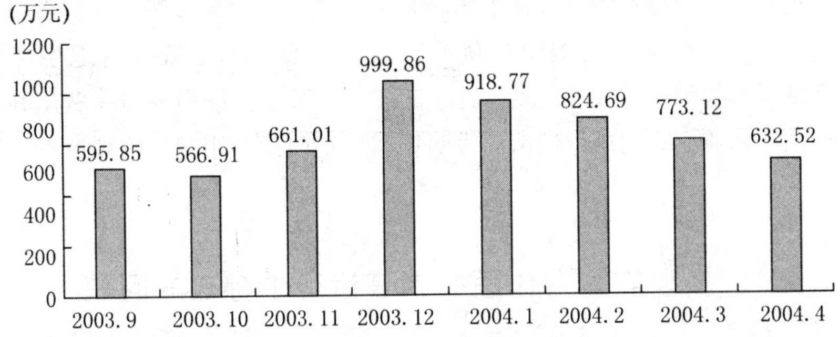

图5 河南省长葛市2003年9月~2004年4月合作医疗基金结余情况

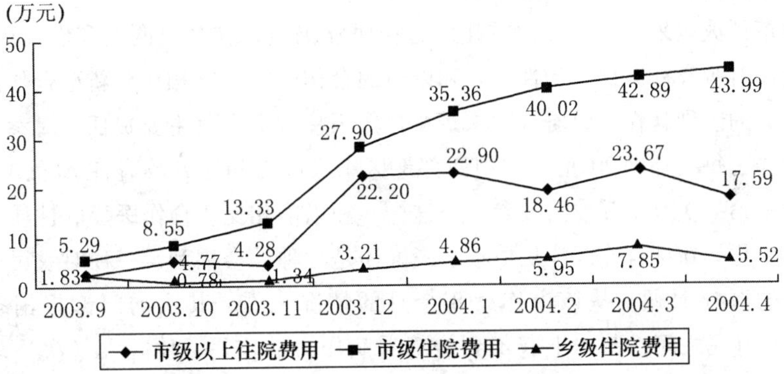

图6 河南省长葛市2003年9月~2004年4月合作医疗基金在各级医院的住院费用补助情况

费用166.39万元，门诊支出占同期总支出的31.10%。根据长葛市合作医疗政策，乡镇卫生院的门诊补助比例是村卫生室的2倍（见图7）。在村级看病的人数是在乡级看病的2倍还多。这表明更愿意在村里解决小病问题。村卫生室的次均门诊费用几乎是乡镇卫生院次均门诊费用的一半。在村卫生室看小病具有方便、价廉

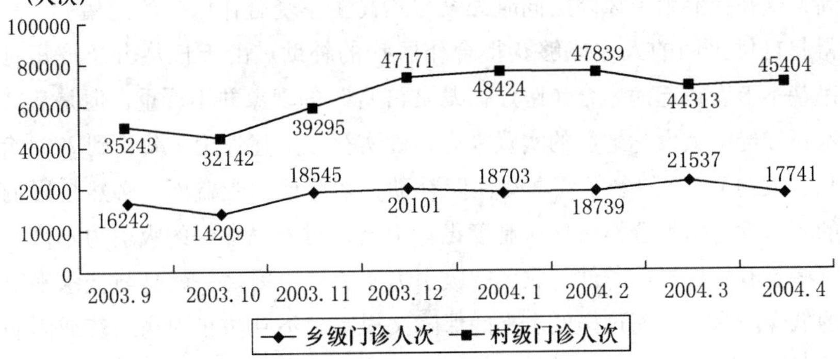

图7 河南省长葛市2003年9月~2004年4月合作医疗基金补助乡村两级医疗机构的门诊人次

的特点。报销部分门诊费用对日常小病的就医流向没有很大影响。人们看日常小病时首选村卫生室，而不是报销比例相对较高的乡镇卫生院（村卫生室报销10%，乡镇卫生院报销20%）。这表明，新型合作医疗报销小额门诊费用并没有改变人们的就医流向。门诊报销情况表明报销少量门诊费用起不到缓解看病经济压力的作用。

二、新型农村合作医疗制度运行中存在的问题

（一）新型合作医疗制度为农民提供的医疗保障程度很低，农民享受合作医疗的门槛较高，对农民缺乏足够的吸引力

改革开放以来，各地屡次重建的合作医疗仍然是在乡村两级和农民中筹资，因此也没有脱离社区保障的性质。和以前的合作医疗制度相比，新型合作医疗制度中最大的区别就在于政府首次承诺在合作医疗筹资中负主要责任，对参加合作医疗的居民每人补助20元（在中西部地区中央政府和地方政府各10元），合作医疗资金第一次有了政府财政参与。这样，和以前相比，合作医疗的性质发生了重大的变化。新型合作医疗从根本上来说还是一种社会福利，一种对农民的低保障程度的医疗照顾。从该市连续8个月的情况来看，其次均门诊报销费用在2.87~3.81元之间，基本上起不到缓解看病压力的作用。住院人（次）均补助680.57元。大病医疗费的补偿比例在20%到50%之间。这样的补偿比例意味着病人自付费比例依然很高，依然会为病人带来沉重的负担。严格讲，新型合作医疗的保障水平还很低，还远远不能解决农村居民因病致贫、因病返贫的问题。新型合作医疗作为一种医疗照顾，它优先作用的群体应该是最需要的人，即弱势群体。但是，从新型合作医疗的基金管理章程来看，它仿照城镇职工基本医疗保险，对需方进行严格的费用控制，如设起付线、分段式自付比例等。特别是各段的自付比例较高，这在控制财务风险的同时无疑也抬高了享受合作医疗的门槛——只有能够付得起自付比例的人才能够获得合作医疗的补助。由于长葛市经济相对发达，农民基本上看得起病，合作医疗“劫贫济富”的现象并不严重，但是从其制度设计本身和经济欠发达地区的实践来看，确实存在上述悖论。截止到2004年5月全市只有大约1.5%的参保者享受住院补助，如此低的受益面，必然会影响农民参保的积极性。新型合作医疗从制度设计上看，对农民参保的吸引力不高，特别是对哪些具有较好经济条件的农民的吸引力不大，原因之一就是与低水平筹资相对应的低保障水平，而这样低水平的保障又根本起不到防止因病致贫或因病返贫的目的。

（二）家庭账户制不利于发挥合作医疗互助共济的作用

目前实行门诊小额补助能够提高群众的受益面，帮助提高参合率。门诊小额补助管理模式主要是预付包干和家庭账户。预付包干管理模式的优点是有利于乡镇卫生院的发展，不足之处是不能满足农民要求打破市、乡、村区域界限，在全市范围内选择门诊的要求。家庭账户管理模式的优点是，由于农民所缴的钱大部分金额由自己直接掌握使用，且本年度有结余还可转入下年度家庭账产继续使用，农民从心理上感到平衡，有利于提高参合率。在家庭账户资金有结余的前提下，在本乡镇任何定点医疗机构门诊就诊均可使用，农民就医选择医生、选择医院的范围广泛，自主性强，满足农民跨村进行门诊小额补助的要求。家庭账户管理模式的不足之处：一是容易出现小病不出村，大病进县城，乡镇卫生院成为被遗忘的地方，不利于乡镇卫生院发展；二是对门诊费用高的病人（如慢性病）不需住院治疗者，由于其家庭账户资金用完后，门诊费用不再享受补助，势必会增加其医疗费用负担，可能还会出现小病拖的现象；三是不能发挥合作医疗互助共济的作用。以为采用家庭账户能够消除农民怕“吃亏”的心理以此来提高参保率，这实际上是源于对参保率不高的根本原因的曲解。把建立私人账户这种在我国城市都没有成功先例的模式搬到农村去，何况是对本来就已经少得可怜的10元钱进行肢解，即使是一时提高了农民的参保率，但它的风险共担的功能几乎没有了。

（三）合作医疗筹资成本较高

筹资成本与合作医疗制度中规定的一定要保证农民自愿参加的原则是分不开的。由于本次新型合作医疗实行“倒筹资”体制，即只有参合农民达到一定的比例并且交纳了合作医疗费用以后，各级财政才给予配套资金。这样，合作医疗成功与否的关键在于发动农民参加合作医疗，提高参合率。从与长葛市相关人员的访谈来看，对合作医疗的宣传发动工作可以说已经是殚精竭虑了。调研组粗略地算了一下2004年新一轮合作医疗动员工作各方所花的直接成本，深切地感到其筹资成本太高。按照不完全统计，其具体成本如下所示：宣传单20万份，每份0.08元，共计16000元；宣传磁带400盒，每盒10元，共计4000元；注册登记表2200本，每本2.2元，共计4840元；就诊证16万份，每份0.4元，共计64000元；为了采取群众喜闻乐见的形式宣传合作医疗，卫生局组织演出20场，每场1000元，共计20000元；收据3000本，每本3元，共计9000元；编写合作医疗简报，费用共计5000元；市里开动员大会一次，与会者就餐36000元，租会场1000元，会务费1000元，共计38000元；卫生局工作人员下乡工作就餐、汽车的汽油费，一天合计100元，一个月下去10天，一天平均下去8辆车，共计

8000元。以上是市卫生局为宣传发动新一轮合作医疗所花的直接成本，计168840元，这部分钱由市财政承担。此外，各乡出动宣传车，一个月出动25天，汽油一天10升，每升3.2元，宣传人员伙食费一天100元，一共12个乡，费用共计39600元。同时，各乡镇卫生院组织演出360场（每个行政村一场），每场300元，共计108000元；各卫生院制作宣传横幅，平均每个村3幅，每条横幅制作成本90~160元，按照每幅100元计算，共计100000元。卫生院为宣传工作所花的直接成本为208000元。综合上面的结果，为宣传发动新一轮合作医疗各方一共花费直接成本为416440元。这仅仅是为发动合作医疗所花费的短期（一年以内）直接成本，还没有计算由于工作人员全部做合作医疗宣传工作而放下其他工作的机会成本，没有计算市合作医疗管理办公室人员的工资等费用。新型合作医疗已经进入了第二年，合作医疗经过一年的运转，在群众心里已经有了一定的影响，尚且需要花费如此大的成本，尽管合作医疗举办的时间越长，宣传费用就可能越低，但是，初始几年的筹资成本过高，是一个沉重的负担。

（四）管理过程中信息管理有待加强

合作医疗的管理流程不很顺畅，特别是在出院结算环节表现尤其明显。由于新型合作医疗基本用药、诊疗和服务目录，报销比例，报销程序等与医院的信息管理系统和医疗保险信息管理系统不能兼容，专门的合作医疗管理信息系统尚没有开发出来。因此，使用手工报销程序也是无奈的选择。为了解决这一问题，长葛市2004年8月份开始构造合作医疗专用局域网，连接卫生局、卫生院和市内各定点医疗机构。其中卫生局投入硬件设备21万元，软件开发5.5万元，每年网络管理和使用费6000元，每个定点医疗机构电脑、打印机等配置10000元，每年网络使用费450元，一共21个定点医疗机构，为构造局域网一共花费48万元左右。对当前财政而言，这是一大笔费用，但是除了每年的网络使用和管理费用以外，其他费用属于固定成本，是可以逐年摊销的。而且，随着合作医疗的发展壮大，实行电子信息管理是必然的，这样也可以减少人力成本的投入，加强信息的准确性。

（五）合作医疗筹资、管理流程中的技术性问题

从长葛市的方案来看，其技术性问题主要出在支付比例和建立风险基金上。目前长葛市的支付比例主要是按照现有的合作医疗资金规模和实有参合人数制定的，也没有建立合作医疗风险基金。由于一年以内参合人数稳定，一般情况下当地疾病谱等也不会有太大的变化。因此，在正常情况下，合作医疗资金能够维持资金平衡，略有结余。但是，在筹资总额可以预测的条件下，在考虑资金支付比

例的时候，还要考虑下一年的潜在参保人群的数量和结构（年龄、性别、文化程度等），对未来一年的疾病风险和赔付概率等进行重新测算，否则资金容易出险。由于保障水平具有刚性作用，一旦补偿比例上去了就很难调下来，否则辛苦建立起来的对合作医疗的信任感将毁于一旦。建立风险基金的目的也是为了在出现突发事件时保证资金能够平稳运行，不会出现合作医疗一遇到风浪就翻船的现象。因此，充分考虑影响合作医疗基金运行的各种因素，对合作医疗支付比例进行严格测算、建立风险基金对合作医疗资金的平稳运行和维持人们对合作医疗的信心有十分重要的意义。

三、完善农村新型合作医疗制度的对策

新型合作医疗是一个新兴事物，在试点期间出现各种不成熟和不完善的现象是正常的，这也是试点的意义所在。从长葛市合作医疗运行一年的情况来看，在政府各个部门大力支持、有强烈的行政命令干预、参加合作医疗具体执行和管理工作的各方人员都十分敬业的条件下，合作医疗得以顺利运行和延续。对长葛市的分析表明，新型合作医疗在管理方面还存在种种问题或者是不完善之处，特别是新型合作医疗在制度本身的设计上还存在缺陷，在进一步扩大试点之前，制度的创新和完善是必不可少的。

（一）完善新型合作医疗筹资机制，降低筹资成本

新型合作医疗的筹资主体是中央政府、地方政府和农民。在实施合作医疗的补助时，中央政府为了控制地方政府的道德风险，采取了只有地方政府先出资才出资的办法。因此，在实际操作时中央政府选择的转移支付是一种后续的财政补贴性质的资金。中央政府的转移支付是以各级地方政府的筹资为条件的，地方政府的筹资又是以农民的筹资为条件。按照现在的筹资方式，农民的参加是合作医疗建立的第一步和持续发展的关键所在。农民是理性的，他们参加合作医疗与否取决于以下因素：个人疾病风险的大小、个人的风险态度、个人对合作医疗的信任程度、医疗服务可及性、个人收入状况等因素。农民参加合作医疗的成本大小主要取决于合作医疗价格及保费的高低。很多研究认为在以上影响因素中，人们对合作医疗的组织者信任与否对其参加合作医疗的影响最大。在新型合作医疗制度中，由于各级政府提供补贴，农民的预期收益会增加，从理论上来讲，应该有更多的人愿意参加。但是在实际工作中基层政府的筹资成本还是很高的。

虽然合作医疗资金需要省、市、县三级地方政府的财政配套和宣传发动，但是县级财政和县有关部门作为制度的直接组织者和执行者，它的财政承受能力和

宣传发动能力对合作医疗的影响是最大的。各地财力的差异明显，各地对农村卫生的支持力度差异也很大。由于财力有限，中西部地区县乡政府连农村居民对最基本的公共卫生服务的需要都难以满足，所以根本没有财力对合作医疗进行财政配套。因此，许多中西部地区特别是中西部贫困地区无法成为新型合作医疗的试点县，而这些地区的农民恰恰是最需要医疗保障的。

鉴于在现行制度下合作医疗筹资成本高的现状，我们提出了另一种有利于降低筹资成本的模式。分析合作医疗的基金构成，中央政府和地方政府财政资金为20元，也就是说各级财政早有这笔预算为每个农民补助合作医疗经费（其最大值为参合率为100%的情形）。因此，可以改变一下现行的筹资模式：不再首先由农民交费，再各级财政层层拨款。而采用相反的方式，中央应该先提供新型合作医疗的启动资金，同时在地方建立对中央转移支付资金的使用建立公共监督机制，以确保启动资金不被挪用或占用。加强对农村合作医疗组织及基金使用的监管，保证各级配套资金按时、足额到位。各级财政的补助金额先到位，再通过广泛的宣传告知农民合作医疗政策。如果某家庭不参加合作医疗，则政府补给他家的那部分资金将由其他参合者享有，相应的，合作医疗补偿比例也根据参合率作调整，如果参合率较低，则补偿比例较高。如果上年财政资金有结余，则下一年各级财政可以只补齐差额。并且像城镇职工基本医疗保险一样规定一个补偿比例的上限。如果参合人员到达最大（100%）参合率，则补偿比例按照政策定的比例不再变动。变合作医疗管理办公室被动向农民收缴参合资金为农民主动交纳合作医疗费用。

这种方式能极大地降低筹资成本，但是它真正实现要有较强的约束条件。首先是县级政府按100%参合率的资金要到位，然后中央、省级、市级财政资金到位。可以通过严格的审计工作做到保证各级政府的合作医疗资金不被挪用。其次，实施合作医疗所在地的信息公开程度要高，在合作医疗宣传的过程中不存在暗箱操作的现象。

（二）适度提高筹资标准，提高补偿比例，提高新型农村合作医疗制度抵抗疾病风险的能力

合作医疗的参与条件、报销范围、报销比例和封顶线的确定基本符合防止农民因病致贫的目的，但是，如果按照缓解“大病”风险的要求，仍有一定的调整余地。合作医疗报销比例应适当提高。“大病户”是旨在防止农户“因病致贫”的新型合作医疗制度的最大受益者，如果想充分保障农民特大疾病的治疗，合作医疗现有的5000元封顶线就显得太低了。在实施新型农村合作医疗初期，严格控制支出的好处在于能够有效防止收大于支。但应当明确，合作医疗资金取之于民、

用之于民，过多节余资金没有意义。而且，如果农民看不到参保带来的好处，积极性会下降，也不利于保持新型合作医疗制度的持续性。为提高新型农村合作医疗制度的吸引力，要对保障机制合理设计，提高补偿比例，扩大受益面。

总的说来，“10+10+10”只是一个初步的方案，重要的是建立“中央+地方+农民”的“合作医疗”保障关系，具体比例本不是固定的，具体数字可以渐进地、适时地调整。目前实行的合作医疗存在补偿不足的问题。人均筹资50元以后，大病报销可以达到2000元以上，的确可以在很大程度上化解大病户的经济负担。长葛市筹资标准较低，按现行缴费率计算，新型农村合作医疗基金人均保费额仅占预期医疗费用支出总额的20%到30%。在这种情况下，即使加入新型农村合作医疗，农民仍需自费负担高额的个人卫生费用，化解大病风险的能力很低。因此，应当鼓励各地在经济实力允许和农民自愿的情况下，提高筹资标准。长葛市级财政对新型合作医疗补助占可支配收入比重，2003年只有0.56%。就目前像长葛市这样经济发展处于中等水平的地区来讲，将人均筹资水平由30元提高到50元是可行的。低水平的筹资能最大限度地扩大覆盖面，又不需要政府投入大量资金，然而，筹资水平太低又制约这一制度的持续健康发展。目前的合作医疗试点之所以对农民参保的吸引力不高，特别是对哪些具有较好经济条件的农民的吸引力较弱，原因之一就是与低水平筹资相对应的低保障水平，而这样低水平的保障又根本起不到防止因病致贫或因病返贫的目的。

当前，有一种意见认为，不要再向农民收钱了，用各级政府补贴的20元钱足够给农民以大病风险的救济，农民只要不掏钱，哪怕得到一分钱的好处也会发自肺腑地感谢党和政府，这样会很好地迎合农民“怕吃亏”的心理。这样的做法会助长农民对国家的依赖心理，不利于培育农民主动参与保险和风险共担的意识。适当提高农户的参保费用是有足够的空间的，关键问题是如何让他们确信：在必要的时候他们能够得到必要的服务。

（三）探索把门诊报销纳入农村新型合作医疗报销范围

有一些病危害不轻、花费不少，但无需住院，同样会给家庭造成很重的经济负担。许多需要住院治疗的大病主要是慢性非传染病，如脑血管硬化、心脏病、慢性肝炎等。出院后，患者仍需接受较长时间的后续门诊治疗。在大多数新型农村合作医疗制度的试点地区，对这类卫生服务的补偿是有限的。如果没有这种后续治疗，可能会造成病人病情恶化或引起重复的治疗费用支出。对门诊进行报销还有一个重要原因，就是门诊具有预防效果。对于一些病种，能够通过门诊早发现，采取预防和治疗措施，从而可以降低合作医疗的整体成本。如果仅仅保障住院和大病，合作医疗受益人群规模小，对农民的吸引力就大打折扣。

（四）加大对农村基本医疗设施的支持力度，尤其要改善乡镇卫生院医疗条件，提高乡镇医务人员的技术水平

新型合作医疗的目的不仅是让农民看得起病，还要让农民看得好病，而服务的提供方，即定点医疗机构的服务质量直接影响新型农村合作医疗的实施效果。在目前各地实行的新型合作医疗中，大多规定县级定点医疗机构在门诊就医费用不予报销，并且住院补助起付线乡镇卫生机构低于县级医疗机构。很明显，地方政府鼓励农民将门诊就医放在就近的乡镇卫生院。由于长期以来对乡镇卫生院投资不足，大多数乡镇卫生院基础设施薄弱、陈旧，人才缺乏，技术水平低，就医环境差。如果不改善乡镇卫生院的医疗条件，可能无法满足农民的基本就医需求，很可能会阻碍农村合作医疗目标的实现。

（五）适度把握合作医疗的自愿性原则

保险是由面临同样风险的众多个人和单位提供资金，为其中实际遭受损失的少数人分担损失的一种制度。如果没有足够的参与者，资金总量就不够，也不可能起到分散风险的作用。医疗保险直接关系人的生命，为确保支付能力的基础，在资金征集过程中往往采用特殊的原则——强制原则。健康保险发展的趋势是强制参与（特别是在发达国家和地区）。在不太可能实行强制性保险的地方，出现了许多介于强制和自愿之间的保险模式。这些计划虽不强迫参与，但通过激励和社区的压力来最大化参与面。比如：要求整个村庄或其中绝大部分居民必须参与到一个保险中，这要求有很好的激励机制来鼓励村民加入；多个村庄整体加入一个健康保险计划，在村庄之间化解风险；对于以个人为单位参与的保险计划，通常要求所有家庭成员参与；强制某些特定职业或特定年龄段的人群参与保险。我国新型合作医疗试点中原则上是个人自愿参保，但在一些合作医疗的试点地区，实际操作中是自觉自愿但非“放任自流”的，存在一定意义上的“隐性强制”。这虽然在某种程度上是打政策的“擦边球”，但是，为了合作医疗的健康发展、为了农民能有效地抵御疾病风险，这样的做法仍是无可厚非的，甚至可以说这是基层工作者在长期实践中摸索出的“成功经验”。强调农户自愿参合应该是一种过渡性措施，目前需要做的是如何提高农民的信任度，群众从中受益了，合作医疗制度本身走向完善以后，再强调强制参加，这样符合保险的规律，能降低筹资成本。

（六）新型合作医疗试点模式应当多样化

鼓励地方政府在操作中根据试点的实际情况对合作医疗政策进行必要的调整。对试点进行跟踪评估，从试点的卫生资源、效率、公平性以及消费者满意度等角度进行评价，为完善农村卫生服务模式提供信息。评价的重点应当放在一些关键的问题上，如筹资模式、基本服务包所包含的内容、筹资的规模、基金管理模式、费用共付比率、抑制费用膨胀的措施等方面。建立新型农村合作医疗制度决不要期望一蹴而就，只有本着求真务实的精神扎扎实实地搞好试点，才能探索出有效的办法和成功的经验。

（韩　俊　李卫平　罗　丹　周海沙）

会泽县新型农村合作医疗制度调查

会泽县系云南省第三人口大县，2003年末全县总人口90.41万人，其中农业人口83.49万人。2003年全县城镇居民人均可支配收入7296元，农民人均纯收入1180元，年末农村贫困人口为54万人，占全县农业人口的64.68%，是国家扶贫开发工作重点县，其经济社会发展水平居全国的下游。2003年全县国内生产总值33.58亿元，其中，第一产业增加值4.84亿元，第二产业增加值23.69亿元，第三产业增加值5.05亿元。2003会泽县人均GDP为3714.23元，在云南省120多个县中排第87位。会泽县卫生发展水平低于全国平均水平。2003年人均预期寿命为65.3岁，低于全国平均水平。1993年婴儿死亡率达343.31/10万人，1997年降低到124.63/10万人，以后几年逐渐稳定到70/10万人，高于全国平均水平。

为了解贫困地区新型农村合作医疗制度实施情况，我们对会泽县进行了专题调查。调查表明，新型农村合作医疗在减轻患大病农民的负担方面发挥了一定的作用。新型合作医疗制度试点以来所暴露出的问题有：实际受益面很小，保障程度不高；全县统一的合作医疗报销比例使得“富人”得到更多的补贴；医药费用虚高，容易导致合作医疗失效。基于对会泽的调查，建议改变筹资方式，进一步加大中央财政对贫困地区新型合作医疗制度的支持力度；在提高筹资标准的基础上，合理确定受益面，适度提高补偿比例；建立健全医疗卫生服务体系，严格约束医疗机构的行为；进一步完善公共卫生体系。

一、新型农村合作医疗的主要做法与初步效果

会泽县2003年4月正式开始推行新型合作医疗，经过1个多月的宣传动员，于2003年6月正式启动，全县农民参合率达到93.6%。

（一）筹资方式

合作医疗资金的筹集由中央补助10元、省补助5元、市补助3元、县补助2元，个人缴纳10元（其中县级财政为全县参合人员人均补助5元，个人只缴5元），共计人均30元。农村特困户、五保户、革命伤残军人、在乡老复员军人、

军烈属等，由各乡（镇）民政办负责摸底调查、统计上报县民政局，启动贫困医疗救助金，解决人均10元的个人缴纳部分。缴纳新型农村合作医疗互助金后，以户为单位建立家庭账户，在一个公历年度内全家身体健康，未发生任何医疗费用的家庭，其全家所缴参合费可累计记入次年家庭结余，用于次年个人自负部分的支付（不得支取现金，也不得冲抵次年参加合作医疗应缴的费用）。

（二）报销方式和标准

参合农民到村卫生所就诊，直接减免20%。参合农民到乡（镇）卫生院门诊就诊，报销25%，住院报销35%。参合农民到县及县级以上医疗机构住院的回参合乡（镇）报销45%。一个公历年度内报销封顶线为2500元。新型合作医疗运行一年后，资金节余占筹集资金总额的40%多，所以第二年调整了报销比例。调整后的报销比例如下：村级门诊免收挂号费，医疗费用按30%直接减免。到卫生院门诊就诊的，门诊医药费用按35%补偿。到县直医疗卫生单位及6家中心卫生院就诊，住院医药费用报销50%，其他17个卫生院住院费用报销60%。在县外县级以上（含县级）医疗机构住院的，必须持有县人民医院转院证明，住院医药费用按35%补偿。

（三）合作医疗资金管理

会泽县新型农村合作医疗基金实行乡为基础，县级统筹。县合管办统一以乡（镇）建立基金收支账簿，节余下年继续使用，亏空互剂。合作医疗基金纳入社会保障财政专户管理，实行收支两条线，专项管理，专户核算，专款专用。为了管好用好合作医疗资金，会泽县、乡两级成立由政府有关部门及参合农民代表组成的新型农村合作医疗管理委员会，在卫生局设办公室，参照公务员管理编制配备4名专职人员。乡（镇）合管办按3万人口以上2名、3万人口以下1名配备专职人员，人员由乡（镇）财政所、卫生院调剂解决，机构设置在乡卫生院，乡（镇）一级管理人员共69人；工资、工作经费列入县级财政全额预算，不得从合作医疗基金中提取，合作医疗资金封闭运行。

（四）医疗救助

县财政每年每人安排0.3元的医疗救助基金纳入合作医疗基金专户，用于特困人群、患急危重症或突发事件造成因病致贫、返贫而无力支付医药费用自负部分的参合人员。医疗救助实施个人申请、村民代表会评议、合管办审核批准、医疗机构提供服务的管理机制。

（五）合作医疗运行情况

总体来看，合作医疗比较顺利，并取得了一定效果。2003 年，为发动农民参保，县、乡、村干部花了很大力气进行宣传和发动。全县参合人口数为 776648 人，参合率为 93.64%。到 2004 年时，由于大多数农民认识到了参合的好处，参保的主动性明显增强，参保率达到了 95%。这主要表现在以下几个方面：

1. 缓解了部分大病户住院费用负担，对缓解因病致贫和返贫起到了一定作用。2003 年 6 月 1 日到 2004 年 5 月 31 日，参保人口中住院 18121 人次，占参保人数的 3.37%。住院医疗费用 20952825.23 元，补偿金额 7512859.63 元，补偿率为 35.86%。其中，在乡镇卫生院住院 11731 人次，占总参合人数的 1.51%，医疗费用 8427299.28 元，补偿金额 2822920.83 元，人次均医疗费用 718.38 元，人次均补偿 240.63 元。补偿金额占卫生院住院费用的 33.50%。在县级及县级以上住院 6390 人次，医疗费用 12525525.95 元。人次均医疗费用 1960.18 元，人次均补偿 733.95 元。补偿金额 4689938.53 元，占本级发生医疗费用的 37.44%（见表 1）。

如果按照住院补偿额度划分，住院补偿 < 500 元的有 12797 人，占住院总人数的 70.62%；500 元 ≤ 住院补偿 < 1000 元的有 2830 人，占住院总人数的 15.62%；1000 元 ≤ 住院补偿 < 1500 元的有 1234 人，占住院总人数的 6.81%；1500 元 ≤ 住院补偿 < 2000 元的有 532 人，占住院总人数的 2.94%；2000 元 ≤ 住院补偿 < 2500 元的有 362 人，占住院总人数的 1.99%；住院补偿 = 2500 元的有 366 人，占住院总人数的 2.02%。总体来看，虽然会泽县的住院补偿标准不高，但由于会泽住院费用较低，补偿率达到 35.86%，高于 2004 年全国试点县平均水平。

表 1　会泽县参保人员住院补偿情况

	合计	乡镇卫生院	县级及县级以上住院
住院人次（人次）	18121	11731	6390
住院医疗费用（元）	20952825.23	8427299.28	12525525.95
补偿金额（元）	7512859.63	2822920.83	4689938.53
补偿率（%）	35.86	33.50	37.44

2. 为门诊部分的参保人员报销门诊费用，对提高农民参保积极性起到了重要作用。2003 年 6 月 1 日到 2004 年 5 月 31 日，会泽县参保人员发生门诊 519259 人次，占总参合人数的 51.28%。一共发生医疗费用 11923132 元，补偿 2647398 元，补偿率为 22.20%。其中，在村卫生所发生门诊 398309 人次，一共发生医疗费用 6821026.8 元，补偿 1370007 元，补偿率为 20.08%；在乡镇卫生院发生门诊 120950 人次，一共发生医疗费用 5102105.1 元，补偿 1277391 元，补偿率为

25.04%（见表2）。会泽县门诊补偿标准是比较低的，村卫生所仅为3.43元，乡（镇）卫生院也仅为10.55元。但这种补偿有一个好处，就是让519259人次获得了补偿，平均每个参保人员获得门诊报销的人次数为0.67。这样，绝大多数参保人员从新型农村合作医疗制度中获得了补偿。这对提高参保积极性具有非常重要的作用。在新型农村合作医疗制度发展的初期，尤为如此。

表2　会泽县参保人员门诊补偿情况

	合计	村卫生所	乡镇卫生院
门诊人次（人次）	519259	398309	120950
门诊医疗费用（元）	11923132	6821026.8	5102105.1
补偿金额（元）	2647398	1370007	1277391
补偿率（%）	22.20	20.08	25.04

2003年度筹集合作医疗总资金23299440元，按5%提取风险基金117万元，建立家庭账户66751户121万元。全县累计补偿费用10160257.49元，全年结余资金共计10759182.51元，节余资金占筹集资金总额的46.18%。

二、新型合作医疗制度试点以来所暴露出的问题

（一）农民认识不足，筹资成本高

在开展新型合作医疗以前，会泽县曾经开展过几次合作医疗，但是当时仅仅由农民自己缴纳，集体少量补助，最终因为筹资额度小、统筹层次低、补偿比例低、管理手段落后等原因而失败。农民对合作医疗失去了信心，并由于以前的各种乱摊派、乱收费等情况使农民对交钱怀有抵触心理，致使新型合作医疗最初开展很困难。会泽县政府为了提高农民参加合作医疗的积极性，县级财政出资为每个参加合作医疗的农民代缴5元钱，这样每个参加合作医疗的农民只需要出资5元即可。即使在这种条件下，政府为了发动引导农民参与合作医疗，还是在全县召开了新型合作医疗动员大会，各乡（镇）在向农民收缴合作医疗集资时，每乡（镇）也均召开了宣传动员大会，安排了工作经费2万~3万元，抽调工作队员，进村入户、宣传讲解政策，动员农民参与新型合作医疗。虽然会泽县最终的全县参合率达到93.6%，但是也为之付出了较高的成本。据会泽县合作医疗管理办公室不完全统计，全县平均每动员1人参加新型合作医疗，需要成本近1元，而农民每人需要缴纳的参合费用仅仅5元，实际筹资成本占其缴纳额将近20%。而新型农村合作医疗是一项长期的制度，筹资成本太高，将增加县、乡财政负担，使新型农村合作医疗制度的推广增加难度。但是，农民一旦从新型合作医疗中得到实惠，第二年收缴合作医疗基金时的困难就小多了。因而，降低新型合作医疗的

筹资成本的最根本办法在于保证合作医疗的正常运转及可持续发展，给农民一个稳定的心理预期，从而就可以降低合作医疗的筹资成本。

（二）实际受益面很小，保障程度不高

新型合作医疗制度设计的初衷就是以大病统筹为主的一种保障机制。会泽县合作医疗实施过程也基本上是按照新型合作医疗制度设计的政策目标来执行的。2003～2004 年度会泽县合作医疗补偿医药费用共计 10160257.49 元，占筹资总额的 43.61%。其中，县级及以上医院住院医药费用报销比例最高，占筹资总额的 20.13%，占合作医疗基金补偿支出总额的 46.16%，但是其补偿的人次仅仅为 6390 人，占全县参合人口的 0.82%，占全县本年度总诊疗人次的 1.19%；乡镇卫生院住院医药费用报销比例居第二位，占筹资总额的比例为 12.12%，占合作医疗基金补偿支出总额的 27.78%，但是其补偿的人次为 11731 人，占全县参加合作医疗总人口的 1.51%，占本年度总诊疗人次的 2.18%。乡镇卫生院和县级及以上住院报销费用总和占筹资总额的 32.25%，占合作医疗基金补偿支出的 73.94%，但是其覆盖的诊疗人次仅仅为 18121 人，占全县总参加合作医疗总人口的 2.33%，占享受补偿人口的 3.37%。从人均住院补偿额看，乡镇卫生院住院为 240.63 元，县级及以上住院为 733.95 元。与之对应的则是门诊报销情况，2003～2004 年度会泽县门诊报销 519259 人，占全县参加合作医疗总人口的 66.85%，占总享受合作医疗补偿人口的 96.63%，但其补偿金额占总筹资的比例仅仅为 11.36%，占合作医疗基金补偿支出总额的 26.06%（见表 3）。人均补偿额村卫生室门诊仅为 3.43 员，乡镇卫生院门诊仅为 10.55 元。

表 3　2003～2004 年度会泽县新型合作医疗补偿情况

指　标	村卫生室门诊	乡镇卫生院门诊	乡镇卫生院住院	县级及以上住院
诊疗人次（人）	398309	120950	11731	6390
占总诊疗人次比重（%）	74.12	22.51	2.18	1.19
占总参合人数比重（%）	51.28	15.57	1.51	0.82
人均诊疗费用（元）	17.13	42.18	718.38	1960.18
补偿金额（元）	1370007.03	1277391.10	2822920.83	4689938.53
占本级发生医疗费用比重（%）	20.08	25.04	33.50	37.44
占补偿总额的比重（%）	13.48	12.58	27.78	46.16
占筹资总额的比重（%）	5.88	5.48	12.12	20.13
人均补偿金额（元）	3.43	10.55	240.63	733.95

资料来源：会泽县新型合作医疗办公室提供。

（三）全县统一合作医疗报销比例使得“富人”得到更多的补贴

会泽县合作医疗一年运行下来，县政府驻地的金钟镇农民人均纯收入全县最高，其合作医疗基金补偿比例达到66.62%，而全县农民人均纯收入最低的大海乡全年合作医疗基金补偿比例仅仅为46.62%。从这一点上来看，全县统一的合作医疗报销标准很容易出现一种潜在的问题，即相对较富裕的人群拿到的补贴更多。这是因为即使合作医疗可以给予一定的报销，但是仍然有一定比例的医疗费用由农民自己承担，由农民自负的这一部分对于低收入人群来说也是一笔不小的支出，因而这部分人群有可能压制了其就医需求，从而使得合作医疗基金报销比例较低。所以相对而言，在全县合作医疗报销标准统一的情况下，经济收入较高的人群会更多地利用医疗服务，从而其拿到的补贴更多。

（四）医药费用虚高，容易导致合作医疗失效

合作医疗实施以后，因为合作医疗基金对农民给予的报销补贴而使其得到了实惠，从而合作医疗的实施可以在一定程度上缓解农民“因病致贫，因病返贫”。但是，合作医疗开展后还会出现另外一种潜在的问题，即因为合作医疗刺激了很多农民的潜在就医需求，使得医疗机构的业务量激增，医疗机构可能借此机会提高药疗收费水平，从而使得合作医疗基金更多的流入了医疗机构手中，而参加合作医疗的农民实际并没有得到多大实惠。调研组在会泽县的调查中就发现有乡村医生套用合作医疗资金、提高床位收费，提高价格收费等情况。目前合作医疗的管理组织系统由县乡两级机构构成。县级合作医疗管理机构主要从卫生局抽调人员组建合作医疗管理办公室，县合管办具体负责全县合作医疗基金管理以及报销业务；乡（镇）一级的合作医疗管理机构主要设置在乡镇卫生院，由乡（镇）卫生院抽调人员组建乡合作医疗管理办公室，乡（镇）合管办负责报销的日常业务。从整体来看，负责合作医疗资金管理的人员绝大多数来自于医疗卫生系统，而合作医疗资金的最终流向也是各医疗机构。在这种情况下，如果没有有效的外部监督，各医疗机构为了追求更多的业务或者利润，很容易出现开大处方，或者对冒名顶替使用合作医疗证的现象不严格审查的现象，以便尽量多的合作医疗资金转化为医疗系统的业务收入或者利润。

三、进一步完善新型合作医疗制度的对策

（一）改变筹资方式，进一步加大中央财政对贫困地区新型合作医疗制度的支持力度

目前的新型合作医疗制度在筹集资金时，首先是由地方政府负责宣传、动员

农民参与合作医疗，并委托基层村民组织或者基层卫生组织收缴农民参与合作医疗的基金，然后逐级汇总到县级专门的合作医疗基金专户，县级财政直接拨付配套资金；然后中央、省、市三级财政根据县级政府实际动员参加合作医疗的农民人数下拨配套资金至县级专门的合作医疗基金专户。在这种筹资机制下，一般省级政府在确定新型合作医疗试点县时都给县级政府确定一定的参合比例，以保证合作医疗试点的顺利进行。结果这种目标管理方式导致任务指标层层加码，省里要求60%，地市要求70%，县、乡要求80%，甚至90%，到了村里就要求农民全部参加，虚报进度、强迫参合、让医疗机构或者其他机构人员垫付费用等一系列问题由此产生。这样的做法不但不能促进新型合作医疗制度的实施，反而会产生很大的负面影响。为此中央文件中反复重申“一定要坚持农民自愿参加的原则，严禁硬性规定农民参加合作医疗的指标、向乡村干部搞任务包干摊派、强迫乡（镇）卫生院和乡村医生代缴以及强迫农民贷款缴纳经费等简单粗暴、强迫命令的错误做法”（国办发〔2004〕3号）。人们习惯于把产生这种问题的根源归结于基层政府习惯于采取行政命令式的工作方式和方法。实际上，这种问题的出现与新型合作医疗筹资方式有关。在目前的筹资方式下，基层政府必然会千方百计提高参合率，以获取更多的上级配套资金，扩大基金规模。如果改变筹资方式，则会大大降低基层政府违规筹资的可能，并且大大减轻基层政府的工作难度。即地方政府和中央政府首先按照当地上一年农村常住人口数拨付资金，而不是依据基层政府所动员的农民参合数来拨付配套资金。当然，这种筹资方式可能降低了基层政府动员农民参与合作医疗的积极性，这就需要加强新型合作医疗制度运行的透明度，以农民是否知晓新型合作医疗制度为考察基层政府的工作绩效，而不是以参合率为衡量目标。

从对会泽的调研来看，中央财政对贫困地区县级政府推行新型合作医疗制度的支持力度需要进一步加大。县级政府除了承担出资责任以外，还承担着宣传、发送农民参与新型合作医疗，设立机构、配备人员管理新型合作医疗制度的正常运行，因而实际上县级政府出资远远大于其实际出资。在目前的财政体制下，一般县级政府的财政收入仅能维持“吃饭财政”，需要对现行新型合作医疗制度各级政府的筹资责任进行明确界定，进一步加大中央财政的支持力度。

（二）在提高筹资标准的基础上，合理确定受益面，适度提高补偿比例

农民缴费积极性与受益范围设计密切相关。在新型农村合作医疗制度中，受益范围的设计主要考虑对大额医疗费用的补偿。因而以大病为核心的受益范围设计，并不能照顾到大多数参加者。解决好这一问题，农民将会踊跃参保，积极缴费并乐于留在合作医疗中。这才是新型农村合作医疗制度持续发展的关键。从会

泽不难看出，虽然目前新型合作医疗“既保大又要保小”，但覆盖的人群仅仅为一小部分，绝大多数参合人群享受不到合作医疗的补偿，目前对门诊给予一定的补偿，主要作用也就体现在消除农民的“吃亏”心理，并没有明显改善农民的基本医疗服务状况。因此，需要在提高筹资标准的基础上，进一步扩大受益面，并适度提高补偿比例。新型农村合作医疗制度侧重于保护农民免于因患大病而致贫是必要的，但由于面临这样问题的农民人数可能会很少，重大疾病并不能代表多数农村人口的医疗卫生需要，必须把同时满足大多数人的基本卫生需要作为一个重要目标。

会泽县合作医疗的补偿比例最高封顶线为3500元，即使拿到最高补偿，对解决农民的因病致贫和因病返贫情况的作用依然有限。除了建立大病医疗救助制度外，要合理测算合作医疗基金补偿比例，有效运用合作医疗基金。中央政策要求“以收定支、收支平衡、略有节余”。很多试点县市为了保证资金不被超支，在制定报销比例时都比较保守，以至于很多地方节余资金较多，资金得不到有效的使用。会泽县同样存在资金节余过多的问题。要合理确定补偿比例，使参加新型合作医疗的农民真正得到实惠。

（三）建立健全医疗卫生服务体系，严格约束医疗机构的行为

新型合作医疗制度只是为农民提供了在面对疾病风险时的部分资金补偿，农民最终的医疗卫生保障还要依靠健全的医疗卫生体系提供良好的医疗卫生服务。目前各地在新型合作医疗制度试点时，都规定了合作医疗定点机构，并规定了一系列的转诊手续，参加新型合作医疗的农民只有按照规定去新型合作医疗定点机构才能得到补偿。因而，定点医疗机构的医疗条件和服务质量，定点医疗机构是否能够提供方便快捷、费用低、效果好的医疗卫生服务成为农民是否拥护和积极参与新型合作医疗制度的一个重要的制约因素。会泽县地处山区，大多数乡村交通不便，距离县城较远，其只能是逐级利用医疗卫生服务，但是会泽县的部分乡镇级卫生院尤其是边远的贫困乡镇设备简陋，也不能完全满足农民的就医需求。因而，建立健全的医疗卫生服务体系，为农民提供方便快捷、费用低、效果好的医疗卫生服务是开展新型合作医疗的基础。

此外，对合作医疗机构的监督也是必不可少的。因为，城镇职工医疗保险的实践已经证明，在有第三方付费的条件下，医疗服务提供方和患者之间会出现“医患合谋”的问题，即“医患双方”联合起来欺骗医疗保险资金管理机构，将费用转嫁到保险机构。农村合作医疗和医疗保险有类似的地方，同样存在“医患合谋”的可能性。从调查来看，由于其报销比例较低，不大可能出现患者主动要求过度利用医疗服务的局面，但是仍然出现医疗供方过度提供医疗服务，医疗需方假冒合作医疗人员套取补贴的情况。因而，在新型合作医疗的运行过程中，一方面，要加强对合作医疗定点机构的监督；另一方面要公布公开医疗服务收费和药品价格，接受群众监督，这样才能取信于民，使得新型合作医疗能够可持续发展。

当前农村药品供应渠道混乱，导致药贩非法活动猖獗、伪劣药品泛滥，并且药品价格虚高。目前解决这一问题的主要做法是采用药品集中招标采购制度。然而在调查中发现，仅靠药品招标采购制度并不能解决农村药品市场价格虚高的问题。调查中有基层卫生院的院长反映说“药品集中招标采购同样存在不正之风和暗箱操作”。因而，对于农村药品市场仅仅招标采购是不够的，还需要相关信息的公开透明。云南省会泽县就很好地解决了这一问题。该县为了切实降低药品市场价格，也采用了集中招标采购的办法，但是他们在一般营利性药房不愿意涉足的乡镇及中心村开设了“大药房”，所有的药品放在玻璃柜明码标价。这样，一是检验招标的成效，对中标药品实行社会监督，群众到药房看到中标采购的药品价格，会与市场价格进行比较，如果价格高，老百姓会有反映；二是监督防止村卫生所擅自提高价格，群众到村卫生所拿药，可以与大药房的价格进行比较。市场价格——中标价格——患者实际购买价格这三种价格信息公开化，将具有竞争性的市场价格设置为干预价格的参照，使药品价格大幅度下降并最终惠及患者。国家食品药品监督管理局开始在农村进行药品监督网和供应网建设。“两网”的建设为监督农村药品市场价格和药品质量提供了可靠的队伍基础，如果在此基础上能够进一步在全国范围内公开药品市场价格信息，则更有利于推动解决农村药品、器械价格虚高等问题。

（四）进一步完善公共卫生体系

目前的新型合作医疗制度主要是“合医”，其侧重点在于事后的医疗，而对于事前的预防重视不够。从世界范围来看，医疗费用的增长都要远远快于经济收入增长，投资于医疗的作用和效率远远低于投资于预防保健等公共卫生方面，因而，新型合作医疗制度必须有一个健全和有效的公共卫生体系与之配套才能发挥更好的作用。要加大对贫困地区公共卫生的投入，使贫困人口免费享受疾病预防和健康促进服务，这些服务包括 7 岁以下儿童免疫，产前、分娩及产后服务，性病、艾滋病防治，结核等其他传染病防治与健康教育。

（韩　俊　程漱兰　罗　丹）

第十篇

农村药品

调查中国农村
ZHONGGUO DIAOCHA NONGCUN

第十篇课题组成员名单

课题主持人：

韩　俊　国务院发展研究中心农村经济研究部部长 研究员

课题协调人：

秦中春　国务院发展研究中心农村经济研究部副研究员 博士

张云华　国务院发展研究中心农村经济研究部助理研究员 博士

课题组主要成员：

张忠法　国务院发展研究中心农村经济研究部研究员

曾琼锐　国务院发展研究中心农村经济研究部副研究员

李　青　国务院发展研究中心农村经济研究部助理研究员 博士

郑风田　中国人民大学农业与农村发展学院教授 博导

张新平　华中科技大学同济医学院教授 博导

农村药品“两网”建设的探索和创新

从2003年6月以来，我国开展了农村药品“两网”（即药品监督网和药品供应网，以下简称“两网”）建设工作。经过几年的不断探索和发展，目前这项工作取得重要成果，进入一个新的发展阶段。为了全面系统分析和客观评价这项工作的意义和前景，分析项目的实际进展、实施效果，研究比较不同的运行模式，总结所取得的成绩和经验，发现存在的问题及原因，为进一步完善农村“两网”建设提供依据，国家食品药品监督管理局决定对全国农村“两网”建设工作进行评价。受国家食品药品监督管理局的委托，2007年由国务院发展研究中心农村经济研究部牵头，组织华中科技大学和中国人民大学等机构的专家组成联合评估课题工作组，对全国农村“两网”建设工作开展评价和研究。

本次评价采取机构调查、问卷调查、典型地区调查和专题研究等定量和定性相结合的调查分析方法。课题组与国家食品药品监督管理局合作，组织了对全国药品监督系统机构的全面调查，收集了31个省、自治区、直辖市的省级问卷调查资料和952个县级问卷调查资料，同时也搜集了各地“两网”建设的背景材料。课题组组织了农村药品“两网”建设综合调研组，分别对山东省、贵州省和湖北省及其7个地市的7个县（区）进行了实地调研和典型调查，深入农村药品批发企业、乡镇卫生院、村卫生室、农村药店、农户等进行调查，与当地有关党委、政府主管部门负责人和农村药品“两网”工作人员进行了交流研讨，对调研情况进行了系统分析和研究。同时，课题组还组织了发达国家的药品监管研究等专题调研。在此基础上，课题组完成了总体评估报告。

一、农村药品“两网”建设的重要性

农村药品“两网”建设是对农村药品监督网与农村药品供应网建设的简称。主要内容是：在国家药品监督行政主管部门的具体组织领导下，通过一个加强

（农村药品监督网络建设[①]）和一个促进（农村药品供应网络建设[②]），健全农村医药卫生服务体系，加强农村药品监管，确保农民用药安全、有效、经济和方便。这一工作最早起源于农村基层药监部门推进农村药品监管体制改革和创新的实践。从调查的情况来看，2000 年黑龙江省开始出现萌芽和试点。2003 年 6 月国家食品药品监督管理局发出《关于开展加强农村药品监督促进农村药品供应网络建设试点工作的通知》，并确定试点地区为北京、江西、陕西和四川省成都市，正式启动了全国性农村药品“两网”建设工作。推进农村药品“两网”建设，具有很强的现实针对性和重要意义。

（一）“两网”建设是解决农民用药难、用药贵问题的需要

药品是人们的基本生活必需品。与城市相比，农村药品供应体系不健全，市场发育严重滞后。“两网”建设前，全国农村正规药品供应网点少，农民有钱买不到药、小病忍成了大病的现象普遍存在。据 2000 年的一项统计，当时不到 40% 的城市人口消费了 95% 的药品，而超过总人口数 60% 的农村人口却仅消费了 5% 的药品。农村药品供应质量令人担忧。农村药品价格“虚高”，加重了农民患者的经济负担。乡镇卫生院、村级卫生室和个体诊所“以药养医”现象严重，药品价格虚高，假劣药品泛滥。目前这种情况仍然没有根本改变。根据我们最新的调查，目前全国共有药店约 18 万个，在农村的不到 30%，并且主要集中在县级城镇，许多农村乡镇尤其是一些边远地区的网点极其稀少。

（二）“两网”建设是填补农村药品监管空白、健全国家药品监管体系的需要

长期以来，我国药品安全监管架构不合理，过去的监管主要在城市，没有覆盖到农村。国家药品监督管理局成立之前，县以上卫生行政部门是我国药品监督主管部门，农村药品的监管也主要由卫生行政部门负责。1998 年国务院机构改革后，国家药品监督管理局成立，实行省以下药品监督管理体系垂直管理，逐步建立省、市、县级药品监督管理机构，但县以下农村也没有正式的监督管理机构。乡镇、村一级既没有正式的监管力量，又没有辅助的监管力量。一些地区区县药

---

① 药品监督网，在实践中具体是指覆盖县、乡、村的、以药品监督部门为主，以药品质量监督协管员、信息员为辅的农村药品质量监督网络。按照《药品管理法》等有关法律、法规的规定，各级食品药品监管部门应加强对农村药品质量的监督，逐步建立健全农村药品质量监督体系，确保对农村药品的监管到位。

② 药品供应网，在实践中具体是指以药品零售企业、乡镇卫生院、村卫生室构成的网络，在网络中各药品供应网点互为补充。其关键要素是供应网点的药品来源于具有批发资格的大型药品经营企业或县（市、区）药品批发企业，目的是方便农民就近购药。

监部门成立后，加大了对药品市场尤其是农村药品市场的监管力度，但由于执法人员、执法装备紧缺，面对广大的农村市场，实施有效监管存在很多困难。执法过程中缺乏与当地政府、卫生机构沟通，不能及时掌握各乡镇农村医药市场信息和药品质量动态，对农村药品市场监管覆盖面窄，尤其是边远地区的村卫生站药品监管存在死角。

（三）"两网"建设是解决农村药品市场流通体系建设问题的需要

"两网"建设以前，农村药品非正规销售渠道多、混乱，用药风险大，农村通过各种渠道变相卖药现象大量存在。部分游医为了掩盖行医的真相，以开设零售药店为名进行行医卖药。一方面不法药贩采取低价倾销、高额回扣、现金交易、开具假发票等不正当手段，销售和变相销售假劣药品，将一些变质、过期、失效药品推向农村市场，并且采取"游击战术"，给药品监管工作带来了很大的困难；另一方面部分农村医疗机构只注重经济效益，购药以价格便宜为标准，法律意识淡薄，甚至明知是假，不顾药品质量，助长不法药贩推销假劣药品的行为。这些问题直接关系广大农民的身体健康，严重影响农民的切身利益，农民迫切需要改变这种局面。

（四）"两网"建设是提高农村药品从业人员素质的需要

我国农村药业人才缺乏，农民不合理用药现象严重。"两网"建设以前，乡（镇）卫生院和零售药店没有药师以上药学技术人员负责，药品质量管理问题突出。村卫生室、个体诊所的从药人员文化素质普遍较低，专业知识缺乏。通过"两网"建设，有利于加强农村涉药人员队伍建设，宣传推广药品安全保管、储备和使用知识，提高农民用药水平，减少用药安全隐患。

（五）"两网"建设是发展农村医疗卫生事业、促进"新农合"发展的需要

"两网"建设是农村医疗卫生事业发展的基础工作之一。推进"两网"建设，有利于健全基本医疗卫生公共服务，保障农民基本用药供应，降低治疗成本。近年来"新农合"的发展主要从农民医药需求方入手，而"两网"建设则侧重于从医药的供给方入手，为农民提供基本医疗保障服务。药品是一种特殊商品，直接关系人民群众的生命安全和生活质量，关系农村社会安定，因此药品的经营和流通具有特殊性，经营责任大、风险大，是社会矛盾容易激化的重要领域。开展"两网"建设工作，有利于加强预防控制，减少安全隐患，促进社会稳定。由于医疗卫生事业具有很强的"公益性"和"信息不对称"等特点，通过推进"两网"建设改进农村基本医疗卫生服务，是解决农民看病难和看病贵问题的重要途

径。开展“两网”建设，是实施药品放心工程，确保农民用药质量、平抑药品价格的重要举措之一。

二、全国农村药品“两网”建设的进展与创新

自2003年6月国家食品药品监督管理局正式启动全国性农村药品“两网”建设工作以来，农村药品“两网”建设的发展经历了一个不断探索、不断发展、不断完善的过程。主要经历了两个阶段：

一是试点示范阶段（2003～2006年）。从2003年开始，在北京市、江西省、陕西省和四川省成都市推进试点，并将黑龙江、吉林、福建、山东、重庆、四川、甘肃作为重点联系地区。这项工作得到了各地的积极响应，试点范围不断扩大。在2003～2005年这三年当中，绝大多数的省区都开始推进“两网”建设试点。各个省采取的方法一般都是在省域范围内选择一些有代表性的市（县）先进行试点，然后再全面铺开。

二是全面推开阶段（2006年以后至今）。到目前为止，各个省都已完成在本省的布网工作。各省区相继建立了负责“两网”建设的机构和人员，出台了一系列管理文件，开展了系统的组织建设活动，建立了覆盖农村地区的监管员、协管员和信息员网络，农村监管人员队伍不断壮大，数量上都能满足本省执行监管任务的需要。截止2007年5月底，全国已有51.2万个行政村建立了药品监督网，50.7万个行政村建立了药品供应网，聘请药品监督协管员8.64万人，信息员47万人。监督网覆盖率达到85.18%，供应网覆盖率达到84.39%。2007年6国务院办公厅印发《国家食品药品安全“十一五”规划》将“农村药品‘两网’建设基本覆盖辖区内的行政村”作为今后五年需实现的目标之一，明确提出到“十一五”末期，要求明显提高药品监管水平，农村药品监督网覆盖率要达到100%，农村药品供应网覆盖率保持在80%以上。

调查表明，各地药品监督管理部门在国家药品监督管理部门的指导下，在推进“两网”建设的过程中进行了积极的探索和创新，取得了重要进展。

（一）推动药品监管从城市向农村延伸，建立了监管机构和人员队伍，覆盖大部分农村地区

“两网”建设以前，我国药品监督管理的资源主要集中于城市，农村基本没有监管部门和相应的专门监管力量。在推动“两网”建设的过程中，各地以政府推动为主，相继组建县级药品监督管理局和“两网”建设组织领导机构，全面系

统地开展针对农村药品安全监督管理的有关工作。县级药品监督管理局是农村药品“两网”建设的主要组织者，对建立覆盖农村大部分的乡镇和行政村一级的药品安全监督体系承担具体职责。按照现有行政体系，各地还以县乡人民政府及药品监督管理部门为主，组建了农村药品“两网”建设组织领导机构，负责统筹推进“两网”建设工作，建立对农村药品进行监督的人员队伍和药品监督网络。目前整个药品监督已覆盖到了大部分的乡镇和行政村一级（见表1）。

表1　2003～2007年调查县农村药品监管的覆盖情况

		调查县数	每个县平均值
2003年	药品监督网工作人员数量（个）	532	80.93
	药品监督网人员覆盖乡（镇）（%）	508	60.17
	药品监督网人员覆盖行政村（%）	494	45.54
2004年	药品监督网工作人员数量（个）	714	159.06
	药品监督网人员覆盖乡（镇）（%）	706	86.92
	药品监督网人员覆盖行政村（%）	681	74.86
2005年	药品监督网工作人员数量（个）	823	211.02
	药品监督网人员覆盖乡（镇）（%）	825	95.47
	药品监督网人员覆盖行政村（%）	804	89.34
2006年	药品监督网工作人员数量（个）	873	233.34
	药品监督网人员覆盖乡（镇）（%）	873	99.47
	药品监督网人员覆盖行政村（%）	856	96.46
2007年	药品监督网工作人员数量（个）	861	246.77
	药品监督网人员覆盖乡（镇）（%）	860	99.12
	药品监督网人员覆盖行政村（%）	845	99.12

数据来源：课题组全国县级问卷调查。

（二）充分利用正式与辅助的监管力量，完成农村药品监督网整体性架构

1. 建立农村药品“两块六级”的整体监管架构。“两网”建设前，由于县级药监部门在乡镇一级没有延伸机构，药监部门自身人员数量也不多，农村药品监管力量薄弱，农民用药安全得不到保障。解决这一问题根本途径就是扩大针对农村药品质量安全的监管力量。各地在发展正式的监管力量的同时，充分利用辅助的监管力量，健全农村药品整体监管架构。目前我国农村药品的监管体系一共可以分为“两块六级”（见图1）。“两块”指的是正式的监管体系和非正式的监管体系。非正式的监管力量又称辅助的监管力量。“六级”指的是国家、省、市、县、乡、村等六级监管力量。其中县及县以上的四级药品监管部门属于正式的监管体系，而在“两网”建设中所新构建的乡、村两级监管力量则属于辅助的监管

力量。县级药品监管部门是农村药品监管的核心力量。对下则负责着对辅助监管力量的领导，与乡、村监管力量共同构成了农村药品的监管子系统。

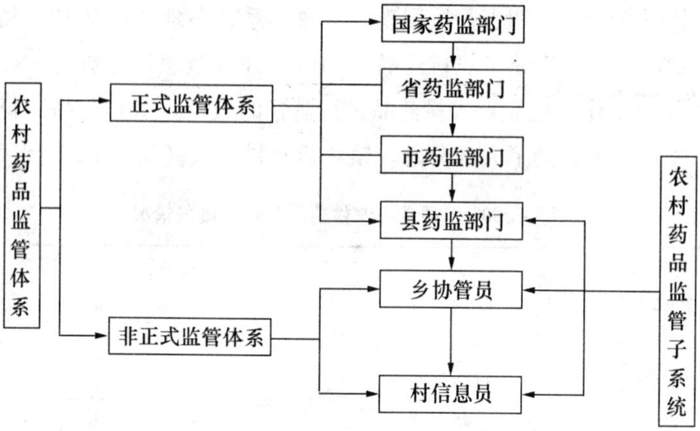

图1 农村药品监管总体构架

2. 发展辅助力量作为药品监督网的重要组成部分。虽然从总体上来看，全国的监管框架情况大体相仿。但各地在监管子系统的构建以及运行的方式上还存在着较大的差异。正式监督网中网员具有明确的法律地位、法律责任、法律义务，在日常工作中网员的积极性以及监管的效能都会大大提高。但建立正式监管力量所需的编制等问题并不是一个部门就能够决定的事情，在目前总体行政体制改革精减机构趋势下，建立正式的农村药品监管力量难度大、成本高、可行性小。相对于正式途径而言，辅助途径建立的成本是相当低廉的。这些低成本主要体现在，辅助人员的工资、福利要远远低于正式人员的工资、福利水平。辅助人员的培训成本要远远低于正式人员。但是就其工作岗位要求而言，辅助人员的人力资本水平也是大都能够胜任的。

3. 积极对农村药品监督网的人员队伍进行培训和教育。通过多方筹资，近几年农村药品监督网的两员队伍得到了比较全面的培训。在全国问卷调查的县中，从2003~2007年，平均每县每年对两员的培训次数约为4.7次。通过这些培训，对农村地区对药品的安全知识有比较大的帮助。

（三）通过减少药品流通环节，引入竞争机制，将药品供应网络延伸到农村基层乡镇，基本完成农村药品供应网构建

1. 建立“直配型”药品供应模式，增加农村地区的药品配送比例。“两网”建设中，有些地区通过建立药品集中配送制（简称“直配制”），减少了药品流通环节，使农村医疗机构的药品直配比例得到较大比例的提升，既降低了虚高药价，

又确保了药品质量。山东省淄博市临淄区在农村药品供应网络建设方面，通过招标与区内5家规模较大的药品批发公司签订配送合同，建立了稳定的配送关系，确保了药品质量。由于存在竞争压力，为了获得更多的市场份额，这5家药品批发公司不断加强软、硬件建设，提高企业等级，靠药品质量、价格、品种、服务、信誉争取市场。目前，区内5家承担配送业务的企业全部通过了GSP认证，配备药品配送车辆20余台，并承诺本区范围12小时内确保按要求将药品配送到位。陕西省在农村药品“两网”建设中，形成了包括89家县级药品配送中心，3332家药品零售企业，47家药品零售连锁企业，1543家药品零售连锁门店和农村乡镇医疗卫生机构、村卫生室的药品供应网，并且在药品配送企业中充分引入市场竞争机制，各企业间进行有序竞争，让利于百姓。根据调查，2003年以来，直配制药品供应模式在农村药品市场上发展相对迅速，截止到2007年各调查县有统一配送乡镇的比重达到了89%，有统一配送的村庄86%。这表明，农村药品市场的供应模式近几年来已经发生很大的变化。

2. 增加农村药品销售网点，扩大销售渠道。和城市药品供应相比，由于经济发展水平和自然地理条件的限制，农村药品供应的成本较高。一些地区分别根据当地实际的经济条件，制定了相应的优惠政策，鼓励药品经营企业开拓农村药品市场，增加农村药品经营单位的数量。山东省淄博市开办了农村服务性药品供应点（专柜）。农村服务性药品供应点（专柜）是在多数人口少、用药量少、不宜开办零售药店的村，通过设立这种特殊的药品供应点，执行农村非盈利性医疗机构供应药品的政策，不需要办理营业执照和纳税手续，免收税费，由药监部门单独对其实施监管职能，从而压减成本，进而降低药价，最终让农民得实惠。调查表明，农村药品供应点的数量有很大比例的提升，农村药品的销售量也呈上升趋势。

3. 规范药品供应网络末端，促进村卫生室的“硬件”和“软件”水平提升。长期以来，村卫生室一直是农村地区医疗服务与药品销售的最主要的经营主体。但是，由于经济发展水平和人员素质的限制，在许多农村地区广泛存在着“卫生人员不卫生，放下犁头拿针头”的现象，而且陈列与储存药品的设施条件简陋，药品养护缺乏质量保证。在农村供应网建设中，许多地区加大了对村卫生室的整改力度，不仅从房屋设施、存储条件等“硬件”上制定了相关准入标准，而且对从业人员的学历、医疗卫生器械管理规章制度的建立等“软件”服务提出了具体要求。山东省平原县食药局在农村药品供应网建设中，加大对村卫生室的整改力度，统一要求每个卫生室都必须配备独立的“四室”，包括观察室、诊断室、治疗室和药房，药品储存条件必须符合有关规定，村卫生室工作人员必须统一挂牌上岗。

（四）因地制宜，探索和创新特殊形式的农村药品供应方式，解决偏远地区、少数民族等地区的基本药品供应问题

在我国中西部一些地区，由于自然条件恶劣，经济发展水平落后，为农村药品供应带来了极大困难。一些地区从本地实际情况出发，整合现有的网络和资源，创造性地发展了一些特殊形式的农村药品供应方式，如四川的“马背药袋”、湖南的“便民药箱”，贵州的“一元药袋”等，较好地解决了当地农村群众“吃药难”、“买药贵”的难题。为了做好本项工作，国家食品药品监督管理局在总结一些地区试点经验的基础上，与商务部合作，推进“万村千乡市场工程”与农村药品“两网”建设，推广了在农村超市建立药柜的做法。

（五）在一些“两网”建设起步早的地区，推进“两网”建设与“新农合”工作结合

新型农村合作医疗与农村“两网”建设虽然两者的侧重点不同，但是最终的目标都是为了在农村地区构建一个和谐的医疗卫生事业局面。在一些试点地区，政府推动，将“两网”的供应网点纳入“新农合”的药品报销范围，将“两网”与“新农合”有机结合，互补发展，达到了资源的合理利用，不仅减轻了农民买药的经济负担，扩大了药品有效需求量，而且带动了供应网的快速发展。

（韩　俊　秦中春　张云华　张忠法）

农村药品“两网”建设效果总体评价

经过五年的发展，农村药品“两网”建设取得阶段性重要成果，主要体现在：规范了农村药品市场秩序，农村药品安全性短期内明显提高，农村药品价格有所下降，农民买药比以前更加方便，促进了新农合的健康发展，推动农村医疗机构服务水平的提高。目前已经建成的农村药品“两网”还是一种低成本运行、低水平保障的网络，与满足广大农民健康服务需要还有一定的差距。

一、全国农村药品“两网”建设的成效

（一）农村药品安全性短期内明显提高

通过开展农村药品监督网建设工作，由政府药品监督部门牵头组织的“横向到边、纵向到底”的监督网基本形成，到2007年5月，全国农村药品监督网覆盖率已经达到了80%以上。农村药品的监管力量明显增强，乡镇新增了协管员，村庄新添了信息员，目前全国调查县农村监督人员数量比“两网”建设前大幅增加，基本解决了过去农村药品安全缺人管的问题，从而使农村药品质量更有保证。

为了彻底改善农村医疗机构药品管理混乱，药品存储条件差等实际问题，保证医疗机构使用药品的质量，各级药品监管部门在推进农村药品“两网”建设的同时，与卫生部门有效合作，共同开展了以农村“合格药房”、“规范药房”建设为重点的药品质量规范化管理工作。以浙江省为例，按照“管理制度健全、采购渠道清晰、仓储条件合适、记录真实完整、人员培训到位”的要求，两部门共同制定了行之有效的具体管理规定和验收标准。目前，在食品药品和卫生部门的共同努力下，全省村级和村级以上医疗机构初步达到了药品质量规范化管理要求，使农村群众做到了“看病放心、吃药放心、就医环境改善”，把农村药品“两网”建设真正落到实处。比如，农村药品“两网”建设开展后，山东省临淄药品计划抽验合格率逐年上升，2006年西药合格率达到了97.5%，中成药达到了95%，中药饮片抽验合格率也达到了75%。在农村药品“两网”建设过程中，农村广大群众的安全意识增强，自我保护意识有所提高，农村药品供应机构进药渠道更加规范，农村药品供应机构内部管理更加规范，也提高了药品的安全性。实地调查中，

反映常购药的药品质量高的农户占调查农户的44.4%，33.3%认为一般；与2003年比较，37.0%认为药品质量提高；40.7%对目前农村药品质量表示满意。调查的农户85.2%称没有在常购药点购买过假药。

（二）促使农村药品价格下降

“两网”建设促进了药品市场建设，规范了市场秩序，引导了有序竞争，乡村医疗机构进药成本明显地下降，一些地区其比重降到近76%，提高了农村药品服务的经济性，减轻了农民负担。从2003年以来的药品价格和成本变动趋势来看，农村药品价格的平均降价幅度呈现出了逐年增加的趋势。部分成效尤为显著，如山东、黑龙江等通过“两网”建设试点之后，农村药价下降30%～40%。根据我们在山东省平原县的调查，“两网”建设以后，药品价格下降十分明显。目前，药品消费价格与2004年同期相比平均下降了10%，开展“两网”建设以来，全县农民医药费共下降了800多万元。平原县平均药品价格同周边县市相比低3%～5%。一些农村常见药品如抗生素、感冒药、心脑血管药等60多种主要品种下降30%以上。主要有两个因素：一是实行药品统一配送后，药品需求量大而集中，从药品购进环节就得到了价格优惠，采用直配模式后，加成率由原来的15%降低到7%，2005年配送企业直接让利208万元，2006年让利已达330万元，此举有效地降低了药品的价格。二是平原县卫生局对全县纳入“新农合”用药目录的部分常用药品统一了零售价，比规定价格降低了19.8%，一年可让利老百姓270万元。

（三）农民买药比以前更加方便

“两网”建设以后，由于拓宽了购药渠道，农民买药比以前更加方便。实地调查的农户均反映经常购药点距离家在1里内，70.4%认为购药方便，与2003年比较，66.7%认为方便性有了提高。

（四）规范了农村药品市场流通秩序

在“两网”建设过程中，通过引导合法合格的药品经营企业向农村延伸，基本从源头上堵住了假劣药品流入农村药品市场，规范了农村药品进货渠道，使游医药贩失去了市场，农村药品市场得到了净化和有序发展，基本上扭转了农村诊所及其他药品零售单位购药渠道混乱的状况。据统计，全国查处村卫生室非法进货从2004年的750家减少到2006年18家。2002年全国药监系统查处每个县平均农村药品案件数、涉案金额、取缔无证药品经营户、捣毁制假窝点、移送工商查处药品违法广告分别为78.02个、96113.22元、11.06个、0.34个、0.49份，

2006年以上指标分别达到114.44个，193654.12元，16.14个，0.3个，15.71份。

通过“两网”建设的引导，以及城市药品市场逐渐成熟，药品供应企业逐步向农村发展，农村药品市场不再是县内国有药品经营企业独家经营，只要是经过GSP认证的药品经营企业即可进入市场，县内农村药品市场出现了多家药品供应企业参与、公平竞争的局面。

（五）促进了“新农合”健康发展

一些试点地区，通过推进“两网”建设与新型农村合作医疗（简称“新农合”）相结合，促进了“新农合”的发展。一是整合了农村医药卫生资源，提高了“新农合”资金使用效率和效果，实现了药价公平合理，药品质量可靠。二是提高了农民参加“新农合”的积极性。农民到辖区内定点合法医疗机构、药店、服务性药品供应点就医买药都可以报销，大大方便了群众，保障了农民自主选择就医购药渠道的权利。三是拓宽了药品供应网络的服务范围，引入药品供应市场竞争机制，为“新农合”提供了质量可靠、价格合理的药品，给“新农合”注入了新的生机和活力，极大地促进了“新农合”的健康和谐发展。根据我们在山东省高青县的调查，该县将所有农村药店和服务性药品供应点纳入新型农村合作医疗报销范围，实现农村药品“两网”与新型农村合作医疗有机结合。通过这种方式取消了定点限制，促进了医疗机构和药店的竞争，农民在辖区内任何合法医疗机构、药店、服务性药品供应点就医买药都可以按比例报销，实行合作医疗一证“走”全县，从根源上杜绝了个别医疗单位受利益驱动、擅自抬高药品价格的行为，保证了农民切实得到实惠。此举也使得该县农民参加新型农村合作医疗的比例上升到90%。

（六）推进了国家基本药物制度的建立，为农村常用低价药品的稳定供应提供渠道

基本药物是指满足人们治疗疾病有效需求优先需要的药物，推行使用基本药物是解决“看病难”的有力措施。基本药物价格低、利润薄，主要是在农村和社区使用。在“两网”建设的过程中，由于农村急需的常用低价药品供需矛盾突出，推动了药品监管部门与卫生管理部门等积极努力，建立国家基本药物制度，鼓励药品生产企业通过简化包装、定点生产、统一配送等方式，为农村和社区提供安全、有效、价廉的基本药物。这项工作已于2006年启动，2007年第一批基本药物已经正式投放市场，这项制度的实施必将为农村常用低价药品的稳定供应提供保障。

(七)农村药品监管队伍扩大,监管能力加强

各省通过建立协管员和信息员制度,农村药监队伍不断发展壮大,延伸了药监部门监管的范围。根据在山东、贵州和湖北的调查,三省采用县、乡、村三级联动的监管模式,通过培训和聘请协管员和信息员,扩大了监管的层面,形成了自上而下的三级、四支监管力量:由县级领导小组成员部门的人员组成药品监管的联合队伍;由县药监局的药监执法人员组成药品监管的专业队伍;由乡(镇)领导小组成员单位的分管领导组成药品监管的协管队伍;由行政村聘任的药品质量信息报告员组成的信息队伍。一些地区通过明确协管员和信息员的职责,对协管员和信息员定期培训、考核等,加强"两网"监管能力,提高了其监管水平。根据我们在山东省平原县的调查,开展"两网"建设之后,通过招收和培训县、乡、村药品三员926名,其中县药品监督员95人、乡镇药品协管员186人、村级药品信息员645人,县药监局为三员颁发了证书,设立了社会公开举报电话,通过全社会监督药品市场的方式,延伸了药监局监管的范围,为药品市场的监督管理安上了"千里眼"。

(八)推动医疗机构健康发展,服务水平得到提高

一是促进药房规范化建设。通过"两网"建设的推进,农村医疗机构特别是乡镇卫生院和村卫生室,均建立并完善了药品购进验收记录,药品按储存要求分类摆放,并投入资金增加了制冷、通风等设施设备,配备了温湿度调控、防虫防鼠、消防安全等设施,添置了货架,改善了药品储存条件,自觉按照药品管理的有关要求进行规范化管理,确保了药品质量。2006年,山东平原县政府、各乡政府及个人多方筹资500万元,对全县445处村卫生室进行了大规模的规范建设,建设了100处高标准示范卫生室和345处甲级卫生室,县财政投入了53万元对100处卫生室和卫生院进行了设备配套,极大地增强了卫生机构的服务功能,为方便广大农民就近就医提供了保障。

二是促进医疗机构用药行为逐渐规范。"两网"建设开展比较好的地区,医疗机构得到了较好的健康发展。贵州习水县土城镇卫生院就诊人次数逐年上升,药品收入占总收入比率总体趋势为下降,每人每次平均就诊费用逐年下降。药品收入占总收入的比率从2003年的54.83%下降到2007年上半年的48.54%;门诊和住院人次数分别从2003年的18213人次、314人次上升到2006年的20314人次、348人次,2007年上半年分别为10094人次、294人次;人次均住院费用方面,从2003年3295.86元逐年下降到2006年的2816.95元,2007年上半年为1763.61元;但是门诊费用在该卫生院出现了上涨,与2003年相比,2006年的涨幅为15%,2007年的涨幅为46%。

二、农村药品“两网”建设的不足和难点

农村药品“两网”建设也存在不足，目前已经建成的农村药品“两网”还是一种低成本运行、低水平保障的网络，与满足广大农民健康服务的需要还有一定的差距，要真正解决农民安全、经济、有效、方便用药问题还任重道远。

（一）农村药品供应保障水平亟待提高

1. 药品配送存在“死角”。推行药品配送是目前解决农村药品安全供应的最重要的手段之一。在药品供应网建设中，由于经济发展水平和自然条件的限制，一些地区的农村药品配送面临着极高的配送成本，制约了供应网络的延伸。比如在福建省，有大约3%的村庄位于交通不便的沿海岛屿、边远山区，这446个行政村未能保证药品供应。在这些地区设置药品经营网点和药品配送基本是亏损经营，在市场经济条件下，从经营成本考虑，配送企业的积极性不高。因此，如何提高对交通不便的沿海岛屿、边远山区药品配送覆盖率成为药品供应网建设面临的十分现实的问题，这个问题在我国中西部农村地区尤其严重。

2. 农村药品质量还存在较大问题。近年来各地药品查处案件数量不断提高，由2002年的53386件迅速增加到2006年的110932件，平均每县查处案件数逐年上升，从2002年的89.3件增至2006年的143.5件。涉案总值呈现上升趋势。2005年高达12557.26万元。其原因是复杂的。首先，农村医疗机构“以药养医”的体制矛盾，促使一些医疗机构以药赚钱、追求利润，质量管理意识薄弱。其次，部分农村卫生院（所）一直由乡镇卫生院代管，乡镇卫生院为了自身利益在为村卫生所代购药品过程中行为不够规范，使药品质量存在隐患。

3. 农民用药价格依然虚高。由于目前在农村药品市场上还存在着较为严重的地方保护主义，以及在药品招标过程中还存在着腐败等一些问题，导致供应网竞争不足，终端药价依然虚高。首先，农村药价超过了城市药价。据调查，四川省成都市4种常用药品乡镇卫生院的价格最少的比市区高出30%，最多的高出了60%。其次，农民医疗费用增长速度超过了其收入增长速度。我国农民收入年增长率只有7%左右，而医药费用平均年增长率为12.5%，大大高于收入增长。再次，一些地区的农村药品价格农民不能承受，在900多个样本中比重是28%。

4. 农村医疗机构的药品质量管理还需要有大的提高。农村医疗机构作为农村药品供应主渠道，其药品质量管理与药品GSP的要求还相去甚远，特别是药品储存管理条件达不到标准，多数还比较差。药监部门难以履行对医疗机构的药品质量监管，农村用药存在一定的安全隐患。

（二）“两网”运行机制不完善

1. 建设内容常规化不足。目前“两网”建设工作在很大程度上还具有短期性，建设内容在实际工作中显得比较淡薄，也没有工作机制的制度化和常规化，在一些地区往往不能引起当地政府的重视以及其他部门的通力合作。“两网”建设工作的开展依赖于各级药监局负责人与政府和其他部门的协调能力，这也是各地“两网”建设的主要差别。

2. 缺乏有效激励机制。调查发现，目前“两员”在从事农村药品监管工作时一般得不到报酬。这些人员大都没有工资或者补助，基本上是“义务工”。大多数地区对于农村药品信息员和协管员采取的激励措施是精神激励，所使用的具体方法主要是颁发一个类似“县级优秀信息员”或者“县级优秀协管员”之类的证书，这样的一个证书对于当代人的自我实现的需求一般是很难满足的，因此往往也就起不了什么作用。虽然大多数地区建立了对“两员”的考核制度，并且这些制度看上去十分周到全面，但是考核制度中对于“奖励”一环的设定往往是无力的。

造成激励机制缺乏的主要原因是经费缺乏。习水县药监局 2006 年省级财政拨付的实际在编经费是每人每年 3000 元。该局在编人员共有 7 人，该局每年的工作经费共有 21000 元，而该局每年的综合支出要有 17 万之多，因此，县药监部门自身的工作经费已经是捉襟见肘，他们自己是拿不出钱来为“两员”发放工资补贴的。这样，“两员”的日常巡查最终只能成了“义务工”。

3. 两员职责功能定位不清。在调查中发现，大多数县级药监部门希望将两员定位于“正式监管力量”的角色，强烈地呼吁赋予“两员”明确的法律地位、责任和义务，希望在乡镇一级建立药监部门的延伸机构，而事实上以及“两网”设计之初，两员的功能定位属于一种“辅助监管力量”的角色。对农村药品的有效监管，核心问题是“要有人管”，“这些进行监管的人有能力管”和“这些监管的人会积极地去管”。农村药品监督网搭建完成只是解决农村药品安全“有人管”的问题，然而要使这一监督网有效地运行下去就必须使这些人有能力和积极地去管。从农村药品监管分工来看，农村药品质量安全的辅助监管力量应该主要负责的是对农村药品供应网点进货渠道的监控，一旦发现非正规的进货渠道立即上报，然后由药监部门负责判断非正规渠道药品的质量安全。在这种分工下，农村药品的监管工作对农村药品辅助监管力量的要求并不是很高，通过一些相当简单的培训就可以达到。但目前药监部门希冀农村药品辅助监管力量也有判别药品质量安全的能力，对农村药品辅助监管力量这样的一种定位在目前的情况下无疑是很难实现的。而要真正地实现这一定位，就必须通过建立一套正式的监管力量才能达到。

4. “两网”建设地区发展不平衡。目前监督网建设存在着巨大的地区差异。这些差异不但包括监督网建设的现状，而且还包括监督网的建设模式，不但包括监督网建设的投入状况，而且还包括监督网建设的静态以及动态成果。并且从各个具体衡量指标来看，不同地区的差异还都是十分巨大的。比如754个县的资料分析上，东中西三个地区每县发展的监督员数量分别为351人、313人、142人。另外，随着时间的推进这种差异还呈现出了逐步扩大的趋势。

5. 我国农村药品监督信息网络尚未健全。目前全国“两网”的信息系统的建设还是一个十分初级的阶段，信息系统不健全，信息化程度低。从调查的数据来看，东、中部各省由于经济条件较好，相对西部各省，拥有更多已经建立信息网站和数据库的县。在西部各省中基本上还没有多少完成“两网”信息系统建设的县。根据统计，目前仍然有50%多的地区没有建立“两网”工作信息数据库。尤其是对信息量需求比较大的监督网建设的信息化水平低，网内信息流动方式总体比较落后，制约药品供应安全监督的效果。目前监督网内部信息流动方式主要凭借的是信息的定期上报和联席会议制度，但是由于信息上报的形式大都是纸版数据，这使得信息的传递以及信息的处理都会出现不同程度的滞后性。据统计，从2003~2007年平均每年没有“两网”工作信息网站的县所占的比重达到了83.25%，没有“两网”专门科室的县所占的比重达到了52.72%，没有“两网”工作电话热线的县所占的比重达到了33%。

（三）“两网”建设保障机制不完善

1. “两网”建设经费投入不足且不稳定。经费问题是监督网建设的核心问题，经费投入的不到位将会直接对建设成果产生影响。目前我国“两网”建设投入情况以及监督网建设的投入情况有以下特点。

（1）建设经费投入不足且不稳定。从中央财政投入分析，2006年中央财政投入1亿多元，对促进“两网”发展发挥了重要的支持作用，但是平均到每个县市，中央投入明显不足。尤其是中西部贫困地区投入严重不足。从各省市财政投入分析，在天津、湖南、青海、西藏各县中，2003~2007年“两网”建设年均投入经费仅为1.57万元。这是一个相当少的投入，这样的一个经费投入状况是很难保证“两网”建设的顺利进行。（2）县乡政府作为投入主体难以保障“两网”建设的长效性。据调查，天津、湖南、青海、西藏各县历年“两网”建设经费投入主体构成最主要的是县以下的投入主体，如2003、2004年，县及县以下投入均占到了90%以上。单靠乡级财政来挑“两网”建设经费的重担，“两网”建设经费就是很难有保障的。（3）“两网”建设有关经费投入结构不合理。根据天津、湖南、青海、西藏各县历年“两网”建设经费分配的数据，可以发现，在2003~

2007年间，除了2006年，其他年份“两网”建设的经费主要用在了供应网的建设上，其比重均占到60%以上。这样的一个经费分配状况与国家食品药品监督局在“两网”建设时所强调的“加强监督网建设、促进供应网建设”并不一致。

2. 相关资源难以统筹使用，部门积极性调动难。在目前的管理体制下，农村药品“两网”建设的工作还存在一些深层次的体制矛盾，制约“两网”建设的顺利进行。

（1）部门间合作机制依然有待完善。农村药品“两网”的建设需要卫生、财政、医保、经贸委、监察、物价、商务、公安等许多部门之间的相互协调和配合。但是目前在监督网建设过程中，这种部门之间的协调并不顺利。根据调查统计，从各个省参与部门数量的比较情况来看，最多的省有6个部门，还有几个省没有部门间的协作。

（2）“两网”建设与“新农合”难结合。由于目前农民大多参加“新农合”，参合人员只有在定点医疗机构产生的费用才能报销，这对没有纳入“新农合”报销体系的药品供应点产生了巨大的冲击。贵州一位市药监局局长反映：“参合人员越多，药店关门的就越多”。如在贵州毕节地区，由于农村药品零售网点购药没有纳入“新农合”报销范围，农村药店大面积夭折。

（韩　俊　秦中春　张云华　张忠法）

推进农村药品“两网”建设的思考与建议

课题组的综合调查研究表明，农村药品“两网”建设是我国农村医疗卫生事业的重要组成部分。农村药品“两网”建设工作涉及面广，具有很强的政策性、技术性和群众性。农村药品“两网”的建设需要经费投入，需要专业人才，需要技术手段，需要体制创新。近年来，农村药品“两网”建设工作虽然已取得了显著成效，但在实践中还存在一些难点和问题。同时，农村药品问题不仅表现为一个阶段性的问题，并且具有长期性、发展性，这一问题会随着农村经济的发展和农村收入水平的提高而日趋得到人们的重视。

提高农村药品供应和安全保障水平，应以科学监管理念为指导，以保障民生用药安全、方便、有效为宗旨，坚持“巩固、完善、提升”的指导方针，以维护广大农民身体健康为出发点，通过政策引导、行政监督，建立健全安全有效、方便及时、价格合理、诚信守法的药品供应网络，形成体系完备、反应迅速、符合各地农村实际的药品监管网络。

首先要巩固农村药品“两网”建设的基础。重点是整合资源，将农村药品“两网”建设工作纳入城乡基本公共服务均等化建设范围，加强网络基础设施建设，健全农村药品“两网”工作人员、经费和物质技术设备的保障体系。

其次要完善农村药品“两网”运行机制。要立足于市场，遵循医疗事业发展规律，应用现代技术成果和手段，使农村药品“两网”运转更加协调、运行质量和效率更加提高。

再次要提升农村药品“两网”功能。要利用农村药品“两网”体系促进农村医疗卫生事业发展，向农民普及健康与基本预防保健知识，促进基本医疗服务公平享有，保障不同群体、不同地域人群的健康权益。

一、充实“两网”建设内容，制定“两网”建设规范

充实“两网”建设内容。将解决农民的用药问题作为新农村建设的一个重要内容，将“两网”建设纳入到新农村建设的体系当中，整体规划，配套投入。将农村食品监管与药品监管相结合。加强药品供应网和监督网建设，结合食品监督

网、工商监督网、卫生监督网等，小网向大网扩展，部门网向综合网扩展，促使农村药品监管工作由兼职性向专职性转变。

制定“两网”建设规范。要加快“两网”建设常规化建设和工作机制制度化步伐，制定全国性的“两网”建设基本标准和指导规范，包括“两网”建设的组织领导机构设置；监督网的组织制度框架，监督网“两员”的职责、数量、日常工作内容、考核标准；供应网的组织制度框架，建设方式，管理办法，药品供应网点的分级分类评价标准，纳入“新农合”报销范围的药店的统一要求；“两网”建设的基本经费保障标准等。逐步完善监督网建设工作制度，规范供应网发展引导和管理机制，完善相关部门和从业者的激励及考核制度。

协调推进“两网”建设。农村药品监管网络是供应网络的保障，没有药品监管网络的建立和完善，就没有供应网络的建设与规范；供应网络是监管网络建设的目标和标准，没有供应网络的建设与规范，就失去了监管网络建设的意义和评价标准。监管网络要能够完全覆盖供应网络。“两网”建设相辅相成，要共同推进，才能取得实效。

二、建立“两网”建设投入保障机制

农村药品“两网”建设多属于公益性社会基础事业，是农村公共卫生和社会安全基层建设体系的主要组成部分，属于国家公共财政保障支持的范围。目前全国农村药品“两网”建设取得阶段性成果，已经建立了比较完整的网络体系，下一步发展最大的制约因素是网络建设投入不足，必要的运转经费没有保障，已经建立的网络要有效运行困难。当务之急要从列入公共财政保障范围入手，加大公共财政对农村“两网”系统建设的资金扶持力度，重点加强药品监督网的软硬件建设和运转经费投入，建立专项建设经费与日常性工作经费补助相结合的经费保障制度，保障对农村涉药单位及其药品流通情况进行全覆盖安全监督，实现日常有效运转。

关于“两网”建设人员专项经费保障标准，有三种依据。第一种是按国家对“新农合”补助给农民资金的一定比例由各级配套增加投入。目前国家各级补助农民参加“新农合”的标准为每人 40 元左右。这是一种对医药需求方的投入，在目前农村药品市场化流通和存在“以药养医”现象的情况下，如果农民用药问题得不到质量和价格上的保障，效果是打折的。因此，可以相应地按其一定比例投入到药品供应网络和药品监督网建设上，从药品供应方面保障农民得到应有的健康效果。根据课题组调查，按 40 元的 5% 配套，即人均增加投入 2 元，是基本可行的。第二种是依据药品“两网”工作所服务范围和规模，主要按所在地常住人口计算，人均1～2元，列入财政一般预算。比如贵州省黔西县在农村药品“两网”建设中，从2007年下半年开始，村级信息员主要由卫生防疫与预防保健人员承担，对村级信息员提供稳定的经费补贴保障，标准定为大体上所服务人口每人1年1元，所需经费纳入财政预算。第三种是按照“两网”工作人员参加工作的任务量计算，列入财政专项预算。工作量的主要内容包括定期巡查、汇报交流、不定期专题调查和填报调查信息记录等，每个村级信息员每人每月工作3～4天，每月人均补贴至少需要30～50元，正常的需要100～200元甚至更多。按照这三种依据测算，全国“两网”建设保障资金年度需求均约20亿元左右。

要增强县以上政府在推进农村“两网”建设中的投入责任，加强县级“两网”建设组织机构的能力建设。目前全国药品监督系统实行垂直管理，而国家和省级对“两网”建设的投入十分有限，许多省基本没有。调查表明，目前农村两网建设主要依靠县、乡两级政府投入，平均只有1万多元，经费保障受到很大限制。很多县级药品监督机构无设备、无技术，多是靠经验检查、判断；被检查和处罚单位或人员对处罚有异议，也难有有力的检查证据。县级药监局是负责农村药品监督管理的主要力量，存在工作成本大，检查任务重，人均检查的药店、生产企业比较多，但人均工作经费少的突出矛盾。中央和地方各级政府对基层药品监管系统要给予发展要素的综合支持，确保“两网”建设的主要组织领导机构有能力加强农村“两网”建设工作。

三、完善农村药品监督网的运行机制

农村药品协管员和信息员是农村最基层的监督管理队伍，也是“两网”建设能否取得成效的关键环节。因此，“两员”队伍的建设在“两网”建设中具有举足轻重的地位。队伍建设好了，农村的药品监管工作便有了千里眼和顺风耳；如果建设不好，那么即使有了队伍之形，也难有队伍之实，即便有“视”也难有“见”，即便有“耳”也难有“闻”。规范两员队伍建设，应促进其正规化和专业化，增强队伍的专业素质，明确其责权利关系，促进行政监督和技术监督相结合。

目前，国家和省级财政对药品“两员”没有补助经费下拨，“两员”平时的工作纯属义务性的帮助药监部门，很大程度上依赖“热情”、“感情”因素。虽然部分市、县、乡自行给予少量补贴，或者通过一些表彰激励他们工作，但是这些措施对于激发协管员和信息员的工作积极性是远远不够的。为充分发挥好“两员”队伍的作用，激发其工作热情，充分利用其驻守本地、联系密切、熟悉情况，方便、快捷的优势，当好县、乡、村药品监管的“千里眼”、“顺风耳”，不能永远让他们做义务工，因此，各地要因地制宜，解决“两员”的工作运行软硬件建设。中央财政应给予他们最基本的劳务报酬，建立起协管员、信息员工作经费和报酬补偿制度。

对于信息员的补贴可根据其实际工作量和开支各地进行适度补贴，每月补助的起点各地不强求一律，但最低限度要与其工作量相适应。但随着各级财政好转，可适度增加。协管员一般都是国家基层干部，药品协管员只是增加了他们的工作内容。但是由于这一项工作内容责任重要、工作量也不小，可以考虑适当增加报酬，不断改善工作条件，其中包括用于药品监管工作的电话费、车费、下乡生活费、资料费、办公用品费等方面。药品安全监管工作的重心在基层、难点在基层、薄弱点也在基层。建议有条件的省市在乡镇设立药品监管所（或在乡镇政府机构设立药品监管股），配备1～2名专职人员，将其工作经费列入同级财政预算。

四、建立并完善药品供应网管理制度为供应网发展创造制度基础

在农村药品供应网引导和管理上，中央和省级层面都没有统一、规范的农村药品供应网络管理法规或条例可以遵循。目前各个市、县药品供应网建设都是各自为政，不仅是各个市，甚至各个县都有不同的管理办法。有的地区只允许一家流通企业从事药品批发配送，有的地区允许几家，有的地区全面放开；有的地区对药品批发企业的经营行为管理规范，有的地区则较为松散。建议建立分类分级的供应网络管理体系，对不同类型的药品批发企业、对向不同行政级别批发配送药品的经营活动出台供应管理制度，对行政垄断、地域保护、恶性竞争等相关方面都做出相应规定。避免供应网管理中效率损失，避免渎职及失职行为的发生，从制度上保证供应网建设的顺利推进。对于市场可以进入的农村药品地区应实行充分的放开政策，药监部门需把好质量关、资质审核关。对于市场进入不了的偏远地区，应给予药品经营企业以优惠政策，鼓励药品经营企业送药到这些地区。

五、将规范运行的药品供应点纳入“新农合”报销范围

目前，药店的药品价格一般是低于医疗机构同种药品价格的，但是由于“新农合”定点医疗机构的冲击，农民往往无法享受到零售网点的价格实惠。因此，本着“让农民用药经济”的理念，借鉴城市居民医保卡可在药店买药报销的做法，应该把农村药品零售网点纳入到“新农合”的报销范围。将农村药品零售网点纳入“新农合”报销范围、规范“新农合”定点医疗机构的药品供应储存、实现“两网”建设与“新农合”的协调要尽快发文明确。具体而言，应把“两网”

集中配送药品目录与“新农合”基本用药目录对接，保证低价普药的配送，通过合理调整农村用药结构，让农民得到实惠。借鉴城镇医疗保险的形式，将零售药店和服务性药店供应网点纳入新型农村合作医疗体系之中，整合资源、讲求实效、公平竞争、互相补充、促进发展、让利于民。打破行业垄断，让加入新型农村合作医疗的农民群众自主选择就医购药渠道，真正收到价格合理、方便及时、安全有效的药品医疗保障服务。

六、出台扶持农村药店优惠政策，增加农村药品供应终端网点

农村药店的开设在满足农民用药方便的同时，也为农村药品的供给引入了竞争机制，使农村乡卫生院、村卫生室有了竞争对手，从而对于农村药品质量的提高和药品价格的下降有着很大的促进作用。但是，目前在农村开设药店面临重重困难。农民居住的比较分散，药品流通企业往往不愿进入农村。药店与医疗机构本身就不是处于相同的起跑线上，国家的法律对药店的要求要比医疗机构的要求严格得多，比如药店要经过 GSP 认证而医疗机构却不需要，同时再加上“新农合”的实施，药店在农村更是难以生存。再者，开药店条件要求相对较高，需要农村药师资格。因此，国家应将农村药店视为一种非经营性、非盈利性公共服务机构，给予免税、免工商费政策，鼓励农村药品网点建设，增加农村药品供应。

在偏远地区农村，由于经济落后、道路条件差等因素，往往使得在此处开设药店无利可图，入不敷出，结果就没有药品经营企业愿意进入这些地区。政府应出台一些优惠政策，使得在这些地区开设药店能够有利可图，激励药品经营企业进入这些地区。这些优惠政策包括：首先可以通过调整准入条件，在偏远地区设立药柜；其次，可以通过免税费的方式，吸引药品经营企业进入这些地区；再者，可以鼓励药品生产企业对常用药品通过降低包装等方面的成本，低价进入这些地区。如在黔南州的龙里县就出现了 10 余种“一元装”的农村常用药。另外，可以采用灵活的供应方式。四川阿坝州“马背药袋”的做法对偏远地区药品供应也有借鉴意义。

七、建立并完善各级药品信息网络，实施农村药品“两网”建设信息化工程

药品供应信息的畅通是农民用药经济的有力保障，药品信息的发布是农民用药安全的重要举措。为了巩固农村药品“两网”建设成果，建立快速的预防控制机制，提高网络的服务功能，要加强“两网”信息化（如数据库、信息网络、跨

区联网等）建设，建立并完善各级药品信息网络体系及服务平台。在国家、省、市以及县各个层面，都应努力构建药品信息的传递机制，及时更新药品质量信息。

八、出台《医疗机构药品质量管理办法》规范对药品使用单位的监督管理

目前，药监部门普遍反映新出台的《药品管理法》相关管理规定实用性、针对性、可操作性不强，特别是其中对药品使用单位（主要指医疗机构），药监部门只有监督权没有处罚权的条款，使得药监部门对药品使用单位的监督权也形同虚设，出现药品监督方面的真空。药监部门对药品生产、流通批发和零售的监督管理和执法都是明确规定的，法则严明。但是对药品使用单位，如医院和卫生院等医疗机构则面临管理办法不明确、执法权不明、监管职能弱的窘境。《药品流通监督管理办法》对药品使用单位的监督管理虽有较为明确规定，由于没有相关的处罚性条款，使得药监部门在面对药品医疗机构时只有监督权而没有处罚权，最终使得药监部门的监督陷入无效的境地。同时，卫生部门作为其主管部门，也没有相关明确规定予以弥补《药品流通监督管理办法》这一缺陷。这样，很有可能使医疗机构的药品质量成为无人监管的真空。因此，应尽快出台《医疗机构药品质量管理办法》，规范对药品使用单位的监督管理。在国家层面和省级层面，首先在法规方面明确对药品使用单位的监督管理办法。

相比于国家层面的相关法规，省级层面的相关法规出台要相对容易些。贵州省已经准备出台相关法规，贵州食药局已与法制办多次沟通，拟经省人大讨论通过于2006年起草的《贵州省药品使用监督管理办法》。该《办法》在对药品使用单位药品进货、储存等方面提出明确要求的同时，也出台了对违反要求的单位进行处罚的办法。

九、建立对药品生产及流通企业的激励与惩罚机制加强对经营者的宣传、引导和服务

药品安全的源头在药品生产企业，如果企业偷工减料、不按照规定生产的话，那么即便是“两网”建设得再好，也不可能做到为农民消费者提供质量有保证的药品。因此，政府应该发挥其市场经济监管人的作用，通过建立对药品生产企业的激励与惩罚机制来从源头上确保药品质量安全，保证药品在生产环节不出现质量问题。其次，要通过建立有效的监督网来对药品流通环节予以严格监管，避免不合格的假药流入农村市场。因为和城市相比，农村地域更加广大，消费者居住

也相对分散，这就为监管提出了更加艰巨的任务。但是，政府不能因此放松对农村药品市场的管理，相反，各级政府应该通过制定有效的监管制度进一步加强对流通环节的管理，确保提供给广大农民质量合格的药品。

十、统筹城乡医药监管和供应资源，注重农村药品两网与城市两网的融合

应统筹城乡医药监管和供应资源，融合城乡药品供应网和监督网。城市药品监管工作和农村药品监管工作不能分割开来，农村监督网和城市监督网最终应实现一体化。农村供应网和城市供应网也应相互融合，城市药品供应网向农村延伸，农村药品供应网也只有借助城镇供应资源的力量才能够稳定。

（韩　俊　秦中春　张云华　张忠法）

第十一篇

奶　　业

调查中国农村
ZHONGGUO
DIAOCHA NONGCUN

第十一篇课题组成员名单

课题顾问：

李剑阁　国务院发展研究中心副主任 研究员

课题负责人：

韩　俊　国务院发展研究中心农村经济研究部部长 研究员

徐　鸣　商务部综合司司长

课题组主要成员：

郭建军　国务院发展研究中心农村经济研究部研究员

秦中春　国务院发展研究中心农村经济研究部副研究员 博士

张云华　国务院发展研究中心农村经济研究部助理研究员 博士

王　宾　中国农业大学经管学院博士生

切实保护奶农利益，促进奶业稳定发展

2007年，我国乳业发展出现了一些新情况和新问题。中央和国务院领导高度重视，并多次作出重要批示。为贯彻中央和国务院领导的指示精神，国务院发展研究中心农村经济研究部与商务部综合司组成课题调研组，于2007年7月中上旬对内蒙古、黑龙江、河北、山东等省区奶业发展的现状与问题进行了实地调研。

调研组认为，促进我国奶业稳定发展，需要采取“扶持、调控、规范、转变”的综合措施。既要立足当前，又要考虑长远，既要解决奶农养殖效益下滑，乳品企业利润下降的迫切问题，也要考虑乳业的长期稳定和持续健康发展。目前核心问题在于奶牛养殖业效益低下，必须采取措施使奶牛业渡过难关。从长远看，要在结构优化和产业升级上下功夫，向集约经营和规模经济要效益，理顺各种关系，促进产业良性发展。

一、当前奶业发展的总体形势

2000年以来，在政策推动、市场拉动、龙头带动和效益驱动下，我国奶业保持了持续快速发展的势头，实现了奶业发展总量翻两番，成为全球第三大产奶国。

近年来，奶业发展出现了一些新情况，主要表现是：增长速度明显回落，奶牛养殖效益大幅下降，乳品行业的利润水平整体下滑，奶业发展陷入奶农、企业两头不见利的困难境地。

（一）奶牛养殖效益大幅下降

奶牛养殖效益下滑，最直接的原因就是，近年来饲料价格猛涨，而牛奶收购价格基本不动。奶牛养殖成本中饲料占65%左右。与2004年相比，每头奶牛养殖成本增加1000～2000元。奶牛养殖效益下滑出现于2005年，许多奶农从2006年初就开始企盼奶价上涨，但奶价没上涨，反倒是饲料价格一路上扬，养殖效益一降再降。饲养奶牛的年利润从2002年平均每头3000元以上，下降到现在平均每头1500元左右，下降了50%。据分析，由于饲料涨价原因，目前河北省养殖户有30%亏本，30%勉强保本，只有40%的能够赢利。

奶牛价格下跌也是奶牛养殖效益下降的重要原因。从2002年开始到2003年的购牛高峰，短期内需求的急剧扩张使奶牛价格畸高，2003年前后平均每头奶牛价格为1.7万元，当时的奶农不但在牛奶销售上有收益，而且在奶牛交易中也有很高的收益。而2005年之后一头高产奶牛下跌到5000～6000元，下跌幅度达62.5%，而就是这个价格也是有价无市。

（二）低产劣质奶牛加速淘汰

当前奶业发展中最值得关注的是，由于养殖户的效益水平与前些年相比快速下降，同时肉牛价格上涨，一些地区出现了养牛户杀牛卖牛的情况。根据我们在石家庄市的调查，几乎每个养殖小区都有养殖户卖掉奶牛脱离小区的情况，比例不等，多的在30%，少的也在10%左右。养殖小区周边的散户，此次卖掉奶牛的就更多。

调查中了解到，奶牛当肉牛卖、被宰杀有三种情况：一是淘汰老弱病残牛（尤其是久配不孕牛和患乳房炎使产奶量明显下降的牛）；二是淘汰劣质低产牛。从2002年开始到2003年的购牛高峰，由于不正常的奶牛价格炒作，致使一部分劣质奶牛以高价流入。在饲料等养殖成本价格上涨后，这些奶牛不仅不能保持合理的收益，有的甚至赔钱。因此奶农大多将这些劣质奶牛淘汰；三是把母牛犊当肉牛卖。正常情况下，一头奶牛一年生一胎，小公牛被淘汰，小母牛用于扩大再生产。过去一头母牛犊能卖5000元，现在却与公牛犊一样，抽完血清当肉牛卖，最多卖到300～400元。前几年，由于各地大上奶牛，造成群体质量降低，几年下来，低产奶牛饲养不划算，在奶牛价格降低的情况下，淘汰部分劣质低产老弱病残牛，属于正常现象，有利于提高奶牛的群体质量。但把母牛犊当肉牛卖、养殖户大量卖牛、杀牛持续蔓延下去，必将出现基础母牛严重不足的局面。

（三）部分散养户退出奶牛养殖

我们调查发现，规模养殖户与散养户相比，由于养殖技术水平较高，牛奶质量较高，仍有利可图。但散养户普遍亏损，受冲击最大。散养户饲养管理粗放，加上缺乏一定的养殖技术，把奶牛当猪喂，不进行科学日粮营养搭配。另外奶牛饲养的设施条件十分简陋，不能满足奶牛保健和生产优质牛奶的需要。较低的饲养管理水平必然导致较低的生产性能，造成奶牛单产低、产奶期短、疫病多。当前养奶牛比较效益下降促使这部分奶牛养殖户退出奶牛养殖，这有利于促进奶牛养殖向规模化、集约化、科学化、专业化迈进。但散养户仍是奶牛养殖的主体，如果散养户大面积亏损的局面得不到扭转，势必会大范围出现卖牛杀牛现象，奶业生产将难以避免出现大起大落。

（四）乳品企业的赢利空间缩小

饲料、包装材料、乳糖成本不断上涨，但乳制品市场价格并没有水涨船高，致使乳制品加工企业的利润呈直线下滑趋势，乳制品行业销售收入利润率由2002年6.8%降至2003年6.1%、2004年5.4%。

二、制约我国奶业发展的主要问题

我国奶业发展带有明显的粗放特征，重外延扩大、轻内涵提高；重产量的增长、轻质量提高。在行业利润率较高时，这种粗放发展方式掩盖了许多矛盾和问题，在奶业由超常规增长进入平稳增长阶段后，原来的矛盾和问题就会凸现出来。特别是在当前饲料价格急剧上涨情况下，奶业发展陷入了前所未有的困境。

（一）奶牛单产水平低，规模化养殖比重不高

一是牛群结构不合理，高产奶牛比例偏低，品种改良任务重。我国成年奶牛平均单产3840公斤，不到发达国家奶牛单产水平的一半。低产奶牛在牛群中仍然占有较大比重，成为制约奶业总体竞争实力提高最为突出的因素。根据河北省农业厅估计，全省奶牛存栏中，能够达到纯种二代高产牛（每头牛单产水平达到6吨以上）的只有1/3左右，中低产牛的比重占2/3。目前全省奶牛平均单产3.54吨，不足发达国家平均水平的一半，达不到盈亏平衡点（按照目前的成本，根据测算，该省一头奶牛的单产至少要达到4吨左右才能有利润）。

二是“养牛与养猪一样”，饲养管理技术水平低。在奶业发展中，优质冻精和胚胎是基础，解决了良种的问题，但没有优质的饲草饲料，再好的奶牛也不会高产。

三是规模养殖和精细化养殖不足，直接阻碍广大奶农与现代化乳品企业对接。奶牛养殖以散养为主。我国奶牛饲养多以农户小规模分散养殖为主，80%的奶牛散养在农户家里，平均饲养规模在5头左右，20头以下的养殖户占80%以上。2006年河北全省奶牛饲养规模5头以下的养殖户37.26万户，饲养奶牛数量101.19万头，占全省奶牛的比例为45.08%．规模养殖场和奶牛小区饲养量仅占总量的1/3。2006年全省100头以上的规模养殖场（户）为1080个，存栏奶牛28.91万头，占全省奶牛的比例为12.88%．2006年全省养殖小区745个，存栏50.61万头，占全省奶牛的比例为22.55%，牛奶产量119.71万吨，占全省牛奶总产的29.37%。小规模个体奶农仍然是我国奶牛养殖的主体。

（二）乳制品加工企业产品技术含量低，产品销售市场秩序混乱

乳品行业作为一个技术准入门槛并不高的行业，产品质量、品种、同质化现象严重。原料、生产工艺、包装都日趋成熟，品牌产品也已大同小异。出于竞争的压力，迫使各企业纷纷降低价格、搭赠产品或加大广告投入，以降低利润或增加成本为促销手段，来提高市场占有率。目前大部分乳品企业的乳品设备和乳品工艺在世界上是较先进的，但产品创新不多，部分企业只在产品概念和广告宣传上做文章，并没有真正投入大量资金和人力进行技术研发，乳制品以液态奶为主，产品同质性强。

同一地区的同类企业存在税赋不公情况，不利于企业间平等竞争。以内蒙古伊利实业集团股份有限公司和蒙牛乳业（集团）股份有限公司为例，2006 年，伊利公司实现销售收入 163. 39 亿元，应纳增值税、企业所得税 10. 32 亿元，百元销售收入税收贡献率 6. 3 元；蒙牛公司同年实现销售收入 162. 46 亿元，由于享受外商投资企业税收优惠政策和地方政府优惠政策，应纳增值税、企业所得税 2. 4 亿元，百元销售收入税收贡献率仅为 1. 48 元。企业税赋相差悬殊，不利于促进企业间平等竞争。

各大乳品企业为争夺市场份额，不惜打“促销价格大战”，个别乳品企业利用政府低地价、低税收的政策优惠，斥巨资投入广告营销活动，误导消费，抢占市场份额，采取特价销售、捆绑销售等低于成本价的手段进行低水平的恶性竞争，使整个乳品企业的赢利空间缩小。

（三）奶业产业链整合程度低，养殖户处于最弱势地位

一是加工企业对奶源基地投入减少，产生无序争夺“奶源”的现象。由于牛奶生产需要较长周期，而且奶农无法长期保存生奶，必须及时出售到加工企业才不致形成损失，因此，加工企业普遍采用培育奶源基地、签订合同收购的方式经营奶业。然而近年来在激烈的市场竞争中，一些企业的不正当竞争行为严重扰乱了市场秩序，损害了奶农利益。这些企业通常的做法是既不建立稳固的奶源基地，也不与农户签订长期供货合同，当销售旺季到来时，通过提高奶价来获得充足的奶源，甚至不惜降低质量标准，把一部分劣质奶也收购上来；到了销售淡季，又随意停收奶农供奶，或是随意压价，从而造成奶源在数量、质量标准和价格上的波动。这些行为既容易诱导奶农违反售奶合同，影响奶农收益，又容易加剧无序竞争，诱使更多加工企业只顾眼前利益，不注重奶源基地建设。奶源哄抢的结果，不仅造成整个行业都不愿意在基地建设方面增加投入，而且滋生掺杂使假现象，使乳品行业面临重大食品安全危机。目前，奶源基地建设薄弱的问题日益凸现，对全行业的健康发展非常不利。

二是牛奶购销环节多，一些地区收奶站点重复建设严重，管理混乱，隐患多，数量和分布不合理，增加了流通环节和成本，依法管理又法规不足。这些收奶站点多数是利益驱动，千方百计追逐利益，挤占了农民养殖奶牛的利益空间，尤其是在牛奶收购淡季的时候更是雪上加霜。有的乳品加工企业对收购的牛奶以乳脂、乳蛋白、干物质含量不达标为由，或以超送奶计划或未完成送奶计划为由，压级压价，变相攫取农民的利益。奶牛小区和收奶站原料奶质量检测设备不足，也缺乏第三方检测机构。原料奶进入市场后不属于初级农产品，非常容易掺杂使假，使不法商贩有机可乘，目前缺乏监管。

三是奶农合作组织发展缓慢。奶农缺乏平等的谈判平台，饲料价格几次上涨，奶价长期保持价位不变，在价格谈判中没有发言权，利益得不到有效保护。在整个奶业产业链中，原奶生产和加工企业风险大、"两头不见利"，"养奶（牛）的不如收奶的"，"收奶的不如加工奶的"，"加工奶的不如（终端）卖奶的"。养殖户处于最弱势地位。在正常情况下，饲料和鲜奶的价格比一般为1:1.4。按照目前的饲料价格，鲜奶的合理收购价应为每公斤2.38元，而目前多数地区只有每公斤1.9元（含奶站等中间环节的每公斤0.2元）。由于原料奶价格不调整，当前饲料价格大幅度上涨的风险实际上全部转嫁给了奶牛养殖户。奶农与加工企业、养殖小区、收奶站之间一般只是简单的牛奶收购关系，没有投资关系和合作组织上的关系。绝大多数养殖户与加工企业连接松散，在市场消费萧条时，加工企业往往以提高收奶标准，减少原料奶收购数量，将市场风险转嫁给奶牛养殖户。

（四）政府对奶业扶持力度不强，奶业公共服务体系薄弱

目前在饲草种植上缺乏补贴，挤奶机没有列入农机补贴。奶农发展生产贷款难。养殖户唯一的贷款渠道是农村信用联社，但普遍存在贷款难和利率高的问题，利率高于国有商业银行。奶牛小区投资者有一定门槛，税收负担较重。奶牛小区业主普遍反映投资回报低。各地建设奶牛养殖小区的过程，越来越多地受到土地的制约，奶牛养殖小区和规模场还没有纳入乡镇土地利用总体规划，有关用地没有享受到农业用地的政策，影响到奶业的持续发展。

目前基层畜牧技术服务体系不健全，难以为奶农在配种繁殖和饲养管理等方面提供必要的技术服务。一线技术人员的整体水平不高、数量不足，不能满足生产需要；技术培训体系主要依靠业务主管部门、畜牧兽医技术服务系统、龙头企业、地方政府组织的讲座，针对性、可操作性不强，未建立起针对奶农需求的长效培训体系。

疫病防治技术服务队伍不稳定，设备设施落后，不能满足疫病防治的需要。不少技术人员、游医开始流动服务，技术参差不齐，缺乏有效管理，收费比较乱，

加大了养殖负担。由于部分奶农缺乏科学饲养、防疫治病的知识，致使奶牛的发病率偏高，病牛得不到及时治疗。治疗成本的快速膨胀和奶牛养殖效益的下滑，也使一些奶农在奶牛得病后，不去治疗直接把奶牛当肉牛卖掉。

（五）城乡消费差距大，学生奶计划推广慢

城镇居民乳及乳制品年人均消费大约是150元，城镇居民年人均消费量为25公斤。目前，农民的奶类消费很少，绝大多数农民喝不上奶，目前的收入还喝不起奶。目前我国农村大部分家庭负担不起每天1.2～1.5元的牛奶费用。“学生奶饮用计划”推广力度不大。

（六）乳制品进口的增加，对我国的乳品加工业及奶牛饲养业造成压力

近年来，我国乳制品的进口出现快速增长态势。我国进口乳制品的主要原因有三个方面。一是满足乳制品生产结构差异的需要。我国进口乳制品数量最大的品种主要是乳清粉，用于生产配方奶粉。乳清粉是生产奶酪制品的主要副产品。由于中国生产奶酪数量长期不足，以及消费数量少，国产乳清粉一直供不应求，长期依赖进口。乳清粉主要是乳制品加工企业进口使用。1998年以后我国大型乳品加工企业逐渐发育成熟，乳制品生产水平逐渐提高，大型企业开始开发生产婴儿高档奶粉和生产奶酪，对乳清粉生产和需求迅速增长。二是满足乳制品高端消费市场的需要。主要是进口品牌产品，直接进入到市场终端消费。三是满足部分企业市场经营快速拓展的需要。一方面由于乳制品市场快速拓展，进口产品以较低价格进入我国市场，解决消费旺季市场原料奶不足的问题，进口用于还原为鲜奶。另一方面，近年来我国乳制品消费市场快速增长，除了鲜奶需求量逐渐增大以外，相关的一些乳制品如冰淇淋、雪糕以及食品糕点等需求和工业用奶（如生产化妆品）需求也不断增长。加糖奶粉（中低档）进口量大。主要是食品加工企业进口使用。我国乳制品进口主要集中在澳大利亚、新西兰、美国等国家。2006年全国乳制品进口额为55820.45万美元，占国内行业总产值的4.16%。进口品种结构的集中度很高，主要是干乳制品，占进口总额的98.77%。两个最主要进口品种是奶粉和乳清粉，两项进口占干乳制品进口数量的93.07%和总额的87.78%。2006年，我国干乳制品的进口占到全国总产量的15.93%，其中奶粉的进口就占了6.26%。

乳制品的进口在一定程度上也推动了我国乳制品产品结构的调整以及质量和加工水平的加快升级。比如，在短短的四、五年内，我国的奶粉产业已经发生翻天覆地的变化，奶粉的安全生产水平和产品质量显著提升，同时产品结构不断优化升级，已经从生产全脂奶粉基本过渡到生产适应不同人群需要的配方奶粉。

由于我国奶业发展的产业基础脆弱，近几年乳制品进口的增加，对我国的乳品加工业及奶牛饲养业造成压力，尤其是进口全脂奶粉对我国奶业冲击最大。2001年我国从国外进口奶粉6.55万吨，到2006年进口量则翻了一番，达到12.85万吨，其中从新西兰进口的奶粉量从2001年4.36万吨增加到9.3万吨，占全国奶粉进口总量的72%。大量进口奶粉导致我国一些中小奶粉生产加工企业或被兼并或者倒闭，市场上国产奶粉销售份额下降，许多消费者特别是大中城市的婴儿父母把购买进口奶粉作为首选。另外，我国缺乏奶源区域和城市无奶源区域的一些乳品企业为了追求利润，不顾奶源基地的长远发展和广大奶农的利益，用进口奶粉替代国产原料奶生产液态奶和酸奶。使用原料奶要历经采购——运输——储藏——加工等环节，长长的链条导致乳品加工企业的人力成本和运输成本较高，相对压缩了利润。而一吨奶粉可以还原成8吨“牛奶”，成本约1.5元/斤。因此，大量进口奶粉生产还原奶。还原奶的大量存在严重挤压了牛奶市场份额和奶牛养殖者的利润空间，严重挫伤了奶牛养殖者的积极性，严重影响了整个奶业的正常运行。与发达国家相比，我国关税与贸易管理政策不完善，缺乏对奶业贸易的调节手段。

三、促进我国奶业稳定健康发展的政策措施与建议

奶业发展水平是现代农业特别是畜牧业发展水平的重要标志。奶牛养殖业是畜牧业生产中周期最长的产业，上联千家万户奶农，关系到农民就业和收入的提高，下系着广大消费者，关系到人们的健康和食品安全。促进奶业稳定健康发展，需采取“扶持、调控、规范、转变”的综合措施。既要立足当前，又要考虑长远，既要解决奶农养殖效益下滑，乳品企业利润下降的迫切问题，也要考虑乳业的长期稳定和持续健康发展。目前核心问题在于奶牛养殖业的效益低下，因此，当前必须采取措施扭转奶牛业效益进一步滑坡的局面，使奶牛业渡过目前的难关。从长远看，还要在结构优化和产业升级上下功夫，向集约经营和规模经济要效益，理顺各种关系，促进产业良性发展。

（一）完善奶业的公共服务和扶持政策

1. 加大品种改良扶持力度。搞好奶牛品种改良，提高奶牛产奶量，是确保养殖奶牛获利和奶业持续发展的重要措施。继续坚持引进、改良与淘汰相结合的路子，淘汰低产奶牛，进一步优化奶牛种群结构。要充分发挥奶牛良种补贴项目的作用，大力推广优良冻精细管、胚胎移植等技术，引导农民购买高产奶牛细管冻精，以不断优化牛群结构，提高生产水平和养殖效益。我国目前推广的奶牛冻精

补贴项目，需扩大使用优质冻精的覆盖面并提高补贴标准。做好配种记录、档案管理，避免奶牛近亲繁殖导致质量下降。重点扶持实施“奶牛良种工程”计划、奶牛生产性能测定（DHI）、良种登记、青年公牛后裔测定等基础性工作。

2. 实行挤奶和饲料加工设备购置补贴。对一定规模以上的集约化养殖奶户、养殖小区、牧场和奶牛合作社的基础设施建设给予补贴，把挤奶和饲料加工设备列入国家农机具补贴范围之内重点予以考虑。通过集约化养殖奶户、养殖小区、牧场和奶牛合作社，推广全混日粮饲喂技术，推行奶牛饲养管理标准化，改变传统粗放的饲养方式，提高奶牛饲养效益。

3. 加强动物防疫体系建设。一是加强动物防疫技术体系建设。二是加强动物防疫基础设施建设。强化县、乡、村三级动物防疫队伍的物资装备，添置动物疫病监测、诊疗设备，充实、完善县、乡两级动物防疫体系基础设施建设，提高动物疫病诊断、检测能力和防控能力。三是加强对动物防疫工作的执法力度和监督管理。全面落实动物防疫工作目标管理考核制度，落实责任，明确职责。

4. 完善乳制品质量监测，加强乳制品食品安全管理。严格监管和控制原料生产、收购、加工、辅剂添加等环节可能造成的药物残留和有害物超标；加强对牛场、挤奶站环境的监管和控制，防止病畜奶汁进入加工环节；严格执行乳品市场准入制度，严防假冒伪劣产品进入市场；积极推动乳品标识管理，维护消费者对产品的知情权，激励企业转向正常的质量竞争。从生产、加工、市场、进出口等诸方面加强乳制品产品安全监管。

5. 开展奶牛养殖政策性保险。目前，我国农业政策性保险试点，尚未对奶牛品种进行保险试验。由于奶牛生产周期长，饲养技术要求高，风险大。随着奶牛头数大量增加，如果发生疫情，农民承担了许多风险，收入波动就非常大。为增强奶农抗风险能力，国家应对奶农的保费进行补贴，对保险企业给予再保险和经营管理费用补贴，减少保险企业的风险，提高其推行奶牛政策性保险的积极性。

6. 培育农村消费市场和落实农村学生奶计划。我国目前农村奶类消费水平极低，人均消费水平只有城镇的约1/13，农村乳品市场具有很大潜力。因此，应结合农村的特点加强宣传，注意产品形态的选择，如选择大袋装、价格相对低廉或保质期稍长的乳品。

扩大国家学生奶饮用计划实施规模，使学生奶计划惠及农村小学生，目前我国农村大部分家庭负担不起每天1.2~1.5元的牛奶费用，这就需要国家对农村小学生通过发放奶票的方式给予补贴，使农村学生奶计划也能落实到位。乳品企业为培养学生喝奶习惯，改变牛奶单一口味而开发的花色奶，国家应实行减税或免税政策，而不应按照市场销售的花色奶增收高额增值税（17%），提高企业生产学生奶的积极性。

7. 加强奶业科研投入和基础性研究，为奶业发展提供科技支撑。我国大部分乳品企业的生产设备与工艺都是从国外进口的，所需包装材料也都是专用的，包装成本始终高居不下。据调查，使用利乐包，一盒250ml、价格在2.0元左右的液态奶，包装就占了0.4元。利乐枕的性价比较高，其成本价也要0.3元，牛奶销售收入的20%是给利乐公司的，这严重暴露出我国乳业核心技术缺乏这一突出问题。因此，国家必须加强奶业基础性研究和新技术的开发研究，形成具有我国自主知识产权的核心技术成果。

（二）加大政府的宏观调控作用

针对目前我国奶业存在的奶农、企业两头不见利的困难境地，政府应从牛奶收购价格、企业纳税额以及进口乳制品关税等方面进行调控，使奶业健康发展。

1. 调控价格。在整个奶业链即牛奶的生产、加工和销售中，广大奶农的获益最低，而且在原奶的生产过程中所承担的风险最大。为了摆脱当前奶业发展困境，给予奶农一定的资金扶持是必要的，但适当提高牛奶收购价格对当前奶业摆脱困境效果会更明显。目前，我国乳制品的价格已经明显低于国际市场。乳制品加工企业也具有提高牛奶收购价格的空间。目前奶业价格走势的决定权主要集中在少数几个全国性大企业，他们是行业发展的龙头，只要他们对市场不采取行动，谁也不敢调整价格，或者说“谁调整谁死”。政府应协调乳品加工企业、行业协会等相关部门，对牛奶收购价格进行调控，调整利益环节，保证奶业源头——奶牛养殖环节的利益。

2. 调控税收。企业税赋相差悬殊，不利于促进企业间平等竞争。因此，政府应采取税收调控措施，对同一地区同类企业实行同一税收征收标准，或者对多纳税企业给予更多的税收返还优惠。针对目前乳品企业利润率低的问题，政府可采取对乳制品企业减税政策，使企业的利润空间增加。企业增加的利润可以用以加强奶源基地建设和提高牛奶收购价格，促进奶农收入的提高。

3. 调控关税。入世后，我国乳品进口关税税率逐步下降，关税的下降使得乳品的进口价格下降，部分进口乳制品的价格甚至低于国产，国内乳制品的价格优势降低。这必然引起对国外，尤其是新西兰等生产成本相对较低国家乳制品进口的增加，对我国的乳品加工业及奶牛饲养业造成压力，尤其是进口全脂奶粉对我国奶业冲击最大。目前，我国正与新西兰等国进行自由贸易区（FTA）谈判，如果进口奶粉关税由目前的10%变为零关税，由于新西兰等国家牛奶生产成本低，增产潜力巨大，从长期趋势看，大量低价格的进口奶粉将充斥中国市场，必将对国内乳品生产企业和奶牛养殖业造成损害。因此，为保护国内乳制品企业和奶牛养殖业的发展，政府应对进口乳制品的关税进行调控，即使签订FTA自由贸易协定，在进口奶粉等乳制品的关税减让上，要留有余地或实行过渡期保护性关税，并进行损害评估，以利于调整进口关税政策。

4. 调控产能和乳品加工布局。政府应对奶牛养殖业和乳品加工企业进行整体规划。乳品产业不同于别的产业，原料牛奶不能长时间保存，必须在短时间内加工成产成品，并在保值期内被消费。因此，应参考国外特别是欧洲的经验，根据载畜量，对奶牛数量、牛奶产量、乳品企业的加工能力、数量和布局进行整体规划和控制，使原料奶供应和加工能力相匹配。

（三）规范奶源市场和奶制品市场

1. 规范奶源市场。鼓励乳品企业按照谁投资，谁收益的原则，自建奶源基地，使企业与奶户形成稳定的合作关系，使乳品企业有稳定的奶源，同时奶农的利益也可以得到保证。禁止原料奶收购企业通过非正常手段垄断、操纵原料奶收购价格；依法对收奶站点进行清理整顿，坚决打击无照经营、坑害奶户、压等压价及随意变更收奶标准等不法行为。严格执行奶站建设标准，制止重复设站、不达标设站以及争抢奶源、跨区收奶、联手拒收等违规行为，建立社会监督机制，对违规企业予以曝光和处罚，避免奶源市场的无序竞争，维护良好的奶源市场秩序，减少对奶农的伤害。

2. 规范奶制品市场。倡议乳品企业规范促销行为，营造公平竞争环境，不搞捆绑销售、特价销售等低于成本价格销售的恶性竞争行为，不做虚假宣传，反对价格同盟；乳品企业要准确发布与宣传产品信息，保证产品质量安全，自觉维护消费者的知情权和选择权。反对误导消费者的各种宣传和行为，营造和谐的消费环境，诚心诚意地保护消费者的利益。规范市场秩序，政府应制定和完善与国际接轨的法律法规体系和标准体系，并加强监管及执法力度；奶业协会应充分发挥行业职能，做好服务协调工作。

3. 规范流通环节市场行为。随着经济的发展，现代商超的作用越来越大，对居民日常购物的影响力也越来越强，而企业进入这个渠道的费用也是越来越高，如进店费、条码费、堆头费、月促销、年促销、店庆费等等费用全部由企业承担。大多是违反合同法规定的霸王条款，损害了企业和消费者的利益。国家应出台相应的规定，规范买卖双方的行为，真正实现买卖双方平等，市场公平竞争。

（四）引导企业转变生产方式、奶农转变养殖方式、产业链转变组织方式

1. 引导企业进行科技创新，产品向高技术、差异化转变。乳品企业应进行技术创新，提升乳产品的研发水平，重点研发保健型的、高附加值的乳制品，如健康的有机奶、营养功能奶等产品，从而增加企业的利润空间和市场竞争能力。政

府应将乳业龙头企业的重大科技项目，列入重点建设项目计划，给予政府财政支持，使其做大、做强，促进乳品企业向集团化方向发展，增强其国际竞争能力。

2. 引导农户养殖方式向规模化、集约化、标准化转变。继续推进奶业产业化，切实转变生产经营方式，优化奶业区域布局，发展奶牛适度规模经营，促进奶牛由分散饲养向集中规模饲养转变。从实践中看，散养户养殖效益普遍较低甚至亏损。在目前农村生产力水平和农村的实际状况下，大多数农户的资本积累有限，生产力素质较低，社会化服务体系不够健全，以奶牛大户为主体的规模化饲养难以做到，而奶牛养殖小区就成了当前的现实选择。因此，要积极鼓励“小区”模式，发展规模化饲养和标准化生产，把广大奶农组织起来，实行统一选址建圈、统一配种繁育、统一采购饲草饲料、统一青贮、统一防疫治病、统一挤奶和销售等，不断提高奶牛饲养水平。

3. 引导产业链整合，推进奶业一体化经营。从国际经验看，在各种农牧业生产和加工运销产业中，奶业的一体化程度是最高的。奶业一体化程度高主要是由于牛奶鲜活易腐，需要及时冷却、收集、储运，以保证鲜奶的质量。产加销任何环节的不协调都会影响鲜奶及其制品的质量。同时，产业链的整合与协调，减少或消除了产加销各方利益冲突，可以提高整个奶业的效率和效益，增强其市场竞争力。采用合作经营方式，组织广大农户的奶业生产，是当前世界许多国家普遍采用的一种奶业生产形式。当前，奶牛养殖效益下滑实质是养殖户和加工企业之间的利益关系问题。只有奶农和乳品企业双赢，才有利于奶业的持续健康发展。要培植和引导各种合作经济组织和中介服务组织，充分发挥其在行业内的协调和纽带作用。鼓励和支持龙头企业开展系列化服务，密切基地农户与龙头企业的利益关系，为奶业协调发展提供保障。

（韩 俊 郭建军 秦中春 张云华）

奶业大省的困境与出路

——内蒙古自治区、黑龙江省奶业发展问题调查

近年来，我国奶业在快速发展过程中出现了一些新情况和新问题，主要是：奶牛养殖效益逐年下降，乳品加工企业的利润水平整体下滑。根据对内蒙古、黑龙江两省区的实地调研，本报告认为，奶业现在问题的爆发暴露了过去长期累计的矛盾，如增长方式粗放、组织形式落后、饲养管理水平低等。目前出现的问题对于整个奶业发展来说既是一个调整过程，也是一个升级的机会。

2007 年，我国乳业发展出现了一些新情况和新问题，奶牛养殖效益下滑，部分地区发生倒奶杀牛现象。国务院发展研究中心农村经济部与商务部组成联合调查组，于 7 月 10 ~ 20 日对内蒙古、黑龙江两省区进行了实地调研。调研期间，与两省区发改委、农牧业厅、商务厅、农牧业产业化办公室、中保财险等相关部门进行了座谈，并考察了内蒙古蒙牛乳业股份有限公司、伊利实业集团股份有限公司和完达山乳业公司等乳品企业，走访了奶牛养殖户、养殖小区、奶联社等。本报告将基于对两省区的调查，对当前奶业发展的形势和存在的问题进行分析，并提出促进奶业持续健康发展的政策建议。

一、奶业发展基本情况

近年来，内蒙古自治区奶业保持持续快速发展势头。截至 2006 年底，内蒙古全区奶牛存栏 301 万头，牛奶产量 880 万吨，奶牛养殖户近 60 万户；全区百万元以上乳品加工企业 97 家，年加工鲜奶 667 万吨，乳品加工业销售收入 336 亿元，其中伊利集团和蒙牛公司销售收入均超过百亿元。目前，内蒙古自治区奶牛存栏、原奶产量、加工能力、加工企业销售收入均居全国第一，已成为全国重要的乳品生产加工基地。奶业的快速发展促进了全区农牧业结构调整和农民增收，2006 年全区农牧民人均从奶业获得纯收入约 120 元。同时带动包装、储运、配送、消费、餐饮、旅游及农村建筑业等相关产业的发展，增加了城乡就业岗位。

黑龙江省在政策推动、市场拉动、龙头带动和效益驱动下，奶业已成为其重要支柱，保持了强劲的增长势头。奶牛存栏由 2000 年的 69. 8 万头增长到 2005 年

的164.3万头，增长了135.4%；单产由2000年的3.7的吨提高到2005年末的4.8吨，年均提高200公斤以上；鲜奶产量由2000年的156.5万吨提高到2005年的440.2万吨，增长了181.3%，到2005年末，全省人均鲜奶占有量达到世界平均水平（115公斤），乳制品产量居全国第二位。完达山、龙丹等当地乳品企业发展迅速，同时也引进了雀巢、光明、伊利等乳品企业，乳品企业已成为当地财政收入的支柱。奶业的发展，对优化农业和农村经济结构，促进县域经济发展、农村就业和农民增收，特别是为保障国家动物源性食品安全、改善城乡居民生活水平发挥了不可替代的作用。

二、目前奶业发展存在的主要问题

（一）饲草料价格上涨，奶牛价格大幅下滑，奶牛养殖效益逐年下降

根据调研组对呼和浩特市周边养殖户和养殖小区的调查以及内蒙古自治区推进农牧业产业化办公室于2007年2月在呼和浩特、包头、鄂尔多斯三市6个旗县区对20户不同类型养殖对象的成本收益情况的调研，对于牧场化养殖园区来说，饲养年产7.6吨的成母牛年实现利润3562元；对于农民养殖专业户，饲养一头年产6吨的成母牛年实现利润331元；对于转产及下岗职工养殖专业户，饲养一头年产5.5吨的成母牛年亏损500元；对于无贷款农民个体养殖户，饲养一头年产4吨的成母牛年亏损976元；对于有贷款农民个体养殖户，饲养一头年产3.7吨的成母牛年亏损2518元。通过以上几种养殖方式的成本效益分析得出，近几年，奶牛的养殖比较效益是呈逐年下滑的态势。目前呼、包、鄂三市年产5吨、投入9000元的奶牛即可保持盈亏平衡（不包括农民工投入，包括培育后备牛），比去年同期增长了1吨左右。如不包括培育后备牛的费用，年产4吨，投入7000元的奶牛即可保持盈亏平衡，奶牛年单产每增加1吨，饲养成本增加30%～50%。

造成养殖效益下滑的主要原因有以下几个：

1. 饲草料价格上涨，养殖成本居高不下。饲草料的投入是奶牛养殖业中的重要部分，可占到饲养奶牛总成本的80%。从2003年至今，饲草料价格上涨幅度较大，其中玉米从每公斤0.7元上涨到目前的1.46元，涨幅达108%；浓缩料由每公斤1.74元涨到了目前的2.0元，涨幅达14.9%。再加上秸秆、青贮以及人工、燃料、贷款利息的上涨，饲养一头奶牛平均成本较2003年多支出2000多元。

2. 奶牛和母牛犊的价格大幅下滑，导致养殖效益明显下降。据调查，奶牛价格下跌是奶牛养殖效益下降的重要原因。2003年前后平均每头奶牛价格为1.7万元，而2005年之后一头高产奶牛下跌到5000～6000元，下跌幅度达62.5%，而

就是这个价格也是有价无市；过去一头母牛犊能卖5000元，现在却与公牛犊一样，抽完血清当肉牛卖，最多卖到300～400元，下跌幅度达90%以上。

3. 科学饲养和管理水平低，奶牛的单产不高。绝大多数奶户没有进行科学饲养，还是靠传统的养殖技术和方式，粗放生产，再加上缺乏一定的养殖技术，把奶牛当猪喂，除投喂少量的混合饲料外，没有青贮，更谈不上苜蓿等高价格的饲料。奶牛饲养的设施条件十分简陋，不能满足奶牛保健和生产优质牛奶的需要。较低的饲养管理水平必然导致较低的生产性能，造成奶牛单产低、产奶期短、疫病多。

4. 动物疫病防治体系建设滞后，奶牛看病难、看病贵，也极大地加大了养殖负担。由于大部分奶农缺乏科学饲养、防疫治病的知识，致使奶牛的发病率偏高，病牛得不到及时治疗。疫病防治技术服务队伍不稳定，设备设施落后，不能满足疫病防治的需要。不少技术人员、游医开始流动服务，技术参差不齐，收费比较乱，缺乏有效管理，加大了养殖负担。治疗成本的快速膨胀和奶牛养殖效益的下滑，也使一些奶农在奶牛得病后，不去治疗干脆把奶牛当肉牛卖掉。

5. 料奶比价下降是导致奶牛业低效的直接原因。牛奶生产要素的价格全面上涨导致奶牛生产成本迅速提升。以饲料价格为例，浓缩饲料的价格2006年一年之内上涨了10%～15%，饲料玉米的价格上涨了40%，而同期牛奶的价格只上涨了2.3%，料奶比价由过去的1∶1.47下降到1∶1.13。与此同时，其他生产要素包括劳动力价格、燃料动力成本、土地机会成本等全面上涨，大大挤压了奶牛业的利润空间。

（二）原料奶市场和终端产品销售市场秩序混乱，乳品加工企业的利润水平整体下滑

随着奶牛数量的增加，乳品加工企业也得到了较快的发展。伊利和蒙牛是全国最大的两家乳制品企业，十年的时间创造了伊利式增长和蒙牛神话。奶业的快速发展也带来了一些负面的影响，只追求数量，忽视了质量提高，乳品加工企业处于低水平竞争。

1. 奶源市场与产品市场秩序混乱，竞争无序。乳品企业普遍存在“企业大，基地小”的矛盾，我国大部分乳品企业没有形成自己稳定的奶源生产基地，由于奶源的发展速度跟不上企业的发展速度，奶牛饲养数量不足、奶源不足，于是便出现了“奶源价格大战”，各大乳品企业纷纷动用资本利器，实施收购、合资和租赁等扩张战略，以扩大对奶源的控制。各大乳品企业对奶源的竞争，引发了更为激烈的乳品“促销价格大战”，而促销的结果，则是企业盈利水平降低。

2. 自主创新能力不强，产品同质化严重，乳制品加工企业利润下降。“十五”

期间我国奶业在数量、质量和产值上都实现了高速增长，但同时产品同质化严重，行业利润大幅下降，其中，乳制品行业销售收入利润率由2002年6.8%降至2003年6.1%、2004年5.4%，这严重暴露出企业自主创新能力不强这一突出问题。目前乳品企业的乳品设备和乳品工艺都是国外引进的，但产品创新不多，都是些针对人们口感上或如何从国外购买菌种使用权上做文章，并没有真正投入大量资金和人力进行技术研发，市场竞争能力不强。全国的乳品加工企业产品严重趋同，大多为奶粉、液态奶等初级产品，也是企业整体效益低、市场竞争力加剧的主要原因。同时，牛奶、饲料、包装材料、乳糖成本的不断上涨，但乳制品市场价格并没有水涨船高，致使乳制品加工企业的利润呈直线下滑趋势，乳制品行业处于微利时代。

三、当前奶业发展中的波动是过去几年超常规增长积累问题的自然释放

奶业现在问题的爆发暴露了过去长期累计的矛盾，如增长方式粗放、组织形式落后、饲养管理水平低等。这种超常规增长的特征是技术含量低、外延型数量扩张，在行业利润率较高时，这种粗放增长方式掩盖了许多矛盾和问题，当这种超常规高速增长进入平稳增长阶段后，特别是在饲料价格急剧上涨情况下，原来的矛盾和问题就会凸现。

（一）目前奶牛养殖业效益下降属于奶牛业发展的矫枉过正，甚至是理性的回归

奶牛的自然增长率在正常情况下一般能够达到15%左右。而由于市场需求增长快，奶牛存栏头数迅速增加，个别年份甚至翻番。内蒙古自治区奶牛数量增长主要是从2002年开始，2003～2004年是发展最快的时期，奶牛规模的扩张基本上依靠外部购进，短期内需求的急剧扩张使奶牛业走上了“炒种”的老路，奶牛价格高度扭曲。当时的奶农不但在牛奶销售上有收益，而且在奶牛交易中也有很高的收益。从长期看，没有一个产业能够长期保持超额利润，只能得到社会平均利润，进入奶业也会有正常的投资风险。高价购入奶牛，特别是高价购入低产劣质奶牛的奶户，今天背上了沉重的负担。调查发现，目前养殖效益最差的奶户也主要是2003年奶牛价格最高时进入奶业的，奶牛价高质次，产奶量低，效益差。2005年奶牛饲养进入理性化发展阶段，奶牛数量的增长已全部转为自繁。

表1　　内蒙古自治区奶牛数量变化情况　　单位：万头

年份	奶牛数量	较上年纯增	其中	
			自繁	购入
2000	71.87			
2001	74.61	2.74	2.74	0
2002	98.36	23.75	11.19	12.56
2003	144.5	46.14	19.15	26.99
2004	221	76.5	31	45.3
2005	268	47	47	0
2006	301	33	33	0

数据来源：内蒙古自治区推进农牧业产业化办公室。

（二）目前出现的问题对于整个奶业发展来说既是一个调整过程，也是一个升级的机会

目前正是奶业整合资源，推进产业升级的大好时机。通过优化牛群结构、奶户结构和企业产品创新，实现奶业的总体提质增效。

1. 淘汰劣质牛和低产牛。从2002年开始到2003年的购牛高峰，由于不正常的奶牛价格炒作，致使一部分劣质奶牛以高价流入，奶牛价格都在1.5万元以上，按照奶牛的生物学规律，到2006年已进入产奶旺期，据我们调查，目前内蒙绝大多数散户的奶牛产奶量在4吨左右，有的甚至达不到3吨，价格与价值严重背离，高价不优质。在2004年以前饲养成本没有上涨的时候，这部分奶牛还有一定的收入，而在饲料等养殖成本价格上涨后，这些奶牛不仅不能保持合理的收益，有的甚至赔钱。因此奶农大多将这些劣质奶牛淘汰，同时将本该淘汰但在2003～2004年因奶牛价格高同时养殖成本低的情况下继续生产的那些奶牛也都淘汰掉了。另外淘汰的还有老弱病残牛（尤其是久配不孕牛和患乳房炎使产奶量明显下降的牛）。淘汰劣质低产老弱病残牛，对净化牛群、提高整体奶牛牛群质量、改善结构都大有推动作用。

2. 淘汰饲养条件差、管理水平低的奶牛养殖户。一些养殖户养殖规模小，饲养管理极其粗放，加上缺乏一定的养殖技术，把奶牛当猪喂，不进行科学日粮营养搭配。另外奶牛饲养的设施条件十分简陋，不能满足奶牛保健和生产优质牛奶的需要。较低的饲养管理水平必然导致较低的生产性能，造成奶牛单产低、产奶期短、疫病多。当前养奶牛比较效益下降促使这部分奶牛养殖户退出奶牛养殖，促进奶牛养殖向规模化、集约化、科学化、专业化迈进。

四、促进奶业健康发展的政策建议

目前核心问题在于奶牛养殖业的效益低下，因此，解决目前奶牛业存在的问题也必须以提高效益为切入点。解决奶牛业的问题既要立足当前，又要考虑长远。当前主要是通过必要的产业扶持政策扭转奶牛业效益进一步滑坡的局面，使奶牛业渡过目前的难关；长远看还要在组织模式、技术进步、制度创新、结构优化和产业升级上下功夫，向集约经营和规模经济要效益，理顺各种关系，促进产业良性发展。

（一）稳定饲料价格，遏制玉米等主要饲料的价格上涨，降低成本

饲料费用是奶牛饲养成本的主要部分。据调查，仅饲料玉米一项，就约占奶牛饲养成本的30%，饲料玉米的供求和价格变动必然引发奶牛业效益波动。为此，建议在奶牛饲养数量集中的地区，政府要调控工业用玉米和奶牛饲养用玉米争原料的现象，要限制非食品玉米深加工项目的招商引资与立项审批，以稳定奶牛养殖主要饲料玉米的价格和供应。

（二）完善奶业的公共服务和扶持政策

制定奶牛良种补贴政策，加大奶牛良种引种、奶牛良种生产的支持，有计划地支持农民使用高产奶牛种源，完善奶牛良种繁育体系，改良低产牛，提高奶牛个体奶产量，增加奶农的养牛效益。

为促进奶业持续健康发展，推广全混日粮饲喂技术，减少牛奶污染，改变传统粗放饲养模式，提高奶牛生产技术和管理水平，建议直接将奶业机械设备列入农机具补贴范畴。

建立和完善疫病防治体系和加大防控的力度，尽快出台兽医服务管理办法，规范兽医的服务行为和收费标准。

建立第三方的原奶质量监督、检查机构，加大对原奶市场的监管力度，规范市场行为，保障食品安全。

（三）开展奶牛保险业务，减少小规模饲养户的产业风险

目前，各保险机构尚无针对农民养殖奶牛设立的保险险种。由于奶牛生产周期长，饲养技术要求高，风险大。而且奶牛头数大量增加，如果发生疫情，就会受到疫情波及，农民承担了许多风险，收入波动就非常大。为鼓励农民养殖的积极性，保险业务势在必行。建议国家金融机构根据奶业发展的特点，着眼于我国国情和保险业务发展的客观实际，开展奶牛政策性保险业务，保护农民的切身利益。

（四）加强奶牛饲养技术培训，提高奶农组织化程度

要深入开展实用技术的培训，针对养殖中遇到的问题，为农户提供科学合理的指导意见和科学饲养方法，逐步改变粗放的饲养方式，提高奶户的饲养管理技术水平。

引导奶农联合起来，建立奶业合作社、专业合作经济组织。尽快改变农民的弱势地位，使龙头企业和奶农在平等一致的基础上，通过吸收奶农入股，逐步实行股份合作制，与奶农形成风险共担、利益共享的利益共同体。

（五）优化奶牛品种结构，提高奶牛整体质量

奶业生产应从增加奶牛头数转变到提高奶牛质量上来，要在优化品种结构和提高单产水平上下功夫，走质量型的发展道路。结合冻精补贴项目，必须扩大使用优质冻精的覆盖面，并做好配种记录、档案管理，避免奶牛近亲繁殖导致质量下降。另外应加大良种引进力度，适当增加良种供应数量，同时加强中外技术交流和培训。

与此同时，重点扶持实施“奶牛良种工程”计划、奶牛生产性能测定（DHI）、良种登记、青年公牛后裔测定等基础性工作。增加奶牛良种补贴，对奶牛优质冻精、胚胎生产和良种引进给予专项补贴和优惠政策，在“十一五”奶业重大专项的基础上，继续加大扶持力度，扩大示范区的规模和水平。

（六）规范奶业行业竞争秩序，避免打价格战

倡议商业企业规范促销行为，营造公平竞争环境，不做捆绑销售，虚假宣传，反对价格同盟；杜绝争抢奶源、限量收奶、压级压价、拖欠奶资等恶性竞争行为，切实维护奶农利益。整顿饲料、原奶市场秩序，打击假冒伪劣产品和各种不公正交易，规范市场主体的行为，维护奶牛业的交易秩序。乳品加工企业要避免在低端市场一味地打价格战，而要开发更多的高端产品占领更多的市场，因为高端的产品尽管价格很高，但利润也同样很高。

（七）增强自主创新能力，加大产品开发力度，提高竞争力

乳品企业应加快企业技术改造与设备更新，完善企业管理制度，加强企业自主创新，创立特色品牌，全面提升乳产品的研发水平。重点在新产品的研发上要有更多保健乳制品、高附加值的乳制品面世。增加企业的利润空间和市场竞争能力。国家应将乳业龙头企业的重大科技项目，列入重点建设项目计划，给予政府财政支持，使其做大、做强，促进乳品企业向集团化方向发展，增强其国际竞争能力。鼓励龙头企业与国内外科研院所联合创建技术中心，提高产品技术水平和

附加值。

（八）培育农村消费市场和落实农村学生奶计划

我国目前农村奶类消费水平极低，人均消费水平只有城镇的约1/13。开拓农村市场，应结合农村的特点，注意产品形态的选择，如选择大袋装、价格相对低廉或保质期稍长的乳品，以形成一种优质低价的产品形象。

扩大国家学生奶饮用计划实施规模，使学生奶计划惠及农村小学生，真正实现温家宝总理提出的“每个中国人，首先是孩子，每天都能喝上一斤奶”的目标。目前我国农村大部分家庭负担不起每天1.2～1.5元的牛奶费用，这就需要国家对农村小学生通过发放奶票的方式给予补贴，以减轻农民家庭的负担，使农村学生奶计划也能落实到位。乳品企业为培养学生喝奶习惯，改变牛奶单一口味而开发的花色奶，国家应实行减税或免税政策，而不应按照市场销售的花色奶增收高额增值税，提高企业生产学生奶的积极性。

（九）加强奶业科研投入和基础性研究，为奶业发展提供科技支撑

目前我国大部分乳品企业的生产设备与工艺都是从国外进口的，所需包装材料也都是专用的，包装成本始终居高不下，成为国内乳业企业的一块心病。据调查，使用利乐包，一盒250毫升、价格在2.0元左右的液态奶，包装就占了0.4元。利乐枕的性价比较高，其成本价也要0.3元，牛奶销售收入的20%是给利乐公司的，也就是说我国奶业的最大赢家是利乐公司，这严重暴露出我国乳业核心技术缺乏这一突出问题。因此，必须加强奶业基础性研究和新技术的开发研究。

（十）转变生产方式，提高单产是解决奶农效益低的根本途径

继续推进奶业产业化，切实转变生产经营方式，优化奶业区域布局，发展奶牛适度规模经营，促进奶牛由分散饲养向集中规模饲养转变。改善养殖方式，坚持成本与营养价值平衡，注重饲料的营养搭配，实施标准化饲养。

（郭建军）

切实保护奶农利益，促进奶业健康发展

——河北省奶业发展问题调查

河北省是全国奶业大省，近年来奶业正在从超高速增长转向正常增长，低产劣质奶牛淘汰进程加快，奶业加工企业不断发展，牛奶的消费市场不断拓展。养殖效益下降是当前影响奶业稳定发展的突出问题。奶牛养殖技术水平不高，加工行业低成本扩张与低水平竞争，奶业产业链整合程度低，缺乏合理的原料奶价格形成机制，奶牛养殖抵御风险能力低等，是制约奶业健康发展的主要因素。基于对河北省的调查，本报告提出了促进奶业健康发展的政策措建议。

河北省是全国奶业大省，近年来奶业发展较快，带动了农民的增收，奶业在畜牧业乃至整个农村经济中的地位不断增强。2007 年 7 月我们对河北省奶业发展情况进行了调查。调研组对石家庄市鹿泉县、行唐县部分养殖小区、奶牛养殖户、牛奶收购中转站、牛奶加工厂和石家庄三鹿集团公司进行了实地考察，与河北省农业厅、石家庄市奶牛协会、河北省五个地市（唐山市、石家庄市、保定市、邢台市、张家口市）畜牧兽医局的负责人进行了专题座谈。

一、河北省奶业发展的形势

河北省政府高度重视奶业发展，出台了一系列扶持政策，直接推动了奶业的超高速发展。河北省从 2004 年开始实施“千万吨奶工程规划”，提出以实施“四大工程”（加工龙头企业带动、奶源基地建设、饲草饲料基地建设、奶业相关产业建设）和建设“四大体系”（奶牛良种繁育、疫病防治、质量监控、新技术创新及培训）为重点，计划投资 138 亿元，到 2008 年全省奶类总产量力争达到 500 万吨；到 2015 年实现全省奶类总产量达到 1000 万吨。根据奶业加快发展的实际，2006 年，省政府对这一工程目标进行了调整，要求提前三年，到 2012 年实现目标。

（一）奶业发展从超高速增长向正常增长回归

“十五”期间，河北省奶业保持持续快速发展态势，特别是奶牛养殖规模、牛奶产量出现连续四五年的超高速增长，总体生产规模增长了二三倍。近两年，奶业增长幅度开始明显回落，全省奶牛存栏增长率和牛奶产量增长率逐渐回归到正常增长水平。截止到2006年底，全省荷斯坦及改良奶牛存栏224.49万头，牛奶产量407.62万吨，均居全国第3位，占全国总量的比重分别达到16.02%和12.56%，比2001年提高2.64个百分点和2.09个百分点。2006年全省奶牛存栏增长率为14%，牛奶产量增长率为26%，为近5年来最低水平。2006年存栏增幅已经低于一般奶牛正常增长20%～30%①的水平，表明奶业生产又开始进入一个新的阶段。进入2007年，全省奶牛存栏减少较大，养殖结构调整加快，预计总产量的增长将受到一定限制。

（二）低产劣质奶牛淘汰进程加快，牛群结构有优化调整的趋势

前些年，在奶业超高速发展中，各地注重以扩充数量的方式来增加牛奶产量，造成了奶业的无序竞争，带来了奶牛价格虚高，每头奶牛接近2万元的价格远远背离了价值规律，假牛、病牛、杂交牛、焗油牛、手术牛等劣质牛充斥市场。一些地区奶业发展基础差，为了加快发展，走过了一些弯路，引进了低产奶牛，单产水平低，降低了养殖效益，也造成饲草饲料资源的巨大浪费。奶农在前几年高峰期（尤其是2003年后）购入的奶牛，由于养殖成本上涨、牛奶收购价低迷等原因，这部分奶牛养殖户陷入困境，损失较大，同时肉牛价格上涨，一些地区出现了养牛户杀牛卖牛的情况，加速了低产劣质奶牛淘汰进程。根据我们在石家庄市的调查，几乎每个养殖小区都有养殖户卖掉奶牛脱离小区的情况，比例不等，多的在30%，少的也在10%左右。养殖小区周边的散户，此次卖掉奶牛的就更多。当然，在奶牛价格降低的情况下，牛群结构有优化调整的趋势，优质奶牛所占比重上升，将推动奶牛单产水平上升和整个奶业平稳发展。经过近两年的市场调整、淘汰和品种改良，奶牛养殖结构有所改变。目前全省纯种荷斯坦牛的覆盖面已经达到1/3。

（三）奶业加工企业不断发展，牛奶的消费市场不断拓展

近年来乳品加工行业发展加快，乳品加工设备和工艺不断改进，牛奶加工能力不断提高。截止到2006年底，全省现有取得国家生产许可证的乳品企业164家。全省日处理鲜奶能力12000余吨，实际加工量10000吨。2006年全省乳制品产量212.4万吨，销售收入160.09亿元，实现利润8.53亿元。企业与养殖小区、规模养殖场一般都签订购销合同，随机、临时在省内收购原料奶的企业较少。近

---

① 正常情况下，一头奶牛一年生一胎，小公牛被淘汰，小母牛用于扩大再生产，有50%的自然增长率，扣除老母牛和劣质牛正常淘汰20%～30%左右，增长率在20%～30%之间。

几年伊利、蒙牛、光明、完达山等国内大型知名企业纷纷到唐山、保定、张家口等地市以及周边地区建厂，提高了加工能力，拓展了市场。从总体上看，全省乳品加工环节还比较薄弱。绝大多数乳品加工企业规模小、花色品种少，不能满足市场日益多元化需要。如全省加工企业中，日加工能力500吨以上的仅有5家，100~500吨的仅有30家，而20~50吨的38个，20吨以下71个。

随着经济的发展，人们消费牛奶的方式也逐步升级，从喝奶发展到吃奶（乳制品），再发展到用奶（工业用，如生产化妆品等），牛奶的消费市场不断拓展。相比经济发达地区和国际上奶业消费的水平，目前的奶业消费市场增长潜力还很大。从河北省居民消费情况来看，全省城镇居民年人均消费奶类30公斤左右，日均消费不足0.1公斤，农村居民年人均消费奶类及奶制品不足2公斤，“学生奶饮用计划”在该省也尚未启动。近年来奶制品价格变化不大，呈缓慢增长趋势。农户售奶价格变化不大，价格增长幅度不仅低于饲料增长幅度，也低于其他食品及饮料价格的增长，1斤奶的平均价格还不到1元钱，出现奶比水贱的怪现象。

二、当前制约奶业发展的主要因素

（一）奶牛养殖技术水平不高，养殖效益下降

一是牛群结构不合理，高产奶牛比例偏低，品种改良任务重。低产奶牛在牛群中仍然占有较大比重，成为制约奶业总体竞争实力提高最为突出的因素。根据省农业厅畜牧局估计，全省奶牛存栏中，能够达到纯种二代高产牛（每头牛单产水平达到6吨以上）的只有1/3左右，中低产牛的比重占2/3。目前全省奶牛平均单产3.54吨，比全国平均水平高240公斤，但不足发达国家平均水平的一半，达不到盈亏平衡点（按照目前的成本，根据测算，该省一头奶牛的单产至少要达到4吨左右才能有利润）。

二是“养牛与养猪一样”，饲养管理技术水平低，专业化、标准化比例不到50%。饲料饲草资源结构不合理，全省每年缺口优质饲草饲料100万吨，直接影响着奶业的健康发展。粗饲料短缺导致奶牛饲养成本高，影响养殖效益。在奶业发展中，优质冻精和胚胎是基础，解决了良种的问题，但没有优质的饲草饲料，再好的奶牛也不会高产。各地对奶农的技术培训不足，农户养殖奶牛也缺乏个体的详细信息记录，容易导致杂交配种针对性差，奶牛生产性疾病乳房炎和空怀率高的防控能力需要提高。扩大TMR（全日粮混合）饲喂技术需要推广和应用。

三是规模养殖和精细化养殖不足，户均养殖规模还有下降趋势，直接阻碍广大奶农与现代化乳品企业对接。2006年全省奶牛饲养规模5头以下的养殖户37.26万户，饲养奶牛数量101.19万头，占全省奶牛的比例为45.08%．规模养殖场和奶牛小区饲养量仅占总量的1/3。2006年全省100头以上的规模养殖场（户）为1080个，存栏奶牛28.91万头，占全省奶牛的比例为12.88%.2006年全省养殖小区745个，存栏50.61万头，占全省奶牛的比例为22.55%，牛奶产量119.71万吨，占全省牛奶总产的29.37%。

四是饲草料价格上涨，特别是玉米价格在短时期内增长较快，奶牛养殖成本和机会成本加快上升，防疫体系不健全，农民养殖效益大幅下降，打击农民饲养奶牛的信心。全省奶牛存栏增速下降到较低水平，对在市场行情好转时加快发展生产发展将带来压力。

表1　　2004~2006年河北省奶牛养殖规模统计

年　份	全省奶牛养殖场（万户）	全省奶牛存栏规模（万头）	户均养殖规模（头）
2004	28.09	224	5.7
2005	36.20	197	5.4
2006	43.09	167	5.2

数据来源：河北省农业厅畜牧局。

（二）加工行业低成本扩张与低水平竞争，产销矛盾突出

乳品加工企业布局不合理，近几年加工企业扎堆冀东、冀中，在政府优惠政策的支持下，出现低成本扩张，产生无序争夺“奶源”的现象，冲击了以前的产业化模式。受部分企业低成本扩张的影响，2003年以后，以往的加工企业对奶业养殖小区（场）的投资力度基本停止，扶持积极性明显降低。而黑龙港流域、沧州、衡水市等地具有丰富的饲草饲料资源，非常适宜奶业的发展，但目前没有大的加工企业。全省乳制品加工企业原料奶收购竞争激烈，优质奶源不足，满足不了需求，企业之间除依靠自身的品牌优势，广告和促销手段不断翻新，鲜奶产销矛盾突出：淡季的时候由于鲜奶易腐的生物质特性，鲜奶增量部分农民很难自行处理，容易出现倒奶问题，前几年每年在个别地区均有出现，这种情况直接影响着奶业生产的大发展；到旺季的时候大家又哄抢奶源。奶源哄抢的结果，不仅造成整个行业都不愿意在基地建设方面增加投入，而且滋生掺杂使假现象，使乳品行业面临重大食品安全危机。

（三）奶业产业链整合程度低，养殖户处于最弱势地位

一是加工企业对市场营销研究多、投入多，对奶源基地投入减少，主要采取价格战争夺奶源，使鲜奶收购价格的调整与养殖成本的变化脱节。

二是牛奶购销环节多，一些地区收奶站点重复建设严重，管理混乱，隐患多，数量和分布不合理，增加了流通环节和成本，依法管理又法规不足。这些收奶站

点多数是利益驱动，千方百计追逐利益，挤占了农民养殖奶牛的利益空间，尤其是在牛奶收购淡季的时候更是雪上加霜。

三是奶牛小区和收奶站原料奶质量检测设备不足，也缺乏第三方检测机构。原料奶进入市场后不属于初级农产品，非常容易掺杂使假，使不法商贩管理有机可乘，目前缺乏监管。

（四）缺乏合理的原料奶价格形成机制

奶农缺乏平等的谈判平台，饲料价格几次上涨，奶价长期保持价位不变，在价格谈判中没有发言权，利益得不到有效保护。乳品加工企业利润受限，直接影响鲜奶收购价格。奶农与加工企业、养殖小区、收奶站之间一般只是简单的牛奶收购关系，没有投资关系和合作组织上的关系。绝大多数养殖户与加工企业连接松散，在市场消费萧条时，加工企业往往以提高收奶标准，减少原料奶收购数量，将市场风险转嫁给奶牛养殖户。

（五）政府扶持力度不强

目前在饲草种植上缺乏补贴，挤奶机没有列入农机补贴。奶农发展生产贷款难。广大养殖户唯一的贷款渠道是农村信用联社，但普遍存在贷款难和利率高的问题，利率高于国有商业银行。奶牛小区投资者有一定门槛，税收负担较重。奶牛小区业主普遍反映投资回报低。各地在建设奶牛养殖小区的过程，越来越多地受到土地的制约，奶牛养殖小区和规模场还没有纳入乡镇土地利用总体规划，有关用地没有享受到农业用地的政策，影响到奶业的持续发展。

（六）奶牛养殖抵御风险能力低

奶业的发展是一个高风险行业。随着奶牛养殖规模的迅速扩大，奶牛养殖密度不断提高，各种疾病的发生率也快速上升，带来了防疫、疫情处理和环境卫生等一系列问题。根据保定市畜牧局反映，2005 年该市徐水发生一起奶牛口蹄疫病案，为了防控疫情，当地政府组织枪毙了 1800 头牛。我国对于奶牛因为口蹄疫病捕杀有一定补偿，但农民得到的补偿不高，牛得病了也不愿意杀牛，倾向于尽快把牛转卖掉，给疫情处理带来了更大的风险。在整个奶业产业链中，原奶生产和加工企业风险大、“两头不见利”，“养奶（牛）的不如收奶的”，“收奶的不如加工奶的”，“加工奶的不如（终端）卖奶的”。奶业是高投入、高产出和高风险行业，奶牛养殖的风险大，目前多数养殖户没有参与政策性的农业保险。

三、促进奶业健康发展的主要政策措施与建议

(一) 强化和完善对奶业的补贴政策

奶牛良种补贴的范围和力度应该加大。调查发现，中央财政及地方财政奶牛良种补贴（目前主要是冻精补贴）的实施效果非常明显，对于促进奶牛品种改良起到积极作用，地方政府和养殖户都对这一政策很拥护。一方面要扩大中央财政及地方财政补贴的覆盖地区，另一方面，奶牛良种补贴可以从目前的冻精补贴扩展到胚胎补贴等方面。

开展良种繁育体系建设补贴、奶业小区建设补贴。河北等地已经积极开展了奶牛良种繁育体系建设补贴、奶业小区建设补贴和农机具购置补贴，支持效果显著。2005 年开始，三年时间该省拿出 7000 万元，支持建设了 11 家高产奶牛繁育中心，带动了企业投资，目前已经开始见效。奶业小区建设资金投入了 1000 万元，每个小区扶持 10 万 ~15 万元，促进了奶业的规模化发展。

将先进的挤奶设备和饲料混合机械列入农机具补贴范畴。石家庄的做法是对每台 TMR 饲料混合机械由市财政补贴 5 万元（总造价为将近 20 万元），该机械可以提高奶牛单产 15% ~20%，作用非常明显。先进的挤奶设备对于减少牛奶污染、保证原奶质量安全也具有明显效果。建议直接将奶业机械设备列入国家农机具补贴项目。此外，优质饲草种子补贴也可以直接列入国家良种补贴政策

(二) 促进规模化、标准化养殖，解决规模养殖业的占地问题

散养、不科学饲养是制约奶业升级的关键因素。应鼓励、支持建设规模化、标准化奶牛养殖小区，鼓励奶农进小区，统一进行技术服务、防疫、集中挤奶、垃圾处理等工作。在发展规模养殖业方面，各地反映最强烈、最难以解决的问题是规模养殖业的占地问题。解决规模养殖业的占地问题，各级土地部门应统一将养殖小区用地列入土地利用总体规划，并按农业用地管理。

在规模化基础上，实行科学化、标准化饲养。依靠良种繁育体系，包括高产冻精和胚胎移植，提高奶牛品质；采用先进的科学饲养管理技术，提高奶牛单产水平。政府畜牧部门和乳品企业、饲料加工企业也应为奶农提供技术咨询和培训，提高奶农科学养殖技术。

(三) 建立有效保护奶牛养殖户利益的价格形成机制

目前奶业价格走势的决定权主要集中在蒙牛等少数几个全国性大企业，他们是行业发展的龙头，只要他们对市场不采取行动，谁也不敢调整价格，或者说

“谁调整谁死”。因此，搞好奶业市场调控，促进奶业稳定发展，必须要抓住这些大企业，加强与企业的沟通、协调。原料奶与其他农产品不同，销售渠道单一，奶农只能卖给加工企业。当前，乳品企业与养殖户仍然只是一种单纯的买卖关系，加工企业掌握着定价的主动权，奶农组织化程度极低，在价格决定上根本没有发言权。要大力支持发展奶农合作经济组织，提高奶农的组织化程度，尽快建立农户和企业之间公平对话的机制，建立奶业上下游合理的利益调节机制。

（四）规范奶源市场，规范乳品企业之间的竞争

2003年以来，各地乳品企业在各种优惠政策的支持下，“低成本扩张”加速，出现了加工业盲目发展、恶性竞争的趋势，对传统的奶源基地建设模式产生冲击，企业对奶源基地建设的投入下降。部分企业对培育奶源基地没有兴趣和投入。典型的做法是部分公司在原奶收购旺季，通过降低质量标准、提高收购价格来流动收购；而在淡季，则提高质量标准、拒收奶农原奶，不对奶农负责。从短期看，旺季奶农受益，但从长期看，人为地造成奶源市场混乱、奶价波动和质量无约束，致使农民利益受损。竞争应该是有序的、理性的，而不是恶性的、无序的。地方政府和企业应规范奶源基地建设，注重加工企业和奶农及养殖小区之间形成稳定的合作关系和技术服务关系，避免奶源市场的不正当竞争。

在饲料价格高涨、养殖户大面积亏损的情况下，乳品企业为了增加市场份额，还在大打价格战。对于乳品加工企业来说，非规范的竞争和价格战使整个乳品企业的赢利空间缩小，相当一部分加工企业也处在微利的状态，这也影响了原料奶收购价格的调整，把市场风险转嫁给产业链底端的奶农。乳品加工企业不惜血本想抢占市场，实际上以牺牲奶农的利益为代价的。这种竭泽而渔的做法，对奶业的健康发展是极为不利的。要加强对乳制品企业行为的监管，促进行业自律，规范企业行为，维护市场秩序。近期，《乳品企业自律南京宣言》及实施方案已由中国奶协组织发布。宣言及实施方案对当前奶业消费市场的一些不正当竞争行为进行了规范，这为我国奶业行业自律迈出了关键的一步。今后，一方面要依靠行业协会、企业力量促进行业自律，另一方面，应不断完善并贯彻落实《反不正当竞争法》及实施办法，明确政府执法主体责任和权力，有效应对市场中不正当竞争方面出现的新情况、新问题，规范企业行为，维护市场秩序。

（五）建立奶牛养殖合作保险制度，防范奶业风险

奶牛养殖是一个高风险行业，河北石家庄、唐山等地已经开始建立奶牛合作保险制度。市级财政建立“奶牛风险基金”，奶农以养殖小区为单位，自愿参加保险，共同出资，共担风险。在奶业保险乃至整个农业保险方面，国家要出台优惠政策鼓励、给予资金支持，并且在保险政策和机制设计方面积极鼓励地方和企业创新，充分吸纳地方经验，完善我国农业保险政策体系。

（六）进一步完善基层防疫体系

在基层政府压缩编制的情况下，河北省率先把兽医防疫监督体系纳入财政开支，列为全额拨款事业单位，建立基层动物检疫监督所，效果明显，对于该省防范禽流感等疫情起到积极作用。在服务型基层乡镇政府建立的过程中，应从编制、资金、人员等方面进一步完善基层防疫体系。

（七）建立乳品全程质量安全监控体系

在原奶生产、流通、乳制品加工、市场流通和销售等各个环节，由各产业主体建立质量安全控制体系。而对于政府管理部门，则需要在奶业各个环节明确监管职责，不断完善质量安全标准体系，实行严格的市场准入制度，推行可信的食品认证体系，为乳业发展创造良好的制度环境。

（八）加强对乳制品的标识管理

国内乳品市场标识混乱，还原奶、鲜奶等标识不清。这方面的争执已持续数年，各个方面众说纷纭、各执一词，生产商浑水摸鱼，消费者一头雾水。应参照国际标准和标识规定，尽快肃清并完善我国标识标准规定和管理条文，明确责成有关职能部门加强对标识的管理和监督，减轻乳制品市场良莠不齐、泥沙俱下的局面，维护乳制品市场秩序。

（韩 俊 秦中春 张云华）

遏制奶业养殖效益下滑，促进奶业健康发展

——山东省奶业发展问题调查

一、山东省当前奶业发展形势

（一）政府制定优惠政策大力推动奶业发展

从2004年开始，山东省财政每年拿出专项资金1000多万元用于奶牛细管冻精补贴，补贴细管冻精50多万只，改良奶牛近20多万头。各地市也结合本地实际情况，出台了一系列扶持奶牛养殖的政策措施。比如，泰安市实施奶牛贷款贴息政策，对新购奶牛按每头奶牛6000元的贷款数额给予贴息；实施奶牛提纯复壮优惠政策，对高产奶牛细管冻精给予补贴；对规模养殖场或养殖小区实施奖励政策，按养殖奶牛规模和产奶量给予2万~6万元奖励。东营市组织实施了规模养殖场7吨奶工程，计划用4年的时间，通过规范场舍建设、奶牛改良、饲养技术推广等措施，使规模化养殖场的奶牛单产达到7吨以上。对存养100、200头以上起符合规定条件的标准化奶牛养殖场分别给予7万元、15万元的财政补贴。临沂市罗庄区实施奶牛富民工程，近几年累计发放奶牛贷款1.8亿元，财政贴息138万元。

（二）奶牛规模化饲养格局基本形成

2002年以前，山东省奶牛养殖大部分处于分户散养状态。近几年，随着畜禽养殖标准化的大力推行以及乳品加工企业奶源基地的不断扩大，奶牛养殖逐步向小区集中，规模饲养的格局基本形成。这其中，市场因素起到了关键作用，一是小区奶价普遍高于散养奶价，二是乳品加工厂直接与小区对接，散养的牛奶无处可卖。目前，全省奶牛规模饲养占80%以上。另外，经过市场的作用，奶牛养殖主体已经出现了明显的分化，主要分为四类：一是牧场；二是牧场化管理的小区；三是分散管理的小区；四是散养户。前两类很看好奶业发展前景，正在不断扩大养殖规模；后两类，特别是散养户感到很绝望，原因是“两低问题”（奶价低、产量低）严重困扰着再生产，要卖奶牛还找不到市场。

（三）奶牛良种化程度不断提高

随着奶牛生产的不断发展，各级畜牧部门通过引进北京、上海和进口高产奶牛细管冻精，对中低产奶牛进行改良换代，提高了奶牛单产。目前全省奶牛的年平均产奶量接近5吨，比改良前提高了近1吨。各地还加大了奶牛良种补贴实施力度，增加对奶业的良种繁育体系、养殖公共基础设施、科研推广培训的投入，通过实施奶牛良种补贴项目、规范种牛场建设和强化良种保护等多项措施，使奶牛良种化程度稳步提高，推动了畜牧业整体水平的提升。

（四）牛奶价格有高有低，养殖效益参差不齐

目前，牛奶价格高的达到2.35元/公斤，一般的养殖小区牛奶价格在每公斤2.05~2.15元；农民散养的牛奶价较低，在每公斤1.9元左右。效益问题因产量和价格而异。东营开元奶牛养殖场精粗饲料配方科学，成本管理规范，牛奶成本相对较低，每斤在0.78元。管理不善的，每斤成本在0.85左右。统算起来，按每公斤2.10元的价格，单产5吨的奶牛，纯收入可达2000元，6吨的可达4000多元。但实际上到农民手中的价格要每公斤减去0.1~0.5元，到农民手中的价格一般为0.90~0.92元。这样，年产5吨的奶牛，纯收入为1000元左右；年产6吨的，纯收入近3000元。

二、奶牛养殖效益下滑是当前奶业发展面临的突出问题

前几年，奶牛养殖业的行情较好，但自2004年下半年以来，牛奶效益直线下滑。农户售奶价格大幅下降，现在价格多数情况下在0.7~0.9元/斤之间波动。近两年虽然奶牛和牛奶的价格下来了，但饲料价格却出现了大幅上涨。与两年前相比，今年养奶牛直接增加的饲养成本就达1500元左右。由于饲料成本增加、售奶价格下降，养殖奶牛的效益迅速下滑。饲养管理比较规范的奶牛场和小区每头成年奶牛的年经济效益由2004年前的5000~6000元下降到现在的2000~3000元，效益降低60%左右。管理较差的小区和散养户处于微利或亏损状态。

从调查看，部分奶牛和奶农被淘汰，2006年卖牛、杀牛的开始增多。许多奶农从2006年初就开始企盼奶价上涨，但奶价没上涨，反倒是饲料价格涨了不少，一些人舍不得低价卖掉奶牛，还在坚持，而不少人已经坚持不住，不断有人忍痛割爱卖掉奶牛。大幅下降的养牛效益损害了奶农的经济效益，尤其是那些高价买入奶牛，把大量资本投入奶牛养殖行业的奶农损失更为惨重。甚至一些有多年养牛经验的养牛大户对奶牛养殖彻底失望，卖光了全部奶牛。

（一）平原县养牛专业村西杨村调查情况

西杨村是平原县奶牛养殖比较集中的村，全村90多户人中有40多户养殖奶牛。我们对该村进行了调查，据农户反映，自1995年开始养殖奶牛以来，价格虽有下降，但效益一直还可以，2001～2002年牛奶市场价格较好。按正在产奶期的奶牛价格计算，2002年一头奶牛价格可以达到平均15000～16000元。不过，自2003年市场价格开始快速下滑，当年奶牛价格就下降到10000元/头左右，2004～2005年为8000～10000元/头，2006年为7000元/头，目前的价格只有6000元/头左右。牛犊的价格也是快速下降。以刚产下7天左右的小牛计算，2002年一头小牛的价格在3500元左右，目前的相同小牛价格仅有500元左右，公牛价格只有200～300元/头。牛奶的市场价格在一年的不同季节有波动性，冬春季节的价格略高，而夏秋季节略低。按平均价格来看，近年来农民售奶价格呈不断下降趋势，近两、三年市场价格稳定在较低价位。1995～1996年农户售奶的价格为1.66元/斤[①]，到2004年只有0.75元/斤，2005～2006年为0.75～0.76元/斤，2007年不稳定，价格高的时候为0.82～0.83元/斤，价格低的时候为0.75～0.76元/斤。近几年养殖奶牛的饲料价格和成本快速上升。2005年当地玉米价格为0.5元/斤，2006年上涨到0.57～0.6元/斤，2007年已经上涨到0.74～0.8元/斤。此外，农民工的打工价格也在上涨。在当地要请一个普通的农民工帮忙，管吃管住还要给工资500元/月，如果按吃饭成本每天3元左右计算，请一个农民打工的成本至少在600元/月。近几年奶牛养殖成本提高，效益下降，已经导致一些农民卖了奶牛出去打工。据称，当地农民外出打工男的收入一般40元/天，女的30元/天，比一般的奶牛养殖更加保险、收入有保障。同时养殖奶牛周期长，一头牛从生下来到产奶的周期至少要2年半。该村养殖奶牛农户认为，现有的养殖户能否维持生产和扩大生产，主要看饲料价格的走势。

（二）高青县奶牛养殖示范园调查情况

黑里寨镇奶牛养殖示范园位于高青县黑里寨镇格家村，是淄博市最大的乳业公司得益乳业的重要养殖基地，鲜奶主要销往得益乳业和蒙牛乳业。该园是全县最大的奶牛养殖小区，占地80多亩，始建于2001年。现有挤奶厅及加工厂1处，4个养殖区，奶牛养殖户78户，牛舍318间，奶牛存栏量近1000头，日产鲜奶15吨。该示范园是在当地政府的引导和扶持下发展起来的。自2004年起，小区内奶牛全部享受了国家、省实施的奶牛改良补贴项目，有效地提高了品种化水平，增强了奶牛生产业综合水平，保障了奶牛养殖户经济效益。该园农户养殖奶牛的

① 1斤=0.5公斤。为便于叙述，就不再一一换算。

规模均较大，并且基本上都是在信用贷款投资生产的，信用贷款由政府担保。我们实地考察了四个养殖户，基本情况如表 1。

表 1　2005～2007 年高青县四个调查农户奶牛养殖情况

	刁力强	刁力学	格新文	格新凯
家庭人口（个）	3	7	5	3
家庭纯收入（万元）	2	5	3	3
从信用社贷款（万元）	11	14	12.5	12
开始养殖奶牛时间（年份）	2001	2001	2001	2001
2005 养殖奶牛（头）	30	50	33	30
2006 养殖奶牛（头）	43	50	40	38
2007 养殖奶牛（头）	43	50	40	46
年均购买玉米（吨）	4	5	4	5

根据调查农户反映的情况，自 2001 年开始养殖奶牛以来，2002 年秋季市场形势最好。总体上，由于该养殖小区管理较好，农民养殖技术水平较高，牛奶的质量较高，近几年牛奶销售价格基本稳定，奶牛养殖效益不错，效益比种地要高很多。按照 1 头奶牛平均需要 4 吨饲料（其中一半左右为玉米）、生产 5 吨牛奶初步匡算，目前一头奶牛的养殖效益毛利约在 3500～4000 元。2005 年农户售奶价格平均为 0.93 元/斤，2006 年为 0.96 元/斤，2007 年为 0.92 元/斤。但饲料价格快速上涨，2005 年为 0.68 元/斤，2006 年为 0.82 元/斤，2007 年为 0.92 元/斤。由于玉米价格上涨，养殖奶牛的效益呈逐年下降的趋势。农户也反映，养殖奶牛不仅面临市场风险和玉米价格上涨的冲击，而且奶牛养殖工作也十分辛苦，早上 3:30就要起床，一直忙到下午9:30左右。如果算上工钱，效益也不高。如果养殖规模小于 20 头，养殖工作就要处于亏损状态。

三、制约奶业发展的主要因素

（一）部分养殖户饲养水平不高，不能正常发挥奶牛的生产性能

有的养殖户仍然沿用传统落后的养殖技术，饲养管理方式粗放，饲料配合不合理，其中精料比例较大，粗料仅为青贮玉米秸，大部分奶农冬季没有饲喂或贮备青干草及多汁饲料，致使奶牛饲料成本上升、体质下降、生产性能降低、生产年限减少、疾病增加，造成牛群质量整体下降。有的因为饲喂和管理不当，导致奶牛乳房炎、久配不孕等疾病频发，影响产奶量。一些养殖户图便宜购入劣质奶牛或冻精细管使得购入的奶牛和生下的后代产奶性能低下，从而造成效益偏低。

（二）加工企业垄断牛奶市场，影响奶农效益

目前，鲜奶全部被乳品加工企业收购加工。由于奶农与乳品加工企业的供需地位和实施约束不对称，导致奶农处于弱势地位。有的乳品加工企业对收购的牛奶以乳脂、乳蛋白、干物质含量不达标为由，或以超送奶计划或未完成送奶计划为由，压级压价，变相攫取农民的利益。在一些竞争较小、只有2、3个公司控制的奶源市场，少数公司采用联合压价的方式，降低奶价。一些企业压着奶款不给奶农，奶农经营难以为继。许多地区奶农分散，组织程度低，奶业是中间商的天下，奶农利益得不到保障，奶农和奶牛都在减少。

（三）加工企业不正当竞争扰乱了市场秩序，影响了奶源基地建设

由于牛奶生产需要较长的生产周期，而且奶农无法长期保存生奶，必须及时出售到加工企业才不致形成损失，因此，加工企业普遍采用培育奶源基地、签订合同收购的方式经营奶业。然而近年来在激烈的市场竞争中，一些企业的不正当竞争行为严重扰乱了市场秩序，损害了奶农利益。这些企业通常的做法是既不建立稳固的奶源基地，也不与农户签订长期供货合同，当销售旺季到来时，通过提高奶价来获得充足的奶源，甚至不惜降低质量标准，把一部分劣质奶也收购上来；到了销售淡季，又随意停收奶农供奶，或是随意压价，从而造成奶源在数量、质量标准和价格上的波动。这些行为既容易诱导奶农违反售奶合同，影响奶农收益，又容易加剧无序竞争，诱使更多加工企业只顾眼前利益，不注重奶源基地建设。目前，山东省奶源基地建设薄弱的问题日益凸现，三是奶源市场恶性竞争。对全行业的健康发展非常不利，蒙牛、伊利、三鹿等公司也都在山东纷纷设厂，众多公司在奶源市场上展开恶性竞争。缺奶时期，打价格战，一些公司降低质量标准，与奶农也不签订长期供货合同，对奶农掺水掺假也不管，而不缺奶的时期，又随意停掉奶农供奶，从而造成奶源在数量、质量标准和价格上的波动，影响奶农收益。

（四）基层服务体系薄弱

奶业的现代化经营离不开服务体系的支撑。但是，目前基层畜牧技术服务体系不健全，难以为奶农在配种繁殖和饲养管理等方面提供必要的技术服务。基层畜牧技术服务体系存在的主要问题是：一线技术人员的整体水平不高、数量不足，不能满足生产需要；技术培训体系主要依靠业务主管部门、畜牧兽医技术服务系统、龙头企业、地方政府组织的讲座，针对性、可操作性不强，未建立起针对奶农需求的长效培训体系。总之，技术服务体系不健全，基层服务能力不足，对基层技术服务人员的管理不到位，这些因素严重制约了山东省奶业科技进步和长远发展。

四、促进奶业健康发展的措施及建议

（一）搞好品种改良，不断提高单产水平和养殖效益

“抓牛抓胚，抓奶抓喂”。在目前饲料原料价格居高不下，鲜奶价格又居低难上的境地下，搞好奶牛品种改良，提高奶牛产奶量，是确保养殖奶牛获利和奶业持续发展的重要措施。品种改良、提高单产要依靠科技进步，要通过良种引进和细管冻精配种对现有牛群进行品种改良，不断提高单产，逐步形成高产牛群。继续坚持引进、改良与淘汰相结合的路子，淘汰低产奶牛，进一步优化奶牛种群结构。要充分发挥奶牛良种补贴项目的作用，加大奶牛改良扶持力度，大力推广优良冻精细管、胚胎移植等技术，引导农民购买高产奶牛细管冻精，以不断优化牛群结构，提高生产水平和养殖效益。

（二）大力推广先进适用技术，努力提高养殖效益

在奶牛价格下跌，奶价偏低，饲草饲料原料、能源、劳动力价格持续上涨的情况下，只有大力推广应用畜牧科学技术，提高饲养管理水平，做到良种良法配套，才能保护奶牛养殖业健康发展。要大力推广奶牛高产高效标准化养殖技术、优质冻精人工配种技术、性别控制配种技术、农作物秸秆青贮技术、人工种草养畜技术、奶牛程序化免疫技术、牧场小区定期消毒和疫病检测等综合防治技术，把畜牧兽医新技术、新成果推广普及到生产第一线中去，使科学技术真正成为生产力。特别要大力推行标准化畜禽养殖技术，不断提高鲜奶产量和质量。引导调整优化种植业结构，大力发展三元种植，推广种植青贮玉米良种，鼓励带穗玉米青贮。

（三）建立有效制度，降低奶牛养殖风险

在奶牛业发达的国家，均有保护奶农利益的政策支持。我国在奶业发展的前期阶段更应研究和制定奶农利益的保护政策。在目前财力有限的情况下，除为奶农提供良种补贴外，要重点推行奶牛饲养保险，将奶牛饲养保险纳入国家政策保险范围内，保障奶农的利益。

（四）发展规模养殖，推行标准化生产

当前，奶源基地建设的重点应是推行奶牛的规模化经营、集约化生产。实现这个转变的途径，一是发展规模奶牛场，二是发展奶牛养殖小区。从实践中看，散养户和标准化水平较低的小区养殖效益普遍较低甚至亏损。在目前农村生产力

水平和农村的实际状况下，大多数农户的资本积累有限，生产力素质较低，社会化服务体系不够健全，以奶牛大户为主体的规模化饲养难以做到，而奶牛养殖小区就成了当前的现实选择。因此，要积极鼓励“小区”模式，发展规模化饲养和标准化生产，把广大奶农组织起来，实行统一选址建圈、统一配种繁育、统一采购饲草饲料、统一青贮、统一防疫治病、统一挤奶和销售等，不断提高奶牛饲养水平。同时还要培植和引导各种合作经济组织和中介服务组织，充分发挥其在行业内的协调和纽带作用。在奶户相对集中的地区，应把奶户组织起来，成立奶农协会或合作社组织，让奶户积极参与其中，体现奶户的根本意愿。鼓励和支持龙头企业参与服务组织建设。以建立和完善养牛合作社、奶农生产者协会以及成立股份制产加销一体化联合体为主导形式，把分散的奶农组织起来，形成利益共同体，通过规范各自的生产与经营行为，开展系列化服务，密切基地农户与龙头企业的利益关系，为产加双方的协调发展提供保障。

（五）严格实行还原奶标识制度，规范液态奶市场秩序

使用原料奶要历经采购——运输——储藏——加工等环节，长长的链条导致乳品加工企业的人力成本和运输成本较高，相对地压缩了利润。而一吨奶粉可以还原成8吨甚至10吨“牛奶”，成本约0.6元/斤，大大低于了鲜奶加工的成本。因此，大量进口奶粉生产还原奶。还原奶的大量存在严重挤压了牛奶市场份额和奶牛养殖者的利润空间，严重挫伤了奶牛养殖者的积极性，严重影响了整个奶业的正常运行。要严格执行国务院办公厅“关于加强液态奶生产经营管理的通知”和国家五部委“关于加强液态奶监督检查工作的通知”精神，严格复原乳标识制度，对私自生产复原乳或复原乳不按规定标识的行为，按规定严肃查处，坚决保护消费者的知情权、选择权和奶农利益。推行鲜奶第三方质量检测制度，努力做到牛奶检测公平、公正、合理，避免和杜绝在检测过程中的压级压价现象。

（六）加强龙头企业带动作用，打破企业垄断牛奶市场格局

政府要通过财政扶持、信贷倾斜、优先立项等优惠政策，膨胀规模，扩大加工能力，广开投资渠道，多形式发展龙头企业，要加大对外开放力度，不断优化投资环境，加快构建大规模、高科技、外向型、新机制、多种经济成分并存的龙头企业群。鼓励和支持奶牛场和小区建设挤奶厅，提高市场竞争能力。要协调监督好加工企业的收购牛奶价格。

（七）建立健全基层畜牧技术服务体系，搞好奶牛养殖技术指导

建立健全畜牧技术服务体系，重点是良种服务、饲料服务、信息服务、装备服务、科技服务、人才服务、资金服务等，在良种繁育体系建设上，要以建立高产奶牛核心群为主，利用传统育种技术和胚胎生物工程技术相结合，加快高产奶牛的快速繁育。在饲料体系建设上，要大力推广优质牧草种植技术，注重优质青绿饲草生产体系的建立。在疫病防治体系建设上，要加强疫病诊断、检测、防治设施配备，提高疫病防治装备水平，要加强奶牛疫病防治人员的配备和培训，提高业务人员技术水平。在质量检测体系建设上，要强化对鲜奶和乳制品的检验和质量监管，重点加强原料奶中介监测机构建设，逐步开展第三方检测，保护奶农合法权益得到维护。在信息服务体系建设上，重点是建立奶牛良种登记系统、疫病防治信息系统、技术服务信息系统、生产销售信息系统、产品质量可追溯系统和生产者信用等级系统，提高行业服务和管理水平。

（八）加大政策扶持力度

继续实施奶牛细管冻精补贴工程，加快奶牛改良步伐，不断提高牛群整体生产能力。继续实施标准化畜禽养殖小区试点项目，改善奶牛养殖小区生产环境。实施奶牛贷款贴息政策，对新购奶牛按每头奶牛一定贷款数额给予贷款贴息，贴息资金由中央、省两级财政承担。对规模养殖场、养殖小区以及种植优质牧草的实施奖励政策。对牧草和青贮玉米种植进行适当补贴。对奶牛养殖用地同农业用地一样对待，禁止收取额外费用。

（九）合理引导消费，积极拓展农村消费市场

山东奶业消费市场具有很大的发展潜力，目前牛奶和乳制品的主要消费市场仍以城市为主，农村市场发展明显滞后，据统计 2005 年全国人均乳品消费量为 17.93 千克/人，山东城镇居民人均消费量达到 34 千克/人，超出全国平均水平 36.6 个百分点，而农村居民人均消费量只有 6.8 千克/人，还不到全国平均水平的 1/3。随着各级政府及各地行业协会会同乳品生产企业对牛奶及乳制品营养知识的大力宣传，国民对牛奶及乳制品在膳食中的营养作用认识逐步增强。近几年来，城镇居民对牛奶及乳制品的消费量明显提高，大中城市的消费市场已经步入良性发展状态，但是县域以下农村消费市场发展缓慢，有待于进一步拓宽。政府要从普及营养知识和培养科学饮食消费习惯入手，在农村地区大力开展奶类营养价值与健康的宣传教育，积极引导农村居民扩大乳品消费，并通过加强杂货店、便利店、专卖店、超级市场等多种渠道开拓市场，使农村消费者可以方便地获得乳制品产品。

（秦中春 张云华 王 宾）

第十二篇

食品安全

第十二篇课题组成员名单

课题顾问：

陈锡文　中央财经领导小组办公室副主任

　　　　中央农村工作领导小组办公室主任

李剑阁　国务院发展研究中心副主任 研究员

课题主持人：

韩　俊　国务院发展研究中心农村经济研究部部长 研究员

课题组主要成员：

罗　丹　国务院发展研究中心农村经济研究部博士

秦中春　国务院发展研究中心农村经济研究部副研究员 博士

张云华　国务院发展研究中心农村经济研究部博士

潘耀国　国务院发展研究中心农村经济研究部研究员

王秀清　中国农业大学经济管理学院副院长 教授

郑风田　中国人民大学农业与农村发展学院副院长 教授

吴永常　中国农业科学院自然资源与区划所副研究员

陈　洁　农业部农村经济研究中心副研究员

修长柏　内蒙古农业大学经济管理学院院长 教授

乔光华　内蒙古农业大学经济管理学院副院长 教授

中国食品安全宏观战略与政策

随着中国经济和社会的持续较高速度发展以及人民生活水平的提高，对食品安全问题提出了越来越高的要求。与此同时，食品安全问题已经成为影响中国农业和食品产业国际竞争力的关键因素。基于食品安全问题的重要性和迫切性，在中国科技部的支持下，国务院发展中心农村经济研究部曾经组织国内50余家机构、150多位研究人员作了大量的前期研究工作。在加拿大国际发展署的支持下，国务院发展研究中心组建了《中国食品安全战略研究》项目组，在前期研究的基础上，提出了《中国食品安全战略研究》报告。这一报告的主要内容已经在2004年11月份由国务院发展研究中心、科技部、商务部和加拿大国际开发署共同主办的"全球食品安全（北京）论坛"上公开发布。2005年5月，项目组根据中国食品安全领域出现的新变化对报告进行了完善。

一、中国食品安全取得的成就

改革开放以来，中国在提高食物供给总量、增加食品多样性以及改进国民营养状况方面取得了巨大的成就，食品安全水平也不断提高。

近二十多年来，中国在解决食品供应数量方面取得了令世人瞩目的成就，中国居民食物消费和营养结构得到了显著改善。90年代后期对部分地区典型监测表明，居民人均每日摄入能量2387大卡（1卡=4.1868焦耳），蛋白质70.5克，脂肪54.7克，基本达到了营养供给标准。中国人口的期望寿命大大延长，人民健康水平显著提高。目前，中国居民的平均期望寿命71.8岁，高于世界平均水平，接近发达国家70年代中期平均水平。这些成就的取得与中国食品供应状况的改善具有密切的关系。

（一）食品卫生监测合格率不断提高

从1983年到现在的二十多年间，卫生部对食品安全进行了一些监测活动并积累了一些数据。1995年以前，监测的样本是90万个，1995年以后一般是120～130万个。监测结果表明，中国食品卫生平均合格率1982年为61.5%，到1994

上升到82.3%，到2001年，进一步提高到88.6%。其中粮食、酒类、罐头、食糖、水产品、植物油、乳制品等13类产品抽样合格率均达到90%以上。2003年，卫生部对全国21个省、自治区、直辖市的9类239种市售食品进行了抽样检测，结果表明，合格的种类有232种，合格率达到97.1%。卫生部还进行了食品中污染物、添加剂、重金属的专项抽检行动，在检测的583件样品中，合格的有561件，常见污染物为13种，合格率达到96.23%。从食品卫生监督抽检情况来看，中国的食品安全水平提高的速度是非常快的。

卫生部门的食品污染监测网络2000~2002年的监测结果表明，中国食品中的六六六、滴滴涕均呈明显下降趋势，中国高毒农药控制取得了明显的成效（见图1）。

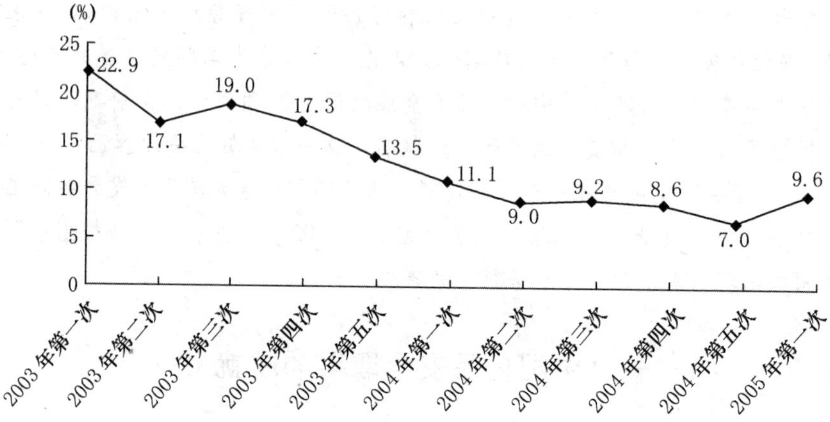

图1　37个城市蔬菜农药残留超标率

农业部近年的监测结果也支持这一结论。2001~2004年，农业部门组织有关检测机构，参照国际食品法典委员会（CAC）标准，对北京、天津、上海和深圳市及山东省寿光市生产基地、批发市场和农贸市场的蔬菜产品进行了连续检测，2001年为3次，2002年、2003年和2005分别为5次。2001~2004年，蔬菜农药残留平均超标率分别为37.5%、16.4%、15.0%和9.0%，2004年比2001年下降了28.5个百分点（见图2）。

猪肉中"瘦肉精"的捡出情况是中国农产食品最为突出的问题，也是反映中国农产食品安全性变化的"晴雨表"。2005年第一次检测表明，"瘦肉精"的检出率为2.3%，比以前大为下降。

（二）出口食品质量不断提高

根据国务院认证认可监督管理部门2004年10月提供的数据，一共接待了欧

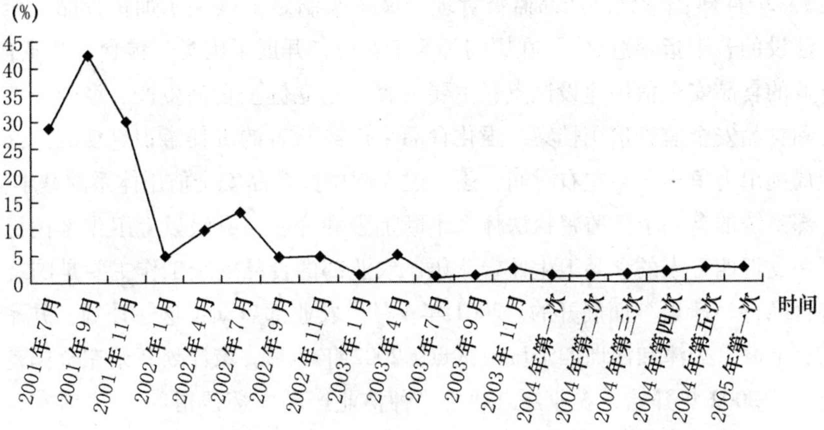

图2　2001～2005年京、津、沪、深四城市“瘦肉精”检出率

美等国家的食品加工企业卫生注册检查组对我国近500家出口食品加工企业的检查，同时在水产品、出口罐头等6类出口食品加工企业中推广了食品危害分析和关键控制点（HACCP）体系认证，对提高出口食品安全水平起到了重要作用。

1998年大陆地区运到香港的生猪瘦肉精超标严重，检出率达40%。到2001年降到1.5%，2002年降到0.05%。农业部、质检总局和卫生部联合到日本、韩国、香港的考察表明，出口蔬菜的农药残留超标率约分别为0.4%、0.4%、0.3%。

（三）初步建立了食品安全管理体系，并发挥了重要作用

中央政府一级的食品安全管理工作主要由国家食品药品监督管理局、农业部、国家质检总局、卫生部、国家工商行政管理局、商务部和科技部等共同负责。这些部门向国务院报告工作。以上每个机构都有自己的具体结构和管理范围。

中国食品安全管理体制的基本特点是一个监管环节由一个部门负责。为了理顺食品安全监管职能，国务院2004年9月在《关于进一步加强食品安全工作的决定》中进一步明确了各个政府部门的责任：即农业部门负责初级农产品生产环节的监管；质检部门负责食品生产加工环节的监管，将现由卫生部门承担的食品生产加工环节的卫生监管职责划归质检部门；工商部门负责食品流通环节的监管；卫生部门负责餐饮业和食堂等消费环节的监管；食品药品监管部门负责对食品安全的综合监督、组织协调和依法组织查处重大事故。除了以上部门外，还有一些政府机构也参与食品检验和控制。如科技部负责食品安全科技工作；环保局参与产地环境、养殖场和食品加工流通企业污染物排放的监测与控制工作等。

近年来各部门实施了一系列旨在确保食品安全和质量的行动计划，取得了一定成效。2003年，国家食品药品监督管理局牵头制定了《食品药品放心工程实施

方案》。2004年国家食品药品监督管理局又牵头制定了《关于加快食品安全信用体系建设的若干指导意见》，在厦门等5个城市，开展了肉类、粮食、儿童食品3个行业的食品安全信用建设试点，主要内容是建立健全食品生产、经营企业质量档案和食品安全监管信用档案，强化食品生产经营者的责任意识。食品药品监督管理局提出力争用5年左右时间，逐步建立起中国食品安全信用体系的基本框架。卫生部系统的食品卫生监督执法体系不断加强和完善，县级以上卫生部门已经建立了一支近四万人的食品卫生监督队伍。农业部的食品安全工作主要是围绕“无公害食品行动计划”而展开的。2001年4月，农业部启动了这一计划，并率先在北京、上海、天津和深圳四个城市试点。2002年7月，该计划开始在全国范围内实施。从2002年开始，农业部启动了“种植业产品农药残留”、“饲料和畜产品违禁药物及兽药残留”、“水产品药物污染”等三个专项整治行动，启动了“农产品产地环境污染监控计划”。国家质检总局也将食品作为重点监管对象，全系统每年对食品生产加工企业进行监督检查70万批次，大力开展食品专项打假，并加强了进出口食品安全检验检疫监管工作。国家质检总局对进出口食品实施卫生注册登记制度，制定并实施了《中华人民共和国动物及动物源食品中残留物质监控计划》，在出口食品生产企业推行食品危害风险关键控制点（HACCP）和卫生注册规范。根据提高食品安全水平的需要，科技部设立了“食品安全关键技术”重大专项研究项目。

（四）食品标准化工作取得了积极进展

改革开放以后，食品标准化工作取得长足进展，特别是《标准化法》、《食品卫生法》及其配套的规章的发布和实施，将中国食品标准化工作纳入了法制化轨道，有力地促进了食品标准化工作。

经过50多年的发展，中国已经初步建立了包括国家标准、行业标准、地方标准和企业标准的标准框架体系，有力地促进了中国食品行业的发展和食品质量的提高。近年来，在国家标准化管理委员会统一管理和卫生、农业和质检等相关部门的共同参与下，食品标准化工作取得了快速的进展。目前，一个以国家标准为主体，行业标准、地方标准、企业标准相互补充的食品标准体系在我国已初步形成。与之相应，食品安全标准的数量呈现突飞猛进的趋势（见图3）。

截至2003年底，中国共发布与食品安全相关的标准2620项，其中国家标准1001项，行业标准1619项。食品安全基础标准31项，食品中有毒有害物质限量标准216项（其中限量标准67项、涉及到限量指标的产品卫生标准149项），与食品接触材料卫生标准40项，食品安全控制与管理标准588项，食品安全检测检验方法标准1560项，食品标签标识标准21项，特定食品产品标准163项（见表1）。

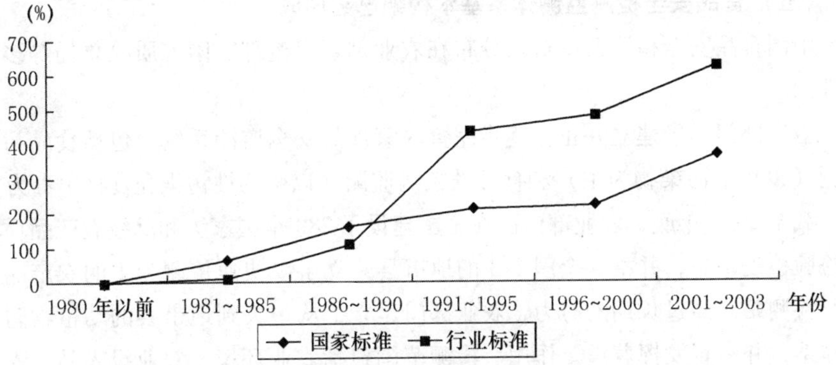

图3　中国食品安全标准发展趋势示意图

表1　**食品安全标准类型划分及其分布**　单位：个

标准类型	国家标准	行业标准	合　计
食品安全基础标准	17	14	31
食品中有毒有害物质限量标准	198	18	216
与食品接触材料卫生标准	36	4	40
食品安全管理与控制标准	107	481	588
食品安全检验检测方法标准	623	937	1560
食品安全标签标识标准	9	12	21
特定食品产品标准	10	153	163
合计	1001	1619	2620

鉴于标准体系的重要性，从1999年开始，农业部、财政部共同组织实施农业行业标准制定和修订计划，每年安排3000万元专项资金支持350项以无公害农产品质量标准为主要内容的标准制定和修订工作。科技部门已经会同质量监督检验检疫、卫生、农业等部门开展中国从“农田到餐桌”的食品安全技术标准体系的研究工作。

国内标准与国际标准逐步接轨。多年来，在食品标准制定和修订过程中，中国积极采用国际标准，采标率逐步提高。如罐头、啤酒、食用酒精、茶叶、味精、碳酸饮料、婴幼儿系列食品等产品标准，均已达到国际水平或国外先进水平。

食品安全标准的国际化工作也取得明显进展。1984年，中国正式加入国际食品法典委员会（CAC），并同时由国务院批准成立由各有关部、委组成的食品法典协调小组。卫生部还设立了CAC专家组。从中央到地方，选派百余人次的专家出席各类CAC会议。受国际食品法典委员会（CAC）委托，中国2002年还首次牵头起草了减少树果中黄曲霉毒素污染技术规范（初稿）并被2003年3月国际法典委员会会议采纳。中国还向CAC提交了我国鱼铅、纯发酵酱油3－MCDP数据。

（五）食品安全检测监测体系基本构架已经形成

中国食品安全检测监测机构分布在农业部、卫生部、国家质检总局等多个政府部门。

卫生部门已经建立并正在逐步完善国家食品安全监测系统，包括食品污染物监测（以化学污染物为主）和食源性疾病监测（以生物性污染和食物中毒为主）。

截至2003年底，农业部门已在全国建设了280个国家级和部级农产品质量监督检验检疫中心，并指导全国1/3的地市县建立了以快速检测为主的农产品质量安全检测站。经过长期的努力，农业部门建立了从中央到地市县的动植物防疫检疫体系，并一直发挥着重要作用。检测范围包括农业环境、农业投入品、农产品等，能够满足从农业生产资料、农业产地环境到农产品生产及其消费全过程的监测。

质检总局已基本形成了较为完善的食品安全检验检测体系。目前，质量监督检验检疫部门在全国共建有2500多个食品、农产品检测技术机构。建立了28个涉及农产品、食品的国家产品质量监督检验中心，两个国家级涉及食品检测分析的研究所；31个省、5个计划单列市、381个地市、2000多个县质量技术监督部门都建有农产品、食品监督检验检测机构；同时，分布全国各地的出入境检验检疫局在全国建有163个检验检疫技术中心，300多个食品检测实验室。近年来，根据国际形势的发展，还专门建立了多个疯牛病检测实验室和26个转基因产品检测实验室。

商务部门市场检测体系初步建立，全国大型农副产品批发市场已普遍配备了卫生质量检测设备和专职人员，开展检测的零售市场也在不断增加。

（六）农产品及食品认证工作取得积极进展

中国食品认证形式较多，属于自愿性认证。近几年来，中国农产品及食品认证工作取得了积极的进展，主要表现在以下几个方面：

无公害农产品认证体系初步建立，认证工作进展顺利。2002年，农业部成立了专门从事无公害农产品认证工作的农产品安全中心及所属的种植业、畜牧业、渔业产品分中心，在全国范围内全面推进“无公害食品行动计划”，开展全国统一标识的无公害农产品认证和产地备案工作。各省农业行政管理部门也先后成立了开展无公害农产品产地认定工作的机构。截止2004年底，全国累计共有11812个产品获得全国统一标志的无公害农产品认证，总量达6930.11万吨，其中种植业产品9170个，产量6152.98万吨，面积429.2万公顷，占全国耕地总面积的3.3%；畜牧业产品1303个，产量663.81万吨；渔业产品1339个，产量113.32万吨，面积125.02万公顷。截止2004年底，全国累计产地认定备案11581个，其中种植业8373个，面积762.41万公顷，占全国耕地面积5.9%（总面积按1.3亿公顷计算）；畜牧业1897个，合计13.8亿头（只）；渔业1311个，面积123.54万公顷。

绿色食品认证体系基本形成，并起到了重要的作用。绿色食品认证自1990年开始组织实施，至今已有10多年历史。目前中国绿色食品发展中心在各省、自治区、直辖市及部分计划单列市建立了40个委托工作机构、56个定点环境监测机构和14个定点产品质检机构，全国统一的绿色食品认证、检测体系基本形成。2004年，全国共有2836家企业的6496个产品获得了绿色食品标志使用权，实物总量达4600万吨，年销售额超过860亿元，出口额12.5亿美元；产地监测面积596万公顷。从产品的类别结构上看，种植业产品占61.4%，畜牧业产品占17.2%，渔业产品占4.1%，其他类产品占17.3%。

有机食品认证已经起步。中国有机食品的认证工作是1994年开始的。目前，CQC（中国质量认证中心）、万泰、OFDC（国环有机认证中心）等认证机构已获得最大的有机农业国际性组织——国际有机农业运动联盟（IFOAM）的认可或成为其成员。据不完全统计，目前全国有机食品认证企业超过1000家。2003年底，农业系统认证有机食品企业有402家，产品559个；实物总量17.9万吨，占全国的21.7%；年销售额11.3亿元，占全国的44.5%；出口额4360万美元，占全国的30.7%；认证面积943万亩，占全国的31.4%。截止2004年10月底，农业系统有机食品认证企业达到441家，产品713个，实物总量33.7万吨，分别比2003年底增长9.7%、27.5%和88.3%。

HACCP体系认证已经起步。危害分析和关键控制点（HACCP）作为控制食品安全的一种重要手段，在世界范围内得到了广泛的应用，2002年国家认监委下发了《食品生产企业危害分析和关键控制点（HACCP）管理体系认证的规定》，并且明确了管理机构验证和第三方认证的区别，为规范HACCP认证奠定了良好的基础。根据国务院认证认可监督管理部门2004年10月提供的数据，国内共颁发HACCP认证证书1500多张，通过HACCP官方审核的企业3131家。以HACCP原理为核心的国际标准ISO22000《食品安全管理体系要求》正在制定中，根据我国食品安全管理体系（HACCP）认证的需要，国家标准《食品安全管理体系要求》即将发布。

“绿色市场”认证开始实施。为进一步推动食品、农产品流通环节的标准化建设，确保农产品、食品流通过程的安全、卫生，根据国家“三绿工程”的要求，国家认监委与商务部联合制定的《绿色市场认证管理办法》于2003年10月23日正式实施，从而开展了针对农副产品、食品批发、零售市场的“绿色市场”认证。

食品包装认证已经提上日程。“苏丹红”事件发生后，在2004年12月9日发布的《食品安全监管信息发布暂行管理办法》的基础上，中标认证中心（原中国节能产品认证中心）正式出台了食品包装材料“中国安全环保认证”。目前，国家认监委已经把食品包装用塑料袋、塑料餐盒列入2005年强制认证的重点工作。国家《食品包装产品认证管理办法》也将在2005年8月出台。

（七）食品安全科技得到了快速发展

卫生、农业、质量监督检验检疫等部门均设立了与食品安全有关的科研机构，并在各自的领域中具备了一定的实验条件。中国已经组建和培养了100万人以上的从事食品安全工作的专业人员队伍，这为中国食品安全科技的进步奠定了较好的基础。科技部已经将“食品安全关键技术”列入“十五”重大科技专项。目前，食品安全科技创新已经被纳入中国中长期科学技术发展规划之中。

危险性评估技术已经迈出步伐。1994年中国《食品安全性评价程序和方法》及《食品毒理学试验操作规范》以国标形式颁布，为中国食品毒理安全性评价工作进入规范化、标准化及和国际接轨提供了保证。

食源性危害检测技术已经有了一定的基础。五十余年来，食品理化分析手段从简单的目视比色发展到原子吸收、气相色谱、液相色谱、荧光分光光度计、紫外分光光度计、质谱、红外、毛细管电泳仪等现代分析技术；从一般定性分析发展到能对100多种物质的定性、定量分析，初步发展了对未知物的鉴别；从一般成分分析到对杂质的分析。中国多残留检测技术取得了较大的进展，已经能在大米、茶叶、果汁等食品中同时检测100种农药；成功研制了有机磷农药快速检测试纸条；取得一批农药残留的抗体。在兽药残留检测方面，农业部门已经建立了两个兽药残留国家基准实验室，已经发展了近五十种单个兽药在饲料和动物源性食品中残留的测定方法。对于饲料中的“瘦肉精”，农业部门已经发展了成熟的确证检测方法。针对出口需要，国家质量监督检验检疫总局每年也投入大量资金建立一些兽药残留检测方法。另外，生物毒素和有害有机物检测技术获得了突破。

微生物污染检验方法发展迅速。病原菌的检测、鉴定技术由传统的微生物生化鉴定发展到生化、免疫、分子生物学与仪器自动化的多元技术。目前，中国人畜共患病检测技术已经取得突破，研制出了利用聚合酶链反应（PCR）仪器快速检测禽及禽产品新城疫、禽流感病毒的方法，使过去用常规检测方法检测周期由21天缩短为4小时左右。

食品安全控制技术模式已经开始得到应用。卫生部门从20世纪80年代开始危害性分析和关键控制点（HACCP）的宣传与培训工作，并于90年代初开展了乳制品行业和餐饮业的HACCP应用试点。农业部门20世纪80年代后期开始在国内水产行业开展了较大规模的HACCP的人员培训、资料编译、企业试点等推广应用工作，并从2003年开始将HACCP在水产养殖业的应用作为重点引进项目。质量监督检验检疫部门1996年以来对水产品、禽肉、畜肉、果蔬汁等行业的出口企业推行了HACCP，并取得了明显的成效。

目前，科技部门建立了8个食品安全关键技术应用综合示范区，正在组织力量针对肉类、蔬菜、禽类、水产品、茶叶、水果、小麦等类食品，进行农产品加工标准体系与全程质量控制体系研究与示范方面的研究。

（八）在建立食品安全应急机制方面取得了进展

近年来，中国也发生了一系列的食品安全突发事件，这些事件给中国敲响了警钟：必须建立食品安全突发事件应急机制。目前，中国政府已经高度重视突发事件应急机制建立，并取得了明显的进展。

在法律法规体系建设方面已经取得明显进展。2003年5月，“非典”疫情发生后，国务院根据新形势下处置突发公共卫生事件的需要，特别是防治非典工作中暴露出的在突发性公共卫生事件应急处理方面的薄弱环节，制定颁布了《突发公共卫生事件应急条例》。该条例不仅适用于重大传染病疫情，而且适用于突然发生的造成或者可能造成社会公众健康严重损害的群体性不明原因疾病，重大食物中毒和职业中毒事件以及其他严重影响公众健康的事件。

多次发生的食品中毒事件表明，只有建立一个统一运行和管理的监测预警制度，才能迅速收集翔实的信息，为防范与紧急应对突发事件提供基础。2003年1月1日，中国“救灾防病与突发公共卫生事件报告”管理信息系统在全国正式启动。从此，中国重大灾情、重大疫情及其他突发公共卫生事件报告将逐步改变传统的逐级上报方式，通过网络平台，使国家各级卫生行政部门与疾病控制机构均可于同一时间及时获得情报，进而协同处理。

（九）食品安全法规体系不断完善

中国目前形成了以《食品卫生法》、《产品质量法》、《农业法》、《标准化法》，《进出口商品检验法》等法律为基础，以《食品生产加工企业质量安全监督管理办法》、《食品标签标注规定》、《食品添加剂管理规定》，以及涉及食品安全要求的大量技术标准等法规为主体，以各省及地方政府关于食品安全的规章为补充的食品安全法规体系。

《中华人民共和国食品卫生法》主要规定了食品、食品添加剂、食品容器、食品包装材料、食用工具及与食品相关的生产经营场所、环境设施应达到的卫生要求，明确了食品卫生监督工作的职责和相关法律责任。与《食品卫生法》相配套还有部门行政规章、地方性法规和地方政府规章、食品卫生标准及检验规程等。目前，中国已经建立起以《食品卫生法》为核心，近百个食品卫生管理办法和近500个食品卫生标准所组成的食品安全法规体系，基本涵盖了食品安全管理的各个方面。加入WTO后，卫生部门基本完成了近500项食品卫生标准的修改审定工作。

《中华人民共和国产品质量法》适用于包括食品在内的经过加工、制作用于销售的一切产品。它是中国加强产品质量监督管理，提高产品质量，保护消费者合法权益，维护社会经济秩序的主要法律。《产品质量法》明确了中国产品质量的监督管理体制，明确由国务院产品质量监督部门主管全国产品质量监督工作，县级以上产品质量监督部门主管本行政区域内的产品质量监督工作。国务院有关部门和县级以上地方人民政府在各自的职责范围内负责产品质量监督工作。规定了产品质量国家监督抽查、产品质量认证等产品质量监管制度；规范了产品生产者、销售者、检验机构、认证机构的行为及相关法律责任。

《中华人民共和国标准化法》规定了对包括食品在内的工业产品应制定标准，并明确了标准制定、实施和相关职责及法律责任。

《中华人民共和国农业法》规定，国家采取措施提高农产品的品质和质量，建立健全农产品质量标准体系和质量检测监督体系，制定保障消费安全和保护生态环境的农产品强制性标准，禁止生产经营不符合强制性标准的农产品。国家支持建立健全优质农产品认证和标志制度。扶持发展无公害农产品生产。符合标准规定的农产品，可以申领绿色食品标志、有机农产品标志。建立农产品地理标志制度。建立健全农产品加工制品质量标准，加强对农产品加工过程的质量安全管理和监督，保障食品安全。健全动植物防疫、检疫体系，加强监测、预警和防治，建立重大疫情和病虫害的快速扑灭机制，建设无规定动物疫病区，实施植物保护工程。采取措施保护农业生态环境，防止农业生产过程对农产品的污染。对可能危害人畜安全的农业生产资料的生产经营依法实行登记或者许可制度，建立健全农业生产资料安全使用制度。

以上几部法律是中国当前对食品安全监管影响最大的法律。除此之外，中国还有大量的与食品安全密切相关的法律。例如，《中华人民共和国进出口商品检验法》、《中华人民共和国动物防疫法》、《中华人民共和国进出境动植物检疫法》、《中华人民共和国国境卫生检疫法》、《中华人民共和国环境保护法》、《中华人民共和国消费者权益保护法》等。

中国还有一些与食品安全密切相关的配套法规、行政规章、食品卫生标准及检验规程等。另外，中国各地方政府也出台了大量的地方性法规以及地方行政规章。以上法律法规体系为提高中国食品安全水平奠定了重要的基础。

二、中国食品安全面临的挑战

作为一个发展中国家，中国在确保食品安全方面仍然面临严峻挑战，食品安全问题仍然比较严重。

与过去相比，中国食品安全状况有了显著改善。特别是最近几年，中国一直把打击制售假冒伪劣食品等违法犯罪活动作为整顿和规范市场经济秩序的重点，采取了一系列措施加强食品安全工作。总体看来，生产销售假冒伪劣食品案件多发的势头有所遏制，食品安全形势趋于好转。但必须看到，长期以来，中国的食品供应体系主要是围绕解决食品供给量问题而建立起来的，当前中国食品安全形势依然严峻，食品行业在原料供给、生产环境、加工包装及销售等环节的安全管理都存在问题，食品不安全因素贯穿于食品供应的全过程，各大类食品均存在安全隐患，重大食品安全事故屡有发生。食品安全管理体制、食品安全标准体系、食品安全检验检测体系等方面还存在明显的不适应。食品安全法律法规体系有待完善。中国食品安全科技成果和技术储备严重不足。

（一）微生物污染和化学性食物中毒是影响中国食品安全的最主要因素

微生物污染包括细菌性污染、病毒和真菌及其毒素的污染。据世界卫生组织估计，在全世界每年数以亿计的食源性疾病患者中，70%是由于各种致病性微生物污染的食品和饮水。

2000～2002年中国疾病预防控制中心营养与食品安全所对全国部分省市的生肉、熟肉、乳和乳制品、水产品、蔬菜中的致病菌污染状况进行了连续的主动监测，结果表明，微生物性食物中毒仍居首位，占39.62%，化学性食物中毒占38.56%，动植物性和原因不明的食物中毒均在10%左右。在微生物污染中，细菌性污染是涉及面最广、影响最大、问题最多的一种污染。在食品的加工、储存、运输和销售过程中，由于原料受到环境污染，杀菌不彻底，贮运方法不当以及不注意卫生操作等是造成细菌和致病菌超标的主要原因。

（二）在投入品供给、农业产地环境、防疫体系、农产品生产、加工以及销售等环节仍然存在安全隐患

滥用或不当使用农药、兽药等农业投入品，致使农产品药物残留及有害物质超标。在中国杀虫剂中，有机磷农药产量占70%，在有机磷农药中高毒品种的产量又占70%。兽药安全性较低，滥用和超标使用现象严重。饲料中添加违禁药品的现象仍然比较严重。农业环境污染，直接造成了食品中重金属含量超标。

重大动物疫情频繁发生，直接威胁人民健康。由于防疫机构不健全，手段落后，检验设备不完善，中国畜牧业疫病时起时伏。一些疫病重新抬头，呈地方性流行或流行性发生。同时，新的疫病不断出现。目前中国动物疫病尤其是人畜共患病呈现范围扩大的趋势。

农产品生产、加工以及销售等环节仍然存在安全隐患。从生产环节来看，农户生产规模狭小，经营分散，农产品分级和包装技术水平低，溯源管理困难；在食品加工环节，大量家庭作坊式的小型食品企业根本不具备生产合格产品的必备条件；在流通过程，由于包装、储藏、运输等设施落后和管理不善，造成食品的二次污染；食品摊贩仍然占有很大比重，由于监管跟不上，从而成为传染病的传播中心。

（三）食品安全标准体系、检验检测体系、认证认可体系等方面还存在明显的不适应性

许多食品安全标准的制定没有以风险评估为基础。中国目前绝大多数食品标准还属于非常具体的质量指标与卫生（安全）指标相混合的食品标准，造成监督困难，消费者也缺乏判断依据。标准体系仍不完善，很多重要标准尚未制定出来。相当一部分标准远低于国际标准。

中国食品安全检验检测机构数量众多，分属不同部门，缺乏统一的发展规划，低水平重复建设情况比较普遍。食品安全多头检验、重复检测问题突出，浪费投资，加重了企业和农民的负担。

食品认证体系多头管理、多重标准、重复认证、重复收费等问题还没有解决，认证体系的作用没有得到应有发挥。

（四）食品安全管理体制和法律法规体系有待完善

中国在食品管理上形成了多部门管理格局，而且不同部门仅负责食品链的不同环节。职责不清、政出多门、相互矛盾、管理重叠和管理缺位现象突出。

中国虽然有关于食品质量的总体性法规《中华人民共和国食品卫生法》、《中华人民共和国产品质量法》、《中华人民共和国农业法》和《中华人民共和国进出口商品检验法》，但这些法律对食品质量安全仅做了一些概要性规定，没能充分反映新形势下消费者对食品安全的要求。现有与食品安全有关的法律或法规，相互间协调和配套性差，可操作性不强。

（五）食品安全科技成果和技术储备不足

长期以来，中国的食品科技体系主要是围绕解决食物供给数量而建立起来

的，对于食品安全问题的关注相对较少。目前还没有广泛地应用与国际接轨的危险性评估技术，与发达国家相比，中国现行食源性危害关键检测技术仍然比较落后。中国食品安全控制技术还比较落后，清洁生产技术和产地环境净化技术缺乏且没有得到广泛应用，导致环境污染严重。目前，中国开发新型农药、化肥、兽药、饲料、食品添加剂、调味剂等投入品的能力较弱，缺乏具有自主知识产权的产品。

（六）新产品、新技术、饮食习惯变化以及新的产销方式给食品安全带来了潜在威胁

近年来，中国新的食品种类（主要为方便食品和保健食品）大量增加。很多新型食品在没有经过危险性评估的前提下，就已经在市场大量销售。方便食品和保健食品行业的发展给国民经济带来新的增长点，但也增加了食品风险。方便食品中，食品添加剂、包装材料与保鲜剂等化学品的使用是比较多的。保健食品不少原料成分作为药物可以应用，但不少传统药用成分并未经过系统的毒理学评价，作为保健食品长期和广泛食用，其安全性值得关注。

转基因技术的应用一方面给食品行业的发展带来非常好的机遇，但转基因食品安全性不确定。判断转基因食品是否安全必须以风险分析为基础。目前，受管理、商业、社会、政治、学术诸多方面的限制，科学的统计数据很难获得，对转基因食品进行风险分析非常困难。这给食品安全带来了前所未有的挑战。

随着现代生活节奏的加快，饮食结构发生新的变化，外出就餐的机会增多，生冷食物、动物性食物、煎炸烧烤食物增多。由于技术跟不上，常常导致许多新的潜在的不安定因素。

（七）食物中毒和食源性疾病仍然对中国的食品安全构成了明显的威胁，重大食品安全事故屡有发生

由致病微生物和其他有毒、有害因素引起的食物中毒和食源性疾病的发病率是衡量食品安全状况的直接指标。食源性疾病是中国的一个重要致病来源，也是食品安全问题最直接的表现之一。目前，由于监测网络体系不健全，中国尚无确切的食源性疾病发病率的统计数据。但从世界各国总体情况来看，食源性疾病发生率是比较高的。即使是在食品安全水平相对较高的发达国家，每年有1/3的人口患上食源性疾病。食物中毒报告是反映食品安全水平的一个重要方面。根据WHO估计，发达国家食源性疾病的漏报率在90%以上，而发展中国家则为95%以上。从目前的统计数字来看，中国每年食物中毒报告例数约为2万～4万人，但专家估计这个数字尚不到实际发生数的1/10，也就是说中国每年食物中毒例数

至少在20万~40万人。按照卫生部提供的统计数字，中国最近几年的食品安全问题呈现出上升趋势。2003年卫生部共收到全国重大食物中毒事件报告379起，12876人中毒，323人死亡。与2002年比较，重大食物中毒的报告起数、中毒人数、死亡人数分别增加了196.1%、80.7%、134.1%。卫生部门近年的监测结果表明，从食品种类来看，动物性食品是中国主要的食物中毒原因食品，其中以肉及肉制品引起的食物中毒最多，为21.88%；其次为水产品占10.11%。中国的食物中毒主要发生在集体食堂（占27.1%）和饮食服务单位（占23.6%），家庭和食品摊贩各约占10%。

目前，使用有毒有害物质生产和加工食品的现象仍然存在。超量使用食品添加剂的现象仍然比较严重。一些食品，特别是乳制品营养指标和成分含量达不到要求。食品制假售假违法活动屡禁不止。食品标签不规范。

（八）食品安全问题对经济和社会发展的影响不容忽视

食品安全问题导致的经济损失是非常大的。食品安全问题已经直接制约了中国食品出口。中国出口食品多次在国外发生退货销毁事件，不仅造成了重大的经济损失，而且严重损害了中国产品在国际市场上的声誉。在技术贸易壁垒中，食品安全卫生又是最为主要的原因。

从国际上的教训来看，食品安全问题在严重危害人类身体健康的同时，也给民众造成了很大的心理恐惧与心理障碍。问题严重时，还影响到消费者对政府的信任。从2005年的高致病性禽流感、"苏丹红"等事件来看，食品安全事件与社会稳定密切相关，对政府的能力也是一种考验。

三、中国食品安全监管体制

建立责权明确、协调一致、高效运转的食品安全监管体制是提高食品安全控制水平的基础。随着食品产业的发展、食品贸易量的增加、新食品种类的快速增加、新的食品技术的发展以及饮食方式的改变，食品安全问题日益受到各国关注。尤其是"疯牛病"、二噁英、苏丹红等事件发生以后，许多国家认为，监管体制不完善是导致食品安全事件频频发生的主要原因之一。为此，许多国家纷纷调整原来的监管体制。目前，欧盟专门建立了食品安全管理局，专门负责食品安全监管问题。与此同时、德国、英国、丹麦、爱尔兰、荷兰等国纷纷建立单一的机构体系，提高食品安全监管的协调性。加拿大也专门建立了食品检验署承担食品安全监管职能。印度也正在着手加强监管的协调性。在美国，改革传统的食品安全监管体制的呼声也非常高。鉴于食品安全问题的重要性和复杂性，许多国家并不是采取修修补补的方式调整原来的监管体制，而是采取根本性变革的方式重塑新的体制。

近年来，中国的食品安全问题受到国内外的广泛关注。微生物污染、农兽药残留超标、人畜共患病等问题不仅直接威胁到公众大健康，而且对食品国际贸易产生了非常明显的影响，直接影响到了食品产业的国际竞争力和农民收入水平的提高。目前，中国国内普遍认为，监管体制不完善是制约食品安全水平提高的主要原因之一。为此，国务院在2004年9月1日发布的《国务院关于进一步加强食品安全工作的决定》要求，“按照一个监管环节由一个部门监管的原则，采取分段监管为主、品种监管为辅的方式，进一步理顺食品安全监管职能”，并对农业、质检、卫生、工商、食品药品、发展改革和商务等部门的职责进行了划分，对进一步发挥行业协会和中介组织的作用和强化地方政府对食品安全监管的责任也提出了明确的要求。新的食品安全监管体制已经取得了明显效果。但总体来看，目前的体制仍然存在协调性不够、部门交叉、权责不明、行业组织的作用没有得到充分发挥等问题，食品安全监管体制亟待进一步完善。

（一）中国的食品安全管理体制现状①

在中国，食品安全监管责任由中央、省级以及当地政府共同承担。在中央一级，负责食品安全监管的机构有国家食品药品监督管理局、卫生部、质检总局、农业部、国家工商局、商务部等。在中央政府下面，中国有33个省/直辖市/自治区、333个地区/市/自治州、2861个县/市/自治县。大多数省、地区和县级食品安全管理机构将当地的情况向国家食品药品管理局、卫生部、农业部、国家工商总局、国家质检总局报告。一般的，食品安全监管机构直接向当地政府负责，并接受中央监管机构地的监管与技术方面的指导。例如，卫生部门就是如此。但在有些情况下，当地的食品安全监管机构主要直接向中央监管机构负责，国家质检总局下面的进出境动植物检疫局就是这样。

在2003年以前，中国的食品安全监管工作主要由卫生、农业、质检、经贸、工商等部门负责。基本的特征是一个部门负责食品链一个或者几个环节的监管，部门之间的协调性较差。2003年十届人大一次会议后，中国食品安全监管体制进行了重大改革。最大的一项举措是成立了国家食品药品监管局，赋予其承担食品、保健品、化妆品安全管理的综合监督、组织协调和依法组织开展对重大事故查处三个方面的职责，并将国家食品药品监管局定位为“抓手”的角色，直接向国务院报告食品安全监管工作。2004年9月下发的《国务院关于进一步加强食品安全

① 本部分课题研究完成于2005年底。

工作的决定》对食品安全监管体制作出了新的安排。主要的措施有：(1) 为进一步明确部门之间的分工，克服多头监管问题，农业部门负责初级农产品生产环节的监管；质检部门负责食品生产加工环节的监管，将现由卫生部门承担的食品生产加工环节的卫生监管职责划归质检部门；工商部门负责食品流通环节的监管；卫生部门负责餐饮业和食堂等消费环节的监管；食品药品监管部门负责对食品的综合监督、组织协调和依法组织查处重大事故。(2) 强化地方政府对食品安全监管的责任。地方各级人民政府对当地食品安全负总责，统一领导、协调本地区的食品安全监管和整治工作。(3) 按照责权一致的原则，建立食品安全监管责任制和责任追究制。地方要明确直接责任人和有关负责人的责任，一级抓一级，层层抓落实，责任到人。这样，中国就形成了部门按照食品链环节进行分工为主，品种监管为辅的监管框架。随着食品安全问题受到广泛关注，目前，商务、国家发展与改革委员会、财政、宣传、公共安全等部门也从不同角度参与食品安全监管工作。中国食品安全监管体制现状可用图4表示。

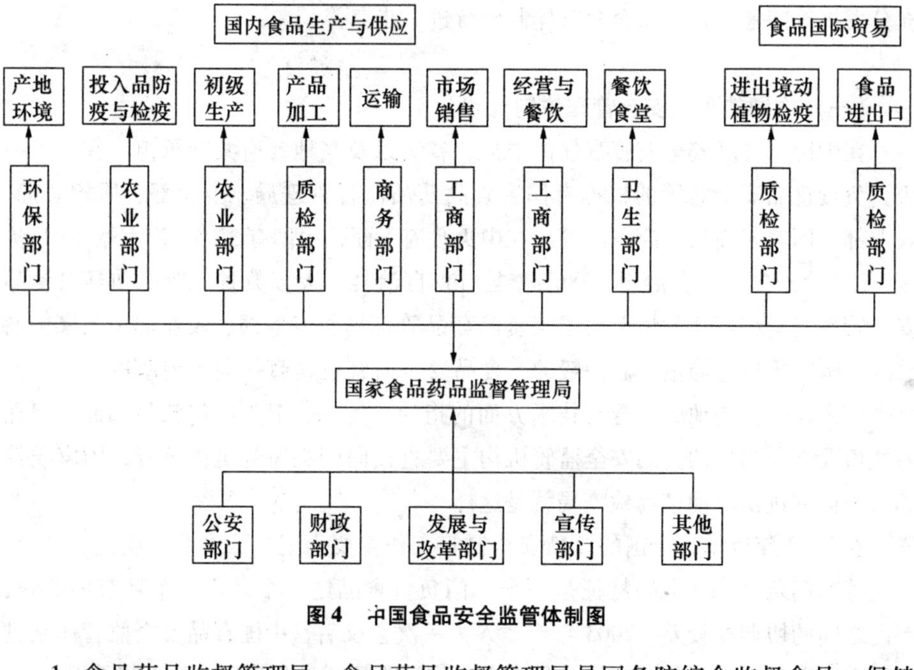

图4 中国食品安全监管体制图

1. 食品药品监督管理局。食品药品监督管理局是国务院综合监督食品、保健品、化妆品安全管理和主管药品监管的直属机构，负责食品、保健品和化妆品安全管理的综合监督、组织协调和依法组织开展对重大事故查处，负责保健品的审批。在食品安全领域的主要职责包括：组织有关部门起草食品、保健品、化妆品安全管理方面的法律、行政法规；组织有关部门制定食品、保健品、化妆品安全管理的综合监督政策、工作规划并监督实施；依法行使食品、保健品、化妆品安全管理的综合监督职责，组织协调有关部门承担的食品、保健品、化妆品安全监督工作；依法组织开展对食品、保健品、化妆品重大安全事故的查处；根据国务院授权，组织协调开展全国食品、保健品、化妆品安全的专项执法监督活动；组织协调和配合有关部门开展食品、保健品、化妆品安全重大事故应急救援工作；综合协调食品、保健品、化妆品安全的检测和评价工作；会同有关部门制定食品、保健品、化妆品安全监管信息发布办法并监督实施，综合有关部门的食品、保健品、化妆品安全信息并定期向社会发布。食品药品监管局作为综合监督和组织协调部门，不代替具体监管部门的职能，但是负责监督各项食品安全监管工作的实施。作为其前身，原来的国家药品监督管理局已经初步建立了统一的药品监管体制，国家、省、市、县药品监管网络基本形成。

2. 卫生部。卫生部主要负责国内市场的食品卫生政策和食品管理工作，主要职责是：负责拟定食品卫生安全标准；牵头制定有关食品卫生安全监管的法律、法规、制度，并对地方执法情况进行指导、检查、监督；负责对重大食品安全事故的查处、报告；研究建立食品卫生安全控制信息系统。

3. 农业部。农业部主管种植养殖过程的安全，负责农田和屠宰场的监控以及相关法规的起草和实施工作，负责食用动植物产品中使用的农业化学物质（农药、兽药、鱼药、饲料及饲料添加剂、肥料）等农业投入品的审查、批准和控制工作，负责境内动植物及其产品的检验检疫工作。在农业部门内部，几乎所有业务部门都与食品安全工作有关，主要包括市场与经济信息司、种植业司、畜牧业司、兽医局、渔业局、产业政策与法规司、科技教育司等。其中，市场与经济信息司是综合性协调部门，负责研究提出农业质量标准工作的政策建议和措施，研究拟定农业标准体系和质量监测体系发展规划并组织实施；综合协调管理农业投入品和农业各产业质量、标准、监督、认证、计量和新产品鉴定工作，组织实施农业质量振兴计划和农业名牌发展战略；承办农业部工业生产许可证和质量“打假”工作；负责农业部全国菜篮子工程办公室的日常工作。种植业司、畜牧业司、兽医局、渔业局则分别负责种植业产品、饲料和畜禽产品、水产品与食品安全有关的具体业务。产业政策与法规司负责与农产品安全有关的法律法规方面的工作。科技教育司负责与食品安全有关的科技与教育工作。

在农业部门内部，成立了农产品质量安全领导小组，负责农业部农产品安全管理重大事项的研究、协调、决策和重大工作的部署。农产品质量安全领导小组办公室设在市场与经济信息司（质量技术监督处），具体负责有关决定和知识的落实；负责食品放心工程部级联席会议和全国技术性贸易措施部级联席会议联络工作；负责其他农业部农产品质量安全管理工作相关事宜。

4. 国家质检总局。国家质检总局主要负责食品生产、加工和出口领域内的食品安全控制工作。负责食品安全的抽查、监管，并从企业保证食品安全的必备条件抓起，采取生产许可、出厂强制检验等监管措施对食品加工业进行监管，建立与食品有关的认证认可和产品标识制度。特别是出口食品加工厂的注册、出口动物和植物性食品检查、活体动物的进出口检疫、出口检验检疫证书的发放等。省级进出口检验检疫局和县级分支机构，都直接对国家质检总局负责。

近年来，国农质检总局按照法律法规规定和国务院要求，进一步加大食品质量安全的监管力度，不断加快食品安全标准的制修订步伐，大力增加食品安全检验检测体系的建设投入，不断强化进出口食品质量安全检验检疫工作。目前，基本建设形成了包括食品安全监督管理体系（包括国内和进出口食品）、进出口动植物检验检疫体系、食品安全标准体系、食品安全检验检测体系、食品安全认证体系、食品安全进出口技术贸易壁垒体系等六大体系。其中标准体系、检测体系、技术贸易措施体系共同构成确保我国食品质量安全的技术性支撑体系，是食品安全体系的基础，监督管理体系、检验检疫体系、认证体系是管理性支撑体系，是技术体系的具体实践和保障。国家质检总局在进出口食品和内销食品（各地技监局对食品加工企业实施的监督）的把关、服务中积累了丰富的食品加工安全控制、食品风险分析、食品安全预警机制、食品安全卫生检测技术及其相关研究经验，并拥有一支相应的专业队伍。

5. 商务部。商务部侧重于食品流通管理，主要职责是通过积极开展争创绿色市场活动，整顿和规范食品流通秩序，建立健全食品安全检测体系，监管上市销售食品和出口农产品的卫生安全质量。

1999 年，商务部会同财政、卫生、铁道、交通、工商、质检、和环保等八大部门实施的以保障食品安全为目的，以建立健全加工和流通环节食品安全保障体系为手段，以严格市场准入为核心，以“提倡绿色消费、培育绿色市场、开辟绿色通道”为主要内容的“三绿工程”。

6. 工商行政管理局。工商行政管理局负责组织实施市场交易秩序的规范管理和监督，对食品生产、经营企业和个体工商户进行检查，审核其主体资格，执行卫生许可前置审批规定。同时，查处假冒伪劣产品和无证无照加工经营农副产品与食品等违法行为。2003 年，国家工商行政管理总局在全国范围内确定了 10 个重点监管的食品专业市场，对食品生产、经营企业和个体工商户进行了一次普遍排查。开展了重点针对粮油、酒类、调料、肉及肉制品、蔬菜、水果、奶、豆制品、水发产品、饮料等食品及节日消费食品的专项质量抽查。

7. 科技部。科技部主要负责食品安全科研工作，具体工作主要由农村与社会发展司负责。其基本思路是“反弹琵琶”，抓好市场准入安全这一关键环节，加强技术攻关与集成，应用示范与对策研究并重，落实“人才、标准、专利”三大战略。

8. 其他部门。除了以上部门外，还有一些政府机构也参与食品检验和控制。如铁路和交通管理部的食品安全监督司参与自己职责领域内的食品安全检验工作；环保局参与产地环境、养殖场和食品加工流通企业污染物排放的监测与控制工作。

（二）地方食品安全管理体制的创新

除了国家质检总局实行垂直管理以外，其他与食品安全有关的部门基本上实行分级管理。因此，从地方来看，食品安全管理体制与中央是基本相同的。但是，出于加强对食品安全进行控制的目的，一些地方开始进行食品安全管理体制创新。全国绝大部分省（区、市）都成立了由省级政府主管领导牵头、与食品监管有关的所有部门参加、办公机构常驻省级食品药品监管局的食品安全协调委员会（或其他类似机构），地方明显加大了食品安全监管工作的力度。这种创新对我国提高食品安全控制水平至关重要。一是在中国不乏地方经验上升为国家改革措施的例子；二是由于各地情况差异太大，在中央无法实行统一管理的情况下，地方在区域范围内在统一控制方面迈出更大的步伐。目前，以下几个地方在食品安全监管方面很有新意。

1. 上海。在统一监管方面已经迈出实质性的步伐。上海是一个以城市人口为主的大城市。为了加强对食用农产品生产经营的安全管理，防止食用农产品污染和有害因素带来的危害，2001 年 7 月，上海市人民政府令第 105 号发布《上海市食用农产品安全监管暂行办法》。该《办法》提出了两条管理原则，一是以推进农业标准化为导向，通过改善生产基地环境，加强技术指导，强化农用生产资料使用管理，在食用农产品生产的全过程推行安全卫生质量监督。二是应当以市场为引导，建立市场约束和行业自律机制，重点监控加工流通环节，完善各类市场内部安全卫生质量管理责任，及时发现和查处违法经营食用农产品的行为。虽然上海市的管理体制主要侧重于食用农产品的管理，但其体制比较超前。具体的做法如下。

（1）设立上海市食用农产品安全监管领导小组。小组负责制定与食用农产品安全监管相关的政策，确定食用农产品安全监管的重点领域和事项，协调有关食用农产品安全监管的执法工作，处理食用农产品安全监管的其他重大事宜。区、县人民政府负责本行政区域内的食用农产品安全监管工作，并负责组织实施。

上海市金山区的做法更加超前，值得一提。2004 年，金山区成立食品安全委员会，在区域范围内实行食品安全监管统一领导。委员会由区长任主任，分管副区长任副主任，对卫生、工商等执法监管的职能进行比较彻底的整合和优化，旨在把分散的监管集中起来，把具体的监管统一起来。目前，区工商分局、区农委、市出入境检验检疫局金山办事处、海关、区技监局、区商旅委和区食品药品监管分局的分管负责人先后认可了目标责任书设定的相应责任。在新模式下，卫生、工商、农委、商旅委和技监局都必须将市场抽验计划汇总至食品药品监管局，由后者整合后再统一制定出区内的市场重点抽验计划，以避免重复抽验。同时，对现有食品检验检测机构的设备、检测能力进行重新调整，然后进行再分工。对于执法，委员会则采取联动方式。即将监管分为种植养殖、屠宰、食品生产加工、食品流通、餐饮业和其他六环节，每个环节均设有一个主体执法部门，其他涉及部门联动。委员会已经确定将在2004年5月份选择一个镇进行试点，7月起正式推广运用。在新模式下，委员会除了纵向梳理部门之间的工作外，还充分调动乡镇、街道等力量，“条块结合，以块为主”来管理食品安全。各级政府必须对制售不安全食品的地下窝点长期密切监控，其工作成效今年起将全部记入乡镇、街道干部的考核中。此外，相关部门必须将食品信息汇总至食品药品监管分局，形成共享机制。

（2）对相关部门进行明确分工。

①农业行政主管部门。主要负责生产环节的工作，包括食用农产品生产基地的规划和组织建设，种子、种畜、种禽、肥料、农药、兽药、饲料、饲料添加剂等生产、经营、使用的监督管理，畜禽及其产品防疫、检疫的监督，先进农业技术的推广和应用。

②商业行政主管部门。负责商业流通领域的行业管理，包括家畜产品屠宰加工的行业管理和安全监管，水产品的行业管理和安全监管，并协同有关部门进行食用农产品批发市场、农副产品集贸市场的监督管理。

③质量技术监督部门。负责食用农产品国家和行业标准的组织实施，地方标准的制定和监督实施。

④卫生行政部门。负责食用农产品加工和流通领域安全卫生的监督管理。

⑤工商行政管理部门。负责食用农产品经营行为的监督管理。

⑥环境保护行政部门。负责食用农产品生产基地环境状况的指导和监督。

⑦出入境检验检疫部门。负责进出口食用农产品的检验检疫和监督管理。

规划、土地、财政、交通、公安等有关行政部门在各自的职责范围内，协助做好食用农产品的安全监管工作。市农委、市商委、市质量技监局、市卫生局、市工商局、市环保局、市农林局和上海出入境检验检疫局应当根据法律、法规、规章的规定，各司其职，加强食用农产品安全监管执法的协调和沟通，并在重点领域组织联合执法。

（3）完善支持体系。主要包括：

①标准体系。建立食用农产品安全卫生质量标准体系，实施国家有关强制性

标准，制定和实施食用农产品安全卫生质量的地方标准

②技术推广体系。建立食用农产品安全卫生质量技术推广体系，为生产者提供技术指导和服务。

③检测体系。建立食用农产品安全卫生质量检测体系，完善政府对食用农产品安全卫生质量的监督检测。扶持建立从事食用农产品安全卫生质量检测的社会中介服务机构，在生产经营重要环节设立食用农产品安全卫生质量检测点。

④认证体系。建立安全卫生优质食用农产品认可体系，推介安全卫生优质的食用农产品。

⑤信息体系。建立食用农产品质量安全信息体系，为食用农产品的生产、经营和消费提供信息服务。

（4）发挥行业协会和中介服务机构的作用。鼓励和支持相关的行业协会制定并推行食用农产品生产经营的行业规范，为会员提供信息和技术方面的指导和服务，敦促会员依法从事食用农产品的生产经营活动。

政府鼓励并扶持设立有关中介服务机构，为食用农产品生产和经营活动提供管理咨询、技术服务、产品检测和标准化指导等各类服务。

从以上的情况来看，上海市的管理体制有以下几个特点：（1）大大减少了部门之间责任不清和多头管理的问题，重点协调了农业、卫生、技术监督等部门之间的关系。（2）仍然采用分环节管理的办法，但对各环节进行了比较明晰的分工。（3）重视支持体系建设，尤其是将信息体系建设作为一项重要任务提出来，利于加强信息交流。（4）将发挥行业协会和中介服务机构作用的发挥提上日程，对于加强行业自律和社会监督具有重要作用。

2. 北京。建立“从农田到餐桌”的全过程控制体系。与上海一样，北京蔬菜、肉类等农产品供应量的一半以上来自外埠，食品安全控制也是政府的重要任务。从目前的情况来看，北京市在探索食品安全监管模式方面分为两步。

（1）完善食品安全控制支持体系。在2003年以前，北京市主要围绕八大支持体系建设做文章。一是食品标准化体系。北京至少有10万种食品将在今后几年中重新确立安全标准。二是食品检验检测体系。工商、质监、卫生等40余家执法部门的专业人员对市场上的食品进行检验检测。三是食品监控体系。2003年2月1日起，施行《北京市食品安全监督管理规定》。四是食品市场准入体系。实施“食品放心工程”对猪肉、蔬菜、牛肉、羊肉、禽类、水产品、熟肉制品、桶装水、乳制品、米、面、食用油、酱油、醋14类食品建立了市场准入制度。五是农产品无公害体系。六是出台《食品安全条例》，将食品安全问题纳入法制体系。七是企业信用体系。从2003年1月1日开始，列入重点监管名录的食品，将在工商部门备案，消费者可随时查询有关食品的信用情况以及违规企业的不良记录。

八是完善舆论监督体系。

（2）着手建立起“从农田到餐桌”的全过程控制体系。在以前的支持体系建设的基础上，围绕绿色奥运和放心消费环境，围绕提高食品安全控制水平，建立、完善对食品安全“‘从农田到餐桌’的全过程控制体系”。侧重点在于实施食品安全的科学评估、市场准入、监测与监督抽查、突发食品安全事件应急处理、信息归集与发布、监督协调、部门和区县人民政府负责制等7项制度。

目前，食品安全信息发布制度已经付诸实施。从2004年4月开始，北京市食品安全领导小组将对突发食品安全事件的调查结论，全市范围内的食品安全预警、警示等信息实行统一发布。食品安全信息将由北京市工商局、卫生局、质量技术监督局、商务局、出入境检验检疫局、城管局和药品监管局等七个部门统一汇总，每月发布一次。发布的内容主要包括：与食品安全有关的监测和监督抽查结果、处理意见或结果，对监测和监督抽查结果的分析评价；食品安全的投诉举报总数、类型、与去年同期的对比及分析评价；突发食品安全事件的时间、地点、原因、经过、危害程度、调查结论等。另外还将向消费者发布与食品安全有关的消费提示、预警、警示信息以及其他相关食品安全信息。

总体来看，北京市食品安全监管水平大有提高。目前，北京对食品进入市场、市场交易和退出市场实施了系统监控，在流通领域实施食品安全全程追诉，不合格食品强制退出市场，建立了覆盖市、区（县）和重点生产经营单位的三级食品安全检测网络。目前，全市共认证了六批729个安全食用农产品生产基地和企业。2004年以来，北京市蔬菜产品合格率稳定在90%以上；“瘦肉精”检出率降到3%以内；水发产品甲醛阳性率由过去的32%降至4%以下；全市17类重点监测食品合格率由1998年的79.8%升到去年的90%。

3. 浙江。建立“横向到边、纵向到底”监管体系。浙江省是中国东部沿海地区经济比较发达的一个省份，也是一个食品生产、流通和消费大省。由于食品安全控制系统不完善，存在的隐患比较多。2004年，浙江有3万多家食品加工企业，64%的企业没能力对自己的产品进行质量检测，20%的企业没按照标准进行生产，15%的企业在无牌生产。2004年下半年，省政府组织有关部门对22个县的160家农村商店进行随机式的暗查暗访，发现销售没有标注厂名、厂址和生产日期食品的商店占45.69%，销售过期、变质、霉烂食品的占29.31%。从2003年下半年实施“食品药品放心工程”到2004年8月，浙江省已查处到的食品安全方面违法行为就达1.7万余起。食品安全控制体系不完善，不仅直接影响当地公共卫生水平的提高，而且作为一个食品出口大省，浙江省的食品出口受到了很大的影响。正因为如此，这一问题引起了浙江省当局的高度关注。改革完善监管体系是加强食品安全控制的重要一环。目前，浙江省已经建立了统一领导、地方政府负责、部门指导协调、各方联合行动的食品安全监管体系，并取得了明显的成效。

（1）成立食品安全委员会，统一协调食品安全监管工作。2005年，浙江在原省“食品药品放心工程”工作小组的基础上，成立了由22个省级部门组成的浙江省食品安全委员会，由分管副省长担任主任，办公室设在省食品药品监管局，并将这一做法向各市、县延伸。省食品安全委员会统一组织、协调全省食品安全工作，主要包括贯彻执行国家有关食品安全的法律法规、方针政策和省委、省政府的决策部署；制订全省食品安全工作规划，审议食品安全工作年度工作重点；研究解决食品安全工作中的重大问题，组织协调相关部门的工作，检查督促食品监管责任的落实。省食品安全委员会下设办公室，办公室设在省食品药品监管局。浙江省还聘请了30名专家为首届浙江省食品安全专家咨询组成员，聘任期三年。省食品安全专家咨询组下设食品安全政策法规及规划专业委员会、食品安全形势分析评估专业委员会、食品安全标准及检验检测专业委员会、食品安全重大事故评估及信息研判专业委员会等四个专业委员会。目前，浙江全省11个市、88个县（市、区）成立食品安全委员会，形成自上而下的统一、权威、高效的组织协调机制。

（2）明确部门职责，避免重复监管。为切实加强食品安全监管，做到不留真空，浙江省将几乎所有与食品安全有关的部门以成员单位的形式全部纳入到省食品安全委员会之中，实现了“横向到边”的监管。

（3）明确责任主体，健全工作制度。为了强化各级政府、各监管部门食品安全责任，全省72个市、县（市、区）政府与本级相关部门和下级政府签订了食品安全责任书，落实各级政府、基层组织和监管部门的食品安全责任。经贸、农业、渔业、卫生、工商、质监、食品药监等7个部门，建立健全了系统内部食品安全监管责任制或责任追究制。为促进工作落实，保证任务完成，省食品安全委员会建立督查制度。

（4）建立举报投诉处理制度，建立健全群控网络。为了充分发挥人民群众对食品安全的监督作用，规范食品安全举报投诉处理工作，保证群众举报投诉得到及时、准确、有效处理，省食品安全委员会建立以公开受理制、受理登记制、首问负责制、限时办结制、举报奖励制等为主要内容的举报投诉处理制度。同时，在农村和社区培养群众性的食品消费维权监督员队伍，拓宽食品安全监管信息来源和举报投诉渠道，形成覆盖面广、便捷有效的“群众监督网”。全省共设立乡镇消协分会487个、维权监督站1092个，村级监督点33591个，聘请监督员40204名，县、乡镇、行政村三级监督网络的覆盖面达到96%以上。

为了动员全社会关心、支持和参与食品安全工作，加大宣传、教育和培训力度，把握正确的舆论导向和舆论监督，营造食品安全工作的良好氛围，省食品安全委员会建立专门的宣传教育制度。通过建立广泛参与的机制，浙江省建立了“纵向到底”的监管网络。

（三）中国食品安全监管体制亟待进一步完善

1. 部门之间的协调性需要进一步提高。目前，食品安全管理权限分属食品药品、农业、卫生、质检、工商、商务等部门，职责不清、政出多门、相互矛盾、管理重叠和管理缺位现象仍然存在。据《国家商务部：2005 年流通领域食品安全调查报告》的调查结果，尽管国务院已明确食品安全管理遵照“分段管理为主，品种管理为辅”的原则，但由于涉及众多管理部门，有的地区涉及 30 多个部门，彼此理解不一，导致职责不清，难以形成合力。

2. 中央与地方的关系有待进一步理顺。中国现行的食品安全监控工作由国家和地方政府的管理机构共同负责。中央政府一级的食品安全管理工作主要由卫生部、农业部、国家质检总局和商务部等部门共同负责，这些部门则向国务院报告工作。这几个机构都自成体系，在省、市、县一级都分别设有相应的延伸机构，每个机构的具体结构和管理范围都很复杂。大部分省、市和县级政府都设有与卫生部、农业部和国家质检总局对应的食品安全管理机构。一般情况下这些食品安全管理机构直接对当地的本级政府负责，但接受中央机构的管理和技术指导。在有些情况下地方的食品安全管理机构直接接受中央机构的领导，比如省级的进出口检验检疫局。

但是，地方政府也有权制定自己的规章和标准，而地方的食品安全管理机构都是地方财政自给，因而很可能更多地关注于本地区利益而不是国家的标准。目前，各部门从中央到地方的垂直系统亦十分复杂。卫生部、农业部从中央到地方均为分级管理。质检总局的商检系统属于垂直管理，其余机构属于分级管理。原药监局中央和省一级部门属于分级管理，而省以下部门属于垂直管理。食药局成立后，地方上尚无食品监管的职能部门，如何实行地方上的监管，依然是未知数。

3. 行业自律机制不健全。产业界是食品的提供者，建立有效的食品安全保障体系，离不开产业界包括生产者和进口商、加工者、销售商（零售和批发）、食品服务、贸易组织等有关各方的密切配合。在发达国家，行业参与是保障食品安全的基础。产业界在食品安全管理体系中的作用主要通过以下途径进行：一是与政府沟通，将行业信息传递给政府，为政府完善管理制度提供服务；二是通过行业自律加强行业内部管理；三是与消费者沟通，根据消费者的需求不断完善行业内部管理制度。

但是，目前食品行业这几个方面的作用没有得到充分发挥。中国目前的食品安全管理体制仍然是一个自上而下的体制，法律法规的出台、标准的制定、检验检测体系的建立、认证认可体系的建立并不是根据行业的现实情况出发的，这样就容易造成管理“虚化”的问题，很多具体管理制度实际上执行不下去。

从行业自律来看，在发达国家，行业自律是保证食品安全的重要方面。但从我国目前的情况来看，食品行业组织还没有得到充分的发育。即使有些行业成立了行业协会，但运行还很不规范，没有充分发挥作用。食品行业与消费者的沟通也比较少。作为企业，理所当然地应当在保证质量的前提下追逐利润。作为消费者，理所当然希望使用安全、营养和卫生的食品。要将两者的目标结合起来，必须有一个标准。但是，目前，一些食品生产加工者和销售商为了降低成本和占领市场，利用与消费者信息不对称的机会，制假售假，给食品安全造成了极大隐患。

4. 消费者的作用没有得到充分发挥。消费者在有效的食品安全保障体系中，起着很重要的角色。但目前，中国大多数消费者对于食品安全问题没有引起足够的重视。即使一部分消费者对食品安全问题比较重视，由于消费者组织还不健全，也缺乏有效的参与监督的途径。

四、中国食品安全战略框架

（一）指导思想

根据全面建设小康社会和建设社会主义新农村的要求，以提高公众健康水平、促进就业和提高农民收入、增强中国食品产业的国际竞争力为目标，借鉴国际上食品安全管理的有益经验，紧紧围绕净化产地环境、保证投入品质量、规范生产行为、强化监测预警、严格市场准入等关键环节，通过健全食品安全法律法规体系、监管体制、标准体系、检测体系、认证体系、科技支持体系、信息服务体系以及建立应急机制等食品安全支撑体系，通过政府、产业界、消费者、媒体、教育和科研机构等有关各方密切配合、相互协作，采取多方面、多角度、多层次相互配套的措施，为建立和完善食品安全控制体系提供保障，建立“从农田到餐桌”的全程控制体系，确保食品安全。

（二）基本原则

1. 以科学为基础。以科学为基础是进行食品安全管理所遵循的基本原则，其基本要求是强调风险分析。食品中的有害物质涉及食品生产的整个过程，包括微生物病原体、自然产生的毒素、过敏源、添加剂、农业化学物质、环境污染物、兽药残留、某些膳食补充剂的过量食用和转基因食品成分等。除此之外，不正确的食品加工方法和家庭食用方法也可能会导致其他危险的增加。要在搜集准确、全面的有关食源性疾病和食品中有害化学物质和致病菌污染资料的基础上，对食品中的有害因素对健康的短期和长期危害进行科学的评价，为制定食品安全标准以及国家食品政策提供客观依据。

2. 立足当前与预见未来相结合。从中国食品安全存在的关键问题及其制约因素入手，以大宗和出口优势产品为监管重点，集中力量，下大力气解决好植物源性食品的农药残留超标、动物源性食品的兽药（渔药）残留超标、食品微生物污染等严重影响人民身体健康的食品安全问题。同时，充分考虑采用新技术、新资源、新材料对食品安全可能带来的影响，预测未来对食品安全的进一步要求，制定中长期发展目标，确保食品安全保障体系的科学性、先进性和预见性。

3. 食品供应全过程监管。食品安全管理与控制应该覆盖食品从“农田到餐桌”的食品链的所有方面。根据这一原则，应当推进食品安全监管“四个关口前移”，即从市场监管向产地监管前移，从销区监管向产区监管前移，从消费终端监管向生产源头监管前移，从流通监管向规范生产监管前移。强化生产过程源头污染的治理以及加工过程二次污染的防治。

4. 预防原则。由于对于一些新产品和技术的安全性不能确定，因此食品安全管理与控制应该采取预防原则。任何新产品和技术必须提供充分的证据证明其安全性后才能上市。

5. 可追溯性原则。食品的可追溯性是指食品和原料在流通中应保有它们的溯源，在需要情况下，可为有资格的机构提供溯源相关信息。当发现食品存在危害时，可以及时从市场召回，避免流入市场。

6. 透明原则。消费者有权获得清晰的食品质量、构成成分、营养物质含量、营养物质功用以及如何合理均衡膳食等方面的信息。法律法规、标准的修订与执行应在公开、透明、互动的方式下进行。

（三）目标

1. 提高食品安全科技水平，突破食品安全中的科技“瓶颈”制约。根据实施“从农田到餐桌”全程控制的要求，积极追踪国际先进食品安全科技发展动态，针对影响中国食品安全的主要因素确定关键技术领域，分阶段、有选择、逐步深入地开展食品安全基础研究，优先发展食源性危害危险性评估技术，进一步发展更加可靠、快速、便携、精确的食品安全检测技术，加快发展食品中主要污染物残留控制技术，发展食品生产、加工、储藏、包装与运输过程中安全性控制技术，使中国食品安全科技总体接近发达国家水平，初步建立起适应全面建设小康社会需要的食品安全科技体系。

2. 完善食品安全标准体系。应力争在2010年前，在加强统一管理并充分发挥各相关部门作用的基础上，以风险评估为基础，基本建立起一套既符合中国国情又与国际接轨的食品安全标准体系。要在各标准起草部门统一协调的基础上，根据相关标准之间必须配套形成体系的原则，加强食品安全标准的制定和修订工作，真正做到食品产前、产中、产后全过程都有标准作为技术依据。积极采用国际标准和国外先进标准，加大与国际接轨的力度。

3. 建立政府各监管机构之间分工明确、协调一致的食品安全管理体制。完善的食品安全管理体制的基本要求是政府定位要准确；从农田到餐桌实行全程管理；管理机构要精干和高效；各方职责要明确；有充足的资源；在中央政府层次上有一个权威声音对食品安全负责，并拥有在所有与食品安全有关的国家行动中贯彻中央政策的权力和资源。

4. 建立统一、权威、高效的食品安全检验检测体系。借鉴国外经验，按照统筹规划、合理布局的原则，建立起一个相互协调、分工合理、职能明确、技术先进、功能齐备、人员匹配、运行高效的食品安全检验检测体系。在检测范围上，能够满足对产地环境、生产投入品、生产及加工过程、流通全过程实施安全检测的需要，并重点加强对生产源头检测手段的建设；在检测能力上，能够满足国家标准、行业标准和相关国际标准对食品安全参数的检测要求。在技术水平上，国家级食品安全质检机构应符合国际良好实验室规范，达到国际同类质检机构先进水平，部级质检机构应达到国际同类质检机构的中上水平。

5. 建立统一、规范的食品认证认可体系。为加强全过程安全控制，在食品原料生产、加工、运输、销售企业中大力推广 HACCP 体系和 GAP、GMP、GDP 等体系认证。同时，积极推进认证机构社会化改革，要进一步加强对认证机构的监督管理，规范认证行为。

6. 建立健全食品安全应急反应机制。食品公共安全事件具有突发性、普遍性和非常规性的特点，影响的区域非常广，涉及的人员也非常多。如果没有高效的应急机制，事件一旦发生，规律难以掌握，局势难以控制，本质难以判断，其损失难以估量。目前，建立处理食品安全突发事件的应急机制已经成为国际惯例，中国也应该从建立法律法规体系，健全信息收集、处理和传播机制，建立预设方案等方面建立健全食品安全应急反应机制。

7. 建立统一协调的法律法规体系。应当以现有国际食品安全法典为依据，建立中国的食品安全法规体系的基本框架；完善已有法律法规体系；赋予执法部门更充分的权力；加强立法和执法监督等。

五、实施国家食品安全战略的政策措施

（一）建立分工明确、协调一致的食品安全管理体制

完善的食品安全监管体制的基本要求是政府定位要准确；从农田到餐桌实行全程管理；管理机构要精干和高效；各方职责要明确；有充足的资源；在中央政府层次上有一个权威声音对食品安全负责，并拥有在所有与食品安全有关的国家行动中贯彻中央政策的权力和资源。为达到以上要求，近年来，很多国家开始重新审视自己多年来经过修修补补而形成的既定食品安全管理体制，力求以消费者健康与安全为核心，重新建立足以控制各环节风险的食品安全控制体系。

就中国实际情况来说，在近期内不可能建立一个单一机构体系，也没有任何一个部门能够在短期内挑起确保13亿人口的食品安全的重任。比较现实的选择是通过加大协调力度和完善协调机制，处理好部门之间的关系、不同级次政府之间的关系、政府与消费者组织和产业界以及其他相关利益方之间的关系，将多部门体系转变为综合部门体系。可以应该采取的措施包括：

1. 提高协调层次，成立国家食品安全委员会。从级次来看，该委员会负责人最好设定在总理级或主管副总理级，这是该委员会协调食品药品监督管理、卫生、农业、质量监督检验检疫、工商、商务、交通、铁道、海关、科技等多个部门的基础。该委员会的主要责任根据科学证据进行风险评估，为决策者制定政策提供依据。其主要部门可以包括日常办公室、科学委员会以及专门的科学小组等机构。办公室负责日常事务的管理。专门的科学小组可以针对中国食品安全面临的主要问题而设立。科学委员会则负责协调各专业委员会。在出现紧急情况时，委员会可以设立危机处置小组，负责收集和鉴定所有相关信息，确定有效和迅速防止、减缓，或者消除风险的意见，并且确定向公众通报情况的措施。

2. 强化地方对食品安全监管的统一和协调。由于中国尚缺乏完整的由上到下独立的垂直监管系统，只有质检总局的商检系统属于垂直管理，其余的均为分级管理，各级监管机构的组织和任命由本级政府决定，因此必须充分发挥地方食品安全管理体系的作用，由各级政府负责所辖区域的食品安全监管工作，实行主管领导问责制。

在省（自治区、直辖市）一级建立“横向到边，纵向到底”的食品药品监管体系，整合地方资源、提高地方监管能力、构建安全信息网络、提高行动速度非常有利。

3. 建立消费者组织、中介组织、企业和政府间相互沟通机制。目前，发达国家的食品安全监管呈现出，以政府部门监管为主向重视发挥社会力量作用的趋势

发展。为了充分在发挥社会各方面维护食品安全的积极性，有必要建立一个消费者组织、中介组织、企业和政府间相互沟通的机制，通过沟通来加深理解、寻求共同解决食品安全关键问题的办法。针对目前中国食品企业存在经营分散、规模小、无序竞争严重等问题，应进一步建立和完善食品行业协会，发挥行业协会在宣传国家的法规法律和实行行业自律等方面的作用。要鼓励消费者组织开展深入广泛的监督工作，为政府监管创造更加有利的工作条件。新闻媒介要间接地承担帮助教育公众的责任，努力营造人人关心食品安全、人人重视食品安全的良好社会氛围。

（二）建立确保中国食品安全需要的科技支撑体系

根据实施“从农田到餐桌”全程控制的要求，积极追踪国际先进食品安全科技发展动态，针对影响中国食品安全的主要因素确定关键技术领域，分阶段、有选择、逐步深入地开展食品安全基础研究，优先发展食源性危害危险性评估技术，进一步发展更加可靠、快速、便携、精确的食品安全检测技术，加快发展食品中主要污染物残留控制技术，发展食品生产、加工、储藏、包装与运输过程中安全性控制技术，使中国食品安全科技水平在“十一五”期间总体接近发达国家水平，初步建立起适应全面建设小康社会需要的食品安全科技体系。

1. 发展可靠、快速、便携、精确的食品安全检测技术。建立一批在技术上与国际接轨、经过科学认证的重点研究和检测机构，为食品安全的检测技术与重点方法提供科技支撑。依据中国国情，在近期应重点发展快速检测技术。同时，有选择性地研究与研制部分高、精、尖检测方法，开发部分先进的仪器设备。加快研制检测所需要的消耗品。

重点开发有关安全限量标准中对应的农药、兽药、重要有机污染物、食品添加剂、饲料添加剂与违禁化学品、生物毒素的检测技术和相关设备。建立食品安全检测实验室质量控制规范。发展食品中重要病原体检测技术。

2. 发展食品安全过程控制技术。根据对“从农田到餐桌”进行全程控制的要求，发展食品生产、加工、储运、包装等各环节的安全技术，建立对食品安全进行全过程控制的技术体系。

发展食品中主要污染物残留控制技术。加快发展兽药残留控制技术。发展饲料安全质量控制技术。发展食品生产、加工、储藏、包装与运输过程中安全控制技术。在加工环节，大力加强食品加工技术与设备的研究开发。在储运环节，研究食品贮藏过程中有害物质形成规律和采后杀菌剂、杀虫剂的变迁规律，研制安全、经济、高效的食品储藏技术措施，开发低温冷藏设备。研究和推广食品包装过程中的安全控制技术。

3. 发展食源性危害危险性评估技术。在开展危险性评估的过程中，将与食源性疾病相关的高危因素作为分析重点，重视针对易感人群的危险性评估。

化学污染物危险性评估。广泛使用的农药、兽药、食品添加剂以及其他危害性大的化学污染物是重点评估对象。生物因素危险性评估。对具有公共卫生意义的致病性细菌、真菌、病毒、寄生虫、原生动物及其产生的有毒物质对人体健康产生的不良作用进行科学评估。

4. 开展食品安全关键技术应用的综合示范。在食品安全关键技术应用的综合示范区检验与应用食品安全生产、加工、检验检测技术，并探索研究适合中国国情的技术进步模式。示范区要将食品安全科技组装配套，加强科技推广与培训工作，提高科技的普及率和贡献率。统筹规划科技、农业等有关部门的试点行动。在示范区建立科技创新平台，探索创新机制，实现产学研结合。

5. 加大食品安全研究和科技成果转化的投入力度。各级政府科技、农业、卫生、质量监督检验检疫等相关部门应增加对食品安全研究和科技成果转化的投入，投入重点放在食品安全技术提高、完善基础设施、引进先进设备以及加强人员培训与教育等方面。各级科技管理部门要切实把食品安全科技放在突出位置，在项目、经费、人才等方面予以倾斜。与此同时，要积极探索新的运行机制，调动企业、个人等社会力量投入食品安全科技领域，从根本上改变食品安全科技投入严重不足的状况。

（三）完善中国食品安全标准体系

为了向我国食品质量安全管理提供有力的技术支持，提高食品安全，改善食品质量，我国有必要专门制定食品安全标准发展规划，形成重点突出，国家标准、行业标准相互协调，基础标准、产品标准、方法标准和管理标准配套，与国际食品标准体系基本吻合，能适应社会主义市场经济体制，满足进出口贸易需要的食品标准新体系。

1. 改革和完善标准管理体制。食品安全标准体系出现的诸多问题，很大程度上跟目前食品安全标准管理体制的不合理有关。2004 年 9 月 1 日国务院下发《国务院关于进一步加强食品安全工作的决定》，明确由质检总局牵头，会同有关部门建立健全食品安全标准体系和检验检测体系。目前，标准委已经牵头会同发展改革委、农业部、商务部、卫生部、食品药品监管局等部门成立的食品安全标准体系建设领导小组，统一领导食品安全标准体系建设工作。这一体制比原来的体制大有改进。今后，可以进一步完善这一体制。可以考虑以先由领导小组为基础，构建中国食品法典委员会，专门负责食品安全标准的起草工作并与国际食品法典委员会保持沟通与协调。在该委员会下，可以根据按照科学合理、分工明确的原则，建立健全相应的食品安全标准化技术委员会。为提高参与性和可操作性，标准化技术委员会要广泛吸收有条件的社团、企业和专家参加标准的制修订工作。

2. 以风险评估为基础，加强标准制定前期工作。加强标准的基础性研究和危险性评估等科学方法研究，提高标准的科学性和合理性。大力开展危险性评估等科学方法在标准制修订过程中应用的研究，以提高标准的合理性和有效性。加强食品质量安全标准的前期研究，特别是开展食品中有毒有害物质残留限量、转基因产品安全评价以及检验方法等方面的标准研究，提高标准的科学性。根据国际国内食品市场发展的需要，加强食品标识、物流标准的前期研究，为规范食品流通领域正常秩序和保护消费者的安全创造条件。研究建立食品安全检测数据库，为标准的制修订提供依据。

3. 制定覆盖整个供应链的标准。完整的食品安全标准体系应当包括：重要的食品安全限量标准、食品检验检疫与检测方法标准、食品安全通用基础标准与综合管理标准、重要的食品安全控制标准、食品市场流通安全标准等。

对我国而言，要重点加强涉及农兽药残留量、有害重金属限量、有害微生物和真菌毒素限量以及食品添加剂使用限量等标准的修订工作。

在指标过程中，必须将质量指标与卫生（安全）标准明确区分，避免以前卫生标准和质量标准混淆所带来的问题。国家标准应当为强制性食品卫生/安全标准。对具体产品标准没有必要单独设定卫生指标，所涉及的卫生要求应引用强制性国家标准。

4. 加强标准的宣传贯彻和培训，强化食品安全标准的实施。要加强标准实施与监督的力度，真正用标准组织食品的生产，必须大力普及食品安全标准知识。要通过开展各种类型的标准宣传和标准化知识培训，使从业人员了解、熟悉标准，提高产业界标准化意识。食品标准信息应及时向社会公开，便于企业和社会各方面查询，以提高食品产业的标准水平。同时，要加大标准实施监督的力度，促使食品行业严格按照标准组织生产，提高执行标准的自觉性。

5. 推动标准的国际化进程。一要积极参加国际标准的制定活动。积极派员参加国际食品法典委员会（CAC）及其分委会的活动。积极争取承担修订国际标准的制修订项目，以进一步提高中国参与国际标准化活动的能力。二要加大采用国际标准力度。参考国际标准和国际先进标准来制订修订自己的食品安全标准，加大国际标准的采标。三要考虑中国食品生产、加工和流通领域小规模分散经营的具体情况，制订相应的可操作性过渡标准或分级标准。

（四）建立统一、权威、高效的食品安全检验检测监测体系

1. 整合现有检验检测监测机构。针对目前多部门分割的实际情况，迫切需要

组织有关部门就监测体系的分工进行协调。通过协调来明确各部门各地方的监测环节分工与职责，充分利用已经建立的各种网络，实现优势互补，形成统一高效的食品安全监测体系。可以考虑规定国务院根据提高效率、避免重复、节约资源、提高水平的原则，首先从中央政府层面对不同政府主管部门的检测机构进行整合，然后根据实际情况整合地方检测机构。

2. 加强检验检测监测机构的能力建设。一是跟踪国际食品检验检测技术发展，积极引进国际上先进的检测技术与设备。二是建立监测信息管理网络，实现监督管理快速反应。三是建立一支高素质的食品监测队伍。

3. 加强食品企业的自我检验检测。只有被动抽检而没有主动自检，食品安全隐患随时存在。因此，一个高效的食品安全监测体系应该做到政府监测、中介组织监测和企业监测相结合。发达国家食品安全监测体系发展的一个重要趋势就是充分发挥食品业者自主进行监测的积极性。中国现有的监测体系以政府机构为主，今后应注意加强企业自检和中介组织监测。以行业监测为代表的中介组织监测既可以对食品企业进行监督，也可以对政府的监测机构进行监督并提供建议。

4. 对食品供应链进行全程监控。建立和完善食品污染物监测网络，对化学和生物污染物进行连续主动监测。建立与世界卫生组织（WHO）全球沙门氏菌检测网接轨的、具有世界先进水平的国家食源性致病菌及其耐药性的监测网络，对食源性致病菌进行连续主动监测。强化对食源性疾病暴发的准确诊断和快速溯源能力。

加强动植物检疫防疫体系建设。一是加强动物防疫检疫体系。要建立符合国际规范、高效的兽医实验室体系，完善的诊断标准体系。加大疫情监测力度，改革现有疫情报告体系，对常规的旬报和月报的内容进行详细化，标准化。要严格评估、建立无病认证体系。二是加快植物检疫监控技术支持体系建设。针对敏感作物和敏感地区，有计划、有重点加强风险分析。加强重点地（市）、县（市）植物检疫实验室建设，装备检疫检验基本仪器和设备，提高检疫检验整体水平。认定非疫区和低度流行区，有计划、有步骤地建立健全植物有害生物监测网络体系。

要结合产地认证制度，加强农业、环保等部门的产地环境监测站（室）的建设，建立健全产地环境监测网络。

完善进出口食品安全检验检测监测体系。根据国际市场变化，进一步整合食品安全实验室资源，不断完善由食品安全检测中心、全国重点专业实验室和区域性重点实验室相结合的进出境食品安全监测网络体系。在进口食品安全管理方面，要积极借鉴和学习发达国家先进的管理模式，合理利用 WTO 规则，加强进口食品注册制度及对进口国的检验检疫评估制度。

（五）建立健全食品安全突发事件应急反应机制

1. 进一步完善法律法规体系。虽然中国在突发公共卫生事件应急法律法规体系建设方面已经有了较大的进展，但是仍然存在以下几个方面的问题：《突发公共卫生事件应急条例》（以下简称《条例》）在明确性、协调性、可操作性上还存在一些不足。应制定《条例》的配套实施法规和办法，在《条例》中增加行政救济程序，切实保护好公民、法人和其他团体的权益。

2. 建立应急指挥系统。每一次突发公共卫生事件都表明，缺乏反应迅速、高效的协调机制往往会贻误时机，造成更大的损失。因此，建立专门的责任机构，机构之间、各级政府之间、政府与公众之间的协调是果断采取高效措施的基础。与其他公共卫生安全事件一样，食品安全突发性事件的处理需要预警监测、信息报告、医疗救护、监测检验、监督检查、卫生防护、科技攻关、物资设施保障、财力支持等方面的团体作战。而要实现各个方面的协调，必须建立完善的机构体系。应当根据"中央统一指挥，地方分级负责"的原则，对突发公共卫生事件实行统一指挥，统一部署，统一行动。为此，要设置处理突发公共卫生安全事件安全应急运作机构，并明确管理部门职责。

3. 完善监测体系，提高预警能力。目前，中国公共卫生预警系统还不健全，有些部门和地方预警能力不足、过于行政化和监测系统反应不灵敏的问题，结果使得监控往往流于形式。为此，《突发公共卫生事件应急条例》规定："突发事件应急工作，应当遵循预防为主、常备不懈的方针，贯彻统一领导、分级负责、反应及时、措施果断、依靠科学、加强合作的原则"。"国家建立统一的突发事件预防控制体系，县级以上地方人民政府应当建立和完善突发事件监测和预警系统，并确保其保持正常运行状态，对早期发现的潜在隐患、可能发生的突发事件应当及时报告"。今后，应当严格执行这些规定。县级以上地方人民政府应当建立和完善突发事件监测与预警系统。县级以上各级人民政府卫生行政主管部门，应当指定机构负责开展突发事件的日常监测，并确保监测与预警系统的正常运行。监测与预警工作应当根据突发事件的类别，制定监测计划，科学分析、综合评价监测数据。

4. 建立食品公共卫生突发事件应急报告制度和公开、及时、通畅的信息发布制度。突发性公共事件的突发性特点要求政府在建立反应机制的过程中必须突出一个"快"字。禽流感事件表明，突发事件的应急报告和信息公布制度是非常重要的。今后要从以下几个方面完善公共卫生突发事件应急信息系统：（1）建立中央垂直的、高效的、统一的信息收集机制，以最快的速度，准确掌握情况的变化。（2）打破信息过于集中的格局，适度赋予相关机构信息发布权。在信息的发布环节，应该增加层级，使更多的掌握有信息的主体均能及时发布信息。（3）要更好发挥新闻媒介的桥梁纽带作用。

5. 制定预防方案。为了应对突发食品安全公共卫生事件，必须制定全国突发公共卫生事件应急预案，并按照条块结合、以块为主；群专结合，以专为主；防治结合，以防为主；平战结合，应急优先；科学防治，规范管理；分级负责，高效处置的原则，指导地区各级人民政府制定突发公共卫生事件应急预案。国务院卫生行政主管部门按照分类指导、快速反应的要求，制定全国突发事件应急预案，报请国务院批准。省、自治区、直辖市人民政府根据全国突发事件应急预案，结合本地实际情况，制定本行政区域的突发事件应急预案。突发事件应急预案应当根据突发事件的变化和实施中发现的问题及时进行修订、补充。国务院有关部门和县级以上地方人民政府及其有关部门，应当根据突发事件应急预案的要求，保证应急设施、设备、救治药品和医疗器械等物资储备。

6. 迅速采取应急处理措施。主要的措施包括：

对突发事件进行技术调查、确证、处置、控制和评价。明确重点，提高效率。根据监测、诊断和评估的结果，划定重点区域、重点人群、重点动物种类、重点污染物，有针对性地采取措施，提高资源的利用效率。

有效救治，加强防疫。对于受危害人群实施有效救治。对于传染性疫病，要由专门的医务人员、具有救治能力的医疗机构专门负责。对于弱势群体要给予救济。对于受威胁的人群实施紧急强制性的免疫接种。必要时对人员进行疏散或者隔离，依法对疫区实行封锁。对受威胁动物，实施紧急强制性的免疫接种。

突发事件应急处理指挥部可以根据突发事件应急处理的需要，对食物、水源采取控制措施，卫生行政主管部门应当对突发事件现场等采取控制措施。

实施无害化处理。对于染病病死、被捕杀的禽畜、鱼类及其排泄物、被污染饲料、污水、交通工具、禽畜舍、场地等实施无害化处理。

7. 建立有效的保障体系。

物资保障。国务院有关部门和县级以上地方人民政府及其有关部门，应当保证突发事件应急处理所需的医疗救护设备、救治药品、医疗器械等物资的生产、供应；铁路、交通、民用航空行政主管部门应当保证及时运送。建立食品安全突发事件物资储备制度，储备相应足量的应急物资。储备物资应当置于交通便利、具备贮运条件和安全的区域。突发事件应急处理指挥部有权紧急调集人员、储备的物资、交通工具以及相关设施、设备。

资金保障。处理食品安全突发事件所需经费应当纳入各级财政预算。对于企业、农户所产生的损失，根据具体情况给予合理补贴。中央财政和地方财政按照规定比例分担费用。

国家设立专门研究机构（如参考试验室和专业实验室），负责食品安全突发事件涉及到的鉴定、诊断、救治、防疫、监测等技术工作。

人员保障。应在省、地两级分别建立一支由专业人员组成的专业救治队伍，遇有重大突发食品安全事件以及其他公共卫生安全事件，能够迅速组织起来。也可引入市场机制组建民间的专业救援队伍，更要注意发挥社区、群众的自救互救作用，形成专业救援和群众自救相结合的庞大救护援助体系，卫生部门应当掌握专家信息，必要时组织应急救治队伍进行支援。

（六）建立统一、规范的食品认证认可体系

以与国际接轨为目标，结合国情建立国家食品认证标准，建立统一、规范的食品认证认可体系。积极推进认证机构的改革，将认证机构改造成为真正独立的第三方机构。对食品认证培训机构、食品认证人员实施注册、备案制度。实行统一的食品认证机构、认证咨询机构和认证培训机构的国家认可制度。

为加强全过程安全控制，在食品原料生产、加工、运输、销售企业中大力推广 HACCP 体系和 GAP、GMP 等体系认证。适时对直接食用的食品实行强制性产品认证制度和出口验证制度。

进一步加强对认证机构的监督管理，规范认证行为。认证机构不得接受任何可能对认证活动的客观公正产生影响的资助，不得从事任何可能对认证活动的客观公正产生影响的产品开发、营销等活动，认证机构不得与认证委托人存在资产、管理方面的利益关系。认证机构应当定期向国务院认证认可监督管理部门提交报告，并对报告的真实性负责。

（七）建立健全食品安全信息交流体系

统一协调的信息体系对于加强食品安全监管至关重要。在发生食品安全突发事件时，这一必要性显得更为突出。在实行单一机构统管食品安全的国家，如加拿大、丹麦等，建立统一的信息体系较为容易。相对而言，在存在多个管理部门的国家，难度要大一些。从总体来看，中国食品安全的信息资源严重短缺和资源分散，现有涉及食品安全的信息由不同部门归口管理或者由不同单位负责，缺乏统一协调的信息服务管理机构，信息资源共享机制不完善。由于没有形成一套互相协调、协商和统一发布口径的机制，在某些敏感问题和重大问题上，往往是各部门根据本部门所掌握的资料信息单独宣布各自的观点和所要采取的行动，而其他部门由于所持有的材料和工作领域不同，异议甚多。

为了满足多方面的需求，体现权威性，食品安全信息的内容要全面、完整。食品安全信息的内容要包括：第一，“从田头到餐桌”影响食品安全的因素方面的信息。包括产地环境方面的信息、投入品方面的信息、食品生产、加工和流通

过程方面的信息等。第二，食品安全状况方面的信息。第三，风险评估方面的信息。第四，食品安全政策、法律法规。第五，国外有关的食品安全方面的信息。特别是国外标准、认证等方面的信息要及时搜集，迅速传给有关企业，以减少不必要的损失。

要加强现有政府机构食品安全信息体系建设，整合来自政府各有关部门有关各方的信息，加强各相关部门之间食品质量安全信息的共享。要打破目前相关信息的部门分割的现状，建立互通有无、高频次交流和共建共享的信息收集、整理、分析和传输利用机制，实现各部门间在信件处理、风险信息通报和评估、行动决策和重大事故处理方面的共享、共商。

食品安全问题已经成为一个全球性的问题，没有良好的国际合作，食品安全信息无法在各国之间传播，进行食品安全控制也就显得非常困难。当发生突发性风险时，美国通过国际组织（如世界卫生组织、联合国粮农组织、国际兽医局和世界贸易组织）构成的全球信息共享机制，使其他国家和地区也能立即获知信息。欧盟的《食品安全白皮书》要求，通过法律规定，在发生食品安全事故时，扩大与第三方国家的信息沟通。中国要加强国际间食品安全信息的交流合作，建立国家间食品风险管理信息及时互报和共商机制，发展国家间食品安全相关数据的官方和专家共享系统，以便实现地区间食品安全管理的一致行动和合作控制，减少贸易摩擦。

（八）制订食品安全基本法，加强执法能力建设

目前，中国亟须加强对现有与食品（含农产品）有关法律法规规章的协调、调整、修订及全面清理工作和建立重在防范、以科学为基础的食品安全法律系统。这个完善的法律体系应该包括以食品安全基本法为龙头，其他具体法律相配合的多种层次的专门具体的法律体系。

制订食品安全基本法。中国正在修改《食品卫生法》并在第二稿明确其为《中华人民共和国食品安全法》。从草案来看，该法对总则、食品安全风险的监测和分析、食品安全标准、食品的检验机构、食品的生产经营、食品的进口、食品安全事件的预防和控制、监督管理、法律责任、附则等十个方面的内容进行了规定。可以从以下几个方面进一步完善草案：一是明确《中华人民共和国食品安全法》为《农产品质量安全法》和《产品质量法》等与食品安全相关法律的上位法；二是为食品安全监管体制的完善留下空间，对国务院最高决策层的协调功能作一些粗线条规定，明确不同地区之间的协调机制，明确部门分工基本方向，明确规定整合国家食品检验机构的资源；三是对食品安全信息收集、整理、加工、分析和公布予以专门规定，将食品安全教育纳入法律框架；四是进一步强化法律

责任，明确食品安全监管部门的法律责任；五是对处理突发性食品安全事件的国际合作问题进行专门规定。

在基本法的基础上，制定覆盖整个供应链的法律法规。以即将出台的《食品安全法》为基础，《农产品质量安全法》和《产品质量法》相互配合，基本上可以满足对国内生产和消费食品供应链全过程进行控制的要求。但是，这并不是说法律体系就健全了。今后，根据确保食品安全的关键环节、关键领域以及确保某一类食品安全的需要来专门制定单一的法律。对中国来说，市场准入制度法、植物检疫法、转基因产品管理法、认证法、进出口食品安全法等等是应当考虑的问题。目前，中国有一些制度还体现为条例、暂行规定、通知等形式，今后随着时间的推移，应当将一部分上升为法律。

加强执法监督。扩大执法部门检查权，包括检查食品生产和销售记录；强制受管理企业把有关不符合法律规定的食品信息向管理机关通报；要求有关组织提供农药、兽药使用的记录；要求食品企业向食品管理部门登记并报送产品清单；要求食品企业保存与食品安全有关的食品生产和销售记录等。鼓励受管理的行业、消费者和其他人参与到规章的制订和颁布的过程之中。要给予向公众提供初步讨论和发表意见的机会。相关部门在执法过程中，要真正接受公众的监督。

（九）完善食品供应组织体系

由于中国农户多，食品供应涉及到众多企业，各个企业的具体情况又差异很大，因此需要针对具体的情况，采取相应的对策。一是培养龙头企业，积极扶持和发展专业协会等农村专业合作经济组织，充分发挥其连接农户与市场的作用。二是推行标准化生产。严格按照标准组织生产，把标准化生产与无公害农产品开发有机结合起来，把标准化渗透到农业生产的全过程。三是积极推进食品和农业投入品连锁经营和集中配送。在国家和省级定点农产品批发市场以及连锁超市，积极推进安全优质认证食品的专销区建设。四是要规范批发市场和农贸市场秩序。根据不同食品的特点，积极推行产品分级包装上市和产地标识制度。

（十）实行规范的市场准入制度，完善食品溯源管理

市场准入管理是中国目前食品安全监管的主要管理环节。近年来，相关部门采取了多种行动和措施。但由于实施的市场准入制度存在缺乏专门的法律依据、部门之间不协调、地区间政策不一致等问题，监管效果亟待提高。今后，应出台专门的市场准入法律法规；明确食品市场准入实施的具体职能部门及其分工，建立部门间的协调机制与协调机构，建立一个包括农业投入到食品销售供应环节的市场准入制度。

食品安全信息可追溯系统是由欧盟为应对疯牛病（BSE）问题于1997年开始逐步建立起来的。按照欧盟《食品法》的规定，食品、饲料、供食品制造用的家畜，以及与食品、饲料制造相关的物品，在生产、加工、流通各个阶段必须确立食品信息可追溯系统。可追溯作为食品安全风险控制管理的有效手段越来越受到各国的关注，继欧盟以后，加拿大和美国等国家也建立了比较完善的信息跟踪系统，日本、澳大利亚、新西兰等国都在大力推广这一系统。

目前，中国食品安全存在的主要问题之一就在于市场诚信的缺失。消费者无法辨别哪些是对人体无害的健康食品，而生产者因为分散经营，产品无标识，也难以追究责任。要按照从生产到销售的每一个环节可相互追查的原则，建立食品生产、经营记录制度，实现食品安全的可追溯。在蔬菜、猪肉等“菜篮子”产品要推行“产地与销地”、“市场与基地”、“屠宰厂与养殖场”的对接与互认。

中国实行食品召回的时间较短。2002年11月北京市开始实行“违规食品限期追回制度”是中国食品召回的开端。随后厦门、吉林、杭州等地相继推出了菜肉召回制度。但总体来看，取得的效果有限。

食品召回就是使一些对公众健康和安全产生不可接受风险的食品撤出销售、分销和消费领域的行动。食品召回体系是一个涉及食品生产者、销售者、消费者等多个利益主体，并且涵盖法规制定、市场监管、部门协调等多个管理环节的庞大系统。中国目前的食品召回实际上只是停留在工商局和销售者或生产者之间关于禁止销售某种食品的浅表层面，尚未形成一套科学完整的食品召回体系。食品召回管理部门职责不清，食品召回法规体系不完善，导致了对缺陷产品管理的低效与无序。为保证今后中国食品召回制度的顺利实施，可以从以下几个方面采取措施：一是完善食品召回法规，界定问题食品对公众安全构成威胁，明确管理部门，责任主体等。二是严格执法，督促监管部门严格执法。三是规范食品召回程序，明确相关主体在制定食品召回计划、启动食品召回、实施食品召回、食品召回完成评价等环节的具体责任。四是建立完备的食品溯源制度，从食品生产的最源头开始，实施从“农田到餐桌”全程动态监控。

（十一）充分发挥行业协会、媒体的作用

针对目前中国食品企业存在经营分散、规模小、无序竞争严重等问题，应进一步建立和完善食品行业协会，发挥行业协会在宣传国家的法规法律和实行行业自律等方面的作用。

加强社会舆论的监督作用。要鼓励新闻媒体和消费者开展深入广泛的舆论监督工作，鼓励媒体提供生产者和加工者存在安全隐患的线索，为政府监管创造更加有利的工作条件。

（十二）加强教育和培训

中国食品安全教育一直未能得到有效的重视，大学缺乏相关的专业设置，政府决策者与行业从业人员也缺乏应有的安全培训，消费者有关食品安全的自我保护意识还比较弱。教育和培训在食品安全提升中起着相当关键的作用。要开展多形式、多层次的教育与培训工作，扶持有关院校设置食品安全相关学科专业，加强在职人员的培训、考核工作，加快培养食品安全管理方面的专门技术人才。

（十三）加强国际交流与合作

欧美等发达国家在食品安全的人才培养与技术研究方面积累了丰富的经验。应该加强与欧美等国家合作，学习先进技术，培养食品安全的科技专才。

国际组织，如食品法典委员会（CAC）、国际动物流行病局（OIE）、世界卫生组织（WHO）、联合国粮农组织（FAO）等在食品安全方面的作用不断增强，食品法典委员会的标准、指导方针和建议已经成为国际食品贸易的标准，应该积极参与国际标准的制订和国际机构相关的食品安全议题。

应该与不同国家签订有关卫生措施的双边协定，开展等效卫生措施的承认。通过双边互换协议，可以减少不必要的贸易阻力，扩大食品出口。

随着全球化趋势的日益明显，食品安全问题的影响往往是国际性的。应当加强突发性食品安全事件监测、预警，处理有关方面的国际交流与合作。

（韩　俊　罗　丹）

猪肉安全控制调查报告

一、引　言

改革开放20余年来，中国在解决食物数量安全问题方面取得了令世人瞩目的成就。随着经济发展及人们生活水平的提高，消费者对食品质量、卫生与安全方面的要求将越来越高。虽然卫生部门的监测结果表明中国食品卫生平均合格率快速提高，但食源性疾病和食物中毒问题对中国公共健康、社会稳定构成了明显威胁。专家估计中国每年食物中毒例数至少在20万~40万人。

为确保食品安全，许多发达国家依据各自的经济和社会发展水平制定了食品安全战略。这些国家的部分经验可以为中国提高食品安全水平所借鉴。诚然，由于中国有特殊的国情，在制定中国食品安全战略的过程中，不能简单照搬这些国家的经验。为了分析影响中国食品安全的法律法规、技术、管理、经济和社会因素并探索适合中国的食品安全控制模式，2005年课题组选择猪肉这种典型产品进行研究。

本次生猪食品安全研究选取了四川省乐山市井研县。生猪产业是井研县的传统优势产业，生猪产业经济地位日趋重要，生猪产业对县域经济的带动作用越来越大，已成为该县主导产业。该县是国家级瘦肉型生猪生产基地、全国无规定动物疫病区示范县项目建设单位、四川乐山国家农业科技园区畜牧科技园、四川省生猪科技示范园、四川省第一个无公害猪肉生产基地、出口猪肉基地县。2004年出栏商品猪65.3万头，其中PIC、DLY等优质猪出栏数约为20万头。全县标准化适度规模养猪户1400多户，年出栏肥猪占总量的18.4%。目前全县建立优质种猪场1个、二级扩繁场1个，DLY、PIC等优质商品猪比重达到40%。县食品有限责任公司被列为国家级农业产业化经管重点龙头企业，其生产的“蓝雁”牌冻猪肉被评为“中国名牌商品”，远销新加坡、俄罗斯等十个国家和地区，是目前全国第二家、中国西部唯一一家取得出口新加坡冻猪肉注册权的企业。

本报告的主旨为在对中国生猪产业发展基本情况以及生猪安全基本情况进行调查分析的基础上，通过解剖井研县这一典型地区的情况，寻求探索促进中国生猪业持续发展以及提高生猪产品安全性。

二、安全问题：制约猪肉产业发展的关键问题

(一) 中国猪肉产量快速增加，是世界上最大的猪肉生产区域

自从中国实行改革开放政策以后，农村生产力得到快速发展。生猪业一直是中国最为主要的畜牧行业。随着农村生产力的释放，中国生猪养殖数量和猪肉产量快速增加。图1表明，1980~2004年，肉猪出栏头数从19861万头增加到2004年的61800.7万头，年均增长率达到4.84%；年底存栏头数从30543万头增加到2004年的48189.1万头，年均增长率达到1.92%；猪肉总产量从1130万吨增加到2004年的4701.6万吨，年均增长率达到6.12%。

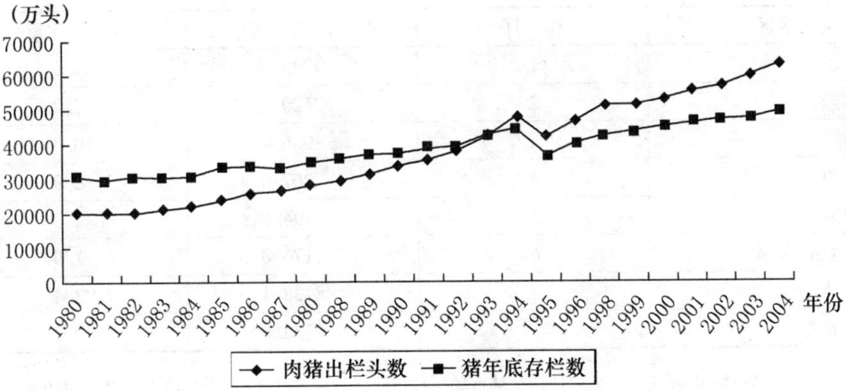

图1 1980~2004年中国生猪存栏和出栏数量

数据来源：历年的《中国统计年鉴》。

注：猪肉产量指当年出栏并已屠宰、除去头蹄下水后带骨肉（即胴体重）的重量。包括全社会范围内的产量。1996年前为各级逐级上报数据。1996年第一次农业普查以后，由于畜牧业产品年报数据与普查数据之间存在一定的差距，国家统计局农调总队对畜牧业年报数据与普查数据进行衔接。1999年以后，国家统计局开展了猪、牛、羊、禽等主要畜禽品种的抽样调查，并用抽样数据作为国家定案数据使用。未开展抽样调查的品种，仍使用各级统计部门逐级上报数据。

分区域来看，各地区猪肉生产量存在非常大的差异（见图2）。河南、湖南、四川等省份的生产量达到400万吨以上，河北和山东的产量超过300万吨，这5个省份的产量占了中国产量的42%。可见，中国的猪肉生产具有明显的地域集中的特征。

目前，中国是世界上最大的猪肉生产国。2004年，全世界的猪肉9125.6万吨，中国的猪肉产量就达到4735万吨，占到全世界总产量的51.9%，比第二大生产区域欧盟也高出1倍以上（见表1）。

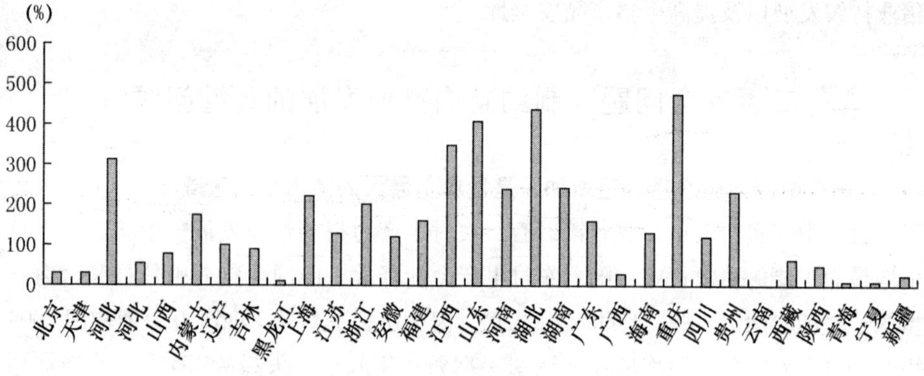

图 2　2004 年中国各地区猪肉产量

表 1　　2004 年各国猪肉状况

国家或地区	排　序	产量（万吨）	占世界产量比重（%）
中国	1	4735	51.9
欧盟	2	2120	23.2
美国	3	936.4	10.3
巴西	4	267.0	2.9
加拿大	5	194.0	2.2
俄罗斯联邦	6	176.0	1.9
合计		8428.4	92.4
世界总产		9125.6	100.0

资料来源：Ketilson 为“小农户适应全球市场”项目组织赴加拿大考察团所作报告，2005 年 9 月。

在 20 世纪 80 年代初期，猪肉的产量占肉类产量为 93.74%。近二十几年来，随着经济的发展和消费者需求的日益多样化，肉类产品已经呈现出明显的多元化特征，猪肉占肉类产量的比重下降到 2004 年的 64.9%（见图 3）。但是，猪肉仍然是中国肉类产品的大头。

随着猪肉产量的增加，中国人均猪肉占有量也随之增加。1980～2004 年，全国人均猪肉产量从 22.98 公斤增加到 2004 年的 36.17 公斤，年均增加 1.91%（见图 4）。

（二）猪肉是中国最主要的肉类消费品，人均消费水平呈快速增加趋势

猪肉是中国居民的传统消费品，在肉类消费中占主导地位。中国居民对猪肉的偏好，世界之最。在中国，猪肉对提高居民营养水平，改善居民生活质量起到了非常重要的作用。猪牛羊肉是最主要的动物性食品来源。随着城乡居民收入水平和消费水平的提高，中国居民的膳食结构逐渐在发生变化。在农村和城镇居民

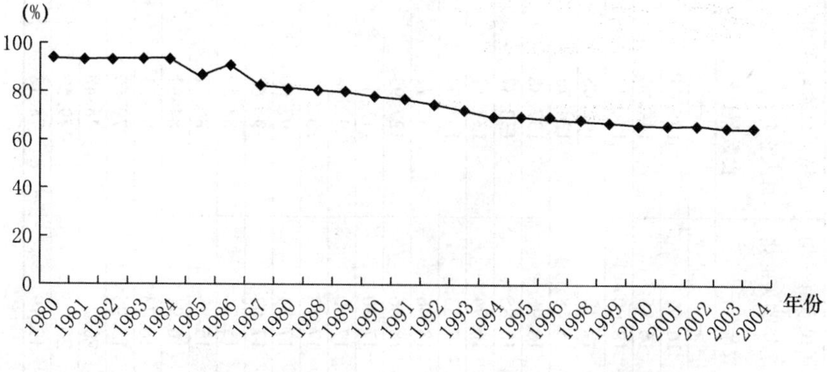

图 3　1980～2004 年猪肉占中国肉类总产量的比重

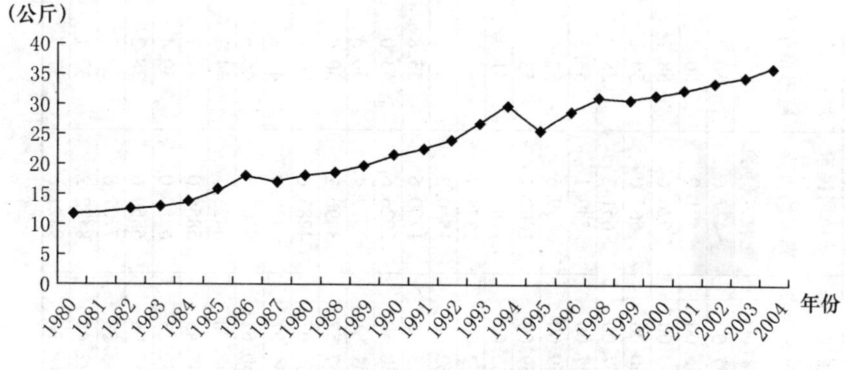

图 4　1980～2004 年人均猪肉产量

家庭恩格尔系数下降的同时，全国农村居民家庭平均每人猪肉消费量和城镇居民家庭平均每人全年购买的猪肉数量呈现不断上升的趋势，农村居民平均每人 2004 年的猪肉消费量为 13. 46 公斤，比 1980 年的 7. 27 公斤增加了 6. 19 公斤，城镇居民家庭平均每人全年购买的猪肉数量也从 1981 年的 16. 92 公斤增加到 19. 19 公斤(见表 2)。可见，猪肉等营养价值较高的动物性食品消费量不断增加。从发展趋势来看，随着消费者购买能力的提高，居民对猪肉及猪肉制品等高营养价值、高收入弹性系数食品的需求还会继续增加。

（三）中国猪肉安全控制体系尚不完善，对公众健康和猪肉产业的健康发展构成威胁

改革开放以前，中国食品供给总量一直处于比较紧张的状态，食品行业的主要任务集中在如何提高食物供给总量方面。在这种状态下，食品安全问题还未成为主要的问题。改革开放以后，随着食品供给总量快速增长，对于缓和供需矛盾起到了非常重要的作用。尤其是在进入 20 世纪 90 年代中后期以后，中国食品行

表 2　　1980～2004 年中国农村和城镇居民家庭收入、恩格尔系数及猪肉、粮食消费对照表

年份	农村居民家庭人均纯收入（元）	农村居民家庭恩格尔系数（%）	全国农村居民家庭平均每人猪肉消费量（千克）	农村居民家庭平均每人粮食消费量（千克）	城镇居民家庭人均可支配收入（元）	城镇居民家庭恩格尔系数（%）	城镇居民家庭平均每人全年购买的猪肉数量（千克）	城镇居民家庭平均每人全年购买的粮食数量（千克）
1980	191.3	61.8	—	257.00	477.6	56.9	—	—
1981	223.4	59.9	—	256.00	491.9	56.7	16.92	145.44
1982	270.1	60.7	—	260.00	526.6	58.7	16.85	144.56
1983	309.8	59.4	—	260.00	564.0	59.2	18.00	144.48
1984	355.3	59.2	—	267.00	651.2	58.0	17.10	142.08
1985	397.6	57.8	—	257.00	739.1	53.3	16.68	134.76
1986	423.8	56.4	—	259.00	899.6	52.4	18.96	137.88
1987	462.6	55.8	—	259.00	1002.2	53.5	18.85	133.87
1988	544.9	54.0	—	260.00	1181.4	51.4	16.94	137.17
1989	601.5	54.8	—	262.00	1375.7	54.4	17.53	133.94
1990	686.3	58.8	10.54	262.08	1510.2	54.2	18.46	130.72
1991	708.6	57.6	11.19	255.58	1700.6	53.8	18.86	127.93
1992	784.0	57.6	10.88	250.50	2026.6	53.0	17.70	111.5
1993	921.6	58.1	10.86	251.81	2577.4	50.3	17.40	97.78
1994	1221.0	58.9	10.23	257.57	3496.2	50.0	17.12	101.67
1995	1577.7	58.6	10.58	256.07	4283.0	50.1	17.24	97.00
1996	1926.1	56.3	11.85	256.07	4838.9	48.8	17.07	94.68
1997	2090.1	55.1	11.46	250.67	5160.3	46.6	15.34	88.59
1998	2162.0	53.4	11.89	248.90	5425.1	44.7	15.88	86.72
1999	2210.3	52.6	12.70	247.45	5854.0	42.1	16.91	84.91
2000	2253.4	49.1	13.28	250.23	6280.0	39.4	16.73	82.31
2001	2366.4	47.7	13.35	237.98	6859.6	38.2	15.95	79.69
2002	2475.6	46.2	13.70	236.50	7702.8	37.7	20.28	78.48
2003	2622.2	45.6	13.78	222.44	8472.2	37.1	20.43	79.52
2004	2936.4	47.2	13.46	218.26	9421.6	37.7	19.19	78.18

数据来源：历年的《中国统计年鉴》。

注：恩格尔系数指食物支出金额在生活消费总支出金额中所占的比例。农村居民家庭人均纯收入和城镇居民家庭人均可支配收入均按当年价格计算。

业结束短缺时代并进入一个供需基本平衡、丰年略有节余的阶段。这就意味着中国已经基本上实现了数代人梦寐以求的目标：解决中国人吃饱的问题。那么，是不是温饱问题解决以后，就可以高枕无忧了呢？从中国的实际情况来看，决非如此。随着居民收入水平和生活水平的提高，对消费品的质量与安全要求也越来越高，这是一个必然的发展规律。近几年来，中国消费者对这一问题越来越为关注，中国的贸易伙伴也对中国食品安全提出了越来越高的要求。由于中国的食品控制体系主要是根据解决事务数量安全问题而建立起来的，对于目前的新的市场格局、消费者的更高要求还存在明显的不适应性。因此，近年来，中国的食品安全事件频频发生，并引起国内外的广泛关注。由于兽药及饲料添加剂的滥用和不合理使用、微生物污染、动物疫病流行、坏死猪肉等问题而引起的猪肉安全事件，对猪肉行业乃至中国整个畜牧业的健康发展产生了明显负面作用。在猪肉行业，最为令人关注的就是"瘦肉精"事件①。目前，各地已发现在生猪养殖过程中非法使用"瘦肉精"的替代物——莱克多巴胺。另外，猪链球杆菌事件也在2005年引起了广泛的社会关注，在部分地区甚至引起恐慌。另外，口蹄疫、猪瘟等疫病也是当前令人关注的问题，它们不仅使猪肉食品受到污染，严重威胁消费者的健康，而且会引发国际贸易纠纷，影响猪肉国际竞争力，并直接影响到农民的增收。

1. 对消费者健康构成直接威胁。由于猪肉安全控制水平低，对消费者健康、产业界和国际贸易带来的损失是非常大的。首先，不安全的猪肉及其制品直接威胁到消费者的健康乃至生命危险。例如兽药残留对人体健康会带来一些不利影响，主要表现为变态反应（Allergy）与过敏反应（Hypersensitivity）、急性毒性作用、细菌产生耐药性、"三致"作用，以及激素样作用等多个方面。根据媒体公开报道，瘦肉精自1996年在中国问世后的1998~2002年间，全国各地已发生因食用含有瘦肉精猪肉或内脏，乃至使用瘦肉精喂养的禽肉或鱼的中毒事件已达58起，1957人中毒。据科技部农社司相关资料显示，最多的一次中毒人数竟达530人。

2. 对农民收入及其加工企业的效益影响非常不利。由于猪肉食品安全问题，猪肉消费受到影响、消费量相对下降；市场上猪肉产品优劣难辨，出现猪肉产品"柠檬市场"，猪肉产品价格水平提升乏力。猪肉消费量的相对减少和市场价格水

---

① "瘦肉精"，学名盐酸克伦特罗，是一种平喘药，它既非兽药，也非饲料添加剂，而是肾上腺类神经兴奋剂。"瘦肉精"进入体内后，分布快、消除慢。"瘦肉精"一般在肥猪上市前15~20天开始加入饲料中饲喂，能使猪提高生长速度，增加瘦肉率，猪毛色红润光亮，收腹，卖相好。通常，饲料中添加适量盐酸克伦特罗后，可使胴体瘦肉率提高10%以上。"瘦肉精"残留量高低，依次为肝、肾、肺、肌肉，一般情况下肝的残留是肌肉的200倍。由于其化学性质稳定，加热到172℃时才分解，因此一般加热方法不能将其破坏。"瘦肉精"含量过大或无病用药可能出现肌肉震颤、头晕、呕吐、心悸等中毒症状，对于患有高血压、心脏病、糖尿病、甲亢、前列腺肥大的人来说危险性极大。

平低直接影响了生猪养殖户和猪肉生产加工企业的经济效益。例如，2005 年四川资阳出现猪链球感染人的事件以后，当地猪肉价格下降了 30% 以上，直接降低了当地生猪养殖户的收入水平。而且，这些影响还波及到其他地区，引起猪肉价格的整体下降。

3. 对贸易产生的影响非常大，直接降低了国际竞争力。由于市场价格较低，中国猪肉产业具有较为明显的比较优势，但是受种种因素的影响，虽然中国是最大的猪肉生产和消费国，但在国际市场上的地位并不高。猪肉生产量和消费量之间的差额可以反映为国际市场供应猪肉的情况。2004 年，中国的这一差额仅为 13.3 万吨，仅占中国生产量的 0.30%，供应国际市场的比例非常低。相反，欧盟、巴西、加拿大、波兰的这一比例却高得多，分别达到 5.90%、23.55%、45.86% 和 6.34%。尤其是加拿大，绝大部分猪肉供应国际市场，具有很强的国际竞争能力（见表 3）。

表 3　2004 年主要国家或地区猪肉生产、消费及其差额　单位：万吨

国家或地区	生产量	消费量	差　额
中　国	4460	4446.7	13.3
欧　盟	1780	1675.0	105.0
美　国	907.3	883.3	24.0
巴　西	256.0	195.7	60.3
加拿大	189.5	102.6	86.9
日　本	125.9	237.2	-111.3
墨西哥	110.0	142.3	-32.3
波　兰	178.3	167.0	11.3
俄罗斯	171.0	230.9	-59.9

资料来源：Ketilson 为“小农户适应全球市场”项目组织赴加拿大考察团所作报告，2005 年 9 月。

从海关出口主要农副产品及加工品数据看，从 20 世纪 90 年代以来，中国活猪出口数量一直在下降，1990～2004 年的 15 间年平均递减率为 3.67%，2004 年活猪出口数量只占当年出栏头数的 0.32%。鲜冻猪肉出口数量也不稳定，猪肉罐头目前的出口量还不及 20 世纪 90 年代中期的水平。2004 年鲜冻猪肉及猪肉罐头的出口总量只是当年猪肉产量的 0.73%，而同期美国 8% 以上的猪肉产品出口，丹麦、荷兰、奥地利等国出口比例则更大。2004 年，中国活猪、猪肉及猪肉罐头的出口总金额为 7.78 亿美元，而 2004 年前 11 个月，美国猪肉出口总额达到 20.15 亿美元①（见表 4）。可见，中国猪肉及其制品的出口创汇能力与第一大猪

① 中国饲料工业信息网（www.chinafeed.org.cn）。

肉生产国的地位很不匹配。

表4　1990～2004年中国海关出口主要农副产品及加工品数量

年　份	活猪（万头）	鲜冻猪肉（万吨）	猪肉罐头（万吨）
1990	300	12	9.1
1991	285	12	12.8
1992	290	5	5.3
1993	272	6	7.2
1994	270	10	6.9
1995	253	15	6.4
1996	240	13	4.2
1997	227	10	3.7
1998	219	10	3.3
1999	196	5	3.8
2000	203	5	3.8
2001	196	10	4.5
2002	188	16	4.9
2003	188	21	5.2
2004	197	29	5.4

数据来源：《中国农村统计年鉴》（2003、2004、2005）。

中国猪肉国际竞争力低下，关键的原因之一就是质量与安全水平较低。猪肉食品安全控制低，对猪肉国际贸易产生的影响主要体现为两个方面：

一是无法进入国际市场。1998年5月5日，香港《东方日报》刊登消息：香港居民17人因食用大陆供港猪内脏发生中毒，大陆猪饲料中含有禁药“盐酸克伦特罗”。为此，香港当局采取紧急措施，销毁市场上所有猪内脏，限制大陆供港猪进入香港，给中国造成了政治上和经济上的重大损失。

欧盟曾经于2002年1月31日发布禁令，全面禁止中国动物源性食品出口到欧盟。此外，中国被日本列为口蹄疫区域，猪肉出口市场受到很大的限制。

二是大幅度提高了出口成本。一些猪肉及其制品产生的问题对中国猪肉产品信誉产生了负面影响，降低了中国猪肉产品在部分国家和地区的信任度，从而增加了对中国出口猪肉产品的审查、检验检测等程序和环节，大幅度提高了中国猪肉产品出口的交易成本和管理成本。

可见，猪肉食品安全问题已成为中国生猪养殖业、猪肉加工业等相关产业发展的主要制约瓶颈。

三、井研县猪肉安全控制体系建设取得明显进展猪肉安全水平明显提高

随着食品安全问题的凸现，中国各级政府和相关监管机构、猪肉产业界、消费者都已经意识到猪肉质量安全对经济社会发展和消费者健康的重要性。为此，经中央政府授权，农业部、国家质检总局、卫生部、国家食药总局、工商总局、商务部等食品安全监管机构对猪肉食品安全问题高度关注，并已采取措施来提高猪肉安全水平。作为中国主要食物种类之一的猪肉，是中国政府重点控制的对象。近年来，中国的猪肉安全水平明显提高。

（一）加强监管，兽药和饲料添加剂滥用和不合理使用的现象大幅度减少

兽药和饲料添加剂的科学合理使用，能够治疗动物疾病，预防疫病，促进畜禽生长，增加饲料转化率，改善产品品质，提高繁殖能力。目前，兽药和饲料添加剂在畜牧业中应用日趋普遍，用量也逐年增加。但是，兽药会导致动物体内药物的滞留或蓄积，并以残留方式进入人体及生态系统，对人类和环境造成慢性、远期和累积的危害，如致癌、体内蓄积、免疫抑制、致敏和诱导耐药菌株。

国务院1999年颁发的《饲料和饲料添加剂管理条例》以及2004年新修订的《兽药管理条例》明确规定，国务院兽医行政管理部门负责全国的兽药、饲料监督管理工作。县级以上地方人民政府兽医行政管理部门负责本行政区域内的兽药、饲料监督管理工作。针对兽药和饲料添加剂使用过程中出现的问题，中国政府采取了以下行动：①实施兽药残留监控计划。1999年农业部农牧发〔1999〕8号文“关于发布《中华人民共和国动物及动物源食品中残留物质监控计划》和《官方取样程序》的通知”规定，对农、兽药生产、分销、零售及使用进行监控，并对动物饲养和动物源性初级产品的生产过程进行监控。与该项计划配套，自1999年开始，中国农业部每年下达兽药残留监控计划。②制定残留限量标准、推广一系列的检测技术。1994年，农业部首次制订并发布了34种药物的最高残留限量标准；1997年又进一步修订了最高残留限制标准；1999年再次修订并颁布了109种兽药在动物性食品中最高残留限量标准；根据国内外形势的发展，2002年兽药在动物性食品中的最高残留限量标准得到了进一步的更新。中国已建立了40种动物源性食品中兽药残留的检测方法。③颁布了一系列法律、法规和有关规定。中国已颁布并实施了《兽药管理条例》、《饲料管理条例》、《允许作饲料药物添加剂的兽药品种及使用规定》、《饲料添加剂允许使用品种目录》、《动物性食品中兽药最高残留限量》等法规，为进行兽药和饲料添加剂管理提供了依据。④采取了

果断有力的控制措施，全面加大了执法力度。

经过一系列的努力，中国在兽药和饲料添加剂控制方面取得明显成效（见图5）。到2002年1月，“瘦肉精”的检出率下降到4.6%。到2004年之后，检出率一直控制在3%以下，取得明显的阶段性成效。

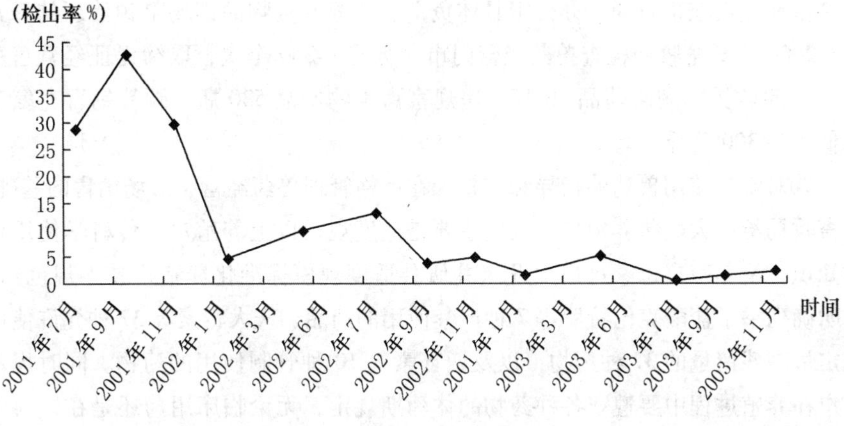

图5　“瘦肉精”检出率变化情况

对井研县的调查表明，兽药和饲料的监管已经比较严格和规范。井研县畜牧局兽药饲料监督股（含井研县饲料工业办公室）负责兽药饲料的生产、经营和使用的监督管理，并对兽药生产经营户实行许可证管理；对饲料生产企业实行“生产条件审查合格证明”（生产资质）管理；对饲料销售户实行上岗（资质）管理；对兽药饲料使用者实行养殖过程监管。

1. 兽药。

（1）监管制度日益健全，监管力度明显加大。为加强兽药监管，县畜牧局主要采取了以下措施：

①严格市场准入。开办兽药经营企业，必须由企业的上级主管部门审查同意，经县畜牧局批准后，发给《兽药经营许可证》。兽药经营企业持《兽药经营许可证》向县工商行政管理机关申请登记，经批准后领取《营业执照》。销售兽药必须质量达到标准要求，并能正确说明兽药的作用、用途、用法、用量和注意事项。在城乡集市贸易市场经营兽药的，必须持有《兽药经营许可证》和营业执照。县畜牧局每年编制《兽药经营人员培训资料》，并组织全县的兽药经营人员进行培训学习。内容包括兽药基本常识，国家、各部委、省市级兽药法律法规等。

②整顿兽药市场。根据国务院《兽药管理条例》及其配套法规的规定和四川省及乐山市关于兽药市场管理的一些规定，井研县于2002年在《井研县人民政府关于开展饲料、饲料添加剂、兽药、农药和化肥专项整顿治理工作的通知》中明

确了将兽药市场的治理整顿作为促进井研县以科学规模养殖为特征的绿色生猪生产基地建设。在通知中具体列出了禁止使用的7种兽药、限量使用的37种兽药和实施管制使用的10种兽药。由包括畜牧局在内的井研县饲料、饲料添加剂、兽药、农药和化肥市场专项整顿领导小组负责兽药等的市场监管工作，该领导小组办公室地点设在畜牧局，办公室具体负责兽药等农资物品市场整顿治理的日常工作。2004年县畜牧局检查兽药经营门市（摊点）260个次，取缔无证经营兽药的20户，没收销毁淘汰药品36瓶、违规畜禽生物制品530瓶、颗粒钙冒充氨基酸的低质品300公斤。

③对农户使用兽药的指导和监督。在严格管理兽药经营、市场销售的基础上。县畜牧局给广大生猪养殖户，其中主要是适度规模以上养殖户宣传科学使用兽药的知识，给养殖户每家每户配发《井研县适度规模标准化养猪户技术规范》，其中明确列举了盐酸克伦特罗等7种严禁使用的药品、庆大霉素等37种允许使用但规定最高残留量的37种药物，以及四环素等10种管制使用的药物。同时规定养殖户在养殖过程中要遵守各种药物的休药期规定，无论临床用药还是在饲料中按规定使用饲料药物添加剂，达不到停药期屠宰的，不得作为无公害生猪销售。畜牧局对生猪养殖户不按规定使用兽药的，依法进行教育和取缔，并指导生猪养殖户合法、科学使用兽药，以保障生猪产品安全。

（2）兽药生产流通渠道日益规范化。调查表明，井研县共有1家兽药生产企业。县内从事兽药经营的零售商和兽医约200家。其中兽药经营零售商120余家，以及28个兽医站中从事兽药经营的兽医近80人。调查表明，农户兽药购买的主要渠道主要是兽医站或兽医站经销兽药的兽医，以及兽药经销商，从这两个渠道购买兽药的农户各有71和26户，分别占71.7%和26.3%（见表5）。可见从兽医站经营兽药的兽医手中购买兽药还是最主要的购买渠道，这主要是因为生猪疾病的诊断还主要靠兽医站技术人员，兽医站兽医是疫病防治技术和兽药的主要供给者。一些有经验的养殖户也自已根据生猪用药需求向兽药经销商购药。只有2个农户是从上门推销的商贩购得兽药。目前，井研县非法生产经营兽药的现象已经很少发生。

表5　兽药购买渠道

	户数（户）	百分比（%）	累计百分比（%）
兽医站或兽医站兽医	71	71.7	71.7
兽药经销商	26	26.3	98.0
上门推销的商贩	2	2.0	100.0
总计	99	100.0	

农户使用兽药的合理性水平也在提高。被调查农户中，有5户饲养土猪的小

规模养殖户在养殖过程中没有购买兽药。其余99个养殖户使用了兽药。调查表明，绝大多数养殖户已经知道休药期[①]规定并能遵守这些规定（见表6）。与以前相比，这是一个很大的进步。

表6 农户对休药期规定的了解情况

	户数（户）	百分比（%）	累计百分比（%）
不知道休药期规定	36	36.4	36.4
知道休药期规定	63	63.6	100.0
总计	99	100.0	

（3）养殖户合理用药水平明显提高。养猪户遵守休药期规定对于减少兽药残留，提高猪肉食品质量安全具有重要意义。在99位使用兽药的农户中，仍有63户知道休药期规定并表示能够遵循这些规定。

2. 饲料和饲料添加剂。目前，猪肉产品中有毒有害物质残留超标主要由于饲料和饲料添加剂管理不当造成。尤其是“疯牛病”事件爆发，饲料以及饲料添加剂的质量与安全更是广为关注。近年来，井研县这一方面的监管得到明显加强。

井研县饲料生产企业随着畜牧业的发展，也得到了发展和壮大，到2004年底，全县共有饲料生产企业22个，均为私营企业，其中浓缩料厂13个，预混合饲料厂2个，配合饲料厂1个，蛋白质原料饲料厂6个。饲料企业从业人员共323人，其中本科学历6人，大专学历33人。2004年井研县饲料生产行业全年实现工业总产值5225万元，营业收入4800万元。年产浓缩饲料8430吨，其中，猪料8425吨，蛋禽料5吨；年产猪料配合饲料500吨，猪料添加剂饲料2100吨，骨粉、鱼骨粉8000吨。共有约50家饲料生产公司在井研县境内销售饲料产品，每个公司销售的饲料品种平均有10种以上。从2000年起，全县开始大力发展饲草业，篁竹草、黑麦草等优质饲草常年4万多亩，为畜牧业的发展提供了绿色饲料来源。

（1）监管的制度化水平在提高，监管工作日益扎实。为加强饲料和饲料添加剂的监管，井研县采取了以下措施。

①制定相关制度。为贯彻国务院《饲料和饲料添加剂管理条例》及其配套规章、四川省《饲料和饲料添加剂管理条例》，井研县从2002年开始就大力加强饲料和饲料添加剂生产、经营和使用的监督管理力度。井研县2002年发布的《井研县人民政府关于开展饲料、饲料添加剂、兽药、农药和化肥市场专项整顿治理工作的通知》、2003年发布的《井研县畜牧局关于加强饲料和饲料添加

① 休药期指食品动物从停止给药到许可屠宰或它们的产品（乳、蛋）许可上市的间隔时间。

剂管理的通知》等文件中都明确提出了要加强饲料生产、经营和使用中的监督监管工作。

②做好法规宣传和技术培训工作，普及饲料、饲料添加剂等方面的法律法规及其使用知识。县畜牧局配合县工商局、县质检局、县农业局、县供销社、县广播电视局、各乡镇政府采取多种形式，广泛宣传国务院《饲料和饲料添加剂管理使用条例》和农业部、省、市关于加强饲料、饲料添加剂管理使用的有关法规，宣传推广使用符合国家标准的饲料、饲料添加剂，依法对禁用的饲料、饲料添加剂品种进行公布、周知广大群众，对违法生产、经营、使用违禁饲料、饲料添加剂的法人和个人进行新闻媒体曝光，按有关法规、政策严肃查处；同时大力宣传鼓励农民科学规模养殖出口生猪的相关政策和养殖知识。积极宣传四川省畜牧食品局（川畜食发〔2003〕71 号）“关于在无公害畜产品基地实行饲料市场准入的通知”和乐山市畜牧局（乐市牧〔2003〕）“关于在无公害畜产品基地实行饲料市场准入的通知”等文件，实行井研县无公害生猪生产基地饲料准入制。

通过宣传普及饲料和饲料添加剂方面的法律法规及使用知识，营造合法化、合理化、规范化生产、经营和使用饲料、饲料添加剂的社会氛围。提高饲料、饲料添加剂的质量，增强生产者、经营者和使用者对饲料、饲料添加剂对畜产品安全性影响的认识，为生产优质、安全而无公害的畜产品打下坚实的基础。

③实行市场准入管理。对未取得生产许可证，审查合格证明的饲料生产企业依法取缔，对在生产过程中不按照饲料标准和规定要求的，或者生产过程中质量保障体系达不到规定的，依法请求上级饲料管理部门取消其饲料、饲料添加剂生产许可证或审查证明。同时定期对产品进行抽查检验，确保井研县生产企业的产品达到或超过出口猪基地建设要求。对县外来饲料、饲料添加剂严格管理。凡县外的饲料、饲料添加剂来井研县销售时，首先到县饲料管理机构进行产品备案登记，审查相关证件、证明，并对其产品进行检测，符合要求的方可销售。同时，要求凡井研县所辖区域内从事饲料及饲料添加剂的经营者，必须参加县畜牧局培训，并考试合格，取得县畜牧局颁发的合格证明，方可从事饲料、饲料添加剂的经营。

④加强对饲料和饲料添加剂生产经营行为的监管。依法对在井研县行政区域内从事饲料、饲料添加剂生产、分装、经营或使用活动的单位和个人，进行监督管理。禁止无生产条件、无标准、无批准文号而自行配制销售含饲料添加剂的混合物；禁止销售或使用现配现售含饲料添加剂的混合物行为；禁止销售或使用未取得生产许可证和产品批准文号的饲料添加剂、添加剂预混合饲料的行为；禁止销售或使用无产品质量、标准或不符合产品质量标准要求的饲料、饲料添加剂行为；禁止销售或使用未附有产品质量标准的饲料、饲料添加剂行为；禁止销售或

使用产品成分的种类、名称与产品标签或使用说明书不符合的饲料、饲料添加剂行为；禁止销售或使用失效、变质或者超过保质期的饲料、饲料添加剂行为；禁止销售生产企业无审查合格证明进行非法生产饲料产品的行为；禁止假冒、伪造或者转让饲料、饲料添加剂、添加剂预混合饲料生产许可证、产品批号文号或者进口饲料、饲料添加剂产品登记证明行为。

2004 年畜牧局对全县 2 个添加剂预混合饲料厂、11 个饲料厂的生产、经营进行了检查整顿，不符合规定要求的限期整改，达不到质量标准要求的停产整顿，有效地提高了全县饲料生产企业产品的质量，增强了企业的竞争力。

规范全县饲料市场，打击无证经营饲料和出售违禁、淘汰、假冒、伪劣、过期的饲料、饲料添加剂行为，保护了广大养殖户和饲料兽药合法经营者的利益。2003 年共检查饲料经营门市（摊点）410 个，补办饲料经营考核合格证 30 户；查处无批文号、无生产许可证、制售伪劣产品和不符合规定的饲料和饲料添加剂产品 3 吨，货值 0.7 万元，依法现场处罚 30 户，发出限期整改通知书 10 份，立案查处 6 户，罚款 1950 元。2004 年，畜牧局检查饲料经营门市（摊点）760 个次，补办饲料经营考核合格证的 38 户，查处无批文号、无生产许可证、制售伪劣产品和不符合规定的饲料和饲料添加剂产品 3.3 吨，货值 0.6 万元，依法现场处罚 22 户，发出限期整改通知书 50 份。

⑤加强养殖场、养殖户饲料、饲料添加剂使用的监督管理，指导养殖场/户正确使用饲料及饲料添加剂。严禁在饲料和饮水中使用违禁药品，特别是己烯雌酚、乙烷雌酚、氯霉素等以及催眠、镇静和各种抗生素滤渣等药品，违者追究刑事责任，构不成刑事犯罪的，按《兽药管理条例》、《饲料和饲料添加剂管理条例》的规定处罚。

（2）饲料和饲料添加剂生产经营的规范化程度在提高。当地养殖户使用的品牌主要有大北农、康地、普瑞纳、卜峰、彼得、正大、希望、通威、三联、凤凰、普乐维美、华森、喜力等数十个品种。农户一般搭配或轮流使用几个品牌的饲料，对各种所使用饲料也比较了解。调查中发现，除少数几个品牌的饲料稍微占有优势外，多数品牌被农户使用的比例都比较平均。

总体来看，饲料生产经营的遵纪守法水平在提高，饲料的质量基本可以得到保证。2003 年全县饲料生产企业质量抽查合格率达 87.5%，较 2002 年的 43% 有显著提高。

（3）养殖户的饲料质量基本上可以得到保障。调查表明，104 个样本户中，95 个养殖户都给生猪饲喂了预混料或浓缩料。90% 左右的养殖户主要向乡镇或县城的饲料经销商购买饲料，这些饲料经销商一般都是饲料生产企业的零售商或代理商。由于对饲料生产经营企业的监管比较严格，养殖户一般不会上当受骗。在工业饲料推广应用上，目前，95%以上的母猪饲养户对仔猪采用了饲喂仔猪专用配合颗粒饲料；绝大多数农户在饲养育肥猪中，采用了“精、青、粗”合理搭配的饲养技术①。

另外，有9个养殖户不使用预混料或浓缩料饲喂生猪，而只用玉米、麦麸、青饲料等配合的方式喂养。这部分养殖户的饲料安全水平是比较高的。

（二）推行标准化生产，养殖过程卫生控制取得突破性进展

农户养殖环节卫生和质量安全控制是猪肉食品安全的最基本环节。加强饲养过程的卫生控制能够减少疾病发生，对确保猪肉安全起着至关重要的作用。

1. 政府在推广养殖技术和卫生控制指示方面取得明显成效。井研县畜牧部门近年来推行了《无公害生猪养殖操作规程》、《井研县出口商品猪饲养管理操作规程》、《适度规模养殖标准技术操作规范》等一系列标准化安全生猪养殖操作规程，向养殖户宣传标准化安全生猪养殖技术，逐渐使越来越多的农户开始接受标准化安全生猪养殖操作规程，培养了农户生产质量安全的生猪，以更好地适应屠宰加工企业和市场需求的现代化养殖意识。井研政府为提高猪肉安全控制水平，采取了以下措施。

（1）加强卫生监察。畜牧部门每年都对其养殖进行2～4次卫生安全监督检查。监督检查的主要内容有：检查疫病情况，核对农户饲养的生猪是否已预防接种；消毒情况；抽检饲料、兽药、生猪饮用水等，并指导养殖户合理使用饲料和兽药；圈舍卫生状况及粪便垃圾无害化处理。通过畜牧部门的养殖卫生安全检查，督促了养殖户按照标准化无公害养殖规程饲养生猪，促使养殖户注意疫病防治、经常保持圈舍卫生、合理使用兽药饲料等。

（2）加强养殖技术培训，增进养殖户的卫生控制知识。县乡政府和畜牧部门组织的技术培训内容包括疫病防治技术、饲养管理技术、饲料和兽药的使用等。饲料公司的技术培训工作则侧重于饲料和饲料添加剂的配合和使用、饲养管理等方面。所有养殖户中，接受过县乡政府或饲料公司等机构组织的养殖技术培训的农户有75户，占调查户数的72.1%；其余29户则没有接受过养殖技术培训，这部分农户主要通过自学、向他人学习或沿用传统的养殖方式喂养（见表7）。

① 精：指的是农民生产的玉米、小麦和其他粮食与购买的猪用浓缩饲料及各类猪用添加剂相混合配制的精料；青：指的是农民种植的青绿饲料和农作物的副产物及附着物；粗：指的是农民生产的蕉藕、红苕等粗饲料。工业育肥猪配合饲料利用程度较低。“精、青、粗”合理搭配技术在全县生猪生产中广泛推广应用，有限地利用了农民自身的饲料资源，降低了养猪成本，提高了农民养猪抵御市场风险的能力。

表7　养殖户接受养殖技术培训

	户数（户）	百分比（%）	累计百分比（%）
没有接受过生猪养殖技术培训	29	27.9	27.9
接受过生猪养殖技术培训	75	72.1	100.0
总计	104	100.0	

（3）对养殖废弃物实行无害化处理。粪便污水等废物处理是养殖过程的一个主要环节，也是影响猪肉质量安全的一个重要因素。井研农户养殖中的粪便污水处理主要有两种方式：一是利用净化沼气池处理，二是粪便排入家用化粪池中。相比老式化粪池，沼气池不仅净化了养殖环境，减少了畜禽垃圾污染，而且解决了养殖户的能源问题。据一些农户反映，粪便沼气化处理后可以用来烧锅做饭取暖，一般来讲夏天够用，而冬天不够用。此外，沼气工程还减少了农民利用柴火做家用燃料的数量，间接保护了生态环境。在政府补贴的基础上，农户自己再投资千余元即可建成净化沼气池。政府补贴修建沼气池的做法起到了杠杆作用，明显地带动了养殖户建设沼气池的行为，既有利于生猪生长环境的改善，减少了环境污染和疾病传播发生，解决了农户燃料问题，还保护了森林资源和生态环境，可以说是一举多得。

2. 农户养殖技术明显提高。农户养殖技术培训来源主要有三个方面：县乡政府及畜牧部门、合作组织和饲料公司。在75户接受过养殖技术培训的农户中，只参加过县乡政府及畜牧部门组织的技术培训的农户有46户，占61.3%，所有接受过养殖技术培训的农户则有65户，占86.6%；说明农户养殖技术培训还主要由地方政府和畜牧部门提供。接受过饲料公司技术培训的农户共有24户，占32.1%，可见饲料公司的在销售饲料过程中的技术培训宣传和售后服务也是农户一个重要的养殖技术学习途径。接受过专业合作组织技术培训的农户共有10户，占13.4%，比例较小。专业合作组织在技术培训方面主要还是配合当地政府及畜牧部门组织会员或其他养殖户参加培训，在合作组织内部则通过经验交流来相互学习。在调查的样本中，没有通过屠宰加工企业接受技术培训的农户。见表8。

表8　养殖户接受技术培训情况

技术培训机构	户数（户）	百分比（%）	累计百分比（%）
县乡政府及畜牧部门（1）	46	61.3	61.3
合作组织（2）	2	2.7	64.0
饲料公司（3）	8	10.7	74.7
1&2	3	4.0	78.7
1&3	11	14.7	93.3

续表

技术培训机构	户数（户）	百分比（%）	累计百分比（%）
1&2&3	5	6.7	100.0
总计	75	100.0	

注：1&2 代表既接受了县乡政府及畜牧部门，也接受了合作组织的技术培训；1&3、与 1&2&3 代表的含义同前。

3. 养殖户的卫生控制水平大幅度提高。被调查农户中，共有 61 个农户养殖中使用了标准化畜舍，占总户数的 58.7%（见表 9），这些农户都是适度规模以上养殖户，另外一些适度规模以下但是准备扩大养殖规模的农户也修建了标准化畜舍，为提高养殖过程的卫生控制水平奠定了基础。

表 9　　修建标准化畜舍情况

	户数（户）	百分比（%）	累计百分比（%）
无	43	41.3	41.3
有	61	58.7	100.0
总计	104	100.0	

一般来说，初具规模的农户具有一定的猪肉质量安全意识，能在一定程度上按标准化无公害规程养殖生猪。根据农户对其所遵守的标准化安全饲养规程问题的回答，结合其标准化畜舍修建、饲料使用、兽药使用及休药期规定执行等情况，本研究最终统计出有 58 个农户遵守了标准化安全养殖规程①，占总户数的 55.8%（见表 10）。这些农户对圈舍卫生、消毒、疫病防治、饲料和饲料添加剂的配合、兽药使用等方面都比较了解并依照规程实行标准化养殖。

表 10　　养殖户遵守标准化安全养殖规范情况

	户数（户）	百分比（%）	累计百分比（%）
没有遵守	46	44.2	44.2
遵守	58	55.8	100.0
总计	104	100.0	

样本农户中共有 43 个养殖户修建使用了净化沼气池（见表 11），这些农户一般都为适度规模以上的养殖户，但是有些规模养殖户还是沿用传统的化粪池处理

① 具体统计方法是，先得出农户自己回答其遵守了标准化安全养殖规程的户数。在此基础上，综合考虑农户是否在标准化畜舍修建、饲料使用、兽药使用及休药期规定遵守等方面都履行了安全养殖规程的要求，如果农户有一项内容没有遵守标准化安全养殖规程的要求，则视为该户没有遵守安全养殖规程。最终统计出遵守标准化安全养殖规程的农户数量 58 户。

养殖废物[1]。这些废物经化粪池发酵后用来做肥料、喂鱼等。

表 11　　粪便污水是否经由沼气池处理

	户数（户）	百分比（%）	累计百分比（%）
否	61	58.7	58.7
是	43	41.3	100.0
总计	104	100.0	

（三）严格检验检疫，屠宰环节的安全水平明显提高

屠宰环节是连接生产和销售的中间环节，也是容易造成二次污染的环节。针对传统屠宰方式的缺陷，井研县加强了检验检疫，屠宰环节产生的危害大大减少。

1. 屠宰前检疫检查。

（1）防疫、消毒等证明核对。屠宰前由兽医站/县动物防疫监督机构派驻屠宰点检疫人员进行防疫证明、消毒证明检查核对，主要包括：消毒证明、产地检疫证明和防疫耳标。

（2）检疫检查。畜牧检疫人员进行宰前检疫检查，检疫检查内容主要是从猪的外形、淋巴器官等判断猪是否有疫病。

2. 屠宰环节。井研县全县共有 36 个屠宰场点，平均每个乡镇设置 1～2 个定点屠宰点，屠宰场点都由县发展计划和经济贸易局审批，接受该局和畜牧局的共同监督管理。屠宰点一般实行“定点屠宰、集中检疫、分散经营”运作方式。所有在当地鲜销的生猪都必须经过畜牧部门的产地检疫、宰前检疫和产品检疫等环节。屠工一般都是直接到养殖场中挑选生猪，办理相关检疫手续并在定点屠宰场自己宰杀，销售也由屠工在鲜销市场自己销售。

3. 宰后胴体检疫检查。对宰后的猪胴体进行再检疫，首先观察肉色、肉质等特征，对怀疑有病的进行详细检查。检查手段主要有：（1）显微镜观察；（2）快速检疫箱；（3）采样抽检。

检疫的同时，畜牧检疫人员还要亲自摘除生猪三腺，包括肾上腺、甲状腺，还有病变的淋巴结。以防止这些器官流入市场被人误食。

检疫合格的开产品检疫合格证明，盖胴体验讫章，注明产地和日期，之后进入当地鲜销市场。

4. 加强鲜销市场胴体检疫，防止病死猪肉上市。井研县每个乡镇有 1～2 个鲜销市场，县城有三个猪肉鲜销市场。生猪鲜销市场的经营户同时也一般也是屠

---

① 家用化粪池一般缺乏严谨构筑及维护，容易影响水体及环境卫生。若处理不当，粪便中的有害物质还可能进入农作物或鱼体，造成二次污染。

工身份，他们负责从生猪收购、检疫、屠宰到销售的整个过程。

行使鲜销市场检查职能的主要部门包括工商局、卫生局、畜牧局。鲜销市场也是畜牧局的监督环节，由乡镇兽医站负责。在销售环节，乡镇畜牧兽医站检疫员负责检查有无病死猪肉和未经检疫上市销售的猪肉，以及鲜销猪肉的《动物防疫合格证》和《产品检疫合格证》。县城的猪肉鲜销市场除接受工商、卫生、畜牧部门的监督管理，还受井研县通发市场责任有限公司的管理。

（四）建立质量控制体系，加工食品安全控制水平也大幅度提高

加工过程对猪肉的安全起着至关重要的作用。由于加工环境条件较温和，产品本身一般处于近中性的 pH，产品的水分活度一般较高，产品中蛋白质等营养物质含量丰富等等这些因素均为微生物的生长提供了良好的环境，因此是微生物污染加工过程中引起畜产食品不安全的主要因素。畜产食品加工中对产品安全有影响的因素主要来源于：加工场所、加工过程、生产人员几方面，其中畜产食品的加工过程主要包括：制品原料的制备、制品加工、包装、运输、贮藏等几个环节。加工过程可能造成的畜产食品污染主要有物理性的污染，如：异物等，化学性的污染，微生物的污染，其中微生物污染是引起畜产食品安全的主要因素。由于屠宰经长途运输或过度疲劳，细菌容易经消化道进入血液。未经休息而立即宰杀时，其肌肉和实质性器官有细菌侵入；在剥皮时，有可能受外界污染，造成胴体表面的微生物污染；去内脏时，内脏破裂带来交叉污染；冲洗过程中，冲洗不彻底造成致病菌生长；在冷却阶段，温度不当也会造成致病菌生长；在肉制品加工中，车间设计不合理，存在产品的交叉污染、加工用原料不新鲜、加工用水不卫生、加工场地不清洁、加工温度及加工时间掌握不当等等均会造成产品微生物的污染；在制品的贮存、运输中，贮存、运输环境条件不卫生，易引起产品微生物的污染、温度控制不当，会使产品中微生物在贮存、运输中增殖，等等。

为加强生产环节的质量控制，早在 1989 年，美国国家猪肉生产者委员会制定了猪肉质量保障（PQA）体系，其目的是通过对养猪生产者提供教育和培训，来克服猪肉中药物残留严重超标问题，进而向消费者提供放心产品。目前，美国 90% 的生产者、占年屠宰量 85% 的生猪均已加入到 PQA 体系。

中国目前已经对加工食品的安全控制问题高度重视。为加强食品质量安全的监督管理，提高食品生产加工企业的质量管理和食品质量安全水平，国家质检总局于 2003 年 7 月 18 日发布实施了《食品生产加工企业质量安全监督管理办法》（国家质检总局第 52 号令）。自 2004 年起，国家质检总局开始对肉制品实施市场准入。2005 年 7 月 1 日，国家质检总局将对新十类食品实行无证查处。据国家质检总局的信息，从市场准入制度实施情况来看，效果是令人满意的。

从井研县来看，井研县食品有限责任公司是猪肉的主要加工者，猪肉加工环节的安全控制水平是非常高的。该公司是国家级重点农业产业化龙头企业，拥有总资产 5.78 亿元，注册资本 1 亿多元。年经营加工生猪能力 100 万头，生产肉类食品 5 万多吨的能力。2004 年公司实现年销售收入 4.6 亿，利税总额 1300 万元，年纯利润 3500 万元，出口创汇 1300 多万美元，居四川省肉类产品出口创汇之首。公司是全国肉食品行业 50 强企业之一，从 1998 年起连续三年获得四川省工业企业 500 强质量效益型先进企业，2001 年全国食品行业质量效益型先进企业和四川省质量管理先进企业等殊荣，并被中国食协确定为"国家食品工业重点企业"，被国内贸易部确定为"国家储备肉定点生产厂"。

公司生产加工设备、工艺流程和生产技术条件全部按外销产品注册要求建设。该公司 2002 年通过了中国质量认证中心 HACCP 认证，并于 2003 年通过 ISO9002 质量管理体系认证。该公司生产的"蓝雁"牌冻猪肉被评为"中国名牌商品"，"国家食品工业重点产品"和"全国质量信得过食品"。该企业已获得《质量体系认证证书》、《中华人民共和国进出口企业资格证书》、《检疫卫生注册证书》。目前，该公司是全国第二家、中国西部唯一一家取得出口新加坡冻猪肉注册权的企业，是四川省首批拿到国际通行证的猪肉出口企业。"蓝雁"牌冻猪肉出口新加坡、俄罗斯、意大利、巴西、韩国、埃及等 10 多个国家和香港、澳门地区，畅销国内北京、上海、广州、大连等三十多个大中城市。

表 12　　公司近年猪肉制品主要经济指标

年份	年产量（吨）	年销售额（万元）	年利税总额（万元）	年纯利润（万元）	创汇（万美元）
2002	38000	31000	1020	2620	250
2003	42000	38000	1200	3200	1050
2004	50000	46000	1300	3500	1300

资料来源：根据公司负责人访谈资料整理。

为加强猪肉制品质量安全控制，公司主要采取了以下措施：

1. 改善设施条件。为达到猪肉生产质量安全控制水平和出口要求，近年公司分两次进行了技术改造，第一次投入 1000 万元，第二次投入 800 多万元，建设了全套不锈钢流水线生产设备，在国内属一流水平。公司现有冷藏设备 3 套，冷藏库 2 座，日结冻能力 250 吨，冷藏能力 3500 吨。这些条件能确保公司的生产和产品质量不出问题。

2. 严格实施过程控制。在生产加工环节，公司按外销产品注册要求建立了先进的生产加工设备、工艺流程和生产技术条件。生产过程中，全程执行 ISO9001 质量控制体系和 SSOP、HACCP 等食品安全体系。

公司要求，工人进入工作车间时需要做消毒处理并穿着专门的卫生工作服。对工人的影响食品安全生产的健康状况还要进行定期检查。车间内采用臭氧对空气杀菌，利用蒸汽和82℃的高温水对刀具和工作间进行消毒。每次消毒时间约15分钟。工作间内还需根据气候变化，利用空调控制生产车间温度，以控制细菌指数。猪肉制品的包装采用流水线作业。与屠宰分割环节一样需要实施温度控制、消毒等处理措施。

公司对关键控制点进行检测，记录，管理方式采用全过程电视监控和质量管理人员现场监督等形式。肉联厂有专门的质量控制人员38人。公司设立有猪肉质量安全指标化验室，其检测水平达到全省肉类加工企业最高水平。四川省肉联厂化验员培训班就在该公司进行。

3. 严格培训员工。公司有固定的卫生和质量安全操作规范培训安排，主要包括年初培训、新工人上岗培训、定期培训等，定期培训一般间隔时间为2～3个月。既有全肉联厂统一组织的培训，也有分车间、分部门培训。培训计划和培训工作由肉联厂行政部制定、实施。

（五）发展新型流通方式，流通环节的安全控制得到加强

猪肉流通包括收购、运输、贮存等环节。由于猪肉易腐败变质、保鲜难，在流通设施较差的条件下，流通过程中容易被致病性微生物污染。部分生产经营者还可能采取用病死猪肉做熟食，向生肉中注水等手段牟取非法利益，造成猪肉不安全。为了提高生鲜流通过程中的安全性，井研县已经采取了一系列的措施。

1. 严格控制生猪收购质量，实行优质优价。井研养殖户生猪销售方式主要有三种：通过中间商销售，直接销售给屠宰加工企业，销售给屠工。104个农户中，有90个养殖户通过中间商销售生猪，占全部农户的86.6%，是农户出售生猪最主要的方式；其中76户只通过中间商出售生猪，占全部农户的73.1%，另外有8户及6户还分别直接销售给屠宰加工企业与屠工。所有农户中，16个养殖户与屠宰加工企业有购销关系，占14.4%，此类农户一般都为适度规模以上的养殖户。生猪销售给屠工的农户共有13户，他们主要是饲养土猪的散户，其中有6户生产的商品猪全部出售给屠工。见表13。

表13　　养殖户生猪销售方式

销售方式	户数（户）	百分比（%）	累计百分比（%）
1	76	73.1	73.1
2	7	6.7	79.8
3	6	5.8	85.6
1&2	8	7.7	93.3

续表

销售方式	户数（户）	百分比（%）	累计百分比（%）
1&3	6	5.8	99.0
2&3	1	1.0	100.0
总计	104	100.0	

注：1 是只通过中间商销售；2 是只直接销售给屠宰加工企业；3 是只销售给屠工；1&2 是既通过中间商销售，也直接销售给屠宰加工企业；1&3 是既销售给中间商，也销售给屠工；2&3 是既直接销售给屠宰加工企业，也销售给屠工。

生猪收购方对生猪品质都有一定的要求并且按质论价。收购方主要从以下几方面评定生猪品质：A. 生猪品种，生猪瘦肉率一般通过品种类型就可以判断；B. 疫病情况，收购方查看生猪活动情况、淋巴器官等外观来判断生猪是否患病；C. 标准化养殖情况，包括饲料、饲料添加剂、兽药的使用等。

中间商和猪肉屠宰加工企业需要的品种主要为 DLY 以及 PIC 等优良品种，这类生猪瘦肉率高，符合现今国内外市场的主流需求。屠宰加工企业对质量要求更高一些，收购价格也较中间商高，同样品种的生猪卖给企业可以比卖给中间商多收入 30～50 元。中间商和猪肉屠宰加工企业一般都从规模以上养殖户收购生猪，这些养殖户在圈舍标准化及卫生方面、疫病防治、饲养规程、饲料和兽药使用等标准化、无公害养殖方面做的比较规范。屠工收购屠宰的一般是土二杂或土三杂猪，这类猪瘦肉率较低，但是比较符合当地市场消费。一些中间商也经营土猪，但是收购价格低于屠工收购价，每斤低 0.1～0.3 元，而且关系不太稳定。

标准化养殖的 DLY 或 PIC 等优良品种的商品猪在销售价格上较土二杂和土三杂猪有优势，每斤高 0.5～1 元。这部分溢价主要来自以下因素：一是 DLY 等优良品种的瘦肉率高，适应市场和加工需求；二是标准化饲养的生猪质量安全性较高，符合食品安全需求；三是与优良品种和标准化养殖相伴随的规模化，可以批量销售，节省了收购方的交易成本。

2. 建立绿色通道，加强鲜销市场检查及公路动物检查。这一政策的出台，不仅减轻了养殖者的经济负担，也客观上提高了猪肉食品的安全性。近年来，全国鲜活农产品运输绿色通道网络建设，在政策措施和实际效果两个方面都有明显的进展。2005 年初，交通部、公安部、农业部、商务部、国家发展改革委员会、财政部和国务院纠风办等部门颁布了《全国高效率鲜活农产品流通“绿色通道”建设实施方案》（以下简称方案），规划了贯穿全国 31 个省、自治区和直辖市，直接连通全国 29 个省会城市、71 个地级城市，覆盖大陆地区主要鲜活农产品生产基地和销售市场的“五纵两横”绿色通道网络，总里程达 2.7

万公里。《方案》提出了加快鲜活农产品运输绿色通道网络建设的优惠政策和管理办法，一是明确了绿色通道优惠政策适用于新鲜蔬菜、新鲜水果、新鲜水产品、活畜禽和新鲜畜禽肉；二是对整车并合法运输上述农产品的车辆予以降低或免收通行费，并实行省内外无差别政策；三是对运输鲜活农产品车辆实行“不扣车、不卸载、不罚款”政策，保证鲜活农产品运输的时效性；四是加强公路养护管理，创造畅通便捷的公路环境。各省（自治区、直辖市）人民政府按照《方案》和《收费公路管理条例》规定，结合本地区的具体情况，制定了相应的政策，鲜活农产品运输绿色通道网络建设速度逐年加快。据交通部资料，到2005年底全国已有28个省（自治区、直辖市）开通了绿色通道，其中15个省免收过路费，3个省减半收取过路费，10个省降档收取过路费，预计上述地区全年减收鲜活农产品运输过路费近20亿元。根据中国政府的计划，2006年内要实现绿色通道省际互通，并切实执行省内外收费和管理无差别政策。四川和重庆两地是率先建立起跨区域的“绿色通道”的省市，这对提高流通过程中猪肉的安全控制水平起到了明显的作用。

与绿色通道建设相结合，井研县还加强公路动物检查。县畜牧局下设的两个公路动物检查站负责进出县境生猪的检疫工作和换证工作。生猪营销户必须凭《动物防疫合格证》、《动物产地检疫证》、《运载工具消毒证》、《报检证明》、生猪防疫、检疫收费发票等票证在公路动物检查站换取《出县动物检疫合格证明》和《牲畜口蹄疫非疫区证明》等证明。否则，猪肉不能出境。

3. 发展批发市场和超市，也客观上利于提高猪肉的安全控制水平。截止到2002年底，中国共有农副产品批发市场4150个，其中，城市销地批发市场1859个，占44.8%，农村产地批发市场2291个，占55.2%。农副产品批发市场成交额3461.1亿元，占到农副产品市场总成交额8069.1亿元的42.9%，为提高食品安全水平提供了市场保障条件。2002年，肉食禽蛋市场273个，成交额279.1亿元。其中，城市167个，成交额210.7亿元，占城市成交额的75.5%；农村106个，成交额68.4亿元，占农村成交额的24.5%。① 近10年来，由于地方政府和商务、流通等部门的重视、引导和支持，农产品零售市场也在不断适应农产品供求双方的需要，农产品零售市场逐渐增多，农产品零售市场的经营管理也正在逐步得到规范，也为提高猪肉安全水平提供了条件。尤其值得注意的是，自20世纪90年代初以来，中国超市得到快速发展，从一无所有发展到2003年的7.4万家超市门店，销售总额达到4600亿元，其中肉类、蔬菜、水果、水产品等生鲜农产品的销售额为1250亿元。总体来看，连锁超市在食品安全的技术手段上领先于其他

① 根据《中国商品交易市场年鉴2003》有关数据整理。

渠道。消费者对超市所销售的各类食品的安全性认同平均程度为27%，远高于农贸市场食品安全的平均认同程度3%。①

（六）建设无规定疫病区，动物防疫体系建设得到加强

动物防疫体系的建设对于提高猪肉安全水平具有重要作用。一是可以直接减少人畜共患病的发生，二是可以直接减少病死猪肉，从而提高猪肉的安全水平。

中国无规定动物疫病区建设起始于1998年，是在中国动物保护工程建设的基础上，将动物防疫工作与世界贸易组织和世界动物卫生组织规则相接轨的一项重要工作举措。当时项目建设的总体目标是到2002年在5个区域6个省、市的项目区建成完备的动物疫病控制体系、动物防疫监督体系、动物疫情监测体系及动物防疫屏障体系。2004年，国家发改委和农业部门又起草了《全国动物防疫体系建设规划（2004～2007年）》，并在2004年已经投入国债资金7.42亿元，建设了2个国家兽药残留基准实验室、8个省级动物疫病防疫与控制中心、8个省级兽药监察实验室、383个县级动物防疫基础设施、530个县级和3810个乡镇级动物检疫监督基础设施。为加强防疫体系建设，农业部门成立了专门的兽医局，并在着手准备逐步实施官方兽医和执业兽医制度。为提高动物疫病控制的制度化水平，中国目前已经将《动物防疫法》的修改工作提上日程。农业部门还组织起草了无规定疫病区示范区管理办法和标准，为建立可溯源管理制度奠定基础。为加强应急能力建设，按照“有预测、有预警、有预案”的要求，中国政府加强了中央、省、地、县司机动物疫情监测体系建设。2004年各地就出台省级预案40余部，一些地方已经将重大动物疫情应急机制建设纳入政府突发公共事件总体应急预案之中。

井研县是中国无规定疫病区建设项目覆盖的区域，而且井研县在这一方面走在全国的前头。原县委书记余应军介绍：“如果我们这里不建立健全疫病控制体系，就什么都完了。”井研县已经将建立疫病控制体系作为直接影响当地整个经济社会发展的重点来抓。目前，井研县已经成为无规定疫病区的建设示范区。在井研，各类生猪，包括母猪、仔猪、商品猪的预防接种工作都接受县畜牧部门的统一防疫。畜牧部门每年春季（3月份）和秋季（11月份）都要组织兽医站技术人员，由乡镇工作人员、村、组干部配合，三级联合进行普免普防工作。针对猪瘟、猪丹毒和猪肺疫、猪口蹄疫等流行病预防接种，畜牧部门建立了《免疫注册登记簿》，扎实实施免疫工作，要求普免普防不漏村，不漏户，免疫率达到

① 商务部市场运行调节司协同中国连锁经营协会从2004年8月至10月对20家超市公司、4家便利店公司、1家百货公司的食品安全状况调查结果。

100%。农户在接受畜牧部门预防接种服务的同时，还要配合畜牧部门进行圈舍、厕所环境等的消毒工作。养殖户一般通过预防接种、消毒、圈舍清扫、喂药等方式来预防生猪流行病的传入。

对于仔猪生产户，井研县还实行“仔猪五十日龄阉割打针”的免疫制度。仔猪在五十日龄时由畜牧部门的兽医人员施行阉割手术、进行免疫注射、发给畜主《仔猪免疫证》，同时还须对母猪进行防疫注射，确保母猪的健康发展。骟猪防疫工作根据养殖户需要随时进行，每个月还进行一次核对补防工作。

（七）实施生猪良种工程，良种繁育体系已经比较健全

繁育体系是否健全直接对猪肉安全控制具有重要影响。一般来说，如果当地能够建立健全的繁育体系，就能减少从外部购进种猪和仔猪的数量，控制当地疫病就要容易得多，否则，外部的疫病很容易扩散到当地。而且，如果当地的生猪品种较好的化，疫病抵抗力也相对较强，可以大大降低疫病发生率。

目前，井研县已经建立了非常健全的良种繁育体系，不仅对于提高当地生猪行业价格竞争力起到了重要作用，而且为加强疫病控制能力提供了重要条件。2004 年全县出栏商品猪 65.3 万头，其中 PIC、DLY 等优质猪出栏数约为 20 万头，优良品种率达到 30% 以上，而全县存栏优质母猪已达到总母猪数的 40% 以上。目前，井研县计划利用 3 ~5 年的时间完成全县生猪的品种改良。

1. 积极引进、推广优良品种，实行建档定级管理。井研县积极引进、推广五系（PIC）和三元杂交（DLY）优质猪。为监测品种改良情况，井研县实行了建档定级管理，对全县存栏母猪进行了逐头鉴定，按级对合格母猪发放《母猪合格证》，并且各乡镇兽医站建立了母猪生产档案，以利于根据母猪品种、年龄、血缘关系进行配种。

2. 加强人工授精站建设，提供优良受精服务。抓好生猪品种改良站的建设，形成以人工授精站为网点的服务网络体系，解决养殖户母猪人工授精难的问题，对人工授精站人员建立严格的奖惩制度，做到技术到位，责任到位，搞好指导服务工作。

3. 依托龙头企业，带动品种改良。井研县母猪养殖户和商品猪养殖户购买的良种母猪或仔猪都主要来自县食品公司的生猪繁育场。县食品公司从 2002 年开始着手建立生猪良种繁育体系（见表 14）。公司投资兴建了 1 个种猪制种场和 1 个良种猪扩繁场，主要提供三元杂交 DLY 和五元杂交 PIC 祖代、父母代种猪以及仔猪。马踏祖代种猪制种场现有 2000 头原种猪，千佛扩繁场常年饲养 LY、PIC 优质种猪 3000 头。千佛扩繁场每年还可以为公司提供 4 万多头优质商品猪。

表 14　　马踏制种场和千佛扩繁场投资及生产能力概况

	马踏原种猪制种场	千佛镇种猪繁殖场
从哪年开始建设	2002 年 5 月	2002 年 6 月
预计哪年建设完成	2005 年 4 月	2005 年 10 月
预计总投资	2100 万元（实际 3000 万）	5200 万元
是否还有其他出资方	乐山市畜牧局	四川省财政厅
各方出资比例，股份情况	公司占 60%，市畜牧局 40%	公司 52%，财政厅 48%
目前建设完成情况，投资完成情况	已完成	已完成一期工程；二期工程在建，需 4300 万元
目前生产能力	基础母猪 2000 头，种猪 2.4 万头，仔猪 3000 头	种猪 3000 头，仔猪 1000 头，商品猪 40000 头
最终建设完成后的生产能力		种猪 5000 头，仔猪 10 万头，带动农户规模化养殖商品猪 100 万头

注：数据为 2005 年 2 月获取。

此外，公司还配套建立畜牧研发中心及品改服务中心。在研发中心建成畜牧科技信息网络中心，通过畜牧科技网络中心，及时准确了解国内外畜牧发展的最新动态，将畜牧业发展的新成果，结合井研县的具体实际情况引进、消化、吸收、加速井研畜牧业经济的发展，与此同时在研城镇、马踏镇、周坡镇分别新征地新建品改站配套服务设施，保证优质品种的覆盖面。

繁育场的建立改变了过去该县生猪繁育体系薄弱，生猪品种杂乱落后、仔猪安全性不能保证等弱质条件。

4. 培植母猪养殖重专户，引导养殖户进行品种改良。畜牧局配合县政府确定千佛、三教、研经、四合、磨池、三江、竹园、周坡、金峰、王村等 12 个外向型生猪基地乡镇建设，各基地乡镇重点抓好示范村建设，重点扶持饲养优良母猪 10 头以上的重专户。

到 2003 年底，井研县培育了饲养 500 头以上优良母猪繁育示范场 3 个；10 头以上饲养优良母猪的重专户 126 户。

四、基本经验

目前，井研县不仅是一个养猪大县，而且已经成为一个养猪强县。井研县的猪肉行业之所以能够成为当地大而强的行业，一个重要的方面就是初步建立了安全控制体系。调查表明，井研县不仅能够及时根据中央、省级监管部门的要求加强食品安全控制，而且能够主动地采取措施，结合当地实际情况加强控制力度，创新控制模式。具体来说，主要有以下几个方面的经验：

（一）明确部门职责，加大监管力度

食品控制体系涉及部门较多，如何根据“从农田到餐桌”全程管理的需要，加强不同部门之间有效的协调和合作是一个迫切需要解决的问题。井研县猪肉供给链食品安全监管涉及的部门主要有畜牧局、卫生局、工商局、发展计划和经济贸易局、质量技术监督局等。为明确这些部门的职责，既激发各部门监管的积极性，又防止重复监管，井研县进行了比较明确的分工。

1. 畜牧局。县畜牧局是负责畜牧兽医事业发展的政府职能部门。局机关设七个职能部门，即：办公室、计财股、政工股、畜牧站、防检站（含针药室、诊断室）、兽药饲料监督股（含井研县饲料工业办公室）、畜牧兽医行政执法大队（见图6）。下设来凤、马踏、周坡三个畜牧兽医中心站、3个人工授精畜禽品种改良站、3个执法中队，磨池、王村两个公路动物检查站、29个乡镇畜牧兽医站，是县政府直属事业单位，“三权”归县管理，于1998年退出财政供养实行自收自支的事业单位。县政府授权负责全县畜牧生产、兽医、防检疫和动物及动物产品检疫，兽药、饲料和草资源方面的行政和行业管理。

畜牧局全系统人员编制为328人。局机关现有干部职工41人，其中：公务员7人；县联站有职工13人。有高级畜牧、兽医师4人，畜牧、兽医师42人，助理畜牧、兽医师71人，畜牧、兽医技术员167人；有退休职工150人。

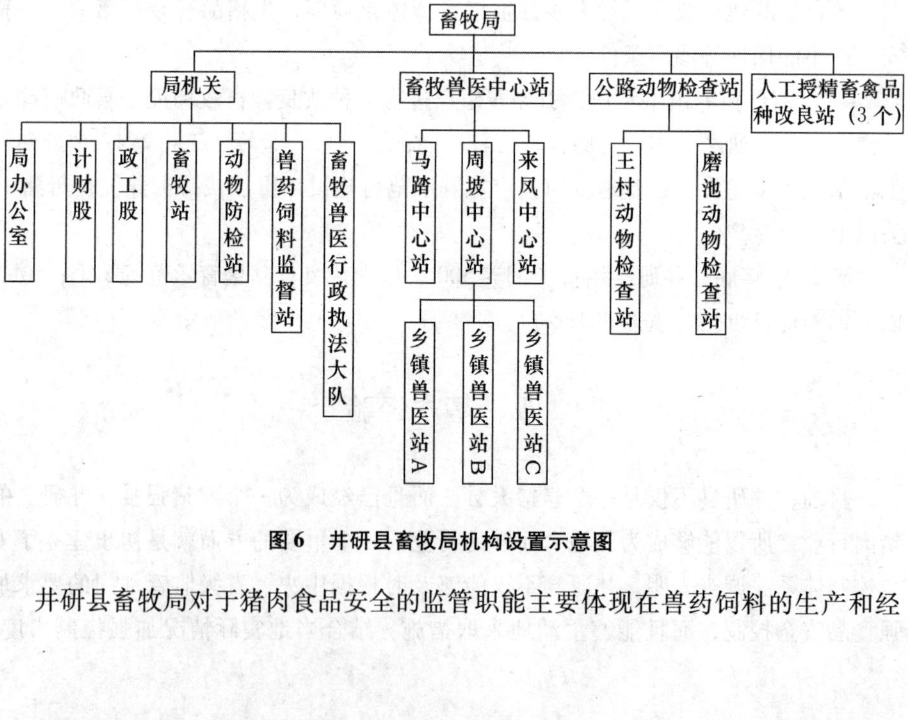

图6　井研县畜牧局机构设置示意图

井研县畜牧局对于猪肉食品安全的监管职能主要体现在兽药饲料的生产和经

销、优良品种繁育、生猪疫病防治、产地检疫、屠宰前后的检疫检查、鲜销市场检查及公路动物检查等方面。畜牧部门的这些食品安全监管职能由县畜牧局统一负责，县畜牧局局机关下设三个业务部门：畜牧站、防检站（含针药室、诊断室）、兽药饲料监督股（含井研县饲料工业办公室）。畜牧站负责种畜禽管理、畜牧生产和养殖技术培训工作。动物防检站负责动物防疫检疫和依据《动物防疫法》的行政执法工作。兽药饲料监督股负责兽药饲料的生产、经营和使用的监督管理，对兽药生产经营户实行许可证管理；对饲料生产企业实行“生产条件审查合格证明”（生产资质）管理；对饲料销售户实行上岗（资质）管理；对兽药饲料使用者实行养殖过程监管。畜牧局业务部门的职能都由各乡镇兽医站协助或落实完成。各乡镇兽医站还负责产地检疫、宰前检疫、宰后胴体检疫以及当地鲜销市场检查。公路动物检查站负责进出县动物的检疫检查工作。井研县畜牧兽医部门的猪肉供应链监管过程如图7所示。

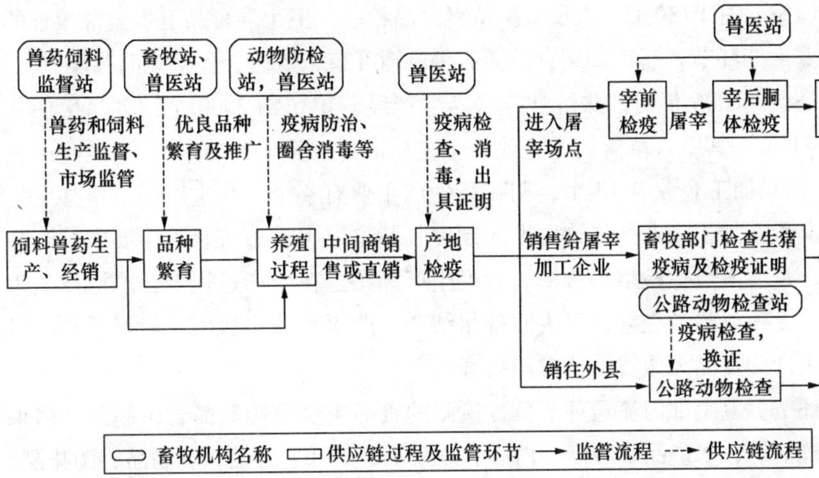

图7 县畜牧兽医部门在猪肉供应链中的质量安全监管示意图

从以上的分析可以看出，井研县畜牧兽医部门在猪肉供给链过程中质量安全方面的监管体系比较健全。从兽药饲料的生产、经营和使用环节，优良品种繁育，生猪养殖中的疫病防治，营销检疫，宰前宰后检疫，直到猪肉鲜销市场检验和公路动物检查等环节，畜牧兽医部门都有专门的机构负责监督管理。通过兽药饲料生产和经营环节的监管，堵住了伪劣、有害兽药饲料进入生猪养殖环节的渠道；通过养殖过程中的疫病防治，确保了养殖户在生猪养殖中的合理用药和疫病防治；通过营销检疫，保证了只有经过防疫接种并且没有疫病的健康生猪才可以进入流通环节；通过宰前宰后检疫，不会使染有疫病的猪肉进入鲜销市场；通过鲜销市场检查，在最后一个环节保障了本地消费者可以买到安全、卫生的猪肉；通过公路动物检查，保证了出县生猪的质量安全，设置了外地不安全生猪进入该县的防疫检查屏障。

2. 卫生部门。2005年1月1日前，卫生部门负责食品安全监管的生产、流通和消费环节。按照2004年《国务院关于进一步加强食品安全工作的决定》中规定，从2005年1月1日起，为进一步理顺有关监管部门的职责，生产加工环节的食品安全监管由质检部门负责，将由卫生部门承担的食品生产加工环节的卫生监管职责划归质检部门。而卫生部门负责餐饮业和学校、幼儿园、托儿所等食堂消费环节的监管工作。但是，按照《食品卫生法》等规定，生产企业的卫生许可证、从业人员健康证依然由卫生部门发放。

井研县卫生局局机关有18人。卫生局下设的卫生监督所负责食品安全监督工作，该所共有25人，其中从事食品安全监督工作的人员约20人。卫生局下属的疾控中心负责食品质量卫生指标的检验工作，该中心总工作人数为45人。疾控中心设有检验室，有10位工作人员直接从事食品检验。卫生局食品卫生监督检查的对象有企业生产环节，超市、副食品商店等流通环节，饭店、食堂等消费环节。

生产环节。2005年初，井研县有食品生产经营单位约2500个，食品生产加工企业有71个，其中：畜禽加工企业3个，粮油加工企业有30个，酒类生产企业19个，糖果加工企业有15个，调味品生产企业有4个。在生产环节，县卫生部门对食品生产加工企业严格许可准入制度，基本卫生设施符合卫生要求，产品检验合格，从业人员体检培训合格后方可生产加工。在生产过程中，严格按卫生要求操作，专项整治与经常性卫生监督相结合，严厉查处违法生产经营活动，以确保该县生产的食品无假冒、伪劣产品流入市场。

流通环节。卫生部门流通环节负责检测的食品主要有腌制品、卤制品、糖果糕点、学校豆奶、水产品、啤酒、白酒、矿泉水、茶叶、青油、乳制品、调味品、挂面、银耳、饮料、生活饮用水等。2003年全年检测食品14类820件，合格618件，合格率75.3%。2004年全年共检测800件，合格549件，合格率68.6%。

消费环节。餐饮业有800个、集体食堂有70个。消费环节主要检测对象是餐具。2003年全年共检测餐具2104件，合格率48.8%。2004年全年共检测餐具4276件，合格1672件，合格率39%。2004年下半年，该县中小学食堂实施了食品卫生监督量化分级管理，全县中小学食堂共70个，达到C级以上的有66个。规范了中小学食堂，使学生食品安全有了一定的保障。

3. 质检部门。井研县质量技术监督局的最初为计量所，后为标准计量局，1999年上划，更名为质量技术监督局，为垂直管理机构。质量技术监督局总人数20人。该局从事食品安全监管的机构为计量测试所和产品质量监督检验所，计量测试所工作人员3人，产品质量监督检验所工作人员4人。质检局主要负责产品质量的监督检验、抽样检验、委托检验、仲裁检验，食品质量标准的修订、制定和贯彻执行等工作。

针对这种情况，希望质检局能与卫生局及其下属食品安全监督和检验机构积极沟通协作，充分合理利用卫生局疾控中心的卫生检验设备和资源，处理好职能调整过程中的食品质量卫生监管工作。

4. 工商部门。井研县工商局属行政管理部门，工商局下设研城、来凤、马踏、周坡、竹园和研经共6个工商所。全系统共有83个工作人员，其中从事食品安全监管相关工作的人员约有50人。

工商局是综合性的生产、流通和市场管理部门。工商部门主要负责企业、个体经营登记；广告、商标、合同监管；市场管理，打击流通、生产领域的违章、违法行为；指导个体、私营企业协会、消费者协会工作。

在猪肉供给链食品安全监管方面，工商局负责对生猪养殖50头以上的养殖户实行登记管理；对屠宰点、猪肉冷藏、加工企业实行企业登记；并对猪肉流通市场进行监督管理。工商局对食品市场实行“四制两查”制度，即食品市场准入制度、食品入市备案制度、食品质量责任制度和退市制度，以及抽查和检查。工商局下设经济监督检查大队，负责食品流通领域的监管工作。配备了快速检查箱。对经初查怀疑有问题的食品送卫生局等法定检验单位检验并出具正式的检验报告，最终依照检验报告做出裁定。工商部门食品安全监督的具体工作包括以下几点。

（1）规范市场主体行为，对生猪经营户实行审核登记管理。工商部门对要求从事生猪购销及鲜肉销售的，严格按照《城乡个体工商户管理暂行条例》规定审核，符合条件的，核发《营业执照》，从法律上确认经营户的经营主体资格。到2004年底，该县有从事生猪购销的经营户174户，204人；从事鲜肉销售的经营户356户534人；屠宰点30个。

（2）建立规章制度，加强经营户管理。工商部门建立了生猪购销人“月会”制度，对营销人员进行法律法规宣传，并利用生猪市场上的典型案例来现身说法，不断提高生猪购销人员的素质，使其自觉遵纪守法。

（3）开展“放心肉”工程活动。为规范井研县肉品市场的管理，确保消费者肉食品安全，营造良好的鲜肉流通和市场秩序，使广大消费者吃上“放心肉”。工商局和畜牧局联合开展“放心肉”工程活动。通过认真调查审核，批准了27户鲜肉经营户的“放心肉”经营资格，并颁发了“放心肉摊点”的牌匾，起到了肉食品安全的示范带头作用。

（4）加强市场巡查，严厉打击生猪流通领域中违法违规行为。为营造公平、公正的市场竞争环境，工商部门坚持依法行政，采用以经济户口为依托，以工商所区域巡查为重点，以经济监督检查大队机动巡查为后盾，与各所监管形成监管合力的办法，严厉查处生猪市场中的各种违法违规行为。

（5）发挥消协和个、私协的作用，加强生猪市场管理。

一是发挥消费者协会和12315投诉举报网络作用，健全消费者投诉网络，加大维护消费者权益的力度。2004年，工商局全面开展了12315维权进农家活动，全县已建立了398个村级投诉站。把打假维权网络延伸到了农村的千家万户，充分发挥12315消费者维权网络的法规宣传，接受投诉、举报违法等功能作用，使生猪购销及鲜肉销售经营活动接受社会监督。

二是充分发挥个、私协会的行业自律作用。成立了井研县个体劳动者协会生猪营销分会，由生猪营销员自愿申请加入。实行“自我教育、自我服务、自我管理”制度。分会在各乡镇建立工作小组，井研县个体劳动者协会生猪营销分会对各乡镇工作小组实行目标管理，各乡镇生猪营销分会工作小组自行推选一名小组长，作为目标责任人，同井研县个体劳动者协会生猪营销分会签订目标责任书，按目标责任书的各项规定执行。严禁在经营中画地为牢，欺行霸市，强买强卖。

5. 发展计划和经济贸易局。发展和计划经济贸易局主要负责对生猪屠宰场点进行新政管理和审批，检查屠宰场点的卫生状况。不定期会同畜牧、工商等部门联合执法，处罚私屠乱宰行为。通过屠宰场点对每头猪收取1元钱的屠宰管理费。

2005年，井研县发展计划和经济贸易局将拆分为发展和改革局与商务局。生猪屠宰点的审批和检查将由商务局负责。

发展计划和经济贸易局目前只限于对屠宰场点的审批和检查，该局直接从事食品安全质量监管工作的只有3人，一年中对屠宰场点的卫生检查数量有限，而且其业务检查往往要借助畜牧和工商部门的力量来完成。因而建议其对生猪屠宰场点的审批和监管职能划归与生猪屠宰场点有密切联系和业务往来的畜牧部门，既减少了监管环节，又可以明确责任。

（二）推行标准化饲养方式，提高小农户安全控制水平

生猪饲养过程的质量安全性必须建立在规模化、标准化的基础上，而在年出栏几头或十几头的饲养规模上很难达到科学、卫生、安全的要求。通过规模化养殖，标准化圈舍建造，包括沼气池建设，推行标准化配套技术，进行品种改良，标准化饲料配方，定时定质定量饲喂生猪等方面的改进，使生猪生长环境、饲料的科学和安全性、猪肉品质、猪舍粪水处理等方面条件都得到了极大改善，为猪肉供给链质量安全奠定了基础。

从2000年开始，井研县利用各乡镇、村既有的生猪养殖优势，先后将千佛镇高岩、马踏镇红五月、三江镇三江、磨池镇龙池等村规划建设为“集中管理、分户饲养”的养猪小区。小区内仍然保持一家一户的饲养方式，但是在小区内畜牧

局及畜牧站推广优良品种，统一规划、统一标准化饲养规程，统一技术指导、统一防疫。小区规划建成以来，不仅畜牧兽医部门工作便于开展，而且使养殖户可以更好地得到技术服务，构建起了全县畜牧产业养殖和加工环节互利互惠共谋发展的平台。养殖户按标准化建猪舍、改品种，科学饲养，喂出来的猪生长快、百把天出肥，肉质好，达到加工企业出口和进入高端消费市场的要求，每头猪可多卖几十百把元，农民得利，企业获益。养殖小区整体生猪质量安全水平的提高，为当地生猪养殖产业赢得了良好的声誉。本县以及外地的中间商、屠宰加工企业纷纷慕名而来，逐渐形成了稳固的供求关系。从而，优质优价的市场机制可以实现，养殖户生产的安全猪肉可以卖上好价钱，正在改变生猪养殖环节猪肉质量良莠不齐，养殖户都不注重养殖过程中卫生和质量安全问题的状况。

2002～2004年底，井研依托人才、物力、财力的支持，已在全县发展标准化适度规模养殖户1400多户，年出栏肥猪占全县总量的18.4%。而且在养殖大户的带动下，许多散户也在改变传统的养殖方式，新建、改建猪舍，扩大养殖规模。

（三）充分发挥龙头企业的带动作用，提高供应链的安全控制水平

井研县食品公司销售市场分为国外市场和国内市场。国际市场对猪肉食品的质量安全要求较高①，但愿意支付的价格要远高于国内市场价格②，因此，公司还是很乐意严格控制猪肉质量安全，努力达到其高质量安全水平要求。公司为达到出口市场的猪肉质量要求，投资于质量安全技术改造花费1800万元，提高了食品安全控制水平，达到国际市场要求，从而带动一批从业者进入国际市场。井研县食品公司的猪源主要来源于三个渠道：一是公司直接参与投资控制的蓝雁畜牧科技公司和牧源种畜场，这两个场2004年共为公司提供了9万多头优质商品猪；二是与公司签约的非公司投资的11家其余受控猪场，年提供20多万头优质商品猪；三是县内外其他一些规模及适度规模饲养户也为公司提供生猪。前两个渠道的猪肉主要供应出口，后一渠道的猪肉主要供应国内市场。在提高猪肉供应链安全水平控制方面，在出口猪肉部分体现得更为明显。当然，由于技术设备的不可分性，生产条件的相同性，质量安全意识的培养等原因，出口优质产品的生产在客观上也会带动一般产品质量安全水平的提高。

公司与受控猪场和一般养殖户都签订了契约，按照优质优价原则，建立了优

---

① 审核井研县食品公司是否具有出口新加坡市场的资格时，前后总共3次来四川考察，考察内容包括公司的生产设备和技术条件，当地养殖场卫生条件和养殖规程等，并每次提出多达上百条的整改意见并要求汇报整改进展。在同时，新方对猪肉制品的运输路线、食品安全检测等都非常严格。

② 不同国际市场的价格差异也非常明显，据公司领导反映，总体上看，出口新加坡的每吨猪肉最终赢利水平不仅高于国内市场，而且还高于俄罗斯等其他国际市场。

质生猪生产的价格保障与激励机制。并且根据加工目的、生猪品质、猪源的不同，公司采用了不同的收购合同。

1. 公司对受控猪场的安全控制水平的带动。调查表明，公司对受控猪场养殖过程实行更加严格的安全饲养规程控制，由公司、畜牧局和市出入境检验检疫局共同控制出口市场的猪源质量。

（1）利益联结机制。为激励受控猪场养殖符合出口质量要求的生猪，保证优质商品猪的供给，公司与受控猪场签订保护价收购合同。公司对受控猪场的猪肉实行“最低保护价 + 浮动价”的收购方式。2004 年的签订的最低保护价为 5.8 元/公斤，浮动价为 1.2 ~ 1.4 元/公斤。当市价高于最低保护价时按“市场价 + 浮动价”的价格收购，当市场价低于最低保护价时，按“市场价 + 浮动价”与最低保护价二者中的高价收购。公司制定的浮动价 1.2 ~ 1.4 元/公斤相当于 2004 年一般猪肉市场价每公斤 8 元多的 15%，这个溢价对于弥补养殖户的安全养殖投入，激励养殖户生产质量安全猪肉具有极大的激励作用，促使养殖户愿意执行更加严格的生猪标准化安全养殖规程，为企业提供更加优质安全的原料生猪。公司为了保护优质猪源的供给，稳定其猪肉制品的质量安全水平，对受控猪场都能按契约规定论质定价、交付货款。公司还对受控猪场实施返利激励机制，从 2005 年始，对超额完成供货任务的受控猪场实行二次返利，以保证高质量生猪的供给。

公司还为受控猪场提供贷款担保，2004 年共为受控猪场提供 2000 多万的担保贷款。公司的按章履约行为以及返利和贷款担保等行为，强化了公司和养殖场之间的信用关系，增强了受控猪场对公司的信任度，从而也激发了农户生产优质安全猪肉的积极性。

通过价格保障与激励机制，公司与受控猪场形成了紧密的利益联结关系。与公司签约的 11 家受控猪场的投资额都在几十万，甚至上百万，其中包括标准化养殖场等固定资产投资以及优质安全饲料等流动成本投资。养殖户与企业一样也具有很高的资产专用性，养殖户为了避免优质安全生猪在现货市场上由于质量信息不对称、交易成本增加等原因也愿意与公司签订优质安全生猪的交易契约，来降低风险、保证销售和盈利。

（2）加强养殖过程控制。公司对受控猪场的饲养管理有较强的影响力，受控猪场必须为通过四川省、乐山市出入境检验检疫局审核登记的出口肉用动物养殖场，具备《出口肉用动物养殖场登记备案证》。公司为受控猪场提供优质 PIC 和 DLY 仔猪。这些养殖场还必须使用来自四川省出入境检验检疫局登记备案的出口肉用动物饲用饲料生产企业生产的饲料。养殖过程管理和饲料、兽药使用严格按照国务院《兽药管理条例》、《饲料和饲料添加剂管理条例》及其配套规章和地方主管部门的相关规范。

（3）加强收购环节控制，防止不合格生猪进入加工环节。井研县食品公司肉联厂在生猪收购环节也配有专门的检疫人员和检疫设备，他们和县畜牧局驻场检疫员一起负责对购入生猪的检验检疫工作。检查内容有：防疫耳标、《动物防疫合格证》、《动物产地检疫证》、《运载工具消毒证》、《报检证明》、生猪防疫、检疫收费发票等；来自外县的生猪还需检查《出县动物检疫合格证明》和《牲畜口蹄疫非疫区证明》。同时检疫人员进行宰前检疫检查，从猪的外形、淋巴器官等判断猪是否有疫病，判断是否可以转入屠宰环节。生猪屠宰后肉联厂检疫人员还要进行胴体检疫检查，对宰后的猪胴体进行再检疫，观察肉色、肉质等特征，对怀疑有疫病或品质问题的进行化验分析。通过生猪收购环节的检验检疫，确保了只有合格生猪才能进入生产加工环节，从源头上控制了猪肉品质，从而保证了公司在近些年的猪肉制品出口及国内销售过程中，猪肉卫生质量全部达标，没有发生猪肉品质问题。

肉联厂执行 ISO9001 质量保证体系和 HACCP 食品安全控制体系，对各原料生猪进行编号，分圈管理。屠宰过程中对胴体、内脏编号，若出现问题，可以追溯到原料生产基地。

（4）建立溯源体系。公司对于出口冻猪肉的猪源建立了可追溯体系，执行 ISO9001 质量保证体系和 HACCP 食品安全控制体系，对各原料生猪进行编号，分圈管理。屠宰过程中对胴体、内脏编号，一旦发现有质量安全问题的猪肉，可以追查到来自哪个养殖场，并且对问题养殖场采取惩罚措施及整改行动。问题养殖场可能会因此而被扣除货款、丧失信誉，长期不履行质量安全标准规定的养殖场甚至会失去与公司的契约协作。公司质量安全检测控制体系以及猪源可追溯体系的建立极大地提高了对养殖户机会主义行为的识别能力，减弱了农户的机会主义行为倾向，有利于养殖户按照契约规定提供合乎质量安全要求的生猪。

2. 公司对一般养殖户安全控制水平的带动。公司与养殖户签订的《优质商品猪饲养收购合同书》中规定，县食品公司具有以下义务：A 公司采取多种形式培训养殖技术，指派技术人员定期走访签约养殖户（每月至少一次），帮助养殖户解决饲养难题，提供技术咨询和服务；B 公司会同畜牧部门有偿提供技术指导和疫苗、药品；C 根据养殖户养殖情况，为其建立受控猪场养殖档案；D 公司为养殖户提供一定贷款担保资金；E 公司不得无理拒收养殖户送交的合同内育肥猪。签约养殖户有以下义务：A 熟练掌握按《井研县出口商品猪生产饲养管理操作规范》和《无公害优质生猪生产示范户》饲养管理生产的生猪；B 按畜牧部门的规定，搞好防疫，按甲方指定地点购买疫病防治药品；C 购买或自配饲料必须符合生产出口商品猪标准；D 及时向公司同胞生猪生长、饲养、发病情况，使公司能够及时掌握养殖户养殖基本情况；E养殖户不得擅自将合同内的育肥猪销售他人；F商品猪出售后，及时向银行和公司归还借贷资金。合同还规定，签约双方承诺严格信守合同，切实履行合同义务。凡一方违约，违约方应赔付对方合同内肥猪市场价格总额20%的违约金。解决纠纷的方式：如在合同履行期内，双方发生争议，由双方协商解决，协商不成的，提请井研县工商行政管理局进行调节，对调节不服的，任何一方均可向县人民法院提起诉讼。

由以上签约双方的义务规定可以看出，生猪的标准化安全饲养是契约协定的一个主要内容。公司义务中有3条分别指明了公司有义务为养殖户提供技术培训、咨询和服务，有偿提供疫苗和药品，建立受控猪场养殖档案以了解和跟踪受控猪场的饲养情况。这清楚地表明了公司对于养殖场饲养规程的控制和指导职能。养殖户义务中有4条与标准化安全饲养规程的遵守有关，第一条要求签约养殖户遵守标准化无公害养殖规程，第二、第三条重点强调了养殖户使用兽药、饲料要符合公司、当地畜牧部门的饲养操作规程，第四条需要农户能将其生猪养殖情况及时与公司沟通，以利于公司监控生猪养殖情况的和处理农户的饲养问题。

（四）发展养殖户合作组织，加强养殖环节的卫生控制

分散饲养是中国目前生猪养殖业的基本方式。这一饲养方式对加大了猪肉安全控制的难度。首先，小规模的家庭式饲养不利于加强防疫。农户小规模散养方式饲养的生猪数量少，发生疫病后损失也不大，一般不愿意定期进行疫病防治，因此造成部分地区防疫密度低，给疫病的流行造成隐患。其次，小规模饲养加大了安全控制技术的推广使用的难度。小规模饲养的收益少、采用先进技术的成本高，养殖户采用的积极性相应不高。这是中国加强过程控制，提高食品安全控制水平面临的关键问题。

为解决这一问题，井研县做了多种探索。除了通过龙头企业直接带动外，发展生猪养殖专业合作组织也是一个重要举措。

合作经济组织可以在农户和企业或市场之间搭起一座桥梁，发挥规模经济优势，方便企业对农户生产农产品的了解、质量安全控制、技术指导和统一收购，可以将农户组织起来，提供统一的生产原料、遵守统一标准化的农业操作规范，并创立合作组织自己的品牌进行统一销售等经济活动。欧美、日本等发达国家的合作经济组织发展的比较成功，这些国家的合作经济组织在控制食品质量安全方面也发挥了重要的作用。合作经济组织通过规范成员在使用农药、兽药等技术行为，建立自己的农产品质量安全控制方式，严格对成员的生产监督和质量安全管理，并且往往都创立了合作组织自己产品的品牌，树立其产品在市场上的声誉，以赢得长久而丰厚的回报。近年来，通过政府扶持带动，养殖大户、村干部牵头，

适度以上规模养殖户参与的方式，井研县陆续成立了几个生猪养殖专业合作组织。红五月养猪专业合作社是一个典型合作经济组织。

2002年8月份井研县乡政府开始在红五月村推广适度规模标准化养殖，进行生猪品种改良，修建标准化猪圈，给养殖户提供品种改良补贴和沼气池建设补贴。这为红五月合作社的成立以及生猪业的大发展带来了机遇。

规模养殖户数量的增加产生了新的组织需求。2003年，红五月村发展了15户适度规模养殖户。到2004年，共有35户养殖户达到适度规模养殖水平。适度规模养殖与传统分散小规模养殖方式已经有很大的不同。一是这是一种以市场为取向的行为，市场供求状况、价格状况和竞争状况等对他们生产经营具有决定性的作用。二是这是一种专业化生产行为。产品能否按照生产出来并能卖到一个好价钱对养殖户的经济影响比传统兼业养殖方式条件下大得多。三是专业养殖户实行“两头在外”的经营方式，饲料要从外面购买，产品要销往市场。与市场打交道的风险业就增大了。由于单个养殖户与市场打交道的能力太小，在饲料购买、疫病防治、产品销售、养殖技术等方面都有了新的需求。于是，一些养殖大户开始组织起来相互照应。随着这个群体扩大，只要有人出面组织，合作社的成立也就水到渠成了。尤其是部分党员、干部作为适度规模养殖户对合作社的成立更是具有重要带动作用。

乐山国家科技园井研畜牧园区肩负推广科学养殖技术的重任。园区认识到，在附近村子推广养殖技术具有明显的示范作用，对畜牧业的科技进步具有重要意义。合作社的成立正好为园区推广科学养殖技术提供了一个中介。为此，园区决定予以支持，并给合作社配备了一台电脑，并支付其每年上网费用950元。

为提高农户适度规模标准化养殖水平和组织化程度，大力发展无公害出口瘦肉猪为出发点，在村党支部和规模养殖户共同倡议下，2004年3月，股份制民办合作社——红五月养猪专业合作社正式成立。注册部门为县工商局，注册性质是合伙企业。合作社的经营范围及方式是生猪养殖、销售；饲料、粮食（不包括黄谷，大米）购销；养殖技术咨询，服务。红五月合作社成立以后，在推行养殖过程中标准化安全养殖、统一销售、信贷担保等方面已经开始发挥重要作用。

一是“双推”。“双推”指推行适度规模和标准化配套技术饲养；合作社平均每月组织举办技术培训，由县畜牧局负责畜牧技术培训工作，清畜牧师或川农大教授讲课。县畜牧局通过合作社来对农户技术培训。培训费用由畜牧局负责。目前，村里几乎家家墙上都有一份“养猪操作规程”。

二是“五改”。“五改”包括：改品种，将土二杂、土三杂等品种改良为DLY、PIC等优良品种；改饲料，由随意配料改为采用标准化配方；改喂养，由土法喂养改为采用定时定质定量喂养方式；改圈舍，由传统圈舍改为使用栅栏式圈舍；改粪池，由家用化粪池改为利用净化沼气池处理养殖废物处理。

三是“六统一”。“六统一”指统一规划设计、统一技术规程、统一疫病防治、统一配购饲料、统一定价收购、统一信贷保险。统一规划设计设计是指圈舍的建设按照合作社统一的基本要求进行设计。统一技术规程是指要求所有成员按照“养猪操作规程”进行养殖。统一疫病防治是指成员统一按照畜牧部门的要求定期采取防疫措施。统一配购饲料是指合作社统一批量购买饲料，卖给合作社会员。利用批发优势，购买饲料价格便宜，1000斤饲料能便宜5元以上。合作社会员也可以自由购买饲料。有一半社员从合作社统一购买饲料，主要是红五月村临近的会员。这些会员几户所有的饲料都从合作社买。有些散户也从合作社购买。通过这种集体行动，客观上利于控制饲料的质量，为提高安全控制水平打下基础。统一定价收购是指根据合作社2004年与县食品公司签订的订单，对成员的出栏生猪实行最低保护价收购+市场价。当市价低于5.6元/公斤时，公司按保护价收购，当市价高于保护价时，公司按市价收购。统一信贷保险是指合作社给养殖户提供信用担保。信用社担保后，农户直接与信用社结算。合作社已经给20多个1万元以下的养殖户提供了信用担保。

（五）采取经济激励手段，激发养殖户和企业加强安全控制的积极性

对规模化生产经营企业而言，一旦出现猪肉不安全问题，将给企业带来致命打击。因此，确保猪肉的安全性就是确保企业的生命线。尤其是对出口食品的企业而言，必须根据国际市场的要求，进行安全控制。规模化企业的资金实力较强，安全控制投入能力也较高。而且，对规模化企业来说，由于生产经营规模较大，安全控制投入具有规模效应，单位成本也比较低。另一方面，由于规模化企业的的规模较大，在食品安全控制水平较高以后，市场竞争能力明显加强，销售渠道更有保障，销售价格也会提高，获利机会相应增加。对出口企业而言，由于国际客户愿意支付远远高于国内市场的价格，只要能通过安全检验检测，企业的获利会大幅度增加，并能弥补食品安全控制方面的成本。因此企业加强安全控制的动力也相对较强。在这方面，井研县食品有限公司就是一个非常典型的例子。

但是，对小规模生产的养殖户而言，由于投入能力有限，收入数量也有限，在出现安全问题时，经济损失也相对较小。所以，普通的养殖户对实施过程控制的积极性也相对较低。从中国的实际情况来看，分散饲养又是主要的生猪养殖方式，因此，要提高散养户的猪肉安全控制水平的难度比较大。

为促进生猪养殖的规模化和标准化，井研县采取了以下措施：（1）从2002年开始，为一些发展规模养殖的农户修建标准化畜舍提供了圈舍补贴，每户可以

得到3000元的修建标准化圈舍补贴。对农村重专户新修圈舍及附属设施，规费全免。对兴办年出栏商品猪5000头以上或饲养母猪100头以上的重专户新修圈舍，政府无偿提供3~5亩土地的使用权。（2）支持养殖户发展沼气。对养殖户修建净化沼气池进行了大力支持，修建沼气池的农户都得到了政府600或1000多元的补贴。（3）支持改良品种。2003年，井研县对新发展的符合饲养条件的LY母猪养殖户由县上统一实行补助，每户饲养10头以下的每头补助100元，10头以上（含10头）的每头补助150元。对新发展50头以上的PIC父母代种猪养殖户，每头补助200元。对年出栏优质仔猪500头以上的养殖户，骟配费减半收取。为激发龙头企业在改良品种方面的积极性，井研县规定：对外向型生猪产业龙头企业自繁自养、股份制受控养殖场，年出栏出口优质商品猪1000头以上以及订单饲养年出栏出口优质商品猪100头以上者，在2001~2005年内规费减收50%，屠宰税先征收入库后由县财政按留县20%返还给企业。

调查表明，井研县通过对散养户普遍推行适度规模与标准化生产，大大提高了猪肉供应链的安全控制水平，从而提高了整个区域的猪肉安全水平。井研县之所以能够取得成功，除了通过完善监管体系，加强监管力度之外，还有非常重要的一个方面：就是比较成功地经济激励机制，确保实行猪肉安全过程控制的养殖户能够获得足够的经济利益，从而激发了养殖户积极参与猪肉供应链安全控制的积极性。

五、猪肉安全控制需要进一步解决的问题

总体来看，井研县的猪肉供应链安全控制已经取得了非常大的进展，在某些方面还具有非常明显的创新性，是畜牧业散养区域提高安全控制水平的典范。但由于这一领域仍然处于探索阶段，没有现成的模式可以套用，井研县猪肉安全控制仍然存在一些需要进一步解决的问题。

（一）大部分商品猪养殖规模仍然较小，规模化养殖仍然需要进一步推进

规模化养殖是实行标准化养殖的重要条件。近年来，井研县的规模化养殖户快速增加。但总体来看，大部分养殖户仍然是小规模散户养殖，直接制约了安全控制水平的提高。

1. 大部分商品猪养殖规模仍然较小。按2004年出栏商品猪规模划分来看，在104户中，有2户2004年没有出栏商品猪，为专职仔猪生产户；其余102户都生产商品猪。

所有商品猪养殖户中，年出栏50头以下的农户有62户，占的比重最大，为

60.8%，适度规模以上农户为40户，占到39.2%；规模养殖户（100头以上）共27户，所占比重为25.5%；而超过300头以上农户较少，共有7户，其中1户的年出栏规模超过1000头。总体来看，井研县生猪养殖散户还占主要比重。62户适度规模以下散户共出栏了950头生猪，平均每户饲养15.3头。41个适度规模以上养殖户平均每户2004年出栏206.4头，共出栏8464头商品猪，是62个适度规模以下养殖户出栏数量的8.9倍。其中，规模以上农户共饲养7609头，占适度规模以上总出栏量的89.9%，平均每户饲养规模达到271.75头。

表15　102户商品猪养殖户养殖规模分类

	户数（频率）	百分比（%）	累计百分比（%）
少于50头	62	60.8	60.8
50~100头	13	12.7	73.5
100~300头	19	18.6	92.2
300~500头	5	4.9	97.1
500~1000头	2	2.0	99.0
1000头以上	1	1.0	100.0
总计	102	100	

注：养殖户规模划分从商品猪生产角度，年出栏商品猪50头以上算适度规模养殖户；年出栏100头以上算规模养殖户。从饲养母猪和生产仔猪的角度，饲养母猪5头以上，年生产100头以上仔猪算适度规模养殖户；饲养母猪10头以上，年生产仔猪200头以上属规模养殖户。

表16　商品猪养殖户规模分类描述性统计分析　　单位：户，个

	户数	最小规模	最大规模	总量	户均规模	标准差
适度规模以下养殖户	62	2	48	950	15.3	12.19
适度规模以上养殖户	41	36	2500	8464	206.4	384.88
其中：规模以上养殖户	28	36	2500	7609	271.8	453.25

2. 仔猪生产规模需要进一步扩大。104户中，有69户不生产仔猪，为专职商品猪生产户；有2户不生产商品猪，为专业仔猪生产户；其余33户为兼营户，同时生产商品猪和仔猪，占总养殖户的31.7%，说明养殖户自繁自养比重比较高。

表17　样本户生产仔猪规模

	户数（频率）	百分比（%）	累计百分比（%）
不生产仔猪	69	66.3	66.3
100头以下	21	20.2	86.5
100~200头	6	5.8	92.3
200~500头	7	6.7	99.0
500头以上	1	1.0	100.0
总计	104	100.0	

35户仔猪生产户中，适度规模以下农户21户，占农户比重的60%，而其共生产仔猪573头，只占所有养殖户总生产仔猪数量4215头的13.6%，平均每户生产27.3头；适度规模以上农户有14户，占农户比重的40%，共生产3642头仔猪，是适度以下规模养殖户生产数量的6.4倍，平均每户生产仔猪260.1头，其中，规模以上养殖户8户，占总户数22.9%，生产仔猪2974头，平均户均生产371.6头。

表18　　　　仔猪生产户规模分类

	户数（频率）	百分比（%）	累计百分比（%）
100头以下	21	60.0	60.0
100~200头	6	17.1	77.1
200~500头	7	20.0	97.1
500头以上	1	2.9	100.0
总计	35	100.0	

表19　　　　按仔猪生产规模分类农户描述性统计

	户数	最小值	最大值	总量	平均	标准差
适度以下农户养殖规模	21	4	80	573	27.3	19.31
适度以上农户养殖规模	14	100	1000	3642	260.1	234.07
规模以上农户养殖规模	8	200	1000	2974	371.8	261.24

3. 生产仔猪和出栏商品猪综合规模较小。在所有养殖户中，有一些为专业仔猪养殖户或专业商品猪养殖户，另外还有一些为商品猪和仔猪兼营户，为做综合规模分类分析，本文结合以上商品猪和仔猪规模分类标准，将仔猪数量折算为商品猪数量，2头仔猪=1头，分类规模仍然按商品猪的分类标准。

综合2004年出栏商品猪和生产仔猪规模来看，适度规模以下（小于50头）养殖户为58户，占到总户数的55.8%，适度规模以上农户（50头以上）有46户，所占比例为44.2%，其中，规模以上（100头以上）农户30户，比例为28.8%。可见，适度规模以下农户和规模以上农户占绝大多数。适度规模以下养殖户2004年共生产了982.5头生猪。虽然只占总养殖规模11485.5头的8.55%，但是这部分养殖户一旦出现安全失控问题，仍然会对整个井研县的猪肉安全控制产生非常大的影响。

表20　　　　综合商品猪和仔猪分类

	频率	百分比（%）	累计百分比（%）
小于50头	58	55.8	55.8
50到100头	16	15.4	71.2

续表

	频率	百分比（%）	累计百分比（%）
100 头以上	21	20.2	91.3
300 头以上	5	4.8	96.2
500 头以上	3	2.9	99.0
1000 头以上	1	1.0	100.0
总计	104	100.0	

（二）相当部分农户仍然主要饲养土杂生猪，品种改良工作需要进一步推进

井研县生猪品种发展的历程：从母猪角度讲是从本地母猪→土二杂母猪（长白公猪与本地母猪，或约克公猪与本地母猪杂交选留的母猪）→洋二杂 LY（长白与约克杂交生产的母猪）→再到 PIC 配套系母猪。从商品猪角度讲，是从土二杂商品猪（长白或约克公猪与本地母猪杂交的后代）→土三杂商品猪（长白或约克公猪与土二杂母猪杂交生产的商品猪）→再到洋三杂 DLY（杜洛克公猪与洋二杂 LY 母猪杂交生产的商品猪）→再到 PIC 配套商品猪。

从目前品种的优良性而言，洋二杂 LY 母猪算优良杂交母猪品种，洋三杂 DLY 算优良商品猪；PIC 配套系母猪和 PIC 配套商品猪也都属于优良品种。在井研，PIC 配套系母猪只有县食品公司才有。

在所有养殖 DLY 商品猪、LY 母猪或 PIC 商品猪的农户中，有少量农户在更早前的 1998 年左右就实现了品种的改良换代，但是大规模的生猪品种改良换代还是发生在 2002 年以后，许多农户在这以后的三年中不仅实现了品种的改良，而且逐渐扩大了养殖规模。在此之前，农户饲养的品种还主要是土二杂或土三杂生猪。

在被调查的 104 个农户中，有 42 个农户只饲养了土二杂或土三杂生猪，占所有农户比重的 40.4%；而只饲养 DLY 商品猪或 LY 母猪的农户占到 51%，另外，DLY 商品猪或 LY 母猪与土猪混养的农户有 4 户，DLY 商品猪或 LY 母猪和 PIC 混养的农户有 5 户，总体来看，饲养优良品种的养殖户共计 62 户，占总户数的 59.6%。

表 21　　按养殖品种分类的养殖户

	频率	百分比（%）	累计百分比（%）
只饲养土二杂或土三杂生猪的农户	42	40.4	40.4
只饲养 DLY 商品猪或 LY 母猪的农户	53	51.0	91.3
DLY 商品猪或 LY 母猪和土二杂，土三杂混养的农户	4	3.8	95.2
DLY 商品猪或 LY 母猪和 PIC 混养的农户	5	4.8	100.0
总计	104	100.0	

由此可见，井研县优良品种的饲养率已经超过非优良品种的饲养率，达到将近60%，生猪良种普及工作已经取得显著进展。但是，仍有40%的养殖户没有采用优良品种。

从结构来看，主要是适度规模以下的养殖户需要实行品改。适度规模以下农户养殖非优良品种的户数有36户，比重较高，为62.1%。

表22　　不同规模品种养殖户优良品种采用率　　单位：个,%

	户数	优良品种		非优良品种	
		频率	百分比	频率	百分比
适度规模以下	58	22	37.9	36	62.1
适度规模以上	46	40	87.0	6	13.0
其中：规模以上	30	29	96.7	1	3.3
总计	104	62	59.6	42	40.4

（三）兽药和饲料安全控制仍然存在漏洞，安全隐患不容忽视

县级畜牧部门认为对饲料兽药的生产、经营和市场监管可以通过生产和经营资质管理、拉网式检查、市场整顿治理等方式进行监管，这些方面的监管还比较有效。对兽医用药的监管也相对容易。井研县已基本上管住了国家规定禁止使用的7种兽药。但在饲料兽药经营户监管方面仍然存在漏洞。一些饲料兽药经营户非法销售一种当地称之为是“舀舀药”的药物添加剂，它使用硫酸铜、硫酸亚铁等原料作为饲料添加剂，补充铜、铁、锰、锌等微量元素，起到镇静、安定功效。个别兽药饲料经营户往往非法或过量配合使用这种“舀舀药”，不仅造成生猪体内重金属残留，而且通过猪粪便对土壤造成了极大的污染。通过畜牧部门的宣传和监督，对这种“舀舀药”已被基本取缔，但是还要防止一些兽药饲料经营户从事“地下”非法销售。

兽药饲料使用过程的监管也比较困难。面对千家万户的养殖者，畜牧部门对养殖户养殖过程的合理使用兽药和饲料的全面监管是不可能的。农户在养殖过程中一般都要在饲料中配合使用药物饲料添加剂，而这些药物也都会有相应的休药期规定。但是养殖户在执行休药期规定时，会存在以下一些困难：（1）农户不了解休药期规定；（2）执行休药期规定需要重新配料，而养殖户有时会根据实时市场行情销售生猪，也即遇到合适的价格时没有严格遵守休药期规定便出售生猪；（3）执行休药期规定换料会影响生猪销售收入，这主要是因为猪会对新换的料口感不适应，影响生猪的生长，从而影响经济效益。

（四）部分农户没有遵守无公害标准化养殖规范，养殖标准化水平需要进一步提高

调查表明，井研县农户在养殖过程中，一般都进行圈舍打扫、冲洗、消毒等卫生措施。一般平均每天打扫圈舍2~3次，夏天每天都冲洗圈舍。另外有些农户还对饮水源进行消毒，以避免由于饮水不卫生给生猪带来疾病。

调查也表明，一些养殖户在这方面则不是太在意，打扫和冲洗工作做的较少。在圈舍消毒方面，差异性就更大，有些农户隔三五天、一周就消毒一次，还有些农户隔半月、一月甚至两三个月才消毒一次，更有些农户只是在一个养殖周期结束后才做一次消毒工作。

虽然遵守无公害标准化养殖规程的农户超过了半数，但仍然有46户，占总数44.2%的养殖户沿用传统的养殖方式，没有遵守无公害标准化养殖规范，在饲料兽药使用、消毒卫生等方面还没有引起足够的注意。

（五）屠宰环节监管力量薄弱，卫生控制亟待进一步加强

屠宰环节是疫病传播的重要途径，也是造成猪肉食品二次污染的主要来源，需要进行有效控制。屠宰场点是连接生产和销售的中间环节，也是猪肉食品安全控制的主要环节，还是未来中国实行食品追溯和承诺制度的关键环节。

2003年底，中国有定点生猪屠宰场点近3万家，其中2万家还处于半机械化和手工屠宰状态，缺乏基本的检验和污水处理设备。相对落后的屠宰方式和不规范屠宰已成为影响中国猪肉食品安全的主要因素。而且，尽管定点屠宰场点的年屠宰能力低于实际屠宰量的一半，但是全国屠宰场点的利用率却只达到屠宰能力的15%（Chenjun Pan等，2002）。大部分生猪还是由私人屠夫宰杀。

1997年12月19日国务院发布《生猪屠宰管理条例》中规定：国家对生猪实行定点屠宰、集中检疫、统一纳税、分散经营的制度；国务院商品流通行政主管部门主管全国生猪屠宰的行业管理工作；县级以上地方人民政府商品流通行政主管部门负责本行政区域内生猪屠宰活动的监督管理；乡镇屠宰厂（场）生猪屠宰活动的具体管理体制，由省、自治区、直辖市人民政府规定。《条例》还规定定点屠宰厂（场）由市、县人民政府根据定点屠宰厂（场）的设置规划，组织商品流通行政主管部门和农牧部门以及其他有关部门，依照条例规定的条件审查、确定，并颁发定点屠宰标志牌。

1998年1月1日起施行的《中华人民共和国动物防疫法》规定，国务院畜牧兽医行政管理部门、商品流通行政管理部门协商确定范围内的屠宰厂、肉类联合加工厂的屠宰检疫，并依法进行监督；省、自治区、直辖市人民政府规定本行政区域内实行定点屠宰、集中检疫的动物种类和区域范围；具体屠宰场（点）屠宰的动物实行检疫并加盖动物防疫监督机构（畜牧兽医行政管理部门）统一使用的验讫印章。

2003 年 8 月 29 日，商务部、公安部、农业部、卫生部、工商总局、质检总局、食品药品监管局联合发出的《关于加强生猪屠宰管理确保肉品安全的紧急通知》中要求各级商务（经贸）、公安、工商行政管理等部门要加强生猪屠宰管理、打击私屠滥宰；各级商务（经贸）部门要采取切实可行的措施，对现有屠宰厂（场）进行全面清理整顿；各级农业（畜牧）部门要加强屠宰检疫管理工作；各级卫生行政部门要做好屠宰厂（场）卫生条件的审核；各级商务（经贸）、农业（畜牧）、卫生、工商行政管理、质量技术监督等部门各司其职，严把肉品市场准入关；各级商务（经贸）部门要会同农业（畜牧）、卫生、工商行政管理、质量技术监督等部门采取切实可行措施，确保各项工作落实到实处。充分发挥社会监督作用，建立举报投诉制度并落实责任追究制度和奖惩制度，建立健全生猪屠宰厂（场）长效监管机制。

由上可见，中国生猪屠宰监督管理工作涉及部门较多，不仅涉及商务（经贸）部门和农业（畜牧）部门，还涉及公安、卫生、工商、质检、食品药品监管等部门，需要各部门统一协调、密切配合。

（六）溯源机制尚不健全，污染源确定难度较大

畜产食品从生产到餐桌，要经过一系列的经济活动过程，包括了从农业投入品的供给、畜产食品的生产、加工、流通一直到销售的整个流程，畜产食品在这一流程中的某个环节若受到污染，就会造成畜产食品的不安全，对人体健康产生不利影响。

目前，井研县食品公司对于其收购的以出口为目的生猪已经能够实现溯源。但是，对普通养殖户的生猪，目前还做不到这一点。至于其他收购商收购的生猪，目前更是难以实现溯源。

如果这一问题不解决，一旦出现猪肉不安全问题，就很难找出问题污染来源，无法及时采取有效措施，整个井研县的生猪也会受到影响。

（七）疫病种类较多，动物防疫体系建设任重道远

随着市场经济的发展，畜产食品市场放开搞活，动物产品流通渠道增多且频繁，各地防疫基础水平普遍不高等因素，致使中国动物疫病流行仍很严重。更令人担忧的是，目前动物疫病尤其是人畜共患病逐渐发生着变化，并呈现范围扩大的趋势。一些新的疫病重新抬头，呈地方性流行或流行性发生，如口蹄疫、猪瘟、猪链球杆菌等。

1986～1990年全国进行的大面积疫病普查发现在中国发生和发现的动物疫病有202种，其中有近40种动物疫病在全国流行范围较大，危害比较严重。据不完全统计，80年代以来，新发生或传入中国的疫病多达34种。有关资料表明，目前，中国的猪、牛、羊、禽等的死亡率比发达国家高一倍以上，其中猪的死亡率为8%～12%，家禽死亡率20%，牛死亡率为5%，羊死亡率7%～9%。

2005年在井研县周边县市发生的猪链球杆菌更是直接对井研县的动物疫病控制构成了直接的影响。虽然井研县由于控制措施较好，没有出现病例，但是，如果不高度重视这一问题，隐患是比较严重的。

六、提高井研县猪肉安全控制水平的政策建议

调研表明，井研县是中国一个猪肉安全控制水平较高的区域，目前也还存在许多需要进一步解决的问题。这些问题在全国具有普遍性，中国有必要从以下几个方面完善猪肉安全控制体系。

（一）完善法律法规体系，提高依法行政能力

法律法规体系不完善是中国食品安全控制面临的一个主要问题。就井研县生猪行业而言，主要体现在以下几个方面。

1. 畜产食品安全的法规不健全。中国虽然有关于食品质量的总体性法规《食品卫生法》和《产品质量法》，但这些法律对食品质量仅做了一些概要性规定，由于出台时间早，标准低，覆盖面窄，法律条款较多地侧重于一般性卫生问题，对食品质量安全本身关注较少，没能充分反映新形势下消费者对无公害、绿色食品的要求，缺少能够在畜产食品生产加工和流通各个环节都有效发挥作用的食品安全基本法律。

2. 现有法律法规的系统性和协调性较差。中国在畜产食品质量安全方面的法律（规）多数属于部门性法规，经常产生同类案例有不同处罚结果的情况。如对市场上发现没有经过检疫的猪肉，按《动物防疫法》第三十八条规定："已出售的没收违法所得；未出售的，首先依法补检"，合格后可继续销售；不合格的，予以销毁。而在《食品卫生法》第四十二条规定，对未经检疫的畜产食品，已出售的立即公告收回。公告已回收和未出售的猪肉，应责令停止销售并销毁；还应没收违法所得并处以违法所得一倍以上五倍以下罚款；没有违法所得的，处以一千元以上五万元以下罚款。与《动物防疫法》规定的处罚标准和力度截然不同。国务院《生猪屠宰管理条例》第十五条规定："未经定点、擅自屠宰生猪的，由市、县人民政府商品流通行政主管部门予以取缔，并由市、县人民政府商品流通

主管部门会同其他有关部门没收非法屠宰的生猪产品和违法所得，可以并处违法经营额3倍以下罚款”。三个法律文本，三种规定，三种力度不同的惩罚措施，必然给执法带来困难。按照《动物防疫法》、《动物防疫条件审核管理办法》等相关法规及实施条例，对于个体生猪经营户办理《动物防疫合格证》需收取50元手续费，养殖场、屠宰场点等生产经营户收取100~200元手续费。但是在《行政许可法》中则将此项费用免除。而省级畜牧兽医行政主管部门还收取10元的《动物防疫合格证》手续费。不同法规之间的冲突影响了县级畜牧兽医行政主管部门的执法效率和权威性。

3. 可操作性差。目前，中国有关猪肉安全控制的法律法规只是提出了原则性规定。一旦到实际操作中，就很难适应需要。如《动物防疫法》规定“动物饲养场、屠宰厂、肉类联合加工厂和其他定点屠宰场（点）等单位，从事动物饲养、经营和动物产品生产、经营活动，应当符合国务院畜牧兽医行政管理部门规定的动物防疫条件，并接受动物防疫监督检查”。并按《动物防疫条件审核管理办法》规定“从事动物饲养、经营和动物产品生产、经营以及与动物防疫有关的活动应当符合本办法规定的动物防疫条件并接受监督；国家对动物防疫条件的审核管理，实行《动物防疫合格证》制度”。《动物防疫法》规定“从事动物饲养、经营和动物产品生产、经营活动的单位的动物防疫条件不符合规定的，由动物防疫监督机构给予警告、责令、改正；拒不改正的，并处1万元以下3万元以下的罚款”。但是在实际中，一些生猪经营人员属于季节性或临时性从事生猪营销活动，另外，政府也允许一般养殖户自产自销。畜牧部门在要求这些生猪经营户办理《动物防疫合格证》，或者在对不符合规定从事营销的养殖户或营销户进行罚款时，由于营销户从事经济活动的非经常性以及罚款额度较高等特点，畜牧部门遇到的执法阻力较大。井研县畜牧局负责同志反映，目前的《饲料和饲料添加剂管理条例》和《兽药管理条例》缺乏实施细则。行政执法实践中，在对非法经营的定性问题、违法所得的计算标准、罚款额度的规定等方面也有一些难于操作之处。

4. 行政执法难。畜牧行政执法无正式规范的执法文书，包括调查笔录、没收、罚款单据等。目前县畜牧行政执法使用的文书是参照植物检疫文书、工商、公安等行政执法部门的文书自行编制的。行政执法中办案设备条件差，缺乏车辆、录音、照相等办案设备。今后，应从以下几个方面采取措施。

（1）完善法律法规体系。加快健全法制的进度，建立起以食品安全基本法为龙头，其他具体法律相配合的多种层次的专门具体的法律体系。要制订食品安全基本法，明确《中华人民共和国食品安全法》为《农产品质量安全法》和《产品质量法》等与食品安全相关法律的上位法。在基本法的基础上，制定覆盖整个供应链的法律法规。以即将出台的《食品安全基本法》为基础，《农产品质量安全法》和《产品质量法》相互配合，基本上可以满足对国内生产和消费食品供应链全过程进行控制的要求。

为加强猪肉安全控制，国家畜牧兽医行政主管部门、地方各级政府应出台《动物防疫法》、《生猪屠宰管理条例》、《兽药管理条例》等法律法规的实施细则，实施细则应该考虑地方畜牧兽医行政执法的便利性和可操作性。

（2）解决法律法规冲突问题。建议补充修订《动物防疫法》、《食品卫生法》、《生猪屠宰管理条例》、《动物防疫条件审核管理办法》、《行政许可法》等相关防疫法规，避免不同法律法规之间的冲突。

（3）加强执法监督。扩大执法部门检查权，包括检查食品生产和销售记录；强制受管理企业把有关不符合法律规定的食品信息向管理机关通报；要求有关组织提供农药、兽药使用的记录；要求食品企业向食品管理部门登记并报送产品清单；要求食品企业保存与食品安全有关的食品生产和销售记录等。鼓励受管理的行业、消费者和其他人参与到规章的制定和颁布的过程之中。要给予向公众提供初步讨论和发表意见的机会。

（二）进一步完善监管体制，提高监管协调性

目前，生猪行业管理部门涉及兽医兽药部门、卫生防疫部门、流通部门、质量监督部门、食品工业部门、饲料工业部门和进出口检验检疫部门。畜牧部门负责畜牧业生产即畜禽饲养和产业发展，卫生防疫部门负责食品卫生的监督检查工作，兽医兽药部门负责动物的疫病防治和检疫工作，流通部门负责市场管理和储运工作，质量监督部门负责畜产食品质量监督检查工作、进出口检验检疫部门主要负责进出口的动植物产品的检验检疫工作，食品工作部门和饲料工业部门分别负责相关的加工指导和管理工作。这些部门构成了生猪业监督管理体系，从各方面进行管理，按照管理体系设立的基本原则，必须目标一致、各司其职，相互配合的体系才是有效和完备的体系。但是中国参与管理畜产食品的各部门之间职责范围不清、职能重叠，管理的目标是实现部门利益的最大化。由此形成对本部门有利的事情，如发证、设卡、检查等工作，各部门都根据相应的规定参与对畜产食品的管理，而产品质量问题需要帮助和解决时，各部门又相互推诿扯皮，导致“八个部门管不好一头猪”的局面出现。

井研县畜牧部门通过有效的猪肉供给链质量安全监管，极大地改善了该县猪肉食品安全状况，直接促成了该县能成为四川省第一个无公害猪肉生产基地和出口猪肉基地县。但是，县畜牧部门在生猪质量安全监管方面还面临一些亟待解决的问题，建议采取以下措施。

1. 改革畜牧兽医管理体制，加大监管力度。分工明确、精简高效、统一协作的食品安全监管体系是提高食品安全管理效率、提升食品安全质量安全水平的体制基础和必备条件。目前，县畜牧局及其下属的畜牧站都是自收自支的事业单位。防疫费用、干部职工工资福利等费用都依靠服务所得。但畜牧局及其畜牧站承担了许多公共服务职能，如防疫、检疫、品种改良和推广等。这就造成了公共服务职能也需要创收才能解决的矛盾，在一定程度上影响公共防疫等工作的有效、顺利进行。而且，畜牧兽医部门既是监管者，也是服务者，既是“裁判员”，又是“运动员”。乡镇兽医站工作人员既是防疫接种等公共服务的操作者，也是市场化的以盈利为目的的兽医。这不仅会使兽医站人员在工作上有时会无所适从，而且让一些养殖户不能理解兽医站工作人员的行为，由此产生一些矛盾。

从长远改革而言，可以考虑将畜牧局分拆为畜牧局和兽医局两个部门。畜牧局重点监管养殖过程，主要从事生猪防疫、检疫和品种改良等工作。职能侧重于生猪养殖的公共服务、公共卫生、兽医资格认证、饲料兽药监管、检验检疫等工作。畜牧部门由财政预算管理，实行财政统一供给。兽医局实行官方兽医和职业兽医分离制度。官方兽医主要负责生猪养殖的公共卫生服务职能，有财政全额负担。而可以市场化的医疗技术服务由职业兽医来承担。

2. 解决部门之间的协调问题。近期内，处理好县级卫生部门和质检部门食品安全监管职能交替过程中存在的一些问题。质检部门应加强食品安全监管技术力量，尽快承担起食品生产环节的监管职能。在职能转换过程中，质检部门要与卫生部门密切合作，合理利用卫生部门的卫生监督、检验检测优势，避免重复建设检测机构和购买检测设备等方面的浪费。

充分发挥工商部门在食品生产、流通、市场等环节的综合监管优势，严格食品生产经营户的监督和管理。工商部门应保持与畜牧兽医部门、卫生部门等专业性机构在食品安全监督方面的密切联系，优势互补、资源共享。

3. 继续强化过程控制，加大监管力度。

一是继续加强对兽药饲料生产和监管环节的监督管理，加强畜牧兽医部门执法的权威性。建议成立县级兽药饲料检测中心，方便饲料和兽药的检验检测，以更好的实行饲料和兽药的源头管理。县委县政府、工商、公安等部门应大力支持和协助畜牧部门做好兽药饲料生产和市场监管工作。

二是加强养殖户饲料、兽药使用的监管。加强科学使用兽药、饲料及饲料添加剂的宣传工作，尤其是侧重对重专户的技术培训和指导，让广大养殖户掌握合理使用兽药和饲料的技术和知识。

三是加强县级畜牧兽医部门的检疫手段，加大对县乡两级兽医防疫人员的培训力度。

（三）完善标准体系，为安全监管提供依据

中国标准体系近年来取得较快发展，但与国外相比仍有较大差距，主要是标准标龄过长，技术指标与国际标准存在一定差距，缺乏对国际上关注的新污染物限量指标研究，尚未形成一套较完整的、既符合中国国情又能与国际接轨的食品安全标准体系。标准大多数属于推荐性标准，权威性和有效性低。标准推广也不够。为了向中国加强食品质量安全控制提供有力的支持，中国应尽快形成重点突出，国家标准、行业标准相互协调，基础标准、产品标准、方法标准和管理标准配套的食品安全标准体系。

一是以风险评估为基础，加强标准制定前期工作。特别是要开展猪肉食品中有毒有害物质残留限量、检验方法等方面的标准研究，提高标准的科学性。研究建立食品安全检测数据库，为标准的制修订提供依据。二是制定覆盖整个猪肉供应链的标准。要完善兽药残留限量标准、检验检疫与检测方法标准、基础标准与综合管理标准、猪肉流通安全标准等。在制定标准过程中，必须将质量指标与卫生（安全）标准明确区分，避免以前卫生标准和质量标准混淆所带来的问题。三是要通过开展各种类型的标准宣传和标准化知识培训，使从业人员了解、熟悉标准，提高产业界标准化意识。食品标准信息应及时向社会公开，便于企业和社会各方面查询，以提高食品产业的标准水平。四是要加大标准实施监督的力度，促使食品行业严格按照标准组织生产，提高执行标准的自觉性。

（四）加强检验检测体系，提高发现问题的能力

世界各国特别是美国、日本、欧盟及其成员国等发达国家十分重视农产品质量安全检测检验体系的建设，并通过质量安全检测检验体系对食品质量与安全实施有效的宏观调控和监督监测。同时，为了保护国内农业产业发展和国内产品市场占有率，世界许多国家纷纷利用 WTO 协议中规定的保护措施，特别是利用贸易技术壁垒协定（TBT）从农产品质量标准和监督管理体系角度设置技术壁垒来抵制国外产品，保护国内农业产业。

从 1985 年国务院颁布《产品质量监督试行办法》以来，农业部一直高度重视畜产品质量安全检测检验体系建设。特别是按照 1992 年国务院关于建立健全农业标准体系和质量安全检测检验体系的要求，农业部开始规划筹建农业系统质量安全检测检验体系。但作为一个农产品的生产和消费大国，目前食品检验检测体系还非常薄弱。一是猪肉等畜产品兽药残留等安全类检测机构分散且规模偏小，综合应变能力较差，不便于管理。二是仪器设备陈旧老化。三是检测能力弱，检测速度慢。四是实验环境条件较差。五是质检队伍人员素质亟待提高。

目前，井研县县级部门饲料兽药监管方面设备和技术力量不足，兽药和饲料只能送到市级和省级部门检验。饲料和兽药监管主要通过检查经销商资格和经销产品规格以及经验判断等方式进行。这在一定程度上制约了对兽药和饲料监管的及时性和准确性。这种条件影响了对全县22家生产企业、50余家饲料经营企业，以及兽药生产和经营单位/个人总共上千种饲料和兽药的检测和监管力度。送检成本也较高，送检一个样需要送检费1500元左右，而县级畜牧部门经费相对紧张，难以负担，以致不能科学判断饲料或兽药的品质和安全性。另外，有些疫病的确诊只有由上级畜牧部门才有能力进行，延缓了疫病的发现和治疗过程。

要使中国的畜牧业健康发展，各有关职能部门及生产、经营企业要逐步配备食品检验检测设备，制定相关检测制度，培训检测人员，强化检测手段，发现问题及时查处。卫生部门要加强畜产食品污染监控和预警系统建设，对食品安全进行全程跟踪和监督。推行市场准入制度，从源头抓起，加强对农药、化肥、水质、土壤、疫病的监管，引导生产者科学安全生产。对上市的畜产食品逐步建立由生产方自检后向市场管理部门申报和进行抽检的市场准入制度。与此同时，畜产食品质量检验检测体系的建立和完善应该与畜产食品的标准的修订结合起来，通过合理健全标准体系，为检验检测提供科学依据。

（五）加快畜牧业科技发展，提高安全控制技术水平

当前，国际畜产食品科技发展呈现出以下的趋势：一是将提高畜禽产品的品质和畜禽品种的抗病力放到育种工作的重要位置；二是大力发展饲料安全控制技术；三是加强基础研究，为畜禽疾病防治提供更有效的手段；四是提高畜禽生产环境控制水平，减少畜禽生产对环境的污染；五是发展畜产品肉类加工缓解安全控制技术；六是发展畜牧业生产标准化技术将得到进一步发展。

尽管中国已经取得畜牧业重要科技成果近2000项，但畜牧业科技整体水平还比较低，与发达国家相比落后10～15年，技术应用效率低，而且有关畜牧业科技投入严重偏低。目前，中国在遗传育种、营养与饲料科学、兽医科学、畜禽环境工程及畜产品加工科技、行业标准化及安全管理方面与发达国家还存在很大差距。目前中国饲料和兽药的研发能力不足、畜禽品种抗病能力差、科学饲养比例极低、加工设备陈旧和工艺落后等问题体现得非常明显。

从井研县的情况来看，猪肉安全控制技术水平是比较高的。在遗传育种方面，由于有了国家级的繁育场，技术水平位于中国的前列。在肉类加工技术水平方面，井研县县食品公司已经建立了比较健全的质量控制体系，加工环节的安全控制技术也比较高。在养殖过程控制方面，由于有繁育场和县食品公司的带动，规模养殖户和县食品公司的受控猪场的控制水平也是比较高的。

但是由于中国整体技术水平还比较落后，井研县只能在部分领域取得突破，很难全面解决技术制约问题。对井研县来说，检测技术落后是比较明显的问题。目前，井研县的仪器设备多为小型和常规设备，分析水平较低。检测方法落后，在相当大的程度上限制了对食品中危害的溯源及鉴定能力。与全国的情况一样，检测方法的标准化程度低，标准参考物质缺乏等。

在分析生猪养殖业科技发展的趋势，中国畜牧业科技现状的基础上，综合考虑生产实践问题多学科联合的需要，今后重点应加强标准化及质量监督检测工作，建立全生产过程安全标准监测与预警保障技术体系；速生猪优良品种的繁育和推广，提高良种覆盖率；大力发展疾病防治技术，减少疾病损失；加强饲料资源开发和新型饲料添加剂的研制，保障饲料安全；加快质量安全检测技术的研发；加强环境工程技术开发，减少环境污染。

（六）强化龙头企业和农民合作经济组织的带动作用，将散养户纳入全程控制体系

龙头企业和合作经济组织对于增强农户、中小型或超小型食品企业的质量安全生产能力和竞争能力，提高食品行业整体质量安全水平等方面也越来越发挥着重要作用。在当前农村经济体制下，充分发挥农业产业化龙头企业和农村经济合作组织的引导和带动作用，是实现畜产食品全程质量安全管理的有效途径。产业化龙头企业和农村经济合作组织，能够将一家一户分散经营的主体组织起来，实行标准化生产，从而提高猪肉安全控制水平。

井研县县食品公司近几年在开拓国外市场和发展“育种——扩繁——养殖——屠宰加工——销售”生猪产业一条龙战略上取得了骄人的成绩，对带动当地生猪养殖业发展、改良品种、推广标准化养殖模式等方面起到了积极作用。因此，可以继续扩大自身优质商品猪的饲养规模，扶持和发展更多的受控猪场，加强与生猪经纪人和适度规模以上养殖户的购销联系，从多方面拓展猪源，从数量和质量上保证加工原料猪的供给。同时，公司有必要与适度规模以上养殖户建立更加紧密的利益联结机制，带动整个生猪行业安全控制水平的提高。同时，要大力支持养殖户合作经济组织的发展，并赋予其提高猪肉安全控制水平的作用。

（七）加强无规定疫病区建设，谨防疫病的威胁

中国无规定动物疫病区的建设已取得了很大的成绩，但与国际发达国家相比，中国无规定动物疫病区的建设仍需要进一步统筹规划，加大实施力度。

井研县已经是无规定疫病建设示范区。今后关键要加强配套设施的建设，改善硬件，提高应急反应的能力。

（八）健全溯源机制，及时发现和消除隐患

井研县猪肉行业的规模化和标准化水平已经较高，安全过程控制能力大大增强。目前已经基本具备建立溯源机制的条件。建议在这一方面加强建设，提高及时发现和消除隐患的能力。

一是要加强可追踪信息系统建设。对规模化养殖企业和饲料、兽药生产企业等率先实行可跟踪管理，健全牲畜信息档案。对定点屠宰场进行信息化管理，进入屠宰场屠宰的牲畜必须有标签。屠宰的肉产品和销售的肉食品也应加贴标签，内容包括牲畜的基本信息、屠宰信息等。

二是实行市场准入制度。今后，应出台专门的市场准入法律法规。对井研县来说，可以通过明确食品市场准入实施的具体职能部门及其分工，建立部门间的协调机制与协调机构，提高实施市场准入管理的能力。

三是完善认证制度。要以无公害农产品、绿色食品、有机食品等生产基地认定和标识认证为基础，积极推行 GMP（良好操作规范）、HACCP（危害分析与关键控制点）、ISO9000 系列标准（质量管理和质量保证体系系列标准）、ISO14000 系列标准（环境管理和环境保证体系系列标准）认证和管理工作。公开认证程序，对所有供应者一视同仁，防止利用认证和准入制度变相搞市场封锁，形成新的地方保护主义。

（张云华　罗　丹）

乳品安全控制调查报告

一、引　言

近年来，在世界范围内发生的食品安全事件给各国敲醒了警钟。随着食品生产能力的增强、流通方式的改变、贸易的自由化、消费方式等的改变，食品安全这一基本问题并没有得到很好的解决。正是因为如此，国际社会和许多国家政府纷纷将建立食品安全控制体系作为一项重要任务来抓。

食品安全控制是当前世界普遍关心的问题，也是中国全社会所关注的一个热点问题。近二十几年来，中国食品数量增加很快，解决了中国人的温饱问题。对中国来说，其重大意义是不言自明的。对全世界来说，这也是一个非常重要的贡献。但事实表明，并不是食品数量供给能力提高后就可以高枕无忧了。种植养殖、生产加工、市场流通、餐饮消费等方面存在的问题还很突出，食品安全监管体制、法制、标准等方面存在缺陷，地方保护、有法不依、执法不严、监管不力的现象时有发生。中国政府高度重视这一问题。2004 年 9 月，为恢复和提高食品信誉，确保公众身体健康和生命安全，中国专门出台《国务院关于进一步加强食品安全工作的决定》，对加强食品安全控制做出了规定。

由于中国食品安全控制能力不断加强，近年来食品卫生合格率大大提高。但是总体来看，中国目前缺乏一套完整的战略思路。不解决这一问题，就很难较好地建立起适合国情的食品安全控制体系。为探索这一问题，加拿大国际发展署小农户适应全球市场办公室和国务院发展研究中心农村经济研究部决定合作，通过对典型食品的安全控制进行试点，探索建立适合中国的食品安全控制模式。乳品是世界范围内最为重要的食品之一，也是中国目前发展速度最快的食品行业之一。而且，乳品安全问题目前备受关注。因此，本项目①选择了在中国极具典型代表性的地区内蒙古和林格尔县作为试点县。

乳品产业是内蒙古自治区的传统产业，在国内具有明显的比较优势。近年来，

① 本报告完成于2005 年。

内蒙古奶牛存栏和牛奶产量大幅度增长。2004 年，全区奶牛存栏达 200 万头，比上年增长 38.4%，鲜奶产量达 490 万吨，比上年增长 59%。自 1998 年以来，全区牛奶产量以平均每年 50% 以上的速度增长，6 年翻了二番多。目前，全区奶牛养殖超万头的旗县达 50 个，牛奶产量超万吨的旗县达 65 个。呼和浩特市、包头市和呼伦贝尔市是乳产业发展速度最快的三个地区，这三个地区是内蒙古地区原料奶的集中产地，鲜奶产量占全区的 62%。其中：呼和浩特市奶牛存栏 50 万头，牛奶产量 160 万吨，分别占全区的比例为 25% 和 32.7%。呼伦贝尔市奶牛存栏 46 万头，牛奶产量 75 万吨。包头市奶牛存栏 30 万头，牛奶产量 69 万吨。全区奶牛年均单产由 1998 年的 1.7 吨提高到 2004 年的 3.5 吨。高品质的荷斯坦奶牛所占比例为 53.9%，年均单产为 4.5 吨，主要分布在呼市、包头市和呼伦贝尔市所在地的郊区。

和林格尔县乳业的发展不仅是内蒙古乳业发展的缩影，也是中国乳业发展的缩影。和林格尔县位于内蒙古自治区中南部，全县总土地面积 3436 平方公里，总人口 20 万人，地形地貌多样，素有“五丘三山二分川”之说。和林格尔县总耕地面积 99 万亩，其中水浇地 25 万亩，有林面积达 187.5 万亩，有草牧场 190 万亩，人工草场 47 万亩。和林格尔县属中温带半干旱大陆性季风气候，年均气温 5.6℃，无霜期为 128 天，年均日照时数为 2941 小时，年均降雨量为 417 毫米，光照充足，适宜农作物及林草生长。随着乳业的发展，和林格尔县经济快速发展。到 2004 年底，全县 GDP 达到 44.1 亿元，同比增长 50.5%，财政收入达到 3.45 亿元，同比增长 134%；城镇居民人均可支配收入达到 7052 元，较上年增长 1354 元，接近全区的平均水平。

和林格尔县乳业的发展从 20 世纪 80 年代开始到现在，经历了从无到有、从小到大、从弱到强的过程，目前已发展成为富民强县的第一大产业。90 年代初期，和林格尔仅有 386 头奶牛，放开奶价后，该县奶业有所发展，1995 年，奶牛数量为 2490 头。近几年，和林格尔县把奶牛产业作为全县调整经济结构、实现跨越式发展的龙头产业来抓，做大了奶源基地，做强了龙头企业，做深了产业环节，做细了科技含量。截止到 2005 年 5 月底，奶牛总头数已发展到 9 万头，产奶量达到 27 万吨，全县农民人均纯收入仅奶业一项增加 1600 多元，占到全县农民人均纯收入的 44%。

本项目研究的主要内容是内蒙古自治区和林格尔县的乳业食品安全控制模式，研究重点是奶源质量安全控制模式。通过对现行乳品质量安全控制模式的剖析，以期发现乳品质量安全控制及乳业发展中存在的问题，并立足客观条件提出完善乳品质量安全控制体系的措施和政策建议。

本项目研究的数据资料来自两个方面：第一是课题组实地调研获取的第一手

资料。项目课题组对和林格尔县政府、动物疾病控制中心、畜牧局、质检、工商、卫生等县级政府食品安全监管部门，以及乡政府、动物防疫站等乡级食品安全监管机构逐个进行了现场访谈，并对蒙牛公司、10家奶站、114户奶农进行了问卷调查。本次奶农调查对象为和林格尔县两个乡镇、四个村的114个农户。调查内容包括：奶农家庭生产、生活、人口、劳动力基本情况；奶牛养殖规模、品种；奶农与奶站和乳品公司的关系；奶农养殖奶牛的质量安全操作规范情况，包括防疫、用药、卫生等；政府、合作经济组织、银行及信用社等机构的支持。在访谈及问卷调查基础上，项目组对所有资料作了汇总整理。第二方面数据来自中国奶业年鉴等二手资料。

二、提高安全控制水平对中国乳业的健康发展具有决定性的作用

近十几年来，中国乳业迅速发展。1990～2000年，我国牛奶产量和奶牛数量总体上呈增长趋势，2000年奶牛年末存栏数比1990年增加了81.61%，年均增长6.15%；牛奶产量增长了近1倍，年均增长7.13%。2000年以来，中国牛奶产量和奶牛数量都呈现出快速增长态势，年增长幅度都为两位数。2004年奶牛存栏1108万头，比上年增长24.1%，比2000年增长126.72%，4年间年均增长22.71%；2004年牛奶总产量2260.6万吨，比上年增长29.5%，比2000年增长1.73倍，4年间年均增长28.57%（见表23）。

表23　1990～2004年以来中国牛奶产量及奶牛年末存栏数

年份	牛奶产量		奶牛年末存栏数	
	绝对量（千吨）	年增长率（%）	绝对量（千头）	年增长率（%）
1990	4157	—	2691	—
1991	4646	11.76	2946	9.48
1992	5031	8.29	2942	-0.14
1993	4986	-0.89	3451	17.30
1994	5288	6.06	3843	11.36
1995	5764	9.00	4172	8.56
1996	6294	9.20	4470	7.14
1997	6011	-4.50	4425	-1.01
1998	6629	10.28	4265	-3.62
1999	7176	8.25	4428	3.82
2000	8274	15.30	4887	10.37
2001	10255	23.94	5662	15.86

续表

年份	牛奶产量		奶牛年末存栏数	
	绝对量（千吨）	年增长率（%）	绝对量（千头）	年增长率（%）
2002	12998	26.75	6873	21.39
2003	17463	34.35	8932	29.96
2004	22606	29.45	11080	24.05

资料来源：《中国奶业年鉴》（2004 年）。

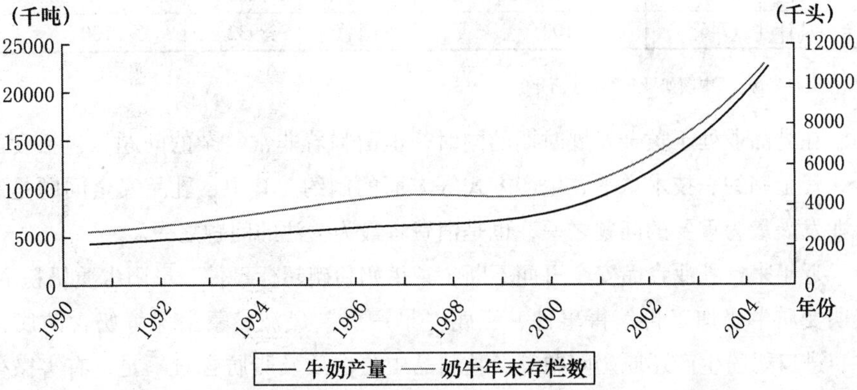

图 8　1990 年以来中国奶产量及奶牛年末存栏数

中国奶业区域分布集中性很强，内蒙古、黑龙江、河北、新疆等地区牛奶产量和奶牛数量所占比重较高。从牛奶产量看，内蒙古、黑龙江、河北三省占全国总产量比重都超过 10%，三省共计比重为 46.18%，前十位省份所占比重为 76.38%；从奶牛年末存栏数看，新疆、内蒙古、河北、黑龙江四省占全国总量的比重都超过 10%，前三位省份所占比重已超过一半，前四位省份占到全国总量的 63.24%，前十位省份所占比重为 81.56%（见表 24）。

表 24　2003 年中国牛奶产量及奶牛年末存栏数前 10 位的地区情况

省市区	牛奶产量		奶牛年末存栏数		
	产　量（千吨）	占全国产量的比重（%）	省市区	数　量（千头）	占全国总量的比重（%）
内蒙古	3080	17.64	新　疆	1724	19.30
黑龙江	3005	17.21	内蒙古	1445	16.18
河　北	1979	11.33	河　北	1304	14.60
山　东	1244	7.12	黑龙江	1176	13.17
新　疆	1130	6.47	山　东	554	6.20
陕　西	742	4.25	陕　西	329	3.68
北　京	633	3.62	山　西	214	2.40

续表

省市区	牛奶产量		奶牛年末存栏数		
	产　量（千吨）	占全国产量的比重（%）	省市区	数　量（千头）	占全国总量的比重（%）
山　西	532	3.05	甘　肃	193	2.16
江　苏	498	2.85	北　京	181	2.03
河　南	496	2.84	河　南	165	1.85
小　计	13339	76.38	小　计	7285	81.56
全国总计	17463	100	全国总计	8932	100

资料来源：《中国奶业年鉴》（历年）。

在乳品业处于黄金发展时期的同时，也面临着非常复杂的问题，包括食品安全、资金制约、技术水平、生产方式等方面的制约。其中，乳品安全问题是制约乳业发展最为重要的问题之一，也是消费者最为关注的问题之一。

近年来，乳业食品安全丑闻不断，雀巢奶粉碘超标事件、阜阳劣质奶粉事件、光明变质牛奶加工再销售事件、三鹿“早产奶”风波、蒙牛保鲜奶含防腐剂事件、进口奶粉生产还原奶问题等。乳制品中蛋白质及脂肪含量不足、有害微生物超标、添加剂使用违规等问题屡屡被各地食品安全监管部门曝光。据2004年中国经济景气监测中心2004年发布的《中国居民奶品消费调查报告》显示，44%的消费者不相信奶品生产商对奶品质量的承诺，45%的消费者不相信奶品生产商对原料奶来源有很好的控制。乳品质量安全问题已打击了消费者对乳品安全的信任度，影响了乳制品的销售，对处于成长期的我国乳业带来很大的负面影响。

低水平的无序竞争只会使乳品行业陷入发展的沼泽地而不能自拔。国内乳品企业甚至一些知名乳品公司屡曝食品安全问题，说明我国在乳品行业快速成长的同时依然先天不足，尤其是乳品质量安全问题已成为制约乳品行业升级发展的桎梏。目前，消费者对乳品质量安全的关注程度日益提高，健康消费的观念日益深入人心。只要食品安全问题解决不好，乳业就只能是在低水平层次上踯躅不前。

三、和林格尔的乳品安全控制体系建设取得显著进展

（一）动物防疫体系日益完善，为乳业的健康发展奠定了基础

动物疫病能否得到控制直接关系到乳品业的生死存亡，动物防疫是县乡政府及畜牧（动物疾控中心）职能部门的重要职责。在我国绝大多数农村地区，动物防疫职能都由县乡政府部门和畜牧（动物疾控中心）共同负责。在和林格尔县，疫情较重，该县动物结核病发病率为15%，布病发病率为20%。为此，内蒙古全

区高度重视动物防疫体系的建设。作为奶牛养殖大县，和林格尔县更是竭尽所能加强疫病防治体系建设，并取得明显进展。

1. 制定防疫计划，确保防疫工作有序推进。每年制定防疫计划，重点预防结核病、布卢斯杆菌病、口蹄疫等，口蹄疫为一类传染病，炭疽病属三类传染病，死亡率较高。对口蹄疫每年防疫三次，4 个月一次。对流行病防疫实行“早、快、严、小”的 4 字处理方式。目前，卫生防疫站每年开展一次卫生、消毒品供应检查活动，在检查对象通过年检以后，才能够换证。动物疾控中心及下属的乡镇防疫站，每年最少到奶站检查 4 次。

2. 建立免疫示范点，提高了免疫密度。为辐射带动周边地区防疫工作，经动物疫病防控中心决定，在全县的 14 个乡镇、园区共建立了 36 个示范点，拿措施、出方案，采取防控中心领导包重点养牛、养羊乡镇，动物防疫站科技人员包村，乡镇干部和其他科技人员包干的办法参与防疫工作，亲自把关、明确责任，并出台了《关于建立免疫示范点的通知》和《动物免疫操作规程》。严格按照《免疫操作规程》的要求以身作则，为各乡镇防疫员树立了榜样。在2005 年上半年防疫期间，防控中心人员在示范点累计预防奶牛 1. 8 万头次，免疫密度、耳标佩带率均达到 100%。

3. 实施强制免疫，确保了防疫密度和防疫质量。乡镇分管畜牧领导亲自率领技术人员、防疫人员到各个自然村工作，一律取消“三不打”，严格实施“乡不漏村，村不漏户，户不漏畜，畜不漏针”，同时乡镇派出所和法院密切配合，严厉打击拒防户、钉子户的不法行为。

4. 加强疫情监控，密切关注疫情动态。实行疫情零报告制度，动物疫病防控中心把全县各乡镇、园区的动物防疫工作站设立为疫情监视点，实行 24 小时值班制，明确疫情责任人，实行逐级上报。于每天上午11: 30前向县动物疫病防控中心报告当地疫情势态，后经防控中心于每天下午17: 00准时上报市防控中心。

5. 加大宣传力度，提高防疫工作的科学化、规范化和法制化水平。为扎实推进动物无规定疫病区建设工程和保护乳产业健康发展，动物疫病防控中心的科技人员加大宣传力度，经常深入到各乡镇及其行政村和自然村，大力宣传《中华人民共和国动物防疫法》相关法律、法规，除粉刷墙头标语外，还经常出动车辆进行宣传，半年来，共出动宣传车 31 辆次，印发宣传资料 0. 6 万多份，做到了每个自然村有 1 ~2 条宣传标语，极大地提高了奶农学法、守法意识，使该县的防疫工作逐步纳入科学化、规范化和法制化轨道。

目前，对养殖小区基本上能够做到每天集中消毒 2 次。奶站一般设立了消毒隔离带，条件好的奶站或养殖场设有日光紫外线消毒设施，目前荷花养殖场已经（600 多头奶牛规模）有此设施。奶农也能不定期用消毒粉、消毒水进行圈舍消毒，保持棚圈清洁干燥、舒适。

（二）饲料和兽药控制体系比较健全，对防治源头污染起到重要作用

1. 兽药管理逐步规范。目前兽药管理实行双批号审核。兽药由单批号审核变为双批号审核，过去单批号只有生产厂家，有效期有的药品有，有的没有，现在生产厂家、出厂日期、有效期、批准时间都需要注明。

动物疾控中心对兽药市场、兽药使用、兽药经营者进行规范和管理。和林格尔县共有 64 个兽药经销点，其中县城 16 家。私人经营兽药需要办理兽药经营许可证、上岗证，并具有专业知识的中专以上文凭。许多经营者都为畜牧系统的工作人员，一般为兽医兽药兼业经营。外地药商进入当地市场如无检验，则查到后进行处罚，但是动物疾控中心管理人员认为还是有漏洞。动物疾控中心要求兽药经销商和兽医搞购药登记、处方登记，以备核查。目前，经营者中 80% 以上已开始进药、销药登记。疾控中心对兽药经营者不定期检查。

2. 饲料及饲料添加剂的来源比较固定，质量一般能够得到保证。约一半的奶农认为，要保证奶的质量，必须保证奶牛吃好吃饱，购买质量有保证的饲料。奶农购买饲料及饲料添加剂的主要渠道是通过奶站。95% 以上的奶农都部分或全部从奶站购买饲料。还有一些从兽医、推销员或私人商贩手中购买。奶农主要从奶站购买饲料的原因主要是：（1）奶站可以赊欠饲料款，欠款再从奶款中扣；（2）奶农——奶站——饲料公司有长期的合作关系，奶站销售的饲料质量可靠，比私人商贩或推销员卖的饲料品质更有保证，对奶牛的健康和奶质有好处。

部分奶农开始重视饲料的营养搭配，希望提高饲料的质量和营养成分，补充维生素及钙，注重奶牛的营养搭配，尤其是产后补钙。在饲料及饲料添加剂的使用环节，奶农一般使用正大、元兴等品牌的饲料，配合使用玉米、豆饼、维生素、骨酸钙、盐砖、速补钙、钙粉、小苏打、微量元素、池酸钙等。奶农对饲料及饲料添加剂的使用都有相对固定的模式，他们也会参考奶站和兽医的建议配料。为了购买令人放心的饲料，奶农一般从挤奶站购买饲料，也有一部分从兽医手中购买饲料。由于奶站和兽医都负有质量控制的责任，他们提供的饲料一般能够保证质量。

3. 奶农对圈舍环境卫生管理已有一定认识，并采取卫生控制措施。奶农对保持圈舍及奶牛的清洁卫生都有一定的认识。奶农采用洒生石灰、喷消毒液等方式不定期对圈舍进行消毒。消毒频次根据季节、疫情高发期的不同而不同。夏天以及重点防疫时期的打扫及消毒次数会多一些。

奶牛排泄物都用来积肥，用作农家肥改良土壤。多数奶农每天除粪 1 ~ 3 次，并清洗地面、垫土，用于改良土壤。

4. 奶站集中收购，奶源安全控制明显加强。奶站是我国特殊的奶牛分散养殖模式下，乳品企业为加强原奶质量安全控制、节约收奶成本、提高收奶效率而推动建立的一种特别的新型产业组织形式。奶站在乳品质量安全控制链中发挥的是一种承上启下的功能，向上对乳品企业负责，为企业收购原奶，接受乳品企业指导和监督，企业根据牛奶质量安全状况为奶站支付管理费；向下对奶农指导和监督，提供挤奶场所和设备，奶农在奶站集中挤奶并储存在制冷罐，再由保温车将收集的牛奶送往乳品企业。

和林格尔县共有159个奶站，平均200头产奶牛一个奶站。一般，一个奶站覆盖几十户到上百户、一百多头到三四百头不等，大多采用了机器挤奶。

奶站对奶农交售牛奶要求其符合一定的质量标准，奶站对奶农的质量安全要求主要有：奶农不得在牛奶中掺水；不能让病牛进站挤奶；病牛打针、输液、用药等休药期内不能进站挤奶，病牛须度过休药期恢复几天才可以进站挤奶；奶牛进站要保持干净卫生；奶牛挤奶前要按照规定程序进行消毒处理等。

奶站对奶农的管理和监督主要有以下方式：①奶站管理者和奶农一般都同处一个社区，相互之间比较了解，管理者会随时了解奶农奶牛的养殖情况、疫病情况；②奶站通过本社区的兽医了解各家奶牛养殖的疫病情况，以便对生病奶牛重点考察，控制用药奶牛进站挤奶；③奶农进站挤奶时，奶站管理人员会监督并指导奶农进行挤奶人及奶牛消毒，并防止挤奶人掺水作假；④通过观察牛奶的色泽等外观，凭经验判断。奶站一般都不具备对牛奶的检验检测设备，对每家每户的牛奶也没有等级分类，所有农户交售的牛奶都混在一起交给企业。但是，奶站可以对怀疑有质量问题的牛奶进行取样并送交公司化验。

一个奶站可以为上百头牛提供集中挤奶的场所，实现了对原奶质量安全更好的控制。通过机械化集中挤奶，公司和奶站可以更方便地对原奶质量进行检验检测、对奶农进行管理监督。公司不仅达到了提高原奶质量安全水平的目的，而且节省了成本、提高了购奶效率。同时，挤奶站还为奶农提供技术指导、科技宣传并且实行监管的渠道。在奶站出现之前，公司对原奶的质量要求、对奶农的养殖规范都需要挨家挨户逐个传达，不仅费时费力，而且效果不佳。奶站成立后，公司可以利用奶站与奶农的地缘优势和人文优势，更好地传递企业对原奶的质量安全需求、对奶农的养殖规范要求。通过奶站对奶农进行技术指导和科技宣传的方式主要有：请专家讲课，专家一般由县乡政府部门聘请；发放科技书籍；放映奶牛养殖科教片等。

（三）大型乳品企业带动，加工和流通环节安全控制体系比较健全

调查发现，和林格尔的乳品加工企业具有明显的单一性。蒙牛公司收购当地

70%左右的原料奶进行加工。蒙牛乳业股份有限公司是一家迅速崛起的民营乳产业加工龙头企业。该公司成立于1999年，总部位于内蒙古呼和浩特市和林格尔盛乐经济园区。该公司共有员工2万。从1999~2002年，销售收入年均增长265%，在全国乳品企业中的排名由第1116位上升为第4位，居2002年度中国成长最快的百家企业之首，2003年又上升为全国乳品行业第三名。2004年加工处理鲜奶达150万吨。在国内建有20个乳品加工企业，其中在自治区内有4家，区外有16家。分为不同的产品部。2004年实现销售收入达86亿元，其中液态奶年营业额68亿，冰激凌15亿，总量已跃升到全国第2位。作为中国一家知名的大规模乳品企业，质量控制体系已经比较健全。

1. 加工、包装、标签、分类全过程采用ISO9000和HACCP体系。目前，蒙牛公司已经通过了ISO9000，HACCP体系认证和绿色食品认证，加工环节的安全控制比较严格。

（1）加工和包装过程中使用的设备和技术：加工和包装过程使用的设备和技术属国际先进水平，近期购买采用了利乐公司超高温瞬时灭菌机，利用率达85%以上。每小时处理能力为6吨的杀菌机，每台近400万元。

（2）加工和包装过程中执行的操作规范及卫生和质量安全控制方式：执行国际操作规范，从原料检验到产品出厂全过程均按ISO9000和HACCP体系文件生产，要求不合格品不出厂。

根据蒙牛公司的内部操作规程，保证不合格原料不使用，不合格半成品不转序，不合格产品不出厂，对确保食品卫生安全具有重要作用。

（3）卫生和质量安全操作规范培训：企业有固定的卫生和质量安全操作规范培训时间，一般半年进行一次。培训形式为工人上岗前与上岗后培训结合，合格上岗，不合格下岗。新工人上岗前需要专门培训。

（4）建立专业化的质量控制队伍：企业有专门的质量安全控制人员近1000人，均为中专以上专业技术人员。质量安全控制人员需要接受专业知识、食品卫生、操作规程、原辅料质量标准、乳品检验技术、认证等方面的技术培训。

（5）对工人健康提出明确要求：企业委托县卫生防疫站对上岗前的工人进行岗前体检，并对所有工人每年进行一次例行体检，并由县卫生监督所出具健康证明。工人在进入操作车间前要进行消毒处理，有消毒池和清洁卫生的工作服。

（6）企业在生产车间的选址时考虑环境质量（大气，水，土壤）。企业环境质量考核已通过环保部门进行环境检测并取得证书。

2. 储藏和运输阶段。

（1）储藏能力及条件：公司采用国内最先进的智能化库房，储藏能力达1.5万吨。储藏设备可以确保产品在储藏时质量不发生变化，避免损失。

（2）运输设备：低温产品采用冷藏和保温车运输，常温产品使用防风防雨防冻运输车。

3. 销售阶段。

（1）产品的销售：公司产品大部分销往省外，省外与省内比例约为30:1。企业与400多家销售商有供销关系。销售采取地区总经销，再由总经销往下分销的方式。

（2）企业与销售商在质量安全方面的契约情况：企业向销售商提供卫生安全的产品，并在销售合同内明确双方的责任和义务。

（3）企业与销售商在食品质量安全方面问题/纠纷的争端解决方式：无论发生任何食品质量安全方面的问题均由企业与销售商协商解决，分清责任。

四、和林格尔县乳品安全控制体系建设的基本经验

（一）加强监管体系与服务建设，强化全程监管与服务

建立健全监管体系是确保乳品安全的基本保证。中国监管体系目前仍不完善，直接影响了食品安全控制水平的提高。针对这一问题，和林格尔县迈出了重要的步伐。在和林格尔县，政府乳业食品安全监管、服务体系包括动物疾病控制中心、质检局、卫生局、工商局等部门。政府食品安全监管机构对乳品供应链全过程中各个环节、各个经营主体实行乳业食品安全监督管理。

1. 健全动物疾病控制网络，强化监管与服务。由于动物卫生防疫作用和地位的增强，为适应养殖业健康发展的需要，2004年5月，和林格尔县将原农牧局下属的兽医站改制为动物疾控中心，由股级升为科级，与农牧局平级，业务上挂靠农牧局但相对独立，由财政全额拨款，人员支付100%工资（而其他农口部门都是支付比例工资），新的动物疾控中心大楼也即将落成。成立独立的动物疾病控制中心的目的是加强动物防疫工作，为畜牧业发展保驾护航。

（1）明确职责，加强奶牛防疫、兽药饲料安全管理工作。动物疾控中心专门负责奶牛防疫、兽药饲料安全管理工作。动物疾控中心在乡镇下设综合服务站14个，除公喇嘛乡设4个外，其余每个乡设1个。动物疾控中心共有49人，2/3在基层工作。49人中，95%都是中专以上毕业。为加强机构能力建设，2004年新招20名本专科专业人员，其中大专以上学历占80%，从而大大提高了工作人员的素质。

动物疾控中心下设防疫站、药检所、动物监理所。防疫站负责疫病防治、检疫；药检所负责药品管理；动物监理所负责动物疾病预防控制、兽药使用等方面的执法工作。

防疫站负责进疫苗、免疫标识、防疫手册、印制防疫台账，及时处理防疫工作中存在的问题。防疫站指派专人，指导奶站、奶农进行定期防疫。

药检所负责兽药管理，对兽药经销商和兽医搞购药登记、处方登记，以备核查。目前，经营者中80%以上已开始进药、销药登记。疾控中心对兽药经营者不定期检查。

动物监理所负责管理防疫事故、民间兽医医疗事故、跨省动物消毒防疫检查等。动物疾控中心设有动物消毒检查站，属监理所业务范围，负责动物跨省公路的消毒及防疫检查、进出境安全检查。内蒙共有35个检查站，其中1个设在和林格尔县。检查站进行证件检查，包括动物产品证和非疫区证明，并进行消毒和检疫工作。县委县政府也会组织农牧局、疾控中心、质检局等单位进行包括动物疫病防治等在内的食品安全联合大检查。

（2）推行行政技术双承包责任制，建立激励与约束机制。防疫工作由防疫站负责。和林格尔县动物防疫实行行政技术双承包责任制，行政由县政府、农牧局和乡镇共同管理，县政府与乡政府、县动物疫病防控中心与乡镇动物防疫工作站层层签订责任状。技术人员必须严格按照防疫操作规程进行操作，认真完成各项防疫任务。动物疾控中心对防疫站人员监管严格，有问题的停薪停职。同时设立了激励机制，防疫站人员有20%的浮动工资。绩效考核好多发工资，绩效考核不好扣工资。

防疫工作结束后，县委，政府有关科局领导带队，抽组动物疫病防控中心人员深入到各乡镇进行抽查，及时将抽查结果向全县通报，并把各项工作成绩列入乡镇领导班子和领导干部工作实绩的一项重要内容，如因防疫工作不力引发疫情的实行一票否决制，情节严重的将根据《中华人民共和国动物防疫法》的规定，追究有关人员的法律责任。

奶农对县动物疾控中心、乡政府及防疫站的防疫工作比较满意。各有约1/3的奶农认为兽医水平一般和良好，其余1/3的奶农表示不清楚。

（3）借助民间兽医进行防疫，提高服务效率。由于防疫任务重、乡镇防疫站人手不够以及防疫工作的季节性临时性特点，疾控中心采用了雇佣民间兽医配合进行防疫工作的方式，发动民间兽医也作为防疫力量。全县共有民间兽医136人，疾控中心雇佣民间兽医来进行防疫工作，按工作量发工资，最多的每年发3000元。民间兽医中无本科毕业生，有大中专毕业生，10多人为中专以上毕业，自费大专生有7、8个。民间兽医主要的学习方式是老师带徒弟。民间兽医的工资结合发病率来核定。

由于和林格尔的做法比较成功，内蒙其他一些旗县也开始效仿和林格尔县成立独立动物疾控中心的做法。

2. 农牧局在饲料营养与安全控制方面起到了重要作用。该县农牧局与县动物疾病预防控制中心相对分离。2004 年前，农业与畜牧分设，2005 年，农业、畜牧业局合并。过去畜牧局设 3 大站，兽医站、草原站、改良站。目前，农牧局下设有奶牛服务站、草原站、家畜禽改良站、种畜禽管理中心、农技推广站、良种场、种子公司、农牧业执法大队、经管站等 15 个站。奶牛服务站共有 4 人。调查表明，农牧局在加强牛奶质量安全控制方面主要起到了以下作用：

（1）改良奶牛品种。改良站承担奶牛等牲畜的品种改良任务。该县设有 100 个冷配站，品种改良资金来自扶贫款等。目前，和林格尔县大大加强了胚胎移植、性别控制等方面的工作。在和林格尔县，品种改良工作不仅有政府支持，而且已经实现了市场化运作，品种改良方面的公司有正大美联等，品种改良的科技化程度大大增强。

（2）建立饲料基地。草原站的和林格尔县注册耕地有 99 万亩，另外包括一些垦荒地共有 100 多万亩。耕地主要用来种青贮玉米，饲粮兼用，计划 35 万亩，实际 40 多万亩。此外农牧局指导、鼓励奶农大量种植多年生牧草，如苜蓿等。苜蓿品种由加拿大进口，由呼市政府免费制种。高淀粉蛋白的饲草、饲粮品种通过呼市农牧局、内蒙农业厅定购，在这方面，国家给予良种补贴。总的补贴原则是每亩补贴 10 元。

为鼓励农民种植饲草，农牧局还配合农机管理站开展农机具补贴工作。每年购入 700～800 台农机具，每台 2000 元左右市价的农机具，给予购买者 300 元/每台的补贴。

（3）推广科学饲养技术，加强养殖卫生控制。农牧局主管领导认为奶牛养殖不仅需要加强防疫，而且必须科学饲养；利用传统饲养方式，奶农能喂但不会喂、喂不好，好牛养成坏牛。所以应当加强奶牛养殖技术培训，让奶农掌握饲喂奶牛的实际本领，为养而种，以养赚钱，以牧促农。

3. 质量技术监督局加强了生产及市场准入监管。质检局原为计量所、标准局、技术监督局，1999 年改制为质量技术监督局。下设综合股、稽查队等。为全额财政拨款。地方补贴靠罚款、收费，上缴后再按 50% 返还，补贴办公经费、交通费用、餐费、电话费、水电费、燃料费等。质检局现有 18 人，编制为 26 人，有 11 个食品安全监督管理相关人员。大专学历以上人员占 70% 以上，12 人为大专以上学历，1 人为本科学历。工程师 2 个，助理工程师 1 个。事业机构中，初级工、中级工、高级工各 2 个。

质检局主要工作是食品生产及市场准入监管、计量器具鉴定等，监督 8 大类产品安全，包括食品，食品添加剂、容器、包装、食品用工具及设备，洗涤剂、消毒剂等。其中对食品安全生产方面的监管职能刚从卫生局接管。主要是对小作坊、小企业进行生产及市场准入监管。对蒙牛等乳品企业，县质检局每年抽查1～2次。

4. 卫生局在对乳品公司从业人员的健康检查和卫生监督方面严格把关。卫生局乳业食品安全工作主要是乳品公司从业人员健康体检和食品卫生监督，分别由卫生局下属的防疫站和食品卫生监督所负责。

（1）卫生局防疫站负责乳业公司从业人员健康检查。该站建立于1958年。防疫站共有38人，其中4人为非业务人员，其余为业务人员。防疫站下设地方病防治科、防疫科、计划免疫科、体检科、结核病防治科、学校卫生科、药检科、化验室等科室。其中，体检科和化验室与食品安全相关，体检科共8人，主要从事食品生产从业人员的健康检查；化验室5人，从事食品卫生检疫，从业人员检验。职能转换前，蒙牛产品每季度需卫生抽检，委托市防疫站检验，出检验证明才可以出厂并在市场流通。

食品卫生由监督所抽检，再由防疫站检验。但该防疫站还不具备出具检验报告的资格，还需要委托市防疫站检验。防疫站有检疫师，需具备检疫检查资格证，并要进行专项培训。

目前县卫生防疫站从事食品卫生质量检验的条件还不具备，主要工作是做食品从业人员体检。具有5种疾病的人员不能从事食品生产经营工作，即化脓性皮肤病、肺结核、伤寒、痢疾、病毒性肝炎。防疫站发现问题后通知卫生监督所，由卫生监督所出具5种病的调离通知单。

新工人从业前，公司必须要求新人员到指定防疫站体检。合格后，监督所出具健康证，与体检表、化验单一并交由公司审查并存档。

奶站工作人员也要进行体检，一年一次。牛奶运输车司机也需要健康证。具备卫生检查合格资格的人员才可以被蒙牛乳品公司聘用。

（2）卫生局食品卫生监督所负责食品卫生监督。该所为事业单位，财政拨款76%。该所负责化妆品、食品卫生、传染病的监督检查；监督饭店、小卖部、食堂、超市的审批和卫生监督。食品加工企业从业人员体检在防疫站进行检查后，由卫生监督所负责发放健康证。对农贸市场、摊位食品经营者，卫生监督所核发卫生许可证及从业人员健康证。

食品行业从业人员体检一年进行一次，新工人上岗前也需要做体检。

卫生局过去对该县境内的蒙牛乳品公司产品进行抽检，自职能调整后，卫生局不再有资格去做抽检，职能改由质检局承担。

对商店、超市等销售的乳制品，卫生监督所不进行抽查检验，但检查时要求经销商出具产品化验单等合格证明。

5. 工商局乳品质量安全监管职能侧重于市场流通环节。工商局的食品安全监管职责主要包括市场监管、行政执法、证照管理等。工商局局机关22人，共有3个所，工商行政管理一所，工商行政管理二所，综合农区所；综合农区所下辖4个组，4个乡设一个组，每组3人。

(1) 市场监管。工商局市场监管的范围包括：集贸市场、超市、工商户经营的副食品、蔬菜等食品。

工商局目前对集贸市场、超市等经销的肉食品等实行监管关口前移，要求肉食品、蔬菜等出具产地证明，要求肉食品、蔬菜等食品的经销市场和生产场地挂钩，建立可追溯制度。

工商局建立市场检查制度，定期不定期做市场巡查。对食品流通市场进行进货台账、销售台账等市场检查。对超市食品监管区别对待，以往无三无产品记录的，一季度检查一次；而对个别不合格产品类别列为重点，每月检查一次。

工商局实行了微机化管理，根据登记建立信用制度。

(2) 证照管理。工商局对生产企业、饭店和个体工商户进行证照审批。对个体户经营范围、项目审批实行经济户口管理。生产经营申请者出具卫生许可、健康证后，工商局结合其他情况发营业执照。

(3) 行政执法。对无证经营的工商户，根据国务院令，第一次发现警告，第二次发现责令整改，惩罚5000元以下。对假冒伪劣、三无经营者处罚，2004年罚款共30多万。

工商局对化肥、农药等都进行留样，如果事后发现问题，则对事先留的样品进行化验。工商局管理人员认为食品安全的技术力量主要还靠质检部门。

当地食品生产抽检需要到呼市质检部门化验，当地工商部门也没有设备和技术力量。市场上销售的乳制品通过看外包装、生产批次等做检查，而对质量指标一般不抽查，这是因为技术力量不够。如果质量检查则主要靠送检。

(二) 以乳品企业为"龙头"，建立奶源安全控制链

由于牛奶的易腐、易变质等天然特点，以及乳品加工工业的快速发展，乳品加工业生产的集中程度较高，乳制品产业一般在全国或省级范围内处于寡头市场状态。乳品加工产业，在个数上仅占3%的规模企业集中了全国30%以上的乳品加工能力。2002年，上海光明，北京三元，内蒙古伊利、蒙牛，黑龙江完达山和石家庄三鹿6家企业集团共拥有52家乳品加工企业，拥有日乳处理能力达到17554吨，占总处理能力的29.9%；资产总额为96.8亿元，占总资产额的38.8%；销售收入占总销售收入的50.7%。到2003年，前4家乳品公司的产品销售收入为150.37亿元，占全行业规模以上584家乳品企业销售总额498.11亿元的30.2%。这些乳品企业规模大、实力强，对该行业具有较强的影响和控制能

力，相应的也具备较强的质量安全控制体系和较高的质量安全声誉意识。因此，在乳品质量安全控制体系中，公司不仅决定了自身生产的质量安全水平，而且主导乳品质量安全控制链，同时实现对原奶的质量安全控制。

和林格尔乳业质量安全控制模式鲜明地体现了“乳品公司→奶站→奶农”三级食品安全控制链，质量安全控制实行层级传导机制（图9）。乳品公司不仅要控制生产中的质量安全，而且更要注重原奶质量安全。但公司并不直接控制奶农生产原奶的质量安全，而是通过奶站来控制。再由奶站来监督和控制奶农生产原奶的质量安全。

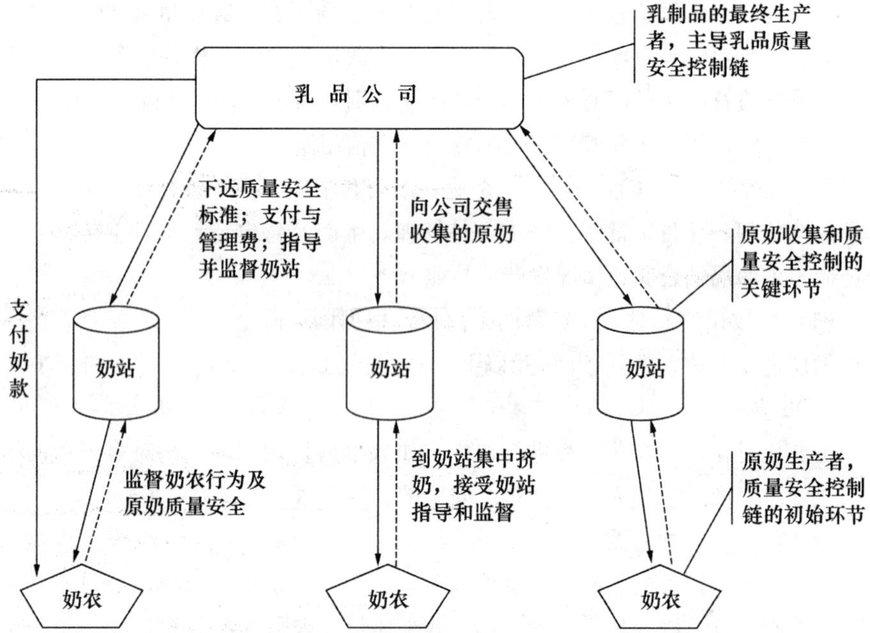

图9　乳品质量安全控制链

奶源是乳品供应链的基础环节，奶源的质量安全对于整个乳品供应链的质量安全起到至关重要的作用。对蒙牛公司来说，原料奶来自千家万户的奶农，要对这些分布广泛的奶农进行一一控制非常困难。在这种情况下，蒙牛公司不直接对奶农的原奶质量要求，而是通过挤奶站这一中间桥梁进行间接控制。通过加强对奶站的质量标准控制，然后再由奶站来监督和约束奶农的养殖行为。

1. 公司对奶站的控制。企业原奶购买方式主要是通过奶站、奶业小区及牧场三种渠道。各自比重是74%，23%，3%，其中，奶站、奶业小区的原奶均来自奶农，不同之处是来自奶站的原奶由分散养殖的奶农交售，来自奶业小区的原奶由集中规模饲养的奶农交售，奶业小区的原奶也需要经由奶站收购再送往公司生产。只有少量的原奶来自一般由公司投资的牧场。由于牧场的原奶主要是天然放牧所生产的，比较容易控制。因此，只要控制了奶站，奶源的安全控制就基本上有保证了。乳品企业与奶站是一种典型的委托——代理关系。乳品企业委托奶站收购符合质量安全要求的原奶，并支付奶站一定的管理费；奶站接受乳品企业的监督和指导，负责为乳品企业收购原奶。

（1）确定奶站标准，严格审查奶站资格。企业对奶站的成立条件、资格进行审查，具有统一、标准的挤奶场所才可以为公司交售原奶。

公司对奶站的卫生状况，疫情及奶质量进行监控。企业质量监管员给奶站进行质量安全操作规程现场指导，对卫生状况进行检查。通过奶站对奶农进行配料、用药等养殖技术和质量标准要求等方面的指导。

（2）建立契约关系，对奶站原料奶的质量与安全提出明确要求。企业与奶站有书面的正式契约，契约期限一般为3~5年。契约主要内容为关于原奶的质量与价格条款。奶站与企业有正式书面契约，其主要内容如下：交易约束：奶站必须给公司供奶，公司必须保证收购奶站的原奶。若发现该奶站给其他公司供奶，则罚款5000元；公司对奶站的指导和监督：公司可以检查奶站的质量、卫生状况、防疫条件等；与奶质挂钩的管理费支付条款：公司支付给奶站的管理费与原奶的质量安全条件挂钩。蒙牛与伊利公司的具体条款不同。

伊利公司所属奶站管理费——奶质关系为：共分为四个等级和等外，特级，管理费最高为0.22元/公斤；一级，0.2元/公斤；二级，0.18元/公斤，三级，0.16元/公斤；等外则拒收。

蒙牛公司所属奶站管理费——奶质关系：蒙牛公司的做法与伊利不同，伊利分等级收购，而蒙牛则是按指标核算，根据总体的质量指标与每个具体的指标确定管理费。乳糖、干物质、脂肪、蛋白、微生物、温度、酸度等全部检验指标都符合要求则支付管理费最高0.2元/公斤；对指标不达标的分别扣钱，如干物质，大于11.85合格，少1点则每公斤扣5厘；微生物超过100万每公斤扣1分；温度超过7度，每次扣150元，抗生素超标每公斤扣3分；对不合格产品都以1.2元/公斤收购。

契约条款基本上由企业单方制定，但也会考虑奶站的利益和要求。企业对违约奶站的惩罚形式有降价收购、取消供货合作关系、起诉或罚款等。

（3）严格检验，确定牛奶质量安全等级。蒙牛公司在原奶收购环节引进了先进的质量安全检验设备，配备了专门的检验人员，建立了严格的检验程序，规定了具体的质量考核标准。质量安全检验指标有乳固体、非脂乳固体、蛋白质、脂肪、微生物、酸度、抗生素、酒精、蔗糖、粘度、异菌剂、细菌总数、奶温、干物质等。乳品企业对每一项指标都有明确的要求，对牛奶质量进行分等定级并相应支付奶站管理费。奶站一般情况下不作检验检测，统一运到公司后由公司检测。

企业鉴定原奶质量按照企业品控中心化验结果进行鉴定，通过对感官标准、理化标准、微生物标准、抗生素标准等技术标准的检验，公司确定奶站交售原奶的质量安全等级。

（4）优质优价，激励奶站加强质量与安全控制。企业对奶站的管理费实行按质论价，按照质量标准对奶站支付不同的管理费。奶站统一交售公司的原奶经公司检测后，原奶质量较好则多给管理费，质量较差则扣除相应的管理费。同时，公司负责对奶站进行技术指导及监督管理。

质量标准大体分为合格与不合格两种，不合格奶拒收。通过这种管理费按照原奶质量浮动的价格激励机制，公司诱导奶站交售优质原奶。

（5）保留冷藏样品，对奶站实行溯源管理。企业有原料奶质量的可追溯体系；对奶站交售原料奶样品冷藏储存，在生产过程中一旦发现质量问题，可以追溯检验奶站的冷藏样品，从而实现了原奶质量的可追溯性。

2. 乳品企业对奶农的控制。由于牛奶保鲜期短、乳制品加工复杂而要求高、奶牛养殖投资大等特点，决定了乳业是一个非常特殊的行业，奶牛养殖业受龙头企业的影响程度要比其他多数农业行业所受的影响程度大，奶农与乳品加工企业的利益关系也更为紧密，可谓是“一损俱损，一荣俱荣”。乳品企业一般不对分散奶农的牛奶进行直接控制，但会通过契约方式对奶农进行直接约束和控制。在调查的114户中，有108户奶农回答与乳品公司以及奶站签署了书面合同，占被调查总数的95%。

（1）对质量提出明确要求。乳品公司要求其签约农户向公司交售全部无抗合格鲜奶。乳品公司要求奶农使用兽药应遵守休药期规定，病牛不得进站，用药农户应将抗生素等药品的使用情况告知奶站。奶农不得掺假，一旦发现要进行相应处罚。为保证牛奶质量，奶农必须到奶站集中挤奶。

（2）要求奶农进行标准化养殖。奶农养殖奶牛遵守标准化质量安全操作规范以及交售牛奶奶质要受到公司的约束与指导，但目前多数乳品企业对奶农的养殖规程和质量要求的监督管理都是委托奶站进行，公司很少直接对奶农指导、监督。

（3）通过贷款担保加强奶农对标准的执行。与公司签约的农户多数是与公司有贷款关系的奶农，接受过公司的扶持，并且主要在2000年左右乳品公司大力扶持奶牛养殖业的初期签订。

3. 奶站对奶农的控制。奶站受公司委托，向奶农收购牛奶，并监督管理奶农的养殖行为及牛奶质量。奶农有责任和义务接受奶站的技术指导和管理监督。奶农在奶站集中挤奶，并接受奶站的指导、管理和监督。

奶农在奶站挤奶首先要由奶站专门的管理人员凭经验目测或依靠简单的仪器

检测，对怀疑有问题的牛奶拒收或取样送到公司检测。奶站收集的原奶送到公司后，公司的原奶检测中心用专业仪器进行检测，再将检测结果反馈到奶站。如果公司检测发现有重大问题，则会连续重点检测奶站及农户牛奶。公司和奶站会对奶农的牛奶做不定期抽样检查。据一些奶农反映，近期对牛奶的检查不如刚开始严格，次数也有所减少。这可能与奶农意识和技术的提高有关。另外，乳品公司将对奶农质量安全控制的责任都压在奶站肩上，通过奶站的日常监督和非正式手段管理也是一个重要原因。

奶农养殖过程中的配料、技术规范等都受到奶站的指导，奶农在奶站挤奶过程中对奶牛和自身的卫生、消毒等也都要受到奶站的监督管理。

一些奶站为奶农担保公司或银行的贷款，奶农还要在奶站的督促下归还公司或银行的贷款。

4. 设立奶牛防疫保险基金，保障防疫工作顺利进行。针对奶牛防疫过程中的奶牛落胎、非正常死亡等现象，呼和浩特市政府设立了防疫保险基金，该基金由乳品企业（伊利、蒙牛各出1000万）、各区县政府、奶站及奶农共同出资设立，全呼市共有风险基金4500万元，资金来源为蒙牛1000万元，伊犁1000万元，呼市政府出1000万元，各旗县也出一部分，如和林格尔县出了196万元，奶站从每公斤奶中扣5厘，奶农从每公斤奶中扣5厘。风险基金永远保持4500万元，资金够用则不向奶农和奶站收取。对奶牛防疫过程中奶农发生的损失进行补偿。对流产牛，母牛犊赔600元，公牛犊赔100元，性别不清赔200元，7个月以上的赔800元；成牛死亡赔3000~8000元。该乡2004年冬天打针3次，死亡11头，平均每头赔偿5000~10000元，流产48个，共赔偿奶农10万元左右。

5. 积极推进养殖小区建设，加强源头控制。调查中有84户奶农在自家院落内养殖奶牛，其余30户奶农在养殖小区内养殖奶牛，在养殖小区中的户数占到总户数的26.3%。

养殖小区由乡镇政府和村统一规划，配套设施有养殖户住宅、牛舍、饲料房等。由政府给农户提供贷款，贷款从奶款中分期扣除。以和林格尔县姑子板养殖小区为例，该小区由县乡政府在2000年统一规划并开始兴建，政府给每个农户贷1万元，贷款不给现金，而是给奶农提供建筑材料，通过扣奶款归还贷款。每个养殖单元配备牛舍、饲料房以及住宅。该村共有200户人，养牛户占90%，其中有87户在养殖小区养奶牛。

在统一规划的养殖小区与在农户自家宅院养奶牛相比具有以下一些优点：一是牛圈、饲料房规划合理，配套实施齐全。避免了农户在自家宅院饲养奶牛时圈舍不全，奶牛难免要经历风吹日晒雨淋，影响奶牛的健康生长。二是集中统一的小区便于防疫工作的开展。三是便于圈舍的卫生管理。

五、和林格尔县乳品安全控制需要进一步解决的问题

（一）监管体系不健全，监管能力较弱

健全的监管体系是确保食品安全的保障。为进一步理顺食品安全监管体制，2004年7月国务院第59次常务会议作出了新的部署；9月下发的《国务院关于进一步加强食品安全工作的决定》进一步提出：按照一个监管环节由一个部门监管的原则，采取分段监管为主、品种监管为辅的方式，进一步理顺食品安全监管职能、明确责任。但从目前的情况来看，除了少数地方在食品安全监管方面取得了突破性的进展外，绝大多数地方尚未建立健全的监管体制。对和林格尔的调研表明，监管体制不完善仍然是一个值得高度重视的问题。突出的问题有两个。

一是地方政府对食品安全监管的重视程度亟待提高。近年来，和林格尔经济增长速度非常之快，而增长点基本上集中在乳业。从访谈的情况来看，当地政府主要将精力放在如何通过发展乳业提高国内生产总值的增长速度上。近年来，在疫病控制方面也采取了非常得力的措施。但是总体来看，对如何加强乳品供应链的安全控制提及得较少。目前，乳品质量控制基本上依靠蒙牛和伊利集团等加工企业自我控制。在这种情况下，如果产业主体本身不加强控制或者控制能力不足，当地的食品安全隐患很难消除。

二是不同级次政府之间的关系需要进一步协调。在中国，企业是有级别的。哪一级别的企业相应有哪一级别的政府承担主要监管责任。在和林格尔，影响最大的是蒙牛公司。该公司是一家省级企业，主要由内蒙古自治区进行管理。虽然该公司位于和林格尔县，也接受和林格尔县政府的管理，但是县政府对其的监管能力非常有限。县级质检、工商、卫生等部门都不能随意进入蒙牛公司进行检查。进入公司检查需报请盛乐经济园区管委会同意方可。县质检局对蒙牛公司监管只是每年抽查1~2次，并且要经得盛乐园区管委会的同意方可进入厂区检查。对奶站主要是做计量器具鉴定，而并不对质量安全方面进行监管。

（二）分散饲养，直接制约了奶源安全水平的提高

中国奶牛养殖主要采用小规模分散饲养模式，规模化饲养程度低。年存栏数1~5头的养殖户共有151.09万户，占到总养殖户（场）数量的85.17%，而其年存栏总数和年牛奶总产量却分别只占全国总量的46.65%和38.05%。20头以下的饲养户共有173.53万户，占总养殖户（场）数量的97.82%，年存栏总数和年牛奶总产量分别占全国总量的72.62%和65.15%。可见，中国分散

化、小规模饲养的特征比较明显，分散化、小规模饲养还是中国奶牛饲养的主要形式。百头以上规模饲养户（场）只有3667家，占总养殖户（场）数量的0.21%，年存栏总数和年牛奶总产量已分别占到全国总量的12.5%和18.37%，说明中国奶牛规模化饲养程度还较低，但其奶牛数量和牛奶产量也已初具规模（见表25）。

表25　　2003年中国奶牛饲养规模情况　　单位：户，头，吨,%

年存栏数	场（户）数		年存栏数		牛奶产量	
分类	数量	比重	数量	比重	数量	比重
1~5	1510930	85.17	4099695	46.65	6732823	38.05
6~20	224373	12.65	2282131	25.97	4795472	27.10
21~100	35036	1.97	1308064	14.89	2915135	16.47
101~200	2292	0.13	321465	3.66	874049	4.94
201~500	895	0.05	287831	3.28	834728	4.72
501~1000	344	0.02	248540	2.83	767015	4.33
1000以上	136	0.01	239893	2.73	775194	4.38
总数	1774006	100	8787619	100	17694416	100

关于养殖规模的112个有效样本中，农户最小养殖规模为1头，最大养殖规模为14头，平均养殖规模为5.3头。养殖规模为1~5头的户数共有64户，6~10头的户数40户，超过10头奶牛的户数只有8户（见表26）。

表26　　样本户奶牛养殖规模频率分析　　单位：户，头,%

养殖规模	户　数		头　数	
分类	数量	比重	数量	比重
1~5头	64	57.1	198	33.4
6~10头	40	35.7	296	49.9
10头以上	8	7.2	99	16.7
总计	112	100.0	593	100

据统计，内蒙古全区2004年奶牛存栏为200万头，奶户约为50万户，平均每户饲养奶牛约4头左右。而其他发达国家奶牛饲养规模化、集约化程度都比较高。发达国家家庭牧场奶牛饲养规模为50头以上，澳大利亚、新西兰分别为170头、250头以上。这表明和林格尔县乃至内蒙古地区奶牛养殖仍以散养为主，农户养殖规模都不大。农户养殖规模小主要是受制于以下几个因素：

1. 农户经营的土地面积。调查中样本奶农中最小经营土地面积为6亩，最大为74亩，平均为23.8亩（见表27）。

表 27　　样本户经营土地面积分类统计　　单位：户，%

土地经营面积分类	奶农户数	比重
6～10 亩	10	9.1
10～20 亩	49	44.5
20～30 亩	31	28.1
30 亩以上	20	18.1
总计	110	100.0

饲养一头奶牛一年需要的玉米、青贮玉米、苜蓿等饲料需要约 4 亩左右的土地才能满足。按样本户平均每户经营耕地 23.8 亩推算，平均每户可负载的奶牛数量约为 6 头。这个数据与调查中农户的平均养殖规模 5.3 头基本吻合。

2. 农户的资金约束。每头犊牛的购买成本为 3000～6000 元，每头成年产奶奶牛的购买成本在 1 万元以上，最高时甚至达 2 万元以上。奶牛的初始购买成本较高，再加上饲料等日常费用后，总的经营成本都令奶农难以承受。

3. 经营风险。奶牛购买及经营成本较高，养殖风险也较高。风险主要有：

奶牛疫病风险：疫病严重时导致奶牛死亡，即便疫病较轻也会造成奶牛产奶量下降、奶质变坏等，直接导致农户经济利益受损。

市场风险：奶牛的养殖效益受市场行情的直接影响。牛奶价格、饲料价格、犊牛价格、乳品加工企业的经营业绩等都对奶牛的经济利益有直接的影响。例如，奶农养殖奶牛所产犊牛价格 2002、2003 年最高时可以卖到 6000 元，而 2005 年一两千元都难以出售。2004 年我国饲料价格大幅上涨，与 2003 年相比，玉米平均价格上涨 29.0%，精饲料价格上涨 27.2%。而在和林格尔县以及内蒙地区，也只是在 2005 年 3 月，每公斤牛奶的价格由以往的 1.73 元上调为 1.76 元，上调幅度为 1.7%。

小规模的奶牛饲养对质量安全控制主要有如下不利影响：（1）管理水平较低，粗放饲养比较普遍；（2）标准化、规模化、科学化养殖规范难以推广；（3）奶牛疫病防治难度大，需要较多的人力、物力与时间；（4）原奶的产量和质量指标都较低；（5）乳品食品安全的源头管理困难。调查中发现，奶农的养殖行为比较随意，很少掌握科学合理的饲养技术。既没有乳品公司也没有政府推行标准化、科学化的奶牛养殖规程。奶农养殖奶牛普遍没有可以遵守的包括饲料配比、兽药使用、疫病防治等内容的标准化养殖规范。小规模分散养殖已经成为制约原奶质量安全水平提高的重要因素。

（三）收购环节存在“劣币驱逐良币”现象，奶源质量控制困难

加强对原料奶的质量监管是确保原料奶安全的必要条件。但更为重要的是，要建立经济激励机制，让安全原料奶的供给者获得比不安全原料奶提供者更高的经济利益，甚至使不安全原料奶提供者不能获利。只有建立起这样一种机制，原料奶的安全性才具有保证。但调研表明，这一机制尚未建立。

奶站检测手段落后，缺乏甄别原料奶安全性的技术基础，奶站是原料奶安全控制最为关键的主体。因此，奶站不仅要具有鉴别原料奶安全性的能力，而且要具有实施原料奶价格差异化的能力。

公司对奶站建立了管理费和奶质挂钩的优质优价机制，按奶质的不同支付相应的管理费，公司对奶站有较强的激励和约束。因此，奶站具有确保原料奶安全性的积极性。但只有积极性是不够的，还必须具有鉴别能力。那么，奶站是否具有这种检验检测能力？调查表明，奶站只能通过感观进行区别。事实上，由于很多危害因素是凭经验检测不到的，因此，奶站很难通过这种经验性的鉴别控制原料奶的安全性。而用科学仪器进行鉴别，奶站又无法承担起这种成本。实际上，在收购环节，原料奶没有接受科学检测，安全性很难得到保证。

对原料奶提供者而言，确保原料奶的安全性明显要增加成本。如果保证其安全性和不保证其安全性所获得的利益是一样的，那么奶农自然缺乏建立原料奶安全控制机制的积极性。更为严重的是，部分原料奶供给者可以通过造假增加销售量，获得更高的经济利益。这样，就很难避免“劣币驱逐良币”现象的发生。

如果原料奶的安全性没有保证，乳品加工制成品自然很难有安全保证。尤其是化学性危害，很难通过高温消除其危害，危害因素会随着供应链移动到供应链终端。微生物虽然基本上可以通过高温消毒进行处理，但是其产生的毒素一样会移动到终端产品。这一问题不解决，乳品的安全性自然很难得到保证。

（四）乳品行业恶性价格竞争激烈，直接影响了乳品的安全性

乳业在近年快速发展的同时，行业整体正在面临经营困境，整体效益欠佳。目前我国约1600家乳品企业中，超过40%的企业处于亏损状态，1/3勉强维持生计，在其余不到1/3的企业中只有少数业绩良好的企业，而其他也只是略有盈余。不仅中小乳品公司艰难度日，连一些大型乳品公司也陷入窘境。

自2004年以来，由于乳业原材料、配料、运输费用价格上涨，乳业利润空间越来越小。而同时，乳品消费市场扩张空间有限，一些大城市市场已基本饱和，乡村地区则消费能力不足。乳制品产量的快速增长与有限的消费需求之间的矛盾又导致了乳品企业间竞争激烈，价格战硝烟四起，致使行业利润进一步缩减。2004年销售收入前十位的乳品企业销售收入利润率仅为4.9%，而到2005年上半年，乳品行业平均利润也不到5%。

由于中国缺乏高效和协调的食品安全监管体系，很难将不安全乳品生产经营

企业清除到市场以外。在价格战硝烟过浓的情况下，部分企业开始采取各种手段降低成本。如此一来，必要的卫生控制手段、质量与安全保障体系、检验检测设备等方面的投入就大大减少。一些企业甚至不顾消费者健康非法牟取利益。阜阳劣质奶粉事件的发生就是这种竞争格局的结果。一些企业为降低成本，在奶粉中过量掺入淀粉等。由于营养安全水平过低，直接影响到了消费者的健康，对儿童的健康成长构成的危害尤其大。结果，这种恶性竞争导致了严重的食品安全事件的发生。

（五）奶农利益保障机制不健全，直接影响其安全控制积极性的提高

与乳品行业总体利润水平下降相伴随的是奶农利益的难以保障。在产量增长的同时，奶牛养殖效益有所下降。2004 年平均每头奶牛效益 2500 元左右，比上年减少近 1500 元，是近四年效益最低的一年，部分小规模养殖户出现亏损。其主要原因：一是饲料原料价格上涨。与上年相比，玉米平均价格上涨 29.0%，精饲料价格上涨 27.2%。鲜奶的收购价与上年基本持平，约为 1.7 元/公斤。二是饲养规模小，单产水平低。饲养 1～5 头奶牛的农户数占全国奶牛养殖场（户）总数的 85.2%。我国成年奶牛平均单产 3550 公斤，按目前饲料和原奶收购价计算，平均产奶量达 3600 公斤以上才能赚钱。三是母犊牛市场价格下跌。2004 年母犊牛的价格由上年每头 5000 元左右下降为 2000 元左右。

2005 年以来，山西、内蒙古、陕西、甘肃、河南等奶业大省的鲜奶收购价格纷纷出现了不同程度的下跌，下跌幅度从 5% 到 30% 不等。2004 年全国平均每头奶牛效益 2500 元左右，比上年减少近 1500 元，部分小规模养殖户出现亏损。据课题组调查发现，即便是在经营业绩较好的蒙牛和伊利公司的奶源基地，奶农的收益状况也不容乐观。平均每头产奶牛的年产奶纯收入从 2003 年的 3000～4000 元下降为 2004、2005 年的 1000～2000 元，一些产奶量少或患有疫病的奶牛甚至连本都收不回来。2003 年以前，当地产奶牛、小母牛价格分别达到 15000～17000 元和 4000～6000 元左右，而进入 2004 年产奶牛价格和小母牛价格明显下滑，到 2005 年上半年其价格分别跌到 7000～10000 元和 1000～2000 元左右，并且都难以出售。一些奶农对奶牛养殖前景已不看好，奶牛当肉牛宰杀现象在一些地区已屡屡发生。据报道，由于养奶牛入不敷出，呼和浩特市一个村 2005 年有 1 个月内已有 100 多头奶牛被宰杀。对于一些奶农而言，奶牛已成为他们的“鸡肋”，欲养还休。

由于奶牛养殖业效益的下降，奶农对原料奶安全控制方面的投入能力和积极性相应下降。而且在和林格尔，公司对奶农实行的是单一价。即使提高原奶的安全控制水平，也不会有更好的回报。因此，原料奶的安全控制机制很难建立。

（六）养殖废弃物没有经过严格和规范的无害化处理，可能对居民生活环境构成危害

调研表明，绝大多数奶农采取散养方式。一般的做法是在院子里盖几间房子，供奶牛憩息之用。奶牛平时就在院子里活动。只是在挤奶时将奶牛拉到奶站挤奶。在喂养奶牛时，就直接将饲料投放在院子里相对固定的角落，奶牛就在院子里进食。排泄物也直接排泄在院子里。随着排泄物积累，院子里蚊虫数量增加，微生物也大量积累，院子里散发着难闻的气味。这种饲养方式对人和动物的健康影响是非常不利的。一是由于卫生条件较差，奶牛的发病率较高。目前，和林格尔动物疫病发生率较高，与这种散养方式有着极为密切的关系。奶牛一旦发病，势必影响牛奶的产量，降低奶牛养殖业的经济效益，也对原料奶的安全性产生不利的影响。二是一旦发生人畜共患病，直接威胁到人的健康。三是排泄物的堆积，直接影响生活环境。最为直接的影响是污染水源。和林格尔奶农的水井一般也在院子里。牛奶排泄物堆积以后，污染物将渗透到土壤中。由于和林格尔大多数奶农养殖奶牛的时间不长，这一危害目前还不是十分明显。但时间一长，污染物将直接污染地下水源，居民的饮用水安全将受到严重威胁。四是奶农一般会定期或者不定期清理奶牛排泄物并用于还田，但这些排泄物没有经过严格和规范的无害化处理，随着排泄物的增加，对田间土壤环境也将产生不利的影响。

六、完善乳品安全控制体系的政策建议

和林格尔近年乳业的发展对当地经济和社会发展产生了决定性的影响，也是“和林格尔现象”之所以产生的主要原因。一方面，乳业的急速发展给和林格尔带来很大的发展潜力和机会，另一方面，乳品安全问题也已经成为和林格尔农村经济乃至整个县域经济发展的隐患。只有将这一问题解决好了，和林格尔的乳业才具有持续发展的基础。和林格尔乳品安全问题只是中国食品安全问题的一个典型案例，要解决和林格尔乳品安全问题，不仅需要和林格尔当地采取务实措施解决力所能及的问题，也需要国家从整体上采取措施，建立健全国家食品安全控制体系。

（一）完善法律法规体系，确保法律法规的权威性

目前，中国与食品安全、质量有关的法律、法规、规章和办法的立法亟须加强，包括对现有与食品（含农产品）有关法律法规规章的协调、调整、修订及全面清理工作，建立重在防范、以科学为基础的食品安全法律系统。这个完善的法律体系应该包括以食品安全基本法为龙头，其他具体法律相配合的多种层次的专

门具体的法律体系。对乳品行业来说，补充修订《动物防疫法》、《兽药管理条例》、《动物防疫条件审核管理办法》等法律法规是非常重要的。

加强执法监督是和林格尔面临的一个现实问题。对食品生产相关企业实行强制性管制是提高食品安全水平的基础。鉴于食品的特殊性，食品安全比其他任何一种与健康相关的政府活动更需要连续的和强制性的管理。但从和林格尔的情况来看，监管部门对加工企业的监管明显没有到位，维系乳品安全基本上依赖乳品企业自制。当然，乳品企业的商业道德是建立食品安全控制体系的重要基础。但如果仅仅依靠这个基础，则可能产生不可挽回的损失。因此，一方面从正面激励乳品企业加强食品安全控制，另一方面要加强监管，“两手”都要到位。因此，不管生产经营企业规模有多大，政治影响有多强，都不能游离于监管体系之外。应当非常明确，在监管部门依法对生产经营企业进行检查时，企业有义务全力配合。今后，应当在法律上明确：执法部门有权检查食品生产和销售记录；食品企业必须保存与食品安全有关的食品生产和销售记录；食品企业向食品管理部门登记并报送产品清单等。

（二）协调不同监管级次之间的关系，完善监管体制

监管体系不完善是中国目前尚未彻底解决的一个突出问题。除了部门间协调不够外，不同监管级次之间的不协调也是一个突出的问题。这一问题不仅在食品行业存在，在其他行业也广泛存在。从中国的实际情况来看，要将所有企业完全实行属地管理是不现实的。那么，只有通过加强不同监管级次的协调性来实现有效管理和提高管理效率。

从和林格尔的实际情况来看，主要的矛盾是省、市、县不同层级监管部门如何协作承担蒙牛公司乳品质量安全监管问题。当前，对蒙牛公司乳品质量安全监管的部门主要是质检和卫生部门。蒙牛公司是一个省级企业，县级质检和卫生部门的监管受到明显制约，而市、省级监管部门又鞭长莫及。因此，有必要加强内蒙古自治区、呼和浩特市质检部门、卫生部门与和林格尔县级相应监管部门的协作与分工，既要避免重复监管，也决不能出现监管真空。

（三）健全标准体系，为监管提供依据

标准的缺失是乳品当前发展混乱和问题百出的重要原因。应当在“标准化”、“高起点”、“实用性”和“开放性”原则的指导下尽快完善标准体系。一是要尽快建立健全乳品食品安全标准体系。要全面清理现行食品标准，组织各有关全国专业标准化技术委员会调整乳品标准体系结构。要加快乳品标准的制修订，重点为污染物残留限量标准、生产安全控制标准等。作为具体产品，乳品标准原则上

不再单独制定卫生指标，所涉及的卫生要求应引用相应的国家强制性卫生标准。同时，鼓励地方、行业和企业制定和实施更加严格的地方、行业和企业标准。当然，乳品安全标准制修订应当以科学为基础。为此，中国有必要开展危险性评估等科学方法在标准制修订过程中应用的研究，提高标准的合理性和有效性。

加强对国际食品法典委员会（CAC）、国际标准化组织食品标准化技术委员会（ISO/TC34）、国际制酪业联合会（IDF）、国际标准化组织发布的标准、指南等技术文件的搜集、分析和研究，对适合中国国情和发展需要的国际标准，要尽快转化为自己的标准。

（四）实行严格的市场准入制度，推行可信的食品认证体系

惟有实行严格的市场准入制度、推行可信的食品认证体系，才可以为乳品市场的健康发展、乳品行业的改造升级奠定良好的制度基础。

我国从 2002 年开始由国家质检总局负责对乳制品实施市场准入制度，到目前为止已取得不小成效。但是，由于质量安全检验检测体系还不完善、食品安全监管专业力量不足等缺陷，仍有不合格、不安全乳品流入消费市场，以致近两年乳品质量安全问题还时有发生，对消费者健康、乳业发展都带来了不利影响。因此，进一步实施严格的市场准入制度，已成为保障乳业食品安全的当务之急。质检部门应在加强自身检验检测体系建设和专业队伍建设的基础上，积极与其他各监管部门充分协调，充分利用各方现有检测技术力量与监管资源，集中力量统一实施更加严格的乳品市场准入制度。坚决杜绝劣质奶、有抗奶、还原奶、回锅奶、早产奶充斥市场。

食品认证体系是鉴别乳品质量优劣，区分乳品等级的重要准则。我国一些大中型乳品公司已经申请了 QS、绿色食品、无公害食品、ISO 系列以及 HACCP 等质量安全体系认证。但是，我国认证体系繁多、认证部门各自为政、认证过程中弄虚作假、认证公信力欠缺等不足，已使认证体系的应有效果大打折扣，企业为各种认证疲于应付、增加开支却并未能获得认证带来的好处，消费者也为各种认证标识眼花缭乱，甚至持怀疑态度，因此乳制品优质优价机制还是未能真正建立。这也是乳品行业低水平竞争的一个重要原因。可见，推行乳品质量安全认证体系还需要建立统一的乳品质量认证认可体系，加强对认证机构的监管，规范认证行为，积极采用国际通用的认证体系，宣传乳品认证常识。

（五）加强对原奶的检测，建立溯源管理机制

虽然蒙牛公司等乳品企业能够对奶站交售的原料奶进行检测，并鉴别原奶的质量。但是，作为原料奶安全控制的关键环节，奶站缺乏必要的检测能力。一旦出现不合格原奶，奶站就无法确定污染源头，原奶的安全控制也就非常困难。目前的做法是这样的：只要奶站根据经验判断奶农的原奶没有问题，就接受原奶。而且，由于缺乏分装设施，所有奶农交售的原奶都混合在一起，然后由奶站统一交到加工企业。即使加工企业发现问题，也只能扣奶站的管理费。但对加工企业来说，如果将所有奶农交售的原奶全部倒掉，损失就非常大。在这种情况下，乳品企业一般不会倒掉原奶，只能采取有限的处理措施。这样，不合格的原奶一样会进入加工车间，加工制成品的质量与安全保证就非常困难。

要解决这一问题，有两个办法。第一个办法是要求加工企业对所有奶农交售的原奶直接进行统一检测。采取这种办法有两个条件：一是奶站必须对所有奶农交售的原奶进行分装，并标明原奶的来源，从而可以确定污染源来自哪一个养殖者。要做到这一点，奶站就必须配备足够分装设备；或者要求奶农自己购置专门设备。二是加工企业必须大大加强检测力量，包括配备足够的人员和更多的设备，同时进一步提高监测的效率。第二个办法直接在奶站进行检测。这就要求奶站直接配备检测设备。设备可以由乳品企业购置，也可由奶站购置。

以上两种办法都需要增加检测设备、包装设备和人力的投入。从目前的情况来看，由于加工企业的投入力量较强，采取第一种办法可能更实际一些。而且，集中在加工企业进行检测，能够提高设备的利用率，相应降低设备方面的投入。目前，由于乳品企业处于恶性竞争状态，在乳品安全控制投入方面的积极性不高。这就要求政府出台统一的规定：凡是乳品企业在收购原奶时，必须对所有供给者的原奶进行统一检测。这样，对所有的乳品企业，只要其进入市场，就必须配备足够的力量来加强原奶的质量与安全控制。

（六）加快发展养殖小区，提高养殖规模

发展奶牛规模化养殖是乳品业加强乳品安全控制的必然选择。但对奶农而言，奶牛的养殖具有初始投资高、回收周期长、风险大等特点，此外农户耕地面积、饲养技术方式等条件也决定了规模化养殖之路还比较漫长。基于目前的现实，和林格尔还很难建立大型的养殖场①。但是，通过发展养殖小区，则可以提高经营规模水平，也比较符合当地的实际情况。对和林格尔县姑子板养殖小区的调查表明，在养殖小区养殖的奶牛防疫条件好，发病率低，圈舍也比较卫生。因此，通过发展养殖小区，利于加强原奶安全控制，利于进行疫病防治，利于加强卫生控制，也利于提高产奶量。建议采取以下措施加快发展养殖小区。

---

① 当然，大型养殖场也不一定就能提高牛奶安全控制水平。有专家认为，大型养殖场带来的污染严重，而且疫病也不好控制。

1. 加强信贷支持，缓解资金制约。从实际情况来看，政府、乳品企业和奶农都知道在养殖小区进行规范饲养的好处，最关键的制约因素是资金问题。

目前，和林格尔已经比较重视对奶业的信贷支持。支持机构主要是扶贫办和信用社。扶贫办在4个乡实施项目，将世行项目资金全部用于乳业。农户买一头牛，世行给予低息贷款3075元。此外扶贫办利用中石化等社会扶贫资金（每年150万元）用于支持胚胎工程①。信用社实行5户联保制度，最低5户。由农户先存担保基金的6%，有农户还不了，则追查小组长及其他人的连带责任。信用社和蒙牛公司、农行衔接，对每头奶牛配套资金3000元，最多配套5000元，最少2000元。2001年开始到2005年6月，信用社系统共发放8121万元贷款用于扶持农民买奶牛，贷款给14098个农户，买奶牛15878头。信用社贷款利率为基准利率4.2厘，上浮45%，为6厘左右。对入股社员实行利率照顾，优先贷款，利率实行5%优惠。

总体来看，和林格尔已经在缓解奶农资金约束方面进行了大量努力。但总体来看，仍然存在一些需要解决的问题。一是资金来源不够，支持力度有限。扶贫资金、世行贷款毕竟是有限的，所起作用有限，信用社的资金来源也有限。由于其他商业银行业吸收存款，且极少用于农村，信用社的支农资金来源受到限制。二是奶牛贷款主要是用于奶农发展小规模经营，基本去向在于扶贫，对规模化经营的支持很少。三是金融风险较大。由于收益上不去，效益低，相当部分奶农还不了贷款。2001年开始到2005年6月，信用社只回收了12318户的6650万元（本金）贷款。

针对目前存在的问题，有必要进一步采取措施。由于金融问题主要是一个宏观问题，所以中国有必要尽快加快推进农村金融改革，为农民提供更好的金融服务。县域内各金融机构在保证资金安全的前提下，将一定比例的新增存款投放当地，避免农村资金过度外流。扩大邮政储蓄资金的自主运用范围，引导邮政储蓄资金返还农村。调整农业发展银行职能定位，拓宽业务范围和资金来源。发挥国家开发银行、农业银行支持农业和农村经济发展的作用。要巩固和发展农村信用社改革试点成果，进一步完善治理结构和运行机制。鼓励在县域内设立多种所有制的社区金融机构，引导农户发展资金互助组织。鼓励和支持各地可通过建立担保基金或担保机构等办法，解决农村抵押担保难问题。

对和林格尔当地来说，也应当采取相关措施，支持奶牛养殖业的发展并强化

---

① 2004年有70万元用于胚胎工程。对每个实行胚胎移植的奶牛，通过乡镇协调，由信用社贷2000元，农民出1000元，大正美联贴1000元，扶贫资金出1500元推广胚胎移植工程，每头胚胎牛共计5500元。

乳品安全控制。一是对进入养殖小区养殖奶牛的奶农进行优先支持，为提高奶牛养殖规模提供条件。二是建立信用档案，对信用有保证的奶农优先支持。三是对原料奶质量有保证的奶农进行优先支持。信用社可以考虑和奶站联合加强对奶农的考核，并将奶农交售的原奶质量加入信用档案之中。

2. 给予优惠的土地政策。目前发展养殖小区遇到的一个现实问题是土地问题。在现行政策框架内，养殖场占用土地属于非农占地，管理与控制非常严格。这对畜牧业的规模化经营产生了直接的制约。畜牧业是中国今后极具潜力的产业，也是提高消费者消费水平的要求。因此，有必要放开对养殖场占地控制。在政策上应当明确：对养殖场利用土地，视同利用农业用地。对和林格尔来说，土地资源比较丰富的，更需要在土地管理方面为发展养殖小区提供便利条件。

3. 减免税费。养殖小区建设需要较高的投入，政府完全可以在税收和相关规费的收取方面，给予养殖小区建设者予以优惠。可以考虑要求相关部门配合，对养殖小区建设者给予专门方便。在必要时，可以采取现场办公的形式，统一解决投资者的困难问题。

4. 实行奖励，鼓励投资者建设养殖小区。不仅要减轻养殖小区建设者的负担，而且要给予财政支持。自2005年以来，随着蒙牛公司交税的增加以及来自于其他渠道税收的增加，和林格尔的财力有所加强。而且，中央对西部地区财力转移支付的力度也在加大。和林格尔的可支配财力会大大加强。对和林格尔这样的地方而言，发展养殖小区是一件利民大事，应当将其置于财政支持的优先位置。今后可以考虑实施专门项目支持投资者建设养殖小区。

在支持养殖小区建设时，政府应当采取比较灵活有效的方式。目前，和林格尔已经取得了一些经验，比较可行的办法是政府补贴按照建设面积补贴一部分资金或者采取以奖代补的形式，刺激企业和农民投资养殖小区建设。

（七）积极推行标准化养殖方式，提高养殖过程卫生控制水平

标准化生产是中国政府目前正在大力推行的生产方式，也是加强食品安全控制的重要举措。目前，和林格尔的奶牛养殖业已经发展到较大规模，实行标准化饲养对于提高产奶量、提高牛奶安全控制水平非常必要。

1. 制定标准化饲养规程，为奶农提供参考。要确保牛奶的安全，必须实行过程控制。目前，和林格尔牛奶安全的控制基本上依赖于奶站把关，这是远远不够的。畜牧部门应当抓紧时间制定《奶牛饲养操作规程》、《适度规模饲养标准技术操作规范》等一系列标准化安全养殖操作规程，为实施养殖过程控制提供条件。一是对圈舍建设提出明确要求。标准化牛舍是标准化养殖的基础条件，可以为农户实行养殖过程的质量安全控制提供便利条件。应当对牛舍面积、规格尺寸、配

套设施进行规定。二是加强日常卫生控制。对奶农在养殖奶牛过程中，如何进行圈舍打扫、冲洗、消毒等卫生控制进行必要的规定。三是对奶牛养殖户的饲料购进渠道、饲料配合方式等提出要求。四是对兽药的购买渠道、使用剂量、休药期等作出规定。五是对奶牛排泄物的处理进行规定。

2. 大力强化对奶农标准化养殖知识的宣传，培养奶农的规范养殖意识。畜牧部门要加大力度向养殖户宣传标准化安全饲养技术，使越来越多的农户接受标准化安全操作规程。应按标准化生产规程提供指导服务。

3. 加强监督管理，对饲养奶牛的全过程进行监管。畜牧管理部门加大饲料和兽药的查处力度，监督检查饲料和兽药质量安全，符合标准才可以流通出售；并监督奶农使用安全饲料及药品。

（八）发展合作经济组织，帮助提高奶牛养殖卫生控制水平

目前，和林格尔奶农缺乏自己的服务组织，获得的服务还非常有限。调查中只有 8 户奶农回答该乡有奶牛协会，其中有 4 户接受过奶牛协会的技术服务，包括偶尔进行奶牛养殖技术的指导、经营配种、奶牛卫生、饲料配用等方面。

另一方面，奶农又具有较强的发展合作经济组织的愿望。有 48 位农户明确表示愿意成立奶牛养殖合作经济组织，约占总数的 42%。只有 7 户由于担心不好管理等原因而不愿成立奶业合作经济组织。愿意成立奶牛养殖合作组织的农户认为，成立合作经济组织可以借助其力量为奶农争取利益、增强与乳品企业讨价还价的能力，提高奶价，增加奶农收益；得到更多更好的奶牛养殖、疾病防治方面的服务等。但奶农们也表示，成立奶业合作组织需要政府的支持和专业人才的参与。

以市场为导向，以利益为纽带，支持自愿、民主的方式组建和发展农民专业合作经济组织。同时，要为奶牛合作经济组织积极提供服务，包括：具体内容是：（1）提供专业技能和经验，推进标准化生产；（2）培养专门人才，发展针对合作社组织人员和经营管理人员的培训；（3）开发信息资源；（4）协助会员通过正式渠道获得贷款等。

（张云华　罗　丹）

第十三篇

草原生态

调查中国农村
ZHONGGUO DIAOCHA NONGCUN

第十三篇课题组成员名单

课题主持人：

韩　俊　国务院发展研究中心农村经济研究部部长 研究员

课题协调人：

张云华　国务院发展研究中心农村经济研究部副研究员

课题组主要成员：

崔晓黎　国务院发展研究中心农村经济研究部研究员

潘耀国　国务院发展研究中心农村经济研究部研究员

郭建军　国务院发展研究中心农村经济研究部研究员

于保平　国务院发展研究中心农村经济研究部研究员

修长柏　内蒙古农业大学经济管理学院院长 教授

乔光华　内蒙古农业大学经济管理学院副院长 教授

陈　洁　农业部农村经济研究中心副研究员

王晓毅　中国社会科学院社会学研究所研究员

达林太　内蒙古楚日雅牧区生态研究中心

杜国祯　兰州大学干旱农业生态实验室研究员

完善草原生态治理政策综合研究报告

随着生态文明意识的觉醒，国家和民众对草原生态问题也愈发重视。近年来，国家和地方政府为保护和改善草原生态环境，实施了一系列草原生态治理政策和项目，对于遏制草原生态退化趋势起到了积极作用。然而，我国草原地区生态环境仍保持“局部改善、整体退化”的格局。当前，仍很有必要对我国草原治理政策和项目进行总体梳理和评述，并通过案例调查和对各相关主体的访谈，总结草原治理的成就，发现草原治理政策及项目中的不足，以进一步完善我国草原生态治理政策及项目。2006 年底 ~2008 年中期，受福特基金会资助，国务院发展研究中心农村经济研究部组织多方专家对草原生态问题开展了调查和研究，对内蒙古锡林郭勒盟及辖下苏尼特右旗和正蓝旗、呼伦贝尔市陈巴尔虎旗、甘肃省甘南藏族自治州及辖下玛曲县进行了专题调研，并组织了对于内蒙古、新疆、甘肃和青海四个省区 40 个牧业村（嘎查）、434 户（有效数据为 432 户）牧户的问卷调查。本研究共形成近 30 篇案例报告、专题报告及问卷分析报告。基于实地调查及各项研究成果，调研组形成此综合报告。其中分析了我国草原生态形势，我国草原生态治理政策及项目，对当前草原生态治理项目作了评估，对完善我国草原生态治理政策进行了探讨。

一、我国草原生态现状

（一）总体状况

1. 自然资源。草原是由草本植物和灌木为主的植被覆盖的土地。在我国，草原和草地的含义相同，草原包括天然草原和人工草地。中国是一个草原大国，拥有各类天然草原 4 亿公顷，其中可利用面积 3.13 亿公顷，草原面积仅次于澳大利亚，居世界第二，约占全球面积的 13%，占国土面积的 41.7%（其中可利用草地占国土面积的 32.64%），是耕地面积的 3.2 倍、森林面积的 2.5 倍，在我国农田、森林和草原等绿色植被生态系统中占到 63%，是我国面积最大的陆地生态系统，也是我国的主体生态系统之一。

我国草原是欧亚大陆草原的重要组成部分。我国草原类型较为全面，不但拥有热带、亚热带、暖温带、中温带和寒热带草原，还有高寒草原类型。根据中国草地资源调查的分类原则，将我国草原划分为18个大类，53个组，824个草原类型。按地域植被特征，可以概括为草甸类、草原类、荒漠类、灌草丛类和沼泽类。其中草甸类草原面积最大，分布最广，总面积达1.06亿公顷，占全国草原总面积的26.9%，其次是温性草原类草原，面积7453.75万公顷，占全国草原面积的18.98%，沼泽类草原面积最小，只有287万公顷，仅占草原总面积的0.73%①。

草原在我国各省（区、市）均有分布。北京、天津、河北、山西、内蒙古、辽宁、吉林、黑龙江、山东、河南、西藏、陕西、甘肃、青海、宁夏、新疆等北方16个省（区、市）有天然草原面积3.1亿公顷，占全国草原面积的77.6%。其他15个南方省（区、市）有天然草原面积约7958万公顷，占全国草原面积的19.7%。西藏、内蒙古、新疆、青海、四川、甘肃六大牧区草原面积2.9亿公顷，占全国草原面积的75.1%。全国人工种草保留面积约1086万公顷，约占全国草原面积的2.7%。

我国草原共分18个类，813个型。面积位于前3位的依次是高寒草甸类、温性荒漠类和高寒草原类，面积1.5亿公顷，约占草原总面积的37.5%。其中，高寒草甸类主要分布在四川、西藏、甘肃、青海、新疆等省（区）海拔较高的寒冷湿润地带；温性荒漠类主要分布于内蒙古、甘肃、青海、新疆等省（区）的极端干旱与严重缺水地区；高寒草原类主要分布于西藏、青海、新疆等省（区）海拔较高的寒冷干旱地带。

草原是重要的动植物基因库。我国天然草原上已知有饲用植物6704种，其中属于我国草原特有的饲用植物有320种。天然草原上还分布着大量有经济、药用等价值的植物资源，如甘草、麻黄草、冬虫夏草、雪莲、苁蓉等。天然草原上繁衍的野生动物达2000多种，其中国家一级保护动物达40余种，如藏羚羊、野牦牛、马鹿、雪鸡、雪豹等。天然草原有放牧和饲喂家畜品种250多种，主要有绵羊、山羊、黄牛、牦牛、马、骆驼等。

2. 生态及经济价值。草原既有生态功能，又有经济功能。草原具有防风固沙、涵养水源、保持水土、净化空气以及维护生物多样性等重要生态功能，对减少地表水土冲刷和江河泥沙淤积，降低水灾隐患具有不可替代的作用。研究表明：当植被覆盖度为30%~50%时，近地面风速可降低50%，地面输沙量仅相当于流沙地段的1%；在相同条件下，草地土壤含水量较裸地高出90%以上，长草的坡地与裸露坡地相比，地表径流量可减少47%，冲刷量减少77%；25~50平方米

① 卢欣石等：《草原资源保护发展战略》，载于《中国草业可持续发展战略》，中国农业出版社2006年版。

的草地可以吸收掉一个人一天呼出的二氧化碳。草原是陆地上仅次于森林的吸收同化二氧化碳的碳汇，草原土壤腐殖质层是北方主要的碳库，在碳循环中有巨大作用。据计算，我国天然草地每亩的固碳量约为0.1吨/年，具有吸收温室气体的作用。

草原、森林、水资源是自然生态系统密不可分的组成部分，在保护、治理生态环境方面，任何偏颇或顾此失彼的非科学行为都有损于整体效果，会付出更大的代价。

从资源利用的角度来看，草原还具有重大的经济价值。从各地区牧区县、半牧区县畜牧生产情况来看，2005 年，全国牧区县有牧业人口数 505.3 万人，人均收入 2777.2 元，其中牧业收入 2250.8 元，占到 81.0%；半牧区县牧业人口数 1140.7 万人，人均收入 2544.5 元，其中牧业收入 1129 元，占到 44.37%。这说明牧业还是这些地区的大多数人口的重要生计来源。

牧区县和半牧区县历来是我国重要的畜牧业生产基地，是满足国内消费的重要补充，特别是对于满足区域内的消费而言，是非常重要的一个组成部分。从表 1 来看，2005 年，牧区县、半牧区县的肉类总产量只占全国的 2.25% 和 4.11%，奶产量占到 7.63% 和 8.66%，牛羊的出栏数量占全国的比例低于 20%。这说明在肉类生产方面，牧区县、半牧区县对于全国畜牧业生产来说占的比例已经不高了，但是，在毛绒生产方面，牧区县、半牧区县仍然占有重要的比例，绵羊毛的产量占到 23.4% 和 20.04%，山羊绒的产量占到 38.96% 和 18.83%。

表 1　2005 年牧区县、半牧区县畜牧业生产状况和在全国畜牧业生产中所占的比重

单位：万吨，%，万头，万只

	全国牧业县	占比（%）	全国半牧业县	占比（%）	全国
肉类总产量	174.29	2.25	318.44	4.11	7743.1
奶产量	218.58	7.63	248.19	8.66	2864.8
毛产量	10.02	—	8.65	—	—
绵羊毛产量	9.20	23.40	7.88	20.04	39.32
山羊绒产量	0.60	38.96	0.29	18.83	1.54
牛出栏	406.26	7.68	388.70	7.35	5287.6
出栏率	33.3%	—	38.9%	—	38.4
羊出栏	3605.40	11.7	3023.85	9.8	30804.5
羊出栏率	58.2%	—	66.7%	—	84.1
出售肉类总量	120.86	—	214.14	—	—
出售奶	215.97	—	159.32	—	—
出售羊毛总量	8.90	—	8.58	—	—
出售羊绒总量	0.69	—	0.21	—	—

当前来看，由于气候改变和人为因素，草原的生态功能受损，这影响到草原的防风固沙、保持水土、富集碳库、养育野生有蹄类食草动物与维护旱生植物库的基因库的功能，因此，今后来看，草原的生态功能的地位将逐步上升，而经济功能的地位会有所下降。

通过对432户牧户的调查表明，大部分牧户的主要收入来源是畜牧业收入，年均畜牧业收入为3.81万元；其他主要收入来源为农业纯收入和外出务工收入，年均分别为0.61万元和0.66万元。畜牧业收入低于3万的牧户占50.4%。而收入在3万~6万、6万~9万的牧户占27.4%和16.4%；收入高于9万的只占牧户的5.8%。由于牧区生活成本高，牧民中低收入所占比例还是较高的。而高收入所占比例相对少。家庭累计债务小于10000元的牧户占30.0%，在10000~19999元的牧户占28.5%，在20000~29999元、40000元以上、30000~39999元的依次占牧户的18.1%、12.2%和11.1%。

3. 牧区贫困的现状。与近年来草原生态环境退化与恶化相应的是，草原地区的贫困问题比较突出。以内蒙古自治区为例，2003年，内蒙古60个重点贫困旗县的年末贫困村个数为4877个，贫困人口为328.72万人，2003年年末乡村人口总数为1014.69万人，牧区贫困发生率为32.4%。① 在内蒙古88个旗县市里，贫困发生率在50%以上的旗县市就有22个，贫困发生率在40%以上的旗县市有34个，贫困发生率在30%以上的旗县市有56个；88个旗县市连续4年的人均纯收入为783.7元，3年平均农牧民人均纯收入只有814.86元。

根据地形地貌，可以将内蒙古牧区划分为五个贫困区：边境沿线少数民族地区贫困片、蒙东丘陵山区沙区贫困片、阴山风蚀沙化区贫困片、黄土高原沟壑区贫困片和典型风蚀沙化地区贫困片。五个贫困片区的情况并不相同，但是贫困却具有共同的特征。体现为：

（1）自然资源贫乏。在内蒙古边境沿线少数民族地区贫困片，人烟稀少，人口密度只有1.61人/平方公里，环境恶劣，草牧场沙化退化严重，绝大多数地区已成为沙漠戈壁，因灾致贫返贫较为严重，农牧户大多数成为生态难民。在山丘区、沙化区贫困片，水资源缺乏，植被覆盖率低，土地贫瘠，水土流失严重，单产低，总产不稳，部分地区属含氟和含砷水区，因灾因病致贫严重。在沙区，草牧场退化沙化严重，水土流失严重，水土保持困难，极度干旱。东北部海拔在800米以上，平均温度较低，无霜期较短，人少地多，降雨充沛，但易受洪涝黑白灾害。在山区以及后山牧区，草牧场沙化退化严重。在黄土高原沟壑区贫困片，植被以灌木和多年生牧草居多，产草量不高，缺水草场面积大。草场沙化退化严

① 数据来源：内蒙古自治区扶贫办。

重，产草量低是贫困牧区的一个普遍问题。

目前，内蒙古有相当多的旗县人畜饮水困难，人畜饮水困难的缺水人口总计为175.74万人，缺水牲畜369.78万头只。不少地区已失去生存条件。

（2）经济结构单一，农牧业生产不稳定。内蒙古为少数民族聚居区，牧区农牧业科技含量低，经营粗放，北部牧区、林区和三少民族地区这一问题尤为突出，有的仍处于狩猎状态，绝大多数农牧户仍在贫困线以下，经济结构单一，农牧业生产极不稳定。

（3）基础设施建设滞后。目前，内蒙古不通公路的村有2474个，不通电的村有443个。①边境沿线少数民族地区贫困片牧区还有30%以上乡苏木和村嘎查尚未通电、路，广播电视覆盖率只有75%左右，文化、教育和医疗卫生条件相对落后。交通不便，信息闭塞，基础设施薄弱，直接制约了地区社会经济发展，也使得这里的牧民的生产、生活费用支出都远远高于其他地区。

（4）科技、文化、教育、卫生落后。内蒙古农牧民每百个劳动力中，初中以下文化程度47人。由于人口密度小，办教育、文化、卫生事业覆盖人口少，投入强度大，长期以来投入不足。因地下水资源匮乏，全区有六个盟市的120万人受地方性缺碘、高氟、砷中毒危害，地方病流行，因病致贫现象严重。部分贫困户因距离学校远，无力支付学生住校费用，致使一些学龄儿童失学或辍学，贫困户妇女接受教育和技术培训的机会相对更少。贫困群众的科技文化素质较低，自我解决温饱能力十分有限。

（5）经济基础薄弱，财政困难。内蒙古88个旗县市3年平均国内生产总值为1572.9万元，3年平均地方财政收入90.17万元。②部分旗县财政收入只有1000万元左右，而支出大多数在4000万元以上。

（二）生态退化趋势

1. 全国总体状况。国家环保总局发布的《2005年中国环境状况公报》显示，2005年中国90%的可利用天然草场不同程度退化。另据农业部草原监理中心2005年监测：全国90%以上可利用天然草原发生不同程度的退化，其中轻度退化面积占57%，中度退化面积31%，重度退化面积占12%。国家环保总局《2000年中国环境状况公报》显示，20世纪70年代中期，全国退化草原面积约占草原面积的15%，到20世纪80年代中期，已增加到30%以上，90年代中期达到50%以上，到21世纪初已增加到90%，其中中度以上的退化面积占半数。目前，我国严重退化草原近1.8亿公顷，并以每年200万公顷的速度继续扩张，天然草原

---

①② 资料来源：内蒙古自治区扶贫办。

面积每年减少约65万～70万公顷，同时草原质量也不断下降。约占草原总面积84.4%的西部和北方地区是我国草原退化最为严重的地区，这些地区退化草原已达草原总面积的75%以上，尤以沙化为主。虽然国家近年来对草原生态问题有所重视，投入加大，但草原生态“局部治理，整体恶化”的局面没有得到有效遏制。

2. 调查点状况。以我们调研的三个草原地区为例，自20世纪70年代，锡林郭勒盟草原生态环境急剧恶化。2006年，全盟牧草覆盖度由20世纪60年代的35.5%降为27.2%，平均高度由40.9厘米降为26.1厘米，平均亩产量由32.9公斤减少到21.24公斤；退化、沙化草场面积已达到18446万亩，占可利用草场面积由1984年的48.6%扩展到64%；特别是西部荒漠化草原和部分典型草原约有近5万平方公里“寸草不生”。浑善达克沙地流动沙丘面积由1960年的172平方公里增加到2970平方公里，平均每年增加70平方公里。尤其是进入90年代～2002年间，沙化趋势加剧，流动沙丘的面积每年增加143平方公里。总之，锡林郭勒盟草原生态屏障的作用明显削弱，成为威胁首都和华北地区生态安全的重要沙源地。

甘南州及玛曲县90%以上的天然草原都不同程度地存在退化现象。近年的调查统计显示，全州重度、中度退化面积分别达1220万亩、2040万亩，占天然草地面积的30%、50%。草地鼠虫害面积1930万亩，占天然可利用草地面积的47.3%。鼠害危害面积、干旱天然草原面积、“黑土滩”面积分别占到该县天然草原面积1288万亩的30%、23%、5.8%，并呈逐年扩大趋势。草原大面积退化导致草地生产能力大为下降。甘南亚高山草甸草原如以正常草地产草量为参照，重度、中度、轻度退化草地产草量分别下降75%、42%、24%。玛曲县提供的资料表明，天然草原平均每亩青干草产量由80年代的300多公斤下降到目前的200公斤左右，降幅达1/3；牧草高度更是由1990年的40厘米下降到现在的10厘米。甘南草原湿地面积萎缩，涵养水源能力降低，黄河补水量减少。甘南州湿地面积由20世纪90年代初的640多亩减少到目前不足190万亩。干旱缺水草场面积扩大到670多万亩，占全州天然草地面积的17%多。仅玛曲县境内就有100多眼泉水和11条黄河支流常年干涸，另有不少河流成为季节河，地下水位下降20米，玛曲境内补给黄河的水量比80年代减少15%左右。玛曲草原对黄河“蓄水池”的水源涵养功能和黄河水量的补充作用正逐步削弱。

同样，条件良好的呼伦贝尔大草原也已经从“风吹草低现牛羊”的美景转变为“浅草才能没马蹄”的窘境。尽管陈巴尔虎草原是目前我国草场条件最好的草原之一，近几年来也出现了不同程度的退化、沙化和盐渍化现象。据2005年草原生态调查结果显示，陈旗草原退化、沙化、盐渍化总面积达1070万亩，占全旗草原总面积的47%（见表2）。这些退化、沙化、盐渍化草原主要分布于饮水点、居民点、河流两岸和湖泊周围夏季放牧场为中心，向外辐射状分布，退化半径根据利用程度的轻重而异。

表2　　陈巴尔虎旗草场基本情况

	保持完好的草场	退化草场	沙化草场	盐渍化草场	草场总面积
面积（万亩）	1212	865	115	90	2282
比例（%）	53	38	5.0	4.0	100

数据来源：陈巴尔虎旗农牧局汇报材料。

陈旗“三化”草场面积中以草场退化为主，退化面积占草场总面积的38%。尽管草场退化没有沙化和盐渍化明显，也没有沙化和盐渍化表现出的生态恶化、形势严峻，但生活在草原的牧民已感受到草原在退化，体会到草场退化对他们的影响。据陈旗呼和温都尔嘎查的嘎查长反映，1996年左右草的高度约40厘米，现在只有15厘米，且草的密度降低，杂草增加，长了许多带刺的牛羊不吃的“和尚头”，产草量也明显下降。

（三）全球及历史视角下的草原生态退化

近一个多世纪以来，全球不少国家都经历过草原生态退化及沙尘灾害。从19世纪80年代起，美国西部牧区开始由原始游牧方式向现代化牧业经营转变。到20世纪30年代，美国沙尘暴频发，横扫西部大平原10年之久。由于沙尘暴，几百万公顷的农田废弃，几十万人口流离失所。“黑风暴”引起的大量人口迁移，在美国历史上是最大的一次移民。到了1940年，大平原几个州共有250万人口外迁。1954~1965年10余年间，苏联也因为开垦“处女地”后，60年代的干旱导致风蚀，4000万公顷土地有1700万公顷受灾。澳大利亚2002年经历了百年一遇的干旱，此后几年旱情有所缓解。但是从2006年开始，干旱再次降临，旱情超过2002年。照目前的趋势，澳大利亚由干旱引起的生态破坏，要得到恢复很可能也需要持续10年左右。20世纪整个30年代，加拿大大草原地区风蚀和干旱极为严重，大草原地区的250个城市、700多万公顷土地受到了旱灾的影响。加拿大1988年的沙尘暴和干旱直接生产损失估计达到18亿加元。加拿大政府花在这次灾难中的保险和补助金达14亿加元。世界主要国土大国美国、苏联、中国、澳大利亚都出现了干旱引起的生态破坏，历时均在10年左右，而且多伴随沙尘暴肆虐，这绝非偶然。天灾与人祸共同作用，对于生态的破坏最为严重。

美国在灾难过后，牧区才初步确立现代化、集约化的畜牧生产经营方式，其间生产方式的转变经历了60余年。值得指出的是，20世纪30年代，美国面临沙尘暴袭击时，加拿大也受到沙尘暴的影响，为了避免重蹈美国覆辙，联邦政府成立了大草原地区农场复垦管理局，实施项目控制水土流失，采取新的耕作方式。此后，启动牧场项目进行围栏种草，然后才逐步恢复放牧。70 多年来一系列项目、措施，使得加拿大草原生态状况好转。

（四）我国草原退化历史及原因分析

多年来，在全球气候变暖、降雨量减少等自然原因和牧区人口增加、草地超载过牧等人为因素的双重影响下，无论是作为北京屏障的锡林郭勒大草原，还是美丽的呼伦贝尔大草原和甘南大草原，草原生态环境普遍存在不断恶化趋势。草原生态资源和生态价值受到破坏，草原退化、沙化加剧，湿地面积萎缩，水土流失严重，生物多样性锐减，牧区人民的生产生活受到影响。

1. 退化历史。综合有关文献、资料及调研组对草原地区干部牧民的走访，从 20 世纪 60 ~ 70 年代农民大量进入牧区、农业开始影响牧区、牧民也开始种植日常消费所需粮食和其他农作物时起，草原生态已经出现破坏的苗头。根据有关数据，1949 ~ 2000 年 50 余年内，内蒙古草原开垦的耕地达到 2. 33 亿亩，占内蒙古自治区总面积的 13% 。

1977 年联合国防治荒漠化会议，雨育农业区土地退化问题的治理，作为联合国审定的最重要建议之一。建议要求立法限制拖拉机在旱地边缘地区使用，这些地区更适合放牧。在这些边缘地带投机式耕作可能会产生短期丰收，但是长远看，耕作将导致水土流失，进而这块土地将失去农业和牧业生产的价值。牲畜的产量因而减少，并导致进一步贫困。这项建议的执行将会带来重大的生态效益。会议明确批评："中央计划经济将继续忽略牧民并将其排除在大多数扶持政策之外。这是令人遗憾的，因为实施平衡放牧管理的畜牧系统是最可持续方式，通过这种方式在低降雨地区自然资源能够得到管理和保护。"当时我国"文革"刚刚结束，处于百废待兴的历史阶段，对这些重大的建议和批评没有及时做出反应并采取适当措施。

20 世纪 80 年代，我国在农区实行的家庭承包制度引入牧区草原时，没有充分考虑到农耕文化与游牧文化的本质区别，并且首先只分牲畜，未将草场划分承包到户，结果牲畜数量增加比较快，草场资源逐渐紧张。到 90 年代初内蒙古西部草原生态已经处于崩溃的边缘。不幸的是，恰好此时全球温室气体排放剧增，气候变暖对内蒙古草原的影响增大，其突出表现就是降水量减少、干旱加剧。特别是 1999 ~ 2001 年三年大旱引起灾难性后果，草原生态急剧恶化。这也造成了世纪之交 10 年间我国频发的沙尘暴。时至今日，草原生态仍未得到完全恢复。

2. 自然气候因素。气候因素是影响草原生态环境变化的关键性因素。受气候变暖的影响全球普遍干旱少雨，我国草原气候也悄然发生变化。气候原因事实上也主要是人为的。据联合国有关全球气候变暖的国际会议，全世界一百多位最权威的有关专家基本认定，全球气候迅速变暖主要是人类一百多年的工业化过程中气体排放造成的。我国著名气象物理专家叶笃正的研究同样证实了这一观点。显然，占地球陆地表面积最大的草原生态系统严重恶化，同全球气候变暖也高度相关。这是工业化的外部成本，但却是草原经济的内部成本。

以呼伦贝尔草原为例，从20世纪80年代到2006年，呼伦贝尔盟陈巴尔虎旗年降水量下降，年平均气温有所上升，蒸发量不断增加。2000年以后的年均降水量比80年代年均降水量少77.9毫米，减少了约23%；年蒸发量与80年代相比增加了33.4毫米，增加幅度为2.6%（见表3）。具体表现为春季少雨多风，蒸发量大，整个春季降水年平均不足30毫米，仅为全年降水量的10%，而且全年蒸发量是降水量的5倍。这种少雨多风、蒸发量大的气候条件加剧了草原退化、沙化和盐渍化程度。

表3　　1980～2006年陈巴尔虎旗降雨量、蒸发量和温度变化情况

年　份	降雨量（毫米）	蒸发量（毫米）	温度（℃）
1980～1989	338.8	1281.5	-1.59
1990～1999	379.9	1226.1	-0.39
2000～2006	260.9	1314.9	-0.70
2006年比20世纪80年代	-77.9	+33.4	+0.89

数据来源：陈巴尔虎旗气象局。

在调查中，许多牧民也反映最近几年雨水偏少、草场干旱，特别是2007年已经到了打草的季节而草还没有返青，草的高度和密度明显降低，产草量受到了很大影响。一些连续干旱地区草场的退化比较严重。

3. 人为因素。人类活动对地球平衡和生态影响的程度，经历了几十年、上百年的过程。人的行为活动是影响草原生态的重要因素，人们对草原的不合理利用、滥占、对草原资源的掠夺打破了生态平衡，造成草原的退化。据中国科学院的有关报告，草原生态恶化的人为因素，即超载过牧滥垦滥挖的原因占到56%以上。据农业部门监测，近年来草原过牧的趋势没有根本改变。2007年全国重点天然草原的牲畜超载率为33%，全国266个牧区、半农半牧区县（旗）中，牲畜超载率大于20%的有178个县（旗）。除生态建设项目区外，全国天然草原均存在不同程度的家畜超载。不合理开垦、工业污染、鼠害和虫害等也对草原的破坏严重。由于人类活动对草原鼠虫天敌的干扰，草原鼠虫害面积增加。2007年草原鼠害危害面积3894万公顷，占草原可利用面积的11.8%，较上年增加3.9%。虫害危害面积1758万公顷，占草原可利用面积的5.3%，较上年增加4.5%。以陈巴尔虎旗为例，近些年来，草原上人口和牲畜数量不断增长，仅2002～2006年，陈旗牲畜头数就由74万只增加到110万只，增幅接近一半。

人类活动和牲畜活动的增多给草原生态带来了压力。牧民自身保护草原生态意识差，没有科学合理地利用草原，即使是自家的草场也没有科学规划使用。在经济利益的驱动下，牧民会盲目增加牲畜数量，过度放牧。此外，非牧对草原的占用和破坏加剧了草原生态的退化。调查中发现陈巴尔虎旗草原非牧占用现象突出。陈旗草原矿产资源丰富，在靠近旗、镇所在地的草原上散落着大大小小的煤厂、矿厂等，煤矿的开采使得地下水位下降，排放的废渣废气污染了环境，周边草场被破坏的十分严重。大量的草场被作为农业用地开发也对草原环境造成了不小的负面影响。人们过度使用草原、过分掠夺草原资源实际上是对草原生态的透支，将会受自然界的惩罚。

二、我国草原生态治理进展及成就

（一）完善草原法律法规，促进了草原规范化管理

十一届三中全会以前，无论是在立法还是在实践中，对草原资源的重要价值都没有重视。1982年之前，在资源管理的相关立法中还将草原视为荒地。1982年宪法将草原从荒地和其他资源中分离出来，对草原的资源价值从宪法上给予了确认。此后，草原立法在各界的推动下逐步蓬勃开展。在10余年的时间里，草原法律法规逐步完善。

1. 国家草原法规政策不断完善。1985年国家颁布了《中华人民共和国草原法》。这部法的出台结束了草原管理无法可依的历史，使草原管理迈上一个新的阶段。但是，这部法律产生于计划经济时代，对草原的资源功能偏重于经济功能，草原的生态功能没有得到重视。而在20世纪80～90年代，草原生态出现了严重退化。特别是1999年以来，北方沙尘暴频繁发生，草原生态问题逐步得到了国家的高度重视。在草原管理部门和专家的推动之下，对《草原法》进行了修订。2002年月12月全国人大修订后的《草原法》自2003年3月1日起施行。该《草原法》明确赋予了草原管理机构以职权；《草原法》的实施和完善，使草原保护建设利用步入法制化轨道，逐步扭转“草原无法、破坏无罪”的局面。2002年9月，《国务院关于加强草原保护与建设的若干意见》，对加强草原保护与建设作出了一系列明确规定，提出了一系列支持保障政策。

2. 地方性法规相继出台。国家相关草原法规出台后，各地结合本地实际情况，相继出台了一系列地方性法规，有力地促进了草原法制建设。以内蒙古为例。1984年，全国第一个草原管理条例——《内蒙古自治区草原管理条例》在内蒙古自治区诞生。第二年，《中华人民共和国草原法》颁布实施。内蒙古在及时修订

《内蒙古自治区草原管理条例》的同时，又先后制定了《内蒙古自治区基本草牧场保护条例》、《内蒙古自治区草原管理条例实施细则》、《内蒙古自治区草原承包经营权流转办法》等法规规章，建立起较为完善的草原法制体系。2003 年新的草原法修订出台后，内蒙古自治区又对《内蒙古自治区草原管理条例》、《内蒙古自治区草原管理条例实施细则》作了及时修订。为了进一步深化和完善草原法制建设，按照草原法律法规的要求，相继制定了《内蒙古自治区草原监理证件管理办法》、《内蒙古自治区草原临时作业许可证发放办法》、《内蒙古自治区牧草种子生产经营许可证管理办法》，比较详细地规定了草原执法的具体内容，进一步增强了法的可操作性和适用性。依据一系列草原保护与建设的法律法规，内蒙古根据不同情况推行了划区轮牧、季节性休牧和部分地区禁牧等措施，加强草原监理工作，建立草原保护制度和草畜平衡制度。与此同时，国家和地方政府大幅度增加草原保护与建设的资金投入，实施了一大批工程项目，使自治区草原植被得到了明显恢复和改善，全区生态环境保护与建设取得了阶段性成效。《草原法》颁布后，各地加快了地方性草原法规的配套制定工作。黑龙江、四川、宁夏、甘肃、青海、西藏等省区也都出台了本省区的草原法规。

3. 农业部门进一步细化了草原法规及政策。作为草原管理部门，农业部近年来出台多项部门规章，在完善草原政策法规方面发挥了重要的作用。为认真贯彻落实《中共中央国务院关于进一步加强农村工作提高农业综合生产能力若干政策的意见》（中发〔2005〕1 号）和中央农村工作会议精神，深入实施《草原法》，切实加强草原监督管理，改善草原生态环境，维护国家生态安全，促进草原畜牧业可持续发展，农业部发布《关于进一步加强草原监督管理工作的通知》（农牧发〔2005〕1 号）。《通知》指出，加强草原监督管理是建设现代农业的迫切需要，是增加农牧民收入的迫切需要，是维护国家生态安全的迫切需要。要求各地要像重视粮食安全一样重视草原生态安全，像保护基本农田一样保护基本草原，像建设林业生态一样建设草原生态，切实加强草原监督管理工作，促进经济社会全面协调可持续发展。要求各地重点做好开垦和非法征占用草原等破坏草原案件的查处工作。严禁开垦草原，凡在 2003 年 3 月 1 日后开垦草原的，一律以非法开垦草原论处。严禁超越批准权，限违反法定程序批准征占用草原。要主动联合公安、环保、工商等部门，组织开展专项治理，严厉打击各种乱采滥挖草原野生植物的违法行为。要集中力量严厉查处一批破坏草原性质严重、影响恶劣的大案要案，提高草原执法的威慑力。为加快推行基本草原保护制度、草畜平衡制度和禁牧休牧制度，实行最严格的草原保护，切实扭转草原超载过牧，尽快遏制草原退化，农业部出台了《草畜平衡管理办法》、《草种管理办法》、《草原征占用审核审批管理办法》、《甘草麻黄草采集管理办法》等配套法律规章。

（二）推行草原家庭承包制，稳定了草原产权制度

1. 草原家庭承包制的推行进程与各地实践。十一届三中全会以后，内蒙古牧区首先打破了“三级所有、队为基础”的旧模式，在草原经营体制上进行了积极的探索和实践。牧区不少社队在作价承包的基础上，逐步实行牲畜“作价归户、分期偿还、私有私养”的责任制，使牧区生产责任制形式发生了根本性的变化。1984年，内蒙古自治区效仿农区的“家庭联产承包责任制”，率先实行了“草场公有、承包经营、牲畜作价、户有户养”的“草畜双承包责任制”，把“人畜草”、“责权利”有机地统一协调起来，使经营畜牧业和经营草原紧密挂钩，初步形成了适应牧区特点的社会主义畜牧业经营管理体制。自治区人民政府及时颁布的《内蒙古自治区草原管理条例》规定，各地按照承包牲畜的品种和数量，将草原使用权以及管理、利用、建设、保护草原的责任，长期固定到新的基层生产单位，使草原的使用权和所有权分离。

我们在调查中了解到，根据内蒙古自治区和呼伦贝尔市“关于进一步落实草原所有权、使用权，实行草原承包责任制”的工作部署，陈巴尔虎旗从1995年开始开展草原“双权一制”工作。陈旗草原均属集体所有制。总的看，多数草场承包给了牧户。在划分草场时，以人为主，人畜兼顾。在具体承包到户的操作中，以每个牧户划分能饲养200个绵羊单位的草场作为基本草场，其余草场以1995年7月1日时的人口和牲畜数为依据，按人六畜四的比例划分到户。承包期限为30年。打草场、有水草场的承包，优先考虑牧户居住地、牲畜饮水等情况，优先考虑传统放牧习惯和领域，连片集中承包。如果新承包的草场与原来使用的草场不一致，谁在建设草原方面如打井等有投入，谁就有优先承包权。目前，陈旗发放草原集体所有权证29份，落实草原所有权面积1812万亩，占可利用草原面积的87.5%；落实草原使用权面积1692万亩，占可利用草原面积的81.7%，集体留用（防灾备用）草场面积120万亩，国营农牧场使用草原面积258万亩，全旗现有1905户牧户草原使用权得到落实。

同样的情况也发生在甘肃省甘南藏族自治州。1981年，甘南州实行了“牲畜归户、私有私养、自主经营、长期不变”的牲畜承包经营责任制，首先解决了牧户对牲畜吃“大锅饭”的问题。为了使草畜同步协调发展和解放牧区生产力，从1984年开始玛曲提出开展草场承包工作。1987年，玛曲县进行草场联户承包试点工作，到1994年全县除齐哈玛乡外，其他7个乡的草场都不同程度地承包到联户。1995年年底，8户以下的联户承包结束。1995年，州委州政府作出《关于进一步落实完善草场承包责任制，加快草原建设的决定》，将玛曲作为全州草场承包建设的重点。《决定》中提出，要坚定方向，进一步明确认识草场承包到户的重要性；要稳定政策，认真做好草场承包到户工作；要增加投入，切实抓好承包

到户草场的配套建设；要严格检查验收制度，确保草场承包和草场建设质量；要制定细则，抓好实施。随后，甘南州出台了《甘南藏族自治州草场承包责任制实施细则》，该细则适宜于包括玛曲在内的4县的纯牧业乡和条件较好的半牧区乡。在《细则》中明确了草场承包的几个原则。1996年玛曲县开始草场承包到户的工作。在草场承包一开始，原来218个村民小组的界线是清楚的，当时牧民没有承包到户的想法。但是由于牲畜已经归户，草场还是吃“大锅饭”，导致牲畜无节制增长，人畜草矛盾突出，特别是一些牧户因为种种原因逐步沦为无畜、少畜户，牧区的贫富差距越来越大。在这种背景下，甘南州提出冬春草场一定要承包到户。广泛向牧民群众宣传政策，明确“草场公有、承包到户、有偿使用、三十年不变”的承包政策，明确草场承包责任制的核心是承包到户，明确草场承包配套建设坚持牧民自筹为主、国家投资为辅的投资原则，使广大牧民群众逐渐消除了思想顾虑，形成了自发承包草场的共识。

总的来看，20世纪80年代以来，我国牧区逐步实行了草原家庭承包经营制，实行草原公有、分户承包、家畜户有户养，明确了草原保护、建设与利用的责、权、利，初步解决了草原“大锅饭”的问题，充分调动了广大农牧民发展牧业生产、保护建设草原的积极性。目前，全国草原承包面积约占可利用草原面积的70%。

2. 草原承包制的效果。从调查情况看，草场承包特别是承包到户的制度效应初步得到体现：一是牧民的观念有很大转变，权属意识增强。长期以来，普遍存在“草地无主，放牧无界，使用无偿，建设无责”的传统观念。发放使用证、特别是承包到户以后，牧民开始意识到，今后30、50年内不可能再增加新的草场，承包的草场同牲畜一样是自己的财富。二是调动了牧民建设草原的积极性，投入增加。部分懂技术、会经营、有资金的牧民开始自发打井、建设人工草地、围栏草场，对打草场补播优良牧草种子进行改良。三是推动了牧民生产方式的转变。随着草地承包到户责任制的普及，房、棚、草三配套建设进一步加强，逐步做到人有固定住房，畜有过冬棚圈，草地四周有围栏，牧民结束了几千年来逐水草而居的原始游牧生活，实现了生产生活方式的重大变革，促进畜牧业生产由完全依靠天然草场的粗放经营走向了人工种草依靠科技的集约经营。四是草场承包到户增加了牧民收入，使部分贫困户走上了脱贫之路。草场承包到户促使牧民从事牧业生产，更加讲究效率，普遍促进了牧民收入增加。特别是一些贫困户凭借承包的草场，通过出租、转包、联合经营等形式，获得了稳定的收入，用于发展生产，改善生活。

草原承包的目的实际上是将草原的产权明晰到户，激发牧民保护和建设草原的积极性。调查中，牧民都表示草原承包到户好。牧民获得了草场这一最重要的生产资料，极大地调动了广大牧民保护草原、建设草原的积极性。草原承包后，农牧民对草原的保护意识和责任感都比过去增强了。呼伦贝尔盟牧区草场承包后，人工草地面积、草场改良面积、围栏面积分别增长了1.6倍、1.4倍、4倍。[1] 陈旗鄂温克苏木恩河嘎查牧民包德力格尔认为，承包到户好，可以有意识的保护和合理利用，如果不分草场，就可能会出现乱放牧的情况。调查发现，那些承包到户、四至界线明确的户，只要有经济实力，都舍得在草原建设上进行投入。一些不太富裕的牧户也准备围栏。例如乌拉吉呼，他家有草场10479亩，有12头牛1匹马50多只羊，虽然他没被列入休牧围栏项目里，但他想自己搞围栏。

由于草场划分到户，很多牧民改变了游牧的习惯，开始定居下来。牧民生产经营方式转变，畜牧业经济结构发生变化。这一改变为围栏、棚圈建设、水利设施建设和建立饲草料基地等提供了基本前提。

草原承包到户后，牲畜在固定的同一草原上放牧，完全打破了不同季节使用不同草场的放牧方式，牲畜采食比较单一，一些活动半径大的传统牲畜失去了优势。一些牧民自觉地调整畜群结构，加快畜群周转，提高牲畜出栏率，以增加家庭收入。此外，牧民生活方式发生改变，实现了定居和半定居。但人畜集中又带来了新的问题，草场划分到户，几千亩草场内无法进行轮牧，畜群的流动性差，造成草场局部超载过牧。承包解放了牧区劳动力，促进了牧业生产向专业化和产业化方向转变，为牧区产业化的发展奠定了基础，促进了牧区市场经济的发展。经营管理好的乡村已初步形成了标准化家庭牧场的格局，奠定了走产业化路子的基础，畜牧业已逐步由数量增长型开始向效益、品质增长型转变。

此外，草场承包、围栏等措施促进了畜群结构的调整，加快了牲畜良种化进程。使畜群结构趋于合理，适龄母畜比例提高了，非生产性牲畜减少了，畜群周转加快了，疫病传染的机会减少了，畜牧业抗灾保畜能力不断增强。

草场承包到户实际上是资源的再配置、利益的再分配。对贫困户来讲，划分草场后，他们可以通过给多畜户租赁草场获取收益。许多无畜户通过按质论价出租承包的草场，年收入可达3000~5000元，基本解决了收入有固定来源和温饱问题。

（三）实施了一系列草原生态建设项目，生态治理初见成效

近年来，国家实施了一系列草原生态保护建设项目，包括天然草原植被恢复与建设、退牧还草、草原围栏、京津风沙源治理等工程，取得了良好的生态效益。2000~2005年，中央投资各类草原保护建设资金90多亿元。截止2005年底，人工种草840多万公顷，改良草原1600多万公顷，草原围栏3800多万公顷，累计

---

① 引自中央农村工作领导小组办公室、中央政策研究室、国务院研究室、国务院法制办、农业部调查组“关于草原承包情况的调查报告”，2002年。

治理“三化”草地5800多万公顷。草种田面积40多万公顷，生产草种10多万吨，有20%的可利用草原实施了禁牧、休牧和划区轮牧。生产加工草捆、草块等干草产品200多万吨。通过保护建设，项目区草原植被得到初步恢复，防风固沙和水土保持能力显著增强，生态环境明显改善，农牧民种草养畜热情高涨，以草定畜、科学养畜的意识得到增强（农业部，2007年）。据农业部2007年对国家近年来实施的退牧还草、京津风沙源治理、天然草原植被恢复与建设、草原围栏、岩溶地区草地治理试点工程等草原保护建设项目的监测表明，我国草原保护建设工程效益显现。对内蒙古、新疆、青海等14个省（区）244个各类项目区监测表明：草原生态建设工程效益显著，与非工程区相比，工程区内植被盖度平均提高了16个百分点，植被高度提高51%，产草量提高64%。

1. 京津风沙源治理工程。

（1）工程概况、措施及目标。京津风沙源治理工程启动于2000年。背景是当时几年之内京津乃至华北地区多次遭受风沙危害，特别是2000年春季，我国北方地区连续12次发生较大的浮尘、扬沙和沙尘暴天气，其中有多次影响首都，引起政府高度重视。2000年5月，时任国务院总理朱镕基到锡盟视察，提出“治沙止漠刻不容缓，绿色屏障势在必建”，由此国家连续出台了一系列的草原生态治理项目。京津风沙源治理工程是为改善和优化京津及周边地区生态环境状况、减轻风沙危害实施的一项生态建设工程。工程由国家林业局牵头。工程区西起内蒙古的达茂旗，东至内蒙古的阿鲁科尔沁旗，南起山西的代县，北至内蒙古的东乌珠穆沁旗，涉及北京、天津、河北、山西及内蒙古等五省（区、市）的75个县（旗）。工程区总人口1958万人，总面积45.8万平方公里，沙化土地面积10.12万平方公里。工程区分为四个治理区，即北部干旱草原沙化治理区、浑善达克沙地治理区、农牧交错地带沙化土地治理区和燕山丘陵山地水源保护区，治理总任务为222292万亩，初步匡算投资558亿元。截至2006年，该工程共安排中央投资25亿元，完成草原治理任务3514.18万亩。

工程采取以林草植被建设为主的综合治理措施：一是林业措施，包括退耕还林3944万亩，其中退耕地造林2013万亩，匹配荒山荒地荒沙造林1931万亩；营造林7416万亩，其中，人工造林1962万亩，飞播造林2788万亩，封山育林2666万亩。二是农业措施，包括人工种草2224万亩，飞播牧草428万亩，围栏封育4190万亩，基本草场建设515万亩，草种基地59万亩，禁牧8527万亩，建暖棚286万平方米，购买饲料机械23100套。三是水利措施，包括水源工程66059处，节水灌溉47830处，小流域综合治理23445平方公里。生态移民18万人。

预计到2010年，通过对现有植被的保护，封沙育林，飞播造林、人工造林、退耕还林、草地治理等生物措施和小流域综合治理等工程措施，使工程区可治理的沙化土地得到基本治理，生态环境明显好转，风沙天气和沙尘暴天气明显减少，从总体上遏制沙化土地的扩展趋势，使北京周围生态环境得到明显改善。

（2）京津风沙源治理工程效果。据国家林业局报告，截至2007年6月底，工程累计完成林业措施6493.26万亩（其中：退耕地造林1642万亩、匹配荒山造林1600万亩、人工造林523.16万亩、飞播造林814.9万亩、封山育林1913.2万亩）、农业措施12103.95万亩（含禁牧8527万亩）、小流域治理1166.90万亩、生态移民139342人。

京津风沙源治理工程中集中连片的林草植被发挥了明显的防护功能，地表起沙得到有效遏制，风沙危害明显减轻，生态防护功能显著增加，工程区已从沙尘暴加强区变为减弱区。工程实施后，取得了明显的成效。植被恢复效果：工程区2005年与2001年相比，植被多样性增加，指数提高了0.45~1.65；林草植被稳定性提高，总盖度平均提高了12%；植被固碳效果：2005年植被固碳量为11633.1万吨，比2001年增加1068.3万吨，提高了10.1%，相当于比2001年多吸收二氧化碳3917万吨；土壤风蚀防治效果：工程区2005年的土壤风蚀总量为9.95亿吨，比2001年净减少1.96亿吨，减幅达16.4%。在消除风力环境差异的影响之后，即在同等风力条件下，2005年的土壤风蚀量比2001年净减少1亿吨；地表向大气释尘的控制效果：工程区2005年向大气释尘量为2629万吨，比2001年净减少15.8%。在消除风力环境差异对释尘量的影响之后，即在同等风力条件下，2005年释尘量比2001年净减少356万吨；土壤水蚀防治效果：工程区2005年的土壤水蚀总量为1.7亿吨，比2001年净减少1.8亿吨，减幅达50.7%。其中退耕还林（草）的面积虽占工程区总面积的4.5%，但其减少的土壤水蚀量却占整个工程区土壤水蚀量的20.4%。水蚀面积、侵蚀模数、土壤水蚀总量分别减少28.5%、50.8%和50.7%，其中退耕还林（草）减少的土壤水蚀量占工程总减少量的20.4%；向大气中释尘量减少15.8%，消除风力差异的影响，2005年少向大气中释放356万吨的沙尘；促进区域社会经济可持续发展效果：工程区2005年的区域社会经济可持续发展指数为68.8和56.4，比2001年增长22个百分点，其中42.3%是工程治理的贡献。

另据农业部对河北、山西和内蒙古3省（区）9个京津风沙源治理工程县（旗、市）草原建设项目进行的监测表明，项目区植被恢复良好。与2000年未实施工程时相比，内蒙古自治区3旗（市）、河北省3县、山西省3县（市）全境草原植被盖度分别提高了6.3个、6.0个和5.6个百分点，产草量分别提高了12.6%、12.5%和11%。严重沙化草地面积减少，京津风沙源治理工程的实施在一定程度上遏制了严重沙化草地的扩张。2007年内蒙古自治区浑善达克沙地区域的严重沙化草地约为90360公顷，比2000年减少约20.1%。其中，阿巴嘎旗减少了18.8%，苏尼特左旗减少了21.5%，锡林浩特市减少了24.2%。

课题调查点之一的锡林郭勒盟盟府所在地锡林浩特市与北京直线距离为460公里，南部草原距北京最近距离仅180公里。锡盟被国家总体上列入“环京津风沙源”项目地区。截止到2006年，对环京津风沙源项目，国家在锡盟共投入专项资金31.5亿元，其中建设资金17.75亿元，补贴资金13.753亿元。项目累计共完成沙源治理面积1770.3万亩，其中营林造林488.9万亩，草地治理1200.6万亩，小流域综合治理80.78万亩，水源工程7525处，实施生态移民42572人。和退耕还林项目、退牧还草项目相比，环京津风沙源项目的特点是力度大、综合性强，其中子项目就包括15个，侧重点在林业。

2. 退牧还草工程。

（1）基本情况及总体效果。2002年12月，国务院正式批准在西部11个省区实施退牧还草工程，退牧还草工程2003年正式启动。重点治理蒙甘宁西部荒漠草原、内蒙古东部退化草原、新疆北部退化草原和青藏高原东部江河源草原，先期集中治理的10亿亩草原约占西部地区严重退化草原的40%。2007年农业部发布的《全国草原保护建设利用总体规划》，又进一步明确了退牧还草工程实施地区主要在地处北方干旱半干旱草原区的内蒙古东部和东北西部退化草原治理区、新疆退化草原治理区、蒙陕甘宁西部退化草原治理区和地处青藏高寒草原区的青藏高原江河源退化草原治理区的内蒙古、辽宁、吉林、黑龙江、四川、云南、西藏、陕西、甘肃、青海、宁夏、新疆等12个省区及兵团，共279个县（旗、团场）实施。这一区域有草原面积2亿多公顷，其中一半以上严重退化。主要通过草原围栏、补播改良、人工种草以及禁牧、休牧、划区轮牧等措施，目标是减轻天然草原放牧压力，恢复草原植被，促进草原生态和畜牧业协调发展。根据国家《退牧还草和禁牧舍饲陈化粮供应监管暂行办法》规定，蒙甘宁西部荒漠草原、内蒙古东部退化草原、新疆北部退化草原按全年禁牧每亩每年补助饲料粮5.5公斤，季节性休牧按3个月计算，每亩每年补助饲料粮1.37公斤。

截止2006年，退牧还草工程共安排中央资金71亿元，完成草原围栏任务4.4亿亩。据农业部2007年最新监测，退牧还草工程对内蒙古、四川、云南、西藏、甘肃、青海、宁夏和新疆等8省（区）87个县（旗）的退牧还草工程监测结果表明：工程区内植被盖度平均提高了15个百分点，植被高度提高47%，产草量提高58%。利用2007年、2000年遥感数据，对内蒙古、新疆、四川和云南省等4省（区）16县（旗）退牧还草工程实施前后的植被情况进行对比分析，结果表明：与2000年未实施退牧还草工程时相比，工程区的植被平均盖度提高9个百分点，产草量平均提高26%。

（2）牧户调查结果。在对432个牧户的调查中，59.9%的牧户参加了退牧还草项目。项目实施后39.3%的牧户的产鲜草量增加，44.6%牧户的产鲜草量减少，16.1%牧户的产鲜草量没有变化。草场平均产鲜草量每亩低于100公斤的牧户45.6%，每亩产草量100~300公斤的48.9%，每亩产草量300~500公斤的2.8%，每亩产草量高于500公斤的2.8%。项目实施后年均纯收入增加的牧户占54.2%，收入减少的占43.0%，收入没有变化的占2.9%；其中年均牧业纯收入增加的牧户占48.6%，收入减少的占48.2%，收入基本没有变化的牧户占3.2%。

项目实施后33.8%的牧户家饲养的羊的数量增加，63.2%牧户家饲养的羊的数量减少，3.0%牧户家饲养的羊的数量没有变化。项目实施后34.3%的牧户家饲养的肉牛数量增加，58.1%牧户家饲养的羊的数量减少，7.6%牧户家饲养的羊的数量没有变化。

从调查来看，被调查牧民中有57.5%的认为禁牧有利于草场恢复；21.5%的牧民认为对草场恢复的作用不大，草场恢复主要靠天气；21.1%的牧民认为有用，但偷牧的比较多，影响效果。对于休牧项目，被调查的牧民中有50.4%的牧民认为“休牧有利于草场恢复，应该坚持”；9.6%的牧民认为“休牧的作用不大，没必要坚持”。

对于退牧还草项目59.7%的牧民认为“好”；17.4%的牧民认为“不好”；22.9%的牧民认为暂时无法说清楚。关于退牧还草对当地生态环境产生的影响，有52.2%的牧民认为“变好了”；42.2%的牧民认为“基本没变化”；5.6%的牧民认为“恶化了”。

总体看，牧民基本上认可退牧还草项目，但也反映了存在的一些困难。

3. 生态移民工程。生态移民工程是以保护当地生态环境为主要目标，以促进当地经济可持续发展为动力，而将牧民从生态环境恶劣的地方迁移到生态环境较好的地方的生态保护活动。和退牧还草、京津风沙源治理工程不同，生态移民工程不是一个国家层面综合规划的项目，而是各个草原治理地区根据自身特点，在当地草原治理工程下，自主实施的草原治理子项目。生态移民工程既有在京津风沙源工程下的，也有在退牧还草、各类生态保护区等项目下的。以下结合调研点的情况分析生态移民项目。

（1）锡盟、甘南等地生态移民工程情况。锡林郭勒盟生态移民项目是京津风沙源治理工程的子项目，于2001年开始试点，2002年正式启动。采取项目移民与自主转移相结合。其中自主移民的比例占到55%。截至2006年底累计实施生态移民9227户计42572人，涉及草场面积2268.7万亩，牲畜75.6万羊单位，共建设移民安置区93处，集中安置移民7336户32886人。资金来源主要包括：林业部门风沙源项目中给予移民人口人均5000元的生态移民补偿，用于移民住房安置；还有禁牧补贴，每年每亩4.95元（按人均200亩草场计算，每个移民每年可得补偿990元）；国家扶贫开发项目资金中有一部分专项资金用于对生态移民进行补贴；农、牧、水、电等部门分别为移民开发提供部分建设资金；此外，有一部分资金由牧民自筹。移民搬迁项目国家累计投资23400万元，基本上是国债资金。主要用于迁入地基础设施建设、移民生活安置、移民生产扶持、禁牧补贴等方面。具体的项目补偿措施包括：从事第一产业的移民，政府提供住房和棚圈补偿（每人5000元）、禁牧补偿（每亩4.95元/年）、建饲草料基地补偿、生产的贴息贷款等；从事二三产业的移民，政府提供安置住房和给予生产经营启动资金（每户2万元），并免除部分税费。此外，生态移民工程一般都结合就业扶持政策、教育补贴政策、医疗保险、贫困救助和养老保险等综合性政策。生态移民迁入地一般选择在具有“五通”条件的城镇周边，其中重点选择生态承受能力较强的地区，避免移民对当地生态环境造成新的破坏。迁入地主要围绕“二市五镇”，即锡林浩特市、二连浩特市、白音华镇、上都镇、多伦卓尔镇、乌里亚斯太镇和巴音胡硕镇。锡盟的移民搬迁采取了几种不同的方式：整村搬迁、插花搬迁和政策上引导迁移。

甘肃甘南州玛曲县2004～2006年全县共完成1552户9293人的异地搬迁任务。其中有一个已经建成的牧民集中居住点，该集中居住点位于玛曲县县城，居民以前全部为各乡镇极贫困的牧户，包括无畜户、无草场、无住所等牧户，共700户。新村建设房屋投资每户为2.7万元，其中政府补贴1.5万元（资金来源于民政部门救济资金），牧民自筹1.2万元，基础设施水、电、路等由县财政统一负责。牧户有草场的可以将草场出租，青壮年劳动力可以外出务工，如建筑、餐馆、服务、收废品、裁缝等，虽然工作不稳定，但温饱问题能够解决。政府还作了规划支持牧民的发展，如扶持开办藏族传统服装厂、建藏戏团等。

（2）生态移民工程的效果。锡盟实施生态移民工程后，移民所从事的产业也体现出多层次、多渠道的特点，包括就地转移从事特色种养业、异地搬迁种养业安置和二三产业安置三种类型。多数移民从事第一产业，共计29345人，占总数的68.9%，主要从事奶牛、西门塔尔牛、肉羊、绒山羊、獭兔等畜牧养殖，以及少数种植业生产；从第一产业转向第二三产业的有13227人，占总数的30.1%，主要从事商业、餐饮业、运输业、加工业等活动。据调查，多数移民在移出后的前两年情况较为艰难，收入增长不明显，但从第三年开始状况有所改善，目前有总数80%以上的移民生产、生活情况较为稳定。也有少数移民回流现象，约占总数的1.4%。

移民后，项目区生态环境得到明显改善。移民的迁出减轻了草场的压力，使其得到了自我恢复、休养生息的机会，部分地区还实施了封、飞、造等草原综合治理措施，草原退化、沙化速度有所减缓，植被迅速恢复，生态环境得到有效改善。正蓝旗生态移民项目实施完全禁牧的草场2004年与2001年相比有明显改善，牧草平均盖度从30%提高到70%，高度从12厘米增长到37厘米、产草量从78.5公斤/亩增加到142公斤/亩。生态移民促进了牧民生产方式的转变。牧民的生产条件得到全面改善，抵御自然灾害的能力得到有效提高，生产经营方式由传统的、粗放的向现代的、集约的方式转变。牧民生活质量明显提高。牧民从原来生态环境恶劣、交通闭塞的地区，搬迁到城镇周边，伴随着生产方式的转变，居住条件、医疗卫生条件、教育环境、通讯条件等生活质量得到明显提高。

玛曲县通过异地搬迁，有效缓解了人畜对草场的压力，遏制了草场的退化，促进沼泽湿地和草甸草原植被恢复的速度。据有关部门测定，禁牧后当年，沼泽湿地植被生物学产量由原来每亩200余公斤增加到400公斤以上，植被盖度增加到70%以上。实施移民后，改变了牧民长期以来逐水草而居、居无定所的原始生活方式，提高了生活水平，解决了长期困扰牧民的行路难、就医难、子女上学难、看电视难、通讯难、用电用水难、购物难等实际问题。促进了牧民的生活方式由牧村向城镇转变，由原来的分散定居向集中定居转变。通过实施育肥羔羊和养殖奶牛为主的产业化经营模式，开阔了眼界，增加了信息，转变了生活观念，提高了生产技能，牧民收入增加。

4. 草场围栏。草场围栏是实施退牧还草、休禁牧或划区轮牧、各类生态保护区项目、基本草牧场建设、草地施肥、人工种草及飞播牧草、草原确权等的一种形式或手段。草场围栏并非一个独立的项目，但其又是各类草原治理工程的重要组成部分，对于草原治理工程和草原治理效果具有重要影响，因此，本部分对其做专门介绍。

草场围栏有两类作用和目的，一是草原治理项目的需要，便于实行对草原有计划的管理；二是草原确权的需要，便于划分草原的边界，确定草原的所有权和使用权。草场围栏作为一种管理手段也被澳大利亚、美国、新西兰等国家使用。我国的草场围栏最早起源于20世纪50年代的草库伦。当时，为了抗灾保畜、防草场退化、恢复草场生产力，内蒙古等地的一些牧民以不同的围篱方式将草场逐块地围起来，建立小草库伦。在这个基础上，建设草场和人工草场、饲料地以及水利、林网综合配套的草库仑。依利用方式不同，可分为割草库仑，放牧库仑，草、料、林三结合草库仑。最初的草库伦比较简单，多是用当地的一些材料修建的，用树枝、石头等堆砌而成。从20个世纪80年代以后，随着草场承包到户制度的推广，牧民草场确权的需要，以及国家休牧禁牧轮牧等项目的实施，网围栏逐渐代替了石头，被围封的面积迅速扩大。

资料显示，1983~1993年10年中，全国累积草地围栏面积近800万公顷。据农业部2007年《全国草原保护建设利用总体规划》显示，截至2005年底，我国四大草原区围栏面积合计为3787万公顷，规划任务到2010年全国累计草地围栏面积达1亿公顷（全国草地面积的25%），2020年将达1.5亿公顷。我们调查到的锡林郭勒盟1965年开始半人工草地建设，当年产生了第一个草库伦。到1969年，锡盟共围建石头草库伦3万亩。而据学者韩影的推测，到2006年，该盟2.9亿亩草场已有一半建立了网围栏，网围栏总长20多万公里，总投资约15亿元。在我们调查的苏尼特右旗，2001年全旗围栏草场面积仅为560万亩，占全旗可利用草场面积的19.4%。2002年以来，通过各类项目建设和牧民自筹资金大力开展草地围栏建设，到2006年末，全旗围栏草场面积达到2030万亩，占全旗可利用草场面积的70.4%。另一个调查点玛曲县从1998～2002年5年时间中，围栏建设已占整个草地面积的33%，且还在扩大。

由于各地草原条件和围栏情况的不同，草场围栏的投资没有统一的标准。但通过实地调查和学者们的推算，建设草场围栏是一项成本很高的投入。内蒙古锡盟地区围栏每米的价格大约在10～15元，由于围封的面积不同，价格也不同。在锡盟的典型草原地区，一般一个牧民家庭承包的草场面积约为数千亩，假设是5000亩的话，每家需要20多公里长的围栏，而这需要差不多20万元，如果临近的家庭可以共用围栏，那么每户也要投入10万元。如果内部还要划区轮牧，那么还要增加5万～10万元。锡盟的苏尼特右旗近年来生态围栏投入为2340万元，占各项项目资金的16.7%。在甘肃省玛曲县，假定所有参包牧户完成草地围栏，围栏成本按30元/亩计，则围栏一项的投资近4亿元。据调查，平均每户牧民一年为围栏监管和维护还要多付30个工日和400元左右的现金。

5. 沙化草原治理工程。草原沙化防治工程是通过采取围栏封育、划区轮牧等措施保护现有草原，通过人工种草、飞播牧草、草场改良等措施，以建促保。对高原高寒地区实施退牧育草、治虫灭鼠、人工种草等措施恢复和保护江河源头生态系统；光热水条件较好的地区实行草田轮作，加快高产优质人工草场建设。该工程在北方干旱半干旱草原区和青藏高寒草原区的北京、天津、河北、山西、内蒙古、辽宁、吉林、黑龙江、西藏、四川、陕西、甘肃、宁夏、新疆等14省（市、自治区）的223个县（市、区）实施，其中包括正在实施的京津风沙源治理工程的75个县（市、旗、区）。工程区内有草原面积6232万公顷，其中退化草原面积4822万公顷。通过各项措施，使沙化草原得到有效治理，生态环境明显好转，风沙天气和沙尘暴天气明显减少，从总体上遏制沙化土地的扩展趋势。

三、草原生态治理中存在的矛盾与问题

草原政策和项目的实施，对于保护草原生态环境、缓解人为因素对生态环境的破坏、促进草原等资源的恢复保护和合理利用，起到了积极作用。然而由于历史欠账多，人口压力大，生态治理制度和体系不完善，地区经济落后及财政困难，国家投入有限等原因，草原生态保护工作仍然面临很多矛盾和问题。

（一）保护理念已经确立，但思路还有待改进

近几年，从中央到地方，从政府部门到社会各界都逐步开始意识到草原生态保护的重要性，草原生态保护的理念已经逐步树立。为此，中央政府部门和地方各级政府部门都相应出台了一系列关于草原生态保护的政策和条例，并相应实施了不同的草原保护项目。草原生态保护已经迈开了重要、坚实的步伐。但草原生态保护的政策和项目还存在一些问题和矛盾，这几年关于草原生态保护政策和项目的各种争论不绝于耳、是非难辨。不少草原生态学家、社会学家、经济学家以及地方政府官员对草原生态保护政策和项目都有些不同看法和建议。其中一个要点就是草原生态治理的思路和方向问题。根据调查组对内蒙古及甘肃几个地区的调查并综合一些研究学者的观点，近些年来，国家草原生态保护政策和项目的效果在部分地区体现的微乎其微。国家投入了大量的资金，政府部门投入了大量的人力和精力，牧民也做出了一些牺牲，但一些地区和牧民反映草原生态保护效果有限。究其根源，还是缘自草原生态保护的思路和方向存在问题。主要有：草原生态治理政策综合性不强，“头痛医头，脚痛医脚”，缺乏整体性、全局性；以草为本，而非以人为本，草原生态治理往往以草和畜为出发点和着力点，却偏偏忽视了人的主体地位，以致政策和项目常常得不到牧民群众的支持，缺乏群众根基。草原生态治理中项目至上；草原生态治理缺乏长期、可持续性制度，休禁牧制度及项目等草原生态治理方式都有于一定期限和范围，“走一步、看一步”，政策预期和项目前景不明确。

（二）监督能力亟待提高，监理体系建设刻不容缓

目前，由于草原管理机构位势低，草原监理部门在执法方面存在很大困难，在处理草场纠纷、工业征占用等问题时，往往执法能力弱，没有地方政府的大力配合，根本无法完成执法任务，或只能听之任之。而且，在草原管理方面目前还存在着部门之间的利益之争，重农轻草、重林轻草的问题始终没有解决。《草原法》由于在执法方面的可操作性不强，而迫切需要相关实施细则、条例等的配套

措施的出台。

草原监理是一项集技术、行政、法律和政策性于一体的工作，草原监理体系的建设对草原生态治理及成果的巩固至关重要。目前，国家级草原监理机构已经建立，但是，县乡级草原监理机构尚不完善，很多还是与草原站一块牌子、一套人马，普遍存在人员素质跟不上、办公条件差、交通工具和办案取证设备缺乏的问题。目前，基层草原执法监理人员中拥有较高学历和职称的人员还很少，草原相关专业的人员、法律专业毕业人员、有行政执法证的人员的比例不高。2007年，县级草原监理机构共有人员5883人，其中草原专业的仅占25.5%，法律专业的仅占4.7%，而其他专业的占69.8%。总的来看，草原监理执法人员少，执法水平不高，有待于加大执法培训力度和增强执法队伍整体素质。

目前，各级草原监理机构的事业费来源是财政全额拨款或差额拨款。由于牧区地方政府财政困难，只能保证人头费，各省区基本不能保证草原监理专项经费。有些地方还存在着拖欠草原监理人员工资和差旅费的情况。由于经费不足，草原治安派出所、草原经济民警队缺乏必要的执法设备，执法过程中取证困难，制约了执法工作的正常开展。今后，草原生态建设和保护的任务越来越重，这个问题就更加突出。

（三）项目缺乏综合性及可持续性

近些年，国家在草原牧区主要开展的草原生态治理项目包括退牧还草工程、生态移民（围封转移）工程、京津风沙源治理工程等。这些工程的实施对于推动草原生态保护建设工作起到了积极作用，但也不可否认的是，目前实施的这些草原生态治理项目还存在一些缺陷。主要问题：

缺乏整体性及综合性。项目之间相互割裂，没有统一性和相互之间的协调协作；有些项目甚至分属不同的部门管理，部门系统内层层下达项目和任务，独立运作，即便作用于同一个牧区的项目也是各行其是、各为其主；项目建设内容单一，如退牧还草工程一般仅限于围栏和饲料粮补助，同时围栏耗掉了项目大多数资金，而饲料粮补助标准又一成不变且偏低；草原生态治理工程中退牧还草、牧民定居、畜牧生产方式改进、饲草料基地建设、畜种改良、草场改良、草原生态监测等方面的综合性差。

缺乏可持续性。调研中了解到，牧区基层干部和牧民多数担心国家草原项目的长期性和可持续性。如退牧还草的饲料粮补助会延续多少年，如果补助在一定年限停掉后会影响项目成效；围栏的使用年限和养护问题，由于人为和当地环境条件等原因，围栏寿命往往比设计年限短，其维护工作和费用成问题；而且更有人担心，现在的围栏会不会成为未来的草原垃圾，以及围栏对于草原野生动物繁衍及物种改良的负面影响，从而对草原生态系统可持续发展的负面影响。再如生态移民项目中，转移出来牧民的就业、社会保障及长远生计问题，在生态移民项目中不乏许多移出来又返回去的牧民，使生态移民项目效果大打折扣。

（四）草原承包制面临一些问题

从调研情况来看，虽然被调查地区都已经推行了草场家庭承包制。但从全国总体情况来看，草场承包制落实情况各地不一，2005年，中国还有31.7%的可利用草原没有承包，已承包的草原中还有48.7%没有承包到户。这与各地领导的认识有关。由于草场承包的推进力度不一，在草原建设方面也出现了差距，在有一些地方由于各级政府思想统一、政策到位，承包落实得好，牧民的积极性被调动起来，畜牧业有朝着集约化、专业化、标准化、规模化经营方向演化的可能，在一些地方，承包工作走过场，相应的政策支持和投入均严重不足。

必须明确的是，产权明晰是需要付出大量成本的，产权的维护也需要付出成本，不增加投入，就不可能有真正明晰的产权。由于投入没有跟上，承包后围栏、住房、棚圈等草原基础设施投资量的巨幅增加，导致牧户负担加重，甚至出现了新的牧区贫困现象。

草场承包到户后，带来不少生产和生活上的经营性、技术性难题。主要有：牧户分散经营，基础设施建设滞后，科技服务跟不上，舍饲半舍饲养殖等科学管理方式难以推进，不利于生产方式的切实转变。牧户分散经营，不利于集约化、专业化、标准化、规模化经营模式的实现，严重影响了畜牧业质量和效益的提高，制约了现代畜牧业的发展。相对封闭的经营方式，影响了牲畜的基因流动和自然配种，造成近亲繁殖率上升，牲畜品种退化加剧，个体生产性能不断下降。承包后围栏、住房、棚圈等草原基础设施投资量的巨幅增加，导致牧户负担加重，甚至个别牧户出现了新的贫困现象。导致本来定居率底、住房条件差的牧户，居住更加分散，也直接影响到了文化、教育、卫生、供电、道路等基础设施建设成本极度增加和难以得到有效解决，出现了看病难、上学难、用电难、饮水难、行路难、通信难、文化交流难等社会化问题。

（五）增收致富与生态保护间存在矛盾

在草原牧区，尤其是纯牧区，当地工业、服务业都比较落后，就业机会少、收入渠道窄，牧民的收入几乎全部来自于草原畜牧业，靠畜吃饭、靠草吃饭。这种条件下，一方面，牧民有增收致富的愿望，牲畜养的越多越好，另一方面，草原不堪重负，草场退化，生态环境恶化，草原生态保护迫在眉睫。而且，随着近年来牧区和外界沟通的增强，牧民的交通、生活、通信、教育等成本日益上升，也更加需要牧民从有限的草地上获取更多的收益来维持其相对以往的高消费，导致对草场的进一步掠夺，加剧生态恶化。牧民增收发展与草原生态保护将会是长期存在、难以调和的一对矛盾。

（六）生态移民难度大

生态移民难度大表现在两个方面，一方面是政府方面的财政压力大、工作难度大，另一方面是移民的生活负担重、生存压力大。以内蒙古锡盟为例，生态移民试点项目的实施，已经围封禁牧草场 370 万亩，占生态恢复禁牧区草场总面积 4074 万亩的 9.1%，已投入补贴资金 2013.36 万元，占试点区五年计划补贴资金的 26.6%。按禁牧 10 年计算，4074 万亩草场实施禁牧，有 12200 余人全部搬迁出来，大约需要补贴资金 10 亿多元，这么大的资金量，对锡盟财政来说无疑是个沉重负担。在苏尼特左旗试点区，补贴五年资金缺口为 695 万元；苏尼特右旗试点区补贴五年资金缺口为 662.08 万元。苏尼特右旗自 2002 年以来，实施生态移民 422 户、2135 人。项目总投资 3174 万元，其中国家投资 1074 万元，地方配套及农牧民投工投劳折资 2100 万元。但其生态移民资金明显不足。国家生态移民资金补助中每转移一人补贴 5000 元，而该旗转移一人至少需投资 2 万元。5000 元补贴不仅不能满足移民户建房需要，更缺乏生产启动资金。草原地区一般财政收入都比较少，地方政府在开展生态移民工作中感受到的财政压力比较大，工作难度也大。另一方面，牧民移民后其生活和生产方式都发生了极大的改变，牧民对新的生产和生活方式不适应。牧民普遍接受文化程度低，转移到城镇从事二三产业，从文化、技能及生活习惯等方面不相适应，移民外出就业困难且工资不高。多数草原地区第二、三产不发达，具有民族特色的餐饮、服务、旅游业尚未发展起来，对生态移民增收带动有限。移入后生活成本和生产成本大幅度增加，收入增长却很缓慢。

（七）草场围栏在生态上产生了一些负面影响

目前，不少学者对于草场围栏在生态方面造成的负面影响表达了忧虑。他们认为 20 世纪 80 年代以前的网围栏建设只是将有限的草场围封起来，并没有影响牲畜的流动，但是进入 90 年代以后，草原普遍的承包和围封使完整的草原破碎化，牲畜只能被限制在有限的空间中活动，这加剧了草原的退化。一些学者认为，草场围栏使草地生态系统的完整性遭到破坏。草地本应是一个完整的生态系统，围栏建设则在一定程度上破坏了系统完整性。目的各异的围栏造成整个草地牧压不均，部分草地因放牧强度过大而退化，部分草地因放牧强度不足而退化（尤其是围栏禁牧草地）。如果连续多年禁牧，草地生产力的下降幅度可能会更大。牧压不均引起植被覆盖度的严重不均。据调查，有些草地因长期超载，植被盖度明显下降，地表裸露面积增加，部分草地的土地裸露率高达到50%以上。地表裸露率的增加为沙尘暴的频繁发生埋下隐患。同时，牧压不均使部分草地牧草单一化，优良牧草比例减少，毒杂草蔓延，物种多样性丧失，草地的整体生产能力下降。此外，多数栏外草地踩踏严重，植被遭到严重破坏、沙石裸露，逐渐演变成牧道。与围栏一样，纵横交错的牧道加剧了草地生境的破碎化。草地生态系统生境破碎在一定程度上也影响了草地原有的稳定的径流系统，并使草地的水源涵养能力降低，导致河源供水能力下降。围栏使家畜、野生动物的交流和活动受限，侵占和挤压野生动物栖息地，导致牲畜体质弱化和繁殖能力下降。此外，围栏的自然损坏和人为损坏都很严重，每年的维护也需要耗费大量劳动力和资金，围栏在经过几年以后，就会损毁而失去保护围封区域内草原的作用。

（八）退牧还草存在的问题及困难

牧户调查中，从农牧民角度来看，退牧还草项目存在以下问题：一是补偿标准低，饲草料及资金短缺。对于禁牧的补偿标准63.7%的牧民认为“低”；对于退牧还草工程实施后牧民遇到的最大困难，36.7%牧民认为是饲草料不足，41.7%的牧民认为是资金短缺，13.9%的牧民认为是养殖数量减少。二是增加了养殖成本，减少了牧民收入。40%的牧民认为“休牧增加了牧民的饲养成本，很难坚持”。关于项目的实施对牧民收入的影响，有60%多的牧民认为“饲养成本增加，收入下降”，有50%多的牧民认为“养殖头数减少，收入下降”。三是违禁放牧问题较为突出。对于退牧还草期间“偷牧”现象，有32.2%的牧民说“比较普遍”；40%的牧民认为“有，但不多”；还有27.8%的牧民说“基本没有偷牧的”。

此外，调查中也发现，基础设施建设滞后和后续产业发展不足也是影响退牧还草工程实施的重要因素。牧区地广人稀、偏远，基础设施建设难度相当大。交通不便，信息闭塞，直接制约了地区社会经济发展，也使得牧民的生产、生活费用支出都远远高于其他地区。牧区干旱缺水使相当多的旗县人畜饮水困难，制约着饲草料基地的建设，使这些区域普遍面临人畜饮水困难和饲草料不足的问题。这也是禁牧舍饲后农牧民面临的最大困难，直接影响到这些地区的畜牧业经济和农牧民生计。

目前，牧区集约化畜牧业还没有形成气候，牧业生产的专业化、社会化、集约化水平不高。一方面，牧区科技服务体系建设投入不足，基础设施和设备落后，人员素质低，很难适应新时期草原保护和建设的需要。另一方面，包括牧区水利、交通、电力、围栏、住房问题、牲畜棚圈等在内的牧业基础设施建设落后。从全国统一大市场的角度看，根据农区、农牧交错带、牧区的资源优势进行经济分工的专业化市场还处于发展当中，农区有发展畜牧业的大量的资源优势，农牧交错带和纯牧区之间则可以进行专业化分工，牧区搞繁育，农区搞育肥。但目前，农区和牧区的资源优势和分工优势体现还不足，特别是优质优价机制的缺乏使得通过农牧结合、农牧互补，达到以农养牧、共同发展的目的尚有一段路要走。

（九）牧区贫困与草原退化相伴相生

牧区贫困与草原退化是一个问题的两个方面，互为因果。草原退化是牧区贫困的重要原因，牧区贫困也促使牧民对草原进一步掠夺，更增进了草原退化。最终形成“草原退化——牧区贫困——草原进一步退化——牧区进一步贫困”的恶性循环。近 10 多年来，随着草原的退化，牧区贫困问题日益突出，反过来又对草原治理增加了难度和压力。治理草原退化本身就要求治理牧区贫困，如何解决牧区贫困问题成为草原治理中的一个难点。近年来，国家和地方政府在扶贫方面已经开展了一些项目，如扶贫开发工程、“整村推进”项目、生态移民项目、劳动力转移项目等，项目成就比较显著。但是，总体上牧区扶贫项目还比较少，覆盖面较小，综合扶贫效果还需加强。

四、基本思路与原则

草原生态治理在经过数年的政策和项目实施后，已进入稳步推行阶段。当前，很有必要针对政策和项目实行中的一些关键性问题做一探讨，以有利于从宏观层面把握未来草原生态治理的战略任务。

（一）统筹考虑、综合协调

草原生态治理是一个综合的系统工程，涉及牧区经济、社会、生态、民族、文化、教育、社会保障等多个方面，兼具经济、社会、政治、文化、科学等各个层面内容。开展草原生态治理工作需要全面考虑各个方面的问题，综合统筹各个领域的工作。近年来，草原生态治理工作和项目中出现的问题和矛盾，或多或少都与没有认识到其复杂性、没有考虑到其综合性有关。故而，中央和地方层面都需要首先树立综合性草原生态治理意识，确立综合性草原生态治理政策及项目。中央层面应综合协调统筹农业部、林业局、发展改革委、国家民委、扶贫办、西部开发办以及教育部、劳动部、民政部、文化部、统战部等各相关部委的职能，充分发挥和调动各中央部委在草原生态治理和牧区经济社会发展中的作用，并形成合力。同时，应尊重各地的条件差异和区域特点，赋予地方政府在草原生态治理方面更多的自主权和决策权，让地方政府能够依据当地情况，统筹利用国家和各部委相关项目资金，综合开展草原生态治理工程。

（七）尊重牧区文化和草原文明

草原牧区多数为少数民族地区，尤其独特的文化、信仰和风俗习惯。在很多方面，与农区和汉族地区完全不同。退牧还草、生态移民、牧区建设、牧民子女教育等项目的设计和实施都应充分考虑到这一点。各类项目都要更多考虑民族文化、牧区文化和草原文明，考虑民族团结和稳定边疆。项目设计和具体实施，要充分尊重牧民的文化传统、生产方式、生活习俗，更人性化一些，更细致一些，才有助于项目的最终成功。

五、政策建议

（一）加快《草原法》配套法规的制定步伐

由于立法滞后，中国草原生态保护和建设的投入责任主体一直没有明确，草地利用、草地自然资源开发等具体工作缺乏补偿依据，在征占用和临时使用草原过程中，大量存在着资金不足、补偿低、补偿不能及时到位等问题，特别是在具有重大草原生态服务价值的区域，资金投入严重不足。可以考虑在条件成熟时，制定《生态补偿法》。应在国家层面制定比较规范的生态补偿机制。

在深入贯彻实施《草原法》的同时，加紧研究草原法的配套法律建设问题，制定完善的配套法规规章，包括草原法的实施条例或细则。应根据实际需要，制定新的规章、办法及标准，如草畜平衡的测算，不同类型草地的放牧利用强度等，进一步完善地方的草原法规体系。

要尽快建立和完善各级草原监理机构。草原执法是草原监理的重要职责，要逐步改善草原执法条件，增强执法手段。应把依法行政贯穿于草原保护、建设和监理工作的各环节，切实做到严格执法、公正执法、文明执法，保障草业持续健康发展。要明确监理责任，对行政主管部门和国家机关工作人员在草原管理方面违法违规及不作为的现象，要严格追究责任。

（二）完善草原家庭承包经营制

第一，要明确基层党委政府在推进草原家庭承包经营工作方面的主体责任，积极稳妥地推进各项基础工作，为稳定和完善草原家庭承包经营制度奠定扎实的基础。

第二，依法确认草原所有权和使用权，进一步做好草原家庭承包经营制的落实工作。

第三，要加强承包合同的监督管理，引导和规范草原承包经营权依法有偿流转，坚决纠正承包期内任意调整和强行流转承包草原的行为，严禁随意变更承包草原的权属和用途，妥善处理草原承包纠纷，积极做好非牧户占用草原的清理工作，依法保护广大农牧民的合法权益。

第四，要加大对草原承包工作的投入力度。草原承包工作涉及基层百姓，政策性强、技术性也很强，需要技术部门投入大量的人力、物力和财力，各级政府应拨出专门经费，以加大此方面的投入支持力度。

（三）改进退牧还草实施体系

退牧还草项目是国家草原生态治理的重要方面，但工程建设内容较单一，仅限于围栏、饲料粮补助及少量的草地补播。要有效实现草场禁牧休牧制度，需要增加退牧还草项目建设内容。进一步加大国家对草原保护建设的投资，将牧民定居、牲畜棚圈建设、饲草料基地建设、畜种改良、草场改良、草原除莠、人工半人工草地建设、草原生态监测、监理体系建设、治虫灭鼠、沙化治理等等措施与退牧还草工程结合实施，提高项目建设效益。

我国各地各类草原生产能力差异性很大，应根据各类草地实际生产力情况，完善退牧还草补助标准体系。对于产草量高的草甸草原，应根据实际情况和物价水平，提高饲料粮补助和变现标准。应依据分类、分区、生态恢复效果、牧民生产结构调整情况等，合理延长退牧补贴补助年限。此外，退牧还草工程实施后，草原监理和草原防火任务加重，进一步加强草原监理和草原防火体系建设。

（四）大力支持生态移民政策

实践表明，牧区牲畜超载下不来、草原生态不堪重负的根本原因在于牧区人口的不断增长。因此，减轻牧区人口压力的根本出路在于促进牧区人口转移和劳动力外出就业。应划分不同的需要实施生态移民的地区类型，相应确定并大力实行不同的生态移民政策及项目。锡林郭勒盟和甘南州已经在这方面做了一些探索，有成功也有波折。对于地方的牧区人口转移探索试验，国家政策和资金应积极扶持。从宏观层面出台牧区人口转移的优惠政策，包括社会保障、职业技能培训、学生教育补贴、生产设施补助、基础设施建设、住房补助等方面。考虑到物价上涨、牧区交通不便、建筑材料单价高、牧民现金收入水平低、地方财政实力差等综合因素，应提高生态移民项目中的人均补贴标准，降低地方财政配套资金要求。

产业的支撑是生态移民成败的关键。生态移民不仅仅是将牧户从生态恶劣的地方转移出来，更重要的是帮扶牧户发展起来。千方百计发展当地经济，给予牧民坚强的产业支撑，才能保证牧民能移得出、稳得住、富得快，才能保证牧民生产生活的可持续发展。产业的选择应该根据当地经济发展情况，依靠当地的优势，因地制宜，发展一批具有特色可持续发展的产业。

（五）建立健全生态补偿机制

广大草原地区生态功能对于周边及整个国家的生态环境具有重要影响。草原生态治理不仅惠泽草原地区，而且惠及广大非草原地区。建议建立国家及地区间生态补偿机制，国家设立专项资金对草原地区生态保护建设工作给予重点支持和倾斜，建立周边或中下游发达地区对上游草原地区的生态补偿及帮扶机制。在草原生态补偿机制引导和作用下，促进草原生态脆弱区群众向城镇或集镇进行搬迁，建少人口和减轻草场使用压力，实现城乡互动及和谐发展。在生态补偿资金支持下，在技能培训、劳务输出、第二三产业经营，以及住房、棚圈、储草棚、道路、供电等生产基础设施方面和生活方面给予牧区居民生活补贴，从根本上解决这部分群众的后顾之忧，为维护草原生态良性发展、解决草原生态安全问题奠定基础。

为了保护生态，许多牧民离开了祖祖辈辈生活居住的地方，搬到一个陌生的环境，在搬迁过程中遇到了很多困难。如何缓解并安全度过适应过程中的种种困难和危机，仅仅靠一次性的补贴是远远不够的，只有建立制度化的补偿机制，使牧民获得稳定的经济帮助，才能达到长远的效果。一是使生态补偿法制化，依法执行补偿，保证补偿的科学性、合法性、有效性；二是补偿不仅要补偿生态保护、建设的经济成本，还要补偿生态效益的价值，建立区域间生态补偿机制；三是为每个牧民建立账户，对牧民进行类似粮食直补的直接补贴，让移民直接感受到国家的支持；四是建立专项资金，加大对草原地区的基础设施建设，促进草原地区经济发展，为生态移民生活生产状况的改善，打下坚实的基础；五是加大对移民生产设施的投入，如草料加工机械、仓储设施、棚圈、水井等。

（六）扶持牧区畜牧业生产

草原牧区具有得天独厚的畜牧业发展优势，尤其是在发展绿色、高消费标准的畜产品方面，优势更加明显。当前，随着城乡居民生活水平的不断提高，人们对畜产品质量、品质的要求越来越高。而草原畜产品优质、安全的特点恰恰符合高水平消费市场这一需求。但是，草原畜牧业的劣势也比较明显：自然气候条件差，传统畜牧业甚至有“夏壮、秋肥、冬瘦、春死”之规律，冬春季牲畜病死率高；交通极不方便，畜产品价值实现困难；草原牧区信息极不灵通，牧民与市场脱节，牧民对市场信息不了解、谈判和应对能力差，缺乏经济合作组织支持，牧民在市场上处于不利地位；棚圈等基础设施条件差；等等。治理草原生态不能忽视牧区畜牧业生产，应利用草原牧区的有利条件，积极扶持牧区畜牧业生产，增强牧区畜牧业综合实力，尤其是在发展绿色、高品质畜产品方面发挥草原特色。需要国家加大政策和资金倾斜力度，切实改善牧区居住、饮水、棚圈、交通、供电、卫生、教育、通讯等基础条件，培育扶持种草、养殖和加工龙头企业，加快牛羊育肥基地和专业养殖小区建设，促进农牧民生产生活方式的改变。实施牧区现代畜牧业示范园区建设项目，在示范区将10~20个承包户相对进行集中，建设成为联户牧场，将草场牲畜向联户流转，人口向集镇流转。国家还应增强对畜产品交易市场建设、农牧民合作经济组织和行业协会发展、畜产品质量安全体系建设、牧区种质资源保护工作、农牧民科技培训等方面的政策和资金扶持力度。

（七）优先发展教育事业

从长远看，基础教育和职业教育事业是有序、顺利推进牧区人口转移和发展牧区经济社会事业的最有效手段。因此，应以牧区教育为重点，积极完善和探索发展民族教育的新路子，加大对牧区教育的投入，改善各级各类学校办学条件；落实“两免一补”政策，适当提高寄宿制学校学生的生活补助标准，加强对牧区“双语”教学的投入支持。继续加强基础教育建设，全面实现“两基”目标，扩大九年义务教育覆盖范围。不断扩大高中教育规模，不断推进学前教育，加快发展职业教育。在国家扶持下，依托高等院校开设民族班，积极争取合作师专专升本等多种措施，扩大高等教育规模。积极发展成人教育和农牧民职业技术教育，深入开展农牧村扫盲教育和适用技术技能培训，培养牧区经济社会事业发展的高素质牧民。

（八）鼓励牧民联户经营

在生态建设中，应谨慎地使用网围栏，除了在一些生态特别敏感地区和高产出地区以外，大面积的围栏建设应该慎重考虑。应采取积极措施，鼓励牧民参与草原保护，以牧民的参与替代简单的网围栏建设。可以借鉴天然林保护的经验，将一些生态敏感地区的牧民从牧业生产转变为草原的守护者，这样不仅可以实施有效的草原管理，而且可以增加就业机会。牧民积极参与草原管理可以取得比网围栏更好的效果。建议在一些地方可以首先试点，给牧民发补贴，使他们担负起守护草原的任务。应鼓励牧民积极建立乡规民约，用乡规民约代替外来的守护者。仅仅依靠外界的制度管理草原，必然出现高成本低效率的结果，因此建议应该加强草原畜牧业和草原管理中的乡规民约建设，强化牧民自我管理的能力。

应在联户经营的基础上推进草原的划区使用，从而避免规模过小的划区轮牧和高成本的网围栏投入。扩大经营规模可以照顾到不同的草场条件，增强牲畜的流动，避免草场因面积过小而形成的破坏，同时也可以减少围栏的投入。建议可以在现有牧区合作的基础上，推进牧区大区域合作划区轮牧的试点。在玛曲已有不少这样的联合生产体，草场通过内部流转，合理布局了四季草场，有利于保持草畜的动态平衡，缓解放牧压力，降低草场管理、治理成本。

（九）让牧民参与决策

牧民是草原的主人，他们是草原生态经济系统可持续发展的直接收益人，也是这一系统退化的直接受害人，他们也是最熟悉这一系统演化过程的人，对于如何养护这一系统最有发言权。草原上的牧民能够千百年来与其生存的环境保持长期的协调关系，本身就包含了可持续的选择，我们要对这种选择给予理解和尊重，不能以实现现代化为名，破坏他们的选择。从草原治理的国际成功项目中看出，所有的活动并不是由当地政府技术人员设计后强加在牧民身上的，而是由公众经过长时间的研究，自己确定、规划的。我国从“大跃进”年代的人民公社化，到改革开放以来的承包到户，以及近几年的“生态移民”、“围封转移”、“禁牧休牧”，都是在少则一两年、多则三四年的短暂期限内完成的，并且都是以“党委决定——政府部署——群众贯彻”的形式完成的。因此，我国今后应大力提高牧民做草原“主人翁”的意识，积极鼓励社区公众参与到草原治理的规划、执行和监督等各个领域，从而建立起民主、科学的草原治理决策机制。

（十）实施综合性扶贫

牧区贫困因素众多，根深蒂固，不可能依靠一计一策解决问题。牧区贫困不仅是经济问题，也是生态问题。国家财政对牧区扶贫项目的投入应随着我国经济不断发展、财政收入增加而不断增加。进入21世纪以来在农区普遍实行的各项补贴，可以酌情部分移植到牧区来。缓解贫困根本上还要依靠牧区自身各项产业的发展来解决。首先，不能忽视农牧业发展对于缓解贫困的重要意义。在不少牧区，由于二三产业滞后、牧民劳动素质所限，牧业仍然是牧区的主要产业。根据国际上的普遍规律，农牧业增长对缓解农牧区贫困仍然十分有效，几乎世界上所有贫困的减轻，都与农牧业增长的直接和间接作用有关。其次，应尽可能创造条件让牧民在工业化、城市化的进程中，获得在城市、工矿企业就业的机会，而不是让牧民感到工业化和城市化在不断威胁他们的生存。特别是对于草场受到占用的牧民，应该安排技能培训，使他们能够顺利转向二三产业就业。此外，应鼓励民间资金投入扶贫，引导非政府组织参与扶贫。

（韩　俊　张云华　陈　洁）

尊重牧民的看法和愿望

——完善草原治理政策牧户调查

在对内蒙古、甘肃的三个地市（盟、州）、四个县（旗）案例调查的基础上，国务院发展研究中心农村经济研究部“完善草原治理政策课题组”又制定调研方案和调查问卷，组织内蒙古、新疆、甘肃三省草原牧区的大学生和研究生于2007年暑假期间，对内蒙古、新疆、甘肃和青海四个省区40个牧业村（嘎查）的村级访谈和434户（有效数据为432户）牧民的问卷调查，并形成了35份小型调查报告。在此基础上，我们对数据资料进行了筛选整理和分析，形成此报告。本报告着重用第一手数据反映牧民的生产生活状况，表达牧民的认识、感受和期望。

一、调查村及调查牧户的基本情况

被调查的村（嘎查）共40个，其中内蒙古的占82.5%，甘肃的占10%，新疆的占5%，青海的占2.5%。有效调查牧户432户，其中内蒙古85%，新疆7%，甘肃省6%，青海省2%。调查以内蒙古自治区牧业村和牧户为主。

（一）调查村的基本情况

1. 户数、人口及劳动力、养殖牲畜情况。所调查村的平均户数为258户，其中牧户数平均为221户；平均总人口和平均劳动力分别为1023人和410人。平均外出打工劳动力和外来劳动力分别为115人和64人；2004年以来，随着退牧还草等项目的实施，村里外出劳动力数量在增加，主要以青年人为主，从事行业多为体力劳动，外出就业收入有所增加。每村人均年纯收入为2万元。

被调查村中，养羊的村最多，有38个，羊的养殖数量也是最多的，平均每村为19497只。其次是养马、养殖肉牛的村最多，分别有34个和32个，平均每村数量为336头和1492头。再次是养殖奶牛的村有19个，平均每村数量是781头。其他牲畜还有牦牛、骆驼等。

表 1　　40 个牧业村的基本情况　　单位：户，人，元

	总户数	其中牧户数	总人口	其中牧业人口	劳动力	其中外出打工劳动力	外来劳动力	村人均年纯收入
村数	40	39	40	39	36	34	20	36
合计	10327	8602	40912	33978	14771	3906	1275	720502
平均	258	221	1023	871	410	115	64	20014

注：本表中“村数”指数据有效的村的数量，合计和平均数均以该有效样本数为基础计算。后边的表如无特殊说明也以此为标准。

表 2　　2006 年底调查村的牲畜数量　　单位：头，只

	羊	肉牛	奶牛	牦牛	马	骆驼	其他
村数	38	32	19	4	34	12	18
合计	740877	47759	14836	18523	11433	2480	31374
平均	19497	1492	781	4631	336	207	1743

2. 草场基本情况。所调查的 40 个村的草场类型以天然草场为主，其中天然草场面积占 76.7%，打草场占 12.7%，人工饲草料基地占 0.7%，耕地占 1.1%，林地占 0.9%，沙地占 7.8%。

调查地区都相对比较干旱，年降水量多数在 200 毫米以下。年降雨量低于 100 毫米的地区占 34.6%，大于 100 毫米低于 200 毫米的地区占 38.5%，大于 200 毫米的地区占 26.9%。

调查地区普遍都有草原退化和沙化情况，其中六成多地区退化、沙化比例大于村草场面积的 10%。具体而言，草原退化、沙化比例低于该村草场面积 10% 的占 37.9%，大于等于 10% 低于 20% 的占 24.1%；大于等于 20% 低于 30% 的占 24.1%；大于 30% 的占 13.8%。

3. 草原治理项目实施情况。被调查的村中，有 35 个占比近 90% 的村参加了退牧还草项目；有 16 个占比 40% 的村参加了风沙源治理项目；8 个占比 20% 的村参加了天然草原保护工程；7 个占比近 20% 的村参加了生态移民项目；还有 10% 多的村参加了其他项目。在所有参加的项目总数中，参加退牧还草的占 48.3%；天然草原保护工程的占 15.5%；风沙源治理项目占 8.6%；生态移民项目占 20.7%。

投资总额低于 100 万元的项目占 52.8%，大于 100 万元低于 200 万元的项目占 16.7%，大于 200 万元低于 500 万元的项目占 13.9%，大于 500 万元的项目占 16.7%。

项目范围面积低于 5 万亩的占 50.9%，大于 5 万低于 10 万亩的占 9.4%，大于 10 万低于 20 万 13.2%，大于 20 万低于 50 万的占 15.1%，大于 50 万低于 100

万的占7.5%，大于100万的占3.8%。项目范围内牲畜头数低于1万的为37.9%，大于1万低于2万的31.0%，大于2万低于3万10.3%，大于3万低于4万的13.8%，大于4万的6.9%。

（二）调查牧户的基本情况

1. 牧民家庭基本情况。所调查的牧户平均家庭人口为4.37人，其中劳动力占49%，上学子女占29%，需要赡养的老人占22%。将户主受教育程度分为六个层次，则可看到文盲占12%、小学35%、初中38%、高中12%、中专2%、大专及以上占1%，即初中以下文化程度的占到85%，受教育水平非常低。户主所从事职业主要为畜牧业，占比为82%，个体户、外出打工、经商或在政府机关工作的人极少。户主工作地点基本在本村，占比为91%。调查显示35个外出打工者中，由于户主的学历和能力限制，也主要从事农牧业和建筑装修业等体力劳动。

2. 牧户承包草场及饲养牲畜情况。调查数据显示，有387户拥有承包草场，总面积为118.60万亩；326户拥有围栏草场，总面积为73.86万亩；265户拥有打草场，总面积为14.72万亩；186户拥有饲草料基地，总面积为2.00万亩；173户拥有冬草场，总面积为23.31万亩；135户拥有春秋草场，总面积为12.30万亩；169户拥有夏草场，总面积为20.11万亩。由平均数看每户平均草场面积，承包草场总面积3.06千亩，其中平均围栏草场2.27千亩、打草场0.56千亩、饲草料基地0.11千亩，承包草场中平均冬草场1.35千亩、春秋草场0.91千亩、夏草场1.19千亩。

牧户羊的饲养数量、基础母畜数量、改良畜平均数为202、114.2、47.75只；改良畜所占比例为23.64%。饲养数量最多的年份为2005、2006、2007年，最多时平均每户为309.91只。肉牛饲养数量、基础母畜数量、改良畜平均数为24.55、16.99、10.59头，改良畜所占比例为43.16%。饲养数量最多的年份为2005、2006、2007年，最高平均每户为35.16头。奶牛饲养数量、基础母畜数量、改良畜平均数为11.48、10.92、2.95头，改良畜所占比例为25.74%。饲养数量最多的年份为2004、2006、2007年，总数最高时平均每户为16.61头。

表3　　平均牧户牲畜养殖情况（截至2007年6月30日）　　单位：头，只

	羊	肉牛	奶牛
家畜饲养量	202	24.55	11.48
基础母畜数	114.2	16.99	10.92
改良畜数	47.75	10.59	2.95
最多时的数量	309.91	35.16	16.61

在所调查的牧户中，80%多已经定居，并且拥有固定的房屋。只有不到20%

的在游牧，住帐篷或蒙古包。

3. 牧户收支情况。大部分牧户的主要收入来源是畜牧业收入，年均畜牧业收入为3.81万元。其他主要收入来源为农业纯收入和外出务工收入，年均分别为0.61万元和0.66万元。并且牧户畜牧业收入低于3万的占50.4%。而收入在3万~6万，6万~9万的牧户占27.4%和16.4%；收入高于9万的只占牧户的5.8%。由于牧区生活成本高，牧民中低收入所占比例还是较高的。而高收入所占比例相对少。

牧户的总支出中所占比重从大到小依次是改善生产条件、教育支出、改善生活条件、医疗等，分别占50.7%、19.7%、13.1%和11.1%，这几项支出的平均数分别为13060元、8410元、5590元和5370元。生产性支出中在5千元到2万元的牧户最多，占40.6%，其次是支出小于5000元的牧户占37.8%。支出为2万~4万元和4万元以上的分别占牧户的12.2%和9.4%。牧户参加的建设项目主要是棚圈、打井、网围栏、饲草料基地和青贮窖，所占比例依次是78.57%、62.21%、56.45%、41.94%和33.18%。每户平均建设投资为29160元，包括网围栏16450元、棚圈13100元、饲草料基地5620元、打井5320元、青贮窖3000元和其他投资5640元。国家补贴在牧户总体投资中所占比例为23.50%。其中占网围栏投资的13.36%、青贮窖投资的11.98%、打井投资的7.6%、饲草料基地投资的5.76%、其他投资的1.84%。每户平均国家补贴为14370元，依次包括打井10900元、网围栏6810元、饲草料基地3560元、青贮窖2920元、其他4940元。

牧户生活性支出在1万到2万元的牧户占39.2%，其次是支出小于1万元的占26.2%，支出为2万~4万元的牧户占25.2%，支出在4万元以上的牧户占9.3%。家庭累计债务方面，小于1万元的牧户占30.0%，在1万~2万元的牧户占28.5%，在2万~3万元、3万~4万元和4万元以上的依次占牧户的18.1%、11.1%和12.2%。牧户的贷款主要来自于亲戚朋友、信用社，还有一部分来自于非正规信贷机构。

二、牧民眼中的退牧还草项目

退牧还草项目包括休牧、禁牧和轮牧项目。调查中，有29个村参与了禁牧项目，有27个村参与了休牧项目，其中大部分从2002~2004年开始实施。休牧时间是90天的10个村，45天的4个村，50天和60天的分别是2个村。有10个村参与了划区轮牧项目，其中大部分从2002~2004年以及2007年开始实施。调查村禁牧、休牧面积情况见表4。

表4　　调查村实施禁牧、休牧项目情况　　单位：个

	总参与村数	项目面积低于1万亩村数	大于1万低于2万亩的村	大于2万低于5万亩的村	大于5万低于10万亩的村	大于10万低于20万亩的村	大于20万亩的村
禁牧	29	3	4	6	8	5	3
休牧	27	2	3	3	4	4	7

（一）近六成牧民认为禁牧有利于草场恢复，多数认为补偿标准低

禁牧对于生态恢复的作用，被调查牧民中有57.5%的认为有利于草场恢复；21.5%的牧民认为对草场恢复的作用不大，草场恢复主要靠天气；21.1%的牧民认为有用，但偷牧的比较多，影响效果。

在有村级调查数据的16个村中，2007年禁牧草场补偿现金额度每亩4~5元的村最多，有8个，其他为低于4元/亩的村。在被调查的7个有饲草料补偿的村中每亩补偿3.6公斤的最多，有4个村，其他为补偿4公斤、3公斤或1.4公斤。对于禁牧的补偿标准63.7%的牧民认为“低”；22.3%的牧民认为“还行”；13.5%的牧民认为“高”。2007年多数村的休牧草场补偿现金额度每亩低于1元，饲草料每亩补偿多数低于0.5公斤以下。牧民对于休牧补贴的标准，认为还可以的占22%，认为偏低的占78%。

（二）一半牧民认为休牧难以坚持或无需坚持

对于休牧项目，被调查的牧民中有50.4%的牧民认为“休牧有利于草场恢复，应该坚持”；9.6%的牧民认为“休牧的作用不大，没必要坚持”；40.0%的牧民认为“休牧增加了牧民的饲养成本，很难坚持”。

对于国家补贴的年限，6.4%的牧民认为可以是8年以下；10.3%的牧民希望是8~15年；4.7%的牧民希望是15~20年；10.3%的牧民希望是20年以上。58.6%的牧民希望只要休牧就补；还有9.9%的牧民认为暂时无法说清该补多少年。

（三）六成牧民肯定退牧还草项目，一半多认为项目让生态环境变好了，但项目对牧民收入影响大

对于退牧还草项目59.7%的牧民认为“好”；17.4%的牧民认为“不好”；22.9%的牧民认为暂时无法说清楚。

关于退牧还草对当地生态环境产生的影响，有52.2%的牧民认为“变好了”；42.2%的牧民认为“基本没变化”；5.6%的牧民认为“恶化了”。

关于项目的实施对牧民收入的影响，有40%的牧民认为“短期看饲养成本增加，但长期看有利于草场恢复和生产”；有60%多的牧民认为“饲养成本增加，收入下降”；有近10%的牧民认为“饲养成本变化不大，收入变化不明显”；有50%多的牧民认为“养殖头数减少，收入下降”；还有近10%的牧民认为还有其他影响。

（四）1/3牧民认为退牧还草期间“偷牧”现象普遍，四成多牧民认为饲养成本提高以致不得不“偷牧”

对于退牧还草期间“偷牧”现象，有32.2%的牧民说“比较普遍”；40%的牧民认为“有，但不多”；还有27.8%的牧民说“基本没有偷牧的”。

对于“偷牧”现象，有43%的牧民认为“不应该”；有43%的牧民认为“饲养成本提高了，不得不偷牧”；有9.2%的牧民认为“适当偷牧也是可以的”；还有4.8%的牧民认为有其他原因。

被调查的牧民中认为减轻“偷牧”主要靠提高补贴的占60%多；认为应该加强监管的占近20%；认为应该加强教育的占20%多；认为应该合理利用的占20%多。

（五）退牧还草项目实施前后的情况对比

1. 牧户家产鲜草量各有四成左右增加或减少。项目实施后39.3%的牧户家的产鲜草量增加，44.6%牧户家的产鲜草量减少，16.1%牧户家的产鲜草量没有变化。草场平均产鲜草量每亩低于100公斤的牧户45.6%，每亩产草量100~300公斤的48.9%，每亩产草量300~500公斤的2.8%，每亩产草量高于500公斤的2.8%。

2. 年均牧业纯收入增加或减少的牧户各占一半。项目实施后年均纯收入增加的牧户占54.2%，收入减少的占43.0%，收入没有变化的占2.9%；其中年均牧业纯收入增加的牧户占48.6%，收入减少的占48.2%，收入基本没有变化的牧户占3.2%。

3. 六成左右牧户饲养羊和肉牛的数量减少。项目实施后33.8%的牧户家饲养的羊的数量增加，63.2%牧户家饲养的羊的数量减少，3.0%牧户家饲养的羊的数量没有变化。

项目实施后34.3%的牧户家饲养的肉牛数量增加，58.1%牧户家饲养的肉牛的数量减少，7.6%牧户家饲养的肉牛的数量没有变化。

项目实施后牧户的年用工量增加的占12.2%，减少的占31.1%，没有变化的占56.8%。

（六）饲草料不足和资金短缺是项目实施后牧民遇到的最大困难

对于退牧还草工程实施后牧民遇到的最大困难，36.7%牧民认为是饲草料不足；41.7%的牧民是资金短缺；13.9%的牧民认为是养殖数量减少；还有7.7%的牧民有其他情况。

三、牧民眼中的生态移民项目

所有调查牧户中共有99户参与了生态移民项目。

（一）生态移民大多还在本旗县，七成多还从事牧业

生态移民中25.7%的牧户搬到本乡镇（苏木）内；23.9%的牧户搬到县（旗）内其他乡镇（苏木）；43.6%的牧户搬到县（旗）政府所在地；1.0%的牧户搬到本市（盟）。

生态移民搬迁后所从事的职业，74.2%的仍从事牧业，1.1%的从事农业，5.4%的外出打工，19.4%的自由经营。

（二）仅1/3牧民认为生态移民让草场生态环境变好了

关于生态移民对草场生态环境产生的影响，33.0%的牧民认为变好了；35.1%牧民认为基本没变；8.2%的牧民认为恶化了；还有23.7%的牧民觉得说不清。

（三）生态移民后，一半生态移民难就业或难适应新的生产方式

生产就业方面，16.7%的生态移民就业困难，很难找到稳定工作；32.2%的生态移民因不放牧了，适应不了新的生产方式；还有4.4%的生态移民无职业；15.6%的生态移民转变了生产方式，生产利润增加；12.2%的生态移民家里外出打工的人增加；18.9%的生态移民开始自主创业。

（四）移民后，六成多牧民收入下降

项目实施后年均纯收入增加的牧户占26.7%，收入减少的占61.7%，收入没有变化的占11.7%；其中年均牧业纯收入增加的牧户占27.8%，收入减少的占68.5%，收入基本没有变化的牧户占3.7%。

（五）六成牧民认为生活条件改善

在生活方面60.2%牧户觉得生活条件和环境明显改善，而39.8%的牧户不适应城镇生活，想回牧区。

子女教育方面，48.2%的牧民认为子女上学方便了；23.5%的牧民认为影响不大；20.0%的牧民认为教育费用增加了；而2.4%牧民认为教育费用减少了；5.9%的牧民认为教育质量提高了。

（六）生态移民遇到的问题不少

生态移民后牧民遇到的主要问题：近70%的牧民喂养牲畜的饲草料不足；50%多牧民生活生产用资金短缺；近50%的牧民认为收入水平低；10%的牧民对生产、生活方式的转变不适应，外出就业机会少。

（七）四成多牧民希望移民后能自主创业

移民后的牧民中42.0%的人希望自主创业；20.5%的牧民希望建饲草料基地；17.0%的牧民认为可以舍饲圈养；14.8%的牧民认为还有其他选择；只有5.7%的牧民觉得可以外出打工。

（八）贷款优惠、饲草料、基础设施和畜棚暖圈等是牧民最希望解决的问题

对于最优先希望解决的问题，30%牧民认为是贷款优惠、19%的牧民认为是饲草料、15%牧民认为是基础设施、10%牧民认为是畜棚暖圈、9%牧民认为是技术培训、5%牧民认为是介绍就业、4%牧民认为是围栏、3%牧民认为是信息服务等。

四、牧民对生态治理项目的看法和愿望综述

总体上看，多数牧民都认为退牧还草、生态移民等草原生态治理项目有利于保护草原、恢复生态。但同时，这些生态治理项目也对牧民生产和生活造成了很大影响。退牧还草项目，尤其是禁牧项目给牧民的生产压力很大，饲草料严重不足，只能靠外购，国家给的补偿金不足。牧民希望国家能合理增加对退牧还草项目中牧民的补贴，补偿牧民损失。

生态移民项目能减少牧区人口，减轻草场压力。但不少生态移民户遇到生产方式转型、饲草料不足、资金短缺、就业难、生活成本增加等诸多生产和生活方面的困难，一些牧民收入下降了。多数牧民希望政府给生态移民的牧户生活补贴、资金支持并提供技术培训等。

对于退牧还草等许多项目中涉及的草场围栏，不少牧民认为，草场围栏资金投入很大、保养费用高，与草原轮牧制度相矛盾，提高了牲畜生产成本，引发了

牧民间边界纠纷和矛盾，造成了牲畜品种单一化等问题。牧民建议最好是大面积联户围封草场，这样投入少效益高，并可采取划区轮牧等合理利用措施。草场围栏应当根据当地的生态情况合理执行，既要考虑到草场保护又应该考虑牧民的生产生活。

总之，牧区发展与草原生态是紧密相联的，牧区可持续发展离不开草原生态保护，草原生态保护也离不开牧民的理解、支持和合作。牧区实行的生态治理项目应该充分考虑草原地区的生产生活方式，尊重牧民的看法和愿望，加强法制保障，完善治理政策和机制，加大资金投入力度，优化资金使用效率，合理利用资源，促进牧民自觉自愿保护他们生长和生存的草原。

（张云华　萨日娜）

第十四篇

农村治理

调查中国农村
ZHONGGUO DIAOCHA NONGCUN

集体经济、公共服务与村庄治理

——太仓市村级集体经济及其治理调查

太仓市位于长江三角洲腹地，有着苏南地区发达的县域经济的典型特征。2006年，该市实现国内生产总值366.63亿元，全口径财政收入达60.99亿元，三次产业比重为4.3∶60.8∶34.9，综合经济实力位居全国百强县第九位。2006年，太仓城镇居民人均可支配收入19091元，农村居民人均纯收入9285元，是城乡差距较小的地区之一。在农民的收入结构中，来自传统的农林牧渔收入已下降到13.7%，而工资性收入、财产性收入、转移性收入和家庭经营的二三产业已占到86.3%，其中仅工资性收入就占其总收入的近70%，农民的非农化异常明显。我们2007年调查发现，与中西部地区绝大多数行政村属于“空壳村”相比，该地区村级集体经济依然相当活跃，村级集体实际可支配收入平均达79.32万元，有的多达数百万元，这使其在村域范围内实施面向农民的公共服务供给（多达近20项）具备强大的经济基础，由此也引致了该地区村庄治理结构的良性发展。

一、太仓市村级集体经济发展特点

太仓市目前辖9个镇级单位（7个镇、1个开发区和1个港区）和111个村级单位（99个行政村、10个农村社区和2个农村居委会）。

（一）村级集体可支配收入较高，但镇与镇、村与村差距明显

2006年，太仓市村级集体可支配收入共8804.81万元，人均（农村户籍）314.23元，村均79.32万元，其中城厢镇2323.9万元、沙溪镇2228万元、浮桥镇1003万元、双凤镇909万元、璜泾镇881.7万元、浏河镇684万元、陆渡镇555.8万元、开发区209.61万元、港区9.8万元（见表1）。

从镇级单位分析，由于港区是新设行政单位，其发展重点是港口经济，其辖区的两个社区是新分离出的相对贫困的村落，与其他镇级单位不具有比较价值。尽管如此，太仓各镇（区）之间的差距仍十分明显，城厢镇地处太仓城区，一枝独秀，无论村均还是人均集体可支配收入都位居前列，充分显示城市经济对农村的带动作

用，与较差的浏河镇、浮桥镇和开发区相比，村均可支配收入前者是后者的4倍之多。处于第二梯队的陆渡镇、双凤镇和沙溪镇，其村均可支配收入也大大高出平均水平，其中陆渡镇是传统的工业重镇，是全国的电动自行车生产基地，其人均集体可支配收入与城厢镇不相上下，凸显出强大的工业反哺能力。而双凤镇和沙溪镇则是近几年太仓经济新的增长点，投资开发方兴未艾，村级经济发展也恰逢其时。

表1　　太仓市各镇（区）2006年村级集体可支配收入

镇区名称	村级集体可支配收入（万元）	村级人口（人）	村均可支配收入（万元）	村级人均可支配收入（元）
城厢镇	2323.9	37786	165.99	615.02
陆渡镇	555.8	9266	92.63	599.83
浏河镇	684	29648	42.75	230.71
浮桥镇	1003	54590	41.79	183.73
璜泾镇	881.7	46580	67.82	189.29
沙溪镇	2228	59471	101.27	374.64
双凤镇	909	29132	101	312.03
开发区	209.61	11011	41.92	190.36
港　区	9.8	2742	4.9	35.74
合　计	8804.81	280226	—	—

在全部111个村级单位中，村级集体可支配收入最高的达469.87万元，最低的仅2.8万元，从人均来看，最高的7381.25元，最低的仅18.47元，差距都十分悬殊。在村级集体可支配收入100万以上的25个村（社区、居委）中，城厢镇和沙溪镇均为8个，占比为64%，双凤镇4个，占比为16%，陆渡镇和璜泾镇各2个，占比为16%，浏河镇1个，占比为4%，浮桥镇、新区和港区均没有村级集体可支配收入在100万元以上的村。从各镇（区）内部分析，陆渡镇、璜泾镇和新区差距较小，基本在5倍以内，浮桥镇和双凤镇差距稍大，在10倍左右，而城厢镇、沙溪镇和浏河镇均在十几、几十倍以上。比如，城厢镇村级集体可支配收入最高是最低的14倍之多，人均差距则多达48倍；陆渡镇最高与最低之比为2.65:1，人均为3.12:1；浏河镇这两个数据分别为53.2和43倍；浮桥镇为10和8.2倍；璜泾镇为4.02和5.35倍；沙溪镇为25.5和49.2倍；双凤镇为9.8和6倍；新区为3.9和3.4倍。

（二）村级集体可支配收入高度依赖资产租赁收入和土地租赁收入

当地物业经济发展相当繁荣。村级的实际到账资金主要由本年度发包及上交收入、补助收入、征地补偿费村集体留成、长期借款和集体资产转让净收入构成。

太仓市“本年村级集体可支配收入”的计算方法为：当年实际到账的各项资金扣除“补助收入”、“征地补偿费村集体留成”、“集体资产转让净收入”、“罚没收入”、“专项资金”和“长期借款”，加上“财政转移支付到村”。其计算结果事实上主要包括以下几项，即“经营净收入”（经营收入减去经营支出后的余额）、“本年度发包及上交收入”、“投资收益”、“财政转移支付”、“利息收入”和“其他收入”（如表2）。

表2　太仓市各镇（区）2006年村级集体可支配收入结构　单位：万元

镇区名称	经营净收入	本年度发包及上交收入	投资收益	财政转移支付	利息收入	其他收入
城厢镇	-2.11	2174.57	17	111.55	9.86	13.03
陆渡镇	11.7	449.9	35.13	57.5	1.57	0
浏河镇	-22	547	102	50	7	0
浮桥镇	10	727	33	193	29	11
璜泾镇	-6	748	0	105	13	21.7
沙溪镇	-2	2046	8	653	24	56
双凤镇	0	800	0	108	1	0
开发区	0	205.21	0	0	2.7	1.7
港　区	0.45	3.85	0	3	2.5	0
合　计	-9.96	7701.53	195.13	724.05	90.63	103.43

分析表明，“本年度发包及上交收入”在其可支配收入结构中占有举足轻重的地位，其占比高达87.5%，其他依次为“财政转移支付”占8.2%，“投资收益”占2.2%，“其他收入”占1.2%，“利息收入”占1.03%。各镇、村内部情况略有不同，但基本上依赖“本年度发包及上交收入”和“财政转移支付”。

“本年度发包及上交收入”包括“农业资源有偿使用收入”、“集体企业发包上交”和非农产业的“资产租赁收入”和“土地租赁收入”（如表3）。在这一收入组合中，“农业资源有偿使用收入”，仅指除农户承包土地以外的集体农业资源被使用所取得的收入。由表3可知，“资产租赁收入”和“土地租赁收入”分别占到“本年度发包及上交收入”总额的55.6%和30.5%，即使在总的“村级集体可支配收入”中，这两项的占比也分别高达48.7%和26.7%。其次是“集体企业发包上交”收入，占8.2%，最后是“农业资源有偿使用收入”，占5.6%。

表3　太仓市各镇（区）2006年村级发包及上交收入　单位：万元

镇区名称	农业资源有偿使用收入	集体企业发包上交	资产租赁收入	土地租赁收入
城厢镇	40.89		1695.01	438.67
陆渡镇	17.5		246.6	185.8

续表

镇区名称	农业资源有偿使用收入	集体企业发包上交	资产租赁收入	土地租赁收入
浏河镇	1	210	171	165
浮桥镇	54	40	444	189
璜经镇	18	183	272	275
沙溪镇	108	107	1057	774
双凤镇	121	46	333	300
开发区	71.8	47.71	62.9	22.8
港　区			3.85	
合　计	432.19	633.71	4285.36	2350.27

从太仓市村级实际到账的各项资金（如表4）分析，“本年度发包及上交收入”占49.6%，“投资收益”占1.26%，“补助收入”（含财政转移支付到村）占19.2%，“利息收入”占0.59%，“征地补偿费村集体留成”占12.6%，“集体资产转让净收入”占6.1%，“专项资金”占3.1%，“长期借款”占6.98%。从各镇（区）的村级实际到账的各项资金分析，城厢镇为4202.11万元（27.1%），陆渡镇为1158.6万元（7.5%），浏河镇为1847万元（11.9%），浮桥镇为1470万元（9.5%），璜泾镇为1167万元（7.5%），沙溪镇为3509万元（22.6%），双凤镇为1298万元（8.4%），开发区为501.05万元（3.2%），港区为371.13万元（2.4%）。

表4　　太仓市各镇（区）2006年村级其他实际到账资金　　单位：万元

镇区名称	补助收入	征地补偿费村集体留成	集体资产转让净收入	专项资金	长期借款
城厢镇	364.91	1215.83	150.02	128	131
陆渡镇	432.7	0	13.5	114.1	0
浏河镇	471	147	499	96	0
浮桥镇	425	110	31	94	0
璜泾镇	224.3	162	0	0	4
沙溪镇	653	86	16	0	622
双凤镇	280	35	132	50	0
开发区	93.44	198	0	0	0
港　区	33.33	5	0	0	326
合　计	2977.68	1958.83	941.52	482.1	1083

（三）村级集体普遍负债

太仓市村均负债125万元，其中负债最多的浮桥镇，达5437万元，村均226万元，债务构成主要有其他应付款和单位借款，内容包括其他形式借款、公益事业建设、重点工程园区建设、兴办企业、结构调整和干部工资等。2006 年末，太仓市村级集体债权余额为 17643.72 万元（见表 5），其中单位欠款 10424.71 万元，个人欠款 4318.47 万元，其他债权 2899.84 万元，占比分别为 59.1%、24.5%和 16.4%，在个人欠款中，农户尾欠 1589 万元，占个人欠款的 36.8%。就各镇（区）的情况看，城厢镇债权余额 3921 万元，占 22.2%，陆渡镇 462 万元，占 2.6%，浏河镇 1612 万元，占 9.1%，浮桥镇 1669 万元，占 9.5%，璜泾镇 1320 万元，占 7.5%，沙溪镇 5734 万元，占 32.5%，双凤镇 1332 万元，占 7.5%，开发区 1575.44 万元，占 8.9%，港区 17.59 万元，占 1%。

表 5　　太仓市各镇（区）2006 年末村级债权债务余额

镇区名称	债权余额（万元）	比例（%）	债务余额（万元）	比例（%）	净负债（万元）
城厢镇	3921	22.2	4495	14.3	574
陆渡镇	462	2.6	1266	4	804
浏河镇	1612	9.1	2978	9.4	1366
浮桥镇	1669	9.5	7106	22.5	5437
璜泾镇	1320	7.5	2790	8.8	1470
沙溪镇	5734	32.5	7980	25	2246
双凤镇	1332	7.5	2370	7.5	1038
开发区	1575.44	8.9	2203.86	7	628.42
港　区	17.59	1	436.43	1.4	418.84
合　计	17643.72	100	31535.29	100	13891.57

2006 年末，太仓市村级集体债务余额为 31535.29 万元，其中有息债务 1668 万元，占 5.3%，无息债务 29867.29 万元，占 94.7%。各镇（区）的债务余额分别为，沙溪镇 7890 万元，占 25%，浮桥镇 7106 万元，占 22.5%，城厢镇 4495 万元，占 14.3%，浏河镇 2978 万元，占 9.4%，璜泾镇 2790 万元，占 8.8%，双凤镇 2370 万元，占 7.5%，开发区 2203.86 万元，占 7%，陆渡镇 1266 万元，占 4%，港区 436.43 万元，占 1.4%。

从 2006 年债务增加的情况分析（见表 6），太仓村级集体新增债务 12552.35 万元，其中其他形式增加债务最多，占 50.3%，其次是公益事业建设增加债务，占 31.3%，再次是园区建设增加债务，占 7.8%，兴办企业占 4.4%，结构调整和干部报酬分别占 3.6% 和 2.5%。从各镇村级集体债务增加情况看，沙溪镇增加 4075 万元，城厢镇增加 3283 万元，璜泾镇增加 1392 万元，浏河镇增加 1256 万元，陆渡镇增加 911 万元，浮桥镇增加 822 万元，开发区增加 454.56 万元，双凤镇增加 355 万元，港区增加 3.79 万元。

表6　　　　**太仓市各镇（区）2006年村级债务增加情况**　　　　单位：万元

镇区名称	兴办企业	结构调整	公益事业建设	欠发干部报酬	债务利息	重点工程园区建设	其他形式
城厢镇		392	307			120	2464
陆渡镇	319	16	146	37249	144		
浏河镇		193	87		240	736	
浮桥镇	32		113	8		12	657
璜泾镇			486	154		109	643
沙溪镇	100	45	2316	32	11	250	1321
双凤镇			298				57
开发区	96		70.2				288.36
港　区							3.79
合　计	547	453	3929.2	318	11	980	6314.15

二、村级集体提供的基本公共服务

太仓市村级集体提供的公共服务主要表现在村级财政的各类支出上，主要包括资产设施性支出、福利性支出、管理费用、其他支出和再分配开支等，本调查报告首先以镇为单位，对这些支出进行分析，尔后通过一个村的案例进行具体分析。

如表7所示，2006年太仓市村级财政实际开支14843.23元，其中上述5类支出分别为，6516.7万元、1021.48万元、4777.35万元、1981.89万元和545.81万元，占比分别为43.9%、6.9%、32.2%、13.4%和3.7%。就各镇的支出来看，城厢镇占25.7%，陆渡镇占6.9%，浏河镇占11.5%，浮桥镇10.3%，璜泾镇占7.1%，沙溪镇占24.1%，双凤镇占9.6%，开发区占4.1%，港区占0.67%。

表7　　　　**太仓市各镇（区）2006年村级集体支出结构**　　　　单位：万元

镇区名称	资产设施性支出	福利性支出	管理费用	其他支出	再分配开支	合计
城厢镇	2096.19	295.01	758.65	436.14	224.71	3810.7
陆渡镇	494.51	82.11	277.98	151	12.1	1031.21
浏河镇	670	99	638	320	0	1708
浮桥镇	407	135	698	301	0	1534
璜泾镇	189	57	364	218	219	1047
沙溪镇	1783	218	1162	164.51	87	3570
双凤镇	676	61	538	294	3	1429
开发区	201	66.36	264.73	82.08	0	614.17
港　区	0	8	75.99	15.16	0	99.15
合　计	6516.7	1021.48	4777.35	1981.89	545.81	14843.23

就支出的具体项目分析，资产设施性支出包括固定资产购置、农田水利建设、公益事业建设、自来水损耗及管道维修、路桥等修护、绿化养护以及其他资产性支出（见表8），这些项目支出所占比例依次为31.6%、6.3%、13.8%、3.2%、17.5%、1%和26.6%。各镇资产设施性支出所占比例依次为32.2%、7.6%、10.3%、6.2%、2.9%、27.4%、10.4%、3.1%。

表8　　太仓市各镇（区）2006年村级资产设施性支出构成　　单位：万元

镇区名称	固定资产购置	农田水利建设	公益事业建设	自来水管道维修	路桥修护	绿化养护	其他	合计
城厢镇	995.61	96.42	204.35	80.92	390.39	33.98	294.52	2096.19
陆渡镇	282.9	13.37	112.1	1.7	41.34	8.6	34.5	494.51
浏河镇	31	95	119	31	121	2	271	670
浮桥镇	119	40	69	29	1239		11	407
璜泾镇	39	17	17	19	94		3	189
沙溪镇	138	61	252	32	196	12	1092	1783
双凤镇	342	66	106	12	119	10	21	676
开发区	110.2	23..8	20	4.2	38.5		4.3	201
港　区	0	0	0	0	0	0	0	0
合　计	2057.71	412.59	899.45	209.82	1139.23	66.58	1731.32	6516.7

福利性支出包括优供补支出、"三老"补助支出（老党员、老干部、老年人）、农保支出、医保支出、计划生育支出和其他福利性支出（见表9），其具体比例分别为14.6%、19.8%、2.9%、15%、4.4%和43.3%。各镇（区）福利性支出所占比例顺次为28.9%、8%、9.7%、13.2%、5.6%、21.3%、6%、6.5%和0.78%。

表9　　太仓市各镇（区）2006年村级福利性支出结构　　单位：万元

镇区名称	优供补支出	"三老"补助支出	农保支出	医保支出	计划生育支出	其他福利性支出	合　计
城厢镇	27.36	52.9	3.75	34.62	7.38	169	295.01
陆渡镇	3.31	22.63		13.11	4.88	38.18	82.11
浏河镇	12	33	2	21	9	22	99
浮桥镇	33	18	1	23	6	54	135
璜泾镇	8	19	7	10	2	11	57
沙溪镇	33	30	12	34	8	101	218
双凤镇	24	10	2	3	5	17	61
开发区	5.1	16.76	2	14.2	1.8	26.5	66.36
港　区	3.5				1.1	3.4	8
合　计	149.27	202.29	29.75	152.93	45.16	442.08	1021.48

管理费用包括主要干部报酬、条线人员报酬、村干部保险支出、办公费用、报纸杂志费用、协作费用（招待费）和其他管理费用（表10），其所占比例分别为30.6%、19.3%、5.3%、4.1%、2.3%、17.3%和21.1%，各镇（区）村级管理费用所占比例分别为15.9%、5.8%、13.3%、14.6%、7.6%、24.3%、11.3%、5.5%和1.6%。

表10　　太仓市各镇（区）2006年村级管理费用支出结构　　单位：万元

镇区名称	主要干部报酬	条线人员报酬	村干部保险支出	办公费用	报纸杂志费用	协作费用	其他管理费用	合计
城厢镇	224.8	153.29	45.26	23.38	6.45	141.72	163.75	758.65
陆渡镇	94.7	62	14.2	10.92	5.38	27.42	63.36	277.98
浏河镇	115	168	45	35	14	121	140	638
浮桥镇	300	145	25	23	24	84	97	698
璜泾镇	94	57	9	17	14	115	58	364
沙溪镇	364	143	58	51	33	206	307	1162
双凤镇	167	94	37	20	11	78	131	538
开发区	78	84	8.1	9.25	2.77	38.71	43.9	264.73
港　区	26	16	10.6	5.7	0.6	12.6	4.49	75.99
合　计	1463.5	922.29	252.16	195.25	111.2	824.45	1008.5	4777.35

其他支出包括上交税金、征兵支出、治安支出、保洁支出、环境整治支出、“三清”支出、利息支出、偿还债务和其他费用（表11），其所占比例分别为6.6%、2%、9.2%、11.5%、15.4%、10.6%、2.8%、13%和28.7%，各镇（区）村级其他支出所占比例依次为22%、8.3%、15.2%、14.8%、11%、16.1%、7.6%、4.1%和0.76%。

表11　　太仓市各镇（区）2006年村级其他支出结构　　单位：万元

镇区名称	上交税金	征兵支出	治安支出	保洁支出	环境整治支出	“三清”支出	利息支出	偿还债务	其他费用	合计
城厢镇	75.06	3.91	53.12	92.26	60.44	32.34	5.12	12	101.89	436.14
陆渡镇	1.4	2.08	3.22	34.5	38.7	21.7	0.26	41.1	21.55	164.51
浏河镇	26	7	24	18	9	14	10	7	186	301
浮桥镇	16	8	42	23	82	42	1	20	60	294
璜泾镇	5	9	17	39	30	6	32	80	218	
沙溪镇	11	8	16	23	39	48	30	90	55	320
双凤镇	1	4	12	8	19	18	2	56	31	151
开发区	0.3	1.5	23.8	8	15	4	1.12		8.38	82.08
港　区	0.6		4.5	4			6.06	15.16		
合　计	130.76	40.09	183.14	228.26	306.14	210.04	55.48	258.1	569.88	1981.89

以双凤镇维新村为例，该村是双凤镇规模最大的村，由5个村合并而成，村域面积10.67平方公里，农户1323户，人口5048人，包括60个村民小组。2006年，该村实际开支346万元，其中资产设施性支出192万元（包括固定资产购置181万元、农田水利建设支出6万元、路桥等修护支出5万元），占总支出的55.5%；福利性支出9万元（含优供补支出5万元和其他福利性支出4万元），占2.6%；管理费用118万元（含主要干部报酬28万元、条线人员报酬31万元、村干部保险支出6万元、办公费用3万元、报纸杂志1万元、协作费用10万元、其他管理费用39万元），占34.1%；其他支出27万元（含治安支出1万元、保洁支出1万元、环境整治支出3万元、三清支出3万元和其他费用19万元），占8%。上述描述可以明显看出，维新村所提供公共服务的广泛性。

三、太仓市村庄治理的特色

（一）创新的村民自治制度

太仓市的村民自治工作一直走在全国的前列，曾连续三次（1995年、1998年和2003年）被民政部命名为"全国村民自治模范市"，其主要做法包括：

1. 民主选举方面的"两个过半数"制度。即有选举权的村民过半数投票，选举有效；主任、副主任、委员获得参加投票选民的过半数投票，选举有效。

2. 民主决策方面的村民代表会议主席制度和村民小组代表会议制度。前者被称为"我们的小'人大'"，以村民小组为单位10~15户推选1名代表，与村委会成员和村民组组长共同组成村民代表会议，并建立主席制度（主席在村民代表中产生），实施体内监督，同时还建立"民主决策日"制度（每年的1月10日和7月10日），对重大事项进行议决。后者则是为适应村域治理范围调整、扩大而创造的，由村民小组内推选3~5人组成，同属于村民代表会议，处理和解决小组范围内的问题。

3. 民主管理方面的"村民自治章程"制度。这一制度被农民戏称自己的"小宪法"，其基本特点是界于传统的村规民约和《村民委员会组织法》之间，是法律和道德之间的行为规范，起到了"既管事又管人，既约束干部又规制村民"的作用。

（二）完善的集体资产管理制度

太仓市111个村级单位管理着92077.22万元集体总资产，其管理分别在镇（区）、村两个层次上进行，村级集体资产原则上由村民委员会负责管理，但需接受镇生产经营管理站业务上的指导和监督，在镇一级层次上，太仓市通常设有农村集体资产管理委员会或农村集体资产管理办公室等管理机构以及农村集体资产经营公司等经营机构，具体的管理制度主要包括以下几点。

1. 固定资产台账登记制度。固定资产台账分为经营性资产台账和非经营性资产台账两类。前者指能直接产生经济效益的资产，后者指用于社会公益事业不能直接产生经济效益的资产，对有直接经济收入的资源性资产，也需在固定资产台账中进行登记。同时规定，台账由各镇经管站统一设置。

2. 集体资产报告和招标制度。太仓市不少镇（区）都对村级集体资产的添置、招租作出详细规定，凡添置集体资产，承办各类建设项目，必须经村民代表大会讨论通过并公布。单位价值超过5万元的，须报镇主管部门和镇政府分管领导审核、批准；对集体资产招租、转租等，必须先行公示，竞价出租；对各类建造工程，必须先集体研究决定，及时上报镇有关部门批准后进行公开招标实施。在招标实施过程中，凡资金使用额在10万元以上的，举行村级招议标会议，会议必须在镇招议标领导小组成员监督下举行；凡资金使用额在10万元以下1万元以上的，招标会议必须在村民代表及村民主理财、监督小组监督下举行。

3. 集体资产申请和评估制度。在村级集体资产处置过程中，太仓市一些镇要求：村级集体的房屋、机器设备等主要资产的处置须由村民代表大会民主讨论决定，单位价值超过5万的须报镇主管部门和镇政府分管领导审核批准；村级集体资产通过出售、转让方式而发生所有权转移时，必须进行资产评估，同时，评估后出售、转让的村级集体资产，必须先公布一星期后，举行公开拍卖会议，会议必须在村民理财、监督小组监督下举行。

4. 集体资产运营考核制度。太仓市各镇将村级集体资产的保值、增值情况与村干部的报酬直接挂钩，将其纳入村级经济考核责任制，通过奖惩机制实现村级集体资产运营的安全和高效。

（三）健全的财务管理制度

调查中发现，太仓市的村级财务管理颇具特色，在财务公开方面，太仓市所有村级单位都实行按季公开；实行“村账镇代理”的村级单位也做到了全覆盖，代理机构的工作人员共24名，平均每个镇级单位有2.67名代理记账人员；民主理财小组成员共527名，平均每个村级单位4.75名；所有镇级单位都实施了农村财务电算化管理，以村为单位进行财务电算化管理的也达到22个，占19.8%。

（四）村庄治理单元的多元化

与原来较为单一的行政村、自然村、村民小组等带有浓厚的乡村烙印的治理单元相比，太仓市目前的村级治理单元呈现出多元化发展的态势。在现有的111个村级治理单元中，有99个行政村，2个农村居委会，10个新型农村社区。其中居委会和农村社区作为农村治理单元发展的新生力量，共涵盖农村人口（当地户籍）22635人，占太仓现有村级人口的8.08%。这种新型农村治理单元的出现改变了原有的村庄治理模式，它更多地体现出一种准城市化的社区治理。在我们所走访的几个农村社区服务中心中，诸如劳动就业、婚育服务、社会救助、再就业扶持，工伤、医疗、养老、生育、失业保险等服务均能在“一站式”办公大厅中顺利办理。

（五）村庄内部治理要素的发育

随着撤乡并村的快速推进，太仓市的村庄治理规模得以大大拓展，不仅村域范围大幅扩张，辖区人口也大大增加，由此催生了不少新型的治理要素，引起村庄治理结构的变化。比如，原来的行政村通常仅设一个党支部，但现在不少行政村开始成立党总支甚至党委，下设若干党支部或党总支；在村委会管理序列上，由于村庄规模很大，不少村委会下设若干管理片区，由片区直接行使对村民小组或自然村落的管理，使得村委会的工作进一步“务虚”，从而增加了一个管理层级。同时，由于当地经济的快速成长和外来人口的不断流入，不少村庄相继成立卫生服务站、警务站、劳保站、垃圾站、消防队、联防队、文体活动室、图书馆、阅览室以及各种社区性服务中心等新的机构，并配置相应的工作人员，由此大大改变了传统的以农业经济为基础的村庄治理图景。

（六）多渠道村外治理资源的引入

调研中发现，太仓市十分注重村外治理资源的引入。如，在村干部的配备上，不少地方公开招考大学生到村中任职，也有不少市、镇下派村干部（1～3年），帮助提升村庄治理水平。在我们走访的双凤镇维新村，就有一名下派锻炼干部，他的到来大大提升了该村信息化、网络化治理水平，传统的“大喇叭”村庄办公模式发生了根本的改观。再如，太仓市各村普遍通过招标等市场化形式因地制宜制订本村的发展规划，就是对智力资源的合理引入，以避免过去盲目开发、重复建设等短期行为的再度发生，通过规划，使村庄的短期发展和长远谋划有机结合起来。

四、几点思考与建议

(一)“租地经济”发展模式的可持续性问题

在太仓村、镇的调研中，感受最深的是，无论是镇级领导，还是村干部，都对大力兴建“标准厂房”（包括打工楼）乐此不疲，他们纷纷制定规划，今后几年本镇、本村要建多少平方米标准厂房等。从目前的情况分析，标准厂房似乎仍处于供不应求的局面，“早一天建成，早一天受益”成为当下村镇领导的共同追求，而且，前述分析表明，资产租赁和土地租赁收入是各村经济实力强弱的晴雨表，直接影响村级集体可支配收入的多寡，这就更成为驱动村镇发展租地经济的原动力。但进一步的分析表明，这种经济发展模式（本质上是一种外延式的发展模式）主要依赖以下几点：(1) 大量外来资本的持续注入。(2) 良好的项目选择能力。标准厂房建设伊始，就需对其未来的落户项目进行准确的预判，否则，盲目的投资建设非但引不来金凤凰，而且很可能使投资成为沉没成本。(3) 落户项目本身的赢利能力。尽管这一因素主要由投资方考虑，但其市场前景的好坏直接关系到是否顺利支付“租金”，以及厂房初始投资的回收。(4) 竞相发展租地经济的土地资源约束。

(二) 村庄发展的合理定位问题

就上述村级集体所提供的广泛的公共服务而言，发达地区的村级集体承担了大量的本应由政府提供的公共服务，而支撑其行使庞大的社会职能的经济力量同时又形成其发展村级经济的强大压力。在传统的集体经济普遍进行民营化改革以后，新型的村级集体经济主要依赖于由集体土地所有权所衍生的租金，而对租金的分割尚没有一部完善的法律进行具体规制，这导致大量的对农民利益的侵害行为发生。因此，一方面需要深刻反思这种发展路径的合理性问题，另一方面更需要考虑村庄本身的职能定位问题，比如村庄本身是否应该成为一个独立的市场主体，还是仅仅作为服务农民的自组织而存在，其职能应该回归何方？

(三) 村庄治理转型问题

发达地区的村庄正经历着一种新的转型，即从传统的熟人社会向陌生人社会过渡，这一过程对当前的村庄领导人提出了强有力的挑战，主要表现在：(1) 如何处理外来人口融入当地问题，这既可能产生良性的文化认同，更可能产生强烈的文化冲突，尤其是在外来人口远远超过本地人口的地区，从这个角度出发，发达地区大建集宿楼、打工楼（仅将外地人作为自身福利的源泉），将外来人与本地人隔离起来不利于文化的融合和外地人的融入。(2) 尽快建立适应陌生人社会的村庄治理模式，实现外来人口的本地化管理，可能的话，将部分优秀的外来人口吸纳进当地的管理团队。(3) 从村庄治理走向社区治理，这不单单是将原来的村庄换成一个居委会或社区的名字，更重要的是实现外地人与本地人基本权利的无差别化，这就需要在更高的层面上进一步改革制约人口自由迁徙的种种法律法规，以及一些地方主义的歧视性规定，使职业的非农化与身份的城市化基本保持同步。

（韩　俊　秦中春　张要杰）

农民不需要“以土地换市民身份”

——北京市朝阳区农村集体经济产权制度改革调查

在我国，农村城市化不仅意味着农民职业和生活方式的改变，更意味着城乡两种完全不同的管理体制的并轨。近些年，随着城市化进程的快速推进，城区中的“城乡分割”问题（如“城中村”）显得十分突出，在经济发达的大中城市近郊更是如此。这一问题的核心在于，城乡两种不同的土地产权安排，以及与此紧密相关的农村集体资产处置的复杂性，它构成了城市化过程中“农民变市民”的基本前提。因此，在农民转变为市民的过程中，如何妥善处置农民的土地，进一步深化农村集体经济产权制度的改革，推进城乡一体化进程，使城市的良性扩张和农村的有序撤退互补共荣，是各级政府尤其是城市政府必须认真面对的重大问题。近年来，各地通过探索，也提出了一些值得关注的提法，如“拿土地换（市民）身份，以土地换（城市）社保”等。带着这些问题，2007年我们对朝阳区农村社区向城市社区转型、农民市民化过程中农村集体经济产权制度改革进展情况进行了调研。调研的主要结论是：农民带着集体资产仍然可以成为完全意义上的“市民”，要求农民以放弃对集体土地权利的分享为代价，获得市民身份和社会保障是不公平的，这样无疑等于剥夺了农民可持续发展的条件。朝阳区的改革颇具特色，具有重要启示意义。

一、朝阳区集体经济产权制度改革的特征

朝阳区现有农村面积369.8平方公里，占全区总面积的78.5%。根据北京市总体规划，朝阳区全部为规划城区。乡镇企业异常发达，乡或村集体积累了庞大的资产，尤其是土地资产随着城市化进程的加速而迅速升值，区、乡两级财政也都有较强的实力，使其推动产权改革创新具有雄厚的物质基础。据统计，朝阳区集体净资产达121.6亿元，人均高达7.5万元，2006年区级财政收入达170亿元。

朝阳区的大部分乡镇并未进行“家庭联产承包”，土地、企业等大部分资产一直以来是由集体统一经营，“三级所有，队为基础”的总体治理架构基本未予触动，“集体所有，家庭经营”的模式在该区不占主流，这是其进行集体产权改

革的体制背景。

朝阳区的集体经济产权制度改革主要采取“量化股权，明晰产权”的形式，使集体资产的所有人落到实处，既维护了集体资产的完整性，又充分保障了农民对集体资产的所有人权益，同时优化了集体资产的法人治理结构，奠定其可持续发展的动力基础。

朝阳区集体经济产权改革的核心是如何设法将乡、村两级发展经济的职能合理地剥离出去，无论是采取股份有限公司或有限责任公司、乡级专业化、乡级统筹、“乡”“村”资产互动以及社区股份合作制等形式都是如此。随着城市化进程的加速，其管理体制也随之向城市型社区转型。乡、村两级的社会管理职能则被分解到新成立的农村社区、地区办事处或街道办，为最终实现城乡一体化的社会管理创造条件。

（一）在“乡”级治理层次上，朝阳区进行了大胆探索，主要采取三种模式

一是以大屯乡（亚运村）为代表的完全城市化的治理模式，即撤销乡级建制改组为街道办事处。从统揽全局的一级地方政府到专注于社会公共服务的区政府派出机构，大屯乡主要历经以下几个过程：首先，该乡1998年集体土地全部转为国有；其次，全乡15428名农民全部转居、转工，并被纳入城市社会保障体系；再次，成功完成了以乡为单位的集体资产处置工作（1997年大屯乡已先期将村、队的77家集体企业上交转为乡直属企业）。

二是以南磨房乡为代表的“乡级专业化”治理模式，实施乡级统一核算，打破村与村的界限。这一模式是将集体经济原有的“三级所有”架构转换为“两级所有”（乡和村）或“一级所有”（乡），实行专业化经营。乡作为一级地方政府保留，土地仍归集体所有（主要是乡）。目前该乡有7大实体公司运营，建有7个农村社区（含两个村委会，挂两个牌子），两个村委会还有2000多农民未转居。调查表明，实施“乡级专业化”治理的南磨房乡2006年农民人均纯收入已达2.7万元，而仍为“三级所有”的太阳宫乡仅为1.2万余元，发展差距较大。

三是乡政府与地区办事处混合治理模式。由于朝阳区各个乡镇城市化进程发展较快，但村与村之间快慢不一，为强化各乡镇的城市管理职能，朝阳区政府分别在20个乡设立地区办事处，从乡政府分流出一部分人员专职从事社会事务管理，为将来从乡政府到街道办的过度奠定基础。

（二）在“村”级治理层次上，朝阳区进行的有益探索

一是撤村建城市社区，履行完全意义上的城市社区管理职能，主要指完成城市化的大屯乡。1995年以来，朝阳区共有7.6万农民转换为城市居民，纳入城市社区管理。这里存在两种情况：其一是原有的村民由于转居后居住集中而成立新的社区进行自我管理；其二是原有的村民由于转居后居住分散而被整合进其他老的城市社区并接受其管理。

二是撤村建农村社区，履行半城市意义上的社区管理职能，这种形式在朝阳区广泛存在。从1956年到现在，朝阳区共撤销27个行政村、409个生产队建制，建有农村社区124个。仅2000年以来，朝阳区就新建农民新村和商品房累计开工1622万平方米，竣工1031万平方米，其中4.9万户10.5万农（居）民迁进新居，大多数农民被纳入农村社区管理。这种情况主要包括农民转居转工和转居未转工的，由于其房屋是“小产权”（即土地仍是集体所有），农民也未纳入城市居民社会保障体系，所在的农村社区对其进行诸如合作医疗、困难补助、组织关系、计划生育等社会事务的管理。

三是成立农村社区，但村委会作为集体经济组织依然保留“双轨制”村社治理模式。主要原因有两点：其一是农民未转居，还无法纳入农村社区管理范围，村委会仍履行其管理职能；其二是农民尽管转居，但由于村级集体资产尚未处置完毕，或处置遇到较大阻力，村委会仍有保留的必要（如南磨房乡的两个村），其实农民处于双重治理的境地，社区主要负责社会公共服务方面的治理，村委会则主要发挥经济方面的职能。

二、朝阳区农村集体资产处置的三个阶段

（一）1956~1985年简单处置阶段

这一阶段朝阳区共撤销4个村和17个生产队的建制。当时没有制定有关农村集体资产处置的具体政策，除了个别生产队将部分变价款分配外，大多数撤制村队将财产交由上一级集体经济组织统一调拨使用（即“撤队交村，撤村交乡”）。

（二）1985~2000年按京农69号文件处置阶段

这一阶段朝阳区共撤销15个村和295个生产队建制，除在推行乡村专业化管理过程中撤销的村以外，有11个村、66个生产队按《关于征地撤队后集体资产的处理意见》（1985年京农69号）处置集体资产，将集体固定资产、公积金余额、土地补偿费全部上交所属村或乡合作经济组织；将地上物补偿费、青苗补偿费、生产费基金、公益金、生活基金和流动资产变价款等归社员合理分配；自有财物补偿费全部归所有者所得。

（三）2000 年至今按新政策规定处置阶段

以 1999 年底北京市政府颁布《北京市撤制村队集体资产处置办法》为标志，农村集体资产处置政策有所调整，规定“集体资产数额较大的撤制村、队，要积极创造条件进行改制，发展规范的股份合作经济”，同时规定“撤制村、队集体资产数额较少，或者没有条件继续发展规范的股份合作经济的”，可以采取分家底的方式处置集体资产。这一阶段朝阳区共撤销 8 个村和 97 个生产队建制。由于“撤制村、队集体资产数额较少，或者没有条件继续发展规范的股份合作经济”没有规定确切的标准，根据农民的意愿，先后有 8 个村和 41 个生产队采取分家底的形式完成集体资产处置工作，这实际上相当于继续执行京农 69 号文件，而没有走发展股份合作经济的路子。

三、朝阳区农村集体经济产权制度改革的五种模式

朝阳区在以乡为单位进行土地规划的基础上，于2004 年提出“宜乡则乡、宜村则村、宜股则股、宜分则分、试点先行、稳步推进”的改革原则，探索出了农村集体经济产权改革的一条路子。

（一）在城市化发展很快的地区，争取一步到位，成立股份有限公司或有限责任公司处置乡级集体资产

这种模式以大屯乡和奥运村乡最为典型。其特征是，集体土地全部被征为国有，农民转居转工并纳入城市社会保障体系，乡政府改组为街道办，股份有限公司注册为企业法人，与乡政府脱钩，村委会同时消失。

大屯乡作为北京市最早的乡级集体产权制度改革试点乡，其主要做法及程序包括：一是评估集体资产，2001 年底乡级集体净资产为 7.65 亿元，在扣除残疾人保障费、资产评估费和资产处置预留费以后，确定可供分配的集体净资产为 7.42 亿元；二是确定集体资产的分配对象，共有 15428 人享有集体资产分配资格；三是以劳动年限（农龄）作为集体资产的分配依据。经统计和核实，分配对象的农龄共计 21.61 万年，人均农龄 14 年，每个农龄折合净资产 3435.75 元；四是本着尊重民意的原则，采取分配现金和量化股份相结合的方式，凡在乡属企事业单位、机关和其他部门工作的 1972 名人员，以股份的形式将资产量化到个人，凡在乡域以外单位或部门工作、自谋职业或已死亡的 13456 人，可自主选择持有股份或兑现等额现金；五是对集体经济组织实施股份制改造，除乡属单位和部门人员以享有的 10502.69 万元净资产出资外，同时吸收 1638.31 万元现金出资，组建“北京华汇亚辰投资有限公司”，注册资本为 12141 万元，同时登记设立“华

汇集体资产管理协会”和“亚辰集体资产管理协会”，由协会代表所有者行使出资人职能，解决了《公司法》对有限责任公司出资人数的限制问题。

（二）在城乡结合部城市化发展较快的区域，将集体资产尽可能量化到乡级或乡、村两级所有，实施乡级专业化经营

这一模式的特点是，主要在乡级集体经济组织（原来的乡农工商总公司代表乡集体经济组织经营乡级集体资产）层次上成立新的公司（资产量化到个人）或引进外来投资进行专业化经营，同时保留少部分村级集体经济组织。其与上述第一种模式的最大区别是土地仍为集体所有，农民转居到农民新村，成立农村社区，村级取消，村村界限消失，乡政府与地区办事处同时并存。这一模式以南磨房乡为典型，目前仅保留两个村委会（仍在发展村级集体经济），村级集体资产尚未交至乡级，全乡共有七大实体公司进行乡级专业化经营。

（三）在绿化隔离地区，力求形成“乡级统筹”的集体资产处置模式

朝阳绿化隔离地区是以乡为单位进行规划建设的，共有 17 个乡 70 多个村位于绿化隔离地区，其中 16 个村规划为绿地（原来的乡企搬迁，居民迁走），43 个村规划为产业用地、商业用地。尽管这种规划打破了原有的行政村界限，但是由于隔离地区用地性质上的不同，造成比较明显的村与村之间发展的差别。这一问题的客观存在使朝阳区试图探索一种对该类地区集体资产的“乡级统筹”，并在此基础上形成一种村村之间相对均衡的发展模式。这一集体资产处置方式的关键在于，绿化隔离地区的土地虽被占用，但其产权仍为集体所有。农民转居或转工后没有取得征地补偿，农民的社会保障无法解决，而同一乡域用地规划性质的差别，导致村村之间集体资产的含金量大为不同。因此，很有必要进行集体资产的“乡级统筹”来缓和这一矛盾。

（四）在城市化进程较慢、乡域控制性详规还没有获得规划部门正式批准的乡，形成“乡、村两级资产互动”型的集体资产处置模式

这一模式是指通过对乡级集体资产的整合，在乡一级形成一个大的股份制企业（资产量化），而各村也通过对村级资产的量化相应成立公司，并作为乡企的一家分公司。该模式的合理性在于其经济关系上的“还权于民”，而土地的产权性质仍为集体所有。企业注册成为法人后，撤销村委会，成立农村社区（社会管理职能），乡政府的社会职能被转移至地区办事处，乡政府和村委会的经济职能都被剥离到公司。该模式的难点在于乡一级需要一个很强大的企业做支撑。

（五）以社区股份合作制企业为依托，进行村级集体资产的处置

这一模式适合于原来规划时虽然按乡域规划，但各村区别较大，村级集体资产大部分尚未处置的情况。朝阳区目前在来广营乡红军营村进行社区股份合作制的试点，村民在本企业工作，获取工资性收益，不在本企业工作，每年享有3000多元的分红。这一模式是将村委会发展经济的职能剥离到“合作社”，而企业的运营则兼顾资本与劳动双方的权利。

四、需要进一步思考的问题

朝阳区农村集体经济产权以乡为单位的整体改革颇具特色，但这一改革所具有的“过渡”性质以及其特定的改革背景使其难以具有普遍的适用性，并仍存在一些值得深思的问题。

（一）农民向市民转换过程中农村土地的集体产权是否还要变为国有

朝阳区在进行集体资产处置过程中，除去个别村国家征用的土地外，没有改变集体土地的产权属性，保证了农民对集体资产的收益权，而其处置过程充分发扬民主，尊重农民意愿，保证信息透明、公开（“三榜定案”），没有把广大农民排除在参与过程之外。调研中，基层同志认为，在大中城市郊区，城市化是应该“多元化”发展，弱化“集体”与“国有”的严格界限，农民带着集体资产仍然可以成为完全意义上的“市民”。要求农民以放弃土地权利为条件获得市民身份是不公平的，这样无疑等于剥夺了农民可持续的发展的条件。

（二）农村社区向城市社区转型过程中农村和城市的社会保障能否并轨

农民进社区后，一方面有些村委会仍旧保留，另一方面农民拥有集体资产的股份，而且其住房多是“小产权”，这给社区管理带来相当大的难题。尽管许多农民已转居转工，但仍不是“市民”，仍然未被现有的城市社会保障体系所覆盖，由此制约了郊区城乡社会经济一体化的步伐。朝阳区的同志认为，只要拥有合法固定住所，这些事实上的“市民”就应该逐渐将他们纳入城市社会保障体系，要求他们以放弃对集体土地权益的分享为代价，获得社会保障是不合理的，这种做法是对农民的歧视。考虑到财政的承受能力，应允许较小的社会保障差别，但制度上要接轨。

（三）乡、村集体资产的管理主体问题

改革以前，乡级集体资产的产权代表是乡农工商总公司，村级集体资产的产权代表是村集体经济组织。改革后，集体资产经过量化，原来“模糊”的集体产权得以清晰界定，但集体资产的管理主体处于缺位状态，乡政府作为一级地方政府不再具备集体资产的管理主体资格（乡政府已不再是集体经济组织）。以改革较为彻底的大屯乡为例，其成立的两个集体资产管理“协会”是为了工商注册的原因，本身是虚拟的，这暴露出改革的某种制度屏障。是否需要成立类似“国资委”的“集资委”值得考虑。

（四）集体资产的经营风险问题

无论是以乡为单位，还是以村为单位进行集体资产的经营，也无论是采取何种经营方式，如股份制、专业化公司、社区股份合作制、租赁等，在市场经济条件下都面临一定的经营风险，并非都能实现集体资产的保值增值。这一方面需要建立起规范的企业治理结构，强化内部控制机制，规避经营风险；另一方面需要加强对集体资产所有者的风险教育，提高其适应风险的能力，尽可能减少集体资产经营失败对社会的负面影响，这就更凸显了建立完善的社会保障体系的重要性。

（韩　俊　张云华　张要杰）

第十五篇

地区经济发展

调查中国农村
ZHONG GUO
DIAOCHA NONGCUN

苏州农村改革30年的经验与启示

党的十一届三中全会以后，苏州进入了一个波澜壮阔的改革开放新时期，经济发展焕发出勃勃生机，取得了全国瞩目的成就。在过去近30年中，苏州农村改革取得了重大突破，农村经济发展实现了历史性跨越，广大农民逐步走上了共同富裕的道路。在本文中，我们将概述过去近30年苏州农村改革与发展取得的重大成就，总结苏州农村改革与发展的基本经验。

一、苏州农村经济体制改革的重大成就

（一）全面实行家庭承包制

苏州农村在土地改革的基础上，经历了合作化、人民公社化的曲折发展过程。在农村人民公社体制时期，普遍出现了生产“大呼隆”，评工“大概分”，分配“大锅饭”，公有化程度过高，平均主义泛滥，严重挫伤了农民的积极性，阻碍了农村生产力的发展，使农业生产徘徊不前，难以走出低谷。1978年12月，党的十一届三中全会召开，重新确立了解放思想、实事求是的思想路线，从此，拉开了中国农村改革的序幕。

党的十一届三中全会以后，苏州的农村改革，首先酝酿和起步的是农业家庭承包责任制，即通常所说的包产到户和包干到户。① 苏州农业家庭承包责任制的改革，主要经历了“酝酿探索、全面推进、配套完善”三个阶段。

1. 第一阶段，酝酿探索阶段。农村各种形式的生产责任制，纷纷建立，迅速推开，成为一种崭新的经营制度。

1979年5月，针对全区农业生产增长不快，社员收入增加不多，林牧副渔在农业产值中的比例不高，有的仍保持在建国初期的低水平状态，当时的苏州地委

---

① 包产到户系指承包土地的农户，完成任务后，包产部分上缴生产队统一分配，再由生产队按原定指标拨付生产费用和工分。包干到户与包产到户的主要区别是在劳动成果的分配方法上取消了工分分配形式，承包者按照事先与集体经济组织商定的条件，除包缴一定数量的实物或现金作为集体提留，保证完成向国家交售的产品收入外，所得收入及剩余产品统归承包者所有，即通常所说的“交够国家的，留足集体的，剩下都是自己的”。

在召开的阳澄湖、澄河、淀山湖、浏河地区（简称阳澄湖淀浏地区）商品粮基地建设座谈会上，提出了要努力提高科学种田水平，以发展种植业、养殖业为主，大搞多种经营；以建立责任制，落实按劳分配政策为重点，大力改善经营管理，下决心在两三年内抓出成效来。从此，苏州农村同全国各地一样，酝酿探索、积极推行各种行之有效的责任制，当时比较普遍的是实行“小段包工、定额计酬”。

1979年9月，党的十一届九中全会通过了《中共中央关于加快农业发展若干问题的决定》，肯定了农村可以定额论工分、按时论工分或进行评工论分。也可以在生产队统一核算和按工分分配的前提下，包工到作业组，联系产量计算劳动薪酬，实行超产奖励。中共苏州地委认真落实《决定》精神，于1980年1月，总结推广横塘人民公社“全面搞好责任制，做到增产指标、增产措施和生产责任制‘三对头’”：即在农业上，实行公社对大队、大队对生产队全年定产、超产奖励的制度；在副业上，分别不同项目，建立不同形式的“几定一奖”责任制；在工业上，公社对企业、企业对车间、车间对班组，实行“四定一奖”合同制；对社员实行“两基本”制度，即规定基本投工量和投肥量，超额有奖，不足要补；对干部（大队、生产队干部），建立岗位责任制，年终考核，根据实绩，适当奖罚。

1980年，地、市委分别传达党的十一届九中全会通过的《中共中央关于加快农业发展若干问题的决定》。9月，中共中央发出《进一步加强和改善农业生产责任制的几个问题的通知》［（1980年）75号］文件，提出党的十一届三中全会以来的两年中，各地干部群众从实际出发，解放思想，大胆探索，建立了多种形式的生产责任制，是一个很好的开端。党中央对群众的改革创新给予充分的肯定和鼓励。这对苏州农民极大的肯定和鼓励，为农民壮了胆，为农民指了路。广大农村干部群众在改革中完善提高，创造了多种形式的生产责任制，极大地调动了农民的积极性，推进了农业、副业、乡镇工业的发展。农民高兴地说：“过去上工队长吹哨子，千斤担子一人挑。”现在“社员个个出勤早，千斤担子大家挑!”

1981年2月，地委召开各县农工部长会议，座谈完善农业生产责任制问题。会议形成并由地委批转了《关于加强和完善农业生产责任制座谈会纪要》，提出农村“小段包工、定额计酬”和“包工、包本、包产，联产计酬两种责任制同时并存”，逐步向“三业分开、专业承包、联产计酬”方向发展。会后，广大农村干部和群众，在改革实践中，创造了许多农业责任制的形式，经过一段时间的实践、比较、筛选，农民的目光集中在联产计酬上。此时，地委也制定了《苏州地区农村人民公社专业承包、联产计酬责任制试行条例》。到1981年底，全区实行农业联产承包责任制的生产队发展到3.79万个，占全区生产队总数的71%。

2. 第二阶段，全面推进阶段。1982年，是苏州农村改革发展史上继土地改革、农业合作化、人民公社化、农业学大寨后的又一个不平凡的年头。这一年，苏州农村各级领导和广大农村干部群众，认真总结实践经验，剖析各种责任制的利弊得失，借鉴外地做法，尤其是安徽省凤阳县小岗村的“包产到户”经验，培育催生了农村家庭承包责任制这一新机制、新形式。这使农村改革，尤其是农业经营体制的改革明确了方向，走上了新路，加快了改革步伐。

1982 年春，苏州地区按照党中央（1982 年）一号文件和《关于全国农村工作会议纪要》的精神，用两个月时间，全面开展完善和改进农村责任制工作，2 月份，地委在吴江县召开现场会，学习中央（1982）一号文件精神，参观典型单位，听取经验介绍，统一思想认识，地委和行署针对当时各地农村责任制存在的“三业不分开、项目不齐全”，“承包不合理、统包不恰当、手续不完备”等问题，作出了改进和完善的具体部署。会后，地委组织六个工作组、2.6 万个干部分两批帮助 5.3 万个生产队完善生产责任制。到当年上半年，实行联产承包计酬的生产队占总数的 81%。

当时，建立农业生产责任制的改革基本完成，但改革的步子并没有停顿，干部群众的思想渐趋统一，催生了一场更大规模的实质性的变革，到 1982 年冬，苏州开始实行“包干到户”的家庭承包责任制。

划分承包田，是搞好家庭承包责任制的基础。在初期，苏州农村普遍实行“三田制”，即“劳划责任田，人划口粮田，猪划饲料田”。“三田”归算到户，以户划田，一定五年不变。这样，让农民安下心，有利于统一布局、连片种植，有利于调茬轮作、用地养地，有利于灌溉排涝、水旱分开。

农村家庭承包责任制的改革，酝酿探索好似“十月怀胎”，全面推行好似“一朝分娩”。苏州农民同全国农民一样，终于找到了农村家庭承包责任制的最佳形式。1982 年冬，全地区“上上下下谈承包，村村队队忙划田”，势如破竹，一气呵成。到 1982 年末，苏州全地区 49370 个生产队，全面实行了家庭承包责任制，占生产队总数的 84.2%。至此，家庭联产承包责任制的改革，在苏州地区全面推行，一种崭新的经营制度全面建立。

3. 第三阶段，配套完善阶段。农村家庭承包责任制建立后，如何逐步完善、规范运作，在稳定中创新，从创新中发展，还有大量工作要做，也是一个重要课题，一项长期工作。当时，在承包土地的划分、承包合同的签订等方面还存在不少问题。有的“三田”没有划好，有的合同没有签订，有的承包田划得过于零散。到 1983 年又回过头来进行补课。当年初，在农村责任制逐步落实后，围绕国家任务和当年生产指标，制定生产规划，并针对承包指标不合理、奖罚措施不明确、合同内容不完整、合同手续不完备等问题进行补课。

划分承包土地，是落实农业生产责任制中一个重要环节。划田时，不少地方由于时间仓促，指导跟不上，平均分田的思想占了上风，不少生产队采取“好田差田、近田远田、高田低田、水田旱田都分一点”的办法，这样做的结果，不少农户分到的承包耕地过于零散。1983年8月，市委召开县委书记会议，要求各地结合实际情况，在落实秋播时，有组织、有步骤地解决如承包地过于零散的问题。秋收前，各地按照“大稳定、小调整”的原则，由点到面进行零星地调整。当时，有11649个生产队调整了零散承包地，调整面占到32%；调整涉及农户27.8万户，占承包户总数的23.7%；调整土地49.2万亩，占承包田总数的14.7%。

在绝大多数地方承包耕地调整后，市委反复强调：调整后的承包地，只要群众不要求变动，就应长期稳定下来，并明确宣布，大田和小田一般可以5~10年不变，经济林木可以20年不变，甚至更长一些，以鼓励农民对责任田增加投入，长期经营，深度开发，充分利用，不断提高土地产出率和收益率。

在农村改革中，各地对农户的承包耕地在不同范围内和不同程度上进行过调整。党中央在1984年一号文件中提出，土地承包期一般在15年以上。为缓解田劳矛盾、合理茬口布局、解决遗留问题，在1984年7月以后的几年中，苏州各地曾对承包耕地进行过几次调整。调整规模较大的是1984年秋天。那次调整，在坚持“大稳定、小调整”原则基础上由各县（市、区）有领导、有步骤地展开。调整方法是：重新测算、全面调整，协商转换、个别调整。“三田”逐步变为“两田制”，即口粮田和责任田，自留田不动。这次调整，涉及到的乡（镇）、村、组占到总数的81.2%、54.7%、40.3%；调整涉及40多万户农户、33.93万亩耕地，分别占总数的33%、8.6%。1998年，又按照中央颁布的《土地承包管理办法》的规定，明确土地承包期一般30年不变。

实行家庭承包责任之后，在机耕、灌溉、植保、育种等方面，农民单家独户难以解决，迫切要求集体招供统一服务，为农民解决单家独户无法解决的难题。这既是广大农民的强烈愿望，也是完善家庭承包责任制的重要内容，更是加快转移农村劳动力，提高科学种田水平，促进农村经济全面发展，增加农民收入的有效途径。1983年12月，吴县黄桥乡张庄村率先建立农业服务站，为农户提供一家一户办不好、无法办的农业服务，很受农户欢迎。从1984年起，这个经验很快在全市推广，并不断加以完善。后来发展了“五有六统一”的服务，即农业服务有健全的组织、有固定的人员、有配套的农机、有完善的设施、有规范的制度；以村为单位，统一作物布局、统一留种供秧、统一机械作业、统一灌水排水、统一防痨治所、统一肥药供应。到1983年底，全市2817个村建立了机电排灌和管水专业队，有1033个村建立了机耕队，有665个村建立了植保队，有1344个村建立了肥药站，有1704个村实行统一供种。1984年起，各乡（镇）在全省乃至全国率先创建了农业服务公司和多种经营服务公司。当时，县（市）乡（镇）两级的农业服务组织已基本健全，且服务功能逐步增强，已经拓展到农业、水利、农机、水产、蚕桑、畜牧、花果、食用菌、饲料加工和农业供应等各个领域。

农村家庭承包责任制的建立，农村劳力向乡镇企业的转移，承包耕地的流转摆上了日程。1983 年，昆山县陆杨乡 40 个种粮大户率先创办了家庭农场，开创了土地规模经营的先河。1986 年，苏州农村有条件的地方开展了土地适度规模经营的试点，当时全市 20 亩以上的种田大户、家庭农场有 265 个，经营土地 1.3 万亩。到 1991 年底，全市农业规模经营单位达到 1293 个，经营耕地 71977 亩。1999 年 6 月，市委、市政府两办发出了市委、市政府农办起草的《关于加强农业集体承包土地流转的管理意见》。2002 年，全市农村工作会议提出大力推进农村土地使用制度改革，要求按照“依法、自愿、有偿”的原则，积极探索以土地承包权作价入股、使用权转让、转包、租赁、互换、合作，加强农用地有序、合理流转，实现生产要素的市场化配置，确保农民在土地上的收益权。

（二）全面实施乡镇企业产权制度改革

苏州农村是我国乡镇企业的发源地之一。以集体企业为主是苏州乡镇企业发展的特征。乡镇集体企业为农村剩余劳动力开辟了一条就业渠道，壮大了集体经济实力，增加了农民收入，丰富了产品的市场供给，对繁荣苏州城乡经济发挥了巨大的作用。在早期的发展过程中，集体企业规模较小，加上它具有比国有企业更灵活的经营机制，所以曾表现出较高的效率和较快的发展势头。但是，随着企业规模的扩大，经济改革的深入和市场竞争的加剧，苏州乡镇集体企业产权结构固有的一些缺陷便暴露出来。

苏州乡镇企业改革经历了从承包制到股份合作制，再到全面产权改革的“渐进式”过程。1979 年常熟县 486 家企业全面推广“五定一奖”责任制，苏州地委在全地区推广。到 1983 年底，全市社队企业在原来“五定一奖”责任制的基础上，普遍推行了“集体承包，厂长负责”经营承包责任制。1986 年吴江铜罗镇首创“生产要素承包，资产滚动增值”的承包办法，使乡镇企业承包经营责任制得到进一步完善。承包制把经营者的收入和企业的效益联系起来，调动了企业经营者的积极性。但是，承包制也存在无法克服的弊端。承包制中没有解决激励监督相协调的问题。承包者分享了企业部分剩余索取权，但企业资产的维护和增值由乡村政府负责。在承包期内，经营者受自利动机驱使，为了给自己挣得更多的利益，往往有更强的激励掠夺式地使用企业的机器设备，而没有激励去维护、保养、更新企业的资产。承包者还可以利用与乡村政府的信息不对称，以各种方式隐蔽性地侵占、甚至转移企业利润。1996 年以来，苏州市乡镇企业改革不断向纵深发展，从而掀起了乡镇企业改革和发展新的一页。1996 年 7 月到 1997 年 9 月，为了鼓励和指导基层改革，从苏州市、县两级抽调 540 名干部，连续两年分别向全市

162个乡镇派出两批改革调研组，指导乡镇企业的产权制度改革。苏州市因企制宜选择改革形式，对大中型骨干乡镇企业，主要按现代企业制度要求，组建股份有限公司或有限责任公司；对中小型企业，主要推行股份合作制，以实现投资主体的多元化；对小微亏企业，主要实行租赁结合、租卖结合、兼并联合或全资拍卖。股份合作制在苏州乡镇企业产权改革过程中曾一度受到重视。至2001年，全市乡镇企业推行股份合作制的企业有3486家，占改制企业的21.65%。但股份合作制并没有成为乡镇企业产权制度改革的主要方向。已改制成股份合作制的企业，有的向有限责任公司转制，有的则进一步转化为私营企业，真正符合股份合作制要求的企业（当时江苏省股份合作制企业登记条件是：企业中集体控股50%以上，或集体和职工所有的股份占50%以上，或职工股份和参股职工人数均在50%以上，即“三过半”）大大减少。

以产权制度改革为核心的乡镇企业改革，使乡镇企业真正成为自主经营、自负盈亏、自我约束、自我发展的企业法人主体和市场竞争主体，为乡镇企业建立产权清晰、权责明确、政企分开、管理科学的现代企业制度打下了坚实的基础。苏州乡镇企业产权制度改革是继家庭承包责任制之后，农村经济体制的又一次重大变革。改革的不断深化，给乡镇企业发展带来了新的生机和活力，使乡镇企业的面貌发生了一系列深刻变化，显示出了良好的发展态势，随着改革的不断深入，乡镇企业已突破了单一集体经济、单一投资主体的束缚，开创了多种所有制经济和混合型经济共同发展的新局面，改革为乡镇企业二次创业营造宽松环境。

（三）全面推进农村“三大合作”改革

农业家庭承包制重塑了农村经济组织的微观基础，这一变革极大地解放了农村生产力。但家庭承包制并不能一劳永逸地解决农村经济体制的所有问题。农民一家一户小规模分散生产，势单力薄，在市场交易中处于不平等的地位，无力抵御因市场竞争、需求变化带来的巨大市场风险。家庭承包责任制一经确立，并不标志着农村制度创新的终结。农业的进一步发展既需要坚持行之有效的基本制度安排，也需要根据变化了的环境，在保持家庭承包制稳定的前提下，不断创造出新的制度供给。

农村改革以来，为了进一步完善家庭承包制，苏州市先后围绕完善双层经济体制、健全农业社会化服务体系等进行了探索，取得了明显的效果。从2001年开始，苏州把以农民专业合作经济组织、农村承包土地股份合作和农村社区股份合作为重点的农村“三大合作”改革，作为新阶段农村改革的重点。通过6年多时间的改革试点和探索，苏州农村“三大合作”改革进入了全面推开和完善提高阶段。苏州农村各种新型合作经济组织纷纷涌现，可谓千姿万态，各展其长，合作领域不断拓展，合作组织规模明显扩大，在其初期成长发展阶段，已显示了强大的生命力。

农民专业合作经济组织，是在农户自愿基础上，以增加成员收入为目的，实行自我管理、自我服务、自我发展的合作组织。截至2007年6月，专业合作组织已发展到735家，入社农户8.21万户。各种类型的专业合作经济组织在为农民提供技术、信息、资金、物资和产品销售等服务等方面，发挥了重要的作用。从苏州农民专业合作经济组织发展的实践看，农业分工分业的深化，必然要求在更广阔的范围内发展多种形式的联合与合作。农业生产以家庭承包经营为基础，同时通过发展各种类型的合作社，为农民提供产前、产中和产后服务，可以把家庭经营和合作经营这两个优势有效地结合起来，可以为家庭经营增添新的生机和活力，开辟家庭经营走向市场、走向现代化的广阔前景。

实行农村承包土地股份合作制，就是在明确土地所有权是集体的，土地承包权是农民的前提下，通过土地承包经营权入股的形式，把土地经营权集中起来，组建土地股份合作组织，实行统一经营，所获收益按股分配。苏州市在坚持“依法、自愿、有偿”原则前提下，稳步推进土地股份合作制改革，到2007年6月，土地股份合作社已发展到175个，入股农户3.66万户，入股土地面积9.68万亩。

农业家庭承包制的改革，实现了集体土地所有权和使用权的分离，但并没有解决集体财产主体人格化问题。在土地“两权分离”的基础上，进一步理顺农民与集体经济之间的权益关系，保证集体资产的安全和增值，就成为农村改革中的一个突出问题。早在20世纪90年代初期，在广州、深圳和上海等一些经济发达的郊区，开始探索实行社区股份合作制改革。2001年吴中区金星村建立了苏州市第一家社区股份合作社，此后得到全面推进。实行农村社区股份合作制的具体作法是，将积累集体财产评估核实、折成股份后按照一定的标准量化给个人，社员凭分得的股份参加年终分红，但不能抽资退股、转让、抵押和买卖。集体存量资产折股的同时也设置现金股，鼓励社员将闲散资金投资集体经济。到2007年6月，全市已有807个村开展了不同形式的股份合作制改革，涉及农户65.7万户，分别占全市总数的56%和64%。实行社区股份合作制，有效地解决了农村集体资产管理中普遍存在的产权主体缺位、民主监督失效等体制性缺陷，防止集体财产或者被少数人控制，或者被家族控制，或者隐性流失。

在社区股份合作制基础上还派生出来物业股份合作社，又被称为“富民合作社”，是苏州近年来农村改革的一大亮点，它与国际上倡导的新一代投资型合作社有异曲同工之处。它的做法是，根据村级留用集体土地数量及其不动产租用市场前景，确定投资新的不动产。投资资金来源分两部分，一部分是村行政集体拿出部分集体资金入股，另一部分是动员村民认股，每个村民认购股数不超过一定数量，以体现合作社的特征。物业股份合作社引导广大农民进行资本联合，参与投资二三产业的经营和开发，为扩大合作领域和促进农民增收开辟了新的途径。到2007年6月，全市以合作投资物业的股份（富民）合作社274个，出资社员4.24万户，入股总额12.2亿元，年实现租赁、经营收入1.8亿元。

二、苏州农村经济发展的三次跨越

过去近30年，苏州农村经济是一个在改革与发展的互动中加快结构变革的过程。由于农村改革推动、工业化、城市化和国际化带动，苏州农村经济和社会发生了翻天覆地的变化，实现了三次历史性的跨越。在多年经济发展的积累基础上，苏州市农村经济和社会发展已经站在了一个新的起点上，进入了一个崭新的发展阶段。

改革开放以来，苏州市的工业化进程和农村发展经历了三次重要的跨越。

（一）20世纪80年代，乡镇企业异军突起，加快了农村工业化进程

苏州市是我国乡镇企业（其前身为社队企业）的最早和主要发源地之一。在20世纪50年代末，就有零星的乡镇企业出现。知青到苏州农村插队，周边城市下放工人到苏州农村落户，周边城市工业企业产品脱壳到苏州农村办厂，特别是实行承包责任制为核心的农村经营体制改革，有力地推动了农业的高速增长和农业劳动生产率的提高……，所有这些，与苏州农村的能工巧匠、富余劳力、回乡青年相汇合，加上原有集体经济有一定实力，使苏州的乡镇企业像雨后春笋般地发展壮大起来。中共十一届三中全会明确提出“社队企业要有一个大发展”，以此为开端，乡镇企业发展的政策环境逐步得到改善，政策支持逐步得到加强。党中央1983年一号文件指出：“社队企业也是合作经济，必须努力办好，促使完善发展。”苏州市各地借一号文件的东风，坚持集体、个体一齐上，“十个轮子”一齐转。仅1983年乡镇企业新增就业人员就有9.9万人，加上向其他非农产业转移，全市共转移农村劳力19万人。当年乡镇企业从利润中领出8864万元实行“以工补农”，加上4亿多元的转队工资，苏州农民从乡镇企业中直接受益4.9亿元。这对当时发展集体经济、增加农民收入发挥了重要作用。1985年起，苏州调整乡镇工业发展战略，把工作重点逐步转向“三上一高”的轨迹（即上质量、上技术、上管理，提高综合经济效益）。当年，乡镇工业产值达到96.34亿元，并出现了24个工业产值超亿元的乡镇。此后，全市农村干部群众，发扬“动员千军万马、跑遍千山万水、想尽千方百计、吃尽千辛万苦”的“四千四万”精神，乘势而上，通过外延扩张，内涵提高，提速增效发展外向型经济等多种手段，花大

力气继续发展乡镇工业。伴随着乡镇企业的快速发展，农村集体经济实力不断增强，农民收入迅速增加，农村面貌开始变化。到1985年，苏州乡镇工业的产值已占到全市工业总产值的“半壁江山”，到80年代末90年代初，已是三分天下有其二了。尤其是20世纪90年代中后期实行大范围产权制度改革后，苏州乡镇企业经历“凤凰涅槃”，获得新的发展，出现了提速增效的可喜发展势头。

这一阶段，形成了著名的“苏南模式”。乡镇企业脱胎于农业，植根于农村。苏州的工业反哺农业早在20世纪80年代乡镇工业大发展时期就已经开始了。苏州乡镇企业利用农业的原始积累逐步发展壮大，反过来又客观上承担了反哺农业的义务，实行“以工补农、以工建农”。据统计，1978～1985年，苏州6县（市）乡镇工业为地方提供5亿余元建农基金，相当于国家同期对农业投入的5倍多，加速了农业现代化建设，保证了农业生产的稳步增长。乡镇企业冲破农村传统经济格局，吸纳了农村剩余劳动力，提高了农村工业化水平。

（二）20世纪90年代，开发区和开放型经济蓬勃发展，加快了农村城镇化步伐

1984年苏州举办第一家外商投资企业，1985年2月，苏州被中央批准为沿海经济开放地区后，1987年苏州获得外贸自营进出口经营权，以此为契机，苏州走上自营出口的道路，外向型经济开始迅速起步。从20世纪90年代初期开始，苏州进入以大规模引进外资为特征的城市工业化时期，各类生产要素以及海外的新技术、新产品向中心城市集聚，城市辐射发展的特征越来越明显。这一阶段最突出的特点是苏州各级各类开发区迅速崛起，并发展成为国际资本普遍看好的投资热点。尤其是中新两国政府最大的合作项目苏州工业园区的开发建设，开创了我国对外经济技术互利合作的新模式，标志着苏州利用外资乃至整个对外开放迈上了一个新的台阶。1984年8月，昆山县决定自费开发，用3年时间建设3.75平方公里开发区，成为苏州搞开发区建设“第一个吃螃蟹的人”。90年代初是上海浦东开发开放的机遇期，市委、市政府审时度势，当即提出“面向世界、依托浦东、四区（苏州新区、昆山开发区、张家港保税区、太湖旅游度假区）领航、四沿（沿长江、沿太湖、沿沪宁线、沿大运河）推进，城乡联动、各业奋进”的开发开放大举措，掀起开发区建设的热潮，苏州开发区建设全面崛起，之后进入快速发展轨道。

从90年代中期开始，苏州大力推进乡镇企业产权制度改革，积极推行企业向工业园区集中，各类生产要素向中心城镇集聚。1992年为解决村村冒烟、处处办厂、遍地开花的现象，结合小城镇建设，明确要求乡镇企业的建设要相对集中，建立乡镇工业小区，这年乡镇工业发展的一大特色是乡镇工业小区开发和建设。

20 世纪末，外资、民资和企业转制同时表现出高度增长率，工业投资普遍以工业园区为载体，出现产业集聚的“板块效应”。乡镇工业小区的建设进入高起点、高水平发展阶段，全市乡镇企业约有 40% 的企业、80% 的新办项目集中在这些小区。各类乡镇工业小区的快速发展，不仅改变了全市的城镇布局形态，也优化了全市乡镇企业的生产力布局和产业经济结构。乡镇工业小区已成为民间投资、外资和国有企业新的聚集地；成为加速乡镇经济国际化进程的推进器；成为发展高新技术产业的重要基地，提升乡镇企业产业层次的有效载体。乡镇工业小区是实现农村工业化和城镇化的必然选择。小区为小城镇积聚了人气，带来了财气，小城镇为小区带来活力与生机，两者相辅相成，相得益彰，形成互动互发，相互促进。乡镇工业小区的发展，带动周围农村的劳动力、资金、技术等生产要素向中心小城镇集中，促进了小城镇第三产业的加速发展，有效吸纳了农村剩余农业劳动力。随着苏州乡镇工业的发展与集聚，一批有较强产业特色和经济辐射功能的中心城镇也迅速发展起来。这一阶段，城市对农村的辐射带动作用越来越明显，依托开发区和开放型经济的发展，农村经济实力再上台阶，涌现出一大批农村现代化建设的典型。

（三）进入 21 世纪，新农村建设整体推进，加快了城乡一体化步伐

进入 21 世纪，苏州以 IT 产业的集聚和发展为目标指向的新型工业化进程明显加快。在这一阶段，苏州承接了国际 IT 产业的梯度转移，高新技术、现代服务业等现代国际经济社会发展的新技术、新行业、新理念、新模式纷纷进入苏州的各行各业，苏州的新型工业化进程明显加快，经济国际化的特征也更明显。在“三化”快速推进的同时，苏州市坚持走城乡统筹发展的道路，依托“三化”带动三农发展。党的十六届五中全会作出建设社会主义新农村的决定后，江苏省委书记李源潮指出，苏州是全省“两个率先”的先行军，在社会主义新农村的建设上也要走在全省的最前列，为全省探索更多经验。面对中央、省里对苏州的要求和期望，苏州市明确提出把新农村建设作为苏州农村发展的又一次跨越，要努力在认识上达到新境界，规划上体现新水平，发展上确立新理念，环境上呈现新面貌，组织上形成新机制，形成一批新农村建设的示范镇和示范村；使苏州农村既保持鱼米之乡优美的田园风光，又呈现先进和谐的现代文明，逐步建设成为基础设施配套、功能区域分明、产业特色鲜明、生态环境优美、经济持续发展、农民生活富裕、农村社会文明、镇村管理民主的社会主义新农村。

苏州市按照中央提出的“生产发展、生活富裕、乡风文明、村容整洁、管理民主”20 字方针的要求，结合苏州实际，明确了“十一五”期间新农村建设的八个方面的重点工作，即展现水乡特色，加强科学规划；促进持续增收，发展农村经济；深化“三大合作”，推进各项改革；突出生态功能，发展现代农业；强化建管并举，改善农村环境；推进“三个集中”，转变发展方式；繁荣社会事业，完善保障制度；健全治理机制，培育新型农民。从新农村建设的进展情况看，苏州市注重以典型示范引路，在示范村建立了帮扶制度，主要是在建设规划、产业发展、基础设施建设、村容村貌整治、民主管理等方面对示范村予以支持。在开展试点示范的同时，苏州立足于绝大多数村庄的实际，抓好点带好面，实际解决农民反映的突出问题，使试点之外的农民也能尽快享受到新农村建设的成果，更好地推动新农村建设工作全面开展。特别是要为那些经济条件差、基础设施薄弱的村，做“雪中送炭”的事。新农村建设既是一项长期的历史任务，也是一项紧迫的现实任务。苏州市注重解决当前的现实问题，进一步加强农村基础设施建设和环境综合整治等，更注重构建长效机制，建立起城乡一体的政策平台和制度框架，建立健全城乡统筹的规划建设管理体系、财政支农体系、劳动力就业体系、社会保障体系等，加快促进基础设施向农村延伸，公共服务向农村拓展，社会保障向农村覆盖，现代城市文明向农村辐射，逐步形成了以城带乡、以乡促城、城乡一体、互动发展的新格局。

三、苏州农村发展呈现的特点

（一）农村经济结构和农民收入结构发生了重大变化

农业在 GDP 中的比重已降低到 2.2%。农村非农产业快速发展，已经成为农村经济的主体。随着新型工业化的加快推进，农村二三产业正在由注重外延增长转向注重内涵发展。全市 80% 左右的农村劳动力已经转移到了非农产业。农民增收空间不断拓展，收入结构发生根本性变化。农民收入构成上，非农业所占比重超过 80%，工资性收入已取代家庭经营收入占主导地位，财产性收入、投资性收入、政策和转移性收入成为新的增长点。

（二）农村基础设施和公共服务显著改善，农民生活质量较高

全市农村自来水普及率达到 99%，农村卫生户厕普及率达 82%，农村实现村村通公路并全部达到灰黑化，所有乡镇都能在 15 分钟内上高速公路。几乎所有村庄设有垃圾集中收集点，大多数农户住二层以上楼房，摩托车、电冰箱、电话、洗衣机、有线电视越来越普及，电脑、汽车开始进入农民家庭。

（三）集体经济实力较强，服务功能比较健全

2005 年全市村级集体经济组织实现总收入 35.31 亿元，村年均收入为 235.68

万元。国务院发展研究中心农村经济研究部课题组对苏州300个行政村的调查表明，扣除收入最高村后，村集体经济收入平均259万元，有59%的村集体收入为100万～500万元，20%的村为50万～100万元，9%的村为50万元以下，9%的村为500万～1000万元，3%的村为1000万～5000万元。最多的为15.2亿元（张家港市金港镇长江村），第二名为3779.8万元（吴江市盛泽镇渔业村），最少的只有19.5万元。村集体总支出平均为208.78万元，最高的为2024.29万元（张家港市金港镇长山村），最低的为19.36万元（常熟市董浜镇里睦村）。村集体服务功能较强。所调查村庄村集体服务功能依次体现为“卫生保洁、美化环境”、“社区治安、外来人口管理、计划生育服务”、“为困难人员、老年人提供救助和生活补贴”、“组织修路、修桥、通电等公共建设”、“对农村合作医疗提供费用补贴”和“农田水利等农业生产性服务”等等。

（四）农民职业分化加快，农村社会转型取得了重要进展

改革开放前，苏州的乡村社会结构是一个高度刚性且具有很大同质性的封闭型结构。改革开放近30年是苏州从传统社会向现代社会、从农业社会向工业社会、从封闭性社会向开放性社会的变迁和发展时期。伴随着市场化、工业化、城市化、国际化的快速推进，苏州农村人口社会流动性显著增强，农村人口结构发生显著变化，农民不再只是从事农业生产经营，不再只是在农村生活和工作，农村社会结构发生了深刻的变化。农村年轻人涌入城市，受城市文明的浸润，“迟婚少生”成了必然选择。农村人口增长开始出现“三低”，即低生育率、低死亡率和低人口增长率。经过近30年时间，不仅有130多万农村劳动力通过不同方式实现了就业转移，而且还容纳了大量的外地农村劳动力实现就业。近30年来，苏州城乡人口结构、劳动力就业结构均发生了重大的历史性变化。农村改革启动不久，随着乡镇企业的崛起，出现了大量的乡镇企业工人和一批私营企业主和个体户。20世纪90年代以后，随着农村劳动力进城务工经商，出现了一个庞大的农民工阶层。近年来，农村社会中出现了农民工人、农民个体工商者、农民私营企业主、农民知识分子、农民企业家、农村管理者等不同的利益群体和阶层。农村正在由“先赋型”社会演变为“后致型”（社会身份经过后天努力可以改变的）社会。无论是从职业角度，还是拥有经济资源角度，农民已经不再是原来意义上的农民，农民不再是一致的均质性社会群体，农村也不再是单一的同构性社会。

（五）农民收入水平高，成为全国城乡收入差距最小的地区

和全国同期水平比较，苏州的城乡居民差距比例一直保持较低位置。1978年全市城乡居民收入比为2.1∶1（以农村居民收入为1），1984年达到历史最低点，

（二）坚持尊重农民的意愿和首创精神，切实保证农民的物质利益和民主权利

农村改革事先并没有现成的经验和成功模式，也没有事先提出完整的改革理论设计和方案，完全是党的思想路线和农民实践创造相结合的产物，是党和政府充分尊重农民意愿、创造和选择的产物。过去近30年苏州农村改革中的好多经验，都是基层创造出来的。从家庭承包责任制兴起，到农业社会化和服务化体系的建立健全；从乡镇企业异军突起，到探索股份制、股份合作制等公有制实现形式；从改革农产品流通体制，到培育农村资金、劳动力和技术等生产要素市场；从探索贸工农一体化，到大力发展农业产业化经营等等，都是苏州广大干部群众以“三个有利于”为标准，解放思想、大胆尝试、大胆实践闯出来的。坚持从实际出发，允许和鼓励农民大胆探索，尊重来自农民的一系列创造，并及时归纳总结群众的创造并加以推广，是苏州农村改革不断推进和顺利进行的重要保证。

党的十一届三中全会提出，在经济上保障农民的物质利益，在政治上尊重农民的民主权利。这一原则是改革以来党中央制定农村政策的出发点和归宿点，是党和政府确立同农民关系的一大准则。改革开放以来，苏州市坚定不移地保持党的农村基本政策的稳定，依法保障农民的各项权益，始终牢固确立“以人为本、富民优先”的理念，实现富民与强市的有机统一。

家庭承包制是保障农民权益、促进农业发展和保持农村稳定的制度基础。稳定和完善土地承包关系是党的农村政策基石。党中央、国务院多次强调要不断完善家庭承包为主的责任制和统分结合的双层经营体制，稳定农村土地承包关系。苏州市坚持农村土地承包期30年不变政策，坚持按照“依法、自愿、有偿”原则，“让要种田的农户有田种，让农户不要种的田有人种”，从实际出发，积极探索土地流转的多种形式，稳步推进土地适度规模经营。

苏州市率先进行集体土地使用制度的创新，合理调整土地利益分配格局。苏州改变单纯征地、过度征地的局面，或在征地时保留部分集体土地，将征用改为租用，由镇村投资兴办生活社区、工业小区，建造标准厂房和集宿楼，出租给企业和外来人员居住，这种被称为“房东经济”的探索，让农村集体经济组织有一笔土地的财富积累机制。近年来，苏州通过推行社区股份合作社，农民变股民，还权与民，还利于民，农民与集体关系更加紧密。

在保障农民物质利益的同时，苏州市十分注意保护和调动农民民主参与、自我管理的积极性，大力开展村民自治，促进财务和村务公开，实行群众民主监督，保障了农民的民主权利。

（三）坚持农村改革的市场取向，切实发挥市场机制在资源配置中的基础性作用

从苏州近30年农村改革的轨迹可以清楚地看到，改革始终是以市场为取向的。实行家庭承包责任制和发展乡镇企业，培育和造就了大批自主经营、自负盈亏的市场主体，奠定了农村市场经济的微观基础。农产品流通体制改革为市场机制发育创造了条件，大多数农产品放开搞活，价格随行就市，流通渠道多元化，使以批发市场为中心的农产品市场体系迅速发育，也促进了农村土地、劳动力、资金等要素市场的兴起，这些从根本上改变了农村经济的资源配置方式，使农村经济由以单纯依靠计划指令配置资源，转变为主要通过价格杠杆和竞争机制来优化资源配置，市场机制在资源配置中的基础性作用得以有效发挥，从而大大提高了农村经济的活力和效率，促进了农业增长方式的转变和农业、农村经济的持续快速发展。

改革开放以来，回首苏州农业的发展，是一个从解决农产品供应短缺到供给平衡再到注重优质高效的过程，是一个市场化农业建设不断深化的进程。苏州坚持以市场为导向，以结构调整为主线，以效益为中心，以农民增收为目标，切实转变增长方式，不断提高农业生产水平，加快市场农业建设步伐，农业在改革开放中不断发展，实现了质的跨越。

苏州乡镇企业在发展过程中，为了不断适应外部政策与市场环境的变化，提高素质，走上市场经济大舞台，平等参与竞争，始终坚持把结构调整和转变经济增长方式作为一项重要工作。正是通过这项工作，才使乡镇企业从小到大，从弱到强，发展壮大，走向辉煌。从20世纪80年代中期起，全市乡镇工业抓住国家实施沿海开放开发的机遇，贯彻实施外向带动战略，筑巢引凤，招商引资，乡镇工业小区纷纷崛起，各地充分发挥自身优势，与苏州市5个国家级、10个省级开发区遥相呼应，接受辐射，策应配合，错位发展，推动了全市外向型经济跨上了一个新台阶。

“强势政府”是苏州的特色所在，昔日苏州乡镇企业的辉煌，是在社区政府的强力领导和推动下实现的。然而，进入90年代以后，随着经济体制改革的进一步深入，乡镇企业在经济繁荣下隐藏的问题终于暴露出来，从1994年开始步入缓慢发展阶段。在长期的运行过程中，这种政府直接介入企业微观经济运行、支配甚或取代企业行为的做法，与市场经济日益发展的态势越来越不适应。在这种形势下，政府与乡镇企业的关系转变迫在眉睫，要求社区政府“归位”，让企业真正成为法人实体和市场主体。苏州自觉按照市场经济发展的内在要求，按照政企分开的原则，以产权制度改革为突破口，以体制创新促进乡镇企业结构调整，积极转变职能，从以行政推动为主转变到以政策调节为主，从直接投资、直接参与

企业经营决策转变到营造环境、依法监管、强化服务上来，从直接扶持企业发展转向建设完善的服务体系，在新形势下发挥了应有的作用。

苏州市各级党政组织在转变职能方面已经迈出了实质性的步伐，从依靠行政推动为主转变为政策调节为主，充分应用财政、税收、信贷等经济手段和法律手段来刺激、保护经济发展；从直接投资转变为招商引资；从无所不管的“婆婆式”管理，转变为无所不问的“保姆式”服务，“一站式审批制”、产前、产中、产后“一条龙服务”等制度和措施全面建立，努力营造一流的创业环境。

（四）坚持大胆探索农村集体经济的有效实现形式，大力促进民营经济快速健康发展

集体经济发达是苏州农村的一大特点，集体所有制为主是“苏南模式”的主要特征。社区集体经济组织与作为自治组织的村民委员会和作为政治组织的村党支部往往三位一体、干部往往交叉任职，它们在功能上有很大的重合，在实际运作上很难截然分开。农村土地集体所有的性质，决定了社区集体经济组织作为集体土地的所有者主体和集体土地的管理者，有其不可替代的作用；社区集体组织作为社区性公共物品的提供者，其作用是不可替代的；社区集体组织作为国家基层政权机构的延伸和补充，对于沟通政府与农民的联系，完成政府赋予的社会经济目标，巩固农村基层政权等，其作用也是不可替代的。从苏州广大基层干部和农民群众的实践探索中我们看到，在民营经济、外资经济生机勃勃、迅猛发展之际，集体经济并没有萎缩凋敝、一蹶不振，已从“集体经济即村办企业”的传统思维中走了出来，通过推进承包土地股份合作社、社区股份合作社、投资性物业合作社等制度创新，传统的集体经济的实现形式和发展路径已经发生了重要变化，农村集体经济组织已经从过去直接兴办集体企业，转变为主要发展集体物业，农民与集体经济的关系更加紧密。在新一轮推进农村“三大合作”改革的热潮中，苏州农民已开始走上一条“户户有资本、家家成股东”的新的共同富裕之路。苏州乡镇企业的集体企业最初产权也是农村集体所有，在权、责、利脱节的情况下，企业的发展的确受到了重大影响。苏州是顺应社会主义市场经济的本质要求，深化乡镇企业产权改革，建立了“产权清晰、权责明确、政企分开、管理科学”的现代企业制度，充分调动了投资者、经营者和劳动者各方面的积极性，为乡镇企业发展增添新的动力和活力。苏州探索集体所有制有效实现形式的改革，带来了农村生产力的极大解放。

提到苏州的经济发展，人们一般认为主要是依靠乡镇企业和外资经济。改革开放以来，伴随着乡镇企业的改革与发展，苏州的民营经济也从无到有，不断发展壮大。党的十六大以来，苏州在大力发展开放型经济的同时，全面推进实施民营经济腾飞计划，加强对民营经济的规划、指导、协调和服务，把促进民营经济发展的工作重点放在优化发展环境、构筑服务平台、维护经济秩序上，着力增强民营企业自我发展的内生动力，着力提升社会面向民营经济的服务能力，全力促进民营经济快速健康发展。目前，民营经济成为支撑苏州市经济发展的“三足鼎立”中之一足，占有举足轻重的地位。苏州已经由以集体经济为主，转为新型集体经济、外资经济、民资经济和股份制经济等多元化经济并存的格局。民营经济的产生和发展给苏州经济注入了巨大的生机和活力。民营经济对拉动经济增长、扩大社会就业、提高居民收入、增加财政收入、繁荣城乡市场等起着无可替代的作用。

（五）坚持城乡经济协调发展，注重实现三农与“三化”互动并进

苏州市坚持城乡统筹协调发展，始终把农业和农村经济的发展放到经济社会发展的全局统筹部署，把农村社会事业的进步放到“两个率先”的进程中统筹安排，把持续增加农民收入放到全市人民共同富裕中统筹考虑，充分发挥城市和工业对新农村建设的带动作用，有力地推进了农业和农村经济的发展。特别是中共十六届五中全会作出社会主义新农村建设的决定后，苏州市委、市政府注重实现三农与“三化”互动并进，既注重解决当前的现实问题，更注重构建长效机制，统筹城乡产业布局，统筹城乡基础设施建设和社会事业发展，统筹城乡劳动力就业和社会保障，逐步形成了以城带乡、以乡促城、城乡互动的发展格局。

苏州市在推进城市化过程中，注重发挥中心城市带动作用，发展壮大县级城市，积极培育中心镇，注重完善城镇体系，确立了以苏州城为核心、5个县城镇为枢纽、10个左右的中心镇为基础的现代区域城市框架。苏州经济发展的最大特点之一是县域经济发达，张家港、常熟、昆山、太仓、吴江5个县级市和苏州市区“六大经济板块”优势互补、良性互动，城乡经济协调发展。近年来不断增强县级统筹。苏州市的县域经济实力十分强大，在国家统计局公布的2005年全国百强县（市）名单中，苏州市五个县级市均名列前11位，其中昆山市名列第一。随着县域经济的发展，县级经济的调控能力和统筹能力有了显著增强，各县级市每年投入农村的转移支付高达20多亿元。实践证明，县级统筹已成为全市城乡统筹的主要形式和主体力量。城市的边界在逐步扩大，多中心——卫星城镇群在增加，为更多的农村人口转移到城市创造了机会和空间。通过积极发展小城镇、开展农村现代化试点、推行“三个集中”（企业向园区集中、耕地向大户集中、居住向城镇集中）、加快工业园区建设和发展外向型经济、个体私营经济等措施，镇级经济快速发展，镇级财力显著增强。在全市地方财政收入总额中，镇级财政占有半壁江山。随着镇级财政实力不断增强，对农村的带动作用和统筹功能也日益增大。目前各项财政支农资金中，镇级财政承担的比例已达到一半左右。这说明镇级统筹是城乡统筹的重要力量。

苏州注重建立城乡规划统筹机制，谋求城乡优势互补、良性互动、交融发展。

到80年代初，随着乡镇企业的崛起，苏州农民迅速富裕起来了，土地变工厂，农民变工人，农村变小城镇，掀起了农民造房热、农民造城热。但是，“村村点火、处处冒烟”式的发展工业，带来了资源浪费、环境污染、生态恶化等一系列问题；千家万户任意建造楼房，也带来了布局混乱、占地过多、公共设施落后等一系列矛盾。“村庄星罗棋布、房屋天女散花”的格局直接导致了“三多”，即村内道路用地多、房前房后占地多、闲置宅基地多，浪费了有限的土地资源。随着农民生活条件改善，供水方式、交通格局的改变，过去便于用水、便于种田、便于通行的村庄布局却给农村基础设施建设带来了不便，水管、电线、电话线、有线电视线等按照现有的民房布局进行铺设，建设任务重、到位难，政府投入大、农民负担重，且与城镇相比，利用率低下，能源损耗大。由于农村配套设施建设难，许多村民的居住环境差，还是“门前水塘、屋后猪圈、晴天扬灰、雨天泥泞”。同时，带来了农村污水治理、垃圾处理等难题，不利于农村公益事业的发展。从90年代中期开始，苏州提出了农村现代化实施纲要，积极推行“企业向工业园区集中、农户向居住小区集中、耕地向种田大户集中”。但是，由于基础设施要靠集体经济组织投入，没有雄厚的集体经济实力的地方根本无法进行新村建设。因此，当初只是树立了些典型，很难全面推广。进入21世纪以来，苏州经济社会发展的格局发生了根本变化。城市的自身功能和带动辐射作用日益强盛。随着城市和城市周边工业园区的扩张，沪宁、苏嘉杭、沿江和环城高速公路的建设和其他主干道的改建扩建，过去搞的一些“农民新村”，后来变成了“城中村”，甚至变成了拆迁项目，变成了城市化的累赘。农民居住条件也经历了从草房、瓦房、楼房到洋房的变迁。纵观一些发达国家和地区，他们是一代人造房几代人住，而苏州往往是一代人造几次房。这既有经济发展水平的问题，又有建设理念的问题，还有规划与建设相脱节的问题。

苏州市委、市政府把城市和农村作为一个整体来规划。这些年来，无论是制定城市总体规划、经济社会发展规划、生产力布局规划等总体规划，还是制定社会事业发展规划、基础设施建设规划、人口与就业规划等一些相关规划，苏州都是把城市和农村作为一个整体来统筹规划，统筹考虑区域之间、规划之间的衔接配套，统筹兼顾生产、生活、生态功能，按照集约用地、节约用地的原则，调整优化工业与农业、城镇与农村的空间布局，明确功能分区，科学确定城市发展区、农业发展区和生态保护区。尤其是在生产力总体布局上，始终按照发挥比较优势、优化配置资源的要求，打破城乡分割和区域封闭，在全市范围内进行调整和重组，努力形成特色鲜明、结构互补的区域产业分工，充分体现了城乡统筹科学发展的理念。苏州把城市各项专业规划向农村延伸，形成全方位、多层次、开放式的城乡空间网络结构，使全市呈现出以城市群为主体，新农村为基础的城乡新格局。

（六）坚持三次产业协调发展，始终把农业放在重要位置

改革开放近30年来，苏州围绕率先推进农业现代化建设目标，认真贯彻落实党在农村、农业、农民中的各项方针政策，以稳定发展粮食生产和提高农民收入为重点，科学制定农业发展规划，大力实施农业结构调整，积极推行科教兴农战略，努力推进农业产业化经营，不断创新发展机制体制，农业在稳定中发展，在发展中提高，取得了令人瞩目的成就。苏州农业在“三化”（工业化、城市化、经济国际化）加速推进的背景下，不仅没有弱化，而且基础地位不断巩固，功能和作用不断拓展。

苏州市提出，农业不仅是一个产业，也是一种环境；不仅具有生产功能，而且具有不可替代的生态功能；农业占比虽小，但涉及领域广阔，丝毫不能削弱。在加快推进“三化”过程中，苏州从人多地少的实际出发，加强农业深度开发，深入推进农业结构调整，优化产业布局，形成优质粮油、特色水产、高效园艺、生态林业四大主导产业。大力推进农业标准化、产业化、外向化、机械化、信息化建设。培育发展以农产品精深加工为主的农业龙头企业和农产品交易市场，着力形成农业生产、加工、流通有机联结的产业链，提升农产品附加值和市场竞争能力。苏州把发展现代农业与完善城市功能、保护生态环境、促进农业增效、农民增收紧密结合起来，大力发展现代设施农业、高效精致农业、外向开放农业和生态休闲农业。

20世纪70年代末到80年代中后期，针对当时粮食短缺、市场供应偏紧的实际，苏州及时提出了“以粮食生产为重点，扩大稻、麦、油种植规模，提升总量，满足供应”的发展路子。80年代中后期到90年代中期，根据中央提出的“稳定粮食生产，积极发展多种经营”的号召与要求，苏州确定了“继续稳定粮食生产规模，大力发展水产、畜禽、蚕桑等产业，在保障人民基本生活需求的基础上，不断丰富市民‘菜篮子’，促进农民增收”的工作思路，促进了多种经营的快速发展。90年代中期到21世纪初，为适应国际、国内农业发展形势，苏州及时提出了“积极实施农业结构调整，加快全市传统农业向现代农业、内向农业向外向农业、产量数量农业向质量效益农业转变步伐”的农业发展理念，全市水产、畜禽、蔬菜园艺业大步推进。进入21世纪后，为适应中国加入世界贸易组织需要，进一步提升全市农业国际、国内竞争力，苏州及时提出了“以农业结构调整为主线，大力实施农业科技化、外向化、标准化、产业化和生态化战略，着力提高高效作物在种植业中的比重、养殖业在农业中的比重、深加工农产品在农产品中的比重、规模化和专业化生产的比重和‘三资’在农业投资中的比重”的思路。2006年后，随着苏州工业化、城市化、国际化进程的加快，农业可用耕地越来越少，为保护农业发展阵地，苏州从保障农业的长远可持续发展的高度出发，以空间规模适度、区域相对连片为原则，及时编制了以“百万亩优质水稻、百万亩园艺作物、百万亩生态林地、百万亩特色水产”为主要内容的“四个百万亩”农业布局规划。

苏州过去近30年的时间表明，强化政府对农业的扶持是加快农业发展的重要保障。长期以来，苏州无论是在粮食生产大发展阶段，还是在农业规模和比重不断下降的时期，农业的基础地位始终没有改变，各级领导始终把农业放在重要位置来抓。针对农业是弱势产业这一实际，苏州建立健全了一整套财政投入机制。早在20世纪80年代，就建立完善了农业发展和农业合作发展基金制度。90年代，又对粮食生产、棉花、油料生产和农业科技等方面实施了重点扶持，扩大了农业信贷比例，实施了农业贷款利息优惠。2000年以后，又对家禽业发展、农产品质量建设、农机化推进、农业科技研发、农业经济合作组织、农业信息化建设等方面实施了积极扶持，特别是2006年制定出台了《关于推进苏州市农业保险的实施意见》，确定了统一招标、分层委托，自愿参保、政府扶持，以县为主、专业监管的农业保险委托代办模式，探索建立了政府补贴与农民自愿购买相结合的农业保险框架，极大地降低了自然灾害对农业生产的影响，激发了广大农民的种养热情。2007年，为解决农业龙头企业启动资金、扩大再生产资金等需求矛盾，成立了全省首家由政府全额出资的农业担保公司，对农户和农业生产企业开展贷款担保业务，对加快全市现代农业发展起到了积极的推动作用。

（七）坚持统筹城乡社会事业发展，实现发展成果共享，促进社会和谐

苏州市不断加大公共财政对农村的支持力度，逐步扩大公共财政覆盖农村范围，让农民分享到经济发展带来的实惠。苏州加快促进基础设施向农村延伸，公共服务向农村拓展，社会保障向农村覆盖，现代城市文明向农村辐射，初步建立了覆盖城乡的公共财政体制和城乡一体的制度框架。

发展农村社会保障制度，可以维护农民权益和相关弱势群体的利益，为维护农村社会稳定、缩小城乡差距创造条件。苏州建立了农村最低生活保障、农村基本医疗保险和农村基本养老保险制度三大保障体系。率先基本确立农村社会保障体系框架，推进农村与城市社会保障逐步接轨。按照“低水平，广覆盖”和“一

个体系，两个模式，留有通道，逐步接轨”的思路，推进以“三保一补”（低保、农保、医保和老年人补贴）为主要内容的农村社会保障体系建设，同时，还在健全农村社会救助体系、保障被征地农民利益以及实行农村计划生育奖励制度等方面制订了政策措施，目前已初步形成了全市框架相对统一、待遇大致相当、体现社会公平、覆盖农村全体居民的农村基本保障体系。

苏州农村社会保障体系一个可喜的变化是正在推进农村与城市社会保障逐步接轨。吴中区将失地失业农民纳入城镇职工养老保险体系，对符合参保条件的被征地农民，全部纳入城保体系，逐步使农保与城镇职工养老保险接轨。昆山已经提出探索农村基本医疗保障与城镇职工基本医疗保障并轨的办法，正在推动城乡一体基本医疗保险制度改革。常熟扩大基本养老保险覆盖范围，逐步将农村各类企业及其职工，民办非企业单位及其职工、个体工商户及雇工和灵活就业人员纳入城镇企业职工基本养老保险覆盖范围，建立农村基本养老保险和城镇企业职工基本养老保险互相衔接的机制，加快农村基本养老保险与城镇职工基本养老保险并轨运行步伐。

农村基础设施是改善农民生产生活条件的重要物质基础。苏州加快城市基础设施向农村延伸。加强以改水、改厕、改路为主要内容的农村“三改”工作，各市（区）全面实现区域集中供水。全面开展以清洁家园、清洁田园、清洁水源为重点的农村“三清”工作，农村河道每五年基本疏浚一遍。大力推进以绿色通道、绿色基地、绿色家园为主要内容的农村“三绿”工作。加快生态村创建步伐，实现“农村废弃物资源化、农业生产清洁化、城乡环保一体化、村庄发展生态化”。

苏州以政府投入为保障，促进城乡教育均衡发展。苏州市委、市政府始终把教育放在优先发展的地位，坚持把均衡发展放在教育发展策略的重要位置，认真实施义务教育法，不断完善基础教育的管理体制，持续加大基础教育的投入力度，切实加强基础教育的保障体系，以政府投入的制度化、条件装备的标准化、教师队伍的优质化和素质教育的特色化为抓手，高水平、高质量、高标准的推进了基础教育的均衡发展。率先实施免费义务教育，制定出台了义务教育现代化学校评估标准、农村村级小学现代化建设标准、苏州市民工子弟学校合格建设标准等一系列配套文件，教育现代化步伐明显加快。目前，全市义务教育入学率、高中段教育毛入学率、高等教育毛入学率等主要指标继续保持全省领先水平，并基本达到或超过既定的阶段性奋斗目标，教育事业走在全省和全国前列。

苏州确保农村卫生事业发展能够在政府的主导下，与城市卫生事业和其他社会事业协调发展。苏州明确农村卫生事业性质，根据财政体制对乡镇卫生院实行“县乡分级管理，以乡为主”的管理模式，县、乡、村三级在投入上各司其职。

苏州统筹制定城乡卫生事业发展规划，突出卫生整体规划的统一性，将农村改水改厕、污水及垃圾处理等按照城乡统一规划，对涉及农村居民的社区卫生服务、医疗保障等也要逐步进行城乡对接。大力强化城乡公共卫生服务体系的建设，使所有疾病预防控制、妇幼保健、卫生监督等机构在建设上基本做到“机构、人员、技术、设备、管理”五配套。20世纪初开始实施城乡联动整体推进社区卫生服务建设活动，一个与高水平小康社会相适应的苏州农村公共卫生服务体系已经形成。

（八）坚持把富民作为第一导向，大力实施富民工程，实现富民强市

经过近30的发展，苏州经济总量已跃居全国大中城市前列，城乡面貌发生了巨大变化，人民生活有了很大改善，但相对强市而言，苏州富民的步伐还不够快。近年来，在经济快速增长过程中，苏州对富民问题越来越重视。2006年9月，苏州市第十次党代会提出，必须把富民作为第一导向。苏州市委、市政府坚持把富民摆在实现“两个率先”的首位，坚持以人为本，全面实施富民工程，力求在实现城乡居民共同富裕上取得新突破，努力实现富民与强市的有机统一。

苏州市把实现农民的充分就业，特别是把鼓励农民创业作为富民的根本途径。苏州已经进入先进制造业升级阶段，结构优化的前提是有大量的高技术劳动力的供给。为了解决本地农村劳动力的技能难以与工业化升级的要求相匹配的问题，苏州大规模开展了农村劳动力技能培训，凡符合法定劳动年龄、具有劳动能力和就业愿望的农村劳动力，都可以就近进行非农就业登记，免费接受就业指导培训、职业技能培训。鼓励农民创业。针对本地农民已经基本实现充分就业，近年来又实施了“农民创业工程”，制定了鼓励和促进创业的政策措施。苏州大力发展民营经济，尤其是服务领域的民营经济，积极推广门槛低、见效快的创业方式，积极鼓励和引导农民联合起来投资创办各类股份合作社，提高农民资产性、财产性收入。昆山市实施了“人人有技能、个个有工作、家家有物业”的“三有工程”，建立了农民创业指导（服务）中心、农民创业小额贷款担保中心，积极为农民创业搭建新的服务平台。苏州市重点扶持农村大龄劳动力和困难群体就业，通过村企挂钩、劳务合作等搭建就业平台，促进灵活就业。注重敦促企业履行社会责任，实现劳资互利，充实镇级劳动就业保障工作机构，加快发展农村各类社会化劳动就业中介服务机构，构建了农村劳动力就业保障的基础平台。各级劳动力市场全面对本地农民开放，凡具有就业愿望和能力，且在国家法定劳动年龄内的本地农村富余劳动力，以及经劳动和社会保障部门劳动预备制教育培训合格的本地农村初次就业者，统一发给《就业登记证》，进入城镇劳动力市场求职，从而初步建立了城乡一体的就业服务体系和平等竞争、同等就业、同工同酬的劳动力市场。

在富民优先方针的导向下，苏州市提出，要始终把促进农民持续增收作为苏州新农村建设的核心任务，把发展的过程真正体现为富民的过程，使发展的成果真正让农民共享，不仅是一部分人富，更重要的是大部分人富；不仅要多方拓展增收渠道、构建农民持续增收长效机制，而且要统筹发展城乡公共事业、提高农民生活质量。可喜的是，这几年苏州农村民营经济呈现出加快发展的态势，"三大合作"改革在加快，同时城市化、工业化以及农村型社区建设等为发展农村新型服务业、农村物业经济提供了十分难得的机遇。借鉴先进地区的经验，苏州市制定出台了促进农民持续增收的意见，提出了创新集体土地使用制度、深入推进"三大合作"改革、发展农村新型集体经济等政策措施，努力为农民持续增收构建一个政策和制度的框架。

五、从全面小康向率先基本实现现代化迈进

经过改革开放近 30 年的不断实践与发展，苏州已经成为江苏全面小康建设的先行军。未来一个时期，是苏州巩固小康成果、提升小康水平，并在此基础上逐步向基本实现现代化迈进的关键时期。率先基本实现现代化，是中央和江苏省委对苏州发展的殷切期望，不仅反映了苏州经济社会发展的新趋势，而且体现了苏州人民的共同利益和愿望。苏州市已经提出，力争到 2010 年，总体达到江苏省提出的基本实现现代化目标要求，使苏州经济更加繁荣、科教更加发达、生活更加富裕、环境更加优美、法制更加健全、社会更加文明。在新的发展阶段，苏州将进一步提升发展理念，实现发展思路的新跨越；进一步转变发展方式，探索发展模式的新内涵；进一步坚持改革开放，增创体制机制的新优势；进一步谋求新的更大发展，开辟率先科学和谐发展的新局面。

苏州要率先基本实现现代化，最艰巨的任务在农村，最薄弱的环节在农业，最大的难点在农民持续增收。虽然农村经济社会发展取得了重大成就，但农民持续增收的长效机制尚未全面确立，农村社会事业发展滞后的局面尚未根本改变，农村基础设施和公用服务能力有待进一步加强，城乡二元结构尚未完全打破，城乡统筹发展的政策性障碍依然存在。

展望未来，依靠工业化的积累、开放型经济的发展和城市化的推进，苏州已经有条件率先建立起工业支持农业、城市带动农村、农民持续增收的长效机制，有条件在更高水平上推进社会主义新农村建设，有条件在突破城乡二元结构方面充分发挥"带头、先导、示范"作用。

苏州将以推进社会主义新农村建设统领三农工作的全局，统筹富民与强市目

标，走富民优先之路；统筹城乡规划与建设，走共同繁荣之路；统筹提升一、二、三次产业，走协调发展之路；统筹人口、资源与环境工作，走可持续发展之路；统筹城乡制度安排，走和谐发展之路。苏州坚持以新型工业化推动农村产业新发展，以城市化提升农村建设新形态，以经济国际化塑造农村发展新理念，实现三农与“三化”互动并进，促进三农向更高水平、更新层次、更宽领域发展。

苏州未来新农村建设的发展趋势是：

——发展富民新产业。为建设更高水平的现代农业，苏州将进一步巩固农业基础地位，严格保护耕地，努力争创“三个苏州农业”，即以种养业为主的现代高效农业、以生态休闲观光为主的现代农业服务业、以市域外无公害农产品直供基地和加工原料基地为主的外联农业，全面深化现代农业生产、生态、生活等功能开发，推动农业的集约化、规模化和专业化生产，提高农业综合效益和竞争力。大力发展农村服务业，是引导农村消费，拓展农民致富门路的新途径。苏州将在加强农资、农机、农技等传统农村服务体系建设，增强为农服务功能。加快发展配送、连锁等农村现代流通体系建设，构建为服务流通网络。农村新型社区人口相对聚集，蕴藏服务业发展的大量商机，苏州将进一步完善社区服务设施，充分挖掘资源潜力，大力发展农村新型服务业态，形成广覆盖、多层次、社会化的农村社区服务体系，培育农村服务业新的增长点。

——培育现代新农民。农民作为社会主义新农村建设的主体，其素质的高低，直接关系着新农村建设的成效。苏州将继续实施现代农民教育培训工程，不断提高广大农民的文化素质、就业技能和创业致富的能力。苏州农村教育发展的重点是，适应产业升级和城市化的发展要求，积极发展高等职业技术教育，培养一大批高级应用型人才。尊重农民的意愿和首创精神，通过制度创新和政策引导，让广大农民既有获得更多的社会资源的能力，又有共享发展成果的制度安排；既有推动自身富裕和建设新农村的强烈进取心，又有改变自己命运和建设新农村的创新精神，真正成为建设自己家园的创造主体。

——发育农村新组织。农村“三大合作”是苏州农民持续增收的希望所在，苏州将继续把改革进一步引向深入，大力发展农村社区股份合作制、土地股份合作制和专业经济组织，增强农民进入市场参与竞争的能力，提高自我管理、自我服务的能力和组织化程度。

——展示农村新面貌。坚持从农民最迫切、最需要解决的问题入手，进一步加强农村基础设施建设，进一步加强农村环境综合整治，使农村水更清，地更绿，天更蓝，村容村貌更好。

——形成农村治理新机制。深入推进“强基工程”，积极探索把党组织建在产业链、行业协会、社区楼宇、专业市场、特色街区、新经济组织等做法，不断完善城乡基层组织体系。加强以村党组织为核心的村级组织配套建设，深化三级联创“先锋工程”、“双带三评”等活动。完善基层干部的成长和激励机制，健全基层党组织负责人选配、培训和管理机制，大力选拔政治素质强、发展能力强的“双强型”干部。健全村党组织领导的充满活力的村民自治机制，进一步完善村务公开和民主议事制度，让广大农民真正成为建设乡村、管理乡村的主人，成为参与并推动乡村政治建设的主体。

——培植农村发展新动力。把体制机制创新作为发展的不竭动力，在推进城市各项改革的同时，不断深化完善农村各项改革。切实改变单纯征地、过度征地的局面，在“三化”过程中给农民留一份土地，让农村集体经济组织有一笔土地的财富积累机制，使土地等资源转化为股份，转变成富民强村的资本，使农民在土地升值中获得长期收益。加快改革财政分成体制，尽可能多地增加乡镇的留成比重，特别要划出一块返还给村，为基层发展提供动力、注入活力、留足空间。加快乡镇综合管理体制改革，强化乡镇政府的社会管理与公共服务职能。充分调动和激发社会力量参与新农村建设的积极性和创造性。凡是能够让市场和社会力量办的事，放心大胆地交给市场和社会力量去办，形成由外商资本、城市资本、农村资本（集体和农户）构成的多元化投资体系。进一步放活农村管理体制，促进新农村建设又好又快地向前推进。

——形成城乡新布局。以科学规划引导城镇发展，进一步增强大中城市的发展实力，发展特色鲜明的县级市；扶持和加强小城镇，把中心镇、重点镇的建设作为生产要素集聚和承载农村人口转移的直接区域；加强市镇发展区特别是跨行政区的规划协调，实现基础设施和社会服务设施共建共享，把中心镇、重点镇建设成为既具有相应人口规模和经济实力，又具有各自风貌和特色的小城市；加快实施镇村布局规划，构筑科学、合理的城镇、村庄分布格局；有计划、分步骤开展农民集中居住区（村庄）的建设，引导农民居住方式的更新，努力改善农民居住环境，实现农民住房的商品化和市场化。

——健全统筹城乡发展新机制。疏通农民进城的渠道，为农民进得来、留得住，创造更好的制度环境。城市的财政支出和各种公共服务有效服务于全社会。把在城市有固定工作和住所的进城农民视同常住人口对待，把外来人口对住房、就学、医疗等设施的需求纳入城市建设规划。巩固和完善农村社会保障制度，逐步提高保障标准，逐步缩小城乡保障差距。加快建立城乡衔接的社会保障体系，加快农村基本养老保险与城镇职工基本养老保险并轨运行步伐，尽快将失地失业农民纳入城镇职工养老保险体系，加快农村新型合作医疗向农村基本医疗保险的过渡。合理配置教育资源，推动农村教育质量全面提高，加快农村教育现代化进程。促进农村卫生事业与经济社会协调发展，建立健全医疗保障完善、队伍素质优良、健康服务公平的农村卫生服务体系，使农民人人享有良好卫生保健服务，生活质量和健康素质全面提升。进一步消除制约城乡协调发展的体制性障碍，促进城乡资源要素的合理流动和优化配置，建立与市场经济体制相适应的新型户籍管理制度，打破城乡分隔加强城乡联系，促进城乡交融，最终实现城乡一体化。

（韩　俊　徐建明）

广东南海经济发展的经验与启示

南海位于广东省中部，珠江三角洲腹地，紧连广州，邻近港澳。1992年撤县设市，2002年撤市设区，划归佛山市，现辖2个街道，6个镇，250个行政村。面积1150.51平方公里，户籍总人口107万人，外来人口100多万人。改革开放以来，南海的经济和社会发展取得了巨大的成就，成为全国经济最为发达的县级地区之一。2001年，全市实现国内生产总值390亿元，工农业总产值882亿元。全部财政收入79.8亿元，其中地方财政收入25.4亿元。人均GDP为3.55万元，约4277美元。职工人均收入达到13352元，农民人均纯收入为7142元。二三产业增加值占GDP的94%；从事二三产业的劳动力占80%。为了揭示南海经济发展过程、基本特征和主要经验，2002年，国务院发展研究中心组成课题组，对南海市经济结构演变、土地制度、外来劳动力与城镇化发展、企业产权制度改革、财政体制、金融体制和政府对经济的调控等问题进行了深入的考察。对南海工业化过程中取得的经验进行系统的总结，并通过对南海的解剖，找出沿海新兴工业化地区经济发展过程中面临的一些带共性的问题，在此基础上，就沿海地区经济发展中的若干问题进行探讨，提出有关政策思路。

一、南海经济持续发展的主要成因

从地理位置来看，南海周围都是我国的改革开放的前沿地带，由于珠江三角洲与港澳地区毗邻，改革开放以后这一带也自然就成为港澳台投资的优先区域。“地利”是南海经济快速发展的基础。

就近代而言，南海具有发展工商业的历史渊源。南海是我国陶瓷业和近代纺织业的发祥地之一。从文化类型来看，沿海地带一般属于海洋型文化。与内陆不同，海洋型文化一直就具有较强的开放意识和勇于创新的精神，这种文化奠定了南海人敢闯敢干和易于接受新兴事物的品格。改革开放的政策给南海人松了绑，南海人洗脚上田以后，这种文化的作用就淋漓尽致地体现出来了。可以说，南海各个产业初期的发展主要是靠南海人敢闯敢干的精神成就的。深厚的经商底蕴是南海产业发展的内在文化条件。

促使大多企业在南海落户生根，形成我国珠江三角洲地区著名的工业带。这种土地使用方式与国家征地不同，它只是将土地作非农化使用，并没有转变土地集体所有权的性质，这样，在土地非农化的过程中以及在它长期非农化使用中，土地级差收益以及它的增值收益也就保留在了集体内部。南海的土地股份制将农民的土地承包权变为股权，成员权的保留使农民愿意将土地交由集体统一开发、出租，农民也可以无后顾之忧地去到农外就业，从而加速了农民的“洗脚上田”和向二三产业转移。南海的经验表明，以土地为中心的农民工业化，是在现行土地制度和政策下，让农民参与工业进程的一种比较合理的选择。

（五）广泛运用信息技术，使南海传统产业的竞争力得到提升

南海信息化建设起步较早。1995 年，南海市就提出了以信息化推动现代化的发展战略。1998 年，南海市作出了创建“信息市”决策，全面启动信息化系统工程建设。到 2001 年为止，南海市的信息化指数已经达到 66。信息化建设有效地推进了产业信息化，南海传统产业通过运用信息技术得到改造和提升。南海市在传统行业积极实施“四个一工程”（一个以 CAD/CAM 技术支撑的行业技术创新中心、一个面向电子商务的行业网站、一批 ERP 系统、一个现代物流中心），已经在纺织、有色金属加工、建筑陶瓷、小五金等行业取得了明显成效，并正向内衣、摩托车、制鞋、玩具等行业推进。目前，规模以上企业（产值 500 万元以上）利用信息技术加强管理的比例达到 98% 以上。

我们对金沙镇五金产业应用信息技术情况的调查表明，生产传统产品的企业，已经普遍开始采用高新技术的工艺和营销手段，这种“低技术部门的高技术”大大提升了传统产业的竞争力。从 1999 年 9 月开始，金沙镇在利用信息网络技术推动整个五金产业的体制创新和科技创新方面进行了积极的探索和实践。

一是利用信息网络技术实施营销创新。针对镇内五金企业普遍存在的以订单生产为主，市场信息滞后等突出问题，1999 年 9 月，该镇本着“扶持企业、服务企业”的宗旨，由政府投资组建了华南五金交易网。通过以网络为纽带引导五金企业利用信息网络技术获取最新市场信息、调整营销策略、开拓和抢占潜在的市场尤其是国际市场，为五金企业走向国际化创造有利条件。该网站以“立足华南、覆盖国内外”为定位，对加入网站的企业实行会员制管理。网站开通后，访问量已达到 60 万人次。2001 年 3 月以来，日平均访问量超过 3000 人次，日供求信息量超过 300 条，为上网的会员企业创造了大量的商机。如会员企业新力电池有限公司，生产量在全国排行第 5 位，其业务 90% 以上来源于网上，而且业务主要通过 INTERNET 进行洽谈。自应用信息网络技术开展业务以来，该企业仅传真费一项每月就节省近 10000 元。据不完全统计，经华南五金交易网撮合的交易额达 2000 万～3000 万元。

由于众多加入该网站的企业通过“网上洽谈、网下交易”等形式做成了生意，现在吸引各地的五金企业纷纷申请加入。目前该网站已发展会员企业1200多家，其中来自金沙镇五金企业有500多家。2001年初，为了配合网站的建设，金沙镇还专门设立了产品展示中心，方便会员企业展销产品，实现了虚拟市场与有形市场的有机结合。目前，网站正在建立全国最大的五金产品数据库，引入了先进的网络营销、推广软件，依托信息网络技术的优势，不断提高知名度，树立专业特色，实现全面的专业电子商务，为广大五金企业创造更多的商机。

二是利用信息网络技术实施技术创新。金沙镇五金企业绝大部分属于中小型企业，缺乏研发能力，普遍存在着模具制造技术落后、质量不稳定等问题，制约了产品质量的提高和新产品开发。针对上述情况，该镇于2000年先后与华中科技大学联合组建了“南海市华中科技大学模具研发制造有限公司”（简称模具公司)、“南海市华中金望新技术开发中心”（简称金望中心）。模具公司通过信息网络技术获取华中科技大学模具技术国家重点实验室专家资源（金望中心的常聘顾问）的远距离技术支持，应用先进的二维、三维模拟制造软件，配合德国进口的“流动式光学三坐标测量仪”和“激光薄层快速成型机”实现模具、新产品的CAD（计算机辅助设计）快速设计，再通过网络技术实现模具远程虚拟CAM（计算机辅助制造）快速制造，大大缩短了新产品的开发周期。如在7天时间内为某灯具厂开发了原来最少用30天时间才能开发的128套新模具、12个新产品。模具公司自开业以来已经承接了500多套模具、100多个新产品的开发、技术咨询、工艺方案分析等方面的业务，赢得了广大五金企业主的好评，取得了良好的社会效益和经济效益。2001年下半年，与模具公司配套的模具生产车间投产，更好地为企业提供模具设计、制造一条龙服务。

三是利用信息网络技术实施企业管理创新。针对五金企业主文化素质普遍不高、企业家族式管理的状况，该镇通过各种渠道大力宣传信息网络技术在企业管理中的作用和优势，积极引导和推动企业运用信息网络技术实施企业管理创新。如中兴五金工艺厂利用企业管理网络实现企业内部信息化管理，原来需要一周才能盘点清楚的库存情况，现在只需打开电脑的“库存管理模块”就一目了然；原来计算员工工资需要3天时间，但现在计算员工工资需要的时间不到30分钟。而且，每个工人的日工资都可以在触摸屏公开查询，减少了不必要的劳资纠纷。目前该镇已有一批五金企业运用信息网络管理模式，在强化企业内部管理上取得了良好效果。

（六）外资的引进对南海经济的发展也起到了促进作用

南海并不是一个典型的以外资为主的区域，但是外资经济的作用是不应该被忽略的。20 年来，南海外资企业从无到有，不断发展壮大，至今已成为南海国民经济的重要组成部分。到 1998 年底止，全市有三资企业 1312 家，“三来一补”企业 516 家，历年累计实际利用外资 14.322 亿美元。1998 年，三资企业工业总产值达 128.79 亿元，占当年全市工业总产值的 23.39%，出口总额 8.49 亿美元，占全年出口总值的 69.15%。在南海，一大批外资企业在国内外市场享有盛誉，特别是远近驰名的大沥铝合金、不锈钢型材生产基地，占全国铝型材产量的 1/3，该基地 60% 以上的大型厂是外资企业。而港商的亚洲铝厂更是其中的佼佼者，其年产值超 10 亿元，成为南海第一家在香港上市的企业。外资企业的大规模引入对于南海产业竞争力的提高起到了非常重要的作用。从具体的作用来看，主要表现在以下几个方面。

一是直接带动了南海企业在技术上、管理上的提高完善。如南海华达高木模具厂是中日合资厂，其技术设计开发中心在日本，生产加工厂在南海，现在该厂实行了计算机网络化，生产图纸及工艺编程全部通过国际互联网络传输，几个钟头就可完成原来近一个月才能完成的工作。信息技术的运用，把地理上分开的生产基地与科研设计中心及整个生产经营连在一起，使智力资源、物质资源都得到最大限度的利用，效率大大提高。又如南光树脂制品有限公司，后勤、仓库、车队交由社会公司管理，销售实行代理制，技术开发实行专家中心制，为了适应这样的管理方法，企业开发应用了一套计算机管理系统，管理者能掌握每一刻生产、销售、仓储、原料供应、财务、人事的动态情况，管理层的一切指令性文件全部进入计算机系统处理，通过计算机网络，实现先进的企业管理。这些先进企业的经验在南海创建信息市的活动中广为传播，对企业家起到很大的启迪作用，大大增强了他们对人才、科技、管理重要性的认识，明白到企业要上档次、上规模，在竞争中立得住脚，就须靠科技、靠管理。

二是对南海而言，外资企业起到了明显的示范作用，充当了“孵化器”的角色。南海的内衣行业是非常典型的。在第一家外资企业进来并赚了钱以后，在里面工作的人员掌握了技术的一部分人就开始自己办企业，几年内，内衣企业就发展到几十家。铝型材行业也是如此，据亚洲铝型材股份有限公司董事局主席介绍，自从亚洲铝型材有限公司进驻并取得了非常好的经济效益以后，大家看到了这个行业的前景，一年之内就接着开了七八家铝型材企业。

三是外资企业的进入还产生了一定的“鲶鱼效应”。据平洲唐镇长介绍，台资的制鞋企业无论是技术水平以及生产理念都是比较先进的。台资企业进来以后，给当地的制鞋企业形成了冲击，看到了差距以后，有了忧患意识，结果对当地的制鞋业起到了很大的促进作用。

（七）政府公共财政体制逐步完善，为经济发展创造了良好的环境

南海是中国财力最雄厚县级市之一，南海市财政一个明显的、引人注目的趋势是，上缴中央财政在全部财政收入中的比重逐年下降。1997 年这个比重是 55%，到 2001 年，上缴中央财政的“两税”部分已经只占 36% 多一点。这个趋势在一定程度上证实了分税制以来形成的中央和地方关系的新特点，自 1994 年开始的分税制对发达和不发达地区的影响非常不同。根据我们对中西部地区的调查，自实行分税制以来，由于增量上解部分的增长超过了地方税收收入的增长速度，使得这些地区的地方财政越来越困难，沦为“吃饭财政”和“讨饭财政”。但是在那些经济发展迅速、税收增长快的地区，分税制的实行却使得更多的财力可以留在地方。南海市与其所辖各区镇实行的并非分税制，而是“财政包干制”。简单而言，就是“核定收支基数、超收分成、支出包干”。这个体制对镇区财政的影响关键在“超收分成”的分成部分。按照南海市政府 1996 年的有关文件的规定，超出环比递增 13% 的镇区，超收部分可按 30% 的比例分给地方。这个体制对于那些经济发展和税源增长迅速的镇区的激励作用相对较小。我们对大沥区的调查了解到，1999 ~ 2001 年三个财政年度间，总财政收入增长了 73.3%，其中上交中央财政的收入只增长了 27.7%，而上交市财政的收入则增长了 117%。总财政收入中上交国家财政收入的比从 1999 年的 28% 下降到 2001 年的 20%，截留在市财政的比重从 1999 年的 37% 上升到 2001 年的 46%，而留在镇区本级的财政收入的比重则在 30% ~ 33% 之间波动。这说明，中央财政少拿走的部分并没有留在镇区财政而是留在了市财政。

虽然南海市乡镇预算内财政收入大部分都上缴到上级财政单位尤其是市级财政使用，但由于预算外财政收入较多，乡镇一级财力也很雄厚。以南海大沥区为例，2001 年预算内的财政收入为 11457 万元，另外乡镇自筹资金为 1085 万元（这块在财政统计中也算作预算内的非税收入），税收收入，区自己留下了 1/3，国家拿走了 1/5，剩下的将近一半都被市财政拿走（当中还包括市与省分享的部分），预算外收入为 6916 万元。这部分财政的收入都是非税收入，不需要与中央、省、市分享；其次，上级财政部门尤其是市财政局对这部分财政的运作尤其是支出分配没有明确具体的限制，也就是说，财政权限被保留在乡镇财政一级。预算外收入中最大的一块收入是与土地相关的收入，占了预算外总收入的近 40%。这其中包括区城建办 562 万元的土地有偿使用费，区国土分局从区城区办事处征来的土地转换用途的 862 万元的收费，还有市政办收取的对非农用地的绿化、路灯、除“四害”等的市政建设费 1077 万元和 111 万元的环保费用（细目见表 7）。这些统统都是土地变为非农用地以后镇区政府得到的相关收入。与治安相关的收入则是土地转换用途和工业化以后，大量涌入的外来工人给地方财政提供的间接收入，这其中包括“三统一”（统一劳动管理、计生管理、公安管理）、综合治理等各项对民工和居民的收费，经济的发展使得这些收费标准也相应增高，总量超过了1000万元。整个预算外收入可以说是以“土地为中心”的财政，乡镇的办事财政实际上就是一个“土地财政”。由于预算外财政的收入主要是以土地为中心，所以乡镇财政不像不发达地区那样实行“列收列支”的预算外资金管理办法，因为没有需要鼓励各收费部门自己创收来养活自己。相反，南海的乡镇财政普遍实行对预算外资金统一调控和管理的办法，将财政权限统一到乡级财政中。

南海市市级有一半的支出是用于我们通常意义上的“吃饭财政”开支，而有超过1/3的预算内财政支出用于公共建设。乡镇一级预算内财政也是“吃饭财政”。南海乡镇“办事”（各种公共财政开支）的钱主要来自与土地相关的预算外收入。伴随着地方财力的增长，南海市镇两级政府公共财政迅速发展，在公共领域承担了服务者的角色。

一是培育专业市场。按照“政府搭台、企业唱戏”的基本思路，南海市一直都非常重视市场的建设，提出了“建设大市场，促进大流通，带动产业大发展”的思路。从市场交易的内容来看，南海市的专业市场建设是非常具有特色的。这个特点是与南海市“一镇一品”的特色相得益彰的。专业市场的建设使得南海市的产品可以源源不断地销往全国各地并进入国际市场，大幅度提高了产业的竞争力。以我们考察的西樵轻纺城为例，该专业市场占地1000多亩，建筑面积38万平方米，拥有两层、三层别墅式高档铺位3000多间，政府开发以后，卖给民营老板。轻纺城的成交额每年都在100亿元以上，2000年达到139.6亿元，销售额每年增加10%～20%，成为我国四大布匹市场之一。目前，西樵镇有纺织企业1600多家，从业人员6万多人，织机3万台，其中高档织机1.5万台，形成各类纺织面料10亿米的生产能力。

二是促进行业的技术创新。对于一个经济区域而言，要获得区域竞争优势，必须提高本区域内的行业技术水平和管理水平。南海民营企业目前的规模还普遍偏小，技术人才和管理人才储备明显不足，创新能力明显不足。因此，由企业个体完成创新任务是不可行的。在这种情况下，为了适应知识经济时代的要求，南海市依据“一镇一品”的现状，走出了一条建立行业技术创新中心的路子。通过建立行业创新中心，有针对性地为各个行业的企业服务，解决单个企业解决不了的问题。以我们考察的南海市西樵轻纺城纺织技术创新中心为例，1998年5月，西樵创办了全国第一家纺织面料开发中心——西樵轻纺城布料工艺制版公司，引进了国际先进的素织物、大提花织物、印花分色等电脑设计系统（CAD/CAM），为企业提供全方位的纺织原料和面料开发技术服务，有效地缩短了产品开发周期，降低了开发成本，提高了企业经济效益，促进了纺织业结构调整和优化升级。

1999 年西樵区在制版公司基础上建立了广东南方技术创新中心，中心工作人员有 10 来人。目前，已建立印染实验室，创办了中国南方纺织网，与东华大学（原中国纺织大学）合作建立了博士后流动工作站，并与国家纺织科学信息研究所和香港生产力促进局进行全面合作，从而使西樵轻纺城成为纺织流行趋势研究和新产品开发中心，确立了其在中国纺织业举足轻重的地位。南方技术创新中心已被确定为广东省纺织面料工程技术研究开发中心。南方技术创新中心现在已经开发了 10000 多个品种，使用率达到 80% 以上。现在通过自己开发，每米附加值增加 10% ~15% 。面料制版中心最初只投几百万，现在已经 6000 多万。现在，产品开发的效率已经大大提高了，过去开发一个品种要 15 天，现在最快的 1 天甚至半天，5 天就可以上市。

三是大力推进基础设施建设。良好的基础设施条件是产业成长和发展的基础。在 70 年代末期，南海市的基础设施建设还非常落后，公路运输还很不发达，绝大多数还是泥土路，也没有现代化的港口。改革开放以后，南海的基础设施建设得到了迅猛的发展，特别是南海撤县设市以后，政府采取了交通先行的经济发展战略，投入大量人力、物力、资金发展高等级公路、现代化港口等基础设施建设。现在，南海的基础设施条件已经有了根本性的改善。从 1979 ~1998 年，南海市累计投入交通基础设施建设的资金达到 70 亿元。其中，1992 ~1998 年，累计交通设施建设投资为 56. 75 亿元。2000 年，全市就累计完成基础设施建设投资 3. 072 亿元。到 2000 年年底，全市公路通车里程和公路密度分别达到 1770. 24 公里和 153. 87 公里/百平方公里。2000 年，全市共有各类营运车辆 47423 辆，其中货运车辆 46678 辆。现代化的港口也从无到有。现在南海已经拥有了由南海客运港和三山港合并的国家一类口岸南海港。2000 年，全市各类港口码头完成货物吞吐量 990 万吨。为了满足能源需求，南海市在能源项目上进行了大量的投资。南海市还投资 20 亿元建设了装机容量 40 万千瓦的南海发电厂。到 2000 年年底，全市共有 110kV 变电站 33 座，主变容量 307. 05 万千伏安，110kV 输电线路 524. 6 公里，10kV 变电线路 3512. 49 公里，低压线路 24386 公里。南海市的供水条件也大有改善，到 2000 年年底，全市日均供水量达到 90. 4 万立方米，自来水收益人口占总人口的 98. 34% 。2000 年 6 月 30 日，南海市移动电话五期扩容工程全面完成，南海交换区的网络可以容纳近 40 万户。之后，随即启动了六期扩容工程，该工程完成以后，南海市交换区的网络容量超过了 70 万户。2000 年年底，全市电话交换机容量已经达到 48. 1 万门，固定电话 39. 1 万户，移动电话用户 40. 6 万户。

二、南海经济发展中需要进一步解决的问题

（一）集体土地非农化使用与国家现行征地制度发生尖锐矛盾

南海独特的以土地为中心的农村股份合作制的推行，惠及了农民，也使集体经济实力凭借土地级差收益的上升得以壮大。但在其推进过程中，也对现行政策和法律带来了挑战。碰到的第一大冲突是，农民用自己的土地推行工业化与国家征地制度的矛盾。由于南海具有得天独厚的地缘优势，它位于广州和佛山中间，是珠江三角洲开放开发最早的地区之一，土地级差地租的上升越来越明显，带来集体经济组织出租土地的收益越来越大，因此，无论是集体经济组织还是农民，都不愿意政府通过征地将集体土地转为国有，因为在农民的心目中，土地自有它的分量。正如我们在调查中部分农民所反映的："这地是我们集体的，转为国有，这不就等于我们的财产被其他人侵占了吗！"按照土地管理法，当农地转为非农用地时，除了留出部分农民自用的土地从事非农经营以外，实行国家征地制度，即，将原来的土地集体所有变为国有，农民在得到一定的补偿以后，从此丧失了土地的所有权。现行政策和法规对土地在作农用时，所赋予农民的土地权利还是比较充分的，它赋予农民长期而有保障的土地使用权，也允许农民出租，转让自己所承包的农地，但是，当农地转为非农用时，农民原来在这块农地上所拥有的权利就一下子消失了。因此，当国家以一个很低的补偿将农民的土地永久性转为国有时，是难以令农民信服的。

在南海，多数村庄采取变通的办法来设法获取土地非农化的增值收益。当一个企业向集体组织租地盖厂房时，他们也签有土地租赁合同，对双方的土地租赁期限、租金、付款方式、违约惩罚等都有明确的规定，当一个企业或实际土地使用人在生产经营状况好时，交租金没有问题，可以履行合同，但当租用土地，建好商铺的企业在经营中出现亏损时，就会出现不交或拖欠租金的情况。为了防范因企业经营不佳导致的集体土地利益受损，集体只能以"土办法"来应对。一种办法是，在将土地租给企业之前，先向它收取若干年的土地租金（有的村甚至将20年的租金都给收取了），这样企业即便有什么变卦，集体也不用为土地租金的收取担心了；另一类是更为极端的做法，就是当企业拖欠租金时，集体组织以断水断电等来逼企业"就范"。在采取上述"土办法"也不能保证集体利益的情况下，集体只得求助法律来解决。但是，按照南海法院提供的案例，从已经发生的判案来看，集体组织出租土地或物业的方式无非以下几种：（1）纯粹由集体组织向企业或个人出租土地，由对方在该土地上建造厂房；（2）由集体组织向企业或个人提供厂房等，但集体组织所出租的厂房、设施等却没有办理农地转用手续；

(3) 名义上由集体组织向企业或个人提供厂房等，实际上是集体组织只出租土地，由企业或个人在所租的土地上出资盖厂房，即所谓的“假出租”、“假合资”。但无论上述哪种做法，只要诉诸法律，集体组织和农民肯定是最大的受害者。因为法院的判决完全是按照法律的规定作出的，既然土地出租不合法，那土地租用合同也只能被认定为无效合同，其判决结果就唯有：土地使用者将土地使用权还给集体，集体收取的土地租金返还交租者。目前在广东，从省到地到市县级法院，都这样处理。这种结果对集体来说简直无法接受，法院的领导对此很苦恼，他们反映在处理这类案子时压力太大，村民要示威。村民说，我们老老实实的，人家钻空子。骂法院不是保护好人，是保护钻法律空子的人。法院明知如此，也不好判，否则投资者也会告法院。根据南海市法院提供的资料，2001~2002 年间涉及农村集体建设非农用地案 78 宗。2002 年上半年，这类案件已有 33 宗，呈急剧上升态势。问题的要害不在于判案的人员不公，而是源于法律的规定本身。也就是说，在现行法律下，地方政府所作出的变通，无论多么符合当地实际，也无论它能给集体和农民带来多大福利，这种做法都无法绕开现行法律的约束。

(二) 对民营企业缺乏金融支持，银行业难以快速、高效发展

南海的经济主要是靠民营企业支撑起来的，但是当前民营企业的融资问题遇到了两难的困境。一方面，南海很多民营企业需要扩大再生产，需要大量的资金。但是，现在民营企业贷款很困难。对民营企业而言，厂房一般是自己的，但是土地使用权却不是自己的。而银行则要求在有地产证的情况下才能贷款。这样，民营企业很难具备抵押条件。而且，即使是贷到款的企业，目前采用得最多的形式是短期贷款，这不利于企业发展。在大沥镇所调查的 156 家有色金属企业中，48.4% 的企业认为贷款特别困难，43.4% 的企业认为一般困难，只有 8.2% 的企业认为没有困难。结合资产规模分析表明，在认为存在贷款困难的 112 家企业中，有 80 家小于 1000 万元；认为特别困难的 59 家企业中有 32 家资产规模小于 500 万元；在认为没有困难的 10 家企业中，7 家超过 1000 万元。可见，企业规模越小，贷款越困难。

另一方面，银行也为贷款问题而着急。在我们的想象当中，南海作为中国经济最为发达的县级市，该地区应该是资本极为稀缺、资本利用效率极高的地区。但是和其他的县级地区相同，南海也同样存在金融抑制的问题。2001 年南海市全部金融机构的存差竟高达 300 亿元。在 1990 年该市的存差还仅为 14 亿元，到 1994 年增加为 62 亿元，2000 年则已经达到 222 亿元，上升的幅度是极其迅速的。在目前银行业无法混业经营，且证券市场的发展还极其不成熟的情况下，巨大的存差严重抑制了银行业的发展，同时也相当程度上制约了当地经济的更快发展。

南海市2000年比1994年存差扩大了3个百分点。同时，尽管南海市固定资产投资1978～1998年年均增长速度大约为32%，金融机构贷款余额年均增长速度为33%，但是从国有、集体固定资产投资的资金来源中银行贷款所占比例急速地下降中，我们可以清楚地看到，银行在当地经济增长中的作用正在日益下降。在南海占据大约1/3以上储蓄市场的中国农业银行，1999年其存差竟比1994年扩大了20多个百分点。2001年农业银行一家的存差就达到144亿元，占整个存差的近一半。而中国银行则由90年代初的贷差行，2001年变成贷款与存款比率仅为40%左右，存差达30多亿元的存差行。显然，从银行信贷情况和固定资产投资来源来看，在人均GDP高达4277美元的南海市，同样存在银行业发展受阻的问题。造成这种局面的原因十分复杂，但是银行的产权制度及在这种产权制度之上形成的管理体制则是形成这种局面的最为重要的影响因素。

尽管南海金融状况总体上正在逐步走向良性循环，但历史积累的包袱和目前的银行体制、监管体制仍然使得银行业在经济高度发达的地区难以快速、高效发展。2001年全市金融机构不良贷款总计222.1亿元（包括已剥离的55亿元），占31%。其中国有商业银行不良贷款73.2亿元，信用社89亿元，其他银行4.9亿元。信用社不良资产比率达45%，而个别国有商业银行不良资产甚至高达64%。过高的不良资产比率，使该地区仍然潜藏金融风险。2001年末四大国有商业银行本外币不良资产73.2亿（已剥离55亿），占贷比24%，几乎与全国的水平相当。个别国有商业银行不良资产占比还很高，如建行现有不良资产15.6亿（已剥离19亿），2001年亏损1.146亿元，不良资产占贷比64%。从各国有商业银行的情况看，虽然不良贷款所占的比例与其他地区相比并不算特别高，但是由于其信贷规模大，因此累计的不良资产的数量十分巨大，需要相当的时间和迅速提高资金运行效率、增加赢利来消化这些不良贷款。

（三）公有制企业产权制度改革不彻底

在公有制企业改革过程中，南海市政府一直扮演着主角。1992年，南海市政府开始酝酿公有制企业产权改革。1994～1996年是南海市公有制企业产权改革的探索时期。市委、市政府确立了“试点先行，先易后难，分步实施，因地制宜，不拘形式，一厂一策”的工作方针。至1998年6月，南海市工业、贸易、外经贸三大系统有83家市属企业完成了转制，占总数的70.9%。其中工业系统49家，完成77.8%；贸易系统26家，完成65%；外贸系统8家，完成88.9%。镇办企业有321家企业完成了转制，占总数的84%，村办企业有2220家企业完成了转制，占总数的90%。转制企业中，市属企业以股份合作制为主，占48.2%；镇办企业以租赁、承包、股份合作制为主，三种形式共占55.8%；村办企业以租赁为主，占55.8%。全市共有平洲、大沥、沙头、丹灶、三山等5个镇（区）基本完成了转制工作。1998年以后是企业改制的稳步推进阶段。由于前一阶段的改革主要是将公有制企业模糊的产权进行了界定，很多改制企业并没有建立有效的治理结构，所以，1998年以后政府一方面要巩固和完善先前的改革成果，另一方面为促进股权流转集中、完善企业制度创造条件。政府改制工作的重点还包括，制订和实施社会保障、职工再就业、国有资产管理的配套改革措施；着手为那些余下的极为棘手的企业制订改革方案。

南海市公有制企业改革后，政府完全放弃了企业的所有者身份。

产权改革增强了企业抵御市场风险的能力，实现了资产保值增值，改善了企业的激励结构。南海市公有制企业产权改革存在的主要问题有以下几点。

1. 部分企业没有理清职工与企业之间的关系，职工仍存在着对企业的依赖。这一点在实行内部职工持股的股份合作制后得到了进一步加强。由于企业不能解雇工人，这种依赖关系削弱了企业的监督机制，使职工容易产生不努力工作的偷懒行为，并使企业无法根据生产经营状况配置劳动力资源。职工对企业的依赖可能加剧企业的短期化行为，因为职工更关注眼前的收入。职工身份不解决，意味着职工与政府的关系在改制中没有理清，这一问题对改制的国有企业可能产生非常严重的后果。当企业经营成功、生产效益好、能正常支付工资和退休金时，这一问题不会表现出来。但一旦企业经营不善出现亏损，在职职工和退休人员仍将是政府的包袱。

2. 内部职工全员持股的股份合作制在改革中得到大范围推广，不利于企业设置最优激励结构。以我们考察的广东昭信企业集团有限公司和南海飞行电器实业有限公司为例，这两个企业实行内部股份合作制，职工基本上人人持有股份，所拥有的股权差别不是很大。这种内部股份合作制使职工利益与企业发展更加相关，职工也就更有积极性来监督经营管理者，而经营者也必须考虑职工的利益。两个公司现在都定期召开股东代表大会，公布企业经营状况，在内部实行更加严格的财务和人员管理，缩减了管理人员编制，降低了行政费用开支。但是，股份合作制企业在激励结构上存在着严重缺陷。在昭信，目前董事会成员拥有的股份只占公司总股本的百分之十几，飞行电器实业有限公司主要经营管理者拥有股份的比重则更低。职工和股东更重视即期收益，企业内部存在职工、股东与经营者之间的利益冲突，股份合作制使这些冲突变得直接，从而削弱了主要经营管理者的权威。股份合作制使解雇职工更加困难，削弱了企业内部的监督机制。

3. 部分企业实行资产分立重组后，原有企业虽保留法人地位但已不再生产经营，企业徒具形式而已，这就使得原有企业承担的债务有悬空的可能。飞行电器实业有限公司和福迪汽车有限公司是购买原来亏损企业的有效资产后另立门户的，新企业同时也接收了原来企业的大部分职工。原来企业虽然继续存在，但已不再生产经营，由其承担的债务势必大部分被悬空。飞行电器集团公司欠银行本金1.8亿元，本息2.99亿元，目前已偿还了职工集资和外部企业应付款的大部分，大部分银行债务无法偿还。南海汽车厂债务数额巨大，负债总额为11.6亿元，依靠厂房出租和物业收入很难将债务还清。债务问题不解决，债务人就不会放过原来企业，新组建的企业必然要受到牵连。

（四）城市化滞后于工业化问题比较突出

1978～2001年，南海市国民生产总值中非农产业由69%增加到93%，城乡劳动力非农就业率由33.7%增加到76%。2001年户籍人口中非农就业劳力47万人，按照1:1.78的赡养系数，以非农产业为生的人口为83.7万人，占全市总人口的76%。而城镇人口比率仅由1978年的18%上升到36.8%。这就是说，一半以上的非农人口在城镇化之外，城市化滞后于劳动力转移近40个百分点。城市化滞后的弊端，不只是企业布局分散，一些企业难以利用城市交通、公用事业基础设施降低成本，获得外部效益。更重要的是，妨碍文化教育、科研、信息、基础设施、市场体系的发展与完善，限制第三产业发展，不利于吸纳高层次的人才。

（五）制造业创新能力不高

在发展的初期，南海市各行业的发展在相当大程度上得益于市场拉力。以陶瓷为例，在当时只要能够生产出来，就从来不愁市场销路。一块砖的成本才几元，可以卖到几十元、上百元。故搞陶瓷的老百姓流传说："烧泥，好过做皇帝，好过印钞票。"经济贸易局有关负责人说："在这个阶段，企业的发展主要靠胆量。很多办企业的人虽然读书不多，但是有这个胆量，结果大家都赚了钱。南海人正是在这个阶段完成了原始积累。"但是，这样的时代已经一去不复返了。从南海的发展过程来看，就有很多产业由于竞争力不足而衰落了。平洲镇玩具衰落就是一个典型例子。1995年，平洲的玩具企业有120家左右。但是市场竞争激烈，很多企业接不到订单，现在只剩下5、6家，布娃娃生产基本上被淘汰了。西樵的纺织行业也是一个例子。以前西樵的纺织行业是全国发展最快的，但是由于没有危机感，后来浙江绍兴的纺织业发展很快超过了西樵。

经过二十几年的发展，南海在塑造品牌方面已经有了很大的进展。到2001年底，全市工业企业产品获得国家名牌9个，省名牌11个；国家优质产品8个，部优质产品27个，省级新产品64个；新产品其他荣誉26个。但是，总体来看，现在南海的企业虽然为数众多，但是知名的品牌依然很少。以大沥镇有色金属业为例，156家企业中，50%的企业为"地方品牌"，43%的企业为"国内品牌"，只有3家企业属于国际品牌。对于一个全国最大的铝型材基地而言，品牌优势还不明显。结合规模进行分析，规模大小与品牌有着密切关系，大多数中小型企业还没有得到市场的广泛认可。在品牌方面，平洲鞋业也是一个例子。平洲镇负责人介绍说，“我们的鞋产品有大量的出口（以台商为主），但是我们出口用别人的品牌。一些名牌企业有了订单以后，委托我们做。世界上基本上所有的名牌我们这都有。但是，我们没有自己的品牌，台资企业也没有自己的品牌。而拥有名牌产品的企业没有自己的工厂。对鞋业来说，以前是大型生产基地和销售网络配套，现在掉过来了，拥有了品牌以后，就不要工厂。他们拥有销售网络以后，就将生产任务分配给小型生产基地，将订单下到各个生产企业。他们赚大钱。现在我们这里进行技术创新和创造品牌，是一条路，但是很漫长。”

到目前为止，南海产业竞争优势的获得无非来自两个方面，一是先行一步采取了放开搞活的政策，另一方面来自于土地、劳动力等初级生产要素廉价。现在，相对其他经济区域而言，南海体制优势实际上已经不明显了，今后这方面也不会再有多大优势可言。就初级生产要素而言，国内其他地方的价格现在比南海更加便宜，南海在这个方面也没有什么潜力可以挖掘了。从产业发展的规律来看，随着产业的发展，初级生产要素的作用在下降，而高级生产要素的作用越来越重要。因此，南海市的产业要获得竞争优势，必须尽快创造出高级生产要素，这些要素主要包括高级专业人才、发达的教育、研究与发展机构、现代基础设施等。而要获得这些要素的过程，实际上就是一个创新的过程。因此，对南海而言，如何提高企业以及各个行业的创新能力已经成为一个战略性的任务。

（六）股权设置和股份分配都严格限制在社区范围之内，影响了人口与资本的流动；随着集体经济实力的壮大，集体资产的有效管理存在隐患

南海土地股份制的推行，股权设置和股份分配都严格限制在社区范围之内，社区之外的个人和法人资本不能进入，社区之内的股权不能流出。这种格局，使社区股权凝固，不具有流动性、资本性、社会性。实际上，土地股份制也更加强化了社区农民对土地成员权的观念。在村庄一级，每年兑现的土地分红，使农民认识到，只要能保住社区成员资格，就有权按股参与土地的分红。因此，在村庄一级调查时我们了解到，在一些推行股份制的村子，普遍出现两种现象。一种是原来征地后，农民都热切地转为居民，而在有了股份分红以后，不仅村民不愿意出去当居民，而且原来转为居民的村民现在反而要转回为村民了。第二种现象是在南海普遍出现的外嫁女的问题。一些已经嫁出去的女性，在有了股份分红后，都想办法回来要求参加分红。

更大的问题是，实行土地股份制后，通过土地的集体经营，做出了一块十分可观，但又非常烫手的集体资产。在南海非农化程度较高的村庄，集体经济实力非常雄厚。这些村庄几乎所有的集体收入都直接来自出租土地的收入。对如此巨大的土地收益，上级政府或财务部门并没有作出统一的管理或者相应的规定，村庄的自主性很大。我们调查的下柏村，没有从农户手中收取提留款，也没有进行任何村办企业类的经营性投资，其90%的收入都来自于土地和厂房租金，剩下的10%则是各种各样的收费。在总额高达558.7万元的土地收入中，只有4万元是发包鱼塘、果园等的承包费收入，而其他全部是出租土地和厂房的收入。下柏村集体收入的55%用于管理费用支出，27%用于公共福利开支，而农民能够从土地上得到的纯收入也就是股红只占19%。在下柏村，1990年至今，用于道路硬化（铺路）的投资达5000万元，架立交桥1200万元，建自来水厂600万元，道路修建与维修1000多万元，村容村貌500万元，绿化200万元，铺下水道100万~200万元等，集体为村民提供福利，主要的有医药费补助，学校补贴和养老补贴等。其中，医药费补助支出极高，一年全村报销的医药费达100万元。我们调查的民乐村，公共福利开支占总支出水平的27%，主要是用于医疗、计划生育、五保、治安、清洁和教育，农户得到的股红收入占集体总收入的36%，远高于下柏村的比重。从总体上看，南海实行土地的股份合作制后，土地的所有权和控制权都留在集体手里，所以管理费用和集体积累成为土地收入分配中的最主要部分，占一半以上。农民的股红分配占总收入的多少完全决定于村集体制定的分配方案，在这种情况下，农民能够从土地非农化中得到的收入实际上非常有限。从我们调查的村庄来看，土地非农化程度越高、经济实力越雄厚的村庄，其对财务的控制和分配权越集中到村一级。这种财务的向上集中使得农民通过股红直接得到的收入会相应减少，也就是说，集体对收入的管理权越大，则收入中用于管理开支和集体积累的份额也就越大。由此也使集体经济的一些通病复发，甚至放大。最明显表现为：一是基层政权组织庞大，增加开支；另一方面，各个机构人员交叉任职，使集体组织的当家人的行为缺少制衡和监督。集体账务监督困难，难免出现集体资产被挪用、盗用、乱用等。虽然实行股份合作制后，各个村社都成立了便于各方制衡的股东代表大会、董事会、监事会的权力结构，但在实际操作中，股东代表大会的成员一般由本村村民小组成员兼任，董事长和副董事长更是原来村里面的书记或村长，原来的村干部变成了日益壮大的集体资产的实际处置者和经营者。种种迹象已显示出，集体经济如不作及时的改革，靠现在的集体组织，要他们把土地的租金用好很不容易，而且负面性越来越大。

三、若干思考和政策建议

（一）目前征地制度已大大滞后于经济发展的现实，要改革征地制度，积极引导集体非农建设用地的流转，切实保护农民的土地权利

从南海在土地使用上所反映出的现实与法律的冲突，我们感到，目前征地制度已大大滞后于经济发展的现实。不允许集体土地在转为非农用地以后的出租、转让的法律规定已严重制约经济发展。现行征地制度存在的突出问题是征地范围过宽。我国《宪法》和《土地管理法》均明确规定，“国家为了公共利益的需要”，可以征用农村集体所有的土地。但从实际情况看，土地征地范围没有被严格限定在“公共利益”上，以盈利为目的的土地开发利用项目也采取低价征用方式。征地范围过宽，不分“公”、“私”，不仅仅损害了农民利益，也助长了滥用征地权力。如城镇建设片面追求城区规模的扩张，盲目征地成风。现行征地制度存在的另一个突出问题是对农民的补偿过低。由于目前的征地补偿仍按产值补偿，一亩耕地在沿海省市的大部分地区一般也只有3万～5万元左右的征地补偿费（包括土地补偿费、青苗补偿费及劳动力安置补助费）到村集体手中，而真正到农民个人手中的，一般只有一万元左右。若是铁路、公路等基础设施建设，每亩征地补偿费只有5000～8000元。中央和地方政府在征地过程所收取的各项费用又较多较重，这些费用远远多于对集体和农民的征地补偿费。现行的土地补偿原则和补偿额度，既不公平，也不合理。国家征地的目的多数情况下是为了从事非农建设，这一过程必然带来土地级差收益的上升。而现行的补偿原则规定只是按被征用土地的原有用途进行补偿，而与这块土地的未来用途和地价升值毫无关系。这种补偿方式实际上是将农民排除在工业化进程中土地级差收益的分配之外。现行的对失地农民的安置无法解决他们的后顾之忧和长远生计。安置费在大多数地方只有几千元，最发达地区也仅几万元，它顶多只能解决这些农民在土地被征用以后几年的生活费用，但他们却失去了自己和家庭赖以为生的生产资料。

在广东这类土地级差收益十分显著，如果没有机制来保障土地非农化后农民对土地级差收益的分享，单靠国家强制的征地办法，其后患无穷。西樵区山根村村委会主任崔昆明在村委会办公楼的大门上贴着他亲笔写出的一副对联，上联是“顺民意招商引资增加百姓收入”，下联是“用政策与时俱进减轻农民负担”，横批为“政通人和”。崔主任解释说：“农村土地政策如果不与时俱进，加以改变，农村发展、农民增收只会是死路一条。”

农民的参与是当前和未来中国工业化进程中一个极其重要且不能忽视的问题。这一问题解决的好坏，不仅关乎农民的命运，而且也影响中国的长期发展。

从政策的角度来看，对于这一问题的重要性已不容置疑，现在更要紧的是，要在观念和政策上解决：让农民以什么样的方式来参与工业化的进程。通过对南海的调查，我们的观点是：在考虑农民参与工业化时，不仅要从就业层面，更要从农民的土地权利层面来考虑。如果只从就业来考虑，其政策含义还只是停留在打破城乡二元结构，让农民有平等就业机会这一层面上。就业权本来是赋予每个人的天然权利，对于城里人还是乡下人本来就不应有例外，因此，对农民这一权利的恢复既有意义，也理所当然。相比于前一种考虑，我们认为对农民参与工业化时土地权利的强调具有更强的政策意义。这是因为：土地在农转非的过程中，我们所赋予农民的土地权利的保障是否具有延续性，直接关乎农民权益保障和他们的根本利益；工业化的过程也是土地农转非的过程，由于工农两大产业生产率的差异，会大大提升土地的级差收益，这样会使土地权利的价值显著提升，这样各个利益团体会加剧对土地利益的争夺，因此，明确农民在农地非农化过程中的土地权利，将决定农民参与工业化进程的实际好处。

让农民带着土地的权利参与工业化，保障土地非农化后农民对土地级差收益的分享，这是尊重和保护农民土地财产权利的最重要的体现。而保护农民的土地权利是对农民根本利益的最大保护。为此，必须改革现行征地制度。土地征用制度的改革的核心是缩小征地范围，提高征地补偿标准，改革征地补偿方式。要严格界定动用国家征地权力的公共利益类型。“公共利益”应该是不以盈利为目的。为了切实保护农民利益，征地补偿必须以土地的市场价值为依据，实行公平补偿，不能以侵害农民利益为代价降低建设成本。尤其是公路、铁路等一般性建设项目，不能随意以国家重点建设名义压低征地价格。征地补偿的形式可以多样化，比如，货币、就业安置、社会保险、企业股份等。在公共利益之外的非公益性用地，不再动用国家征地权力，而是在土地利用总体规划和农地转用年度计划的控制下，改为征购。为此，需要开放集体土地产权市场。必须突破现行的政策和法律框框，在农业用地经过有关批准已办理非农用地手续后，允许除买卖以外的土地出租和转让。由于非农建设用地相对于农用地有较高的收益，如果没有严格管理，就会导致农用地大量转为建设用地。保护耕地，核心在于把住第一道关，即严格土地农转非的手续。因此，集体非农建设用地必须符合规划控制，依法取得，统一管理。在严格土地农转非的手续这个前提下，再将第二道关放开，即将土地非农化以后的权利用活，则能促进我国稀缺土地在非农化以后的高效利用。为此，建议抓紧制定和修改相应的法律法规，积极引导集体非农建设用地的流转，对哪些领域的土地可以开放集体非农建设用地流转市场，哪些领域则必须先征为国家所有，方可进入市场等进行规定。除国家非盈利性公益事业用地先征为国有外，其他类型的土地都应允许在不改变集体土地所有权性质的前提下进行集体非农建设用地流转。

（二）针对南海这类发达地区资金总量大、资金活跃、民营经济成为主体的现实，对这类地区应有区别性的金融政策，从而形成与当地经济发展相适应的金融环境

在严格约束信贷资产质量的同时，给予基层银行更大的信贷权限。针对经济发展的不同水平和不同地域的经济规模，不宜再仅仅依照行政区划或行政级别来划分银行的经营权限。1998 年工行南海支行亏损 1.5 亿元，1999 年扭亏为盈，2001 年实现利润在全省 19 个分支行中名列第二，但由于是县级支行，存款不能留，必须上划佛山工行，制约了银行的发展。2000 年工商银行南海支行提升为二级分行，并由省分行单列管理，参与省分行考核，而佛山分行在业务、人事等方面进行指导管理。经营管理权限的增加，明显地提高了银行适应能力，能够更好地根据市场的变化来调整自己的经营策略。目前统一地将业务经营决策的权限放在地市级分行，确实是没有考虑各个地方的实际的“一刀切”政策。

尝试建立民营金融机构。如何对基层银行进行定位是当前金融改革中必须考虑的一个问题，必须探讨如何发展中小银行的问题，因为只有小银行、社区银行才能够做“街坊生意”，才能够满足中小型企业的金融需求。可以考虑在部分发达地区进行国有商业银行的分拆和民营化的改革试验。目前国有商业银行的经营面临相当大的矛盾：一方面是大量优秀的中小客户不让做，大家都去抢大客户，而作为县一级的基层银行来说，他们在大客户中实际上是难以具备同等的谈判地位的。因此出现为了抢到大客户而不惜牺牲贷款条件，从而更加具了金融风险。在南海这种经济发达地区应该允许私营企业主在政府的支持下设立信用担保基金，并在基金下面设立相应的咨询、评估、技术服务、创业辅导等等中介服务机构，以帮助银行在进行项目识别时降低风险和成本。对于发展前景广阔的、仍处在创业阶段的中小型科技企业，要尽快建立风险投资与担保机制予以扶持。

此外，应该允许类似南海这样的部分经济高度发达的地区进行柜台交易或产权交易市场的改革试验，以避免当地企业对银行债务融资的过度依赖，降低银行贷款的风险。

（三）通过促使股权流转、理顺企业与职工的关系和重新安排企业债务，推进企业产权制度改革

1. 促使股权流转。股份合作制的弊端在南海已开始表露出来。昭信企业集团有限公司董事长梁凤仪就抱怨职工只知道要分红，而南海飞行电器实业有限公司董事长肖志强则抱怨职工难以管理。两人都认为，如果股权集中于主要经营管理者，公司将发展得更好。这就说明股份合作制有必要进一步改革。我们认为，股份合作制改革的关键点在于促使股权流转。而且，这种流转不应局限于企业内部，而应允许在更广的社会范围内进行。即允许公司外部成员购买企业股权，并且按股权大小分配决策权利。有三种方式可以促使股权流转和集中。一是鼓励高层经营管理成员购买职工股份；二是企业规模扩大后在证券交易所上市；三是政府引导，建立区域性的产权交易市场。因此，目前一方面应在政策上允许股权集中，另一方面应加速资本市场和产权交易市场发展，健全产权市场交易法规。

2. 买断职工身份。南海目前已建立了社会保险事业局，职工养老、医疗已纳入社会统筹保险的范围内，职工可以不再将企业作为自己的终身依赖。因此，昭信企业集团有限公司和南海飞行电器实业有限公司在有财力的情况下，有必要按工龄买断职工身份，与职工重新签订劳动合同，理顺企业与职工之间的关系，并按要求替职工购买医疗和养老保险。在未买断职工身份的改制企业中，部分企业资不抵债，政府难以把有效资产折股配给职工，作为解除劳动关系的筹码，对于这部分企业的职工身份，建议通过财政资金加以解决。目前的财政支出可以换取企业的发展和今后的税收增加，减少潜在的麻烦。

3. 重新安排企业债务。分立重组改制方式能使债务悬空，但新企业的发展安排了职工就业，增加了政府税收，使社会福利明显提高。而阻碍改制则只能使企业债务越背越沉。飞行电器集团公司和南海汽车厂的巨额债务都是前任经营者决策失误、盲目上项目、管理混乱所造成的，与改制后新组建企业的领导无关。因此，没有必要将新组建的企业拖入债务纠纷。企业的债务问题根源于公有制的弊端，公有制经济中，无论是企业经营者，还是银行管理人员，对银行资金的使用最终并不承担责任。因此，国有企业经营者常常将信贷资金投入高风险项目，项目一旦成功，企业经营者便可突显政绩；一旦失败，亏损则由国家承担。在这种公有的体制中，企业经营者没有激励对投资项目进行严格论证，而银行则没有激励对企业项目进行甄别以及对贷款的使用进行监督。这在南海飞行电器集团公司和南海汽车厂表现非常明显。对于这种由体制缺陷所产生的问题，要追究个人或某一部门的责任是不可能的。对国有企业改革产生的悬债问题，各方利益主体表现出一种复杂心态。中央政府担心对悬债的默许会鼓励更多的逃债行为，而且中央财政也没有能力清偿全部债务；地方政府认为国有企业债务是由体制造成的，不应由地方财政承担全部责任；改制企业认为由自己替前任经营者决策失误来偿还债务没有道理；银行为保持账面上资产平衡、逃避自己的责任，希望企业不要将债务取消，即使这些债务永远不可能偿还。所以，在这种分不清责任的情况下，如果过多地对以前债务的纠缠只能贻误企业进一步改革和发展的时机。南海汽车厂就是因为债务问题，改革被一拖再拖，结果债务越背越重。而飞行电器实业有限公司因为目前债务问题没有解决，公司不敢向银行借款，不敢加大投入、扩张规模。

我们认为，积极处理企业债务的方式应该是：（1）对改制企业的债务、资产清查应有严格的程序，资产评估应由独立、公正的会计事务所承担。改制领导小组应有代表银行、财政、政府、企业各方利益的人员参加，以此防止借改制的机会故意逃废债务。（2）企业资产应尽可能拍卖。（3）对有一定资产、可偿还大部分债务的企业应重新安排债务，如减免银行贷款和社会集资款的利息等。（4）对南海汽车厂这样负债沉重的企业，由中央政府规定一个偿债比率和偿债期限，先用亏损企业的土地、厂房和其他资产、物业收入偿还，不足部分再用地方政府财政资金支付。否则，银行的债务永无归期，银行与企业之间的纠纷永远不会了断。（5）重新安排债务后，各方按合同条款行事，债务人积极还债，债权人不再干预新建立的改制企业。

（四）构筑促进外来人口与当地社会融合的制度框架，创造有利发展的社会环境

百万外来人口为南海经济发展作出贡献，在给予肯定的同时，也应看到其在社会治安上的负面影响。据市公安部门介绍，2001 年发案 2.4 万起，90% 与外来人口有关，其违法犯罪，可分为职业犯罪、温饱型犯罪、法盲型犯罪等。当我们问民工违法犯罪的情况到底怎样时，曾在大沥区工作多年的党委书记说，主要是外来流窜犯罪，真正在这里工作的民工出事很少。

实际上，许多矛盾冲突是与外来人员的社会地位和利益没有得到应有尊重及合理的制度安排有关的。我国长期以户籍为基础，实行城乡分治、地区分治，使地方政府只对本辖区的户籍人口负责。然而，市场经济的发展，劳动力的流动，人口构成的多样化，已经使以往分治管理体制存在的基础发生变化。农民跨区域流动已形成近亿人的规模，对流动人口实施科学的、有效的管理，是一个重大的政策问题。必须汲取基层创造的经验，在几个方面做出制度、政策的调整探索。

1. 在管理制度上，政府部门应把管理流动就业的重点，从控制外来人口转到协调劳资关系、保护劳动者利益上来。不能在治安上遇到新问题，就限制流动就业。目前，在外来务工人员流入比较集中的地区，当地政府城市发展规划和社会各种公共服务规划并没有考虑大量外来人口的存在和需要，对这些人的管理费用没有包括在政府的财政预算中，过去普遍的做法是依靠向外来人员收取各种费用。城市发展规划和社会各种公共服务规划应该有效服务于全社会，而且，应当将外来人口的管理费用纳入财政预算，不能依赖向外来人口或企业收费。

2. 在户籍制度上，消除身份差异，向更大范围的外来人口开放户口。对外来从南海制造业的发展来看，发展高科技工业、开发高新技术产品，促进制造业升级，需要大量的中高级企业经营管理人员、专业技术人员和高级技术工人。现在的人才资源，难以支撑经济主体从劳动密集型产业向高科技产业的转换。参照韩国和我国台湾地区的发展经验，直到20世纪80年代中期的二三十年中，劳动密集产业都是其支柱产业。80年代后期它们的工业开始向高科技工业转型时，已经有了相当雄厚的人力资源基础。人力资本的指标是教育水平，尤其是人口中大专以上毕业生的比例。1988年台湾每万人口有大专、大学毕业生1010人，韩国1980年大专及大学毕业生已是每万人口1273人，比南海高2.5~3倍或5~6倍。这表明，现在提出发展高科技的目标和方向是对的，但尚无人力资源条件去取代劳动密集型工业。

适应制造业升级的需要，要推进教育体系的改革与创新。在加快培养高科技产业所需要的专业技术人员的同时，要整合职业教育资源，大力推进职业技能教育。在南海这种制造业高度发达的地区，要重点进行企业经理创业培训和中高级技工的职业培训。我国每年有将近1600万初中毕业生，其中能上高中的仅有400多万，他们大部分人在农村。而他们之中的大部分人没有经过任何职业教育和培训，相当一部分人转入非农产业以后，无法适应岗位的需要。要将农村新增劳动力和外来民工的培训纳入职业技能培训，提高其就业能力。

（六）允许股权合理流转，进一步完善农村土地股份合作制

根据对南海典型村庄的调查，在目前分税制和财政权力上收政策下，国家财政对农村社区公共品的提供已不复存在，这样，村集体组织就承担起提供农村社区公共品的功能。村组织作为集体土地的所有者主体和集体资产的管理者，作为社区内公共物品的主要提供者，其作用是不可替代的。但也应当正视农村集体经济组织发展中存在的问题。目前，为数不少的村组织对农民没有足够的吸引力和凝聚力，关键的原因：一是产权关系不清晰，农户作为组织成员的合法权益往往得不到切实的保障；二是服务功能不强，大多数村组织往往只具备对社区内部事务进行管理的职能，而明显缺乏对农民提供对外服务能力。农民对社区集体经济组织的发展热情普遍不高，这说明社区集体经济还没有找到有效的实现方式。

南海农村股份合作制是创新社区集体经济组织产权制度的一种重要形式。这一新制度在界定集体产权、保护农民土地权益方面确实起到了重要作用。但南海农村股份合作制存在的突出问题是它的封闭性。由于大都实行股权无偿配给，而且在大部分社区，股权还要进行定期调整，个人股权只是分红依据，不能转让、继承、赠送、抵押，农民退出社区得不到补偿。这一方面使农民只关心股份分红的数量，形成刚性增长的惯性；另一方面也限制了人口和资本的转移和集中，这

不利于农村股份合作制向更高层次发展。从社区股权的高福利性来看，对股份合作经济组织的增量收益全部按福利股份分配，不仅在社区成员之间无法体现增量收益公平分配的原则，也不利于股份合作经济的进一步增值；而且大部分社区设置单一的福利性股份，使股份合作经济组织资产运营的好坏，不影响股东福利分红水平，股东不直接承担经营性风险，违背股权的基本属性，这将为进一步推进股权的资本化、社会化流转带来极为不利的影响。针对股份制实施中出现的问题，从1996年开始，南海部分村庄相应地采取了进一步改革的措施：一是实行"固化股权，出资购股，合理流动"或"生不增，死不减"；二是允许股权在社区范围内流转、继承、赠送、抵押。这一做法率先在里水镇草场村实行，目前实行这一办法的农村股份合作制组织有130多个，村委会25个，约占全市农村股份合作制组织8%，占全市行政村总数10%。通过这一改革，能较好地解决农村因人口变动而引发的股权纠纷矛盾，为农民转变身份、择业迁徙创造了条件，也为农村生产要素优化组合提供了前提条件，为农村社区公有产权人格化找到了一条可行途径。

（蒋省三　韩　俊）

附　录

调查问卷

续表

	2005年
3. 日常办公开支	
4. 业务管理费	
（三）村福利费用（五保、困难户、计生、老人等）	
（四）新企业投资	
（五）还贷款	
（六）其他（注明）	
三、村集体年度收支节余	
（一）当年节余	
（二）累计节余	

8. 全村集体经济资产、负债情况　　单位：元

	2005年		2005年
一、年末累计资产总额		三、负债资金使用结构	
1. 流动资产		1. 办企业	
2. 长期投资		2. 支付干部工资	
3. 固定资产		3. 上缴税费	
4. 其他资产		4. 公共基础设施建设	
二、年末累计负债总额		5. 教育支出	
1. 向信用社借款总额		6. 偿还旧债	
2. 向其他银行借款总额		7. 其他，请注明	
3. 向企业法人借款总额		四、年末累计净资产或净负债	
4. 向个人借款总额		1. 净资产	
5. 向民间金融机构借款总额		2. 净负债	

9. 全村公共服务和村民生活有关情况

	2005年		2005年
学校（教学点）数量（个）		养老院（福利院）面积（平方米）	
教师人数（人）		五保户是否集中供养	□是□否
年末校舍面积（平方米）		文化活动中心面积（平方米）	
年末学校图书册数（册）		村内道路长度（公里）	
当年改造危房（平方米）		其中：路面硬化长度（公里）	
上小学初中是否免学杂费		村内饮水状况是否安全	□是□否
村卫生室数量（个）		村内饮水状况是否存在困难	□是□否
卫生室面积（平方米）		村内是否有集中供水管道	□是□否
医生人数（人）		饮用自来水户数（%）	
其中：有医生资格的（人）		村里是否有污水处理系统	□是□否
是否开展新型合作医疗	□是□否	村里拥有汽车户数（%）	

续表

	2005 年		2005 年
如果有，参加户数（户）		村里拥有摩托车户数（%）	
人均集资标准（元）		住二层以上楼房户数（%）	
其中个人交费（元）		开通电话户数（%）	
村内是否有垃圾集中收集	□是□否	拥有电脑户数（%）	
如果有，收集点数（个）		拥有电视户数（%）	
村内公共厕所个数（个）		使用有限电视户数（%）	
村两委办公场所面积（平方米）		拥有电冰箱户数（%）	
村办公室配备电脑数（台）		拥有洗衣机户数（%）	
村图书室面积（平方米）		拥有沼气户数（%）	
其中：藏书量（册）		拥有太阳能户数（%）	

注：每百户拥有量为比重（%）数据，可按村里掌握的情况进行估计。

10. 全村过去五年是否从国家或政府得到过项目补助？________（A. 是　B. 否）
如果是，项目投资总额为________元，村里集资集劳________元。
具体项目情况为：____

11. 全村现有农民经纪人________个；农民（股份）合作经济组织________个，其中：
(1) 农产品专业合作社________个，有社员________个，有净资产________元，年经营收入________元，二次分红________元，享受政府支持政策情况________。
(2) 农产品专业协会________个，有社员________个，有净资产________元，年经营收入________元，享受政府支持政策情况________。
(3) 其他合作社，请注明________，有社员________个，资产、经营、收益分配和享受政府支持政策情况________。

三、需求调查（选择题为多项选择，请将选择的答案按重要性排序）

12. 您认为村民对村里的生活居住环境是否满意？
(1) 交通出行________A. 方便　B. 不方便
(2) 购物消费________A. 方便　B. 不方便
(3) 看病____________A. 方便　B. 不方便
(4) 环境绿化________A. 满意　B. 不满意
(5) 治安状况________A. 满意　B. 不满意

13. 您认为本村村民新农村建设迫切需要解决的问题是什么？________
(1) 饮水____________A. 是　B. 否

（2）修路__________ A. 是 B. 否

（3）用电__________ A. 是 B. 否

（4）建沼气__________ A. 是 B. 否

（5）厕所改造________ A. 是 B. 否

（6）污水处理________ A. 是 B. 否

（7）垃圾收集________ A. 是 B. 否

（8）医疗网点________ A. 是 B. 否

（9）文化建设________ A. 是 B. 否

14. 您认为本村新农村建设的关键在哪里？________

A. 培育新型产业　　B. 农民素质的提高　　C. 优化居住环境

D. 转移农村剩余劳动力　　E. 其他，请注明________

15. 您认为本村农民增收的难点在哪里？________

（1）农产品价格偏低，农业生产资料价格高

（2）调整农业结构不容易，缺乏技术

（3）农产品销路不好

（4）每家土地规模太小

（5）每亩地收入不高

（6）出去打工不容易，劳动力仍有富裕

（7）缺乏资金

（8）位置偏远，交通不便

（9）本地发展二三产业不容易

（10）农民观念落后

（11）自然条件差、自然灾害频繁

（12）其他

16. 您认为本村是否需要解决村庄发展规划问题？________

A. 已经纳入城乡统一发展规划，并已制定完具体规划，不需要再制定

B. 在当地对此问题进行规划和工作没有现实意义，不需要制定

C. 当地村庄空心化、浪费土地等问题很严重，有关规划工作已经列入计划

D. 当地村庄空心化、浪费土地等问题很严重，但由于村里能力有限目前无法开展有关规划工作

E. 需要立即进行村庄发展规划工作

17. 在当地制定一个比较完善的村庄发展规划，需要的成本费用是________

A. 5 万元以下　　B. 5 万～10 万元　　C. 10 万～50 万元　　D. 50 万元以上

18. 目前村里计划推进新农村建设的工作重点是________

A. 搞好基础设施建设　　B. 招商引资办企业　　C. 组织发展种养大户

D. 梳妆打扮改善环境　　E. 其他，请注明________

19. 在新农村建设中需要村民尽义务出力时怎么办？________

A. 只要组织得好村民一般很愿意　　B. 看情况而定

C. 村民一般不愿意参与　　D. 很反感，不愿意参与

20. 您认为在新农村建设中让村民向中心村集中居住及合并村庄是否必要？________ A. 是　B. 否

21. 您认为要对本村进行村庄搬迁改造，主要难点是________

A. 村里的住房刚建好　　B. 农业生产不方便　　C. 生活成本增加

D. 贫困户承担不了成本　　E. 其他，请注明________

22. 您对开展和推进新农村建设工作有什么样的担忧？

（1）上级领导不切实际下任务，搞“面子工程”。________ A. 是　B. 否

（2）群众对干部缺乏信任，参与积极性不高。________ A. 是　B. 否

（3）推进了农业生产发展，农产品市场卖难。________ A. 是　B. 否

（4）开展了村庄规划，建设资金没法筹集。________ A. 是　B. 否

（5）进行了村庄改造，农民家家户户都欠债。________ A. 是　B. 否

（6）村里建设工作难度大，稍有不当农民会集中上访。______ A. 是　B. 否

（7）现有干部队伍能力上有差距，素质还需要提高。________ A. 是　B. 否

（8）违背农民意愿，搞片面的村庄撤并________ A. 是　B. 否

（9）以新农村建设名义对农民搞摊派________ A. 是　B. 否

（10）以新农村建设名义搞借债________ A. 是　B. 否

（11）以新农村建设名义收农民承包地________ A. 是　B. 否

四、专题调查

23. 村里的宅基地需求矛盾是否突出？________ A. 是　B. 否

村里是否有废弃的旧房及宅基地？________ A. 是　B. 否

如果有，废弃的旧房及宅基地估计占地________亩，估计占村庄现居住总面积的比例为________%。

村里是否搞过宅基地的整理？________ A. 是　B. 否

如果搞过土地整理：

（1）节省出的土地面积是______亩，占原宅基地总面积的比重为______%。

（2）村庄土地整理节省出的土地干啥用了？________

A. 农业开发　B. 村办企业　C. 物业出租　D. 其他，请注明________

24. 近两年来本村是否有买卖住房现象？________ A. 有　B. 没有

如有这种现象：

（1）买卖住房的面积_____平方米（或间），占现有住房面积的比例是_____；

（2）房屋买卖的对象主要是________（A. 本村村民　B. 外村村民　C. 村办乡办企业　D. 城镇居民）；楼房买价平均________元/平方米。

25. 您感觉农民向当地农信社等金融机构借款是否困难？______ A. 是　B. 否

本村目前从信用社贷到款的农户是多少________户

本村现在有多少信用户？________

信用社是否在本村发放小额联保贷款？________ A. 是　B. 否

如果发放，一般每户是多少元________

据您了解，本村农民解决资金困难主要是从信用社贷款，还是向私人借款？

主要是信用社________，主要是私人________

本村私人向农民放贷的农户估计有________户，现在年利率一般是________

26. 本村集体经济实力近年来有何变化？________

A. 不断增长　B. 变化不大　C. 有所下降

具体年收入情况：2001 年______万元；2002 年______万元；2003 年______万元；2004 年______万元；2005 年______万元。

您认为要如何发展壮大村集体经济，增强集体服务实力？________

（1）大力搞好县有村办企业________ A. 是　B. 否

（2）集资兴办新的村办企业________ A. 是　B. 否

（3）招商引资，出租集体资产________ A. 是　B. 否

（4）招商引资，出租集体土地________ A. 是　B. 否

（5）争取上级下拨或补贴________ A. 是　B. 否

（6）其他，请注明________

27. 目前村集体的服务功能主要体现在哪些方面？

（1）农田水利等农业生产性服务________ A. 是　B. 否

（2）组织修路、修桥、通电等公共建设________ A. 是　B. 否

（3）卫生保洁、美化环境________ A. 是　B. 否

（4）社区治安、外来人口管理、计划生育服务________ A. 是　B. 否

（5）为困难人员、老年人提供救助和生活补贴________ A. 是　B. 否

（6）对农村合作医疗提供费用补贴________ A. 是　B. 否

（7）其他，请注明________

28. 近几年村里有没有公共文化娱乐活动？________ A. 是　B. 否

如果有：

（1）2005 年村里放过多少场电影？________场

（2）2005 年村里请过多少次剧团演出？________次

（3）2005 年由村里组织的公共文化支出有________元

29. 村里是否有环境污染问题？________ A. 有 B. 无

如果有：

（1）产生的时间？________年

（2）主要类型及原因？________

A. 污水 B. 垃圾 C. 噪音

D. 河道失去治理 E. 其他，请注明________

30. 近几年村里是否有村民上访？________ A. 有 B. 无

如果有，村民反映最集中的问题是什么？

A. 土地征用 B. 承包地流转 C. 污染

D. 社会治安 E. 其他，请注明________

31. 村里在推进社会主义新农村建设中是否计划于近期进行村庄整治？________

A. 是 B. 否

如果是：

（1）是否已经有规划？________ A. 有 B. 无

（2）计划投资多少金额？________万元。

32. 目前村民获取农村经济信息的最主要途径是________。您认为________最适合本村村民要求

A. 电视 B. 广播 C. 报刊、会议

D. 手机 E. 互联网 F. 其他，请注明________

33. 本村土地经营方式是集体统一经营________，农户承包经营________，部分集体经营________，部分分给农户经营________。A. 是 B. 否

本村第二轮土地承包是哪一年？________

本村第二轮承包以来是否进行过大范围的土地重新调整。________

如果是，调整过几次________，几年重新调整一次。________

本村全部出租承包地的农户目前有________户；出租给本村的______户，出租给外村的有________户，每亩土地租金是________元

您认为村里的土地实际上归谁所有？________

A. 归村民集体共同所有 B. 归农民个人所有 C. 归国家所有 D. 说不清

您认为农村土地应该不应该交给农民永久使用？_______ A. 应该 B. 不应该

您认为农民能不能用承包土地在信用社抵押贷款。_______ A. 应该 B. 不应该

您认为农村土地归谁所有最为有利________

34. 本村劳动力中常年在外打工或就地转入二三产业的有______，占到本村劳动

力的比重为______%；本村举家外出务工经商的有______户，占到全村农户的比重是______%。

举家外出的农户中留在家里的学前儿童、上小学或初中的学生有______人

本村30岁以下的青壮年劳动力有______人，目前常年在外打工或常年在本地务工经商的有______人；村30岁以下的青壮年劳动力赋闲在家的有______人。

您判断现在村里能够外出打工的青壮年劳动力是不是越来越少？______是大多数都出去了______，还有______人可以转移。

35. 本村小学和初中学生是否实行了

免学杂费__________ A. 是 B. 否

免课本费__________ A. 是 B. 否 C. 部分学生

补助住宿费________ A. 是 B. 否 C. 部分学生

您认为农村义务教育优先解决好的问题是什么？________

A. 完全免费 B. 保证教学质量 C. 校舍改造 D. 教师培训

本村过去5年中有多少学生考上中专、大专和大学本科？

中专________人，大专________，大学________人

36. 本村过去是否实行过合作医疗________ A. 是 B. 否

如果是，是哪一年解体的________；您认为农民这次对实行新型合作医疗的积极性高不高________（A. 高 B. 不高），您认为实行新型合作医疗能不能解决农民看不起病或因病致贫的问题________。（A. 能 B. 不能）

37. 目前村里经济上困难户有多少________，因患病导致贫困的有多少________，因上学家庭经济陷入困难的有多少户________，因身体残疾导致困难的有多少户________，因经营失败导致困难的有多少户________，其他，请说明________。

38. 您生活的村庄环境生态情况：

（1）周围植被：________

A. 与以前无变化　B. 比过去改善　C. 比过去恶化

（2）周边水面：________

A. 与以前无变化　B. 比过去更好　C. 比过去恶化

（3）饮用水情况：________

A. 与以前无变化　B. 比过去更好　C. 比过去恶化

（4）土地沙化情况：________

A. 与以前无变化　B. 比过去有改善　C. 比过去更恶化

（5）水土流失情况：________

A. 与以前无变化　　B. 比过去有改善　　C. 比过更恶化

（6）污染处理主要方式：________

A. 倒入厕所　　B. 随意排放　　C. 集中堆肥

39. 您对新农村建还有什么建议和要求？请说明。

二、农村税费改革调查问卷

__________省__________县（市）__________乡（镇）__________村

被访者姓名：__________
联 系 电 话：__________
填表人姓名：__________
填 表 时 间：______年______月______日

一、家庭基本情况

1. 被调查者性别______
（1）男　　（2）女
2. 您的年龄是______岁
3. 您的文化程度______
（1）不识字或识字很少（2）小学（3）初中（4）高中（5）中专（6）大专及以上
4. 您家的常住人口______人
其中：劳动力______人
5. 您的家庭结构______
（1）单身或夫妇（2）夫妇与一个孩子（3）夫妇与两个孩子（4）夫妇与三个以上孩子（5）单亲与孩子（6）三代同堂（7）其他，请注明：______
6. 家庭承包土地面积______亩，其中旱地______亩；水地______亩。
承包土地一共有______块。

二、2004 年家庭收入情况

1. 种植业收入情况
（1）种植水稻______亩；总产量______公斤；平均价格为______元/百公斤；水稻生产成本______元
（2）种植油菜______亩；总产量______公斤；平均价格为______元/百

公斤；油菜生产成本________元

（3）家有茶园________亩；总产量________公斤；平均价格为________元/公斤；茶叶生产成本________元

（4）其他作物净收入为________元

（5）种植业总收入________元；种植业总成本________元；种植业净收入________元

2. 养殖业净收入________元
3. 外出打工收入________元
4. 您家享受政府补贴________元

其中，水稻良种补贴________元；粮食直补补贴________元；退耕还林补贴________元

5. 自营工商业收入________元
6. 其他收入________元
7. 全年净收入________元
8. 全年人均纯收入________元
9. 您家目前存粮________公斤。存粮的目的：

其中用于口粮________公斤；用于饲料粮________公斤；

用于种子粮________公斤；其他用途的粮食（请注明________）________公斤

与前几年相比，您家的存粮是增加了还是减少了？

（1）增加（2）减少（3）基本没变

10. 2004年所产的粮食中，卖掉的粮食为________公斤。

其中，卖给国家________公斤，价格为________元/百公斤，

卖给个体或者私人商贩________公斤，价格为________元/百公斤，

11. 与去年相比，今年的粮食价格是上涨了还是下跌了？

（1）如果上涨，上涨________元/公斤

（2）如果下跌，下跌________元/公斤

（3）基本稳定

12. 去年每亩粮食的净收入估计是________元

如果价格和产量不变，今年每亩粮食的净收入估计是________元

2002年粮食涨价以前，每亩粮食的净收入估计是________元

13. 您是否担心粮价会明显下跌？

（1）是　　（2）否

三、2004年外出打工情况

外出打工家庭成员（代码2）	打工地点	打工去向（代码2）	工作类型（代码3）	打工时间（月数）	每月工资（元）	打工收入（元）	是否经过统一培训	如果经过培训，培训多少天
	01	02	03	04	05	06	07	08
01								
02								
03								
04								

代码1：①户主；②妻子；③父亲；④母亲；⑤爷爷；⑥奶奶；⑦儿子；⑧儿媳；⑨孙子；⑩孙女；⑪其他

代码2：①本镇；②乡外县内；③县外省内；④省外；⑤港澳台；⑥国外

代码3：①建筑业；②纺织、皮革及相关产品；③餐饮业；④日用品生产企业；⑤清洁、保姆等服务业；⑥装修；⑦农业；⑧冶金业；⑨机械制造业；⑩其他（请注明：　　）

四、享受各种惠农政策情况

1. 税费减免

最高年份上交税费________元/亩；2003年上交税费________元/亩；2004年上交税费________元/亩。

2. 2004年，您家获得的各种补贴

（1）良种补贴________元

（2）粮食直补________元

（3）其他补助________元

3. 2004年税费减免和各种补贴平均每亩获益________元

五、农业生产资料涨价情况以及生产成本提高情况

1. 2003年种植水稻和油菜平均每亩使用化肥和农药________元

2. 2004年种植水稻和油菜平均每亩使用化肥和农药________元

3. 2004年因化肥和农药涨价平均每亩增加支出________元

4. 2005年以来化肥价格上涨情况

化肥价格上涨幅度约________%

购买农药价格上涨幅度约________%

年份	碳酸氢铵		尿素		磷肥		钾肥		复合肥		其他肥料		当年化肥合计支出（元）
	价格（元/100公斤）	数量（百公斤）	价格（元/100公斤）	数量（百公斤）	价格（元/100公斤）	数量（百公斤）	价格（元/100公斤）	数量（百公斤）	价格（元/100公斤）	数量（百公斤）	价格（元/100公斤）	数量（百公斤）	
2003													
2004													
2005上半年													

六、子女教育支出情况

1. 2004 年子女受教育基本情况

子女	年龄	性别	目前上学状况				
			小学	初中	高中及中专	大学	大学以上
01							
02							
03							

2. 如果家里有子女没有上学，主要原因是什么？

子女	应该处于什么教育阶段（代码 1）	未上学的原因						
		未考上学	付不起钱	子女厌学	女孩子，无所谓	上学无用	无人照顾	其他（请说明）
01								
02								
03								

代码 1：①小学；②初中；③高中或中专；④大学及以上。

3. 2004 年子女的教育支出　　单位：元

上学子女	教育阶段代码 1	每年的学杂费和课本费	每年住宿费	上学期间的伙食费	学习用品支出	交通费	其他 1	其他 2	合计（元）
	01	02	03	04	05	06	07	08	09
01									
02									
03									

代码 1：①小学；②初中；③高中或中专；④大学及以上。

注：其他费用请注明________。

4. 2004 年家庭子女教育支出总额______元，占家庭总纯收入的比重______%。

对您家来说，是否因子女上学举债？

(1) 是　(2) 否

如果是，因子女上学借债________元。

5. 您认为目前小学和初中收费标准是否合理？

(1) 是　(2) 否

6. 您认为义务教育________应该承担主要责任？

(1) 父母　(2) 政府

7. 您认为是否应该实行完全免费的义务教育？

(1) 是　(2) 否

8. 您对学校的教学质量是否满意？

(1) 是　(2) 否

9. 学校布局调整以后，您家的孩子上学是否有困难？

(1) 是　(2) 否

七、就医以及医疗支出情况

1. 最近三年家里是否有人住过院？

(1) 是　(2) 否

2. 如果是，一共住过________次院

3. 住院一共花了多少钱________元。

4. 因住院欠债________元。

5. 是否希望参加农村合作医疗？

(1) 是　(2) 否

6. 如果是，您每年愿意拿出________元

(1) 10 元　(2) 20 元　(3) 20 元以上

7. 2004 年家庭医疗支出________元。

八、村庄公共服务情况

1. 本村和本组是否举办过水利、道路等公共工程？

(1) 是　(2) 否

2. 如果是，您的出工________个，折价________元；出资________元

3. 如果村里今后某项工程您可以受益，您是否愿意继续出工和出钱？

(1) 是　(2) 否

4. 您认为这是否增加农民负担？

(1) 是　(2) 否

5. 您认为政府是否应该规定投工投劳的数量限制？________

(1) 是 (2) 否

6. 您认为哪些公共工程可以由村民自行决定是否共同出资兴建？

(1) 组内道路 (2) 组内水利 (3) 行政村内道路

(4) 行政村内水利 (5) 村与村之间的道路 (6) 村与村之间的水利

7. 您认为哪些公共服务和公共工程需要由政府出资？(可以多选)

(1) 村与村之间的道路 (2) 几个村共同受益的水利工程 (3) 学校

(4) 农业技术推广 (5) 大病统筹保险 (6) 动植物防疫

(7) 五保户供养 (8) 其他（请注明________）

8. 最近两年“一事一议”情况

(1) 搞过________次

(2) 您家出了________元

9. 您是否同意将粮食直补和良种补贴的资金由村里统一使用，用于搞一些公共工程？

(1) 不同意 (2) 同意组内共同使用 (3) 同意在行政村内共同使用 (4) 同意在乡内共同使用 (5) 同意专门用于农村医疗保险 (6) 同意用于发展农村教育

九、土地情况

1. 您家是否有土地承包证？

(1) 有 (2) 没有

2. 1995年以来，您家的地总共被调过________次（地块变动就算一次）？

3. 您家目前是否转包进土地？

(1) 有 (2) 没有

如果有，________亩，转包费________元/亩

4. 您家目前是否包出土地？

(1) 有 (2) 没有

如果有，________亩，转包费________元/亩

十、贷款情况

1. 最近三年是否借过款？

(1) 有 (2) 没有

2. 如果借款，从哪里借款？

(1) 信用社 (2) 私人 (3) 其他

3. 月利率是________厘？

4. 据您了解，从信用社贷款难不难？

（1）难 （2）不难

5. 您是否希望从信用社得到贷款？

（1）是 （2）否

6. 如果是，主要干什么？（可以多选）

（1）购买农业生产资料 （2）从事工商业 （3）子女上学

（4）看病 （5）盖房子 （6）其他（请注明________ ）

十一、家庭负债情况

1. 目前负债总额________元

2. 负债的原因有哪些？（可以多选）

（1）购买农业生产资料 （2）从事工商业 （3）子女上学

（4）看病 （5）盖房子 （6）其他（请注明________）

十二、住房情况

1. 您家最近一次建房是在________年

2. 共有房子________间

3. 一共花费________元

三、土地制度与失地农民调查问卷

（一）国研中心农村土地政策改革研究村级调查访谈提纲

________省________市__________县（区）__________乡（镇）__________村

被访人1　姓　　名：____________
　　　　　职　　务：____________
　　　　　联系电话：____________

被访人2　姓　　名：____________
　　　　　职　　务：____________
　　　　　联系电话：____________

调查人　姓　　名：____________
　　　　联系方式：____________

　　　　调查日期：____________

国务院发展研究中心农村部
山东农业大学三农问题研究中心
二〇〇六年三月

一、该村的基本情况

1. 该村地势________

   A. 平原　B. 丘陵　C. 山区

2. 所在村庄类型________

   A. 大城市城郊型村庄　　B. 中小城市城郊型村庄

   C. 乡镇驻地村庄　　D. 一般村庄

3. 与最近县级市的距离________公里；与最近地级市的距离________公里。

4. 至2005年底，该村土地总面积______亩，农用地______亩，其中：耕地______亩（耕地中基本农田______亩）；四荒地______亩；宅基地（指村庄占地，下同）______亩。

5. 2005年底总人口________人，其中劳动力________人。劳动力人口中初中以上文化程度的比例________，文盲率________。

6. 2005年村集体收入______万元，其中来自农业（农林牧渔）的比例______；在本地，该村的经济实力属于________（A. 较高　B. 中等　C. 较低）。

7. 2005年农民人均纯收入为________元/人，其中来自农业（农林牧渔）的比例约为________。

二、近年来该村土地被征用基本情况

近年来（2001年以来），该村历次土地征用的情况，请填下表。

近年来土地被征用情况

		第一次	第二次	第三次	累计数
年　份					
征用的土地类型及面积（亩）	耕地 其中基本农田				
	园地				
	林地				
	草地				
	荒地				
	滩涂水域				
	居住地				
	其他用地				
	合　计				
涉及农户数（户） 人口数（人）					

续表

	第一次	第二次	第三次	累计数
年　份				
征地建设项目数 其中，公益性项目 非公益性项目				

注：公益性项目包括国家公用设施建设与城市基础设施建设。国家公用设施建设是指国防设施、市政设施、大型水利电站、国办学校、国家机关等；城市基础设施建设是指环城公路、铁路线、机场、体育场馆等；非公益性项目即商业性项目，是指住宅、商场、开发区、工业园区等。

三、该村土地征用中的拆迁基本情况

近年来（2001 年以来），该村历次土地征用中拆迁情况，请填下表。

土地征用中的拆迁情况

	第一次	第二次	第三次	累计数
年　份				
拆迁总面积（亩）				
拆迁前宅基地总面积（亩）				
拆迁后宅基地总面积（亩）				
拆迁房屋面积（平方米）				
拆迁涉及户数（户） 涉及人口数（人）				
拆迁土地用途： （A. 公益性项目　B. 非公益性项目）				

四、历次土地征用中被征地农民的补偿及安置情况

补偿安置费的分配情况　　单位：元

	补偿项目	政府公布的标准	农村集体经济组织	失地农民	安置单位	其他
第一次（　）年前 3 年平均产值____元/亩	总计					
	土地补偿费					
	安置补助费					
	地上附着物及青苗补偿费					
	其他					

续表

	补偿项目	政府公布的标准	农村集体经济组织	失地农民	安置单位	其他
第二次（ ）年前3年平均产值____元/亩	总计					
	土地补偿费					
	安置补助费					
	地上附着物及青苗补偿费					
	其他					
第三次（ ）年前3年平均产值____元/亩	总计					
	土地补偿费					
	安置补助费					
	地上附着物及青苗补偿费					
	其他					

被征地农民的货币补偿实际支付情况

	第一次	第二次	第三次
计发依据：A. 按全部人均 B. 按被征地农民人均 C. 按被征地平均			
补偿计发标准：A. 按人均（元/人） B. 按地均（元/亩）			
支付方式：A. 一次性支付 B. 分期支付			
实际已支付总额（元）			
协议补偿到期日			

被征地农民安置情况

		第一次	第二次	第三次
货币安置	安置人数（人）			
	标准（元/人）（即人均获得的安置费用）			
就业安置	安置人数（人）			
	标准（人/亩）（即每亩地安置的人数）			
社保安置	安置人数（人）			
	标准（元/人）（即政府支付的人均社保保费）			

续表

<table>
<tr><td colspan="2"></td><td>第一次</td><td>第二次</td><td>第三次</td></tr>
<tr><td rowspan="2">留地安置</td><td>安置人数（人）</td><td></td><td></td><td></td></tr>
<tr><td>标准（亩/人）
（即人均留用的土地面积）</td><td></td><td></td><td></td></tr>
<tr><td rowspan="2">土地入股安置</td><td>安置人数（人）</td><td></td><td></td><td></td></tr>
<tr><td>标准（股/人，元/股）（人均分得股份数及每股价值）</td><td></td><td></td><td></td></tr>
<tr><td rowspan="2">其他</td><td>安置人数（人）</td><td></td><td></td><td></td></tr>
<tr><td>标准</td><td></td><td></td><td></td></tr>
<tr><td colspan="2">自谋职业者人数（人）</td><td></td><td></td><td></td></tr>
</table>

五、历次拆迁中农民的补偿及安置情况

历次拆迁补偿情况统计表

	第一次（ ）年	第二次（ ）年	第三次（ ）年
政府公布标准： 实际补偿标准：			
支付方式：A. 一次性支付 B. 分期支付			
补偿总额（元） 已经兑现（元）			
协议补偿到期日			

历次拆迁安置情况统计表

<table>
<tr><td colspan="2"></td><td>第一次</td><td>第二次</td><td>第三次</td></tr>
<tr><td rowspan="8">安置人数（人）</td><td>货币安置</td><td></td><td></td><td></td></tr>
<tr><td>住房安置</td><td></td><td></td><td></td></tr>
<tr><td>就业培训安置</td><td></td><td></td><td></td></tr>
<tr><td>社保安置</td><td></td><td></td><td></td></tr>
<tr><td>留地安置</td><td></td><td></td><td></td></tr>
<tr><td>土地入股安置</td><td></td><td></td><td></td></tr>
<tr><td>其 他</td><td></td><td></td><td></td></tr>
<tr><td>合 计</td><td></td><td></td><td></td></tr>
</table>

六、该村土地征用对农民生产生活影响

土地征用前后农民就业变化

		征地前		征地后		备注
		人数（人）	比例（%）	人数（人）	比例（%）	
就业结构	全职务农					
	以农为主兼业					
	以农为辅兼业					
	个体私营经济					
	乡镇企业					
	其他企业					
	其他					
就业培训	没有参加培训					
	参加了培训					
	接受了成人教育或学历进修					
就业途径	安置就业					
	通过亲友介绍					
	通过职业介绍					
	通过招聘广告					
	其他					

土地征用前后农民收入及生活变化

		征地前	征地后	备注
年人均总收入水平（元/人）				
收入来源	农业收入			
	二三产业收入			
	工资及劳动报酬			
	财产性收入			
	转移性收入			
	其他收入			
收入稳定性（A. 强　B 弱）				
年人均消费支出总额（元/人·年）				
生活变化感受（生活水平提高或降低）				

注：财产性收入包括出让财产获得利息、股息、红利、租金收入及财产增值收益等；转移性收入包括离退休金、失业救济金、赔偿金，单位对个人的住房公积金及个人间赠送与赡养费等。

土地征用前后村民社会保障情况

年份	项　目	参保人数（人）	费用负担标准（元/人）				享受的收入或报销比例	有地、失地农民区别
			中央政府	地方政府	村集体	村民个人		
2001	农保:养老保险							
	合作医疗							
	低保							
	城保:养老保险							
	医疗保险							
	低保							
2002	农保:养老保险							
	合作医疗							
	低保							
	城保:养老保险							
	医疗保险							
	低保							
2003	农保:养老保险							
	合作医疗							
	低保							
	城保:养老保险							
	医疗保险							
	低保							
2004	农保:养老保险							
	合作医疗							
	低保							
	城保:养老保险							
	医疗保险							
	低保							
2005	农保:养老保险							
	合作医疗							
	低保							
	城保:养老保险							
	医疗保险							
	低保							

七、农民对土地征用、拆迁的满意度分析

（一）村民对征地、拆迁问题的总体态度是________

A. 积极支持　B. 支持但也有不满之处　C. 反对　D. 无所谓

（二）农民对征地、拆迁过程的满意度调查

1.（1）征地、拆迁之前是否公告________

A. 是　　B. 否

（2）在征地、拆迁过程中是否召开村民大会或村民代表大会________

A. 是　　B. 否

（3）村民是否积极参与征地、拆迁问题的讨论______（A. 是　B. 否），讨论的主要问题是（如征地方案、补偿方案、安置方案等）______________

____

____

____

____

____。

（4）关于征地、拆迁补偿安置方案是否公告________

A. 是　　B. 否

（5）关于村集体征地、拆迁的补偿费利用方案是否进行财务公开________

A. 是　　B. 否

2.（1）征地项目开工前是否与农民就征地、拆迁方案及补偿安置问题经过民主协商并达成协议________（A. 是　B. 否），各种补偿是否到位________（A. 是　B. 否）

（2）是否发生过冲突事件________（A. 是，如找有关部门领导，组织起来阻碍土地开发实施，比较激进的暴力或破坏方式　B. 否）

3.（1）在征地、拆迁过程中是否发生上访事件________

A. 是　　B. 否

（2）如果发生了上访事件，上访的具体方式是________

A. 到县级部门上访　　B. 到地市级部门上访

C. 到省级部门上访　　D. 到中央部委上访

（3）上访是否得到了政府的积极回应________

A. 得到了有效回应，并妥善解决　B. 得到了回应，也采取了一些安抚措施

C. 没有得到正面回应，未解决问题　　D. 未得到回应

您认为上访的主要原因是什么____

____

____

____

____

____。

村干部是如何组织与政府沟通协调的________________________________

____

____

____

____

____

____。

（三）农民对征地、拆迁的补偿及安置结果的满意度调查

1. 农民对村集体与村民之间分配征地补偿款的比例是否满意________

   A. 满意 B. 基本满意 C. 不满意 D. 其他__________

2. 农民对征地补偿标准及计发依据是否满意______________

   A. 满意 B. 基本满意 C. 不满意 D. 其他__________

3. 农民对征地补偿支付方式、计发及时性是否满意________

   A. 满意 B. 基本满意 C. 不满意 D. 其他__________

4. 农民对征地安置方式及落实情况是否满意______________

   A. 满意 B. 基本满意 C. 不满意 D. 其他__________

5. 形成上述结果的主要原因是什么（如补偿标准问题、计发依据、补偿支付方式及计发及时性问题、征地安置方式及落实情况等原因）？________________

____

____

____

____

____

____。

八、失地用于集体开发情况

1. 本村失地是否用于集体开发（主要指村集体对留地安置中留用土地的开发利用）________（A. 是 B. 否）。如果不是集体开发，则主要利用方式是

____

____；

如果用于集体开发，已开发面积占留用土地总面积的比例为____________。具体情况请填下表。

失地用于集体开发利用情况

集体开发的项目		纯公益性项目	基础设施建设	工商业经营项目				
				村民住宅	村办企业	出租厂房	出租住宅	出售房地产
开发用地	占地面积（亩）							
	占留地面积比例（%）							
单位面积投入成本（万元/亩）								
单位面积年投资净收益（万元/亩）								

注：纯公益性项目，如本村各类文化娱乐设施等；基础设施建设，如公路等；工商业经营项目。

2.（1）本村是否通过股份合作制吸收村民入股参与集体土地开发经营________（A. 是　B. 否）。如果是，股份构成情况是____，股份是如何确定的？____。

（2）自2001年以来村民入股分红情况：

2001年________元/股，共分红利________万元

2002年________元/股，共分红利________万元

2003年________元/股，共分红利________万元

2004年________元/股，共分红利________万元

2005年________元/股，共分红利________万元

（3）持股村民若户口迁出本村，其持有股份的处理方法是____。

九、该村土地征用前后村集体经济变化情况

1. 近年来村集体收支、资产及债务状况填下表。

近年来村集体收支、资产及债务状况表　　　　单位：万元

收入项目	2001	2002	2003	2004	2005
一、收入合计					
（一）农、林、牧、渔经营收入					
（二）发包及上交收入					
1. 企业上交利润					
2. 发包收入					
3. 租赁费收入					
（1）资产租赁收入					
（2）土地租赁收入					
（三）两税附加收入					
（四）财政补助收入（转移支付及农业税返回）					
（五）其他收入（土地征用收入及单位补助收入）					
（六）投资收益					
二、支出合计					
（一）经营支出					
（二）管理费用（工资、办公、业务等）					
（三）福利费用（五保、困难户、老人、计生）					
（四）公共事业投入 其中：道路、上下水等村庄基础设施农田水利基础设施 文教娱投入 医疗、养老等社保投入					
（五）村民收益分配					
（六）其他支出					
三、集体资产总量					
四、村级债务					

2. 征地前后集体资产管理方式有何变化？为什么会发生变化？

____

____

3. 您对集体资产管理中存在的问题有何看法？如何解决？请谈谈您对发展合作经

济以及股份制的看法。

____

____。

十、土地集体所有权的维护

您如何理解农村土地集体所有权？在土地征用过程中您认为如何维护本村土地集体所有权？（包括在经济、司法等方面）

____

____。

十一、在土地征用的情况下如何发展壮大村集体经济、增强服务功能

土地征用前，集体的服务功能主要体现在哪些方面？土地征用后，集体经济实力有何变化？集体服务内容有何变化？您认为如何增强集体经济实力，提高集体服务功能？

____

____。

十二、该村宅基地流转情况

1. 本村现有宅基地面积________亩，有家庭________户，平均每处宅基地面积________平方米，人均拥有宅基地面积________平方米，一户多宅情况占比约为________。
2. （1）近年来，本村是否有买卖宅基地现象？________（A. 有 B. 没有）。
   如有，买卖宅基地的面积________平方米，占现有宅基地面积的比例是________；宅基地买卖的对象主要是________（A. 本村村民 B. 外村村民 C. 村办乡办企业 D. 城镇居民）；宅基地买价平均________元/平方米。
   （2）近年来，本村是否有出租宅基地现象？________（A. 有 B. 没有）。
   出租宅基地的面积________平方米，占现有宅基地面积的比例是______；宅基地出租的对象主要是（A. 本村村民 B. 外村村民 C. 村办乡办企业 D. 城镇居民）；宅基地年租金平均______元/平方米·年。
3. （1）近年来，本村是否有买卖住房现象？________（A. 有 B. 没有）。
   如有，买卖住房的面积________平方米（或间），占现有住房面积的比例是________；住房买卖的对象主要是________（A. 本村村民 B. 外村村民 C. 外地打工者 D. 经商做生意者 E. 城镇居民）；楼房平均买

价______元/平方米（或元/间），平房平均买价________元/平方米（或元/间）。

（2）近年来，本村是否有出租住房现象？________（A. 有 B. 没有）。

如有，出租住房的面积______平方米（或间），占现有住房面积的比例是______；住房出租的对象主要是______（A. 本村村民 B. 外村村民 C. 外地打工者 D. 经商做生意者 E. 城镇居民）；楼房平均年租金元/平方米·年（或元/间·年），平房平均年租金元/平方米·年（或元/间·年）。

（3）征地、拆迁对住房的买卖或出租是否有影响？________（A. 有 B. 没有）。如有，对住房买卖或出租的数量、价格及买方（或承租方）分别有何影响？

____

____。

十三、空心村及废弃地综合利用

1. 本村是否有废弃的旧房及宅基地________（A. 有 B. 没有）。

   如有，废弃的旧房及宅基地估计占地________亩，占本村宅基地总面积的比例为________。

2. 本村是否搞过宅基地的整理________（A. 是 B. 否）。

   如果搞过土地整理，节省出的土地面积共计________亩，占原宅基地总面积的比重为________；费用是如何筹集的？________________________________

   ____

   ____。

   整理节省的土地用途____

   A. 农业开发 B. 村办企业 C. 物业出租 D. 其他________

3. 对于仍未整理利用的废弃旧房及宅基地，请谈谈下一步整理与综合利用计划。

   ____

   ____。

十四、完善土地征用制度的建议

1. 综合来看，您认为土地的功能和价值主要表现为________

   A. 农业生产资料 B. 获得收入的手段 C. 生活保障 D. 其他

2. 农民失地后最需要政府解决的主要问题是________

   A. 合理补偿 B. 建立社会保障 C. 解决就业

   D. 帮助农民创业，如提供信贷支持等 E. 其他

3. 您认为征地制度改革最应该解决的问题是

A. 提高补偿标准　B. 完善征地程序　C. 缩小征地范围

D. 允许农民自己开发

在这方面您有何具体建议？____

____

____。

4. 您认为征地后应如何处理土地补偿费的分配和土地调整的关系？________

A. 将土地补偿费分配给村里所有农户，然后进行大调整

B. 补偿费由村集体保留，随后进行大调整

C. 将土地补偿费分配村里所有农户，不进行大调整

D. 将补偿费由村集体保留，不进行大调整

E. 将土地补偿费直接分配给村里失地农户，不进行大调整

5. 请谈谈您对失地农民安置问题的看法与建议。

____

____

（二）国研中心农村土地政策改革研究失地农户调查问卷

问卷编码□□□□□□□

____________省____________县（市）____________乡（镇）____________村

被访者（户主）姓名：________联系电话：__________手机：____________

填表人姓名：______________填表时间：____________联系电话：________

一、农户基本情况

1. 家庭人数（与承包地关系一致）________人；其中劳动力________人。

2. 目前家庭生产性重要资产价值（按现值）估计________元；其中主要固定资产类型有：________（A. 汽车 B. 拖拉机 C. 蔬菜大棚 D. 牲畜养殖场 E. 鱼塘 F. 其他资产，包括在集体企业的股份等，说明________）

3. 您家被征地前有承包地面积________亩，宅基地面积为________亩。被征地后目前还有承包地________亩，宅基地________亩。

4. 您家被征用的土地具体情况是（如有多次以最近的两次为准）：

第一次______年______月，面积______亩。类型为：________

A. 宅基地　B. 耕地　C. 林地　D. 四荒地　E. 其他________

第二次______年______月，面积______亩。类型为：________

A. 宅基地 B. 耕地 C. 林地 D. 四荒地 E. 其他________

5. 征地前，您家被征用土地的主要用途是什么？________

A. 暂时闲置 B. 自己搞农业生产 C. 暂时送给人搞农业生产

D. 出租给人搞农业生产 E. 其他用途________

6. 征地前，您对被征用的土地有什么重要投资或使用规划？________

A. 建房 B. 搞大棚 C. 建养殖场 D. 经济林木 E. 其他________

7. 征地后是否对您的农业生产有影响？________

A. 影响不大 B. 影响大，水利设施被毁 C. 影响大，污染企业造成的空气、水质污染 D. 造成了土地零碎，不便于耕种了 E. 其他________

8. 家庭一般年现金收入________元，年生活现金开支________元。

9. 与同村其他家庭相比，家庭收入属于________

A. 比较高的 B. 中等的 C. 比较低的

10. 您所在的村在经济上与附近村相比是________

A. 比较富的村 B. 中等的村 C. 比较穷的村

二、征地、失地前后的比较

（一）家庭成员的就业

11. 家庭成员（与承包地关系一致）详细情况

成员编号			1	2	3	4	5
基本情况	（1）	**与户主关系**（1. 户主；2. 配偶；3. 子女；4. 父母；5. 兄弟姐妹；6. 孙辈）					
	（2）	**性别**（1. 男性；2. 女性）					
	（3）	**年龄**					
	（4）	**文化程度**（1. 大专及以上；2. 中专；3. 职高；4. 普通高中；5. 初中；6. 小学及以下）					
	（5）	**健康状况**（1. 健康；2. 患病仍有劳动能力；3. 患病丧失劳动能力）					
	（6）	**重要经历**（0. 无特殊经历；1. 当兵；2. 机关工作；3. 教师；4. 企业上班；5. 经商；6. 村干部；7. 外出打工；8. 其他，请说明）					
	（7）	**职业技能**（0. 没有；1. 驾驶；2. 服装加工；3. 烹饪；4. 医生/兽医；5. 种植/养殖业专业技术；6. 农机农技；7. 其他，请说明）					

续表

成员编号			1	2	3	4	5
失地前	(8)	**就职行业**（1. 农业；2. 工业和建筑业；3. 商业－做生意；4. 服务业）					
	(9)	**就职类型**（1. 务农；2. 个体、私营经济；3. 乡镇企业；4. 其他企业或公司；5. 无业）					
	(10)	**如果务农，具体情况**（1. 全职务农；2. 兼业，以农为主；3. 兼业，以农为辅）					
	(11)	**年均收入水平**（元/年）					
失地后	(12)	**就职行业，**选项同（9）					
	(13)	**就职类型，**选项同（10）					
	(14)	**如果务农，具体情况，**选项同（11）					
	(15)	**年均收入水平**（元/年）					
	(16)	**培训状况**（1. 没有提供就业培训；2. 不愿意参加培训；3. 参加了职业技能培训；4. 接受了成人教育或学历进修；5. 参加了培训，不清楚类型）					
	(17)	**就业途径**（1. 安置就业，请注明工种；2. 通过亲友或通过关系求职；3. 通过职业介绍机构；4. 通过电视、报纸等招聘广告；5. 其他，请注明）					
	(18)	**求职次数**					
	(19)	**工作稳定性**（1. 稳定；2 不稳定，重新遭遇下岗失业；3. 不稳定，临时工；4. 不稳定，工作更换频繁；5. 不稳定，其他情况请说明）					

12. 家庭总的就业情况在征地后的变化统计

	征地前	征地后	备注
未就业（赋闲在家）人数			
在家务农人数（人）			
非农就业人数（人）			
其中：在外打工人数			
在外有稳定收入工作人数（年薪6000元以上）			

13. 从家庭总的就业情况来看，您对失地后有关情况总的感受是：

（1）工作的变化________（A. 有了新的工作　B. 没有新的工作）

（2）工资水平的变化________（A. 增加了 B. 变化不大 C. 降低了）

（3）政府服务的变化________（A. 政府服务增加了 B. 政府服务变化不大）

（4）找工作难度的变化________（A. 就业更难了 B. 就业变化不大）

14. 您的家庭成员参加政府及有关部门组织的就业培训每人交费为________

A. 不交费 B. 交费 50 元以内 C. 交费 50～100 元 D. 交费 100 元以上

15. 您的家庭成员感觉培训的效果怎么样？________

A. 较好 B. 一般 C. 没用

16. 您家对征地后家庭就业的情况和新的就业环境是否满意？________

主要原因________________________________。

17. 在制约您家劳动就业的因素中，最大的障碍是________

A. 年龄 B. 性别 C. 健康状况 D. 文化水平或职业技能不够

E. 当地经济、产业发展落后 F. 外来劳动力竞争多 G. 信息不灵

H. 不满意提供的岗位，活累、报酬低 I. 其他（请说明________）

18. 目前您对家里劳动力的就业情况是否存在担忧？（A. 是 B. 否）________如果担忧，主要担忧的问题是什么？________

A. 就业单位的经营发生亏损倒闭　　B. 工作待遇无法保证

C. 文化水平不高或职业技能不够　　D. 年龄大了打不了工

E. 其他________

（二）家庭财产和收入

19. 从家庭总的收入看，失地后您家是否有新增投资和财产及收入来源？

（1）参加集体股份合作制，按股分红________ A. 是 B. 否

（2）商铺经营________________________ A. 是 B. 否

（3）住房出租________________________ A. 是 B. 否

（4）政府收入补贴____________________ A. 是 B. 否

（5）其他收入________________________。

新增投资和财产的具体情况及收入标准是________________________

20. 失地前后家庭总收入情况的变化统计表

年总收入	失地前（元）	失地后（元）	备注
（1）家庭经营的农林牧渔收入			
（2）家庭经营的二三产业收入			
（3）工资及劳动报酬收入			
（4）财产性收入，包括出让财产获得的利息、股息、红利、租金收入及财产增值收益等			
其中：承包地经营租金			

续表

年总收入	失地前（元）	失地后（元）	备注
股份合作制入股分红			
住房租金			
(5) 转移性收入，包括离退休金、失业救济金、赔偿金，单位对个人的辞退金、保险索赔、住房公积金及居民个人之间赠送和赡养费等			
(6) 其他收入			
合计			
其中：现金收入			

（三）生活消费支出

21. 征地拆迁后家庭里是否新购置耐用消费品？

（1）普通电话(A. 是　B. 否)　（2）手机（A. 是　B. 否）

（3）车辆　（A. 是　B. 否)　（4）冰箱（A. 是　B. 否）

（5）洗衣机　（A. 是　B. 否)　（6）彩电（A. 是　B. 否）

（7）电脑　（A. 是　B. 否)　（8）其他________

（9）以上开支估计________元

22. 家庭生活消费支出变化统计表

年总消费	征地前（元）	征地后（元）	备注
一般消费支出水平			
具体：(1) 食物消费			
其中：现金支出			
(2) 水电费、物业、取暖费			
(3) 其他日常开支（穿着、日用品、教育、文化、娱乐、医疗、通讯、交通费等）			

23. 您对征地前后生活变化的自我评价如何？________

A. 明显提高　B. 有所提高　C. 没有变化　D. 有所变化

E. 明显下降。主要原因________

24. 与征地拆迁前相比，您对新的生活方式是否习惯和满意？________

（A. 满意　B. 不满意　C. 一般）主要原因是________

25. 您如何评价您现在的生活水平（与本地其他农民相比）________

A. 高于　B. 略高于　C. 差不多　D. 低于　E. 不清楚

（四）居住及环境

26. 征地时您家的房屋是否拆迁了？

A. 没有拆迁　B. 发生了拆迁，采用发放房屋拆迁补偿费的方式进行。拆迁补偿费具体为________元，每平方米补________元。

C. 发生了拆迁，采用房屋置换的方式进行。置换新房________间，共________平方米。

27. 如果有房屋拆迁，请根据实际情况填写下表。

	拆迁前的住房	拆迁后的住房
(1) 建房时间（年月）		
(2) 房屋结构（①土坯房；②一层砖瓦平房；③二层砖瓦楼房；④三层砖瓦楼房；⑤钢筋水泥楼房；⑥其他，请注明）		
(3) 房屋间数（包括正房和偏房）		
(4) 总建筑面积（平方米）		
(5) 人均面积（平方米）		
(6) 房屋价值当年估计（万元）		
(7) 拆迁时房屋折价（万元）		
(8) 房屋价值目前估计（万元）		
(9) 住房装修开支（元）		

28. 如果有房屋拆迁，搬迁到新房过程中的房款负担情况：________

A. 住新房后，旧房款抵款不足，新增了购房支出，其中有负债。新增了________元，其中负债为________元。

B. 住新房后，旧房款抵款不足，新增了购房支出，但无负债。新增了________元。

C. 住新房后，旧房款抵款有剩余，得到一次性差价收入。差价收入为________元。

29. 您感觉拆迁后新居的环境（如美化绿化、周围基础设施的配套状况等）与以前相比有什么变化，是否满意？________

A. 生活环境更好了，很满意　B. 影响不大　C. 变差了　D. 其他________

主要原因是____________________________

30. 如果拆迁后新居的环境变差了，主要原因是什么？________

A. 工业区离居民区太近

B. 生产生活垃圾量增多，未能及时处理

C. 盲目招商引资，对污染企业不加把关，引来重污染企业

D. 开发项目仓促上马，排污排废等配套设施不健全，环境污染问题突出

E. 其他，请注明________

（五）社会保障

31. 征地前家庭成员的社会保障情况

保障种类/a	保障人数	保障标准	保障期限	交费金额（元）	享受的收入或报销（元）	备注/b
A. 低收入保障						
B. 新型合作医疗保险						
C. 养老保险（农村养老保险）						
D. 养老保险（城市养老保险）						
E. 失地农民社会保障						

32. 征地后家庭成员获得的社会保障情况

保障种类/a	保障人数	保障标准	保障期限	个人交费金额（元）	每月享受的收入或报销（元）	备注/b
A. 低收入保障						
B. 新型合作医疗保险						
C. 养老保险（农村养老保险）						
D. 养老保险（城市养老保险）						
E. 失地农民社会保障						
F. 其他						

33. 您对目前的社会保障措施是否满意？________________

主要原因是________________

还存在什么问题、意见及建议________________

三、征地过程及补偿、分配情况

（一）征地的补偿、分配

34. 您家耕地被征用前3年平均亩产值为________元/亩。

35. 土地被征用后农民所得到的货币补偿情况 单位：元

	家庭金额	具体计发标准	具体计发依据或凭证
(1) 补偿总额度（元）			
其中：土地补偿费			
安置补助费			
地上附着物及青苗补偿费			

续表

	家庭金额	具体计发标准	具体计发依据或凭证
其他：（请说明）			
（2）支付方式（①一次性支付；②分期支付；③其他，请说明）			
（3）实际已支付金额（元）			
（4）协议补偿到期日（ 年 月）			

36. 您家庭得到的补偿款主要用于什么了？________

A. 日常生活 B. 建房 C. 子女婚嫁 D. 偿还债务 E. 子女教育

F. 投资置业 G. 其他，请注明________

37. 村民和村集体是按什么方式分配征地补偿款和调整土地的？________

A. 将土地补偿费分配给村里所有农户，随后进行大调整

B. 补偿费由村集体保留，随后进行大调整

C. 将土地补偿费分配村里所有农户，不进行大调整

D. 补偿费由村集体保留，不进行大调整

E. 将土地补偿费直接分配给村里失地农户，不进行调整

38. 村民和村集体是按什么比例分配征地补偿款的？________

A. 全部发放给失地农户

B. 大部分发给失地农户，村集体留一部分举办村集体公共或福利事业，比例为________。

C. 少部分发给失地农户，村集体留用大部分发展集体经济，比例为________。

D. 具体比例不清楚

39. 征地补偿款是否按计划及时发放到位？________

A. 按计划及时发放到农户

B. 计划发放时间不明确，根本不存在及时不及时问题

C. 明确过发放时间，但因种种客观原因迟迟未发放到位

D. 明确过发放时间，但未发放到位，不知道原因

40. 您家是否知道村集体掌握的征地补偿款是多少？________（A. 是 B. 否）

如果知道，具体金额是________元。

41. 您家是否知道村集体掌握征地补偿款的用途？__________（A. 是 B. 否）

如果知道，具体用途是____

42. 您家认为村集体和村民对征地补偿款的分配方式和比例是否公平合理？______

A. 比较公平合理 B. 不公平合理 C. 无法评价

43. 征地补偿款及其他各种补偿兑现给农民之前或谈妥之前，征地项目是否已开工？（A. 是 B. 否）

44. 您是否通过股份合作制入股参与集体土地开发经营？________（A. 是 B. 否）

如果是，有______股。2005 年分红______元，以前分红情况是：______

（二）关于征地过程

45. 您家土地被征用后的用途是________，具体为________。

A. 纯公益性用地（政府办公用地、公立医院、学校、公园等）。

B. 城市基础设施建设用地（高速公路、铁路等）。

C. 开发性项目或商业性用地（工业用地、房地产用地等）。

46. 您家看到了征地公告吗？________（A. 是 B. 否）

47. 您家看到了征地补偿公告吗？________（A. 是 B. 否）

48. 公布征地补偿方案前，当地政府是否听取了您家的意见？________

A. 开过会，并有专门工作人员上门征求过意见

B. 开过会，且仅仅是在开会的时候听取过

C. 从未听取过 D. 不了解不知道

49. 您家在征地过程中是否参加了有关征地的村民大会或村民代表大会_______？

A. 不知道会议，或村民大会或村民代表大会根本就没有召开

B. 及时参加和表达意见

C. 没有参加，但委托人投票或表达意见

D. 没有参加，也没有委托人投票或表达意见

50. 征地项目开工前是否与农民就征地补偿经过民主协商并达成协议？________

A. 是 B. 否

51. 您参加的有关征地问题村民大会或村民代表大会讨论了什么主要内容？

（1）仅仅宣布文件或政策方案（A. 是 B. 否）

（2）对征地方案和内容的讨论（A. 是 B. 否）

（3）对征地补偿方案的民主讨论（A. 是 B. 否）

（4）对征地补偿方案的投票表决（A. 是 B. 否）

（5）对征地工作人员及方案的讨论和表决（A. 是 B. 否）

（6）对征地及补偿方案中的不满意问题商讨对策行动方案（A. 是 B. 否）

52. 您家参加的有关征地问题村民大会或村民代表大会会议组织是否存在问题？________

A. 会议组织得很好，没有问题 B. 会议通知不及时，准备仓促

C. 会议参加人数不足一半　　　　D. 会议程序不民主，会议内容没有记录

E. 会议上没有发言或表达意见机会，或会议上提出的意见没有被采纳

53. 您对本村参与征地工作的村干部或工作人员是否满意？________

A. 很满意，人很公正，很有能力和水平

B. 不满意，能力不够，不能很好地为本村一般农户争取利益

C. 不满意，办事欠公开、公平、公正，甚至存在贪污受贿等问题

D. 了解不多，不好评价

54. 您是否为争取更多的征地补偿进行努力过？________（A. 是　B. 否）

如果是，争取的方式有：

（1）找有关部门和领导________（A. 是　B. 否）

（2）组织起来阻止土地开发施工________（A. 是　B. 否）

（3）比较激进的其他暴力或破坏方式________（A. 是　B. 否）

（4）其他，为：________

如果是，是否得到了政府的回应？________

（1）得到有效回应，很好地解决了问题（A. 是　B. 否）

（2）得到了回应，采取了一些安抚措施，但未解决问题（A. 是　B. 否）

（3）没有得到正面回应，未解决问题（A. 是　B. 否）

（4）根本不搭理，无从解决问题（A. 是　B. 否）

55. 在表达反对意见或要求提高补偿标准的过程中，您是否感受了相关的压力？________（A. 是　B. 否）

如果有压力，这些压力主要体现在哪些方面？

（1）害怕可得到的好处得不到，被搅黄了（A. 是　B. 否）

（2）害怕得罪人，特别是得罪村干部和领导（A. 是　B. 否）

（3）害怕被列入黑名单，不再享受各种优惠政策（A. 是　B. 否）

（4）害怕被政府处罚或制裁（A. 是　B. 否）

（5）害怕被开发单位组织的流氓地痞打击报复（A. 是　B. 否）

（6）其他原因________

是否发生了粗暴或强制征迁行为？（A. 是　B. 否）

具体描述：________

56. 在征地过程中是否发生过什么冲突上访事件？________（A. 是　B. 否）

如果有，上访的方式具体方式是：________（A. 到县级部门上访　B. 到地市级部门上访　C. 到省级部门上访　D. 到北京中央部委上访）

您认为发生纠纷的主要原因是什么？________

村里是否有负责意见统一协调的人？________（A. 是　B. 否）

他们是如何组织并与政府沟通和协调的？ ______________

57. 您对在征地过程中发生的农民集体上访等冲突事件是一种什么看法：______
是否积极参与？ ________ （A. 是 B. 否）
为什么？ ________

58. 您认为在土地征用和拆迁过程中是否发生过征地款被挪用、截留等现象？ ________
A. 程序很公正，民主监督很严格，不会存在
B. 有可靠事实和证据表明存在　　C. 了解不多，不知道

四、有关宅基地使用和流转的几个问题

59. 征地前后您家的宅基地有无变化？ ________ （A. 有 B. 否）

60. 您住的村里是否有废弃的旧房及宅基地？（A. 有 B. 否）
如果有，废弃的旧房及宅基地估计占地________亩，估计占村庄现居住总面积的比例为________%。

61. 您住的村里是否搞过宅基地的整理？ ________ （A. 是 B. 否）
如果搞过土地整理，节省出的土地面积是________亩，占原宅基地总面积的比重为________%。费用如何解决的？ ______________

62. 您村庄土地整理节省出的土地干啥用了？ ________
A. 农业开发 B. 村办企业 C. 物业出租 D. 其他，请注明________

63. 您对农民拥有宅基地的财产权利的态度是什么？ ________
A. 农村集体所有财产，不能买卖 B. 农村集体所有财产，应能买卖
C. 农民个人私有财产，不能买卖 D. 农民个人私有财产，应能买卖

64. 您对农民拥有住房的财产权利的态度是什么？ ________
A. 与城市居民住房一样，应能自由买卖
B. 与城市居民住房不一样，应能自由买卖
C. 与城市居民住房不一样，必须经过村集体办手续才能买卖
D. 与城市居民住房不一样，不能自由买卖

65. 您家是否有出租住房的情况？ ________ （A. 是 B. 否）
如果有：
（1）2005年出租了________间，每间________元，总收入________元。
（2）估计这些收入占家庭总收入的比重是________%。
（3）这些房出租的对象主要是________
A. 企业办厂、办公　　B. 外地打工者　　C. 本地打工者
D. 经商做生意人士　　E. 其他，请注明________

五、对土地征用及政策的评价、意见和建议

66. 综合考虑征地后您家庭的变化，您及家人对土地征用及征用方式的态度是否发生过变化？________

A. 由积极、支持到消极、反对　B. 由消极、反对到积极、支持

C. 没有变化，一直积极、支持　D. 没有变化，一直消极、反对

如果有变化，主要原因是什么？________

A. 自己要求的一些实际问题得到了比较圆满的解决

B. 以前掌握信息不多，后来了解到了比较真实的好的情况

C. 后来发现以前的征地过程不透明，在征地中上当吃亏了

D. 后来发现以前的征地过程不透明，在征地中前后操作不公平

E. 后来发现以前征地方案中明确的补偿不能或没有及时发到农民手上

F. 后来发现征地过程中一些补偿款出现了一些截留挪用等问题

G. 自己没发现什么问题，但受某些人鼓动，跟着帮忙

H. 其他________

67. 综合来看，您的家庭对土地的功能和价值是如何看的？________

A. 资源　B. 资产　C. 财产　D. 权利　E. 保障　F. 其他

68. 您认为农民失地后最需要由政府解决的主要问题是什么？________

A. 合理补偿　B. 建立社会保障

C. 帮助解决就业　D. 帮助创业并提供信贷支持

69. 您认为征地制度改革最应该解决的问题是什么？________

A. 提高补偿标准　B. 完善征地程序

C. 缩小征地范围　D. 允许农民自己开发

70. 您认为征地后应如何处理土地补偿费的分配和土地调整的关系？________

A. 将土地补偿费分配给村里所有农户，随后进行大调整

B. 补偿费由村集体保留，随后进行大调整

C. 将土地补偿费分配村里所有农户，不进行大调整

D. 补偿费由村集体保留，不进行大调整

E. 将土地补偿费直接分配给村里失地农户，不进行调整

四、农民合作经济组织调查问卷

农民专业合作经济组织(包括协会、专业合作社)调查问卷

农民合作经济组织名称		访谈对象姓名	
县		在本组织中的职务	
镇		住址	
村		电话	
办公室地址		E-mail	
联系人			

调查员	
联系电话	
调查日期	

一、农民合作经济组织的基本情况

1. 成立时间________年，________月
2. 注册资金________万元
3. 现有成员数________，其中个人成员________人，团体成员________个
4. 拥有的分会数________个
5. 在哪个部门进行法人注册的？(可多选)

   (1) 没有注册 (2) 工商部门 (3) 民政部门 (4) 农业部门 (5) 科协 (6) 供销机构 (7) 技术监督部门 (8) 其他中介机构或组织，请注明：________
6. 本组织在哪些部门备案？(可多选________)

   (1) 农业部门 (2) 科协 (3) 供销机构 (4) 技术监督部门 (5) 其他中介机构或组织，请注明：________
7. 本组织若为法人，现为何种类型法人？(可多选________)

   (1) 社会团体法人 (2) 股份合作制企业法人 (3) 合伙制企业法人 (4) 股份制企业法人 (5) 其他，请注明：________

8. 自成立以来是否改变过法人类型？

(1) 是 (2) 否 (跳至10)

9. 改变以前为何种法人类型？

(1) 社会团体法人 (2) 股份合作制企业法人 (3) 合伙制企业法人 (4) 股份制企业法人 (5) 其他，请注明：________

10. 在注册时，合作社的法律责任如何？

(1) 有限责任 (2) 无限责任

11. 本组织主要从事哪些经济活动？(可多选)

(1) 粮食作物 (2) 经济作物 (3) 经济林木 (4) 畜牧业 (5) 水产业 (6) 农产品加工和手工业 (7) 农机类服务 (8) 灌溉服务 (9) 农产品运销 (10) 其他，请说明：________

12. 谁推动（牵头）了合作经济组织的成立？(可多选)

(1) 当地政府 (2) 龙头企业 (3) 种植养殖大户 (4) 营销大户 (5) 当地技术人员 (6) 普通农民 (7) 社会团体，请注明：________ (8) 其他，请注明：________

13. 2004年底合作经济组织本级实有资产总额________万元，其中

(1) 固定资产________万元

(2) 流动资产________万元

(3) 其他资产额，请注明：________________万元

(4) 合作社2004年底的公共积累________万元

14. 本组织本身经营性用地面积________亩（1亩=667平方米），其用途

(1) 办公场所和经营性用地________亩

(2) 种植基地________亩

(3) 养殖基地________亩

(4) 加工厂房用地________亩

(5) 库房________亩

(6) 其他，请注明：________

二、合作经济组织成员情况

1. 合作经济组织的覆盖范围

	2004	2003	成立时
多少个县			
多少个乡镇			
多少个村			

2. 成员情况

	2004	2003	成立时
成员总数			
交会费成员数			
交股金成员数			
不交会费、股金成员数			

3. 2004 年新增成员数________人，2004 年退社成员数________人。

4. 合作经济组织对入会条件有哪些限制（可多选）：

(1) 需为种植养殖大户 (2) 需为运销大户 (3) 需为技术能手 (4) 需为龙头企业或加工企业代表 (5) 从事该组织经营内容的任何农户 (6) 必须是当地农户 (7) 生产达到一定的最低规模 (8) 所生产产品达到某一质量要求 (9) 受过某一培训 (10) 拥有某一机械（装备）(11) 达到最低土地面积要求 (12) 必须交纳一定会费 (13) 必须交纳一定股金 (14) 其他，请注明：________

5. 入会由谁决定：

(1) 政府官员 (2) 理事长 (3) 理事会 (4) 会员（代表）大会 (5) 其他，请注明：________

6. 有________个成员参加了其他合作经济组织。

7. 成员入会是否必须出资？

(1) 是 (2) 否

成员入会是否必须交纳股金？

(1) 是 (2) 否

如果是，请填下表：

成员的会费和其他成本

成员成本	一般成员	团体成员	贫困户
1. 加入本组织的入门费用（元）			
2. 股金（元）			
3. 会员年费（元/年）			
4. 其他费用，请说明：________			

8. 会费是怎么交的？

(1) 入会时交，以后每年交 (2) 入会时交，以后不交 (3) 不交 (4) 不知道

9. 成员是否自愿加入？

(1) 是 (2) 否

10. 是否允许自由退出？

(1) 是 (2) 否

11. 当成员退出时，成员股权的处置办法：(可多选)

(1) 可以继续持有，享受分红 (2) 可以自由转让给其他成员 (3) 可以要求合作经济组织退还股金 (4) 必须退还给组织，不能由成员自己处置 (5) 自动取消股金，不退还

12. 合作经济组织的成员资格是否可以继承?

(1) 是 (2) 否

13. 如果有成员退出，主要原因是什么?

(1) 转而从事其他行业

(2) 合作经济组织的年费太高

(3) 合作经济组织提供的服务价格太高

(4) 合作经济组织提供的服务太少

(5) 合作经济组织没能提供所承诺的服务

(6) 加入其他合作经济组织

(7) 被合作经济组织开除

(8) 其他，请说明：________

14. 如果开除会员，由谁决定?

(1) 理事长 (2) 理事会 (3) 会员 (代表) 大会

(4) 其他，请说明：________

15. 2004年底，有________名成员，其中________名法人成员。

是否对法人成员进行限制?

(1) 是 (2) 否

如果是，法人成员不超过成员总数的________%

法人成员投票权占总投票权的________%

16. 本组织股权总数________股，每股________元

17. 股权构成

(1) 政府股________万元

(2) 企业股________万元

(3) 技术人员股________万元

(4) 种植养殖大户股________万元

(5) 流通或运销大户股________万元

(6) 社员股________万元

(7) 其他，请注明：________________万元

18. 股权分布情况

(1) 理事长持股数________股

(2) 理事会所有成员(含理事长)持股总数________股

(3) 监事会所有成员(含监事长)持股总数________股

(4) 普通社员(会员)最多持股数________股

(5) 普通社员(会员)最少持股数________股

19. 最大的前5个股东股权所占比重________%

20. 是否对个人的股份比例进行限制?

(1) 是 (2) 否

如果是,限制比例为________%

21. 是否针对大股东设立附加表决权?

(1) 是 (2) 否

附加表决权票总数不超过总投票权的________%

您认为表决权票总数应当不超过总投票权的________%

22. 是否设定优先股?

(1) 是 (2) 否

如果是,优先股________股

三、合作经济组织内部管理

(一) 会员(代表)大会

1. 2004年一共召开________次会员(代表)大会

2. 2004年会员大会召开情况

	第1次	第2次	第3次	第4次	第5次	第6次
参加人数						
其中:参会女代表人数						
当时社员数						
会议内容(编码1)						

编码1:(1) 宣传政府政策 (2) 确定管理机构、领导人选举和人员安排 (3) 修改合作经济组织章程 (4) 期末成绩总结 (5) 制订年度计划 (6) 发布市场信息 (7) 确定组织内部经营品种、规模等 (8) 提供技术咨询或培训 (9) 确定产品销售的价格、对象等 (10) 确定利益分配标准、方式、额度等 (11) 决定对外投资事宜 (12) 决定增加会员、扩充股金事宜 (13) 其他:________

(二) 理事长(会长或负责人)

1. 理事长是如何产生的?

(1) 会员大会选举 (2) 会员代表大会选举 (3) 入股会员大会选举 (4) 不进行选举,直接由政府指定 (5) 直接由企业指定 (6) 理事会推举确定 (7) 村支部指定 (8) 其他:________

2. 如果选举，理事长由谁提名？

(1) 海选产生，不提名 (2) 生产经营大户提名 (3) 企业负责人提名 (4) 政府官员提名 (5) 村委会或者村支部提名 (6) 当地有威望的人提名 (7) 其他：______

3. 理事长的身份是什么？

(1) 政府官员 (2) 生产经营大户 (3) 企业负责人 (4) 技术人员 (5) 村委会或者村支部成员 (6) 其他：________

4. 理事长一届任期________年

5. 自从合作经济组织成立以来，理事长是否更换？

(1) 是 (2) 否

6. 如果更换，主要原因是什么？

(1) 理事长自己主动辞职 (2) 社员代表大会选举更为合适的人选 (3) 政府提名更换 (4) 其他：________

7. 理事长的性别是什么？

(1) 男 (2) 女

8. 理事长文化程度：

(1) 小学 (2) 初中 (3) 高中或中专 (4) 大专及以上

9. 理事长是否拿工资？每年________元。

(三) 理事会其他成员

1. 理事会其他成员人数（包括名誉理事会成员）________人

2. 理事会其他成员是否由会员代表大会选举？

(1) 是 (2) 否

3. 如果由会员代表大会选举，由谁提名？

(1) 海选产生，不提名 (2) 生产经营大户提名 (3) 企业负责人提名 (4) 政府官员提名 (5) 村委会或者村支部提名 (6) 当地有威望的人提名 (7) 理事长（候选人）提名 (8) 其他：________

4. 2004 年底理事会成员结构

姓名	是否政府官员	是否生产经营大户	是否企业负责人	是否村委会或者村支部成员	是否技术人员	是否普通农户	其他（请注明）人数

注：请填写是或否（可多选）。

5. 2004 年底，理事会成员中，有女性________人。

6. 自从合作经济组织成立以来，理事会成员是否更换？

(1) 是 (2) 否

7. 如果更换，有________人被更换？

8. 如果更换，更换的主要原因是什么？

	成员1	成员2	成员3	成员4	成员5	成员6	成员7
自己主动辞职							
社员代表大会选举更为合适的人选							
政府提名更换							
其他，请注明							

注：请在选中栏划“√”。

9. 理事会成员中领工资的有________人，平均一人一年________元

(四) 监事会成员

1. 监事会成员人数（包括名誉监事会成员）________人。

2. 监事会成员是否由会员代表大会选举？

(1) 是 (2) 否

3. 如果由会员代表大会选举，由谁提名？

(1) 海选产生，不提名 (2) 生产经营大户提名 (3) 企业负责人提名 (4) 政府官员提名 (5) 村委会或者村支部提名 (6) 当地有威望的人提名 (7) 理事长候选人提名 (8) 其他

4. 2004年底监事会成员结构

姓名	是否政府官员	是否生产经营大户	是否企业负责人	是否村委会或者村支部成员	是否技术人员	是否普通农户	其他（请注明）人数

注：请填写是或否（可多选）。

5. 2004年底，监事会成员中，有女性________人。

6. 自从合作经济组织成立以来，监事会成员是否更换？

(1) 是 (2) 否

7. 如果更换，有________人被更换。

8. 如果更换，更换的主要原因是什么？

	成员1	成员2	成员3	成员4	成员5	成员6	成员7
自己主动辞职							
社员代表大会选举更为合适的人选							
政府提名更换							
其他，请注明							

注：请在选中栏划“√”。

9. 监事会成员领工资的有________人，人均一年________元。

10. 合作经济组织中领工资（或补助）的普通工作人员________人，人均一年________元。

（五）组织决策情况

1. 合作经济组织重大投资活动（包括对内、对外投资）由谁决定________

（1）理事长决定（2）理事会决定（3）股东会员大会决定（4）会员（代表）大会决定（5）其他：________

2. 合作经济组织内部利益分配标准、方式等由谁决定________

（1）理事长决定（2）理事会决定（3）股东会员大会决定（4）会员（代表）大会决定（5）其他：________

3. 合作经济组织的投票方式________

（1）一人一票（2）一股一票（3）一人1~3票（4）一人1~4票（5）一人1~5票（6）其他：________

4. 出资额较多的会员是否享有附加表决权？

（1）是（2）否

如果是，是否规定附加表决权占表决权总数的比例？

（1）是（2）否

如果是，这一比例为________%

5. 对成员的交易额是否有限制？

（1）是（2）否

如果是，这一比例为________%

6. 2004年合作经济组织与非成员的交易额为________万元，占交易额的________%。

对非成员的交易额是否有限制？

（1）是（2）否

如果有限制，限制比例为交易总额的________%，或者总交易额不超过________万元。

四、合作经济组织提供的服务

1. 农民合作经济组织提供哪些环节的服务？

(1) 综合服务 (2) 侧重产前服务 (3) 侧重生产过程环节 (4) 侧重产后环节

2. 农民合作经济组织提供哪些服务？(可多选)

(1) 技术支持 (2) 市场信息 (3) 统一组织销售 (4) 信贷支持 (5) 直接为会员垫资 (6) 提供生产资料服务 (7) 管理知识 (8) 其他：________

(一) 合作经济组织提供的生产资料供应服务情况

1. 合作经济组织是否为会员提供生产资料供应服务？

(1) 是 (2) 否

2. 提供的主要生产资料种类（多选并排序）：

(1) 良种 (2) 种畜 (3) 燃料 (4) 肥料 (5) 饲料 (6) 农药 (7) 兽药 (8) 机械 (9) 其他：________。排序________。

3. 合作社为成员提供三种最主要的生产资料服务情况

	投入品 1（代码 1）	投入品 2（代码 1）	投入品 3（代码 1）	投入品 4（代码 1）
合作经济组织成立以来提供数量				
2004 年提供数量				
2004 年给成员的价格（元/单位）				
2004 年市场价格（元/单位）				
2004 年优惠总额（万元）				
2004 年从合作经济组织购买农业投入品占成员购买农业投入品的比例				

代码 1：①良种；②种畜；③燃料；④肥料；⑤饲料；⑥农药；⑦兽药；⑧机械；⑨其他，请具体________

4. 一般来说，成员所投入的这种生产资料有多大比例是从合作经济组织购买的？

________%

5. 合作经济组织提供生产资料是否要求会员先交纳定金？

(1) 是 (2) 否

6. 合作经济组织提供生产资料时是否提供赊销服务？

(1) 是 (2) 否

(二) 合作经济组织提供的技术服务情况

1. 合作经济组织是否为会员提供技术服务？

(1) 是 (2) 否

2. 提供的主要技术服务种类（可多选，并排序）：

（1）种植技术（2）养殖技术（3）加工技术（4）储藏技术（5）灌溉技术（6）动植物检疫与防疫（7）农药使用方法（8）无公害食品、绿色食品与有机食品技术（9）其他，请说明：________

3. 服务是否有偿？

（1）是（2）否

4. 合作经济组织为多少比例的会员提供技术服务？________%

5. 本组织2004年一年提供的所有技术服务（包括技术培训）收入为________元，费用为________元。其中本组织承担费用________元，政府承担________元，企业承担________元，其他主体（注明）承担________元。

6. 本组织是否对会员提供技术培训？

（1）是（2）否

7. 本组织2004年共组织________次技术培训，培训人次________人次。

8. 技术培训内容主要是：

（1）动植物疫病防治技术（2）生产技术（3）加工、储藏技术（4）销售技术（5）财务管理（6）其他：________

9. 技术培训是否收费？

（1）是（2）否

10. 该组织是否提供无公害生产技术、有机农业生产技术方面的培训？

（1）是（2）否

11. 该组织对自身或成员的生产过程是否强制实行无公害生产标准？

（1）是（2）否

12. 目前组织开展培训所面临的主要困难是：

（1）摸不准农民需求（2）费用太高（3）培训人员的知识能力有限（4）其他：________

（三）合作经济组织提供的销售服务情况

1. 合作组织是否为社员提供最低收购价？

（1）是（2）否

2. 合作经济组织成立以来提供销售服务情况

	产品1（请注明）	产品2（请注明）	产品3（请注明）	产品4（请注明）	产品5（请注明）
2004年统一组织销售数量					
2004年给成员的收购价格（元/单位）					
2004年市场价格（元/单位）					
2004年成员产品销售总量					

续表

	产品1（请注明）	产品2（请注明）	产品3（请注明）	产品4（请注明）	产品5（请注明）
通过合作经济组织统一组织销售数量占成员产品销售量的比例（%）					

3. 一般说来，合作经济组织收购价格是否高于市场价？

（1）是（2）否

4. 通过合作经济组织统一销售的数量占成员产品销售量的比例为________%

5. 合作经济组织对收购的产品是否进行加工和分级包装？

（1）是（2）否

6. 合作经济组织出售产品时是否统一品牌？

（1）是（2）否

7. 合作经济组织统一品牌是否进行过商品注册？

（1）是（2）否

8. 合作经济组织是否进行过无公害产品、绿色食品、有机食品等质量认证？

（1）是（2）否

9. 本组织产品的销售范围________

（1）本县（2）本省（3）外省（4）出口国外

10. 本组织为会员提供下列哪些信息服务？(可多选并排序)

（1）产品的市场趋势（2）供求信息（3）市场价格（4）农业投入品价格（5）产业政策（6）新技术（7）质量要求信息（8）其他：________多选排序：________

（四）合作经济组织直接借款给成员的情况

1. 合作经济组织是否直接借款给成员？

（1）是（2）否

2. 合作经济组织成立以来，累计直接借款给________个成员

3. 合作经济组织成立以来，累计为成员直接提供资金总额________万元

4. 2004 年直接借款给________个成员

5. 2004 年直接借款给成员额度________万元

6. 成员从组织借款，是否需要支付利息？

（1）是（2）否

7. 如果是，2004 年年利率是多少？________%

8. 成员从组织借款，是否需要提供抵押？

（1）是（2）否

9. 如果要抵押，抵押品可以为________

（1）牲畜（2）农作物（3）固定资产（4）其他：________

（五）合作经济组织为成员担保贷款情况

1. 合作经济组织成立以来，累计为成员担保贷款总额________万元

2. 合作经济组织成立以来，累计为________个成员提供担保

3. 2004 年本组织为成员提供担保________万元，从外部机构贷款________万元

4. 2004 年为________个成员提供担保？

5. 为成员提供担保是否需要收取费用？

（1）是（2）否

6. 如果收取，每 1000 元收取________元担保费。

7. 为成员担保是否有担保额度限制？

（1）是（2）否

8. 担保额度是________元。

9. 担保对象是________

（1）所有与合作经济组织有交易的农户（2）全体成员（3）仅限于入股成员

（4）其他：________

五、合作经济组织经营及业绩

1. 合作经济组织目前是否拥有自己的企业？

（1）是（2）否

2. 合作经济组织控股或下属经济实体 2004 年经营状况　　单位：万元

	企业（1）	企业（2）	企业（3）
总资产			
总负债			
年销售收入			
年税后利润或者亏损			

3. 2004 年合作经济组织的周转资金来源？

（1）净利润________万元

（2）金融机构贷款________万元

（3）成员捐助________万元

（4）非成员个人借款________万元

（5）成员个人的借款________万元

（6）投入品供应商的借款________万元

（7）政府机构的捐助________万元

(8) 投入品供应商的赊账________万元

(9) 购买商的预付款________万元

(10) 龙头企业的借款________万元

(11) 外部捐助________万元

(12) 其他________万元，请说明：________

4. 合作经济组织是否拥有自己的银行账户？

(1) 是 (2) 否

如果有，在________开户。

5. 合作经济组织是否有对外投资？

(1) 是 (2) 否

6. 如果有投资，投资来自自有资本________万元；银行贷款________万元；其他________万元。

7. 您认为是否应统一规定合作社对外投资额占合作社净资产的百分比？

(1) 是 (2) 否

如果是，最合适的比重为________%

8. 合作经济组织财务状况的公开范围（可多选）________

(1) 不公开 (2) 只对理事会公开 (3) 向交股金成员公布 (4) 向交会费会员公布 (5) 在会员大会公布 (6) 张榜公布

9. 是否有定期的外部审计？

(1) 是 (2) 否

10. 如果有，审计机构为：

(1) 乡政府（经管站）(2) 社会中介机构：(3) 其他：________

11. 2004 年合作经济组织利润分配表　　单位：万元

2004 年可分配利润总额（税后）	
其中：公积金	
公益金	
教育基金	
风险基金	
二次返利（按惠顾量或额）	
按股分红（包括股息）	

12. 如果有二次返利，二次返利的标准为________

(1) 会员与合作经济组织的交易量 (2) 会员与合作经济组织的交易额 (3) 其他：________

13. 二次返利在哪些人员中进行？

(1) 全体成员 (2) 所有与合作经济组织发生交易的成员 (3) 所有与合作经

济组织发生交易的会员和非会员（4）持股成员（5）其他：________

14. 如果有按股分红，每股分红________元

15. 成员是否有义务承担合作经济组织的债务？

（1）是（2）否

如果是，合作经济组织成员对于组织债务的负担方式：________

A：（1）有限责任（2）无限责任

B：（1）按股分摊（2）平均分摊

2004 年成员承担合作经济组织的债务________万元

16. 成员是否有义务承担合作经济组织的亏损？

（1）是（2）否

如果是，成员对亏损的负担方式是________

（1）按交易额（2）按出资额（3）其他：________

2004 年成员为合作经济组织承担亏损________万元

17. 成员是否有义务承担合作经济组织的税负

（1）是（2）否

如果是，2004 年成员承担合作经济组织的税负________万元

18. 成员是否有义务为合作经济组织提供担保

（1）是（2）否

如果是，2004 年成员为合作经济组织提供的担保________万元

六、政府对合作经济组织的支持政策

1. 自合作经济组织成立以来，得到政府提供的哪些服务？

（1）宣传发动（2）帮助制定章程（3）免费或优惠登记服务（4）提供办公场所（5）提供市场信息（6）提供农产品咨询或销售建议（7）在技术培训中提供服务（8）法律援助（9）帮助合作经济组织从其他机构获取贷款（10）税收减免（11）提供现金补贴（12）实物补贴（13）帮助获取市场订单（14）其他：________

2. 您希望政府进一步提供哪几类服务（选项同上，限选三项）：________

3. 本组织成立以来得到财政支持资金________元，如何使用________

（1）技术培训________元

（2）组织自身发展（办公设备、人员工资）________元

（3）农产品加工、储藏、运输________元

（4）商标注册（不用品牌发展）________元

（5）产品质量认证________元

(6) 其他：________元，请说明使用情况________

4. 您认为合作经济组织破产或者清算时，政府无偿支持的财产如何处置较好？

(1) 政府收回 (2) 分给社员 (3) 其他，请注明______

七、合作经济组织与龙头企业之间的关系

1. 本组织与龙头企业的关系________

(1) 本组织是龙头企业发起成立的 (2) 龙头企业是本组织的成员 (3) 龙头企业与本组织存在稳定购销关系，但不是成员 (4) 其他关系：________

2. 龙头企业给本组织提供哪些服务？

(1) 提供办公场所 (2) 提供技术培训 (3) 提供生产资料 (4) 提供运转资金 (5) 担保贷款 (6) 提供市场信息、农产品咨询或销售建议 (7) 帮助获取市场订单 (8) 其他：________

3. 龙头企业与合作经济组织之间是否签订购销合同（包括企业与合作经济组织、企业与合作经济组织成员签订的情况）？

(1) 是 (2) 否

4. 如果签订合同，合同中是否规定最低收购价？

(1) 是 (2) 否

5. 合同规定合作经济组织或会员有多少比例的产品卖给龙头企业？

(1) 全部卖给企业 (2) 规定一定量或比例，超出部分自由买卖 (3) 全部自由买卖

6. 是否出现过龙头企业违约的情况？

(1) 是（注明：________）(2) 否

7. 是否出现过合作经济组织或会员违约的情况？

(1) 是（注明：________）(2) 否

8. 2004 年合作经济组织（或会员）的产品有多大比例卖给龙头企业________%

9. 2004 年卖给龙头企业的产品价值总额为________万元

10. 龙头企业的收购价与当时同类产品的市场价相比：

(1) 高________% (2) 差不多 (3) 低________%

11. 龙头企业的收购价形成机制________

(1) 收购时随行就市 (2) 收购时双方协商确定 (3) 企业决定 (4) 合作经济组织决定

12. 龙头企业是否对合作经济组织或直接对会员提供二次返利？

(1) 是 (2) 否

13. 二次返利的标准是：

（1）交易量（2）交易额（3）龙头企业部分让利（4）其他：________

14. 2004 年龙头企业对本组织和成员二次返利________万元。

15. 龙头企业与合作经济组织是否共同提取风险基金？

（1）是（2）否

八、合作经济组织自身融资活动

1. 合作经济组织自成立以来，是否发生过借款行为？

（1）是（2）否

2. 累积借款金额为________万元

3. 目前借款余额为________万元

4. 2004 年发生的借款总额________万元，途径：

（1）农业银行________万元

（2）建设银行________万元

（3）工商银行________万元

（4）中国银行________万元

（5）农业发展银行________万元

（6）信用社________万元

（7）企业法人________万元

（8）个人________万元

（9）其他（注明：________）________万元

5. 2004 年最大的一笔借款情况：

（1）金额________元

（2）用途________

（3）来源（注明单位或个人名称）________

（4）年利率________

（5）利率是否有优惠________

（6）为促成借款发生的其他费用（包括请客、送礼等）________元

（7）期限________年

（8）是否需要担保（并注明担保单位）________

（9）是否需要抵押________

（10）抵押品________

6. 银行或其他金融机构是否对本组织贷款规定限额？

（1）是（2）否

7. 限额最高为________元。

九、其他

1. 您认为合作经济组织有无必要注册？

   （1）有（2）无

2. 在哪个部门注册更有利于合作经济组织的发展？

   （1）民政部门（2）工商部门（3）农业部门（4）供销社（5）科协（6）其他________

3. 您认为合作经济组织应该有什么法律地位？

   （1）企业（2）社会团体（3）合作社（4）合伙制企业（5）非盈利组织（6）有限公司（7）其他：________

4. 您认为合作经济组织投票方式应该为________

   （1）一人一票（2）一股一票（3）一人1～3票（4）一人1～4票（5）一人1～5票（6）其他：________

5. 您认为衡量合作经济组织成功的标准是（限选三项）：

   （1）业务量稳定增长　（2）为会员提供有效的服务

   （3）财务上自负盈亏　（4）能坚持以为会员服务为核心

   （5）内部管理比较完善　（6）利润最大化

   （7）其他：________

6. 您认为增强服务能力最主要的因素是（限选两项）：

   （1）政府支持（2）合作经济组织领导得力（3）合作经济组织的资金实力雄厚（4）合作经济组织服务人员素质高（5）其他：________

7. 本组织扩大生产的主要方式是：

   （1）增加成员（2）增加股金（3）自身运营积累发展

8. 您认为本组织存在的主要发展障碍是（限选三项）：

   （1）服务能力不足（2）缺少资金（3）无法应对市场风险（4）农民缺乏合作意识，对合作组织不够信任（5）部分行业存在垄断，合作组织难以进入（6）政府缺乏支持措施（7）内部管理层缺乏管理经验（8）其他：________。

五、农民工及农民工回乡创业调查问卷

（一）村级调查表

________县________乡（镇）________村

调查人员________、________　　　　调查日期2007年________月________日

被调查人：村支书____________，村长__________，会计____________

一、基本情况

1. 本村距离县城________公里、乡镇________公里，有________个村民小组。

2. 是否通电________、通电话________。

3. 2006年底________户，________人。

4. 劳动力________人（其中：女劳力________人）。

5. 本村占地总面积________亩。

6. 村庄建设占地________亩。

7. 企业占地________亩。

8. 耕地________亩（水田________亩），村人均耕地________亩。

9. 土地归生产队还是村所有________（①生产队　②村）。

10. 林地________亩，养殖水面________亩。

11. 土地承包到户在________年。1980～1998年土地承包做过________次调整，1998～2005年土地承包做过________次调整。

12. 目前农户之间土地转包（按转出户计算）约有________户，________亩，转包期3年以上的占________成，转包的租金一般是________元/亩。

13. 农户要转出承包耕地是否都能顺利转包________（①是　②不是）；如果不能转出，有什么困难________。

14. 农户目前交的税费还有________。

15. 村内未承包到户的机动地有________亩，发包一般是________元/亩。村集体养殖水面________亩，发包一般是________元/亩。

村集体林地________亩，经营形式是________。

16. 农民人均纯收入：2000 年________元，2005 年________元，2006 年________元。其中：来自农业约________元，当地非农业________元，外出就业________元。

二、农业经济与劳动力就业

1. 农业

（1）粮食总产量________万公斤，与 2000 年相比________

①基本持平　②增加　③减少

（2）高效开发农业

①蔬菜　②林果　③畜牧业　④水产养殖　⑤其他________

序号	项目	参加户数	利用土地（亩）	参加户均年收益（元）	是否由外出回乡的人先搞
1					
2					
3					
4					

2. 农业的劳力

（1）2006 年实际从事半年以上农业的________人。

其中：35 岁以下的________人，50 岁以上的________人。

女劳力________人。初中以上文化程度的________人。

（2）农忙季节共________天。全村约需务农劳力________人。

农闲季节共________天。全村约需务农劳力________人。

专事畜牧、水产、果菜的劳力________人。

（3）农业季节性剩余劳动力（有 5、6 个月剩余劳动时间，又没有从事非农就业）有________人。

（4）村里赋闲在家基本没有就业的有________人，其中 18 ~ 30 岁的年轻人________人。

（5）村里年轻人能够出去的是否大多都出去了________。

（6）还有多少可以外出就业的年轻人（35 岁以下）________。

（7）每年初、高中毕业没有继续就学的有________人。

三、本村乡镇企业、民营经济

1. 村内企业发展和就业（单位：个、人、万元、元）

	企业数	职工数		职工月均工资	销售收入	税金	年末固定资产
		总数	本村				
村办企业							
股份制企业							
私营							
个体合伙							
合计							

2. 村办企业负责人（副厂长副经理以上）曾经外出就业的有________个。
3. 股份、私营企业负责人曾经外出就业有________个；个体、合伙企业，最重要的是________业，有________个，最早搞的人是否曾经外出就业________；次重要的是________业，最早搞的人是否曾经外出就业________。
4. 个体、合伙企业个人最高年收入________万元。
5. 本村劳动力到乡镇及县城办企业________人，属于打工回乡的________人；到乡镇及县城从事非农就业________人，属于打工回乡的________人。
6. 近三四年村内企业发展形势是________（较快、较慢、停滞不前、后退），原因是________。
7. 新增个体私营企业主要从事什么行业________。
8. 农民新办个体私营企业主要在村内还是到集镇________。

四、劳动力外出就业（指出县）

1. 包产到户前外出就业________人，主要去的地方________，主要工作________。
2. 2006 年劳动力外出（出县）就业总数________人。男性________人。初中以上文化的________人。出省________人。外出 5 年以上的占________%。一年在外就业 6 个月以上的________%。打工________人，自我或合伙经营________人。
3. 2006 年第一次外出的________人，其中经过培训的________人（得到政府培训补贴的________人），主要进入的行业是________、________、________。
4. 主要外出地

________省________县（市）________人

________省________县（市）________人

________省________县（市）________人

4. 寻找有素质的劳动力上是否存在困难________。建议如何解决____________

____。

5. 对办个体、私营企业的政府政策是否清楚________。

6. 社会环境有哪些影响办企业________。

①治安 ②黑恶势力 ③乱收费 ④其他________。

7. 1990年以来回乡农民工办的企业已经倒闭的有________家，倒闭的原因主要是（按重要性排序）________，________，________，①市场发生变化 ②税费过重 ③资金困难 ④管理不善 ⑤其他________。

七、在农民工流动和回乡创业上，村干部有何看法和建议

1. 农民工回乡创业就业。

（1）对经济发展的作用________。

①作用显著 ②作用较小 ③负面影响（下面（2）~（5）同）

作用较大的是________

①开发农业 ②工业 ③建筑业 ④商业 ⑤服务业

（2）对增加就业的作用________。

（3）对农民生活方式的影响________。

（4）对村级管理的作用________。

（5）对社会治安的影响________。

2. 如何看待农民工回乡创业发展的趋势________。

①近期会逐步增强 ②近期作用较小，中长期会发挥较大作用 ③说不清楚

3. 对改善农民工回乡创业环境的建议____________________________

____

____

____

____

____。

（二）农民工回乡[①]就业创业调查表

______县______（市）______乡（镇）______村　　调查时间：2007 年______月

调查人________（职务：________）、________（职务：________）

朋友：

您好！欢迎您回答我们提出的问题。这个调查是国务院农民工联席会议办公室、劳动和社会保障部组织进行的，目的是了解农民工回乡创业就业的基本情况、发挥的作用、遇到的困难及要求。您们曾到外地务工经商，给那里经济发展付出汗水，自己也多少有了收入，学了本事，开了眼界，再回到家乡。不少人在发展家乡经济、小城镇、带动他人就业致富上，显得比未外出者要强。今后打工回乡就业、创业的人多了，会成为推动我国不发达地区发展的一股有生力量。

这次调查，是为国家制订更好的服务回乡农民工创业致富的政策。请您把真实情况和想法告诉我们，当地政府会对您的个人情况保密。谢谢！

1. 姓名：________性别：________年龄：________周岁
2. 婚姻状况：________
   ①未婚　②初婚有配偶　③再婚有配偶　④离婚　⑤丧偶
   配偶（丈夫或妻子）：文化______；是否打过工______；现在职业______
3. 教育程度：________
   ①未上过学　②小学　③初中　④高中及以上
   离校年月：________年________月
4. 家庭成员（以独立户为单位）：
   （1）其中劳动力人数：________60 岁以上人数：________
   （2）子女数：男：________人；女：________人，16 岁以下人数：________
   （3）长期务农人数（请注明年龄）：________
   （4）目前仍出县就业人数：________
5. 承包耕地________亩（以承包合同为准）
   （1）使用结构：粮食________亩，经济作物________亩，其他________亩
   （2）经营方式：自家种________亩，包入________亩，包出________亩；雇工________人/天

---

① 回乡农民工指改革前后曾从本村出本县务工经商半年以上，又返回本县，包括县城、乡镇、村。暂时回乡仍要外出的除外。

（3）包入包出亩租金________元，雇工报酬________元/天

（4）农业毛收入________元，纯收入________元

6. 本人何年何月初次外出：________年________月

一、外出前状况

7. 外出前务农累积年数：________年

8. 对务农态度：________

①有感情　②没反感　③收入低，不划算　④不喜欢

9. 在家是否从事过非农业：________

10. 外出前受过农业之外的什么培训：________；培训时间________天；自费培训还是政府资助培训________

11. 初次外出前家庭人均年收入：________元

12. 当时本乡非农就业机会：________

①很少　②少　③有点　④较多

13. 您对外地了解程度：________

①少　②有点了解　③较多

二、外出时状况

14. 家庭的态度：________

①积极支持　②支持但有顾虑　③不太支持　④反对

15. 是否已有回乡打算：________

①有　②没有

16. 主要目的（以重要性排序）：________、________、________、________

①挣钱　②学本事　③见世面　④其他

17. 初次外出方式（可填多项，按照重要性排序）：________.

①政府劳动机构组织　②民间职业介绍、村组集体组织　③个人闯荡　④外地亲友帮助　⑤跟随他人一同外出　⑥本地农民工介绍　⑦外地企业招工

18. 亲朋好友的帮助：________

①介绍　②信息　③资金　④其他

19. 初次外出带出资金：________元

带出资金来源（按多少排序）：________、________、________、________

①家庭　②自理　③亲朋好友资助　④借贷　⑤其他

三、打工经历

20. 累积年数：________年
21. 去过的省、市（县）（按时间顺序列出）：________、________、________、________、________
22. 打过什么工（按时间顺序）：________（________年）、________（________年）、________（________年）、________（________年）、________（________年）
23. 年收入（按打工的顺序）：________、________、________、________、________
24. 每天平均工作时间：________小时；每周平均工作________天
25. 生活条件（与家乡一般水平比）：________
    ①好　②不错　③一般　④不好　⑤很差
26. 支出平均占收入的百分比：________%
27. 寄、带钱回家平均占收入的百分比：________%
28. 寄、带钱的主要用途（按多少排序）：________、________、________
    ①存起来　②盖房　③家人零花　④家人受教育　⑤农业生产
    存钱所占的百分比：________%
29. 所学到的技术：________、________、________
30. 最大收获（按重要性排序）：________、________、________
    ①积累了资金　②学到了技术本领　③见了世面　④锻炼了意志　⑤扩大了社会交往　⑥有了市场经济头脑　⑦了解一些企业经营管理方法
31. 打工的苦处（按大小排序）：________、________、________、________
    ①太累　②受歧视　③管理太苛刻　④生活条件差　⑤其他
32. 长期迁居打工地的主要困难（按困难大小排序）：________、________、________、________
    ①没户口　②就业不稳定　③成家难、养家费用高　④很难进入当地社会　⑤子女教育受限制　⑥个人发展受限制（立业难）
33. 在打工地给了您户口，您会不会与家人一同去落户：________
    ①会　②不会　③不清楚

四、回乡

34. 回乡年月：________年________月
35. 为何要回乡：________________
36. 回乡时有何打算：______________

37. 打工积累资金办企业占________%；农业开发________%

38. 回乡后干过的职业________（________年，年收入________元）、________（________年，________元）、________（________年，________元）、________（________年，________元）

39. 现在主要从事________

①做小生意 ②承办企业 ③企业骨干 ④企业工人 ⑤农业开发经营 ⑥种田 ⑦其他

40. 最早使用贷款在________年，贷________元；现在贷________元。

41. 配偶在创业过程中的作用：________

42. 本人现在的职位：________

43. 个人年收入：________元

44. 个人从企业中利润分成额：________元

45. 现在仍保持与就业地的联系：________，________，________

①朋友间信息往来 ②销售 ③技术 ④引进项目资金 ⑤合作 ⑥联系很少 ⑦已无联系

46. 是否直接、间接影响其他打工者回乡：________；涉及________人

五、企业经营

47. 何时初次创办企业（包括个体工商户）：________年________月

48. 初次投资：________元，其中来源于打工积累占________%，向银行信用社贷款占________%，民间借款及亲友资助占________%，其他，请注明________%

49. 从创业到现在先后投资兴办过的经营项目有（按时间顺序）________（________年），________（________年），________（________年），________（________年），________（________年）

50. 目前的经营内容：________

51. 经营形式：________

①承包 ②租赁 ③股份制 ④个体 ⑤私营 ⑥其他

52. 经营场所用地面积________亩；

53. 经营场所用地获得的方式________

①家庭庭院 ②租用村庄集体荒地 ③承包地 ④租用或购买小城镇土地 ⑤村镇工业园区土地 ⑥其他，请注明________

54. 租用土地的价格________元·亩/年；期限________年

55. 当前企业中，个人所有的资产（包括股东）________%；负债是________%

负债中向银行信用社贷款占_____%；民间借款及亲友资助占_____%

56. 职工人数：________人

57. 年产值：________万

58. 年税收：________万

59. 利润率：________%（利润占产值的百分比）

60. 与周围企业比，本企业利润率是：________

①很高　②高　③差不多　④低　⑤很低

61. 外出打工经历中对办企业最有帮助的是（按重要性排序）：________、________、________

①积累的资金　②学到的技术本领　③市场经济头脑　④企业经营管理方法

⑤其他________

六、农业开发

62. 经营项目：________；经营内容：________

①生产　②销售或储运　③加工

63. 经营形式：________

①承包　②租赁　③股份制　④个体　⑤私营　⑥其他

64. 2006 年年经营收入：________万元；利润：________万元

65. 带动的关联农户数：________户

七、小城镇发展

66. 企业经营地点：________

①村　②集镇　③镇　④村 +（集）镇

67. 居住地点：________

①村　②集镇　③镇　④村 +（集）镇

68.（集）镇居住房是：________

①租用的　②购买的　③自建的

69. 在（集）镇的总投资额：________万元。投资用于：________

①办企业　②买房　③买户口　④城镇建设费　⑤其他

相应的投资额分别是：______万元、______万元、______万元、______万元、______万元

70. 是否已取得城镇户口：________；获得城镇户口花费________元，若未获得城镇户口是否想取得________

八、回乡发展经济得到政府的优惠政策和支持

71. 政府支持（填有、无及多少）

    （1）土地利用的支持________________________________

    （2）低息无息贷款的支持________________________________

    （3）财政资金的支持________________________________

    （4）创业培训的支持________________________________

    （5）其他________________________________

72. 回乡办企业、高效农业、进小城镇经营中，找哪些人给予支持

________（职务）	直（间）接关系	给何项帮助	帮助大小

73. 提供最重要支持的是________（职务________）

九、同村同年毕业同学中

74. 未外出人数：________人

75. 他们现在从事________

    ①做小生意（________人）　②承办企业（________人）　③企业骨干（________人）　④企业工人（________人）　⑤农业开发经营（________人）　⑥种田（________人）　⑦其他

76. 与这些未外出同学的平均收入相比，您认为您的收入：

    ①高很多　②高一些　③差不多　④低一些　⑤低很多

77. 外出打工未返人数：________人

78. 外出同学打工的年平均收入：________元

79. 假设您还在打工，您可能的年收入：________元

80. 与未外出同学比较，您认为有什么大的差别：

    ①钱多了　②见了世面　③换了脑筋　④与外界的联系增多了　⑤其他

81. 如是女性，请回答下面问题：

    与哪些未外出女性相比：________，________，________

    ①在家庭发言权多了　②婚姻自主性大了　③晚点结婚，晚点生孩子，想干点事　④如果有机会，希望迁入城镇定居　⑤其他________

十、总结

82. 总的来说，您对自己回乡的看法：

①对个人发展有好处 ②对家乡发展有贡献 ③家庭幸福 ④无所谓 ⑤被迫无奈

83. 在个人发展上，打工地与本乡镇村的优缺点比较

项 目	本乡镇	打工地
1. 挣钱多少（现在、将来）		
2. 社会关系利用		
3. 对家庭		
4. 对立业		

84. 回乡后带动了多少农户：________户；回乡后带动了多少企业：________个

85. 回乡办企业的难处：

（1）客观上：________，________，________，________

①资金不足 ②交通不便 ③人才不足 ④本地缺乏资源 ⑤其他________

（2）人为因素：________，________，________，________

①审批企业难 ②办企业不太自主 ③企业负担太重 ④吃大户的太多 ⑤其他________

（3）干部对办企业的态度：________

①支持 ②无所谓 ③不支持

86. 对政府优惠政策的看法________

①优惠政策较多 ②优惠政策不落实 ③优惠政策缺乏

十一、对家乡政府或国家的建议

87. 国家对农民工回乡创业要制定哪些优惠政策？________________________________

____

____

____

88. 家乡政府对农民工回乡创业要增添或改进哪些服务？________________________

____

____

____

六、农村金融调查问卷

（一）农村金融——村级调查表

________省________县（市、区）________乡（镇）________村

编码：省码□□　县码□□□□　乡（镇）码□□□　村码□□□

被访者姓名：________；职务：________；电话：________

调查起始时间：________年________月________日________时________分

调查结束时间：________年________月________日________时________分

调查员签名：________

一、基本情况

1. 人口与收入概况

	2004 年	2003 年	2002 年
1. 自然村数（个）			
2. 村民小组（个）			
3. 行政村总面积（平方公里）			
4. 总户数（户）			
5. 贫困户（户）			
6. 总人口（人）			
7. 村总收入（万元）			
8. 农业纯收入（万元）			
9. 工业纯收入（万元）			
10. 农民人均收入（元）			
11. 有多少个企业（个）			

2. 劳动力

	2003 年
1. 劳动力总数（16~60 岁）（人）	
2. 其中：文盲（人）	

续表

	2003 年
3. 小学毕业（人）	
4. 初中毕业（人）	
5. 高中毕业（包括中专，技校）（人）	
6. 大专及大专以上（人）	
7. 常年从事农业生产的劳动力（人）	
8. 本村自营职业人员（人）	
9. 本村村民在本村企业工作（人）	
10. 外出打工（人）	
11. 本村的外来劳动力（人）	
12. 外村在本村自营职业人员（人）	
13. 农忙的时候雇一个工要给多少工资（元）	

说明：①常年从事农业生产的劳动力：主要从事农业生产，且从事非农业生产年累计不超过一个月；②本村自营职业的人员：本村从事非农经营活动的人员，一般从事该活动在一个月以上；③本村村民在本村企业工作：本村企业的本地雇佣工人；④外出打工：在外地从事非农活动的本村村民，一般外出三个月以上；⑤外村在本村自营职业人员：在本村境内从事自营职业的外村人员，一般从事该活动在一个月以上。

3. 本村交通及通讯情况

1. 地形（代码 1）	
2. 最远的两个组之间距离（公里）	
3. 最近的公路离村中心距离（公里）	
4. 村中主要路全年不通车的天数（天）	
5. 每天有几辆客车经过您村（辆）	
6. 客车停靠到村的距离（不包括三轮车，拖拉机，蹦蹦车）（公里）	
7. 有多少部电话（部）	
8. 有多少部手机（部）	
9. 到本乡（镇）政府所在地：距离（公里）	
10. 交通工具（代码 2）	
11. 所需时间（小时）	
12. 到本县政府所在地：距离（公里）	
13. 交通工具（代码 2）	
14. 所需时间（小时）	
15. 到最近的集市：距离（公里）	
16. 交通工具（代码 2）	
17. 所需时间（小时）	
18. 到最近的信贷机构：距离（公里）	
19. 交通工具（代码 2）	

续表

20. 所需时间（小时）	
21. 村内有几个储蓄所/信用站/代办点	
22. 分别是（________） 主要提供哪些服务（________）	

说明：地形代码：①平原；②丘陵；③山区；④其他，请说明________

交通工具代码 2：①汽车；②拖拉机；③三轮车；④自行车；⑤板车；⑥步行；⑦其他，请说明________

4. 土地状况

	2004 年
1. 耕地面积（亩）	
2. 其中 1：平川地面积（亩）	
3. 梯田面积（亩）	
4. 坡地面积（亩）	
5. 塬地面积（亩）	
6. 其中 2：水田面积（亩）	
7. 旱地（亩）	
8. 其中：水浇地面积（亩）	
9. 其中 3：大棚面积（亩）	
10. 其中：集体面积（亩）	
11. 个人面积（亩）	
12. 果园面积（亩）	
13. 其中 1：平原面积（亩）	
14. 其中：纯果园面积（亩）	
15. 果粮间作面积（亩）	
16. 坡地面积（亩）	
17. 山地面积（亩）	
18. 其中 2：集体面积（亩）	
19. 个人面积（亩）	
20. 荒山面积（亩）	
21. 林地面积（亩）	
22. 鱼塘面积（亩）	
23. 草原面积（亩）	
24. 其他（请说明）（亩）	
25. 耕地在 10 ~ 25 亩的农户数（户）	
26. 耕地在 25 亩以上的农户数（户）	

二、村的收入经济状况

1. 村集体收入（提示：村集体收入和开支不包括农业税或乡统筹费）

	2004 年	2003 年
1. 村集体总收入（元）		
2. 其中：集体经营收入（元）		
3. 其中：集体办的企业上交的利润（元）		
4. 集体农业收入（元）		
5. 集体林业、渔业、牧业等收入（元）		
6. 其他集体经营收入（元）		
7. 集体发包收入（元）		
8. 其中：发包企业收入（元）		
9. 发包耕地收入（元）		
10. 发包农业特产地收入（元）		
11. 发包土地或厂房给工业（元）		
12. 发包集体店面或其他楼房（元）		
13. 其他发包收入（元）		
14. 村提留（元）		
15. 上级拨款（元）		
16. 投资收益（元）		
17. 其他集体收入（请说明）（元）		

说明：发包农业特产地指集体发包果园、林地、鱼塘或其他用于生产农业及其他农业特产的土地；村提留包括公积金、公益事业费、公益金、管理费等。

2. 集体开支

	2004 年	2003 年
1. 集体总支出（元）		
2. 其中：集体经营支出（元）		
3. 其中：集体农业支出（元）		
4. 集体林业、渔业、牧业等支出（元）		
5. 其他集体经营支出（元）		
6. 公共福利/公益事业开支（元）		
7. 其中：老师的工资、补贴、报酬（元）		
8. 扶贫支出（元）		
9. 五保户支出（元）		
10. 公共福利/公益事业开支		
11. 其中：代交村民应该交的乡统筹（元）		
12. 代交村民应该交的农业税、农业特产税等（元）		
13. 新办的公益事业（元）		
14. 其他公共福利/公共事业支出（元）		
15. 村集体发给村干部的工资，补贴，报酬（元）		
16. 招待费（元）		
17. 办公费（元）		

续表

	2004 年	2003 年
18. 报刊费（元）		
19. 其他开支（元）		

3. 村财政状况

	2004 年	2003 年
1. 农业税及附加总额（元）		
2. 乡统筹（元）		
3. 村委会可支配收入（元）		

4. 积累工和义务工

	2002 年		2003 年		2004 年	
	积累工	义务工	积累工	义务工	积累工	义务工
有多少个（工日）						
规定每户出工多少（工日）						
作价多少（元/工日）						

5. 村投资项目

投资项目编码	Ⅰ	Ⅱ	Ⅲ	Ⅳ	Ⅴ
1. 项目名称					
2. 哪年开始（年）					
3. 哪年完成（年）					
4. 项目由谁审批？（代码）					
5. 总投资（元）					
6. 其中：村投资（元）					
7. 农户投资（元）					
8. 乡政府投资（元）					
9. 县/市/省政府投资（元）					
10. 国家投资（元）					
11. 总用工（工日）					
12. 其中：义务工（工日）					
13. 自愿工（工日）					

二、信贷状况

1. 本村是否信用村（　　）

（1）是（2）否（跳至4）

2. 哪年被评为信用村（　　）年。
3. 成为信用村需要哪些条件？村里采取哪些措施来实现这些条件？成为信用村后，村里获得的贷款增加了多少%？

____

____

4. 截止2004年底，全村有多少户信用户（　　）户。
5. 村民获得贷款的情况

年　份	2002	2003	2004
全村申请贷款的户数（户）			
其中：信用户（户）			
实际获得贷款的户数（户）			
其中：信用户（户）			
多少户获得小额贷款（户）			
其中：信用户（户）			

6. 村委会是否采取一些措施帮助农户获得贷款（比如：提供担保等）（　　）
（1）是（2）否（跳至7）
7. 采取了哪些措施？主要帮助哪些类型的农户？在村委会帮助下获得贷款的农户有多少户？获得的贷款总额多少元？

____

____

8. 村内是否有民间金融机构（合会、摇会、专门放贷人、高利贷等）（　　）
（1）是（2）否（跳至9）
9. 村内有几个这样的组织或有几个专门放贷人？这些民间金融机构的组织形式是什么？怎样进行放贷的，利率一般分别为多少？村委会或乡镇政府对这些组织或放贷人的态度是怎么样的？

____

____

10. 村里有多少户农户参与过村内或村外的民间金融机构（　）户，有多少户农户曾经借过高利贷（　）户。
11. 村集体负债情况

年　份	2002	2003	2004
年末村集体负债余额（万元）			
当年举债总额（万元）			

12. 村集体的借款情况

编号	借款时间	借款状态	借款渠道	金额（万元）	期限（月）	年利率（%）	借款用途	保证方式	抵押物
	01	02（代码1）	03（代码2）	04	05	06	07（代码3）	08（代码4）	09（代码5）
01									
02									
03									
04									
05									
06									
07									
08									
09									

代码1：借款状态

①全额还本付息；②按期付息，循环使用；③到期未还本付息；④到期付息，未还本；⑤到期未还本付息；⑥未到期；⑦已成为呆滞账款；⑧其他，请注明：________

代码2：融资渠道

①农村信用社；②农业银行；③工商银行；④建设银行；⑤中国银行；⑥本地商业银行；⑦专门放款人；⑧民间集资借款；⑨互助会（合会/标会/成会等）；⑩企业借款；⑪其他，请注明：________

代码3：贷款用途

①公用基础设施；②兴办企业；③行政事业费用；④还旧账；⑤上缴税费；⑥其他，请注明：________

代码4：保证方式

①抵押；②质押；③留置；④担保；⑤信用；⑥其他，请注明：________

代码5：抵押物

①土地；②设备；③房产；④存单；⑤其他，请注明：________

13. 针对三笔数额最大的借款：

（1）为什么要借这几笔款？主要用来做什么（请详细描述）？借款是否能够满足任务的需要？目前这项任务完成的效果怎么样？

____

____

____

（2）请详细描述为了借这几笔钱分别尝试过哪些途径？是否通过其他途径借款失败，原因是什么？您认为最后能够借到这几笔钱分别靠什么，花费了哪些额外成本？

____

____

____

（3）这几笔钱是否已经偿还？如果没有，请问您觉得是否能够偿还？主要依靠什么来偿还贷款？或如果不能偿还，您将怎么处理？

____

____

____

14. 您对化解村级债务有什么建议？

____

____

15. 除了上述借款，村里是否有需要借款而没有借到的情况？当时借款主要是想做什么？为什么没有借到？没有借到钱，问题是怎么解决的？是否对村经济发展造成比较大的影响？__________________________

____

（二）农村微型和小型企业融资调查问卷

调查说明：本调研课题所收集的企业基本状况和融资情况，只供课题组内部汇总研究之用，本课题组感谢企业对调查的大力支持，愿意向企业反馈最终的汇总分析结果。

企业名称：________________________

被访者姓名：________；职务：________；电话：________

企业所在地：________省________县（市、区）________乡（镇）________村

企业编码：省码□□　县码□□□□　乡（镇）码□□□　村码□□□　企业码□□

调查起始时间：________年________月________日________时________分

调查结束时间：________年________月________日________时________分

调查员签名：

A. 企业基本情况

问　题	录入代码
A01 成立时间：________年	A01□
A02 是否注册登记	A02□

(1) 是 (2) 否 (跳至 A05)

A03 注册资本为：________万元 A03□□□□□□

A04 企业登记类型：________ A04□

(1) 国有企业 (2) 集体企业 (3) 股份合作企业 (4) 联营企业 (5) 有限责任公司 (6) 股份有限公司 (7) 私营企业 (8) 个体经济 (9) 外商投资企业 (10) 港澳台商投资企业

A05 企业涉及行业类别：________ A05□

行业代码表

(001) 粮食；(002) 其他农产品——蔬菜水果，其他农产品

(003) 生动物——生动物，肉或肉类食品，奶类食品或鸡蛋

(004) 林业；(005) 渔业；(006) 原油，煤气——石油或石油类

(007) 其他矿业——煤炭采选，有色金属矿采选，非金属矿采选

(008) 食品，饮料，烟草——油脂，米、粉、糖或蜜，蔬菜食品加工，鱼、肉类及奶类食品，其他食品加工，饮料制造，烟草加工

(009) 纺织，皮革，相关产品——纺织，印染，织布，服装，皮革、毛皮、羽绒及其制品

(010) 木材，木制产品——木材及竹材采选，家具制造，其他木材加工及竹、藤、棕、草制品

(011) 纸浆及纸制造，印刷——纸浆及纸制造，印刷业、记录媒介的复制

(012) 化学制品及相关产品——化学纤维制造，化学肥抖，医药制造，其他化学原料及化学制品制造

(013) 石油产品——石油加工及炼焦业；(014) 橡胶制品

(015) 非金属矿品——水泥及水泥类，玻璃以及玻璃类产品

(016) 金属矿品——钢铁、黑色金属冶炼及压延加工业，有色金属冶炼及压延加工，金属制品

(017) 机器——农机械制造，专业机械设备制造，普通机械设备制造，电气机械及器材制造，电子及通信设备制造，其他设备

(018) 运输设备——汽车，摩托车，航空，造船，其他交通机械设备

(019) 其他制造产品——仪器仪表机械制造，塑料制品，其他制造产品

(020) 发电，煤气，自来水供应——电力、蒸汽、热水生产和供应，煤气生产和供应，自来水生产和供应

(021) 建设

(022) 贸易以及物流——流通，零销，物流

(023) 服务——电话通讯，金融保险，教育研究，商务，其他服务

A06 企业的主要产品：________ A06□□□□□□□

A07 企业产品主要销售地域或范围：(合计为 100%)

(1) 本市 (地区) ________% A071□□□□

(2) 本省 (不包括本地) ________% A072□□□□

(3) 国内其他省份________% A073□□□□

(4) 出口________% A074□□□□

A08 企业从业人员人数 A08□

(1) 10人以下 (2) 10~50人 (3) 51~100人 (4) 101~200人 (5) 201~500人 (6) 500人以上

A09 企业所处的发展阶段 A09□

(1) 起步阶段 (2) 成长阶段 (3) 稳定运行阶段 (4) 规模扩张阶段 (5) 产业升级阶段 (6) 业务萎缩阶段 (7) 转产阶段 (8) 其他 (请说明): ________

A10 企业发展面临的最主要制约因素是 (可选择多项) A10□□□

(1) 缺乏资金 (2) 技术力量不足 (3) 市场空间不大 (4) 信息获得困难 (5) 政府的行政干预 (6) 税收负担 (7) 技工人员约束 (8) 其他: ________ (原因________)

A11 股权结构 A110101 - A110402

主要投资方 (关系)	01 出资形式 (代码1)	02 出资份额 (%)
01		
02		
03		
04		

代码1: ①现金; ②设备; ③土地; ④其他, 请注明________

A12 企业产品销售的主要财务结算方式 A12□

(1) 先收款, 后发货 (2) 先发货, 再收款 (3) 先收定金, 后发货 (4) 其他, 请注明: ________

B. 企业资金来源

B01 企业创立的初始资金总额: ________万元 B01□□□□□□□

B02 企业初始资金来源结构 (%, 合计为100%):

(1) 自有资金 (包括合伙人资金): ________% B011□□□□□

(2) 银行及信用社贷款: ________% B012□□□□□

(3) 政府扶持: ________% B013□□□□□

(4) 民间借贷: ________% B014□□□□□

(5) 其他, 请注明: ________________% B015□□□□□

B03 如果企业初始资金来源中存在外部借款，请填写下表：　　B030101 – B030505

贷款编号	金融机构名称	贷款额（万元）	期限（年）	年利率（%）	贷款保证方式
	01（代码1）	02	03	04	05（代码2）
01					
02					
03					
04					
05					

代码1：贷款来源

①农业银行；②农村信用社；③中国银行；④建设银行；⑤工商银行；⑥农村合作基金（金融会）；⑦亲友；⑧专门放款人；⑨民间集资借款；⑩互助会（合会/标会/成会等）；⑪其他，请注明：________

代码2：保证方式

①抵押；②质押；③担保；④留置；⑤信用；⑥其他，请注明：________

B04 2001～2004 年企业外部借款累计总额：________万元　　B041□□□□□□

截止 2004 年底借款余额：________万元　　B042□□□□□□

B05 2001～2004 年企业外部借款情况：　　B050101 – B050909

编号	借款时间	借款状态	借款渠道	金额（万元）	期限（月）	年利率（%）	借款用途	保证方式	抵押物
	01	02（代码1）	03（代码2）	04	05	06	07（代码3）	08（代码4）	09（代码5）
01									
02									
03									
04									
05									
06									
07									
08									
09									

代码1：借款状态

①全额还本付息；②按期付息，循环使用；③到期未还本付息；④到期付息，未还本；⑤未到期；⑥已成为呆滞账款；⑦其他，请注明：________

代码2：融资渠道

①农业银行；②农村信用社；③中国银行；④建设银行；⑤工商银行；⑥农村合作基金（金融会）；⑦亲友；⑧专门放款人；⑨民间集资借款；⑩互助会（合会/标会/成会等）；⑪其他企业借款；⑫集体借款；⑬其他，请注明：________

代码3：融资用途

①建造厂房；②购买设备；③购买原材料/半成品；④建造或者购买住房；⑤支付原有的借款利息；⑥归还原贷款；⑦看病；⑧子女教育；⑨其他，请注明：________

代码4：保证方式

①抵押；②质押；③留置；④担保；⑤信用；⑥其他，请注明：________

代码5：抵押物

①土地；②厂房；③设备；④存货；⑤企业应收账款；⑥有价证券；⑦私人房产；⑧私人存单；⑨其他，请注明：________

B06 2001～2004年企业投资情况： B060101－B0604055

	投资项目01	投资项目02	投资项目03	投资项目04
01 项目类型（代码1）（并请简略描述）				
02 初始投资额（万元）				
03 追加投资额（万元）				
04 投资回收期（代码2）				
05 资金来源（代码3）				
051 自有资金（%）				
052 正式信贷机构贷款（%）				
053 民间借贷（%）				
054 应付款净额（%）				
055 其他（请指明）（%）				

代码1：项目类型

①新生产线；②厂房；③设备或技术升级；④新产品开发；⑤股票；⑥债券；⑦对其他企业参股；⑧环境保护工程；⑨房地产；⑩其他，请说明：________

代码2：投资回收期

①1年；②2年；③3年；④4年；⑤5年；⑥五年以上；⑦其他，请说明：________

代码3：资金来源

①自有资金投入；②企业自身积累；③农业银行；④农村信用社；⑤中国银行；⑥建设银行；⑦工商银行；⑧民间借贷；⑨专门放款人；⑩亲友借款；⑪农村合作基金（金融会）；⑫互助会（如标会、成会、摇会等），请指明：________；⑬集资借款；⑭其他单位借款；⑮应付款净额（等于应付款—应收款）；⑯政府专项项目资金或项目补贴；⑰变卖现有企业房产、设备；⑱其他，请注明：________

C. 企业信贷关系

（一）企业资信

C01 企业近年是否参加过企业资信评估 C01□

（1）参加过（2）没有

C02 若参加过企业资信评估，最近一次评定的企业信用等级为 C02□

（1）AAA 级（2）AA 级（3）A 级（4）BBB 级及以下

C03 AA 级及以上资信企业，得到的银行或信用社信用便利有（可多选） C03□□□

（1）银行授信额度（2）无保证信用放款（3）简化评审程序（4）在需要时得到满足（5）无（6）其他，请注明：________

C04 若没有参加过企业资信评估，其原因是什么？（可选择多项） C04□□□

（1）企业没有注册（2）评估费用太高（3）不想要贷款（4）企业太小，银行不感兴趣（5）其他原因（请说明）：________

（二）银企关系

C05 企业目前所选择的开户行是（可多选） C05□□□

（1）中国工商银行（2）中国农业银行（3）中国建设银行（4）农村信用合作社（5）其他（请注明:）

C06 选择该金融机构作为开户行的原因（可有多种选择） C06□□□

（1）离企业所在地较近（2）与该机构/人员关系较好（3）利率可以接受（4）过去贷过款，企业在该机构有一定信誉（5）服务好、服务费用低（6）朋友帮忙在该机构获得贷款（7）其他，请说明：________

C07 自企业成立以来共申请过多少笔贷款________ C071□□□

获得了多少笔 C072□□□

如果 C071 =0，请回答 C073；如果 C071 > C072，请回答 C－2

C073 为什么没有考虑过向银行申请贷款 C073□

（1）自有资金能够满足，不需要（2）没有打算扩大经营规模，没有好的项目（3）贷款程序太麻烦（4）觉得肯定贷不到（5）已通过其他方式筹资，请说明：________（6）其他，请说明：________

C－2 没有获得批准的贷款分别是打算做什么用途的？是否通过其他方式筹集到这些资金？采取了哪些筹资方式？没有获得贷款给企业的经营带来什么样的影响？您认为这几笔贷款没有获得批准的主要原因是什么？

____

____

C08 如果本企业获得过银行或信用社贷款：

a. 您认为银行等金融机构愿意贷款给本企业的原因是________ C081□□□

（1）公司规模与实力（2）公司以往的信用（3）足够财产抵押（4）项目的盈利前景较好（5）老板的为人与经营能力（6）与银行的私人关系（7）政府扶持（8）其他，请注明：________

b. 最近一次贷款，从提出贷款申请到获得贷款，企业人员往金融机构跑了几

躺 C082□□□

c. 从提出贷款申请到获得贷款，金融机构人员一般要到企业来考察几次？

C083□□□

d. 是否需要为获得贷款支付额外费用？ C084□□□

（1）是（2）否（跳至C09）

e. 所需支付的额外费用大约是多少元？ C085□□□□□

或所需支付的额外费用占贷款的百分之几？ C086□□□

C09 企业的贷款是否都曾按时归还 C09□

（1）所有贷款都曾按时归还（2）基本上能按时归还（3）大多不能按时归还（4）已逾期（5）已变成呆滞贷款（6）已变成呆账贷款

C10 如果企业不能如期归还贷款，原因是什么？______________________________

____

C11 企业归还贷款的资金来源是什么？（可选择多项） C11□□□

（1）企业经营收入（2）变卖现有企业房产、设备（3）借入新的贷款（4）借入民间资金（5）其他，请说明________

C12 据您所知，本地有无贷款信用担保公司、担保基金之类的机构？ C121□

（1）有（2）无（跳至C13）

本企业是否获得过这方面的担保支持？（1）是（2）无 C122□

C13 本企业或者业主是否是农村信用社的社员？ C13□

（1）是（2）否

C14 企业要成为信用社社员须买________元股金？ C14□□□□□□

C15 何时入股？ C15□

（1）2000年以前（2）2000～2003年期间（3）2003年以后

C16 初次入股金额是________元 C16□□□□□□

C17 累计入股金额是________元 C17□□□□□□

C18 入股方式是什么？ C18□

（1）现金缴纳（2）第一次贷款时扣收部分贷款（3）其他，请注明：________

C19 有无分红 C19□

（1）有（2）无

C20 分红方式 C20□

（1）只分红（跳至C22）（2）分红加固定利息（3）只给固定利息

C21 固定利息的利率是________ C21□□□□□□

C22 分红的时间间隔________ C22□

(1) 半年 (2) 一年 (3) 三年 (4) 其他，请注明：________

C23 最近一次的分红是多少________元 C23□□□□□□

C24 是否参与信用社管理________ C24□

(1) 是 (2) 否 (跳至 C26)

C25 参与管理的方式________ C25□

(1) 社员大会 (2) 理事会 (3) 监事会 (4) 其他，请注明：________

信用社试点改革地区企业填写 (从 C26 至 C30)

C26 2003 年后新入股金额________元 C26□□□□□□

C27 是否有信用社的信贷员来动员入股________ C27□

(1) 是 (2) 否

C28 2003 年后，信用社许诺了哪些入股后的贷款优惠条件________ C28□

(1) 贷款优先 (2) 利率优惠 (3) 期限放宽 (4) 抵押条件放松 (5) 其他，请注明：________

C29 新增入股金额后，获得贷款的变化情况________ C29□

(1) 更容易 (2) 不变 (3) 更难

C30 新增入股金额后，参与信用社管理的情况________ C30□

(1) 更多 (2) 不变 (3) 更少

C－2 您是否愿意入股信用社？其原因是什么？您是否希望参与信用社的管理？为什么？

____

____

C31 金融机构为本企业核定了授信额度 C31□

(1) 是 (2) 否 (跳至 C32)

a. 授信额度为________万元 C311□□□□□

b. 授信额度是否可循环使用？(1) 是 (2) 否 C312□

c. 该授信额度能否满足企业需要？(1) 能 (2) 不能 C313□

C32 企业近期从银行或农信社借贷的意愿选择：

a. 若能任意选择，在现有利率下，是否愿意从银行或者农村信用社贷款？ C321□

(1) 是 (回答 *b*～*e*) (2) 否 (回答 f)

b. 若能任意选择，在现有利率下，您希望从银行或信用社贷多少钱 (万元)？ C322□□□□□

c. 如果您能自由选择，您认为贷款期限多长比较合适 (年)？ C323□□□

d. 贷款利率高到多少您就不愿意借了？(年利率%) C324□□□

e. 贷款的用途是________________

f. 不愿意贷款的原因是________ C325□□□

(1) 没有好的项目 (2) 怕还不起 (3) 不如向民间贷款方便 (4) 其他，请注明：________

C－3 您对当前银行或信用社的贷款期限、利率以及担保形式有什么评价，这些贷款条件是否与企业贷款需求相匹配，您希望什么样的贷款条件？

____

____

C33 您认为银行应在哪些方面改进服务： C33□□□

(1) 增加网点 (2) 更多放贷 (3) 简化手续 (4) 业务程序规范化、透明化 (5) 减免抵押担保条件 (6) 提供票据贴现服务 (7) 提供咨询和其他金融服务 (8) 其他，请指明________

(三) 民间借贷

C34 就您所知，当地是否有民间的互助会（合会、摇会、标会等）？ C34□

(1) 是，会的名称为：________ (2) 否（跳至 C36）

C35 企业主或企业主家属是互助会（合会、摇会、标会等）成员吗？ C35□

(1) 是 B 否（跳至 C36）

a. 企业主或企业主家属成为互助会（合会、摇会、标会等）成员有几年了？ C351□

b. 企业主或企业主家属加入互助会（合会、摇会、标会等）的原因是什么？ C352□

(1) 为了存款获得高利息 (2) 为了能够得到贷款 (3) 银行和信用社服务不好，不愿去 (4) 其他，请说明：________

c. 投入给互助会（合会、摇会、标会等）的资金，在需要时是否能够及时回收？ C353□

(1) 是 (2) 否。

d. 2001～2004 年来企业主一家参加互助会（合会、摇会、标会等）的情况：

会的具体名称：________ C3541□□□□□

参加会的总数目：________个 C3542□□□

参加会的总脚数：________脚 C3543□□□□□

每月付会款总额：________元 C3544□□□□□

三年所得会钱的总额：________万元 C3545□□□□□

C36 企业主从民间借贷中能够获得的资金最多有________万元； C361□□□□

利率为月息________% C362□□□□

期限一般为________个月。 C363□□□□

C37 据您说知，本地是否存在民间专门放贷人（包括“高利贷者”）？ C37□

（1）存在（2）不存在（跳至C38）

月利率有多高？最低几分几厘________ C371□

最高几分几厘________ C372□

C-4 您认为当地民间借贷是否能满足企业的金融需求？您对当地民间金融的发展有什么看法？对当前政府对民间金融的政策有什么评价？

____

____

（四）商业信用

C38 与几家上游企业存在赊购关系 C381□□□□

2004年赊购总额是多少万元 C382□□□□

C39 与几家下游企业或客户存在赊销关系 C391□□□□

2004年赊销总额是多少万元 C392□□□□

C40 这种赊销或赊购是否有利息 C40□

（1）有（2）无（跳至C41）

月利息一般是________% C401□□□□

C41 这种赊销或赊购的期限一般是多长 C41□

（1）一个月以内（2）1个月到3个月（3）三个月到半年

（4）半年到一年（5）一年以上

C-5 与本企业发生商业信用关系的企业，是否与您有亲缘或地缘关系或朋友关系，这种关系从什么时候开始建立的？

____

____

C-6 您认为商业信用对本企业有多大的重要性？您采取什么方式来建立和维护好这种商业信用关系？

____

____

C-7 您在应付款和应收款关系（商业信用关系）有没有遇到过什么问题，这是否影响企业的正常经营？您是采用什么办法解决这些问题的？

____

____

____

（五）放贷情况

C42 有没有借钱给朋友的企业用于周转？ C42□

（1）有（2）无

C43 朋友间的资金互助，一般会不会签订正式的合同 C43□

（1）会，并要有担保人（2）看清款，数额大的要（3）看清款，老关系不要（4）随便写张借条即可（5）口头合同，全凭个人信誉（6）其他，请说明________

C44 朋友间的这种借款，会不会计利息 C44□

（1）以国家贷款利息为依据（2）一般不计息（3）低于国家贷款利息（4）高于国家贷款利息（5）看情况，关系好的不计息（6）其他，请说明：______

C45 在2001～2004年，企业主是否有借给他人款项的行为？ C45□

（1）有（2）没有（跳至C45）

（1）期限一般为________月 C451□□□

（2）月利息________% C452□□□

（3）与借款人关系：________ C453□□□

（4）有无合同？________（1）无（2）口头协议（3）书面合同 C454□□□

（5）是否有担保或抵押________（1）有（2）无 C455□□□

（6）借出的款项是否能按时收回？________（1）是（2）否 C456□□□

C46 您认为农村金融体系应该怎样完善？（可选择多项） C46□□□□

（1）增加机构和相互竞争（2）减少机构和竞争（3）降息（4）贷款利率市场化（5）存款利率市场化（6）设立民营小企业银行和信用社（7）设立小企业担保基金等（8）政府提供补贴信贷（9）允许民间借贷发展（10）禁止民间借贷（11）其他（请指明原因）________。

C－8 您认为目前什么方式是最能有效解决企业的资金需求问题？您认为政府及金融机构应采取什么措施来支持企业的正常资金融通，特别是如何支持新建企业的资金需要？

____

____

____

C－9 近期出台的中央宏观调控政策（土地、信贷、货币、财政政策、产业政策、计划、物价政策等）对企业经营和融资有何影响？

____

____

____

资料要求：2001～2004年底企业资产负债表、损益表

对于没有完整资产负债表和损益表的企业请填写下列表格：　　单位：万元

年　份	2001	2002	2003	2004
总资产				
其中固定资产				
流动资产				
销售总额				
净利润				
税收总额				
应收款总额				
预付款总额				

（三）农户金融行为调查问卷

尊敬的住户：

您好！我是国务院发展研究中心农村经济研究部派出的调查员。这次调查主要是向您了解目前农户对金融服务的需求和获取金融服务的渠道，为国家改进对农户的金融服务提供决策参考。调查中您回答的问题将受到《统计法》的保护，严格保密不向外泄露，希望您和您的家人协助我们搞好这次调查。调查需要耽误您一些宝贵的时间，谢谢您的合作！

本问卷的调查对象为农村住户的户主，如果户主不在家，可向了解情况的住户家庭成员调查。

被调查人姓名：＿＿＿＿＿＿＿＿

住户家庭住址：＿＿＿＿省＿＿＿＿县（市、区）＿＿＿＿乡（镇）＿＿＿＿村

住户编码：省码□□　县码□□□□　乡（镇）码□□□　村码□□□　户码□□

调查起始时间：＿＿＿＿年＿＿＿＿月＿＿＿＿日＿＿＿＿时

调查结束时间：＿＿＿＿年＿＿＿＿月＿＿＿＿日＿＿＿＿时

调查员签名：

根据《统计法》第三章十五条，“属于私人家庭的单项调查资料，非经本人同意不得泄露。”

A. 农户基本情况

问　题　　录入代码

A01 被调查者性别　　A01□

（1）男（2）女

A02 您的年龄是________岁 A02□□

A03 您的文化程度 A03□

（1）不识字或识字很少（2）小学（3）初中（4）高中

（5）中专（6）大专及以上

A04 您家的常住人口________人 A04□□

其中：劳动力________人 A041□□

A05 您家劳动力的最高文化程度 A05□

（1）不识字或识字很少（2）小学（3）初中（4）高中

（5）中专（6）大专及以上

A06 您家属于哪一类型的家庭（可多选） A06□□□

（1）个体工商户（2）干部户（3）个体工商户（4）外出打工户

（5）贫困户（6）其他，请注明：________

A07 2004 年外出打工情况 A070101 – A070408

外出打工家庭成员	打工地点	打工去向（代码1）	工作类型（代码2）	获得工作途径（代码3）	第一次外出距今多长时间（年）	每月工资（元）	打工时间（天数）	每年带回现金以及汇回多少钱（元）
	01	02	03	04	05	06	07	08
01								
02								
03								
04								

代码1：①乡外县内；②县外省内；③省外；④港澳台；⑤国外

代码2：①建筑业；②纺织、皮革及相关产品；③餐饮业；④日用品生产企业；⑤清洁、保姆等服务业；⑥装修；⑦农业；⑧冶金业；⑨机械制造业；⑩其他，请注明：________

代码3：①老乡介绍；②亲友介绍；③职业介绍所；④劳务市场；⑤自己找；⑥其他，请注明：________

A08 外出打工的家庭成员在外是否有办证 A08□

（1）是（2）否（跳至 A09）

（1）都办了哪些证 A081□□□

①暂住证；②流动人口证；③就业证；④健康证；⑤婚育证；

⑥职业资格证书；⑦其他，请注明：________

（2）办这些证件总共花费了多少钱（元） A081□□□

A09 您的家庭结构 A09□

（1）单身或夫妇（2）夫妇与一个孩子（3）夫妇与两个孩子（4）夫妇与三个以上孩子（5）单亲与孩子（6）三代同堂（7）其他，请注明：________

A10 您家是否参加了专业性合作经济组织 A10□

（1）是（2）否

A11 2004 年末家庭经营的土地面积________亩 A11□□

其中：耕地面积________亩 A111□□

山地面积________亩 A112□□

园地面积________亩 A113□□

牧草地面积________亩 A114□□

养殖水面面积________亩 A115□□

A12 您家种了哪些作物（可多选） A121□□□□□

1－粮食作物
11 水稻；12 小麦；13 玉米；14 谷子；15 高粱；16 其他谷物作物（请说明：）；17 豆类；18 薯类；19 其他杂粮作物，请说明：________；
2－经济作物
21 蔬菜；22 瓜类；23 水果；24 油料作物；25 花生；26 棉花；27 花卉、苗木；28 烟草；29 其他经济作物，请说明：________；

您家养殖了哪些畜禽或生产什么畜产品（可多选） A122□□□□□

（1）猪（2）羊（3）牛（4）马（5）驴、骡（6）鸡（7）鸭、鹅（8）奶蛋（9）鱼（10）兔子（11）蚕（12）蜜蜂和蜂制品（13）其他养殖，请说明：________

A13 生产性资产情况 A130101－A130211

农业生产设备、器材	拖拉机	农用三轮车	机械用犁	水泵	打谷机/脱粒机	扬场机	平板车	马车	马牛驴骡等役畜	船	其他（请说明）________
	01	02	03	04	05	06	07	08	09	10	11
01 数量											
02 价值（元）											

A14 2004 年家庭拥有生产性固定资产的原值________元 A14□□□□□□

A15 2004 年末家庭拥有的住房面积________平方米 A15□□□

（1）楼房面积________平方米 A151□□□

（2）砖瓦平房面积________平方米 A152□□□

（3）其他________平方米 A153□□□

A16 2004 年末家庭拥有住房的价值________元　　A16□□□□□□

A17 2004 年家庭拥有耐用消费品的情况　　A170101 - 170222

耐用消费品	电视机	洗衣机	电冰箱	空调	电风扇	音响/VCD	燃器具	洗澡设备	组合家具/沙发	取暖设备	自行车
	01	02	03	04	05	06	07	08	09	10	11
01 数量											
02 价值（元）											
耐用消费品	摩托车	汽车	缝纫机	电话	手机	电脑	摄像机	照相机	其他 1	其他 2	其他 3
	12	13	14	15	16	17	18	19	20	21	22
01 数量											
02 价值（元）											

A18 2004 年家庭耐用消费品原值总和________元　　A18□□□□□□

A19 2004 年子女的教育支出（元）　　A190101 - A190509

上学子女	年级代码 1	每年的学杂费	每年住宿费	上学期间的伙食费	书和学习用品支出	交通费	其他 1	其他 2	合计（元）
	01	02	03	04	05	06	07	08	09
01									
02									
03									

注：其他费用请注明

代码 1：①小学；②初中；③高中或中专；④大学及以上

A20 2004 年家庭教育支出总额________元　　A20□□□□□□

A21 是否获得过政府的教育补贴　　A21□

（1）是（2）否（跳至 A23）

A22 获得政府教育补贴的数额________元　　A22□□□□□□

A23 2004 年家庭成员是否得过什么大病　　A23□

（1）是（2）否（跳至 A29）

A24 这次生病去医院看了几次　　A24□□□

A25 这次生病一共花了多少钱________元　　A251□□□□□□

其中：治疗费（包括住院费）________元　　A252□□□□□□

药费________元　　A253□□□□□□

请人照顾费用________元　　A254□□□□□□

营养伙食费________元　　A255□□□□□□

其他（请注明：________）________元 A256□□□□□□

A26 这次生病是否住院 A26□

（1）是（跳至A）（2）否

A27 没有住院的原因 A27□

（1）医生没有要求（2）自感病轻（3）病重，无有效措施（4）没有时间（5）经济困难（6）医院服务态度不好（7）医院技术水平不高（8）价格高（9）交通不便（10）无床位（11）手续麻烦（12）其他，请注明：________

A28 因为这次生病一共借了多少钱________元； A28□□□□□□

A29 从2002年截至2004年底，您家医疗费用支出一共多少________元

A291□□□□□□

其中：医院看病治疗费（包括住院费）________元 A292□□□□□□

自己买药________元 A293□□□□□□

请人照顾费用________元 A294□□□□□□

营养伙食费________元 A295□□□□□□

其他，请注明：________元 A296□□□□□□

A30 近两年住户收入与支出情况（元） A301001－A302141

指　标	代码	（1）2003年	（2）2004年
一、家庭总收入	0011		
1. 种植业销售总收入	002		
1.1 水稻1（________）	003		
产量	004		
平均价格	005		
自给消费量	006		
销售量	007		
1.2 小麦2（________）	008		
产量	009		
平均价格	010		
自给消费量	011		
销售量	012		
1.3 大豆3（________）	013		
产量	014		
平均价格	015		
自给消费量	016		
销售量	017		
1.4 作物4（________）	018		

续表

指 标	代码	(1) 2003年	(2) 2004年
产量	019		
平均价格	020		
自给消费量	021		
销售量	022		
1.5 作物5（________）	023		
产量	024		
平均价格	025		
自给消费量	026		
1.6 作物6（________）	027		
产量	028		
平均价格	029		
自给消费量	030		
销售量	031		
1.7 作物7（________）	032		
产量	033		
平均价格	034		
自给消费量	035		
1.8 作物8（________）	036		
产量	037		
平均价格	038		
自给消费量	039		
销售量	040		
1.9 作物9（________）	041		
产量	042		
平均价格	043		
自给消费量	044		
1.10 作物10（________）	045		
产量	046		
平均价格	047		
自给消费量	048		
2.1 猪1（________）	049		
产量	050		
平均价格	051		
自给消费量	052		
销售量	053		
2.2 牛2（________）	054		
产量	055		

续表

指　标	代码	（1）2003年	（2）2004年
平均价格	056		
自给消费量	057		
销售量	058		
2.3 羊3（________）	059		
产量	060		
平均价格	061		
自给消费量	062		
销售量	063		
2.4 鸡4（________）	064		
产量	065		
平均价格	066		
自给消费量	067		
销售量	068		
2.5 鱼5（________）	069		
产量	070		
平均价格	071		
自给消费量	072		
销售量	073		
2.6 畜产品或者水产品6（________）	074		
产量	075		
平均价格	076		
自给消费量	077		
销售量	078		
2.7 畜产品或者水产品7（________）	079		
产量	080		
平均价格	081		
自给消费量	082		
销售量	083		
2.8 畜产品或者水产品8（________）	084		
产量	085		
平均价格	086		
自给消费量	087		
销售量	088		
3.1 林产品1（________）	089		
产量	090		
平均价格	091		
自给消费量	092		

续表

指 标	代码	（1）2003年	（2）2004年
销售量	093		
3.2 林产品2（________）	094		
产量	095		
平均价格	096		
自给消费量	097		
销售量	098		
3.3 林产品3（________）	099		
产量	100		
平均价格	101		
自给消费量	102		
销售量	103		
4. 当地就业工资性收入	104		
5. 自营工商业收入	105		
6. 外出打工带回现金以及汇回款	106		
7. 财产性收入（利息、租金等）	107		
8. 转移性收入（补贴、救济等）	108		
其中：粮食直补	109		
退耕还林	110		
9. 其他收入，请注明：________	111		
二、家庭总支出	112		
1. 生产经营性支出	113		
1.11 购买/兴建农用设施	114		
1.12 购买农药	115		
1.13 购买化肥	116		
1.14 购买种苗/种畜禽	117		
1.15 购买地膜	118		
1.16 饲料	119		
1.17 兽药/防疫等	120		
1.18 租用农用设备（土地）	121		
1.17 水费/电费/燃料费	122		
1.18 雇工支出	123		
1.19 税费/提留支出	124		
1.20 其他，请注明：________	125		
2. 生活消费支出	126		
2.11 食品和副食品支出	127		
2.12 衣着及日用品支出	128		
2.13 电话费	129		

续表

指　标	代码	（1）2003 年	（2）2004 年
2.14 出行费	130		
2.15 生活水电费	131		
2.16 闭路电视费	132		
2.17 燃气费/取暖费	133		
2.18 教育支出	134		
2.19 医疗支出	135		
2.20 建房/装修支出	136		
2.21 婚丧嫁娶	137		
2.22 购买耐用消费品	138		
2.23 ________人情往来支出	139		
2.24 其他，请注明：________	140		
3. 其他(如打官司、赔偿、还债等)(请注明：______)	141		

A31 您认为自己家庭的收入水平在本村处于什么位置？ A31□

（1）上等（2）中等（3）下等

B. 农户储蓄情况

B01 2004 年末您家有现金总额________元。 B1□□□□□□□

B02 您家在银行、信用社或邮政局是否有储蓄存款？ B2□

（1）有（2）没有（跳至问题 B08）

B03 目前的存款________元。 B3□□□□□□□

B04 存款主要存在什么地方？ B4□

（1）信用社（2）农业银行（3）其他银行（4）邮政局

B05 存款的主要方式是什么？ B5□

（1）定期（2）活期

B06 存款的主要目的是什么？ B6□

（1）获取利息收入（2）积累资金（3）应急（4）防止暂时不用的钱丢失或被盗（5）其他，请说明：________

B07 现有存款的计划用途是什么？（可多选）

（1）建房 B70□

（2）供子女上大学 B71□

（3）经商 B72□

（4）生产投资 B73□

（5）婚丧嫁娶 B74□

（6）归还借款 B75□

（7）养老 B76□

（8）购买大型家用电器 B77□

（9）购买化肥、农药、种子等生产资料 B78□

（10）其他，请注明：________ B79□

B08 没有在银行、信用社和邮政局存款的原因？（可多选）

（1）在银行信用社存款易取款难 B81□

（2）对银行信用社的信用不信任 B82□

（3）银行信用社服务不好 B83□

（4）银行信用社离家太远不方便 B84□

（5）没有多余资金 B85□

（6）利率太低 B86□

（7）其他，请注明：________ B87□

B09 2004 年您家是否有储存粮食或其他作物 B9□

（1）是（2）否（跳至问题 C01）

B10 储存了哪些粮食或其他作物，各自储存了多少公斤？

（1）小麦 B101□□□□□

（2）稻谷 B102□□□□□

（3）大豆 B103□□□□□

（4）其他，请说明：________ B104□□□□□

B11 储存这些粮食或作物的用途和目的是什么，不同用途的粮食或作物各自存储了多少公斤？

（1）口粮 B111□□□□□

（2）饲料粮 B112□□□□□

（3）种子 B113□□□□□

（4）等着涨价 B114□□□□□

（5）其他，请说明：________ B101□□□□□

C. 农户借贷情况

（一）借贷的基本情况

C01 您家是否有需要过借款？ C01□

（1）不需要（2）需要（跳至问题 C03）

C02 不需要借款的主要原因？ C02□

（1）生活没困难，自有资金已满足现在的生产需要（2）想贷款但没有找到

好的发展项目（3）已有其他更方便的资金来源渠道（4）其他，请注明________

C03 2001～2004 年您家是否借过或贷过款？ C03□

（1）是（跳至问题 C04）（2）否

C－1 您当时需要借款做什么？您都尝试过哪些渠道借钱？为什么没有借到？没有借到钱，您的问题是怎么解决的？

____

____

____

C04 2001～2004 年期间借款情况 C04011－C04186

（表中第 03、06、08、11、17、18 个问题填代码）

问题			单位或选择	第1笔	第2笔	第3笔	第4笔	第5笔	第6笔
				1	2	3	4	5	6
数量和来源	01	何时借款	年						
	02	借款数量	元						
	03	借款来源	代码1						
	04	借款期限	月						
	05	借款利率	厘/月						
	06	借款用途	代码2						
抵押和担保	07	是否要抵押	①是，②否						
	08	要了什么抵押	代码3						
	09	抵押价值	元						
	10	如不要抵押是否要担保	①是，②否						
	11	担保人是谁	代码4						
交易成本	12	为借这笔钱您跑过几趟	次						
	13	平均每趟花多长时间	小时						
	14	共花了多少交通费	元						
	15	其他各项花费(送礼等)	元						
还款	16	到期未归还的借款	元						
	17	未按期归还的原因	代码5						
	18	还款资金的主要来源	代码6						

代码表

代码1	代码2	代码3	代码4	代码5	代码6
1. 农村信用社	1. 发展工商业	1. 电器	1. 亲戚朋友	1. 经营项目失败	1. 工商业收入
2. 农业银行	2. 看病	2. 牲畜	2. 乡村干部	2. 没有钱还	2. 种植收入
3. 其他银行	3. 归还其他借款	3. 房屋	3. 小组联保	3. 家庭有意外支出	3. 养殖业收入
4. 互济会	4. 购买农资	4. 土地	4. 其他	4. 别人都不还	4. 打工收入
5. 合会	5. 购买畜禽	5. 他人存折		5. 不知道要还	5. 自家存款
6. 其他民间金融机构	6. 孩子学杂费	6. 本人存款		6. 其他	6. 借款
7. 亲戚朋友	7. 婚丧嫁娶	7. 家庭财产			7. 其他
8. 乡村干部	8. 建房	8. 免抵押			
9. 工商业主	9. 购置农机				
10. 国际项目	10. 外出打工				
11. 其他	11. 其他				

注：互济会包括合会、摇会和标会等；其他民间金融机构，包括地下钱庄、典当铺/店、私人放贷人（包括高利贷）。

（1）2001～2004年，您家累计负债多少______元 C041□□□□□□

（2）截止2004年底，您家负债余额（未偿还）______元 C042□□□□□□

（二）与正规金融机构的信贷关系

C05 是否从银行、信用社得到过贷款？ C05□

（1）否（2）是（跳至问题C－3）

C06 未得到过贷款的原因是什么？

（1）没有主动申请 C061□

（2）申请后自动放弃（跳至问题C08） C062□

（3）申请被拒绝（跳至问题C09） C063□

C07 没有主动申请的原因？（可多选）

（1）不需要贷款（跳至C10） C071□

（2）贷款额度太小不能满足需要 C072□

（3）无抵押担保或担保费用太高 C073□

（4）担心还不起 C074□

（5）不知道农户也可以申请贷款 C075□

（6）不懂贷款的条件和手续 C076□

（7）贷款没有借钱（民间）方便 C077□

（8）没有人缘关系贷不到款 C078□

（9）其他，请注明：________ C079□

C08 申请后自动放弃的原因？（可多选）

（1）手续麻烦、附加条件太多 C081□

（2）银行服务态度不好 C082□

（3）贷款额度太小 C083□

（4）贷款期限短 C084□

（5）距离太远 C085□

（6）利率太高 C086□

（7）从其他渠道筹到了钱（说明筹资渠道：________） C087□

（8）其他，请注明：________ C088□

C09 申请被拒绝的原因？（可多选）

（1）无明确盈利项目 C091□

（2）无还款能力 C092□

（3）无抵押或担保 C093□

（4）银行资金短缺 C094□

（5）有坏账记录 C095□

（6）没有较好的关系 C096□

（7）其他，请注明：________ C097□

C－2 当时需要贷款做什么？您是否有尝试其他借款渠道，具体包括哪些渠道？没有获得贷款，给您的经营或生活带来什么样的影响？

____

____

C－3 您觉得您获得贷款主要是靠什么？获得的贷款主要是什么类型的贷款（小额贷款、联保贷款、抵押贷款等）？获得的贷款能否满足您的需求？如果不能满足，剩余的资金您是怎么筹集的，或是否影响到您的经营或生活？

____

____

C10 您家是否是农村信用社的社员？ C10□

（1）是（2）否

C－4 为什么愿意或不愿意入股农村信用社？为什么愿意或不愿意成为社员？

____

____

C11 要成为信用社社员须买________元股金？ C11□□□□□□□

C12 何时入股？______ C12□

（1）2000 年以前（2）2000～2003 年期间（3）2003 年以后

C13 初次入股金额是________元 C13□□□□□□□

C14 累计入股金额是________元 C14□□□□□□□

C15 入股方式是什么？ C15□

（1）现金缴纳（2）第一次贷款时扣收部分贷款（3）其他，请注明：________

C16 有无分红 C16□

（1）有（2）无（跳至 C21）

C17 分红方式 C17□

（1）只分红（跳至 C19）（2）分红加固定利息（3）只给固定利息

C18 固定利息的利率是 C18□□□□□□□

C19 分红的时间间隔______ C19□

（1）半年（2）一年（3）三年（4）其他，请注明：________

C20 最近一次的分红是______元 C20□□□□□□□

C21 是否参与信用社管理______ C21□

（1）是（2）否（跳至 C23 或 C28）

C22 参与管理的方式______ C22□

（1）社员大会（2）董事会（3）监事会（4）其他，请注明：________

信用社试点改革地区农户填写（从 C23 至 C27）

C23 2003 年后新入股金额________元 C23□□□□□□□

C24 是否有信用社的信贷员来动员入股 C24□

（1）是（2）否

C25 2003 年后，信用社许诺了哪些入股后的贷款优惠条件 C25□

（1）贷款优先（2）利率优惠（3）期限放宽（4）抵押条件放松（5）其他，请注明：________

C26 新增入股金额后，获得贷款的变化情况 C26□

（1）更容易（2）不变（3）更难

C27 新增入股金额后，参与信用社管理的情况 C27□

（1）更多（2）不变（3）更少

C28 信用社是否在当地开展小额信用贷款？ C28□

（1）是（2）否（跳至问题 C30）

C29 信用社是否对您家进行过信用评级并授予信用贷款额度？ C29□

f. 从2001~2004年您家所得的会钱总额________万元 C496□□□□

g. 企业主一家加入互助会（合会、摇会、标会等）以来，提供的会钱要占家庭所有储蓄的比例为________% C497□

h. 投入给互助会（合会、摇会、标会等）的资金，在需要时是否能够及时回收？ C498□

C50 您家是否向本地民间借贷组织借过款？ C50□

（1）有（2）没有（跳至问题C5-4）

C51 向民间借贷组织借款的原因是什么？（可多选）

（1）手续方便 C521□

（2）不需要抵押担保 C522□

（3）借款额度符合需要 C523□

（4）借款期限满足需要 C524□

（5）还款制约小 C525□

（6）银行、信用社距离远不方便 C526□

（7）在银行、信用社贷不到款 C527□

（8）从银行、信用社得到的贷款不足 C528□

（9）其他，请注明：________ C529□

C-5 请您简要介绍一下，当地民间借贷组织的组织形式，贷款程序、利率、期限以及主要的活动方式。谈谈您对这些组织的看法：对满足您的资金需求是否重要；它是互助性的，还是赢利性的；是有利于农村经济的发展，还是破坏了经济秩序；当地政府对这些组织的态度是怎样的，您觉得这些措施是否合理？

____

____

C52 您是否向私人借过钱______ C52□

（1）是（2）否

C53 一般情况下，您向私人借钱最多一次能借多少钱？______ C53□

（1）1000元以下（2）1000~3000元（3）3000~5000元（4）5000~10000元（5）10000元以上

C54 在急需用钱时，一般您都会向哪些私人借钱______（可多选） C54□

（1）亲戚（2）朋友（3）私人放贷人（4）邻居（5）高利贷（6）其他（请说明：______）

C55 向私人借款的利率大约分别是多少？______

（1）亲戚或朋友 C551□□□□

（2）邻居 C552□□□□

（3）私人放贷人　C553□□□□

（4）高利贷　C554□□□□

（5）其他，请说明：________　C555□□□□

C－6 如果没有向私人借款没有利息，请问即使债务还清，一般是否也会觉得欠了点“人情债”，会通过帮工、节日送礼品等形式偿还？具体采用什么形式？

____

____

（四）借贷意愿

C56 在您需要大量资金的时候，您最希望从______得到？　C56□

（1）农村信用社（2）农业银行（3）其他银行（4）亲朋好友及近邻（5）本地民间借贷组织（6）其他，请注明：________

C57 您期望一次能借或贷到多少款？______　C57□

（1）3000 元以下（2）3000～5000 元（3）5000～10000 元（4）10000～50000 元（5）50000 元以上

C58 如果您能自由选择，您希望借或贷款的期限______比较好？　C58□

（1）6 个月（2）1 年（3）2 年（4）3 年（5）5 年或以上

C59 如果让您选择，多长时间还一次款比较合适？______　C59□

（1）6 个月（2）1 年（3）贷款到期日一次还清

C60 您可接受的最高年利率是________%。　C60□□□□

C61 在现有利率下，您是否愿意从银行贷款？______　C61□

（1）是（2）否

C62 愿意接受什么样的贷款条件？______　C62□

（1）抵押或质押（2）信用担保（3）信用贷款

C63 希望用什么做抵押或质押？（可多选）______

（1）家电　C631□

（2）土地经营权　C632□

（3）大牲畜　C633□

（4）本人或他人存单　C634□

（5）住房　C635□

（6）有价证券　C636□

（7）拖拉机、大型农机具或其他大型生产资料　C637□

（8）其他，请注明：________　C638□

C64 希望谁给您作信用担保？______　C64□

（1）亲朋好友（2）村干部（3）小组联保（4）其他，请注明：________

C65 近年内您家需要较大规模资金的项目是什么？______ C65□

（1）发展加工业和经商（2）购买大牲畜（3）购置大型农机具（4）建房（5）归还借款（6）孩子上学（7）婚丧嫁娶（8）看病（9）其他，请注明：________

C66 自有资金能否满足需要？______ C66□

（1）能（跳至问题C68）（2）不能

C67 能否从银行得到贷款？______ C67□

（1）能（跳至问题C68）（2）不能

C68 如果不能从银行贷款，您能否通过其他途径筹集到资金？______ C68□

（1）能（2）不能（跳至问题C70）

C69 希望主要通过什么途径筹集到资金？______ C69□

（1）他人入股（2）亲朋及近邻借（3）本地民间借贷组织（4）其他，请注明：________

（五）放贷情况

C70 您家2002年以来是否借款给他人？______ C70□

（1）有（2）没有（结束调查）

C71 借款人与您是什么关系？（可多选）______

（1）亲戚 C711□

（2）邻居或朋友 C712□

（3）亲戚介绍 C713□

（4）朋友介绍 C714□

（5）其他，请注明：________ C715□

C72 有没有借据？______ C72□

（1）有（2）没有

C73 有没有担保或抵押？______ C73□

（1）有（2）无

C74 借款的期限一般是________月。 C74□□

C75 借款收取利息吗？______ C75□

（1）是（2）否（跳至问题C77）

C76 利率一般是________%。 C76□□□□

C77 您借出的款项基本都能按时收回吗？______ C77□

（1）是（2）否

C78 现在还没有收回的到期借出款项有________元。 C78□□□□□□

（四）信用社调查问卷

信用社名称：________

被访者姓名：________；职务：________；电话：________

信用社所在地：________省________县（市、区）________乡（镇）________村

信用社编码：省码□□ 县码□□□□ 乡（镇）码□□□ 村码□□□ 信用社码□□

调查起始时间：________年________月________日________时________分

调查结束时间：________年________月________日________时________分

调查员签名：

A. 基本情况

问 题 录入代码

A01 贵信用社成立时间 A01□□□□

A02 信用社性质 A02□

（1）合作银行（2）商业银行（3）一级法人（4）二级法人

A03 客户与员工情况： A03101－A03418

	2001 年	2002 年	2003 年	2004 年
	1	2	3	4
01. 覆盖的村庄数（个）				
02. 覆盖的总人口（人）				
03. 覆盖的总户数（户）				
04. 客户总数（户）				
05. 其中：农户客户数				
06. 企业客户数				
07. 社员总数				
08. 其中：农户社员				
09. 企业社员				
10. 女性借款人所占比例（%）				
11. 本级机构的员工数（人）				
12. 其中：信贷员人数（人）				
13. 业务性临时工（人）				
14. 平均每个信贷员服务的农户数				

续表

	2001年	2002年	2003年	2004年
	1	2	3	4
15. 平均每个信贷员负责的村庄数				
16. 平常时平均每个工作人员每天处理的业务笔数				
17. 平常时平均每个工作人员每天处理的资金总规模				
18. 逢集时平均每个工作人员每天处理的业务笔数				
19. 逢集时平均每个工作人员每天处理的资金总规模				

A04 员工的学历和年龄结构：

（1）学历构成（人）

（*a*）小学及以下 A0411□□□

（*b*）初中 A0412□□□

（*c*）高中（中专） A0413□□□

（*d*）大专 A0414□□□

（*e*）大学以上 A0415□□□

（2）职称（人）

（*a*）初级职称 A0421□□□

（*b*）中级职称 A0422□□□

（*c*）高级职称 A0423□□□

（3）年龄构成（人）

（*a*）20岁以下 A0431□□□

（*b*）20~30岁 A0432□□□

（*c*）30~40岁 A0433□□□

（*d*）40~50岁 A0434□□□

（*e*）50以上 A0435□□□

A05 下辖机构类型及数量

（1）信用社 A051□□

（2）分社 A052□□

（3）储蓄所 A053□□

（4）营业部 A054□□

（5）信用站 A055□□

（6）代办点 A056□□

A－1 描述信用社组织结构体系或画出组织结构图。描述本信用社与县联社和省联社的关系，以及与辖区内其他信用社的关系。

____

____

B. 业务情况

B01 贵所提供哪些金融服务________ B01□□□

（1）存款（2）贷款（3）结算（4）汇兑（5）汇票（6）汇款（7）托收（8）代收代缴（9）代理国债、证券、保险等（10）委托贷款（11）咨询（12）银行卡（13）其他，请注明：________

B02 在贵所开立基本结算账户的企业有________家； B021□□□

在贵所的企业有________家； B022□□□

在贵所存款的企业有________家。 B023□□□

B03 存款具体情况（万元） B03101－B03412

	2001 年	2002 年	2003 年	2004 年
	1	2	3	4
01. 存款余额				
02. 存款平均年利率（%）				
03. 社员存款总额				
04. 农户存款				
05. 其中：农户社员存款				
06. 活期存款				
07. 定期存款				
08. 企业存款				
09. 其中：企业社员存款				
10. 储户数量（户）				
11. 储蓄账户平均余额				
12. 每个员工平均吸收的储蓄额度				

B04 贷款情况（万元） B040101－B040423

	2001 年	2002 年	2003 年	2004 年
	1	2	3	4
01. 贷款笔数（笔）				
02. 贷款余额				

续表

	2001年	2002年	2003年	2004年
	1	2	3	4
03. 贷款平均年利率（%）				
04. 贷款收息率（%）				
05. 利息收入				
06. 最低贷款额				
07. 最高贷款额				
08. 其中：短期贷款（1年内）				
09. 中长期贷款				
10. 长期贷款				
11. 其中：信用贷款				
12. 担保贷款				
13. 抵押贷款				
14. 农业贷款				
15. 其中：农户贷款				
16. 其中：小额信贷				
17. 联保贷款				
18. 国有企业贷款				
19. 乡镇企业贷款				
20. 私营及个体工商户贷款				
21. 村集体贷款				
22. 社员贷款				
23. 提取的贷款损失准备				

B05 不同额度贷款的满足程度（户、笔） B0501101－B0504208

		5000以下	5000～2万	2万～5万	5万～10万	10万～20万	20万～50万	50万～100万	100万以上
		01	02	03	04	05	06	07	08
2001年	申贷户数								
	实际发放								
2002年	申贷户数								
	实际发放								
2003年	申贷户数								
	实际发放								
2004年	申贷户数								
	实际发放								

B06 贷款实际月利率会员与非会员相比能下浮多少个百分点______ B06□□□

B－2 贵信用社的存贷款利率可以自由浮动几个百分点，分别是哪些情况下各自浮动多少个百分点？

____

____

B07 贷款质量（万元） B070101－B070405

	2001 年	2002 年	2003 年	2004 年
	1	2	3	4
01. 正常贷款				
02. 不良贷款				
03. 其中：呆账贷款				
04. 呆滞贷款				
05. 逾期贷款				

B08 不同类型贷款的不良贷款占总不良贷款的比例（%） B080101－B080408

贷款项目	2001 年	2002 年	2003 年	2004 年
	1	2	3	4
01. 农业贷款				
02. 其中：农户贷款				
03. 其中：小额信贷				
04. 联保贷款				
05. 国有企业贷款				
06. 乡镇企业贷款				
07. 私营及个体工商户贷款				
08. 村集体贷款				

B09 当地农村合作基金会解散和与农业银行分家后，有多少合作基金会和农业银行的不良贷款划给了信用社（万元） B09□□□□□□□

B10 抵债资产情况（万元、户） B100101－B100406

	2001 年	2002 年	2003 年	2004 年
	1	2	3	4
01. 抵债资产总额				
02. 用资产抵债的户数				
03. 其中：企业				
04. 个人				
05. 实际变现额				
06. 抵债资产损失				

B11 您认为形成不良资产的原因有（可多选）

（1）自身经营不善 B111□

（2）农行和合作基金会历史上转嫁一部分不良贷款 B112□

（3）政府干预行为 B113□

（4）政策性业务 B114□

（5）贷款垒大户 B115□

（6）产业结构调整造成小企业关闭、倒闭 B116□

（7）农业自然灾害 B117□

（8）企业逃债 B118□

（9）乡镇企业倒闭、破产 B119□

（10）其他，请注明：________ B110□

B－3 信用社目前是采用什么方法来评价贷款风险的？如何避免不良贷款的增加？信用社采取哪些措施来解决不良贷款问题，解决的效果怎么样？

____

____

B12 改制以来专项贷款或票据置换不良贷款的情况（试点改制信用社填写）

可用的扶持资金总额（万元）	B1201	
专项贷款（万元）	B1202	
专项票据（万元）	B1203	
置换的不良贷款总额（万元）	B1204	
其中：呆账贷款（万元）	B1205	
置换历年挂账亏损额（万元）	B1206	
置换前不良贷款比例（%）	B1207	
置换后不良贷款比例（%）	B1208	
置换前资本充足率（%）	B1209	
置换后资本充足率（%）	B1210	

B13 获得的资金补贴（万元） B13101－B13409

	2001年	2002年	2003年	2004年
	1	2	3	4
01. 获得的资金支持总额				
02. 减免税款				
03. 获得保值储蓄补贴				
04. 财政贴息				
05. 支持农户贷款				
06. 其中：小额信贷				
07. 低息无息再贷款				

续表

	2001年	2002年	2003年	2004年
	1	2	3	4
08. 支持农户贷款				
09. 其中：小额信贷				

B14 支农再贷款情况（万元） B14101－B14410

	2001年	2002年	2003年	2004年
	1	2	3	4
01. 所获得的支农再贷款总额				
02. 再贷款的平均年利率（%）				
03. 贷款期限一般为（月）				
04. 其中：发放的种植业贷款				
05. 发放的养殖业贷款				
06. 农产品加工储运贷款				
07. 农户消费贷款				
08. 其中：发放的小额信贷				
09. 发放的联保				
10. 按期归还率（%）				

B15 哪一年开始开展小额信贷业务的________年 B151□□□□

到2003年为止累计发放小额信贷________万元 B152□□□□

小额贷款的期限一般为________月 B153□□□□

平均年利率为________% B154□□□□

B16 小额信贷是否还为农户提供一些生产的支持服务（如技术或信息服务） B161□

（1）是（2）否（跳至B17）

具体提供哪些服务______ B162□□

（1）市场信息（2）技术培训（3）生产资料供应或采购（4）其他，请注明：________

B17 小额贷款的还款方式是怎样 B17□

（1）整贷整还（2）分期偿还（跳至B19）

B18 一般分几次还款________ B181□□

每次间隔时间是________日 B182□□□

每次还款比例是多少________ B183□□□

B19 在发放小额贷款的同时是否实行强制储蓄________ B191□

（1）是（2）否（跳至B20）

F03 是否有向员工下达存款或贷款指标 F03□

（1）是（2）否（跳至 F04）

存款指标为________万元， F031□□□□

贷款指标为________万元。 F032□□□□

F04 采取哪些工资分配制度________ F04□□□

（1）基本工资（2）绩效工资（3）岗位工资（4）浮动工资（5）职务津贴（6）浮动升级（7）超额利润分成（8）年薪制（9）存款或贷款奖金（10）其他（注明：________）

F-1 员工薪酬在基本工资、福利和激励之间如何分配？描述业绩基础上的激励体系。对主任和外勤人员的绩效考核指标有哪些？具体的存款指标、贷款指标和财务指标有哪些？具体的考核办法是怎样的？对内勤人员的绩效考核指标有哪些？具体的考核办法是怎样的？客户经理的平均工资跟其他银行的客户经理、社会上类似职位相比较，水平如何？________________________________

____

F05 是否对员工进行培训 F05□

（1）是（2）否（跳至 F07）

F06 多长时间组织一次培训________年； F061□□□□

培训的形式是________ F062□□□□

（1）脱产学习（2）本级机构自己组织的短期培训班（3）参加上级机构组织的培训班（4）在职培训（5）老手带新手（6）其他，请注明：________

F07 对员工是否有持证上岗的要求________ F07□

（1）是（2）否

G. 所需收集的资料

1. 2001～2004 年资产负债表
2. 2001～2004 年信贷收支表
3. 2001～2004 年损益表
4. 2001～2004 年成本核算表
5. 2001～2004 年现金收支表
6. 信用社试点改革地区省（县）下发文件
7. 章程，社员大会、理事会、监事会的议事规则
8. 信贷管理办法和风险防范控制处置办法
9. 员工考核、处罚办法
10. 最近一次董事会的会议记录

七、农村教育调查问卷

（一）学校调查问卷

________省________县________乡________学校

一、学校基本情况

学校基本情况调查表

项　目	2001 年	2002 年	2003 年	2004 年	2005 年	2006 年
教职工总数（人）						
其中：专任教师（人）						
代课教师（人）						
行政人员（人）						
大专及以上学历教师数（人）						
学生总数（人）						
其中：男生（人）						
年末校舍面积（平方米）						
其中：危房（间）						
年末图书册数（册）						
本年改造危房（平方米）						
入学率（%）						
其中：男生（%）						
女生（%）						
毕业率（%）						
其中：男生（%）						
女生（%）						
辍学率（%）						
其中：男生（%）						
女生（%）						
年末负债累计额（万元）						

二、学校专题调查

1. 目前学校的各班级结构及学生平均规模是多少？主要生源分布及家庭特征？招生方式是什么？学生毕业后流向？
2. 学校每年保持正常运转需要多少经费？人均开支标准及结构大体上是多少？总体经费收支是否平衡？差额多少？差额所占的比重是多少？目前学校解决经费不足问题和创收的主要渠道是什么？
3. 上级每年划拨学校的办学经费大约多少？上级划拨学校的办学经费能否及时、足额到位？若不能，问题主要出在什么环节？最终如何解决？
4. 农村税费改革后，学校办学条件是否有所改善？存在哪些新困难？2006 年秋季开始新机制以后，学校办学条件是否得到改善？
5. "以县为主"政策实施后，学校办学条件在哪些方面有所改善？存在哪些新困难？
6. "一费制"是否符合现实？学校执行的标准是多少？认为比较合适的标准是多少？存在哪些新困难？"一费制"政策学校对教育服务的内容和质量会带来哪些影响？"新机制"又带来了哪些变化和影响？
7. 学校目前的师生比是多少？理想的师生比是多少？主要依据是什么？
8. 学校是否存在学生辍学的现象？如果有，主要原因有哪些？毕业后未升学继续学习的原因有哪些？
9. 学校目前欠债中，最大的一笔借款发生在何年？当时为何借债？借款金额为多少？向何人（单位）借债？期限多少？利率多少？借款最终主要用于什么方面？
10. 学校最大的一笔集资是发生在何年？当时为何集资？集资金额为多少？向何人（单位）集资？分摊金额多少？集资款最终主要用于什么方面？
11. 学校是否有历史欠账？如果有，是打算如何处理的？
12. 税费改革前后相比，政府部门对学校的教育政策是否有所变化？如果有，是哪些（要复印件）？在经费投入上，是否有显著变化？如果有，主要哪些具体经费项目发生了变化？对学校的影响是什么？
13. 本校招收教师的条件和要求是什么？目前，是否存在教师超编或教师不足等问题？如果存在，问题产生的原因是什么？学校打算如何解决这类问题？
14. 目前学校教师的工资和奖金水平一般是多少？主要构成是什么？这一工资和奖金水平在当地属于比较高的、比较低的、还是一般水平？本校在加强教师队伍管理、提高教学质量、改善优秀教师待遇方面是否有一些专门的措施？是如何操作的？教师之间的工资水平差距大不大？主要差距在哪里？
15. 在学校的发展和所开展的对学生的教育工作中，目前存在的一些重大的需要解决的主要问题有哪些？为什么？
16. 本校对国家及该县教育制度和教育政策改革的评价、意见和建议？

（二）农户家庭调查①

问卷编码□□□□□□

________省________县（市）________乡（镇）________村被访者姓名________

联系电话________填表人姓名________ 填表时间________

一、家庭基本情况

1. 所在村地势属于________（A. 平原 B. 丘陵 C. 山区 D. 其他）

2. 所在村地理位置位于________（A. 大城市城郊型村庄 B. 中小城市城郊型村庄 C. 乡镇驻地村庄 D. 一般村庄）

3. 家庭经济水平属于________（A. 在本县比较富裕的 B. 在本县比较穷的 C. 在本县经济条件一般）

4. 家庭有承包地面积________亩。

5. 家庭人数________，其中劳动力人数________，有稳定收入来源的人数________。

6. 2006 年家庭主要劳动力基本情况

项　目	父亲	母亲
1. 年龄		
2. 户口类型：（1）农业（2）非农业（3）没有户口		
3. 2006 年在家居住的时间（月）		
4. 教育程度：（0）未到上学年龄（1）文盲（2）小学（3）初中（4）高中（5）中专（6）大专（7）本科及以上		
5. 职业：（1）务农（2）政府机关（3）村组干部（4）公司、企业（5）个体户（6）教师（7）医生（8）上学（9）退休（10）其他，请注明		

7. 2006 年子女教育情况（对家庭所有子女）

项　目	子女 1	子女 2	子女 3	子女 4	子女 5
性别					
年龄					

① 调查有子女在上学的家庭。

续表

项目	子女1	子女2	子女3	子女4	子女5
学校类型： (1) 大学 (2) 普通高中 (3) 职业高中 (4) 中等师范 (5) 中等技校 (6) 普通初中 (7) 职业初中 (8) 成人中专 (9) 小学 (10) 幼儿园					
是否在读（回答是，则填所读年级）					
学校所在地（详细到村）					
是否住读					
是否在校吃饭					
教育支出项目：					
学、杂费（元/年）					
住宿费（元/年）					
在校伙食费（元/年）					
课本费（元/年）					
学校赞助、借读费（元/年）					
学习用品支出（元/年）					
家教或补习费用（元/年）					
学校与家的往返交通费（元/年）					
其他教育支出（请注明）（元/年）					
教育支出合计（元/年）					

8. 2006年家庭收入和支出

单位：元

	金额（按年计）	计算具体情况
家庭收入部分：		
1. 种植业收入（粮食、棉花等）		
2. 养殖业收入（猪牛养鸡鱼等）		
3. 工资性收入（村干部、教师、医生等）		
4. 副业收入（手工等）		
5. 外出（本村以外）打工收入		
6. 本村帮工收入		
7. 运输业净收入		
8. 经商（做生意）收入		
9. 在外工作家庭成员汇来收入		
10. 政府补助或救济收入		
11. 借贷		
12. 其他收入		
收入小计		
家庭支出部分：		

续表

	金额（按年计）	计算具体情况
1. 子女教育经费		
2. 平均每年现金生活消费总值（食品、衣着、日用品、医药费、交通、通讯、水电燃料费、人情随礼等）		
3. 平均每年生产支出总值（种子、农药、化肥、地膜、雇佣劳力、浇地水电等）		
4. 家庭消费类固定资产总值（家用电器、手机、摩托等）		
5. 生产类固定资产总值（农用车、役畜、水泵等）		
6. 其他支出总值（义务工、罚款、集资等）		
支出小计		
年度结余		

二、家庭专题调查

9. 家里是否因为子女教育而发生借债？是________否________

如果有，共借债几次？________

负债金额总共多少？________元

借债主要用于哪些教育支出（可从前表教育支出中做选择）？________

10. 家庭认为子女目前的教育经济负担是否能够承受？能________否________

为什么？____

____

11. 您认为目前农村义务教育优先解决好的问题是什么？

A. 完全免费　B. 保证教学质量　C. 校舍改造　D. 教师培训

12. 家里子女是否有过辍学？________

如果有，是哪一位（填子女编号）？________

辍学原因是什么？________

是否期望子女到更高一级学校就读？________

原因是什么？________

13. 家庭认为目前是否需要对农民务农和进城当农民工进行培训？________

____

____

14. 家庭认为对政府的教育政策目前最需要解决的问题或建议？________

____

____

八、农村医疗卫生调查问卷

（一）县卫生投入情况调查表（卫生局填写）

________省________县

填表人签名：________联系电话：________填 表 时 间：________

初审人签名：________初审时间：________复审人签名：________

复 审 时 间：________

1. 1990 年以来的卫生事业费（万元）

科 目	1990	1991	1992	1993	1994	1995	1996	1997	1998	1999	2000	2001	2002	2003
• 卫生事业费														
医院经费														
卫生院补助														
卫生院防保补助														
防治防疫事业费														
药品检验机构经费														
妇幼保健经费														
中等专业学校经费														
干部培训费														
合作医疗补助费														
托儿所经费														
处理群众医疗欠费基金														
其他卫生事业费														
• 中医事业费														
医院经费														
集体医疗机构补助费														
干部培训费														
处理群众医疗欠费基金														
其他中医事业费														

注：①数据从财务决算年报上获得。

②2～4 表复印填写 14 年数据（1990－2003 年），每年 1 份。

2. ________年本县卫生机构基本数字表

项　目	医　院	卫生院	防疫机构	妇幼机构
卫生机构数（个）				
年末在职职工人数（万人）				
全民职工人数（万人）				
集体职工人数（万人）				
离退休人员数（万人）				
临时工人数（万人）				
在职职工工资（万元）				
临时工工资（万元）				
职工福利费（万元）				
离退休人员费（万元）				
管理费（万元）				
固定资产总值（万元）				
房屋建筑物（万元）				
专业设备（万元）				
编制床位（张）				
出院人数（人）				
门急诊人次				
出院者平均住院天数（天）				
人均年财政补助（元）				
职工人均年收入（元）				

注：数据从财务决算年报上获得。

3. ________年县级卫生机构收入支出情况（万元）

	财政正常经费	其中：财政专项补助	上级专项补助	业务收入	总支出	其中人员支出
合计						
医院						
卫生院						
防疫机构						
妇幼机构						

注：数据从财务决算年报上获得。

财政正常经费：即原会计制度中的“差额补助”，新制度中为“财政经常性补助收入”；“财政专项补助”特指新制度中的“财政专项补助收入”项目。

上级专项补助：即原会计制度中的“专项补助”，新制度中的“上级补助收入”。

续表

项　目	1990	1991	1992	1993	1994	1995	1996	1997	1998	1999	2000	2001	2002	2003
农民人均纯收入（元）														
人均消费支出（元）														
食品消费支出（元）														
医疗消费支出（元）														

（9）教育、卫生和社会保障事业基本情况

项　目	1990	1991	1992	1993	1994	1995	1996	1997	1998	1999	2000	2001	2002	2003
●教育情况														
小学入学率（%）														
小学毕业率（%）														
初中入学率（%）														
成人非文盲率（%）														
每10万人中大专及以上学历人数（人）														
●卫生														
人均预期寿命（岁）														
婴儿死亡率（‰）														
1～5岁儿童死亡率（%）														
孕产妇死亡率（/10万）														
农村改水率（%）														
农村自来水使用率（%）														
农村改厕率（%）														
农村水冲式厕所使用率（%）														
●社会保障情况														
◆年末在职职工人数（万人）														
城镇职工养老保险参加人数（万人）														
城镇职工医疗保险参加人数（万人）														
城镇职工工伤保险参加人数（万人）														
城镇职工失业保险参加人数（万人）														

续表

项　目	1990	1991	1992	1993	1994	1995	1996	1997	1998	1999	2000	2001	2002	2003
城镇职工生育保险参加人数（万人）														
◆城镇居民最低生活保障线（元/月）														
城镇居民最低生活保障覆盖率（%）														
农村居民最低生活保障线（元/月）														
农村居民最低生活保障线覆盖率（%）														
农村贫困户救济标准（元/月）														
◆农村居民合作医疗参加人数（万人）														
农村居民养老保险参加人数（万人）														
农村居民商业医疗保险参加人数（万人）														
◆城镇居民获得医疗救济人次（人次）														
城镇居民医疗救济总金额（万元）														
农村居民获得医疗救济人次（人次）														
农村居民医疗救济总金额（万元）														

注：关于教育的数据如果统计局缺乏，请去教育局获取；社会保障情况如果统计局缺乏数据，请去劳动与社会保障部门和民政部门获取。

商业医疗保险：商业寿险分为人寿保险、意外伤害保险和健康保险三类，这里的商业医疗保险特指健康险主险，其他如人寿保险主险附带健康险、意外伤害附带医疗险的不在此范围内。

二、乡（镇）财政收入

(1) 财政收入（万元）

项　目	1990	1991	1992	1993	1994	1995	1996	1997	1998	1999	2000	2001	2002	2003
总计														
1. 预算内收入														

(5) 税费改革前一年乡财政税收分配情况（村、乡、县、省、中央各得百分数）

	数量（万元）	村财政（%）	乡财政（%）	县财政（%）	省财政（%）	中央财政（%）
增值税25%部分						
营业税						
企业所得税						
个人所得税						
土地增值税						
城市维护建设税						
车船使用税						
房产税						
屠宰税						
资源税						
城镇土地使用税						
印花税						
筵席税						
固定资产投资方向调节税						
农业税						
农业特产税						
耕地占用税						
契税						
罚没收入						
行政性收费						
其他收入						

三、财政支出项目结构

(1) 总体支出情况（万元）

项目	1990	1991	1992	1993	1994	1995	1996	1997	1998	1999	2000	2001	2002	2003
总计														
1. 上解支出														
2. 行政管理费支出														
3. 教育附加支出														
(1) 修缮费														
(2) 上解支出														
(3) 其他支出														
4. 文教卫生事业费支出														
(1) 文化支出														
(2) 教育支出														

续表

项　目	1990	1991	1992	1993	1994	1995	1996	1997	1998	1999	2000	2001	2002	2003
(3) 卫生支出														
(4) 计生支出														
5. 农林水事业费支出														
6. 支援农村生产支出														
7. 交通道路支出														
8. 社会福利救济支出														
9. 其他支出														

(2) 财政供养人员的人数和工资支出

项　目	1990		1995		2000		2001		2002		2003	
	人数（人）	工资支出（万元）	人数（人）	工资支出（万元）	人数（人）	工资支出（万元）	人数（人）	工资支出（万元）	人数（人）	工资支出（万元）	人数（人）	工资支出（万元）
全额财政供养人员												
其中：教师（在职）人员												
离退休人员												
自收自支人员												

(3) 财政供养人员的人数和工资支出来源（%）

项　目	1990		1995		2000		2001		2002		2003	
	本级财政	上级财政	本级财政	上级财政	本级财政	上级财政	本级财政	上级财政	本级财政	上级财政	本级财政	上级财政
全额财政供养人员												
其中：教师（在职）人员												
离退休人员												
自收自支人员												

（五）镇（乡）合作医疗情况调查表

________省________县（市）________镇（乡）

填表人姓名：________ 联系电话：________ 填表时间：________

初审人签名：________ 初审时间：________

复核人签名：________ 复核时间：________

项　　目	2001 年	2002 年	2003 年	1990 年以来合作医疗参与率最高的年份（注明年份：________）
合作医疗参与程度				
全镇（乡）开展新型合作医疗的村数				
参加总户数（户）				
参加总人数（人）				
基金来源情况				
筹资总额（万元）				
• 县以上政府补助总额（万元）				
县以上政府的人均补助标准（元）				
资金到账率（%）				
• 县级政府补助总额（万元）				
县级政府人均补助标准（元）				
资金到账率（%）				
• 乡镇政府补助总额（万元）				
乡镇政府人均补助标准（元）				
资金到账率（%）				
• 村集体补助总额（万元）				
村集体人均补助标准（元）				
资金到账率（%）				
• 农民实际缴费总额（万元）				
农民人均缴费（元）				
• 社会捐助（万元）				
社会捐助资金到账率（%）				
• 其他资金（万元）				
资金支付情况				
总支出				
管理费用总额（万元）				
• 乡镇级管理人员（人）				
乡镇级管理费用总额（万元）				

续表

项　目	2001 年	2002 年	2003 年	1990 年以来合作医疗参与率最高的年份（注明年份：________）
• 村级管理人员（人）				
村级管理费用总额（万元）				
用于医药费报销支出（万元）				
• 门诊费用报销（万元）				
门诊报销人次				
• 住院费用报销（万元）				
住院费用报销人次				
风险基金留存（万元）				
资金当年结余（万元）				
资金累计结余（万元）				

（六）镇（乡）农村医疗救助情况调查表

________省________县（市）________镇（乡）

填表人姓名：________ 联系电话：________ 填表时间：________

初审人姓名：________ 初审时间：________

复核人姓名：________ 复核时间：________

项　目	2001 年	2002 年	2003 年	历史上救济资金最多的年份（注明年份：________）
资金来源				
筹资总额（万元）				
上级转移支付（万元）				
本地财政支持（万元）				
社会捐款（万元）				
其他（万元）				
资金支付				
总支出（万元）				
用于代付合作医疗缴付金（万元）				
用于支付医疗救济金（万元）				
其他（万元）				
救济覆盖面				
申请救济人次				

续表

项　目	2001 年	2002 年	2003 年	历史上救济资金最多的年份（注明年份：________）
实际获得救济人次				
被救济人人均实际医疗总支出（万元）				
被救济人实际获得医疗救助总金额（万元）				

（七）乡镇卫生院情况调查表

________省________县________镇（乡）

机构名称：________ 负责人签名：________ 联系电话：________

填表人签名：________ 联系电话：________ 填表时间：________

初审人签名：________ 初审时间：________

复审人签名：________ 复审时间：________

1. 现有医疗业务用房________平方米，其中危房面积________平方米；主要医疗业务用房建于________年，最近修缮于________年。

2. 1990 年以来本机构基本情况

	1990	1991	1992	1993	1994	1995	1996	1997	1998	1999	2000	2001	2002	2003
人员总数（人）														
财政经常性补助(万元)														
财政专项补助（万元）														
上级补助（万元）														
业务收入（万元）														
药品收入（万元）														
业务总支出（万元）														
人员支出（万元）														
门急诊人次														
出院人数（人）														
平均住院天数（天）														

3. 人员状况

项　目	1990	1995	2000	2001	2002	2003
• 人员数量人员总数（人）						
其中：卫生技术人员（人）						

续表

项　目	1990	1995	2000	2001	2002	2003
医生人数（人）						
护士人数（人）						
管理人员（人）						
工勤人员（人）						
• 人员学历构成						
大学本科及以上（人）						
大专（人）						
中专（高中）（人）						
中专以下（人）						
• 人员职称分布						
高级（人）						
中级（人）						
初级（人）						
士级（人）						
员级（人）						
其他（人）						
• 人员负担构成						
在职职工（人）						
离退休职工（人）						
临时工（人）						
返聘人员（人）						
• 培训情况						
培训次数						
累计培训时间（月）						

4. 设备状况

项　目	数量（台）	单价（台）	购买时间	折旧年限（年）	使用情况（次/月）
（　）MA 以下 X 光机					
（　）MA 以上 X 光机					
心电图机					
A 超					
B 超					
手术显微镜					
血气分析仪					
生化分析仪					
电动吸引器					

续表

项　目	1990	1995	2000	2001	2002	2003
乙肝疫苗（%）						
狂犬疫苗（%）						
总疫苗接种率（%）						
总的疫苗接种人次						
●妇幼保健情况						
孕产妇建卡人数						
住院分娩率（%）						
产前检查人数						
产前检查总次数						
产后访视总次数						
产后访视总人数						
孕产妇死亡人数						
新生儿活产总数						
●其他服务						
健康检查人次						
急救人次						

（八）村经济社会基本情况调查表

________省________县________乡（镇）________村

负责人姓名：________联系电话：________

填表人姓名：________联系电话：________填表时间：________

初审人姓名：________初审时间：________

复核人姓名：________复核时间：________

一、村基本情况

1. 自然村数________个，所管辖的小组________个。

2. 行政村总面积________平方公里，可耕地面积________亩。

3. 本村人口状况

	单　位	现有户数或人数
本村总户数	户	
总人口数	人	
其中：男性	人	
劳动力总数	人	

续表

	单 位	现有户数或人数
其中：女劳动力	人	
2003 年外来打工劳动力	人	
其中：本县其他乡	人	
本省其他县市	人	
外省	人	
2003 年外出打工劳动力	人	
其中：本县其他乡	人	
本省其他县市	人	
外省	人	

注：外来打工和外出打工：不在家居住三个月以上为“外出”，在此居住三个月以上为“外来”。

4. 历年本村人口变动情况

年 份	单 位	人口数	年 份	单 位	人口数
1980	人		2000	人	
1985	人		2001	人	
1990	人		2002	人	
1995	人		2003	人	

5. 地理位置和交通方式

（1）本村离县城有多远？________公里

（2）本村离乡镇政府驻地有多远？________公里

（3）本村离最近的集市有多远？________公里

（4）本村居民去县城用何种交通工具？________

（5）本村居民去乡镇政府驻地用何种交通工具？________

①火车 ②公共汽车 ③拖拉机 ④摩托车 ⑤自行车 ⑥船行 ⑦步行 ⑧其他

二、农民人均纯收入（元）

年 份	1990	1991	1992	1993	1994	1995	1996
农民人均纯收入（实际水平）							
农民人均纯收入（上报数）							
年 份	1997	1998	1999	2000	2001	2002	2003
农民人均纯收入（实际水平）							
农民人均纯收入（上报数）							

续表

项　　目	2001年	2002年	2003年	1990年以来合作医疗参与率最高时（注明年份：______）
次均住院费用报销（元）				
风险基金（万元）				
资金当年结余（万元）				
资金累计结余（万元）				

注：如果可能，请调查员询问合作医疗的转诊情况，也即村卫生室向乡镇卫生院转诊的情况。

（十）村农村医疗救助情况调查表

________省________县（市）________乡________村

填表人姓名：________ 联系电话：________ 填表时间：________

初审人姓名：________ 初审时间：________

复核人姓名：________ 填表时间：________

项　　目	2001年	2002年	2003年	历史上救济资金最多的年份（注明年份：____）
资金来源				
筹资总额（万元）				
上级转移支付（万元）				
本级财政支持（万元）				
社会捐款（万元）				
其他（万元）				
资金支付				
• 总支出（万元）				
用于代付合作医疗缴付金（万元）				
用于支付医疗救济金（万元）				
其他（万元）				
救济覆盖面				
申请救济人次				
实际获得救济人次				
被救济人人均医疗总支出（元）				
被救济人实际获得医疗救助的总金额（元）				

（十一）村级医疗点基本情况调查表

________省________县（市）________乡（镇）________村________医疗点

负责人签名：________ 联系电话：________

填表人签名：________ 联系电话：________ 填表时间：________

初审人签名：________ 初审时间：________

复核员签名：________ 复核时间：________

一、当前此医疗点属于什么性质？

（1）乡镇（街道）卫生院设点（2）集体所有，集体经营（3）集体所有，私人承包（4）私人所有，私人经营（5）村医务人员联办（6）其他形式，请注明________

二、当前医疗点物资基本情况

项 目	数 量	项 目	数 量
（1）现有业务用房间数（间）		（10）体温计（个）	
（2）现有业务用房面积（平方米）		（11）血压计（件）	
（3）卫生用品总价值（千元）		（12）听诊器（个）	
（4）年末总资产价值（千元）		（13）高压消毒锅（个）	
（5）现有中药种类数		（14）检查床（张）	
（6）现有西药种类数		（15）手术刀/手术剪（个）	
（7）现有中药价值（千元）		（16）出诊箱包（套）	
（8）现有西药价值（千元）		（17）其他物品 1（请注明）	
（9）普通针筒（个）		（18）其他物品 2（请注明）	

三、人员情况

1. 医疗点现有人员总数________个，其中医生________个，其他人员________个。
2. 请将各位卫生服务人员的基本情况填入下表：

人员编号	2001	2002	2003	2004	2005	2006
姓名						
与诊所关系：（1）所有者（2）雇佣者						
性别：（1）男（2）女						
出生年份：						
教育程度：（1）文盲（2）小学（3）初中（4）高中 （5）中专（6）大专（7）本科及以上						

续表

人员编号	2001	2002	2003	2004	2005	2006
从医起始年份						
每年累计从医时间（月）						
是否具有乡村医生资格证书？（1）有（2）无						
年从医总收入（元）						
年业务收入（元）						
年补助收入（元）						
年其他收入（元）						
有无养老保险？（1）有（2）无						
有无医疗保险？（1）有（2）无						
有无其他优惠条件？（1）有（2）无						
至今累计培训时间（月）						
近三年是否接受过培训？（1）是（2）否（跳出此表）						
近三年累计培训时间？（月）						
是否强制性培训？（1）是（2）否						
主要在哪儿培训？						
如果收费，缴费多少元？						

四、服务开展情况

1. 近一个月诊疗________人次，其中出诊________次。
2. 调查前两周的处方总数________张，总金额________元。
3. 该医疗点是否承担预防接种服务？（1）全部承担（2）承担部分（3）不承担（跳问第6题）
4. 2003年应接种________人次，本医疗点接种________人次，其他医疗点接种________人次。
5. 请将上年疫苗接种情况填入下表。

接种疫苗名称	接种人次	接种率（%）	每次接种疫苗的价格（元）
卡介苗			
麻疹			
百白破			
脊髓灰质炎			
“四苗”			
乙肝			
其他（1）（请注明）：			
（2）			
（3）			

6. 本医疗点是否承担0~7岁儿童保健工作？

（1）是，________元/人（2）否

7. 是否开展过下表所列服务项目？

（1）一周以内开展过（2）一月以内开展过（3）一年以内开展过（4）三年以内开展过（5）三年以前开展过（6）从来没有开展过

服务项目	开展状况	服务项目	开展状况
听诊		溺水者的救治	
把脉		孕产妇急救处置和运输	
推拿		四苗的接种	
针灸		血常规检查	
静脉推注		尿常规检查	
静脉滴注		粪便常规检查	
肌肉注射		四肢的骨折固定处理	
产后访视		健康咨询	
5 岁以下儿童的体检		爱国卫生	
外伤的止血、包扎和缝合		其他（请注明）	
农药中毒的救治			

五、卫生室的财务状况

收入项目	金额（元）	支出项目	金额（元）
年内总收入		年内总支出	
（1）业务收入		（1）业务支出	
其中①诊疗收入		其中①人头费	
②药品收入		②购买药品	
③疫病预防收费		③购买卫生材料	
④其他业务收入		④购买设备	
（2）其他收入（请注明）		（2）其他支出（请注明）	
①政府各种补助		①	
②村委会各种补助		②	
③其他 a.			
b.			
c.			

①年内总收入：指去年卫生室各项收入合计，包括各种上级和村（居委会）财政的补助、各种业务收入和其他收入。

②业务收入：指卫生室在医疗、预防、保健过程中按照国家收费标准向病人收取的各项费用，包括医疗、预防、保健、药品、制剂等等。

③诊疗收入：指在为病人或保健对象服务过程中所收取的各种医疗收入，包括挂号、注射、输液、治疗、体检和其他收入。

④药品收入：指医疗机构通过向病人出售药品所获得的毛收入。

医疗机构	方便性	服务态度	费用	治疗效果
村个体医				
村卫生室				
村以外个体医				
门诊部				
卫生院				
私立医院				
县医院				
县中医院				
企业或者部队医院				
县以外的医院				

4. 您认为与10年前相比，农民的看病问题是否有明显改善？

(1) 是（续问第5题后跳问第7题）(2) 否（跳问第6题）(3) 难说（第5、6两题都问）

5. 您为什么觉得比以前好？（限选两项）

(1) 药品的种类多了 (2) 村里医生多了 (3) 医生的技术提高了 (4) 医生的服务态度好了 (5) 费用低了 (6) 自身收入多了 (7) 其他，请注明________

6. 您为什么觉得不如从前？（限选两项）(1) 本村无医疗点了 (2) 医生的水平下降了 (3) 医生的责任心差了 (4) 伪劣药品多了 (5) 费用太昂贵 (6) 自身的收入少了 (7) 其他，请注明________

7. 您家里人是否都参加了合作医疗？

(1) 是（跳问13题）(2) 部分人参加了（跳问第12题）(3) 都没有参加

8. 如果都没有参加，自己方面的主要原因是什么？

(1) 不是自己方面的原因 (2) 家人身体好，不必参加 (3) 收入少，缴费困难 (4) 看病有其他办法 (5) 家里富裕，不必参加 (6) 不相信合作医疗能办好（答6者续问第9题，否则跳问第10题）(7) 其他，请注明________

9. 具体说来，“不相信合作医疗能办好”，主要是为什么？

(1) 不相信地方政府能够管好 (2) 不相信地方政府有资金支持 (3) 不相信合作医疗机构管理机构能管好 (4) 不相信村委会 (5) 人心不齐，资金筹集不起来 (6) 历史教训，合作医疗办了多少次也没有成功 (7) 合作医疗没有法律保障 (8) 其他，请注明________

10. 如果都没有参加，报销方面存在的主要原因是什么？

(1) 报销方面没有问题 (2) 报销额太少 (3) 报销的手续太麻烦 (4) 报销不公平 (5) 实际报销不了 (6) 其他，请注明________

11. 如果都没有参加，医疗方面的主要原因是什么？

(1) 医疗方面没有问题 (2) 合作医疗定点医疗机构医生水平低于同类医疗机构 (3) 看病不方便 (4) 转诊不方便 (5) 合作医疗定点医疗点的价格高于同类医疗机构 (6) 其他，请注明________

12. 如果家里有些人没有参加，为什么他/她没有参加？

(1) 他/她不常在家居住 (2) 经济困难，不能全参加 (3) 他/她身体好 (4) 他/她有别的保障 (5) 他/她生病与否无所谓 (6) 其他________

家庭成员编码________

没有参加的原因________

13. 如果全家都参加了，主要是为什么？

(1) 万一有大病时能够报销 (2) 平时小病可以报销 (3) 强制性命令，没有办法 (4) 大家都参加，不参加不好 (5) 否则看病不方便 (6) 看着收费人的面子 (7) 家里有人身体不好，如果要参加就必须全家都参加 (8) 其他，请注明________

14. 您认为村里的群众是否愿意参加合作医疗？

(1) 非常愿意 (2) 比较愿意 (3) 不太愿意 (4) 很不情愿 (5) 不知道

15. 您认为干部对开展合作医疗的态度是怎样的？

(1) 非常热心 (2) 比较热心 (3) 有点关心 (4) 不热心 (5) 不知道

16. 您认为合作医疗应该保障什么？

(1) 保门诊 (2) 保住院 (3) 都保，住院和门诊并重 (4) 都保，但以门诊为主 (5) 都保，但以住院为主 (6) 特大疾病的补偿 (7) 其他，请注明

17. 如果花掉 1 万元的医疗费，您觉得合作医疗至少补偿多少比较合适？________元。

18. 您认为合作医疗资金由谁来管理最好？

(1) 村委会 (2) 村卫生室 (3) 乡镇政府 (4) 乡镇卫生院 (5) 县政府 (6) 县医院 (7) 农民自己的组织 (8) 专门的合作医疗管理办公室 (9) 保险公司 (10) 都不行（请注明应该是什么机构来管）________ (11) 没有想过

19. 您家是否参加了下列商业保险？（多选题，不限选项数）

(1) 意外伤害保险 (2) 商业医疗保险 (3) 商业养老保险 (4) 财产保险 (5) 学生团体保险 (6) 其他保险________ （选了 2 的跳问 21 题）

20. 如果没有参加商业医疗保险，主要原因是什么？

(1) 没听说有这种保险 (2) 经济困难 (3) 保险价格太高 (4) 不相信保险 (5) 不相信保险代办员 (6) 身体好，风险小 (7) 不怕医疗风险 (8) 其他，请注明________

(3) 省药监局在农村药品监管方面的职责、工作内容和方式，对监管对象要监督收费或罚款的项目类别、标准，对药品生产企业、药品配送企业、药品零售企业、医院和卫生员及药品零售店在监管方式上的差异？

____

____

18. 新时期农村药品监督网和药品供应网建设工作是否需要多部门参与？分别需要哪些部门参与？怎么参与？有何依据？实践中与全省农村新型合作医疗制度的衔接，与商务部门“万村千乡”市场工程等工作衔接的具体情况，是否有冲突？如何协调和解决的？举例说明。

____

____

19. 在农村药品监督网的建设中，是要监督谁（企业、医生或其他）？怎么监督？谁去监督？一个县监督网人员的责任、权利、义务和规模如何定？监督的保障措施是什么，按什么依据和标准建立保障措施？从国外来看，监督最终要靠法律。核心是政府对农民用药要承担什么样的责任和义务？举例说明。

____

____

20. 政府对于农村药品供应网的合理干预模式是什么？如何支持？如何规范？在农村药品供应网的建设中，如何使之进入新农合供药主渠道、突破卫生系统以药养医的格局？如何监管农村医药市场运行中的利益驱动？举例说明。

____

____

21. 如何搞好农村药品供应和监管信息系统的建设？如何建立农民用药、看病、防病、保障食品安全、促进健康的信息报告制度？如何加强信息化基础工作，让不安全的事情早知道，建立农民用药安全的预警和服务体系？举例说明。

____

____

（二）县级农村“两网”建设问卷调查表

________省________县（市）填表单位________填表时间：2007 年____月____日

填表人姓名________部门、职务________________电子邮件________________

联系电话（区号）________________手机________________

一、全县社会经济特点与农村医药管理现状

1. 全县总面积________平方公里，耕地面积________亩；辖________乡（镇）________行政村。2005年全县总人口为________人，其中乡村人口为________人（常住人口统计），农业人口为________人（户籍统计）；2006年国内生产总值（GDP）________亿元，财政一般预算收入________亿元；城镇居民人均可支配收入________元/年，农民人均纯收入________元/年。
2. 2006年全县医疗机构单位有________个，其中包括县级医院________个，县级其他医疗机构________个，乡镇卫生院（所）________个，村级卫生室________个，乡村个体诊所________个。
3. 2006年全县药品经营单位有________个（可估计），包括药品批发企业________个，药品零售连锁店________个，药品零售店________个。
4. 2006年全县具有执业药师资格的人员________人；县级食品药品监督管理部门具有工作人员________人，其中具有正式编制的工作人员________人，具有大学专科以上学历的工作人员占的比例为________%。其中负责药品管理的科室为________，有工作人员________个。
5. 近五年全县农村药品安全性有关情况：

统计指标	2002年	2003年	2004年	2005年	2006年
全县查处药品案件数（个）					
涉案总值（元）					
取缔无证药品经营户（个）					
捣毁制假窝点（个）					
停业整顿（户）					
吊销许可证（件）					
全县查处医疗器械案件数（个）					
涉案总值（元）					
取缔无证经营户（个）					
捣毁制假窝点（个）					
停业整顿（户）					
吊销许可证（件）					
全县移送工商查处的药品违法广告（份）					
全县农村医疗保险支出金额（元）					
其中：药品支出金额（元）					
全县药品（西药）抽样合格率					
其中：农村					
全县药品（中成药）抽样合格率					
其中：农村					
全县药品（中药饮片）抽样合格率					

续表

统计指标	2002 年	2003 年	2004 年	2005 年	2006 年
其中：农村					
全县药品（药械）抽样合格率					
其中：农村					

6. 近五年农村药品供应链发展有关情况：

统计指标	2003 年	2004 年	2005 年	2006 年	2007 年
全县药品供应机构数量（年底，个）					
其中：农村机构（个）					
全县药品销售额（万元）					
其中：农村药品销售额（万元）					
全县农村药品有统一配送乡镇（%）					
全县农村药品有统一配送村庄（%）					

二、本县农村“两网”建设工作的基本情况与进展

7. 本县是________年________月正式开始启动农村“两网”建设；自我评价，本县农村“两网”建设的进展和效果在全省相比属于________

A. 比较好的　B. 中等　C. 比较差的

（1）如果比较好，主要特色是________。

（2）如果比较差，主要差距是________。

（3）具体评价：

	最主要特色及创新	存在问题及原因
药品监督网		
药品供应网		

8. 在本县县级部门和单位中，除了县药监局外，参与农村“两网”建设工作的还有________个相关机构，具体情况是：

（1）________，参与的工作及职责为________

（2）________，参与的工作及职责为________

（3）________，参与的工作及职责为________

（4）________，参与的工作及职责为________

9. 本县推进农村“两网”建设工作概况：

统计指标	2003 年	2004 年	2005 年	2006 年	2007 年
“两网”建设市级管理政策文件（个）					
“两网”建设县级管理政策文件（个）					

续表

统计指标	2003 年	2004 年	2005 年	2006 年	2007 年
“两网”建设工作经费投入（万元）					
其中：中央财政专项资金投入（万元）					
省级财政专项资金投入（万元）					
市级财政专项资金投入（万元）					
县级财政专项资金投入（万元）					
县以下其他资金投入（万元）					
其中：药品监督网经费投入					
药品供应网经费投入					
药品监督网工作人员数量（个）					
药品监督网人员覆盖乡（镇）（%）					
药品监督网人员覆盖行政村（%）					
药品供应网中医疗机构比例（%）					
药品供应网中药品企业比例（%）					
建立供应网机构优惠政策（是√否）					
药品供应网中药品平均降价幅度（%）					
县城配送药品到乡镇药店加价率（%）					
县城配送药品到乡镇卫生院加价率（%）					
县城配送药品到村卫生室加价率（%）					
对“两网”工作人员培训次数（次）					
“两网”工作人员专门反映问题人次					
“两网”工作人员反映问题人次					
建立“两网”工作信息网站（是√否）					
建立“两网”工作信息数据库（是√否）					
建立“两网”工作专门科室（是√否）					
建立“两网”工作电话热线（是√否）					
建立“两网”工作人员统一标识（是√否）					
建立“两网”工作人员补贴（是√否）					
建立“两网”工作人员奖励（是√否）					
建立“两网”工作人员表彰（是√否）					

10. 全县查处假劣药品信息主要采取何种方式发布？________

A. 建立专门的药品监督信息网发布信息

B. 通过政府公告定期发布药品监督信息

C. 通过大众媒体（如广播、电视等）来发布

D. 通过农村“两网”工作人员发布

E. 其他，请说明________

6. 养殖小区占地面积（亩）：____________

7. 养殖小区规模：

年　份	养殖户数（户）	年出栏头数（头）	年销售数量（公斤）	年销售金额（元）	年底存栏头数（头）
2000					
2001					
2002					
2003					
2004					

8. 现在养殖的生猪品种与开始养殖时的品种是否有变化：______，A. 有　B. 无

生猪品种发生变化主要是在哪年：________

变化前的品种 1：___________，品种 2：___________，品种 3：____________

现在的品种 1：_____________，品种 2：___________，品种 3：____________

现在品种与以往品种相比优缺点有哪些：________________________________

____。

二、养殖小区经营管理概况

1. 养殖小区的经营管理模式：包括生猪养殖小区投资机构、投资人和养殖户之间的合同关系/经济关系，包括投资建设和经营方式（个人投资个人经营、个人和集体投资个人经营、经营者投资个人饲养等形式；具体运营方式、租金及管理费、管理机制、各方职责和权益等）：

____

____

____

____

____

____

____。

2. 生猪养殖小区成立的背景，投资机构和投资人建立生猪养殖小区的动机：

____

____

____

____。

3. 生猪养殖小区自创立到现在经历了哪几个主要发展阶段，各个阶段的主要特征：

____

____

____

____

____。

4. 生猪养殖小区相对分散养殖的优势与不足的其他说明：

____

____

____

____

____。

5. 养殖小区养殖户在用工量（喂料喂水、屠宰等）、产肉量（料肉比）等方面与散户的比较：

____

____

____

____

____。

6. 养殖小区的养殖户接受过哪种养殖技术培训？

____

____

____。

7. 其中的养殖户/场领取了哪些养殖证件？

____

____。

三、生猪销售

1. 生猪养殖小区生猪的销售方面小区和养殖户之间有何关系（如农户自主销售给加工企业、养殖小区集中统一销售给企业；质量方面规定等）？

____

____

____。

2. 2004年生猪销售方式（销售渠道）、数量、价格和交易方式、质量安全要求等：

	自己屠宰并零售	私人收购商贩	销售给屠工	直接销售给屠宰场点	猪肉屠宰加工企业
销售数量（只）					
销售重量（公斤）					
销售价格（元/公斤）					
交易方式*					
质量有无要求，有=1，无=0					
质量安全方面有什么要求					
是否有分级体系					
是否进行直接监督					
收购方如何对猪肉质量进行检验鉴别					
双方有无质量价格争端，1. 有 0. 无					
购销双方有何质量价格争端					
购方对养殖户有何资金支持					
购方对养殖户技术设备支持					

注：*交易方式：①签订正式契约；②口头协议；③随行就市，现款交易；④其他________

3. 不同的销售方式在价格上、质量要求等方面的差异描述：

____

____

____。

4. 养殖小区的猪肉售价与农户和养殖场销售价格的差异及原因：

____

____

____。

四、交易合同/契约（特别注意：提醒受访人合同包括口头约定/合同，最好看协议原件）

1. 与养殖小区有合同/契约关系的企业或个人、缔约期限、内容等

	企业/个人1	企业/个人2	企业/个人3
单位或个人名称			
有多少年的合作（年）			
签约期限（年）			

续表

	企业/个人1	企业/个人2	企业/个人3
合同议定方式①			
质量和价格条款内容②			
购方是否提供仔猪			
购方是否提供饲料			
购方是否提供兽药			
其他条款（包括补偿条款）			
是否有违约情况			
违约原因			
销售方是否给收购方交纳风险抵押金			
销售方违约责任/惩罚③			
购方违约责任④			
购方对养殖户有何资金支持			
购方对养殖户有何技术设备支持			

注：①合同/契约议定方式：1. 收购方单方面决定，2. 购销双方议定。

②质量和价格条款内容：1. 具体内容（价格与质量的关系）；2. 价格议定方式：固定价格、公式价格（以某种价格为准计算，浮动价格）、固定价格的差价在交易双方分配的价格、市场价等方式。

③销售方违约责任/惩罚：1 扣留质量/风险保证金，2 降价收购，3 延期收购，当生猪质量指标合格时再重新收购，4 不再合作，5 其他________。

④收购方违约责任：1. 补偿养殖户，2. 无

2. 受访人对合同/契约交易的自由评述：

____

____

____。

五、养殖过程中的质量安全控制

1. 猪舍总数量（个）：________，其中标准化畜舍数量（个）：________

猪舍总面积（平方米）：________，其中标准化畜舍面积（平方米）：________

猪舍的标准化情况，有哪些主要设备：

____

____。

2. 养殖小区在保证猪肉质量安全和卫生方面的措施：

____

____

____。

3. 生猪养殖小区在质量安全控制方面比较分散养殖的特点：

____

____

____。

4. 生猪养殖遵守哪种卫生或质量安全规范/标准（有或无，有请说明）：

____

____

____。

5. 养殖过程中日常的畜舍和生猪卫生措施（如清扫畜舍、消毒等）

	卫生措施 1	卫生措施 2	卫生措施 3
内容			
1 个月几次			
每次几个小时			

6. 养殖小区购买、使用饲料或饲料添加剂情况：

	渠道 1	渠道 2	渠道 3	渠道 4
渠道名称				
购买比重（%）				
主要饲料名称				
主要添加剂名称				
饲料或饲料添加剂使用遵守标准、内容				

是否用食堂、饭店的泔水喂养：________，1. 是 2. 否

7. 养殖小区购买、使用兽药情况：

	渠道 1	渠道 2	渠道 3	渠道 4
渠道名称				
购买比重（%）				
主要兽药名称				
兽药使用遵守什么标准、内容				

养殖户是否知道休药期规定：________，1. 是 2. 否

养殖户遵守的休药期规定是多少天：________

8. 生猪养殖小区是否有专门的兽医________

兽医在治疗患病生猪时，是否存在超剂量用药情况：________，1. 是 2. 否

是否有不按照休药期用药的情况：________，1. 是 2. 否

兽医的水平描述：____

兽医在治疗过程中存在的问题：

____

____。

9. 养殖小区采取什么措施来预防猪流行病的传入：

____

____。

是否有定期的卫生防疫措施：________，1. 是 2. 否

多长时间进行一次：________

主要防疫哪些猪流行病：____

10. 养殖小区屠宰场所和屠宰设备情况：________________________________

____。

屠宰设备和场所有什么卫生和质量安全规范/要求：

____

____。

11. 养殖小区场地粪便污水等环境卫生的处理方式（包括是否建有沼气池等）：

____

____。

12. 养殖小区对自己生产销售猪肉的抗生素、细菌等指标有无了解：________，1. 有 0. 无

通过什么形式了解：________，1. 自己有检测设备 2. 收购方检测告知 3. 其他________

养殖小区自己有哪些卫生检测设备：

____

____。

13. 猪养殖小区是否有专门的技术指导人员______________________________

技术人员的水平描述：____

技术人员在技术指导过程中存在的问题：

____

____。

六、政府部门对养殖小区的资金、技术支持情况和监督

1. 县乡政府、畜牧等部门对养殖小区的资金、技术、金融支持情况：

	机构 1	机构 2	机构 3
机构名称			
资金支持情况			
技术支持情况			
金融支持情况			

2. 政府机构（如动物疾病防控中心/防疫站，畜牧，卫生等）对生猪养殖的卫生安全监督检查：

	机构 1	机构 2	机构 3
机构名称			
监督检查内容			
卫生质量指导内容			
年检查次数（次）			
年收费情况（按头还是按年收）			
检查效果（1 = 好，2 = 一般，3 = 不好）			

3. 养殖小区对政府监管机构监督管理效果、收费的评述和建议：

____

____

____。

七、其他企业与养殖小区的关系（不包括前面已经调查过的购方企业、兽医等）

1. 其他企业/个人（如饲料企业）对养殖小区进行的养殖技术、卫生安全指导：

	企业/个人 1	企业/个人 2
企业名称		
技术指导内容（包括卫生安全）		
收费情况		

2. 养殖小区对其他企业/个人服务的评述：

____

____

____。

八、猪业协会/合作经济组织与养殖小区关系

猪业协会名称	
技术指导内容（包括卫生安全）	
资金支持情况	
仔猪、饲料、兽药等原料供应	
销售方面	
收费情况	
养殖户评述和建议	

九、生猪养殖小区对生猪养殖过程中如何提高猪肉卫生和质量安全的认识和建议：

____

____

____

____。

十、养殖成本收益调查：

1. 固定成本（包括畜舍、主要设备等）：

   固定成本投资总计（元）：________.

2. 每头猪变动成本

   出栏生猪的一般重量（公斤）：________

	仔猪	饲料及饲料添加剂	兽药、兽医、防疫支出	水电费	其他 1	其他 2
名称	—	—	—	—		
成本（元）						
占总成本比重（%）						

注：以年平均价格计算，以单个出栏猪作为调查对象。

   每头猪变动成本总计（元）：________。

3. 养殖总劳动用工情况

   养殖小区管理人员（个）：________。

   养殖小区养殖户总劳动力（个）：________，

   养殖小区总雇工人数（人）：______，雇工工资（元/月）：______

   每天平均每个劳动力有多少小时用于生猪养殖（小时）：________

   当地其他工作雇工的参照价格：________

4. 2004年生猪出售单位价格、饲料单价趋势调查　　单位：元/公斤

月份	1月	2月	3月	4月	5月	6月
生猪单价						
饲料单价						
月份	7月	8月	9月	10月	11月	12月
生猪单价						
饲料单价						

5. 养殖小区对每头猪毛收入和纯收入的估计（与每头猪变动成本调查中猪重量对应）

每头猪毛收入（元）：________

每头猪纯收入（元）：________

十一、养殖小区对实行政府或企业推行的质量安全标准增加成本及收益估算

1. 养殖小区实行了哪种政府或企业推行的质量安全标准体系（①HACCP，②ISO，③TQM，④井研县县级生猪养殖标准等，⑤企业标准，⑥其他）：

____。

2. 养殖小区为实行该种质量安全体系所增加的质量卫生安全保障固定设备及其成本估算

	设备1	设备2	设备3	其他设备
名称				
支出（元）				
使用年限（年）				

3. 养殖小区为实行这种质量安全体系接收技术培训的开支（元）：________。

4. 养殖小区实行这种质量安全体系是否接受了认证：________，1. 是　2. 否

接受认证的总开支（元）：________，隔几年进行一次（年）：________

5. 每头猪在实行该种质量安全标准体系后增加的开支（每头猪重量与以上调查对应）

	仔猪	饲料及饲料添加剂	兽药、兽医、防疫支出	水电费	其他1	其他2
增加成本（元）						

6. 每公斤猪肉因为实行该种质量安全标准体系后价格变化估计：

价格上涨（元）：________，百分比（%）：________

7. 试描述实行质量安全标准体系后质量安全指标方面的变化：

药物残留、病菌数值等指标方面的改变：________________________

瘦肉率等指标方面的变化：________________________

（二）生猪养殖协会调查问卷

一、生猪养殖协会概况

1. 协会注册部门（ ）

A. 科协 B. 工商局 C. 民政局 D. 农牧局 E. 供销社 F. 水利局

G. 其他（请注明： ）

2. 协会注册时的性质（ ）

A. 非盈利组织 B. 企业法人 C. 民间团体 D. 其他（请注明： ）

3. 历任协会领导人情况（一把手）

任期	姓名	性别	年龄	身份	学历	背景（说明）
1						
2						
3						
4						

性别编码：①男；②女

身份编码：①县或乡镇行政干部；②县或乡镇技术推广人员；③村干部；④种植养殖大户；⑤技术能手；⑥经纪人；⑦一般农民；⑧其他，请注明________

学历编码：①文盲；②小学；③初中；④高中；⑤中专；⑥技校；⑦职业高中；⑧大专；⑨本科及以上

4. 协会覆盖范围（ ），1. 本乡本村 2. 本乡跨村 3. 本县跨乡 4. 本市跨县 5. 本省跨市 6. 跨省

5. 是否有分会（ ），如有的话，有（ ）个

1. 是 2. 否

二、成员及管理者、资产和投资关系

1. 协会会员人数（ ）

2. 会员加入协会是（ ）

（1）自愿主动加入（2）集体统一组织加入（3）自愿加入和集体统一组织加入都有（4）劝说加入（5）其他，请说明________

会员加入协会有什么资格限制（如技术能手、企业经营者等身份限制，和投资限制）：

____

10. 经费支出（人员工资、日常管理费用、技术服务支出等）

______

______

11. 协会是否有赢利（ ）（1）有 （2）否
12. 如有盈利，盈利分配（返还给农民、上交税金、分红/股利、积累等）情况

______

______

13. 协会性质描述（出资人情况，受益情况）

______

______

四、组织决策方式

1. 协会是否组织会员进行会议（ ）（1）是 （2）否（答否的话跳至第3题）
2. 每年组织这样的会议的次数（ ）次，平均每次参加人数（ ）人
3. 介绍协会是如何运转的：

______

______

4. 重大决策方式：协会决策是按照（ ）
（1）一人一票（按人头）（2）一元一票（按出资额）（3）领导人决定（4）技术能手决策（5）其他，请注明________
5. 日常工作是否有序（ ）（1）是 （2）否
6. 若否，请简要说明日常工作无序的原因：

______

______

五、服务内容和方式（包括质量安全方面的内容）

1. 近两年是否到乡村进行技术宣传或指导活动（ ）（1）是 （2）否（答否的话跳至第5题）
2. 每年进行多少次这样的宣传或指导活动（ ）次，平均每次有多少人参加（ ）人
3. 宣传或指导的方式（说明）

______

______

______

4. 近两年宣传或指导的主要内容（说明）

____

____

5. 是否还有其他服务方式（ ），有的话请注明：（ ）（1）是 （2）否
6. 协会在农户养殖方面的技术服务内容和方式有哪些？包括卫生和质量安全管理、标准的制定和执行、饲料和兽药的监督和控制等。

____

____

7. 协会在农户生猪销售方面的作用有哪些？销售过程中会遇到猪肉质量方面的哪些问题，具体有什么问题，涉及哪些企业和政府机构，如何处理这些问题等？协会与农户、加工企业、收购企业等市场交易主体的年交易次数、交易数量情况等。

____

____

8. 对会员服务是否收费（ ）（1）是 （2）否
9. 如果收费的话，是如何进行收费的（收费标准）：

____

____

10. 对非会员是否提供服务（ ），如果提供，那么是否收费（ ），如果收费，那么如何收费（收费标准）（1）是 （2）否

____

____

11. 协会的重要技术及信息来源渠道：（ ）
（1）科研院所（2）政府机构（3）市场购买（4）企业（5）其他，请注明______
12. 贵协会是否承担政府项目（ ），如承担的话，承担了什么项目？项目情况介绍：

____

____

13. 协会与企业的经济往来：贵协会与科研院所，农资供应商，销售商，其他协会，企业等有无合作项目？如有的话，是什么项目？项目情况介绍：

____

____

14. 协会运转如何？（ ）（1）很差（2）差（3）一般（4）好（5）很好

15. 请问协会目前面临的主要困难是（　）（可多选，按重要性排序）

(1) 法律法规 (2) 政策 (3) 资金 (4) 管理 (5) 协会与农民的关系 (6) 技术 (7) 其他，请注明________

具体描述：

____

____

16. 您认为本协会的发展前景如何（　）

(1) 很快发展 (2) 稳定发展 (3) 很难说 (4) 会衰退

具体描述：

____

____

17. 其他：

____

____

六、政府监管

有哪些政府监管部门（质监局、卫生局、工商局、食药局）对合作组织的食品安全、质量、卫生进行监督？各部门监管内容和工作有什么差异？如何监管？是否存在多头管理、重复收费问题？有没有实际价值，企业对政府监管的合理建议。

（三）猪肉屠宰加工企业问卷/提纲

调查人：__________，调查日期__________

企业名称：__________

企业所在地：__________

调查人 1 姓名：__________ 职务：__________

调查人 2 姓名：__________ 职务：__________

调查人 3 姓名：__________ 职务：__________

一、企业基本情况

1. 企业成立时间：________年
2. 企业性质（国有、集体所有、私有/民营）：________
   主要投资方及各方出资比例：________
3. 企业主要经济指标

年 份	年产量（公斤）	年销售数量（公斤）	年销售额（万元）	年利税总额（万元）	年纯利润（万元）
2000					
2001					
2002					
2003					
2004					

4. 企业历史的简单说明：

____

__________。

5. 员工总数目：________，其中管理人员________，生产人员：________
6. 企业规模在该省、该地区、该县分别处于什么水平（高、中、低）：

____

____

7. 企业主要经营内容（资料）：

	经营内容 1	经营内容 2	经营内容 3	经营内容 4
名称				
年销售收入				
占总收入比重				

续表

	经营内容5	经营内容6	经营内容7	经营内容8
名称				
年销售收入				
占总收入比重				

二、企业猪肉来源情况，与原料供应者的关系，质量控制

1. 企业年猪肉加工能力（吨）：________，年供给量（吨）：________

原料猪肉的供需有什么矛盾？对此问题的看法：________________________________

____

____

2. 企业猪肉的购买方式描述（是由养殖户、养殖场直接提供，还是经由养殖小区、中间商提供，或者是由企业直接收购，以及由屠宰点供给；各自的比重，最好是有原料猪肉提供方式的变迁过程描述等），与各供货方的年购买次数、购买数量、与哪些有长期的供货关系和契约关系：

____

____

3. 企业原料猪肉来自________（个）地区（市），________（个）县，________（个）村；

给企业供给原料猪肉共有：________（个）养殖户/场，________（个）养殖小区，________（个）中间商

4. 企业是否有自己的原料猪肉基地（反映纵向一体化的程度、定义、投资形式、合作方式等）：是________，否________。如果有，请描述原料猪肉基地是如何运作的（包括所有权形式，投资方式，租赁关系，利益分配等，基地提供的原料猪肉占其所有猪肉源的比重）：

____

____

5. （辨别企业使用的是行为契约，即通过控制生产者生产过程，如饲料、种猪来源、操作过程等，还是结果契约，即只在收购环节进行质量检测）企业与养殖户、养殖场、养殖小区、中间商的签约关系（口头，书面；正式、非正式；契约期限）对生产者服务的补偿条款；近几年定价方式的变化（如市场价到契约价）；价格支付和计算的重要方面：以屠宰后的猪肉重量计量还是以活猪重量计量、固定价格、公式价格（以某种价格为准计算，浮动价格）、固定价格的

差价在交易双方分配的价格、市场价等方式；尽量详细，最好能有企业和其他经营主体的合同原件、主要内容、质量要求条款（是否分级、分级标准、如何分级，主要关注哪些质量标准）等（关键是投资方式、审核程序、监管工作等）；企业对上游生产主体生产过程的控制/要求内容，主要包括饲料使用、种猪来源、畜舍及其他养殖设施条件、卫生条件、兽药使用、参观和指导权、参与养殖管理计划权等（即监督权利）；契约的执行情况，包括履约与违约率，实际执行中存在的问题和原因等：

____

____

企业是单方制定契约条款，还是与另一方共同商定？请描述：

____

____

6. 在原料收购阶段，企业对质量有什么要求，主要指标说明：

____

____

如何鉴定质量？是否分级？分级标准？如何分级？

____

____

如何控制原料质量（直接控制原料（自己的猪肉基地）或通过选择鉴别控制等）？

____

____

7. 企业对原料猪肉的质量要求通过什么形式传达给养殖户、养殖场、养殖小区、中间商等：

____

____

8. 企业与农户、养猪场或养殖小区等原料供给者发生质量安全争端的解决机制（企业一方说了算，协商，进一步明确契约条款，不再合作等）：

____

____

企业对违约农户、养殖场或养殖小区等供货方的违约惩罚形式：

（a）供货方交纳风险抵押金，违约时扣留（b）降价收购（c）延期收购（d）取消供货合作关系（e）其他______________________________

9. 企业屠宰场所和屠宰设备：______________________________

企业在屠宰阶段的卫生和质量安全控制系统和要求等：

______

______

10. 企业对农户、养猪场或养殖小区有无技术指导（主要质量安全操作规程、猪品种、饲料添加剂和兽药使用方面）？具体内容、如何进行？

______

______

11. 企业对农户、养猪场或养殖小区有无资金支持，投资内容、金额、附加条款等，如何进行？

______

______

12. 企业有无原料猪肉的可追溯体系：有________，无________

如果有，如何实施该系统，如果没有，发现原料猪肉质量问题时如何处理？

______

______

13. 企业在原料猪肉的质量控制方面，其他要求、方式等：

______

______

______

14. 企业在原料猪肉方面遇到的质量安全方面的问题及处理方式补充说明：

______

三、加工和包装、标签、分类过程

1. 加工和包装过程中使用的设备和技术的先进程度，采用哪种比较先进的高温蒸汽杀菌系统？何时购买此种设备？价值及利用程度：

______

______

2. 加工和包装过程中执行何种操作规范（是国际或国家规定的操作规范，还是企业自己制定的操作规范）？卫生和质量安全规范是什么？

______

______

3. 企业在生产和包装中如何进行卫生和质量安全控制？

______

______

4. 企业通过何种质量认证体系，如 ISO9000 系列、HACCP 体系、绿色食品、无公害食品等？

____

哪年首次通过认证________________，重新认证的期限为________________

企业如果没有通过认证，那么企业从何时就开始申请，正在做什么工作？

____

____

企业的认证成本，对认证的认识、态度和建议：

____

____

5. 是否有固定的卫生和质量安全操作规范培训时间：________（1）是（2）否

一般多长时间进行一次：________（次）

如何对工人进行卫生和质量安全操作规范培训（形式）：

____

____

新工人上岗是否需要专门培训________

6. 专门的质量控制人员人数________（1）是（2）否

人员学历结构描述：________

参加过何种专门培训、分工（各个阶段）、专业化程度等：

____

7. 对工人的影响食品安全生产的健康状况是否有定期检查______（1）是（2）否

工人在进入操作车间时是否有消毒处理及专门卫生工作服______（1）是（2）否

8. 企业生产车间的选址是否考虑环境质量（大气，水，土壤），________

企业环境质量考核体系如何？怎样进行？

____

____

9. 企业的标签设备和体系的先进程度：

____

10. 企业分类设备和体系的先进程度：

____

11. 企业食品质量安全、卫生条件的检测设备投资有哪些？可以达到什么水平？

____

____

四、储藏和运输阶段

1. 储藏能力（储藏库）情况简述：

____

____

2. 储藏设备条件（冷冻设备等），储藏中的质量保证和质量损失问题：

____

3. 运输设备（如专用冷冻设备），运输中的质量保证方式以及因运输发生的质量损失：

____

五、销售阶段

1. 产品的销售市场、数量、金额（元）、比重（%）

		国外	省外	县外	本县	总计
主要地区					—	
2003年	数量					
	金额					
	比重					
2004年	数量					
	金额					
	比重					

产品市场和销售近年来发生的主要变化：

____

____

2. 企业与多少家销售商有供销关系________？

主要销售商名称、所属地区、购买量

	购销商1	购销商2	购销商3	购销商4
所属地区				
购买量				
购买金额				
比重（%）				
	购销商5	购销商6	购销商7	购销商8
所属地区				
购买量				
购买金额				
比重（%）				

3. 企业与（前向）销售商在质量信息方面的沟通方式：

____

____

4. 企业与销售商在质量安全方面的契约；质量价格详细条款、签约期限、违约责任等（资料）：

____

____

5. 企业与销售商在食品质量安全方面问题/纠纷的争端解决方式：

____

____

六、政府部门对企业的资金、技术支持情况和监督

1. 县乡政府、畜牧等部门对养殖户/场的资金、技术、金融支持情况

	机构 1	机构 2	机构 3
机构名称			
资金支持情况			
技术支持情况			
金融支持情况			

2. 政府机构（如动物疾病防控中心/防疫站，畜牧，卫生等）对企业的卫生安全监督检查：

	机构 1	机构 2	机构 3
机构名称			
监督检查内容			
卫生质量指导内容			
年检查次数（次）			
年收费情况 （收费标准）			
检查效果 （1）好（2）一般（3）不好			

企业对政府监管机构监督管理效果、收费的评述和建议：

____

七、企业与同类型企业的合作关系、合作内容和合作形式：

____

____

八、企业食品安全的发展历程（关键阶段，监管部门对企业食品安全的监管变化，企业与原料供给者和消费者等之间的关系变迁，在企业提高食品质量安全过程中哪些因素起到主要影响作用）

____

____

九、其他与食品质量安全有关的情况描述：

____

____

十、企业产品商标问题，创立时间、发展、在地方市场和全国市场该商标产品的占有率和信誉等

____

____

十一、企业实施质量安全标准体系成本收益体系估算

1. 企业实行了哪种政府或企业推行的质量安全标准体系________（1）HACCP（2）ISO（3）TQM（4）井研县县级生猪养殖标准等（5）企业标准（6）其他
2. 企业为实行该种质量安全体系所增加的质量卫生安全保障固定设备及其成本估算

	设备1	设备2	设备3	设备4
名称				
支出（元）				
使用年限（年）				
	设备5	设备6	设备7	其他设备
名称				
支出（元）				
使用年限（年）				

企业实行该质量安全标准体系增加的总固定成本估计（元）：________。

3. 企业为实行这种质量安全体系接收技术培训的开支（元）：________。
4. 企业实行这种质量安全体系是否接受了认证：________，（1）是（0）否
   哪个机构实行的认证：______________________________
   接受认证的总开支（元）：__________，隔几年进行一次（年）：__________
5. 企业实行该种质量安全标准体系每月增加的变动成本估算（如劳力、卫生检疫等）

	支出1	支出2	支出3	支出4
该项内容				
金额（元）				

续表

	支出5	支出6	支出7	其他支出
名称				
金额（元）				

实行该种质量安全标准体系每月增加的变动成本总计：________________

6. 单位产品因实行质量安全标准体系增加的成本估计：________________

每公斤猪肉因为实行该种质量安全标准体系后价格变化估计：

价格上涨（元）：________，百分比（%）：________

7. 试描述实行质量安全标准体系后质量安全指标方面的变化：

药物残留、病菌数值等指标方面的改变：________________

瘦肉率等指标方面的变化：________________

（四）县级食品安全监管机构访谈问卷

访谈机构：质检局（技术监督局）、卫生局、工商局、畜牧局（兽医兽药办）、经贸局（商务）

调查员________________ 调查日期________________

被访者姓名____________ 职务____________ 联系电话____________

被访者姓名____________ 职务____________ 联系电话____________

被访者姓名____________ 职务____________ 联系电话____________

其他被访者________________________________

1. 调查机构全称：________________

调查机构隶属于什么部门/上级主管部门________________

该调查机构性质________________

成立时间（年）________________

机构前身________________

机构下属/派出单位名称________________

数量（个）________________

2. 该机构主要职能（质量监管和技术指导）和监管/服务对象：

____

3. 该机构对生猪养殖户、屠宰点和猪肉冷藏、加工企业的监管内容和监管体系及方式：

____

4. 调查机构总人数（人）______，其中直接从事食品安全监管的人数（人）______

食品安全监管人员学历结构：

学历	初中及以下	高中	中专	大专	本科及以上
人数（人）					

安全监管人员职称结构

职称	高级	中级	初级	无职称
人数（人）				

食品质量安全监管人员的分类、职责、具体工作情况：

______

______

质量安全监管人员接受专业技术培训情况（包括何种培训，培训间隔，效果等）：

______

______

5. 该机构经费来源及数额

来源	财政拨款	自筹资金	专项资金	罚没收入	其他	总额
数额（万元）						

经费其他说明：______

______

6. 与科研院所和科技部门的合作，在卫生和质量控制技术方面的技术发展：

______

______

7. 该机构与其他食品安全监管机构的合作和协调、职能互补情况；有无在职能和职责方面的重叠现象？会造成什么问题？如何处理这种状况（从机构改革等方面描述）？

______

______

8. 该机构在食品质量安全监管和服务方面面临的主要问题：

______

______

针对这些问题的想法和建议：

______

（五）奶业农户问卷

________省________县（市）________乡（镇）________村_______组

户主姓名________被访者姓名________联系电话____________

调查员__________调查日期__________复核人______________

一、奶牛养殖情况

1. 从哪年开始养奶牛（年）_______，最初多少头_______

   开始养殖时的品种 1：______________，品种 2 ______________

   开始养殖奶牛的想法和原因：

   ____

   ____

   开始养奶牛接受过哪些机构、乳品加工企业的何种资金、技术等支持：

   ____

   ____

2. 现在的奶牛规模（头）_______，2004 年年产奶量（公斤）_______

   年头均饲料成本估计多少元_______

   现在养殖的奶牛品种与开始养殖时的品种是否有变化：_______

   若有变化，现在的品种是 1：_______，品种 2 _______

   现在使用品种的优点有哪些：________________________________

   ____

   ____

   奶牛收入占家庭收入的比重_______%

   每头奶牛的年毛收入（元）_______，每年每头纯收入（元）_______

3. 与奶站签有何种形式的合同：口头_______，书面_______，无_______

   奶站与农户合同内容，契约期限，合同关于产品的价格、质量等具体条款内容。

   奶价收购的变动情况，2004 年有几个价格，分别为多少？2005 年有几个价格，分别为多少？

   ____

   ____

4. 乳品加工企业和奶站对奶的质量有什么要求，指标主要有哪些，是否分级、分级标准、如何分级等：

____

____

质量（不同等级）和价格差异的关系：

____

____

5. 乳品加工企业和奶站对奶质的要求通过什么方式来传达给奶农？

____

____

6. 乳品加工企业和奶站对奶农提供的牛奶如何鉴别质量？在什么阶段/时候鉴别？

____

____

7. 奶农对自己提供的奶质（抗生素、细菌数等）有无了解？通过什么形式了解？

____

8. 奶农与乳品加工企业/奶站在购奶的质量方面会有什么争端？是否有优质不优价或压价问题？如何解决？

____

____

9. 奶牛养殖场地：自家________，养殖小区________

如果是养殖小区，政府、乳品加工企业和奶农在养殖小区的投资方式和经营方式方面的做法：

____

____

10. 养殖场地环境卫生的控制内容和方式（包括奶牛排泄物的处理方式，沼气池情况）：

____

____

11. 奶牛养殖遵守哪种卫生或质量安全规范/标准？

____

____

12. 农户从哪些渠道或机构购买饲料（饲草）和饲料添加剂？

____

____

13. 农户使用的饲料添加剂/药有哪些（名称和数量）?

____

____

14. 乳品加工企业和农户自身对使用的饲料（饲草）和饲料添加剂有什么卫生方面的要求（如激素、农药)?

____

____

15. 奶农采取什么措施来预防牲畜流行病的传入，是否有定期的卫生防疫措施?

____

____

16. 兽医在治疗患病奶牛时，是否存在超剂量用药情况，是______，否______

是否有不按照休药期用药的情况：是________，否________

兽医的水平描述：____________________________________

兽医在治疗过程中存在的问题：

____

____

17. 在什么地方/场所挤奶? ________________________________

人工挤奶还是机械挤奶? ________________________________

挤奶设备和场所有什么卫生和质量安全规范/要求?

____

____

18. 有什么政府机构（如动物疾病防控中心/防疫站，农牧局等）对奶牛养殖的卫生和质量安全状况进行技术指导和监督检查及收费?

机构 1 名称：________________________，

技术指导或监督管理内容及收费：

____

机构 2 名称：________________________，

技术指导或监督管理内容及收费：

____

各部门监管内容和工作有什么差异？对政府监管机构的感受（多头管理、重复收费，效果等）和建议（从农户角度考虑政府监管体系的不足和弊端，寻求改进的办法）：

____

____

19. 有什么乳品加工企业和奶站对养殖的卫生和质量安全进行技术指导和监督检查？
乳品加工企业1名称：________________
技术指导或监督管理内容及收费：
____
奶站名称：________________
技术指导或监督管理内容及收费：
____
奶农对乳品加工企业的感受和建议及收费：
____

20. 有什么协会/合作组织会对养殖的卫生和质量安全状况进行技术指导和监督检查：
协会/合作组织名称：________________
技术指导或监督管理内容及收费：
____
____
是否愿意成立合作组织，奶农对协会/合作组织的感受和建议：
____
____

21. 银行或信用社对农户奶牛养殖的信贷支持情况：
贷款机构1：________________
贷款标准（按户还是按头，或其他标准）：________________
养殖户贷款总金额：________________
贷款利率：__________，还贷期限：__________
其他描述（担保情况）：________________
贷款机构2：________________
贷款标准（按户还是按头，或其他标准）：________________
养殖户贷款总金额：________________
贷款利率：__________，还贷期限：__________
其他描述（担保情况）：________________
贷款机构3：________________
贷款标准（按户还是按头，或其他标准）：________________
养殖户贷款总金额：________________
贷款利率：__________，还贷期限：__________
其他描述（担保情况）：________________
乳品加工企业对农户奶牛养殖的信贷支持情况：

贷款机构：______________________________

贷款标准（按户还是按头，或其他标准）：______________________________

养殖户贷款总金额：____________________________

贷款利率：__________，还贷期限：__________

其他描述（担保情况）：____________________________________

买奶牛从个人的借贷情况：

贷款人：__________，养殖户贷款总金额：__________

贷款利率：__________，还贷期限：__________

其他描述（担保情况）：______________________________

奶农对奶牛养殖过程中如何提高产奶卫生和质量的认识（包括饲料和添加剂使用、兽药使用中的食品安全问题）和建议及其他：

____

____

____

农户是否知道国家牛奶质量标准：

（1）知道（2）大概知道（3）不知道（4）不回答

农户养殖中采用了哪种质量安全标准体系：

（1）HACCP（2）ISO（3）TQM（4）其他________（5）没有

农户年销售的不同级别牛奶的价格和数量？

____

____

乳品加工企业和奶站与农户在资产投资、原料供给、专门技术设备提供等方面有何具体关系？

____

____

二、农户家庭基本情况

1. 家里种几亩地（亩）________

2. 家庭总人口（人）________，其中有________（个）劳动力，男劳力________（个），女劳力________（个）

3. 劳动力就业状况：

	劳力1	劳力2	劳力3	劳力4	劳力5
职业					

续表

	劳力1	劳力2	劳力3	劳力4	劳力5
职业具体描述					
受教育程度					
是否从事养牛					

职业：①务农；②外出打工；③个体户；④务工经商；⑤专业技术人员；⑥管理者；⑦兼业；⑧其他，请注明________

受教育程度：①文盲；②小学；③初中；④高中；⑤中专；⑥大专；⑦本科及以上

4. 家庭年平均现金消费支出（元）________
   家庭消费类固定资产价值（元）________
   家庭生产类固定资产价值（元）________

（六）奶牛养殖小区调查问卷①

________________省________________县（市）________________镇

调查员____________________ 调查日期____________________

被访者姓名____________职务____________联系电话____________

1. 奶牛养殖小区全称____

2. 成立时间（年）________
   现有多少养殖户（户）________，本村多少户________
   外来户多少________，其中多少户来自城镇________
   现有奶牛头数________，年产奶量（公斤）________，每头牛年平均产奶量________
   小区最多可以容纳多少户________，最多可以养多少头奶牛________
   奶牛养殖小区面积（亩）________

3. 小区由谁投资________，私人还是公司________，
   投资多少万________，有无政府补贴，补贴多少钱________
   奶农住宅面积多少平方米________，奶牛圈舍多少平方米________
   有哪些主要设施、设备____
   ____

4. 小区建成后是卖给奶农还是租给奶农？________
   如果是卖，售价为多少钱________，年管理费多少钱________

① 小区内有奶站则同时做奶站问卷并标明。

如果是租，年租金多少元________

小区投资人和养殖户之间的合同内容：

____

小区为农户提供哪些技术服务和防疫检疫服务：

____

5. 奶牛养殖小区成立的背景，投资人建立奶牛养殖小区的动机：

____

____

____

6. 奶牛养殖小区自创立到现在经历了哪几个主要发展阶段，各个阶段的主要特征：

____

____

____

7. 奶牛养殖小区养殖户在用工量（挤奶、喂料喂水、收奶等）、奶牛产奶量等方面与散户的比较：

____

____

____

8. 奶牛养殖小区集中养殖与分散养殖相比的优势与不足：

____

____

____

9. 奶牛养殖小区的牛奶售价与散养价格的差异及原因：

____

____

____

10. 该小区中奶站的投资人是否就是小区的投资人：

是手工挤奶还是机器挤奶：

奶牛养殖小区挤奶场所和挤奶设备情况：

____

____

挤奶设备与场所有什么卫生和质量安全规范/要求：

____

11. 奶牛养殖小区与乳品加工企业有无经济往来：________________

有无技术指导关系：________________

12. 乳品加工企业对牛奶质量和卫生通过什么方式来鉴别，有什么具体要求？

____

____

13. 奶牛养殖小区是否要求奶农统一遵守那种卫生或质量安全规范/标准？具体情况：

____

____

14. 奶牛养殖小区对饲料、饲料添加剂、兽药等的使用有什么规范要求？

____

____

15. 奶牛养殖小区采取什么措施来预防牲畜流行病的传入？是否有定期的卫生防疫措施？

____

____

16. 养殖场地环境卫生的控制内容和方式（包括排泄物的处理方式，沼气池建设等）：

____

____

奶牛养殖小区是否有专门的兽医：________________

兽医的水平描述：________________

兽医在治疗过程中存在的问题：

____

____

17. 奶牛养殖小区是否还有其他专门的技术人员：________________

技术人员的水平描述：________________

技术人员在技术指导过程中存在的问题：

____

____

18. 有什么政府机构（如动物疾病防控中心/防疫站，畜牧局等）对奶牛养殖小区的卫生和质量安全状况进行技术指导和监督检查？

机构1名称________________

技术指导或监督管理内容：

____

机构 2 名称________________________

技术指导或监督管理内容：

____

机构 3 名称________________________

技术指导或监督管理内容：

____

各部门监管内容和工作有什么差异，对政府监管机构的感受（多头管理、重复收费，效果等）和建议：

____

____

19. 乳品加工企业对小区的卫生和质量安全进行技术指导和监督检查：

企业 1 名称________________________

技术指导或监督管理内容：

____

企业 2 名称________________________

技术指导或监督管理内容：

____

小区及奶农对企业的感受和建议：

____

20. 有什么协会/合作组织会对奶牛养殖小区的卫生和质量安全状况进行技术指导和监督检查：

协会/合作组织名称：________________________

技术指导或监督管理内容：

____

____

奶牛养殖小区和奶业合作组织的关系，有无建立在奶牛养殖小区基础上的奶业协会：________________________

奶牛养殖小区对协会/合作组织的感受和建议：

____

____

21. 奶牛养殖小区发展中存在的突出问题，对这些问题的认识和建议：

____

____

十一、草原生态调查问卷

问卷编码________填表时间________

________省（自治区）________市（盟）________县（旗）________镇（苏木）________村（嘎查）

被访者姓名________联系电话________

填表人姓名________所在学校及学院________联系电话________

一、家庭基本状况（2006）[①]

1. 2006 年家庭成员情况

与户主关系	性别	年龄	受教育程度	职业	工作地点	固定工资工作		外出打工				自主经营	
						工作月数	月工资	打工从事的职业	工作月数	月工资	年底带回家	工作月数	年纯收入
代码1	1男 2女	周岁	代码2	代码3	代码4	月	元	代码5	月	元	元	月	元
户主													

注：固定工资工作是指工人、教师、干部等在企事业单位从事固定工作；打工指投劳不投资；自主经营指既投资又投劳，自主经营只问其纯收入，如果为家庭经营，则统一计入户主或主要经营人名下；如果从事畜牧业，则收入问题在第二部分回答。

代码1：①户主；②配偶；③子女；④孙子辈；⑤父母；⑥兄弟姐妹；⑦女婿儿媳姐夫嫂子；⑧公婆岳父母；⑨祖父母；⑩亲戚。

代码2：①文盲；②小学；③初中；④高中；⑤中专；⑥大专及以上。

---

① 若分家，只问自家情况，不问出嫁女儿、分家儿孙或父母情况。

代码3：①畜牧业；②政府机关工作；③村干部；④本地乡镇企业；⑤个体户；⑥教师；⑦医生；⑧外出打工或经商；⑨其他，请注明________

代码4：①本村；②外村本乡；③乡外县内；④县外省内；⑤省外国内；⑥国外和港澳台。

代码5：①农牧业；②农畜产品加工业；③餐饮、清洁、保姆、保安等服务业；④运输业；⑤建筑及装修业；⑥手工业；⑦其他工业；⑧其他，请注明________

2. 您家共承包了________亩草场，其中，围栏草场________亩，打草场面积________亩，饲草料基地________亩。冬草场________亩，春秋草场________亩，夏草场________亩。

3. 目前您家是否游牧？________（(1) 是，(2) 否），居住在________（(1) 房子 (2) 帐篷或蒙古包）。

4. 截至2007年6月30日您家牲畜养殖情况

	羊	肉牛	奶牛	骆驼	马	其他1 （ ）	其他2 （ ）	其他3 （ ）
家畜饲养量（头、只）								
基础母畜数								
改良畜数								
家畜最多是哪年（年）								
最多时的数量（头、只）								

二、2006年家庭收入、支出和生产建设情况

1. 2006年家庭收入情况

畜牧业收入

2006经营收入（元）		出售量	平均单价	合计金额	自用量	价值（元）
活畜收入（按畜种、品种、幼畜、成年畜、老畜、种畜等分别统计）						
畜产品收入（肉、乳、毛、皮、绒等分别统计）						
饲草料收入						
其他收入（元）	草场出租________元，牲畜出租________元，休牧、禁牧补贴________元，其他________元					
畜牧业收入合计（元）						

其他收入（元）：

工资性收入	外出务工	自主经营纯收入	农业纯收入	救济补贴	其他纯收入

注：工资性收入、外出务工收入、自主经营收入参照第一部分数据填写。

2. 2006 年畜牧业生产性支出情况

外购饲草	外购饲料	防疫配种	打草成本	饲草料生产成本	草场租用	外购家畜	其他（　）
2006 年生产性支出合计（元）							

3. 家庭生活性支出情况

食品（包括米面油等）	服装费用	教育费用	医药费		
交通出行（包括用油）	通讯费	生活用电费	生活费		其他（　）
2006 年生活消费支出合计________（元）					

4. 家庭生产性固定资产总值________万元（包括各类车及各类机械）；

家庭生活性耐用消费品总值________万元（包括电视、电脑、洗衣机、电冰箱、音响、摩托车等）。

现有住房面积（平方米）________，帐篷（蒙古包）数________个，住房（帐篷）造价合计________万元

5. 目前家庭累计债务________元，主要由于________（A. 医疗________元　B. 教育________元　C. 改善生产条件________元　D. 改善生活条件________元　E. 其他，请说明：________元）这些借款主要来源于（可多选）________（A. 亲戚朋友　B. 信用社　C. 非正规信贷机构　D. 其他________）

6. 生产设施与建设项目

建设项目	建设总投资（元）	其中：国家补贴（元）
拥有棚圈（畜舍）________平方米		
网围栏面积________亩		
打井________眼		
饲草料基地________亩		
拥有青贮窖________平方米		
其他（注明：________）		
合　计		

三、参与草原项目情况

1. 您家都参与了哪些草原治理项目？________

(1) 休牧 (2) 禁牧 (3) 轮牧 (4) 生态移民 (5) 其他，请注明：________

2. 您认为草原项目的价值有哪些？

(1) 有利于草场恢复与草原可持续发展 (2) 有利于提高牧民收入 (3) 改善了草原环境，但是牧民收入受影响 (4) 没用，没必要浪费钱 (5) 其他，请注明________

(一) 退牧还草项目（包括休牧、禁牧、轮牧）

1. 您家从________年起开始禁牧，禁牧草场________亩，从________年到________年

从________年起开始休牧，休牧草场________亩，2007 年从________月________日到________月________日

从________年起开始划区轮牧？划区轮牧草场________亩

2. 今年禁牧草场补偿现金________元/亩，补饲草料________公斤/亩

今年休牧草场补偿现金________元/亩，补饲草料________公斤/亩

3. 您对禁牧的看法：________ (1) 禁牧有利于草场恢复，(2) 对草场恢复的作用不大，(3) 没什么用，草场恢复主要靠天气，(4) 有用，但偷牧的比较多，影响效果

您认为禁牧多长时间比较合适：(1) 永久禁牧 (2) 不要禁牧 (3) 禁几年草场恢复后再合理利用。

您认为禁牧的补偿标准是高还是低？________ (1) 高 (2) 还行 (3) 低 (4) 说不清楚

您认为补贴________为合理，补偿现金________元/亩·年，或补偿饲料粮________公斤/亩·年

4. 您认为休牧多长时间合适？________天

您认为休牧的补偿标准是高还是低？________ (1) 高 (2) 还行 (3) 低 (4) 说不清楚

您认为补贴________元为合理，补贴现金________元/亩·年，或补贴饲料粮________公斤/亩·年

您认为休牧是否应该长期坚持？________ (1) 休牧有利于草场恢复，应长期坚持 (2) 休牧的作用不大，没必要长期坚持 (3) 休牧增加了牧民的饲养成本，很难长期坚持

您希望国家补贴多少年？________ (1) 8 年以下 (2) 8～15 年 (3) 15～20 年 (4) 20 年以上 (5) 只要休牧就补 (6) 说不清

您认为国家会长久补贴下去吗？________（1）会（2）不会（3）不知道

5. 您认为退牧还草________

（1）好（2）不好（3）不清楚，为什么________

退牧还草对当地生态环境产生了哪些影响？________

（1）变好了（2）基本没变化（3）恶化了

您感觉退牧还草对您有哪些影响？________（1）短期看饲养成本增加，但长期看有利于草场恢复和生产（2）饲养成本增加，收入下降（3）饲养成本变化不大，收入变化不明显（4）成本增加，养殖头数减少，收入下降（5）其他，请注明________

您的经济实力是否足够应对退牧还草给您带来的这些影响________

（1）是　（2）否

6. 退牧还草后，草畜是否平衡了？________（1）是（2）否

是否签订了草畜平衡责任书________（1）是（2）否，责任书上核定的载畜量为________只羊/亩。

您认为政府核定的载畜量是否合适？________您认为应该为________只羊/亩。

该村（嘎查）有________%户由于超载过牧而罚款，罚款的标准是________。

7. 退牧还草期间您周围发生的“偷牧”现象？________

（1）比较普遍（2）有，但不多（3）基本没有偷牧的

您怎么看“偷牧”？________

（1）不应该（2）饲养成本提高了，不得不偷牧（3）适当偷牧也是可以的（4）其他

要减轻“偷牧”，关键是什么？________

（1）提高补贴（2）加强监管（3）加强教育

8. 退牧还草项目实施前后的情况对比

<table>
<tr><td colspan="2"></td><td>项目实施前一年
（年）</td><td>2006 年</td></tr>
<tr><td colspan="2">草场平均产鲜草量（公斤/亩）</td><td></td><td></td></tr>
<tr><td rowspan="3">户收入（元）</td><td>年均纯收入</td><td></td><td></td></tr>
<tr><td>年均牧业纯收入</td><td></td><td></td></tr>
<tr><td>外出务工收入</td><td></td><td></td></tr>
<tr><td rowspan="5">饲养结构
变化情况</td><td>羊（只）</td><td></td><td></td></tr>
<tr><td>肉牛（头）</td><td></td><td></td></tr>
<tr><td>奶牛（头）</td><td></td><td></td></tr>
<tr><td>其他 1 ________</td><td></td><td></td></tr>
<tr><td>其他 2 ________</td><td></td><td></td></tr>
</table>

续表

		项目实施前一年（ 年）	2006 年
生产性支出变化	外购草（元）		
	外购料（元）		
	棚圈（平方米）		
	其他建设支出（元）		
用工及外出就业变化	年外出就业人数（人）		
	年牧业用工量的变化： ①增加，增加______%；②没变化；③减少，减少了______%。		

9. 退牧还草工程实施后您遇到的最大困难是什么？（单选）________

（1）饲草料不足（2）资金短缺（3）养殖数量减少（4）其他

10. 目前如何获得饲草料？________

（1）自己种植饲草料（2）饲草料外购

11. 您最希望政府提供哪些方面的帮助？（限选 3 项，请排序）________

（1）围栏（2）饲草料（3）畜棚暖圈（4）青贮窖（5）水利设施（6）贷款优惠（7）信息服务（8）技术培训（9）其他，请注明________

12. 您对退牧还草政策的看法及建议

____

____

（二）生态移民（针对实施生态移民项目的牧民）

1. 您家________年参加生态移民项目？搬迁形式为________

（1）整村搬迁（2）插花搬迁

搬到哪里？________

（1）本乡镇（苏木）内（2）县（旗）内其他乡镇（苏木）（3）县（旗）政府所在地（4）其他县（旗）（5）本市（盟）（6）其他，请注明________

搬迁后从事________

（1）牧业（2）农业（3）外出打工（4）自主经营（5）无业

搬迁后是否还得到草场禁牧的补贴________

（1）是（2）否

若有，每亩每年________元，补贴年限从________年到________年。

2. 在移民过程中，政府安置房屋________平方米，投资________元，其中政府补贴________元，自筹________元

棚圈建设________平方米，投资________元，其中政府补贴________元，自筹________元

户有________人，养殖大户有________人，开办企业的有________人，经商的有________人，还有从事什么工作的？有多少人？________

五、村庄收入及其来源

34. 2006 年村集体经济收入状况（元）

（一）村集体经营收入	
1. 村农业承包收入	
其中：土地承包费（包括机动地）	
果园、林业承包收入	
水面及其他	
2. 村农、林、牧、渔直接经营收入	
3. 投资收益	
其中：村办企业收入	
其中：上交管理费	
利润上缴	
承包费	
4. 厂房、土地及其他财产租赁费收入	
其中：资产租赁收入	
土地租赁收入	
5. 出售企业收入	
6. 出售其他资产收入（包括树林、房屋等）	
7. 利息收入	
（二）村自筹收入	
其中：一事一议筹资	
一事一议筹劳（个）	
以资代劳	
以资代劳工日数（个）	
村共同生产费	
（三）上级下拨或补贴（财政性补助）	
其中：税费改革转移支付	
其中：五保户补贴	
村管理费补贴	
转移支付收入	
其中：粮食直补	
良种补贴	
农机补贴	
（四）罚款收入	
其中：计划生育罚款收入	

续表

其他罚没收入	
(五)已收债款	
(六)其他收入(注明)	
各项收入合计	

六、村庄的资产及负债

35. 全村集体经济资产、负债情况(元)

	2006 年		2006 年
(一)年末累计资产总额		(三)负债资金使用结构	
1. 流动资产		1. 办企业	
2. 长期投资		2. 支付干部工资	
3. 固定资产		3. 上缴税费	
4. 其他资产		4. 公共基础设施建设	
(二)年末累计负债总额		5. 教育支出	
1. 向信用社借款总额		6. 偿还旧债	
2. 向其他银行借款总额		7. 其他,请注明	
3. 向企业法人借款总额		(四)年末累计净资产或净负债	
4. 向个人借款总额		1. 净资产	
5. 向民间金融机构借款总额		2. 净负债	

36. 过去五年是否从国家或政府得到过项目补助?________((1)是(2)否),如果是,项目投资总额为________元,村里集资集劳________元。具体项目情况为:________

37. 2006 年村集体债权债务情况(元)

(一)债权总额	
外部单位欠款	
其中:政府部门欠款	
外部企业欠款	
征地补偿费欠款	
外部个人欠款	
内部所属单位欠款	
其中:所属企业欠款	
所属学校欠款	
集体内部成员欠款	
其中:税费尾欠	
其他应收未收款	

续表

企业名称	改制时间	改制前资产额（万元）	集体资产处置（万元）				改制方式	改制后企业类别	法人代表姓名	是否本村村民
			其中：集体股份	个人股份	分配现金	集体公积金				

注：改制方式包括：①管理层收购；②招标拍卖；③其他，请注明________。企业类别包括：①股份制企业；②股份合作制企业；③合伙制企业；④独资企业；⑤其他，请注明________。

77. 村集体现在是否还对改制企业进行补贴？如果有，补贴情况如何：________。

____

村集体企业改制有哪些政策性文件？

____

____。

78. 近五年改制后企业为本村提供哪些公共服务？（请列出具体项目及金额）

____

____。

十三、村庄合并

79. 1978 年以来历次村庄合并情况

合并次序	村庄名称		年份	合并前					合并后				
	合并前	合并后		行政村数（个）	自然村数（个）	人口数（人）	资产（万元）	债务（万元）	行政村数（个）	自然村数（个）	人口数（人）	资产（万元）	债务（万元）
1													
2													
3													
4													
5													
…													
…													

80. 1978 年以来历次村庄合并的机构和人员变动

合并次序	年份	合并建议由谁提出	哪级政府批准合并	召开几次村民大会（次）	合并后新增哪些机构				合并前（个）		合并后（个）	
					其中：党的机构	行政机构	社区机构	公共服务机构	村干部数	小组干部数	村干部数	小组干部数
1												
2												
3												
4												
5												
…												
…												

注：合并建议由谁提出，具体包括：①县（市）政府；②乡镇政府；③村两委；④村民代表大会；⑤其他，请注明________。

81. 您认为进行村庄合并的主要原因是什么（ ）

A. 发展村级经济 B. 便于乡镇管理 C. 减少村级干部 D. 开展基础设施建设 E. 进行新的村庄规划 F. 进行新的城市规划 G. 开展集中居住区建设 H. 其他，请说明________

82. 您认为村庄合并是（ ）

A. 完全由上级政府推动 B. 完全由本村自愿协商 C. 政府倡议，经村民大会同意后实施 D. 村党支部投票决定 E. 村民委员会投票决定 F. 其他，请说明________

83. 您认为村庄合并对本村是利大于弊，还是弊大于利（ ）

A. 利大于弊 B. 弊大于利 C. 基本没有变化

84. 村庄合并如果“利大于弊”，请说明有哪些好处________

85. 村庄合并如果“弊大于利”，请说明有哪些坏处________

86. 村庄合并时是否有比较详细的合并方案________

A. 有 B. 没有

87. 如果有村庄合并方案，是怎样通过的________

A. 半数以上村民同意 B. 2/3 以上村民同意 C. 全体村民同意

88. 村庄合并的方案主要包括哪几方面的内容（请说明）________

89. 村庄合并时最大的阻力是什么（请说明）________

90. 进行村庄合并时，县（市）乡（镇）政府出台过哪些政策、文件（请注明）________

91. 村庄合并时，村集体土地是否进行合并________

A. 是 B. 否

92. 村庄合并后，村集体土地经营状况________

A. 打破村村界限，统一规模经营 B. 维持原有承包格局，不改变原有村民小组土地关系 C. 合并各村土地，重新对农户发包 D. 其他，请说明

93. 村庄合并时，是否对农民宅基地进行调整________

A. 是 B. 否

94. 农民宅基地是如何进行调整的（请描述）________

95. 进行村庄合并时，各村的集体资产（主要指村办企业资产）是否进行整合________

A. 新行政村统一进行集体资产经营 B. 原有的行政村各自单独进行经营 C. 将各村集体资产合并进行量化，成立股份合作社 D. 其他，请说明________

96. 村庄合并后，是否保留原有的村组关系________

A. 是 B. 否

97. 村庄合并后，村民小组变化情况________

A. 减少 B. 增加 C. 没有变化

98. 村庄合并后，原有的村民委员会是否保留________

A. 是 B. 否

99. 村庄合并后，原有的村支部是否保留________

A. 是 B. 否

100. 村庄合并后，是否成立新的村级党委________

A. 是 B. 否

101. 村庄合并后，是否成立新的农村社区________

A. 是 B. 否

102. 目前本村农村社区的职能是什么________

103. 本村目前的组织结构情况？有几个村民小组________；是否有村党委________，如果有村党委，下面设几个党支部________；有几个新型农村社区________。

104. 本村外来人口有多少________，他们是否参与本村的管理________，如何参与管理________

105. 本村有哪些社会性群团组织（不包括专业合作经济组织），请列举：________

您认为它们对本村的治理发挥了什么作用________

十四、村里的基础设施现状

106. 本村现有垃圾集中收集点________个，公共厕所________个，村内饮水________（（1）是（2）否）安全、卫生，饮用自来水的户约有________%，________（（1）是（2）否）建有污水处理站，若有，建造污水处理站共投资________元，其中市（县）承担________元，镇（乡）承担________元，村承担________元，个人承担________元。________（（1）是（2）否）进行了水道管网改造，若是，平均每户造价约为________元，共投入________元，其中市（县）承担________元，镇（乡）承担________元，村承担________元，个人承担________元。

107. 村两委办公场所面积________平方米，村办公室配备电脑________台，村图书室面积________平方米，藏书量为________册。文化活动中心面积________平方米，村内道路长度________公里，其中路面硬化长度________公里，田间道路________（（1）是（2）否）硬化，硬化长度________公里。村里现在________（（1）是（2）否）有夜间巡更制度，村里现在________（（1）是（2）否）有村集体组织的文化活动，如有，形式是________（（1）剧团（2）演出（3）年节文艺表演（4）电影（5）其他，请注明________）。

来自中国农业大学、中国人民大学等学校的400多名大学生、研究生参与了我们组织的各种调查，各项调查成果也有他们的贡献。

本书的大部分内容先后在国务院发展研究中心内部《调查研究报告》、《调查研究报告择要》、《调查研究报告专刊》和《专题研究报告》刊出，许多成果在国内期刊公开发表。关于“农民负担与县乡财政研究”、“中国食品安全战略研究”、“推进社会主义新农村建设研究”三项成果先后获得中国发展研究一等奖。“中国食品安全战略研究”获得北京市科技进步三等奖。关于中国农村卫生调查、中国农村金融调查、中国新农村建设调查、中国农民转移与就业等方面的4项成果获得国家新闻出版署“三个一百”原创出版工程奖。

在本书出版之际，我要向多年来关心和支持我们工作的各位领导和参与各项调查研究工作的同志们表示真诚的感谢。感谢曾先后直接领导我们的中央财经领导小组办公室副主任、中央农村工作领导小组办公室主任陈锡文同志和原国务院发展研究中心副主任、现任中国国际金融有限公司董事长李剑阁同志。国务院发展研究中心原主任王梦奎教授、国务院研究室主任谢伏瞻同志对我们的调查研究工作一直给予鼓励和指导。国务院发展研究中心主任张玉台同志欣然为本书序，对我们的工作给予充分肯定，并提出了殷切的希望，对我们是很大的鞭策和鼓励。在此一并致以谢意。

韩　俊

2009年4月3日

Afterword | 后记

《调查中国农村》一书终于要与读者见面了。能够为中国农村改革发展献计献策、为改善中国农民的福祉尽绵薄之力，我们感到欣慰。谨以此书向新中国成立60周年献礼。

本书是在国务院发展研究中心农村经济研究部近10年开展的多项政策性调研课题成果基础上完成的，凝聚着我和全体同仁的心血。本书各章节中参与研究人员的职务和职称，是指当时设立课题组时各位的职务和职称。

本书试图全方位探讨中国农村改革发展面临的一系列重大政策课题，研究内容涉及新农村建设、粮食安全、农民负担与农村税费改革、农民工就业与创业、土地制度与失地农民、农民组织、农村财政、农村金融、农村教育、农村医疗卫生、食品安全、农业资源管理、农村治理等。在上述领域，我们试图站在全局和长远的角度，围绕各种难点和热点问题，提出具有前瞻性的思考。本书是近年来国务院发展研究中心农村经济研究部研究成果的综合反映。

本书的最大特点是注重在大规模、有一定深度调查的基础上提出分析和判断，并注重总结基层的实践创新和新鲜经验。在过去近10年中，我们开展的各项农村调查覆盖了全国200多个县市、3300多个村庄、9000多个农户。这些调查成果在社会上产生了一定反响。如2009年为深入了解金融危机对农民工返乡回流的影响组织完成的对100多个村庄的调查；2008年对全国9个省区、20多个县市粮食生产与流通问题的调查；2007年组织完成的覆盖全国28个省的99个县、101个乡镇、301个村庄的农民工问题的大型调查；2006